앤드루 솔로몬
Andrew Solomon

저널리스트, 심리학자, 소설가. 뉴욕에서 태어나 예일대학교 영문학과를
졸업하고, 케임브리지대학교 지저스칼리지에서 영문학 석사 및 애착 이론으로
심리학 박사 학위를 받았다. 현재 뉴욕 컬럼비아대학교 임상심리학과 교수이며,
《뉴욕타임스 매거진》,《뉴요커》,《뉴스위크》등 여러 매체에 글을 쓰고 있다.
PEN아메리칸센터 회장을 지냈고, 셰익스피어 프로젝트, 세계문화유산기금
위원회 등 예술과 인문학 분야에서도 활동했다.『한낮의 우울』2001 은
'내셔널 북 어워드'를 포함하여 NDMDA(미국 우울증 및 조울증 학회)의
'프리즘 어워드', 영국에서 수여하는 '올해의 마인드북' 등 10여 개의 상을
받았고, '퓰리처상' 최종심에도 올랐다. 이 책은 출간 1년 만에 25만여 권이
팔렸고 24개 언어로 번역되었으며, 미국도서관협회와《뉴욕 타임스》의
'올해의 주목할 만한 책',《타임》의 '최근 10년간 출간된 베스트 100권' 등에
선정되었다. 스탠퍼드, 예일, 하버드, 브라운 대학교 등에서 우울증에 대해
강의했다. 국내에서도 20년간 우울증 분야에서 최고의 책이 되었다.
이 밖에『부모와 다른 아이들』2012 은 다른 정체성을 가진 자녀를 키우는
부모들의 이야기를 다룬 논픽션으로, '전미비평가협회상'을 비롯하여 서른 개의
상을 받았다. 자전적인 소설『스톤 보트(A Stone Boat)』1994 는《로스앤젤레스
타임스》베스트셀러였고, 러시아 예술가들을 연구한『글라스노스트 시대의
소비에트 예술가들(The Irony Tower)』1991을 출간하여 정부에서 러시아 문제
자문위원으로 일하기도 했다.

한낮의 우울

한낮의 우울

내면의 어두운 그림자,
우울의 모든 것

앤드루 솔로몬

민승남 옮김

민음사

제게 한 번이 아니라
두 번 생명을 주신 아버지께
이 책을 바칩니다.

차례

이 책의 주제와 범위에 관하여

　나는 지난 5년간 이 책의 집필에 매달렸는데 이따금 내 생각들이 어디서 나왔는지 추적하는 것이 어려울 때도 있었다. 생소한 이름들과 기술적인 전문용어들을 늘어놓으면 독자들에게 어수선한 느낌을 줄 것 같아 그런 출처들은 책 뒷부분의 주에 따로 정리해 놓았다. 나는 이 책에 소개된 인물들에게 실명을 싣게 해 달라고 부탁했다. 실명을 실어야 실화의 근거가 더 확실해지기 때문이기도 하고, 정신 질환의 오명을 씻기 위한 목적도 있는 책이기에 우울증 환자들의 신분을 떳떳이 밝히는 것이 중요했기 때문이다. 그러나 피치 못할 사정으로 실명을 밝힐 수 없는 일곱 명은 가명을 썼다. 실라 헤르난데스, 프랭크 루사코프, 빌 스타인, 댄퀼 스테트슨, 롤리 워싱턴, 클로디아 위버, 프레드 윌슨이 그들이다. 그러나 그들은 결코 가공의 인물들이 아니며 나는 그들의 이야기를 상세하고 정확하게 싣기 위해 노력했다. 기분장애환자모임(MDSG)의 회원들은 그런 모임들의 비공개적인 성격을 고려하여 성은 빼고 이름만 썼다. 그 외

다른 이름들은 모두 실명이다.

이 책의 주요 부분을 이루는 우울증 환자들의 투병기는 본인에게 직접 들은 이야기를 그대로 옮긴 것이다. 조리 있는 이야기를 얻어 내기 위해 최선을 다하기는 했지만 대개의 경우 사실 확인을 하거나 시간 순서에 따른 이야기 전개를 강요하지는 않았다.

사례 제공자들을 어떻게 찾았는지에 대한 질문을 종종 받는다. 이 책에 소개된 많은 전문가들이 자기 환자들을 소개해 주었다. 또 내가 우울증에 관한 책을 쓴다는 말을 듣고 자진해서 투병기를 제공한 이들도 무척 많았는데 그런 투병기들 가운데 강하게 마음을 끄는 것들을 채택했다. 나는 1998년에 《뉴요커》에 우울증에 관한 글을 발표한 직후 몇 개월 동안 1000여 통의 편지를 받았다.[1] 그레이엄 그린은 이런 말을 한 적이 있다. "이따금 나는 글을 쓰거나 작곡을 하거나 그림을 그리지 않는 사람들은 어떻게 인간의 고유한 광기와 멜랑콜리, 돌연한 공포에서 벗어날 수 있는지 궁금해진다."[2] 나는 그가 멜랑콜리와 공포를 달래기 위해 이런저런 방식으로 글을 쓰는 사람들의 수를 너무 낮게 보았다고 생각한다. 나는 홍수처럼 밀려드는 편지들 중 특별히 감동적인 이야기들을 골라 이 책을 위한 인터뷰에 응할 의사가 있는지 물었다. 또한 수많은 학회들에 참석하고 그런 자리에서 연설도 하면서 정신 질환을 지닌 이들을 만나는 기회를 가질 수 있었다.

지금까지 여러 주제의 글을 써 왔지만 그토록 많은 사람들이 그토록 할 말이 많은, 그토록 많은 사람들이 내게 그토록 많은 말을 한 주제는 없었다. 우울증에 대한 자료를 수집하기는 놀라울 정도로 쉬웠다. 결국 우울증 연구 분야에서 빠진 것은 종합이라는 생각이 들었다. 과학, 철학, 법학, 심리학, 문학, 예술, 역사, 기타 많은 부문들에서 독자적으로 우울증의 원인에 대한 연구가 이루어져 왔다. 너무도 많은 흥미로운 사람들에게 너무도 많은 흥미로운 일들이 일어나고 있으며, 너무도 많은 흥미로운 일들이(말로 혹은 글로) 발표되고 있다. 그 결과 이 분야는 혼돈의 영역이 되었다. 이 책의 첫 번째 목적은 공감이며, 두 번째 목적은 질서다. (사실 내게는 이 두 번째 목적을 달성하기가 훨씬 더 어려웠다.) 되는 대로 모아 놓은 일화들에서 끌어낸 일반화에 의거한 질서가 아니라, 최대한 경험론에 기초한 질서.

나는 의사도 아니고 심리학자도 아니며 철학자도 아니다. 이 책은 극히 개인적인 것이며 그 이상의 것으로 취급되어서는 안 된다. 복잡한 관념들에 대한 해석과 설명들을 제공하고 있기는 하지만 이 책이 적절한 치료의 대용물이 되어서는 안 된다.

나는 체계적인 연구로 얻은 통계들을 이용했으며 폭넓게 자주 인용되는 통계들을 이용할 때 가장 마음이 편했다. 사실 이 분야의 통계들은 대체로 일관되지 못하며 많은 저자들이 기존 이론들을 입증하는 통계를 선택하고 있다. 일례로 공신력 있는 한 연구에서는 약물남용을 하는 우울증 환자는 거의 흥분제를 선택한다는 결과가 나온 반면, 동등한 권위를 지닌 다른 연구에서는 약물남용을 하는 우울증 환자는 모두 아편을 사용한다는 것이 입증되었다. 많은 저자들이 네 번 중 세 번 꼴로 일어난다는 표현보다 82.37퍼센트의 확률로 일어난다는 표현이 더 분명하고 진실한 것인 양 통계를 대단한 진리처럼 내세우는 꼴사나운 태도를 보이고 있다. 그러나 내 경험으로 볼 때 사실은 그런 정확한 수치들이 거짓이다. 그들이 다루는 문제들은 그런 식으로 분명하게 정의될 수가 없다. 우울증에 대한 가장 정확한 설명은, 많이 발생하며 모든 사람들의 삶에 직간접적으로 영향을 미친다는 것이다.

오랜 세월(내가 성인이 되고 나서 거의 대부분) 제약업계에 몸담고 있는 아버지를 둔 나로서는 제약 회사들에 대해 편견 없는 글을 쓰기가 힘들었다.3 나는 제약업계의 많은 사람들을 만나 보았다. 언제부터인가 제약업계를 환자들의 돈을 갈취하는 무리로 보는 것이 유행처럼 번져 있다. 내 경험으로 보건대 이 업계 사람들은 자본주의자인 동시에 이상주의자들이다. 이들은 수익에 민감하면서도 자신이 하는 일이 세상을 이롭게 한다는, 특정한 질병을 퇴치할 중요한 발견을 가능하게 한다는 낙관주의적인 생각을 지니고 있다. 무수한 생명을 구한 항우울제인 선택적세로토닌재흡수억제제(SSRI)도 제약 회사의 연구비 지원이 아니었다면 세상에 나오지 못했을 것이다. 나는 이 책에서 제약업계와 관련된 내용은 분명한 태도로 다루고자 최선을 다했다. 내가 우울증을 겪은 후 아버지께서는 당신의 회사에서도 항우울제를 취급하도록 사업 영역을 확장했다. 아버지의 회사는 포레스트사이며 현재 셀렉사를 판매하고 있다. 나는 이해가 상충되는 일이 없도록 꼭 필요한 부분이 아니면 그 제품에 대해 언급하지 않았다.

이 책을 쓰면서 카타르시스를 느꼈는지 묻는 사람들이 많았다. 카타르시스 같은 것은 없었다. 내 경우도 이 분야에 대한 글을 쓴 다른 이들과 다를 바 없었다.4 우울증에 대해 쓰는 건 고통스럽고 슬프고 쓸쓸하고 스트레스가 많은 일이다. 그럼에도 나는 다른 이들에게 도움이 될 수 있는 무언가를 한다는 생각에 고무되었고, 이 책을 쓰면서 얻은 지식들이 무엇보다 나 자신에게 큰 도움이 되었다. 이 책을 쓰는 첫째가는 즐거움은 자기표현이라는 치료적 배출이라 기보다 의사소통이라는 문학적 즐거움이었음을 분명히하고 싶다.

　나는 나의 우울증에 대해 먼저 쓰고 그다음에는 타인들의 유사한 우울증에 대해, 그다음에는 타인들의 색다른 우울증에 대해, 그리고 마지막으로 완전히 다른 환경에서의 우울증에 대해 썼다. 이 책에는 선진 지역이 아닌 세 나라, 즉 캄보디아, 세네갈, 그린란드에서 만난 사람들의 이야기가 있다. 문화에 따라 우울증에 대한 인식의 차이가 있기 때문에 이 분야의 많은 연구들이 지역적인 제한을 가질 수밖에 없는 점을 상쇄하고자 소개하는 것이다. 미지의 세계로의 여행에는 이국적 정서가 묻어 있으며 나는 그런 체험들의 동화적인 면을 굳이 억누르지 않았다.

　우울증은 다양한 이름들과 모습들로, 생화학적이고 사회적인 이유들로 어디에나 존재해 왔다. 나는 이 책에 우울증의 시간적, 공간적 범위를 모두 담으려 애썼다. 우울증이 때때로 현대 서유럽 사회 중산층의 개인적인 고통으로 여겨지는 것은 바로 이 집단에서 갑자기 우울증을 인식하고 그것에 이름을 붙이고 그것을 치료하고 받아들일 새로운 소양을 갖게 되었기 때문이지, 그들만 우울증에 대한 특권을 지니고 있어서는 아니다. 인간의 고통을 모두 담을 수 있는 책은 없지만 나는 그 고통의 범위를 보여 줌으로써 우울증에 시달리는 이들의 해방을 도울 수 있기를 희망한다. 세상의 모든 불행을 근절시키는 것은 불가능한 일이며 우울증을 완화시킨다고 행복이 보장되는 것도 아니지만 이 책에 담긴 지식이 사람들의 고통을 얼마간 덜어 주기를 바란다.

모든 것은 종말을 고한다. 괴로움도, 아픔도,
피도, 굶주림도, 페스트도, 검劍도 마찬가지다.
그러나 별들만은 우리의 존재와 행위의
그림자들이 지상에서 사라진 뒤에도 여전히
남아 있을 것이다. 세상에 그것을 모르는 사람은
없다. 그런데 왜 우리는 눈을 들어 별들을
보려 하지 않는 걸까? 왜?

미하일 불가코프의 『백위군』에서

1   슬픔과 우울

　우울은 사랑이 지닌 결함이다.[1] 사랑하기 위해서는 자신이 잃은 것에 대해 절망할 줄 아는 존재가 되어야 한다. 우울은 그 절망의 심리 기제다. 우리에게 찾아온 우울증은 자아를 변질시키고, 마침내 애정을 주고받는 능력까지 소멸시킨다. 우울증은 우리의 내면이 홀로임을 드러내는 것이며, 그것은 타인들과의 관계뿐 아니라 자신과의 평화를 유지하는 능력까지 파괴한다. 사랑은, 우울증을 예방하지는 못하지만 마음의 충격을 완화하는 장치가 되어 마음을 보호해 준다. 약물치료와 심리치료는 우리가 더 쉽게 사랑하고 사랑받을 수 있도록 만들어 이런 보호 기능을 되살려 줄 수 있으며 그래서 효과를 발휘하는 것이다. 정신이 건강한 상태에서 우리는 자신을 사랑하고 타인을 사랑하고 일을 사랑하고 신을 사랑하며, 이런 열정들은 우울증의 반대인 활기찬 목적의식을 제공한다. 그러나 사랑은 이따금 우리를 저버리며 우리도 사랑을 저버린다. 우울증에 빠지면 모든 활동, 모든 감정, 나아가 인생 자체의 무의미함이 자명해진다.

이 사랑 없는 상태에 유일하게 남아 있는 감정은 무의미함이다.

삶은 슬픔을 내포한다. 우리는 결국 죽게 될 것이고, 각자 자율적인 육체의 고독 속에 갇혀 있으며, 시간은 흘러가고, 지나간 날들은 다시 똑같이 되풀이되지 않는다. 고통은 무력한 세상의 첫 경험이며 평생 우리를 떠나지 않는다. 우리는 안락한 자궁에서 떨어져 나오는 것에 대해 분노하며 그 분노가 사그라지기가 무섭게 세상의 고뇌가 그 자리를 메운다. 내세에서는 완전히 다를 것이라는 약속을 믿는 사람들이라도 현세에서 고통받는 걸 피할 수 없다. 예수 자신도 비탄에 젖은 자였다. 우리는 완화제들이 계속 증가하는 시대에 살고 있으며, 무엇을 느끼고 무엇을 느끼지 않을지 결정하는 것도 더 쉬워졌다. 그런 회피 수단이 있는 사람들에게는 인생의 불가피한 불쾌함도 점점 줄고 있다. 그러나 약학계의 열띤 주장에도 불구하고, 우울증은 우리가 자신에 대해 의식하는 존재인 이상 완전히 없앨 수 없다. 기껏해야 억제할 수 있으며, 현재 행해지는 우울증 치료의 목적은 억제에 머물러 있다.

강한 정치색을 띤 웅변술이 우울증과 그 결과, 즉 우리가 어떤 감정을 느끼는가와 그 결과 어떻게 행동하는가 사이의 구분을 모호하게 해 왔다. 우울증은 부분적으로는 사회적, 의학적 현상이지만 감정적 변덕에 따른 언어적 변덕의 결과이기도 하다. 어쩌면 우울증에 대한 가장 좋은 설명은, 우리의 의지에 반하여 우리에게 억지로 가해지고 그다음에는 외부적 요인과도 무관해지는 감정적인 고통일지 모른다. 우울증을 단순히 커다란 고통이라 할 수는 없지만, 지나치게 큰 고통은 우울증의 밑거름이 될 수 있다. 슬픔은 상황에 걸맞은 우울함이지만 우울증은 상황에 걸맞지 않은 슬픔이다. 우울증은 가을에 밑동에서 부러져 들판을 굴러다니는 회전초처럼 자양분을 주는 대지와 분리되어서도 죽지 않고 척박한 환경에서도 잘 자라는 고뇌다. 그것은 오로지 은유와 우화로만 설명될 수 있다. 성 안토니오는 사막에서 허름한 옷을 입고 찾아온 천사들과 화려하게 치장한 악마들을 어떻게 구분할 수 있었냐는 물음에 그들이 떠난 후 어떤 기분이 들었는지를 보면 알 수 있다고 대답했다.[2] 천사가 왔다가 떠나면 그의 존재로 인해 힘이 솟고 악마가 왔다 떠나면 공포에 사로잡혔다는 것이다. 슬픔은 우리에게 강하고 분명한 생각들과 자신의 깊이에 대한 이해를 남기는 허름한 옷차림의 천사다. 그리고 우울증은 우리를 겁에 질리도록 만드는 악마다.

우울증은 대략 가벼운 경증과 심각한 중증으로 나뉜다. 경증 우울증은 녹이 쇠를 약화시키듯 사람을 손상시키는, 점진적이고 때로는 영구적인 우울증이다. 이것은 너무도 사소한 이유로 너무도 큰 슬픔을 느끼게 하며 고통이 마음속 다른 감정들을 몰아낸다. 이런 우울증은 신체적으로는 척추를 곧게 세우는 근육들과 눈꺼풀에 작용한다. 이것은 심장과 폐를 손상시켜 불수의근[내장근이나 심근처럼 의지와 관계없이 자율적으로 움직이는 근육]의 수축을 필요 이상으로 힘겹게 만든다. 만성화된 육체적 통증이 그러하듯, 이것도 고통의 순간을 견딜 수 없어서라기보다 그런 고통의 순간들이 다시 찾아올 것을 알기에 비참하다. 경증 우울증이 진행 중일 때는 낫는다는 건 상상도 할 수 없다.

버지니아 울프는 이런 상태에 대해 오싹할 정도로 명료하게 묘사해 놓았다.[3] "제이콥은 창가로 가서 주머니에 손을 찌른 채 서 있었다. 그곳에서 그는 킬트를 입은 그리스인 셋과, 배의 돛대들과,

한가로이 거닐거나 활기차게 걸어가거나 무리 지어 손짓을 섞어 가며 이야기하는 한가하거나 분주한 하층민들을 보았다. 그의 우울은 그들이 자신에게 관심을 보이지 않기 때문이 아니었다. 보다 심오한 신념, 자신만 외로운 것이 아니라 모든 사람들이 외롭다는 신념 때문이었다."『제이콥의 방』에서 버지니아 울프는 "마치 시간과 영원성이 스커트와 양복 조끼를 통해 나타나듯 그녀의 마음속에 기이한 슬픔이 일었고, 그녀는 사람들이 비극적으로 파멸을 향해 나아가는 광경을 보았다. 하지만 맹세코 줄리아는 바보가 아니었다."라고도 썼다. 그러고 나서 결론적으로 이렇게 설명했다. "이런 기분의 변화는 우리를 지치게 한다." 그렇다. 경증 우울증을 이루는 것은 삶의 덧없음과 한계에 대한 이러한 예리한 인식이다. 오랜 세월 사람들이 그저 묵묵히 견디며 살았던 경증 우울증은 이제 의사들이 그 다양한 특성들을 정의하기 위해 애쓰는 치료 대상이 되고 있다.

중증 우울증은 붕괴의 원인이다. 영혼이라는 쇠가 슬픔으로 풍화되고 경증 우울증으로 녹이 슨다면, 중증 우울증은 전체 구조를 갑작스럽게 무너뜨린다. 우울증에는 두 가지 접근 방식이 있는데 하나는 차원적인 것이고, 다른 하나는 분류적인 것이다. 차원적인 접근에서 보자면 우울증은 슬픔을 지닌 사차원적 연속체로서, 모든 인간들이 느끼고 알고 있는 어떤 것의 극단화된 형태다. 분류적 접근에서 본 우울증은 (위장의 바이러스와 소화불량이 다른 것처럼) 다른 감정들과 완전히 구분되는 질병이다. 둘 다 옳다. 우리는 점진적인 감정의 길을 (혹은 갑작스러운 자극을) 따라가다 보면 완전히 다른 장소에 이르게 된다. 부식된 철조 건물이 붕괴하는 데는 시간이 걸리지만 녹은 끊임없이 철근을 공격하여 그것을 부식시키고 껍데기만 남긴다. 붕괴가 아무리 갑작스럽게 느껴진다 해도 그것은 부식이 누적된 결과다. 결코 매우 극적이거나 부식의 누적과 별개인 사건이 아니다. 그것은 처음 비를 맞은 순간부터 녹이 대들보의 철근을 먹어 들어간 시점까지의 긴 시간을 의미한다. 극히 핵심적인 부분에 부식이 생겨 붕괴가 전체적으로 일어나는 것처럼 보이는 경우도 가끔 있지만 그보다는 부분적인 붕괴가 더 빈번하다. 한 부분이 붕괴하면서 다른 부분에 충격을 주어 극적으로 부식의 균형을 깨는 것이다.

부식을 체험하는 것, 거의 날마다 내리는 비의 파괴에 노출된 자신을 발견하는 것, 자신이 연약한 존재로 변모하고 있고 자신의 점점 더 많은 부분들이 강풍에 날려 가 점점 작아지는 것을 아는 건 유쾌한 일이 아니다. 어떤 사람들은 상대적으로 감정의 녹이 더 많이 슨다. 우울증은 생기를 빼앗고 하루하루를 뿌연 안개로 덮고 일상적인 행동들을 힘겹게 만든다. 우리를 피곤하고 지치고 망상에 시달리게 한다. 그러나 우리는 그 모든 것들을 헤쳐 나갈 수 있다. 행복하게는 아니더라도, 어쨌든 헤쳐 나갈 수는 있다. 중증 우울증이 시작되는 붕괴 시점에 대한 정의는 아직 내려지지 못하고 있지만 그 지점에 도달하면 그것을 혼동할 가능성은 많지 않다.

중증 우울증은 탄생이자 죽음이다. 어떤 것의 새로운 출현인 동시에 어떤 것의 완전한 소멸이다. 법률 서류들을 보면 "법적인 죽음"[4]이니 "출생 시각"이니 하는 개념들을 만들어 자연의 법칙을 규정하려 하지만 사실 탄생과 죽음은 점진적인 것이다. 자연의 예측 불허성에도 불구하고, 이 세상에 존재하지 않던 아기가 세상에 나오는 시점은 반드시 존재하며, 이 세상에 살던 노인이 세상을 떠나는 시점도 존재한다. 아기의 머리는 세상으로 나왔지만 몸은 아직 나오지 않은 단계도 엄연히 존재하며, 탯줄을 자를 때까지 아기는 엄마의 몸과 연결되어 있는 것도 사실이다. 노인이 세상을 떠날 때 죽기 몇 시간 전부터 눈을 감고 있을 수도 있으며, 호흡이 멈춘 시점과 '뇌사' 판정 시점 사이에도 차이가 있다. 혹자는 자신이 특정 기간 동안 중증 우울증을 앓아 왔다고 말할 수도 있겠지만 그것은 셀 수 없는 것을 억지로 세는 것과 같다. 우리가 분명하게 말할 수 있는 건 자신이 중증 우울증을 겪은 적이 있다는 사실과 현재 그것을 겪고 있는지 아닌지의 여부다.

우울증을 이루는 탄생과 죽음은 동시에 일어난다. 얼마 전 나는 어릴 적에 놀던 숲을 찾아가 백 년 세월의 위용을 자랑하는 떡갈나무를 만났다. 그 나무 그늘 아래에서 동생과 함께 놀고는 했다. 그런데 20년 사이 거대한 덩굴 식물이 이 위풍당당한 나무를 온통 뒤덮고 있었다. 어디에서 나무가 끝나고 어디부터 덩굴줄기가 시작되는지 알기 어려웠다. 덩굴 식물이 나무 줄기와 가지들을 완전히 감고 있어서 멀리서 보면 덩굴 식물의 잎들과 나무의 잎들을 구분할 수조차 없었다. 가까이 가서 봐야 살아남은 떡갈나무 가지들이 너무도 적다는 것을, 몇몇 필사적인 떡갈나무 싹들이 엄지손가락을 세운 모양으로 거대한 몸통에 붙어 있는 것을, 그 잎들이 기계적인 생물학에서는 생소한 방식으로 광합성 작용을 계속하고 있다는 것을 확인할 수 있었다.

중증 우울증에서 막 벗어난 참이라 우울증이 강 건너 불구경일 수 없었던 나는 자신도 모르게 그 나무에 감정 이입이 되었다. 덩굴 식물이 떡갈나무를 정복한 것처럼 나의 우울증도 내 안에서 점점 세력을 넓혀 가며 흉측하고 기괴하고 나보다 더 생기에 찬 모습으로 나를 친친 감았었다. 그것은 자체의 생명력을 지니고 조금씩 나의 생명력을 고갈시켰다. 최악의 단계에서는 떡갈나무의 높은 가지들에 매달린 잎들이 덩굴 식물의 것이듯, 내가 나의 것이 아니라 우울증의 것인 듯한 기분에 빠져들었다. 이 문제에 대해 골똘히 생각하다 보면, 내 정신이 어떤 방향으로도 확장될 수 없는 속박 상태에 있는 듯한 기분을 느꼈다. 해가 뜨고 진다는 건 알았지만 그 빛은 거의 내게 이르지 못했다. 나보다 강한 어떤 것에 짓눌리고 있는 기분이었다. 처음에는 발목을 쓸 수 없었고 그다음에는 무릎을 움직일 수 없었으며, 다음에는 허리가 압력을 이기지 못해 무너지기 시작했고 다음에는 어깨가 구부러졌고 결국에는 가차 없이 나를 짜부라뜨리는 힘에 굴복하여 태아처럼 웅크린 자세가 되었다. 그것의 덩굴손이 나의 정신과 용기와 위장을 박살 내고 나의 뼈를 부러뜨리고 나의 몸에서 생기를 빼앗으려고 덤볐다. 더 이상 먹을 것이 남아 있지 않은 듯한데도 그것은 계속해서 나를 먹어 치웠다.

나는 스스로 숨을 끊을 수 있을 정도로 강하지 못했다. 당시 나는 이 우울증이라는 덩굴 식물을 죽일 수는 없다는 걸 알고 있었기에 놈이 나를 죽여 주기만을 바랐다. 그러나 내게서 자살할 힘조차 빼앗아 간 놈은 나를 죽이지 않았다. 나의 줄기는 썩었을지라도 그것을 먹고 자라는 덩굴줄기의 힘이 너무 강해 쓰러질 수가 없었다. 우울증은 자기가 파괴한 것을 대신 지탱해 주는 힘이 되었던 것이다. 다른 사람은 볼 수 없는 우울증이라는 악마가 마구 찢어 놓은 내 침대의 가장 튼튼한 귀퉁이에서 나는 전혀 믿지도 않는 하느님께 구원을 애걸했다. 죽을 수만 있다면 가장 고통스러운 죽음이라도 달게 맞을 수 있었지만 자살은 생각할 기력조차 없었다. 살아 있는 매 순간이 내게 고통이었다. 놈이 내 안에 흐르는 것은 모두 고갈시켜 버려서 울 수조차 없었다. 입도 바짝 말라붙었다. 가장 처참한 상태에서는 눈물이 줄줄 흐르는 줄 알고 있었는데 최악의 고통은 눈물이 모두 말라 버린 뒤에 오는 철저한 유린의 메마른 고통, 우리가 한때 세상을 재고 세상이 우리를 재던 모든 공간을 정지시키는 고통이었다. 이런 것이 바로 중증 우울증이다.

나는 앞에서 우울증은 탄생이며 죽음이라고 했다. 탄생하는 것은 덩굴 식물이다. 죽음은 곧 자신의 붕괴, 가지들의 부러짐이다. 처음 사라지는 건 행복이다. 그 무엇에서도 기쁨을 얻지 못하게 된다.5 그것은 중증 우울증의 주요 증상이다. 그리고 곧 다른 감정들이 행복의 뒤를 따라 망각에 이른다. 우리가 일찍이 알고 있던 슬픔, 우리를 여기까지 인도해 온 듯한 슬픔, 유머 감각, 사랑에 대한 신념과 사랑하는 능력. 그렇게 모든 것들이 걸러져 나가면 스스로에게도 멍청이로 보인다. 원래 머리숱이 적었다면 더 적어지고 원래 피부가 나빴다면 더 나빠진다. 자신에게조차 역겨운 냄새를 풍기게 된다. 다른 사람을 믿거나 감동하거나 슬퍼하는 능력도 잃는다. 결국 빈껍데기만 남는 것이다.

현재 존재하는 것은 부재하게 된 것의 자리를 빼앗은 것이라고 생각할 수도 있고, 어떤 것들의 부재는 다른 것들의 존재를 나타낸다고 생각할 수도 있다. 어쨌거나 우리는 자신이라고 할 수 없는 상태가 되고 외래의 것의 손아귀에 든다. 우울증 치료는 문제의 절반만 다루는 경우가 너무 많다. 존재하는 것들에만, 혹은 부재하는 것들에만 초점을 맞추는 것이다. 천근 무게의 덩굴 식물을 잘라 내고 나무의 뿌리 조직과 광합성 기술들에 대해 다시 배우려면 둘 다 필요한데도 말이다. 약물치료는 덩굴 식물을 난도질한다. 우리는 약물이 그 기생식물을 조금씩 말려 죽이는 것을 느낄 수 있다. 그것의 무게가 가벼워지고 가지들이 자연적인 형태를 제법 회복하는 게 느껴진다. 덩굴 식물을 제거하기 전에는 그동안 무엇을 잃었는지에 대해 생각할 수가 없다. 그러나 덩굴 식물이 없어진대도 나무에는 얼마 안 되는 잎들과 얕은 뿌리만 남으며, 재건을 시켜 줄 약물은 아직 세상에 존재하지 않는다. 덩굴 식물의 무게가 사라진 후 대개의 경우는 나무에 넘어지지 않을 만큼의 뿌리가 남아 있으며 드문드문 남은 잎들이 필수적인 영양분을 만들어 낼 수 있다. 그러나 이것은 훌륭한 삶도, 강한 삶도 되지 못한다. 우울증에서 벗어난 뒤 재건하기 위해서는 사랑, 통찰력, 일, 그리고 무엇보다 시간이 필요하다.

우울증의 진단은 우울증 자체만큼 복잡하다. 환자들은 혈액 검사로 결과를 알 수 있는 병이기라도 한 듯 의사에게 "내가 우울증인가요?"라고 묻지만, 자신이 우울증인지 확인하는 유일한 방법은 자신을 잘 살피고 자신에게 귀 기울이고 자신의 감정들을 느껴 본 다음 그것들에 대해 생각하는 것이다. 거의 항상 이유 없이 기분이 나쁘다면 우울증이다. 거의 항상 어떤 이유 때문에 기분이 나쁘다면 그것도 우울증이다. (이 경우 상황은 그대로 두고 우울증만 공격하는 것보다는 그 이유를 해결하는 것이 더 나은 접근법이다.) 우울증이 당신을 무능력자로 만들고 있다면 그건 중증이다. 가볍게 정신을 혼란시키는 정도라면 중증은 아니다. 정신의학의 성경이라 할 수 있는『정신장애의 진단 기준 및 통계 편람 4판 DSM-IV』에서는 아홉 가지 증상들을 나열해 놓고 그중 다섯 가지 이상이 나타나면 우울증이라는 부적절한 정의를 내리고 있다. 그 정의가 지닌 문제점은 완전히 임의적이라는 것이다. 다섯 가지 증상이 우울증을 성립시키는 요건이 되어야 할 특별한 근거는 없다. 증상의 가짓수로 우울증의 성립 여부나 정도를 결정할 수는 없기 때문이다. 한 가지 증상만으로도 불쾌할 수 있다. 그리고 모든 증상들이 약하게 나타나는 것이 두 가지 증상이 심각하게 나타나는 경우보다 덜 문제가 될 수도 있다. 대부분의 환자들은 우울증이라는 진단을 받아들이고 나면 그 원인을 찾으려 한다. 자신이 왜 병에 걸리게 되었는지 아는 것이 병의 치료와 직접적인 관계는 없는데도 말이다.

마음의 병은 진짜 병이며 이것은 몸에도 심각한 영향을 미칠 수 있다. 의사를 찾아가 위경련을 호소하는 사람들은 이런 말을 듣게 되는 경우가 많다. "아무 이상 없습니다. 우울증 때문이지요!" 우울증이 위경련까지 일으킬 정도로 심각하다면 진짜 해로운 것이며 치료가 필요하다. 호흡 곤란을 호소하는 사람에게 "아무 이상도 없습니다. 폐기종 때문이지요!" 하면서 넘겨 버릴 의사는 없다. 신경성이든 식중독에 의한 것이든 위경련 증세를 겪는 건 마찬가지다. 신경성의 경우 뇌가 위장에 부적절한 메시지를 보내 실제로 경련을 일으키게 만든다. 진단은 (위장의 문제이든 맹장의 문제이든 뇌의 문제이든) 치료를 결정하는 것이므로 사소한 문제가 아니다. 뇌는 우리 몸에서 매우 중요한 기관이며 고장이 생기면 제대로 고쳐야 한다.

육체와 정신 사이의 간극을 메우기 위해 종종 화학이 동원된다. 의사가 우울증을 "화학적 작용"이라고 말할 때 환자가 안도감을 보이는 것은 충분한 근거가 있는 슬픔과 난데없는 슬픔을 구분하고 완전한 자아가 시간을 초월하여 존재한다고 믿기 때문이다. 화학적이라는 단어 자체가 일이 싫다거나 늙어 가는 것이 걱정스럽다거나 사랑에 실패했다거나 가족을 미워한다거나 하는 스트레스성 불만에 대해 사람들이 갖는 부담감을 덜어 주는 듯하다. 화학적이란 단어는 사람들을 죄책감으로부터 유쾌하게 해방시켜 준다. 만일 우리의 뇌가 우울증의 소인을 지니고 있다면 우리는 우울증에 걸린 것에 대해 자신을 탓할 필요가 없다. 자신을 탓하든 진화를 탓하든 기억할 점은, 탓하는 것 자체도 화학적 작용으로 이해될 수 있으며 행복감도 마찬가지라는 것이다. 화학과 생물학은 '진짜' 자아에 작용하는 것들이 아니며, 우울증은 그것을 앓는 사람과 분리될 수 없다. 따라서 우울증의 치료는 정체성의 분열을 완화시켜 일종의 정상 상태로 돌려놓는 것이 아니라, 다양한 요소를 지닌 정체성을 재조정하여 사람을 조금 변화시키는 것이다.

고등학교 때 과학을 배운 사람이라면 인간은 화학 물질들로 이루어져 있다는 것과, 그 화학 물질들과 그것들의 형성 구조를 연구하는 것이 바로 생물학임을 알고 있다. 인체에서 일어나는 모든 현상은 화학적 발현과 근원을 지닌다. 눈을 감고 북극곰에 대해 열심히 생각하면 그것이 뇌에 화학적 영향을 미친다. 자본 이익에 대한 세금 우대를 반대하는 정책을 고수하면 그것 역시 뇌에 화학적 영향을 미친다. 과거의 어떤 사건에 대해 기억하는 것도 기억의 복잡한 화학작용을 통해 이루어지는 것이다. 어린 시절에 겪은 외상[트라우마(trauma): 영구적인 정신장애를 남기는 충격]과 그 여파가 뇌의 화학작용을 바꾸어 놓을 수 있다. 이 책을 읽기로 결정하고, 손으로 집어 들어, 인쇄된 글자들의 형태를 보고, 그 형태들에서 의미를 추출하고, 그것이 전달하는 것에 대해 지적, 감정적 반응들을 갖는 일련의 행위에도 무수한 화학적 반응들이 작용한다. 시간이 흘러 우울증에서 자연스럽게 벗어나게 되는 경우와 항우울제의 복용에 의해 나아지는 경우를 비교할 때 전자가 후자보다 화학적 변화가 덜 특별하거나 덜 복잡한 것은 아니다. 내면이 외면을 창조하듯 외면이 내면을 결정짓는다. 재미없는 건, 다른 모든 선(線)들이 그러하듯 우리를 자신이게 하는 경계선들까지도 모호하다는 점이다. 경험과 화학작용의 카오스 아래 금맥처럼 순수하고 분명하게 깔려 있는 본질적인 자아 따위는 존재하지 않는다. 모든 것이 변할 수 있으며, 인간이라는 유기체는 서로에게 굴복하거나 서로를 선택하는 자아들의 연속체로 이해되어야 한다.

우리는 아직 뇌의 화학작용으로 누적되는 결과들에 대한 이해가 부족한 형편이다. 『정신의학 교과서』 1989년 판을 보면 이런 유용한 공식이 나와 있다.[6] "우울증 점수 = C1(MHPG) − C2(VMA) + C3(NE) − C4((NMN + MN)/VMA) + C0." 풀어서 설명하자면, 우울증 점수는 3-메톡시-4-하이드록시페닐글리콜(이것은 모든 사람들의 소변에서 검출되는 화합물로 우울증과는 무관해 보인다.)의 수치에서 3-메톡시-4-하이드록시만델산의 수치를 빼고, 거기다 노르에피네프린 수치를 더하고, 거기서 노르메타네프린 수치와 메타네프린 수치의 합을 3-메톡시-4-하이드록시만델산의 수치로 나눈 값을 뺀 다음, 거기에 불특성 전환변수를 더한 값과 같다는 것이다. 이 점수는 단극성 환자는 1, 양극성 환자는 0으로 나타나며 0과 1 사이를 벗어나는 점수가 나온다면 계산이 잘못된 것이다. 하지만 이런 공식들이 무엇을 말해 줄 수 있겠는가? 이런 공식들이 기분처럼 애매한 것에 어떻게 적용될 수 있겠는가? 특정 경험이 어느 정도까지 특정한 우울증에 기여하는지는 판단하기 어려우며, 사람들이 어떤 화학작용을 통해 외부 상황에 우울증으로 반응하게 되는지 설명하는 것도, 어떤 사람을 본질적으로 우울하게 만드는 것이 무엇인지 밝혀내는 것도 불가능하다.

대중매체와 제약업계에서는 우울증이 당뇨병처럼 단일한 약효로 치료될 수 있는 병인 양 떠들지만 사실은 그렇지 않다. 사실 우울증은 당뇨병과는 비슷하지도 않다. 당뇨병 환자는 충분한 인슐린을 만들어 내지 못하기 때문에 당뇨병 치료는 혈류 속 인슐린의 양을 증가시키고 수치를 안정시키는 방식으로 진행된다. 그러나 우울증은 현재 측정 가능한 어떤 것의 수치가 떨어진 결과는 아니다. 뇌속의 세로토닌[혈관 수축 및 신경전달물질로 작용. 너무 많으면 뇌를 자극하고 부족하면 침정(沈靜) 작용을 일으킨다.] 수치를 높이면 결과적으로 많은 우울증 환자들이 기분이 나아지는 효과를 경험하지만, 그들이 비정상적으로 세로토닌의 수치가 낮기 때문에 그러한 것은 아니다. 더구나 세로토닌은 즉각적인 유익한 효과들을 내지도 않는다. 우울증 환자의 뇌에 세로토닌을 1갤런쯤 투여해도 즉시 나아지는 건 없다. 다만 세로토닌 수치를 장기간 지속적으로 높여 주면 우울증 증상들을 조금 완화시키는 정도다. "나는 우울증이지만 그건 단지 화학적 작용일 뿐이야."라고 말하는 건 "나는 흉악하지만 그건 단지 화학적 작용일 뿐이야."나 "나는 이지적이지만 그건 단지 화학적 작용일 뿐이야."라고 말하는 것과 같다. 그런 식으로 생각하기를 원한다면 우리의 모든 것이 화학적 작용의 문제다. 조울증을 앓고 있는 매기 로빈스는 이렇게 말한다. "우울증을 '단지 화학적 작용일 뿐'이라고 말하는 사람들이 있어요. 내가 하고 싶은 말은, 화학작용에 '단지'라는 것은 없다는 거예요." 태양은 밝게 빛나며 그것도 단지 화학적 작용일 뿐이다. 바위가 단단한 것도, 바다가 짠 것도, 어느 봄날 오후 불어온 미풍에 긴 겨울 동안 눈 속에서 잠자던 갈망들과 상상들을 불러일으키는 향수 같은 것이 실려 있는 것도 마찬가지다. 컬럼비아대학교의 데이비드 맥다월은 이렇게 말한다. "이 세로토닌 문제는 현대 신경 신화의 한 부분입니다." 이것은 강한 설득력을 지닌 이야기들의 묶음인 것이다.

　　내적 현실과 외적 현실은 연속선상에 있다. 외적으로 일어나는 것과 그것이 일어난 것에 대한 우리의 이해와 그에 대한 반응은 대개 연결되어 있지만, 하나가 나머지 것들을 예고하지는 않는다. 현실 그 자체가 종종 상대적인 것이고 자아도 영구적인 변화 상태에 있을 때 가벼운 기분에서 극단적인 기분으로의 이행은 마치 글리산도[높이가 다른 두 음 사이를 손가락으로 훑어 미끄러지듯 연주하는 주법]처럼 이루어진다. 그러므로 병은 극단적인 상태의 감정이고 감정은 가벼운 형태의 병이라고 할 수도 있다. 우리가 만일 항상 즐겁고 기분이 좋다면(망상적인 조증 상태는 제외하고) 더 많은 것들을 이루어 내고 지상에서 더 행복한 삶을 누릴 수 있겠지만, 그건 생각만 해도 무섭고 소름 끼치는 일이다. (물론 항상 즐겁고 기분이 좋다면 무섭고 소름 끼치는 것에 대해 모두 잊게 될 수도 있지만.)

　　인플루엔자는 간단명료하다. 그 바이러스는 어제는 몸 안에 없다가 오늘 생기는 식이다. 에이즈 바이러스도 아주 짧은 한순간 한 사람에게서 다른 사람에게로 감염된다. 우울증은? 그것은 우리 모두가 하루에 몇 차례씩 겪는 배고픔과 마찬가지로 객관적인 범주를 제시하기 어렵지만, 극단적인 경우 목숨을 앗아 가는 비극이 된다. 사람에 따라 필요한 음식량이 다르고 어떤 이들은 극심한 영양실조 상태에서도 기능을 유지하지만 어떤 이들은 급속히 허약해져서 길에서 쓰러진다. 마찬가지로 우울증도 사람마다 다르게 나타난다. 어떤 이들은 그것에 저항하거나 이겨 내는 힘이 있는 반면 어떤 이들은 꼼짝없이 휘둘린다. 유약하고 순종적인 사람을 무너뜨리는 우울증을 고집과 자존심으로 이겨 내는 사람도 있다.

우울증은 성격과 상호작용을 한다. 어떤 이들은 우울증에(그 진행 과정과 이후에) 용감하게 맞서고 어떤 이들은 약하게 무너진다. 성격 또한 임의적인 것이고 곤혹스러운 화학작용이므로 모든 걸 유전 탓으로 돌릴 수도 있지만 그건 너무 간단한 방법이다. "기분 유전자 같은 것은 없습니다. 그것은 매우 복잡한 유전과 환경의 상호작용에 대한 약칭일 뿐이죠." 국립정신건강연구소 소장 스티븐 하이먼의 말이다. 우리 모두 특정한 상황에서 어느 정도의 우울증을 가질 수 있다면 그것과 싸울 능력도 있는 것이다. 그리고 그 싸움은 종종 가장 효과적인 치료법을 모색하는 형태를 띠게 된다. 그 싸움은 아직 힘이 남아 있을 때 도움을 구하는 것이고 심각한 우울증 삽화들 사이의 삶을 최대한으로 이용하는 것이다. 끔찍한 우울증에 시달리지만 인생에서 성공을 거두며 사는 사람들도 있고 가벼운 우울증에도 완전히 망가지는 사람들도 있다.

가벼운 우울증을 약물치료의 도움 없이 이겨 내는 데는 몇 가지 이점이 있다. 우선 자신의 화학적 불균형을 화학적 의지를 통해 바로잡을 수 있다는 인식을 얻게 된다. 뜨거운 석탄 위를 걷는 법을 배우는 것 또한 고통이라는 피할 수 없는 신체적 화학작용으로 보이는 것에 대한 두뇌의 승리이며 위대한 정신력을 발견하는 짜릿한 방법이다. 또한 '스스로의 힘으로' 우울증을 이겨 내면 정신병 치료에 부수되는 사회적 불편을 피할 수 있다. 이것은 있는 그대로의 자신을 받아들이고 외부의 도움 없이 자신의 내적인 장치들을 통해서만 자신을 재건하는 것이다. 정신적 고통에서 점차 회복되다 보면 고통거리 자체에 대한 분별이 생긴다.

그러나 내적인 장치들에 그런 임무를 맡기기란 쉬운 일이 아니며 부적절한 경우도 많다. 우울증은 기분에 대한 정신의 지배력을 파괴하는 경우가 흔하기 때문이다. 사랑하는 사람을 잃으면 슬픔의 복잡한 화학작용이 일어나고 상실감과 사랑의 화학작용이 우울증의 화학작용으로 이어질 수 있다. 사랑에 빠지는 화학작용은 완전히 외적인 이유들에 의해 일어날 수도 있으며 이성적으로 설명 못 할 방식으로 이루어질 수도 있다. 이러한 감정의 광기를 치료하고자 한다면 그렇게 할 수도 있을 것이다. 사춘기 아이들이 최선을 다하고 있는 부모에게 분노를 보이는 것도 광기에 해당되지만 일반적이고 획일화된 광기이기 때문에 우리는 이것을 상대적으로 의심 없이 묵인한다. 그런데 일반적인 기준으로는 그런 광기를 느끼기에 충분치 않다고 여겨지는 외적 이유들에 의해 그런 화학작용이 일어나는 경우들도 있다. 만원 버스에서 누군가와 부딪쳤을 때 울고 싶어지거나 세계의 인구 과잉 현상에 대한 글을 읽고 자신의 삶이 견딜 수 없게 여겨지는 것과 같은 경우들이다. 누구나 사소한 문제로 지나치게 심각한 감정을 느끼거나 원인이 분명치 않은(어쩌면 원인 자체가 없는) 감정에 젖는 경험을 하게 된다. 때로는 분명한 외적 이유 없이 그런 화학작용이 일어나기도 한다. 대부분의 사람들이

(흔히 한밤중이나 자명종이 울리기 전 이른 아침에) 불가해한 절망의 순간들을 체험한다. 그런 감정이 10분 정도 지속된다면 그건 일시적인 묘한 기분이다. 그러나 열 시간 지속되면 성가신 발열(發熱)이며, 10년 지속되면 커다란 타격을 주는 병이다.

우리는 행복에 대해서는 항상 그 덧없음을 느끼는 반면 우울한 감정에 빠져 있을 때는 그 상태가 영원히 지속될 것 같은 느낌을 갖는다. 기분은 변하는 것이라고, 오늘의 기분이 내일이면 달라지리라 믿는다 해도 행복감에는 슬픔에 빠져들듯 푹 빠져들지 못한다. 내 경우 슬픔은 늘 존재해 왔고 아직도 한층 강력한 감정으로 존재한다. 그것은 만인의 보편적인 체험은 아닐지라도 우울증이 자라나는 토대일 수 있다. 나는 우울증에 빠지는 게 싫었지만 우울증 속에서 나 자신의 크기, 내 영혼의 최대한의 범위를 알게 되었다. 나는 행복할 때는 행복감 때문에 마음이 좀 산란해진다. 행복감이 내 정신과 두뇌 속에서 활동을 원하는 어떤 부분을 이용하는 데 실패하기라도 한 것처럼. 우울증으로부터의 탈출은 싫어하는 일에서 은퇴하는 것과 같아 너무도 행복하게 들리는 그 자유시간을 받아들이기가 좀 힘이 든다. 상실의 순간에 나의 이해력은 강화되고 예리해진다. 유리로 된 물체가 내 손에서 미끄러져 바닥으로 떨어지는 순간 나는 그것의 아름다움을 완벽하게 볼 수 있다. 쇼펜하우어는 이렇게 말했다.[7] "우리는 기대했던 것보다 기쁨은 훨씬 덜 기쁘게, 고통은 훨씬 더 고통스럽게 느낀다. 배가 똑바로 나아가려면 바닥짐을 실어야 하듯, 우리에게는 늘 어느 정도의 근심이나 슬픔이나 결핍이 필요하다."

러시아에는 "잠에서 깨었을 때 아무 고통이 없다면 죽은 줄 알라."는 말이 있다. 인생은 고통뿐인 건 아니지만 격렬한 고통의 체험은 생명력의 가장 확실한 표시다. 다시 쇼펜하우어의 말을 들어 보자. "만물이 저절로 자라고, 구워진 칠면조들이 날아다니고, 연인들이 지체 없이 서로를 발견하고 아무 어려움 없이 서로를 지킬 수 있는 유토피아로 우리 인류가 이주했다고 상상해 보자. 그런 곳에서 살게 되면 어떤 사람들은 권태로 죽거나 목을 매달고 어떤 사람들은 싸워서 서로 죽이는 식으로 자연이 가하는 것보다 더 많은 고통을 스스로 만들어 낼 것이다. …… 고통의 정반대는 권태다." 나는 고통은 변형되어야 하되 잊혀선 안 되고, 부정되어야 하되 지워져선 안 된다고 믿는다.

나는 우울증에 대한 가장 일반적인 통계 수치들 가운데 일부는 현실에 기반을 두고 있음을 확신한다. 진실과 수치를 혼동하는 것은 잘못이지만 이 수치들은 우리를 놀라게 한다. 최근 조사 결과에 따르면 미국인의 약 7퍼센트(1900만 명 정도)*가 만성적인 우울증에 시달리고 있다고 한다.[8] 이 중 어린이가 200만 명을 넘는다. 환자의 기분이 조증과 우울증의 양극단을 오간다고 해서 양극성 질환이라고도 부르는 조울증의 경우 230만 명[9]을 헤아리며 젊은 여성의 경우 두 번째, 젊은 남성의 경우 세 번째 사망 원인으로 기록되고 있다. 『정신장애의 진단 기준 및 통계 편람 4판』에 기술된 우울증은 미국은 물론 세계적으로 다섯 살이 넘는 사람들의 주요 장애 원인이다. 개발도상국을 포함한 전 세계에서 우울증은 사망률과 건강한

---

* (옮긴이) 1997년 미국 인구는 약 2억 7500만 명이었으므로 1900만 명은 그의 7퍼센트에 해당한다. 원문에는 3퍼센트라고 말하고 있으나 임의로 바로잡았다.

삶을 누리지 못하고 장애인으로 살게 되는 기간 등을 종합적으로 고려한 지표인 질병부담률(disease burden)에서 심장병 다음인 2위를 달린다.10 우울증은 전쟁, 암, 에이즈를 모두 합한 것보다 더 오랜 세월을 빼앗는다.11 우울증은 알코올중독에서 심장 질환에 이르는 여러 질병들의 원인이 되며 정체를 감추고 그런 질병들 뒤에 숨어 있기도 한데, 그런 경우들까지 고려한다면 우울증은 지상에서 제1의 사망 원인이 될 것이다.12

현재 우울증 치료법은 급격한 증가 추세에 있지만 중증 우울증을 경험한 미국인 중 어떤 형태로든 (하다못해 성직자나 상담사에게라도) 도움을 청한 적이 있는 사람은 절반에 불과하다고 한다. 그 50퍼센트 중에서도 약 95퍼센트는 정신 질환에 대해서는 잘 모르는 경우가 많은 1차 진료 기관의 내과의를 찾는다.13 현재 우울증을 앓는 미국의 성인이 자신의 질환에 대해 인지할 확률은 약 40퍼센트 정도다.14 그런데도 열 명 중 하나 꼴인 약 2800만 명 정도의 미국인이 SSRIs [Selective Serotonin Reuptake Inhibitors: 선택적 세로토닌 재흡수 억제제. 프로작이 이 계열에 속한다.] 항우울제를 복용하고 있으며 그 외의 약물을 복용하는 사람들도 상당수다.15 자기가 무슨 병인지 아는 우울증 환자들 가운데 적절한 치료를 받는 사람은 반도 못 된다. 우울증의 범위가 확대되어 점점 더 많은 일반 인구를 포함하게 되면서 정확한 치사율을 산출하기가 갈수록 힘들어지고 있다.16 예전 통계에 따르면 우울증 환자의 15퍼센트가 결국 자살을 하게 되는데, 이 수치는 중증의 경우에는 여전히 유효하다. 가벼운 우울증까지 포함하는 최근 조사 결과를 보면 우울증 환자의 2에서 4퍼센트가 우울증의 직접적인 결과로 자살을 하게 된다고 한다. 이 정도도 충격적인 수치다. 20년 전만 하더라도 치료를 요하는 우울증 환자는 전체 인구의 1.5퍼센트 정도였는데 이제 5퍼센트가 되었고, 현존하는 미국인의 10퍼센트 정도가 살아가는 동안 중증 우울증을 겪게 될 것으로 예상된다.[17] 그리고 50퍼센트 정도가 우울증의 몇 가지 증세들을 겪게 될 것이다. 임상적인 문제들이 증가했고 치료법들은 그보다 훨씬 더 많이 증가했다. 진단도 발전해 가고 있지만 아직 갈 길이 멀다. 우울증의 발생은 선진국들에서, 특히 어린이들 사이에서 증가 추세에 있다. 발병 연령도 앞당겨져서 앞 세대보다 10년 빨라진 스물여섯 살께에 처음 발병하고, 양극성 장애인 조울증은 그보다 더 빨리 발병한다.[18] 상황은 악화되고 있다.

우울증에 대해 과잉 치료를 하면서 정작 우울증 치료에 소홀하게 되는 경우도 드물게는 있다. 완전한 기능장애에 이른 경우 결국 입원해서 우울증 치료를 받게 되기 쉬운데 이따금 우울증이 신체적 질환들로 혼동되어 우울증 대신 그 질환들에 대한 치료를 하게 될 수도 있기 때문이다. 그러나 무수한 사람들이 (정신 치료 및 정신약물학적 치료 분야의 대혁명에도 불구하고) 절망적인 고통을 견디며 가까스로 버티고 있다. 도움을 청하는 이들 중 반 이상이(우울증 인구의 25퍼센트가) 아무런 치료도 받지 못한다. 그리고 치료를 받는 사람들의 반 정도가(우울증 인구의 13퍼센트 정도가) 신경안정제나 영적인 심리요법 같은 부적절한 치료를 받는다. 그리고 나머지에서 절반이(우울증 인구의 6퍼센트 정도) 부적절한 기간 동안 부적절한 양을 투약받는다. 그렇게 되면 전체 우울증 인구의 6퍼센트가량만이 적절한 치료를 받고 있는 셈이다. 그러나 이들 중 많은 수가 결국 약물치료를 중단하게 되는데 대개 심각한 부작용 때문이다. 미시간대학교 정신건강연구소 존 그레덴 소장은 이렇게 말한다. "상대적으로 비용도 저렴하고 심각한 부작용도 거의 없이 관리될 수 있는 질환인데도 전체의 1퍼센트에서 2퍼센트 정도만이 최적의 치료를 받고 있는 상황이다." 반면 대중적인 약물들이 홍수처럼 쏟아지는 시대에 태어난 걸 축복으로 여기고 누구나 겪는 가벼운 불편들까지 약으로 해결하려는 이들도 있다.

슈퍼모델의 등장으로 여성들이 자신에 대한 비현실적인 기대를 갖게 되면서 자신의 이미지를 부정적으로 보게 되었다는 건 널리 입증된 사실이다.[19] 그러나 1990년대의 정신적 슈퍼모델은 육체적인 슈퍼모델보다 더 위험하다. 사람들은 부단히 자신의 마음을 점검하며 자신의 기분들을 거부한다. 신약 개발이 이루어지던 1970년대와 1980년대에 국립정신건강연구소 정신약물학과 책임자를 지낸 윌리엄 포터는 이렇게 말했다. "많은 사람들에게 효험이 있다고 스스로 믿고 있으며 또 그럴 만한 이유가 있는 어떤 약물을 투여하면 가끔 기적의 사례들이 보고된다. 물론 비극적인 사례도 나타난다." 프로작은 너무도 쉽게 허용되어 거의 누구나 복용할 수 있으며 실제로 그렇게들 하고 있다. 이 약은 모노아민산화효소억제제 [MAOIs: Monoamine Oxidase Inhibitors]나 삼환계 항우울제(Tricyclics) 따위의 더 오래된 항우울제들을 쓰기에는 부담을 느끼던, 증상이 가벼운 환자들이 쓰고 있다. 꼭 우울증이 아니더라도 이 약을 쓰면 슬픔에 무뎌질 수 있으니 고통을 안고 살아가는 것보다는 그런 약을 복용하는 편이 낫지 않을까?

우리는 전에는 치료 가능한 것, 쉽게 조절될 수 있는 것을 성격이나 기분으로 취급했지만 이제는 병으로 취급한다. 난폭성도 치료약이 나오는 즉시 병이 될 것이다. 수면, 식욕, 힘, 흥미의 변화를 동반하는 가벼운 아픔과 만개한 우울증 사이에는 많은 회색의 상태들이 존재하며, 이러한 상태들이 개선 방법이 속속 발견되면서 병으로 분류되는 예가 늘고 있다. 그러나 그 경계선은 여전히 임의적이다. 우리는 지능지수 69를 지적장애로 규정하고 있지만 72인 사람도 상태가 좋지 못할 수 있고 65인 사람이 정상인처럼 살 수도 있다.[20] 콜레스테롤 수치도 220 미만을 유지해야 한다고 하는데 221이어도 죽지는 않으며 219라도 조심해야 한다. 69와 220은 임의적인 기준이며 우리가 병이라고 부르는 것 또한 실제로 매우 임의적이다. 우울증도 이와 마찬가지로 유동적이다.

우울증 환자들은 고통에서 광기로의 이행을 묘사할 때 항상 "벼랑 끝에서 떨어진다."는 표현을 쓴다. 이것은 매우 물리적인 묘사로 '심연으로' 떨어진다는 의미를 함축하는 경우가 많다. 벼랑 끝은 실제로 극히 추상적인 은유이기 때문에 그토록 많은 사람들이 한결같이 그런 표현을 쓴다는 건 놀라운 일이다. 벼랑 같은 데서 떨어져 본 사람은 거의 없으며 심연으로 떨어진 사람은 더욱 없다. 그랜드 캐니언? 노르웨이의 피오르? 남아프리카의 다이아몬드 광산? 심연은 발견하기조차 어렵다. 사람들에게 심연에 대해 물으면 거의 일치된 대답이 나오는데 그 첫째는 암흑이라는 것이다. 심연으로 떨어지는 것은 햇빛으로부터 캄캄한 어둠으로 떨어지는 것이다. 그 안에서는 아무것도 볼 수가 없으며 도처에 위험이 도사리고 있다. (그 심연이라는 곳은 바닥도, 벽도 위험투성이다.) 떨어지고 있는 동안은 얼마나 깊이 떨어질지 알 수도 없으며 추락을 멈출 수도 없다. 보이지 않는 물체들에 연신 부딪혀 몸이 갈가리 찢기지만 그곳의 환경은 너무도 불안정해서 도무지 파악이 불가능하다.

고소공포증은 세상에서 가장 흔한 공포증인데 우리 조상들에게 분명 유익한 것이었으리라. 고소공포증이 없었다면 벼랑에서 떨어져 자손을 남기지도 못했을 테니 말이다. 벼랑 끝에 서서 아래를 내려다보면 현기증이 난다. 몸이 그 어느 때보다 작동을 잘해서 완벽한 정확성을 가지고 뒤로 물러나야 하는데 제대로 되지 않는다. 꼭 떨어질 것 같은 생각이 들고 그렇게 한참을 내려다보다 보면 진짜로 떨어진다. 몸이 마비되기 때문이다. 나는 친구들과 함께 아프리카의 빅토리아 폭포에 놀러 간 적이 있었는데 잠베지강 위로 높은 절벽이 깎아지른 듯 솟아 있었다. 우리는 젊은 혈기에 누가 더 절벽 끝에 바짝 다가가 사진의 포즈를 취할 수 있는지 시합을 했다. 모두가 선 자세보다는 엉거주춤한 자세로 더 다가갈 수 있었고, 절벽 끝에 가까워지자 현기증과 함께 마비 증세를 느꼈다. 나는 우울증이란 것이 대개는 우리를 벼랑 끝 너머로 보내는 것이라기보다는 (그러면 곧 죽게 될 것이다.) 벼랑 끝으로 바싹 끌어당겨 너무 멀리 갔다는 생각에 공포에 젖어 현기증으로 균형 감각을 완전히 상실하게 만드는 것이라고 생각한다. 우리는 그때 빅토리아 폭포에서, 실제 절벽 끝보다 훨씬 안쪽에 우리가 지나가지 못할 보이지 않는 끝이 존재한다는 것을 깨달았다. 우리 모두 절벽 끝에서 3미터쯤 떨어진 곳에서는 아무렇지도 않았다. 그런데 1.5미터까지 다가가자 대부분 움찔했다. 한 지점에서, 내 사진을 찍어 주던 친구가 잠비아로 가는 다리를 배경에 넣으려고 내게 말했다. "왼쪽으로 1인치만 더 갈래?" 나는 순순히 왼쪽으로 한 발짝 움직였다. 나는 멋진 미소를 지었고 그 미소는 사진에 담겼다. 그런데 그 친구가 "절벽 끝에 좀 가까워졌어. 돌아와."라고 말했다. 그때까지만 해도 그곳에 서 있는 것이 아주 편안했는데 아래를 내려다보자 선을 넘었다는 생각이 들었다. 나는 얼굴에서 핏기가 싹 가셨다. "괜찮아." 친구는 그렇게 말하면서 내게 다가와 손을 내밀었다. 실제 절벽 끝은 10인치나 떨어져 있었는데도 나는 무릎을 꿇고 땅에 납작 엎드려 안전한 곳까지 기어가야 했다. 나는 균형감각에 아무런 이상이 없으며 18인치 폭의 플랫폼 위에도 쉽게 설 수 있고 아마추어 탭댄스도 (무대에서 떨어지지 않을 정도로) 할 수 있다. 그런데 잠베지강 가까이에는 설 수가 없었다.

사람을 마비시키는 절박감은 우울증의 커다란 한 부분을 이룬다. 우리는 6인치 높이에서는 할 수 있는 것을 천 길 낭떠러지에서는 하지 못한다. 추락에 대한 공포가 (바로 그 공포 때문에 떨어질 수도 있는데도) 우리를 사로잡는다. 우울증 상태에서는 실제 일어나는 일도 끔찍하지만 앞으로 일어날 일에 대한 공포도 떨쳐 낼 수 없다. 무엇보다도 자신이 죽을 거라는 느낌이 든다. 죽음 그 자체는 그리 나쁠 것도 없지만 죽음의 경계선에서 사는 것은 끔찍하다. 중증 우울증에 빠지면 우리를 구하기 위해 내미는 손들에 닿을 수가 없다. 절벽 끝과는 거리가 좀 있는데도 몸을 움직이면 균형을 잃고 떨어질 것만 같아 땅에 무릎을 꿇거나 손을 짚을 수도 없다. 아, 그것은 심연의 이미지들과 일치한다. 어둠, 불확실성, 통제력의 상실. 실제로 심연 속으로 끝도 없이 추락하다 보면 통제력 같은 것은 가능하지도 않다. 통제력이 가장 필요한 때에 그것을 상실했다는 소름 끼치는 기분은 끔찍한 절박감으로 이어진다. 우울증이 지나치게 깊어지면 미래의 고통에 대한 예견 속에서만 현재를 살게 된다. 우울증이 지나치게 깊어지면 안전한 영역에 서 있어도 더 이상 균형을 잡을 수 없다. 우울증 상태에서는 현재에도 미래의 고통에 대한 예견만 하게 되며 현재로서의 현재는 아예 존재하지도 않게 된다.

　　우울증은 겪어 보지 못한 사람들은 거의 상상할 수 없는 상태다. 우울증 체험에 대해 이야기하려면 덩굴 식물, 나무, 절벽 같은 일련의 은유들을 사용할 수밖에 없다. 우울증은 은유들에 의존하기 때문에 진단도 쉽지 않으며, 환자에 따라 선택하는 은유도 다르다. 셰익스피어의 『베니스의 상인』에서 안토니오의 호소를 들어 보자. 많은 세월이 흘렀건만 우울증은 그때나 지금이나 별반 달라진 게 없다.

> 그 슬픔은 나를 지치게 하네,
> 자네도 마찬가지란 말이군;
> 그러나 어쩌다 그것을 갖게 되었는지,
> 그것이 무엇으로 만들어졌고 어디서 생겨났는지
> 난 알지 못한다네;
> 그런 알지 못하는 슬픔이 나를 채우고 있으니,
> 자신을 알기 위한 노력을 많이 해야겠네.

　　솔직히 인정하기로 하자. 우리는 무엇이 우울증을 유발하는지 모른다. 우울증이 무엇으로 이루어져 있는지도 모른다. 왜 특정한 치료들이 우울증에 효과적인지도 모른다. 우울증이 어떠한 진화 과정을 거쳐 왔는지도 모른다. 다른 사람들에게는 아무 문제도 없는 상황에서 왜 어떤 사람은 우울증에 걸리는 것인지도 모른다. 이런 상황에서 의지가 어떻게 작용하는지도 모른다.

　우울증 환자의 주위 사람들은 환자 스스로 자신을 다스려 주기를 바란다. 우리 사회는 여간해서는 침울해할 여지를 주지 않는다. 환자의 배우자, 부모, 자녀들, 친구들은 자신도 의기소침해지기 쉬우므로 우울증에 가까이 가고 싶어 하지 않는다. 최악의 중증 우울증 상태에서 도움이라도 요청할 수 있으면 다행이지만, 일단 도움이 주어지면 그것을 적극적으로 받아들이려 노력해야 한다. 우리는 프로작이 도움을 주기를 원하지만 내 경험으로 볼 때, 본인의 협조 없이는 프로작도 도움이 될 수 없다. 우울증 환자는 사랑하는 사람들의 말에 귀 기울여야 한다. 스스로 삶의 의미를 잃었다 하더라도 그들을 위해서라도 살아야 한다고 믿어야 한다. 우울증이 앗아간 추억들을 찾아내 미래에 투영해야 한다. 용감해지고, 강해지고, 착실히 약을 먹어야 한다. 몸이 천근만근 무겁더라도 운동을 해야 한다. 음식 냄새도 맡기 싫다 해도 먹어야 한다. 이성을 잃었다면 자신을 설득해야 한다. 이런 권고들은 중국 음식점에서 주는 행운의 과자에 들어 있는 점괘처럼 들릴 수도 있겠지만 우울증에서 벗어나는 가장 확실한 길은 우울증을 싫어하고 우울증에 익숙해지지 않는 것이다. 마음에 엄습하는 끔찍한 생각들을 차단해야 한다.

　나는 우울증 치료를 오랫동안 지속해야 할 것이다. 나도 그것이 어떻게 일어나는지 말할 수 있었으면 좋겠다. 나는 어떻게 그런 우울증의 심연으로 떨어지게 된 것인지 전혀 모르며, 어떻게 다시 회복되었는지도 잘 모른다. 나는 존재하는 것, 즉 덩굴 식물을 제거하기 위해 정규적인 방법들을 총동원했고 그다음에는 부재하게 된 것을 복구하기 위해 걸음마다 말을 배울 때처럼 근면하면서도 직관적인 노력을 기울였다. 나는 여러 번 가벼운 일탈을 경험했고 두 차례 심각한 우울증 삽화를 겪었으며 휴지기를 거친 뒤 세 번째 삽화를 겪었다. 그 이후 네 번째 삽화를 피하는 처방에 따르고 있다. 나는 매일 아침과 밤에 손바닥에 놓인 흰색, 분홍색, 빨간색, 청록색 알약들을 바라본다.21 그것들은 이따금 글씨처럼 보이기도 하는데, 그 상형문자에는 앞으로는 괜찮을 것이며 계속 살아가면서 지켜보는 것이 자신에 대한 의무라는 의미가 담겨 있다. 또 가끔은 하루에 두 번씩 나의 장례식을 삼키는 듯한 기분도 든다. 이 약들이 없었다면 오래전에 세상을 떠났을 것이기 때문이다. 집에 있을 때는 일주일에 한 번씩 치료사를 찾아간다. 가끔은 그런 만남을 지겨워하기도 하고, 가끔은 해리성[다중인격] 장애 환자처럼 흥미로워하기도 하고, 가끔은 직관 같은 것을 얻기도 하지만 그런 건 중요하지 않다. 중요한 건 내가 그의 말을 통해 얻는 지식이며, 나는 장례식을 삼킬 수 있을 정도로 자신을 재건한다. 그 만남에서는 많은 말을 한다. 나는 말이 강하다고 믿는다. 말은 삶이 즐겁기보다 두렵게 여겨질 때 우리가 두려워하는 것을 제압할 수 있다. 나는 점점 더 집중력을 가지고 사랑으로 돌아서게 되었다. 사랑은 다른 방식으로의 진전이다. 우리에게는 통합적인 노력이 필요하다. 하나씩 떼어 놓으면 약은 약한 독이고, 사랑은 무딘 칼이며, 통찰력은 무리하게 잡아당기면 끊어지고 마는 밧줄이고, 의지력은 부질없는 몸짓에 불과하므로 그것들 모두가 힘을 합쳐야 한다. 그것들이 있고 행운이 따른다면 나무에서 덩굴 식물을 잘라 낼 수 있다.

나는 이 시대를 사랑한다. 물론 시간 여행을 할 수 있어서 성경 속 이집트와 르네상스 시대의 이탈리아, 엘리자베스 여왕 시대의 영국, 전성기의 잉카 왕국을 여행할 수 있다면, 시바 여왕이 살았다는 그레이트 짐바브웨 시대의 사람들을 만나 보고, 아메리카 대륙의 원주민들이 어떤 모습으로 생활했는지 볼 수 있다면 좋을 것이다. 그러나 다른 시대에 살고 싶은 마음은 없다. 나는 현대의 안락함이 좋다. 우리의 복잡한 철학이 좋다. 이 새 천년에 우리의 뇌리에서 떠나지 않는 대대적인 변화의 느낌, 바야흐로 인류가 과거에 알았던 것보다 더 많은 것을 알게 될 찰나인 듯한 느낌이 좋다. 지금 내가 살고 있는 지역의 상대적으로 수준 높은 사회적 관용이 좋다. 자유로이 세계를 여행할 수 있어서 좋다. 과거보다 사람들이 더 오래 사는 것이 좋고, 시간이 천 년 전보다 조금은 더 우리 편인 것이 좋다.

그러나 우리는 이 물질적인 환경 속에서 미증유의 위기에 직면해 있다. 우리는 놀라운 속도로 지구의 생산물을 소비하고 땅과 바다와 하늘을 파괴하고 있다. 열대우림은 사라지고, 바다는 산업 쓰레기로 넘치고, 오존층은 엷어지고 있다. 인구는 과거 어느 때보다 많고 내년에는 더 늘 것이며 후년에는 더 늘 것이다. 우리는 다음 세대, 그다음 세대, 그 다음다음 세대를 괴롭힐 문제들을 만들어 내고 있다. 인류는 돌을 깎아 처음 칼을 만들고 아나톨리아의 농부가 처음 씨앗을 심은 이래 줄곧 지구를 변화시켜 왔지만 이제 그 변화의 속도는 감당할 수 없는 지경에 이르렀다. 나는 환경 문제를 가지고 법석을 떠는 사람은 아니다. 지구의 멸망이 임박했다고 믿지도 않는다. 그러나 자멸을 피하려면 현재의 진행 방향을 바꾸어야만 한다는 것은 확신한다.

그런 문제들에 대한 새로운 해결책들을 찾아내는 것은 인류가 지닌 복원력의 표시다. 세상은 계속되고 생명체들도 계속된다. 우리의 환경이 태양으로부터 우리를 보호해 주는 능력이 저하되면서 피부암이 과거 어느 때보다 기승을 부리고 있다.[22] 나는 여름이면 자외선 차단 지수가 높은 선크림을 바르고 그런 크림은 나를 안전하게 보호해 준다. 나는 가끔 피부과에 가서 햇볕에 탄 얼룩의 조직 검사를 받는다. 전에는 바닷가에서 벌거숭이로 뛰어놀던 아이들이 이제 자외선 차단제를 잔뜩 바른다. 전에는 한낮에도 웃통을 벗고 일하던 사내들이 이제 꼭 옷을 입고 그늘을 찾는다. 우리는 이러한 위기에는 대처할 능력이 있다. 밤에만 외출하면서 어둠 속에서 살지 않아도 되도록 많은 해결책들을 찾아냈다. 그러나 자외선 차단제가 있든 없든 우리는 남아 있는 것을 파괴하지 않도록 노력해야 한다. 아직은 오존층이 많이 남아 있고 제 역할을 해내고 있다. 모두 자동차 이용을 중단한다면 환경에는 좋겠지만 극단적인 위기가 닥치지 않는 한 그런 일은 일어나지 않을 것이다. 솔직히 나는 자동차 없는 세상보다는 달나라에 가서 사는 세상이 더 빨리 올 것 같다. 나도 차를 모는 사람이며 그것을 포기하고 싶은 생각은 없다. 극단적인 변화는 불가능하기도 하거니와 여러모로 바람직하지 못하지만, 변화가 필요한 건 분명하다.

우울증은 인간이 자의식적인 사고를 하기 시작한 이래 계속 존재해 왔다. 아니, 어쩌면 그 이전부터 존재했을지도 모르며 원시 인류가 처음으로 동굴 생활을 하기 이전부터 원숭이와 쥐들이 (어쩌면 문어까지도) 그 질환을 앓았는지 모른다. 현대의 우울증 증상은 약 2,500년 전에 히포크라테스가 기술해 놓은 상태와 별반 다르지 않다. 우울증도 피부암도 20세기 말의 창조물은 아니다. 피부암과 마찬가지로 우울증도 상당히 구체적인 이유들로 인해 점차적으로 악화되는 육체적 고통이다. 그러니 문제 발생을 알리는 분명한 메시지를 너무 오래 무시해서는 안 된다. 과거에는 그대로 묻혀 있었던 정신적 취약성들이 이제는 본격적인 임상 치료를 받는 질환이 되었다. 우리는 현재 자신이 안고 있는 문제에 대한 즉각적인 해결책을 적절히 이용해야 할 뿐만 아니라 그것이 우리의 마음을 훔치지 못하도록 막아야 한다.

우울증이 20세기의 현상이 아닌 건 사실이지만 우울증 환자의 증가는 두말할 필요 없이 현대성의 결과다. 현대 삶의 속도, 기술혁신이 초래한 혼돈, 사람들이 서로에게 느끼는 소외감, 전통적인 가족 구조의 붕괴, 풍토병이 되다시피 한 외로움, (종교적, 도덕적, 정치적, 사회적 분야를 총망라하여 과거 인간들에게 삶의 의미와 방향성을 제시했던) 믿음 체계의 와해는 파국적이다. 다행히 우리는 그런 문제에 대처할 시스템들을 발전시켜 왔다. 우리에게는 기질적 장애를 치료하는 약물과 만성병의 감정적 동요를 다루는 심리치료가 있다. 우울증은 우리 사회에 점점 더 큰 부담이 되고 있지만 파멸을 초래할 정도는 아니다. 우리는 자외선 차단제와 야구 모자와 차양의 정신적 대응물들을 갖고 있다.

그렇다면 환경 운동의 대응물, 즉 우리가 사회적 오존층에 가하고 있는 손상을 억제할 시스템도 갖추고 있을까? 치료법들이 있다 해서 문제 자체를 간과해서는 안 된다. 우리는 통계 자료들을 보고 겁에 질려야 한다. 가끔은 질병률과 치료법의 수가 서로 앞서려고 경쟁을 벌이는 듯하다. 우리는 현대의 물질문명을 포기하고 싶어 하지 않듯 현대적인 사고를 포기할 마음이 없고 포기할 수도 없다. 그러나 이제 사회의 정서적 오염 수준을 낮추기 위한 작은 노력들을 실천하기 시작해야 한다. 우리는 믿음과(신에 대한 믿음이든 자신에 대한 믿음이든 그 중간 존재에 대한 믿음이든, 그 어느 것에 대한 믿음이든) 체계를 찾아야 한다. 우리는 삶의 기쁨을 갉아먹는 고통을 지닌, 인간의 권리를 박탈당한 이들을 도와야 한다. 이것은 저 웅크린 군중과 자신의 삶에 대한 마음으로부터의 동기 부여가 결여된 특권층 둘 다를 위해서다. 우리는 사랑을 실천하고 그것을 가르치기도 해야 한다. 우리는 폭력에 저항해야 한다. 이것은 감상적인 제안이 아니다. 열대우림을 살리자는 절규만큼 절박한 것이다.

어떤 지점에 도달하면(아직 그곳에 이르지는 못했지만 곧 도달하게 될 것이다.) 손상의 정도가 그것으로 인해 얻는 진보보다 더 끔찍해지기 시작할 것이다. 대변혁은 없겠지만 아마도 다른 종류의 학교들과 다른 형태의 가족과 공동체, 다른 방식의 정보가 출현할 것이다. 인류가 지상에서 계속 존재하려면 불가피하게, 우리는 병의 치료와 병을 유발하는 환경을 바꾸는 노력의 균형을 맞추게 될 것이다. 치료에 노력하는 만큼 예방에도 신경을 쓰게 될 것이다. 새 천년이 무르익을 즈음에는 열대우림과 오존층과 하천들과 바다를 살리는 한편 이곳에 사는 사람들의 정신도 살리게 될 것이며 그렇게 되기를 희망한다. 그러면 한낮의 악마인 불안과 우울증에 대한 점증하는 공포를 억누를 수 있을 것이다.

캄보디아인들은 과거의 비극 속에서 살고 있다.[23] 1970년대에 혁명주의자 폴 포트가 캄보디아에 마오쩌둥식 독재 정권을 세우는

데 이것이 바로 크메르루주다. 그 후 몇 년간 이 나라는 피비린내 나는 내전을 치렀고 그로 인해 전체 인구의 20퍼센트 이상이 학살되었다. 엘리트 지식인들은 제거되었고 농부들은 정기적으로 다른 장소로 이동해야 했으며, 그들 가운데 일부는 감옥으로 끌려가 조롱과 고문의 대상이 되었다. 그리하여 캄보디아 전역이 끊임없는 공포에 사로잡혔다. 전쟁에 등급을 매기기는 어렵지만 폴 포트 집권기는 (그 후에 르완다 사태도 참혹했지만) 근세에 보기 드문 끔찍한 시기였다. 만일 우리가 동포의 4분의 1이 살해당하는 것을 목격했고 자신도 폭정의 공포와 고난 속에서 살아왔으며 악조건 속에 만신창이가 된 조국의 재건을 위해 싸워야 한다면 우리의 정서는 어떻게 될까? 나는 그런 충격적인 억압을 견뎌 왔고 지금도 찢어지게 가난하고 오락거리라고는 없고 교육이나 취업의 기회도 거의 없는 캄보디아인들의 정서에 어떤 일이 일어나고 있는지 보고 싶었다. 고통을 직접 목격하기 위한 목적이었기에 다른 나라로 갈 수도 있었지만, 전쟁 중인 곳으로는 가고 싶지 않았다. 전시의 절망 심리는 대개 광적인 데 반해 참화 이후의 절망은 무감각하고 포괄적이기 때문이다. 캄보디아는 파벌 간에 잔혹한 싸움이 벌어졌던 곳이 아니라 모두가 모두와 싸웠던 곳이며, 사회의 모든 메커니즘이 붕괴되고 사랑도 없고 이상주의도 없고 좋은 건 아무것도 남아 있지 않은 곳이었다.

캄보디아인들은 대체로 상냥하며 그곳을 찾는 외국인들에게도 더없이 친절하다. 그들은 대부분 말씨도 부드럽고, 온화하고 매력적이다. 이런 멋진 나라에서 폴 포트의 잔악 행위가 이루어졌다는 사실이 믿기 어려울 정도다. 어떻게 크메르루주 정권이 탄생하게 되었는지에 대해서는 만나는 사람마다 다른 설명을 했지만, 내게는 중국의 문화대혁명이나 스탈린주의나 나치와 마찬가지로 그 어떤 설명으로도 납득이 되지 않았다. 역사를 되돌아보면 특정 국가가 왜 그런 것들에 특히 취약할 수밖에 없었는지 이해하게 되지만 인간 상상력의 어느 곳에서 그런 행위들이 기원하는지는 알 수 없다. 사회구조 자체가 원래 매우 약한 것이기는 하지만 위의 사태들처럼 완전히 붕괴되는 경우에 대해서는 설명이 불가능하다. 그곳의 미국 대사는 내게 말하기를, 캄보디아 사회에는 전통적으로 갈등을 해결하는 평화적인 메커니즘이 존재하지 않는다는 것이 가장 큰 문제라고 했다. "그들은 자신과 다른 것을 부정하고 철저히 억압하죠. 그러다 보면 칼을 빼 들고 싸우게 되는 겁니다." 현재 공직에 몸담고 있는 한 캄보디아인은 캄보디아 국민들이 너무 오랜 세월 절대 왕권 아래에 있다 보니 때가 너무 늦을 때까지 정권에 대항해 싸울 생각을 하지 못했던 것이라고 했다. 그런 식으로 여남은 가지의 설명을 들었지만 나는 여전히 납득할 수가 없었다.

크메르루주 정권의 폭정에 시달려야 했던 사람들과 여남은 차례 인터뷰를 가지면서 나는 그들 대부분이 과거보다는 미래를 생각하며 살고 싶어 한다는 걸 알게 되었다. 그러나 과거 이야기를 들려달라고 조르면 음울한 과거 시제로 미끄러져 들어갔다. 내가 들은 이야기들은 비인간적이고 무시무시하고 혐오스러웠다. 캄보디아에서 만난 모든 성인이 보통 사람들 같았으면 미치거나 자살하고 말 끔찍한 외상을 겪었노라 말했다. 그들이 마음속에 겪은 것은 다른 수준의 공포였다. 나는 타인들의 고통을 보고 나의 고통에 대해 겸허해지기 위해 캄보디아를 찾았던 것이며 그곳에서 철저히 겸허해질 수 있었다.

나는 그곳을 떠나기 닷새 전에, 한때 노벨 평화상 후보에 오르기도 했으며 프놈펜에서 고아원과 우울증에 걸린 여성들을 위한 시설을 운영 중인 팔리 누온을 만나게 되었다. 그녀는 의사들조차 포기할 정도로 정신적 고통이 큰 여성들을 소생시키는 일에 놀라운 성공을 거두고 있었다. 어느 정도인가 하면, 그녀가 운영하는 고아원에서 일하는 사람들이 거의 모두 그녀의 도움으로 우울증을 딛고 일어선 여성들이며 그들은 그녀를 중심으로 하나의 봉사 공동체를 이루고 있었다. 고통받는 여성들을 구하면 그들은 아이들을 구할 것이고 그런 식으로 영향력의 사슬을 이어 가면 나라를 구할 수 있으리라는 것이 그녀의 믿음이었다.

우리는 프놈펜의 여성 센터 근처에 있는 낡은 사무실 건물의 작은 방에서 만났다. 그녀는 의자에 앉았고 나는 맞은편 작은 소파에 앉았다. 팔리 누온의 비대칭적인 눈은 사람을 한눈에 꿰뚫어 보는 듯하면서도 따뜻한 환영의 빛을 담고 있었다. 캄보디아인들이 거의 그렇듯이 그녀도 서구 기준으로는 몸집이 자그마한 편이었다. 드문드문 백발이 섞인 머리는 뒤로 빗어 넘겼는데 그 모습이 단단한 인상을 풍겼다. 그녀는 자신의 주장을 펼칠 때는 공격적인 면도 있었지만 그러면서도 수줍은 태도로 미소를 지었고 말을 하지 않을 때는 시선을 아래로 깔았다.

먼저 그녀가 겪은 이야기를 들었다. 1970년대 초에 팔리 누온은 캄보디아 재무부와 상공회의소에서 타자수 겸 속기 비서로 일했다. 그러다가 1975년에 프놈펜이 폴 포트와 크메르루주의 손에 들어간 후 집에서 남편과 아이들과 함께 체포되었다. 남편은 어딘가로 보내져 그녀는 남편이 처형되었는지 살아 있는지조차 확인할 수 없었다. 그녀는 열두 살 된 딸과 세 살 된 아들과 갓난아이를 데리고 시골로 끌려가 그곳에서 노동을 하게 되었다. 그곳 상황은 끔찍했고 배를 곯아야 했으며 그녀는 동료들 사이에서 "말도 건네지 않고, 웃지도 않고"일만 했다. 모두 언제 죽음을 당할지 모르는 처지였기에 웃음을 잊은 채 살고 있었다. 몇 개월 뒤 그녀와 아이들은 다른 장소로 옮겨졌다. 이송 도중 그녀는 나무에 묶인 채 군인들이 딸을 윤간하고 살해하는 광경을 지켜보아야 했다. 며칠 뒤 팔리 누온의 차례가 되었다. 그녀는 동료 몇 사람과 함께 시 외곽의 들판으로 끌려갔다. 군인들은 그녀의 손을 등뒤로 묶은 다음 다리도 묶었다. 그리고 무릎을 꿇게 한 뒤 대나무 장대에 묶어 다리의 힘으로 버티지 않으면 균형을 잃도록 만들었다. 결국 탈진해서 진흙 위로 엎어지면 몸을 움직일 수가 없어서 그대로 익사하게 되리라는 계산이었다. 세 살 난 아들이 옆에서 목놓아 울고 있었다. 갓난아기는 옆에 묶어 그녀가 떨어지면 함께 익사하도록 해 놓았다. 그러면 팔리 누온은 자신의 아이를 죽이게 되는 셈이었다.

팔리 누온은 거짓말을 했다. 자기는 전쟁 전 크메르루주의 고급 간부 밑에서 일했으며 그와 연인 사이였기 때문에 자신이 살해되면 그가 화를 낼 거라고 말했다. 그런 상황에서 목숨을 건지는 사람은 거의 없었지만 지휘관이 그녀의 말을 곧이들었는지, 아이들 우는 소리가 시끄러워 못 견디겠는데 총알이 아까워 총살도 못 시키겠다며 묶은 걸 풀어 주고 도망치라고 했다. 팔리 누온은 두 아이를 한 팔에 하나씩 안고 동북 캄보디아의 밀림 속으로 도망쳤다. 그녀는 밀림 깊숙한 곳에서 3년 4개월 18일을 견뎠다. 한곳에서 이틀 밤 이상을 지낸 적이 없었다. 그렇게 밀림 속을 떠돌며 나뭇잎도 따 먹고 뿌리도 캐 먹었지만 다른 힘센 약탈자들이 휩쓸고 지나간 경우가 많아 먹을 것을 찾기가 쉽지 않았다. 그녀는 심각한 영양실조로 쇠약해지기 시작했다. 곧 젖도 말라붙었고 굶주린 갓난아기는 그녀의 품에서 죽고 말았다. 그녀는 남은 한 아이와 함께 겨우 목숨을 부지하며 전시를 버텨 냈다.

팔리 누온의 이야기가 여기까지 진행되었을 즈음 우리는 각자 앉았던 의자와 소파 사이의 바닥에 내려와 앉아 있었는데, 팔리 누온은 몸을 앞뒤로 흔들며 울었고 나는 무릎에 턱을 괴고 한 팔로 그녀의 어깨를 껴안다시피 하고 있었다. 그녀는 반쯤 속삭이듯 이야기를 계속했다. 전쟁이 끝난 후 그녀는 남편을 찾게 되었다. 남편은 머리와 목 주위를 심하게 맞아 정신적인 결함이 심각한 상태였다. 그녀는 남편과 아들과 함께 태국 근처의 국경 수용소로 보내졌는데 그곳에서는 수천 명이나 되는 사람들이 임시로 쳐 놓은 천막에서 생활하고 있었다. 수용소 근무자 중 몇몇은 그들에게 신체적 성적 학대를 가했지만 나머지 사람들은 도움을 주었다. 수용소 난민 중 유일하게 교육받은 사람이었던 팔리 누온은 외국어를 할 줄 알았기 때문에 구호단원들과 이야기를 나눌 수 있었다. 그녀는 수용소에서 중요한 인물이 되었고 그녀의 가족은 그곳에서는 호사라 할 만한 통나무 오두막으로 옮겼다. 그녀의 말을 들어 보자. "나는 그때 구호 활동을 좀 했어요. 그런데 수용소를 돌 때마다 상태가 매우 심각한 여자들을 보게 되었어요. 대다수가 몸이 마비된 것처럼 움직이지도 않고, 말을 하지도 않고, 아이에게 젖을 먹이거나 돌보지도 않았어요. 나는 그들이 전쟁에서는 살아남았지만 우울증으로, 사람을 무능력자로 만드는 외상후스트레스장애(PTSD)로 죽어 가고 있다는 걸 알게 됐지요." 팔리 누온은 구호단원들에게 특별히 부탁해 수용소 안 자신의 오두막에서 일종의 심리치료 센터를 열었다.

그녀는 첫 단계로 백 가지가 넘는 약초들과 잎들을 다양한 비율로 섞어 만든 크메르족의 전통 약을 썼다. 그 약이 듣지 않거나 만족할 만한 효과를 거두지 못하면 가끔 손에 들어오는 서양 약을 썼다. "최악의 상태에 빠진 환자들을 위해 충분한 양을 확보해 두려고 구호단원들이 들여온 항우울제를 몰래 숨겨 놓고는 했지요." 그녀는 집에 불당을 모셔 놓고 그 앞에 꽃을 놓고는 환자들을 데리고 명상을 했다. 그녀는 환자들이 마음의 문을 열도록 유도했다. 우선 한 사람에게 세 시간 정도씩 할애하여 개인적인 이야기를 들어 주었다. 그런 다음 정기적으로 찾아가 계속 이야기를 들어 주어 마침내 우울증에 걸린 여자들의 완전한 신뢰를 얻게 되었다. "나는 그들 한 사람 한 사람이 무엇을 극복해야 하는지 분명하게 알고 싶었기 때문에 그들의 가슴속에 있는 이야기를 들어야만 했지요."

이러한 초기 단계가 마무리되자 체계적인 절차를 밟아 갔다. "세 단계로 나누었지요. 처음에는 잊는 법을 가르쳤어요. 우리는 날마다 잊는 연습을 했어요. 완전히 잊는 건 불가능하지만, 그래도 하루하루 조금씩 잊을 수 있도록 말이에요. 이 기간 동안 나는 음악, 수예, 뜨개질, 음악회, 가끔은 텔레비전 보기 등 기분 전환에 도움이 될 만한 일들, 하고 싶다는 일들을 하게 합니다. 한 꺼풀만 벗기면 우울증이 있지만, 온몸의 살갗 바로 아래에 우울증이 숨 쉬고 있지만, 그것을 없앨 수는 없더라도 잊으려는 노력은 할 수 있죠. ……그들이 잊는 법을 잘 배워서 마음을 비우면 다음에는 일을 가르칩니다. 하고 싶어 하는 일이 무엇이든 그것을 가르치지요. 집 청소나 아이들 돌보는 훈련만 받는 이들도 있고, 고아들을 돌보는 기술을 익히는 사람들도 있고, 진짜 직업 훈련을 받는 사람들도 있지요. 그들은 일을 배우고 자신에 대한 긍지를 지녀야 합니다. …… 그리고 일을 다 배우면 그다음에 사랑을 가르칩니다. 나는 우리 집 옆에 간이 한증탕을 하나 지었어요. 여기 프놈펜에는 그때보다 좀 낫게 지어서 쓰고 있고요. 그들을 그곳에 데려가서 목욕도 하고 서로 손톱과 발톱에 매니큐어도 발라 주게 하고 손톱 손질법도 가르치는 거예요. 그렇게 하면 자신이 아름답다는 느낌을 갖게 되니까요. 그들은 그런 느낌을 간절히 원하죠. 다른 사람과 육체적인 접촉을 하고 다른 사람에게 자신의 몸을 맡기는 기회가 되기도 하고요. 그러면 그들을 육체적 고립의 고통에서 해방시킬 수 있고 결국 감정적인 고립도 해소되니까요. 함께 몸을 씻고 매니큐어를 바르면서 서로 얘기도 나누고, 조금씩 서로를 믿게 되지요. 그러다 보면 친구를 사귀게 되고 더 이상 혼자 외롭게 살 필요가 없게 되지요. 그리고 나한테밖에는 털어놓지 않았던 자신의 이야기를 서로에게 하게 됩니다."

　　팔리 누온은 매니큐어 병들, 한증탕, 손톱 손질용 밀대, 손톱 줄, 수건 따위의 심리치료용 도구들을 보여 주었다. 몸치장은 영장류에게 주요한 사회화 방식 가운데 하나인데 이렇듯 그것이 다시 인간들 사이에서 사회화의 힘으로 작용하게 된 것이 내게는 기묘할 정도로 유기적으로 느껴졌다. 나는 자신에게나 남들에게나 잊는 법과 일하는 법과 사랑하고 사랑받는 법을 가르치는 것은 어려운 일이라고 생각한다고 그녀에게 말했다. 그러나 그녀는 스스로 그 세

가지를 할 수 있다면 그리 복잡할 것도 없다고 대답했다. 그러면서 자신이 돌본 여성들이 어떻게 하나의 공동체를 이루게 되었는지, 그들이 고아들을 얼마나 잘 돌보고 있는지 설명해 주었다.

그녀는 한참 있다가 말했다. "그리고 마지막 단계가 있죠. 맨 마지막에 나는 그들에게 가장 중요한 것을 가르칩니다. 잊고 일하고 사랑하는 세 가지 기술이 별개의 것들이 아니라 큰 전체의 일부이며 이 세 가지를 (서로가 서로의 일부인 형태로) 함께 행해야 효과를 거둘 수 있다는 사실을 말이에요. 이것을 전달하기가 제일 힘들지요." 그러면서 그녀는 웃었다. "하지만 결국 모두들 이해하게 되지요. 그러면 다시 세상에 뛰어들 준비가 갖추어진 거지요."

이제 우울증은 개인적인 현상이자 사회적인 현상으로 존재한다. 우울증을 치료하려면 우울증 체험과 약물치료의 작용 양식과 가장 일반적인 형태의 언어를 통한 치료(정신분석, 대인 치료, 인지 치료)에 대한 이해가 필요하다. 체험은 훌륭한 스승이며, 주류를 이루는 치료법들은 검증을 거쳤다. 그러나 세인트존스워트 약초에서 정신외과에 이르는 많은 다른 치료법들은 합리적인 약속을 내놓지 못하고 있다. (또한 다른 의학 분야에 비해 엉터리 치료도 많다.) 그리고 특정한 환자 집단들에 대해서는 면밀한 연구가 필요한데 우울증은 특히 어린이들과 노년층에서, 그리고 성별에 따라 주목할 만한 특성들을 보이기 때문이다. 약물 중독자들의 경우 단독으로 하나의 큰 하위 범주를 형성한다. 다양한 형태를 지닌 자살은 우울증의 합병증으로 볼 수 있으며, 어떻게 우울증이 치명적인 상태에까지 이를 수 있는지 이해하는 것은 매우 중요하다.

이러한 경험적인 문제들은 유행병학적인 성격으로 이어진다.

우울증을 현대병으로 보는 시각이 유행하고 있는데 이것은 터무니 없는 발상이며, 정신의학의 역사를 살펴보면 그것이 그릇된 생각임을 분명히 알 수 있다. 또한 우울증이 중산층의 병이며 꽤 일관된 형태로 나타난다는 생각도 유행하고 있다. 이것 또한 사실이 아니다. 빈곤층의 우울증을 살펴보면 그들이 도움에 대단히 수용적인 집단이며 우리가 금기와 편견 때문에 그들에게 도움을 주지 못하고 있음을 알 수 있다. 빈곤층의 우울증은 자연스럽게 정치적인 문제로 이어진다. 우리는 우울증과 그 치료법에 대한 생각들을 법으로 좌지우지한다.

생물학은 운명이 아니다. 우울증을 안고도 얼마든지 훌륭한 삶을 살 수 있다. 사실 자신의 우울증을 통해 배움을 얻는 사람들은 우울증 체험으로부터 특별한 도덕적 깊이를 얻을 수 있으며, 이것은 그들의 고통의 상자 밑바닥에 고이 놓여 있다.

우리에게는 피할 수도 없고 피해서도 안 되는 기본적인 감정의 스펙트럼이 존재하는데, 나는 우울증이 그 스펙트럼 안에, 슬픔뿐 아니라 사랑과도 가까이에 존재한다고 믿는다. 사실 나는 모든 강력한 감정들은 함께 있으며 그것들 각각은 흔히 우리가 반대의 것이라 여기는 감정에 의존한다고 믿는다. 나는 우울증 삽화를 세 차례나 겪었고 현재 우울증으로 인한 무능력 상태에서 벗어나긴 했지만 우울증 자체는 내 두뇌의 암호 속에 영원히 살고 있다. 그것은 나의 일부다. 우울증을 상대로 싸우는 것은 곧 자신과 싸우는 것이며 싸움에 앞서 그런 사실을 알아야 한다. 나는 우울증을 제거하려면 우리를 인간이게 하는 정서적 메커니즘들을 손상시키는 방법밖에 없다고 믿는다. 따라서 과학이든 철학이든 미봉책을 통해 접근해야 한다.

　"이 고통에 이른 것을 환영하노라. 그대는 이것으로부터 배움을 얻으리니."[24] 일찍이 오비디우스[『변신 이야기』로 유명한 로마 시인]가 한 말이다. 미래에 (당분간은 힘들겠지만) 우리 인간은 화학적 조작을 통해 두뇌의 고통의 회로를 찾아내 그것을 통제하고 제거할 수 있게 될 것이다. 나는 영원히 그렇게 되지 않기를 희망한다. 그것을 제거하는 것은 경험을 무미건조하게 만들고 복잡성을 침해하는 것이기 때문이다. (이는 그것의 일부가 우리에게 고통을 주는 것보다 심각한 문제다.) 나는 세상을 구차원으로 볼 수만 있다면 기꺼이 커다란 대가를 치를 용의가 있다. 나는 고통받는 능력을 포기하느니 차라리 평생 막연한 슬픔 속에서 살 것이다. 그러나 고통과 심한 우울증은 다르다. 사람은 격심한 고통 속에서도 사랑하고 사랑받을 수 있으며 살아남을 수 있다. 내가 근절하고자 하는 것은 우울증으로 인해 살아 있는 시체처럼 살아가는 것이며, 이 책도 그런 목적을 위해 쓰인 것이다.

2 　 정신의 몰락

　　나의 경우 우울증이 찾아온 건 문제들이 거의 해결된 다음이었다. 그 3년 전에 어머니가 돌아가셨는데 그 문제도 받아들이기 시작한 참이었고, 첫 소설도 출간하고, 가족과도 잘 지내고, 2년 동안 깊이 사귄 연인과 작별했지만 별 탈이 없었으며, 멋진 새 집도 사고, 《뉴요커》에 글도 쓰고 있었다. 인생이 비로소 질서를 찾고 절망의 구실들이 모두 소진된 시점에서 우울증은 작은 고양이 발로 살금살금 다가와 모든 것을 망쳐 놓았고, 나는 그 상황에서 우울증의 이유를 찾을 수 없음을 통감했다. 외상을 겪었거나 인생이 엉망일 때 우울증에 걸리는 건 이해할 수 있지만 마침내 충격에서 헤어나 인생도 엉망이 아닌 상태에서 빈둥거리며 우울증에 빠져 있는 건 지독히 혼란스럽고 사람을 동요하게 만드는 일이다. 물론 심원한 원인들이 있을 수도 있다. 지속적인 실존적 위기감, 아득한 유년 시절의 잊힌 슬픔들, 지금은 고인이 된 사람들에게 저지른 사소한 잘못들, 자신의 무관심으로 인해 잃게 된 친구들, 톨스토이가 못 되는 현실,

완전한 사랑의 부재, 도저히 떨쳐 버릴 수 없는 탐욕스럽고 무자비한 충동 등등. 나는 그런 원인들을 하나씩 짚어 보면서 내 우울증이 합리적인 상태일 뿐만 아니라 치유 불가능한 것이기도 하다고 믿게 되었다.

내 인생은 대체로 순조로웠다. 나 정도의 조건으로 인생을 시작한다면 대부분의 사람들이 매우 만족스러워할 것이다. 살아오면서 내 기준으로는 좋았던 시절도 있었고 불행하던 때도 있었지만 그 불행들은 내게 일어난 일을 설명하기에 충분하지 못하다. 내 인생이 좀 더 험난했더라면 나는 내 우울증에 대해 아주 다르게 이해했을 것이다. 사실 나는 행복한 유년기를 보냈다. 나를 절대적으로, 끊임없이, 아낌없이 사랑해 준 부모님이 계셨고 역시 부모님의 사랑을 듬뿍 받은 남동생과도 우애가 좋은 편이었다. 완전하다고도 할 수 있는 가정이어서 부모님의 이혼이나 심각한 싸움은 상상도 할 수 없었다. 부모님은 진정으로 서로를 무척 사랑하셨고 이런저런 일로 가끔 다투긴 했지만 서로에 대한, 그리고 나와 동생에 대한 절대적인 헌신이 흔들린 적은 단 한 번도 없었다. 초등학교나 중학교 시절 그리 인기 있는 학생은 아니었지만 고교 시절 끝무렵에 가서는 마음이 맞는 친구들을 갖게 되었다. 그리고 학업 성적은 늘 우수했다.

어릴 때 좀 수줍음을 타 공개적인 자리에서 거부당하는 것에 대한 공포를 느끼고는 했지만 사실 그러지 않은 사람이 몇이나 되겠는가? 고교생이 되자 이따금 불안정한 기분이었지만 그것도 사춘기에는 흔한 현상이다. 고등학교 2학년 때 (거의 100년을 견뎌 온) 학교 건물이 꼭 무너질 것만 같아서 날마다 그 이상한 불안감에 지지 않으려고 마음을 다잡아야 했던 기억이 난다. 그것이 별난 현상이라는 건 나도 알고 있었으므로 한 달쯤 뒤 그런 현상이 사라지자 안도감을 느꼈다.

대학에 들어가서는 더없이 행복했고, 지금까지 절친하게 지내는 많은 친구들을 만났다. 나는 열심히 공부하고 열심히 놀았으며 새로운 감정들과 지성에 눈떴다. 가끔 홀로 있을 때면 갑작스러운 고립감을 느끼고는 했는데 그것은 단순히 혼자라서 쓸쓸하다는 게 아니라 혼자 되는 게 두려운 것이었다. 나는 친구가 많았기 때문에 그럴 때면 친구를 찾았고, 그러면 대개 기분이 전환되었다. 이것은 어쩌다 한 번씩 나타나는 현상이지 큰 타격을 주는 문제는 아니었다. 나는 영문학 석사 과정까지 밟았고 공부가 끝나자 비교적 순조롭게 전업 작가가 되었다. 몇 년 동안 런던에 머물기도 했다. 나는 친구들이 많았고 연애도 했다. 여러 면에서 그 모든 것들이 거의 그대로 지속되고 있다. 나는 지금까지 멋진 삶을 살았고 그것에 대해 감사한다.

중증 우울증이 시작되면 우리는 그 뿌리를 찾아보게 된다. 그것이 어디에서 왔는지, 우리의 겉껍질 바로 밑에 늘 존재해 온 것인지, 아니면 식중독처럼 갑자기 찾아온 것인지 궁금해지는 것이다. 첫 우울증 삽화를 체험한 후, 나는 몇 개월 동안 어린 시절에 겪은 고난들을 (대단한 고난들이 있었던 건 아니지만) 조사해 보는 데 매달렸다. 나는 거꾸로 태어났는데, 거꾸로 태어나는 것도 외상에 속한다고 보는 이들이 있다. 읽기 장애를 겪기는 했지만 어머니가 조기에 문제를 발견하여 두 살밖에 안 되었을 때 보완하는 방법을 배웠기 때문에 그것이 내게 심각한 장애가 된 적은 없다. 어렸을 때 나는 말은 잘했지만 운동신경이 부족했다. 어머니께 나의 어릴 적 외상이 어떤 것들이었는지 물었더니 걸음마가 더뎠다고 했다. 말문은 쉽게 트였는데 운동신경이 둔해서 계속 넘어졌고 똑바로 일어서려 시도하는 데만도 엄청난 용기가 필요했다는 것이다. 둔한 운동신경 때문에 나는 초등학교 때 인기 없는 아이였다. 물론 또래 집단에서 인정받지 못한 점은 실망스러웠지만 그래도 항상 몇 명 정도의 친구는 있었고, 또 늘 어른들을 좋아하고 어른들의 사랑을 받았다.

내 유년의 기억들은 기묘하고 애매하지만 대개 행복한 것들이다. 한때 내 상담 치료를 맡았던 정신분석가는 내가 의미를 잘 이해할 수 없는 기억 속의 희미한 연속 장면들에 대해 그것을 해석하면 어린이 성추행의 대상이 된 적이 있음을 암시한다고 말했다. 물론 그럴 수도 있지만, 그 사건에 대해 설득력 있는 기억이 떠오르거나 다른 증거가 생각난 적은 없다. 설령 무슨 일이 있었더라도 매우 약한 정도였을 것이다. 나는 부모님의 세심한 보살핌을 받은 아이였기 때문에 멍이 들거나 파열이 생겼다면 그냥 지나갔을 리가 없다. 여섯 살 때 여름 캠프에서 느닷없이 비이성적인 공포에 사로잡혔던 기억이 난다. 지금도 그때의 광경이 생생하게 떠오른다. 위쪽에 테니스장이 있었고 오른쪽에는 식당이, 그리고 한 15미터쯤 떨어진 곳에는 그 그늘 아래에서 우리가 이야기를 듣곤 하던 큰 떡갈나무가 있었다. 나는 갑자기 몸이 얼어붙었다. 조만간 내게 끔찍한 일이 일어날 것이며 살아 있는 한 자유롭지 못하리라는 예감에 사로잡힌 것이다. 그때까지 내가 굳건히 딛고 설 수 있는 단단한 지면처럼 여겨졌던 삶이 갑자기 흐물거리며 무너졌고 나는 그 사이로 빠져들기 시작했다. 꼼짝 않고 서 있으면 괜찮을 것 같았지만 조금이라도 움직이면 위험에 빠질 것 같았다. 왼쪽으로 움직이느냐 오른쪽으로 움직이느냐 아니면 똑바로 가느냐에 목숨이 달려 있을 것만 같은데, 어떤 방향이 내 목숨을 (잠시 동안이라도) 지켜 줄지 알 수가 없었다. 다행히 캠프 지도원이 다가와 수영 시간에 늦었으니 서두르라고 했고 그러자 공포에서 헤어날 수 있었다. 하지만 그 기억은 오래도록 남았고 나는 다시는 그런 일을 겪지 않기를 기원했다.

나는 이런 일들이 어린아이에게 드문 현상은 아니라고 생각한다. 어른들의 실존적 공포는 물론 고통스럽긴 하지만 대개 자의식의 게임이라는 요소를 지니는 데 비해 어릴 적 인간의 불완전성에 대한 첫 계시, 인간의 유한성에 대한 암시는 파괴적이고 과격하다. 나는 대자(代子)들과 조카들에게서 그런 현상들을 보았으며 언젠가 내 아이들에게서도 보게 될 것이다. 1969년 7월에 그랜드레이크타운 캠프에서 자신이 언젠가 죽으리라는 걸 깨닫게 되었다고 말한다면 낭만적이고 유치하게 들릴지 모르겠지만, 그때 내가 뚜렷한 이유도 없이 자신의 전반적인 취약성을, 내 부모님이 이 세상의 모든 일들을 지배하는 것이 아니며 나 역시 그렇게 할 수 없다는 사실을 깨달았던 건 사실이다. 나는 원래 기억력이 나쁜 편인데, 캠프에서의 그 일 이후 시간과 함께 기억들이 잊히는 것이 두려워 밤이면 낮에 있었던 일들을 갈무리해 두려고 침대에 누워 열심히 되새기게 되었다. 무형의 것들에 대한 탐욕이라고나 할까. 특히 부모님의 굿나이트 키스를 소중하게 여긴 나는 부모님의 키스가 내 얼굴에서 굴러떨어질 경우에 대비하여 머리 밑에 휴지를 깔고 자곤 했다. 부모님의 키스를 휴지에 싸서 영원히 간직할 수 있도록 말이다.

고등학교에 다니면서 동성애 성향 때문에 혼란에 빠지기 시작했는데, 이것은 내 인생에서 가장 불가해한 감정적 난제였다. 나는 이 문제를 사교성 뒤에 감추는 방식으로 회피했고 그런 기본적인 방어술은 대학 시절 내내 통했다. 나는 남자도 사귀고 여자도 사귀는 어정쩡한 상태로 몇 년을 보냈는데, 그 문제로 특히 어머니와 관계가 복잡해졌다. 이따금 나는 아무것도 아닌 일로 극심한 불안감에 휩싸이곤 하는데 슬픔과 두려움이 묘하게 섞인 그 기분은 어디서 나온 것인지 출처를 알 수 없다. 그 기분은 어렸을 때 스쿨버스에 앉아 있을 때, 대학 시절 금요일 밤에 억지 섞인 축제 분위기의 소음이 어둠의 은밀함을 깰 때, 독서 중에, 심지어 섹스 중에도 가끔씩 나를 덮쳤다. 그 기분은 집을 떠날 때면 어김없이 찾아왔고 아직까지도 떠남의 부속물로 남아 있다. 하다못해 주말 여행을 떠나도 현관문을 잠그기가 무섭게 달려들었다. 대개는 집에 돌아올 때도 엄습했다. 어머니, 여자친구, 심지어 개까지 반갑게 맞아 주어도 너무 슬퍼졌고 그 슬픔에 스스로 놀라곤 했다. 나는 사람들과 억지로 상호작용을 하면서 이 문제를 처리했고 그럴 때마다 거의 항상 마음이 괴로웠다. 나는 그 슬픔에서 벗어나기 위해 계속 즐거운 곡조의 휘파람을 불어야 했다.

대학 4학년을 마친 여름에 가벼운 우울증이 찾아왔지만 당시에는 그 정체를 알지 못했다. 나는 늘 꿈꾸어 온, 완전한 자유 속에서 유럽 여행을 즐기는 여름을 보내고 있었다. 그것은 부모님이 주신 졸업 선물 같은 것이었다. 나는 이탈리아에서 근사한 한 달을 보낸 뒤 프랑스로 갔고 그다음에 모로코에 있는 친구를 찾아갔다. 나는 모로코에 겁을 먹었다. 마치 익숙한 속박들에서 너무 자유롭게 풀려난 듯 계속 신경이 곤두섰고 학예회 때 무대로 나가기 직전에 느끼고는 했던 그런 기분에 휩싸였다. 나는 파리로 돌아가서 몇몇 친구들을 더 만나 멋진 시간을 보낸 뒤 늘 가 보고 싶었던 빈으로 갔다. 빈에서는 잠을 이룰 수 없었다. 펜션에 짐을 푼 다음 빈에 와 있는 옛 친구들을 만났다. 우리는 부다페스트로 함께 여행할 계획을 세웠다. 그러나 친구들과 의기투합해서 잘 논 다음 숙소로 돌아와서는 실수를 저질렀다는 생각에 (무슨 실수인지도 모르면서) 겁에 질려 뜬눈으로 밤을 새웠다. 이튿날에는 신경이 너무 날카로워져 도저히 낯선 사람들이 우글거리는 식당에 앉아 아침을 먹을 엄두가 안 났지만, 일단 밖으로 나오자 기분이 나아졌다. 나는 너무 무리해서 그런 모양이라고 생각하고는 예술 작품이나 감상하러 가야겠다고 마음먹었다. 친구들은 다른 사람과 저녁 약속이 있었는데 그 얘기를 듣자 나는 살인 모의라도 들은 듯 충격이 컸다. 친구들은 저녁 식사 후에 만나서 한잔하자고 했다. 나는 저녁을 먹지 않았다. 낯선 레스토랑에 혼자 들어가 주문을 할 수도(전에 자주 했던 일인데도 그랬다.), 모르는 사람과 이야기를 나눌 수도 없어서였다. 이윽고 친구들과 만났을 때 나는 떨고 있었다. 나는 친구들과 어울려 그 어느 때보다 술을 많이 마셨고 그래서 일시적으로 마음이 가라앉았다. 그날 밤 역시 머리는 깨질 듯 아프고 속은 뒤집힌 상태에서 부다페스트행 배 시간에 대해 강박적으로 걱정하면서 뜬눈으로 밤을 보냈다. 날이 밝자 사흘 밤을 꼬박 새운 후라 밤새 화장실에 갈 기력도 없었던 것이 너무도 무서웠다. 나는 부모님께 전화를 걸었다. "집에 가야겠어요." 부모님은 적잖이 놀라신 눈치였다. 떠나기 전에는 하루라도 더 오래, 한 군데라도 더 많이 돌아보고 싶어 기를 쓰던 아들이 갑자기 여행을 중단하고 돌아오겠다고 하니 그럴 만도 했다. "무슨 일 있니?" 부모님이 묻자 나는 몸도 안 좋고 기대했던 것보다 신나지도 않아 그런다고 둘러댔다. 어머니는 내 마음을 이해해 주셨다. "혼자 하는 여행이라 힘든가 보구나. 거기서 친구들을 만나는 줄 알았는데. 하기야 그래도 끔찍하게 지루할 수도 있지." 아버지는 "집에 오고 싶거든 내 카드로 표를 사려무나." 하고 말씀하셨다.

나는 비행기표를 사고 짐을 꾸려서 그날 오후에 집에 도착했다. 부모님이 공항으로 마중을 나오셨다. "무슨 일이니?" 부모님의 물음에 나는 더 있을 수가 없었노라고만 대답했다. 부모님과 포옹을 하면서 몇 주 만에 처음으로 마음이 놓였다. 나는 안도감에 흐느껴 울었다. 부모님과 함께 어릴 때부터 살던 아파트로 돌아오자 나는 우울해졌고 완전히 바보가 된 기분이 들었다. 멋진 여행을 포기하고 늘 하던 따분한 일들만 기다리고 있는 뉴욕으로 돌아왔으니! 부다페스트는 가 본 적도 없는데! 친구들에게 전화를 걸자 모두들 깜짝 놀랐다. 나는 사정 설명도 하지 않았다. 나는 남은 여름을 집에서 보내며 주말에는 부모님의 주말 별장으로 놀러 갔다. 부모님과 즐거운 시간을 보내면서도 지루하고 짜증스러웠고, 부루퉁하니 지냈다.

시간이 지나 그 일에 대해서는 거의 잊었다. 그 여름이 끝난 뒤 나는 영문학 석사 과정에 들어갔다. 외국으로 유학을 떠났지만 두려움은 거의 없었다. 나는 새로운 생활에 잘 적응해서 친구들도 바로 사귀었고 성적도 좋았다. 나는 영국이 좋았고 이제 더 이상 겁에 질릴 일이 없는 듯했다. 미국 대학 시절의 불안한 자아가 영국에서의 기운차고 자신만만하고 태평한 또 하나의 자아에게 자리를 양보한 것이다. 내가 파티를 열면 모두 오고 싶어 했다. 나는 친한 친구들과(그들은 지금까지도 내 가장 가까운 친구들로 남아 있다.) 금세 푹 빠져드는 친교의 짜릿한 즐거움을 맛보며 밤을 지새우곤 했다. 나는 일주일에 한 번꼴로 집에 전화를 했는데 부모님은 내 목소리 가 그 어느 때보다 행복하게 들린다고 하셨다. 나는 불안감이 엄습 할 때마다 동무를 갈망했고 그때마다 그 대상을 찾을 수 있었다. 그 2년 동안 나는 대부분 행복한 시간을 보냈으며 불만이 있었다면 날 씨가 나쁜 것, 모든 사람이 나를 바로 좋아하게 만들기는 어렵다는 것, 잠을 충분히 못 자는 것, 머리숱이 줄기 시작한 것 정도였다. 내 안에 계속 머무르던 우울한 성향은 향수뿐이었다. 에디트 피아프와 는 달리 나는 모든 일들이 결국 종말을 고하게 된다는 이유만으로 애석해했다. 이미 열두 살 때부터 지나가는 세월을 슬퍼했으니까. 나는 늘, 기분이 최고일 때조차, 현재를 과거로 흘려보내지 않기 위 해 현재와 부질없는 씨름을 해 온 듯하다.

나는 이십 대 초반에 상당히 침착했던 것으로 기억한다. 그때 나는 일시적인 변덕으로 모험가가 되기로 결심했으며 불안감은 (위 협적인 상황과 관련된 것이라도) 무시해 버렸다. 대학원 과정을 마 치고 18개월이 지난 후 나는 모스크바를 여행하며 그곳에서 알게 된 몇몇 예술가들과 함께 불법 점거 건물에서 살았다.1 어느 날 밤 이스탄불에서 강도 습격을 받았을 때도 제대로 저항해서 강도가 빈 손으로 달아나게 만들었다. 모든 종류의 섹스를 고려 대상에 넣도 록 스스로에게 허용했고 대부분의 억압 본능과 성적 공포를 그대로 내던졌다. 나는 머리를 길게 기르기도 하고 짧게 자르기도 했다. 몇 차례 록밴드2와 공연도 했고 오페라도 보러 갔다. 체험에 대한 갈망 이 생겨서 할 수 있는 일들은 다 해 보고 갈 수 있는 곳들은 다 가 보왔다. 또 사랑에 빠져서 동거 생활을 하기도 했다.

그러다 스물다섯 살 나던 1989년 8월에 어머니가 난소암 진단을 받으면서 내 흠잡을 데 없던 세계는 무너지기 시작했다. 어머니가 병에 걸리지 않았더라면 내 인생은 지금과 완전히 달랐을 것이다. 그 사건이 조금만 덜 비극적이었다면 어쩌면 발병은 없이 우울증 성향들만 지니고 살거나, 아니면 나중에 중년의 위기 때 발병하게 되었을지도 모른다. 물론 그래도 상황이 달라지지 않았을 수도 있지만. 우울증의 일대기를 쓴다면 그 첫 부분은 전조적 체험들이 장식할 것이고 촉발적 체험들이 그 뒤를 잇게 될 것이다. 대부분의 심각한 우울증은 대개 모르고 지나가거나 뭐라 설명할 수 없는 가벼운 전조 증상들을 앞세운다. 물론 우울증에 걸리지 않은 사람들도 그런 전조 증상들을 겪는 경우는 많으며, 다만 그것들이 우울증으로 이어지지 않고 전조로 끝났기 때문에 기억에서 잊히는 것이다.

세상이 어떤 식으로 산산조각이 났는지에 대해서는 자세히 설명하지 않겠다. 소모성 질병을 앓아 본 이들은 설명하지 않아도 잘 알 테고, 스물다섯 살 때의 나처럼 그것을 겪어 보지 못한 이들에게는 설명이 불가능하기 때문이다. 그저 삶이 끔찍했다는 말이면 충분할 것이다. 1991년에 어머니가 돌아가셨다. 향년 쉰여덟이었다. 나는 온몸이 마비될 정도로 슬펐다. 그토록 오랜 세월 한결같이 사랑하고 의지해 온 존재를 잃은 슬픔에 많은 눈물을 쏟았지만, 나는 정상적인 생활을 계속했다. 슬픔과 분노가 가슴에 차 있었지만 발광은 하지 않았다.

그해 여름에 정신분석 치료를 받기 시작했다. 나는 시작에 앞서 담당 정신분석가에게 치료가 모두 끝날 때까지 (그녀가 중병에 걸리지 않는 한 무슨 일이 있어도) 계속 치료를 맡는다는 약속을 요구했다. 정신분석가는 육십 대 후반의 나이였다. 그녀는 그러마 했다. 그녀는 내 어머니를 연상시키는 매력적이고 현명한 여성이었다. 나는 슬픔을 억누르기 위해 그녀와 매일 만나서 하는 상담 치료에 매달렸다.

1992년 초에 나는 총명하고 아름답고 관대하고 친절하고 잠자리에서도 늘 환상적인, 그러면서도 믿을 수 없을 정도로 까다로운 여인과 사랑에 빠졌다. 우리의 관계는 행복할 때도 많았지만 폭풍과도 같았다. 그녀가 1992년 가을에 임신했다가 낙태를 하는 바람에 나는 예기치 못한 상실감을 안게 되었다. 1993년 말, 내 서른 번째 생일을 일주일 앞두고 우리는 합의 하에, 서로 크나큰 아픔을 안고 헤어졌다. 나는 다시 한 계단 미끄러져 내려갔다.

1994년 3월, 나를 맡고 있던 정신분석가가 프린스턴에 있는 집에서 뉴욕까지 통근하기가 힘들어서 은퇴한다는 말을 했다. 사실은 그간 함께 해 온 치료에서 단절감이 느껴져 그만둘까 고려 중이었으면서도 그녀가 그런 소식을 전하자 걷잡을 수 없는 울음이 터져서 한 시간이나 울고 말았다. 나는 보통 그렇게 많이 울지 않으며 어머니의 죽음 이후 그렇게나 운 적은 없었다. 그때 나는 지독히 외로웠고 완전히 배신을 당한 기분이었다. 그녀가 일을 그만둘 때까지 우리에게는 정리 기간이 몇 개월 정도 (그녀 자신도 정확한 기간은 알지 못했지만) 남아 있었다.

얼마 후(아직 3월이었다.) 나는 그 정신분석가에게 상실감이, 무감각이 나의 모든 인간관계를 해치고 있다고 호소했다. 사랑도, 일도, 가족도, 친구도 다 시들했다. 글 쓰는 작업도 속도가 느려지더니 중단되고 말았다. 화가인 게르하르트 리히터는 이런 글을 썼다. "나는 아무것도 모른다. 나는 아무것도 할 수 없다. 나는 아무것도 이해하지 못한다. 나는 아무것도 모른다. 아무것도. 그리고 이모든 불행은 나를 특별히 불행하게 만들지도 못한다."3 나 역시 강한 감정들은 모두 사라지고 성가신 불안감만 남은 상태였다. 평소에 나는 제멋대로 날뛰는 성적 충동 때문에 곤경에 빠진 적도 많았는데 그것마저 사라진 듯했다. 평소의 육체적, 감정적 친밀감에 대한 갈망은 느껴지지도 않았고 거리의 사람들에게도, 사랑했던 사람들에게도 끌리지 않았다. 에로틱한 상황에서도 집중하지 못하고 쇼핑 목록이나 해야 할 일들에 대해 생각했다. 나는 자아를 잃어 가고 있다는 느낌이 들었고 겁이 났다. 그래서 억지로 즐거운 일들을 만들었다. 1994년 봄 동안 나는 파티를 찾아다니며 즐기려 애썼지만 결국 실패했다. 친구들을 만나 그들과 단절되지 않으려고 애썼지만 그것도 실패했고, 전에 갖고 싶어 했던 비싼 물건들을 사들였지만 만족감을 얻을 수 없었다. 성적 충동을 다시 일깨우려고 포르노 영화를 보거나 창녀를 찾는 등 전에는 시도하지 않았던 극단적인 행동들을 하기도 했다. 그런 새로운 행동들에 특별히 겁을 먹지는 않았지만 그렇다고 쾌감을 느낄 수 있었던 것도 아니고 해방감조차 얻지 못했다. 정신분석가와 상담한 결과 우울증이라는 결론에 이르렀다. 우리는 문제의 근원을 찾기 시작했고 그사이 나는 단절감이 서서히, 그러나 가차 없이 커지고 있음을 느꼈다. 나는 정신분석가에게 전화 응답기에 남겨진 메시지들 때문에 질식할 것 같다고 호소하기 시작했다. 그 문제에 병적으로 집착하다 보니 대개 친구들에게서 오는 것인데도 전화 메시지가 감당 못 할 부담으로 느껴졌다. 쌓여 있는 메시지들에 응답 전화를 해 주고 나면 다시 메시지들이 쏟아져 들어왔다. 나는 운전에도 겁을 먹게 되었다. 밤에 운전을 할 때면 도로가 잘 보이지 않았고 눈이 자꾸 건조해졌다. 이러다 가드레일이나 다른 차를 박을 것 같다는 생각을 떨칠 수가 없었다. 고속도로 한가운데서 갑자기 운전을 못 하겠다는 생각이 들기도 했다. 나는 기겁을 해서 식은땀을 흘리며 갓길에 차를 댔다. 결국 운전을 하지 않기 위해 주말을 시내에서 보냈다. 나는 정신분석가와 함께 이런 불안하고 우울한 기분의 뿌리를 더듬어 갔다. 여자 친구와 헤어지게 된 것도 우울증 초기 상태였기 때문이라는 생각이 들었다. 물론 그 결별이 발병을 도왔을 가능성도 있다. 그 문제를 풀어 가다 보니 우울증의 시발점이 2년에 걸친 어머니의 암 투병에서 그전 연인과의 헤어짐으로, 사춘기로, 탄생의 고통으로 점점 앞당겨졌다. 그러다 보니 모든 시기와 모든 행동이 우울증의 전조였던 것처럼 생각되었다. 그래도 그때 내가 겪고 있던 우울증은 신경증적 우울증으로, 정신착란을 일으킬 정도는 아니었고 불안한 슬픔에 사로잡히는 정도였다. 그것은 내 통제력 범위 안에 있는 것처럼 보이고 전에도 겪은 적 있는 어떤 현상이 지속적인 형태로 나타나는 것, 정도의 차이는 있지만 많은 건강한 사람들에게도 익숙한 것이었다. 우울증은, 어른이 되는 것처럼, 서서히 진행된다.

1994년 6월이 되자 삶이 권태로워지기 시작했다. 영국에서 첫 소설이 출간되어 호평을 받고 있는데도 별 감흥이 없었다. 내 소설에 대한 평들도 무관심하게 읽었고 늘 지친 기분이 들었다. 7월에 뉴욕에 있는 집으로 돌아왔을 때는 사교적인 일들이, 심지어 대화조차 부담스러웠다. 그 모든 일들이 요하는 노력이 그럴 만한 가치

가 없는 것처럼 보였다. 지하철도 견딜 수가 없었다. 아직 은퇴 전이
던 담당 정신분석가는 가벼운 우울증이라고 했다. 우리는 마치 길
들일 야수의 이름을 짓듯 우울증의 원인들에 대해 토론했다. 아는
사람도 너무 많고 하는 일도 너무 많았던 나는 그런 것들을 좀 줄여
야 할지 모르겠다는 생각이 들었다.

8월 말경에 신장결석에 걸렸는데, 전에도 앓은 적 있는 병이
었다. 주치의에게 전화를 걸었더니 병원에 연락해서 바로 응급실
로 갈 수 있도록 조처해 놓겠다고 약속했다. 그러나 막상 병원에 도
착해 보니 그런 연락을 받은 적이 없다고 했다. 신장결석의 통증은
지독하다. 그곳에 앉아 기다리고 있으려니 누가 내 중추신경을 염
산에 담가 놓고 핵이 드러날 때까지 한 꺼풀씩 벗겨 내고 있는 것만
같았다. 간호사들에게 몇 번 통증을 호소했지만 아무도 조치해 주
지 않았다. 나는 자제심을 잃고 말았다. 뉴욕 병원 응급실, 칸막이
로 막힌 내 자리에서 나는 비명을 지르기 시작했다. 사람들이 달려
들어 내 팔에 모르핀을 주사했다. 그러자 통증이 진정되었다. 그러
나 통증은 금세 다시 시작되었고, 나는 닷새 동안 병원을 들락거렸
다. 네 차례나 카테터를 꽂았고, 결국 모르핀을 최대 허용치까지 맞
아야 했으며, 몇 시간마다 모르핀의 대용 약물인 데메롤까지 맞았
다. 의사는 나의 경우 신장의 돌들이 잘 안 보여서 돌을 분쇄해 소변
으로 배출시키는 쇄석술의 대상도 아니라고 했다. 수술이 가능하기
는 했지만 고통스러운 데다 위험할 수도 있었다. 메인에서 휴가를
즐기고 계시던 아버지께 심려를 끼치고 싶지 않아 비밀로 하고 있
다가 마지못해 연락을 취했다. 어머니가 입원했던 곳이라 병원 사
정을 잘 아는 아버지가 여러 가지 수속을 도와줄 수 있으리라는 생

각에서였다. 아버지는 걱정스러운 기색이 아니었다. "신장결석이라면 괜찮아질 거야. 집에 돌아가면 그때 보자." 그때 나는 밤마다 세 시간 이상을 자지 못했다. 마침 귀머거리 정치가들에 관한 이야기를 쓰는 막중한 임무를 수행 중이었는데,4 몽롱한 상태로 조사원이나 편집자들과 이야기를 나누었다. 내 삶에 대한 통제력을 조금씩 잃어 가는 기분이었다. 나는 친구에게 이렇게 말했다. "이 고통이 계속된다면 죽어 버리고 말겠어." 전에는 한 번도 해 본 적이 없는 말이었다.

병원에서 나왔는데 두려움이 가시지 않았다. 통증 탓인지 진통제 탓인지는 몰라도 정신이 완전히 허물어진 것이다. 돌들이 아직 몸 안에서 돌아다니고 있을 것이기 때문에 재발할 수도 있다는 걸 나는 알고 있었다. 혼자 있는 것이 두려웠다. 나는 친구와 함께 내 아파트로 가 몇 가지 물건을 챙겨서 나왔다. 그리고 친구들의 집을 전전하며 방랑의 한 주일을 보냈다. 친구들은 대부분 낮에 일하러 나갔고 나는 전화기에서 너무 멀리 떨어지지 않으려고 외출도 삼가면서 주인 없는 집에서 홀로 지냈다. 그때까지도 예방용 진통제를 먹고 있었기 때문에 약간은 제정신이 아니었다. 나는 아버지께 비이성적이고 버릇없고 못돼먹은 분노를 느끼고 있었다. 내가 아프다고 연락했을 때 아버지가 보인 반응에 대해 인정머리 없는 행동이라고 비난을 퍼부었다. 아버지는 사과하면서 죽을병이 아니라 다행이라는 뜻으로 한 말이었노라고, 내가 이겨 낼 수 있으리라 믿었기 때문에 그랬노라고 설명했다. 나는 지금으로서는 납득할 수 없는 히스테리를 부렸다. 아버지와 말도 하지 않으려 했고 내 거처도 알려 드리지 않았다. 그러다 가끔 아버지의 전화 응답기에 메시지를 남겼는데, 대개 "아버지를 혐오해요. 아버지가 죽었으면 좋겠어요."로 시작되었다. 나는 수면제의 힘을 빌려 밤을 견뎠다. 가벼운 재발이 일어나 다시 병원에 실려 간 적이 있었는데 심각한 상태가 아니었는데도 겁이 나서 죽을 지경이었다. 돌이켜 보면 발광의 한 주일이었다.

그 주말에 나는 친구 결혼식에 참석하러 버몬트로 향했다. 아름다운 늦여름의 주말이었다. 결혼식 참석을 취소하려다 예식장 근처에 있는 병원을 자세히 알아본 뒤 그냥 가기로 했다. 금요일에 저녁 식사와 스퀘어댄스 시간에 맞추어(나는 스퀘어댄스는 하지 않지만) 그곳에 도착해서 10년 전 대학에서 얼굴 정도만 알고 지내던 친구를 만났다. 그 친구와 이야기를 나누다 보니 몇 년 동안 느껴 보지 못한 강렬한 감정에 젖게 되었다. 나는 빛나는 존재가 된 듯한 기분이었고 황홀했다. 좋은 일도 없는데 그렇게 된 것이 불가사의했다. 나는 부조리하다고 할 수 있는 감정들에 사로잡혔다.

버몬트에서의 결혼식 이후 나의 일탈은 꾸준히 진행되었다. 일의 질과 양이 떨어졌다. 영국에서 또 결혼식이 있었는데 그 여행을 도저히 감당할 수 없을 것 같아 참석을 취소했다. 1년 전만 하더라도 별 문제 없이 정기적으로 런던을 오갔으면서도 말이다. 이제 아무도 나를 사랑해 주지 않을 것이며 다시는 관계를 맺을 수 없으리란 생각이 들기 시작했다. 성적인 감정도 싹 가셨다. 거의 허기를 못 느껴서 식사도 불규칙해지기 시작했다. 담당 정신분석가는 아직 우울증에서 벗어나지 못한 것이라 했고 나는 그런 말도, 그 정신분석가도 지겨웠다. 나는 아직 미치지는 않았지만 그렇게 될까 봐 두렵다고 호소하면서 내가 결국 항우울제 신세를 지게 되리라 생각하느냐고 물었고, 정신분석가는 약물치료를 피하는 건 용기 있는 태도이며 우리가 힘을 합치면 극복하지 못할 것이 없다고 대답했다. 그것이 내가 개시한 마지막 대화였고 그때의 감정들이 한동안 나의 마지막 감정들이 되었다.

중증 우울증을 규정짓는 요소들은 많이 있지만 대부분이 위축감과 관련 있다. (물론 동요성 우울증(agitated depression) 혹은 비정형적 우울증(atypical depression)의 경우 무기력한 수동성보다는 강한 부정성을 보이기도 한다.) 그래서 대개 중증 우울증은 발견이 쉬우며, 잠과 욕구와 활력을 빼앗는다. 중증 우울증에 걸리면 거부당하는 것에 대해 민감해지며 자신감과 자기 존중감을 상실하기도 한다. 중증 우울증은 잠과 욕구와 활력을 조절하는 시상하부의 기능들 및 경험을 철학과 세계관으로 옮기는 대뇌피질의 기능들에 밀접하게 관련된 듯하다.5 조울증의 한 단계로 일어나는 우울증은 일반적인 우울증의 경우보다 유전자에 의해 결정되는 비율이 높으며(일반적인 우울증의 경우는 약 10에서 50퍼센트인 데 비해 조울증의 경우는 약 80퍼센트다.6) 일반적인 우울증의 경우보다 치료에 대한 반응이 폭넓게 나타난다. 하지만 항우울제가 조증을 일으킬 수 있기 때문에 치료가 더 쉽다고는 할 수 없다. 조울증의 가장 큰 위험은 가끔 조증과 울증이 뒤섞인 상태가 갑작스럽게 나타난다는 것인데 이런 상태에서는 부정적인 감정들이 만연하고 그것들이 과장된다.7 이런 상태는 조울증 치료에 필수적인 신경 안정제를 쓰지 않고 항우울제만 오용한 결과로 나타나기도 하며 자살하기에 최적의 조건을 제공한다. 우울증은 환자를 무기력하게 만들 수도 있고 동요시

킬 수도 있다. 전자의 경우는 아무것도 하고 싶지 않고 후자의 경우
는 자살 충동을 느낀다. 우울증으로 인한 붕괴는 광기에 이르는 건
널목이다. 물리학적 용어로 표현하자면, 감춰진 변수들에 의해 결정
되는 "물질의 비특징적 행위(uncharacteristic behavior of matter)"다. 또 그
것은 누적 효과다. 스스로 알든 모르든, 우울증의 요인들은 오랜 세
월에 거쳐, 대개는 평생 동안 누적된 것들이다. 이 세상에 절망할 일
이 없는 사람은 없지만, 같은 일을 두고도 어떤 이들은 벼랑 끝까지
가고 어떤 이들은 벼랑 끝으로부터 한참 떨어진 안전한 장소에 머
물러 이따금 슬픔을 느낄 뿐이다. 일단 선을 넘으면 모든 규칙이 바
뀐다. 영어로 쓰여 있던 것들이 중국어로 쓰여 있고, 빨랐던 것들이
느려지고, 꿈속 세상은 명료한데 현실 세계는 단속적인 무의미한
이미지들로 이어진다. 우울증 상태에서는 서서히 감각들을 잃게 된
다. 우울증 환자인 마크 바이스라는 친구가 언젠가 내게 이런 말을
했다. "갑자기 화학작용이 느껴지는 때가 있지. 호흡이 변하고 내 숨
결에서 악취가 나. 오줌 냄새에 구역질도 나고. 거울 속 얼굴은 산산
이 부서지고. 그럴 때면 알 수 있어."

나는 세 살 때부터 소설가가 되고 싶었고 늘 내 소설을 출간
할 날을 고대했다. 이윽고 서른 살 때 첫 소설을 출간하여 순회 낭독
회를 갖게 되었는데, 그것이 지긋지긋했다. 고마운 친구 하나가 자
진해서 나를 위해 10월 11일에 출판 기념 파티를 열어 주었다. 나는
파티도 좋아하고 책도 좋아하기 때문에 당연히 환희에 차 있어야
했겠지만 기력이 없어 손님을 많이 초대하지도 못하고 파티 중에
오래 서 있지도 못했다. 기억 기능과 정서적 기능은 뇌 전역에서 이

루어지지만 대뇌 피질[대뇌 표면의 회백질로 이루어진 부분]과 변연계(邊緣系)[대뇌 반구의 안쪽과 밑면 부위]가 이 두 가지 기능의 핵심을 담당하기 때문에 감정을 조절하는 변연계에 이상이 생기면 기억력에도 영향을 미친다. 나는 그 파티를 흐릿한 형체들과 바랜 색채들로 기억한다. 잿빛 음식들, 베이지색 사람들, 흐린 불빛. 파티 중에 나는 진땀을 흘렸고 빨리 벗어나고 싶어 죽을 지경이었다. 그 모든 걸 스트레스 탓으로 돌리려 애썼다. 나는 무슨 일이 있어도 체면을 잃지 않겠노라는 결의로 가까스로 버틸 수 있었다. 결국 아무도 이상한 낌새를 채지 못한 듯했고 그 밤을 무사히 넘겼다.

그날 밤 집에 돌아오자 겁이 나기 시작했다. 나는 위안을 얻으려 베개를 안고 침대에 누워 있었다. 그로부터 2주하고도 반이 넘는 기간 동안 상황은 악화 일로였다. 서른한 번째 생일 직전에 나는 완전히 무너졌다. 완전히 기진맥진한 기분이었다. 나는 누구와도 밖에 나가지 않았다. 아버지가 생일 파티를 열어 주겠다고 했지만 도저히 감당할 수 없을 것 같아 대신 제일 가까운 친구 넷을 내가 좋아하는 레스토랑에 초대하기로 했다. 생일 전날 딱 한 번 식료품을 사러 밖에 나갔다. 가게에서 돌아오는 길에 나는 갑자기 대장의 통제력을 상실하여 옷에 변을 싸고 말았다. 나는 얼룩이 번져 가는 걸 느끼며 허둥지둥 걸음을 재촉했다. 집에 돌아오자마자 식료품 봉지를 내려놓고 욕실로 달려가 옷을 벗은 뒤 침대로 갔다.

그날 밤 잠을 잘 이루지 못해 이튿날에는 일어날 수조차 없었다. 레스토랑에 못 가겠다는 생각이 들었다. 친구들에게 전화해서 약속을 취소하고 싶었지만 할 수가 없었다. 나는 꼼짝없이 누워 말을 어떻게 하는 것인지 생각했다. 혀를 움직여 보았지만 소리가 나지 않았다. 말하는 법을 잊어버린 것이다. 울기 시작했지만 눈물은 나오지 않고 이상한 소리만 튀어나왔다. 나는 똑바로 누워 있었는데 돌아눕고 싶었지만 그것도 어떻게 해야 하는지 기억이 나지 않았다. 생각해 내려 애썼지만 그건 너무도 엄청난 과제였다. 뇌졸중을 일으킨 모양이라는 생각이 들었고 다시 한참을 울었다. 오후 3시쯤 되자 겨우 침대에서 빠져나와 욕실로 갈 수 있었다. 와들와들 떨면서 다시 침대로 돌아왔다. 다행히 아버지에게서 전화가 왔다. 나는 수화기를 들었다. "오늘 약속은 취소해야겠어요." 나는 떨리는 목소리로 말했다. 아버지가 무슨 일이냐고 계속 물었지만 무슨 일인지 나도 알 수 없었다.

넘어지는 순간 손을 반사적으로 뻗기도 전에 땅이 달려들면 아찔한 공포가 번개처럼 스친다. 나는 시시각각 그런 공포를 느꼈다. 이런 극도의 불안은 기괴한 것이다. 늘 무언가를 하고 싶은 기분, 자신에게는 불가한 어떤 감정이 있는 듯한 기분, 위장에서는 계속 토하는데 입이 없는 것처럼 해소 불가능한, 절박하고 불편한 육체적 욕구를 안고 있는 듯한 기분을 느낀다. 우울증 상태에서는 시야가 좁아지다 닫히기 시작하는데, 전파 방해를 받아 화면이 심하게 흔들리는 텔레비전을 보듯이 영상을 보고 있기는 하나 진짜 보는 것이 아니다. 사람들의 얼굴도 클로즈업되지 않으면 알아볼 수 없으며 그 어느 것도 테두리가 없다. 공기는 마치 빵죽을 들이부은 듯 빽빽해서 턱턱 걸린다. 우울증이 된다는 건 눈이 머는 것과 같아 처음에는 서서히 어둠이 시작되다 결국 온통 캄캄해지며, 귀먹는 것과 같아 조금씩 안 들리다가 끔찍한 침묵이 주위를 에워싸 마침내 자신의 소리마저 그 정적을 뚫을 수 없는 지경에 이른다. 또한 입고 있는 옷이 서서히 나무로 변하는 것과 같아서 처음에는 팔꿈치와 무릎이 뻣뻣해져 오다 종내는 꼼짝없이 갇힌 채 끔찍한 무게에 짓눌리고 쇠약해져 조만간 죽음을 맞게 된다.

아버지가 내 친구와 내 동생, 그리고 동생의 약혼녀까지 데리고 내 아파트로 왔다. 다행히 열쇠를 갖고 계셨다. 나는 거의 이틀 동안 아무것도 먹지 않은 터였고 그들은 내게 훈제연어를 좀 먹여 보려 했다. 모두들 내가 지독한 바이러스에 감염된 모양이라고 생각했다. 나는 몇 입 먹지도 못하고 모조리 토하고 말았다. 울음을 그칠 수가 없었다. 내 집이 싫었지만 집을 떠날 수가 없었다. 이튿날 겨우겨우 정신분석가를 찾아갔다. "아무래도 약물치료를 시작해야겠어요." 나는 다 죽어 가는 얼굴로 말했다. "유감이군요." 그녀는 그렇게 대답한 뒤 정신약리학 전문의에게 전화를 걸었고 그 의사는 한 시간 내로 만나 주겠다고 했다. 정신분석가는, 뒤늦게나마, 도움을 청해야만 한다는 걸 깨달았던 것이다. 1950년대에는 환자에게 약물치료를 시작하려면 정신분석은 중단해야 한다는 생각이 일반적이었다. 나를 담당했던 정신분석가가 약물치료를 피하도록 권했던 건 그런 낡은 사고방식 때문이었을까? 아니면 나처럼 체면을 지키는 게 중요하다고 여겨서였을까? 모르겠다.

내가 찾아간 정신약리학 전문의는 영화에서 튀어나온 정신과 의사 그대로였다. 색깔이 바랜 겨자색 실크 벽지가 발라진 진료실 벽에는 구식 촛대들이 붙어 있었고 『불행 중독』, 『자살 행동: 정신적 경제성의 추구』 같은 책들이 무더기로 쌓여 있었다. 그는 칠십대였고 시가를 피웠으며, 중부 유럽의 악센트가 섞인 영어를 썼고 실내용 슬리퍼를 신고 있었다. 또한 2차 세계대전 이전 세대의 고상한 매너와 다정한 미소를 지니고 있었다. 그는 구체적인 질문들을 속사포처럼 퍼부었다. 오전과 오후의 기분이 어떻게 다른가? 어떤 일에 대해 웃는 것이 얼마나 어려운가? 자신이 무엇을 두려워하고 있는지 아는가? 수면 패턴과 욕구들에 변화가 있었는가? …… 나는 최선을 다해 대답했다. 내가 공포들을 자랑처럼 늘어놓자 그가 차분히 말했다. "좋아요, 좋아. 매우 전형적인 케이스예요. 걱정 말아요. 곧 좋아지게 해 줄 테니까." 그는 자낙스(Xanan)에 대한 처방을 쓴 다음 서랍 속을 뒤져 처음 사용하는 환자를 위한 졸로프트(Zoloft) 세트를 꺼냈다. 그러고는 구체적인 복용법을 일러 주었다. 그가 미소 지으며 말했다. "내일 다시 오세요. 졸로프트는 한동안 약효가 없을 거예요. 자낙스는 즉시 불안 증세를 완화시켜 줄 거고. 중독성 같은 건 신경 쓰지 말아요. 지금은 그런 걸 걱정할 때가 아니니까. 일단 불안 증세가 좀 가시면 우울증을 좀 더 분명하게 관찰하고 그에 대한 치료를 할 수 있을 거예요. 걱정 말아요. 매우 정상적인 증상들이니까."

나는 약물치료를 시작하면서 아버지의 아파트로 들어갔다. 당시 아버지는 일흔 가까운 나이였는데, 그 나이 남자들은 대부분 생활이 뒤바뀌는 걸 잘 견디지 못한다. 아버지는 내게 헌신적이었을 뿐만 아니라 고난에 처한 아들에게 든든한 의지가 되어 줄 방법을 찾아낼 융통성과 그것을 실천할 용기를 지니고 있었다는 면에서 칭송받을 만하다. 아버지는 나를 의사에게 데려가고 집으로 데려오는 일을 맡았다. 나는 아버지의 아파트에 들어갈 때 깨끗한 옷들을 챙겨 가지 못했는데 일주일 동안은 침대에서 거의 나오지도 않았기 때문에 어차피 필요도 없었다. 당시 내가 느낄 수 있는 것이라고는 공황뿐이었다. 자낙스를 충분히 복용하면 진정이 되었지만 이내 꿈으로 얼룩진 혼란스러운 잠 속으로 빠져들었다. 그랬다가 자신이 극심한 공황 상태에 있음을 인식하며 잠에서 깨어났다. 나는 그저 약을 먹고 다시 잠 속으로 빠져들고 싶은 마음뿐이었고 나을 때까지 내처 자고 싶었다. 그래서 몇 시간 있다가 잠이 깨면 수면제를 더 먹고 싶어졌다. 자살은, 샤워와 마찬가지로, 너무 복잡한 일이라 엄두조차 낼 수 없었다. 그때 나는 그런 일들을 상상하며 시간을 보낸 것이 아니다. 그저 '그것'이 멈추기만을 원하고 있었는데 '그것'이 무엇인지 구체적으로 말할 수조차 없었다. 많은 말을 할 수도 없었다. 내게 늘 친근한 존재였던 말이 갑자기 나로서는 도저히 끌어모을 수 없는 에너지를 요하는 매우 복잡하고 어려운 은유들처럼 여겨졌다. "우울증은 의미의 상실로 이어진다. …… 나는 침묵하게 되고, 죽는다. 우울증에 걸린 사람들에게는 모국어가 이방의 언어가 된다. 그들이 쓰는 죽은 언어는 자살의 전조다."[8] 쥘리아 크리스테바[파리7대학교에서 정신분석 이론을 가르치고 있으며 주요 저서로『사랑의 정신분석』,『포세시옹, 소유라는 악마』,『언어, 그 미지의 것』등이 있다.]의 글이다. 우울증은 사랑처럼 상투적인 표현들로 전해지며 우울증에 대해 말하다 보면 대중가요 가사에나 어울리는 감상적인 과장을 피하기 어렵다. 우울증의 체험은 너무도 강렬한 나머지 다른 사람들도 그와 유사한 것에 대해 알고 있다는 것이 얼토당토않게 느껴진다. 다음에 소개하는 에밀리 디킨슨의 시는 우울증에 대해 가장 잘 표현한 글이 아닌가 싶다.

나는 머릿속으로 장례식을 느꼈다.

조문객들이 이리저리 움직이며
짓밟고 또 짓밟아서
감각이 빠져나갈 듯했다.

모두 자리에 앉자
전례 음악이, 북처럼
울리고 또 울려서
정신이 마비될 지경이었다.

그다음에 나는 들었다.
그들이 관을 들어 올리고
납으로 된 장화를 신고
다시 삐걱거리며 내 영혼을 가로지르는 소리를
공간이…… 울리기 시작했다.

하늘이 하나의 종이듯
존재는 하나의 귀였고
나와 정적은 이상한 종족이었다.
여기 홀로 조난당한

다음엔 이성의 널빤지가 부서졌고
나는 아래로 아래로 떨어져
세상에 내동댕이쳐졌다.
그렇게 앎은 끝났고…… 그다음엔……9

우울증이 우리를 얼마나 터무니없는 비정상적인 상태로 몰아넣는지에 대해 언급한 글은 상대적으로 적은 편이다. 자신이나 타인들의 고통에 대해 존엄성을 부여하려다 보면 그런 비정상성을 간과하기가 쉽기 때문이다. 그러나 그런 비정상성은 엄연한 현실이다. 우울증 상태에서는 시간 관념도 비정상적이 되어서 그야말로 일각이 여삼추다. 침대에 꼼짝도 못하고 누운 채 샤워하기가 너무 두려워서, 그러면서도 샤워는 두려운 일이 아니란 걸 알기 때문에 울던 기억이 난다. 나는 마음속으로 계속 샤워의 단계들을 밟아 가고 있었다. 돌아누워서 방바닥에 발을 내린다, 선다, 욕실로 걸어간다, 욕실 문을 연다, 욕조로 간다, 샤워기를 튼다, 샤워기 아래 선다, 비누칠을 한다, 헹군다, 샤워기를 잠근다, 수건으로 몸을 말린다, 침대로 돌아온다. 이 열두 단계가 십자가의 길처럼 부담스러웠다. 그러나 이성적으로는, 샤워가 쉬운 일이며 지금까지 날마다 샤워를 해 왔고 그것도 기계적으로 후닥닥 해치워 왔음을 알고 있었다. 열두 단계도 사실 얼마든지 처리할 수 있다는 것도 알았다. 몇 단계는 다른 사람의 도움을 받을 수도 있을 것이고, 그런 생각을 하자 잠시 안도감이 들었다. 욕실 문은 다른 사람이 열어 줄 수 있다. 아마 두세 발짝쯤은 걸을 수 있으리라. 나는 젖 먹던 힘까지 내어 침대에서 일어나 앉은 다음 몸을 돌리고 바닥에 발을 내렸다. 그러나 다음 순간 무력감과 두려움에 사로잡혀 발은 바닥에 그대로 둔 채 침대에 얼굴을 박고 고꾸라졌다. 나는 다시 울음을 터뜨렸다. 그런 일들조차 할 수 없다는 것 때문에, 그런 자신이 너무 천치 같아서 울었다. 세상 모든 사람들이 샤워를 한다. 그런데 왜, 왜 나만 이러는 걸까? 다른 사람들에게도 가족과 직업과 은행 계좌와 여권과 저녁 약속과 고민이 있다. 암이나 굶주림이나 자식의 죽음이나 고독이나 실패 같은 진짜 고민 말이다. 그들에 비하면 나는 고민이랄 것이 없는 인간이다. 이렇게 꼼짝 못 하고 고꾸라져서 아버지나 친구가 와서 발을 침대 위로 다시 올려 줄 때까지 몇 시간 동안 기다려야 한다는 걸 빼고는. 이윽고 누군가의 도움으로 다시 편안히 눕게 되자 샤워를 한다는 생각 자체가 어리석고 비현실적인 것인 양 여겨졌고, 발을 침대 위로 올릴 수 있게 된 것만으로도 안도감이 들었다. 나는 침대에 안전하게 누운 채 참 우스꽝스럽다는 생각을 했다. 실제로 나를 버틸 수 있게 한 건 그런 우스꽝스러움에 실소(失笑)할 수 있는 능력이었던 듯하다. 내 마음 깊은 곳에는 항상 차분하고 분명한 하나의 목소리가 있어서, 그렇게 감상적으로 굴지 말라고, 신파조 행동은 삼가라고 말하고 있었다. '옷을 벗고 잠옷을 입은 다음 침대로 가.' '아침에는 일어나서 옷을 입고 네가 해야 할 일들을 해.' 그 목소리, 어머니의 잔소리와도 같은 목소리는 늘 내 귓전을 맴돌았다. 내가 상실한 것에 대해 생각하면 슬픔과 끔찍한 외로움이 밀려들었다. 대프니 머킨은 자신의 우울증에 대해 고백한 글에 이렇게 썼다.[10] "누가, 그 열렬한 문화센터뿐 아니라 내 치과 의사라도, 내가 움츠러든 것에 대해 신경 썼을까? 내가 다시 돌아가지 않았다면 사람들은 애석해했을까?"

저녁때쯤 되자 침대에서 나올 수 있었다. 대부분의 우울증은 24시간 주기의 리듬을 갖고 있어서 낮에는 호전되었다가 아침이 되면 다시 하강 곡선을 탄다. 저녁 식사 시간에는 음식을 먹을 수 있을 것 같지는 않았지만 자리를 털고 일어나 (나와 함께 있기 위해 다른 약속들을 모두 취소한) 아버지와 식탁에 마주 앉을 수 있었다. 그때

쯤이면 말도 할 수 있었다. 나는 내 상태를 설명했다. 아버지는 고개를 끄덕이며 이제 괜찮아질 거라고 안심시키면서 내게 음식을 먹이려 애썼다. 아버지는 내 음식을 잘라 주었다. 나는 다섯 살짜리 어린애가 아니니까 그러지 말라 했지만 결국 양고기를 썰지 못해서 아버지가 대신 해 주었다. 아버지는 예전에 어린 내게 음식을 먹여 주던 얘기를 하면서 당신이 더 늙어서 이가 다 빠지면 내가 양고기를 잘라 줘야 한다고 농담 삼아 말했다. 아버지는 내 친구 몇몇과 연락이 닿았고 나는 저녁 식사 후에는 그동안 걸려 온 친구들의 전화에 응답을 해 줄 수 있을 정도로 기분이 나아졌다. 이따금 친구가 저녁 식사 후에 찾아오기도 했다. 힘겨운 일이었지만, 대개는 잠자리에 들기 전에 샤워도 할 수 있었다! 사막의 오아시스도 그 승리감과 개운함에는 비길 수 없다. 나는 자낙스에 취해 몽롱하면서도 아직 잠이 들지 않은 상태에서 아버지나 친구들과 그런 농담을 했고, 그러노라면 환자와 간병인 사이의 진귀한 친밀감이 느껴졌다. 이따금 나는 감정에 취해 울기 시작했고 그러면 그들은 내가 잠들 수 있도록 불을 껐다. 이따금 친한 친구들이 내가 잠들 때까지 곁에서 지켜 주었다. 한 친구는 내 손을 잡고 자장가를 불러 주곤 했다. 어느 때는 아버지가 내가 어렸을 때 읽어 줬던 책들을 다시 읽어 주셨다. 나는 도중에 이렇게 물었다. "저는 2주 전에 소설을 냈어요. 하루 열두 시간씩 일하고 어떤 날은 하룻밤에 파티를 네 군데나 갔어요. 그런데 이게 무슨 일이죠?" 그러면 아버지는 쾌활하게 곧 다시 그렇게 될 거라고 장담하셨다. 아버지야 쿠키 반죽으로 헬리콥터를 만들어 그걸 타고 해왕성에 갈 수 있을 거라는 말도 하실 수 있겠지. 그런 생각을 하니 과거의 내 삶은 이제 완전히 끝난 것 같았다. 드문드문 잠시나마 공황 상태에서 벗어날 때도 있었다. 그러면 차분한 절망이 찾아왔다. 그 모든 것의 불가해성은 논리를 거부했다. 정신적으로나 물질적으로나 부족함이 없는 나였던지라 사람들에게 우울증에 걸렸다는 말을 하기가 몹시 곤혹스러웠다. 그래서 가까운 친구들을 제외하고 다른 사람들에게는 "지난여름에 여행을 하다가 정체 모를 열대성 바이러스에 감염된 모양이에요."라고 둘러댔다. 양고기 조각은 내게 하나의 상징이 되었다. 시인인 내 친구 엘리자베스 프린스는 이렇게 노래했다.

> 7월의 뉴욕,
> 맥 빠진 깊은 밤.
> 나는 음식을 삼켜야만 하는 것을 증오하며
> 내 방에 숨어 있었다.[11]

후에 나는 아내 버지니아의 우울증에 대해 묘사한 레너드 울프의 일기를 읽게 되었다. "아내는 혼자 두면 아무것도 먹지 않아서 서서히 굶어 죽게 될 것이다. 건강을 유지할 수 있을 정도만 먹이는 것도 무척이나 힘겨웠다. 그녀의 광기에는 늘 죄의식 같은 것이 가득했는데 그 원인과 정확한 성질에 대해서는 밝혀내지 못했지만 아무튼 그것은 기묘한 방식으로 특히 음식과 먹는 것에 귀속되어 있다. 우울증 초기의 날카롭고 자포자기적인 단계에서는 절망적으로 침울해져서 누가 무슨 말을 해도 아무 반응 없이 조용히 앉아 있었다. 식사 시간이 되어도 앞에 놓인 음식에 아무 관심이 없고 간호사들이 뭘 좀 먹이려고 하면 화를 냈다. 대개의 경우 내가 그녀를 달래서 어느 정도 먹게 할 수 있었지만 그러기까지의 과정이란 끔찍했다. 식사 때마다 한두 시간씩은 걸렸고, 옆에 앉아 손에 수저나 포크를 쥐어 주고 간간이 아주 조용한 목소리로 어서 먹으라고 말하면서 팔이나 손을 만져 주어야만 했다. 그녀는 5분마다 기계적으로 한 술씩 떴다."12

우울증 상태에서는 판단력이 흐려진다는 말들을 하지만 우울증의 일부분은 인식과 닿아 있다. 우울증으로 인한 붕괴 상태라 해서 인생의 문제들이 꼬리를 감추는 것은 아니다. 당신이 몇 년 동안 교묘히 회피해 온 문제들이 있다면 그것들이 갑자기 튀어나와 당신을 정면으로 노려본다. 의사들은 당신의 판단력이 흐려져서 그런 것이라고 위로하지만 틀린 말이라는 걸 당신은 안다. 당신은 인생의 가혹함과 닿아 있다. 나중에 상태가 호전되면 그 가혹함에 더 잘 대처할 수 있으리란 걸 이성적으로 받아들일 수는 있지만 그로부터 자유로울 수는 없다. 우울증 상태에서는 마치 세 살짜리 어린애의 세계처럼 과거와 미래가 완전히 현재의 순간으로 흡수된다. 건강했던 때를 (적어도 또렷하게는) 기억할 수 없고 우울증에서 회복된 미래를 상상할 수도 없다. 혼란은 아무리 정도가 심한 것이라 해도 일시적인 체험이지만 우울증은 시간의 영향을 받지 않는다. 그것은 관점 자체를 잃게 만든다.

우울증 삽화가 진행되는 동안에는 많은 일들이 일어난다.13 신경전달물질의 기능과 시냅스 기능에 변화가 생기고, 신경세포 간의 흥분성이 증가하거나 감소하고, 유전자 발현에 변화가 일어나고, 전뇌 피질 대사가 결핍되거나(결핍되는 경우가 일반적이다.) 과도해지고, 갑상선방출호르몬(TRH) 수치도 높아지고, (두뇌 안의 영역들인) 편도체와 시상하부의 기능에 혼선이 빚어지고, (송과선에서 세로토닌을 가지고 만드는 호르몬인) 멜라토닌의 수치가 변하고, 프롤락틴이 증가하고(유산염의 증가는 불안 증세에 쉽게 빠지는 사람들의 경우 공황 발작으로 이어진다.), 24시간 체온 변화가 거의 없으며, 코르티솔 분비 주기가 왜곡되고, (뇌의 중심들인) 시상(視床)과 대뇌핵과 전두엽을 잇는 회로에 문제가 생기고, 우세반구의 전두엽으로의 혈류가 증가하고, (시각을 통제하는) 후두엽으로의 혈류가 감소하고, 위장의 분비 활동이 저하된다. 이 모든 현상들을 일으키는 것이 무엇인지 알아내기는 어렵다. 이들 중 어떤 것들이 우울증의 원인이고 어떤 것들이 증상들이며 어떤 것들이 단순한 우연의 일치일까? 우울증 환자의 갑상선방출호르몬 수치가 높아진 결과만 보고 이 호르몬이 기분을 저조하게 만드는 원인이 된다고 생각할 수도 있다. 실은 이 호르몬을 투여해 일시적인 치료 효과를 볼 수도 있다. 우리 몸은 항우울 효과를 노리고 TRH를 만들어 내는 것으로 밝혀졌기 때문이다. 이 호르몬은 일반적인 항우울제는 아니지만 중증 우울증 삽화 직후의 항우울제로 이용될 수 있는데, 그것은 우리의 뇌가 (비록 우울증 상태에서 많은 문제들을 안고 있긴 하지만) 그런 문제들을 해결하는 데 도움이 될 수 있는 물질들에 대해 극도로 예민해지기 때문이다.[14] 세포들도 서슴없이 기능들을 바꾼다. 우울증을 유발하는 병적인 변화들과 그것에 맞서 싸우는 적응적 변화들 사이의 비율에 따라 우울증의 회복 여부가 결정된다. 약물치료를 통해 적응적 요소들이 병적인 요소들을 무찌를 수 있도록 한다면 우울증에서 벗어나고 두뇌도 정상적인 상태를 되찾게 된다.

우울증은 삽화 횟수가 많을수록 재발 가능성이 높아지며 일반적으로 나이가 들면서 더 심각해지고 간격도 짧아진다.[15] 이러한 가속성은 우울증이 어떻게 일어나는지에 대한 실마리를 제공한다. 우울증의 첫 발병은 대개 충격적인 사건이나 비극과 관련되어 있다. 우울증 발병의 유전적 소인을 지닌 사람들은, 케이 재미슨의 표현을 빌자면 "바짝 마른 장작처럼, 삶에서 불가피하게 튀는 불똥들에 무방비한 상태로 놓여 있다."[16] 그리고 재발은 어느 단계에 이르면 상황에 관계없이 일어난다. 어떤 동물에게 매일 한 차례씩 자극을 가해 발작을 일으키면 결국 나중에는 자극을 가하지 않아도 하루에 한 번씩 자동적으로 발작이 일어난다.[17] 이와 마찬가지로 우리의 뇌도 몇 차례 우울증을 겪게 되면 자꾸 되풀이해서 그런 상태로 돌아가게 되는 것이다. 이는 우울증이 외적인 비극에 의해 야기된다 해도 결국 생화학적 작용뿐 아니라 뇌의 구조까지 변화시킨다는 사실을 암시한다. 여기서 국립정신건강연구소 생물정신의학과 책임자인 로버트 포스트의 설명을 들어 보자. "우울증은 우리가 과거에 생각했던 그런 양성(良性) 질병이 아닙니다. 재발과 악화의 경향이 있으므로 몇 차례의 삽화를 각오하고 장기적인 예방 치료를 통해 끔찍한 결과를 피해야 해요." 기분장애에 관한 인식 변화에 커다란 몫을 한, 학술적이면서도 대중적인 책들을 써 낸 카리스마 있는 심리학자 케이 재미슨은 이 문제에 대해 주먹으로 탁자를 치면서 열변을 토했다. "우울증은 무해한 병이 아니에요. 우울증은 사람들을 비참하고 끔찍하고 비건설적인 상태에 빠뜨릴 뿐만 아니라 죽이기까지 합니다. 자살뿐 아니라 심장병도 유발하고 면역력을 떨어뜨려서 죽일 수도 있지요." 약물치료에 대해 반응을 보이던 환자들도 치료를 하다 말다 하는 바람에 치료 반응이 사라지는 경우가 빈번하다. 삽화를 한 번 겪을 때마다 우울증이 만성화될 위험이 10퍼센트씩 증가한다. 이에 대해 로버트 포스트는 이렇게 말한다. "처음에는 약물치료에 대한 반응이 매우 좋았다가 일단 전이되면 전혀 반응을 보이지 않는 암의 경우와 같습니다. 삽화를 너무 많이 겪게 되면 신체의 생화학적 작용 자체가 나쁜 쪽으로 변화하며 그 변화는 영구적인 것이 될 수도 있어요. 그런데도 많은 치료 전문가들이 여전히 엉뚱한 방향을 보고 있죠. 이제 삽화가 자동적으로 일어나는데 애초에 병을 유발한 스트레스 요인에 대해 걱정해 봐야 무슨 소용입니까? 그러기에는 이미 늦은 겁니다." 우울증 치료는 일시적인 미봉책에 불과하며 완전무결한 상태로 되돌려 놓는 것이 아니다.

세로토닌 수용체의 감소, 스트레스 호르몬인 코르티솔의 증가, 우울증이라는 세 가지 현상은 동시에 일어난다. 그 순서는 닭이 먼저냐 달걀이 먼저냐의 문제처럼 풀 수 없는 수수께끼다. 동물의 뇌의 세로토닌 체계를 손상시키면 코르티솔 수치가 높아진다.[18] 코르티솔 수치를 올리면 세로토닌은 내려가는 듯하다. 어떤 사람에게 스트레스를 주면 부신피질자극호르몬분비호르몬(CRH)이 증가하여 코르티솔의 수치가 높아진다.[19] 어떤 사람을 우울하게 만들면 세로토닌 수치가 내려간다. 이것은 무엇을 의미할까? 근래 10년간 우울증에 대한 논의에서 세로토닌은 단연 정상의 자리를 지켜 왔으며, 미국에서 가장 흔한 우울증 치료는 뇌 속 세로토닌 수치를 높이는 것이다. 인위적으로 세로토닌 수치를 조절하면 뇌 속 스트레스 조직들과 코르티솔 수치에도 변화가 온다. "코르티솔이 우울증을 유발한다는 말은 하지 않겠습니다. 그러나 그것은 가벼운 이상을 악화시켜 진짜 증후군으로 만듭니다." 미시간대학교에서 이 분야를 연구하는 엘리자베스 영의 말이다. 코르티솔은 일단 생성되면 뇌 속 당질코르티코이드 수용체에 달라붙는다. 항우울제는 이 당질코르티코이드 수용체의 수를 증가시키며 이 수용체는 근처에서 떠다니는 잉여 코르티솔을 흡수한다. 이것은 신체의 전체적인 조절에 극히 중요하다. 당질코르티코이드 수용체는 일부 유전자들의 발현을 조절하는데, 이 수용체가 코르티솔의 양에 압도되어 제 기능을 못하게 되면 신체 조직은 과열 상태에 이르게 된다. 다시 엘리자베스 영의 말을 들어 보자. "난방 시스템과 같은 거예요. 자동 온도 조절 장치의 온도 감지기가 외풍이 있는 곳에 설치되어 있다면 방이 절절 끓어도 난방기가 꺼지지 않죠. 그러나 방 이곳저곳에 여러 개의 감지기를 설치하면 시스템이 제대로 작동합니다."

정상적인 상황에서 코르티솔 수치는 매우 간단한 규칙에 따라 변화한다. 아침에 높아졌다가(그래서 잠자리에서 일어나게 되는 것이다.) 낮 동안 내려간다. 그러나 우울증 환자의 경우 수치가 종일 높은 상태로 남는다. 시간이 지나면서 코르티솔의 생성을 억제해야 할 억제 회로에 이상이 생겨서 그런 것이며, 대개 아침에 일어나자마자 느끼는 급격한 동요가 우울증 환자들의 경우 낮까지 계속되는 이유가 이것 때문일 수 있다. 세로토닌 체계를 조절하지 않고 직접 코르티솔 체계를 조절하여 우울증 치료를 하는 것도 가능할 것이다. 미시간대학교에서 이루어진 기초 연구에 의거하여 치료 반응이 없는 우울증 환자들에게 코르티솔 수치를 낮추는 케토코나졸(ketoconazole)을 쓴 결과 70퍼센트 가까운 환자들이 눈에 띄는 반응을 보였다.[20] 현재 케토코나졸은 부작용이 너무 많아 매력적인 항우울제가 되지는 못하고 있지만 몇몇 대규모 제약사들이 그런 부작용

없이 개선 효과를 내는 대체 약물을 연구 중이다. 그러나 코르티솔은 위험에 맞서 싸우거나 피하는 반응, 고난에 맞서 분투하도록 도와주는 에너지를 만드는 일, 항염 작용, 의사 결정과 결단력에 꼭 필요하며, 무엇보다 면역 체계를 자극해 감염성 질병과 싸우도록 하는 역할을 하기 때문에 이러한 치료에 대해서는 세심한 규제가 요구된다.

최근 비비[개코원숭이]들과 항공 관제사들을 대상으로 코르티솔의 작용에 관한 연구들이 실시되었다.[21] 코르티솔 수치가 높은 상태가 장기간 지속된 비비들은 편집증 증세를 보이며 실제적인 위협과 조금 불편한 상황을 구분하지 못하여 잘 익은 바나나가 잔뜩 달린 나무를 옆에 두고도 바나나 하나를 갖고 목숨 걸고 싸우는 경향이 있었다. 항공 관제사들의 경우 정신적으로 건강한 이들은 과로의 정도와 코르티솔 수치가 정확한 상관관계를 보인 데 반해 정신적으로 건강하지 못한 이들은 코르티솔 수치가 갑자기 치솟아 정점에 도달했다. 일단 코르티솔과 스트레스의 상관관계가 왜곡되면 바나나를 두고도 히스테리를 일으킬 수 있고 자신에게 일어나는 모든 일들에 스트레스를 받게 된다. "그것이 우울증의 한 형태이며, 그렇게 되면 물론 우울증에 걸려 있는 것 자체도 스트레스가 됩니다. 악순환이죠." 엘리자베스 영의 말이다.

스트레스로 장기간 코르티솔 수치가 증가하는 현상이 발생하면 코르티솔 체계가 손상되어, 나중에는 일단 코르티솔 수치가 증가하기 시작하면 쉽게 중단되지 않는다. 정상적인 사람이라면 가벼운 충격에는 코르티솔 수치가 증가했다 이내 정상화되지만 코르티솔 체계가 손상된 사람들의 경우에는 그렇지 않다. 어느 것이나 그러하듯 코르티솔 체계도 한번 무너지면 작은 충격에도 다시 무너지기 쉽다. 과로로 심근경색을 일으킨 사람은 안락의자에 편안히 앉아서도 다시 심근경색을 일으킬 수 있는데 그것은 심장이 지쳐서 이따금 큰 무리가 없이도 그냥 손을 들어 버리기 때문이다.²² 정신에도 그런 일이 발생한다.

내과적 질병이라 해서 사회심리적 원인들을 가질 수 없는 것은 아니다. 엘리자베스 영과 함께 일하는 후안 로페스의 말을 들어 보자. "내 아내는 내분비 전문의로 소아당뇨병 환자들을 봅니다. 당뇨병은 분명 췌장의 질환이지만 외부적 요인들의 영향도 받아요. 먹는 음식뿐 아니라 정신적 스트레스까지도. 가정 환경이 나쁜 아이들은 극도의 흥분 상태에 빠지게 되고 그러다 보면 혈당량이 증가합니다. 하지만 그렇다고 해서 당뇨병이 정신 질환이 되는 것은 아니에요." 우울증의 경우 정신적 스트레스가 생물학적 변화를 불러오며 그 반대의 경우도 성립된다. 사람이 극심한 스트레스를 받으면 CRH가 분비되며 우울증의 생물학적 실재가 야기되는 경우가 많다. 과도한 스트레스를 방지하는 심리학적 기술들은 CRH와 코르티솔 수치를 억제하도록 도울 수 있다. 다시 후안 로페스의 말이다. "타고난 유전자는 어쩔 도리가 없습니다. 하지만 그 발현을 통제할 수는 있지요."

후안 로페스는 가장 간단한 동물 모델 연구로 돌아갔다.²³ "실험용 쥐에게 지독한 스트레스를 주면 스트레스 호르몬 수치가 높아집니다. 그 쥐의 세로토닌 수용체들을 조사해 보면 스트레스에 의해 긴장한 걸 분명히 볼 수 있어요. 지독한 스트레스를 받는 쥐의 뇌는 심각한 우울증에 시달리는 쥐의 뇌와 매우 유사합니다. 그 쥐에게 세로토닌 조절 항우울제를 투여하면 결국 코르티솔 수치가 정상화됩니다. 어떤 우울증은 세로토닌성이고 어떤 우울증은 코르티솔과 더 밀접히 연관되어 있으며, 대부분의 우울증은 이 두 가지가 혼합된 형태인 듯합니다. 이 두 체계 사이의 혼선이 이 질환의 일부이기도 하고요." 쥐를 이용한 실험들은 많은 성과를 거두었지만 인간을 쥐보다 고등한 동물이게 하는 전전두엽 피질에도 많은 코르티솔 수용체들이 존재하며, 바로 그런 이유로 인간의 우울증이 복잡한 양상을 띠는 것이라고 할 수 있다. 자살한 사람들의 뇌는 극도로 높은 CRH 수치를 나타낸다. "계속해서 분출하기라도 한 듯 과도합니다." 자살자의 부신(副腎)[좌우 신장 위에 있는 내분비 기관]은 다른 원인으로 사망한 사람들의 부신에 비해 큰데, CRH 수치의 증가로 부신계가 확장되었기 때문이다. 후안 로페스의 가장 최근의 연구 결과에 따르면, 자살자의 경우 전전두엽 피질의 코르티솔 수용체 수가 현저히 감소해 있었다. (이것은 그 부위의 코르티솔이 제시간에 신속히 흡수되지 못했음을 의미한다.) 후안 로페스는 다음 단계는 엄청난 스트레스를 받으면서도 정상적으로 살아가는 사람들의 뇌를 연구하는 것이라고 한다. "그런 사람들은 어떤 생화학적 작용으로 대처할까요? 그들은 어떻게 그런 신속한 회복력을 유지하지요? 그들의 뇌에서는 CRH가 어떤 형태로 분비되는 걸까요? 그들의 수용체는 어떤 형태죠?"가 후안 로페스가 던진 물음이다.

후안 로페스와 엘리자베스 영이 일하는 부서의 책임자인 존 그리든은 지속적인 스트레스와 우울증 삽화의 장기적인 영향에 초점을 맞추고 있다.24 지나치게 극심한 스트레스와 지나치게 높은 코르티솔 수치가 지나치게 오래 지속되다 보면 스트레스가 해결된 후

피드백을 조절하여 코르티솔 수치를 감소시키는 신경세포들이 파괴되기 시작한다. 이는 결과적으로 해마와 편도의 손상과 신경세포망 조직의 손실로 이어진다. 우울증 상태에 오래 머물수록 심각한 손상을 입을 확률은 커지며 말초신경 장애가 일어나 시력이 저하되고 온몸에 장애가 올 수도 있다. "이것은 단순히 우울증이 발병했을 때 그걸 치료하는 데 그칠 것이 아니라 재발을 예방해야 한다는 명백한 사실을 반영합니다. 현재 우리의 공중보건학은 잘못된 접근을 하고 있어요. 재발성 우울증에 시달리는 사람들은 약물치료를 중단해서는 안 되며 영원히 계속해야 합니다. 고통스러운 우울증 삽화를 되풀이해서 견뎌야 하는 고충도 고충이지만, 신경조직까지 손상되기 때문이지요." 존 그리든의 주장이다. 그는 앞으로 우울증이 신체에 미치는 결과들을 충분히 이해하여 그것들을 역이용하는 전략들이 나오기를 기대한다. "어쩌면 뇌의 특정 부위들에 향신경성 성장인자를 선택적으로 주사해 특정 종류의 조직이 증식하고 성장하도록 할 수도 있어요. 아니면 자기(磁氣)나 전기를 이용한 다른 종류의 자극으로 특정 부위들의 성장을 촉진할 수도 있겠죠."

나도 그렇게 되기를 바란다. 약을 먹는 건 (경제적으로뿐 아니라 정신적으로도) 부담스럽기 때문이다. 약에 의지한다는 것 자체가 굴욕적이기도 하다. 꼬박꼬박 챙겨 먹는 것도, 약을 비축해 두어야 하는 것도 불편하다. 이런 끊임없는 개입 없이는 현재 자신이라고 이해하는 '나'가 될 수 없다는 사실도 끔찍하다. 나는 왜 이런 기분이 드는지 알 수가 없다. 콘택트 렌즈가 없이는 장님 신세라 렌즈를 착용하는 것에 대해서는 부끄럽게 여기지 않으면서 말이다. (물론 시력이 좋아 렌즈를 끼지 않으면 더 좋겠지만.) 아마도 계속 약을 달고 사는 것이 나의 약함과 불완전함을 상기시키기 때문일 것이다. 나는 완벽주의자이기 때문에 세상의 모든 것들이 신의 손을 떠난 상태 그대로 보존되기를 원한다.

항우울제의 효력은 한 일주일쯤 지나면 나타나기 시작하지만 완전한 약효를 거두려면 6개월은 걸린다.[25] 나는 졸로프트의 부작용이 심해 몇 주 후 팍실(Paxil)로 바꾸었다. 팍실은 효과도 있지만 부작용도 적었다. 나는 80퍼센트 이상의 우울증 환자들이 약물 치료에 반응을 보이기는 하지만 첫 약물치료에는(사실 어느 약물치료에나) 50퍼센트만 반응을 보인다는 것을 나중에야 알게 되었다.[26] 그 사이에는 우울증의 증상들이 우울증을 유발하는 끔찍한 악순환이 이어진다. 외로움은 우리를 침울하게 만드는데 우울증 자체가 또 외로움을 유발한다. 몸과 마음이 제 기능을 하지 못하면 삶은 엉망이 된다. 말도 할 수 없고 성욕도 사라지면 연애 생활이란 게 없어져 그야말로 진짜 우울하다. 나는 대개 모든 것들에 너무 기분이 상한 나머지 특정한 어떤 것에 대해 기분이 상할 수가 없었고, 우울증으로 인한 정서와 기쁨과 존엄성의 상실을 견디려면 그 방법뿐이었다. 나는 생일이 지나고 바로, 불편한 몸으로 순회 낭독회를 가졌다. 나는 여러 서점들과 행사 장소를 돌며 낯선 사람들 앞에 서서 내가 쓴 소설을 큰소리로 낭독했다. 그것은 불행의 비결이라 할 수 있었지만 그래도 어떻게든 이겨 내려는 결심이었다. 뉴욕에서 첫 낭독회를 갖기 전에 목욕을 하는 데만 네 시간이 걸렸다. 이윽고 자신도 우울증과 씨름해 온 가까운 친구 하나가 찬물로 샤워를 할 수 있도록 도와주었다.[27] 그는 물을 틀어 주었고 단추 푸는 것조차 힘겨워하는 나를 도와주고 샤워가 끝나면 데리고 나가려고 욕실 앞에 지키고 서 있기까지 했다. 나는 샤워를 끝낸 후 나가서 낭독을 했다. 입에는 베이비파우더를 뿌린 것 같고 귀도 잘 안 들리고 계속 기절할 것 같은 기분이 들었지만 가까스로 낭독을 마칠 수 있었다. 다른 친구가 나를 집까지 데려다 주었고, 나는 사흘을 침대에 누워 있었다. 이제 더 이상 울지 않게 되었고 자낙스를 충분히 복용하면 긴장을 억누를 수 있었다. 하지만 여전히 평범한 일들이 불가능하게만 여겨졌고 날마다 아침에 눈을 뜨면 공황 상태에 빠져 침대에서 나올 수 있을 만큼 공포심을 정복하는 데 몇 시간씩 걸렸다. 그래도 억지로 한 번에 한두 시간씩 대중 앞에 설 수 있었다.

　　우울증에서 탈출하는 일은 대개 느리며 사람들은 여러 단계에서 멈추고는 한다. 정신 건강 전문가인 한 여성은 우울증과의 부단한 싸움에 대해 이렇게 말했다. "우울증은 나를 진짜로 떠나는 법이 없어요. 나는 날마다 싸우지요. 약물치료를 받고 있는데 효과가 있어요. 나는 우울증에 굴복하지 않을 결심이에요. 사실 내 아들도 이 병을 앓고 있어요. 나는 그 아이가 우울증 때문에 멋진 삶을 살 수 없다는 생각을 하지 않았으면 해요. 나는 매일 아침에 일어나 아이들의 아침 식사를 만들지요. 어떤 날은 계속 활동할 수 있고 어떤 날은 아침을 차려 준 다음 다시 침대로 가야 하지만 아무튼 매일 일어나긴 합니다. 그리고 매일 이 사무실에 출근해요. 가끔 몇 시간씩 늦을 때도 있지만 우울증 때문에 결근한 적은 없어요." 그녀는 눈물을 흘리고 있었지만 턱을 치켜들고 계속 말했다. "지난주 어느 날은 아침에 눈을 떠 보니 상태가 정말 안 좋았어요. 가까스로 침대에서 나와 한 발짝씩 세면서 부엌으로 걸어가 냉장고를 열었지요. 아침거리가 모두 냉장고 뒤쪽에 들어 있는데 거기까지 손을 뻗을 수가 없는 거예요. 아이들이 들어왔을 때 나는 거기 우두커니 서서 냉장고 안을 들여다보고 있었지요. 아이들한테 그런 모습을 보이는 게 싫어요." 우리는 날마다 우울증과 씨름하는 이야기를 나누었다. "케이 재미슨이나 당신 같은 사람들은 그래도 주위의 도움을 많이 받지요. 나는 부모님도 모두 돌아가셨고 남편과도 이혼했고, 도움을 청하기가 쉽지 않아요."

'생활사건'이 우울증의 계기가 되는 경우가 많다. "우리는 안정적인 상황에서보다 불안정한 상황에서 우울증을 체험할 가능성이 훨씬 높습니다." 존스홉킨스대학교 멜빈 맥기니스의 말이다. 생활사건 연구 분야의 창시자인 런던대학교 조지 브라운은 이렇게 말한다. "우리는 대부분의 우울증이 그 발단에 있어서 반사회적이라고 봅니다. 질병의 실체라는 것이 엄연히 존재하기는 하지만 대부분의 사람들이 특정한 상황에 놓이면 중증 우울증을 일으킬 수 있어요. 물론 취약성의 정도는 다양하지만 내 생각에는 최소한 인구의 3분의 2는 충분히 취약합니다." 그는 25년이 넘는 기간 동안의 철저한 연구를 통해 심각하게 위협적인 생활사건들이 우울증 초기 발병의 계기가 된다는 사실을 밝혀냈다.[28] 이런 사건들은 일반적으로 상실(소중한 사람의 상실, 역할의 상실, 자아 관념의 상실)과 관련되어 있으며 최악의 경우는 굴욕감이나 덫에 걸린 기분과 관련 있다.[29] 긍정적인 변화에 의해 우울증이 유발될 수도 있다. 아기를 갖는 것이나 승진, 결혼 같은 사건들이 죽음이나 상실 못지않게 우울증을 부채질할 수도 있다.

전통적으로 우울증은 내부로부터 마구잡이로 시작되는 내인성 우울증과 슬픈 상황에 대한 극적 반응인 반응성(외인성) 우울증으로 분류되어 왔다. 그러나 지난 10년 사이 대부분의 우울증에 반응적 요인과 내적인 요인들이 뒤섞여 있다는 사실이 밝혀지면서 그런 전통적인 구분은 유명무실해졌다. 예일대학교의 러셀 고더드는 자신이 벌이는 우울증과의 싸움에 대해 내게 이렇게 토로했다. "아센딘(Asendin)을 복용했는데 정신이상이 오고 말았지. 아내가 허둥지둥 나를 병원에 데려갔다네." 그는 덱세드린(Dexedrine)에는 좀 더 결과가 좋았다. 그의 우울증은 집안에 행사가 있을 때 심해지곤 한다. "나는 아들의 결혼식이 감정을 자극하리라는 건 알고 있었네. 좋은 감정이든 나쁜 감정이든 자극을 받으면 우울증이 도지거든. 그래서 대비를 하고 싶었어. 나는 원래 전기 충격 치료는 싫어하지만 그래도 가서 받았네. 하지만 아무 효과가 없었어. 결혼식 날이 되자 침대에서 나올 수조차 없더군. 가슴이 무너졌지만 도저히 식장에 갈 수 없었네." 이런 현상은 가족들과 가족 관계에 커다란 부담을 준다. "아내는 자기가 어쩔 수 없는 일이라는 걸 알지. 그녀는 나를 그냥 내버려 두는 법을 배웠어. 고마운 일이지." 그러나 대개 가족들과 친구들은 그렇게 하지 못한다. 어떤 이들은 너무 관대하다. 만일 우리가 어떤 사람을 완전히 무능력자가 된 것처럼 취급하면 그 자신도 스스로를 완전한 무능력자로 보게 되며 결국 그는 (어쩌면 필요 이상으로) 진짜 무능력자가 되어 버린다. 약물치료는 사회적 불관용을 낳았다. 한번은 병원에서 어떤 여자가 아들에게 이렇게 말하는 걸 들었다. "문제가 있니? 그럼 프로작을 먹고 이겨 낸 다음에 연락해라." 우울증 환자에게 어느 정도까지 관대할 것인지에 대한 바람직한 기준을 정하는 것이 환자나 가족을 위해 꼭 필요하다. "우울증 환자의 가족들은 절망에 전염되지 않도록 조심해야만 합니다."[30]

케이 재미슨이 언젠가 내게 해 준 말이다.

아직 밝혀지지 않은 부분은 언제 우울증이 생활사건을 유발하고, 언제 생활사건이 우울증을 유발하는가다. 증후군(syndrome)과 증상(symptom)은 경계가 모호하며 서로를 유발한다. 불행한 결혼이 불행한 생활사건을 유발하고, 불행한 생활사건이 우울증을 유발하고, 우울증이 애정 없는 관계를 유발하며, 애정 없는 관계가 곧 불행한 결혼이다. 피츠버그에서 이루어진 연구 결과에 따르면, 중증 우울증의 첫 삽화는 대개 생활사건과 밀접한 관련을 갖고 있지만 두 번째 삽화로 가면서 관련성이 적어지고 네 번째, 다섯 번째쯤 되면 생활사건과 전혀 관련성이 없어진다. 조지 브라운은 우울증이 어느 단계에 이르면 "자체의 추진력으로 발병하는" 임의적이고 내인적인 형태가 되며 생활사건과 분리된다는 의견에 동의한다. 우울증을 지닌 대부분의 사람들이 특정한 사건들을 겪은 건 사실이지만, 그런 사건들을 경험하는 사람들 가운데 우울증을 일으키는 이는 다섯 명 가운데 한 명 꼴에 불과하다. 스트레스가 우울증 발병률을 높이는 건 분명하다. 스트레스 중에서 으뜸은 굴욕감이고 두 번째는 상실감이다. 생물학적 취약성을 지닌 사람들에게 최선의 방어책은 외적인 굴욕들을 흡수하고 최소화하는 '행복한' 결혼 생활이다. 조지 브라운은 이렇게 인정한다. "사회심리적 변화가 생물학적 변화를 만든다. 다만 취약성은 반드시 먼저 외적인 사건에 의해 자극을 받아야 한다."

나는 순회 낭독회를 시작하기 직전에 항불안제인 나반(Navane)을 복용하기 시작했고, 그걸로 자낙스의 복용 횟수를 줄일 수 있게 되기를 바랐다. 다음 행사 장소는 캘리포니아였다. 그런데 혼자서는 도저히 갈 수 없을 것 같았다. 결국 아버지가 동행에 나서 자낙스에 취해 있는 나를 비행기에 태우고 그곳에 도착해서는 호텔로 데려갔다. 나는 약에 취해 거의 잠든 상태나 마찬가지였지만 그래도 일주일 전에는 꿈도 꾸지 못한 일들을 해낼 수 있었다. 나는 많은 일들을 해낼수록 죽고 싶은 마음이 줄어들기 때문에 캘리포니아로 가는 일을 중요하게 여겼다. 샌프란시스코에 도착하자 침대에 쓰러져 열두 시간을 내리 잤다. 그런 다음 저녁 식사를 하고 있는데 갑자기 우울증이 가신 기분이 들었다. 우리는 호텔의 넓고 아늑한 식당에 앉아 있었고 나는 메뉴를 골랐다. 아버지와 계속 같이 생활하고 있었는데도 아버지 인생에서 (내 문제를 빼고) 어떤 일들이 일어나고 있는지 나는 전혀 모르고 있었다. 그날 밤 우리는 몇 달 동안 헤어졌다 만나 회포를 푸는 사람들처럼 많은 이야기를 나누었다. 우리는 방으로 올라가서도 늦은 시각까지 계속 이야기꽃을 피웠고 이윽고 잠자리에 들었을 때 나는 황홀한 기분에 젖었다. 나는 미니바에 있는 초콜릿을 먹고, 편지 한 장을 쓰고, 가져간 소설을 몇 쪽 읽고, 손톱을 깎았다. 세상에 나설 준비가 된 기분이었다.

이튿날이 되자 도로 상태가 악화되었다. 아버지가 나를 부축해 일으켰고 샤워기를 틀어 주었다. 아버지는 내게 음식을 먹여 보려 애썼지만 나는 겁에 질려서 음식을 씹을 수가 없었다. 가까스로 우유만 조금 마셨다. 몇 번 토할 뻔했지만 실제로 토하지는 않았다. 몹시 아끼던 소중한 물건을 떨어뜨려 박살을 냈을 때 느끼는 그런 비참한 기분이 들었다. 요즘은 자낙스를 4분의 1밀리그램만 먹어도 열두 시간은 족히 자지만 그때는 8밀리그램이나 먹었는데도 너무 긴장해서 가만히 앉아 있을 수조차 없었다. 저녁때가 되자 상태가 호전되기는 했지만 크게 나아진 건 아니었다. 그 단계는 한 걸음 전진했다가 두 걸음 후퇴하고 두 걸음 전진했다 한 걸음 후퇴하는 식이었다.

이 시기에 증상들이 가벼워지기 시작했다. 더 빨리, 더 오래, 더 자주 기분이 나아졌다. 나는 곧 혼자 먹을 수 있게 되었다. 당시 무능력 상태를 말로 설명하기는 쉽지 않지만 노쇠한 상태와 일치하는 부분이 있다. 나의 친척 할머니 되시는 비아트리스는 아흔아홉의 연세에도 놀라울 만큼 정정해서 매일 잠자리에서 일어나 옷을 입었다. 그리고 날씨가 좋으면 자그마치 여덟 블록이나 산책을 했다. 그 연세에도 옷차림에 신경을 썼고 몇 시간씩 전화 통화를 했다. 가족의 생일을 빠짐없이 기억했고 가끔 밖에서 점심을 먹기도 했다. 이와 마찬가지로, 우울증에서 회복되기 시작하면 매일 아침 자리를 털고 일어나 옷을 차려입을 수 있게 된다. 날씨가 좋으면 산책도 나가고 밖에서 점심도 사 먹을 수 있다. 전화 통화도 한다. 비아트리스 할머니는 산책이 끝날 무렵에도 (걸음이 좀 느려지기는 했지만) 숨을 헐떡거리는 법이 없었고 산책을 즐거워했다. 우울증의 회복 단계도 이와 유사하다. 비아트리스 할머니가 여덟 블록을 걸을 수 있다 해서 밤새 춤을 추던 열일곱 살 시절로 돌아간 것은 아니듯 아주 정상적인 상태로 점심을 먹을 수 있다고 해서 우울증이 다 나은 것은 아니다.

우울증 삽화는 쉽고 간단하게 회복되지 않는다. 기복이 심하다. 내 경우 어떤 증상들은 호전되는 것처럼 보였지만, 불운하게도 나반에 대한 (보기 드문) 누적적인 부작용이 왔다. 복용 3주째가 지날 무렵 나는 똑바로 서는 능력을 상실하기 시작했다. 몇 분 걷고 나면 누워 있어야 했다. 호흡의 욕구를 조절할 수 없는 것처럼 눕고 싶은 욕구도 조절할 수 없었다. 나는 낭독회에서 연단을 꽉 붙들고 서 있곤 했다. 낭독이 중간쯤 진행되면 빨리 마치려고 몇 단락씩 건너뛰었고 낭독이 끝나면 의자를 꼭 잡고 앉아 있었다. 그러다 가끔 화장실에 가는 척하고 나와서 누웠다. 도대체 무슨 일이 일어나고 있는 것인지 알 수가 없었다. 새러라는 친구가 맑은 공기를 쐬면 좋을 거라 권해서 함께 버클리 캠퍼스 근처로 산책을 나갔던 일이 기억난다. 몇 분쯤 걷자 나는 피로감을 느끼기 시작했다. 50시간가량을 침대에 누워 있었던 나는 바깥 공기가 몸에 좋을 거라는 생각으로 산책을 강행했다. 50시간씩 내리 자는 걸 피하기 위해 자낙스 복용량을 상당히 줄인 뒤로 나는 다시 극심한 불안감에 시달리고 있었다. 그런 불안감을 체험하지 못한 사람이라면 평화의 반대 개념으로 이해하면 될 것이다. 당시 나는 내적, 외적인 모든 평화를 빼앗긴 상태였다.

우울증은 불안 증세들을 포함하는 경우가 많다. 불안증과 우울증을 따로 다룰 수도 있지만 불안증 분야의 손꼽히는 전문가인 사우스캐롤라이나의과대학교의 제임스 밸린저는 그것들을 "이란성 쌍둥이"라고 말한다. 이에 대해 조지 브라운은 간명하게 "우울증은 과거의 상실에 대한 반응이고 불안증은 미래의 상실에 대한 반응"이라고 설명했다. 토마스 아퀴나스가 두려움에 대한 슬픔의 관계는 희망에 대한 기쁨의 관계와 같다고 했듯 불안증은 우울증의 전조다.[31] 나는 우울증 상태에서 너무도 많은 불안을 겪었고 불안에 시달릴 때 너무도 우울했으므로 위축감과 두려움이 뗄 수 없는 관계임을 알고 있다. 순수한 불안장애를 갖고 있는 환자들의 절반가량이 5년 이내에 중증 우울증에 이르게 된다. 우울증과 불안증은 유전적으로 결정되는 경우 단일 유전자 세트를 공유한다. (이 유전자 세트는 알코올중독 유전자들과도 관련이 있다.)[32] 불안증을 동반한 우울증은 그렇지 않은 경우에 비해 자살률이 훨씬 높으며 회복하기도 훨씬 어렵다. 제임스 밸린저의 말을 들어 보자. "날마다 몇 번씩 공황 발작을 일으킨다면 한니발 장군이라도 무릎을 꿇을 수밖에요. 그렇게 되면 누구라도 녹초가 되어 태아처럼 웅크리고 누워 있을 수밖에 없죠."

미국인의 10에서 15퍼센트 정도가 불안장애를 겪고 있다.[33] 과학자들은 뇌 안의 청반(locus coeruleus)이 노르에피네프린의 생성과 대장의 조절을 맡고 있기 때문에 불안장애 환자의 절반 이상이 과민성대장 증상까지 갖고 있다고 생각하며, 진짜 심각한 불안증에 시달려 본 사람은 음식물이 얼마나 맹렬하게 소화계를 돌진하는지 안다. 불안증에는 노르에피네프린과 세로토닌이 다 관련된다. "불안증에는 세 번에 두 번 꼴로 생활사건이 관련돼요. 모두 안전을 잃게 되는 경우지요." 제임스 밸린저의 말이다. 공황 발작의 3분의 1 가량은 (일부 우울증의 고유한 특성처럼) 수면 중에, 꿈도 없는 깊은 델타 수면 단계에서 일어난다.[34] "사실 공황장애는 모든 사람들을 초조하게 만드는 것들에 의해 유발됩니다. 그것을 치유하는 것은 정상적인 불안 상태로 돌려 놓는 것이라 할 수 있어요." 제임스 밸린저의 설명이다. 공황장애는 척도의 장애다. 예를 들어 군중 속에서 걷는 것은 정상인들에게도 좀 괴로운 일이지만 불안장애를 가진 사람들에게는 말도 못 할 정도로 두려운 일이다. 누구나 다리를 건널 때면 더러 '이 다리가 내 무게를 견딜 수 있을까? 이 다리는 안전할까?' 같은 생각을 하지만 불안장애를 겪는 사람들은 수십 년 동안 끄떡없이 버텨 온 튼튼한 쇠다리를 건너면서도 그랜드캐니언에서 외줄 타기를 하는 것처럼 겁을 먹는다.

나는 그렇게 불안증이 절정에 달했던 때에 새러와 산책을 나섰던 것인데, 얼마 못 가 더 이상 걸을 수가 없었다. 나는 멋지게 차려입은 옷차림 그대로 흙바닥에 누워 버렸다. "일어나서 통나무에라도 앉아 봐." 새러가 말했다. 나는 마비된 기분으로 대꾸했다. "제발 그냥 내버려 둬." 다시 울음이 솟구쳤다. 나는 그렇게 한 시간을 옷 속으로 물이 스며드는 걸 느끼며 진흙 위에 누워 있었고 이윽고 새러에게 끌리다시피 해서 차로 갔다. 어떤 시점에서는 잔뜩 곤두선 신경이 이제 납을 씌워 놓은 듯했다. 나는 그것이 재난임을 알고 있었지만 그 앎은 무의미했다. 실비아 플래스는 자신의 우울증 체험을 훌륭하게 담아낸 소설 『종 모양의 유리병』에서 이렇게 쓰고 있다.[35] "도저히 반응이란 걸 할 수 없었다. 소요의 한가운데서 느릿느릿 움직이는 태풍의 눈처럼, 나는 정지한 기분, 텅 빈 기분을 느꼈다." 나 역시 두꺼운 투명 아크릴 문진에 영원히 갇힌 나비가 된 기분이었다.

그 순회 낭독회는 내 생애 가장 힘겨운 일이었다. 그 이전에나 이후에나 내게 그보다 벅찬 도전은 없었다. 순회 낭독회 준비를 맡았던 대리인이 반 이상의 행사들에 몸소 참석해 주었고 그녀는 나의 소중한 친구가 되었다. 아버지도 많은 여행에 동반해 주었으며 떨어져 있을 때는 몇 시간마다 전화를 걸어 주었다. 게다가 가까운 친구 몇 명이 발 벗고 나서 주어 나는 혼자 있을 틈이 없었다. 사실 나는 함께 있기에 유쾌한 상대가 못 되었을 뿐 아니라 깊은 애정이나 깊은 애정에 대한 인식 자체만으로는 치료제가 될 수 없다. 그러나 그 깊은 애정과 깊은 애정에 대한 인식이 없었다면 나는 순회 낭독회를 계속할 수 없었을 것이다. 어느 숲에 들어가서 누워 그대로 얼어 죽고 말았을 것이다. 사실이다.

12월이 되자 공포가 가셨다. 약효 때문이었는지 순회 낭독회가 끝나서였는지는 알 수 없다. 결국 나는 11월 1일부터 12월 15일까지 단 한 번의 행사만 취소하고 열한 개 도시를 순회했다. 우울증을 겪는 동안 나는 몇 차례 우발적으로 안개가 걷히는 듯한 기분을 느꼈다. 오랜 세월 극심한 우울증에 시달렸던 시인 제인 케니언은 회복에 대해 이렇게 썼다.

> 짓지도 않은 죄를 용서받은 자의
> 경이감과 쓰라림을 안고
> 나는 돌아온다.
> 결혼 생활과 친구들에게로,
> 가두리가 갈라진 분홍 접시꽃에게로,
> 돌아온다.
> 내 책상과 책들과 의자에게로.36

그리하여 12월 4일에 나는 뉴욕 어퍼웨스트사이드에 있는 친구의 집에 걸어서 놀러 갔고 그곳에서 괜찮은 시간을 보냈다. 그다음 몇 주 동안은 회복된 것 자체가 기뻤다. 크리스마스와 신년도 잘 넘겼고 나와 비슷한 사람처럼 행동했다. 그동안 몸무게가 7킬로그램 가까이 줄어 있었는데 살도 다시 찌기 시작했다. 아버지와 친구들이 나의 놀라운 발전에 모두 축하를 보냈다. 나는 고맙다고 인사했다. 그러나 속으로는 그저 증상들이 사라졌을 뿐이란 걸 알고 있었다. 날마다 약을 먹어야 하는 게 싫었다. 우울증 때문에 정신을 놓았었다는 사실도 싫었다. 순회 낭독회를 무사히 마치게 되어 안심은 되었지만 아직 견뎌 내야 할 모든 일들이 나를 기진맥진하게 만들었다. 이 세상에 존재하는 것도, 타인들의 존재도, 내게는 불가능한 그들의 정상적인 삶도, 나는 해낼 수 없는 그들의 일도, 심지어 하고 싶지도 할 필요도 없는 일들까지 견딜 수 없이 부담스러웠다. 9월의 나로 거의 돌아오기는 했지만 현실이 끔찍하게 느껴졌다. 나는 다시는 그런 일을 겪지 않을 결심이었다.

이러한 반쯤 회복된 단계는 오래 지속될 수도 있다. 사실 이 시기가 위험하다. 양고기도 썰지 못하던 최악의 상태에서는 자해 같은 걸 시도할 수가 없었다. 그러나 회복기에 접어들자 자살을 할 수 있을 정도로 호전되었다. 아직 무쾌감증 상태에서 벗어나지 못하고 있었지만 이제 전에 해 오던 거의 모든 일들을 할 수 있었다. 형식상 계속 분투하고는 있었지만 내가 왜 그렇게 분투하는지 생각해 볼 기운이 생기자 그럴듯한 이유를 찾을 수가 없었다. 그러던 어느 저녁, 아는 사람이 함께 영화를 보러 가자고 했다. 나는 쾌활함을 증명하기 위해 억지로 따라가 몇 시간 동안 남들처럼 즐거운 척했다. (사실은 그들이 즐거워하는 게 고통스러웠다.) 집에 돌아오자 공황과 어마어마한 슬픔이 도졌다. 나는 욕실로 가서 예리한 고독감이 내 몸에 침투한 바이러스이기나 한 것처럼 계속 토했다. 나는 홀로 죽어 갈 것이며 살아남아야 할 이유도 없다는 생각이 들었다. 내가 지금껏 살아왔고 남들이 살고 있는 정상적인 진짜 세계가 이제 다시는 나를 받아들여 주지 않을 것 같았다. 그런 깨달음들이 총알처럼 머리에 박히는 사이, 나는 욕실 바닥에 연신 토악질을 해 댔고 위액이 식도를 타고 올라와 입에서 담즙 냄새가 났다. 그 시기에 나는 체중을 되찾으려고 식사를 많이 했는데 그 음식들이 다 올라오고 위장이 홀랑 뒤집힌 채 변기에 축 늘어져 걸려 있게 될 것만 같았다.

20분가량 욕실 바닥에 널브러져 있다가 기어 나와 침대에 누웠다. 나의 이성은 내가 다시 미칠 거라고 말하고 있었다. 그런 자각에 더욱 지친 기분이 들었지만 나는 그 광기를 그대로 방치해서는 안 된다는 걸 알고 있었다. 이 무시무시한 고립감을 잠시라도 뚫고 들어올 다른 사람의 목소리를 들어야 했다. 아버지에게는 전화하고 싶지 않았다. 걱정을 끼치고 싶지 않았고 이런 상황이 일시적인 것이기를 바라는 마음도 있어서였다. 정신이 온전하고 위안이 되는 사람과 이야기하고 싶었다. (잘못된 충동이었다. 미쳤을 때는 미친 사람들과 어울리는 게 낫다. 그들은 미치는 게 어떤 건지 아니까.) 나는 수화기를 들고 오랜 친구에게 전화를 걸었다. 전에 약물치료와 공황 발작에 대한 이야기를 나눈 적이 있었는데 현명한 이야기 상대가 되어 주었던 친구였다.

그녀라면 타락 이전의 나를 되찾게 해 줄 것 같았다. 시각은 벌써 새벽 2시 30분경이었다. 남편이 전화를 받아서 그녀에게 수화기를 넘겼다. "여보세요?" 그녀가 말했다. "안녕." 나는 그렇게만 말하고 가만히 있었다. "무슨 일 있어?" 그녀가 물었다. 내게 일어난 일을 도무지 설명할 수가 없었다. 다른 전화가 울렸다. 나와 영화 보러 갔던 사람이었는데 음료수 사고 남은 돈을 내게 주면서 실수로 집

열쇠까지 준 것 같다고 했다. 주머니를 뒤져 보니 그의 열쇠가 있었다. "끊어야겠어." 나는 오랜 친구에게 그렇게 말한 뒤 전화를 끊었다. 그날 밤 나는 지붕으로 올라갔지만, 태양이 떠오르는 걸 보면서 나 자신이 우스꽝스러울 정도로 감상적으로 느껴졌고, 뉴욕 사람이 6층 건물 꼭대기에서 자살 기도를 하는 건 아무 소용없는 짓임을 깨달았다.

나는 지붕에 앉아 있고 싶지 않았지만 한편으로는 자살을 생각하면서 마음의 위로를 얻지 못하면 폭발해서 진짜로 자살하고 말 것만 같았다. 절망의 치명적인 촉수들이 팔다리를 친친 감는 기분이었다. 그 촉수들은 곧 내 손으로 약을 먹거나 방아쇠를 당기게 만들 것이며, 내가 죽으면 유일한 움직임으로 남아 말미잘처럼 흐느적거리며 다음 목표에 접근할 것이다. 나는 "제발 그냥 아래로 내려가!"라고 외치는 소리가 이성의 목소리임을 알고 있었지만 내 안의 독의 존재를 부인하려는 것 또한 이성임을 알고 있었다. 더욱이 이미 종말에 대한 생각에서 절망적인 묘한 황홀경을 느끼고 있었다. 차라리 젖은 종이처럼 버려질 수 있는 존재라면! 그러면 조용히 던져져서 부재를 기뻐할 수 있을 텐데. 무덤만이 얼마간의 기쁨을 누릴 수 있는 장소라면 무덤 속에서 기뻐할 수 있을 텐데. 그때 나를 지붕에서 내려오게 한 건 우울증이 감상적이고 우스꽝스러운 것이라는 자각이었다. 자식을 위해 그토록 애써 온 아버지에 대한 생각도 한몫 거들었다. 나 하나 죽어 없어진들 누가 신경이나 쓰겠는가 하는 회의감에 젖었지만, 그토록 애를 썼는데도 결국 자식을 잃게 된 아버지의 슬픔이 얼마나 클지는 알 것 같았다. 나중에 아버지에게 양고기를 썰어 드리겠다 약속했던 생각도 떨칠 수가 없었다. 나는 약속을 깬 적이 없다는 사실에 자부심을 갖고 살아온 사람이며 아버지도 내게 한 약속을 깬 적이 없었다. 결국 나는 아래로 내려갔다. 새벽 6시경 땀과 이슬에 흠뻑 젖은 채 곧 몸이 불덩어리가 될 기미를 느끼며 내 집으로 들어갔다. 특별히 죽고 싶지도 않았지만 살고 싶은 생각도 전혀 없었다.

　우리의 목숨을 구하는 것들은 사소한 것들인 경우가 (대단한 것들인 경우 못지않게) 많다. 그중 하나는 프라이버시 문제인데, 스스로 목숨을 끊는다는 것은 자신의 불행을 세상에 공개하는 것이기 때문이다. 눈부신 미남인 데다 유명하고(고등학교 때 내가 알던 여학생들은 침실에 그의 포스터들을 도배하다시피 붙여 놓았었다.) 재능도 뛰어나고 행복한 결혼 생활을 하고 있는 사람이 자신도 이십 대 후반에는 심각한 우울증을 겪었으며 매우 진지하게 자살을 고려했노라 토로했다. "허영심이 내 목숨을 구했지요. 사람들이 내가 성공할 수 없었다느니, 성공의 중압감을 견디지 못했다느니 하면서 비웃을 생각을 하니 도저히 자살할 수 없었어요." 유명인이나 성공한 사람들이 우울증에 더 취약한 경향이 있는 것 같다. 세상은 결점투성이이기 때문에 완벽주의자들은 우울할 수밖에 없는 것이다. 우울증에 걸리면 자신에 대한 존중감은 낮아지지만 대개 자존심까지 잃지는 않는다. 자존심은 내가 아는 그 어떤 것보다 우울증과의 싸움에 도움이 된다. 우울증이 깊어져 사랑조차 무의미한 것으로 느껴질 때에도 허영심과 의무감이 우리의 생명을 구할 수 있다.

　지붕 사건이 있고 이틀이 지나서야 나는 그 친구에게 전화를 걸었는데, 그녀는 새벽에 깨워 놓고 멋대로 전화를 끊은 나를 나무랐다. 그녀의 비난을 들으며 나는 인생이란 참 기묘한 것이라고 생각했다. 열과 공포 때문에 어질어질해서 아무 말도 할 수 없었다. 그 뒤 그녀는 나와 절교했다. 말하자면 그녀는 정상 상태를 소중히 지키고 있는 사람이고 나는 너무 이상해진 사람이다. 우울증은 친구 관계를 어렵게 만든다. 우울증 환자는 친구들에게 일반적인 기준으로 보면 상식을 벗어난 요구들을 하게 되며, 그런 요구들을 들어줄 의향이나 융통성, 우울증에 대한 지식을 가진 사람은 흔치 않다. 만일 당신이 행운아라면 당신에게 놀라운 순응성을 보이는 친구들이 있을 것이다. 그러니 친구들에게 자신이 할 수 있는 것과 바라는 바를 전달해야 한다. 나는 서서히 사람들을 있는 그대로 받아들이는 법을 배우게 되었다. 어떤 친구들은 심각한 우울증을 솔직하게 처리할 수 있고 어떤 친구들은 그렇게 하지 못한다. 사람들은 서로의 불행을 그리 좋아하지 않는다. 몇몇은 내인성 우울증을 이해해 주지만 대부분은 뭔가 이유가 있을 거라 생각하고 논리적인 해결책을 찾으려 한다.

내 절친한 친구들 중에는 약간 제정신이 아닌 사람들이 많다. 내가 솔직하다 보니 다른 사람들도 내게 솔직해져서 나는 학교 동창이나 옛 애인처럼 서로에 대해 속속들이 아는 편안한 관계에서나 가능한 믿음을 나눌 수 있는 친구들이 많다. 나는 지나치게 정신이 올바른 친구들에게는 조심하는 편이다. 우울증은 그 자체가 파괴적이며 파괴적인 충동들을 낳는다. 그래서 나는 사람들에게 쉽게 실망하고 가끔 상대에게 그런 사실을 말해 버리는 실수를 범한다. 우울증을 겪고 나면 해결할 일들이 많다. 우울증은 사랑하는 친구들을 떠나보낸다. 나는 잃어버린 것들을 복구하려 애쓴다. 우울증이 지나가면 깨진 달걀을 도로 붙이고 엎질러진 물을 쓸어담는 시간이

온다.

1995년 봄, 정신분석 치료의 마무리 과정이 지루하게 계속되고 있었다. 담당 정신분석가는 서서히 은퇴를 준비하고, 나는 그녀를 잃고 싶지 않았지만 조금씩 진행되는 과정이 마치 상처에 앉은 딱지를 천천히 떼어 내는 것처럼 고통스러웠다. 어머니의 긴 죽음의 과정을 다시 겪는 기분이었다. 그러다 어느 날 나는 갑자기 용단을 내리고 그녀를 찾아가 다시는 오지 않겠노라 선언했다.

정신분석을 통해 나는 과거를 자세히 들여다볼 수 있었다. 그리고 어머니 역시 우울증을 안고 살았다는 판단을 내리게 되었다. 언젠가 어머니가 어렸을 때 무남독녀로서 느꼈던 쓸쓸함에 대해 이야기해 주신 기억이 난다. 어머니는 어른이 되어서는 신경과민 증세에 시달렸다. 어머니는 실용주의를 당신의 통제 불가능한 슬픔을 막는 힘의 장으로 이용했다. 그러나 그것은 기껏해야 부분적인 효과만 있다. 어머니는 당신의 삶을 엄격히 통제하는 방법을 통해 우울증에 무릎을 꿇지 않을 수 있었으리라. 어머니는 자제심이 대단한 분이었다. 이제 생각하니 어머니가 질서에 그토록 맹렬하게 집착했던 것은 고통이 겉으로 표출되지 못하도록 꼭꼭 억누르기 위해서였던 듯하다. 내가 약물의 도움으로 거의 피할 수 있는 고통에 어머니는 평생 시달리며 사셨다는 생각을 하면 가슴이 아프다. 내가 어렸을 적에도 프로작이 있었다면 우리의 삶은 어땠을까? 나는 부작용을 줄인 더 나은 치료제가 나오기를 기대하며, 견딤의 시대가 아닌 해결의 시대에 살게 된 것이 너무도 고맙다. 고난을 안고 살기 위해 어머니가 의지했던 지혜들은 내게는 불필요한 것들이며 어머니께서 조금만 더 사셨다면 어머니께도 불필요하게 되었을 것이다. 그런 생각을 하니 가슴에 한이 맺힌다. 나는 어머니가 살아 계셨더라면 나의 우울증에 대해 뭐라고 하셨을지, 나의 우울증을 인정해 주셨을지, 내가 무너졌을 때 둘이 더 가까워지게 되었을지 궁금했던 적이 많다. 하지만 내가 무너진 건 어머니의 죽음 때문이기도 하니, 어머니가 살아 계셨다면 그런 일이 일어나지 않았을 수도 있다. 어머니가 돌아가셔서 아무것도 물을 수 없게 된 후에야 그런 궁금증들이 일었다. 아무튼 내게 어머니는 늘 슬픔을 안고 산 사람의 원형이 되었다.

나는 갑자기 약을 끊었다. 바보짓이란 건 알았지만 약에서 벗어나고 싶은 마음이 너무도 간절했다. 약을 끊으면 내가 누구인지 다시 알 수 있을 것 같았다. 그러나 그건 훌륭한 전략이 못 되었다. 첫째, 자낙스를 끊고 난 후의 금단증상이 너무도 심각했다. 잠도 제대로 잘 수 없었고 불안감에 시달렸으며 이상하게 모든 것에 머뭇거렸다. 또 늘 간밤에 싸구려 코냑을 잔뜩 들이켠 듯한 기분을 느꼈다. 눈도 아프고 속도 불편했는데 그건 팍실의 금단증상인 듯했다. 밤에는 끔찍한 악몽에 시달리다 가슴이 벌렁거리며 깨어났다. 약을 끊을 때는 준비가 된 후 지시에 따라 서서히 진행해야만 한다고 정신약리학 전문의가 누누이 당부했건만, 워낙 갑작스럽게 내린 결정이었고 미적거렸다가는 결심이 흔들릴까 봐 두려웠다.

나는 조금은 예전 모습을 되찾은 기분이었지만 끔찍한 병마에 뿌리까지 흔들린 뒤라 다시 기능은 하고 있어도 계속 살아갈 자신이 없었다. 이것은 우울증에 동반되는 공포처럼 비이성적으로 느껴지거나 화가 나지 않고 아주 현명한 판단인 양 여겨졌다. 이 정도면

살 만큼 살았으니 주위 사람들에게 되도록 피해를 덜 끼치고 삶을 마감할 방법만 찾아내면 되겠다 싶었다. 나는 주위 사람들에게 내가 얼마나 절박했는지 알려줄 수 있는 무언가가 필요했다. 보이지 않는 장애가 아닌 분명히 드러나는 것을 찾아야 했다. 나는 이런 행동이 나 자신의 신경증과 관련된 극히 개인적인 것임을 믿어 의심치 않는다. 사실 자신을 없애고 싶어 안달하는 것은 동요성 우울증의 전형적인 형태다. 내 죽음이 가족과 친구들에게 얼마나 큰 충격이며 슬픔일지 알고 있지만 모두 나의 어쩔 수 없는 결단을 이해해 줄 것 같았다. 이제 자살이 용인될 만한 병에 걸리면 되었다.

나는 암이나 다발성경화증 같은 치명적인 병에 걸리는 방법은 몰랐지만 에이즈에 걸리는 법은 알고 있었고 그 병에 걸리기로 했다. 런던의 어느 공원, 자정이 한참 지난 인적이 드문 시각에 두꺼운 뿔테 안경을 낀 땅딸막한 사내가 다가와 몸을 허락했다. 그는 바지를 내리고 구부렸다. 나는 그 일을 시작했다. 마치 다른 사람에게 일어나고 있는 일 같았다. 사내의 안경이 떨어지는 소리를 들으며 나는 한 가지 생각만 되풀이했다. '나는 곧 죽을 거야. 그러니까 이 남자처럼 늙고 처량한 신세가 되지는 않을 거야.' 머릿속의 목소리가, 이제 시작했으니 곧 죽게 될 거라 말했고 그런 생각이 들자 해방감과 감사의 마음이 밀려들었다. 나는 이 사내가 왜 목숨을 이어 가고 있는지, 왜 밤에 여기 오기 위해 아침에 일어나 종일 일을 했는지 이해하려 애썼다. 반달이 뜬 봄밤이었다.

내 의도는 에이즈에 걸려 서서히 죽는 것이 아니라 그걸 핑계로 자살하려는 것이었다. 집에 돌아오자 왈칵 두려움이 몰려와 친구에게 전화를 걸어 내가 한 짓을 털어놓았다. 친구는 내가 두려움을 이겨 내도록 도와주었고 나는 통화를 끝내고 잠자리에 들었다. 아침에 일어나자 대학 입학 첫날(혹은 여름 캠프나 새 일자리를 얻은 첫날) 느꼈던 그런 기분이 들었다. 이제 인생의 새로운 국면을 맞게 될 터였다. 일단 금단의 열매를 먹었으니 계속 밀어붙이기로 했다. 종말이 눈앞에 있었다. 나는 다시 능률적이 되었다. 목표가 생겼으니까. 그 뒤로 3개월이 넘게 에이즈 감염자로 의심되는 낯선 사람들과 더욱 대담하게 관계를 가졌다. 이런 성관계들에서 아무런 쾌락도 없는 것이 유감스럽긴 했지만 내 계획에 골몰해 있어서 그런 건 문제가 되지 않았다. 나는 그들에게 이름을 묻지도, 그들의 집에 가지도, 내 집에 초대하지도 않았다. 일주일에 한 번 (대개 수요일에) 에이즈 바이러스를 얻을 수 있는 행위만 짧게 할 수 있는 장소로 나갔다.

한편으로는 동요성 우울증의 따분할 정도로 전형적인 증상들이 계속되었다. 특히 불안 증세는 끔찍해서 증오, 고뇌, 죄책감, 자기혐오로 가득했고 그 이상으로 훨씬 더 심각했다. 평생 그토록 덧없는 느낌에 사로잡힌 적이 없었다. 잠도 못 잤고 아무것도 아닌 일에도 무섭게 화를 냈다. 그때 절교한 친구가 여섯 명이 넘는데 그중 하나는 사랑의 감정을 느끼던 여자였다. 누가 귀에 거슬리는 말을 하면 수화기를 거칠게 내려놓았다. 그리고 아무에게나 비난을 퍼부었다. 과거에 당했던 부당한 일들이 (사소한 것들까지도) 자꾸 되살아나고 도저히 용서가 안 되어 잠을 이루기 어려웠다. 그 무엇에도 집중할 수가 없었다. 원래 나는 여름이면 책을 게걸스럽게 읽어 대는데 그 여름에는 잡지 한 권도 제대로 읽지 못했다. 밤마다 잠이 안 오면 잡념을 잊기 위해 빨래를 하기 시작했다. 모기에 물리기라도 하면 피가 날 때까지 잡아 뜯었고 딱지가 앉으면 기어이 뜯어 냈다. 손톱도 피가 날 정도로 물어뜯었다. 그래서 자해 같은 건 한 적이 없는데도 온몸이 상처투성이였다. 그런 상황은 우울증 삽화의 무기력 증상들과는 너무 달라서 아직 그 병의 손아귀에서 벗어나지 못했구나 하는 생각은 전혀 들지 않았다.

그러던 10월 초순의 어느 날, 호텔까지 나를 따라와 엘리베이터 안에서 간청하는 듯한 몸짓을 보내온 소년과 불쾌하고 위험한 섹스를 한 후 문득 내가 다른 사람들에게 바이러스를 옮기고 있을지도 모른다는 생각이 들었다. 그건 내 계획에 없는 일이었다. 다른 사람에게 병을 옮겼을까 봐 더럭 겁이 났다. 나는 자살을 하고 싶은 것이지 다른 사람들을 죽이고 싶은 게 아니었다. 이미 넉 달 동안 스물다섯 차례나 위험한 행위를 했으니 온 세상에 병을 퍼뜨리기 전에 그만 중단해야겠다는 생각이 들었다. 이제 죽게 될 거라는 생각에 우울증이 많이 가셔서 심지어 죽고 싶은 마음까지 묘하게 줄어들었다. 나는 그 넉 달을 인생에서 제외했다. 나는 다시 순해졌다. 서른두 번째 생일에는 파티에 참석해 준 많은 친구들을 둘러보며 '이게 마지막 파티다, 다시는 생일을 맞지 못할 것이다, 이제 곧 죽게 될 것이다.'라는 생각에 미소까지 지을 수 있었다. 축하 행사는 지루했고 나는 선물들을 풀어 보지도 않았다. 나는 얼마나 오래 기다려야 하는지 계산했다. 마지막 섹스 후 6개월이 경과한 3월의 정해진 날짜가 되면 에이즈 검사를 받을 수 있었다. 그때까지 나는 훌륭하게 행동했다.

글도 왕성하게 쓰고, 가족이 모이는 추수감사절과 크리스마스 파티도 준비하고, '이게 마지막 명절이구나.' 하면서 감상에 젖기도

했다. 새해를 맞고 2주가 지난 뒤 에이즈 전문가인 한 친구와 함께 그동안의 위험한 섹스들을 세세히 검토했는데 그 친구 말이 아마 이상이 없을 거라고 했다. 처음에는 당황스러웠지만 동요성 우울증이 가시기 시작했다. 에이즈 체험이 속죄가 되었던 건 아니고 시간이 흐르면서 초기 단계에서 나를 그런 극단적인 행동으로까지 몰아갔던 병적인 생각이 치유된 것이다. 질풍처럼 휘몰아친 우울증은 그렇게 서서히, 조용히 사라진다. 나의 첫 우울증 삽화가 끝난 것이었다.

비정상적인 상태가 분명한데도 정상이라 고집하고 자신의 논리를 믿는 것이 우울증의 고유한 특징이다. 이 책에 담긴, 내가 만난 사람들이 모두 그러하다. 그러나 정상의 형태는 사람마다 다르며 어쩌면 그것은 괴상함보다 더 개인적인 관념인지 모른다. 내가 아는 출판업자인 빌 스타인은 우울증과 정신적 외상의 수위가 높은 집안 출신이다. 독일 태생의 유대인인 그의 부친은 1938년에 사업 비자로 바이에른을 떠났다. 그의 조부모는 1938년 11월에 크리스탈나흐트에 집 밖으로 끌려 나와 일렬로 세워졌으며, 체포되지는 않았지만 많은 친구들과 이웃들이 다하우 수용소로 끌려가는 것을 지켜봐야 했다. 나치 치하 독일에서 유대인으로 산다는 것은 끔찍했으며, 빌의 할머니는 6주 동안 우울증에 시달리다 그해 크리스마스에 스스로 목숨을 끊었다. 그다음 주에 빌의 조부모의 출국 비자가 도착했다. 결국 빌의 부친 홀로 독일을 떠났다.

빌의 부모님은 1939년 스웨덴의 스톡홀름에서 결혼하여 브라질로 갔다가 미국에 정착했다. 빌의 부친은 그 시절에 대해서는 한 사코 입을 다물었다. 빌은 "독일에서의 그 시절은 아예 없었던 거죠."라고 술회한다. 그들은 부유한 교외 지역의 멋진 동네에서 비현실적인 비눗방울 속에서 살았다. 빌의 부친은 (어쩌면 부분적으로는 과거를 부인하면서 살아왔기 때문에) 쉰일곱 살에 심각한 우울증을 겪게 되었고 그 뒤로 세상을 하직할 때까지 30년 넘게 계속해서 우울증이 재발했다. 그리고 아들 빌이 똑같은 형태의 우울증을 물려받았다. 아들이 다섯 살 되던 해에 처음 중증 우울증을 겪은 빌의 부친은 주기적으로 무너졌고, 빌이 6학년 때부터 중학교를 마칠 때까지 오래도록 깊은 우울증에서 헤어나지 못한 적도 있었다.

빌의 어머니도 독일 태생의 유대인이긴 했지만, 부유한 특권층에 속했던 그녀의 가족은 1919년에 사업상의 이유로 독일을 떠나 스톡홀름에서 살았다. 성격이 강했던 그녀는 무례하게 구는 나치 장교의 뺨을 때리며 이렇게 말한 적도 있다고 한다. "나는 스웨덴 국민이에요. 그런 무례한 말은 용서 못 해요."

빌 스타인은 아홉 살이 되자 기나긴 우울증을 체험하기 시작했다. 한 2년 동안은 잠드는 것이 끔찍했다. 그러다 몇 년간 증세가 사라졌다. 하지만 몇 차례 가벼운 재발 끝에 예일대학교에 들어갔을 때 병이 도져서 1974년 1학년 2학기 때 무너지기 시작했다. "기숙사 룸메이트가 사디스트였고 학업에 대한 압박감이 너무 심했지요. 불안을 이기지 못해 과호흡 증후군까지 겪었어요. 도저히 압박감을 견뎌 낼 수가 없었어요. 그래서 대학 내 진료소를 찾았더니 발륨(Valium)을 주더군요."

우울증은 여름 내내 가시지 않았다. "우울증이 심각할 때면 장의 통제 능력도 잃곤 했어요. 그해 여름에는 그런 증상이 특히 심했지요. 나는 다가올 2학년이 두려웠어요. 시험이며 뭐 그런 걸 감당할 수가 없을 것 같아서. 개학하고 2학년 1학기가 시작됐는데 A를 다섯 과목이나 받았지요. 솔직히 행정 착오라고 생각했어요. 그게 아니라는 게 밝혀지자 도취감 같은 걸 느꼈고 우울증에서 해방되었지요." 우울증을 유발하는 것이 있다면 그것에서 벗어나도록 하는 것도 있으며, 스타인의 경우에는 우수한 성적이 그런 역할을 해 준 것이었다. "하루가 지나자 도취감은 사라졌지만 다시는 학교에서 의기소침해지지 않았지요. 하지만 포부가 없어졌어요. 그때 누군가 내게 지금의 성공한 모습을 보여 주었다면 무척 놀랐을 거예요. 나는 야망이라곤 없었지요." 스타인은 자신의 운명을 그런 식으로 받아들이면서도 악착같이 공부에 매달렸다. 그는 계속 전 과목 A를 받았다. "왜 그렇게 지독하게 공부에 매달렸는지 모르겠어요. 법대 같은 데 갈 생각도 없었는데. 우수한 성적이 나를 안전하게 해 주고 내가 제대로 기능하고 있다는 걸 확신시켜 준다고 생각했지요." 스타인은 대학을 졸업하고 뉴욕 북부의 공립 고등학교에서 교편을 잡았다. 그것은 재난이었다. 학생들의 규율을 잡을 수 없었기에 그는 1년밖에 버티지 못했다. "실패자로 학교를 떠났지요. 몸무게가 많이 줄었어요. 다시 우울증이 찾아왔어요. 마침 친구 아버님이 일자리를 찾아 주겠다고 하더군요."

빌 스타인은 조용하면서도 매우 지적인 인물로 자기 절제가 완벽에 가깝다. 그는 표면에 나서기를 꺼리는데 그 정도가 지나쳐 결점이 될 정도다. 그는 6개월 정도 지속되는 우울증 삽화를 반복적으로 겪어 왔으며 그의 우울증은 계절성 경향이 있어서 대개 4월에 최악에 이른다. 그중에서도 가장 끔찍했던 삽화는 1986년에 겪은 것으로, 일에 문제가 생긴 데다 좋은 친구까지 잃고 딱 한 달 복용했는데도 중독이 되어 버린 자낙스를 끊은 결과 일어난 재발이었다. "집도 잃고 직장도 잃었지요. 친구들도 대부분 잃었고요. 집에 혼자 있을 수가 없었어요. 살던 아파트를 팔고 새로 아파트를 사서 개조해 이사하려던 참이었는데 도저히 그럴 수가 없었어요. 너무 빨리 무너져 버린 거죠. 불안 때문에 폐인이 되다시피 했어요. 새벽 3, 4시에 눈을 뜨면 불안이 발작처럼 몰려와 차라리 창문에서 뛰어내리고 싶었지요. 다른 사람들과 함께 있으면 스트레스 때문에 졸도할 것 같았어요. 석 달 전만 해도 지구를 반 바퀴 돌아 호주까지 날아다녔는데 이제 세상을 빼앗겨 버린 기분이었어요. 우울증이 심각할 때 뉴올리언스에 있었는데, 집에 돌아가야겠다는 생각은 들었지만 비행기를 탈 수가 없었어요. 사람들은 나를 이용했고 나는 몸을 숨길 곳도 없는 초원의 상처 입은 동물과도 같았죠." 그는 완전히 무너졌다. "정말로 상태가 안 좋으면 긴장병에 걸린 사람처럼 멍한 얼굴이 되지요. 결함이 생겨 행동도 이상해지는데 내 경우에는 단기 기억력을 잃었습니다. 상태는 더욱 악화되었어요. 장을 통제할 수 없어서 바지에 변을 지리곤 했어요. 그다음에는 공포에 사로잡혀 집을 나설 수조차 없게 되었고 그게 또 고통이었죠. 결국 도로 부모님 집으로 들어갔어요." 그러나 부모님 집에서도 상황은 마찬가지였다. 아들의 병에 대한 압박감을 견디지 못한 그의 부친이 입원을 하고 만 것이다. 빌은 누이의 집으로 갔다가 학교 친구의 집으로 가서 7주를 보냈다. "끔찍했어요. 그때는 평생 정신 질환에 시달리며 살아야 할 것 같았어요. 그 삽화는 1년을 넘게 끌었지요. 맞서 싸우느니 그냥 무너지는 게 나을 것 같았어요. 그냥 이대로 살자, 세상은 뒤바뀌었고 전에 내가 알던 그 세상은 이제 다시는 안 온다, 그런 생각이 들었어요."

그는 몇 번이나 병원 문 앞까지 갔다가 그냥 돌아왔다. 그러다 마침내 1986년 9월에 뉴욕에 있는 마운트시나이 병원에 가서 전기 충격 치료(ECT)를 요청했다. ECT는 그의 부친에게는 효과가 있었지만 그에게는 도움이 되지 않았다. "인간의 존엄성이 완전히 짓밟히는 곳이었지요. 입원할 때 세면도구는 물론 손톱깎이조차 가지고 들어갈 수 없었어요. 파자마를 입어야 했고 저녁을 4시 반에 먹었어요. 그리고 우울증만 걸린 게 아니라 지적 장애인까지 된 것처럼 취급했지요. 병실 벽에는 패드를 대 놓았고, 전화기조차 없었지요. 전화선으로 목을 맬까 봐, 또 외부 세계와의 접촉을 통제하기 위해서. 정상적인 입원과는 너무 다르지요. 정신병동에서는 인간의 권리를 박탈당합니다. 나는 도저히 어쩔 수 없는 상태이거나 자살 위험이 큰 경우가 아니라면 우울증 환자들이 입원하는 걸 권하고 싶지 않아요.

치료 과정도 끔찍했지요. 담당 의사는 허먼 먼스터[미국의 텔레비전 쇼 「먼스터 가족」의 주인공인데 생김새가 프랑켄슈타인의 괴물을 닮았다.] 같았어요. 치료는 마운트시나이 병원 지하에서 이루어졌어요. ECT를 받을 환자들이 모두 가운 차림으로 한 줄의 쇠사슬에 묶인 죄수가 된 기분으로 지옥 구덩이 같은 그곳으로 내려갔어요. 나는 침착을 잃지 않았기 때문에 맨 마지막 순번이 되었고, 겁에 질려 기다리고 있는 다른 환자들에게 용기를 주려고 애쓰고 있었지요. 그사이 병원 관리인들이 우르르 내려오더니 우리를 밀치고 지나가더군요. 그들의 라커가 거기 있었거든요. 내가 단테였다면 그 광경을 실감 나게 묘사할 수 있었을 텐데. 자진해서 받은 치료였지만 치료실 분위기며 환자들 모습이며, 나치 앞잡이 멩겔레['죽음의 천사'로 불리던 나치 의사]의 야만적인 생체 실험을 연상시켰지요. 이 치료를 꼭 받아야겠거든 한 8층쯤 되는 환한 곳에서 하세요. 나라면 그래도 안 받겠지만. …… 그 치료 때문에 기억력을 잃게 된 게 지금까지도 가슴 아파요. 나는 원래 카메라와 같은 기억력의 소유자였는데 기억력이 영영 돌아오지 않아요. 병원에서 나오자 라커 비밀번호도, 사람들과 나누던 대화도 기억이 나지 않더라고요." 처음에는 자원봉사자로 일하던 직장에서 서류 정리조차 할 수 없었지만 곧 다시 제 기능을 하기 시작했다. 그는 샌타페이로 가서 친구들과 6개월을 머물렀다. 그러다 여름에 뉴욕으로 돌아와 다시 혼자 살기 시작했다. "기억력이 영구적인 손상을 입었다고 말해도 무방합니다. 그 덕에 최악의 상황들에 대해 무뎌지긴 했지요. 다른 것들처럼 그것들도 쉽게 잊히니까요." 회복은 천천히 진행되었다. "아무리 의욕이 넘쳐도 회복을 앞당길 수는 없지요. 우리가 언제 죽을지 예측할 수 없는 것처럼 회복도 언제 일어날지 알 수 없거든요."

스타인은 친구와 함께 매주 유대교 회당에 나갔다. "신앙의 도움이 컸지요. 무언가를 믿는다는 것이 압박감을 덜어 주었어요. 나는 유대인인 것에 언제나 자부심을 갖고 살았고 종교적 성향이 있었지요. 심각한 우울증을 겪은 뒤 더 열심히 믿으면 구원을 얻을 수도 있으리라는 생각이 들었어요. 너무 깊은 나락으로 떨어졌기 때문에 하느님밖에는 믿을 것이 없었죠. 종교에 끌리는 자신이 좀 당혹스럽긴 했지만 그러기를 잘했어요. 한 주가 아무리 끔찍해도 금요일 예배가 위안이 되었으니까요. …… 하지만 나를 구한 건 프로작이었죠. 프로작은 1988년 제때에 나와 주었지요. 그건 기적이었어요. 뇌에 금이 가 몇 년 동안 점점 더 벌어지다 감쪽같이 아문 기분이었지요. 1987년에 누가 나한테, 내년에 당신은 비행기를 타고 다니며 주지사나 상원의원들과 함께 일하게 될 거라고 말했다면 나는 웃었을 거예요. 그때는 길도 못 건넜으니까." 빌 스타인은 현재 이펙서(Effexor)와 리튬(Lithium)을 복용하고 있다. "내 인생에서 가장 큰 두려움은 아버지의 죽음을 감당하지 못하면 어쩌나 하는 것이었지요. 아버지는 아흔 살에 돌아가셨는데 그 일을 감당할 수 있게 되자 도취에 가까운 희열을 느꼈어요. 물론 가슴이 아파 울기는 했지만 아들 노릇도 하고, 변호사들과 의논도 하고, 추도사도 쓸 수 있었지요. 생각했던 것보다 잘 해냈어요. 하지만 나는 지금도 조심하면서 살아요. 나는 모든 사람들이 내게 무언가를 원한다는 기분에서 벗어날 수가 없어요. 주어야 할 것이 너무 많다 보니 자꾸 긴장이 되지요. 이건 잘못된 생각인지 몰라도, 내가 겪은 일에 대해 다 털어놓으면 사람들에게 무시당할 것 같아요. 사람들이 나를 피하던 때를 분명히 기억하고 있으니까. 늘 다시 무너지고 말 것 같은 기분이에요. 나는 지금 약물에 의존하고 있고 다시 무너질 수도 있다는 걸 사람들에게 들키지 않는 법을 배웠지요. 진정한 행복 같은 건 영원히 누릴 수 없을 거예요. 그저 삶이 비참하지만 않으면 그것으로 족한 거죠. 자의식이 너무 강하다 보면 완전한 행복을 느끼기 어려워요. 나는 야구를 좋아합니다. 운동장에서 자신이나 세상에 대해 아무 근심 걱정 없는 것처럼 맥주를 들이켜는 사람들을 보면 부럽죠. 나도 그렇게 될 수 있다면 얼마나 좋을까! …… 나는 뒤늦게 도착한 출국 비자에 대한 생각을 항상 해요. 할머니가 조금만 더 참고 기다리셨다면……. 나는 할머니의 자살을 통해 인내심을 배웠어요. 다시 끔찍한 우울증을 겪게 된다 해도 참고 이겨 낼 거예요. 어쨌거나 우울증 체험을 통해 얻은 지혜가 아니었다면, 그 체험들을 통해 자아도취에서 벗어나지 못했다면 지금의 나는 존재하지 못했을 겁니다."

빌 스타인의 이야기는 내게 상당한 반향을 불러일으켰다. 빌을 처음 만난 뒤로 나도 그 출국 비자에 대한 생각을 자주 하게 되었다. 포기하고 자살하는 경우와 참고 기다려 출국 비자를 얻게 되는 경우. 나의 첫 우울증 삽화는 후자에 속했다. 두 번째 불안증과 중증 우울증이 시작되었을 때 나는 무슨 일이 일어나고 있는지 알 수 있었다. 나는 쉬고 싶은 욕구에 짓눌렸다. 삶이 너무도 고달프고 너무 많은 걸 요구하는 듯했다. 기억하고 생각하고 표현하고 이해하는 것이, 말을 하기 위해 필요한 모든 일들이 너무 힘겨웠다. 게다가 생기 있는 표정까지 유지한다는 건 그야말로 이중의 고통이었다. 마치 요리와 롤러스케이트 타기와 노래 부르기와 타자 치기를 한꺼번에 하려는 것과 같았다. 러시아의 시인 다닐 하름스는 굶주림에 대해 이렇게 말했다.[37] "다음에는 허약함이, 그다음에는 권태가 찾아오고, 그다음에는 민첩한 판단력을 잃게 되며, 그다음에는 평온이, 그다음에는 공포가 찾아온다." 그런 논리적이고 끔찍한 단계들을 거쳐 두 번째 우울증이 시작되고 있었고 예정된 에이즈 검사에 대한 두려움이 증세를 더욱 악화시켰다. 나는 다시 약물치료를 시작하고 싶지 않아 한동안 그냥 견뎠다. 그러던 어느 날 이대로는 안 되겠다는 생각이 들었다. 그 사흘 전부터 이미 밑바닥을 향하고 있다는 걸 알고 있었던 것이다. 나는 아직 집에 남아 있던 팍실을 복용하기 시작했다. 그리고 주치의인 정신약리학 전문의에게 연락했다. 아버지에게도 경고를 했다. 정신을 잃어버리는 건 자동차 열쇠를 잃어버리는 것과 같이 골치 아픈 일이기에 실질적인 준비들을 해 나갔다. 친구들에게 전화가 걸려 오면 공포를 감추려 일부러 빈정거리는 투로 이렇게 말했다. "미안해. 화요일 약속은 취소해야겠어. 아무래도 또 양고기를 못 썰게 될 것 같아." 증세들이 빠르고 불길하게 다가왔다. 한 달 동안 몸무게의 5분의 1인 15킬로그램 정도가 빠졌다. 몸이 너무 약해져서 아무것도 할 수 없으면서도 4월로 예정된 에이즈 검사에 양성 반응이 나오기를 희망하며 거기서 위안을 찾았다.

나는 졸로프트를 복용하면 머리가 어지럽고 팍실을 복용하면 너무 긴장이 되어서 의사의 권유에 따라 이펙서와 부스파(BuSpar)로 바꾸었으며 6년이 지난 지금까지도 그 약들을 복용하고 있다. 우울증의 격통 속에서 우리는 자신의 연극성과 진짜 광기를 구분하지 못하는 기묘한 상태에 이른다. 나는 자신에게서 모순적인 특성을 발견했다. 즉 천성적으로 신파조의 인간이면서도 한편으로는 극히 비정상적인 상황에서도 '멀쩡한 모습으로' 돌아다닐 수 있었다. 예술가 앙토냉 아르토[실험적인 '잔혹극'을 통해 인간의 잠재 의식을 드러낸 프랑스 극작가]가 자신의 한 회화 작품에 대해 "절대 사실이 아니면서도 언제나 진실한"[38]이라 했듯 우울증도 그러하다. 우리는 그것이 사실이 아님을, 진짜 자신과는 별개의 존재임을 알지만 한편 그것이 절대적으로 진실함을 부인하지 못한다. 너무도 혼란스러운 일이다.

에이즈 검사를 받은 주에는 불안을 이기지 못해 잠 속으로 도

피하려고 날마다 자낙스를 12에서 16밀리그램씩 먹었다. (그동안 몰래 조금씩 숨겨 두었던 것이다.) 그 주 목요일에 침대에서 나와 전화 응답기의 메시지들을 확인했다. 간호사의 메시지가 들어 있었다. "콜레스테롤 수치는 떨어졌고, 심전도 검사는 정상이고, 에이즈 검사도 이상이 없는 걸로 나왔습니다." 나는 즉시 그녀에게 전화를 걸었다. 사실이었다. 에이즈 음성 반응이었다. 개츠비[피츠제럴드의 소설 『위대한 개츠비』의 주인공]의 말대로 "죽으려고 무진 애를 썼지만 매혹적인 삶을 얻게 된 것"이다.³⁹

그때 나는 내가 살고 싶어 한다는 걸 알고 있었고 그 소식이 고마웠다. 그러나 그 뒤로도 두 달 동안이나 끔찍한 기분에서 헤어날 수 없었다. 날마다 자살 충동에 무릎을 꿇지 않으려 이를 악물어야 했다. 그러다 7월에 친구들이 터키로 요트 여행을 가자고 해서 함께 떠났다. 병원에 입원하느니 터키에 가는 게 더 쌌고 결과적으로 세 배는 더 효과적이었다. 터키의 완벽한 태양 아래 우울증이 날아가 버린 것이다. 그 뒤 점차 상태가 호전되었다. 늦가을의 어느 날, 밤중에 갑자기 잠에서 깼다. 우울증이 최악에 이르렀을 때처럼 몸이 와들와들 떨렸지만 이번에는 행복감에 젖어 있었다. 나는 침대에서 기어 나와 그것에 대해 썼다. 몇 해 동안 행복감이 어떤 건지, 살고 싶다는 것, 오늘을 즐기고 내일을 열망한다는 것, 자신이 삶을 제대로 영위할 수 있는 행운아 가운데 하나임을 안다는 것이 어떤 건지 잊고 살아왔다. 노아가 무지개를 보고 다시는 물로 세상을 심판하지 않겠다는 하느님의 약속을 믿었던 것처럼 나도 인생이 살 만한 가치가 있는 것임을 확신하게 되었다. 나는 우울증이 재발하는 병이며 고통의 삽화들을 또 겪게 될 수도 있다는 걸 알고 있었다. 살갗이 얼얼하고 가슴이 쿵쿵 뛰는 황홀경도 영원히 지속될 순 없다는 것도 알고 있었다. 그러나 나는 자신으로부터 안전함을 느꼈다. 영원한 슬픔이 (비록 내 안에 들어 있기는 하지만) 그 행복감을 덜하게 하지는 않는다는 걸 나는 알았다. 그 일이 있고 바로 서른세 번째 생일을 맞았는데 비로소 진정으로 행복한 생일이 되었다.

그 뒤로 나는 오랫동안 우울증과 연락을 끊고 살았다. 이에 대해 시인 제인 케니언은 이렇게 썼다.

우리는 새 약을 시도하고,
나는 돌연 다시
내 삶 속으로 떨어진다.

폭풍에 휩쓸려
집에서 세 계곡, 두 산이나 떨어진 곳에
떨어진 들쥐처럼.

나는 돌아오는 길을 안다. 나는 안다,
우유와 가스를 사던 가게를
알아보게 되리란 걸.

나는 기억한다,
집과 헛간, 갈퀴, 파란 컵들과 접시들,
내가 그토록 좋아하던 러시아 소설들을.

그리고 그가
크리스마스에 선물 넣는 양말에 쑤셔 넣었던
검정 실크 잠옷을.[40]

내 경우 모든 것들이 되돌아오는 기분이었는데, 처음에는 낯설다가 갑자기 익숙해졌다. 어머니의 병과 함께 시작되어 어머니의 죽음으로 악화되고 절망으로 발전하여 나를 무능력자로 만들었던 깊은 슬픔이 이제 더 이상 무능력 상태를 강요하지는 않았다. 나는 슬픈 일들에 대해서는 여전히 슬픔을 느꼈지만 다시 예전의 정상적인 나로 돌아가 있었다.

우울증에 대한 책을 쓰고 있다 보니 모임에 불려 가 내 체험을 이야기하게 되는 경우가 많은데, 나는 대개 아직도 약을 먹는다는 말로 이야기를 맺는다. 그러면 사람들이 놀라서 묻는다. "아직도요? 괜찮아 보이는데요!" 그러면 나는 꼬박꼬박 내가 괜찮아 보이는 건 실제로 괜찮기 때문이고 그건 부분적으로는 약 덕분이라고 대답한다. "그럼 얼마나 더 먹어야 할 것 같아요?" 사람들은 다시 그렇게 묻는다. 무기한 먹어야 할 것 같다고 대답하면 자살 기도나 긴장성분열증, 몇 해 동안 일을 못하게 되는 것, 심각한 체중 감소 같은 얘기들은 공감하며 차분히 듣던 이들이 놀라서 나를 빤히 쳐다본다. "그런 식으로 계속 약을 먹어야 한다면 정말 힘들겠어요. 이제 많이 나아졌으니 약을 끊어도 되지 않을까요?" 그건 자동차의 카뷰레터나 노트르담 사원의 버팀벽을 들어내는 것과 같다고 대답하면 사람들은 웃는다. "그럼 최소한의 유지량만 복용하면 되지 않을까요?" 그들이 다시 묻는다. 나는 정상적인 상태를 유지하기 위해서는 현재의 복용량을 지켜야 하며 임의로 복용량을 줄이는 건 카뷰레터의 절반을 들어내는 것이라고 말한다. 그러면서 현재 먹고 있는 약은 거의 부작용이 없으며 장기간 복용할 경우에도 부작용이 일어난다는 증거가 없다고 덧붙인다. 그리고 다시 아프고 싶은 마음은 눈곱만큼도 없다고 말한다. 그러나 사람들은 약을 끊어야 병이 회복된 거라 믿고 있다. "어서 약을 끊게 되시길 바랍니다." 그들이 결론적으로 하는 말이다.

존 그리든의 말을 들어 보자. "장기 복용이 정확히 어떤 효과들을 가져올지는 나도 모릅니다. 아직 프로작을 80년 동안 복용한 사람은 없으니까요. 그러나 약을 끊거나 먹었다 안 먹었다 하거나, 부적절하게 복용량을 줄이면 어떤 결과가 오는지는 분명히 압니다. 뇌가 손상됩니다. 만성화에 따르는 결과들이 일어납니다. 충분히 피할 수 있었던, 점점 더 심각한 형태의 재발을 감수해야 합니다. 우리는 당뇨병이나 고혈압은 꾸준히 치료해야 하는 병으로 알면서 왜 우울증은 그렇게 생각하지 않을까요? 그런 이해 못 할 사회적 압력은 대체 어디에 기인할까요? 우울증이라는 병은 약물치료를 중단하면 1년 이내 재발률이 80퍼센트에 이르며 약물치료를 하면 회복률이 80퍼센트입니다." 국립정신건강연구소의 로버트 포스트도 같은 의견이다. "사람들은 평생 약에 의존하는 것의 부작용에 대해 걱정하지만 그 부작용은 미미하다고 볼 수 있어요. 우울증을 방치하면 치명적인 결과에 이를 수도 있다는 점을 생각하면 더욱 그렇지요. 당신의 친척이나 환자가 강심제를 복용하고 있다면 그에게 복용을 중지하라 권유하겠습니까? 그러다 심장이 점차 기능을 잃으면서 폐나 다른 조직으로 혈액이 몰리는 울혈성심부전 발작이 일어나 심장이 다시는 제 모습을 찾지 못하게 된다면? 우울증도 그런 경우와 조금도 다를 게 없습니다." 대부분의 사람들에게는 차라리 약의 부작용을 겪는 것이 병을 안고 사는 것보다 훨씬 건강한 것이다.

　　모든 것이 사람들에게 부작용을 일으킬 수 있으므로 프로작의 부작용을 체험한 사람들도 많을 것이다. 하다못해 자연산 버섯에서 기침 시럽까지도, 무언가를 먹기 전에는 어느 정도 조심하는 것이 좋다. 내 대자(代子) 하나는 런던에서 생일 파티 중에 호두를 먹고 거의 죽을 뻔한 적이 있다.(그 아이는 호두 알레르기가 있다.) 이제 견과류 함유 식품은 라벨에 성분 표시를 하도록 법으로 규정하고 있는 것은 잘된 일이다. 프로작 복용자는 초기 단계에 부작용을 세심히 살펴야 한다. 프로작은 안면 경련이나 근육 경직을 일으킬 수 있다. 항우울제들은 중독의 문제도 야기하는데, 그 문제에 대해서는 뒤에서 다루도록 하겠다. SSRIs 항우울제의 라벨에 경고된 성욕 저하, 괴상한 꿈 등의 부작용들은 참담할 수도 있다. 나는 일부 항우울제들이 자살과 관련 있다는 보고들을 접하면 마음이 뒤숭숭해진다. 하지만 극심한 우울증 상태에서는 자살을 꿈꿀 기력조차 없다가 약을 먹고 기운을 차리면서 그런 행동을 하게 되는 것이라고 믿는다. 약물의 장기 복용이 어떤 부작용을 가져올 것인지에 대해서는 지금으로서는 어떤 확신도 할 수 없음을 나도 인정한다. 하지만 일부 과학자들이 그런 부작용들을 악용하여 프로작이 순진한 대중에게 무서운 위험이 되는 약인 것처럼 오도하는 건 참으로 불행한 일이다. 이상적인 세계에서라면 아무 약도 안 먹어도 몸이 알아서 자기 조절을 할 수 있을 것이다. 그러나 현실은 그렇지 못하다. 『프로작의 반격』 같은 어리석은 책들의 어이없는 주장들은 걱정 많은 독자들의 저속한 공포에 영합하는 행위로밖에 볼 수 없다. 고통받는 환자들이 정상적인 삶을 되찾을 수 있도록 해 주는, 본질적으로 이로운 치료들을 막는 냉소가들을 나는 개탄해 마지않는다.

우울증의 고통은 산고(産苦)처럼 너무도 극심하다. 1997년 겨울, 나는 사랑하는 사람과 헤어졌는데도 우울증을 일으키지 않았다. 누군가에게도 말했듯이, 힘든 작별을 겪으면서도 무너지지 않았던 것은 난관의 극복이라고 할 만했다. 무너지지 않는 자아는 없음을 깨닫게 되면 결코 이전의 상태로 돌아갈 수 없다. 사람들은 자아에 의존하는 법을 배우라고 말하지만 의존할 자아가 없다면? 내 경우, 옆에서 도와주는 사람들도 있고 몸이 자체적으로 재조정이라는 화학작용도 하여 현재로서는 아무 이상이 없다. 하지만 계속 되풀이되는 악몽들은 외부 작용에 의해 일어나는 것이 아니라 내 안에서 일어나는 것이다. 내일 아침 눈을 떴을 때 쇠똥구리가 되어 있는 자신을 발견한다면? 나는 아침마다 그런(내가 누구인지 모르는) 숨 막히는 불안에 휩싸이고, 이상한 암 덩어리가 생기지나 않았는지 확인하고, 악몽들이 혹시 사실이 아닐까 하는 순간적인 불안감에 젖는다. 마치 자아가 뒤돌아보고 내게 침을 뱉으면서 '들볶지 좀 마, 나한테 너무 의지하지 마, 내 문제도 많으니까.'라고 말하는 것 같다. 그렇다면 그 광기에 저항하고 그것에 고통받는 주체는 누구란 말인가? 자아가 침을 뱉는 대상은 누구인가? 나는 몇 년씩이나 정신과 치료를 받아 왔지만 솔직히 말해 전혀 모르겠다. 화학작용이나 의지보다 강한 누군가 혹은 무엇인가가 존재한다. 자아의 반란을 극복하도록 해 준 나, 반란의 화학작용들과 뒤이은 관념 작용이 다시 제자리에 정렬할 때까지 버텨 준 통일론자 나. 그 나는 화학적인 문제일까? 나는 심령주의자도 아니고 신앙도 없이 자랐지만, 내 심장부에는 자아가 무너진 상태에서도 굳게 버티는 근본적인 힘이 존재한다. 이것을 체험한 사람은 이것이 결코 화학작용 같은 단순한 것이 아님을 안다.

우울증을 가장 잘 볼 수 있는 사람은 환자 자신이다. 자기 안에서 일어나고 있는 현상이기 때문이다. 다른 사람들은 그저 추측만 할 수 있다. 그러나 우울증은 계속 재발하기 때문에 당사자가 아닌 사람도 그것에 대해 인식하고 조심하는 법을 배울 수 있다. 나의 오랜 친구 이브 칸은 부친의 우울증 때문에 가족이 감수해야 했던 희생에 대해 내게 이렇게 털어놓았다. "우리 아버지는 힘든 성장기를 보냈지. 할아버지가 돌아가시자 할머니가 집안에서 종교를 금했던 거야. 할머니는 남편을 데려가서 당신 혼자 자식 넷을 키우게 한 하느님이라면 그건 하느님이 아니라고 말했대. 그래서 유대교 축일에도 자식들에게 새우와 햄을 먹이셨다지. 새우와 햄을 말이야! 우리 아버지는 키가 190센티미터에 체중은 100킬로그램 가까이 됐고 대학에서 핸드볼, 야구, 축구를 했지. 연약함과는 거리가 먼 인물이었어. 아버지는 대학을 졸업한 뒤 심리학자가 됐어. 그런데 서른여덟쯤 됐을 때…… 정확한 시기는 잘 몰라. 엄마는 한사코 입을 다물고 계시고 아버지는 기억을 잘 못 하시고 나는 겨우 걸음마를 하던 때였으니까. ……하루는 아버지가 일하는 병원에서 전화가 왔는데 아버지가 행방불명이라는 거야. 병원에서 나갔는데 어디 있는지 찾을 수가 없다고. 엄마는 우리들을 모두 차에 태우고 아버지를 찾아 나섰지. 동네를 몇 바퀴나 돈 뒤에야 우체통에 기대어 울고 있던 아버지를 발견했어. 그래서 아버지는 전기 충격 치료를 받게 됐는데 치료가 끝나자 병원에서는 아버지가 영영 예전의 모습을 되찾지 못할 거라며 엄마한테 이혼을 권했지. '자녀들도 아버지를 낯설게 느끼게 될 겁니다.'라고 그들은 말했지. 하지만 엄마는 그 말을 안 믿었어. 엄마는 치료가 끝난 남편을 싣고 집으로 돌아오면서 남편을 잃은 것이 슬퍼서 울었지. 다시 깨어난 아버지는 꼭 복사본 같았지. 가장자리가 좀 번진. 기억력이 떨어지고, 자신에 대해 더 조심스러워지고, 우리에 대한 관심이 적어지고. 그전에는 꽤 자상한 아버지였던 것 같아. 일찍 퇴근해서 우리가 그날 뭘 배웠는지 확인하고 늘 장난감을 사 들고 들어왔지. 그런데 ECT를 받고 나서는 우리에게서 좀 멀어진 것 같았어. 4년 뒤에 또 그런 일이 일어났지. 병원에서는 약물치료를 하고 ECT를 또 했어. 아버지는 당분간 일을 할 수 없었지. 아버지는 거의 항상 우울한 상태였어. 턱이 얼굴에 묻히다시피 해서 알아볼 수도 없는 정도가 됐지. 침대에서 나오면 팔을 축 늘어뜨리고 큰 손을 덜덜 떨면서 하릴없이 집 안을 배회했어. 악마가 붙는다는 게 무슨 의미인지 알 것 같았지. 아버지 아닌 다른 존재가 아버지의 몸에 들어앉아 있었으니까. 나는 그때 겨우 다섯 살이었지만 그걸 알 수 있었어. 지금도 또렷이 기억 나. 아버지는 겉모습은 그대로였지만 정신이 나가 있었어. ……그러다 상태가 호전되어 한 2년 멀쩡했다가 다시 무너졌지. 그리고 점점 더 악화됐어. 좋아졌다가 무너지고 다시 좋아졌다가 무너지는 식이었지. 내가 열다섯 살 무렵에 자동차 사고까지 냈는데, 몽롱한 상태에서 그랬던 건지 아니면 자살하려고 그랬던 건지 누가 알겠어? 대학 1학년 때도 일이 터졌어. 연락을 받고 시험도 빼먹고 허둥지둥 병원으로 달려갔지. 병원에서 허리띠랑 넥타이까지 다 빼앗았더군. 그리고는 5년 뒤 또 재발했어. 그때 아버지는 일을 그만두고 다르게 살기 시작했지. 비타민을 왕창 먹고 운동도 열심히 하고 일은 안 했어. 그리고 언제라도 신경을 건드리는 일이 있으면 조용히 방을 나가는 거야. 우리 집에 왔다가도 내 딸이 울면 잠자코 모자를 쓰고 집으로 돌아가. 그래도 엄마는 아버지 곁에서 그 모든 걸 견뎌 냈어. 아버지도 제정신이 돌아오면 엄마한테 극진하게 했고. 지금은 10년 넘게 재발이 안 되고 있어."

이브는 자신의 가족에게는 그런 고통을 겪게 하지 않겠노라고 다짐했다. "나도 두 번 끔찍한 우울증을 겪었어. 서른 살 무렵에는 일할 때는 너무 몸을 혹사시켰다가 일이 끝나면 일주일 내내 꼼짝도 못 하고 침대에 누워 지내는 식으로 살았지. 노르트립틸린(Nortriptyline)을 써 보기도 했지만 몸무게만 늘고 아무 효과도 없었어. 그러다 1995년 9월에 남편이 부다페스트에 일자리를 얻어서 그곳으로 가야 했지. 외국으로 떠나는 스트레스를 이기기 위해 프로작을 먹었어. 하지만 부다페스트로 가서 완전히 무너지고 말았어. 종일 침대에 누워 지내기도 하고, 제정신이 아니었지. 타국 땅에서 친구도 없이 지내는 것이 스트레스였던 거야. 남편은 그곳에 도착하자마자 바쁜 일이 생겨서 하루 열다섯 시간씩 일했으니까. 넉달 뒤 남편의 일이 마무리될 때쯤에는 나는 완전히 이성을 잃고 말았어. 그래서 미국으로 돌아와 병원을 찾았고 클로노핀(Klonopin), 리튬, 프로작을 한꺼번에 복용하게 되었지. 꿈을 꿀 수도, 창의적일 수도 없었고 어딜 가든 커다란 약상자를 들고 다녀야 했어. 뭐가 어떻게 돌아가는지 도통 기억을 못 해서 약마다 아침, 점심, 오후, 저녁 표시를 해 놓았고. 결국 부다페스트 생활에 익숙해지고 좋은 친구도 사귀었지. 괜찮은 직장도 잡고. 약도 줄여서 밤에 두 알 정도 먹게 됐지. 그러다 임신했고, 약을 다 끊었는데도 기분이 아주 좋았어. 우리는 미국으로 돌아왔고, 아이를 낳자 신비한 호르몬들은 더 이상 분비되지 않더라고. 아기를 키우다 보니 1년 동안 밤에 제대로 자 본 적이 없었어. 나는 다시 무너지기 시작했지. 하지만 내 딸에게 내 고통을 대물림하고 싶지는 않았어. 그래서 데파코트(Depakote)를 쓰기 시작했지. 데파코트는 멍해지는 것도 덜하고 모유 수유 중에 복용해도 안전한 약이거든. 나는 어느 날 갑자기 사라지거나 배회하는 일이 없도록, 딸이 안정된 환경에서 자랄 수 있도록 최선을 다할 거야."

두 번째 삽화를 겪은 후 2년이란 세월이 흘렀다. 나는 삶이 만족스러웠고 그것이 너무도 기뻤다. 그러다 1999년 9월에 영원히 내 곁에 있어 주리라 믿었던 사람에게서 비참하게 버림을 받아 슬픔에 빠졌다. 우울증이 도진 게 아니라 단순한 슬픔이었다. 그리고 한 달 후, 집 계단에서 미끄러져 어깨가 심하게 탈구되었는데 근육이 많이 찢어져 병원으로 실려 가게 되었다. 나는 구급차 의료진에게, 그리고 응급실에 도착해서는 그곳 의료진에게 우울증 재발 위험성을 알리려고 애썼다. 나는 신장결석이 우울증을 유발했던 일을 설명했다. 그리고 마음의 평정을 유지하기에는 통증이 너무 심하다고 호소하며 통증을 완화시켜 주기만 한다면 그들이 요구하는 모든 서류를 작성하고 모든 질문들에 대답하겠노라 약속했다. 심각한 우울증 삽화의 병력이 있으니 내 진료 기록을 확인해 보라고 했다. 그러나 그들은 한 시간이 지나서야 진통제를 놓아 주었는데 그나마 내 통증을 완화시키기에는 너무 적은 양이었다. 탈구된 어깨는 간단히 맞출 수 있는데도 병원에 도착한 지 여덟 시간이 지나서야 치료가 이루어졌다. 도착한 지 네 시간하고도 30분이 지나 딜라우디드(Dilaudid)로 겨우 통증을 덜었고, 그러고 나니 남은 세 시간 반은 한결 견디기 수월했다.

　나는 응급실에 실려 와 바로 평정을 유지하기 위한 정신 상담을 요청했다. 그러자 담당 의사가 말했다. "어깨가 탈구되면 원래 아픈 거고 다시 맞출 때까지 계속 아플 거예요. 그러니 소란 피우지 말고 참고 있어요. 자제를 하셔야지 이렇게 화를 내고 흥분하면 어떡합니까. 흥분을 가라앉힐 때까지 아무 처치도 하지 않겠어요." 그러면서 그녀는 이렇게 덧붙였다. "환자에 대해 전혀 모르면서 함부로 강한 진통제를 쓸 수는 없어요. 심호흡을 하면서 해변에서 모래에 발을 묻고 앉아 파도 소리를 듣고 있다고 상상해 보세요." 응급실 의사 하나는 이렇게 충고했다. "마음을 가다듬고 자기 연민에 빠지지 마세요. 이 응급실에는 상태가 더 심한 환자들이 많아요." 통증을 참아야 한다는 건 알지만 좀 누그러뜨리고 싶다고, 육체적인 통증이 문제가 아니라 정신적인 합병증이 걱정되어서 그런다고 말한 나는 "유치하고" "비협조적"이라는 비난을 들었다. 내가 정신병력이 있다고 하자, 그러면 당신의 의견을 진지하게 받아들이기가 곤란하다고 했다. "나는 전문적인 훈련을 받은 사람이고 환자를 돕기 위해 여기 있는 거예요." 의사의 말이었다. 나는 나도 경험이 있는 환자다, 지금 당신은 내게 해로운 짓을 하고 있다고 응수했다. 그러자 그녀는 당신은 의과 대학에 다니지 않았으니 의사가 적절한 방식이라고 판단하는 것에 따라야 한다고 대답했다.

나는 계속해서 정신 상담을 요청했지만 그들은 내 요청을 들어주지 않았다. 응급실에는 정신 치료 기록이 없으므로 내 호소들을 확인할 방법이 없었다. 나의 일차 진료를 맡고 있는 내과 의사들과 정신과 의사가 모두 그 병원과 제휴 관계에 있었는데도 말이다. "나는 극심한 통증에 의해 악화되는 심각한 우울증 환자다."라는 말을 "나는 상처를 꿰매기 전에 곰 인형을 안고 있어야 한다."는 말과 동급으로 취급하는 응급실 방침은 (입원 기간뿐 아니라 그 이후에도) 피할 수 있는 죽음을 야기할 수 있다. 현재 미국의 응급 의료에 관한 표준 교본은 육체적 질병의 정신적 측면들에 대해 다루고 있지 않다.[41] 응급실에는 정신병 문제들을 다룰 수 있는 교육을 받은 의료진이 없다는 얘기다. 그러니까 그때 나는 생선 가게에 가서 스테이크 고기를 찾은 셈이다.

통증은 누적된다. 다섯 시간 동안의 통증은 한 시간 동안의 통증보다 최소한 여섯 배는 더 고통스럽다. 나는 육체적 외상도 정신적 외상의 주요 원인이며 환자가 육체적 통증 때문에 정신이상을 일으키도록 만드는 건 의학적으로 우둔한 행위임을 깨달았다. 당연히 통증이 오래 지속될수록 나는 더 지쳐 갔고 신경에 대한 자극이 과도할수록 상태는 심각해져 갔다. 피부 밑으로 피가 잔뜩 고여, 내 어깨는 마치 표범에게서 빌려 온 것 같았다. 딜라우디드가 약효를 나타낼 무렵에는 머리가 어질어질했다. 당시 그 응급실에는 나보다 상태가 심각한 환자들도 있었다. 그들은 왜 불필요한 고통을 감수해야만 했던 것일까?

응급실에서의 시련 후 사흘도 되지 않아 나는 (첫 번째 삽화 이후 느껴 보지 못했던) 강렬한 자살 충동을 느꼈다. 아버지와 친구들이 24시간 지켜보지 않았더라면 육체적 정신적 고통이 견딜 수 없는 지경에까지 이르러 극단적인 행동에서 도피처를 찾았을 것이다. 다시 나무와 덩굴 식물 이야기로 돌아가자. 덩굴 식물의 작은 싹이 땅을 뚫고 나올 때 그것을 발견한다면 엄지와 검지로 뽑아내면 그만이다. 그러나 덩굴 식물이 나무를 단단히 감아 올라갈 때까지 방치하면 톱에, 도끼에, 삽까지 동원해 줄기들을 잘라 내고 뿌리를 파내야 한다. 게다가 나무의 가지 몇 개를 부러뜨리는 사태까지 감수해야 한다. 나는 대개의 경우 자살 충동을 억제할 수 있지만, 치료가 끝난 뒤 병원 관계자에게도 지적했듯이, 환자의 정신적 문제들을 간과하면 어깨 탈구와 같은 사소한 문제가 치명적인 질환으로 발전할 수도 있다. 환자가 고통을 호소하면 응급실 의료진은 적절한 반응을 보여야 한다. 사람들이 자살에까지 이르는 것은 (육체적 혹은 정신적인) 극심한 고통을 견디지 못하는 환자를 의지 박약으로 모는(내가 응급실에서 만났던 의료진과 같은) 의사들의 보수주의 때문이다.

그다음 주에 나는 다시 무너졌다. 첫 번째와 두 번째 삽화를 겪을 때도 눈물 때문에 고생을 했지만 이번에는 그에 비할 바가 아니었다. 나는 석회동굴 천장에 매달린 종유석처럼 계속 울었다. 그 많은 눈물을 만들어 내는 건 여간 고단한 일이 아니었고 얼굴이 늘 젖어 있다 보니 살갗이 거칠어질 정도였다. 간단한 일들을 하는 데도 엄청난 노력이 요구되었다. 한번은 욕실에 있는 비누가 떨어진 걸 보고 울음을 터뜨린 적도 있었다. 컴퓨터 키가 잠깐 빠지지 않았을 때도 울었다. 만사가 견딜 수 없이 힘겨워 전화 수화기를 드는 게 200킬로그램 무게의 역기를 드는 것 같았다. 양말을 한 짝이 아니라

두 짝 신어야 하고 게다가 신발도 두 짝 신어야 한다는 사실을 감당할 수 없어서 도로 침대로 기어 들어가고 싶었다. 편집증도 도져서 개가 내 방에서 나갈 때마다 저 녀석이 나를 모르는 척하나 싶어서 겁이 났다.

이번 삽화에는 한 가지 공포가 더 있었다. 이전의 두 삽화는 약을 먹지 않을 때 일어났다. 두 번째 삽화를 겪은 뒤 나는 재발을 피하려면 평생 약을 먹어야 한다는 사실을 받아들였다. 그래서 상당한 정신적 부담을 무릅쓰고 4년 동안 매일 약을 먹었다. 그런데 이펙서, 부스파, 웰부트린(Wellbutrin)을 열심히 먹고 있었는데도 완전히 무너져 버린 것이다. 이건 어떤 의미일까? 이 책을 쓰면서 나는 한두 번 삽화를 겪고 나서 약물치료를 계속하면서 아무 이상 없이 살고 있는 사람들을 만날 수 있었다. 또 1년 정도 약을 끊었다가 무너지고 다시 회복되었다가 몇 개월 뒤 다시 무너지는, 우울증을 안전한 과거 시제에 묶어 두지 못하는 이들도 만났다. 그리고 나 자신은 첫 번째 부류에 속한다고 믿어 왔다. 그런데 갑자기 두 번째 부류로 밀려나 버린 듯했다. 우울증의 늪에서 벗어나지 못하고 그저 이따금 멀쩡한 정신으로 돌아오는 이들을 똑똑히 보아 온 나였다. 이제 이펙서가 듣지 않는 상태에 이른 것일 확률이 컸다. 만일 그렇다면 참담한 세계에서 살아야 했다. 나는 한 해는 이 약에, 그다음에는 다른 약에 의존하며 살다 결국 아무런 선택도 남지 않게 되는 상황을 상상했다.

이제 나는 우울증 삽화에 대비해 어떤 절차들을 밟아야 하는지 알게 된 터였다. 어떤 의사들에게 연락해서 어떤 말을 해야 하는지 알고 있었다. 언제쯤 면도칼들을 치우고 개를 데리고 열심히 산책을 다녀야 하는지도 알았다. 나는 여기저기 전화를 걸어 우울증이 재발했다고 솔직하게 말했다. 결혼한 지 얼마 안 되는 소중한 친구들이 내 집으로 들어와 두 달 동안 함께 살면서 하루 일과 중 힘겨운 부분들을 견뎌 내도록 도와주고, 내 불안과 공포를 대화로 가라앉혀 주고, 이런저런 이야기들을 들려주고, 꼭꼭 끼니를 챙겨 먹도록 하고, 내 외로움을 덜어 주었다. 그리하여 그들은 내 평생의 마음의 벗이 되었다. 동생이 연락도 없이 캘리포니아에서 날아와 나를 놀라게 하기도 했다. 아버지도 즉각 내게 주의를 집중했다. 나는 발 빠르게 대처하고, 언제라도 연락할 수 있는 의사를 확보하고, 자신의 우울증 패턴을 분명히 파악하고, 아무리 힘들고 싫어도 수면과 식사를 조절하고, 스트레스는 즉시 풀고, 사랑하는 사람들을 동원한 덕에 구원받을 수 있었다. 재발 첫날에 나는 대리인에게 전화해서 상태가 안 좋으니 아무래도 책의 집필을 보류해야겠다고 말했다. 나는 이번 재난이 어떤 방향으로 흐를지 알 수 없노라 고백했다. "내가 어제 차에 치어 지금 병원에서 엑스레이 결과를 기다리고 있다고 생각하세요. 내가 언제 다시 컴퓨터 자판을 두드리게 될지 누가 알겠어요?" 나는 멍한 그로기 상태가 되는 걸 무릅쓰고 자낙스를 계속 먹었는데 불안이 폐와 위장에서 멋대로 날뛰도록 방치하면 상태가 악화되어 곤란하게 될 것 같아서였다. 발광까지는 하지 않았지만 제정신이 아니었다. 전시에 폭격을 피하지 못해 처참하게 파괴되어 가는, 그리하여 겨우 남은 유물의 자취가 잔해 속에 희미하게 빛을 발하는 독일의 드레스덴이 된 기분이었다.

주치의인 정신약리학 전문의가 있는 병원 엘리베이터에서도 당혹스러울 정도로 울어 댄 나는 그에게 무슨 방법이 없는지 물었다. 놀랍게도 그는 나만큼 상황을 심각하게 보지 않았다. 그는 이 펙서를 끊지 말라고 했다. "지금까지 오랫동안 효과가 있었는데 지금 끊을 필요가 없지요." 그는 역시 항불안 효과가 있는 자이프렉사 (Zyprexa)라는 치료제를 권했다. 그리고 불가피한 상황이 아닌 한 약효를 보고 있는 약을 끊어서는 안 된다면서 이펙서의 복용량을 늘렸다. 전에 효과가 있었으니 양을 늘리면 다시 효과를 볼 수도 있지 않을까? 그는 웰부트린은 활동성을 증가시킨다는 이유로 복용량을 줄였다. 극도의 불안감에 시달리고 있었으므로 활동성을 줄여야 했던 것이다. 부스파는 끊기로 했다. 주치의는 나의 반응과 설명에 따라 약들을 조절하여 어쩌면 예전과 똑같고 어쩌면 조금 다른 '진정한' 나를 짜 맞추어 갔다. 이제 전문가가 되다시피 한 나는 내가 복용하는 약들에 대해 연구했다. (그러나 부작용에 대해서는 약을 한동안 복용한 뒤에야 알아보았는데, 미리 부작용에 대해 알고 있으면 잠재적으로 영향을 받을 수 있기 때문이었다.) 하지만 그 모든 것이 냄새와 맛과 조제의 모호한 과학일 따름이었다. 나는 주치의의 도움으로 그 실험들을 견뎌 냈다. 연속 치료의 옹호자인 그는 나를 다독여 미래가 과거보다 못할 게 없다는 믿음을 주었다.

　　그날 밤 나는 버지니아 울프에 대한 강의를 하기로 되어 있었다. 나는 버지니아 울프를 좋아한다. 버지니아 울프에 대해 강의하며 그녀의 글을 소리 내어 읽는 것이 내게는 초콜릿을 먹으며 초콜릿에 대한 강의를 하는 것과 같다. 강의는 친구 집에서 친구의 지인(知人)들 쉰 명쯤을 모아 놓고 하게 되어 있었다. 그것은 자신이 믿는 대의명분을 위한 일종의 자선 행위 같은 것이었다. 정상적인 상황이었다면 그 강의는 매우 즐거우면서도 거의 힘이 들지 않았을 것이며, 나는 행복하게 스포트라이트를 받을 수 있었을 것이다. (나는 기분이 괜찮을 때는 주목받는 걸 좋아한다.) 그러나 과거의 경험으로 볼 때 그 강의는 우울증을 악화시킬 수도 있었다. 사실 그때 나는 극도의 신경과민 상태라 깨어 있는 것만으로도 안달이 났고 더이상 악화될 수가 없는 상태였다. 강의 장소에 도착한 나는 칵테일을 마시며 정중한 대화를 조금 나눈 뒤, 강의용 노트를 들고 서서 마치 저녁을 먹다 자청해서 몇 가지 생각들을 이야기하듯 차분하게, 불가사의하도록 차분하게, 버지니아 울프에 대해 조리 있게 강의하고 있는 자신을 (몸에서 빠져나가서 보는 것처럼) 지켜보았다.

강의가 끝난 뒤 행사를 준비한 사람들과 함께 근처에 있는 레스토랑으로 저녁을 먹으러 갔다. 그 자리에는 다양한 사람들이 참석했기 때문에 완벽한 예의를 지키려면 노력이 좀 필요했다.(정상적인 상태였다면 그것 자체가 즐거웠겠지만 말이다.) 주위 공기가 마치 풀이 말라붙듯 딱딱하게 굳어 가는 느낌이었다. 사람들의 목소리가 굳어진 공기 속에서 갈라지고 깨지는 듯했고 그 갈라지는 소리 때문에 그들의 말을 알아듣기 힘들었다. 포크를 들기도 힘겨웠다. 연어 요리를 주문했던 나는 예전 상황이 재연되고 있음을 깨달았다. 좀 수치스러웠지만 어쩔 도리가 없었다. 그런 상황은 (프로작을 복용하는 사람들을 아무리 많이 알아도, 누구나 우울증에 걸릴 수 있다고 생각하며 아무리 마음을 편하게 먹어도) 당혹스러울 수밖에 없다. 그 자리에 있던 모든 이들이 내가 우울증에 대한 책을 쓰고 있다는 걸 알고 있었고 또 대부분 내가 쓴 기사들을 읽은 사람들이었다. 나는 마치 냉전 시대 외교관처럼 웅얼웅얼 나의 태도에 대한 사과의 말을 했다. "제가 좀 초점이 안 맞는 것처럼 보인다면 죄송합니다. 다시 우울증이 재발해서요."라고 분명하게 밝힐 수도 있었다. 하지만 그러면 모두 구체적인 증세와 원인에 대해 물으며 나를 안심시키려 애쓰지 않을 수 없을 것이고 그런 위로의 말들이 우울증을 더 악화시킬 터였다. 그렇다고 "저는 대화를 따라갈 수 없겠네요. 사실 매일 자낙스를 5밀리그램씩 먹고 있거든요. 물론 중독이 되거나 그런 건 아니고요. 다른 치료제를 새로 쓰기 시작했는데 그게 진정 효과가 강한 것 같아요. 샐러드 맛은 어때요?"라고 할 수도 없었다. 하지만 한편으로는 내가 아무 말도 안 하고 있으면 사람들이 이상하게 볼 것 같은 생각도 들었다.

이윽고 공기가 너무 굳고 깨지기 쉬운 상태가 되어 사람들의 말이 헐떡이는 소리, 한꺼번에 휘몰아치는 소리로 들려서 제대로 알아들을 수가 없었다. 요점을 놓치지 않으려면 계속 주의를 집중해야 하는 강의를 듣다가 잠깐 딴생각을 해 내용을 알아들을 수 없게 되는 경우가 있다. 맥락을 놓쳤기 때문이다. 내가 그런 경우였는데 다만 문장 단위였다는 게 달랐다. 누군가 중국에 대한 얘기를 했는데 그게 무슨 내용인지 알 수 없었다. 또 어떤 사람이 상아에 대해 언급했는데 중국에 대한 얘기를 한 바로 그 사람인지 아닌지도 알 수 없었다. (중국인들이 상아 세공품을 만든다는 건 기억하고 있었지만.) 또 어떤 사람이 내게 생선에 대해 뭔가를 물었는데 그것도 제대로 알아들을 수 없었다. 생선 요리를 주문했냐고 물었는지, 낚시를 좋아하느냐 물었는지, 아니면 중국산 생선에 관한 얘기였는지. 누군가 내게 똑같은 질문을 되풀이했는데(문장 패턴이 똑같았다.) 자꾸 눈이 감겼다. 나는 속으로 남이 같은 질문을 두 번이나 하는데 대꾸도 없이 잠드는 건 무례한 짓이라고 생각했다. 깨야 한다.

그래서 억지로 고개를 치켜들고 무슨 말인지 못 알아듣겠다는 식의 미소를 보냈다. 사람들이 어리둥절한 표정으로 쳐다보고 있었다. "괜찮으세요?" 누군가 다시 물었다. 나, "아닌 것 같네요."라고 대답했다. 친구 몇 명이 내 팔을 부축해 밖으로 이끌었다.

"너무 미안해요." 나는 그 자리의 모든 사람들에게 약에 취한 인상을 주었으리라는 사실을 어렴풋이 인식하고 차라리 내가 지금 우울증이다, 약을 과하게 먹은 상태다, 이 자리를 무사히 버틸 수 있을지 잘 모르겠다고 솔직하게 말해 버릴 걸 그랬다고 생각하면서 계속해서 웅얼거렸다. "너무 미안해요." 그러자 모두들 미안해할 것 없다고 거듭 말했다. 친구들이 나를 집으로 데려가 침대에 눕혔다. 나는 콘택트렌즈를 뺀 뒤 몇 분 동안 잡담을 하며 자신을 안심시키려 애썼다. "그래, 자네는 어때?" 나는 그렇게 물어 놓고 친구가 대답하려 하자 그가 『이상한 나라의 앨리스』에 나오는 체셔 고양이처럼 투명해져 가는 것을 느끼며 그대로 고꾸라져, 장장 열일곱 시간 동안 깊은 잠을 자며 세계대전에 대한 꿈을 꾸었다. 아아, 그동안 나는 우울증의 격렬함을 잊고 있었던 것이다. 그것이 얼마나 참담하게 우리를 무너뜨리는지를!

우리는 자신에게 벅찬 기준들을 가지고 산다. 나를 길러 낸 기준들과 나 스스로 정한 기준들은 일반적인 세상의 기준들보다 훨씬 높아서, 나는 책을 쓸 수 없으면 문제가 생긴 것이라고 판단한다. 어떤 이들의 기준은 그것보다 훨씬 낮고 어떤 이들의 기준은 훨씬 높다. 조지 부시로 말하자면, 어느 날 아침 눈을 떴을 때 자유세계의 지도자 노릇을 할 수 없겠다는 생각이 든다면 문제가 생긴 것이다. 그러나 어떤 이들은 밥만 먹고 살 수 있다면 괜찮다고 생각한다. 아무튼 저녁 식사 자리에서 무너지는 건 도저히 정상이라고는 할 수 없는 상황이었다.

이튿날, 통제력을 상실했던 것 때문에 여전히 혼란스럽기는 했지만 그래도 전날보다 조금은 덜 끔찍한 기분으로 잠에서 깼다. 밖에 나간다는 사실이 지독하게 힘들게 여겨졌지만 나갈 수 있다는 건 알고 있었다. (과연 그러고 싶은 마음이 있는지는 의심스러웠지만.) 나는 몇 군데 이메일을 보낼 수 있었다. 몽롱한 상태에서 주치의에게 전화를 걸었더니 자이프렉사를 반으로 줄이고 자낙스의 양도 줄이라고 했다. 그날 오후 증세들이 가라앉기 시작하자 믿기지가 않았다. 저녁때쯤 되자 거의 회복되었다. 마치 소라게가 보금자리 삼아 살던 소라 껍질이 너무 작아져서 그 껍질을 버리고 나와 위태위태하게 해변을 기어가 새로운 소라 껍질을 찾아 들어간 듯한 기분이었다. 아직 갈 길이 멀었지만 회복되고 있다는 것 자체가 기뻤다.

그것이 세 번째 우울증 삽화였고 내게 새로운 깨달음을 주었다. 첫 번째와 두 번째 삽화는 심한 상태가 각각 6주 정도 계속되고 8개월씩이나 이어졌던 데 반해 미니 삽화라 할 수 있는 세 번째는 사흘 정도만 심각했고 2주 정도밖에 지속되지 않았다. 운 좋게도 자이프렉사가 잘 들었고 이 책을 쓰기 위해 해 온 연구가, 나중에 남들에게는 어떨지 몰라도, 어마어마하게 도움 되었다. 당시 나는 몇 개월 동안 여러 가지 이유로 슬픔에 젖어 있었고 상당한 스트레스를 받고 있었다. 나는 그 모든 것들을 견디고는 있었지만 쉽지 않았다. 그러나 우울증에 대해 많은 걸 알고 있었기 때문에 우울증 삽화가 닥쳤을 때 즉시 그 정체를 간파할 수 있었다. 또 약을 조절할 수 있는 정신약리학 전문의까지 확보해 둔 상태였다. 첫 삽화 때도 일찌 감치 약물치료를 했더라면 통제력을 잃기 전에 조절이 되어 고통과 절망의 심연으로 굴러떨어지는 일은 없었으리라고 믿는다. 그리고 첫 삽화를 이겨 내도록 도와준 약들을 끊지 않았더라면 두 번째 삽 화는 겪지 않았을지도 모른다. 세 번째 삽화가 시작될 때 나는 다시 는 어리석은 실수를 범하지 않겠노라 다짐했다.

　정신 질환에서 회복된 다음에는 유지하려는 노력이 필요하다. 사람은 누구나 주기적으로 육체적, 정신적 외상을 겪게 되며 그런 경우 질환의 재발 가능성이 농후하기 때문이다. 우울증으로부터 비 교적 자유로운 인생을 누리려면 신중하고 지각 있는 태도로 약물치 료에 임하면서 안정감과 통찰력을 주는 상담을 병행하는 것이 이상 적이다. 극심한 우울증을 안고 있는 사람들은 대부분 여러 가지 약 을 복용해야 하며 일반적인 기준을 초과하는 양을 복용해야 하는 경우도 있다. 또 오락가락하는 자아에 대한 이해도 필요한데 이것 은 전문가의 도움을 받는 것이 좋다. 우울증으로 병원을 찾지만 결 국 충분히 치유될 수 있는 증세들을 어중간하게 진정시키는 약에 (그것도 복용량이 잘못된 경우가 흔하다.) 의지하게 되는 많은 사람 들을 보면 가슴이 아프다. 하지만 가장 가슴 아픈 경우는 자신이 잘 못된 치료를 받고 있다는 걸 알면서도 건강유지기구(HMO: Health Maintenance Organization)와 의료보험 때문에 더 나은 치료를 받지 못할 때다.

　어릴 때 부모님께 들은, 어느 가난한 가족과 현자와 염소에 관 한 우화를 소개하겠다. 옛날에 한 가난한 가족이 있었는데 그들은 아홉 식구가 한 방을 쓰면서 굶기를 밥 먹듯 하며 누더기 옷을 입고 비참하게 살았다. 견디다 못한 그 집 가장이 현자를 찾아가서 말했다. "위대한 현자시여, 저희 식구는 사는 꼴이 하도 참담해 더 이상 살아남기도 힘든 지경입니다. 집안은 시끄럽고 더럽고 사생활이라고는 없으며 배불리 먹어 본 적이 없습니다. 이제 식구들이 서로를 미워하기 시작했고 정말 지옥이 따로 없습니다. 어떻게 하면 좋을까요?" 그러자 현자가 간단하게 말했다. "염소 한 마리를 데려다가 한 달 동안 같이 살아 보게. 그러면 모든 문제가 해결될 것이네." 가난한 사내가 놀라 쳐다보며 물었다. "염소요? 염소랑 같이 살라고요?" 현자는 꼭 그래야 한다고 했고 그가 워낙 현명한 인물인지라 사내는 시키는 대로 했다. 그러잖아도 지옥 같던 그들 가족의 삶은 더욱 견딜 수 없는 지경이 되었다. 집안은 전보다 더 시끄럽고 더러워졌으며 사생활 비슷한 것도 찾아볼 수 없었고 염소가 눈에 띄는건 다 먹어치워 먹을 것도, 입을 옷도 없었다. 식구들의 증오는 폭발 직전에 이르렀다. 한 달이 지난 뒤 가난한 사내는 화가 잔뜩 나 현자를 찾아갔다. "한 달 동안 염소를 데리고 살았습니다. 정말 끔찍했어요. 어떻게 그런 말도 안 되는 충고를 할 수 있죠?" 현자는 고개를 끄덕이며 말했다. "이제 염소를 치우게. 그러면 그대의 삶이 얼마나 평화롭고 고귀한지 깨닫게 될걸세."

우울증도 이와 같다. 우울증을 물리치면 현실적인 문제들을 안고도 (그것들은 우울증에 비하면 사소해 보이므로) 놀랍도록 평화롭게 살 수 있다. 이 책을 쓰기 위해 내가 인터뷰했던 한 사람은 내가 전화를 걸어 예의를 차리느라 안부를 묻자 이렇게 대답했다. "글쎄요, 등이 아프고 발목을 삐었어요. 아이들은 나한테 화가 나 있고 비가 억수같이 쏟아지고 있고 고양이가 죽었고 파산까지 했어요. 하지만 우울증 증세는 없으니 대체적으로 아주 잘 지낸다고 해야겠지요." 나의 세 번째 삽화는 우화 속 염소 같은 존재로, 내가 이런저런 문제들로 (이성적으로는 결국 해결 가능한 것들임을 알면서도) 불만스러워하고 있을 때 찾아왔다. 우울증을 극복하자 엉망진창인 내 삶의 기쁨을 축하하는 작은 파티라도 열고 싶었다. 또한 두 달 전에 옆으로 밀쳐 두었던 이 책의 집필을 놀랍도록 기껍고도 행복하게 계속할 수 있었다. 그렇지만 어디까지나 우울증은 우울증이고 더구나 약을 계속 먹고 있는 와중에 재발한 것이기 때문에 그 뒤로도 완전히 마음을 놓을 수는 없었다. 이 책을 마무리하는 단계에서 나는 발작적인 공포와 외로움에 젖고는 했다. 다행히 병적인 건 아니었지만 이따금 한 페이지를 쓰고는 자신의 글에서 회복되기 위해 반 시간 정도 누워 있어야 했다. 그건 이 글을 쓰는 일이 그만큼 힘겨웠기 때문이기도 하고, 내 남은 생애의 불확실성에 대한 공포 때문이기도 하다. 나는 자유를 느낄 수 없다. 나는 자유롭지 못하다.

나는 부작용 문제는 잘 처리해 왔다. 내 주치의는 부작용 관리 분야의 전문가다. 내 경우 약 때문에 성욕이 좀 감소하고 만인의 문제인 오르가슴이 지연되는 등 성적인 부작용들이 생겼다. 몇 해 전 추가적으로 웰부트린을 복용하기 시작했는데 그 덕에 (예전 수준을 되찾지는 못했지만) 성욕이 증가된 듯하다. 내 주치의는 성적인 부작용에 대비해 비아그라와 덱스암페타민(Dexamphetamine)을 처방해 주었는데 효과가 있는 것 같다. 내 몸은 나의 인식 능력을 넘어서는 변화를 겪고 있는 듯하다. 어떤 날 밤에는 약이 잘 들었다가 다음 날 밤에는 좀 어려움이 따르는 식이니 말이다. 나는 자이프렉사의 진정 작용으로 대개는 잠을 너무 많이 자지만 가끔 신경이 곤두서서 눈을 감을 수 없을 때는 자낙스를 복용한다.

우울증 체험담을 나누다 보면 묘한 친밀감이 생긴다. 로라 앤더슨과 나는 3년 이상 거의 날마다 연락했고, 그녀는 내가 세 번째 삽화를 겪을 때 남다른 관심을 보였다. 난데없이 내 인생에 뛰어든 그녀와 나는 기묘하고 갑작스럽게 가까워지며 우정을 쌓게 되었다. 나는 그녀의 편지를 처음 받은 지 채 몇 개월도 되지 않아 그녀를 평생지기처럼 여기게 되었다. 우리의 만남은(주로 이메일로 이루어지지만 가끔 편지나 엽서도 쓴다. 아주 가끔은 전화로 연락하고 직접 만난 건 한 번뿐이다.) 내 삶의 나머지 부분과 분리되어 있지만 습관성이 강해 나는 곧 중독되었다. 그것은 마치 러브스토리처럼 발견, 황홀, 권태, 부활, 습관, 깊어짐의 단계들을 거쳤다. 이따금 로라는 너무 급하게 너무 많은 걸 기대했고, 초기에는 내가 가끔 그녀에게 반감을 느끼거나 연락을 자제하려 애쓰기도 했다. 그러나 곧 어쩌다 그녀에게서 소식이 없는 날이면 끼니를 굶거나 잠을 못 잔 듯한 기분을 느꼈다. 로라 앤더슨은 조울증이기는 하지만 조증 삽화가 울증 삽화보다 훨씬 덜하고 통제하기도 쉬운 제2형 조울증에 속한다. 그녀는 아무리 신중하게 약물과 치료와 행동을 조절해도 우울증의 위험이 상존하는 수많은 사람들 가운데 하나다. 그녀는 어느 때는 우울증에서 자유롭고 어느 때는 그렇지 못하며 우울증을 꼼짝 못하게 묶어 둘 방법이 없다.

그녀가 내게 처음 편지를 보낸 건 1998년 1월이었다. 희망이 가득 담긴 편지였다. 그녀는 잡지에 난 내 글을 읽고 내가 아는 사람처럼 친근하게 느껴졌다고 했다. 그녀는 자기 집 전화번호를 적어 보내며 언제든지 전화해도 좋다고 했고, 자신이 어려운 시기를 이겨 내는 데 도움을 준 음반 목록과 내게 맞을 것 같은 책 한 권을 함께 보냈다. 그녀는 텍사스주 오스틴에 남자친구가 있어 거기 살고 있는데 얼마간 단절감과 권태를 느낀다고 했다. 또 공무원 일에 관심이 있어서 텍사스 주의회 의사당에서 일하고 싶지만 우울증 때문에 일을 못 하고 있다고 했다. 그녀는 프로작, 팍실, 졸로프트, 웰부트린, 클로노핀, 부스파, 발륨, 리브륨, 아티반, "그리고 물론 자낙스"를 복용한 적이 있으며 현재 그중 몇 가지와 데파코트와 암비엔을 복용 중이라고 했다. 현재 주치의와 문제가 있어서 "마흔아홉 번째 의사로 바꿀 생각"이었다. 그녀의 편지에 끌린 나는 최대한 따뜻하게 답장을 써서 보냈다.

그녀의 다음 편지는 2월에 도착했다. "데파코트가 효과가 없네요. 나는 지금 좌절 상태예요. 기억력도 없어지고, 손도 떨리고, 말도 더듬고, 40분이나 걸려서 겨우 담배랑 재떨이를 찾아 냈더니 라이터가 어디 있는지 모르겠는 식이죠. 이 병이 내게는 여러 가지로 너무도 노골적으로 다극적이어서 절망스러워요. 레비스트로스[프랑스 구조주의 인류학의 선구자]가 이항대립(binary opposition) 이론을 만들어 낸 게 원망스러울 정도죠. 난 그 접두어(bi-)가 '자전거(bicycle)'에 붙는 정도까지만 용납할 수 있는데. 나는 어둠에도 마흔 가지 색조가 있다고 믿어요. 그것은 바퀴 모양의 색상환처럼 보이는데 어찌나 빨리 도는지 죽음에 대한 열망이 어느 바큇살을 통해서든 들어갈 수 있죠. 이번 주에 병원에 입원할까도 생각해 봤지만, 그러면 헤드폰 딸린 스테레오도, 밸런타인데이 카드를 만들 가위도 못 가지고 들어가죠. 내 개들도 보고 싶을 거고 또 남자친구 피터가 곁에 없으면 겁도 나고 몹시 그리울 거예요. 날마다 토하고, 성질 부리고, 불안하게 하고, 섹스도 안 하는데도 날 사랑해 주는 사람인데. 입원하면 간호사실 근처의 복도나 자살 감시용 병실에 갇혀서 자야 하는데…… 그건 사양하고 싶었죠. 약물이 나를 양극 사이의 적도 부분에 머물게 해 주는 한 괜찮으리라 확신해요."

봄이 되자 그녀는 기분이 나아졌다. 5월에 임신을 했는데 아기를 갖게 된 것에 몹시 흥분했다. 그러나 데파코트가 태아의 이분 척추증과 뇌 발달 장애와 관련이 있다는 걸 알고 약을 끊으려 애쓰면서 이미 늦은 것이 아닌가 하는 걱정에 시달리기 시작했다. 얼마 후 그녀는 내게 이런 글을 써 보냈다. "중절 수술을 받고 망연자실해서 앉아 있어요. 다시 약물치료에 들어가는 것이 내게는 희망이 되겠지요. 이 모든 일에 대해 분노하지 않으려 애는 쓰지만 이따금 너무 불공평하다는 생각이 들어요. 지금 이곳 오스틴은 파란 하늘 아래 산들바람이 불고 있고 나는 완전히 고갈된 기분이에요. 알겠어요? 작은 시련에 대한 정상적인 반응조차 혹여 우울증을 유발할까 봐 발작적으로 걱정이 돼요. 나는 지금 발륨에 취해 몽롱하고 까다로운 상태예요. 울어서 머리가 지끈거리고 스트레스가 쌓이네요."

열흘 뒤에는 이런 글이 왔다. "안정을 되찾았어요. 원하는 것보다 좀 더 가라앉긴 했지만 걱정할 정도는 아니에요. 의사도 바꾸고 약도 데파코트에서 테그레톨(Tegretol)로 바꿨어요. 테그레톨의 약효를 촉진시키기 위해 자이프렉사도 같이 먹고 있고. 자이프렉사를 먹으면 정말 느려지죠. 정신병이 야기하는 육체적인 부작용들은 너무도 모욕적이에요! 그렇게 많은 약들을 먹었으니 그야말로 '진행된 우울증'의 자격을 갖추었다고 할 수 있겠죠? 그런데도 이상한 건망증이 생겨서 정상적인 상태일 때는 우울증이 얼마나 무시무시한 것인지 기억할 수가 없어요. '멀쩡할 때'의 나는 누구인지, 나에게 정상적이고 받아들일 수 있는 건 무엇인지 생각해 내려 애쓰는 데도 지치고 신물이 나요."

며칠 후에는 이렇게 썼다. "자의식 때문에 사람들을 깊게 사귈 수도 없죠. 그래서 지난 팔구 년 사이에 사귄 친구들은 대부분 부담 없는 관계예요. 그러니 점점 더 외로워지고 자신이 비상식적으로 느껴질 수밖에요. 예를 들어 웨스트버지니아에 사는 아주 소중한 (그리고 요구가 많은) 친구와 통화했는데, 그 친구는 자기가 아기를 낳았는데 보러 오지 않는 나를 이해할 수 없어 하며 설명을 요구했죠. 내가 무슨 말을 하겠어요? 꼭 가 보고 싶지만 정신병원 신세를 면하기에 바빠 못 간다고? 그건 너무 창피하고…… 치욕스러워요. 들통만 안 난다면 거짓말을 꾸며 대고 싶었죠. 재발했다 나았다 하는 암 같은 게 걸렸다고 꾸며 대면 모두들 이해할 테니까요. 질겁하거나 불편해하지 않고 말이에요."

우울증은 로라를 끊임없이 저지한다. 그녀의 삶의 모든 부분들이 제한을 받는다. "데이트만 해도 그래요. 난 데이트 상대가 자신의 문제를 스스로 처리할 수 있는 사람이기를 원해요. 내 문제만으로도 벅찬데 상대방의 감정까지 일일이 신경 쓸 수는 없으니까요. 사랑을 그런 식으로 하다니 끔찍하지 않아요? 직업 문제도 마찬가지죠. 하는 일마다 오래 버티지 못하고, 그 공백 기간은 얼마나 힘겨운지. 게다가 새 약에 거는 희망 따위의 얘기를 누가 듣고 싶어 하겠어요? 누구에게 이해를 요구할 수 있겠어요? 이 병을 얻기 전에 우울증에 걸린 친한 친구가 있었죠. 그때는 그가 하는 말을 다 이해한다고 생각했는데 막상 내가 걸리고 보니 그게 아니었어요."

뒤이은 몇 개월 동안 그녀는 앞길에 잠복 중인 걸 느낄 수 있는 무언가와 힘겨운 싸움을 벌이고 있는 듯했다. 그사이 우리는 서로에 대해 알아 갔다. 그녀는 십 대 때 성희롱을 당하고 갓 스물에 강간을 당했으며 이 두 가지 일로 깊은 상처를 받았다. 스물여섯에 결혼했고 그 이듬해에 첫 우울증 삽화를 겪었다. 그녀의 남편은 그 문제에 잘 대처하지 못했고 그녀는 술로 우울증을 이기려 했다. 그해 가을에 가벼운 조증으로 의사를 찾아갔는데 의사는 긴장해서 그런 것이라며 발륨을 처방했다. "조증이 정신을 휘감고 있었는데 육체는 섬뜩할 정도로 무기력해졌지요." 집에서 연 크리스마스 파티에서 그녀는 화를 못 이겨 남편에게 송어 무스를 던졌다. 그러고는 위층으로 올라가 남은 발륨을 몽땅 삼켰다. 그녀를 응급실로 싣고 간 남편은 의사에게 아내를 도저히 감당할 수 없다고 했고 그녀는 크리스마스 내내 정신병동에서 지냈다. 그녀가 약에 취해 집에 돌아왔을 때 결혼 생활은 끝장이 나 있었다. "그렇게 1년을 억지로 버티다 크리스마스가 다가오자 파리 여행을 갔죠. 하지만 저녁 식사를 하면서 건너편에 앉은 남편을 보고 이렇게 생각했어요. '작년에 병원에 있을 때보다 행복할 것도 없어.'" 그녀는 집을 나와서 바로 새 남자친구를 만났고 그를 따라 오스틴으로 갔다. 그 뒤로 우울증은 매우 주기적으로, 최소한 1년에 한 번은 찾아왔다.

1998년 9월, 로라는 "끔찍한 무기력증을 동반하는 불안"의 격발에 대한 글을 보내왔다. 10월 중순쯤 되자 그녀는 침몰하기 시작했고 스스로도 그것을 알았다. "아직 본격적인 우울증은 아니지만 조금씩 둔해지고 있어요. 하는 일마다 집중력이 떨어져서 점점 더

애를 써야 해요. 지금은 완전한 우울증 상태가 아니지만 후퇴기에 접어들었어요." 그녀는 웰부트린을 복용하기 시작했다. "모든 것들로부터 거리감이 느껴지는 게 끔찍해요." 곧 그녀는 침대에 누워 지내게 되었다. 약들도 소용이 없었다. 그녀는 외부인들과의 접촉을 끊고 개들에게만 관심을 쏟았다. "우울증 때문에 식욕도 떨어지고 웃음이나 섹스에 대한 욕구도 없지만 개들이 불가사의하게도 위안이 되어 주죠."

11월 초에 온 로라의 글이다. "요즘에는 아침마다 샤워기에서 쏟아지는 물줄기를 맞는 걸 감당할 수 없어서, 그건 하루를 시작하기에 너무 격렬한 방법 같아서 욕조에 물을 받아서 목욕을 해요. 운전하기도 너무 힘겹고. 은행이나 쇼핑하러 가는 것도 마찬가지죠." 그녀는 기분을 바꿔 보려고 「오즈의 마법사」 비디오를 빌려 왔지만 "슬픈 내용이 나오자" 울어 버렸다. 식욕도 없었다. "오늘 참치를 좀 먹어 보려 했지만 다 토하고 말았어요. 그래서 개들에게 주려고 만든 밥을 조금 먹었어요." 그녀는 병원에 가는 것조차 부담스럽다고 했다. "의사를 실망시킬까 봐 내 기분을 솔직하게 털어놓기도 힘들어요."

그런 중에도 우리는 날마다 글을 주고받았다. 계속 글을 쓰는 것이 힘들지 않은지 물었더니 그녀는 이렇게 대답했다. "남들의 관심을 사는 가장 간단한 방법은 그들에게 관심을 기울이는 거죠. 그러면 자신을 올바르게 볼 수도 있고요. 나는 내 망상을 누군가와 나누어야만 해요. 지금 나는 그것에 대해 너무 예민하게 의식하고 있어서 '나'라는 글자를 칠 때마다 움찔움찔해요. (앗. 앗.) 온종일 억지로라도 아주 작은 일들이나마 해 보려 애쓰면서 내 상황이 얼마나 심각한지 가늠해 보죠. 진짜로 우울증에 걸린 걸까? 그냥 나태한 건 아닐까? 혹 이 불안감은 커피를 너무 많이 마셔서, 아니면 항우울제를 너무 많이 먹어서 생긴 게 아닐까? 이런 자기 평가 과정 자체로 울음이 나요. 주위 사람들은 그저 존재하는 것 말고는 달리 도울 방법이 없어서 안타까워하고요. 나는 온전한 정신을 붙들고 있기 위해 이메일에 의존해요! 느낌표는 작은 거짓말이죠."

그 주가 끝날 무렵에 온 글. "지금은 오전 10시인데 벌써부터 오늘을 견딜 일이 걱정이에요. 나는 열심히 열심히 애쓰고 있어요. 울음이 터지기 직전인데도 '괜찮아. 괜찮아.' 하고 되뇌면서 심호흡을 하며 돌아다니죠. 내 목표는 자기 분석과 자기 파괴 사이에서 안전하게 머무는 거예요. 지금 난 당신을 포함한 모든 사람들을 고갈시키고 있는 것만 같아요. 되돌려주는 건 없이 자꾸 요구만 해 대죠. 맘에 드는 옷을 입고 머리를 깔끔하게 묶는다면, 그리고 개들을 데리고 나갈 수 있다면 가게에 가서 오렌지 주스쯤은 사 올 수 있을 것 같아요."

추수감사절 직전의 글. "오늘 옛날 사진들을 봤는데 다른 사람의 사진들 같았어요. 약물치료에 따르는 부작용들이죠." 그러나 곧 그녀는 최소한 일어설 수는 있게 되었다. 그달 말에는 이런 글이 날아왔다. "오늘은 기분 좋은 순간들이 좀 있었어요. 그런 순간들을 분배하는 이가 누구든 부디 더 받게 되었으면. 군중 속에 섞여서 자의식을 느끼지 않고 걸을 수 있었어요." 이튿날에는 가벼운 재발이 찾아왔다. "어제까지만 해도 기분도 좋아지고 희망도 생겼었는데 오늘은 너무 불안해요. 허둥거리게 되고 가슴을 끈으로 조이는 것처럼 답답해요. 하지만 아직 일말의 희망이 있고 그게 도움이 되네요."

이튿날은 더 악화되었다. "기분이 계속 저조해요. 아침의 공포와 비굴한 무력감이 늦은 오후까지 이어지네요." 그녀는 남자친구와 공원에 간 얘기를 썼다. "그가 공원의 식물들에 대한 안내 책자를 샀어요. 어떤 나무는 '모든 부분이 치명적인 독성을 지니고 있음'이라고 나와 있었어요. 그 나무를 찾아서 잎을 따 먹고 바위 밑에 웅크리고 누워 잠들고 싶었어요. 수영복 차림으로 태양 아래 누워서 푸르디푸른 하늘을 바라보는 걸 좋아하던 예전의 로라가 그리워요! 나쁜 마녀가 내 몸에서 그 로라를 끌어내고 대신 끔찍한 여자를 가져다 놓았어요! 우울증은 내가 진짜로, 진짜로 좋아하던 내 모습은 다 빼앗았어요.(원래 대단한 존재도 못 되었지만.) 아무 희망이 없음을, 절망만이 가득함을 느끼는 건 천천히 죽어 가는 것이나 다름없죠. 그렇게 죽어 가는 동안에도 엄청난 공포와 싸워야 하죠."

일주일이 지나자 그녀는 확연히 나아졌다. 그런데 세븐일레븐에서 계산대의 남자가 그녀를 제쳐놓고 다른 사람의 물건들을 먼저 계산하기 시작하자 그녀는 이성을 잃고 말았다. 로라는 평소 그녀답지 않게 소리를 질러 댔다. "빌어먹을! 여기가 편의점이야, 핫도그 가판대야?" 그러고는 사려던 음료수도 챙기지 않고 씩씩거리며 나와 버렸다. "들쭉날쭉이죠. 이제 그것에 대해 얘기하기도 지겨워요. 생각조차 하기 싫어요." 그녀는 남자친구가 사랑한다고 말하자 울음을 터뜨렸다. 다음 날에는 한결 나아져 식사도 두 번이나 하고 양말도 한 켤레 샀다. 공원에도 갔는데 갑자기 그네를 타고 싶은 충동을 느꼈다. "지난주에는 불안감에 허둥거렸는데, 이제 그네를 타는 게 너무 신났어요. 차를 타고 내리막길을 달려 내려갈 때 느끼는, 가슴 한가운데가 확 뚫리는 그런 기분을 느꼈죠. 그런 쉬운 일을 하면서도 기분이 좋았어요. 조금은 나다워진 기분이 들기 시작했어요. 가뿐해지고 다시 똑똑해진 기분이었죠. 그런 상태가 오래 지속되었으면 하는 희망 같은 건 품지 않을 생각이지만, 그저 추상적인 걱정들에 시달리지 않는 것, 설명할 수 없는 중압감이나 슬픔에 짓눌리지 않는 것, 그것만으로도 너무 기쁘고 좋았어요. 울고 싶은 기분도 들지 않았죠. 다른 감정들이 다시 돌아오리란 걸 알지만 오늘 밤에는 하느님과 그네로부터 잠시 동안의 유예를, 희망과 인내심을 잃지 말아야 한다는 암시를, 좋은 일이 일어날 거라는 전조를 받은 거라고 생각해요." 12월에 그녀는 리튬 부작용으로 피부가 견딜 수 없을 만큼 건조해졌다. 그녀는 리튬의 양을 줄이고 뉴론틴(Neurontin)을 계속 복용했다. 효과가 있는 듯했다. "중심으로 다시 돌아갔어요. '나'라고 알려진 그 중심이 실감 나고 좋아요."

다음 해 10월에 마침내 우리는 만났다. 그녀는 어머니와 함께 버지니아주 워터포드에 머물고 있었는데 워싱턴 외곽의 아름답고 유서 깊은 소도시인 워터포드는 그녀가 성장한 곳이기도 했다. 그때쯤 그녀를 너무 좋아하게 된 나는 아직 그녀를 만난 적이 없다는 사실을 믿을 수가 없어서 그녀에게 달려갔던 것이다. 나는 기차를 타고 갔는데 로라가 월터라는 친구를 데리고 역으로 마중 나왔다. 로라는 날씬한 금발 미녀였다. 그러나 가족들과 지내다 보니 너무 많은 기억들이 되살아나 상태가 좋지 않았다. 그녀는 심각한 불안장애 때문에 말도 제대로 못했는데 내게 쉰 목소리로 꼴이 이래서 미안하다고 속삭였다. 동작 하나하나도 무척이나 힘겨워 보였다. 그 주 내내 악화되고 있다는 것이었다. 나는 내 존재가 부담을 가중시키는 게 아닌지 물었고 그녀는 절대 아니라고 했다. 우리는 점심을 먹으러 갔다. 로라는 홍합 요리를 주문했는데 손이 너무 떨려서 아무래도 먹기가 힘들 것 같았다. 그녀는 홍합 껍데기를 까다가 옷에 소스가 튀고 말았다. 그녀가 대화와 홍합 먹는 일을 한꺼번에 감당할 수 없어서 월터와 나 둘이서만 담소를 나누었다. 월터가 그 주 들어 그녀의 상태가 점점 나빠지고 있다고 설명하자 그녀는 조그맣게 동의하는 소리를 냈다. 이제 홍합 요리는 포기한 그녀는 백포도주에 정신을 집중하고 있었다. 나는 충격이 컸다. 그녀의 상태가 안 좋다는 건 알고 있었지만 그 정도일 줄은 예상하지 못했던 것이다.

월터가 차에서 내리자 손이 떨려서 운전을 할 수가 없는 로라 대신 내가 그녀의 차를 몰았다. 우리가 집에 도착하자 로라의 어머니는 걱정을 표시했다. 로라와 나는 대화를 나누었지만 이야기가 자꾸 엉뚱한 방향으로 빗나갔다. 그녀는 먼 곳에서 이야기를 하고 있는 듯했다. 그런 다음 함께 사진첩을 보다가 그녀가 갑자기 장애를 일으켰다. 나로서는 본 적도, 상상해 본 적도 없는 그런 모습이었다. 그녀는 사진들을 보면서 내게 이름을 알려 주고 있었다. "이건 제럴딘이에요." 그녀는 그렇게 말한 뒤 움찔하더니 다시 그 사람을 가리키며 말했다. "이건 제럴딘이에요." 그러더니 또 "이건 제럴딘이에요."라고 되풀이했다. 반복할 때마다 음절들을 더 길게 발음했다. 얼굴이 마비되어 입술을 움직이기가 힘든 것 같았다. 나는 로라의 어머니와 남동생 마이클을 불렀다. 마이클은 로라의 어깨를 잡으며 말했다. "괜찮아, 로라. 괜찮아." 우리는 가까스로 그녀를 위층으로 데려갔는데 그녀는 계속 "이건 제럴딘이에요."를 반복하고 있었다. 로라의 어머니는 홍합 요리 소스가 튄 딸의 옷을 갈아입힌 다음 침대에 누이고 옆에 앉아서 손을 문질러 주었다. 그것은 내가 기대했던 만남과는 거리가 멀었다.

　나중에 알고 보니 그녀가 먹고 있던 약들 가운데 몇 가지가 나쁜 쪽으로 상호작용을 일으켜서 그런 발작이 일어난 것이었다. 그날 그녀가 이상하게 몸이 마비되고 말도 잘 못하고 극도의 불안에 시달리게 된 건 바로 그래서였다. 그날 늦게 그녀는 최악의 상태에서는 회복되었지만 "내 영혼에서 모든 색깔이 사라지고 내가 사랑했던 나도 사라지고 그저 인형처럼 껍데기만 남았다."고 호소했다. 그녀는 새로운 약들을 시도했다. 크리스마스가 되어서야 그녀는 다시 예전의 자신으로 돌아간 기분을 느꼈고 그러다 2000년 3월에, 상황이 나아지고 있을 때, 다시 발작을 일으켰다. "너무 무서워요. 너무 굴욕적이고. 최고의 희소식이란 게 경련을 일으키고 있진 않다는 거라니 참 딱한 노릇이죠." 그리고 6개월 뒤 또 발작이 찾아왔다. "계속해서 재기할 수는 없겠죠. 발작이 너무 무서워서 불안감을 떨칠 수가 없어요. 오늘도 차를 몰고 출근하다 옷에 토하고 말았어요. 다시 집으로 돌아가서 옷을 갈아입고 출근해야 했죠. 지각을 해서 회사에 사정 설명을 했지만 결국 징계 통지를 받았어요. 의사는 발륨을 먹으라고 하지만 그러면 정신을 차릴 수가 없어요. 이게 지금 내 인생이에요. 앞으로도 계속 그럴 거고. 지옥으로의 추락. 이런 식으로 계속 버틸 수 있을까요?"

　나도 이런 식으로 계속 버틸 수 있을까? 우리들 중 자신의 고난을 견디며 계속 버텨 낼 수 있는 사람은 누구인가? 거의 모두다. 우리는 계속 전진한다. 그리고 과거의 목소리들이 사자(死者)의 목소리처럼 돌아와 인생의 무상함과 세월의 흐름을 함께 슬퍼한다.

나는 슬플 때면 너무 많은 것들을, 너무 잘 기억한다. 다섯 살 때부터 스물일곱 살 때 어머니가 돌아가시기까지 늘 부엌에 함께 앉아 이야기 나누던 일, 할머니의 크리스마스 선인장이 (내가 스물다섯 살 때 할머니가 세상을 떠나시기 전까지) 해마다 꽃을 피우던 일, 1980년대 중반 파리에서 어머니의 친구 샌디 아주머니와 지냈던 일. (자신의 챙이 넓은 초록색 모자를 잔다르크 동상에 씌워 주려 했던 샌디 아주머니는 그 2년 뒤 세상을 떠났다.) 단 종조부와 베티 종조모, 그리고 그분들의 맨 위 서랍에 들어 있던 초콜릿, 아버지의 사촌인 헬렌과 앨런, 그리고 도러시 아주머니, 그리고 고인이 된 다른 사람들. 나는 늘 죽은 이들의 목소리를 듣는다. 밤이 되면 죽은 이들과 과거의 내가 찾아오고 잠에서 깨어 그들이 나와 같은 세계에 있지 않음을 깨달을 때면 나는 보통의 슬픔을 넘어서는, 한순간 우울증의 고통과도 흡사한 이상한 절망에 사로잡힌다. 내가 그들과 (그들이 나를 위해, 혹은 나와 함께 만들었던) 과거를 그리워하는 것이라면, 그들의 부재하는 사랑으로 이르는 길은 삶 속에, 계속 세상에 머무는 것 속에 있음을 나는 안다. 그렇다면 생존을 위한 광적인 몸부림을 멈추고 그들이 가 버린 곳으로 갈 방법을 궁리할 때 그것은 우울증일까? 아니면 견딜 수 없는 고통을 견뎌 내는 생존의 한 방식일까?

나는 과거라는 것을, 시간의 경과라는 진실을 받아들이기가 너무도 힘들다. 내 집에는 과거를 너무 생생히 연상시킨다는 이유만으로 내가 읽지 못하는 책들과 듣지 못하는 음반들과 볼 수 없는 사진들이 가득하다. 어쩌다 대학 친구들을 만나면 그 시절이 너무 행복했기에(지금보다 반드시 더 행복했다고는 할 수 없지만 그 시절만의 독특한 행복감은 다시 돌아올 수 없는 것이기에) 그때 얘기를 너무 많이 하지 않으려 한다. 빛나는 청년 시절은 나를 초조하게 한다. 나는 항상 과거의 즐거움이라는 벽에 부딪히는데, 내게는 과거의 즐거움이 과거의 고통보다 더 견디기 어렵다. 외상후스트레스가 얼마나 고통스러운 것인지는 알지만 내게는 다행히도 과거의 외상들이 멀리 떨어진 곳에 존재한다. 하지만 과거의 즐거움들은 견디기 어렵다. 이제 이 세상에 없거나 과거와 다른 모습으로 변해 버린 사람들과 함께했던 행복한 기억들이 내겐 현재 최악의 고통이다. 나는 과거의 즐거움의 파편들에게 제발 기억을 되살리지 말아 달라고 애원한다. 지나치게 무섭고 끔찍했던 체험들 못지않게 지나치게 즐거웠던 체험들도 우울증을 낳을 수 있다. '기쁨 후 스트레스(post-joy stress)'라는 것도 있다. 최악의 우울증은 과거를 이상화하거나 한탄하며 그것에서 벗어나지 못하는 것이다.

3   치료

    우울증 치료는 크게 두 갈래로 나뉘는데 언어를 통해 이루어지는 심리치료(talking therapy)와, 약물치료와 전기충격 치료(ECT)를 아울러 이르는 물리적 처치다. 우울증에 대한 사회심리학적 이해와 정신약리학적 이해를 조화시키는 건 어렵지만 꼭 필요한 일이다. 너무도 많은 사람들이 이 문제를 양자택일 상황으로 보는데 이는 지극히 위험하다. 제한된 수의 우울증 환자들을 놓고 약물치료와 심리치료가 경쟁을 벌여서는 안 되며 환자의 상황에 따라 그 두 가지가 함께 혹은 따로 이용되는 보완적 관계여야 한다. 우리는 포괄적 치료인 생물사회심리학적 모델(biopsychosocial model)을 계속 회피하고 있으며 그 결과는 매우 심각하다. 정신과 의사들은 으레 우선 우울증의 원인(세로토닌 수치 감소나 유아기의 정신적 외상이 가장 일반적이다.)을 말해 준 다음 그것과 논리적인 연관이라도 있는 듯 치료법을 제안하지만 허튼소리다. "나는 우울증의 원인이 사회심리학적인 것이라 해서 사회심리학적 치료를 해야 하고, 생물학적인 것이라 해서 생물학적 치료를 해야 한다고는 믿지 않습니다."
피츠버그대학교 엘렌 프랭크의 말이다. 심리치료를 통해 우울증에
서 회복된 환자들이 약물치료를 받은 환자들과 동일한 생물학적
변화들(예를 들면 수면 중 뇌파)을 보이는 것은 주목할 만한 사실
이다.

　전통적인 정신과 의사들은 우울증을 환자의 필수적인 한 부분
으로 보고 환자의 성격 구조를 바꾸려 시도한다. 이에 반해 순수 정
신약리학에서는 그것이 외부적으로 결정된 불균형이며 환자의 나
머지 부분에 관계없이 고쳐질 수 있다고 여긴다. 인류학자인 T. M.
루어만은 현대 정신의학의 이러한 분열 현상이 낳는 위험에 대해
최근 이런 글을 썼다. "정신과 의사들은 이런 접근법들을 하나의 협
력적인 연장통에 든 여러 연장들로 보아야 한다. 그런데도 사용 목
적도 다르고 방식도 다른 연장들이라고 배운다."[1] 정신분석가이면
서도 필요할 때는 약물치료를 병행하는 윌리엄 노먼드의 말을 들
어 보자. "정신의학은 예전에는 뇌를 무시하다 이제는 마음을 무시
하게 되었지요." 한때는 정서에만 치우쳐 생리학적 뇌를 등한시하
더니 이제 뇌의 화학작용에만 몰두하여 정서를 등한시한다는 얘기
다. 정신역동적 심리치료와 약물치료 사이의 대립은 궁극적으로 도
덕적 입장에서의 대립이다. 우리는 어떤 문제가 심리치료에 반응을
나타내면 극기심으로 극복할 수 있다고 보고, 약에 반응을 보이면
자신의 탓이 아니므로 극기심이 필요하지 않다고 생각하는 경향이
있다. 사실 아주 가벼운 우울증의 경우 전적으로 본인 탓이며 거의
모든 우울증은 극기심을 통해 완화될 수 있다. 항우울제는 스스로
돕는 자를 돕는다. 물론 자신을 지나치게 몰아 대면 상황이 악화될

수도 있지만 진정으로 우울증에서 벗어나고 싶다면 충분한 노력을 기울여야 한다. 약물치료와 심리치료는 꼭 필요한 도구들이다. 자신을 비난해서도, 그대로 방치해서도 안 된다. 존스홉킨스 병원 정신과 의사 멜빈 맥기니스는 의지, 감정, 인식이 흡사 바이오리듬처럼 서로 맞물린 사이클을 이룬다고 한다. 우리의 감정은 의지와 인식에 영향을 미치지만 그것들을 대신하지는 않는다.

심리치료는 정신분석에서 나왔고 정신분석은 교회의 고해성사로 처음 형식을 갖춘, 위험한 생각들을 털어놓는 의식에서 나왔다. 정신분석은 특수한 기술들을 이용하여 신경증을 유발한 어린 시절의 정신적 외상을 밝혀내는 치료법이다. 일반적으로 많은 시간 (보통 일주일에 네다섯 시간)을 요하며 무의식의 내용을 드러내는 데 집중한다. 프로이트와 그에게서 나온 정신역동적 이론들을 비판하는 것이 유행처럼 되었지만, 사실 프로이트의 모델은 (결점은 있지만) 훌륭하다. 루어만의 표현을 빌리면, 거기에는 "인간의 복잡성과 깊이에 대한 인식, 자신의 거부들에 대항하여 싸워야 한다는 절박한 요구, 인생의 힘겨움에 대한 존중"이 들어 있다.[2] 사람들은 프로이트가 이룬 업적의 세부 사항들을 왈가왈부하고 그 시대의 편견들에 대해 프로이트에게 비난의 화살을 퍼붓느라 '인간은 살아가면서 자신의 동기들에 대해 모르는 경우가 많으며 우리는 우리가 알지 못하는 어떤 것의 포로'라는 그의 글의 기본 진실을, 그의 숭고한 겸손을 간과한다. 우리는 자신의 원동력의 작은 부분만을(타인의 원동력에 대해서는 더 작은 부분만을) 알 수 있다. 프로이트는 이러한 원동력에 대한 이론을 세운 것만으로도(이 원동력은 '무의식' 혹은 '통제를 벗어난 두뇌 회로들'이라 부를 수 있다.) 정신 질환 연구의 토대를 마련했다고 볼 수 있다.

정신분석은 문제를 설명하는 데는 유용하지만 문제의 해결에는 효과적인 방법이 못 된다. 환자의 목표가 전반적인 기분을 즉시 바꾸는 것이라면 정신분석의 막강한 힘은 잘못 쓰이고 있는 것이다. 나는 우울증 완화를 위해 정신분석 치료를 받고 있다는 얘기를 들으면 모래톱에 서서 밀려드는 파도를 향해 기관총을 난사하는 사람이 연상된다. 그러나 정신분석에서 나온 정신역동적 치료법들은 중요한 역할을 한다. 자신의 삶에 대한 면밀한 성찰 없이는 삶을 바로잡기가 힘들며 그런 성찰은 보이지 않던 것을 드러나게 한다. 가장 널리 통용되는 심리치료는 내담자가 의사에게 현재의 느낌들과 체험들에 대해 이야기하는 형식이다. 실제로 이런 방법이 오랫동안 우울증의 최고 치료법으로 간주되어 왔으며, 지금도 하나의 치료법으로 남아 있다. 버지니아 울프는 『세월』에 이렇게 썼다. "기록을 하면 고통이 사라진다."[3] 그것이 대부분의 심리치료의 기본적인 과정이다. 여기서 상담자의 역할은 내담자가 자신의 진정한 동기들과 접촉하여 자신의 행동에 대한 이유를 알아낼 수 있도록 내담자의 이야기를 주의 깊게 들어 주는 것이다. 대부분의 정신역동적 치료법들은 문제의 근원을 알면 문제 해결에 도움이 된다는 원칙에 기반한다. 그러나 단지 '아는 것'에 멈추지 않고 그 '앎'을 문제 해결에 이용할 전략들까지 가르친다. 상담자는 내담자가 스스로 행동을 수정하는 통찰력을 얻어 삶의 질을 높일 수 있도록 비판단적 반응을 보여야 한다. 우울증은 단절감이 유발하는 경우가 많다. 따라서 훌륭한 치료사라면 환자가 주위 사람들과 단절되지 않고 우울증을 진정시켜 주는 지지 구조를 구축하도록 도와야 한다.

그런 정서적 통찰이 무의미하다고 확신하는 이들도 있다. 일류 정신약리학자인 컬럼비아대학교의 도널드 클라인은 이렇게 말한다. "동기나 근원 같은 걸 누가 신경 써요? 사람들이 프로이트를 버린 건 그의 억압된 갈등 이론보다 조금이라도 나은 이론이 나와서가 아니에요. 이제 우리가 그것을 치료할 수 있다는 게 관건이죠. 그것이 어디에서 온 것인지 이론을 세워 설명하는 건 지금까지 치료에는 조금도 도움이 되지 않았습니다."

약물치료가 우리를 해방시켜 준 건 사실이지만 그래도 병의 근원에 대해 알아야 한다. 국립정신건강연구소 소장 스티븐 하이먼은 이런 의견이다. "관상동맥 질환의 경우, 약 처방만 하진 않아요. 환자에게 콜레스테롤을 제한하라고 권고하고 운동과 식이요법, 스트레스 관리에 대한 처방까지 내리지요. 이러한 병행 치료는 정신질환에만 국한된 것이 아닙니다. 약물치료 대 심리치료라는 논쟁은 우스꽝스러운 겁니다. 둘 다 실증 가능한 문제들이니까요. 나의 철학적 입장을 말하자면, 약물치료는 심리치료를 더 잘 받을 수 있게 하고 선순환이 시작되도록 도와줄 수 있기에 두 가지를 잘 병행해야 한다는 것입니다."[4] 엘렌 프랭크는 우울증에서 벗어나는 데는 약물치료가 심리치료보다 훨씬 효과적이지만 심리치료는 재발을 막는 보호 효과가 있음을 보이는 많은 연구 결과들을 내놓았다. 이 분야의 자료들은, 복잡하기는 하지만, 약물치료와 심리치료의 병행이 둘 중 하나만 받는 경우보다 효과가 좋다는 걸 입증한다. "그것은 다음 우울증 삽화를 예방하기 위한 치료 전략입니다. 앞으로 이렇게 통합적인 접근을 해야 할 텐데 아무래도 그렇지 못할 것 같군요." 브라운대학교 심리학과의 마틴 켈러는 여러 대학들의 연구팀과 공동 연구를 하고 있는데, 최근 실시한 우울증 환자들에 대한 연구 결과 약물치료만으로 뚜렷한 호전 효과를 본 경우는 전체의 절반이 못 되고 인지행동치료 역시 마찬가지였는데, 두 가지를 병행한 경우에는 80퍼센트 이상이 뚜렷한 호전 증세를 보였다고 밝혔다. 병행 치료를 받는 경우 재발 가능성도 낮다. 컬럼비아대학교 로버트 클리츠먼은 분개한 어조로 말한다. "프로작은 통찰력을 제거하는 것이 아니라 통찰을 가능하게 해 줍니다." 루어만은 이런 글을 썼다. "의사들은 자신이 기괴한 고통을 알아보고 이해하도록 훈련받았다고 생각한다. 하지만 그들이 할 수 있는 건 생물의학적인 막대사탕을 내밀고 등을 돌리는 것뿐이다."

실제 체험이 우울증을 유발했다면 (비록 우울증에서 벗어났다 하더라도) 그것에 대해 이해하고 싶은 것이 인간의 자연스러운 열망이며, 약물에 의해 우울 증세가 가라앉았다고 해서 치유되었다고 볼 수는 없다. 우리는 문제 자체와 그 현실 둘 다에 주목해야 한다. 약물치료를 찬성하는 시대가 되다 보니 더 많은 사람들이 약물치료를 받게 되고 전반적으로 공중 보건도 향상될 것이다. 그러나 심리치료를 하위에 두는 건 극히 위험한 일이다. 심리치료는 환자가 약물치료를 통해 새로 획득한 자아에 대해 이해하고 우울증 삽화 중에 일어난 자아의 상실을 받아들일 수 있도록 도와준다. 우리는 심각한 삽화 후 새로 태어나야 하며 재발을 방지할 수 있는 행동들을 배워야 한다. 과거의 삶과는 다른 삶을 살아야 한다. 국립정신건강연구소의 노먼 로젠설의 말을 들어 보자. "어떤 상황에서든 자신의 삶과 수면, 식사, 운동을 조절하는 건 극히 어려운 일이지요. 하물며 우울증 상태에서야! 우울증은 선택이 아니라 질병이며 외부의 도움을 받아야 합니다." 내 심리치료사도 이런 말을 한 적이 있다. "약은 우울증을 치료하고 나는 우울증 환자를 치료하지요." 우리를 진정시키는 건 무엇인가? 우리의 증세들을 악화시키는 건 무엇인가? 화학적인 관점에서 보면 가족의 죽음으로 인한 우울증이나 2주간의 불장난 후유증으로 오는 우울증이나 특별히 다를 게 없다. 후자보다 전자의 경우에 나타나는 극단적인 반응들이 더 합리적으로 여겨지기는 하겠지만 임상적인 체험은 거의 동일하다. 존스홉킨스 병원 실비아 심슨은 이렇게 말했다. "우울증처럼 보이면 우울증처럼 치료하라." 그러나 심리치료사라면 그 두 가지 상황을 분명하게 구분할 수 있을 것이다.

나는 두 번째 삽화를 향해 나아가기 시작했을 때 정신분석 치료를 중단한 상태였다. 주위에서 모두들 빨리 치료사를 구하라고 성화였다. 새로 치료사를 구하는 건 대화를 즐기는 정상적인 상태에서도 부담스럽고 끔찍한 일이며 중증 우울증의 격통 속에서는 완전히 능력 밖의 일이다. 좋은 치료사를 찾으려면 우선 여러 치료사들을 만나 보아야 한다. 그때 나는 6주 동안 열한 명의 치료사들을 만났다. 그 열한 명에게 일일이 내 괴로움을 장황하게 설명하다 보니 나중에는 다른 사람의 연극에서 독백 대사를 읊고 있는 듯한 기분이 들었다. 그 치료사들 중 몇 명은 현명해 보이고 몇 명은 괴짜 같았다. 한 여자는 극성스럽게 짖어 대는 개들을 키우고 있었는데 그 개들이 가구들을 망쳐 놓을까 봐 가구란 가구는 모두 비닐 덮개로 씌워 놓고 있었다. 그녀는 플라스틱 용기에 든, 곰팡이 핀 것처럼 보이는 거필트[생선 살에 달걀, 양파 등을 넣어 끓인 유대 요리]를 먹으면서 내게도 먹어 보라고 거듭 권했다. 이윽고 개 한 마리가 내 신발에 오줌을 싸자 나는 그곳을 나와 버렸다. 한 남자는 사무실 주소를 잘못 가르쳐 줬고("아차, 거기는 예전 사무실 주소지!") 한 치료사는 심각한 문제는 없으니까 좀 더 기분을 밝게 가지라고 했다. 자신은 감정이란 걸 믿지 않는다고 말하는 여자도 있었고, 감정 이외에는 아무것도 믿지 않는 것처럼 보이는 남자도 있었다. 인지치료사들 가운데는 상담 시간 내내 손톱을 물어뜯는 프로이트 학파와 융학파, 그리고 독학파도 있었다. 어떤 치료사는 내가 이야기하는 도중 계속 끼어들며 자기도 똑같다고 했다. 몇몇은 내가 설명하는 걸 못 알아듣는 눈치였다. 나는 그 일이 있기 전에는 통제가 잘 되고 있는 친구들은 훌륭한 심리치료사를 두고 있을 줄로만 알았다. 그런데 알고 보니 배우자와 솔직한 관계를 유지하면서 잘 통제하고 있는 사람들 중에도 마음의 안정을 위해 이상한 상담가와 어리석기 짝이 없는 관계를 지속 중인 경우가 많았다. "우리는 약물치료와 심리치료를 비교하는 연구들을 합니다. 그런데 유능한 치료사와 무능한 치료사를 비교하는 장기적인 연구들이 이루어진 적이 있나요? 이 분야에서 우리는 개척자들이에요." 스티븐 하이먼의 말이다.

마침내 나는 유머가 통하고 센스도 있어 보이고 진정한 인간애가 엿보이는 치료사를 선택했고 지금까지도 그에게 만족하고 있다. 내가 그를 택한 건 똑똑하고 충실해 보였기 때문이다. 전에 치료를 맡았던 선량한 정신분석가가 고의는 아니었지만 결국 약속을 깼고 내가 약물치료를 절실히 필요로 할 때 계속 만류했던 경험이 있었기 때문에 처음에는 경계했다. 내가 그를 신뢰하게 되기까지는 족히 삼사 년이 걸렸다. 그는 동요와 위기의 시기에는 흔들림이 없었고 안정된 시기에는 즐거움을 주었다. 나는 많은 시간을 함께 보

내야 하는 사람의 유머 감각을 매우 중요하게 생각한다. 그는 정신
약리학 전문의와도 협력이 잘 이루어졌다. 그리하여 종내는 자신이
유능한 전문가이며 나를 돕고자 한다는 걸 내가 믿게끔 만들었다.
그에 앞서 열 사람의 후보자들을 만난 보람이 있었다. 마음에 들지
않는 치료사를 선택해서는 안 된다. 당신의 마음에 들지 않는다면,
아무리 기술이 뛰어난 전문가라도 당신에게 도움이 될 수 없다. 만
일 자신이 치료사보다 더 똑똑하다는 생각이 든다면 진짜 그럴 공
산이 크다. 정신의학이나 심리학 학위가 천재성을 보장하는 건 아
니니까. 정신과 의사를 선택할 때는 세심한 주의를 기울여야 한다.
마음에 드는 세탁소에 드라이클리닝을 맡기기 위해 20분이나 더 차
를 몰고 토마토 통조림을 살 때도 자기가 원하는 상표가 떨어지고
없으면 슈퍼마켓 주인에게 항의하는 사람들이 정신 치료는 싸구려
물건 고르듯 아무에게나 맡기는 걸 보면 아연실색하지 않을 수 없
다. 이것은 당신의 정신을 맡기는 문제다. 또한 겉으로 드러내 보일
수 없는 걸 말로 설명해야 한다. 로라 앤더슨은 이런 글을 보낸 적이
있다. "너무 애매한 문제라 설명을 하면서도 상대방이 제대로 알아
들었는지 알 수가 없는 게 더 힘들어요. 상대도 내 얘기를 믿기 어렵
고." 내 경우에도 암흑의 시기를 보낼 때에도 치료를 받으러 가면 믿
을 수 없을 정도로 통제력이 생긴다. 의사 앞에서는 똑바로 앉고 울
지도 않는다. 나를 치료하는 사람을 매혹시키려고(사실 상대는 내
게 매혹되고 싶은 마음이 없는데도) 반어법으로 자신을 표현하고,
심각한 상황인데도 빈정거리는 유머들을 던진다. 가끔은 과연 상대
가 내 말을 믿어 줄지 의심스럽기까지 한데 그건 내 목소리에서 초
연함이 느껴지기 때문이다. 진짜 감정들을 차단하는 나의 두꺼운

사회적 껍질이 의사들에게는 얼마나 개탄스러울까 싶다. 하지만 나는 그런 통제력을 원하지 않으며 의사 앞에서 내 감정을 완전히 드러내고 싶을 때가 많다. 그런데도 치료를 받는 공간이 사적으로 느껴지지 않는다. 동생에게 말하는 것처럼 편안하게 의사들에게 얘기할 수가 없다. 너무나도 안전하지 못하게 여겨진다. 그리하여 의사 앞에서 나의 실체는 가끔씩만(그것도 내 설명에 의해서라기보다 본질적으로) 어렴풋이 모습을 드러낸다.

정신과 의사를 평가하는 방법 가운데 하나는 그가 당신을 얼마나 잘 평가하는지 관찰하는 것이다. 최초 선별 검사의 요령은 적합한 질문들을 던지는 것이다. 나는 본격적인 정신 치료 면담이 아닌 입원 면담들에 수없이 참관해 보았는데 우울증 환자들에 대한 접근법이 얼마나 다양한지를 보고 놀랐다. 내가 본 대부분의 훌륭한 정신과 의사들은 먼저 환자에게 자신의 이야기를 하게 한 다음 활기찬 태도로 매우 조직적인 면담으로 넘어가 자신이 원하는 정보들을 얻어 냈다. 그런 면담을 성공적으로 수행하는 능력은 임상의의 가장 중요한 기술 가운데 하나다. 존스홉킨스 병원 임상의 실비아 심슨은 최근 자살 기도를 해서 입원하게 된 환자와 면담을 시작한 지 10분 안에 그 환자가 양극성 우울증을 앓고 있음을 밝혀냈다. 그 환자를 5년이나 치료해 온 정신과 의사는 그런 극히 기본적인 사실조차 밝혀내지 못해 안정제 없이 항우울제를 처방해 왔는데, 이런 처방은 양극성 우울증 환자에게는 부적절한 것으로 종종 조증과 울증이 뒤섞인 동요성 우울증을 유발한다. 나중에 내가 비결을 묻자 심슨은 이렇게 말했다. "그 질문 항목들은 몇 년 동안 꾸준히 연구한 결과 만들어 낸 것이지요." 나는 할렘 병원 정신과 과장인 헨리

매커티스가 최근에 노숙자가 된 사람들을 면담하는 과정도 지켜보았다. 면담은 각각 20분씩 진행되었는데 매커티스는 그중에서 최소한 10분 정도를 할애해 거주 문제를 놀라울 정도로 자세하게 캐물었다. 나중에 내가 왜 그 문제에 대해 그토록 집요하게 알아보았는지 물었더니 그의 대답은 이랬다. "오랜 기간 한 장소에서 살아온 사람들은 형편상 일시적으로 노숙자가 되기는 했어도 통제된 삶을 살아갈 수 있고 주로 사회적 처치를 필요로 하지요. 반면 끊임없이 옮겨 다니거나 여러 번 노숙자 신세가 되었거나 자신이 어디서 살았는지 기억하지 못하는 사람들은 심각한 정신장애가 있을 가능성이 크므로 주로 정신과적 처치를 해야 합니다." 나는 다행히 보험 혜택으로 일주일에 한 번 심리치료사를, 한 달에 한 번 정신약리학 전문의를 찾을 수 있다. 하지만 대부분의 HMO들이 상대적으로 비용이 싼 약물치료에만 열중한다. 그들은 시간과 비용이 많이 드는 심리치료와 입원 치료에는 열의가 없다.

심리치료 가운데 우울증 치료 기록이 가장 좋은 두 가지는 인지행동치료(CBT:cognitive-behavioral therapy)와 대인관계 치료(IPT: interpersonal therapy)다. CBT는 현재와 어린 시절의 외적인 사건들에 대한 감정적, 지적 반응들에 근거한 정신역동적 치료의 한 형태로 인지 대상에 초점을 맞춘다. CBT는 펜실베이니아대학교 에런 벡이 개발한 것으로 현재 미국 전역과 서유럽의 거의 모든 국가들에서 이용된다.[5] 벡은 인간은 자신에 대해 파괴적인 생각들을 갖기 쉬우며 특정한 방식들로 사고하는 훈련을 받으면 자신의 현실을 바꿀 수 있다고 주장한다. (그의 공동 연구자 가운데 한 사람은 이 프로그램을 '학습된 낙관주의'[6]라 명명했다.) 벡은 우울증도 그릇된 논리의 결과이므로 부정적인 추론을 바로잡으면 정신적으로 더 건강해질 수 있다고 믿는다. CBT는 객관적 타당성을 가르친다.

치료사는 우선 환자가 자신을 현재의 처지로 몰고 온 고난들, 즉 '생활사(史) 자료'의 목록을 만들도록 돕는다. 그런 다음 이 고난들에 대한 반응들을 도표로 정리하고 과잉 반응의 특징적 형태들을 파악한다. 환자는 자신이 왜 특정한 사건들에 대해 그토록 우울해했는지 깨닫고 부적절한 반응들에서 벗어나려 노력한다. 이런 거시적인 단계 이후에는 환자가 자신의 '자동적인 생각들'을 중화시키는 미시적인 단계가 이어진다. 감정들은 세상에 대한 직접적인 반응들이 아니다. 세상에서 일어나는 일들은 먼저 우리의 인식에 영향을 미치고 그다음에 인식이 감정들에 영향을 미친다. 따라서 환자가 인식을 바꿀 수 있다면 그에 수반되는 감정 상태도 바꿀 수 있다. 예를 들어 어떤 환자가 애인이 일에 몰두하는 것이 자신에 대한 거부가 아니라 직장의 요구에 대한 이성적인 반응이라고 이해하는 법을 배우게 될 경우를 살펴보자. 그러면 그 환자는 자신이 사랑스럽지 못한 머저리라는 자동적인 생각이 자기 비난이라는 부정적인 감정을 낳고 이 부정적인 감정이 우울증으로 이어진다는 것을 알게 될 것이다. 일단 그 악순환이 깨지면 환자는 얼마간 자기 통제력을 갖게 된다. 실제로 일어난 일과 그것에 대한 자신의 생각을 구분하는 법을 배우게 되는 것이다.

CBT는 특수한 규칙들에 따라 이루어진다. 치료사는 환자에게 많은 과제를 준다. 환자는 긍정적인 체험들과 부정적인 체험들의 목록을 만들어야 하며 그런 체험들은 도표로 그려지기도 한다. 치료사는 각 치료 세션마다 의사일정을 제시하고 체계적인 진행을 하며, 끝날 때는 성취물에 대해 요약하고 정리한다. 이때 치료사는 사실들에 대해 언급하거나 권고를 해서는 안 된다. 환자는 하루 중 즐거운 순간들이 언제인지를 확인하고 일상에서 즐거움을 찾는 법을 배운다. 그리고 인식을 할 때 부정적인 형태로 흐르지 않도록 경계하고 그런 경우 덜 해로운 형태로 방향을 돌려야 한다. 이 모든 활동은 훈련이 된다. CBT는 자기 인식의 기술을 가르친다.

나는 CBT를 받아 본 적은 없지만 그것에서 몇 가지를 배우기는 했다. 만일 대화 중에 킥킥 웃음이 나오면 억지로 슬픈 생각을 하면 웃음을 멈출 수 있다. 또 성적인 흥분을 느껴야 하는데 잘 되지 않으면 현실과 동떨어진 환상의 세계에 몰입하면 된다. 그러면 몸과 행동도 현실을 떠나 환상 속으로 따라온다. 이것이 인지치료의 기본적인 전략이다. 아무도 자신을 사랑하지 않는다거나 삶이 무의미하다고 생각될 때 의식적으로 행복했던 시절의 추억을 떠올리면 효과가 있다. 자신의 의식과 씨름하는 건 힘겨운 일이다. 이 싸움에서 우리의 무기는 자신의 의식 그 자체밖에 없기 때문이다. 아름다운 생각, 아름답고 멋진 생각들을 하라. 그러면 고통이 누그러질 것이다. 자꾸 부정적으로 흐르려 하는 생각의 방향을 긍정적으로 돌려라. 이것은 어떤 면에서 보면 거짓이고 자기 기만일 수도 있지만 아무튼 효과가 있다. 상실과 관련된 사람들을 마음속에서 몰아내고 그들이 당신의 의식 속으로 들어오지 못하게 하라. 당신을 버린 어머니, 잔인한 애인, 밉살스러운 직장 상사…… 그들을 몰아내라. 그러면 도움이 된다. 나는 어떤 생각들에 어느 정도까지 열중해야 되는지 안다. 예를 들어 나는 돌아가신 지 10년이나 된 어머니를 매일 생각하지만 너무 오래 생각하거나 이미 오래전에 사라진 어머니와 나 사이에 존재했던 행복들을 너무 많이 떠올리지는 않도록 자제한다. 또 한때 사랑했던 사람들을 생각하다 그들의 부재가 아픔으로 느껴지면 그쯤에서 생각을 접는다. 침대에 누워 잠이 들기를 기다릴 때 슬픈 생각들이 마구잡이로 떠오르도록 방치하는 것보다는 수면제를 삼키는 편이 낫다. 자신의 다른 목소리들에 귀 기울여서는 안 되는 정신분열증 환자처럼, 나는 항상 그런 생각들을 멀리한다.

나치의 유대인 대학살에서 살아남은 한 여성을 만난 적이 있는데, 그녀는 다하우 수용소에 1년 이상 갇혀 지내며 가족이 모두 죽는 걸 지켜봐야 했다. 어떻게 견뎠느냐고 묻자 그녀는 그곳에 도착한 순간부터 현실을 생각하면 미쳐서 죽고 말리란 걸 깨달았다고 말했다. "그래서 결심했지. 내 머리에 대해서만 생각하겠노라고. 그곳에서 내내 머리 생각만 했어. 언제 머리를 감을 수 있을까 궁리하면서 손가락으로 머리를 빗는 생각을 했다네. 어떻게 하면 간수들에게 걸려 머리를 박박 깎이는 걸 면할 수 있을까 궁리했고. 그리고 수용소에 득실거리는 이들과 씨름하며 시간을 보냈지. 그런 식으로 내가 통제력을 행사할 수 있는 일에 집중하고 스스로 현실과 차단되어 살다 보니 그 모든 걸 견딜 수 있었네." 이것은 극단적인 상황에서 CBT의 원칙이 극단적인 형태로 이용된 예다. 만일 자신의 생각을 특정 패턴으로 몰아갈 수 있다면 그것으로 구제받을 수 있다.

재닛 벤슈프가 맨 처음 내 집을 찾아왔을 때 나는 그녀에게 압도당하고 말았다. 뛰어난 변호사인 그녀는 여성의 낙태권 옹호 투쟁에 앞장서 온 인물이었다. 박식하고 똑 부러지고 매력적이고 재미있고 게다가 겸손하기까지 한, 어느 모로 보나 인상적인 여자였다. 그녀는 매우 침착한 태도로 자신은 우울증이 너무 심해 몸을 움직일 수도, 혼자 있을 수도 없어서 친구의 침대 발치에서 때로는 며칠씩 꼼짝하지 않고 웅크리고 누워 있노라고 말했다. "내가 이룬 성과들이 코르셋의 고래수염 심지들처럼 나를 똑바로 지탱해 줘요. 그것들이 없다면 나는 바닥에 무너지고 말 거예요. 그것들이 지탱해 주고 있는 것이 누구인지, 무엇인지조차 모르겠다 싶을 때가 많지만 아무튼 그것들이 내 유일한 보호막이란 건 알아요." 그녀는 치료사에게 자신의 공포증들에 대해 털어놓고 행동 치료를 받았다. "비행공포증이 심각했죠. 그래서 치료사와 함께 비행기를 타고 그가 나를 모니터하는 식으로 치료를 했어요. 셔츠 솔기가 터질 정도로 뚱뚱한 남자와 같이 있자니 졸업하고 한 번도 본 적이 없는 동창이라도 만날까 봐 조마조마했죠. 그러면 '이쪽은 내 행동 치료사야, 지금 비행기 타는 연습 중이야.'라고 고백해야 할 테니까. 아무튼 효과는 있었어요. 내가 두려워하던 상황들을 일일이 시도해 보고 행동 수정을 한 결과 이제 비행기를 탈 때 불안 발작 같은 건 없어요."

인지행동치료는 현재 널리 행해지고 있으며 우울증에 상당한 효과를 보인다. 그와 더불어 대인관계 치료도 매우 좋은 결과들을 내놓고 있는데, 이 치료법은 코넬대학교의 제럴드 클러먼과 그의 아내인 컬럼비아대학교의 머나 와이스먼이 창안했다. 대인관계 치료, 즉 IPT는 현재의 삶이라는 당면한 현실에 초점을 맞춘다.[7] 삶의 이력 전체를 포괄해서 다루기보다 현재의 문제들을 해결한다. IPT는 환자를 더 심오한 인격체로 바꾸는 것이라기보다 현재의 자신을 최대한 활용하도록 가르치며, 분명한 경계와 제한을 두고 실시하는 단기 치료다. IPT는 많은 우울증 환자들이 우울증을 유발한 스트레스 요인들을 안고 있으며 이 스트레스 요인들은 타인과의 분별 있는 상호작용을 통해 해소될 수 있다고 가정한다. 치료는 두 단계에 걸쳐 이루어진다. 첫 단계에서 환자는 자신의 우울증이 외적인 고통임을 배우고 자신에게 어떤 증세들이 있는지 확인한다. 그런 다음 아픈 사람의 역할을 받아들이고 회복 과정을 인정한다. 환자는 자신이 현재 맺고 있는 관계들에 대한 목록을 만든 다음 치료사와 함께 각 관계에서 그가 얻는 것들과 원하는 것들을 정의한다. 치료사는 환자와 함께 환자의 삶에서 요구되는 것들을 이끌어 내기 위한 최상의 전략들을 마련한다. 문제들은 네 가지 종류로 나뉘는데 슬픔, 가까운 친구나 가족과의 역할에 대한 의견 차이(예를 들면 자신이 주는 것과 그 대가로 기대하는 것), 사적인 삶이나 직업에서의 스트레스를 주는 변화(예를 들면 이혼이나 실직), 단절이 그것이다. 다음 단계로, 치료사와 환자는 몇 가지 달성 가능한 목표들을 세우고 그 목표들을 이루기 위해 노력할 기간을 정한다. IPT는 당신의 삶을 공평하고 분명하게 정리한다.

　우울증 상태에서는 감정을 너무 억누르지 않는 것도 중요하지만 심한 말다툼이나 격분의 표현도 피해야 한다. 감정적으로 상처를 주는 행동은 삼가야 한다. 물론 사람들은 그런 행동을 용서하겠지만 용서를 받아야 할 만큼의 문제를 일으키지 않는 것이 좋다. 우울증을 앓고 있을 때는 다른 사람들의 사랑이 필요한데 우울증은 그 사랑을 파괴하는 행동들을 초래할 때가 많다. 우울증 환자들은 종종 자신이 탄 구명보트를 핀으로 찌르는 행위를 한다. 이때 의식이 그것을 저지할 수 있다. 아주 속수무책인 상황은 아니다. 세 번째 우울증 삽화에서 벗어난 지 얼마 안 되어서 아버지와 함께 저녁을 먹고 있었는데 아버지가 내 기분을 상하게 하는 말을 했다. 나도 모르게 목소리가 날카로워지면서 심한 말이 나오기 시작했고 그런 사실을 깨닫자 나는 몹시 놀랐다. 아버지가 움찔하는 게 보였다. 나는 심호흡을 한 다음 아버지가 말을 끝내자 아버지께 사과했다. "죄송해요. 아버지께 소리도 안 지르고 속임수도 안 쓰겠다고 약속했는데, 약속 못 지켜서 죄송해요." 이런 말은 지나치게 감상적으로 들리기는 하지만 의식적으로 제동을 걸 수 있는 능력은 상황을 완전히 달라지게 만든다. 성미 급한 친구 하나가 내게 이런 말을 했다. "시간당 200달러씩 받는 정신과 의사가 우리 가족을 변화시켜 나를 건드리지 않게 할 수 있다고 생각하나?" 불행히도 그렇지 못하다.

CBT와 IPT에 그나름의 장점이 많은 건 사실이지만 치료사를 잘못 만나면 효과를 볼 수 없다. 치료법보다는 치료사를 잘 선택하는 게 더 중요하다. 속내를 털어놓을 만한 사람이라면 체계 없이 아무렇게나 잡담을 나누는 것만으로도 큰 도움이 될 수 있다. 반면 당신이 마음을 열 수 없는 상대라면 아무리 치료 기술이 뛰어나고 자격증이 많아도 도움이 안 된다. 중요한 건 이해력과 통찰력이며, 그 통찰력이 전달되는 형식이나 통찰력의 유형은 부차적인 것이다. 1979년에 이루어진 한 중요한 연구에서 밝혀진 바로는 특정한 기준들만 만족되면, 즉 치료사와 환자가 신뢰 속에서 협조하고 치료사가 치료 기술에 대해 정확히 이해하고 있기만 하다면 어떤 형태의 치료라도 효과를 거둘 수 있다고 한다. 인간에 대한 이해를 지닌 영문학과 교수들을 치료사로 가장시켜 대조군 실험을 실시한 결과 평균적으로 영문학과 교수들도 전문 치료사 못지않게 환자들에게 도움을 준 것으로 밝혀졌다.[8]

"정신은 뇌가 없이는 존재할 수 없지만 뇌에 영향을 미칠 수 있어요. 그것은 생물학적인 설명이 불가능한 실용주의적이고 형이상학적인 문제입니다." 미시간대학교 심리학 및 신경과학과 명예교수인 엘리엇 밸런스타인의 말이다. 경험적인 것이 물리적인 것에 영향을 미치도록 이용될 수 있다. 이에 대해 사우스캐롤라이나 의과대학 제임스 밸런저는 이렇게 말했다. "심리치료가 생리를 변화시킵니다. 행동치료는 (아마도 약물과 같은 방식으로) 뇌의 생리를 변화시켜요." 불안증에 효과가 있는 특정 인지치료들은 약물치료와 마찬가지로 뇌의 대사 수치를 낮춘다. 이것이 바로 항울 약물치료의 원리로, 뇌 속 특정 물질들의 수치를 조정하여 환자의 느낌과 행동을 변화시키는 것이다.

우울증 삽화 중 뇌에서 일어나는 대부분의 현상들은 아직 외적인 조작으로 접근이 불가능하다. 우울증의 의학적 치료에 대한 연구는 신경전달물질에 영향을 미치는 것에 집중되고 있는데 그 주된 이유는 신경전달물질에 영향을 주는 게 가능하기 때문이다. 과학자들은 특정 신경전달물질 수치를 낮추면 우울증이 일어날 수 있다는 점을 토대로 이 물질들의 수치를 높여 우울증을 완화하는 연구에 매달리고 있다.[9] (실제로 신경전달물질의 수치를 높이는 약들이 효과적인 항우울제로 쓰이는 경우가 많다.) 우리가 신경전달물질과 기분의 관계를 알고 있다고 생각하면 큰 위안이 되지만, 사실은 그렇지 못하다. 그 둘은 간접적인 작용을 하고 있는 듯하다. 머리속에 신경전달물질이 철철 넘치는 사람이 신경전달물질이 조금밖에 없는 사람보다 더 행복한 건 아니다. 일반적으로 우울증 환자들은 처음부터 신경전달물질의 수치가 낮은 것이 아니다. 뇌에 세로토닌을 넣어 준다 해서 당장 효과가 나타나는 것도 아니다. 예를 들어 사람들에게 칠면조 고기, 바나나, 대추야자에 들어 있는 아미노산인 트립토판을 더 많이 섭취하게 하면 세로토닌 수치는 높아지지만 당장 어떤 효과가 나타나지는 않는다.[10] (트립토판 섭취를 줄이면 우울증이 악화될 수 있다는 증거가 있기는 하다.) 항간의 세로토닌에 대한 뜨거운 관심은 기껏해야 원시적인 형태다. 국립정신건강연구소의 스티브 하이먼은 다소 냉담하게 이렇게 말했다. "신경과학은 등한시하면서 세로토닌 함유 식품만 판을 쳐요. 아직은 '세로토닌의 날' 같은 걸 제정할 때가 아닙니다." 보통 세로토닌은 신경세포들에 의해 방출되고 재흡수되고 다시 방출된다.[11] SSRI 계열 항우울제는 이 재흡수를 차단하여 뇌 속에 자유롭게 흘러 다니는 세로토닌의 수치를 높인다. 세로토닌은 종(種)을 초월하여 식물, 하등동물, 인간 모두에게서 발견된다. 종에 따라 다양한 복합 기능들을 수행하여, 인간의 경우 혈관의 수축과 팽창을 조절하는 몇 가지 장치들 가운데 하나다. 또한 딱지 형성을 돕고 피를 응고시켜 지혈을 조절한다. 염증성 반응에도 관여하고 소화에도 영향을 미친다. 그리고 수면, 우울증, 공격성, 자살의 조절에 직접적으로 관여한다.

항우울제는 감지 가능한 변화들을 일으키는 데 오랜 시간이 걸린다. 우울증 환자들은 2주에서 6주 정도가 지나야 신경전달물질의 수치 변화로 인한 결과를 체험한다. 이런 사실은 증세의 개선이 신경전달물질의 변화된 수치에 반응하는 뇌의 부분들과 관련되어 있음을 암시한다. 현재 많은 이론들이 나와 있지만 그중에서 확실한 것은 없다. 최근까지 단연 인기를 끌었던 것은 수용체 이론(receptor theory)이다.[12] 뇌는 각각의 신경전달물질에 대해 수많은 수용체들을 갖고 있다. 신경전달물질이 많아지면 기존의 수용체들이 모두 포화 상태가 되므로 뇌는 더 적은 수용체를 필요로 한다. 반면 신경전달물질이 적어지면 흡수 가능한 신경전달물질은 모두 흡수해야 하므로 더 많은 수용체가 필요하다. 따라서 신경전달물질의 양을 늘리면 수용체의 수는 내려가고 기존에 수용체 기능을 해 오던 세포들이 다른 기능들을 맡게 된다. 그러나 최근에 밝혀진 바로는 수용체들은 기능이 바뀌는 데 오랜 시간이 걸리지 않으며 신경전달물질 수치의 변화가 일어난 후 30분에서 한 시간이면 된다고한다. 이렇듯 원래의 수용체 이론이 맞지 않는 것으로 밝혀졌는데도 여전히 많은 연구자들이 뇌조직 안에서 일어나는 모종의 점진적인 변화가 항우울제의 더딘 반응에 대한 설명이 될 것이라는 생각을 고수하고 있다. 그중에서 가장 그럴듯한 설명은 약의 효과가 간접적이라는 것이다.[13] 인간의 뇌는 놀라우리만큼 유연하다. 세포들은 정신적 외상 후에 전문 기능을 바꿀 수 있다. 전혀 새로운 기능들을 "배울 수 있다." 세로토닌 수치를 높여 일부 세로토닌 수용체들이 폐업하도록 만들면 뇌의 다른 곳에서 다른 일들이 일어나며 그 결과로 저조한 기분을 유발한 불균형이 바로잡힌다. 세로토닌 수용체로 일했던 세포들이 기능을 바꾸고 도미노 효과를 일으켜 환자의 기분을 변화시키는 데는 몇 주가 걸린다. 세로토닌 수용체들이 많은 경우 일부 세포들은 평소의 기능을 수행할 수 없게 되며, 어쩌면 그런 이유로 지옥 같은 기분을 느끼게 되는 것인지도 모른다. 하지만 이와 관련한 메커니즘들은 완전히 베일에 싸여 있다. 샌안토니오에 있는 텍사스대학교 정신약리학과 과장 앨런 프레이저의 말을 들어 보자. "약은 즉각적인 작용을 하고 그 작용은 우리가 전혀 알지 못하는 블랙박스로 이어지며 그 결과 치료가 이루어집니다. 세로토닌의 수치를 높이는 것이나 노르에피네프린의 수치를 높이는 것이나 같은 종류의 결과를 낳지요. 그렇다면 그것들은 서로 다른 블랙박스로 이어지는 걸까요? 아니면 동일한 블랙박스로 이어지는 걸까요? 하나가 블랙박스로 이어지는 다른 하나에 이어지는 걸까요?"

스티븐 하이먼은 항우울제에 대해 이런 의견을 갖고 있다. "진주조개에 모래를 넣어 진주를 만드는 것 같은 일입니다. 신경전달물질의 수치 변화에 대하여 몇 주에 걸쳐 적응하는 과정에서 치료 효과가 나타나는 거예요." 미시간대학교의 엘리엇 밸런스타인은 이렇게 덧붙인다. "그것들은 약학적으로는 분명하지만 작용에 있어서는 그렇지 못합니다. 약품의 화학작용은 분명하지만 뇌 안에서 무슨 일이 일어나는지는 신만이 알지요." 1970년대와 1980년대에 걸쳐 국립정신건강연구소에서 정신약리학 분야를 이끌어 왔으며 제약사인 엘리릴리로 옮겨 가 신약 개발에 참여하고 있는 윌리엄 포터는 이렇게 설명한다. "항울 효과를 내는 데는 다수의 메커니즘들이 관여합니다. 생화학적 작용에 있어서는 분명히 다른 약들이 매우 유사한 효과들을 내요. 그것들은 우리가 전혀 기대하지 못했던 방식으로 수렴됩니다. 세로토닌이든 노르에피네프린이든(어떤 환자들의 경우에는 도파민도) 거의 흡사한 항울 효과를 내지요. 기상 시스템과 마찬가지로, 간단한 문제가 아닙니다. 어딘가에서 풍속이나 습도를 변화시키면 날씨가 전혀 달라지는 결과가 발생하는데, 어떤 변화가 무엇에 어떤 영향을 미쳤는지는 최고의 기상학자도 확실히 알 수 없죠." 이것은 대부분의 항우울제들이 REM 수면을 억제하는 것과 관련이 있는 걸까?[14] 우울증 상태에서는 밤에 뇌의 온도가 올라가는 경향이 있는데 항우울제가 대개 뇌의 온도를 낮추는 것은 중요한 문제인가? 어쨌거나 모든 신경전달물질들이 상호작용을 하고 서로에게 영향을 미친다는 점은 분명한 사실이다.

인간과 동물은 다르지만 우리는 동물 실험을 통해 유용한 정보를 얻어 낼 수 있다.[15] 어릴 때 어미와 떨어진 원숭이들은 성장하면서 정신이상이 되며 어미 품에서 자란 원숭이들과 뇌가 생리학적으로 달라진다. 그들은 어미 품에서 자란 원숭이들에 비해 세로토닌 수치가 훨씬 낮다. 동물들은 반복적으로 어미에게서 떼어 놓으면 과도한 코르티솔 수치를 보인다.[16] 프로작은 이런 효과들을 뒤집어 놓는다. 자신의 집단에서 지배적인 위치에 있던 수컷 긴꼬리원숭이를 다른 집단으로 옮겨 월등한 지위를 잃게 만들면 그 원숭이는 체중이 줄고, 성적인 능력이 떨어지고, 잠을 잘 이루지 못할 뿐만 아니라 중증 우울증의 특징이 되는 모든 증세들을 보인다.[17] 그런데 그 수컷의 세로토닌 수치를 높이면 그런 증세들이 전부 소강 상태에 들어간다. 세로토닌 수치가 낮은 동물들은 다른 동물들에게 잔인한 짓을 하며 불필요하고 불합리한 모험을 걸고 이유 없이 적대적이다.[18] 외적인 요인들을 지닌 동물 모델과 세로토닌의 수치는 중요한 단서를 제공한다. 원숭이의 경우 집단 내에서 서열이 올라갈수록 세로토닌 수치가 높아지며, 세로토닌 수치가 높다는 것은 공격성이나 자살 성향이 낮다는 의미다.[19] 그런 원숭이들을 고립시켜 지위를 박탈하면 세로토닌 수치가 50퍼센트까지 떨어진다. 그들에게 SSRI 계열 항우울제를 투여하면 실제로 덜 공격적이 되고 자기 파괴적 행위의 경향이 감소한다.[20]

현재 항우울제는 네 가지 계열이 유통된다. 그중에서 가장 큰 인기를 누리고 있는 선택적세로토닌재흡수억제제(SSRI)는 기분과 매우 밀접한 관계가 있는 신경전달물질인 세로토닌의 수치를 높인다. 프로작, 루복스, 팍실, 졸로프트, 셀렉사가 모두 이 계열에 속한다. SSRI 계열보다 오래된 종류가 두 가지 있는데 삼환계(TCAS)와 모노아민산화효소억제제(MAOI) 계열이다. 삼환계는 화학 구조의 명칭을 딴 것으로 세로토닌과 도파민에 영향을 미친다. 엘라빌, 아나프라닐, 노르프라민, 토프라닐, 파멜러가 모두 삼환계다. MAOI 계열은 세로토닌, 도파민, 노르에피네프린의 붕괴를 억제하며 나르딜과 파르나테가 이에 속한다. 마지막으로 비정형적 항우울제로는 다수의 신경전달물질 체계에 작용하는 아센딘, 웰부트린, 세르존, 이펙서 등이 있다.

이들 중에서 어떤 약을 쓸 것인지는 대개 (적어도 처음에는) 부작용에 의해 결정된다. 우리는 약에 대한 반응을 테스트할 방법이 생기기를 희망하지만 아직까지는 그것이 불가능한 실정이다. 코넬의 페인휘트니 병원 리처드 A. 프리드먼의 말을 들어 보자. "몇몇 예외적인 경우를 제외하고는, 환자에게 투여할 항우울제를 선택할 때 과학적인 근거는 거의 없어요. 주어진 약에 대한 이전의 반응이 예언자 역할을 합니다. 만일 특수한 우울증, 즉 비정형적 우울증이라면 과도하게 먹고 과도하게 잠을 자게 되는데 이런 경우 삼환계보다는 MAOI가 낫죠. (대부분의 임상의들이 이런 환자들에게도 새로운 약을 쓰기는 하지만.) 그 외에는 부작용이 낮은 것으로 보이는 약을 선택하면 됩니다. 매우 위축된 환자에게는 웰부트린 같은 활동성을 강화시키는 약을, 동요성 환자에게는 활동성을 약화시키는 약을 권할 수 있겠지만 그 이상은 환자 개인의 시행 착오의 문제예요. 사용 설명서를 보면 그 약이 다른 약들에 비해 어떤 부작용들이 잘 일어나는지 알 수 있지만, 내 임상 경험에 비추어 볼 때 한 계열 내에서 제품에 따른 부작용의 차이는 그리 많지 않습니다. 그러나 개인적인 반응 차이는 매우 뚜렷할 수 있죠." 현재 프로작 혁명이라 불러도 좋을 만큼 SSRI 계열의 인기가 높은 것은 효능이 뛰어나서라기보다 부작용이 적고 안전하기 때문이다. 이 약들 때문에 자살을 하는 건 거의 불가능하게 되었다. 회복기에 자기 파괴적으로 흐를 수 있는 우울증 환자들의 치료에 있어서 이것은 중요한 문제다. "프로작은 매우 관대한 약입니다." 프로작 제조사 엘리릴리의 한 과학자가 한 말이다. 부작용이 줄면 환자들이 보다 쉽게 약을 먹게 될 뿐더러 복용법도 더 잘 지키게 된다. 이것은 치약 맛이 좋으면 칫솔질을 더 오래 하게 되는 원리와도 일맥상통한다.

SSRI 계열 항우울제를 복용하는 환자들 가운데 일부는 위장 장애를 겪으며 두통, 피로감, 불면증, 졸음을 호소하는 경우도 있다. 그러나 가장 큰 부작용은 성적인 것이다. 친구 하나가 내게 이런 말을 한 적이 있다. "프로작을 먹을 때는 제니퍼 로페스가 야한 옷차림으로 내 침실에 나타난다 해도 서류 정리나 부탁할 정도지." 삼환계와 MAOI 계열도 성적인 부작용이 있지만, 1980년대 말까지 시장을 지배했던 이 약들은 주로 성적 부작용을 문제시할 형편이 못 되는 심각한 우울증에만 쓰였으며, 성적 쾌감에 미치는 영향력에 대해 SSRI 계열의 경우처럼 폭넓게 논의되지도 않았다. 프로작이 처음 발매될 때 실시된 조사에서는 한정된 숫자의 환자들만 프로작이 성적 부작용을 일으킨다고 자진해서 말했다.[21] 그러나 이후 조사들에서 특히 성적인 문제들에 대해 묻자 압도적인 수의 환자들이 불편을 호소했다. 버지니아대학교 애니터 클레이턴은 성적 체험을 욕망, 발기, 오르가슴, 해체의 네 단계로 나누었는데 항우울제는 이 네 단계 모두에 영향을 미친다.[22] 욕망의 경우 성적 충동인 리비도가 줄면서 감퇴한다. 발기도 억제된 성적 흥분, 둔감해진 생식기, 발기부전, 질 윤활화 부족으로 인해 힘들어진다. 오르가슴도 지연되고 어떤 이들의 경우에는 아예 불가능해진다. 혼란스럽게도 이런 부작용들은 불규칙적이어서 어떤 날은 모든 게 순조로웠다가 그다음 날은 발기부전이 되는 식이다. 예측이 불가능한 것이다. 욕망도 발기도 오르가슴도 없다 보면 당연히 해체도 부정적인 영향을 받는다.

성적인 부작용은 심각한 우울증에 비하면 사소한 문제로 치부되는 경우가 많으며, 그런 기준으로 보면 사소한 문제이긴 하다. 하지만 그대로 용인할 수는 없다. 내 인터뷰에 응해 준 한 환자는 성교 중 오르가슴을 전혀 느낄 수 없다며 아내를 임신시키기 위해 한동안 약물치료를 중단해야 했던 복잡한 사정을 호소했다. "약물치료를 중단하면 끔찍한 결과가 올 수도 있다는 걸 몰랐더라면 그냥 중단했을 거예요. 단 며칠 동안이나마 정상적인 성행위를 할 수 있다는 게 너무 좋았어요. 아내와의 사이에서 다시 오르가슴을 느낄 수 있게 될지 모르겠어요." 처음 우울증 삽화에서 회복되고는 다른 문제들 때문에 성적인 결핍에 대해서까지 신경 쓸 여지가 없지만, 어쨌거나 참을 수 없는 고통을 극복하기 위해 성적 쾌락을 희생한다는 건 분명 잘못된 거래다. 우울증 치료에서 가장 큰 문제는 환자가 치료에 비협조적이라는 것인데 그 이유 중 하나가 성적 부작용이다. 항우울제 복용자 중 6개월 이상 지속적으로 치료에 임하는 환자는 25퍼센트가 못 되며 치료를 중단하는 이들 가운데 상당수가 성과 수면에 관련된 부작용 때문에 손을 들고 만다.[23]

성적인 부작용이 일어나기 시작하면 그에 대한 불안감에 시달리게 되고 성교 자체를 부담스러워하게 된다. 이런 부담감을 견디지 못하는 이들은 성교 자체를 혐오하게 되며 그러다 보면 증세들이 더 악화된다. 발기부전 문제를 안고 있는 대부분의 남성들이 우울증을 앓고 있으며, 이 경우 발기부전을 치료하면 우울증을 없앨 수 있다. 애니터 클레이턴의 주장처럼 환자의 성적인 문제들이 우울증을 유발한 잠재적인 심리 상태의 특질인지, 아니면 우울증의 결과인지(극심한 중증 우울증 환자의 99퍼센트가 성 기능 장애를 호소한다.), 아니면 항울 치료의 결과인지 밝혀내는 건 중요하면서도 어려운 일이다. 클레이턴은 성적인 문제들을 안고 있는 환자들에 대한 사생활을 침해하지 않으면서도 면밀한 조사가 필요하다고 강조한다.

항우울제의 성적인 부작용을 억제하는 것으로 알려진 물질로는 여러 가지가 있는데 항세로토닌제인 사이프로헵타딘과 그라니세트론, 알파-2 길항제인 요힘빈과 트라조돈, 콜린성 촉진제인 베타네콜, 도파민 강화제인 부프로피온과 아만타딘과 브로모크립틴, 자동수용체 길항제인 부스피론과 핀돌롤, 흥분제인 암페타민과 메칠페니데이트와 에페드린, 약초인 은행엽과 엘아르기닌 등이다.[24] 사흘 정도만 약을 끊는 것도 긍정적인 결과를 낼 수 있다. 가끔 약을 바꾸는 것도 리비도 증진을 돕는다. 이런 방법들은 효과가 탁월한 것으로 입증되지는 못했지만 사람에 따라 어느 정도 효과를 볼 수 있다. 이 책에 소개된 한 여성은 덱세드린을 포함한 이런 약들을 복용한 결과 놀라운 체험을 하게 되었다고 한다. 리비도가 넘쳐 흘러서 직장에서 늘 하는 회의도 견디기 힘들었으며 평소 태도와는 정반대로 엘리베이터 안에서 모르는 남자들과 섹스도 했다는 것이다. "8층에서 14층까지 가는데 세 번이나 오르가슴을 느꼈어요. 속옷을 벗는 데 시간이 너무 오래 걸려서 속옷도 안 입고 다닐 정도였어요. 남자들은 자기가 대단한 일을 하고 있다고 여겼죠. 내게는 정말 불편한 일이었지만 남자들의 자존심을 확실하게 살려 준 거죠. 하지만 계속 그런 식으로 살 수는 없었어요. 나는 근본적으로 매우 금욕적인 WASP[미국 사회의 주류를 이루는 앵글로색슨계 백인 신교도]인데다 그리 젊지도 않으니까요. 사실 그 모든 게 즐겁지도 않았어요." 그녀는 약간의 조정을 통해 통제 가능한 정도의 성적 흥분을 유지할 수 있게 되었다. 그런데 내가 아는 다른 환자는 똑같은 약을 썼는데도 전혀 그런 효과가 없었다. "젊은 시절의 몽고메리 클리프트와 네 시간 동안 엘리베이터 안에 갇혀 있었대도 오르가슴 같은 건 못 느꼈을 거예요." 그 환자가 슬픈 목소리로 내게 한 말이다.

남성 호르몬인 테스토스테론을 주사해 몸 안의 테스토스테론 수치를 높이는 처치도 어느 정도 효과를 거둘 수는 있지만 투여와 통제도 어렵거니와 효과도 불투명하다. 가장 큰 희망은 비아그라다. 비아그라는 심리적인 효과까지 있기 때문에 애니터 클레이턴이 나눈 단계들 중 세 단계에 영향을 미치는 듯한데, 다만 리비도를 자극하지는 않기 때문에 그 부분은 미흡하다. 그러나 성교 능력에 대한 자신감을 회복시켜 주기 때문에 긴장을 풀게 해 부차적으로 리비도에 도움이 될 수도 있다. 도파민이 리비도와 깊이 관련되어 있는 것으로 보이기 때문에 현재 개발 중인 도파민 촉진제가 이 문제를 해결해 줄 수 있기를 바라는 마음이다. 비아그라는 정기적으로 복용하면 항우울제로 인해 사라지는 경우가 많은 남성들의 밤 중 발기 현상을 회복시킬 수 있다.[25] 이것 또한 리비도에 긍정적인 영향을 미친다. 항우울제를 복용하는 남성은 섹스를 하지 않더라도 매일 밤 비아그라를 치료제로 복용하도록 권장된다.[26] 활발한 성 기능은 다른 무엇보다 기분 전환의 효과가 크므로 비아그라도 빠르고 효과적인 항우울제가 될 수 있다. 하버드대학교 앤드루 니렌버그와 오클라호마대학교 줄리아 워녹의 공동 연구 결과에 따르면, 비아그라는 여성용으로는 공식적으로 승인되지 않았지만 여성의 성 충동에도 긍정적인 영향을 미치고 오르가슴도 촉진할 수 있다고 한다.[27] 그 이유 중 하나는 비아그라가 클리토리스의 팽창을 돕기 때문이다. 성 기능 장애를 겪고 있는 여성들에게는 호르몬 요법들도 유익하다. 에스트로겐 수치를 올려 주면 기분이 좋아지며, 에스트로겐 수치의 갑작스러운 변화는 심각한 결과를 초래할 수 있다. 에스트로겐 수치가 급격히 떨어지는 폐경기 여성의 80퍼센트가 기분장애를 체험하며 에스트로겐 수치가 낮은 여성들은 온갖 질환들에 시달리게 된다. 줄리아 워녹은 비아그라로 효과를 보기 전에 먼저 에스트로겐 수치를 정상화시켜야 한다고 강조한다. 테스토스테론의 경우 지나치게 수치가 높아지면 수염이 나고 공격적이 되는 부작용이 따르므로 주의해야 하지만 여성의 리비도를 위해 꼭 필요한 호르몬이므로 적정 수준을 유지해야 한다.

삼환계 항우울제는 아세틸콜린, 세로토닌, 노르에피네프린, 도파민을 포함한 몇 가지 신경전달물질에 작용한다. 삼환계는 심한 우울증이나 망상적 우울증에 특히 효과적이다. 아세틸콜린 억제제는 입과 눈의 건조와 변비 증세를 포함한 많은 불쾌한 부작용들을 수반한다. 삼환계 항우울제는 다소간 진정 효과도 있다. 양극성 우울증 환자에게 삼환계 항우울제를 쓰면 조증을 촉진시킬 수 있으므로 주의가 필요하다.[28] SSRI 계열과 부프로피온도 조증을 유발할 수 있지만 가능성은 더 적은 편이다.

MAOI 계열은 통증, 활력 감퇴, 불안정한 수면 등의 격심한 신체적 증세들을 수반하는 우울증에 특히 효과적이다. 이 계열의 약들은 아드레날린과 세로토닌을 파괴하는 엔자임을 차단하여 아드레날린과 세로토닌 수치를 높인다. MAOI 계열의 항우울제는 효능은 뛰어나지만 부작용이 많은 것이 흠이다. 이 계열의 약을 먹는 환자는 약과 해로운 상호작용을 일으키는 식품군을 피해야 한다. MAOI 계열은 신체 기능에도 영향을 미칠 수 있다. 내 인터뷰에 응한 한 환자는 MAOI 계열의 항우울제로 인해 요폐증(尿閉症)에 걸린 적이 있다고 했다. "그래서 오줌을 누려면 병원에 가야 했지요. 당연히 불편했어요."

비정형적 항우울제는 말 그대로 비정형적이다. 각 약품마다 고유의 새로운 작용을 한다. 이펙서는 세로토닌과 노르에피네프린 둘 다에 영향을 미친다. 웰부트린은 도파민과 노르에피네프린에 작용한다. 아센딘과 세르존은 모든 신경전달물질에 작용한다. 요즘은 효능 면에서 고도의 특수성을 자랑하는 소위 "깨끗한 약"을 쓰는 것이 유행이다. 그러나 깨끗한 약들이 "지저분한 약"보다 반드시 더 효과적이라고 볼 수는 없다. 특수성이 부작용을 통제하는 데는 어느 정도 도움이 되겠지만, 우울증 치료에 있어서는 뇌의 더 많은 부분들을 건드릴수록 더 효과적일 수 있다. 화학적 정교성에 열광한 제약 회사들이 깨끗한 약들을 열심히 개발하고는 있어도 그런 약들은 치료적인 목적에서 보면 특별히 뛰어난 것은 아니다.

항우울제의 효과는 예측할 수 없을뿐더러 늘 한결같을 수도 없다. 리처드 A. 프리드먼의 말을 들어 보자. "나는 약이 하나도 듣지 않게 되는 현상이 사람들 말처럼 그렇게 자주 일어난다고는 믿지 않아요. 물론 복용량 조절이나 약물의 부작용을 완화하는 완충제가 필요할 수 있지요. 정신약리학은 땜질 처방인 경우가 많습니다. 많은 경우 약효가 사라지는 현상은 단기적인 경우가 많은 심리적 효과의 상실 탓입니다." 그렇지만 많은 환자들에게 약물치료의 효과는 일시적이다. 평생 우울증을 달고 산 새러 골드는 웰부트린 덕에 1년 동안은 완전히 증세가 사라졌다. 그다음에는 이펙서로 잠시 같은 효과를 얻었지만 그 역시 18개월을 넘지 못했다. "사람들이 다 알 정도죠. 나는 몇 사람과 집을 같이 쓰고 있는데 그중 하나가 그러더군요. 내가 음울한 분위기에 감싸여 있다고요. 내가 위층에서 방문을 닫아 놓고 있으면 집에 있을 수조차 없대요." 새러 골드는 리튬, 졸로프트, 아티반을 복용하다 지금은 아나프라닐, 셀렉사, 리스페르달, 아티반을 복용하고 있으며 "활력과 안정감은 떨어졌지만 견딜 만하다."고 한다. 현존하는 치료 약물들 중에는 그녀에게 영구적인 효과를 줄 수 있는 것이 없을 수도 있다. 평생 약물치료가 필요한 사람들의 경우 이 방법 저 방법으로 옮겨 다니는 건 매우 사기가 꺾이는 일이다.

부스파처럼 세로토닌에 민감한 특정 신경들에 작용하는 많은 약들이 불안증의 장기적인 통제에 이용되고 있다. 벤조디아제핀 계열의 효과가 빠른 약들도 있는데 클로노핀, 아티반, 발륨, 자낙스가 여기에 속한다. 불면증에 처방되는 할시온과 레스토릴도 벤조디아제핀 계열이다. 이 약들은 불안을 즉시 가라앉히기 위해 필요할 때마다 복용할 수 있다. 그런데 중독에 대한 공포 때문에 이 계열의 약들을 제대로 쓰지 못하는 심각한 사태가 빚어지고 있다.[29] 이 약들은 단기적으로 쓸 때는 놀라운 효능을 발휘하며 심각한 불안에 시달릴 때 삶을 견딜 수 있게 해 준다. 내가 만난 사람들 중에는 내과 의사가 벤조디아제핀 계열의 약을 좀 더 널리 처방해 주었다면 충분히 덜 수 있었을 정신적 고통에 시달리는 이들도 있었다. 나는 처음에 내 치료를 맡았던 정신약리학 전문의가 했던 말을 잊을 수가 없다. "만약 중독이 되면 중독에서 벗어날 수 있도록 해 주겠어요. 그러니 우선 고통부터 덜고 봅시다." 벤조디아제핀을 복용하는 대부분의 사람들은 의존성과 내성이 생길 것이다. 무슨 뜻인가 하면, 약을 갑자기 끊을 수 없게 될 것이다. 하지만 치료 효과를 위해 복용량을 점점 늘리지는 않을 것이다. 리처드 A. 프리드먼은 이렇게 말한다. "이 약에 중독되는 건 주로 약물남용 전력을 가진 사람들이에요. 벤조디아제핀의 중독 위험은 지나치게 과대평가되어 있습니다."

내 경우, 자낙스는 (마치 마술사가 토끼를 사라지게 하듯) 감쪽같이 공포를 없앴다. 항우울제들은 새벽처럼 느린 걸음으로 다가오며 내게 조금씩 빛을 뿌려 기존의 양식화된 세계로 돌아오게 했지만 자낙스는 (불안장애 전문가 제임스 밸린저가 "결정적인 순간에 둑의 터진 곳을 막는 손가락처럼"이라고 표현했듯) 바로 불안 증세를 없애 주었다. 약물남용 경향이 없는 사람들에게는 벤조디아제핀 계열의 약이 생명을 구해 준다. 제임스 밸린저의 의견은 이러하다. "일반 대중이 알고 있는 내용은 대부분 부정확합니다. 진정 작용은 하나의 부작용이고 그저 잠을 자기 위해 그런 약들을 먹는 것은 약물남용이지요. 갑작스럽게 약을 끊으면 여러 증상들이 나타날 수 있지만 그건 다른 수많은 약들도 마찬가지예요." 벤조디아제핀 계열은 불안장애에 도움이 되기는 하지만 단독으로 우울증을 완화시키지는 못한다. 또한 단기적인 기억에 영향을 미칠 수 있다. 장기적으로 복용하면 항우울 기능을 할 수 있지만 장기간 지속적으로 복용할 경우 면밀한 감시가 요구된다.

7년 전 처음 정신약리학 전문의를 찾은 후로 나는 약 게임을 펼쳐 오고 있다. 나는 정신 건강을 위해 졸로프트, 팍실, 나반, 이펙서, 웰부트린, 세르존, 부스파, 자이프렉사, 덱시드린, 자낙스, 발륨, 암비엔, 비아그라를 다양한 혼합과 복용량으로 먹어 왔다. 처음 시작했던 계열의 약들이 반응이 좋았으니 나는 운이 좋은 셈이다. 그렇지만 실험의 끔찍함에 대해서는 증언할 수 있다. 다른 약들을 시도하다 보면 자신이 다트 판이 된 듯한 기분이다. 사람들은 내게 이렇게 말한다. "요새는 우울증도 완치될 수 있어요. 당신은 두통이 날 때 아스피린을 먹듯이 항우울제를 먹는군요." 그건 틀린 말이다. 아직 완치는 시기상조이며 항우울제를 복용하는 것은 암 환자가 방사선 치료를 받는 것과 같다. 그런 치료들은 어쩌다 기적적인 결과를 낼 수도 있지만 치료 과정이 쉽지도 않고 결과도 일정하지 않다.

나는 아직 입원까지는 해 본 적이 없지만 언젠가는 그래야 할 날이 올지 모른다. 입원하면 대개 약물치료와 ECT를 받는다. 그러나 입원 자체로도 치료 효과가 있을 수 있는데, 병원에서는 의료진이 철저하게 보살피고 파괴적인 행동이나 자살 충동을 막는 시스템이 갖추어져 있기 때문이다. 입원은 절망적인 상황에서의 최후 수단이어서는 안 된다. 필요할 때는 서슴없이 고려해 봐야 한다. 비용을 감당할 수만 있다면!

우울증의 새로운 치료법에 대한 연구는 네 가지 방향으로 진행되고 있다. 그 첫 번째는 예방 치료로의 전환인데 정신 질환의 경우에도 문제를 조기에 발견할수록 치료가 쉽기 때문이다. 두 번째는 약의 특수성 강화다. 뇌에는 최소한 열다섯 가지 이상의 세로토닌 수용체가 존재한다. 항울 효과는 이 중 단 몇 가지에만 의존한다는 연구 결과가 나왔으며 SSRI 계열 약들의 많은 부작용들은 그 외의 수용체들과 관련이 있을 가능성이 크다. 세 번째는 효과가 더 빠른 약을 개발하는 것이다. 그리고 네 번째는 생리적 위치보다는 증세에 대한 특수성을 높여서 약을 고르기 위해 시험적으로 써 볼 필요가 없도록 만드는 것이다. 예를 들어 우울증의 유전적 아류형을 식별할 수 있는 표지들을 발견하게 된다면 각 아류형에 맞는 치료법을 찾아낼 수 있을 것이다. 국립정신건강연구소에 몸담은 적이 있는 윌리엄 포터는 이렇게 말한다. "기존의 치료 약물들은 작용 방식이 너무 간접적이기 때문에 통제가 어렵습니다." 따라서 위와 같은 특수화는 쉽지 않을 것이다. 기분장애는 단일한 유전자의 단일한 계기에서 비롯되는 것이 아니라 여러 유전자들이 조금씩 위험성을 보태다 외적인 상황에 의해 그 총합적인 취약성이 드러나는 것이다.

물리적인 우울증 치료법 중에서 가장 성공적인 방법은 특수성과 가장 거리가 먼 것이다. 항우울제가 50퍼센트 정도(혹은 그보다 조금 더 높은 정도)에서 효과를 내는 데 비해 ECT는 75에서 90퍼센트 정도에서 상당한 효과를 낸다.[30] ECT로 증세가 호전된 환자들 가운데 절반가량은 1년이 넘게 이상이 없으며, 나머지는 다시 ECT를 받거나 정기적으로 유지 치료를 받아야 한다. ECT는 효과가 빠르다. 치료를 받고 며칠 안에 많은 환자들이 꽤 호전된 것을 느끼며 이는 약물치료가 서서히 효과를 나타내는 것과 대조적이다. ECT는 작용이 빠르고 반응 확률이 높다는 점에서 특히 자살 경향이 강한 환자(계속 자해 행위를 하는 위급 환자)에게 적합하며 대부분의 약물치료들이 안고 있는 약의 상호작용 문제나 온몸에 영향을 미치는 부작용이 없기 때문에 임산부, 병자, 노인에게 이용된다.

우선 관례적인 혈액 검사와 심전도 검사가 있고 대개의 경우 가슴 엑스레이 사진을 찍게 되며 마취 관련 검사까지 거치고 나면 ECT 치료 적합 여부가 밝혀지는데, 적합 판정을 받으면 환자 본인과 가족이 치료 동의서에 서명한다. 치료 전날 밤에 환자는 금식하고 정맥주사관을 삽입한다. 아침이 되면 환자는 ECT실로 옮겨진다. 환자가 모니터에 연결되면 의료진은 환자의 관자놀이에 젤을 바른 후 전극을 붙인다. 양측(兩側) ECT와 뇌의 우세하지 않은 반구에 실시하는 편측(片側) ECT가 있는데 첫 시술로는 편측 ECT가 선호되며 대개 오른쪽 뇌에 실시된다. 편측 ECT가 부작용이 더 적으며 최근 연구 결과들에 의하면 강력한 편측 ECT는 양측 ECT만큼 효과가 있는 것으로 밝혀졌다.[31] 의사는 보다 지속적인 자극을 주는 사인파 자극과 부작용이 적은 경련을 유도하는 펄스가 짧은 사각파 자극 중에서 하나를 골라야 한다.[32] 정맥 주사관을 통해 단시간형 일반 마취제가 투여되면 환자는 약 10분 정도 완전히 의식을 잃게 되며 경련 예방을 위해 근육 이완제를 함께 투여한다. (1950년대의 ECT는 환자들이 몸부림치다가 상처를 입기도 했지만 요즘은 발가락을 조금 꿈틀거리는 정도다.) 환자가 뇌파 모니터와 심전도 모니터에 연결되어 있기 때문에 시술 중 계속해서 뇌파와 심전도를 점검할 수 있다. 1초 동안 전기 충격을 가하면 뇌에 보통 30초 정도 경련이 일어나며, 그 정도면 회색질을 튀기지 않고 뇌의 화학작용을 바꿔 놓기에 충분한 시간이다. 전기 충격은 보통 200줄 정도로, 100와트짜리 전구에서 나오는 크기와 같으며 대부분이 피부 조직과 두개골에 흡수되고 극소량만 뇌에 전달된다. 환자는 10분에서 15분쯤 지나 회복실에서 깨어난다. ECT 치료를 받는 대부분의 사람들이 6주 정도 기간에 걸쳐 10회에서 12회 시술을 받는다. 이제 입원이 아닌 통원 치료 사례가 늘고 있다.

작가인 마사 매닝은 우울증과 ECT에 대한 자신의 체험을 놀라울 정도로 유쾌하고 아름다운 저서 『암류(Undercurrents)』에 담았다. 현재 그녀는 웰부트린과 소량의 리튬과 데파코트, 클로노핀, 졸로프트로 안정을 유지하고 있다. "그 약들을 손에 들고 바라보고 있노라면 무지개를 손에 넣은 것 같다. 나는 만기일도 없는 과학 연구물이다." 그녀가 농담처럼 한 말이다. 그녀는 우울증이 극에 달했을 때 장기간 강렬한 ECT를 체험했다. 그녀는 자살을 하려고 총포사 주소를 뒤지다가 치료를 결심했다. "나는 스스로를 증오하기 때문에 죽고 싶은 게 아니었다. 고통을 끝내고 싶을 정도로 자신을 사랑했기에 죽고 싶었다. 나는 날마다 욕실 문에 기대어 서서 딸아이의 노랫소리를 들었다. 딸은 그때 열한 살이었는데 샤워할 때면 늘 노래를 불렀다. 그 노랫소리를 듣고 있으면 하루 더 자살을 미룰 수 있었다. 문득 내가 자살한다면 그 아이가 더 이상 노래를 부르지 않게 될 거라는 생각이 들었다. 내 죽음은 딸아이를 침묵하게 할 것이다. 바로 그날 ECT를 신청했다. 그건 나를 쓰러뜨린 상대에게 마침내 항복을 선언하는 것과 같았다. 나는 몇 주 동안 ECT 치료를 받았다. 숙취감과 두통에 시달리며, 다이어트 콜라를 찾으며."

ECT는 단기 기억에 장애를 일으키며 장기 기억에도 영향을 미칠 수 있다. 이런 장애는 대개 일시적이지만 일부 환자들의 경우 영구적일 수도 있다. 내가 만난 한 여성은 변호사였는데 ECT를 받고 나니 법대에서의 기억이 모두 사라졌다고 했다. 법대에서 공부했던 내용이며, 장소며, 그때 알았던 사람들이 전혀 기억나지 않는다고 했다. 물론 이것은 보기 드문 극단적인 경우지만 엄연한 현실이기도 하다. 또 ECT를 받고 사망한 사람이 1만 명 중 한 명 꼴로 있는데 한 연구 조사에 의하면 대개는 심장 문제 때문이라고 한다.[33] ECT 후의 사망이 우연의 일치인지 아니면 ECT 때문인지는 확실하지 않다. ECT 중에 혈압이 상당히 높아지는 건 사실이다. 그러나 ECT는 뇌 손상을 일으키지는 않는 듯하다. ECT에 대한 독창적인 책을 써낸 리처드 에이브럼스는 1,250회가 넘게 양측 ECT 치료를 받은 환자가 여든아홉 살에 사망했을 때 뇌를 조사해 보니 완벽한 상태를 유지하고 있었다고 했다.[34] "현재 행해지는 ECT가 뇌 손상을 초래한다는 증거는 없으며 사실상 그럴 가능성도 없다."는 것이 그의 주장이다. 그로기 상태나 메스꺼움 같은 단기적인 부작용들은 대개 ECT 치료 시에 쓰이는 마취제 때문이다.

그런데도 ECT는 여전히 가장 오명의 부담이 큰 치료법이다. 마사 매닝의 고백을 들어 보자. "그곳에 누워 있노라면 프랑켄슈타인이 된 듯한 기분이다. 사람들은 그것에 대해 듣고 싶어 하지 않으며 ECT를 받으려고 입원하면 요리를 들고 문병 오는 이도 없다. 가족까지도 고립된다." ECT는 환자 자신에게도 끔찍할 수 있다. 정신 건강 전문가도 이런 말을 한다. "ECT가 효과가 있다는 건 알아요. 내 눈으로 지켜봤으니까. 하지만 내 아이들과 가족에 대한 소중한 기억을 잃는다는 생각을 하면…… 아시다시피 나는 부모님도 안 계시고 남편도 없어요. 그러니 누가 그런 기억들을 되찾아 주겠어요? 누가 옛날 이야기들을 들려주겠어요? 우리가 15년 전에 만들어 먹은 파이의 특별한 요리법을 누가 기억하겠어요? 그렇게 되면 우울증에 더해 꿈조차 없어지게 돼요. 지금 나를 견디게 하는 건 과거의 사랑의 추억들이에요." 소수이긴 하지만 무시할 수 없는 숫자의 사람들이 (마음속 이미지들이 지워지거나 1년이란 세월이 기억에서 사라지거나 일부 기본적인 어휘들을 잊어버리는 등의) 영구적인 기억력 장애를 입는다.

반면 ECT는 기적적인 효과를 내기도 한다. 다시 마사 매닝의 이야기로 돌아가 보자. "치료 전에는 물 한 모금 마시는 것조차 너무 힘겨웠다. 그런데 치료를 받고 나니 정상인들은 항상 이런 기분을 느끼며 사는 걸까 하는 생각이 들었다. 마치 평생 우울증 같은 건 겪어 본 적이 없는 듯한 기분이었다." 효과는 빨랐다. "식물인간에서 벗어나 몸이 가벼워졌고 진짜로 맥도널드 햄버거가 먹고 싶어졌다. 한동안 트럭에 치인 듯한 기분으로 살아야 했지만 효과를 생각하면 그리 나쁘지는 않았다." 그녀가 전하는 메시지는 한바탕 논란을 불러일으켰고, 책이 출간되어 낭독회가 열렸을 때 "인간의 정신을 전기적으로 조종하는 행위"에 대해 반대하는 이들이 피켓 시위를 벌이기도 했다.35 현재 미국의 많은 주들이 ECT에 반대하는 법들을 시행 중이다. ECT 치료법은 남용 우려가 있으며 아무에게나 무차별적으로, 혹은 환자의 전적인 동의 없이 실시되어서는 안 된다. 하지만 놀라운 치료법인 것은 사실이다.

ECT가 효과를 거두는 것은 어째서인가? 그건 아직 밝혀지지 않았다. 추측하건대 도파민에 강력한 강화 작용을 하고 다른 모든 신경전달물질들에도 영향을 미치는 듯하다. 또 전뇌 피질의 대사작용에도 영향을 미칠 수 있다. 고주파 전기는 대사 수치를 높이고 저주파 전기는 대사 수치를 낮추는 것으로 추정되고 있다. 물론 우울증이 대사결핍의 여러 증상들 가운데 하나고 동요성 우울증은 과잉 대사인 것인지, 아니면 우울증과 신진대사 이상 둘 다가 뇌의 다른 변화에 의한 작용인지는 분명치 않다. ECT는 일시적으로 뇌혈액관문(BBB)을 낮춘다. ECT의 영향력은 전뇌 피질에 국한되지 않으며 심지어 뇌간(腦幹) 기능들까지 일시적으로 전기의 영향을 받는다.

나는 약물치료를 중단하지 않을 결심이다. 중독이 되었는지는 잘 모르겠지만 약에 의존적이 된 건 분명하다. 약을 끊으면 우울증 증세들이 다시 나타날 위험이 있다. 나는 보기 싫을 정도로 체중이 늘었다. 특별한 이유도 없이 괴상한 두드러기가 나기도 한다. 땀도 많아졌다. 그렇잖아도 신통치 않던 기억력도 좀 더 나빠져서 말을 하는 도중에 무슨 말을 하던 참인지 잊을 때가 많다. 두통도 잦고 가끔 근육 경련도 일어난다. 성욕도 오락가락하고 성 기능도 들쭉날쭉하고 오르가슴도 어쩌다 한 번씩만 맛본다. 이상적인 상태라고는 할 수 없다. 하지만 약들이 나와 우울증 사이에 견고한 벽을 쌓아 온 건 사실이다. 지난 2년은 최근 10년 기간 중에서 분명 최고의 시기였다. 이제 나는 서서히 정상 상태를 되찾게 될 것이다. 얼마 전에 친구 둘을 잃었는데(둘 다 이상한 사고로 목숨을 잃었다.) 지독한 슬픔에 젖긴 했지만 자신에 대한 통제력을 잃지는 않았다. 그렇게 슬픔만을 느낄 수 있다는 건 만족감 비슷한 걸 주었다. (이런 말은 인정머리 없게 들리겠지만 이기적인 면에서 볼 때 사실이었다.)

우리가 사는 이 세상에 우울증이 어떤 작용들을 미치는지와 항우울제들이 어떤 작용들을 미치게 될지에 대한 문제는 같다고 볼 수 없다. 불안장애 전문가 제임스 밸린저는 이렇게 말한다. "우리는 2차 세계대전 전보다 8인치가 더 커지고 더 건강해지고 더 오래 살게 됐어요. 그러한 변화에 대해 불평하는 사람은 아무도 없지요. 장애를 없애면 사람들은 삶에 적극적으로 뛰어들어 더 많은 것들을 발견하게 되며 그것들은 좋은 것일 수도 있고 나쁜 것일 수도 있습니다." 내가 이 책에 대해 언급했을 때 거의 모든 사람들이 내게 이렇게 물었다. "약이 당신의 삶을 흐릿하게 만들지 않나요?" 아니다. 항우울제는 내가 더 중요하고 더 훌륭한 순간에 더 합당한 이유로 고통받을 수 있도록 해 준다.

"인간은 120억 개의 신경세포들을 갖고 있습니다. 각각의 신경세포들은 1,000개에서 1만 개 사이의 접합부를 지니며 모든 접합부들이 빠른 속도로 변화하지요. 그 모든 것들이 아무 이상 없이 움직여서 사람이 항상 근사한 행복감 속에서 살 수 있도록 하려면…… 갈 길이 아직 멉니다." 국립정신건강연구소 생물정신의학과 과장 로버트 포스트의 말이다. 사우스캐롤라이나 의대 제임스 밸린저의 의견은 이렇다. "우리가 이룬 모든 진보들에도 불구하고 인간의 고통의 정도는 크게 낮아지지 않은 듯하고, 조만간 견딜 만한 정도에 이를 것 같지도 않습니다. 현재로서는 마인드 컨트롤에 전념할 필요가 없습니다."

우울증 환자들은 정상이라는 단어에서 헤어나지 못한다. 우울증은 정상적인 것인가? 나는 정상적인 집단과 우울증 환자 집단에 대한 연구와, 우울증을 '정상화'할 수 있는 약물치료와, '정상적인' 증세들과 '비정형적' 증세들에 대해 읽는다. 이 책을 쓰기 위해 연구조사를 하던 중에 만난 어떤 이는 내게 이렇게 말했다. "처음에 우울증 증세들이 시작되었을 때는 내가 미쳐 가고 있는 줄 알았어요. 그것이 단지 임상적인 우울증일 뿐이며 근본적으로 정상적인 것이란 걸 알게 되자 크게 안도했지요." 물론 그것은 근본적으로 정상적인 방식으로 미쳐 가는 것이다. 우울증은 정신 질환이며 그 격통에 시달릴 때는 미치광이처럼 정신이 약간 이상해진다.

나는 런던의 한 칵테일 파티에서 친구를 만나 이 책을 쓰고 있다는 얘기를 했다. 그러자 그녀가 말했다. "나도 끔찍한 우울증에 시달린 적이 있어." 나는 그녀에게 어떤 수단을 취했는지 물었다. "약물치료는 싫었어. 나는 스트레스 때문에 우울증이 왔다는 걸 깨달았지. 그래서 모든 스트레스의 원인들을 제거하기로 했지." 그녀는 손가락을 꼽아 나갔다. "일을 그만두었고 남자친구와도 헤어졌어. 다른 남자를 찾아보지도 않았고. 룸메이트와 사는 것도 포기하고 혼자 살아. 늦게까지 열리는 파티에도 안 가고. 집도 작은 데로 옮겼어. 친구들도 대부분 털어 냈고. 화장과 옷에 대해서도 많은 부분을 포기했지." 나는 공포 어린 눈으로 그녀를 바라보았다. "심각하게 들릴 거야. 하지만 전보다 훨씬 행복해졌고 두려움도 훨씬 덜해." 그녀는 자부심에 차 있었다. "약의 도움 없이 해냈지."

　함께 서 있던 사람들 중 하나가 그녀의 팔을 잡았다. "그건 완전히 미친 짓이야. 나는 그렇게 미친 소리는 처음 들어. 자기 인생에 그런 짓을 하다니 너는 미친 게 분명해." 그가 한 말이었다. 당신을 미치게 하는 행동들을 피하는 것이 미친 짓일까? 아니면 당신을 미치게 하는 삶을 견딜 수 있도록 약물치료를 받는 것이 미친 짓일까? 나도 삶의 질을 낮추고 하는 일을 줄일 수도 있었다. 여행도 줄이고, 아는 사람들도 줄이고, 우울증에 관한 책도 쓰지 않고…… 그런 식으로 살았다면 약물치료가 필요치 않았을지도 모른다. 스스로 견딜 수 있는 한계 내에서만 살 수도 있었다. 그건 내가 우선적으로 선택한 방법이 아니었지만 분명 합리적인 방법이다. 우울증을 안고 사는 것은 염소와 춤을 추며 균형을 유지하려 애쓰는 것과도 같다. 그러니 균형 감각이 뛰어난 상대를 선호하는 건 지극히 합리적인 일이다. 그렇지만 나는 모험과 복잡한 일투성이인 내 삶이 너무도 만족스러우며 그 삶을 포기하고 싶지 않다. 절대로! 친구들을 반으로 줄이느니 차라리 약을 세 배로 늘리겠다. 유나바머[20여 년간 연쇄 폭탄 테러로 미국을 공포에 떨게 한 극단적인 문명 혐오론자 시어도어 카진스키의 별명]는(그의 표현 방식은 잘못된 것이었지만 기계 문명의 위험성에 대한 통찰은 훌륭하다.) 성명서에 이렇게 썼다. "사람들에게 지독하게 불행한 상황들을 강요한 다음 불행한 느낌을 제거하는 약들을 주는 사회를 상상해 보라. 공상과학 영화에서나 가능한 일이라고? 그런 일이 이미 벌어지고 있다. 사실상 항우울제는 환자가 도저히 견딜 수 없는 사회적 상황들을 견뎌 낼 수 있도록 내면의 상태를 조절하는 수단이다."

나는 임상적 우울증을 처음 목격했을 때 그 정체를 알아보지 못했다. 아니, 이상한 낌새조차 눈치채지 못했다. 대학 1학년을 마친 여름의 일이었는데 나는 친구들과 우리 가족의 여름 별장에 묵고 있었다. 나의 좋은 친구 매기 로빈스, 늘 활력이 넘치는 매력적인 매기도 그곳에 있었다. 매기는 봄에 정신병적인 증세가 있는 심한 조증 삽화를 겪어 2주 동안 입원했던 경력이 있었다. 하지만 이제 회복된 듯했다. 이제 그녀는 도서관 지하실에서 비밀 정보를 발견했다느니, 오타와행 기차에 무임승차를 해야 한다느니 하는 이상한 소리를 하지 않았고 우리는 그녀가 제정신으로 돌아왔다고 여겼다. 여름 별장에서의 그 주말에 매기는 무겁고 깊은 긴 침묵을 지켰는데 마치 자신의 말의 가치를 심사숙고하는 법을 배우기라도 한 듯했다. 이상하게도 그녀는 수영복을 가져오지 않았다. (몇 년 뒤 그녀는 옷을 다 입고 있지 않고는 완전히 벌거벗겨지고 취약해진 기분이 들어서 견딜 수가 없었노라 토로했다.) 2학년생답게 얼마간 시건방져지고 들떠 있던 우리는 신나게 물장구를 치며 놀았다. 매기는 다이빙대에서 긴 소매의 면 드레스 차림으로 무릎을 껴안고 그 위에 턱을 괴고 앉아 우리가 즐겁게 노는 모습을 지켜보고 있었다. 그곳에는 모두 일곱 명이나 있었고 햇살이 쨍쨍했지만 우리 어머니만은, 매기가 지독하게 위축되어 있는 것 같다고 나한테만 살짝 말했다. 그때 난 매기가 얼마나 힘겨운 싸움을 벌이고 있는지 전혀 모르고 있었다. 분명 그녀의 눈 밑에 있었을 다크서클도 보지 못했다. (그 후 나는 다크서클을 확인하는 법을 배웠다.) 우리가 함께 수영하며 놀지 않는 매기를 계속 놀려 대자 그녀는 벌떡 일어나 옷을 입은 채 다이빙을 했다. 매기가 옷이 몸에 착 달라붙은 채 수영장저 끝까지 헤엄쳐 가던 모습, 잔디밭에 물을 뚝뚝 떨어뜨리며 옷을 갈아입으러 터벅터벅 집으로 걸어가던 모습이 기억난다. 몇 시간 뒤 안에 들어가 보니 그녀는 낮잠을 자고 있었다. 그녀가 저녁을 많이 먹지 않았을 때도 나는 그녀가 스테이크를 좋아하지 않거나 살이 찔까 봐 그러는 모양이라고 생각했다. 그 주말은 몹시도 행복했기에 매기가 병에 대해 털어놓았을 때 나는 충격을 받았다.

그로부터 15년 후, 매기는 내가 지금까지 보았던 경우 중에서 최악의 우울증 삽화를 겪게 되었다. 그녀의 주치의가 15년 동안 별 이상이 없었으니 리튬을 끊어 보자고 했던 것이다. (그녀의 심각한 양극성 우울증이 씻은 듯이 나았다고 여겼다니, 어떻게 그런 돌팔이 의사가 있을 수 있는지 놀라울 뿐이다.) 매기는 서서히 복용량을 줄여 갔다. 그러자 몸 상태가 아주 좋아졌다. 체중도 줄고 손이 떨리는 증세도 사라지고 자신의 인생 목표는 세상에서 가장 유명한 여배우가 되는 것이라고 내게 말하던 예전의 활력도 어느 정도 회복한 듯했다. 그러다가 항상 이상하게 기분이 좋은 증세가 시작되었다. 우리가 그녀에게 약간 조증 증세가 보이는데 걱정되지 않느냐고 묻자 그녀는 몇 년 동안 이렇게 기분이 좋았던 적이 없었다며 우리를 안심시켰다. 하지만 그렇게 기분이 좋은 건 반가운 현상이 아니었다. 그녀는 상태가 그리 좋지 못했다. 아니, 전혀 좋지 못했다. 3개월도 못 되어 그녀는 하느님이 자신에게 세상을 구원하는 임무를 맡겼다고 결론짓게 되었다. 친구 하나가 그녀를 떠맡았다. 그 친구는 매기의 주치의와 연락이 닿지 않자 다른 의사로 바꾸고 약물 치료를 재개시켰다. 매기는 다시는 정신이상 증세를 겪지 않았지만 그 후 몇 달 동안 우울증에 빠져들었다. 이듬해 가을에 그녀는 대학원에 들어갔다. "대학원은 내게 많은 걸 줬지. 그 하나는, 두 번의 삽화를 더 겪을 시간과 공간을 허가해 준 거지." 그녀가 농담처럼 한 말이다. 그녀는 두 번째 학기 중에 가벼운 조증과 가벼운 울증을 겪었고, 네 번째 학기가 끝날 무렵에는 완전한 조증으로 치솟았다가 바닥이 보이지 않을 정도로 깊은 울증으로 추락했다. 나는 그녀가 한 친구의 다락방 소파 위에 웅크리고 누워 누가 대나무 조각으로 손톱 밑을 찌르기라도 한 듯 힘껏 몸을 움츠리던 모습이 생각난다. 우리는 어찌 할 바를 몰랐다. 그녀는 아예 말문이 닫힌 듯했다. 가까스로 몇 마디를 끌어내긴 했지만 거의 알아들을 수 없는 말들이었다. 다행히 매기의 부모님은 오랜 체험을 통해 양극성 우울증에 대해 잘 알고 있었고, 그날 밤 우리는 그녀를 부모님 집으로 데려다 주었다. 그 후 두 달 동안 매기는 아무도 만나지 않고 부모님의 아파트 한구석에 누워 며칠씩 꼼짝도 않고 있었다. 마침 우울증을 이겨 낸 뒤였던 나는 그녀를 돕고 싶었지만 그녀는 전화 통화가 불가능했고 아무도 만나고 싶어 하지 않았다. 딸의 병에 대해 충분히 이해하고 있던 매기의 부모님은 딸에게 침묵이라는 여지를 확보해 주었다. 차라리 죽은 사람과의 접촉이 더 쉬울 듯했다. "다시는 절대 그런 일을 겪지 않을 거야. 그것만 피할 수 있다면 무슨 짓이든 할 수 있어. 절대 사절이야." 그녀의 말이다.

지금 매기는 데파코트와 리튬과 웰부트린으로 잘 지내고 있으며 자낙스를 상비하고는 있지만 필요로 하지 않은 지 오래되었다. 처음에 먹었던 클로노핀과 팍실은 끊었다. 그녀는 영원히 약물치료를 중단하지 않을 생각이다. "약물치료를 계속하기로 결심한 사람들 중에 자기가 어떤 이유로든 평생 약을 달고 살게 되리라고 생각했던 사람이 몇이나 되겠어. 어쨌거나 그들은 약을 달고 살게 되었고 약의 도움을 받고 있지." 매기는 글을 쓰고 그림을 그린다. 그리고 낮에는 한 잡지사에서 원고 정리 일을 한다. 그녀는 더 정력적인 일을 원하지는 않는다. 그저 얼마간의 안전성이 보장되고 의료보험 혜택이 있고 항상 뛰어난 능력을 발휘할 필요는 없는 그런 직장이면 족하다. 그녀는 우수에 젖거나 화가 날 때면 스스로 만들어 낸 또 다른 자신인 수지에 대한 시를 쓴다. 그 시들의 일부는 조증 상태에 관한 것이고 일부는 울증 상태에 관한 것이다.

누군가 욕실에 서서
수지의 눈을 들여다본다.
수지가 알지 못하는
목소리를 가진 이가.
거울 속에서 사는 이
울고 또 우는 퉁퉁한 얼굴.

수지의 머리는 지끈거린다.
수지의 이빨들은 흔들린다.
수지의 손들은 떨리면서 천천히
거울에 무스를 칠한다.
수지는 어느 여름에 매듭을 배웠지만
수지는 쉬운 매듭도 지을 줄 모른다.

수지는 베일이 벗겨지는 것을 느낀다.

수지는 베일이 찢어지는 소리를 듣는다.

그러자 진실이 그녀 앞에 핀에 꽂힌 채 나타난다,

적나라하게, 발버둥치며, 일깨워져서, 지친 모습으로.

확실한 건, 태어날 때 우리 모두에게 주어지는

허기의 고통뿐.

매기가 내게 말했다. "나는 여덟 살 때 매기이기로 결심했지. 학교 복도에서 혼자 이런 말을 하면서 말이야. '알다시피, 난 매기야. 난 앞으로 항상 나일 거야. 지금 이게 나고 앞으로도 그럴 거야. 지금까지는 내 삶의 일부분을 기억하지도 못하기 때문에 달랐지만 이제부터는 나로 살 거야.' 그리고 그렇게 살았지. 그게 바로 내 자아 정체감이었어. 지금도 변함없어. 과거를 돌아보며 '세상에, 내가 열일곱 살 때 그런 멍청한 짓을 했다니 믿을 수가 없어.'라고 말할 수는 있지. 하지만 그때 그런 짓을 했던 것도 나였어. 나는 자아의 단절 같은 건 없어."

극심한 조울증 속에서도 일관된 정체성을 유지할 수 있었다는 건 대단한 정신력을 가졌다는 증거다. 매기도 이 시종일관한 자아에서 벗어나고 싶은 단계에 이른 적이 있었다. 거의 긴장성 분열증에 가까운 그 무시무시한 우울증 상태에 대해 그녀는 이렇게 말한다. "나는 침대에 누워 노래를 부르곤 했지. 딴생각이 안 나도록 「꽃들은 모두 어디로 갔나」를 계속 불렀어. 지금 생각해 보면 다른 약들을 시도해 볼 수도 있었고 누군가에게 내 방에서 같이 자 달라고 부탁할 수도 있었는데, 그때는 병이 너무 깊어서 그런 생각이 나지도 않았지. 무엇 때문에 그렇게 겁이 나는지도 모르면서 불안해서 폭발해 버릴 것만 같았지. 나는 계속 가라앉고 있었어. 계속 치료 약물을 바꿔 봤지만 계속 악화되기만 했어. 나는 의사를 믿었고 결국은 정상으로 돌아가게 될 것이란 생각을 버린 적이 없었어. 하지만 도저히 기다릴 수가 없었어. 단 1분도 더 견딜 수가 없었지. 내 마음이 내게 이렇게 말했어. '너는 말이야, ……너는 살아 있을 가치조차 없어. 너는 아무짝에도 쓸모없는 인간이야. 너는 아무것도 될 수 없어. 너는 아무것도 아냐.' 그런 말들을 지워 버리려고 계속 노래를 불렀던 거지. 바로 그때부터 진짜로 자살을 생각하기 시작했어. 전에도 그런 생각을 해 본 적은 있었지만 이번에는 계획까지 세웠지. 줄곧 내 장례식을 상상했지. 부모님과 함께 사는 동안에는 잠옷바람으로 옥상에 올라가서 몸을 던지는 상상을 했어. 옥상 문에 경보 장치가 있어서 경보기가 울리겠지만 그건 문제가 안 됐지. 사람들이 올라오기 전에 몸을 던지면 그만이니까. 실패할 이유가 없었어. 자살할 때 입을 잠옷까지 골라 놨지. 그런데 알량한 자부심이 고개를 들면서 내가 자살을 하면 얼마나 많은 사람들이 슬픔에 잠길 것인가를 생각했지. 자신이 그런 슬픔의 원인 제공자가 된다는 사실을 견딜 수가 없었어. 자살이 다른 사람들에게 피해를 줄 수 있다는 사실을 받아들여야 했지. ……그때의 기억은 많이 억눌린 것 같아. 그때의 상황을 정확히 파악할 수도 없고, 기억하는 것도 불가능해. 원래 말이 안 되는 상태였으니까. 그래도 그 집의 몇몇 부분들과 그때 얼마나 기분이 저조했는지는 기억이 나. 그다음 단계도 기억나고. 다음 단계에서는 줄곧 돈 생각만 했지. 잠 속으로 빠져들다가도 걱정이 되어 깨고는 했지. 돈 걱정을 떨쳐 버릴 수가 없었어. 경제적인 곤란을 겪고 있었던 것도 아닌데 왜 그랬는지 몰라. '10년 뒤에 돈이 많지 않다면 어떡하지?' 하는 식이었어. 정상적인 상태에서의 두려움이나 불안하고 그 당시 내가 느끼던 두려움이나 불안은 전혀 달라. 양뿐만 아니라 질적으로도 완전히 다르지. 정말이지 끔찍한 시절이었어. 그러다 마침내 의사를 바꿔 보자는 현명한 생각을 하게 됐지. 자낙스도 먹었고. 자낙스를 0.5밀리그램쯤 먹으면 거대한 손이 다가와 손목은 내 엉덩이에, 손바닥 가운데 부분은 허리에, 손가락들은 어깨에 대는 것 같은 기분이었지. 그 손이 나를 짓눌러 침대 속으로 한 2인치쯤 파묻힐 것 같았어. 그러다 결국 잠이 들고. 중독이 될까 봐 겁이 났는데 의사가 중독될 만큼 많이 먹는 게 아니니까 안심하라고 하더군. 만약 중독이 되더라도 상태가 충분히 호전되면 중독에서 벗어나도록 해 주겠다면서 말이야. 그래서 이렇게 생각했지. '좋아, 그 생각은 하지 말자, 일단 해 보는 거야.' ……우울증에 빠졌을 때는 자신이 잿빛 베일을 쓰고 저조한 기분이라는 베일을 통해 세상을 보는 거라는 생각은 못 하지. 오히려 행복의 베일이 벗겨져 세상을 있는 그대로 보고 있다고 생각해. 우리는 진실은 고정된 것이라는 생각으로 진실을 핀으로 꽂아 놓고 분석해 보려고 하지만 진실은 살아 움직이는 거야. 자기 안에 악마가 들어 있다고 생각하는 정신분열증 환자라면 붙은 악마를 쫓아내 줄 수 있지. 하지만 우울증 환자들은 다루기가 더 힘든 것이, 자기가 진실을 보고 있다고 믿거든. 하지만 진실은 거짓말을 해. 나 자신을 보면서 '나는 이혼했어.'라고 생각하면 그게 세상에서 제일 끔찍한 일처럼 여겨지지. '나는 이혼했어!'라고 생각하면서 근사한 해방감을 느낄 수도 있는데 말이야. 그 고통 속에서 정말 도움이 된 말이 있었지. 한 친구가 한 말인데 바로 이거야. '앞으로 계속 이렇지는 않을 거야. 그걸 기억할 수 있는지 봐. 지금은 이렇지만 언제까지나 이렇지는 않을 거야.' 그 친구는 이런 말도 했지. '그건 우울증이 말하는 거야. 우울증이 너를 통해 말하는 거야.' 이 말도 도움이 됐어."

　　가장 접근하기 쉬운 우울증 치료법은 심리치료와 약물치료이지만 신앙도 많은 사람들에게 도움이 되고 있다. 인간의 의식은 신학적인 것과 심리학적인 것과 생물학적인 것, 이 세 가지에 묶여 있다고 볼 수도 있다. 신앙은 알 수도 없고 말로 표현할 수도 없는 것을 다루기 때문에 신앙에 대해 논한다는 건 참으로 어려운 일이다. 더욱이 현대의 신앙은 극히 개인적인 성향을 지닌다. 어쨌거나 종교적 믿음은 사람들이 우울증을 조절하는 주요 방법들 가운데 하나다. 종교는 대답이 불가능한 질문들에 대답을 준다. 일반적으로 종교는 사람들을 우울증의 수렁으로부터 건져 주지는 못하며, 사실 매우 종교적인 사람들도 우울증이 절정에 달했을 때는 신앙이 약해지거나 사라지는 걸 느낀다. 그러나 종교는 사람들이 우울증 삽화에서 살아남을 수 있도록 도와준다. 종교는 살아야 할 이유들을 제공한다. 신앙이 깊으면 고통받는 걸 장하게 여기게 된다. 그래서 무력감에 허우적거리면서도 존엄성과 목적을 잃지 않는다. 인지치료와 정신분석 치료의 목표들 가운데 자기 외부 에너지의 재조명, 자기애의 발견, 인내, 넓은 이해심 등 다수가 주요 종교들의 바탕이 되는 믿음 체계들을 통해서도 이루어질 수 있다. 신앙은 커다란 선물이다. 신앙은 인간의 변덕을 조건으로 하지 않고도(물론 신도 변덕에는 정평이 나 있지만) 친밀감이 제공하는 여러 이점들을 누릴 수 있도록 해 준다. 신성은 우리에게 대강의 목표들을 제공한다. (그것들을 구체적인 형상으로 다듬는 건 우리의 몫이더라도.) 희망은 훌륭한 예방약이며 신앙은 본질적으로 희망을 제공한다.

우리는 삶에 대한 믿음(이것도 그 어느 종교적 신앙 못지않게 추상적이나)을 통해서도 우울증을 이겨 낸다. 우울증은 세상에서 가장 냉소적인 것이지만 믿음의 기원이 되기도 한다. 우울증을 견디고 이겨 내면 감히 바라지도 못했던 것이 진실로 입증될 수도 있다는 걸 깨닫게 된다. 신앙은 낭만적인 사랑처럼 환멸에 이를 수도 있다. 많은 이들이 우울증에 빠지면 신에게 버림받았다는 생각을 하게 되며, 자신의 어린 양에게 그런 무의미한 잔혹 행위를 저지르는 신은 도저히 믿을 수 없다고 말한다. 그러나 신앙이 깊은 사람들은 대부분 우울증이 사라짐과 동시에 신에 대한 분노도 눈 녹듯 녹는다. 만일 신앙이 당신의 표준이라면, 정상으로 회복할 때 신앙도 되찾는다. 나는 종교적인 환경에서 자라나지도 않았고 특별히 종교적인 체험을 해 본 적도 없지만 무너질 때와 다시 일어설 때 신의 개입에 대한 느낌을 피하기가 어려웠다. 신이 개입되지 않았다고 보기에는 그 느낌이 너무 강했다.

과학은 대개 방법론적인 이유로 종교에 대한 면밀한 연구를 거부한다. "명상이나 기도 같은 것들에 대한 이중맹검법[의사와 피검자 모두에게 진짜 약과 가짜 약을 무작위로 주고 실시하는 약효 검증법]을 실시한다면 비교 기준은 무엇으로 정할까요? 가짜 신에 대한 기도? 이것이 바로 기도의 치료 효과에 대한 실험의 근본적인 문제지요." 국립정신건강연구소 스티븐 하이먼의 말이다. 하지만 성직자가 심리치료사보다 거부감이 덜한 건 사실이다. 내 인터뷰에 응한 트리스탄 로즈라는 성직자는, 매주 고해는 하러 오면서도 심리치료는 거부하는 환자가 있어서 몇 년 동안 중재 역할을 한 적 있었다고 말했다. 환자가 그에게 자신의 이야기들을 하면 그가 정신과 전문의인 친구에게 그 이야기들을 전하고 그는 환자에게 자신과 의사가 내놓은 의견들을 전하는 형식이었다. 그러니까 그 환자는 종교적 배경에서의 정신의학적 도움을 받은 셈이다.

매기 로빈스의 경우 신앙과 병이 동시에 찾아왔다. 그녀는 고교회파 감독교회에 다니게 되었고 때로는 매우 독실하다. 그녀는 교회에 자주 간다. 대부분의 수요일에 저녁 기도를 가고 가끔은 일요일에 두 번이나 예배에 참석하며(한 번은 성찬식에 참석하고 한 번은 설교만 듣는다.), 월요일마다 성경 교실에 나가고 그 외에도 다양한 교구 활동에 참여한다. 그녀는 교구에서 발행하는 잡지의 편집위원이며 주일학교 선생님이고 크리스마스 연극을 할 때 무대 배경도 그렸다. 그녀는 이렇게 말한다. "페늘롱[프랑스 신학자이자 소설가]의 글을 인용해 보지. '저를 우울하게 하시든 희망에 차게 하시든, 아버지 하느님이 뜻하시는 모든 것을 숭배합니다.' 정적주의[인간의 의지와 노력을 억제하고 신의 힘에 전적으로 의지하는 수동적 태도]는 이단인지 모르지만 내 신앙의 중심이야. 무슨 일이 일어나고 있는지 꼭 이해해야 할 필요는 없어. 나는 무의미할지라도 인생에서 뭔가를 이루어야만 한다고 생각했지. 그런데 그건 무의미한 게 아냐. 우울증은 자신이 무용지물이며 죽어 없어져야 한다고 믿게 만들지. 다른 믿음이 없다면 그것에 어떻게 대응하겠어?"

말은 그렇게 했지만 매기 로빈스도 우울증이 심각한 상태에서는 종교의 도움을 거의 받지 못했다. "회복이 되면서 기억이 나더라고. '아, 그래, 종교! 왜 종교의 도움을 받지 않았던 거지?' 하지만 바닥으로 가라앉을 때는 종교도 도움이 안 되더군." 저녁 기도는 그녀의 속도를 늦춰 주고 우울증의 혼돈이 달려들지 못하도록 막아 준다. "아주 강력한 구조지. 일어서서 저녁마다 같은 기도를 하는 거야. 누군가 우리가 하느님께 할 말을 정해 놓았고 우리는 그걸 말하는 거지. 나는 체험을 담기 위해 이 의식들에 참여하지. 기도 의식은 나무상자의 널빤지와도 같아. 성경, 그중에서도 특히 「시편」은 체험을 담기에 더할 나위 없이 훌륭한 상자야. 교회에 나가는 건 우리를 영적으로 앞으로 나아가게 하는 실천이지." 어떻게 보면 실용주의적이기도 하다. 믿음이 그렇다는 것이 아니라 스케줄을 정하는 것과 에어로빅 교실처럼 좋은 성과를 낼 수 있다는 점에서 그렇다. 매기는 그것도 부분적으로는 맞는 말이지만 영적인 것과 실용주의적인 것의 단절은 거부한다고 한다. "나는 다른 종교들이나 종교가 아닌 것들을 통해서도 똑같은 깊이를 얻을 수 있다고 확신해. 사실 기도의 리듬은—목사가 한 문장을 선창하면 우리가 그 문장을 따라하고 목사가 반 문장을 선창하면 우리가 반 문장을 따라하는 것 말이야—그 반복적인 리듬은 섹스의 대용이 될 수도 있고 그래서 그렇게 친밀감이 느껴지는 거지. 기독교는 단지 하나의 방식일 뿐이야. 하나의 방식. 심리치료사와 종교적인 체험에 대해 이야기하거나 영적 지도자와 심리치료에 대한 이야기를 할 때면 두 방식이 매우 유사하다는 걸 깨닫지. 얼마 전 나의 영적 인도자가 말하길 성령이 항상 내 무의식을 이용한다는 거야! 심리치료를 받으러 가면 자아의 경계를 세우는 법을 배우고, 교회에 가면 그 경계를 허물고 우주, 아니면 최소한 '그리스도의 몸'의 일부가 되는 법을 배우지. '그리스도의 몸'이란 건 이 세상의 기독교도들을 말하는 걸 거야. 나는 그 폭이 조금 더 넓기를 바라지만. 어쨌거나 나는 계속해서 그 경계를 세웠다 허물었다 하는 법을 배우고 있지. 그걸 쉽게 해낼 수 있을 때까지 말이야." 그러면서 매기는 손가락을 딱 튕겼다.

"기독교 교리에 따르면 우리의 목숨은 우리의 것이 아니기 때문에 자살을 해선 안 돼. 우리는 우리의 생명과 몸의 관리인일 뿐이지 소유자가 아니기 때문에 파괴할 권리가 없는 거지. 우리는 결국 자기 안에서 싸움을 벌이는 게 아니라 예수 그리스도, 하느님 아버지, 성령과 더불어 싸우는 거야. 교회는 정신 질환이 내골격을 먹어 버린 이들에게 외골격이 되어 주지. 그 안에 자신을 들이붓고 그 형태에 맞춰. 그 안에서 등뼈가 자라게 하는 거야. 모든 것들로부터 자신을 분리하는 개인주의가 현대인의 삶을 훼손시켜 왔어. 교회의 가르침은 먼저 공동체의 일원으로, 그다음에는 그리스도의 몸의 일원으로, 그다음에는 인류의 일원으로 행동하라는 거야. 21세기의 미국인다운 사상은 아니지만 아주 중요한 거지. 이건 아인슈타인에게 배운 건데, 사실 우리 모두는 서로 연결되어 우주를 이루고 있는데도 인간은 자신이 다른 사람들로부터, 물질계의 나머지 부분들로부터, 우주로부터 분리되어 있다는 '착시(錯視)'에서 벗어나지 못한 채 고통을 겪고 있다고 해. 내게 기독교 신앙은 참사랑, 유익한 사랑이 무엇이며 배려는 무엇인지 연구하는 거야. 사람들은 기독교가 쾌락에 반대한다고 생각하지만(사실 그런 경우도 있지만) 알고 보면 기독교는 매우 기쁨 지향적이거든. 어떤 고통 속에 있더라도 절대로 사라지지 않는 기쁨을 지향해. 물론 그래도 고통의 가시밭길을 걸어야만 하지. 자살 충동에 시달릴 때 난 목사님께 이렇게 물었어. '이 고난의 목적이 뭔가요?' 그러자 그가 대답했어. '나는 고난이

란 단어와 목적이란 단어가 함께 들어 있는 문장을 싫어합니다. 고
난은 그저 고난일 따름이지요. 다만 그 속에 하느님이 함께 계시지
요. 당신은 느끼지 못하겠지만요.' 그래서 내가 어떻게 하느님의 손
에 이런 고난을 넣게 되었는지 모르겠다고 했더니 그는 이렇게 말
했어. '매기, 당신이 넣은 게 아닙니다. 그냥 있는 거지요.'"

　　역시 내 친구이며 시인인 벳시 드 로트비니에르도 우울증 속
에서 신앙 문제와 씨름했으며 신앙을 회복의 주요 통로로 이용했
다. 그녀는 심각한 우울증 상태를 이렇게 말한다. "물론 나 자신의
실수들도 싫지만 주위 사람들의 실수도 참을 수가 없어서 누가 뭘
흘리거나 얼룩이 있거나 낙엽이 쌓여 있거나 주차 위반 벌금을 물
게 되거나 누가 약속 시간에 늦거나 전화 응답을 해 주지 않으면 막
소리를 질러 대고 싶어져. 좋은 현상이 아니지. 곧 아이들이 울음을
터뜨릴 텐데 그냥 무시해 버리면 결국 조용하고 고분고분해지겠지.
그건 눈물을 억누르는 거니까 더 나쁜 거야. 눈에는 공포가 가득한
채 침묵에 빠지는 거. 정상일 때는 쉽게 해결해 줄 수 있었을 아이들
의 은밀한 상처를 이제 본체만체해. 이런 내가 싫어."

　　벳시는 천주교를 믿는 집안에서 자랐고 독실한 천주교인과 결
혼했다. 그녀는 남편처럼 착실하게 성당에 나가지는 않지만 자신
이 현실에 대한 통제력을 잃어 가고 있다고 느꼈을 때, 자신의 절망
이 아이들을 통해 느끼는 기쁨과 아이들이 세상에서 느끼는 기쁨을
파괴하고 있다는 걸 알았을 때 신과 기도에 의지했다. 그러나 천주
교 안에만 머문 건 아니었다. 열두 단계 회복 프로그램도 시도해 보
고, 불교의 명상, 불 속 걷기, 힌두교 사원 방문 등 영적인 것들은 닥
치는 대로 해 보았다. 내가 힘겨운 시기를 보낼 때 그녀는 이런 글을

보내 주었다. "불안에 시달리거나 격렬한 싸움을 벌일 때 기도를 하는 건 전속력으로 떨어져서 정서적인 몸이 박살 나지 않도록 낙하산 단추를 누르는 것과도 같지. 기도는 네게 브레이크가 되어 줄 수 있어. 만일 네 신앙이 충분히 강하다면 기도는 액셀러레이터가 될 수도 있고, 네가 가고 싶은 방향을 우주에 알릴 때 소리를 증폭시키는 앰프도 돼. 하지만 '기도'나 '종교' 같은 말들도 어차피 인간이 만든 것이고 불완전한 것투성이니까. 사실 우리는 모두 완전성을 꿈꾸잖아. 세상의 거의 모든 종교들이 움직임을 멈추고 내면의 존재를 끌어내는 것이고 그래서 무릎을 꿇고, 가부좌를 하고, 땅에 엎드리지. 또 속세에서 벗어나 신과 다시 접하기 위해 움직임을 이용하기 때문에 음악과 의식이 있고. 우울증에서 벗어나려면 그 두 가지가 다 필요해. 심연의 어둠 속으로 떨어지기 전에 신앙을 지녀 본 이들은 그곳에서 나올 길을 아는 셈이야. 심연의 어둠 속에서는 평정을 유지하는 것이 핵심이지. 이때 종교가 도움이 되거든. 종교 지도자들은 사람들이 어둠으로부터 벗어나는 길을 걸을 때 안정감을 주는 재주가 있지. 이 외부로부터의 안정을 얻는 법을 터득하면 내면의 안정도 찾을 수 있게 돼. 내면의 안정이란 온전한 정신이지."

대부분의 사람들은 진짜 중증 우울증과 싸워서 이길 수가 없다. 진짜 중증 우울증은 치료를 하든가 아니면 지나가기를 기다릴 수밖에 없다. 그러나 치료를 받거나 지나가기를 기다리는 동안 계속 싸워야 한다. 싸움의 일환으로 약을 복용하는 것은 격렬하게 싸우는 것이며, 약물치료를 거부하는 것은 현대전에 말을 타고 나서는 것처럼 황당한 자기 파괴적 태도다. 약물치료를 받는 게 심약해서나 스스로 인생에 대처하지 못해서는 아니다. 오히려 그것은 용기 있는 행동이다. 현명한 심리치료사에게 도움을 청하는 것도 나약한 행위가 아니다. 신과 자신에 대한 믿음도 꼭 필요하다. 당신은 어떤 치료든 받아야만 한다. 저절로 낫기를 기다리고 있어선 안 된다. "연민이 아니라 수고가 치료법이다. 수고는 뿌리 깊은 슬픔의 유일한 근본적 치료법이다."36 샬럿 브론테의 글이다. 그것은 완전한 치료법은 아니지만 유일한 치료법이기는 하다.

그러나 우리는 수고 그 자체가 기쁨을 가져올 수는 없음을 안다. 브론테는 『빌레트』라는 작품에 이렇게 썼다. "이 세상에 행복을 가꾸라는 말처럼 공허한 조롱이 없다. 그건 도대체 어떤 의미의 권고인가? 행복은 감자처럼 땅에 심고 거름을 주어 가꾸는 것이 아니다. 행복은 저 위의 천국에서 우리에게 비추는 영광이다. 행복은 어느 여름날 아침에 낙원의 영원히 시들지 않는 꽃과 황금의 과실에서 우리 영혼에 떨어지는 신성한 이슬이다. '행복을 가꾸라'니! 나는 의사에게 짤막하게 말했다. '당신은 행복을 가꾸나요? 어떻게요?'" 여기에서는 운이 중요한 역할을 하며 마치 우연인 것처럼 그 행복의 이슬들을 가져다준다. 어떤 이들은 치료에 대한 반응이 좋고 어떤 이들은 그렇지 못하다. 어떤 이들은 짧게 고생하고 곧 벗어난다. 어떤 이들은 약물치료는 안 맞는데 심리치료로 큰 효과를 보고, 정신분석에 수천 시간을 바쳐도 소용이 없다가 약을 먹고 바로 호전되는 사람도 있다. 어떤 이들은 치료를 받고 겨우 회복되었다가 도로 재발되어 다른 치료법을 시도해야 한다. 백방으로 애써도 낫지 않는 난치성 우울증에 시달리는 이들도 있다. 어떤 이들은 치료마다 당혹스러운 부작용들이 나타나고 어떤 이들은 아무리 무시무시한 치료를 받아도 전혀 문제가 없다. 언젠가는 뇌의 기능을 분석해서 우울증의 원인들뿐 아니라 그런 차이들이 왜 생기는지에 대해서도 설명할 수 있는 날이 올지도 모른다. 나는 그날을 숨죽여 기다리지는 않는다. 그런 날이 올 때까지 우리는 운명적으로 어떤 이들은 우울증에 취약하게 태어났음을, 그들 중에서도 일부는 치료 반응이 좋은 뇌를, 나머지는 치료 반응이 좋지 않은 뇌를 가졌음을 받아들여야 한다. 어떤 식으로든 회복될 수 있는 사람들은(아무리 무시무시한 삽화들을 겪었을지라도) 자신을 행운아로 여겨야 한다. 더 나아가, 회복이 불가능한 이들에게 인내심을 보여야 한다. 우울증의 회복력은 모두에게 주어지는 선물이 아니며, 이 책이나 다른 어디에 있는 어떤 비결도 가장 불운한 경우에 해당되는 이들에게는 도움이 안 된다.

4   또 다른 접근

"어떤 병에 대한 처방이 여러 가지라면 그 병은 확실한 치료법이 없는 것이다."[1] 안톤 체호프의 말이다. 우울증의 경우 표준적인 치료법들 말고도 대체 요법들이 깜짝 놀랄 정도로 많다. 그중 일부는 효과도 좋고 큰 도움이 되지만 대부분 듣는 사람에게만 듣는다. 나머지는 완전히 터무니없는 것들로 벌거벗은 임금님이 입었던 새 옷이라 할 만하다. 어디를 가나 신기한 효험에 관한 일화들이 있고 사람들은 막 개종한 이들이 빠지는 황홀경 속에서 그 일화들을 이야기한다. 이 대체 요법들 중 심각하게 해로운 것들은 거의 없지만(금전적인 문제를 고려하지 않는다면 말이다.) 이 동화 속 이야기 같은 요법들에 매달리느라 진짜 효과적인 치료법들을 도외시한다면 그건 위험한 문제가 된다. 이렇듯 대체 요법들이 넘쳐 나는 것은 정서적 고통이라는 고질병에 대한 끈질긴 낙관주의를 반영한다.

우울증에 대한 글을 발표하기 시작하면서 내게 대체 요법을 간절히 소개해 주고 싶어 하는 편지가 미국 전역은 물론 다른 아홉 개 나라들에서도 수백 통씩 날아왔다. 미시간주에 사는 한 여인은 몇 년 동안 온갖 약을 다 써 보다 결국 진짜 해답을 찾게 됐는데 그 건 '뜨개실'이었다는 내용의 편지를 보내왔다. 내가 답장을 통해 뜨개실로 무엇을 했는지 묻자 그녀는 손수 짠 똑같이 생긴 무지개색 아기 곰들(여든 개 정도) 사진과 자비로 출간한 진짜진짜 쉬운 뜨개질에 관한 책을 보내왔다. 몬태나주에 사는 여인은 이런 불만을 토로했다. "당신이 호소한 모든 증세들이 장기간 유독성 물질에 노출된 결과임을 알려 드리고 싶어서 이 글을 씁니다. 주위를 둘러보세요. 당신의 집에 살충제를 뿌리고 잔디에는 제초제를 뿌리지 않았나요? 바닥에 파티클보드[잘게 조각 낸 목재를 접착제로 굳혀 만든 가공재]를 깔지는 않았나요? 당신이나 윌리엄 스타이런[미국의 소설가로 전쟁 트라우마와 현대 사회의 심리적 혼란을 묘사했다. 퓰리처상 수상작 『냇 터너의 고백』, 베스트셀러인 『소피의 선택』 등을 썼다.] 같은 작가들이 주위의 유독성 물질들을 제거하지 않는 한 우울증에 관한 당신들의 글은 참을 수가 없어요." 윌리엄 스타이런이 집에 어떤 바닥재를 깔았는지 알 수 없으므로 그에 대해서는 뭐라 말할 수 없지만 우리 집 바닥재는 확실히 원목이다. (10년 동안 살면서 배관이나 배선에 문제가 생겨서 몇 번 뜯어 본 적이 있기 때문에 내 눈으로 직접 확인할 수 있었다.) 어떤 독자는 치과에서 이를 때울 때 쓰는 아말감에서 누출되는 수은 중독을 의심했다. (하지만 나는 때운 이가 없다.) 뉴멕시코주의 앨버커키에서 날아온 익명의 편지에는 내가 혈당량이 낮아서 그럴 거라고 쓰여 있었다. 또 어떤 이는 강사를 소개해 줄 테니 탭댄스를 배워 보라고 했다. 매사추세츠주의 한 독자는 바이오피드백[biology와 feedback의 합성어로 1960년대에 생리심리학자들이 개발한 자기 컨트롤 방법]에 대한 모든 것을 설명해 주고 싶어 했다. 뮌헨의 한 남자는 내게 RNA[리보핵산]를 교체하고 싶은지 물었고 나는 정중히 거절했다. 그중 제일 마음에 든 건 애리조나주 투손에서 여성 독자가 보낸 편지였는데 간단히 이렇게 쓰여 있었다. "맨해튼을 떠날 생각은 해 본 적이 없나요?"

　　나나 윌리엄 스타이런의 경우에는 해당되지 않지만 살균제와 방부제로 쓰이는 포름알데히드 중독은 우울증 증세들과 비슷하다. 치과 충전물인 아말감의 수은 중독도 마찬가지다. 저혈당도 우울한 기분과 관련이 있다. 탭댄스의 치료 효과에 대해서는 입증할 수 없지만 훈련을 거치는 신체 활동은 기분을 상승시키는 작용을 할 수 있다. 뜨개질처럼 마음을 진정시키는 반복적인 수작업도 상황에 따라 효과를 낼 수 있다. 특히 맨해튼을 떠나는 건 확실히 내 스트레스 수치를 낮출 것이다. 내 경험에 의하면 일견 아무리 미친 짓처럼 보이는 방법이라도 완전히 틀린 경우는 없다. 많은 이들이 그런 방법들을 통해 놀라운 효과를 거둔다. 버클리대학교 심리학과 세스 로버츠는 일부 우울증이 혼자 잠을 깨는 것과 관련 있으며 아침에 일어나 한 시간 정도 말하고 있는 얼굴을 보게 되면 치료에 도움이 될 수 있다는 이론을 내놓았다. 그래서 그의 환자들은 출연자의 얼굴이 화면에 실물 크기로 나타나는 토크쇼의 비디오테이프들을 갖고 있다. 그들은 아침에 일어나 한 시간 동안 이 테이프들을 보며, 그들 중 상당수의 사람들이 기적적으로 기분이 나아지는 걸 느낀다고 한다. "텔레비전이 나의 가장 좋은 벗이 될 줄은 예전에는 미처 몰랐죠." 그의 환자 한 사람이 내게 한 말이다. 외로움을 덜어 주는 것은 이렇게 속임수를 동원하는 방법이라 할지라도 뛰어난 효과를 낼 수 있다.

나는 나중에 '무능한 신비주의자'라 부르게 된 한 남자를 만나게 되었다. 그가 먼저 자신의 에너지 요법에 대해 소개하는 편지를 보내왔고 몇 차례 서신이 오간 뒤 나는 그를 집으로 초빙해서 에너지 요법을 받게 되었다. 그는 매우 유쾌한 인물로 선의로 가득했다. 몇 분 동안 이야기를 나눈 뒤 치료가 시작되었다. 그는 나더러 왼손 엄지와 중지를 붙여 O자를 만들라고 한 다음 오른손도 똑같이 하라고 했다. 그리고 두 오링을 고리처럼 연결하라고 했다. 그런 다음 몇 개의 문장들을 말하도록 시키면서 내가 진실을 말할 때는 그가 내 손가락들을 떼려 해도 떨어지지 않을 것이며, 내가 거짓을 말할 때는 손가락 힘이 약해질 거라 했다. 나의 선량한 독자들은 내가 옅은 청색 셔츠를 입은 진지한 남자에게 손을 맡긴 채 내 집 거실에 앉아 "나는 자신을 증오한다." 따위의 말을 하면서 느꼈을 자의식을 상상할 수 있으리라. 치료 절차를 일일이 설명하려면 몇 쪽이 소요되겠지만 생략하기로 하고 '무능한 신비주의자'가 내게 주문을 걸다가 도중에 그만 내용을 깜빡 잊은 절정 부분부터 이야기하겠다. "잠깐만요." 그는 그렇게 말한 뒤 부랴부랴 서류 가방을 뒤져 내용을 확인하고 주문을 이어 갔다. "당신은 행복해지기를 원합니다. 당신은 행복해질 것입니다." 나는 그런 간단한 두 문장도 기억하지 못하는 사람은 순 멍청이라는 판단을 내리고 얼마간의 수고 끝에 그 무능력한 신비주의자를 내쫓았다. 그 일이 있은 후 나는 에너지 요법으로 효과를 봤다는 사람들을 만날 수 있었으며 그런 식의 영감을 주는 치료법을 통해 '신체의 자성(磁性)'을 전환시켜 자기애에 도달하는 이들도 있다는 걸 인정하지 않을 수 없다. 그래도 나는 그 방법에 대해 여전히 매우 회의적이다. (내가 만난 무능한 신비주의자보다 훨씬 재능 있는 치료사들도 물론 있겠지만.)

우울증은 주기성 질병이라 아무런 치료 없이도 일시적인 소강 상태에 들어갈 수 있으며 특정한 지속적 활동이 (그것의 유용성 여부에 관계없이) 소강 상태를 불러왔다고 생각할 수도 있다. 나는 우울증 분야에서는 위약(僞藥)이란 존재할 수 없다는 절대적인 믿음을 갖고 있다. 암 같은 병이라면 이국적인 치료법을 쓴 뒤 좋아졌다고 해도 그건 심리적인 효과일 뿐 실상은 그렇지 않을 수 있다. 그러나 우울증은 사고 과정과 감정의 질병이기 때문에 어떤 치료가 환자의 사고 과정과 감정을 올바른 방향으로 변화시켰다면 명실상부하게 회복된 것이라고 할 수 있다. 솔직히 나는 우울증의 최고 치료법은 믿음이라고 생각한다. 믿음 그 자체가 믿음의 대상보다 훨씬 더 중요하다. 만일 당신이 날마다 오후에 한 시간씩 물구나무서서 동전을 뱉으면 우울증이 가라앉는다고 진정으로 믿는다면 그 불편한 행동이 엄청난 효과를 가져올 수도 있다.

정동장애에는 식이요법과 운동이 중요한 역할을 하며, 올바른 섭생법을 통해 상당한 통제력을 확보할 수 있다. 이보다 무게 있는 대체 요법들로는 반복성 경두개 자기자극 요법(rTMS), 계절성 정동장애(SAD) 환자를 대상으로 한 빛 치료, 안구운동 민감소실 및 재처리 요법(EMDR), 마사지 치료, 최면술, 수면박탈 치료, 세인트존스워트, S-아데노실메티오닌(SAMe), 동종요법, 한약, 집단 치료, 환자 모임, 정신외과 치료를 꼽을 수 있다. 그 밖에 괜찮은 결과를 낸 적이 있는 치료들을 모두 설명하려면 아무리 두꺼운 책이라도 모자랄 것이다.

"내 환자들에게는 운동이 첫 단계다. 운동은 누구에게나 기운을 돋워 준다."[2] 페인휘트니 병원 리처드 A. 프리드먼의 말이다. 나는 운동을 싫어하지만 침대에서 나오자마자 체조를 하고 가능하면 헬스클럽에 간다. 거기서 무슨 운동을 하는지는 중요하지 않으며 계단을 오르내리는 효과가 있는 스테어마스터나 러닝머신이 제일 쉽다. 나는 운동이 내 혈액 속의 우울증을 씻어 내는 듯한 기분을 느낀다. 콜드스프링하버 연구소 소장이며 DNA 발견자 가운데 한 사람인 제임스 왓슨의 말을 들어 보자. "운동이 엔도르핀을 만들어 내는 건 분명한 사실이다. 엔도르핀은 내생적인 모르핀으로 정상 상태에서는 기분이 아주 좋아지도록 만들고 끔찍한 기분을 느낄 때에도 기분이 나아지도록 만든다. 우리는 엔도르핀이 넘쳐 흐르도록 만들어야 한다. 엔도르핀은 신경전달물질들의 상류에 해당되기도 하므로 운동은 신경전달물질의 수치를 높이는 작용을 할 것이다." 더욱이 우울증은 몸을 무겁고 둔하게 만들며 몸이 무겁고 둔하다 보면 우울증이 악화된다. 계속해서 몸이 제 기능을 하도록 노력하면 마음도 따라오게 되어 있다. 심한 운동은 우울증 상태에서는 생각하기조차 끔찍하고 재미도 없지만 운동이 끝나면 항상 기분이 천 배는 나아진다. 운동은 불안감도 진정시킨다. 윗몸일으키기를 하면 신경과민의 에너지가 소모되어 비이성적인 두려움이 가라앉게 된다.

음식이 사람을 만들고 사람이 느낌을 만든다. 음식을 바르게 먹는다고 우울증이 사라지는 건 아니지만 식생활이 바르지 못하면 우울증을 불러올 수 있고, 주의 깊은 식이요법을 통해 어느 정도까지는 재발을 방지할 수도 있다. 당과 탄수화물은 뇌 속 트립토판의 흡수를 증진시켜 세로토닌 수치를 높이는 것으로 알려져 있다. 정백하지 않은 곡물과 갑각류에 들어 있는 비타민 B6는 세로토닌 합성에 중요한 작용을 하며, 비타민 B6의 결핍은 우울증을 촉진할 수 있다. 구체적인 연구 결과가 나온 건 아니지만 갯가재와 초콜릿 무스를 충분히 섭취하면 기분 상태를 좋아지게 하는 데 큰 도움이 될 수 있다. "20세기의 육체적인 건강에 중점을 둔 식생활이 정신적으로는 건강하지 못한 영향을 끼친 듯하다." 제임스 왓슨의 말이다. 도파민 합성도 비타민 B군에 의존하며 특히 B12(생선과 유제품), 엽산(송아지 간과 브로콜리), 마그네슘(대구, 고등어, 맥아)이 그러하다. 우울증 환자들은 아연(굴, 꽃상추, 아스파라거스, 칠면조 고기, 무), 비타민 B3(계란, 맥주 효모, 가금류), 크롬의 수치가 낮은 경우가 많으며 이 세 가지는 우울증 치료에 이용되고 있다. 특히 아연 결핍증은 산후우울증과 관계가 깊은데 임신 말기가 되면 산모의 체내에 비축된 아연이 모두 태아에게 가기 때문이다. 따라서 아연 섭취를 늘리면 기분이 나아질 수 있다. 일설에 의하면 지중해 지방 사람들이 우울증이 적은 건 그들이 비타민 B가 풍부한 생선 기름을 많이 먹기 때문이며, 생선 기름은 오메가3 지방산 수치를 높인다고 한다.3 오메가3 지방산이 기분에 이롭게 작용한다는 증거는 매우 확실하다.

　　이렇게 우울증을 예방하는 식품들이 있는가 하면 우울증을 유발하는 식품들도 있다. "많은 유럽 사람들이 밀 알레르기를 갖고 있고 많은 미국인들이 옥수수 알레르기를 갖고 있다." 『음식 박사』4의 저자 비키 에지슨의 설명이다. 음식 알레르기도 우울증을 유발할 수 있다. "이러한 일반적인 물질들이 뇌의 독소가 되어 온갖 종류의 정신적 고통을 촉발할 수 있다." 많은 사람들이 당과 탄수화물의 과잉 섭취로 인한 만성피로 증후군의 일환으로 우울증 증세들을 겪고 있다. "단것과 정크 푸드[칼로리는 높고 영양가는 낮은 식품]로 끼니를 때워 종일 혈당량이 아래위로 요동친다면 당신은 수면 장애를 겪게 된다. 이것은 하루하루를 살아갈 능력뿐 아니라 타인에 대한 인내심과 아량까지도 제한한다. 이 증후군을 겪는 사람들은 늘 피로하고 성욕도 잃게 되며 온몸이 아프다. 신체 조직이 심각한 스트레스를 받게 되는 것이다." 어떤 이들은 셸리악병[소장에서 발생하는 유전성 알레르기 질환]을 일으키며, 일반적으로 성장 장애가 일어난다. "우울증을 앓는 사람들은 커피가 에너지를 준다는 잘못된 믿음을 갖고 있다. 그러나 사실 커피는 에너지를 고갈시키고 불안 반응을 자극한다." 물론 알코올도 인체에 심각한 해악을 끼친다. "우울증은 우리의 몸이 그만 혹사시키라고 말하는 것일 수도 있다. 우리 몸이 무너지고 있음을 보여 주는 증거다."

국립정신건강연구소의 로버트 포스트는 자기(磁氣)를 이용하여(ECT보다 정도는 약하지만 매우 유사한 방법) 뇌의 대사를 자극하는 반복성 경두개 자기자극(rTMS)에 대해 연구하고 있다. 현대 기술은 자기를 모아 뇌의 특정 부분에 강한 자극을 주는 것을 가능하게 만들었다. 전류가 두개골과 두피를 통과하려면 전압을 매우 높게 해야 하지만 자속(磁束)은 그것들을 쉽게 통과한다. 그래서 ECT는 뇌의 경련을 일으키지만 rTMS는 그렇지 않다.5 로버트 포스터는 신경영상(neuro-imaging) 분야의 발전으로 종국에는 우울증을 일으키는 뇌의 부위를 정확하게 알아내어 그 부위에 자기 자극을 가하는 맞춤식 치료가 가능해질 것으로 내다보고 있다. "언젠가는 구식 헤어드라이어처럼 생긴 기구를 머리에 쓰면 그것이 뇌를 스캐닝해서 문제 부위를 찾아내고 그 부위에 집중적으로 자극을 가하는 일이 가능해질 것이다. 그러면 30분쯤 뒤에 뇌의 균형을 되찾고 병원을 나서게 될 것이다."

노먼 로젠설은6 남아프리카에서 미국으로 이주하면서 계절성 정동장애(SAD)를 앓게 되었고 겨울만 되면 우울증에 빠졌다. 많은 사람들이 계절에 따라 기분이 바뀌고 겨울만 되면 우울증이 재발한다. 그래서 환절기는 누구에게나 힘든 시기이며, 어떤 환자는 이 시기를 가리켜 "여름과 겨울의 십자포화(十字砲火)"라고 불렀다. SAD는 단순히 추운 날씨를 싫어하는 것과는 다르다. 로젠설의 주장에 의하면, 인간은 원래 계절적인 변화에 반응하도록 만들어졌는데 현대의 인공적인 빛과 속박들이 그것을 허용하지 않는다고 한다. 낮의 길이가 짧아지면서 많은 사람들이 위축되며 "그런 사람들에게 생물학적 휴업을 불허하고 활동을 강요하는 건 우울증을 유발하는 것이다. 겨울잠 자는 곰을 겨우내 서커스단에서 뒷다리로 서서 춤을 추게 한다면 그 곰이 어떤 기분을 느끼겠는가?" 실험 결과 SAD는 멜라토닌 분비에 영향을 미치는 빛과 관련이 있음이 밝혀졌다. 빛은 우울증으로 인해 장애가 오는 수면, 식사, 체온, 성욕 등을 조절하는 시상하부를 자극한다. 또 눈의 망막에서의 세로토닌 합성에도 영향을 미친다. 화창한 날씨는 평균적인 실내 빛보다 300배 가량 많은 빛을 제공한다.7 일반적으로 SAD 환자들은 질겁할 정도로 밝은 빛을 비추는 조명 상자를 이용한 치료를 받는다. 내 경우에는 좀 아찔하고 눈에 부담이 느껴졌지만 그걸 좋아하는 사람들도 있다. 어떤 이들은 차광 안경을 쓰거나 머리에 쓰는 조명 상자를 이용한다. 보통 실내 조명보다 훨씬 밝은 조명 상자는 뇌의 세로토닌 수치를 높이는 것으로 밝혀졌다. 노먼 로젠설은 이렇게 말한다. "SAD 환자들은 가을이 되면 지는 낙엽처럼 보인다. 그러다 강한 빛에 노출시키는 치료를 시작하면 봄에 땅을 뚫고 올라오는 튤립 같다."

안구운동 민감소실 및 재처리 요법(EMDR)은 1987년에 외상후스트레스 장애의 치료에 처음 이용되기 시작했다.[8] 이 기법은 좀 대중 영합적인 면이 있다. 치료자는 환자의 시야가 미치는 범위까지 이리저리 손을 흔들어 환자가 그 손을 따라 눈을 움직이게 한다. 이 방법을 변형시켜 환자에게 헤드폰을 씌운 뒤 양쪽 귀에 번갈아 소리 자극을 줄 수도 있고, 양손에 진동기를 하나씩 쥐게 하고 번갈아 진동을 줄 수도 있다. 이 과정에서 환자는 고통스러운 기억을 되살리는 정신역동적 치료를 시도하며, 치료가 끝나면 그 기억에서 해방된다. 많은 치료법들(특히 정신분석 치료)이 이론은 근사한데 효과가 제한적인 데 반해 EMDR은 이론은 엉성하지만 효과가 뛰어나다. EMDR 치료사들은 왼쪽 뇌와 오른쪽 뇌를 빠른 속도로 번갈아 자극하여 기억들이 한쪽 뇌의 기억 저장고에서 반대쪽 뇌의 저장고로 옮겨지도록 도움으로써 효과를 내는 것으로 추측하지만 그럴 것 같지는 않다. 하지만 EMDR의 교차 자극이 극적인 효과를 내는 건 사실이다.

EMDR을 이용한 우울증 치료는 증가 추세에 있다. 이 치료는 외상적 기억들을 이용하기 때문에 일반적인 우울증보다는 외상에 의한 우울증 치료에 주로 적용된다. 나는 이 책의 집필을 위해 연구하는 과정에서 모든 치료법들을 시도해 보았으며 EMDR도 예외는 아니다. 처음에는 이 치료법을 시시하게 여겼지만 결과를 보고 무척 놀랐다. 사전에 이 기법이 "두뇌 작용의 속도를 높인다."는 말을 듣긴 했지만 그렇게 강렬한 체험을 하게 될 줄은 몰랐다. 나는 헤드폰을 쓰고 기억들을 되살렸다. 그러자 어린 시절의 이미지들(내 두뇌 속에 저장되어 있는 줄도 몰랐던 것들)이 믿을 수 없을 정도로 강렬한 형태로 밀려왔다. 내 정신은 그 어느 때보다 민활해져서 바로바로 연상 작용이 이루어졌다. 그것은 전기가 통하듯 충격적인 체험이었으며, 담당 치료사는 능란하게 나를 잊고 있던 어린 시절의 온갖 고난들로 이끌었다. 단일한 외상으로 인한 우울증이 아닌 이상 EMDR이 즉각적인 효과를 나타내리라는 확신은 없었지만 그 치료가 너무도 자극적이고 흥미로워 나는 20회 코스를 모두 마쳤다.

현재 모든 환자들에게 EMDR을 적용하고 있는 정신분석 치료사 데이비드 그랜드는 이렇게 말한다. "EMDR은 5년간의 정규적인 치료로도 이룰 수 없었던 것을 6개월에서 1년 내에 가능하게 할 수 있다. 이것은 이론상의 비교가 아니라 내 치료 경험을 통한 구체적인 비교다. EMDR은 자아를 우회하여 빠르고 깊고 직접적으로 반응을 촉진시킨다. EMDR은 인지 치료나 정신분석 치료 같은 하나의 접근법이 아니라 수단이다. 따라서 EMDR 치료사가 따로 존재할 수는 없으며 기존의 치료법에 EMDR을 통합시키는 형태가 되어야 한다. 치료 자체가 괴상한 면은 있지만 나는 8년 동안 이 치료를 실시해 왔으며, 이미 그 효과를 안 이상 EMDR을 포기할 수는 없다. 그것은 퇴보며 원시 상태로 돌아가는 것이기 때문이다." 나는 EMDR을 받고 나올 때면 항상 (기분 좋게) 비틀거렸으며 치료를 통해 알게 된 것들이 그대로 남아 내 의식을 풍요롭게 해 주었다. EMDR은 강력한 처치다. 나는 이 치료법을 추천한다.

1999년 10월, 과도한 스트레스에 시달리고 있던 나는 뉴에이지[20세기 말에 물질 문명에 대한 반동으로 일어난 영적 운동. 병의 치료도 몸과 마음의 조화를 통해 이루어진다고 믿는다.] 마사지를 받으러 나흘 일정으로 애리조나주 세도나로 향했다.9 나는 뉴에이지 치료에 냉소적인 편이라 얼마간 미심쩍은 마음으로 첫 치료를 맡은 '분석가'를 만났다. 그녀는 방 한쪽 끝에 수정 구슬들을 늘어놓으며 자신의 꿈 이야기를 들려주었다. 나는 초크캐니언과 티베트에서 가져온 성유(聖油)를 계속 뿌리면 저절로 마음의 평정이 찾아온다는 것도 믿어지지 않았고, 그녀가 내 머리에 묵주처럼 늘어뜨린 장미석영 목걸이가 진짜 내 차크라[힌두교에서 신체의 기가 모이는 곳으로 척추에 가장 중요한 여섯 개의 차크라가 있다.]와 연결이 되는지도 알 수 없었고, 실내 가득 울려 퍼지는 번역된 산스크리트 노래가 내 몸의 경락에 항울적 효능들을 심는다는 것도 믿을 수 없었다. 하지만 나흘 동안 멋진 휴양지에서 아름다운 여인들의 부드러운 손길을 받은 것은 커다란 효과가 있어서 그곳을 떠날 때는 평화감에 취해 있었다. 특히 마지막 치료인 두개천골 마사지의 효험이 뛰어나 며칠 동안 평정을 유지할 수 있었다.

나는 우울증으로 인해 마음으로부터 단절된 몸을 새로이 일깨워 주는 광범위한 마사지가 치료에 유용할 수 있다고 믿는다. 나는 세도나에서의 체험이 심각한 중증 우울증의 나락에 빠져 있는 사람에게도 도움이 되리라고는 생각하지 않지만 아무튼 가벼운 정비 방법으로는 그만이었다. 인지심리학자인 로저 캘러한은 운동요법을 응용하여 중국의 전통적인 침술을 병용한 사고장 요법[Thought Field Therapy : 지압점을 두드려 막힌 에너지를 풀어 주는 치료]을 주창했다.[10] 그는 먼저 세포적인 변화가 일어난 다음 화학적, 신경생리학적, 인지적 변화가 뒤따른다고 단언한다. 그는 인지 치료를 먼저 하고 다음에 신경생리학적 치료를 하는 건 거꾸로 가는 것이라며 근육 반응의 신비한 실체에 대한 접근으로부터 치료를 시작한다. 그에게는 많은 추종자들이 있다. 나는 그런 치료가 속임수처럼 느껴지기는 하지만 신체적인 처치로 시작하는 건 현명하다고 생각한다. 우울증은 신체적 고통이므로 그런 처치가 도움이 된다.

2차 세계대전 중에 많은 영국 병사들이 적의 공격에 군함이 침몰하는 바람에 오랜 기간 대서양을 표류하게 되었다. 그런데 가장 많이 살아남은 집단은 젊은 병사들이 아니라 육체의 한계를 초월하는 강인한 정신력을 지닌 노장들이었다. 대안교육가인 쿠르트 한은 그런 강인함을 길러야 한다는 이념으로 아웃워드바운드(Outward Bound)라는 교육 기관을 설립했으며, 아웃워드바운드는 현재 세계적으로 널리 퍼져 있다.* 아웃워드바운드는 야생의 자연과의 조직적인 만남을 통해 쿠르트 한의 교육 이념을 실천하고 있다. "나는 교육의 으뜸 과업은 진취적 호기심, 난공불락의 정신, 끈질긴 추구, 분

* (옮긴이) "대자연 속에서의 자아 발견과 심신 정화"를 목표로 1940년대에 영국에서 처음 문을 연 이 학교는 세계 35개국에 57개교의 네트워크를 두고 있으며 2002년에 아웃워드바운드 코리아가 설립되었다.

별 있는 극기심, 그리고 무엇보다 동정심을 길러 주는 것이라고 생각한다."11 쿠르트 한의 말이다.

나는 2000년 여름에 아웃워드바운드의 허리케인 아일랜드 학교에서 실시하는 탐험에 참가했다. 그것은 내 평생 가장 힘들고 멋진 체험 가운데 하나였다. 우울증에 시달릴 때는 그런 활동을 엄두도 못 냈지만 건강할 때 참여해 보니 우울증에 저항할 수 있는 힘을 길러 주는 듯했다. 그 탐험은 혹독하고 가끔 나를 녹초로 만들기도 했지만 즐겁기도 했고, 내 삶이 더 큰 세계의 유기적 과정들에 묶여 있음을 느끼게 해 주었다. 그러자 안전한 느낌이 들었다. 자신이 영원성의 한 부분에 속해 있다는 생각은 어마어마한 위안이 된다. 우리는 카약을 타고 바다로 나갔고 날마다 힘겨운 싸움을 벌였다. 보통 새벽 4시에 일어나 1.5킬로미터 정도 달린 다음 바다 위 8.5미터 높이의 플랫폼으로 가서 메인주의 차디찬 바닷물 속으로 뛰어들었다. 그런 다음 캠프를 걷고 카약에 짐을 실은 후 6.6미터 정도 길이의 2인용 카약을 바다로 날랐다. 조류를 거슬러 8킬로미터 정도를 가서(한 시간에 1.5킬로미터 남짓 가는 게 고작이었다.) 아침 먹을 장소에 도착하면 스트레칭을 하고 아침 식사를 만들어 먹었다. 그런 다음 다시 카약에 올라 8킬로미터를 더 간 다음 야영 장소에 도착했다. 그곳에서 점심을 먹고 구조 훈련을 실시했는데 카약을 일부러 뒤집어 물속에서 안전띠를 풀고 카약에서 빠져나온 뒤 카약을 똑바로 세워 다시 타는 훈련이었다. 그러고는 각자 슬리핑백, 물병, 방수 외투, 끈을 챙겨 들고 정해진 잠자리로 갔다. 다행히 탐험 기간 내내 날씨가 화창했다.(진눈깨비가 내려도 스케줄대로 강행군을 해야 했다.) 교관들은 어떤 상황에서도 살아남을 놀라운 강인함에 현명함까지 갖춘 비범한 인물들이었다. 우리는 야생과의 긴밀한 만남과 교관들의 신중한 개입을 통해 교관들이 지닌 뛰어난 능력을 조금이나마 얻게 되었다.

그곳에서의 고난과 극기는 몹시 고통스러웠다. 가끔 괜히 왔다는 후회도 들고 안락한 생활을 마다하고 사서 고생하는 것이 내가 미쳤다는 결정적인 증거라는 생각도 들었다. 그러나 다시금 어떤 심오한 것에 닿게 된 듯한 기분도 들었다. 야생의 자연 속에서 살고 있다는 승리감도 맛볼 수 있었다. (비록 유리섬유로 만든 카약에 타고 있었지만.) 노 젓는 리듬과 햇빛과 파도가 심장으로 흐르는 피와 보조를 맞추어 슬픔이 퇴조하는 듯했다. 아웃워드바운드는 여러 면에서 정신분석 치료를 연상시켰다. 창립자인 쿠르트 한의 의도대로 그것은 자신의 한계감을 극복하는 자기 현시(顯示)의 과정이었다. 쿠르트 한은 니체의 사상을 빌려 이렇게 썼다. "인간은 자기 발견이 없이도 자신감을 가질 수 있지만 그것은 무지 위에 세워진 자신감으로 역경이 닥치면 무너진다. 자기 발견은 정신이 육체에게 불가능해 보이는 명령을 내렸을 때, 혹은 자기 외부의 무언가(어떤 원칙이나 부담스러운 과업이나 다른 사람 따위)를 위해 힘과 용기를 모아 한계를 극복할 때 이루어지는 위대한 도전의 최종 결과물이다." 우리는 날마다 운동을 해서 건강을 가꾸듯 우울증 삽화들 사이의 기간에 저항력을 길러서 우울증 삽화가 다시 찾아와도 살아남을 수 있도록 해야 한다. 그렇다고 치료 대신 아웃워드바운드에 의존하라는 의미는 아니며, 보조적인 수단으로 이용하면 강력한 효과를 거둘 수 있다는 것이다. 아웃워드바운드는 그 자체로도 만족할 만큼 아름답다. 우울증은 우리를 뿌리에서 단절시킨다. 그래서 몸이 납처럼 무거우면서도 땅에 고정시켜 주는 것이 없기 때문에 헬륨 풍선처럼 둥둥 떠오른다. 아웃워드바운드는 나를 자연에 뿌리 내리게 해 주었으며 험난한 도전을 마쳤다는 긍지와 안도감을 선물했다.

최면술은 EMDR과 마찬가지로 하나의 치료법이라기보다 치료의 수단이다. 최면술을 이용하면 환자를 과거의 기억 속으로 이끌어 해결책을 얻을 수 있는 방향으로 상상 속에서 그것을 다시 체험하게 할 수 있다. 마이클 얍코는 우울증 치료에 최면술을 이용하는 방법에 대해 쓴 저서에서, 최면술은 어떤 체험에 대한 환자의 개인적인 이해가 우울증의 원인인 경우에 가장 큰 효과를 내며 그 체험을 다른 방식으로 이해하도록 유도하면 기분이 나아질 수 있다고 주장했다.12 최면술은 환자의 마음속에 밝은 미래상을 제시하여 현재의 정신적 고통에서 벗어나 실제로 밝은 미래를 창조할 수 있도록 만드는 데도 이용된다. 그리고 부정적인 사고나 행동 양식을 고치는 데도 성공적으로 이용되고 있다.

우울증의 주요 증상들 가운데 하나는 수면 장애여서 우울증이 심각한 사람들은 깊은 잠을 전혀 자지 못하거나 많은 시간을 침대에서 보내도 휴식을 취하지 못한다.13 그렇다면 우울증 때문에 수면 장애가 일어나는 것일까, 아니면 잠을 잘 못 자는 것이 우울증의 한 원인이 되는 것일까? "우울증으로 이어지는 슬픔도 수면 장애를 일으키고, 조증 상태를 일으킬 수 있는 사랑에 빠지는 현상도 다른 방식으로 수면을 방해합니다." 국립정신건강연구소 토머스 웨어의 지적이다. 우울증이 아닌 사람들도 한밤중에 공포에 휩싸여 잠이 깰 수 있으며 대개 금세 지나가는 그 공포와 절망의 상태는 건강한 사람의 가장 근접한 우울증 체험이라고 할 수 있다. 우울증에 시달리는 사람들의 대부분이 아침에는 상태가 악화되었다가 시간이 지나면서 나아진다. 토머스 웨어는 통제된 수면 박탈로 우울증의 일부 증세들을 완화시켜 주는 일련의 실험들을 실시했다. 이 방법은 장기적인 용도로는 실용성이 없지만 항우울제의 효과가 나타나기를 기다리는 환자들에게는 유용할 수 있다. "수면을 억제함으로써 시간의 경과에 따른 호전 현상을 연장시킬 수 있어요. 우울증 환자들은 잠의 망각을 추구하지만 사실 우울증은 잠 속에서 유지, 강화되지요. 밤중에 어떤 마귀들이 찾아와 그런 현상을 초래하는 걸까요?" 토머스 웨어의 말이다.

F. 스콧 피츠제럴드는 『붕괴』라는 작품에 이렇게 썼다. "새벽 3시만 되면 소포 하나를 깜빡 잊은 것이 사형 선고처럼 심각해진다. 약도 듣지를 않는다. 날마다 새벽 3시면 어김없이 영혼의 칠흑 같은 밤이 찾아든다."14 그 새벽 3시의 악마가 내게도 찾아왔었다.

우울증이 기승을 부리던 시기에도 낮 동안에 점차 증세가 가벼워져서 (쉽게 지치기는 했지만) 한밤중이 되면 그래도 뭔가를 할 수 있었다. 그래서 기분 상태만을 생각한다면 야행성 삶을 살고 싶었다. 이 분야에 대한 연구는 활발하지 못한 것이 사실이지만 몇몇 연구 결과에 의하면 그 메커니즘은 복잡하며 언제 자는지와 어떤 수면 상태에서 깨어나는지, 그리고 기타 다양한 기술적 요인들에 의존한다고 한다. 수면은 생체 주기의 주요 결정 요소이며, 수면 패턴이 변화하면 신경전달물질과 호르몬의 분비에 혼란이 온다. 우리는 수면 중에 일어나는 현상들에 대해 상당 부분 밝혀냈고 수면

이 우리의 감정을 일시적으로 하강시킬 수 있다는 것도 알고 있지만 그것들의 직접적인 상관관계는 알지 못한다. 수면 중 갑상선 호르몬의 수치가 내려가는데 바로 그 때문에 기분이 저조해지는 것일까? 수면 중 노르에피네프린과 세로토닌은 수치가 내려가고 아세틸콜린은 올라간다. 어떤 이들은 수면 박탈이 도파민 수치를 증가시킨다는 이론을 내놓고 있으며, 눈의 깜빡거림이 도파민 분비를 자극하는데 수면 중에는 장시간 눈을 감고 있으므로 도파민 수치가 떨어진다는 일련의 실험 결과들도 나와 있다.

수면을 통째로 박탈하는 건 불가능하지만 후기 단계의 불안한 수면 상태인 REM 수면이 시작될 때 깨워서 REM 수면을 박탈할 수는 있으며, 이것은 우울증을 막는 효과적인 방법이다. 나도 직접 시도해 봤는데 효과가 있었다. 나는 우울증 시기에 낮잠의 욕구에 시달리곤 했는데 낮잠은 깨어 있는 동안에 나아진 것을 무효로 만드는 역효과를 낸다. 독일 프라이부르크대학교 M. 베르거 교수는 환자가 오후 5시에 잠자리에 들어 자정 전에 깨도록 하는, 수면 시간을 앞당기는 방법을 썼다. 이것도 효과를 볼 수 있지만 그 이유를 설명하는 건 불가능하다. 토머스 웨어의 말을 들어 보자. "이런 치료법들은 괴상하게 들리긴 합니다. 하지만 뇌에 전기 경련을 일으키는 방법도, 널리 행해지는 정착된 치료가 아니라면 환자를 설득하기 어렵겠죠."

펜실베이니아대학교 마이클 테이스는 많은 우울증 환자들이 상당히 수면이 단축되며, 우울증 상태에서의 불면증은 자살 성향을 예고한다고 주장한다. 우울증에 시달릴 때는 잠을 잘 수 있다고 하더라도 수면의 질이 크게 떨어진다. 우울증 환자들은 수면 효율성이 낮아서 충분한 휴식에 따르는 상쾌한 기분을 주는 깊은 수면은 거의 혹은 전혀 취하지 못한다. 건강한 사람들의 REM 수면이 낮은 빈도로 길게 이어지는 반면, 이들의 REM 수면은 높은 빈도로 짤막하게 끝난다. REM 수면은 가벼운 깨어남이라고도 할 수 있으므로 REM 수면이 여러 번 반복되다 보면 휴식보다는 피로를 가져온다. 대부분의 항우울제들이 REM 수면 횟수를 줄이지만 그렇다고 반드시 전반적인 수면의 질을 높여 주는 것은 아니다. 항우울제의 작용에 이 부분도 포함되는지는 알기 어렵다. 마이클 테이스는 정상적인 수면 패턴을 보이는 우울증 환자에게는 심리치료가 더 효과적이고 수면 장애를 겪고 있는 환자에게는 약물치료가 요구된다고 주장했다.

우울증 상태에서 수면이 증세를 악화시키는 것도 사실이지만 만성적인 수면 부족은 우울증을 유발하는 원인이 될 수 있다. 텔레비전의 발명으로 평균 야간 수면 시간이 두 시간 정도 짧아졌다고 한다. 사회 전반에 걸쳐 우울증이 증가 현상을 보이는 것이 부분적으로는 수면 시간의 단축 때문일 수도 있을까? 물론 여기에는 근본적인 문제점이 있는데, 우리가 우울증에 대해서도, 잠이 왜 필요한지에 대해서도 잘 모르고 있다는 것이 바로 그것이다.

신체 기관은 생산적인 방향으로 작용한다. 추위에 노출되는 것이 수면 장애와 유사한 결과를 낼 수 있다. 북극의 순록은 꼼짝도 하지 않고 서서 혹독한 겨울밤의 추위를 견디다 봄이 되면 다시 움직인다. 추위는 (물론 모든 동물들이 다 그런 건 아니겠지만) 신체의 기능을 둔화시킨다.[15]

세인트존스워트는 성 요한 축일(6월 24일)쯤에 꽃을 피우는 매혹적인 관목이다.[16] 이것이 약용 식물로 쓰이게 된 건 1세기경 로마의 박물학자 플리니우스가 방광 기능 장애에 이용하면서부터였다. 13세기에는 악마를 쫓는 데도 쓰였다. 현재 미국에서는 농축액, 분말, 차, 팅크[동식물에서 얻은 약물로 만든 액제(液劑)]는 물론 원기 회복제와 건강 보조 식품의 원료 형태로도 팔리고 있다. 북유럽에서는 인기가 하늘을 찌른다. 이런 특허 대상이 아닌 자연 발생적인 물질에 대한 연구는 금전적 보상이 없기 때문에 세인트존스워트에 대한 제대로 된 연구는 거의 없는 편이지만 현재 정부 보조에 의한 연구가 진행 중이다. 세인트존스워트는 불안증과 우울증을 경감시키는 효과가 있는 것으로 보인다. 다만 어떤 식으로 작용하는지는 분명치 않으며, 이 식물에 들어 있는 수많은 생리 활성 물질들 중 어떤 것의 작용인지도 알 수 없다. 그 물질들 중에서 가장 많이 알려진 것은 하이페리쿰으로 대개 추출물 중 0.3퍼센트 정도가 들어 있다. 하이페리쿰은 세 가지 신경전달물질 모두의 재흡수를 억제하는 효능이 있는 것으로 보인다. 또 면역 반응과 관련된 단백질인 인터루킨-6(이것의 양이 과도하면 비참한 기분에 빠지게 된다고 한다.)의 생성을 낮추는 기능도 있다고 한다.

천연 약물 분야의 권위자 앤드루 베일은 식물 추출물들은 신체의 여러 조직에 작용하기 때문에 효과적이라고 주장한다.[17] 그의 견해에 의하면 여러 물질들이 함께 작용하는 것이 지나치게 특수화된 약물보다 낫다는 것이다. (이런 물질들이 어떤 방식으로 서로 협력하는지, 협력을 하기는 하는 것인지의 여부는 추측에 맡길 수밖에 없다.) 그는 약용 식물들이 신체의 여러 조직에 여러 방식으로

작용하는 것을 찬양한다. 그의 이론들은 과학적인 근거는 약하지만 개념적 매력이 있다. 하지만 대부분의 사람들이 세인트존스워트를 먹는 건 앤드루 베일이 주장하는 그런 이유 때문이 아니다. 인공적으로 만든 화학 약품보다 천연 약물을 먹는 것이 낫다는 감상적인 이유에서다.[18] 세인트존스워트의 마케팅은 이런 편견을 이용하고 있다. 런던 지하철에 한동안 붙어 있던 세인트존스워트의 광고는 세인트존스워트의 "자연 건조시킨 잎"과 "유쾌한 노란 꽃" 덕에 즐거운 인생을 살고 있다는 금발의 "햇살 여인 키라"의 행복에 겨운 얼굴을 담고 있었다. 자연 건조나 노란색이 치료 효과와 관련이 있는 것처럼 오도하는 그 우스꽝스러운 광고는 세인트존스워트의 대중적인 인기를 가능하게 한 감상적인 접근을 상징한다. 그렇게 따진다면 세인트존스워트를 정해진 양만큼 정기적으로 먹는 건 '자연적'이라고는 보기 어렵다. 신이 어떤 물질들은 손수 식물에 함유시키고 어떤 물질들은 인간이 과학의 힘으로 만들어 내도록 했다면 굳이 후자보다 전자를 선호할 이유는 없다. '자연적'인 것이라고 무조건 좋은 건 아니다. 폐렴 같은 '자연적' 질병이나 비소 같은 '천연' 물질이나 이가 썩는 것 같은 '자연적인' 현상은 특별히 매력적일 것도 없다. 또한 많은 자연 발생적 물질들이 극히 독성이 강하다는 점도 명심해야 한다.

나는 SSRIs에 부작용을 보이는 사람들을 보아 왔다. 하지만 세인트존스워트 역시 초원에서 야생으로 자라기는 하지만 무해한 것은 아니다. 천연 약물은 관리가 허술한 상태로 팔리고 있어서 알약한 알 한 알의 활성 성분 양이 동일하다는 보장도 없고 다른 약물과 위험한 상호작용을 일으킬 수도 있다.[19] 예를 들어 세인트존스워트는 경구용 피임약, 콜레스테롤 수치를 낮추는 스타틴 계열, 베타 차단제, 고혈압과 관상동맥질환에 쓰이는 칼슘채널 차단제, AIDS 치료제인 단백질 분해효소 억제제 등의 약효를 떨어뜨린다.[20] 내 개인적인 견해로는, 세인트존스워트는 문제도 없지만 특별히 훌륭한 점도 없다. 이것은 화학 약품보다 규제도 허술하고 연구도 덜 되어 있고 근거도 약하며 프로작보다 착실히 복용하기가 어렵다.

'자연적인' 치료법에 대한 활발한 연구의 결과로 S-아데노실메티오닌(SAMe)이라는 치료제가 발견되었다. 세인트존스워트가 북유럽에서 정신병의 만병통치약으로 군림하고 있는 데 반해 SAMe는 남유럽에서 최고의 인기를 누리고 있으며 특히 이탈리아에서 널리 쓰인다. 세인트존스워트와 마찬가지로 SAMe도 규제가 허술한 편이고 건강 식품점에서 작은 흰색 알약으로 팔린다. SAMe은 세인트존스워트처럼 예쁜 꽃에서 나오는 것이 아니라 인체에서 발견된다. 인간의 SAMe 수치는 연령과 성에 따라 다양하다. SAMe은 전신에서 생성되며 많은 화학적 작용들을 가능하게 해 준다. 우울증 환자들이 SAMe 수치가 낮은 건 아니지만 이것의 항우울 효과에 대한 연구 결과들은 고무적이다.[21] SAMe는 우울 증세들의 완화에 있어서 일관되게 위약들을 능가하고 있으며 비교 대상인 삼환계 항우울제에도 결코 뒤지지 않는다. 그러나 이에 관한 많은 연구들이 체계화되지 못한 것들이기 때문에 그 결과들을 전적으로 신뢰하기는 어려운 형편이다. SAMe는 부작용은 많지 않지만 양극성 장애를 지닌 환자들에게 조증을 유발할 수 있다.[22] SAMe의 작용 방식에 대해서는 누구도 구체적인 의견을 내놓지 못하고 있다. 동물 실험에서 SAMe

를 장기적으로 투여한 결과 뇌의 신경전달물질들의 수치가 증가한 것으로 보아 신경 물질들의 대사 작용에 관계하는 것으로 보이며 특히 도파민과 세로토닌을 강화하는 듯하다.[23] SAMe 결핍은 메틸화 부족으로 이어져 전반적으로 스트레스에 약해지게 만들 수도 있다.[24] 노인은 SAMe 수치가 낮은 경향이 있으며 일부 학자들은 이것이 노인의 뇌 기능 저하와 관련이 있다고 주장한다. SAMe의 효능에 대한 설명들은 많이 나와 있지만 뒷받침이 될 만한 증거는 사실상 없는 형편이다.

우울증 치료에 동종요법이 동원되기도 하는데, 다량을 투여하면 건강한 사람들에게 우울증 증세들을 일으킬 수 있는 다양한 물질들을 소량만 투여하는 형태로 이루어진다. 다양한 비서구적 약물들이 동종요법에 이용된다. 평생 우울증과 싸워 온 한 여성은 항우울제로는 거의 효과를 보지 못했는데 예순 살에 기공을 알게 된 후로 병이 씻은 듯이 나았다고 한다. 서구에서 점점 더 많은 지지자들을 모으고 있는 침술로(현재 미국인들은 침술 치료에 연간 5억 달러씩 쓰고 있다.) 놀라운 효과를 본 이들도 있다.[25] 미국 국립보건원은 침술이 뇌의 화학작용을 변화시킬 수 있다는 걸 인정한다. 한약은 그보다 신뢰가 덜 가지만 한약을 먹고 증세가 놀랍게 호전된 사람들도 있다.

대체 요법을 쓰고 있는 많은 사람들이 정규 치료법을 시도해 본 경험이 있다. 그들 가운데 일부는 대체 요법을 선호하고 나머지는 정규 치료의 보조적인 치료로 대체 요법을 이용한다. 어떤 이들은 대체 요법이 약물치료나 ECT에 비해 덜 침해적이라는 점에 끌린다고 한다. 심리치료를 피하는 것은 고지식하게밖에 안 보이지만, 약리학 전문의를 찾아가 위험할 정도로 아는 것이 없는 화학적으로 합성된 약물을 먹는 것보다 다양하게 변형된 심리치료법을 찾거나 심리치료와 비정규적 치료를 병행하는 것을 선호하는 건 충분히 있을 수 있는 일이다.

내가 만나 본 동종요법의 열렬한 지지자들 가운데 가장 존경스러운 인물은 클로디아 위버다. 클로디아 위버는 절대 자기 자신을 잃지 않는다. 어떤 이들은 상황에 따라 변하고 대화 상대를 닮아가지만 클로디아 위버는 누구도 길들일 수 없는 퉁명스러움과 괴팍함이 독특하게 어우러진 성격의 소유자다. 그런 성격은 상대를 불안하게 할 수도 있지만 극도의 만족감을 주는 면도 있다. 클로디아 위버는 입장이 분명하다. 그건 그녀가 예의 바르지 않아서가 아니다.(그녀의 태도는 나무랄 데가 없다.) 그건 그녀가 자신의 본질을 위장하는 데 전혀 관심이 없기 때문이다. 그녀는 결투를 청하는 사람이 장갑을 던지듯, 자신을 상대에게 내던지며 결투에 응하듯 그녀를 받아들이면 기뻐한다. 그녀를 받아들이는 것이 조금 힘들 것 같으면 그냥 가 버리면 된다. 그녀에 대해 알게 되면 그녀의 특이한 성격이 매력으로 다가온다. 클로디아 위버는 의리를 중시하고 무한한 정직성을 추구한다. 그녀는 매우 도덕적인 인물이다. 그녀는 이렇게 말한다. "나는 확실히 별난 데가 있지. 나는 그런 점을 자랑스럽게 여기게 됐어. 그게 내 삶의 방식이니까. 나는 언제나 매우 특이하고 자기 주장이 강한 사람이었지."

내가 클로디아 위버를 처음 만났을 때 그녀는 이십 대 후반이었는데 알레르기, 소화불량, 습진 따위를 다스리기 위한 전신 치료의 일환으로 동종요법을 쓰고 있었다. 그리고 명상과 식이요법도 병행하고 있었다. 그녀는 서른여섯 종의 약병들과 몇 가지 오일과 아유르베다 차['아유르베다'는 '생명의 과학'이란 뜻인데 인도의 전통적 치료법으로 요가와 약초를 이용한다.]를 들고 다녔다.(그리고 집에 50종의 약이 더 있다고 했다.) 그녀는 아찔하도록 복잡한 시간표에 따라 이것들을 복용했는데 어떤 약들은 통째로 삼키고 어떤 약들은 가루를 내어 무엇에 타서 먹고 환부에 연고를 바르기도 했다. 6개월 전부터 열여섯 살 이후로 하다 말다 해 온 약물치료와 완전히 결별을 고했다는데 약의 부작용 때문에 다른 치료를 시도해 보기 위해서였다고 했다. 약물치료를 중단하자 전에도 몇 차례 그랬던 것처럼 처음에는 잠시 기분이 좋아졌다가 도로 우울해지기 시작했다고 했다. 잠깐 세인트존스워트도 써 봤지만 효과가 없었다고 했다. 그런데 동종요법을 시도하자 좋은 것 같다고 했다.

그녀는 직접 만난 적은 없지만 친구가 큰 효과를 봤다고 소개해 준, 샌타페이에 사는 동종요법 치료사에게 치료를 맡기고 있었다. 그녀가 날마다 혹은 이틀에 한 번 꼴로 전화를 걸어 자신의 상태에 대해 이야기하고 치료사가 "혀에 막이 덮인 기분인가요?" "귀에서 물이 흐르는 것 같나요?" 같은 여러 질문들을 한 다음 대개 하루 여섯 알씩 약을 처방하는 식으로 치료가 이루어졌다. 그 치료사는 우리의 몸은 오케스트라와 같으며 치료는 소리굽쇠와 같다는 주장을 펴고 있었다. 클로디아는 의식(儀式)을 열광적으로 좋아하는데 내 생각에는 그 치료법의 복잡성에 얼마간 끌린 것이 아니었나 싶다. 그녀는 그 작은 약병들과 상담들과 의식을 좋아했다. 그녀는 유황, 금, 비소 같은 원소들과 벨라도나[가짓과의 여러해살이풀. 독성이 강하나 잎은 진통제 등으로 쓰인다.], 독성 견과류, 오징어 먹물 같은 이국적인 혼합약을 즐겼다. 그녀의 치료사는 근원적인 문제는 해결하지 못해도 심각한 증세들은 처리할 수 있었다.

클로디아는 평생 우울증에 대한 통찰과 수련의 삶을 살아왔다. "나는 우울증 상태에서는 도대체 긍정적인 일들이 기억이 안 나. 맨 부정적인 기억들뿐이지. 사람들이 내게 부당하게 대한 일, 창피를 당하거나 당혹스러웠던 일들. 그런 것들이 부풀려져 실제보다 더 끔찍하게 다가오지. 그리고 한 가지 기억이 떠오르면 열 가지, 스무 가지 기억들이 꼬리를 물고 이어지는 거야. 영성(靈性) 치료를 받을 때 내 인생에 방해가 된 부정적인 일들을 적는 시간이 있었는데 장장 스무 쪽이나 적었지. 그다음에는 긍정적인 일들을 적게 되었는데 아무것도 생각이 안 나는 거야. 또 아우슈비츠 수용소나 비행기 추락 사고 같은 어두운 문제들에 매료되고 자신이 그런 상황들에서 죽는 상상을 떨칠 수가 없어. 내 치료사는 그런 강박적인 공포를 누그러뜨리는 처방을 해 주지. ……나는 오랜 인생 체험을 했지. 다음 달이면 29년째가 돼. 그런데 내가 너에게 오늘 들려주는 인생담은 내일은 전혀 다른 내용이 될 수도 있어. 내 현실은 기분에 따라 변화가 심하니까. 오늘은 우울증이 너무 끔찍해서 그것 때문에 평생 고통스러웠다고 말하지만 그러다가도 내일 상태가 좋아지면 인생이 살 만하다고 말할 수도 있지. 나는 행복했던 시절들을 생각하려 애쓰지. 우울증으로 바로 이어지는 반성은 피하고. 우울증에 빠져 있을 때는 나의 모든 게 수치스러워. 다른 사람들도 그런 감정적인 기복을 겪으리라는 생각으로 위안을 얻을 수도 없어. 나는 굴욕적인 꿈들을 꿔. 잠 속에서조차 가슴을 짓누르는 끔찍한 우울증에서 벗어나지 못해. 아무 희망도 없는 상태. 우울증에 빠지면 제일 먼저 사라지는 게 희망이야."

클로디아 위버는 부모님의 고정관념에 압박감을 느꼈다. "부모님은 당신들의 방식으로 내가 행복하기를 원하셨지. 나는 어려서부터 나만의 세계에서 살았지. 다른 사람들과는 다르고 따로 동떨어져 있다고 느꼈지. 자신이 너무 작게 여겨졌지만 그건 상관하지 않았어. 다른 사람들은 거의 의식하지 않고 나만의 생각에 빠져 살았지. 뒤뜰에 나가도 아무것도 보지 않고 그냥 거닐기만 했지." 클로디아의 가족은 그 모든 일들에 "조금도 동요하지 않았다." 그녀는 3학년이 되면서부터 신체적으로 위축되기 시작했다. "누가 만지거나 껴안거나 키스하는 게 싫었어. 가족이라도. 학교에서는 항상 너무 피곤했고. 선생님들이 계속, '클로디아, 책상에서 머리 좀 들어라.'라고 하시던 게 생각나. 아무도 실상을 몰랐지. 한번은 체육 시간에 라디에이터 위에서 잠이 들기도 했지. 난 학교가 싫었고 친구도 사귀고 싶지 않았어. 다른 사람들이 하는 말에 상처를 잘 입었으니까. 6학년, 7학년이 되어서도 아무에게도, 무엇에도 관심 없이 혼자 다녔어. 지금은 그런 어린 시절이 너무도 가슴 쓰라리지만 그때는 내가 세상 사람들과 다르다는 것에 묘한 자부심 같은 걸 느꼈어. 우울증? 그래, 그게 다 우울증이었지만 나중에야 그런 이름을 붙이게 됐지. 우리 가족은 화목하고 사랑이 넘쳤지만 부모님은 (그 세대 사람들은 거의 그랬지만) 딸이 기분장애를 겪고 있으리라곤 생각도 못 했지."

클로디아에게 진정한 기쁨을 주는 건 승마뿐이었고 그쪽에 얼마간 소질도 있었다. 부모님이 그녀에게 조랑말을 사 주었다. "승마는 내게 자신감과 행복감을 주었고 다른 곳에서는 발견할 수 없는 희망의 창이 되어 주었지. 나는 말을 잘 탔고 스스로 그런 사실을 알고 있었고 내 조랑말을 사랑했지. 우린 호흡이 잘 맞았고 서로를 잘 알아. 그 조랑말은 내가 저를 필요로 한다는 걸 알았지. 조랑말은 나를 고통에서 끌어냈지."

클로디아는 10학년 때 기숙학교에 들어가게 됐는데 그곳 승마 강사와 스타일이 맞지 않아 승마를 그만두었다. 그리고 부모님께 조랑말도 팔아 버리라고 했다. 말을 탈 기운이 없었던 것이다. 기숙학교에서의 첫 학기에 '나는 왜 여기에 있는가? 나의 목적은 무엇인가?' 같은 의문들을 품고 살았다. 그녀는 룸메이트에게 그런 얘기들을 했고 룸메이트는 즉시 학교에 (앞뒤 얘기는 무시하고 단편적인 조각들만을) 보고했다. 학교 측에서는 클로디아가 자살 위험이 있다는 결론을 내리고 바로 집으로 보냈다. "정말이지 너무도 당혹스러운 일이었어. 정말 너무 수치스러웠어. 다시는 그 어느 것에도 속하고 싶지 않았지. 나는 그 일 때문에 어려운 시기를 보내야 했어. 다른 사람들이야 금세 잊었는지 몰라도 나는 그럴 수 없었어."

그해 말쯤 클로디아는 극심한 혼란 속에서 거식증에 시달리며 몸을 칼로 긋는 자해 행위를 시작했다. 그녀의 수법은 피가 안 날 정도로 가늘게 벤 다음 상처를 벌려서 피를 내는 것이었다. 그렇게 하면 상처가 가늘어서 흉터가 남지 않았다. 그녀는 같은 학교 여학생들 중 네다섯 명이 그런 자해 행위를 하고 있다는 걸 알고 있었다. "힘든 아이들이 꽤 있었던 모양이야." 클로디아의 자해 행위는 가끔씩 이어져 대학 시절에는 주기적으로 자해를 했고 이십 대 후반에도 왼쪽 손목과 배를 칼로 그었다. "그건 구조 요청은 아냐. 정신적인 고통이 너무 커서 해방되고 싶은 거지. 그러다 칼이 눈에 띄면, '와, 잘 들게 생겼네, 살에 대고 누르면 어떻게 될까……' 생각하지. 칼에 매료되는 거야." 기숙사 룸메이트가 그 상처들을 보고 다시 학교에 보고했다. "학교에서는 내가 확실히 자살 성향이 농후하다고 했고 나는 그것 때문에 제정신이 아니었지. 이가 딱딱 맞부딪칠 정도로 불안에 떨었지." 클로디아는 정신과 의사를 찾아가 보라는 지시와 함께 다시 집으로 돌려보내졌다. 정신과 의사를 찾아갔더니 완전히 정상이라며 오히려 학교와 기숙사 룸메이트를 정신병자 취급했다. "의사는 내가 자살 기도를 했던 게 아니라 자신의 한계를 시험해 보고 내가 누구이며 어디로 가고 있는지 확인하고 싶었던 거라고 했지." 클로디아는 며칠 후 학교로 돌아갔지만 이제 그곳이 더 이상 안전하게 느껴지지 않았고 심각한 우울증 증세들을 보이기 시작했다. "몸이 점점 더 피곤해져서 점점 더 잠만 자게 되었고 점점 움직이기 싫어지고 혼자 있고 싶어졌지. 극도로 불행했어. 하지만 누구와도 말하고 싶지 않았어."

곧 그녀는 하루 열네 시간씩 자게 되었다. "공부는 한밤중에 일어나서 화장실에서 했고. 모두들 이상하게 보더군. 사람들이 문을 노크하면서 그 안에서 뭘 하는지 물으면 공부한다고 대답했지. 그러면 이런 질문과 대답이 이어졌지. '왜 거기서 공부를 해?' '그냥 그러고 싶어서.' '휴게실에 가서 하지 그래?' 하지만 휴게실에 가면 누군가와 만나야 되잖아. 난 그걸 피하고 싶었던 거지." 그해 말쯤 클로디아는 음식을 끊다시피 하고 있었다. "학교 식당에 가기 싫어서 하루에 초콜릿바를 일곱 개에서 아홉 개 정도 먹고 버텼어. 식당에 가면 아는 사람들이 '좀 어떠니?' 하고 물을 테고 그게 내가 제일 대답하기 싫은 질문이었으니까. 수업은 빠지지 않았어. 침대에만 누워 있으면 학교에서 우리 부모님께 연락을 할 테고 그러면 더 골치 아프고 성가셔질 테니까. 부모님께 전화해서 집에 돌아가고 싶다고 말할 생각조차 들지 않았어. 그곳에 꼼짝없이 갇힌 기분이었지. 시야가 몽롱해서 2미터 앞도 볼 수 없는 듯했고 우리 어머니조차 2미터 이상 떨어져 있었지. 나는 우울증에 걸린 게 너무 수치스러웠고 모두 나에 대해 끔찍한 말들만 할 것 같았어. 혼자 화장실에 가는 것조차 곤혹스러웠던 거 알아? 당연히 공공장소에서는 문제가 많았고 혼자 있을 때조차 나를 마주할 수가 없었어. 화장실에서 볼일을 볼 때조차 인간으로서의 가치를 전혀 느낄 수 없었어. 내가 화장실에서 볼일을 보고 있는 걸 누가 아는 것 같아서 수치스러웠어. 정말이지 믿을 수 없을 정도로 고통스러웠지."

10학년 여름은 험난했다. 그녀는 신경성 습진이 생겨 계속 고생했다. "사람들과 함께 있는 것이 세상에서 제일 힘든 일이었지. 그냥 대화하는 것조차 힘들었어. 나는 세상을 피했어. 커튼을 닫고 침대에 누워서만 지냈지. 그때는 빛조차 견딜 수가 없었으니까." 그 여름에 클로디아는 결국 약물치료를 시작하면서 이미프라민을 복용하게 되었다. 주위 사람들은 그녀가 꾸준히 호전되는 것을 느꼈다. "여름이 끝나 갈 무렵에는 어머니와 뉴욕으로 하루 쇼핑을 다녀올 수 있을 정도로 좋아졌지. 그것이 그해 여름에 내가 했던 가장 신나고 활기찬 일이었지." 그녀는 그때 알게 된 치료사와 지금까지도 가까운 친구처럼 지내고 있다.

가을에 그녀는 다른 학교로 전학했다. 전학 간 학교에서는 독방을 주었고 그것이 효과가 있었다. 그녀는 그 학교 사람들이 좋았고 약물치료 덕에 기분도 좋아진 상태였다. 그해 여름에 클로디아의 가족은 결국 딸의 기분장애를 현실로 받아들였는데 그것이 큰 도움이 되었던 것이다. 그녀는 많은 과외 활동들을 하면서 열심히 공부에 매달린 결과 프린스턴대학교에 진학했다.

프린스턴에서 그녀는 평생 실천할 여러 대응 전략들을 마련했다. 그녀는 매우 비사교적이었지만 혼자 사는 건 어렵다는 걸 깨닫고 밤의 고립감을 피하기 위해 여섯 명의 친구들에게 돌아가며 하루씩 잠들 때까지 곁에 있어 달라고 부탁했다. 친구와 종종 함께 자기도 했는데 클로디아는 그때까지만 해도 섹스에 관심이 없었고 친구들은 그런 경계선을 존중해 주었다. 그들은 순수한 친구로서 그녀 곁에 있어 주었다. "친구와 꼭 껴안고 자는 것이 아주 훌륭한 항우울제가 되어 주었지. 그걸 위해서라면 섹스도 포기할 수 있었어. 먹는 것도 포기하고 영화 보러 가는 것도, 일도 포기할 수 있었지. 그런 안전함과 아늑함을 위해서라면 잠과 화장실 가는 것 말고는 다 포기할 수 있었어. 그것이 뇌의 화학적 반응들을 자극했던 것 같아." 다음 단계의 육체적 친밀 행위로 나아가는 데는 시간이 좀 걸렸다. "나는 늘 벗은 몸에 대한 자의식이 강했기 때문에 수영복을 입는 것도 고역이었지. 그러니 섹스에 일찍 눈뜰 수가 없었겠지. 친구들은 섹스가 괜찮은 거라고 이해시키려 애썼지만 나는 그렇게 생각할 수 없었어. 몇 년 동안은 그것이 내게 옳은 일이라는 생각조차 들지 않았고. 지금껏 마셔 본 적도 없고 앞으로도 마실 생각이 없는 세븐업처럼. 하지만 결국 생각이 바뀌게 되었지."

대학 1학년 겨울에 클로디아는 잠시 약물치료를 중단했다.

"이미프라민이 꼭 곤란한 때에 부작용을 냈어. 강의 시간에 앞에 나가서 발표를 해야 하는데 입안이 말라붙어서 혀를 움직일 수 없게 된 식으로 말이야." 그녀는 걷잡을 수 없이 가라앉았다. "식사하러 나갈 수조차 없어서 친구 하나가 저녁마다 요리를 해서 먹여 줬지. 무려 8주 동안이나. 그의 방에서만 먹었어. 내가 다른 사람들 앞에서 먹는 걸 견디지 못했으니까."

"누구나 약을 끊고 버틸 수 있기를 바라지. 하지만 그런 마음을 갖고 있으면 상태가 얼마나 심각한지 깨닫지 못하게 돼." 마침내 친구들이 나서서 약물치료를 계속하도록 설득했다. 그해 여름에 수상스키를 타러 갔는데 돌고래 한 마리가 다가와 그녀와 나란히 헤엄쳤다. "신을 그렇게 가깝게 체험하기는 처음이었어. 그러니까 뭐랄까, 동지와 함께 있는 기분이었지." 그녀는 기분이 좋아진 나머지 다시 약물치료를 중단했다.

그랬다가 6개월 후에 다시 시작했다.

대학 3학년 말부터 프로작을 복용하기 시작했는데 내면의 자아를 일부분 죽인 걸 제외하고는 효과가 좋았다. 그녀는 프로작과 8년을 함께했다. "한동안 약을 먹다가 이제 괜찮아져서 약이 필요 없다는 생각이 들면 끊었지. 그렇게 멀쩡히 잘 지내다가 일련의 사건들이 터지면 지치기 시작하는 거야. 너무 무거운 짐을 지고 있는 것처럼. 그러다 두어 가지 사소한 문제들이 생기지. 치약 뚜껑이 배수구에 빠지는 것 같은 작은 일들이지만 할머니가 돌아가신 것보다 더 마음을 뒤흔들어서 결국 난 다시 무너지지. 그렇게 늘 좋아졌다 나빠졌다 하기 때문에 내가 어디로 향하고 있는지 아는 데도 시간이 걸려. 언제가 나빠진 상태인지도 판단하기 힘들고." 일시적으로 악화된 상태에서 "집에서 나와 버스를 탈 수가 없어서" 친구의 결혼 축하 파티에 못 가고 전화도 할 수 없게 되자 그녀는 다시 프로작에 의존했다.

결국 클로디아는 약물치료를 포기하고 성적인 감정을 다시 일깨울 수 있었다. 그리고 나와 처음 만났을 때 하고 있던 동종요법 치료를 시작했다. 동종요법은 꽤 오래 효과가 있었고 안정감을 유지시켜 주었지만 현실이 그녀를 다시 우울증으로 몰아넣었을 때 그 수렁에서 건져 주지는 못했다. 시련의 시기들이 있기는 했지만 그녀는 긴 겨울 내내 동종요법을 고수했다. 한 달에 한 번씩 우울증이 찾아왔을 때 겁을 집어먹기는 했지만 나중에 알고 보니 단순한 PMS[월경전증후군]였다. "나는 항상 월경이 시작되면 기뻐서 어쩔 줄 모르지. '아하, 바로 이거였구나!' 하면서." 약물치료의 중단으로 심각한 퇴보가 일어난 건 아니지만 어려움이 닥쳤을 때 견디기가 더 힘겨웠다. 동종요법이 신경성 신체 질환들에는 맞지 않아 습진의 경우 심할 때는 셔츠 가슴팍에 피가 밸 정도였다.

이 시기쯤 클로디아는 심리치료를 포기하고 줄리아 캐머런이 "아침의 기록(morning pages)"이라고 칭한, 매일 아침 20분씩 의식의 흐름을 기록하는 훈련을 시작했다. 그녀는 지금까지 3년 동안 하루도 이 일을 거르지 않았으며, 이 훈련이 인생의 의미를 분명하게 하는 데 도움이 된다고 한다. 그녀는 또 기분이 저조해지거나 삶이 따분해지기 시작하면 실천에 옮길 일들의 목록을 침실 벽에 붙여 놓고 있는데 "동시 다섯 편 읽기, 콜라주 만들기, 사진 보기, 초콜릿 먹기" 등이다.

아침의 기록을 시작하고 몇 개월 후 클로디아는 지금의 남편을 만났다. "옆방에서 누가 일하고 있으면 인생이 훨씬 행복하다는 걸 깨닫게 됐지. 사람과의 교제는 내게 매우 중요해. 정서적 안정에 매우 중요하지. 나는 위안이 필요해. 작은 일들을 기억해 주고 관심을 기울여 주는 사람이 필요해. 혼자인 것보다는 불완전하나마 다른 사람들과 관계를 맺고 있는 게 더 좋아." 클로디아의 약혼자는 그녀의 우울증을 받아들여 주었다. "그는 자신이 늘 균형을 잃지 말아야 하고 나를 도울 준비가 되어 있어야 한다는 걸 알지. 우울증이 재발할 경우에 대비해서 항상 만반의 준비가 되어 있어야 한다는 걸 말이야. 그가 곁에 있으면 나 자신에 대해서도 훨씬 좋게 생각하게 되고 일도 훨씬 잘할 수 있어." 실제로 그녀는 남편을 만난 뒤 상태가 아주 좋아져서 동종요법을 중단할 결심까지 하게 되었다. 그리고 1년 동안 그와 함께 결혼식 계획을 짜면서 행복하게 보냈다.

여름에 치러진 그들의 결혼식은 동종요법 프로그램처럼 꼼꼼하게 계획된 아름다운 예식이었다. 클로디아의 모습은 아름다웠고 그곳에 모인 많은 친구들의 가슴에서 사랑이 샘솟았다. 클로디아를 아는 모든 이들이 그녀가 마침내 사랑을 찾고 불행했던 시절을 뛰어넘어 빛나는 모습으로 서 있게 된 것을 축복했다. 클로디아의 가족은 파리에서 살고 있었지만 클로디아가 자란 코네티컷의 부촌에 있는 17세기 양식의 집을 그대로 소유하고 있었다. 모두들 아침에 그곳에 모여 결혼 의사를 알리는 의식에 참석했는데 신랑 신부는 네 방향과 네 바람들에 기원을 올렸다. 그리고 점심 식사는 길 건너 신부 가족의 친지 집에서 냈다. 결혼식은 오후 4시에 아름다운 정원에서 거행되었고 칵테일 파티가 이어졌다. 클로디아와 새신랑이 상자를 열자 나비들이 마법처럼 날아올랐다. 저녁에는 140명의 손님들을 위한 우아한 만찬이 준비되었다. 나는 목사 옆에 앉게 되었는데 그는 이토록 정성을 들여 준비한 결혼식은 처음 집전해 본다며 신랑 신부가 직접 기획하고 준비한 이 예식은 오페라처럼 완벽하게 연출되었다고 말했다. 모든 것이 더할 나위 없이 훌륭했다. 좌석표까지 메뉴와 순서표처럼 수제 종이에 목판 인쇄로 찍혀 있었다. 행사를 위해 특별히 고안한 이미지들이라고 했다. 신랑은 대형 4단 케이크를 직접 만들었다고 했다.

변화는, 긍정적인 변화라 할지라도 스트레스가 되며 결혼은 인생의 가장 큰 변화 가운데 하나다. 결혼 전에 시작된 문제들이 예식이 끝난 뒤 바로 악화되었다. 당시 클로디아는 남편에게 문제가 있다고 여겼고 한참이 지나서야 그것이 우울증의 징후일 수도 있다는 사실을 받아들이게 되었다. "남편은 나와 내 미래에 대해 나보다 더 걱정해 주지. 결혼식 날 모두들 내가 행복한 신부였다고 기억할 거야. 사진도 행복하게 나왔고. 하지만 난 그날 종일 사랑을 느껴야 한다는 압박감에 짓눌려야 했지. 도살장에 끌려가는 새끼양이 된 기분이었어. 그날 밤 나는 완전히 녹초가 됐지. 솔직히 신혼여행은 끔찍했어. 여행 내내 남편에게 좋은 말을 할 수가 없었어. 그와 함께 있고 싶지도 않았고 그를 보고 싶지도 않았지. 섹스를 시도했지만 내겐 너무 고통스러웠고 결국 실패하고 말았지. 그때 그가 나를 얼마나 사랑하는지 알겠더군. 나는 도무지 믿기지 않았어. 아무튼 이제 그가 나를 사랑하지 않게 될 거라고 생각했지. 그를 가슴 아프게 만들고 그의 인생을 망쳐 놨다는 생각에 너무도 비참해졌어."

늦은 9월에 클로디아는 동종요법을 재개했다. 덕분에 안정을 되찾기는 했지만 이미 심각해진 우울증에서 벗어날 수는 없었다.

"일을 하다가 갑자기 금방이라도 무너져 버릴 것 같은 기분이 드는 거야. 그러면 너무 걱정이 돼서 일자리를 잃지 않기 위해 프로답지 못한 행동을 하지. 두통을 핑계로 조퇴를 하는 거야. 그땐 모든 게 싫었어. 내 인생 자체가 싫었고. 이혼을 하든지 결혼을 무효로 하고 싶었지. 친구도 없고 미래도 없는 듯한 기분이었어. 끔찍한 실수를 저지른 것 같았고. 이런 생각이 들었어. 오, 하느님, 평생 그와 무슨 이야기를 나누며 살아야 할까요? 저녁을 함께 먹어야 하는데 무슨 얘기를 할까요? 더 이상 나눌 말이 없었어. 남편은 남편대로 다 자기 탓이라고 여기고 자기 혐오에 빠져서 면도도 안 하고 일도 안 하고 아무것도 하고 싶어 하지 않았지. 나는 그에게 잘해 주지 못했어. 그는 죽도록 애는 썼지만 어찌해야 할지를 몰랐지. 그가 하는 일은 내 맘에 들 수가 없었으니까. 하지만 그때 난 그걸 몰랐지. 나는 그에게 가 버리라고, 혼자 있고 싶다고 말했지만 속으로는 그가 함께 있겠다고 고집하길 원했어. 내가 왜 이러는 걸까 자문도 해 봤지만 답을 알 수 없었어. 어떻게 하면 행복할 수 있을까? 그것도 답을 몰랐어. 그러면 내가 원하는 게 뭘까? 그것도 몰랐고. 그것이 사람을 미치게 했어. 캄캄절벽이었지. 기대하는 것조차 없었어. 그걸 다 남편에게 퍼부었지. 그에게 너무 심하게 군다는 걸 알고는 있었지만 중단할 기운조차 없었어." 10월에 그녀는 친구와 함께 점심을 먹는 자리에서 "결혼 생활이 행복해서 얼굴에서 빛이 난다."는 말을 듣고 울음을 터뜨렸다.

고교 시절 이후 최악의 시기였다. 마침내 11월에 그녀는 친구들의 설득으로 양약으로 돌아갔다. 정신과 전문의는 그녀에게 그토록 오래 동종요법을 고집했다니 제정신이 아닌 모양이라고 하면서

48시간 동안 몸에서 약 기운을 없앤 후 셀렉사를 복용하자고 했다. "금세 약효가 나타났지. 가끔 우울한 느낌이 들 때도 있고 성욕이 사라지기는 했지만. 그래도 남편을 위해서 노력은 하지. 섹스에 대한 관심만 사라진 게 아니라 육체적인 문제도 있어. 성기가 젖지도 않으니까! 배란기에 2퍼센트 정도의 관심이 생기는데 그게 월중 최고치지. 하지만 전반적으로는 훨씬 좋아졌어. 남편은 참 좋은 사람이야. 그는 이렇게 말하지. '나는 섹스 때문에 당신과 결혼한 게 아니야. 그러니 상관없어.' 내가 이제 괴물처럼 굴지 않는 것만으로도 크게 안도하는 눈치야. 결혼 생활도 안정을 찾았어. 다시금 남편에게서 든든함을 느끼게 됐어. 밤에는 그의 품에 꼭 안겨서 자고. 난 요구가 많은데 그가 그것들을 다 채워 주고 있어. 그도 꼭 껴안고 자는 걸 좋아해. 남편은 내가 스스로를 좋은 사람이라고 느끼도록 만들어 줬지. 그와 함께 사는 게 행복해. 이제 그의 사랑이 너무도 소중한 보배야. 우리 관계의 적어도 80퍼센트는 근사해. ······인위적으로 버티고 있다는 기분은 들어. 약을 10밀리그램 줄이면 우울한 기분이 찾아오는데 그건 몹시 혼란스럽고 고통스럽고 헤어나기도 힘들지. 그래도 얼마든지 살아갈 수는 있지만 아직은 약 기운을 빌리고 싶어. 아직 안정감이 안 들거든. 결혼식을 계획할 때처럼 원활하게 나아가는 기분이 안 들어. 안전하다고 느껴지면 약물치료를 중단하겠지만 아직은 아니야. 우울증 상태의 나와 정상 상태의 나를 구분하기가 점점 더 힘들어져. 내 안의 우울 성향이 실제 우울증보다 훨씬 더 강한 것 같아. 우울증이 내 인생의 전부는 아냐. 평생 침대에 누워 고통스러워하며 살고 싶지는 않아. 성공하는 사람들은 다음 세 가지를 실천하지. 첫째, 자신에게 일어나고 있는 일의 정체를 파악하는 거야. 그다음에는 그것이 영구적인 상황임을 받아들이는 거지. 그리고 그것을 초월하고 그것을 통해 성장하여 현실 세계로 뛰어드는 거지. 우울증의 정체를 이해하고 그것을 통해 성장할 수 있다면 세상과 상호작용하면서 직업도 갖고 살아갈 수 있지. 무능력자가 된 듯한 기분에서 벗어나 승리감에 휩싸이는 거지! 자신의 문제를 극복하는 우울증 환자는 그러지 못한 환자처럼 심하게 거슬리지는 않아. 나도 평생 기분장애를 안고 살아야 한다는 걸 처음 깨달았을 때는 말도 못하게 상심했지. 하지만 이제 속수무책이라는 생각은 안 들어. 나는 '어떻게 하면 이 시련을 통해 성장할 수 있을까. 이 아픔을 통해 어떻게 배움을 얻을 수 있을까.'에 인생의 초점을 맞추고 살지." 그러면서 클로디아 위버는 고개를 갸웃한다. "나는 그걸 이해해. 그러니까 운이 좋은 셈이야." 온갖 고난을 겪고도 제대로 된 삶을 영위할 수 있었던 건 어느 실험적인 치료법 못지않게 그녀의 탐구적 정신의 공이 크다.

내가 연구한 집단 치료 중에서 가장 불가사의하고 환자에게 자양분을 주고 해결책에 가장 가깝게 데려다주는 방법은 독일의 베르트 헬링거의 연구에 기초한 것이었다.26 신부 출신으로 한때 아프리카 줄루족을 상대로 선교 활동을 펼쳤던 베르트 헬링거는 내담자로 하여금 자신이 의식하지 못하는 그늘 속에 존재하던 감정이나 욕구와 대면하게 하는 형식의 게슈탈트식 치료법을 도입하여 많은 열렬한 추종자들을 두었다. 그의 제자 중 한 사람인 라인하르트 리어가 1998년 미국으로 건너와 집중 치료를 실시했는데, 거기 참여했던 나는 그 과정에 심취하게 되면서 천성적인 회의를 버리고 경의를 표하게 되었다. 라인하르트 리어의 치료법은 내게도 얼마간 효과가 있었거니와 집단 내 다른 환자들에게도 커다란 효과가 있는 것이 가시적으로 드러났다. 헬링거식 치료법도 EMDR과 마찬가지로 정신적인 외상 관련 우울증에 가장 효과가 뛰어나지만 이 치료에서 외상은 시간의 구속을 받는 단일한 사건이 아닌 근본적인 사실(예를 들면 "어머니가 나를 미워하셨다." 따위의)이 될 수도 있다.

우리는 스무 명 정도가 한 그룹을 이루어 우선 기본적인 활동들을 통해 신뢰를 쌓았다. 그다음 각자 자신의 인생에서 가장 고통스러운 일에 대한 이야기를 구성했다. 기본 형식에 맞추어 자신의 이야기를 한 뒤 그룹 중에서 이야기에 등장하는 다른 인물들의 역을 맡길 사람들을 선택했다. 라인하르트 리어는 이들을 마주 세우고 자리를 이리저리 바꾸기도 하면서 더 나은 해결점을 찾아가도록 이야기를 재구성하는 방식으로 일종의 정교한 춤의 안무를 짰다. 그는 이것을 '가족 배열(family constellations)'이라 불렀다. 나는 우울증의 발단을 어머니의 죽음으로 정했다. 어머니 역, 아버지 역, 동생 역을 맡을 사람들이 결정되었다. 리어는 나의 양쪽 조부모님들도 참여시키기를 원했는데 모두 일찍 세상을 떠나셔서 내가 아는 분은 친할머니뿐이었다. 리어는 우리들의 자리를 바꿔 주면서 내게 그들에게 하고 싶은 말을 하라고 했다. "어머니가 어렸을 때 돌아가신 외할아버지께는 무슨 말을 하고 싶지요?" 그가 물었다. 내가 받은 우울증 치료 중에서 카리스마적인 지도자에 가장 크게 의존하는 방법이었다. 리어는 우리들에게서 엄청난 힘을 일으킬 수 있었다. 20분 동안 그의 안무에 맞추어 가슴속 말들을 털어놓을 때는 어머니께 직접 내 생각과 느낌들을 말하는 기분이 들었다. 주문이 풀리자 나는 도로 뉴저지의 한 회의실로 돌아왔지만 뭔가 해결된 듯 평온한 마음으로 그곳에서 나올 수 있었다. 그건 어쩌면 고인이 된 조부모님들과 어머니에게 말을 할 수 있었기 때문일 뿐이었는지도 모르지만, 어쨌든 나는 그 과정에서 감동을 받았고 그 속에 신성함이 들어 있다고 생각했다. 이 방법은 우울증을 치료하지는 못하지만 얼마간 평화를 가져다줄 수 있다.

우리 그룹에서 가장 주목할 만한 사례는 부모가 나치 수용소에서 일했다는 걸 알게 된 한 독일계 남자의 경우였다. 그는 그 공포와 전율을 이기지 못해 심각한 우울증에 걸렸다고 했다. 그는 라인하르트 리어가 그와 가깝게 혹은 멀리 세워 놓은 가족들에게 자신의 심정을 토로하면서 계속해서 울었다. 중간에 리어가 이렇게 말했다. "이분은 당신의 어머니입니다. 그녀는 끔찍한 일들을 저질렀지요. 그렇지만 당신이 어렸을 때 당신을 사랑하고 보살피기도 했지요. 어머니께 말하세요. 어머니는 나를 배신했다고, 하지만 어머니를 사랑하지 않을 수 없다고. 용서하려고 애쓰지 마요." 인위적으로 들릴 수도 있지만 그 자리에서는 강한 설득력을 발휘했다.

우울증 상태에서는 친구들에게조차 우울증에 대해 이야기하기가 어려우므로 우울증 환자 모임이라는 발상은 그 자체로 직관에 반하는 것 같다. 그런데도 우울증에 대한 인식이 확산되고 치료 기금이 점차 줄면서 우울증 환자 모임은 급격한 증가세를 보이고 있다. 나는 우울증에 시달릴 때는 (속물근성과 냉담, 무지, 그리고 사생활을 보호받고 싶은 욕구로) 환자 모임에 나가지 않다가 이 책의 집필 준비를 하면서 나도 시련의 시기들을 겪었음을 시인하고 모임에 나가기 시작했다. 세계적으로 수백 군데의 단체들에서 환자 모임을 운영하고 있는데 대부분이 병원들이다. 존스홉킨스 대학교의 우울증·정동장애 협회(DRADA: Depression and Related Affective Disorders)는 예순두 개의 환자 모임을 운영하고, 일대일 버디[자진해서 친구가 되어 주고 기운을 북돋워 주는 사람] 시스템을 마련해 놓고 있으며,《스무드 세일링(Smooth Sailing)》이라는 회보를 발행하고 있다. 뉴욕에 본부를 둔 기분장애환자모임(MDSG: Mood Disorders Support Groups)은 미국 최대의 환자 모임 조직으로 매주 열네 개의 환자 모임을 운영하면서 연간 7000명의 참가자들을 돕고 있다. 또한 연간 10회의 강좌를 후원하는데 강좌마다 150명가량이 참석한다. MDSG는 6000명 정도의 회원들에게 배포되는 계간 회보도 발행하고 있다. MDSG 모임은 몇 군데 장소에서 열리는데 나는 주로 뉴욕의 베스이스라엘 병원에서 매주 금요일 밤 7시 반에 열리는 모임에 참석했다.(대부분의 우울증 환자들은 금요일 밤에도 데이트가 없다.) 그곳에 들어가려면 우선 현금 4달러를 내고 이름만(성은 빼고) 쓴 스티커 이름표를 받는다. 모임은 진행자 한 명과 환자 여남은 명으로 이루어진다. 먼저 각자 자기소개를 한 뒤 모임을 통해 얻고자 하는 것을 이야기한다. 그다음에는 보다 일반적인 토론이 시작된다. 환자들은 자기 얘기도 하고 서로 조언도 해 주며, 가끔은 누가 더 불행한지 경쟁을 벌이기도 한다. 모임은 두 시간 정도 계속된다. 치료가 잘 안 되어서 자포자기 상태인 심각한 환자들이 많아 두려움과 중독적인 비통함이 흐른다. 환자 모임은 점점 심각해지는 의료 체계의 비인간성을 보완하려 노력한다. 모임에 참여하는 많은 환자들이 병으로 인해 가족과 친구들을 잃어 가고 있기 때문이다.

　내가 참석한 환자 모임은 대개 이랬다. 안으로 들어서자 휘황한 형광등 불빛 아래 환자 열 명이 자신의 이야기를 하기 위해 기다리고 있다. 우울증 환자들은 멋쟁이가 될 수 없으며 목욕조차 힘겨워한다. 그래서 많은 이들이 기분 못지않게 행색도 초라하다. 나는 일곱 번째 방문이었다. 지난번에는 존이 처음으로 얘기했다. 그는 얘기하기를 좋아하고 잘 견디고 있으며 10년 동안 거의 매주 참석해서 내부 사정에 밝기 때문이다. 존은 계속 직장에 나가고 있고 단 하루도 결근한 적이 없다고 했다. 약물치료는 원하지 않지만 약초와 비타민은 먹고 있다고 했다. 잘 해낼 수 있을 것 같다고 했다. 데이너는 우울증이 심해 오늘 밤은 얘기를 못 하겠다고 했다. 무릎을 모아 안고 그 위에 턱을 괴고는 나중에 얘기하겠노라 약속했다. 앤은 한동안 MDSG에 나오지 못했다. 그녀는 우울증으로 고생하다 이펙서를 먹고 많이 나아졌다. 그러나 복용량을 늘리자 과대망상증으로 "제정신을 잃게" 되었다. 마피아가 자신을 잡으러 온다고 믿고 아파트에 바리케이드를 쳤다. 그러다 결국 입원해서 "약이란 약은 다 먹어 봤지만" 아무 효과가 없자 ECT를 받게 되었다. ECT가 많은 기억들을 지워서 그 뒤로는 잘 기억이 나지 않는다고 했다. 그녀는 원래 화이트칼라로 중역의 자리에 있었다. 그런데 이제는 남의 집 고양이에게 밥 주는 일로 생계를 이어 가고 있었다. 그녀는 오늘 고객 둘을 잃었으며 거절당하는 것과 수치심을 견디기 힘들다고 했다. 그래서 오늘 밤 모임에 나오기로 했다는 것이었다. 그녀는 눈에 눈물이 그렁그렁한 채 말했다. "여기 있는 분들은 모두 너무 좋은 분들이군요. 서로 얘기를 들어 주니. 저 바깥에서는 아무도 남의 얘기를 들어 주지 않죠." 우리는 그녀를 도우려고 애썼다. "나도 친구가 참 많았죠. 그런데 이제 모두 떠났어요. 그래도 그럭저럭 살고 있어요. 고양이들을 찾아다녀야 하니까 계속 움직이게 되고 걷는 게 도움이 되죠."

제이미는 '공무원'이었는데 결근이 많아 강제로 퇴직당했다. 그 전에 3년 동안 장애 휴직을 했다. 그를 아는 대부분의 사람들이 그를 이해하지 못했다. 그는 아직 직장에 다니고 있는 것처럼 행동했으며 낮에는 전화를 받지 않았다. 오늘 밤 그는 다른 때보다 나아 보였다. "체면을 잃는다면 나는 자살할 겁니다. 체면 때문에 버티고 있는 거니까요." 그의 말이었다. 다음 차례는 하위였다. 그는 저녁 내내 부피 큰 오리털 코트를 가슴에 안고 앉아 있었다. 모임에는 자주 나왔지만 말은 거의 안 하는 사람이었다. 그는 좌중을 둘러보았다. 그는 마흔 살이었는데 정식 직장을 가져 본 적이 없다고 했다. 2주 전에 그는 이제 직장을 갖게 됐다고, 수입도 늘고 정상인처럼 살 수 있게 됐다고 선언했다. 그는 약물치료를 받는 중이었는데 효과가 있는 듯했다. 하지만 치료 효과가 중단된다면? 그러면 다시 월 85달러의 장애인 생계 보조금을 받을 수 있을까? 우리 모두 그에게 열심히 직장에 다녀 보라고 용기를 주었었다. 그런데 오늘 밤 그는 너무 두려워서 직장에 나갈 기회를 포기했노라고 말했다. 앤이 그에게 마음 상태는 어떤지, 외부적인 사건이 어떤 영향을 미쳤는지, 쉬고 있으니 기분이 달라지는지 물었다. 하위는 멍하니 그녀를 바라보며 대답했다. "나는 쉰 적이 없어요." 모두들 그를 쳐다보았다. 그는 바닥에 대고 발을 끌면서 말했다. "미안해요. 내 말은, 쉬고 말고 할 만한 일을 가져 본 적이 없다는 거예요."

폴리가 말했다. "사람들이 주기성 운운하며 기분이 좋아졌다 나빠졌다 한다는 소리를 하면 정말 질투가 나요. 나는 한 번도 그런 적이 없어요. 늘 이런 식이죠. 어릴 때부터 음울하고 불행하고 불안했어요. 내게 희망이란 게 남아 있을까요?" 그녀는 나르딜(Nardil)을 복용하고 있으며 극소량의 클로니딘이 땀을 많이 흘리는 증세를 없앤다는 걸 발견했다. 그녀는 원래 리튬을 먹었는데 한 달 동안 체중이 5킬로그램이 넘게 느는 바람에 복용을 중단했다. 한 사람이 그녀에게 나르딜과 함께 데파코트를 복용하면 도움이 될 거라고 했다. 나르딜의 음식 제한은 무척 고통스럽기 때문이었다. 제이미는 팍실 덕분에 안정을 찾았다고 했다. 맥스는 자신에게는 팍실이 듣지 않았다고 했다. 그녀는 몽롱한 상태에서 얘기하고 있는 듯했다. "난 아무것도, 아무것도 결정할 수가 없어요." 맥스는 무감각 상태에 빠져서 몇 주씩 이불 속에서 나오지 않는다고 했다. 모임에도 치료사가 억지로 등을 떠밀다시피 해서 온다는 것이었다. "약물치료를 받기 전에는 신경증과 비참한 기분에 시달리며 자살을 꿈꾸었죠. 지금은 아무것에도 관심이 없고요." 그녀는 우리가 천국의 문의 배심원들이기라도 되는 듯 우리를 둘러보았다. "어떤 게 나은 건가요? 난 어떤 사람이 되어야 할까요?" 존이 고개를 저으며 말했다. "그게 문제예요. 어떻게 회복된 상태가 더 나쁠 수 있는 건지." 다음은 셰릴 차례였다. 그녀는 주위를 둘러보았지만 아무도 보고 있지 않다는 걸 알 수 있었다. 그녀의 남편은 도움이 될까 해서 그녀를 데려다 놓고 밖에서 기다리고 있었다. 셰릴은 낡은 레코드판처럼 늘어지는 단조로운 목소리로 말했다. "나는 몇 주 전에 죽었는데 아직 시체가 발견되지 않은 듯한 느낌이에요."

고통을 나누는 이 슬픈 모임은 많은 참석자들에게 단절로부터의 유일한 탈출구가 된다. 나 자신의 경험을 돌이켜 보면, 최악의 시기에 아버지를 비롯한 주위 사람들이 열띤 얼굴로 좀 나아졌는지 물을 때마다 아니라고 대답하면서 그들에게 내가 얼마나 큰 실망을 주는지 통감해야 했다. 몇몇 친구들은 나를 더없이 편안하게 해 주었지만 다른 이들에게는 재치를 부리면서 농담조로 말하지 않을 수 없었다. "나도 가고 싶은데 사실 지금 붕괴 상태거든. 다음에 만나는 게 어떨까?" 이렇듯 빈정대는 어조로 솔직하게 말하면 비밀을 지키기 쉽다. 환자 모임에서는 ('나는 오늘 정신이 멀쩡한데 당신은?' 식으로) 교감이 이루어졌고 나는 자신도 모르게 긴장이 풀리기 시작했다. 우울증 상태에서는 말로 표현이 불가능하고 경험자끼리 이심전심으로 통하는 것들이 많다. "내가 목발을 짚고 있었다면 가족이 춤추러 가자고 하지 않겠죠." 가족이 기분 전환을 시켜 주겠다고 자꾸 나가자고 졸라서 못 견디겠다는 한 여성의 말이다. 세상에는 너무도 많은 고통이 존재하며 대부분의 사람들이 자신의 고통을 비밀로 간직한 채 보이지 않는 휠체어를 타고, 보이지 않는 깁스를 하고 힘겹게 살아간다. 우리는 이야기를 나누며 서로를 지탱해 주었다. 하루는 루스가 고뇌에 차서 짙은 마스카라 위로 눈물을 흘리며 말했다. "여러분 중에 나 같은 고통을 겪고 그것을 극복한 사람이 있는지 알고 싶어요. 있다면 말해 주세요. 그 말을 들으려고 여기까지 달려왔으니까. 진짜로 그럴 수 있다고 말해 줘요." 하루는 누군가 이렇게 말했다. "마음이 너무 아파요. 사람들과 접촉하지 않고서는 견딜 수가 없어서 왔어요."

MDSG는 실제적인 도움들도 제공하며 특히 친구, 가족, 훌륭한 건강보험에 의지할 수 없는 사람들에게 유용하다. 예를 들어, 직장에 자신의 병을 알리고 싶지 않은 경우 거짓말을 하지 않고도 현명하게 둘러대는 방법을 배울 수 있다. 문제는 이 모임의 회원들이 서로 커다란 도움을 주는 동시에 끔찍한 조언들도 제공한다는 것이다. 발목을 삔 경우라면 같은 환자들끼리 유용한 정보를 나눌 수 있지만 정신 질환의 경우에는 정신 질환자들의 조언에 의존해서는 안 된다. 나는 이들의 엉터리 조언에 기겁해서 내가 알고 있는 지식들을 동원했지만 권위를 인정받기가 쉽지 않았다. 크리스천은 분명 조울증이었는데 약물치료를 받지 않고 있었고 조증이 심해지고 있었다. 나는 이 책이 출간되기 전에 그가 자살 위기에 이르게 되리라 확신한다. 나타샤도 팍실 복용을 중단하기에는 시기가 너무 일렀다. 새러는 잘못된 과도한 ECT를 받았고 그 뒤로 과도한 약물치료까지 받아서 좀비가 되어 있었고, 제이미의 경우 ECT를 받으면 진짜로 직업을 가질 수도 있을 텐데 ECT에 대해 전혀 모르는 채 새러의 경험담만 듣고 잔뜩 움츠러들었다.

한번은 어떤 참석자가, 친구들에게 자신의 상태에 대해 설명하는 것에 대해 이야기했다. 그러자 MDSG 고참인 리처드가 모두에게 물었다. "외부에 친구들이 있으세요?" 나를 포함해 두 사람만 그렇다고 대답했다. 리처드가 말했다. "나도 새로 친구를 사귀어 보려 하지만 어떻게 해야 하는지 모르겠어요. 너무 오래 혼자 지냈으니까. 프로작을 먹었더니 1년 정도 효과가 나타났다가 도로 제자리예요." 그는 호기심 어린 눈으로 나를 보았다. 그는 슬프고 착하고 지적이었지만(그날 참석자 가운데 한 사람이 그에게 말했듯이 분명 사랑스러운 사람이었지만) 가망이 없었다. "사람들을 어떻게 만나죠? 여기서 말고요." 내가 미처 대답하기도 전에 그가 덧붙였다. "그리고 사람들을 만나면 무슨 얘기를 하죠?"

모든 질병이 그렇듯이 우울증은 환자들을 같은 처지로 몰아넣지만, 나는 프랭크 루사코프처럼 우울증과 어울리지 않는 사람을 본 적이 없다. 노스웨스턴대학교 출신의 프랭크는 스물아홉 살로 부드러운 말씨하며 정중하고 친절한 태도하며 잘생긴 외모하며, 우울증을 앓고 있다는 점만 빼면 완벽하게 정상적으로 보이는 인물이었다. 그가 내게 이런 글을 보내왔다. "내 머릿속으로 들어오고 싶으세요? 환영합니다. 당신이 기대했던 것과 다르다고요? 내 기대와도 다르지요." 프랭크는 졸업하고 1년쯤 지난 어느 날 영화를 보다가 우울증의 기습을 받았다. 그리고 그 뒤 7년 동안 30번이나 병원에 입원했다.

그의 첫 우울증 삽화는 느닷없이 찾아왔다. "영화를 보고 차를 몰고 집에 가는데 나무를 들이받을 것만 같았어요. 무언가 내 발등을 찍어 누르고 누군가 내 손을 조종하는 것 같았지요. 길가에 나무들이 너무 많았고 나무를 들이받으려는 힘에 저항하기가 점점 힘들어져서 도저히 집까지 갈 수가 없었어요. 그래서 병원으로 갔죠." 프랭크는 책에 나오는 모든 약물치료를 시도했지만 효과가 없었다. "병원에서 목을 졸라 자살하려는 시도까지 했지요." 결국 그는 ECT를 받게 되었다. 효과가 있었지만 잠시 조증 증세가 나타났다. "환각 상태에서 다른 환자를 공격했어요. 그래서 한동안 조용한 방에 들어가 있어야 했지요." 그 뒤 5년간 프랭크는 우울증의 공격이 있을 때마다(대개 6주에 한 번) 촉진 ECT를 받았다. (연속 치료가 아니라

한 번으로 끝나는 치료였다.) 그는 리튬, 웰부트린, 아티반, 독세핀, 사이토멜, 신스로이드를 복용했다. "ECT는 효과는 있지만 싫어요. 물론 매우 안전하고 다른 사람들에게 추천할 수도 있지만, 머리에 전기를 통한다는 게 무시무시해요. 기억력 장애도 싫고. 게다가 두통까지 있죠. 혹시 조작이 잘못되거나 깨어나지 못할까 봐 항상 두렵고. 나는 늘 일기를 써요. 기억을 영영 잃을 수도 있으니까."

치료 단계에 대해서는 사람마다 생각이 다를 수 있지만 누구에게나 최후의 수단은 수술이다. 20세기에 들어서면서 처음 실시된 전두엽 백질 절제술은 1930년대에 대중화되었고 특히 2차 세계 대전 후에 인기를 끌었다. 전장에서 탄환 충격[폭탄으로 인한 기억력이나 시각 상실증]이나 신경증을 안고 돌아온 참전 용사들이 관례적으로 전두엽(혹은 뇌의 다른 부분)을 절제하는 서툰 시술을 받았다. 전두엽 백질 절제술의 전성기에는 미국에서 연간 5000건 가량의 시술이 행해졌고 250명에서 500명이 목숨을 잃었다. 정신외과는 그 그림자에서 벗어나지 못하고 있다. 정신외과의 역사에 대한 책을 쓴 엘리엇 밸런스타인은 이렇게 말한다. "유감스럽게도 사람들은 아직도 이런 수술들을 마인드 컨트롤과 결부해 회피하지요." 한동안 ECT가 불법이던 캘리포니아에서는 여전히 정신외과 수술을 금지하고 있다. 다시 엘리엇 밸런스타인의 말을 들어 보자. "정신외과에 대한 통계 자료를 보면 중요한 사실을 알 수 있습니다. 시술 대상자(다른 모든 치료에서 실패한 환자들)의 70퍼센트 정도가 최소한 얼마간의 치료 반응을 얻었으며 이 중 30퍼센트 가량이 뚜렷한 호전을 보였어요. 이 시술은 약물치료와 ECT에 반응을 보이지 않는 심각하고 지속적인 정신 질환에 시달리는 사람들, 모든 치료에 실패해서 심각한 장애를 안고 살아가는 이들, 즉 가장 고치기 힘든 경우에만 적용됩니다. 그러니까 최후의 수단인 셈이지요. 우리는 한 번에 끝나는 유럽식의 과감한 시술보다는 두세 차례에 나누어 하더라도 조심스러운 시술만 실시합니다. 대상회전절개술의 경우 기억, 인지, 지적 작용의 영구적인 변화는 발견되지 않았어요."

내가 프랭크를 처음 만난 건 그가 막 대상회전절개술을 받은 후였다. 이 수술에서는 두피를 부분적으로 냉동시킨 다음 두개골 앞면에 작은 구멍을 뚫는다. 그리고 뇌 속으로 전극봉을 집어넣어 가로 8밀리미터, 세로 18밀리미터 정도의 조직을 파괴한다. 이 수술은 뇌의 특정 부위를 찾는 기구인 정위틀을 이용하며 진정제를 투여한 후 부분마취 상태에서 시행된다. 현재 몇몇 병원에서만 이루어지고 있으며 보스턴의 매사추세츠 종합병원이 대표적이다. 프랭크는 그곳에서 미국 최고의 정신외과의인 리스 코스그로브의 집도로 시술 받았다.

대상회전절개술은 쉽게 받을 수 있는 것이 아니다. 우선 적격심사위원회에 회부되어 끝도 없이 쇄도하는 검사들과 질문들을 견뎌야 한다. 이 심사 과정이 1년 넘게 걸린다. 시술이 가장 활발히 이루어지는 매사추세츠 종합병원의 경우에도 연간 수술 건수가 열다섯 건에서 스무 건 정도밖에 되지 않는다. 항우울제와 마찬가지로 수술도 효과가 늦게 나타나는 편이라 6주에서 8주 후에나 효과가 나타나는 경우가 많다. 따라서 효과는 특정 세포 조직을 제거한 데에서 나오는 것이 아니라 그 조직의 제거가 다른 세포의 기능에 미치는 영향에서 나올 가능성이 크다. 리스 코스그로브는 이렇게 말한다. "우리는 이상이 생기는 원인도 설명할 수 없고 수술이 어떤 식으로 효과를 내는지도 알지 못합니다."

"나는 대상회전절개술에 희망을 걸고 있어요." 나를 만났을 때 프랭크가 한 말이었다. 그는 조금은 초연한 태도로 수술 과정을 설명했다. "드릴이 내 두개골을 뚫는 소리가 들렸어요. 치과에서처럼요. 그들은 내 뇌의 문제 부위를 태우려고 구멍을 두 개 뚫었지요. 마취 전문의가 약을 더 원하면 말하라고 해서 내 두개골을 뚫는 소리를 들으며 누워 있다가 이렇게 말했지요. '조금 소름이 끼치네요. 진정제를 좀 더 주시겠어요?' 수술이 효과가 있었으면 좋겠어요. 이것마저 안 들으면 다 끝낼 작정이에요. 계속 이렇게 살 수는 없으니까."

몇 개월 후 프랭크는 조금 나아져서 삶을 재건하려는 노력을 시작했다. "지금은 특히 더 미래가 암담해요. 글을 쓰고는 싶지만 자신이 없어요. 무슨 글을 써야 할지도 모르겠고. 차라리 종일 우울증에 빠져 있는 게 더 안전한 것 같아요. 세상 사람들이 다 갖고 있는 현실적인 걱정들을 할 필요가 없으니까. 내 몸 하나 건사 못 하는데 그런 걱정할 여유가 어디 있어요. 요즘 뭘 하냐고요? 의사와 함께 오랜 우울증의 습관을 깨려고 노력하고 있지요."

프랭크는 수술과 자이프렉사 덕분에 효과를 보았다. 그 이듬해에 몇 차례 일시적인 하락을 맞았지만 입원은 한 번도 하지 않았다. 이 시기에 그는 내게 밤새 친구 결혼식을 축하해 준 이야기를 담아 경과를 알리는 글을 보내왔다. "전에는 불안정한 기분에 나쁜 영향을 미칠까 봐 엄두도 못 냈던 일이지요." 그는 존스홉킨스대학원 과학저술 과정 입학 허가를 받았다. 그는 떨리는 가슴을 가누지 못하며 입학을 결정했다. 그리고 여자친구도 사귀게 되었다. "내가 지닌 뻔한 문제들을 알면서도 그런 데 얽히는 걸 마다하지 않는 사람을 보면 놀라운 게 사실이지만 어쨌든 지금 나는 친구와 로맨스를 한꺼번에 얻게 된 것에 몹시 들떠 있어요. 내 여자친구는 기대할 만한 존재지요."

프랭크는 성공적으로 대학원 과정을 마치고 새로 생긴 인터넷 회사에 취직했다. 그는 2000년 초에 크리스마스에 대한 편지를 보내왔다. "아버지께서 두 가지 선물을 주셨어요. 하나는 샤퍼이미지 회사에서 나온 모터 달린 자동 CD꽂이인데 내게는 전혀 불필요한 사치품이지만 아버지는 내가 그 선물로 자극을 얻을 걸 아셨던 거지요. 큰 상자를 열었더니 전혀 필요하지 않은 물건이 들어 있는 거예요. 하지만 그건 내가 마음에 드는 일을 갖고 내 힘으로 살 수 있게 된 걸 축하하려고 준비한 선물이란 걸 알았죠. 또 한 가지 선물은 자살하신 할머니 사진이었어요. 나는 그 선물을 보고 울음을 터뜨렸어요. 할머니는 아름다우셨어요. 시선을 내리깐 옆모습이었죠. 삼십 대 초반의 모습일 거라고 아버지께서 말씀하시더군요. 흑백사진이었는데 아버지께서는 그 사진을 연푸른색 대지에 붙이고 은색 액자에 끼워 내게 선물하신 거지요. 어머니께서 내가 앉아 있는 의자로 다가오시더니 왜 얼굴도 모르는 할머니 때문에 우느냐고 하셨지요. 나는 이렇게 대답했어요. '할머니는 나와 같은 병을 앓으셨어요.' 난 지금도 울고 있어요. 슬퍼서가 아니라 감격해서. 나도 스스로 목숨을 끊을 수도 있었는데 주위 사람들의 격려와 수술 덕분에 살고 있는 거니까. 부모님과 의사들에게 감사하고 있어요. 우리는 좋은 시대에 살고 있어요. 항상 그렇게 느끼는 건 아니지만요."

서아프리카 전역은 물론 그보다 먼 지역의 사람들까지도 세네갈 레부족(그리고 일부 세레르족) 사이에서 행해지는 주술적인 정신병 치료 의식인 은두프(ndeup)를 받기 위해 세네갈로 온다.27 나도 직접 체험하기 위해 아프리카로 떠났다. 다카르[세네갈의 수도] 최고의 서구식 정신병원 원장인 두두 사르는 자신의 환자들이 모두 전통적인 치료법들을 시도해 봤을 것이라고 말했다. "그런 주술적인 행위들에 대해 내게 말하는 걸 당혹스러워하는 환자들도 있지요. 하지만 나는 전통적인 치료법과 현대적인 치료법이 구분은 되어야 하지만 공존해야 한다고 믿습니다. 나도 만일 병에 걸렸는데 양약이 듣지 않는다면 전통적인 방식의 도움을 구할 겁니다." 서구식 치료를 하는 그의 병원에서조차 세네갈의 관습들이 보편화되어 있었다. 그곳에 입원하려면 곁에서 보살펴 줄 가족을 한 사람 데려와야 하며 그 가족은 병원에서 함께 기거하면서 환자의 정신 건강 유지를 위해 따로 정신병 치료에 관한 기본적인 교육을 받는다. 병원 시설은 낙후된 편으로, 입원비는 1인실이 하루 9달러, 2인실이 5달러, 여럿이 함께 쓰는 병실은 1.75달러다. 병원 전체에서 악취가 풍기고 위험한 환자들은 따로 수용하는데 그들이 울부짖으며 철문을 두드려 대는 소리가 그칠 날이 없다. 그러나 그곳 거주자들이 채소를 키우는 기분 좋은 정원이 있고 가족 간병인들이 많아서 서구식 병원의 섬뜩한 분위기는 덜한 편이다.

은두프는 부두교[아이티의 민속 신앙]보다 앞서 생겨난 것으로 추정되는 정령 신앙 의식이다. 세네갈은 이슬람 국가이지만 이 지역의 이슬람교는 고대의 의식들을 눈감아 준다. 이런 의식들은 공개적이면서도 다소 은밀한 느낌을 주는데, 무슨 소리인가 하면 은

두프가 행해지면 모든 사람들이 모여들기는 하지만 본인은 그것에 대해 떠들고 다니지 않는다는 것이다. 내 친구의 여자친구의 친구의 어머니가 의식을 집행할 수 있는 치료사를 알고 있어서 이 복잡한 인맥을 동원해서 은두프를 계획했다. 토요일 늦은 오후에 나는 몇몇 세네갈인 친구들과 함께 다카르에서 택시를 타고 루피스크로 내려가 좁은 골목들과 쓰러져 가는 집들을 거쳐 구경꾼들을 모으며 의식을 집행할 노파 마레메 디우프의 집으로 갔다. 마레메 디우프의 할머니가 그곳에서 은두프를 집행하고 마레메에게 전수했는데, 마레메의 할머니도 자기 할머니로부터 전수받는 식으로 오래전부터 맥이 이어져 왔다고 한다. 마레메 디우프는 무시무시한 눈들이 그려져 있고 가장자리에 황록색 레이스가 달린 헐렁한 긴 원피스 차림에 머릿수건을 쓰고 맨발로 우리를 맞으러 나왔다. 그녀는 우리를 집 뒤 바오바브나무 그늘로 데려갔는데 그곳에는 스무 개 정도 되는 커다란 질항아리들이 놓여 있고 남근을 상징하는 나무 몽둥이들이 박혀 있었다. 그녀는 자신이 사람들에게서 불러낸 혼령들이 그곳에 묻혀 있으며 항아리들에 담긴 물과 뿌리들을 그들에게 먹인다고 했다. 그리고 은두프를 행했던 사람들이 다시 문제가 생기면 그 물을 마시거나 그 물로 목욕을 한다고 했다.

그것들을 모두 구경한 뒤 우리는 그녀를 따라 어두컴컴한 작은 방으로 들어갔다. 의식을 어떻게 집행할 것인지에 대해 많은 이야기가 오갔는데, 마레메 디우프는 모든 게 혼령들이 무엇을 원하는지에 달렸다고 했다. 그녀는 내 손을 잡더니 거기 뭐라도 쓰여 있는 것처럼 자세히 들여다봤다. 그러고는 내 손에 대고 입김을 분 다음 그 손을 이마에 붙이라 하고 내 머리통을 만져 보았다. 그녀는 내

잠버릇에 대해 묻고 두통이 있는지 확인한 다음 흰 암탉 한 마리와 붉은 수평아리 한 마리, 흰 숫양 한 마리로 혼령을 달래자고 했다. 그 다음에 의식 비용에 대한 흥정에 들어갔는데, 우리는 의식에 필요한 물건들(수수 7킬로그램, 설탕 5킬로그램, 콜라 열매 1킬로그램, 호리병박 하나, 흰 천 7미터, 큰 항아리 두 개, 갈대로 엮은 돗자리 하나, 바구니 하나, 묵직한 몽둥이 하나, 닭 두 마리, 숫양 한 마리)을 마련한다는 조건으로 150달러 정도로 깎았다. 마레메 디우프는 내 혼령들 중 일부가(세네갈 사람들은 도처에 자신의 혼령들이 있으며 마치 세균처럼 그중 자신에게 꼭 필요한 혼령들과 중립적인 혼령들과 해로운 혼령들이 있다고 믿는다.) 나의 성적인 관계들을 질투해서 우울증을 일으킨다고 분석했다. "제물을 바쳐서 그들을 달래야 해요. 그러면 그들은 조용해질 거고 더 이상 우울증에 시달리지 않게 될 거예요. 입맛도 다시 돌아오고 악몽을 꾸지 않고 잠도 잘 자고 공포도 사라질 거예요."

월요일 동이 튼 직후 우리는 다시 루피스크를 찾았다. 우리는 루피스크 외곽에서 양치기를 발견하고 차를 멈추어 숫양 한 마리를 샀다. 숫양을 택시 트렁크에 싣는 일은 녹록지 않았고 녀석은 그 안에서 애처로이 울며 잔뜩 배설을 해 놓았다. 택시는 10분 정도를 더 달려 꼴사납게 뻗어 나간 루피스크의 미로처럼 뒤얽힌 좁은 길로 들어섰다. 우리는 숫양을 마레메에게 맡겨 놓고 다른 물건들을 사러 시장에 갔다. 세네갈인 여자친구가 물건들을 자기 머리 위에 피사의 사탑처럼 쌓아 올렸다. 우리는 마차를 타고 마레메 디우프의 집으로 돌아왔다.

나는 지시대로 신발을 벗고 항아리들이 있는 곳으로 갔다. 그곳에는 깨끗한 모래가 뿌려져 있고 여자 다섯 명이 모여 있었는데 모두 헐렁한 원피스에 커다란 마노[보석의 일종] 목걸이를 걸고 허리에는 소시지처럼 생긴 천 주머니들로 이루어진 허리띠를 두른 차림이었다.(주머니에는 부적이 들어 있었다.) 그중 칠십 대 후반인 노파 한 사람은 재클린 오나시스 스타일의 커다란 선글라스로 멋을 부리고 있었다. 나는 돗자리에 다리를 뻗고 앉아 손바닥을 위로 하여 손을 내밀었다. 여자들이 바구니에 수수를 잔뜩 붓고 여러 가지 주술적 물건들(짧고 굵은 막대기들, 짐승의 뿔, 발톱, 실을 잔뜩 감아 놓은 조그만 자루, 붉은 천으로 만든 공 모양의 물건에 조개껍데기들을 꿰매 붙여 놓은 것, 말의 털로 만든 깃털 장식)을 섞었다. 그런 다음 내게 흰 천을 씌우고 그 바구니를 내 머리와 양팔, 그리고 전신에 여섯 번씩 놓았다. 그들은 내게 막대기들을 주고 떨어뜨리게 한 다음 떨어진 모양들에 대해 의견을 나누었다. 나는 이것을 손으로 여섯 번, 발로 여섯 번 했다. 독수리 몇 마리가 날아와 우리 머리 위 바오바브나무에 앉았는데 상서로운 징조인 듯했다. 여자들은 내 셔츠를 벗긴 뒤 마노 목걸이를 내 목에 걸었다. 그러고는 수수로 내 가슴과 등을 문질렀다. 그들은 내게 일어서라고 한 다음 청바지를 벗고 천을 허리에 둘러매는 간단한 원시 복장인 로인클로스를 입게 하고 수수로 내 팔과 다리를 문질렀다. 그 의식이 끝나자 그들은 내 주위에 떨어진 수수들을 모아 신문지에 싼 다음 베개 밑에 베고 잤다가 다음 날 귀가 밝고 신체 장애가 없는 거지에게 주라고 했다. 아프리카는 부조화의 대륙인지라 의식이 진행되는 내내 라디오에서는 영화 「불의 전차(Chariots of Fire)」 주제곡이 흘러나오고 있었다.

북 치는 사람 다섯이 도착해서 타마 드럼을 연주하기 시작했다. 여남은 명쯤 얼쩡거리던 구경꾼은 북소리가 울리자 꾸역꾸역 모여들어 200명가량이 되었다. 구경꾼들은 돗자리를 둥그렇게 둘러쌌다. 다리가 묶인 채 옆으로 누인 숫양은 어리벙벙해서 쳐다보고 있었다. 여자들이 내게 숫양 뒤에 누워 침대에서 연인들이 하듯 숫양을 꼭 끌어안으라고 했다. 내가 시키는 대로 하자 그들은 나와 숫양을 천으로 덮더니 그 위로 한 스무 장쯤 되는 담요들을 덮었다. 나는 숫양의 뿔을 잡은 채로 칠흑 같은 어둠과 숨 막히는 열기를 견뎌야 했다. 나중에 보니 그 담요들 중 하나에는 "Je t'aime"(사랑해요)라는 글씨가 수놓여 있었다. 북소리가 점점 더 요란해졌고 다섯 여자의 노랫소리가 들렸다. 노래가 끝나면 북소리도 그쳤다가 하나가 선창을 하면 북과 나머지 네 여자가 합세했고 이따금 수백 명의 구경꾼들 노랫소리도 섞였다. 그러는 내내 여자들은 숫양을 안고 누워 있는 내 주위를 가깝게 돌면서 춤을 추었고, (나중에 알고 보니 붉은 수평아리로) 계속 우리의 온몸을 쳤다. 열기 때문에 숨을 쉬기도 힘든 데다 숫양의 냄새는 지독했다.(녀석은 우리의 작은 잠자리에서까지 배설을 했던 것이다.) 군중의 움직임으로 땅이 흔들렸고 점점 더 필사적으로 꿈틀대는 숫양을 잡고 있기란 여간 힘든 게 아니었다.

이윽고 그들은 담요를 걷은 뒤 나를 일으켜 세워 점점 속도가 빨라지는 북소리에 맞춰 춤을 추게 했다. 마레메가 춤을 이끌었고, 발을 구르고 북 치는 사람들을 향해 주먹을 휘두르는 그녀의 춤 동작을 내가 흉내 내자 모두들 박수를 쳤다. 다른 여자들도 차례로 앞으로 나섰고 나는 그들의 춤도 흉내 냈다. 그리고 구경꾼 중에서도 한 명씩 여자가 나와서 나는 그들과도 춤을 추어야 했다. 나는 현기증이 나서 마레메가 나를 향해 팔을 벌리자 고꾸라지다시피 그 팔에 안겼다. 갑자기 한 여자가 신이 들려서 미친 듯이 춤을 추기 시작했다. 그녀는 땅에 불이라도 붙은 듯 팔짝팔짝 뛰더니 지쳐 쓰러졌다. 나중에 알고 보니 바로 1년 전에 은두프를 받은 여자라고 했다. 내가 숨이 턱 끝까지 찼을 때 갑자기 북소리가 그쳤고 나는 다시 모래를 뿌린 곳으로 인도되었다. 그들은 내게 속옷을 벗고 로인클로스만 입고 있도록 했다. 나는 누워 있는 숫양을 오른쪽에서 왼쪽으로 일곱 번, 왼쪽에서 오른쪽으로 일곱 번 넘은 뒤 양쪽에 한 발씩 놓고 섰다. 그러자 북을 치던 사내 하나가 다가와 숫양의 머리를 철제 통에 댄 다음 목을 땄다. 그는 피 묻은 칼의 한 면을 내 이마에, 반대쪽을 내 목덜미에 닦았다. 피가 콸콸 쏟아져서 곧 통에 반쯤 찼다. 그들은 내게 피에 손을 씻고 응고되기 시작하는 덩어리들을 부수라고 했다. 나는 아직 현기증이 가시지 않은 상태에서 시키는 대로 했고 북 치던 사내는 수평아리의 목을 따서 숫양의 피에 섞었다.

우리는 구경꾼들이 있는 곳을 떠나 처음에 본 항아리들 근처로 갔다. 그곳에서 여자들이 내 몸에 피를 발랐다. 온몸에 조금도 빠짐없이 다 발라야 했기 때문에 머리털 사이사이며 얼굴이며 생식기며 발바닥까지 문질러 발랐다. 피는 따뜻했고 반쯤 응고되자 묘하게 기분이 좋았다. 피를 다 바른 뒤 한 여자가 정오라며 콜라를 권했고 나는 반갑게 받았다. 그녀는 내가 콜라를 마실 수 있도록 손과 입을 좀 닦아 주었다. 다른 여자가 빵을 가져왔다. 손목시계를 찬 여자가 3시까지 쉬는 게 좋겠다고 말했다. 갑자기 분위기가 밝아지면서 한 여자가 내가 담요를 쓰고 누워 있을 때 불렀던 노래들을 가르쳐 주었다. 내 로인클로스는 피로 흠뻑 젖어 있었고 피 냄새를 맡은 파리 떼가 꼬였다. 그 사이 한 사내가 숫양을 바오바브나무에 매달아 놓고 가죽을 벗기고 있었다. 다른 사내가 긴 칼을 꺼내 물 항아리들 근처에 18인치 정도 깊이의 완벽하게 둥근 구덩이 세 개를 천천히 파기 시작했다. 나는 파리 떼가 눈과 귀에 달라붙지 못하도록 하면서 주변을 얼쩡거렸다. 이윽고 구덩이들이 완성되었을 때는 3시가 되어 있었고, 여자들은 나를 앉혀 놓고 숫양의 내장으로 내 팔과 다리와 가슴을 묶었다. 나는 구덩이마다 막대기 일곱 개씩을 깊이 꽂으며 막대기마다 소원을 빌었다. 그런 다음 숫양의 머리를 3등분해서 각 구덩이에 하나씩 넣고 약초들과 숫양의 각 부위의 작은 조각과 수평아리의 작은 조각들을 더 넣었다. 마레메와 나는 번갈아 구덩이에 수수떡 일곱 개씩을 넣었다. 그다음에 마레메는 나뭇잎과 나무껍질을 빻아 만든 일곱 가지 가루가 든 자루들을 꺼내 구덩이에 뿌렸다. 그다음에는 남은 피를 나누어 부었다. 나를 묶었던 내장도 구덩이로 들어갔다. 마레메가 그 위로 싱싱한 나뭇잎들을 뿌렸고 계속 그녀의 엉덩이를 꼬집으려 하던 사내와 함께 구덩이를 메웠다. 그다음에 내가 웅덩이마다 오른발로 세 번씩 밟아 다졌다. 그리고 내 혼령들에게 계속해서 이렇게 말했다. "나를 내버려 두시고 내게 평화를 주시고 일을 할 수 있도록 해 주십시오. 당신을 결코 잊지 않을 것입니다." 그 주문은 특별히 내 마음을 끄는 면이 있었다. "당신을 결코 잊지 않을 것입니다."란 말은 떠나가는 혼령이 자존심을 다치지 않고 기분 좋게 떠나도록 달래는 말 같았다.

피를 칠한 질항아리가 메워진 구덩이들 위에 놓였다. 그들은 몽둥이를 땅에 박고 이전 의식들에 쓰인 거꾸로 엎어 놓은 항아리들과 남근 모양의 몽둥이들 위로 수수와 우유와 물 섞은 것을 부었다. 그리고 우리 항아리에 물을 가득 채우고 여러 약초 가루들을 넣었다. 이제 내 몸에 바른 피는 완전히 굳어서 마치 거대한 딱지가 앉은 것 같았고 피부가 몹시 당겼다. 여자들이 이제 씻을 시간이라고 말했다. 그들은 즐겁게 깔깔대며 내 몸의 피를 벗겨 내기 시작했다. 나는 똑바로 서 있었고 그들은 물을 입에 가득 머금어 내게 뿜었다. 그렇게 물을 뿌리고 한참 문질러야 피가 벗겨졌다. 마지막에 나는 마레메가 썼던 나뭇잎 가루를 잔뜩 넣은 물을 반 리터 정도 마셔야 했다. 내가 피를 완전히 닦아 내고 깨끗한 흰색 로인클로스로 갈아입자 다시 북소리가 울리고 구경꾼들이 돌아왔다. 이번에는 축하의 춤이 시작되었다. "이제 당신은 자유로워졌어요. 혼령들이 떠났으니까." 여자들 중 하나가 내게 말했다. 북 치는 사람들이 장난스럽게 속도를 높여 갔고 나는 경쟁적으로 점점 더 높이 뛰었다. 춤이 끝난 뒤 모두 떡과 양고기를 나누어 먹었고(우리는 그날 저녁에 바비큐를 해 먹으려고 다리 하나를 챙겼다.) 마레메가 내게 이제 자유의 몸이 되었노라 선언했다. 저녁 6시가 지나 있었다. 구경꾼들은 멀리까지 택시 꽁무니를 따라와 손을 흔들어 주었다. 우리는 축제와도 같은 의식을 치른 것에 기분이 들떠서 집으로 돌아왔다.

내게 은두프 의식은 현재 미국해서 행해지는 많은 집단 치료들보다 훨씬 인상적이었다. 은두프는 우울증의 원인이 자신과 분리된 외부적인 것이라는 관점을 제시한다. 또한 전기 없는 ECT라고도 할 수 있을 만큼 온몸에 충격을 주어 뇌의 화학작용에 영향을 미친다. 또 공동체 의식을 깊이 체험하고 다른 사람들과 신체적 접촉을 하게 한다. 뿐만 아니라 죽음을 생각하게 함과 동시에 자신이 살아서 고동치고 있는 존재임을 확인하게 해 준다. 또 환자가 몸을 많이 움직이도록 만든다. 반복되는 절차를 따르는 편안함도 가르쳐 준다. 더욱이 환자가 저절로 힘이 솟을 정도로 역동적이다. 한마디로 동작과 소리의 걸작이다. 이것은 하나의 의식이며 어떤 의식이든(숫양과 수평아리의 피를 온몸에 바르는 것이든 어렸을 때 어머니가 자신에게 했던 일을 전문가에게 말하는 것이든) 그 효과는 과소평가되어서는 안 된다. 신비와 전문성의 결합은 언제나 어마어마한 힘을 지닌다.

　　무수한 우울증 치료법들 가운데 어떤 것을 선택해야 할까? 우울증을 치료하는 최적의 방식은 무엇인가? 이런 비정통적 치료법들과 정통적인 치료법들을 어떤 식으로 병행해야 할까? 수많은 치료법들에 대해 연구해 온 대인 관계 치료사 도러시 안스틴은 이렇게 말한다. "그것에 대해서는 1985년에 맞는 답과, 1992년에 맞는 답과, 1997년에 맞는 답과, 지금 맞는 답이 다르지요. 그런 답을 굳이 해야 할 필요가 있을까요? 2004년에 맞는 답이 어떤 것이 될지는 모르겠지만 지금의 답과 다르리란 건 분명해요." 정신의학도 다른 과학 분야처럼 추세의 영향을 받기 때문에 올해 새로운 발견이었던 것이 내년에는 어리석은 생각이 될 수도 있다.

　　미래를 정확히 알기는 어렵다. 우리는 우울증 치료에서는 장족의 발전을 이루었지만 우울증에 대한 이해에 있어서는 큰 진전이 없는 형편이다. 계속 이런 식으로 치료법이 이해를 앞지를 것인지도 예측하기 어렵다. 그런 종류의 발전은 상당 부분 운에 달려 있으며 이해가 치료법을 따라잡는 데 오랜 시간이 걸릴 것이기 때문이다. 현재 임상 실험 막바지에 있는 신약들 중에서 가장 기대를 모은 것은 SSRI 계열인 레복세틴(Reboxetine)이다.[28] 삼환계 항우울제에 의해 촉진되는 노르에피네프린은 세로토닌, 도파민과 함께 우울증과 관련이 있으며, 노르에피네프린 촉진제는 SSRI 계열과 (어쩌면 웰부트린도) 함께 쓰면 모든 신경전달물질들에 영향을 미쳐 좋은 효과를 거둘 수 있음직하다. 연구 결과 레복세틴은 환자의 기력을 돋우고 사회 활동을 향상시키는 데 효과적인 반면, 입이 마르고 변비와 불면증이 생기고 땀이 많아지고 심장이 두근거리는 부작용이 있는 것으로 나타났다. 레복세틴은 파마시아앤드업존(P&U) 사(社)에서 제조되고 있다. 한편 머크 사에서는 뇌의 또 다른 물질인 P를 겨냥한 제품을 개발 중인데 P 물질은 통증 반응에 관련된 것으로 머크 관계자들은 이 물질이 우울증과 관련 있다고 믿고 있다.[29] 그들이 개발한 첫 P 물질 길항제는 우울증 치료에 특별히 성공적이지는 못한 것처럼 보이지만 다른 약품들에 대한 연구가 계속되고 있다.

뇌신경분자해부연구사업(BMAP: Brain Molecule Anatomy Project)에 참여하고 있는 학자들은 뇌의 발달과 기능에 관련된 유전자들을 밝혀내려는 노력을 기울이고 있다. 아울러 그러한 유전자들이 언제 활성화되는지도 연구 중이다. BMAP는 유전자 조작을 촉진시킬 것이다. 국립정신건강연구소의 스티븐 하이먼은 이렇게 말한다. "유전자에 대한 내 의견은 이렇습니다. 일단 기분의 조절이나 질병에 관련된 몇 가지 유전자가 밝혀지면 그것들이 어떤 경로에 있는지에 관심이 쏠리겠죠. 이 경로가 뇌에서 일어나는 현상들을 설명해 줄까요? 그러면 치료 표적들도 밝혀낼 수 있을까요? 이 유전자들은 어떤 발달 단계에 있는 걸까요? 또 뇌의 어느 부분에 위치하고 있고요? 이 유전자들이 병에 대한 취약성을 유발하는 경우와 그러지 않은 경우 뇌 기능의 차이는? 뇌의 이 부분은 언제, 어떤 유전자들에 의해 만들어집니까? 편도의 특정 소핵이 부적정서(negative affect)에 결정적인 영향력을 미치는 것으로 밝혀진다면(실제로 그럴 가능성이 높습니다.) 어떻게 될 것인지 상상해 보지요. 만일 우리가 모든 유전자 구조를 밝혀낸다면? 그렇다면 연구를 위한 연장 세트를 갖춘 셈입니다. 기분 유전자란 것은 없어요. 그것은 약칭에 불과하죠. 하나의 질병에 관련된 모든 유전자는 몸이나 뇌의 많은 다른 기능들과도 관련되어 있을 가능성이 큽니다. 뇌는 하나의 분산 처리 장치입니다."

만일 인간 게놈이 3만 개가량의 유전자로 이루어져 있다면[30](점점 더 많은 유전자들이 발견되면서 이 수치는 계속 증가할 것이다.) 그리고 각 유전자마다 열 가지 정도의 중요한 변이들이 있다면 질병에 대한 유전적인 취약성을 유발하는 후보자 수는 $10^{30,000}$ 개가 된다. 일부 유전자를 밝혀내는 시점에서 그 유전자들이 상이한 환경적 자극들에 대하여 상이한 단계들에서 상이한 조합들을 이룰 때 어떤 상이한 결과들을 내는지 모두 밝혀내는 시점까지는 얼마나 먼 길일까? 모든 조합의 가능성들을 확인하려면 무지막지한 분량의 작업이 요구된다. 그리고 다양한 외부 상황들에 적용해 보는 절차도 필요하다. 컴퓨터의 속도가 아무리 빠르더라도 이 모든 것을 밝혀내려면 아직 요원하다. 인간의 모든 질병들 중에서 우울증은 지나치게 속단된 대표적인 예에 속한다. 나는 유전학자는 아니지만 우울장애를 유발하는 유전자 수는 최소한 수백을 넘으리라 확신한다. 그런 유전자들이 외부 자극들과의 상호작용을 통해 우울증을 유발할 것이다. 그러나 이들 대부분은 우리 몸에 유익한 기능들도 수행할 것이므로 파괴해 버린다면 심각한 부작용을 겪게 될 것이다. 유전자 정보가 특정한 종류의 우울증을 통제하는 데 도움을 주기는 하겠지만 유전자 조작을 통한 우울증의 근절 가능성은 매우 희박하다.

5   환자들

우울증은 사람마다 다르다. 그러니까 모든 우울증이 유일하다. 마치 눈송이처럼, 본질적인 면에서는 동일하지만 각자 복제 불가능한 복잡한 형태를 뽐낸다. 그럼에도 전문가들은 우울증을 분류하기를 즐겨서 양극성 대 단극성, 중증 대 경증, 외인성 대 내인성, 단기 대 장기 등으로(이런 식의 분류는 끝도 없이 이어진다.) 나누어 묶는다. (이런 분류는 진단과 치료에서 실망스러울 정도로 효용성이 제한되어 있는데도 말이다.) 아무튼 우리는 성별과 연령, 문화적 차이에 따른 우울증의 특징들을 살펴볼 필요가 있으며 여기서 근본적인 의문 하나가 제기된다. 그런 특징들은 남자와 여자, 어린이와 노인, 아시아인과 유럽인 사이의 생물학적 차이에 의해 결정되는 것일까, 아니면 각 집단에 부과되는 기대들로 인한 사회적 차이에 의해 결정되는 것일까? 답은 모든 경우에서 둘 다 맞다는 것이다. 우울증은 그것이 발생한 정황 속에서 해석되어야 한다.

화학작용과 외부 조건에 의한 여러 이유들 때문에 여자가 남자보다 두 배 정도 더 많이 우울증에 걸린다.[1] 이런 차이는 어릴 때는 나타나지 않고 사춘기가 되면서 시작된다.[2] 여성은 남성이 겪는 모든 우울증들에 덧붙여 산후우울증, 월경전증후군, 폐경기우울증과 같은 그들만의 우울증까지 겪는다. 에스트로겐과 프로게스테론의 수치 변동은(특히 시상하부와 뇌하수체의 호르몬 체계들과 상호작용이 이루어질 경우) 분명히 기분에 영향을 주지만 그것은 예측 가능하지도, 일관되지도 않다.[3] 에스트로겐 수치가 갑자기 떨어지면 우울 증세들이 일어나고 에스트로겐 수치가 높아지면 행복감이 조장된다. 일부 여성들은 월경 전에 신체적인 불쾌감에 시달리거나 몸이 붓는 증세 때문에 자신이 덜 매력적이라 느끼며 그 결과 기분이 저조해진다. 임산부나 산모들도 자살할 확률은 적지만 우울증에 빠질 확률은 높다.[4] 출산한 여성 열 명 중에서 한 명 정도가 심각한 산후우울증을 겪는다.[5] 이들은 눈물을 잘 흘리고 자주 불안해하고 짜증을 내며 아기에게 무관심한 경향을 보이는데, 그것은 부분적으로는 출산으로 인해 저장된 에스트로겐이 고갈되었기 때문인 것으로 보인다. (에스트로겐 수치가 정상으로 복구되는 데는 얼마간의 시간이 필요하다.) 산후우울증 증세들은 대개 몇 주 내로 가라앉는다. 산모의 3분의 1 정도가 가벼운 산후우울증을 겪는다.[6] 출산은 힘들고 소모적인 체험이기 때문에 현재 산후우울증으로 분류된 경우들 중 일부는 사실 과도한 노력을 기울인 후 흔히 겪는 가벼운 탈진 증세다. 여성들은 폐경기 전후에 가벼운 우울증을 체험하는데 이것은 호르몬이 여성 우울증의 한 요인일 수 있음을 강력히 시사하며, 여성이 가장 심각한 우울증을 겪는 시기는 가임기다. 호르몬 수치의 변화가 신경전달물질들에 영향을 미칠 수 있다는 주장은 나와 있지만 그 구조에 대해서는 아직 밝혀내지 못하고 있다. 이런 대중적이지만 막연한 주장들보다 주목할 만한 사실은 남성이 여성보다 호르몬 합성 속도가 50퍼센트가량 빠르기 때문에 그만큼 우울증에서 빨리 회복될 수도 있다는 점이다.[7] 다시 말해 여성은 세로토닌 복구 속도가 늦기 때문에 우울 증세가 오래 지속되는 것일 수도 있다.

여성이 우울증에 많이 걸리는 것은 생물학적인 이유 때문만은 아니다. 사실 남성과 여성 사이에는 생물학적인 차이뿐 아니라 사회적인 차이도 있다. 남성보다 여성에게 우울증이 더 많은 이유 가운데 하나는 인간으로서의 권리를 박탈당하는 경우가 더 빈번하기 때문이다.[8] 산후우울증도 심한 스트레스를 받고 있는 여성들 사이에서 특히 많이 나타나며, 남편이 육아에 적극적으로 참여하는 경우에는 드물게 나타난다.[9] 우울증에 대해 연구하는 페미니스트들은 생물학적 이론들보다 사회적 이론들을 선호하는 경향이 있으며, 여성의 몸이 남성보다 약하다는 식의 암시를 싫어한다. 여성과 우울증에 대한 글을 쓰는 미국의 대표적인 작가 수전 놀런 학시머는 이렇게 말한다. "여성의 생식생물학적 측면을 정신 질환의 중심에 놓는 발상은 위험하다." 페미니즘적 사고는 여성의 우울증에 관한 많은 사회학적 연구들을 정치적 의제로 만들었다. 이것은 훌륭한 의제이기는 하지만 생물학적으로나 통계적으로 반드시 옳다고만은 할 수 없다. 실제로 여성 우울증에 관한 많은 이론적 접근들이 도움을 원하는 사람들의 고통을 심화시키고 있다. 일부 페미니즘적 이론들의 정치적 목적을 위한 현실 왜곡과 대부분의 의학적 이론들의 사회적 현실에 대한 무감각이 겹쳐서 성과 우울증의 문제를 고르디아스의 매듭[도저히 풀 수 없는 매듭]처럼 묶어 놓았다.

최근 연구 결과를 보면 미국 대학들의 남학생과 여학생의 우울증 발병률이 동일하게 나타났다.[10] 이에 대해 일부 비관주의적인 페미니스트들은 우울증에 걸리기 쉬운 여성들은 대학에 들어갈 수 없다고 주장하고 있다. 반면 낙관주의적인 페미니스트들은 대학이 그 어느 사회 조직보다 남녀 평등이 잘 이루어져 있다는 주장을 내놓았다. 내 의견은, 대학에 다니는 남성은 그보다 교육을 덜 받았거나 나이가 많은 남성들에 비해 자신의 병에 대해 더 솔직하기 때문에 그런 결과가 나왔을 수도 있다는 것이다. 서구 사회에서의 여성 대 남성의 우울증 발병률은 일률적으로 2대 1 정도로 나타난다.[11] 세상은 남성의 지배 아래에 있으며 그래서 여성은 상대적으로 힘든 인생을 산다. 여성은 신체적으로 자신을 방어하는 능력도 떨어진다. 여성은 남성에 비해 가난해지기도 쉽고 폭력의 희생자가 되기도 쉽다. 교육의 기회는 더 적고 일상적으로 굴욕을 겪을 가능성은 더 높다. 나이가 들면서 사회적인 지위를 잃기도 쉽다. 남편에게 종속되기도 쉽다. 일부 페미니스트들은 여성들이 가정 외에는 자기 실현의 장이 없는 경우가 많기 때문에 우울증을 일으킨다고 말한다. 반면 사회적으로 성공한 여성들은 항상 일과 가정 사이에서 갈등하게 된다. 전업주부와 일을 가진 기혼 여성의 우울증 발생 비율이 비슷한 것으로 보아 두 가지 상황이 다 큰 스트레스인 것으로 짐작된다.(일하는 기혼 남성의 우울증 발병률은 여성에 비해 훨씬 낮게 나타난다.) 흥미로운 점은, 모든 문화권에서 우울증, 공황장애, 식사장애는 여성이 더 많이 겪지만 자폐증, 주의력결핍과잉행동장애, 알코올중독 발병률은 남성이 높다는 것이다.[12]

영국의 심리학자 조지 브라운은 사회심리학 분야의 권위 있는 전문가로, 여성의 우울증이 자식에 대한 걱정과 관련 있다고 주장한다.[13] 실제로 자식에 대한 걱정에서 유발된 우울증을 제외하면 남녀의 우울증 발병률은 같아지며, 부부의 성 역할이 엄격하게 구분되어 있지 않을수록 우울증 발병률의 남녀 차는 좁혀진다. 이에 대해 조지 브라운은 이렇게 결론짓는다. "우울증 발병률의 성별 차이는 상당 부분 역할 차이의 결과다." 컬럼비아대학교 머나 와이스먼은 여성이 상실에 대해 특히 민감하기 때문에 출산과 양육의 동기를 얻는다는 진화적 해석을 내놓기도 했다.[14]

우울증에 시달리는 많은 여성들이 어릴 적 심각한 학대를 경험했다는 사실도 여성의 높은 우울증 발병률에 대한 설명이 된다.[15] 여자아이들은 남자아이들에 비해 성적 학대를 겪을 확률이 훨씬 높으며 성적 학대의 희생자들은 우울증에 걸리기가 훨씬 쉽다. 이런 여성들은 거식증에 걸리는 경우도 많은데 최근 거식증과 우울증의 관련성이 밝혀졌다.[16] 영양실조는 여러 우울증 증세들을 유발하며 거식증 환자의 우울 증세는 영양실조의 결과일 수도 있지만 거식증을 경험한 많은 여성들이 정상 체중을 되찾은 후에도 우울 증세들이 사라지지 않았다고 호소한다. 거듭 말하지만 거식증에서 나타나는 자기 통제에 대한 고통스러운 강박증이나 우울증을 특징짓는 무력감의 유발에는 사회적 구성 개념들이 관련되어 있는 듯하다. 예를 들어 자기혐오는 자신이 보이지 않을 정도로 작아지도록 만들고 싶은 감정을 유발할 수 있다. 따라서 우울증을 진단할 때 특정한 핵심 질문들이 결정적인 역할을 한다. 거식증 환자들에게 음식에 대한 생각을 하지 않을 때에도 수면 장애를 겪는지 묻는 것은 많은 경우 도움이 된다.

정신 질환은 오랫동안 남성들에 의해 정의되어 왔다. 1905년에 지그문트 프로이트는 자신의 환자인 도라가 아버지뻘 되는 유부남의 구애를 거절한 것에 대해 히스테리 증세를 보인다고 주장했다.17 이런 식의 경시 현상은 요즘에는 드물어졌지만 여전히 여성들은 남편이 기대하거나 요구하는, 혹은 여성 스스로 자신에게 기대하거나 요구하도록 학습된 활기를 보이지 못할 때 우울증 환자로 간주되는 경우가 많다. 반면 남성들이 여성들의 위축 현상을 여성적인 수동성으로 오인하여 여성의 우울증을 소홀히 한다는 주장도 제기되고 있다. 여성들은 이상적인 여성상에 순응하기 위해 위축된 태도를 보이는 것일 수도 있고, 무의미해 보이는 여성성의 정의에 맞추어 살 수 없기 때문에 우울증에 걸리는 것일 수도 있다.18 실제로 일부 산후우울증은 영화나 텔레비전에서 모성의 본질로 그려지는 초인적인 어머니가 되지 못하는 것에 대한 충격과 실망의 표현이다. 어머니의 사랑은 저절로 우러나는 본질적인 것이라는 말을 귀에 딱지가 앉도록 들어 온 그들은 갓난아이를 돌보는 일에 흔히 수반되는 반대 감정의 병존을 견디지 못해 우울증을 일으키는 것이다.

페미니스트 비평가인 데이너 잭은 이런 생각들을 여성의 목소리 상실, 혹은 자아 상실의 요소들로 체계화했다.19 "이런 여성들은 배우자에게 자신의 목소리를 내지 못하므로 확신과 자아감을 유지할 수 없고 사적인 체험의 타당성에 대해서도 자기 회의에 빠지게 된다." 즉 배우자와 효율적인 의사소통을 할 수 없는 여성들은(대개의 경우 이것은 배우자가 들어 주려 하지 않기 때문이라고 그녀는 말한다.) 침묵에 빠지게 된다는 것이다. 이들은 실제로 말수가 적어지며 "나는 몰라요."나 "더 이상 확신이 없어요." 따위의 표현으로 자기 주장을 포기한다. 이들은 이미 균열이 생긴 결혼이나 관계가 완전히 붕괴되는 것을 막기 위해 이상적인 여성상에 부합하려 애쓰며 배우자가 듣고 싶어 할 것 같은 말만 하게 된다. 그리하여 배우자와 친밀한 상호작용을 하면서도 거짓으로 살게 되는 것이다. 다시 데이너 잭의 말을 들어 보자. "여성들은 친밀한 관계를 위해 대대적인 자기 부정을 감행한다." 성공적인 남녀 관계는 둘이 함께, 혹은 각자 맞게 되는 다양한 상황들에 따라 지배력을 주고받을 수 있는 협력 관계다. 하지만 여성이 경제권을 덜 갖는 경우가 흔하고 폭력의 희생자가 되기도 더 쉬운 것이 사실이다. 이것 역시 우울증이 안고 있는 닭이 먼저냐 알이 먼저냐의 문제다. 우울증에 걸린 여성은 폭력에 대한 자기방어를 하기가 어렵고 그 결과 더 많은 폭력을 당하게 되며 그래서 더욱 우울증이 심해지고 그래서 더 자신을 방어하기가 힘들어진다.

데이너 잭은 남성 지배적 구조가 우울증을 경멸한다고 믿는다. 그녀는 결혼 자체가 "여성을 구속하는 그릇된 통념들 가운데 가장 완고한 것"이라는 극단적인 주장을 펼치기도 했으며, "여성은 우울증에 걸리기 쉬우며 그 우울증은 가부장제의 속박으로 기질성과 통념성을 잃고 그 결과 치유성까지도 잃은 우울증"이라고 주장하는 글을 쓰기도 했다. 이런 주장은 다른 급진적인 페미니스트들이 쓴 여성의 우울증에 관한 글에서도 되풀이된다. 학자인 버타 테일러는 여성의 우울증에 대해 "여성들이 수동적이고 순종적인 여성의 역할을 극단화시킨 형태로 자신을 주장하고, 성 관계를 거부하고, 가정적인 의무들을 회피하는 것"이라고 설명한다. 질 에스트버리는 여성의 우울증에 관한 개념 자체가 완전히 남성적인 해석이라고 말한다.[20] "여성이 우울증에 걸리기 쉽다는 생각에는 독단이 숨어 있다. 여성의 우울증 발병률을 병적인 것으로(발병률이 지나치게 높고 문제가 되는 것으로) 보는 시각이 그것이다. 그런 시각은 남성의 우울증 발병률이 표준이고 그 자체로 전혀 문제가 없으며, 여성의 병적 상태를 측정하는 유일한 합리적 출발점이 된다고 여기는 거만한 태도에서 나온다. 여성의 우울증을 문제시하는 대신 남성의 우울증 발병률을 문제시하고, 골치 아프게 여기고, 설명이 필요한 것으로 여긴다면 남성 중심적인 접근도 받아들여질 수 있다. 왜 남성의 발병률은 그토록 비정상적으로 낮은 것일까? (이런 의문도 제기될 수 있는데 거의 제기되지 않는다.) 혹시 남성 호르몬인 테스토스테론이 인간성과 정서적 감수성의 발달을 저해하기라도 하는 것일까?" 소위 이 분야의 이름난 학자들이라는 이들이 주요 대학 출판부에서 출간되는(데이너 잭의 책은 하버드대학교 출판부에서, 질 에스트버리의 책은 옥스퍼드대학교 출판부에서 나왔다.) 책들을 통해 내놓는 이런 비슷비슷한 주장들은, 우울증 자체는 무해한 것인 양 여성의 우울증을 악마처럼 여기는 사회적 태도에 대한 비판에만 열을 올리고 있다. 내가 주장하고 싶은 점은, 자신의 우울증 증세들에 대해 고통스럽게 느끼지 않는다면 그건 우울증이 아니라는 것이다. 만일 고통스럽게 느낀다면 그에 대한 해결책을 찾기 위해 노력하는 것이 온당하며 심지어 고결하기조차 한 일이다. 현재로서는 여성의 높은 우울증 발병률을 설명할 특별한 유전적 소인이 밝혀지지 않았기 때문에 우리는 보다 평등한 사회가 구현되면 여성의 우울증 발병률이 현저히 감소하리라 어느 정도 확신을 갖고 말할 수 있다. 그렇지만 일반적으로 자신의 우울증이 비정상적임을 발견하고 그것을 해결하려는 사람은 바로 우울증에 걸린 여성 자신이다. 가부장적 박해자인 폭력적인 남편들은 우울증에 걸린 여성을 좋아하는 경향이 있으며 그런 여성의 우울증을 병으로 보지 않는다. 자신의 우울증을 인식하고 치료에 나설 가능성이 가장 큰 사람들은 능력 있는 여성들이다. 여성들이 가부장적 음모로 인해 우울증을 겪게 된다는 생각은 얼마간 타당성을 지니지만, 가부장적 음모가 여성들로 하여금 자신의 우울증에 대해 나쁘게 생각하도록 만든다는 주장은 여성 자신의 우울증 체험에 대한 주장을 무시하는 것이다.

여성 우울증의 특징들에 대해서는 많은 논의가 이루어지고 있는 데 반해 남성 우울증에 대한 논의는 거의 없는 편이다. 많은 남성 우울증 환자들이 우울한 감정들과 싸울 때 의기소침해지는 것이 아니라 폭력, 약물남용, 일중독에 빠지기 때문에 우울증으로 진단받지 않는다. 우울증으로 보고되는 숫자는 여성이 남성의 두 배나 되지만 자살에 이를 확률은 남성이 여성보다 네 배나 높다.[21] 독신이거나 이혼하거나 상처한 남성이 기혼 남성보다 우울증 발병률이 훨씬 높다.[22] 남성 우울증 환자들은 완곡한 표현을 빌리자면 '흥분' 증세를 보일 수도 있으며, 모르는 사람들을 공격하거나 아내를 폭행하거나 약물 복용을 하거나 사람들에게 총을 쏘는 행동을 한다. 작가인 앤드루 설리번은 에이즈 치료의 일환으로 테스토스테론을 투여한 결과 폭력성이 증가했다는 고백을 담은 글을 최근 발표했다. 나는 폭력 남편들을 만나 이야기를 나누어 본 결과 그들이 우울증을 겪고 있음을 발견했다. 한 남자는 이렇게 말했다. "녹초가 되어 집에 돌아오면 마누라가 멍청한 질문들을 해 대는 거예요. 그 시끄러운 소리 때문에 머리가 꽝꽝 울리기 시작하지요. 그러면 도저히 먹을 수도, 잘 수도 없어요. 마누라가 계속 머릿속에 들어 있는 거예요. 마누라를 때리고 싶지는 않지만 달리 방법이 없어요. 그냥 있으면 미칠 것 같으니까. 내 마음 이해해요?" 어떤 남자는 아내를 보았을 때 "자신이 너무도 무가치한 존재로 여겨져서 한 대 갈기지 않으면 영영 아무 일도 할 수 없을 것 같았다."고 말했다.

아내에게 폭력을 휘두르는 행위는 우울증에 대한 부적절한 반응임이 분명한데도 그 두 가지가 밀접하게 관련되어 있는 경우가 많다. 또한 다른 여러 대립적이고 폭력적인 행위들이 남성 우울증의 특징을 이루고 있다. 서구 사회에서는 여성만이 자신이 나약한 존재임을 용인할 수 있는 것으로 인식되고 있다. 이러한 인식은 남성들에게 부정적인 영향을 미쳐 울지도 못하게 하고, 비이성적인 공포와 불안을 느끼는 것을 부끄럽게 여기도록 만든다. 아내를 폭행하는 것이 세상에 존재하기 위한 유일한 길이라 믿는 남성들은 감정적인 고통은 반드시 행동을 요하며, 행동이 따르지 않는 감정은 자신을 남자답지 못하게 만든다는 생각에 사로잡혀 있다. 많은 폭력적인 남성들이 우울증 치료를 받지 않고 있는 것은 유감스러운 일이다. 여성들이 자신의 기준보다 행복하지 못하다는 이유로 우울증을 악화시킨다면, 남성들은 자신의 기준보다 용감하지 못하다는 이유로 우울증을 악화시킨다. 대개 폭력을 휘두르는 건 겁에 질렸기 때문이며 그 가운데 일부는 우울증 증세다. 나도 한때 양고기 자르는 게 두려웠던 적이 있으며 그로 인해 심한 무력감에 젖었다.

나도 첫 우울증 삽화를 겪은 후 몇 차례 폭력을 행사한 적이 있는데, 그것은 내 인생에서 전례가 없는 일이었기 때문에 우울증의 여파였는지 아니면 항우울제와 관련이 있는 것인지 궁금하다.

나는 어렸을 때 동생 외에는 아무도 때려 본 적이 없으며 열두 살 이후로는 동생에게도 폭력을 행사한 적이 없었다. 그러다 서른이 넘은 나이에 미칠 듯한 분노에 휩싸여 마음속으로 살인 계획을 세우기까지 했고, 결국 여자친구 집에 걸려 있는 내 사진이 든 액자들을 망치로 박살 내고 유리 파편들을 바닥에 그대로 두고 나오는 것으로 분풀이를 했다. 1년 후에는 무척 사랑했으나 처절한 배신감을 안겨 준 남자와 격투를 벌였다. 그때 나는 얼마간 우울증이 진행된 상태였고 몹시 화가 나 있었다. 나는 전에 없던 사나운 기세로 그를 벽에 밀어붙이고 턱뼈와 코뼈가 부러지도록 심하게 때렸다. 그는 피를 너무 많이 흘려 나중에 입원까지 했다. 그때 주먹질로 그의 얼굴을 뭉그러뜨리며 느꼈던 기분을 나는 결코 잊지 못할 것이다. 그를 때린 직후 잠시 그의 목을 조르기까지 했으며 이성의 강력한 저지가 없었더라면 무슨 일을 저질렀을지 모른다. 사람들이 나의 그런 행동에 대해 경악하자 나는 폭력 남편들과 비슷한 항변을 했다. 나라는 존재가 사라져 버리는 것 같았노라고, 그런 폭력을 쓰지 않으면 더 이상 세상에 존재할 수 없을 것 같은 기분을 마음속 깊은 곳으로부터 느꼈노라고. 나는 마음 한편으로는 친구에게 그런 짓을 한 것을 후회하면서도, 다른 한편으로는 그렇게라도 하지 않으면 완전히 미쳐 버렸을 것이란 생각을 했다.(그 친구와는 지금도 가깝게 지내는데 그도 나의 그런 생각을 이해하게 되었다.) 그의 정신적인 폭력과 나의 물리적인 폭력이 기이한 평형을 이룬 셈이다. 그때 나를 짓누르던 마비될 듯한 공포와 무력감은 야만적인 행동에 의해 얼마간 해소되었다. 그렇다고 내가 아내에게 폭력을 휘두르는 행위를 용인하는 것은 아니며 그것을 권장하는 것은 더더욱 아니다. 폭력적인 행동은 우울증에 대처하는 바람직한 방법이 아니다. 그러나 효과는 있다. 폭력의 고유의 치유력을 부정하는 것은 끔찍한 실수가 될 수 있다. 그날 밤 나는 친구의 피와 내 피로 뒤범벅이 된 채 공포와 흥분을 함께 느끼며 집으로 돌아왔다. 그것은 기막힌 해방감이었다.

나는 여자를 때린 적은 없다. 그러나 친구의 턱뼈를 부러뜨린 사건이 일어나고 8개월쯤 후, 절친한 친구 하나가 저녁 약속 시간을 바꾸려 했다는 이유로 그녀에게 소리를 지르며 공개적인 망신을 주었다. 나는 우울증이 분노로 쉽게 폭발할 수 있음을 알게 되었다. 지금은 우울증의 깊은 골에서는 벗어난 상태이기 때문에 그런 충동들을 억누를 수 있다. 물론 격노할 때도 있지만 대개는 그럴 만한 이유가 있어서다. 그리고 대개 물리적이거나 충동적인 형태는 아니다. 내가 행사했던 폭력들은 우울증에 의한 것이었다. 그렇다고 책임을 면할 수는 없겠지만 그것을 이해하는 데에는 도움이 된다. 어쨌든 그런 행위는 묵과될 수 없다.

내가 만나 본 사람들 중 이런 파괴적인 충동에 대해 고백한 여성 우울증 환자는 없었지만 남성은 꽤 많았다. 그들 가운데는 충동을 억누를 수 있는 이들도 있었고, 충동에 따라 행동한 결과 비이성적인 공포로부터 해방되는 기분을 느낀 이들도 있었다. 나는 남성과 여성의 우울증 자체가 다른 것이라기보다 우울증을 다루는 방식이 다른 것이라 생각한다. 여성의 우울증을 병적인 것으로 보는 시각을 거부하는 페미니스트들이나 자신의 감정 상태를 부정할 수 있다고 믿는 남성들이나 문제의 소지를 안고 있다. 흥미로운 사실 하나는, 유난히 폭력 성향이 낮은 유대인 남성들은 유대인이 아닌 남성들에 비해 우울증 발병률이 훨씬 높으며, 유대인 여성들의 발병률과 거의 같다는 점이다.[23] 따라서 성별은 우울증에 걸리게 되는 것뿐 아니라 우울증이 나타나는 양상에도 복잡한 영향력을 끼친다.

우울증 환자라 하더라도 병을 숨기고 부모 노릇을 할 수는 있겠지만 대개 우울증에 걸린 어머니는 훌륭한 어머니가 되지 못한다.[24] 이들 중 일부는 자녀들로 인해 쉽게 동요하고 그 결과 엉뚱한 행동을 하지만, 대다수는 아예 자녀들에게 반응을 보이지 못하며 애정도 없고 위축되어 있다. 이들은 분명한 통제력이나 규율도 갖고 있지 못하다. 자녀들에게 줄 애정도, 따뜻한 배려도 거의 없다. 그리고 자녀들의 요구에 대해 무력감을 느낀다. 행동 조절도 되지 않아 분명한 이유도 없이 화를 냈다가 죄책감이 발작처럼 밀려오면 역시 분명한 이유도 없이 넘치는 애정을 보인다. 이들은 자녀들이 자신의 문제들을 통제하는 데 도움을 주지 못한다. 이들은 자녀들의 행동이나 결핍의 표현에 대한 반응을 보이지 못한다. 이들의 자녀들은 잘 울고 분노에 차 있고 공격적이다. 이런 아이들은 남을 배려하는 행동을 하지 못하는 경우가 흔하지만, 반대로 남을 배려하는 일에 지나치게 집착하거나 세상의 모든 고통에 대해 책임감을 느끼는 경우도 있다. 특히 어린 여자아이들은 지나친 감정 이입으로 스스로 불행해지기 쉬운데, 그것은 어머니의 기분이 달라지는 것을 보지 못하고 자라서 그들 자신도 기분의 탄력성을 잃게 되었기 때문이다.

생후 3개월경 유아들에게서 나타나는, 발병 시기가 가장 이른 어린이 우울증[25]은 주로 우울증에 걸린 어머니의 자녀들에게서 발견된다.26 이런 아이들은 웃지도 않고 부모를 포함한 모든 사람들에게서 고개를 돌리려 한다. 우울증에 걸린 어머니를 바라보느니 차라리 아무도 보지 않는 것이 더 마음이 편한 듯하다. 이런 아이들은 뇌파 형태가 정상아와 다르며, 어머니의 우울증을 잘 치료하면 뇌파 형태가 좋아진다. 그러나 좀 더 나이가 든 아이들의 경우에는 적응장애가 그렇게 쉽게 개선되지 않는다. 우울증에 걸린 어머니를 둔 학령기 어린이들은 어머니의 우울 증세가 완화되고 1년 가까이 지난 후에도 심각한 부적응 상태에서 벗어나지 못한다.27 우울증에 걸린 부모를 둔 아이들은 매우 불리한 조건에 있다고 보아야 한다. 어머니의 우울증이 심각할수록 자녀의 우울증도 심각하기 쉬우며, 일부 어린이들은 상대적으로 더 극적이고 강하게 어머니의 우울증에 전염된다. 일반적으로 우울증에 걸린 어머니의 자녀들은 어머니에게서 부정적인 영향을 받을 뿐만 아니라 어머니보다 더 심한 상태에 이른다. 최초 진단으로부터 10년이 흐른 뒤에도 이런 아이들은 심각한 사회성 장애에 시달리며, 우울증에 걸릴 위험은 정상인의 세 배, 공황장애와 알코올중독에 걸릴 위험은 다섯 배에 이른다.28

어린이 정신 질환의 경우 환자에 대한 직접적인 치료보다 어머니에 대한 치료가 더 중요할 수도 있으며, 이것은 부정적인 가정 형태에 유연성, 내구력, 단결력, 문제 해결 능력을 심어 주는 방향으로 이루어진다. 부모는 부부 관계에 심각한 문제가 있는 경우라도 자녀의 우울증을 막기 위해 멋진 팀워크를 발휘할 수 있다. 한결같은 분명한 태도를 유지하기는 결코 만만치 않은 일이지만 말이다.

우울증에 걸린 어머니를 둔 아이들은 정신분열증 어머니를 둔 아이들보다 더 힘든 세상을 살아가게 된다.[29] 우울증은 육아의 기본 메커니즘에 유달리 직접적인 영향을 미치기 때문이다. 우울증에 걸린 어머니의 자녀들은 우울증뿐 아니라 주의력결핍장애, 분리불안장애, 품행장애까지 겪을 수 있다.[30] 이들은 지능이 뛰어나고 성격이 좋아도 학업이나 사회성 면에서 곤란을 겪는다. 또 각종 알레르기, 천식, 잦은 감기, 심한 두통, 복통을 호소하는 경우가 많고 자신이 안전하지 못하다는 느낌에 시달린다. 망상증 환자가 되는 경우도 많다.

　발달심리학자인 미시간대학교의 아널드 새머로프는 세상의 모든 것이 모든 실험에서 하나의 변수이며, 모든 사건들이 속단되고 있고, 창조의 모든 신비가 풀릴 때까지는 그 어느 것도 완전히 알 수 없다고 믿는다. 그의 주장에 의하면, 사람들에게 공통의 병들이 있는 건 사실이지만 각자 증세들과 원인들이 다르고 병의 체험도 다르다는 것이다. 그의 말을 들어 보자. "단일 유전자 가설이란 것이 있어요. 하나의 유전자가 특정 질환을 결정한다는 것인데 빠르고 간단한 걸 선호하는 우리 사회에는 매우 매력적인 가설이지요. 그러나 그것은 현실이 될 수 없습니다." 새머로프는 중증 우울증을 지닌 사람들의 자녀들을 연구해 왔다.[31] 그 결과 그들의 인지 능력이 처음에는 또래 집단과 같다 하더라도 두 살 무렵부터 처지기 시작한다는 사실을 발견했다. 그러다 네 살쯤 되면 그들은 또래보다 확연히 "더 슬퍼하고, 상호작용이 적고, 위축되고, 기능도 떨어진다". 이에 대해서는 주로 다섯 가지 해석이 가능하며 그 다섯 가지가 다양한 모자이크를 이룬다고 그는 믿는다. 그 다섯 가지 해석은 유전적 특질, 아이들이 자신이 체험한 것을 모방하는 감정이입 반사, 부모의 반응 부족으로 인해 관계 시도를 중단하는 학습된 무기력, 병에 걸린 부모가 하기 싫은 일을 하지 않아도 되는 특혜를 누리는 것을 보고 자신도 그런 역할을 맡기로 결심하는 역할 연기, 불행한 부모 사이의 의사소통에 아무런 즐거움이 없는 것을 본 결과인 위축이다. 그 외에도 여러 가지 해석들이 가능하며, 그중 하나는 우울증에 걸린 부모는 다른 부모들에 비해 약물남용의 경향이 강하다는 것이다. 약물남용자의 손에서 아이들은 어떤 취급을 받고 어떤 정신적 외상을 겪을까? 그런 상황은 바로 스트레스로 이어질 것이다.

최근 한 연구에 의하면 고혈압의 원인이 될 수 있는 요인이 200가지나 된다고 한다.[32] 이에 대해 아널드 새머로프는 이렇게 말한다. "생물학적인 측면에서 보면 혈압은 아주 단순한 문제입니다. 그런데 그것에 영향을 미치는 요인이 200가지라면 우울증 같은 복잡한 병에는 얼마나 많은 요인들이 있겠습니까!" 그의 견해로는 수많은 위험 인자들의 동시 발생으로 우울증이 일어난다. "일단(一團)의 위험 인자들이 모여 있는 사람들을 우리는 장애를 가진 사람이라 부르지요. 우리는 우울증에 있어서는 유전이 결코 사회경제적 상황처럼 강한 예측 요소가 되지 못한다는 것을 발견했습니다. 유전과 사회경제적 상황이 상호작용할 때 발병 확률은 가장 커집니다. 그런데 어린아이들을 심각한 우울증으로 몰아가는 불리한 사회경제적 상황의 핵심 요소들은 어떤 것일까요? 가정 교육의 부족? 돈의 부족? 사회적 지지의 부족? 가정의 자녀 수?" 새머로프는 그런 변수 열 가지의 목록을 만든 다음 우울증의 정도와 관련시켰다. 그 결과 어떤 부정적 변수이든 그 자체로 저조한 기분의 원인이 될 수 있으며, 그런 변수들이 모이면 (지능 저하뿐 아니라) 심각한 임상 증상들을 유발할 수 있음을 발견했다. 새머로프가 실시한 연구 결과에 의하면, 병이 깊은 부모의 자녀가 어중간하게 아픈 부모의 자녀보다 더 나은 경향을 보였다. "만일 당신이 진짜로 몹시 아프다면 다른 사람이 대신 짐을 져야 합니다. 부모 중 하나가 아프면 아프지 않은 사람이 배우자의 몫까지 챙겨야 합니다. 그리고 아이들은 집안 사정을 이해하는 능력이 있기 때문에 부모 중 한 사람이 정신적으로 아프다는 것을 알게 되면 제대로 보살핌을 받지 못하는 것에 대해 어중간하게 아픈 부모의 자녀들처럼 고통을 느끼지 않습니다. 그렇기 때문에 우울증은 간단하게 예측될 수 있는 것이 아니에요. 모든 우울증이 자기만의 독특한 이력을 갖고 있죠."

부모의 우울증으로 인한 소홀한 보살핌이 어린이의 우울증을 유발하는 반면, 부모의 노력이 우울증 완화에 도움이 될 수 있다. 구태의연한 프로이트식 엄마 탓은 이제 설 자리를 잃었지만 아이들의 세계는 부모에 의해 규정되는 것이 사실이며, 아이들은 부모로부터 얼마간의 저항력이나 나약함을 배운다. 실제로 현재 많은 진료 규약들이 부모를 훈련시켜 자녀의 치료에 개입하도록 하는 것을 포함한다. 그런 개입의 기본은 들어 주는 것이다. 어린이는 어른과는 다르므로 어른처럼 다루어서는 안 된다. 우울증에 걸린 자녀에게 부모는 확고부동함, 사랑, 일관성, 겸손함을 모두 갖춘 태도를 보여야 한다. 자녀는 부모가 문제를 해결하는 것을 지켜보면서 엄청난 힘을 얻는다.

'의존성 우울증'이라 불리는 뚜렷한 형태의 우울증은 어머니와 너무 많이 떨어져 지내는 유아들 가운데 생후 6개월에서 12개월 사이에 나타난다. 주로 불안, 슬픔, 잘 울기, 환경에 대한 거부, 위축, 발달 지체, 무감각, 식욕 감퇴, 불면증, 불만스러운 표현 등의 증세를 보인다.[33] 의존성 우울증은 네다섯 살쯤 되면 성장 부전[34]으로 발전할 수도 있으며, 이런 어린이들은 정서적 결핍 상태에 이르고 긴밀한 유대 관계를 거부한다. 그러다 대여섯 살이 되면 극단적으로 뒤틀리고 화를 잘 내며 수면과 식사에 어려움을 겪는다. 이들은 친구도 사귀지 않고 자부심도 불가해할 정도로 낮다. 잠자리에서 계속 오줌을 싸는 건 불안감을 나타낸다. 이들 중 일부는 위축되고 나머지는 점점 더 까탈스럽고 파괴적이 된다. 아이들은 어른들처럼 미래에 대해 숙고하지도 않고 과거의 기억들을 분명하게 정리하지도 못하므로 인생의 무의미함에 골몰하는 경우는 드물다. 이들은 아직 추상적인 사고 능력이 발달하지 못했기 때문에 성인 우울증의 특징인 절망감과 좌절감을 느끼지는 않는다. 그러나 지속적으로 부정성을 보일 수는 있다.

최근 연구들은 어이없을 정도로 편차가 큰 통계들을 내놓고 있는데, 일례로 어린이의 우울증 발병률은 1퍼센트 정도라는 확실하게 입증된 통계가 있는가 하면 어린이의 60퍼센트가량이 주요 정동장애를 겪는다는 반박할 수 없는 주장도 나왔다.[35] 어린이를 대상으로 자기 보고 형식의 평가를 내리는 작업은 어른을 대상으로 한 조사보다 훨씬 복잡하다. 우선 '바람직한' 답을 요구하는 형태로 질문이 이루어져서는 안 되며, 자살이 그럴듯한 대안이라는 인상을 주지 않고 그것에 대해 대담하게 질문할 수 있어야 한다. 한 치료사가 공식화한 질문 방식을 소개해 보겠다. "좋아, 그렇게 세상 모든 게 다 싫다면 더 이상 살지 않는 방법을 생각해 본 적은 있니?" 어떤 아이들은 "그건 말도 안 돼요!"라고 대답할 것이고, 어떤 아이들은 그렇다며 자세한 이야기를 들려줄 것이며, 어떤 아이들은 조용히 생각에 잠길 것이다. 치료사는 아이의 몸짓 언어를 잘 살펴야 한다. 그리고 무슨 말을 하든 들어 줄 준비가 되어 있다는 걸 아이에게 확신시켜야 한다. 진짜로 심각한 우울증을 앓고 있는 아이들은 자살에 대해 이야기한다. 내가 만난 여성 우울증 환자 중 자녀들에게는 내색하지 않으려 무진 애를 써 온 이가 있었는데 다섯 살 먹은 아들이 "엄마, 인생이 더러워서 살기 싫을 때가 많아요."라고 말하는 걸 듣고 절망감에 하늘이 무너지는 것 같았노라고 했다. 존스홉킨스 병원 소아정신과 과장 패러미트 T. 조시는 이렇게 말한다. "아이들은 죽은 사람을 지칭하며 그에게 가고 싶다는 식으로 말할 수도 있고, 영원히 잠들고 싶다고 표현하기도 합니다. 다섯 살짜리들이 단도직입적으로 '나는 죽고 싶어. 태어나지 않았으면 좋았을 거야.'라고도 말해요. 그다음에는 행동이 따릅니다. 2층 창문에서 뛰어내리는 아이들이 많죠. 어떤 아이들은 타이레놀을 다섯 알쯤 삼키면 죽음을 맞을 수 있으리라 생각합니다. 손목이나 팔을 긋는 아이들도 있고, 질식사를 시도하는 아이들도 있으며, 목을 매는 아이들도 있어요. 많은 어린이들이 옷장에 들어가 허리띠로 목을 맵니다. 그들 가운데 일부는 학대당하거나 부모의 관심이 부족한 아이들이지만 일부는 분명한 이유도 없이 그런 행동을 하지요. 다행인 건 그들이 아직 자살에 성공할 능력을 지니지 못했다는 거죠!" 그러나 사실은 놀라운 능력을 발휘할 수도 있으며, 1980년대 초반에서 1990년대 중반까지 열 살에서 열네 살 사이 청소년의 자살률은 120퍼센트나 증가했다.[36] 자살에 성공하는 아이들은 대개 공격적인 수단들을 이용하며, 총기를 이용하거나 목을 맨 경우가 전체 자살의 85퍼센트 가까이 된다. 부모들과 마찬가지로 아이들도 점점 스트레스가 많아지면서 자살률은 계속 증가하고 있다.

어린이 우울증 환자는 물약으로 나온 프로작이나 노르트립틸린을 주스에 타서 먹이면 된다.[37] 이것은 효과가 있는 것으로 보인다. 그러나 이런 치료들이 어린이들에게 어떻게 작용하는지, 안전하거나 효과적이기는 한 것인지에 대한 적절한 연구는 아직 이루어지지 않고 있는 형편이다. "우리는 치료에 있어서 아이들을 고아로 만들고 있어요." 국립정신건강연구소 스티븐 하이먼의 말이다. 항우울제들 중 소수만이 어린이에 대한 안전성 검사를 거쳤고, 어린이나 청소년에 대한 효능 검사를 거친 항우울제는 거의 없으며, 약효 체험은 개인마다 다르다. 한 연구 결과를 보면 SSRI 계열이 십 대보다는 어린이와 성인에게 잘 듣는 것으로 나와 있고, 다른 연구 결과를 보면 MAOI 계열이 어린이들에게 가장 효과적이라고 되어 있다. 둘 중 어느 것도 절대적으로 신뢰해서는 안 되겠지만 이런 연구 결과들은 어린이와 청소년, 성인의 치료가 다를 수 있다는 분명한 가능성을 제시한다.

어린이 우울증도 치료가 필요하다. 런던대학교와 미들섹스 병원에서 상담을 맡고 있는 카리스마 있는 아동심리학자 데버라 크리스티는 이렇게 말한다. "아이들에게 당신이 함께 있다는 걸 보여 주어야 합니다. 그리고 아이들도 그곳에 당신과 함께 있도록 해야 해요. 나는 그것을 등반에 비유하고는 하지요. 우리는 산에 오를 생각을 하며 베이스캠프에 앉아 어떤 물건들을 가져갈 것인지, 몇 사람이 함께 오를 것인지, 밧줄로 서로 묶고 오를 것인지 여부를 생각합니다. 등반을 하기로 결정하든 아직 준비가 덜 되었다는 판단을 내리든 산 언저리를 돌면서 가장 오르기 쉬운 코스가 어디인지 확인할 수는 있어요. 당신이 아이들을 산꼭대기까지 올려 줄 수는 없고 아이들 스스로 올라야 합니다. 그러나 그들 곁에 있어 줄 수는 있죠. 우선 아이들에게 동기를 불어넣어야 해요. 우울증이 깊은 아이들은 무슨 말을 해야 할지, 어디서부터 시작해야 할지도 모르지만 자신이 변화를 원한다는 것은 알아요. 나는 변화할 수 있다는 믿음이 있으면서도 치료를 원하지 않는 아이는 본 적이 없어요. 한 여자아이는 우울증이 심해 내게 말을 하지 못했지만 글을 쓸 수는 있었죠. 그래서 포스트잇에 하고 싶은 말을 써서 내 몸에 붙이라고 했더니 상담 시간이 끝나 갈 무렵에는 포스트잇으로 내 몸을 도배하다시피 해 놓았어요. 나도 그 아이처럼 내가 하고 싶은 말을 포스트잇에 써서 그 아이에게 붙였고 그런 방법을 통해 그 아이의 침묵의 벽을 허물 수 있었습니다." 어린이들이 자신의 기분 상태에 대해 인식하고 개선 노력을 기울일 수 있도록 도울 기술들은 그 외에도 많다.

존스홉킨스 병원 정신과 전문의 실비아 심슨의 말을 들어 보자. "어린이들의 경우, 우울증이 성격 발달을 저해합니다. 우울증과의 싸움에 전력을 기울이다 보니 사회적 발달이 지연되고 삶은 점점 더 우울해지죠. 사람들과 관계를 맺고 살아가는 것이 당연시되는 세계에서 자신만이 그런 능력을 갖고 있지 못하니까요." 예를 들어 계절성 우울증을 앓는 어린이들의 경우, 발병 시기가 개학 시기와 우연히 일치하다 보니 병의 정체를 알지 못하고 문제를 그대로 방치하게 되는 경우가 많다. 이런 장애들은 언제, 얼마나 적극적으로 치료해야 하는지 알기 어렵다. 패러미트 T. 조시는 이렇게 말한다. "나는 가족력에 토대를 둬요. 병의 정체가 주의력결핍과잉행동장애(ADHD)인지, 아니면 진짜 우울증인지, 아니면 ADHD를 지닌 어린이가 우울증으로 발전한 것인지 몹시 혼동될 수 있어요. 학대 관련 적응장애와 우울증도 구별이 힘들지요." ADHD를 지닌 많은 어린이들이 분열적인 행동을 보이며 어른들은 그런 아이들을 엄격한 규율로 다스리려고 한다. 그러나 심각한 인지적, 신경생물학적 문제들과 관련된 행동들이라면 스스로 통제하기 어렵다. 이런 어린이들은 품행장애로 인해 부모에게조차 환영받지 못하는 존재가 되며 그로 인해 우울증은 더 악화된다. 이것 또한 우울증의 악순환이다.

다시 데버라 크리스티의 말을 들어 보자. "어린이 환자를 데리고 들어오는 부모에게 미리 경고를 해 줍니다. '우선 성가신 문제부터 처리해야겠지만 그러고 나면 한동안 아이가 슬픔에 잠길 수도 있습니다.'라고요. 아이 혼자 치료를 받으러 오는 경우는 없어요. 누군가의 손에 이끌려 오죠. 치료사는 아이가 자신이 무엇 때문에 치료를 받으러 왔는지, 무엇이 잘못되었다고 생각하는지 알아내야 합니다. 이것은 정신 치료를 위해 스스로 병원을 찾는 경우와는 사뭇 다른 상황이지요." 어린이들을 대상으로 한 치료에서 가장 중요한 요소 가운데 하나는 환상 세계의 창조다.(이는 정신역동적 치료에서의 '안전한 공간'과 동일한 개념이다.) 아이에게 소원을 말해 보게 하면 자부심이 얼마나 결여되어 있는지 정확히 짚어 내기 쉽다. 치료의 시작 단계에서 중요한 건 침묵에 빠진 아이의 말문을 여는 일이다. 많은 어린이 환자들이 괜찮다거나, 괜찮지 않다는 말로밖에 자신의 감정을 표현하지 못한다. 그들에게 새로운 어휘들은 물론 감정과 생각의 차이를 가르쳐야 한다. 그래야 생각을 통해 감정을 통제하는 법을 배울 수 있다. 한 치료사가 열 살 먹은 여자아이에게 자신의 생각들과 감정들을 담은 일기를 쓴 다음 2주 후 가져오라 했다. "예를 들면 '엄마가 아빠에게 화가 났다.'는 네 생각이고 '나는 무섭다.'는 네 감정이란다." 그러나 우울증으로 인지 능력이 손상된 그 아이는 생각과 감정을 구분할 수 없었다. 그 아이가 가져온 일기에는 매일 이렇게 쓰여 있었다. "생각: '나는 슬프다.' 감정: '나는 슬프다.'" 그 아이의 분류 체계에서는 생각의 세계와 감정의 세계가 분리될 수 없었던 것이다. 나중에 그 아이는 자신의 불안들을 원 그래프로 나타낼 수 있었다. 이만큼은 학교에 대한 불안, 이만큼은 집에서의 불안, 이만큼은 자신을 미워하는 사람들에 대한 불안, 이만큼은 못생긴 것에 대한 불안 등등으로 말이다. 컴퓨터를 다루는 어린이들은 컴퓨터 기술의 원리에 비유해서 설명하면 잘 받아들인다. 내가 만난 한 치료사는 그런 어린이들에게 그들의 마음은 공포와 슬픔을 처리할 수 있는 프로그램들을 갖고 있으며, 치료를 받는 것은 그 프로그램들의 버그를 잡아내는 것이라고 설명한다고 했다. 훌륭한 어린이 치료사는 환자를 즐겁게 해 주면서 치료 정보를 주어야 한다. 이에 대해 데버라 크리스티는 이렇게 말했다. "아이들에게는 긴장을 풀라는 말을 듣는 것보다 긴장되는 게 없거든요."

우울증은 신체적인 질병이나 장애를 겪고 있는 어린이들에게도 심각한 문제가 된다. 데버라 크리스티의 말을 들어 보자. "암으로 입원한 아이들은 계속 검사를 받고 주삿바늘을 꽂고 살기 때문에 그런 치료들로 자신을 괴롭히는 부모를 원망하게 되죠. 그러다 보면 부모도 불안에 휩싸이게 되고 결국 모두 함께 우울해져요." 병은 비밀을 낳고 비밀은 우울증을 낳는다. "한번은 우울증이 심한 아들과 그 어머니가 찾아오셨어요. '자, 여기 오신 이유를 말씀해 주세요.' 내가 물었더니 그 어머니가 아들을 앞에 놓고 배우가 방백을 하듯 큰소리로 대답했어요. '얘는 백혈병이에요. 본인은 그런 사실을 모르고 있죠.' 기겁할 노릇이죠. 나는 잠시 어머니를 내보낸 뒤 아이에게 왜 이곳에 왔는지 물었어요. 그러자 아이는 자신이 백혈병에 걸렸기 때문이라며, 자신이 병에 대해 알고 있는 걸 엄마에게 알리고 싶지 않으니 엄마에게 말하지 말아 달라고 하더군요. 이 경우 우울증은 백혈병과 그에 따르는 치료들로 인해 커뮤니케이션이 단절되면서 생긴 심각한 문제들 가운데 하나죠."

우울증에 걸린 어린이는 대개 성인이 되어서도 우울증에 시달린다는 사실이 증명되고 있다.38 어린이 우울증을 경험한 청소년의 4퍼센트가 자살한다. 자살을 기도하는 수는 이보다 훨씬 많으며 이들 대부분이 심각한 사회부적응장애를 겪는다. 우울증은 사춘기 이전 아이들에게서도 많이 일어나지만 특히 청소년기에는 절정을 이루어 십 대들 가운데 최소한 5퍼센트가 임상적인 우울증을 겪는다.39 그리고 그 시기가 되면 거의 대부분 약물남용이나 불안장애를 동반한다.40 그런데 부모들은 십 대 자녀의 우울증의 심각성을 과소평가하는 경향이 있다.41 물론 청소년기는 극단적인 감정들과 과도한 괴로움의 시기이므로 정상적인 청소년들도 우울증과 유사한 증세를 보이기 때문에 구분이 쉽지 않은 건 사실이다. 실제로 고등학생의 절반 이상이 "자살에 대해 생각해 본 적이 있다."고 한다.42 조울증 분야의 권위자인 케이 재미슨의 말을 들어 보자. "소년원의 십 대들 가운데 적어도 25퍼센트는 우울증이다. 이것은 치료를 통해 호전될 수 있다. 이들이 성인이 되면 우울증도 깊어지고 부정적인 행동이 성격으로 굳어져 우울증 치료만으로는 불충분하게 된다."
사회적 상호작용도 하나의 역할을 하며, 2차 성징의 시작도 정서적
혼란을 불러오는 경우가 많다. 현재 우울증 최초 발병을 지연시키
는 방향으로 연구들이 진행 중인데, 우울증 발병 시기가 빠를수록
치료가 어렵기 때문이다.[43] 한 연구 결과에 의하면 아동기나 청소년
기에 우울증 삽화를 겪은 사람은 성인이 되어 우울증에 걸릴 확률
이 일반인의 일곱 배나 된다고 한다.[44] 아동기나 청소년기에 우울증
삽화를 겪으면 70퍼센트 정도가 재발을 겪게 된다는 연구 결과도
나와 있다.[45] 따라서 조기 개입과 예방 치료가 절실한 상황이다. 부
모들은 자녀가 이탈, 식사장애, 수면장애, 자기 비판적 행동을 나타
내는지 지켜봐야 하며, 이런 우울증 징후들을 보일 경우 전문가에
게 데려가 진단을 받도록 해야 한다.

특히 십 대들은(그중에서도 남성은) 자신에 대해 분명하게 설
명하지 못하며 의약계에서도 이들에 대한 관심이 거의 없다. 한 치
료사의 설명을 들어 보자. "십 대들은 진료실 한쪽 구석에 앉아서
'나는 아무 문제도 없어요.'라고 말하지요. 나는 절대로 그들의 말
에 반박하지 않아요. '그래, 좋아. 네 또래 많은 아이들과 나를 찾아
오는 많은 아이들과는 달리 너는 우울증이 아니라니 정말 멋져. 아
무 문제가 없는 것이 어떤 건지 말해 주겠니? 지금 이 방에서 아무
문제도 없는 게 어떤 기분인지 말해 줘.' 그들에게 다른 사람과 함께
생각하고 느낄 수 있는 기회를 줘 보려고 하는 거죠."

성적 학대가 직접적인 유기적 과정들을 통해 어느 정도까지
우울증을 유발하는지, 우울증이 성적 학대가 일어나기 쉬운 결손
가정 환경을 어느 정도까지 반영하는지는 분명치 않다.[46] 성적 학대

를 받는 어린이들은 자기파괴적인 생활양식을 갖는 경향이 있으며 인생을 살아가면서 심각한 역경들을 만난다. 이들은 대개 지속적인 두려움 속에 산다. 이들의 세계는 불안정하고 이는 성격의 불균형을 초래한다. 한 치료사는 성적 학대를 당한 젊은 여성을 치료한 적이 있는데, 그녀는 아무도 자신에게 관심을 가져 주지 않으며 누구도 신뢰할 수 없다는 생각을 갖고 있었다. "세상에 대한 그런 무의식적인 불신을 깨뜨리는 데 필요했던 건 내가 그녀와의 상호작용에서 일관성을 보이는 것뿐이었어요." 유아기에 사랑과 인지 능력 발달에 필요한 자극을 받지 못한 어린이들은 영구적인 장애에 이르는 경우가 많다. 러시아 고아원에서 고아를 입양한 어느 부부는 이렇게 말했다.[47] "다섯 살이나 되었는데도 인과적 사고 능력이 없는 것 같았어요. 그리고 나무는 살아 있는 것이고 가구는 그렇지 않다는 것도 몰랐지요." 그 부부는 그런 결핍을 보완해 주려 노력했지만 완전한 회복은 불가능하다는 걸 인정해야 했다.

어떤 어린이들에게는 회복은 불가능해도 적응은 가능할 수 있다. 데버라 크리스티는 "망치로 머리를 때리는 것 같은" 끔찍한 만성 두통 때문에 인생을 포기하다시피 한 여자아이를 치료한 이야기를 들려주었다. 그 여자아이는 학교에도 다닐 수 없었고 놀 수도 없었다. 다른 사람들과의 상호작용도 불가능했다. 처음 만난 자리에서 그 아이는 이렇게 선언했다. "선생님은 제 두통을 없앨 수 없어요." 그러자 크리스티가 대답했다. "그래, 네 말이 맞아. 없앨 수는 없지. 하지만 말이야, 망치로 때리는 것 같은 그 두통은 머리 한 부분에 그대로 둔 채 다른 부분을 사용할 수도 있지 않을까? 그 방법을 찾아 보자." 크리스티의 생각은 이러하다. "치료의 첫 단계는 아이의 말이

명백히 틀리거나 믿기 어려워도 그대로 믿어 주는 거예요. 아이가 뜻도 안 통하는 은유적 언어를 사용해도 믿어야 합니다." 포괄적인 치료를 실시한 결과 그 여자아이는 두통을 안고도 학교에 나갈 수 있었고, 그다음에는 두통을 안고도 친구들을 사귈 수 있었으며, 1년이 못 되어 두통이 사라졌다.

　　노인 우울증은 그대로 방치되는 경우가 많은데 이는 우리 사회가 노년 자체를 우울한 것으로 보기 때문이다.[48] 노인은 필연적으로 불행하다는 생각 때문에 노인의 불행을 보살피지 않게 되며, 그 결과 많은 이들이 말년을 불필요한 극심한 정서적 고통 속에서 산다. 이미 1910년에 에밀 크레펠린은 노인의 우울증을 퇴행기 멜랑콜리라 불렀다.[49] 그 이후 전통적인 가족 구조가 붕괴되고 노인이 중요성을 잃게 되면서 노인 우울증은 더욱 악화되어 왔다. 양로원의 노인들은 집에 사는 노인들에 비해 두 배 정도 우울증에 걸리기 쉬우며 실제로 시설 거주자의 3분의 1 이상이 심각한 우울증을 앓고 있다는 주장이 나왔다.[50] 노인 환자를 대상으로 한 위약 효과가 표준치보다 상당히 높은 것은 주목할 만한 일이다. 이것은 노인 환자들이 약물치료를 받고 있다고 믿는 데서 얻는 심리적인 효과뿐 아니라 위약 실험을 둘러싼 상황들에서도 효과를 얻고 있음을 나타낸다. 즉 실험을 하려면 피실험자의 상태를 점검하고 면담을 실시해야 하는데 그런 주의 깊은 통제와 관심이 의미 있는 효과를 지니는 것이다. 노인들은 많은 관심을 받을수록 기분이 나아진다.[51] 이런 작은 관심이 그토록 효과를 발휘하는 것으로 보아 우리 사회의 노인들은 끔찍이도 외로운 것이 분명하다.

사회적 요인들도 노인의 우울증에 지대한 영향력을 행사하지만 중요한 신체적 변화들도 기분에 영향을 미친다. 노인이 되면 모든 신경전달물질들의 수치가 낮아진다.[52] 팔십 대의 세로토닌 수치는 육십 대의 절반밖에 되지 않는다.[53] 물론 이 시기에는 많은 신진대사의 변화들과 화학적 균형이 재조정되기 때문에 신경전달물질이 감소한다고 해서 (젊은 사람의 세로토닌 수치가 갑자기 반으로 뚝 떨어지는 경우처럼) 즉각적인 문제가 나타나지는 않는다.[54] 이처럼 나이가 들면서 뇌의 유연성과 기능이 떨어지는 현상은 항우울제들이 노인들에게서 반응이 늦게 나타나는 것에도 반영된다.[55] 중년 환자들에게는 3주 이내에 효능을 나타내는 SSRI 계열의 약이 노인들의 경우에는 12주 이후에나 효능이 나타나는 경우가 빈번하다. 그러나 치료 성공률은 나이에 따라 변하지는 않는다.[56]

노인 환자에게는 다음의 세 가지 이유로 전기충격 치료(ECT)가 많이 처방된다. 첫째, ECT는 약물치료와는 달리 작용이 빠르다. 약물치료가 반응을 나타낼 때까지 몇 달씩이나 우울증을 방치하는 것은 건설적이지 못하다. 또 ECT는 노인들이 복용하는 다른 약들과 해로운 상호작용을 일으키지 않는다.(그런 상호작용 때문에 처방 가능한 항우울제의 범위가 제한된다.) 그리고 노인 우울증 환자들은 기억력이 떨어져서 약 먹을 시간을 깜빡 잊거나 자신이 약을 먹은 사실을 잊어서 너무 많은 양을 복용할 수도 있다. 이런 면에서 보면 ECT가 훨씬 관리하기 쉽다. 심각한 우울증에 시달리는 노인 환자의 경우 단기 입원이 최선의 방법일 수 있다.[57]

노인 환자군은 우울증 발견이 쉽지 않을 수 있다.[58] 젊은 사람들에게는 우울증의 중요 요소가 되는 성욕 문제도 노인들 사이에서는 그리 중요하지 않다. 이들은 젊은 우울증 환자들보다 죄책감도 덜하다. 또 잠이 많아지는 것이 아니라 불면증의 경향을 보이며 한밤중에 뜬눈으로 망상에 시달린다. 이들은 사소한 사건들에 대해 지나치게 과민하고 파멸적인 반응들을 보인다. 이들은 여기저기 아프다는 곳도 많고 주위 환경에 대해서도 까탈스러워서 의자가 불편해서 못 앉겠다느니, 샤워기가 고장이라느니, 찻잔을 들 때마다 오른팔이 아프다느니, 방의 조명이 너무 밝다느니 아니면 너무 어둡다느니 불평 불만이 끝이 없다. 이들은 화를 잘 내고 괴팍해지며 퉁명스러움이나 무관심으로 주위 사람들을 괴롭히고 때로는 "감정실금"[감정의 조절 기능 장애로 사소한 일에도 웃거나 울기만 하는 상태]59을 보인다. 이런 증세들에는 SSRI 계열의 항우울제가 가장 잘 듣는다. 노인 우울증은 뇌에 공급되는 혈액량의 감소를 포함한 신체 기능의 변화로 인한 직접적인 결과이거나 노쇠로 인한 괴로움과 모욕감의 결과인 경우가 많다. 흔히 노인성 치매가 우울증을 동반하지만 상태는 다르다. 치매의 경우 자동적인 정신 기능이 마비되어 기본적인 기억력(특히 단기 기억력)이 손상된다. 이에 반해 우울증은 정신적인 노력이 필요한 기능들이 차단되어 장기적인 복잡한 기억들을 할 수 없고 새로운 정보를 처리하는 것도 힘들어진다. 하지만 대부분의 노인들은 이런 차이들을 인식하지 못하여 우울증 증세들을 나이 탓이나 가벼운 치매로 여기며, 그런 이유로 상황을 완화시키는 기본적인 절차들을 밟지 못한다. 노인 우울증 환자의 절반 이상이 부분적으로는 망상에 의한 신체적 증세들에 시달리며, 자신의 상태를 실제보다 더 무능하고 가망 없게 여겨서 자살에 이르기도 한다.

나의 친척 할머니 한 분은 아흔 후반의 나이에 집 안에서 넘어져서 다리가 부러졌다. 할머니는 병원에 가서 부러진 다리를 맞춘 뒤 간호사들을 대동하고 집으로 돌아왔다. 처음에는 걷기조차 힘들었고 물리치료사가 시키는 운동들도 겨우겨우 할 수 있었다. 한 달쯤 지나자 다리는 아주 잘 아물었는데 할머니는 걷기를 두려워하며 이동을 거부했다. 침대에서 쓰는 변기에 익숙해진 할머니는 5미터 거리도 안 되는 화장실에도 가지 않으려 했다. 평생의 허영심도 갑자기 사라져 100년 가까이 매주 두 번씩 꼭 다니던 미용실에도 가지 않았다. 아예 외출 자체를 거부하고, 발톱이 살 속으로 파고들어 고통스러워도 치료를 받으러 가는 것도 차일피일 미루었다. 할머니는 일어나서 돌아다니는 것을 힘겨워했고, 내가 함께 산책하러 나가자고 졸라도 아직 몸이 회복되지 않았다며 거절했다. 할머니는 몇 주 동안이나 갑갑한 아파트에서만 지냈다. 그러는 동안 수면장애까지 겪었고 손자들의 전화도 받지 않았다. 원래 개인적인 용무에 대해서는 무척이나 신중해서 절대 남에게 부탁하는 법이 없었는데 이제 청구서 처리도 복잡해서 못 하겠다며 내게 맡겼다. 간단한 정보도 처리하지 못해 내게 주말 계획을 여덟 차례나 물었다. 이러한 인지 능력의 저하는 노망과 비슷하게 보였다. 할머니는 반복적인 행동을 하는 증세가 점점 더 심해졌고, 슬픔에 잠겨 있지는 않았지만 완전히 위축되어 있었다. 할머니의 주치의는 외상과 관련된 스트레스를 겪고 있는 것일 뿐이라고 주장했지만 내 눈에는 할머니가 죽음을 준비하는 것처럼 보였고, 아무리 노령이라 하더라도 다리 골절에 대한 반응으로는 지나치다고 생각되었다.

그래서 내 진료를 맡고 있던 정신약리학 전문의에게 왕진을 부탁했고 그는 즉시 심각한 노인 우울증이라는 진단을 내린 뒤 셀렉사를 처방했다. 그 3주 뒤에 할머니는 발 치료를 받으러 가게 되었다. 내가 성화를 부려 진료 약속을 잡은 것이었는데 발톱도 문제였지만 다시 세상으로 나가는 모험을 시도해야 한다는 이유가 더 컸다. 그렇게 내 손에 이끌려 세상으로 나온 할머니는 고통스럽고 힘겨워 보였다. 모든 것이 혼란스럽고 겁에 질린 모습이었다. 2주 후 할머니는 골절 치료를 받은 병원에 검진을 받으러 갔다. 아파트로 모시러 가 보니 예쁜 옷에 머리도 곱게 빗고 립스틱도 바르고, 건강할 때 즐겨 달던 진주 브로치까지 달고 계셨다. 할머니는 불평 한마디 없이 아래층으로 내려갔다. 할머니에게는 외출이 여전히 스트레스여서 병원에서는 다른 환자들이 새치기를 한다며 피해망상 증세까지 보였다. 그러나 전에 발톱 치료를 받으러 갔을 때는 그런 관심조차 없었기 때문에 내게는 그런 현상조차 긍정적으로 보였다. 이윽고 진료실에 들어가자 할머니는 매력적인 모습을 보이며 의사에게 조리 있게 설명도 잘했다. 검진이 끝나자 나는 간호사와 함께 할머니의 휠체어를 밀고 문으로 갔다. 할머니는 다리가 잘 아문 걸 기뻐하며 모든 사람들에게 감사의 말을 아끼지 않았다. 나는 할머니가 옛 모습을 되찾아 가는 것이 몹시 기뻤지만 할머니께 전혀 예상치 못했던 말을 듣고 놀라지 않을 수 없었다. "얘야, 우리 점심 먹으러 갈까?" 우리는 평소 즐겨 찾던 레스토랑으로 갔고 할머니는 입구에서 좌석까지 내 부축을 받으며 걸어갈 수 있었다. 우리는 담소를 나누며 웃음꽃을 피웠다. 할머니는 커피가 식었다며 다시 가져오라고 시키는 등 생기에 찬 모습을 보였다. 그 뒤로 할머니는 예전처럼 자주 외식을 즐기지는 못하지만 몇 주마다 한 번씩 외출할 수 있게 되었고 100세 생일을 바라보며 행복하게 사시는 편이다.

우울증은 심각한 정신 기능 손상의 전조가 되는 경우도 많다. 우울증은 어느 정도는 치매와 알츠하이머병을 예고하며, 반대로 그런 질환들이 우울증을 유발하거나 우울증과 공존할 수도 있다.**60** 알츠하이머병은 노화보다 더 세로토닌 수치를 떨어뜨리는 것으로 보인다.**61** 아직까지는 치매나 알츠하이머병의 핵심인 혼미와 인지 능력 쇠퇴에 대한 치료가 어려운 형편이지만 그런 질환들에 흔히 동반되는 극심한 정신적 고통은 완화시킬 수 있다. 많은 사람들이 겁에 질리거나 깊은 슬픔에 젖지 않고서도 정신적 혼란에 빠질 수 있으며, 현재로서는 정신적인 고통을 완화시키는 정도가 알츠하이머병이나 치매 환자가 받을 수 있는 치료다.(대개는 그것도 이루어지지 않고 있다.) 세로토닌 수치 저하가 치매의 원인이 되는지 밝혀내기 위한 실험이 이루어지고는 있지만 그보다는 뇌 손상이 원인일 가능성이 크다.**62** 물론 뇌 손상은 세로토닌 합성을 관장하는 부위를 포함한 뇌의 다양한 부위들의 손상을 의미하며, 이것은 치매와 세로토닌 수치 저하가 공통된 원인에 의한 개별적인 결과들이라는 뜻이 된다. SSRI 계열의 항우울제는 노쇠로 인해 손상되는 운동 기능과 지적 기능을 향상시키지는 못하지만 노인 환자들의 기분을 나아지게 하여 스스로 그런 능력들을 더 잘 활용하도록 이끌 수 있으며, 결과적으로 어느 정도까지는 인지 능력이 향상될 수도 있다.**63** 이 계열의 약을 조금씩 장기적으로 쓴다면 알츠하이머병 환자들에게서 반응을 얻어 낼 수도 있다.**64** 알츠하이머병 환자들과 노인성 우울증 환자들은 (일반적으로 우울증의 일선 치료제는 아닌) 트라조돈 같은 비정형적 항우울제들에 반응을 보이기도 한다.**65** 또 벤조디아제핀에도 반응을 보이지만 이 계열의 약들은 진정 작용이 지나친 경향이 있다. ECT도 효과가 뛰어나다. 알츠하이머병 환자 중에서 성적인 공격성을 보이는 경우(이것은 드문 경우도 아니며 매우 곤혹스러운 일이다.) 호르몬 요법이 도움이 될 수 있지만 나의 개인적인 견해로는 그런 성적인 감정들이 본인을 불행하게 만들지 않는 한 이 방법은 몰인정하게 여겨진다.66 치매 환자들은 대개 심리치료에는 반응을 보이지 않는다.

뇌졸중의 결과로 찾아오는 우울증도 흔히 볼 수 있다.67 뇌졸중을 일으킨 후 1년 이내인 사람들은 우울증에 걸릴 확률이 다른 사람들의 두 배나 된다. 이것은 뇌의 특정 부위에 생리학적인 손상이 생긴 결과일 수 있으며 특히 좌측 전두엽에서 뇌졸중이 일어난 경우 감정 통제가 어려워진다는 연구 결과들이 나와 있다.68 뇌졸중을 겪은 많은 노인 환자들이 처음 회복된 후 부정적이거나 긍정적인 사소한 일들에 대해 발작적인 울음을 터뜨린다. 한 환자는 뇌졸중을 겪은 후 하루에 25회에서 100회까지 각각 1분에서 10분까지 지속되는 발작적인 울음에 시달리다 보니 몸이 녹초가 되어 아무 일도 할 수 없게 되었다.69 SSRI 계열의 약을 복용한 결과 이런 발작 증세는 바로 통제가 되었지만 약을 끊자마자 재발해서 그는 현재 영구 복용에 의존하고 있는 형편이다. 또 어떤 환자는 뇌졸중에 따른 우울증으로 발작적인 울음을 터뜨리는 증세 때문에 10년이나 일을 쉬어야 했는데 SSRI 계열의 약으로 치료를 받은 뒤 정상적인 기능을 되찾아 육십 대 후반 나이에 다시 일을 시작하게 되었다고 한다.70 뇌의 특정 부위에서 일어나는 졸중이 정서적으로 파괴적인 결과를 가져오는 건 의심할 여지가 없는 사실이지만, 많은 경우 그런 결과들은 통제가 가능한 것으로 보인다.

　우울증에서 성이나 연령의 경우와는 달리 민족은 생물학적 결
정 요소들을 지니고 있지 않은 듯하다. 그러나 병이 나타나는 방식
은 주위의 문화적 기대에 영향을 받는다. 이언 해킹은 『미친 여행
자들(Mad Travelers)』이라는 주목할 만한 저서에서 19세기 말에 많
은 사람들을 괴롭히다 수십 년 만에 사라진, 무의식 상태로 돌아다
니는 증후군에 대해 설명하고 있다. 지금은 자신도 의식하지 못하
는 사이에 돌아다니는 증후군으로 고생하는 사람은 없다. 역사를
돌아보면 특정한 정신과적 증상이 특정한 시기에 특정한 사회 계층
을 괴롭힌 것을 알 수 있다. 이에 대한 이언 해킹의 설명을 들어 보
자. "내가 말하는 '일시적 정신 질환'이란 어느 한 시기에 한 장소에
나타났다가 사라지는 것이다. 이런 질환은 특정 사회 계층이나 성
만을 골라서, 이를테면 가난한 여성들이나 부유한 남성들에게서만
나타날 수도 있다. 이런 광기는 특정 시기 특정 장소에서만 나타난
다."[71] 이것은 에드워드 쇼터가 주장한, 똑같은 병이라도 18세기에
는 졸도와 경련성 울부짖음으로, 19세기에는 히스테리성 마비나 경
축(痙縮)으로, 이제는 우울증이나 만성피로증후군, 거식증으로 불
린다는 이론과 일맥상통한다.
　미국 내에서도 민족에 따른 우울증의 특성들이 존재한다. 그
수가 워낙 많고 복잡하기도 하거니와 민족, 교육, 계층적 요소들이
한데 뒤엉켜 있어서 그것들을 일일이 분류하는 건 불가능하지만 몇
가지 일반론은 끌어낼 수 있다. 미시간대학교의 후안 로페스는 멋
진 유머 감각과 따뜻한 마음을 지닌 유쾌한 인물이다. 그는 이렇게

말한다. "나는 쿠바인이고 푸에르토리코인과 결혼했으며 멕시코인 대자(代子)를 두고 있어요. 그리고 한동안 스페인에서 살았죠. 그러니 라틴 문화에 대해서라면 기초가 탄탄한 셈입니다." 후안 로페스는 미시간에 거주하는 라틴계 노동자들과 그들이 정신적으로 의지하는 사제들을 대상으로 폭넓게 연구 작업을 진행해 왔으며 그들의 심리적 요구들을 만족시키는 역할을 떠맡고 있다. "미국의 놀라운 점은 같은 병이라도 너무도 다양한 문화적 배경들이 상호작용을 하고 있다는 거예요." 후안 로페스는 라틴계의 경우 자신의 정신적 문제들을 신경성 질환의 형태로 표현하는 경향이 있다고 말한다. "내 친척 중에도 이런 여성들이 있는데 나를 찾아와 등이 아프다느니 배가 아프다느니 다리의 감각이 이상하다느니 하는 호소를 합니다. 내가 아직 밝혀내지 못한 점은 이분들이 자신의 정신적인 문제들을 인정하기 싫어서 그런 호소를 하는 것인지, 아니면 일반적인 경우들과는 달리 우울증을 그런 식으로 겪는 것인지의 여부예요. 이분들은 복음 운동가 제리 폴웰과 수정 구슬로 미래를 예언한 진 딕슨을 합쳐 놓은 꼴인 푸에르토리코인 신비주의자 월터 메르카도의 설교를 듣고는 대개 증상이 호전되는데 도대체 내부에서 어떤 생리학적 변화가 일어난 것인지 궁금합니다." 라틴계 중 교육 수준이 높은 이들은 일반적인 형태에 가까운 우울증을 겪는 것으로 보인다.

내 도미니카인 친구 하나는 사십 대 초반에 두 번째 아내와 헤어지면서 갑작스럽고 놀랍고 압도적인 붕괴를 체험했다. 아파트 관리인으로 일하던 그는 아내가 집에서 나가자 점점 무기력해져 갔다. 직장에서의 단순한 일들도 벅차게만 여겨졌고 제대로 먹지도 자지도 못하게 되었다. 친구들은 물론 자녀들과도 멀어졌다. 후에 그는 내게 이렇게 회고했다. "그게 우울증인 줄은 몰랐지요. 몸에 병이 들어서 죽어 가고 있다고 생각했어요. 정신적인 혼란을 겪고 있다는 건 알았지만 어떻게 해야 하는지 몰랐어요. 나는 도미니카인이라 매우 감정적이면서도 남자다움에 집착해서, 감정은 풍부한데 그걸 표현하기가 쉽지 않아요. 우는 것도 용납 못 하고." 그는 두 달 동안 밤이고 낮이고 자신이 일하는 아파트 지하실에 앉아서 보냈다. "그때 어떻게 계속 일을 할 수 있었는지 모르겠어요. 다행히 심하게 물이 새거나 하는 집이 없었지요." 그러다 결국 고국인 도미니카로 여행을 떠났다. 태어나서 열 살 때까지 그곳에서 살았던 그에게는 그곳에 아직 친척들이 많았다. "비행기에 앉아서 술을 마셔 댔지요. 모든 게 너무 두려워서. 고향에 돌아가는 것까지도 말이에요. 취해서 비행 내내 울고 공항에 마중 나온 아저씨를 보면서도 울었어요. 고약한 일이지요. 나는 당혹스럽고 두려웠어요. 그래도 그 빌어먹을 지하실에선 나왔으니 다행이긴 했지만. 그러다 며칠 뒤 해변에서 한 여자를 만났지요. 미인이었고 내가 미국에서 왔다는 걸 대단히 근사하게 여겼지요. 그녀의 눈으로 나를 보게 되자 기분이 나아지기 시작했어요. 술은 계속 마셨지만 우는 건 그쳤어요. 그녀 앞에서 울 수는 없으니까요. 그게 도움이 된 모양이에요. 우리 도미니카 남자들은 여자의 관심 없이는 못 살거든요. 존재의 의미를 잃는다고나 할까?" 그는 그녀와 결혼해서 몇 달 뒤 미국으로 돌아왔는데 슬픔은 아직 남아 있었지만 불안증은 사라졌다. 내가 약물치료에 대해 언급하자 그는 고개를 저었다. "감정을 못 이겨서 약을 먹는 건 나다운 일이 아닙니다."

아프리카계 미국인들이 겪는 우울증에는 그들만의 고난이 있다. 메리 단쿠아는 『나를 위해 울어 주는 버드나무』라는 아름답고 통렬한 저서에 이렇게 썼다. "임상적 우울증은 내가 지닌 가능성들의 영역에는, 아니 내가 속한 세계의 흑인 여성이 지닌 가능성들의 영역에는 아예 존재하지도 않는다. 나는 흑인 여성으로서 강함에 대한 환상을 품고 살아왔다. 내가 평생 헤어날 수 없는 하나의 그릇된 통념은 내가 강한 존재로 태어났다는 것이다. 흑인 여성은 강하다고 여겨진다. 옛날 흑인 유모들이 집안일에, 아이들 돌보는 일에, 사람들의 병을 고쳐 주는 일까지 수십 가지 역할들을 해냈던 것처럼 말이다. 우리 삶의 구조 속에는 감정적 고난이 내재되어 있다. 그것은 흑인이면서 여자라는 조건에 부수되는 것이다."[72] 메리 단쿠아는 우울증과는 전혀 관계가 없어 보이는, 당당한 권위를 지닌 아름답고 멋지고 극적인 여성이다. 그녀의 인생에서 잃어버린 몇 주, 몇 달들에 관한 이야기는 큰 충격을 준다. 그녀는 자신이 흑인임을 결코 잊지 못한다. 하루는 그녀가 내게 이렇게 말했다. "내 아이가 아들이 아니라 딸인 게 너무 다행이에요. 이 시대의 흑인 남자들 삶에 대해서는 생각하기조차 싫으니까요. 게다가 우울증 가족력까지 있다면 어떻겠어요! 아이가 자라서 감옥에 갇히는 걸 보아야 한다면 그건 끔찍한 일일 거예요. 흑인 여성 우울증 환자들은 설 자리가 거의 없고, 흑인 남성인 경우에는 아예 없죠."

흑인 우울증의 전형 같은 것은 없지만 인종차별주의의 내면화, 즉 지배적인 사회적 태도에 입각한 자기 회의가 종종 중요한 역할을 한다. 이 책에 소개된 예들 중 아프리카계 미국인도 더러 있지만 나는 특별히 인종 문제와 관련된 우울증 사례가 아니라면 인종을 밝히지 않기로 했다. 내가 들은 많은 비전형적인 사례들 중에서 특별히 마음을 끈 것은 디에리 프루던트의 이야기였다. 아이티 혈통의 아프리카계 미국인인 그는 우울증 체험을 통해 강인한 정신력을 기르고 타인들과의 상호작용이 부드러워질 수 있었다고 한다. 그는 흑인이라는 사실이 자신의 정서 생활에 어떻게 영향력을 미쳐 왔는지 깊이 인식하고 있다. 아홉 남매의 막내로 브루클린의 가난한 동네 베드퍼드스튀브산트 지역에서 자란 그는 나중에 부모님이 은퇴 생활을 하게 된 플로리다의 포트로더데일로 이사했다. 그의 어머니는 시간제 가정보건사로 일했고 아버지는 목수였다. 제칠일안식일예수재림교의 독실한 신도였던 부모님은 바른 행동과 정직함을 강조했고, 디에리 프루던트는 세상에서 가장 거친 동네 중한 곳이라는 환경과 그런 가치관을 조화시켜야 했다. 그는 가정에서의 기대들과 외부 세계가 강요하는 일상적인 도전들과 싸움들 사이의 긴장을 이겨 내기 위해 정신적, 육체적으로 자신을 단련시켰다. "나는 어렸을 때부터 늘 내가 아웃사이더이고 혼자만 처벌과 굴욕의 대상이 된다는 생각을 갖고 있었지. 내가 자랄 때만 해도 우리 동네에는 아이티 출신이 많지 않았고 근방에 제칠일안식일예수재림교 신자는 우리뿐이었거든. 나는 혼자만 달랐기 때문에 놀림의 대상이었어. 동네 아이들은 나를 '코코넛 대가리'라고 불렀지. 우리는 그 동네에서 몇 안 되는 생활보호 대상이 아닌 집이었어. 나는 그 동네에서 피부가 제일 검었기 때문에 바로 눈에 띄었고. 우리 부모님은 자식은 부모에게 무조건 순종해야 한다는 문화적 기대와 '너의 아비와 어미를 공경하라.'는 교리를 믿는 분들로, 화를 내서는 안된다고 가르치셨지. 그래서 나는 일찌감치 감정을 숨기고 무표정해지는 법을 배웠어. 하지만 우리 동네에는 분노가 들끓고 폭력이 난

무했기 때문에 괴롭힘을 당하기 일쑤였고, 그럴 때마다 교회의 가르침대로 다른 쪽 뺨을 내밀었지만 조롱거리만 됐지. 나는 공포 속에서 살았어. 한동안 말더듬이 증세까지 겪었지. ……그러다 열두 살쯤 되어서는 나보다 덩치도 크고 거칠고 약은 아이들에게 얻어맞고 물건을 빼앗기는 것에 신물이 났지. 그래서 무술을 익히기 시작했어. 내가 생각할 수 있었던 가장 힘들고 혹독한 방식의 훈련을 견뎠지만 기분은 좋았지. 육체적인 단련도 필요했지만 정신적인 단련도 중요했어. 학교에서는 물론 거리에서도 인종차별과 경찰의 잔혹행위를 견뎌야 했으니까. 그때부터 형이 보던 블랙팬서[흑인 운동 단체]의 잡지를 보기 시작했지. 나는 바로 위의 형과 나이 차가 무려 아홉 살이나 났기 때문에 많은 장례식을 지켜봐야 하리라는 걸 알고 있었어. 부모님은 내가 태어날 때부터 이미 늙어 있었으니까. 인생에 대해 기대할 만한 것이 별로 없었지. 그래서 공포와 깊은 절망 속에 살았고 자주 슬픔에 빠졌어. 내색하지 않으려 애는 썼지만. 분노의 배출구를 찾을 수 없어서 몇 시간씩 뜨거운 욕조에 들어앉아 있었고, 부정적인 감정들에서 벗어나기 위해 계속 독서를 했지. 열여섯 살이 되자 분노가 표면으로 부글부글 끓어오르기 시작했어. 나는 가미카제[2차 세계대전 시 일본의 자살 특공대를 지칭한다.]식 비법을 연마했지. '어디, 하고 싶은 대로 해봐. 그렇지만 나를 괴롭히면 죽여 버리고 말겠어.' 나는 그런 싸움에 중독되었고 아드레날린이 솟았어. 고통을 견디는 법을 알면 누구도 나를 괴롭힐 수 없다고 생각했지. 무력감을 감추려고 안간힘을 썼던 거야."

디에리 프루던트는 사춘기의 정신적, 육체적 고통을 견뎌 내고 빈민가를 떠나 매사추세츠대학교에 진학하여 불문학을 전공하게 되었다. 파리로 해외 연수를 떠난 그는 지금의 아내를 만났고 그 곳에서 1년 더 머물기로 했다. "아직 학생 신분이었지만 매혹적인 삶을 살았지. 광고와 패션쇼 모델도 하고 재즈 무대에도 서고 유럽 일주도 했어. 하지만 프랑스 경찰의 노골적인 인종차별은 미처 각 오 못 한 일이었지." 그는 1년 동안 여남은 번이나 경찰의 불심검문 에 걸렸고 한번은 악랄하게 구는 경찰에게 항의하다 공개적으로 폭 행당하고 풍기문란 죄로 체포까지 당했다. 그의 숨겨진 분노는 극 심한 우울증 증세들로 나타났다. 그는 일상 생활을 계속했지만 "끔 찍한 무게에 짓눌리는 기분"이었다.

디에리 프루던트는 1990년에 미국으로 돌아와 학위를 마치고 직업을 구하러 뉴욕으로 갔다. 그는 기업 홍보 일을 했는데 5년 후 이런 결론에 이르렀다. "벽이 느껴졌어. 똑같이 일해도 다른 사람들 이 나보다 훨씬 성공적이었지. 나보다 승진도 빠르고 전망도 밝고. 그리고 무엇보다, 무언가를 놓치고 있는 듯한 기분이었어. 우울증이 깊어졌지."

그는 1995년에 '프루던트 피트니스'라는 일대일 트레이닝 센 터를 열었는데 큰 성공을 거두었다. 그는 고객들이 운동으로 스스 로를 구원할 힘을 얻도록 해 주며, 고객들 가운데 일부는 브루클린 에 있는 멋지게 개조한 그의 저택으로 직접 찾아와서 치료를 받기 도 한다. 그의 치료법은 훈련으로 이루어져 있지만 육체뿐 아니라 정신까지 함께 치료한다. 그의 고난 극복 능력은 고객들에게 영감 을 준다. "나는 고객들과 매우 심도 있게 교감하려 하고, 내가 지닌 트레이너로서의 특수한 기술은 아무리 완강하고 저항적인 고객이 라 해도 동기 부여를 할 수 있어. 그러기 위해서는 깊은 공감과 감수성, 유연한 커뮤니케이션 방식이 필요하지. 나는 그렇게 타인을 돕기 위해 나의 가장 훌륭한 부분들을 모두 이용하는 게 아주 기분 좋아. 최근에 사회복지사로 일하는 한 여성을 만났는데 체력 훈련과 사회복지를 결합시켜 사람들의 능력을 키워 주고 싶어 하더군. 멋진 생각이야. 이것은 우리가 통제할 수 있는 것, 즉 자신의 몸에 대한 통제력을 키우는 일이지."

　디에리 프루던트는 자신이 태어나고 자란 가난한 흑인들의 세계에서나 현재 살고 있는 부유한 백인들의 세계에서나 고통받고 있다. 그가 너무도 자연스럽게 내보이는 우아함은 어렵게 얻어진 것이며, 험난한 세상에서 부단히 자신에게 날카로운 시선을 던질 수 있는 그이기에 다른 사람들의 존경과 신뢰를 얻을 진솔한 마음과 태도를 유지할 수 있다. 그는 자신의 우울증을 가족들에게 알리기가 무척 어려웠다. 부친을 비롯한 여러 가족이 우울증 증세들을 보여 왔음에도 그들이 자신의 관점에서 우울증을 이해할 수 있을지 확신이 없어서였다. 그는 때로는 명랑한 막내의 태도를 유지하기가 힘겨웠으며 항상 아무렇지도 않은 듯이 살 수는 없었다. 다행히 그의 누나가 보스턴에서 임상심리학자로 일하고 있어서 그가 처음 도움을 청했을 때 길을 찾아 주었다. 그의 아내는 즉시 공감하며 든든한 지지자가 되어 주었지만, 그녀도 처음에는 남자답고 자신감에 찬 남편이 우울증이라는 사실을 믿기 어려웠다고 한다.

　디에리 프루던트는 파리에서 처음 치료를 시작한 이래 심리치료를 받아 왔으며 약물치료는 하다 말다 했다. 최근 5년간은 한 여성 치료사의 도움을 받고 있다. "그녀는 내게 정당성을 입증해 주는 역할을 하지. 나 자신이 분노를 처리하는 데 얼마나 어려움을 겪고 있는지 깨닫게 됐어. 다른 사람에게 화를 내면 걷잡을 수 없이 폭발해 무슨 일을 저지를지 몰라서 화내는 것 자체를 두려워한 거지. 하지만 이제 그 두려움에서 벗어났어. 치료를 통해 새로운 기술들을 개발한 거지. 그래서 더 안정되고 자신에 대해서도 잘 알게 된 기분이야. 내 감정들에 대해 단순히 반응만 하는 것이 아니라 그것들의 정체를 확인할 수 있게 되었지. 알다시피 나는 어려서부터 감정을 내가 원하는 대로 표현하는 능력이 있었고 그런 기술이 내 생존 전략의 일부가 된 지 오래야. 그럴듯하게 들리는 훌륭한 말들을 할 수 있었지만 그건 자아와는 동떨어진 것이었지." 처음에는 행복한 결혼이, 이어서 딸의 탄생이 그의 마음을 누그러뜨렸다. "취약함이야말로 딸아이가 지닌 가장 강력한 힘 가운데 하나지. 가장 강력한 수단. 그걸 보면서 취약함, 여림에 대한 생각이 바뀌었어." 그럼에도 우울증은 재발된다. 취약함이 표면에 드러나는 것이다. 그러면 약물치료의 조정이 필요하다. "어느 날 갑자기 몇 가지 나쁜 일들이 벌어지면 인생의 깊은 수렁에 빠진 듯한 기분을 느껴. 아내와 딸에 대한 사랑이 아니었다면 벌써 오래전에 손을 들고 말았을 거야. 나는 치료를 통해 무엇이 우울증을 유발하는지 배우고 있어. 적절한 보살핌과 지지에 힘입어서 우울증이 나를 규정하도록 하지 않고 내가 그것을 규정하기 시작했지."

디에리 프루던트는 끊임없이 인종차별의 표적이 되는데 위협적인 키와 체격, 그리고 이상하게도 잘생긴 얼굴이 그런 현상을 부채질한다. 나는 상점에서 판매원들이 그를 피하는 걸 여러 차례 목격했다. 뉴욕 거리에서 택시를 잡을 때도 마찬가지다. 그가 나서서 손을 흔들면 15분이 지나도록 서는 택시가 없다가도 내가 손을 들면 10초면 와서 선다. 그는 퇴근해서 집으로 돌아오는 길에 범죄 용의자와 인상착의가 비슷하다는 이유로 경찰에 체포되어 몇 시간씩 유치장에 갇힌 적도 있었다. 그의 점잖은 태도도, 자격증들도 통하지 않았다. 이렇듯 공공연한 인종차별로 인한 굴욕은 그의 우울증을 견디기 힘들 정도로 악화시킨다. 세상에서 회피 대상이 되고 범죄자로 의심받는 것은 몸과 마음을 녹초로 만드는 일이다. 너무도 많은 사람들에게 너무도 심하게 오해를 받다 보면 소외감을 느끼지 않을 수 없다.

디에리 프루던트는 그런 굴욕적인 일들에는 이골이 나 정상적인 상태일 때는 크게 개의치 않지만 "삶을 더욱 고되게 하는" 건 사실이라고 한다. 한번은 그가 내게 이렇게 말했다. "우울증 자체는 인종차별이 없지. 피부색이 희든 검든 갈색이든 파란색이든 붉은색이든 상관없어. 나는 우울증에 빠졌을 때 다양한 색, 다양한 모습, 다양한 체격의 행복한 사람들을 보면서 '아아, 지구상에서 나 혼자 이렇게 우울해하고 있구나.' 하고 생각하지. 다른 사람들은 제대로 살아가고 있는데 나만 그렇지 못한 거야. …… 그러다 다시 인종 문제가 부각되는 거야. 온 세상이 똘똘 뭉쳐서 나를 끌어내리려고 하는 것만 같지. 나는 덩치 크고 튼튼한 흑인이고 아무도 내게 동정 같은 걸 품지 않아. 만일 자네가 전철 안에서 갑자기 울음을 터뜨린다면 어떻게 될까? 누군가 다가와서 왜 그러느냐고 묻겠지. 하지만 내가 전철 안에서 갑자기 운다면 모두들 마약에 취했다고 여길 거야. 사람들이 진정한 나와는 동떨어진 인상을 받아 그에 따른 반응을 보일 때면 나는 항상 마음에 충격을 받지. 내가 인식하는 나와 세상 사람들에게 인식되는 내가 다른 것, 자신에 대한 내면적인 시각과 내 인생의 외적 환경들이 일치하지 않는 건 항상 충격이야. 특히 우울증 상태일 때는 따귀를 한 대 맞은 듯한 기분을 느끼지. 나는 몇 시간씩 거울 앞에 서서 이렇게 말해. '너는 괜찮게 생겼고, 깔끔하고, 옷차림도 단정하고, 정중하고 친절해. 그런데 사람들은 왜 너를 좋아하지 않지? 왜 항상 너를 괴롭히고 때리려 할까? 왜 너를 짓밟고 모욕을 주려 할까? 왜?' 도무지 이해할 수가 없어. 나는 흑인이기 때문에 남다른 외적 고난들을 겪지만 인종 문제가 내 정신까지 좀먹는다는 건 인정하고 싶지 않아. 그런 고난들은 나의 정신적인 증세가 아니라 외부 상황에 속하니까. 알다시피 흑인이 아니더라도 나로 산다는 건 힘든 일이지! 하지만 그건 확실히 가치 있는 일이지. 나는 정상적일 때는 나로 산다는 것이 정말로 기뻐. 자네도 자네로 사는 것이 힘들 거야. 흑인이 아닌데도. 하지만 인종 문제는 항상 나를 들쑤시고 내 안에 영구동토(永久凍土)처럼 존재하는 분노를 일깨우지. 내 기분을 너무 저조하게 만들고."

내가 디에리 프루던트를 알게 된 것은 학교 때 친구였던 그의 아내를 통해서였으며 그와 10년 가까이 친구로 지내고 있다. 우리가 절친한 사이가 될 수 있었던 데는 우울증이라는 공통분모가 한몫했다. 내가 혼자 힘으로 운동을 제대로 하지 못해서 그가 나의 트레이너 노릇을 해 주고 있는데 트레이너와의 관계도 심리치료사와의 관계 못지않게 친밀감을 준다. 그는 운동 프로그램을 짜 주는 것 외에도 나를 일으켜 세워 계속 나아가게 한다. 그는 내 한계점까지 체력 훈련을 강행하기 때문에 그 한계점을 안다. 그는 언제 나를 육체적인 한계로 몰아붙여야 하는지, 언제 감정적인 한계를 넘지 않도록 끌어당겨야 하는지 안다. 그는 내가 무너지기 시작할 때 가장 먼저 연락을 취하는 사람들 가운데 하나인데 그건 운동 요법을 강화하면 기분에 긍정적인 영향을 미치기 때문이고, 그가 남다른 친절을 보이기 때문이며, 그가 내 말을 제대로 이해하기 때문이고, 그에게는 자기 성찰을 통해 얻은 직관력이 있기 때문이다. 나는 그를 신뢰해야만 하며 그를 신뢰한다. 내가 우울증의 밑바닥에 있을 때 내 집으로 찾아와 샤워를 도와주고 옷을 입혀 준 것도 그였다. 그는 나의 우울증 이야기에 등장하는 영웅들 가운데 하나다. 그는 다른 사람들의 기분을 좋아지게 만들 수 있다는 믿음으로 그 직업을 선택했고 자신의 친절에 스스로 만족할 수 있는, 진실로 관대한 사람이며 자학적인 공격성을 건설적인 단련으로 바꿔 놓았다. 다른 이들의 고통이 자신에게 짐이 되는 것에 대해 이용당하고 있다는 기분을 느끼는 사람들이 우글거리는 이 세상에서 정말이지 드문 인물이다.

우울증에 대한 민족적인 편견은 일일이 열거할 수 없을 정도로 복잡하고 다양하다. 예를 들어 동아시아 사람들은 절망적인 부정이라 표현해도 좋을 정도로 우울증에 대한 언급을 회피한다. 최근 싱가포르의 한 잡지에서 우울증에 대한 특집 기사를 실었는데 약물치료에 대해 자세히 소개한 후 결론은 이런 식이었다.[73] "꼭 필요한 경우에는 전문가의 도움을 구하고 그렇지 않은 경우에는 스스로 이겨 내자."

뉴욕에서 미국 생활에 절망한 러시아 이민자들만을 진료하고 있는 정신과 전문의 애나 할베르스타트는 이렇게 말했다. "이들이 하는 말은 러시아식으로 해석해야 해요. 예를 들어 소련 태생의 러시아인이 내 병원에 찾아와 아무런 고통도 호소하지 않으면 입원을 시킵니다. 만일 그가 만사가 다 고통스럽다고 호소하면 나는 그가 정상이라고 판단하죠. 그가 극단적인 망상증이나 견딜 수 없는 고통의 징후들을 보여야 우울증의 가능성을 생각하고요. 그게 러시아의 문화적 기준이거든요. 러시아에서는 '어떠세요?'라고 물으면 보통 '별로 좋지 않아요.'라고 대답합니다. 그래서 미국에 사는 러시아인들은 '좋습니다. 당신은요?'라고 대답하는 미국식 인사에 어리둥절해 합니다. 나 역시 지금까지도 그런 대답을 들으면 조금 당황해요. '좋습니다.'라니. 뭐가 좋다는 거지?"

폴란드인들에게 1970년대는 자유가 제한된 암울한 시기였다. 그러다 1980년에 자유노조 운동이 일어나면서 희망과 풍요의 물결이 일었다. 오랜 세월 소련의 압제에 시달려 온 폴란드 국민들은 표현의 기쁨을 누리기 시작했고, 이런 새로운 분위기를 반영하듯 여러 매체들이 탄생했다. 그러나 1981년에 계엄령이 선포되면서 대대적인 체포가 이루어졌고 대부분의 운동가들이 6개월 정도 형을 살았다. 당시 선봉에 섰던 운동가와 교제했던 아가타 비엘리크 로브손은 그때 상황을 이렇게 회고한다. "그들은 수감 자체에 대해서는 수용했다. 그들이 견딜 수 없었던 건 희망의 상실이었다." 자신을 표현할 공론 영역이 사라져 버렸기 때문이다. "그것은 일종의 정치적 우울증의 시작이었다. 그들은 공론을 펼칠 수 없게 되자 사론도 포기하게 되었고 의사소통에 대한 희망을 잃었다." 집회를 열고 선언서를 쓰던 그들이 이제 일없이 집에 앉아 텔레비전이나 보면서 술이나 마셨다. 그들은 "침울하고, 퉁명스럽고, 단절되고, 속을 털어놓지 않고, 폐쇄적인" 모습으로 변해 갔다. 그들의 현실은 5년 전 현실과 크게 다르지 않았지만 1980년의 잔상이 남아 있었기에 과거에는 느끼지 못했던 패배감에 젖지 않을 수 없었다.

"이 시기에 성공의 가능성을 지닌 영역은 가정뿐이었다." 자유 노조 운동에 참여했던 많은 여성들이 운동을 위해 가정을 내팽개쳤었는데, 이제 그들은 전통적인 여성의 역할로 돌아와 마음의 병을 앓는 남성들을 보살폈다. "이런 식으로 우리는 목적의식을 발견했고 스스로 할 일을 만들었다. 우리는 결국 너무도 중요한 것으로 밝혀진 우리의 역할에 커다란 만족감을 느꼈다! 1980년대 초반은 폴란드 근세사에서 여성들에게는 우울증이 가장 적었고, 남성들에게는 우울증이 가장 심각했던 시기다."

동성애자 집단은 우울증에 걸릴 위험이 가장 높은 집단에서 충격적일 정도로 높은 순위에 올라 있다.[74] 최근 쌍둥이 중 하나는 동성애자, 하나는 정상[이성애자를 말한다.]인 중년의 쌍둥이들을 대상으로 조사를 실시했는데 정상인들은 자살 기도율이 4퍼센트 정도인 데 반해 동성애자들은 자살 기도율이 15퍼센트로 나타났다.[75] 열일곱 살에서 서른아홉 살 사이의 남성 4000명 정도를 무작위로 선정해서 실시한 다른 조사에서도 동성애자의 자살 기도율은 20퍼센트, 정상인의 자살 기도율은 3.5퍼센트 정도로 나타났다.[76] 1만 명의 남성과 여성을 추출한 다른 조사에서도 전년도에 동성과 성행위를 했던 이들은 우울증이나 공황장애가 많았다.[77] 뉴질랜드에서는 1200명가량을 대상으로 21년 동안 장기적인 연구를 실시했는데 게이, 레즈비언, 양성애자들은 중증 우울증, 불안장애, 품행장애, 니코틴 의존성, 자살 상상, 자살 기도의 위험이 높은 것으로 나타났다.[78] 6만 명을 대상으로 한 네덜란드의 한 조사에서도 동성애 남성과 여성이 정상인보다 중증 우울증이 상당히 많은 것으로 나타났다.[79] 미네소타에서 실시된 4만 명의 젊은이를 대상으로 한 조사에서 게이 남성들은 대조군에 비해 자살 상상 체험이 일곱 배 가까이 많았다.[80] 3500명가량의 학생들을 대상으로 한 조사에서는 동성애 남성은 이성애 남성에 비해 자살 기도 가능성이 일곱 배 가까이 높은 것으로 나타났다.[81] 1500명가량의 학생들을 뽑아 실시한 조사에서도 동성애자는 정상 학생들에 비해 4회 이상 자살을 기도한 경우가 일곱 배 이상인 것으로 나타났다.[82] 샌디에이고에서 실시된 한 조사는 남성 자살자들 중 10퍼센트가 게이였음을 밝혀냈다.[83] 그러니까 동성애자는 우울증에 시달릴 위험이 매우 높다고 볼 수 있다.

이에 대해서는 많은 설명들이 있는데 타당한 것도 있고 그렇지 못한 것도 있다. 몇몇 학자들은 동성애와 우울증의 유전적 관련성을 주장하고 있지만 나는 그런 주장을 지지할 수가 없다. 또 그들이 동성애적 성향으로 인해 자녀를 가질 수 없기 때문에 대부분의 정상적인 사람들에 비해 인간의 유한성에 더 일찍 직면하게 된다는 주장도 있다. 그 외에도 많은 이론들이 있지만 동성애자의 우울증에 대한 가장 확실한 설명은 동성애 혐오증이다. 동성애자는 가족들에게 거부당할 가능성이 높으며 사회에 적응하기도 어렵다. 성병에 걸리기도 쉽고 어른이 되어 짝을 만나 안정적인 관계를 유지하기도 어렵다. 그리고 늙어서는 헌신적으로 돌보아 줄 사람을 갖기도 어렵다. 그들은 에이즈에 걸리기도 쉽고 에이즈 환자가 아닌 경우라도 일단 우울증에 걸리면 위험한 섹스로 인해 에이즈 바이러스에 감염되기가 쉬워지며, 그 결과 우울증은 더욱 악화된다. 그리고 무엇보다 은밀한 삶을 살다 보니 강한 고립감을 느끼기 쉽다. 나는 2001년 초에 동성애자 우울증에 대한 선구적인 연구 활동을 펴고 있는 테오 산드포르트를 만나러 네덜란드의 위트레흐트로 갔다. 테오 산드포르트 역시 동성애자임을 감추고 사는 사람들이 그렇지 않은 사람들보다, 독신자가 안정적이고 장기적인 관계를 맺고 사는 사람들보다 우울증 발병률이 높음을 밝혀냈다. 이것은 커밍아웃을 하고 짝을 이루어 사는 것이 동성애자들의 끔찍한 외로움을 덜어 준다는 의미가 된다. 테오 산드포르트는 전반적으로 동성애자들은 일상생활의 사소한 일들에서도 고난을 겪고 있음을 발견했다. 예를 들어 동성애자들은 커밍아웃을 한 상태에서도 직장에서 동료들과 사생활에 대한 이야기를 나누기 꺼린다. 산드포르트의 말을 들어 보자. "세계 어느 나라보다 동성애자에 개방적이라는 네덜란드에서조차 그렇지요. 동성애에 대해 수용적인 분위기는 느끼지만 정상적인 세상에서 동성애자로 사는 부담은 결코 무시할 수 없잖아요. 이제 남부럽지 않은 삶을 영위하는 동성애자도 많아졌지요. 이들은 동성애자로 사는 어려움에 잘 대처해서 정상적인 사람들보다 더 정신적으로 건강하게 살고 있어요. 그러나 동성애자 집단의 정신 건강은 편차가 심해 그런 건강을 누리는 이들이 있는가 하면 끔찍한 무기력 상태에서 사는 사람들도 많지요." 산드포르트 자신도 동성애자다. 그는 커밍아웃을 하면서 힘든 시기를 보냈으며 부모님의 비난까지 견뎌야 했다. 그는 스무 살 때 우울증에 걸려 무능력 상태에 빠졌다. 그래서 정신병원에서 7개월을 살았는데 그 일을 계기로 부모님의 태도가 달라져서 다시 가까워지게 되었으며 정신적인 건강도 되찾을 수 있었다. "무너졌다가 다시 일어서는 체험을 하고 보니 내가 어떤 사람인지 알겠고 다른 동성애자들에 대해서도 조금은 알겠어요."

산드포르트 같은 연구자들이 대규모의 조직적인 연구를 통해 동성애의 상관관계들과 수치들에 관한 자료들을 내놓고 있지만 그런 통계들은 동성애에 대해 많은 것을 설명하지 못한다. 리처드 C. 프리드먼과 제니퍼 다우니는 「내면화된 동성애 혐오증과 부정적인 치료 반응」과 「동성애 환자의 정신분석에 있어서의 내면적인 동성애 혐오증과 성 가치에 따른 자아 존중감」이라는 두 주목할 만한 논문에서, 내면화된 동성애 혐오증의 기원과 메커니즘에 대해 감동적으로 다루고 있다. 그들 주장의 중심에는 생후 다섯 살까지의 초기 유아기의 경험들이 우리의 성격을 결정한다는 프로이트식 관점과 밀접하게 관련된 유아기의 정신적 외상이 존재한다. 프리드먼과 다우니는 초기 유아기가 아닌 후기 유아기를 동성애 혐오증의 시발점으로 보고 있다. 동성애 남성의 사회화에 관한 최근 한 연구 결과에 따르면, 동성애자로 성장할 어린이들은 대개 동성애 혐오적 환경에서 이성애자에 의해 양육되며 어릴 때부터 부모나 또래 집단의 동성애에 대한 부정적 의견을 내면화한다고 한다.[84] 프리드먼과 다우니의 글을 인용하면 다음과 같다. "이들은 초기 유년기에 자기혐오에 빠지며 그것이 후기 유년기에는 내면화된 동성애 혐오증으로 압축된다." 내면화된 동성애 혐오증은 초기 유년기의 학대와 무관심에 의해 생겨나는 경우도 많다. 다시 프리드먼과 다우니의 글을 보자. "동성애자로 성장하게 될 소년들 중 다수가 '여자 같다'거나 '호모'란 별명을 갖게 된다. 이들은 놀림을 당하고 물리적인 폭력의 위협을 받고 따돌림당하고, 심지어 다른 소년들의 공격을 받는다." 실제로 1998년에 실시된 한 조사에 의하면, 동성애 성향과 학교에서 물건을 도둑맞거나 고의적인 해코지를 당하는 것이 통계적으로 관런성이 있는 것으로 밝혀졌다.[85] "그 결과 이들은 자신이 남자답지 못하다는 느낌을 갖게 된다. 이들의 남성 또래 집단으로부터의 단절은 따돌림이나 도피, 혹은 그 두 가지 모두에 의한 것일 수 있다." 이들의 고통스러운 체험들은 고치기 힘든 "포괄적이고 집요한 자기혐오"를 낳는다. 내면화된 동성애 혐오증은 여러 면에서 내면화된 인종차별주의 및 기타 모든 종류의 내면화된 편견과 유사하다. 베를린의 유대인들은 양차 세계대전 사이에 자살률이 매우 높았는데 그것은 편견의 대상이 되는 사람들이 자기 회의에 빠지고 자신의 삶을 과소평가하고 절망에 빠지기 쉽다는 걸 보여 준다.[86] 그러나 희망은 있다. 프리드먼과 다우니는 이렇게 썼다. "우리는 많은 동성애자들이 유아기의 영향에서 벗어날 수 있으며 동성애 하위문화로의 통합이 그것을 용이하게 해 준다고 믿는다. 같은 아픔을 지닌 사람들의 모임은 안전한 울타리가 되어 주고, 자아 존중감과 정체성을 강화시켜 치료적 효과를 발휘한다. 다른 동성애자들과의 유익한 상호작용을 통해 긍정적인 정체성의 강화라는 복잡한 과정이 이루어지는 것이다."

동성애 공동체의 경이로운 치료 효과에도 불구하고 뿌리 깊은 문제들은 여전히 남아 있으며, 프리드먼과 다우니의 연구에서 가장 흥미로운 부분도 "외견상으로는 과거 정신적 외상의 영향력에서 벗어난 것처럼" 행동하면서도 사실은 지속적인 자기혐오로 인해 고통받고 있는 환자들에 대한 고찰이다. 그런 사람들은 동성애적인 성향을 노골적으로 드러내는 이들에게 강한 편견을 나타내는 경우가 많으며, 자신의 남자답지 못함을 그들에게 투사하여 그들을 경멸한다. 그들은 성생활과 무관한 분야들에서(예를 들면 직장에서) 자신이 정당한 평가를 받지 못하고 있다고 믿는데, 그것은 사람들이 동성애자를 열등한 존재로 여긴다고 믿기 때문이다. 프리드먼과 다우니의 글을 보자. "남자답지 못한 자신에 대한 부정적인 시각은 무의식적인 환상을 낳는데, 그 환상의 주제는 '나는 무가치하고 부적격하고 남자답지 못한 인간이다.'다." 이런 식의 태도로 고통받는 이들은 인생의 모든 문제들을 동성애 탓으로 돌리기 쉽다. "부정적인 자기평가는 동성애 탓으로 여겨질 수도 있으며, 사실은 전혀 다른 현상들에 뿌리를 두고 있는데도 환자는 자신이 동성애자이기 때문에 자기혐오에 빠졌다고 의식적으로 믿게 된다."

나는 동성애자로서의 자긍심("gay pride")이라는 말이 강조되는 것이 사실은 많은 동성애자들이 그 반대의 것을 체험하기 때문이라고 생각한다. 프리드먼과 다우니는 이렇게 썼다. "동성애인 것에 대한 죄책감과 수치심이 자기혐오와 자기 파괴적인 행동으로 이어진다. 이 자기혐오는 부분적으로는 공격자와 자신을 방어적으로 동일시한 결과다." 처음 성적 자각이 일어날 때 동성애자가 되고 싶어 하는 사람은 거의 없으며, 대부분의 동성애자들이 한동안 성전환에 대한 환상에 젖는다. 동성애자임을 수치스러워하는 것을 수치로 여기는 동성애자 자긍심 운동이 상황을 더 어렵게 만든다. 만일 당신이 동성애자임을 부끄럽게 여긴다면 자긍심을 외치는 이들의 조롱을 살 것인데, 그렇게 같은 동성애자들에게조차 배척당한다면 진짜로 우울해질 수밖에 없다. 우리는 자신을 괴롭히는 것들을 내면화한다. 우리는 처음 겪은 타인으로부터의 동성애 혐오증이 얼마나 고통스러운 것이었는지에 대한 기억을 억누르는 경향이 있다. 동성애 환자들은 오랜 치료 이후에야 "아버지는(혹은 어머니는) 내가 동성애자라는 이유로 언제나 나를 미워했다."라는 마음속 깊은 곳의 믿음을 발견한다. 슬프게도 그것은 옳을 수도 있다.《뉴요커》에서 여러 계층의 사람들을 대상으로 이런 질문을 했다.[87] "당신은 아들이나 딸이 이성애자에, 자녀를 두지 않고, 독신이나 불행한 결혼 생활을 하는 것과 동성애자에, 안정적이고 행복한 관계 속에서 자녀를 두는 것 중 어느 쪽을 선호하십니까?" 응답자의 3분의 1 이상이 "이성애자에, 자녀를 두지 않고, 독신이나 불행한 결혼 생활을 하는 것"을 선택했다. 실제로 많은 부모들이 자식의 동성애 성향을 자신이 죄를 지어 벌을 받는 것이라고 여긴다. 그것을 자식의 문제가 아닌 자신의 문제로 보는 것이다.

나도 동성애 성향으로 인해 어려운 시기를 보냈고 동성애자들에게 흔히 일어나는 어려움들을 겪었다. 내 기억으로는 일곱 살 때까지는 아무 문제도 없었다. 그러다 2학년 때부터 고통이 시작되었다. 나는 운동과는 거리가 먼 볼품없는 아이로 안경을 끼고 있었고 관중 스포츠에 관심이 없었으며, 늘 책에 코를 박고 있었고 여자아이들과 친해지기가 더 쉬웠다. 그리고 나이에 맞지 않게 오페라를 좋아했다. 그러다 보니 학교 친구들이 기피하는 대상이 되었다. 열 살 때 여름 캠프에 갔는데 그곳에서 아이들에게 놀림과 괴롭힘을 당하고 호모라고 불렸다.(그때까지만 해도 나는 아직 성욕 같은 걸 느끼지 않았기 때문에 그런 별명이 당혹스러웠다.) 그러다 7학년쯤 되자 문제는 더 커졌다. 나는 지나치게 학구적이고 예술에 심취한 이상하고 인기 없는 학생이었고, 학교에서는 선생님들의 보호를 받을 수 있었지만 스쿨버스에서는 그렇지 못했다. 나는 친구가 된 맹인 여학생 옆에 잔뜩 굳은 표정으로 앉아 버스에 탄 학생들이 내게 리듬에 맞춰 욕설을 퍼붓고 발을 구르는 소리를 듣던 기억을 지울 수 없다. 나는 조롱뿐 아니라 격렬한 증오의 대상이기도 했으며 그 것은 아픈 만큼 혼란스럽기도 했다. 그런 끔찍한 시기는 오래 지속되지는 않았다. 9학년쯤 되자 나는 학교에서나 스쿨버스에서나 더 이상 인기 없는 학생이 아니었다. 그러나 이미 혐오와 공포에 대해 너무 많이 알게 되었기 때문에 영원히 그것들로부터 벗어날 수는 없었다.

처음부터 우리 가족에게 동성애가 쉽게 받아들여지지 않으리 란 것은 알고 있었다. 4학년 때 어머니 손에 이끌려 정신과 의사를 찾아간 적이 있는데, 몇 년 후 어머니는 그때 의사에게 내가 동성애자인지 물었더니 절대 아니라고 했노라고 털어놓았다. 그 사건은 어머니가 내가 사춘기가 되기 전부터 그런 문제에 얼마나 민감했는지를 단적으로 보여 준다. 나는 가족들에게는 여름 캠프나 스쿨버스에서 당한 일들을 말하지 않았는데, 한 친구가 집에 가서 그 이야기를 하는 바람에 우리 어머니 귀에까지 들어가게 되었다. 어머니는 내가 왜 그 일을 함구했는지 알고 싶어 했다. 하지만 어떻게 그런 이야기를 할 수 있겠는가? 나는 강렬한 성욕을 느끼게 되었지만 그 것을 비밀에 부쳤다. 합창단에서 여행을 떠났을 때 멋진 친구 하나가 접근해 왔는데 나는 그 친구가 장난 삼아 내 추악한 비밀을 세상에 폭로하기 위해 그러는 거라 생각하고 거절했다. 그 일은 내게 아직까지도 아쉬움과 슬픔으로 남아 있다. 대신 나는 모르는 사람에게 동정을 잃었고 그 후 자신을 증오하게 되었다. 뒤이은 몇 해 동안 나의 끔찍한 비밀은 나의 정신을 좀먹어 들어갔고, 대학 시절에 나는 어두운 곳에 숨어서 구역질 나는 짓을 하는 가망 없는 인간인 동시에 많은 친구들을 사귀며 대학 생활을 즐기는 똑똑한 학생으로 이중적인 삶을 살았다.

스물네 살 때 처음으로 진지한 관계를 갖게 되었는데 그때는 이미 성과 관련한 불행한 체험들을 많이 한 뒤였다. 돌이켜 보면 놀라울 정도로 애정이 깊고 표준적이었던 그 관계는 나를 불행에서 빠져나오게 했고, 그와 함께한 2년 동안 나는 내 인생의 어두운 부분에 빛이 든 기분을 느꼈다. 후에 나는 어머니가 암에 걸려 돌아가시게 된 것이 부분적으로는 내가 동성애자이기 때문이라는 믿음을 갖게 되었고 그런 죄의식은 나의 성적 쾌감에 장애가 되었다. 나는 어머니의 동성애 혐오증을 나 자신의 동성애 혐오증과 분리할 수 없었으며 그로 인해 큰 대가를 치러야 했다. 자살을 결심했을 때 에이즈에 걸릴 생각을 하게 된 것도 놀라운 일은 아니었다. 그것은 나의 동성애라는 내적인 비극을 육체적인 현실로 바꾸는 방법이었으니까. 나는 첫 붕괴가 어머니의 투병과 죽음에 관한 소설의 출간과 관련이 있다고 여겨 왔는데, 사실 그 소설에는 동성애에 관한 내용도 있었으니 그것도 붕괴와 관련이 있었다. 어쩌면 오랫동안 침묵해 왔던 동성애에 관한 비밀을 공개하는 것이 가장 큰 고통이었는지도 모른다.

이제 나는 내면화된 동성애 혐오증의 요소들에 대해 알고 있으며 이제는 그런 공포에 덜 휘둘린다. 나는 동성애 파트너들과 의미 있고 장기적인 관계들을 맺어 왔고 여러 해 지속된 관계도 있었다. 그러나 단순히 아는 것과 그것으로부터 자유로운 것은 엄연히 다르며 자유에 이르는 길은 멀고도 험하다. 나는 날마다 그 자유를 얻기 위해 투쟁하고 있다. 나는 이 책에 언급된 여러 활동들에 참여한 것이 부분적으로는 남자답지 못함에 대한 과잉 보상이라는 걸 알고 있다. 나는 스카이다이빙도 하고 총도 사고 아웃워드바운드에도 참여했는데, 그 모든 활동들이 옷에 신경 쓰고 여자처럼 예술에 심취하고 남자들을 안은 시간을 보상하는 데 도움이 되었다. 나는 이제 자유롭다고 생각하고 싶지만, 이제 나의 동성애 성향에 대해 많은 긍정적인 감정을 품게 되었지만, 완전한 자유는 영원히 불가능하리라 여긴다. 나는 스스로를 양성애자로 칭하며 여자와 세 번이나 장기적인, 그리고 감정적, 육체적으로 커다란 기쁨이었던 관계를 유지한 적이 있지만 만일 상황이 역전되어 동성애보다 이성애에 훨씬 더 관심이 많아진다면 동성애와 이성애를 오락가락하지는 않을 것이다. 사실 내가 이성과 성관계를 가졌던 것은 나의 남자다움을 증명하기 위한 것이었을 공산이 크다. 이성과의 성관계에서 강렬한 쾌감을 느끼기도 했지만 거기에는 지독한 부분들이 있었다. 나는 동성과의 관계에서도 이따금 억지로 우위에 서려 하는데 이것은 동성애 환경에서조차 남자다움을 되찾으려는 시도다. 사실 진보적인 동성애 사회에서도 복종적인 남성들을 깔보는 경향이 있다. 만일 내가 남자답지 못하다고 여겨지는 것에서 벗어나려 그토록 많은 시간과 에너지를 쏟아붓지 않았더라면 어떻게 되었을까? 그랬다면 우울증에 걸리지 않았을까? 붕괴하지 않고 온전하게 살 수 있었을까? 그랬을지도 모른다. 최소한 그런 몸부림 탓에 영원히 잃어버린 행복한 세월을 누릴 수는 있었을 것이다.

나는 우울증을 보는 문화적 시각 차이에 대해 더 조사해 보려 그린란드 이누이트[에스키모]들의 생활을 들여다보기로 했는데, 그곳의 우울증 발병률이 높기 때문이기도 하고 우울증에 대한 그들의 태도가 독특하기 때문이기도 했다.[88] 그곳에서는 인구의 80퍼센트가 우울증을 앓는다. 그렇듯 우울증이 성행하는 곳에서 어떻게 사회가 구성될까? 덴마크령인 그린란드는 전통 사회의 방식들과 현대 세계의 현실들이 통합되는 과정에 있으며, 이런 과도기적 사회는 우울증 발병률이 높은 경우가 많다.(규모가 더 큰 국가로 합쳐지는 중인 아프리카 부족들, 도시화되어 가는 유목민들, 기업형 농업으로 통합 중인 생계형 농부들이 그런 예들이다.) 그러나 이누이트들은 전통적으로 우울증이 많았고 자살률도(텔레비전이 들어오면서 반 가까이 떨어지긴 했지만) 높아서 일부 지역들에서는 매년 인구의 0.35퍼센트가 자살한다.[89] 혹자는 이것이 금지된 땅에 살아서는 안 된다는 신의 뜻이라고 말할지도 모르겠지만, 이누이트들은 조상 대대로 살아온 동토(凍土)를 버리고 남쪽으로 이주하는 것을 거부한다. 그들은 북극권의 힘겨운 삶에 순응해 왔다. 나는 그곳에 가 보기 전에는 그린란드의 우울증이 주로 계절성일 것으로 여겼다. 석 달씩 밤이 지속되는 땅이니까. 그래서 모두들 늦가을쯤 우울증에 빠져들었다가 2월이면 호전되기 시작하리라 예상했지만 실상은 그렇지 않았다. 그린란드에서 자살률이 가장 높은 달은 5월이며, 그린란드 북부에서 처음 살게 된 외국인들은 기나긴 어둠의 계절 동안 끔찍하게 우울해지지만 이누이트들은 오랜 세월 계절에 따른 빛의 변화에 적응해 왔기 때문에 일반적으로 어둠의 계절에도 적절한 기분을 유지할 수 있다. 물론 모두들 봄을 좋아하고 어떤 이들은 어둠을 음울하게 여기지만 그린란드 사람들의 문제는 계절성 우울증이 아니다. 수필가인 A. 앨버레즈는 이렇게 썼다. "자연이 풍요롭고 온화하고 즐거울수록 마음의 겨울은 더 깊어지고 우리의 내면과 외부 세계를 갈라놓는 심연도 더 넓어지고 견디기 어려워지는 듯하다." 그린란드의 봄은 온화한 기후대의 봄보다 두 배는 더 극적인 변화를 보이기 때문에 1년 중 가장 잔인한 시기다.

　　그린란드에서의 삶은 힘겹다. 덴마크 정부가 훌륭한 복지 정책을 실시하고 있어서 전 국민이 무료 의료보험과 교육 혜택을 받고 실업보험까지 있다. 병원들도 아주 깨끗하고 수도에 있는 교도소는 벌을 주는 곳이라기보다 잠자리와 아침 식사를 제공하는 숙박업소처럼 보인다. 그러나 그린란드의 기후와 자연환경은 이루 말할 수 없을 정도로 가혹하다. 유럽 여행을 해 본 적이 있다는 한 이누이트들은 내게 이렇게 말했다. "우리는 다른 문명의 사람들처럼 위대한 예술 작품을 만들거나 훌륭한 건축물을 지은 적은 없지요. 하지만 우리는 이 땅에서 수천 년 동안 생존해 왔어요." 나는 그것도 위대한 업적이라 할 수 있다는 생각이 들었다. 에스키모 사냥꾼들과 어부들은 가족들과 개를 먹여 살릴 정도로만 사냥을 하고 고기를 잡으며 물개 가죽을 팔아서 생필품을 사거나 썰매와 배의 수리비를 마련한다. 작은 마을에서 전통적인 방식으로 살아가는 사람들은 대부분 인정이 많고 관대하고 이야기 솜씨도 뛰어나며(특히 사냥 이야기나 죽음 직전까지 갔던 모험담을 즐긴다.) 유머 감각도 뛰어나고 잘 웃는다. 그들은 혹독한 기후 속에서 살기 때문에 얼어 죽을 뻔하거나 굶어 죽을 뻔하거나 심하게 다치거나 실종되는 등의 외상을 많이 겪는다. 지금은 방이 두세 칸인 덴마크식 작은 집에서 살지만 40년 전만 해도 이글루에서 생활했다. 이 지역에서는 매년 석 달씩 태양을 볼 수 없다. 이 어둠의 기간에 사냥꾼들은 북극곰 털로 만든

바지와 물개 가죽 코트를 입고 동상에 걸리지 않기 위해 개 썰매와 나란히 달려야 한다.

이누이트들은 보통 대가족이다. 열두 명쯤 되는 가족이 몇 달씩 집 안에서만, 그것도 한 방에 모여서 생활한다. 너무 어둡고 추워서 도무지 집 밖으로 나갈 수가 없고 아버지만 여름에 비축해 놓은 말린 물고기가 동나지 않도록 한 달에 한두 번 사냥이나 얼음 낚시를 나갈 뿐이다. 그린란드에는 나무가 없기 때문에 집 안에 기분 좋게 불을 피워 놓는 일은 불가능하며, 작은 물개 기름 램프 하나만 켜 놓는다. 이렇듯 온 가족이 좋든 싫든 한데 모여서 생활해야 하기 때문에 불평을 하거나, 자신의 문제를 털어놓거나, 화를 내거나, 다른 사람을 비난할 여지가 없다. 이누이트들은 불평 자체를 금기로 여긴다. 그들은 조용히 생각에 잠겨 있거나 웃고 떠들거나 바깥 얘기나 사냥 얘기를 할 뿐 자신에 대한 얘기는 거의 하지 않는다.

그린란드의 우울증은 기온과 빛의 간접적 결과이며, 자신에 대해 이야기하는 것을 금기시하는 관습의 직접적인 결과다. 이 사회에서는 육체적으로 너무 친밀하기 때문에 감정적인 절제가 필요하다. 불친절해서도 냉랭해서도 아니며 단지 방식이 다를 뿐이다. 그린란드 원주민으로서는 최초로 정신과 의사가 된 포울 비스고르는 은근한 끈기가 엿보이는 온순하고 덩치 큰 남자다. 그의 말을 들어 보자. "물론 가족 중에서 한 사람이 우울증에 걸리면 모두들 알기는 하지요. 하지만 간섭하지 않는 것이 우리의 전통입니다. 우울해 보인다고 말하는 것은 상대에 대한 모욕이 될 수 있으니까요. 우울증 환자는 자신이 무가치하다고 믿으며 무가치한 존재가 다른 사람까지 성가시게 할 이유는 없다고 생각합니다. 그리고 주위 사람들은 간섭할 엄두를 내지 못해요." 10년 넘게 그린란드에서 살아온 덴마크인 심리학자 키르스텐 페일만은 이렇게 말한다. "이곳에는 남에게 강요하는 규칙이란 개념이 없어요. 아무도 다른 사람에게 예의 바르게 행동하라고 말하지 않습니다. 누가 어떤 상태를 보이든 그저 묵인하며 스스로 견디도록 내버려 두죠."

나는 빛의 계절에 그곳에 갔다. 밤새 태양이 중천에 떠 있는 6월의 그린란드가 지닌 아름다움이란 상상조차 할 수 없던 것이었다. 나는 소형 비행기편으로 인구 5000명 정도가 사는 일루리사트에 내린 다음, 고기잡이용 소형 모터보트를 타고 그린란드 보건부 장관과 상담하여 고른 한 정착촌을 향해 남쪽으로 갔다. 그곳은 성인 인구가 여든다섯 명쯤 되는, 사냥과 고기잡이로 생계를 이어 가는 일리미나크라는 곳인데, 그곳으로 이어지는 도로도 없고 그 안에도 도로가 없어서 주민들은 겨울에는 개 썰매를 타고 얼어붙은 땅 위를 가로질러 달리고 여름에는 배로만 다닐 수 있다. 봄과 가을에는 집 안에서만 지낸다. 내가 갔을 때는 환상적인 빙산들이(빌딩만큼 큰 것들도 있었다.) 떠내려와 칸제를루수아크 피오르 근처에 모여 있었다. 우리는 거꾸로 뒤집힌 매끄러운 타원형의 오래된 얼음 덩어리들과 세월이 흐르면서 물결 모양으로 주름이 잡힌 신비하리만큼 푸른 빙하 조각들을 헤치고 자연의 장엄함에 숙연해진 채 피오르 어귀를 건넜다. 우리가 탄 배는 작은 빙산들을 부드럽게 밀어내며 나아갔는데 개중에는 냉장고만 한 것들이 있는가 하면 나머지는 큰 접시만 했으며, 서로 다닥다닥 붙어 있어서 먼 지평선에서 보면 배가 깨지지 않은 얼음을 뚫고 항해하는 것처럼 보였다. 빛이 너무도 투명해서 시야 심도[피사체가 선명하게 초점이 맞는 범위] 자체가 존재하지 않는 듯했고, 가까운 곳과 먼 곳을 구분하기도 힘들었다. 배가 해안 근처로만 다녔는데도 바다와 육지를 구분할 수 없었고 대개 빙산들 사이에 끼어 있게 되었다. 그리고 물이 어찌나 차가운지 빙산 조각이 떨어지면 수면이 커스터드 크림처럼 움푹 들어갔다가 몇 초가 지나서야 제 모습으로 돌아왔다. 이따금 고리무늬 바다표범이 얼음처럼 찬물 속으로 첨벙 뛰어드는 모습을 보거나 소리를 들을 수 있을 뿐, 그곳에는 빛과 얼음뿐이었다.

일리미나크는 작은 자연항(港)을 둘러싸고 있었다. 30호 정도의 가옥과 학교 하나, 작은 교회 하나, 그리고 대략 일주일에 한 번씩 물건이 들어오는 상점 하나가 전부였다. 집집마다 개들을 키우고 있었고 개의 수가 사람 수보다 훨씬 많았다. 집들은 그곳 주민들이 좋아하는 청록색, 샛노랑, 연분홍 같은 밝고 선명한 색들로 칠해져 있었지만 뒤에 솟은 거대한 바위들이나 앞에 펼쳐진 흰 바다에는 거의 영향을 미치지 못했다. 일리미나크보다 더한 오지는 상상하기도 어려웠다. 그러나 그곳에는 전화선도 들어와 있었고 위급 환자가 생기면 덴마크 정부가 비용을 대는 헬리콥터로 이송도 가능했다.(헬리콥터 착륙이 가능한 기후 조건이어야 하지만.) 수도나 수세식 화장실은 없었지만 발전기가 하나 있어서 학교와 일부 가정에는 전기가 들어왔고 텔레비전이 있는 집들도 있었다. 모든 집들이 그림처럼 아름다웠고, 해가 중천에 떠 있는데도 마을 사람들이 모두 잠든 한밤중이면 나는 정적에 싸인 집들과 잠든 개들 사이를 마치 꿈속을 거닐듯 돌아다녔다.

내가 그곳에 도착하기 일주일 전에 상점 바깥에 공고 하나가 붙었는데, 자신의 마음 상태에 대해 나와 이야기하고 싶은 사람을 모으는 내용이었다. 신식 교육을 받은 활발한 이누이트 여성이 내 통역을 맡았는데 그녀는 일리미나크에서 신임받는 사람으로 이누이트들은 원래 말수가 적기 때문에 입을 열게 하기가 어려울 거라 우려를 표하면서도 성심껏 돕겠노라 약속했다. 우리가 그곳에 도착한 다음 날 그들은 쑥스러워하면서도 입을 열었다. 그랬다, 그들에게는 할 얘기가 있었고 내게 그 얘기를 털어놓기로 결정한 것이다. 사실 그런 얘기들은 외국인에게 하기가 더 쉬울 수도 있다. 인생 경험이 많은 세 여인이 자신의 감정들에 대해 이야기해 주겠노라고 했다. 내가 만난 이누이트들은 친절한 민족으로, 나를 도와주려면 자신들의 방식과는 달리 수다스럽게 말을 해야 하는데도 기꺼이 나서 주었다. 나보다 앞서 도착한 추천장과 나를 태워다 준 어부의 통역 덕에 나는 손님 대접을 받으면서도 끈끈한 공동체를 이루어 사는 그들 사이로 비집고 들어갈 수 있었다.

일리미나크를 포함한 그 지역을 담당하고 있는 덴마크인 의사는 사전에 내게 이렇게 충고했다. "노골적인 질문은 하지 마세요. 만일 기분이 어떤지 묻는다면 그들은 아무 대답도 하지 못할 겁니다." 하지만 그들은 내가 무엇을 알고 싶어 하는지 알고 있었다. 그들은 보통 짤막하게 답변을 하기 때문에 질문을 최대한 구체적으로 해야 했지만, 설사 그들이 자신의 감정들을 언어적으로 표현하지는 못한다 해도 개념적으로는 분명히 존재했다. 외상은 그린란드 사람들의 삶에서 일상적인 것이며, 외상 후 불안증은 드문 것이 아니고, 음울한 기분들과 자기 회의로 빠져드는 것 또한 흔한 일이다. 부두에서 만난 한 늙은 어부는 썰매가 얼음 구덩이에 빠져서(얼음이 더 깨지지 않고, 이미 익사한 게 아니고, 고삐가 끊어지지 않는 한 훈련이 잘 된 개들이라면 주인을 구해 낸다.) 젖은 옷차림으로 영하의 추위 속에서 몇 마일을 달려야 했던 이야기를 들려주었다. 그곳에서는 빙하가 움직일 때 사냥을 나가면 그 고막을 찢는 듯한 소리에 사냥꾼들끼리 서로의 소리를 알아들을 수가 없으며, 빙하 덩어리가 위치를 바꾸면 위로 솟아오르는 기분을 느끼고, 언제 얼음 덩어리가 뒤집혀 바닷물 속으로 던져질지 알 수 없다고 했다. 그리고 그런 일들을 겪고 난 후에는 얼음과 어둠 속으로 먹을 것을 구하러 나서기가 몹시도 힘들다고 했다.

우리는 세 여성 원로들을 만나러 갔다. 모두 험난한 인생을 산 이들이었다. 산파인 아말리아 요엘손은 그 마을에서 의사와 비슷한 존재였다. 그녀는 어느 해에 사산을 했고 그 이듬해에는 아이가 태어난 지 하루 만에 죽고 말았다. 슬픔으로 제정신이 아니었던 그녀의 남편은 그녀가 아이를 죽였다고 생사람을 잡았다. 그녀 자신도 당시에는 도저히 동네 사람들의 아기를 받아 낼 자신이 없었지만 그녀 외에는 산파가 없었기 때문에 어쩔 수가 없었다. 어부의 아내인 카렌 요한센은 타지 출신이었다. 그런데 일리미나크에 정착하자마자 어머니와 아버지, 언니를 차례로 잃었다. 그리고 올케가 쌍둥이를 임신했는데 하나는 5개월 만에 사산되고 나머지 하나는 건강하게 태어났지만 생후 3개월경 유아 돌연사로 세상을 떠났다. 그녀의 오빠에게는 여섯 살짜리 딸 하나만 남게 되었는데 그 아이마저 물에 빠져 죽자 오빠도 목을 맸다. 아멜리아 랑에는 교회 목사였다. 그녀는 키가 큰 젊은 사냥꾼과 결혼하여 아이를 줄줄이 여덟이나 낳았다. 그런데 남편이 사냥을 나갔다가 사고를 당하고 말았다. 바위에 맞고 튀어나온 총알이 오른팔에 박혀서 팔꿈치와 팔목 가운데

쯤이 부러졌다. 그 뼈는 다시 아물지 않아 그의 손을 잡으면 부러진 부분이 관절처럼 접혔다. 결국 그는 오른팔을 쓰지 못하게 되었다. 몇 년 후 그는 폭풍이 불던 날 집 밖에 있다가 강풍에 휩쓸리고 말았다. 땅바닥에 내동댕이쳐질 때 팔로 충격을 완화시킬 수 없었던 그는 목이 부러져서 머리 아래가 마비되었다. 그의 아내는 휠체어에 의지한 남편을 돌보며 아이들을 키우며 사냥까지 해야 했다. "바깥 일까지 하면서 내내 울었지요." 그 시절을 추억하며 그녀가 말했다. 그런 모습을 보고 도와주러 오는 사람이 없었는지 내가 묻자 그녀는 이렇게 대답했다. "내가 일을 할 수 있는 한 아무도 간섭하지 않아요." 아내에게 짐이 되고 싶지 않았던 그녀의 남편은 굶어 죽기 위해 음식을 끊었다. 그것을 눈치챈 그녀는 침묵을 깨고 남편에게 죽지 말라고 애원했다.

카렌 요한센이 말했다. "맞아요, 사실이에요. 우리는 허물없이 지내기에는 너무 가깝지요. 이곳 사람들은 너무 많은 짐을 지고 살기 때문에 남에게 짐이 되고 싶어 하지 않아요." 20세기 초반과 중반의 덴마크인 탐험가들은 이누이트들에게서 (그들 자신은 정신이 나간 때라고 말하는) 세 가지 주요한 정신 질환을 발견했다.[90] 이 질환들은 이제 거의 사라졌고 오지 중의 오지에만 남아 있다. 그중 "극지방 히스테리"를 직접 체험한 이는 이렇게 표현했다. "해마와 물개와 고래의 피로 자란 젊은 피가 솟구치면서 슬픔에 휘말린다. 처음에는 동요 상태가 된다. 그리고 삶이 지긋지긋해진다." 이것이 현대적으로 변형된 형태가 조증과 울증이 뒤섞인 동요성 우울증이라 할 수 있으며, 이것은 말레이시아인들의 "맹렬한 살상 욕구를 수반한 정신착란"과 흡사하다. 또 옛날에는 공동체에 등을 돌리고 떠난 사람들이 "산 방랑자 증후군"에 걸렸는데 그들은 공동체에 재편입될 수 없었기 때문에 목숨이 다할 때까지 절대 고독 속에서 살아야 했다고 한다. 마지막으로 "카약 불안증"은 배에 물이 차서 곧 가라앉게 될 거라고 착각하는 것으로 망상증 중에서 가장 흔한 형태다. 이제 이런 용어들은 역사가 되었지만 여전히 이누이트들이 안고 사는 갈등들을 일깨워 준다. 그린란드 보건부 장관 레네 비르게르 크리스티안센에 따르면, 최근 우마노크라는 곳에서 피부 밑에 물이 차 있다고 믿는 사람들이 줄줄이 나왔다고 한다. 히스테리와 망상증을 동반하는 우울증은 이누이트들의 강한 공동체적 일체감에 대한 대가다. 프랑스인 탐험가 장 말로리는 1950년대에 이런 글을 썼다. "에스키모는 근본적으로 개인주의적인 성향을 지니고 있으면서도 고독과 불행은 같은 것이라고 믿는 모순을 안고 있다. 이들은 동료들에게 버림받으면 늘 내면에 잠재해 있던 우울증에 빠진다. 그런 공동체 생활은 견디기 힘든 것일까? 의무의 그물망이 그들을 연결시켜 주고 이누이트들을 자발적인 포로로 만든다."[91]

일리미나크의 여성 원로들은 오랜 세월 고통을 안으로만 삭여 왔다. "처음에 다른 여자들에게 내 감정을 말하려고 했을 때 그들은 들어 주지 않았어요. 그들은 나쁜 일들에 대해 얘기하고 싶어 하지 않았지요. 자기 문제에 대해 얘기하는 걸 들어 본 적이 없었기 때문에 그런 대화를 나누는 법도 몰랐고요. 오빠가 죽기 전까지는 나도 다른 사람들의 하늘에 구름이 되지 않는 걸 자랑스럽게 여겼지요. 하지만 오빠의 자살이라는 충격을 겪은 뒤에는 말을 해야만 했어요. 사람들은 좋아하지 않았지요. 우리 방식으로는, 하다못해 친구 간에도, '그런 일을 당했다니 참 유감이야.'라고 말하는 것이 실례가 되니까요." 그녀는 자신의 남편을 "침묵의 남자"라고 표현하며, 그는 말과는 거리가 멀기 때문에 그에게는 울음으로 의사 표시를 한다고 했다.

이 세 사람은 서로의 어려운 처지에 마음이 끌렸고 여러 해가 지난 뒤 자신의 고통과 외로움, 그리고 모든 감정들에 대해 이야기하게 되었다. 아말리아 요엘손은 조산술 훈련을 받으러 일루리사트에 있는 병원에 갔다가 그곳에서 심리치료에 대해 알게 되었다. 카렌 요한센과 아멜리아 랑에와 대화를 나누면서 마음의 위안을 얻을 수 있었던 그녀는 둘에게 한 가지 제안을 했다. 그곳에서는 새로운 발상이었다. 어느 일요일에 교회에서 아멜리아 랑에가 모임 하나를 만들었다며 자신의 문제에 대해 이야기하고 싶은 사람은 혼자든 여럿이든 언제든지 찾아오라고 발표했다. 그들은 산파인 아말리아 요엘손의 집을 상담실로 쓰기로 했다. 아멜리아 랑에는 그곳에서의 만남을 철저히 비밀에 부치겠노라 약속했다. "우리는 홀로일 필요가 없습니다." 그녀가 덧붙인 말이었다.

이듬해가 되자 마을 여자들이 한 사람 한 사람씩 모두 찾아왔다. 남편이나 자식들에게도 속내를 털어놓은 적 없던 그들이 산파의 집에 찾아와 울음을 터뜨렸다. 그런 식으로 이 마을에 새로운 전통이 시작되었다. 사내는 강해야 한다는 믿음으로 고개를 돌리던 남자들도 하나둘 찾아왔다. 나는 세 사람의 집을 찾아가 오랜 시간 머물렀다. 아멜리아 랑에는 주민들이 자신에게 마음을 털어놓은 뒤 '해방감'을 느끼는 것을 보며 많은 것을 깨달았노라고 말했다. 카렌 요한센은 나를 집에 초대해서 신선한 고래 수프를 대접하며 고래 수프가 마음의 위안을 얻는 데는 최고일 때가 많다고 했다. 그녀는 슬픔의 진정한 치료제를 찾았다면서 그것은 바로 다른 이들의 슬픔을 듣는 것이라고 했다. "내가 이 일을 하는 건 그들을 위해서만이 아니라 나 자신을 위해서이기도 하지요." 일리미나크 사람들은 집에서는 서로에 대해 말하지 않는다. 하지만 그들은 세 여성 원로들을 찾아가 그들로부터 힘을 얻는다. "나는 자살도 많이 막았어요. 제때에 그들과 대화할 수 있었던 걸 기쁘게 생각해요." 카렌 요한센의 말이다. 이들에게 비밀 보장은 극히 중요한 문제다. "내게 고민을 털어놓은 사람들을 밖에서 만나면 절대 그 고민에 대한 이야기를 꺼내거나 특별한 방식으로 안부를 묻지 않지요. 다만 정중하게 어떻게 지내는지 물은 뒤 그쪽에서 울음을 터뜨리면 집 안으로 데리고 들어갑니다." 아말리아 요엘손의 말이다.

서유럽에서는 언어를 통한 치료가 정신분석 전문가들에게서 나온 것으로 간주된다. 아무튼 우울증은 외로움의 병이며, 우울증을 체험한 사람이라면 그것이 무시무시한 고립을 강요한다는 것을 잘 안다. 사랑하는 사람들에게 둘러싸인 경우라도 예외는 아니며 이런 경우 주위 사람들이 우글거리는 것이 고립감을 유발한다. 일리미나크의 세 여성 원로들은 스스로 짐을 더는 방법을 발견했을 뿐만 아니라 그 방법으로 남을 돕는 기쁨까지 얻게 되었다. 문화가 다르면 고통을 표현하는 방식도 다르고 고통의 종류도 다르지만 외로움이라는 것은 무한한 유연성을 지니고 있다.

세 사람은 내 우울증에 대해서도 물었고, 나는 그들의 집에서 말린 생선을 먹으며 그들과 교감할 수 있었다. 통역을 맡았던 이는 마을을 떠날 때 평생 가장 힘든 체험이었다고 말하면서도 뜨거운 긍지를 내보였다. "우리 이누이트들은 강인한 민족이지요. 이곳에서는 스스로 문제를 해결하지 못하면 죽고 마니까요. 그래서 우울증에 대해서도 우리 식의 해법을 찾아가고 있지요." 그녀가 내게 한 말이었다. 큰 고장에서 자살 상담 전화를 운영하고 있는 그린란드 여성 사라 링에는 이렇게 말했다. "우선 다른 사람에게 말하는 것이 얼마나 쉬운 일인지, 그리고 얼마나 좋은지 깨닫게 해야 해요. 이누이트들은 그걸 모르거든요. 그것을 깨달은 우리는 그것을 알리기 위해 최선을 다해야 합니다."

고난이 표준인 세계에서는 인생의 힘겨움에 대한 정확한 판단과 우울증의 경계가 고정적일 수가 없다. 이누이트들의 삶은 힘겹다. 강제 수용소처럼 굴욕적이거나 현대 도시인의 삶처럼 감정적으로 공허하지는 않지만 무자비하도록 험난하고 대부분의 서구인들이 당연시하는 물질적인 혜택도 누리지 못한다. 최근까지 그들은 자신의 문제들을 털어놓는 사치조차 누리지 못했으며, 혹여 사회 전체에 누가 될까 봐 모든 부정적인 감정들을 억눌렀다. 내가 일리미나크에서 방문한 가족들은 침묵의 서약을 지키느라 고난의 삶을 살고 있었다. 그것은 목적 면에서 보면 효율적인 체계였으며 실제로 많은 이들이 그런 체계 속에서 춥고 긴 겨울들을 이겨 냈다. 현대 서구 사회에서는 문제를 가장 잘 해결하기 위해서는 일단 밖으로 끄집어내야 한다는 믿음이 지배적이며 일리미나크의 사례는 그런 이론을 입증해 주지만 그곳에서는 문제를 털어놓는 범위와 장소의 제한이 있었다. 그 마을의 우울증 환자들은 누구도 자신의 문제들을 그 문제의 대상이 되는 사람에게 이야기한 적은 없으며 세 여성 원로들에게도 정기적으로 찾아가지는 않았다. 선진 사회 유한계급의 병이라는 말도 있는 것처럼, 우울증은 자신의 고통을 표현한다는 사치를 누리는 계급에게만 적용된다. 이누이트들에게는 우울증이 너무도 사소한 문제이고 누구에게나 있는 것이기 때문에 심각한 무능력 상태에 빠지는 경우가 아니라면 그대로 무시된다. 그들의 침묵과 우리의 매우 언어화된 자기 인식 사이에는 정신적 고통과 그것에 대한 인식을 표현하는 수많은 방식들이 존재한다. 무엇을 말하고 무엇을 마음에 담아 둘 것인지를 결정하는 데는 정황, 인종, 성, 전통, 국가 등이 모두 관련되며, 무엇을 완화시키고 무엇을 악화시키고 무엇을 견디고 무엇을 거부해야 하는지도 어느 정도까지는 그것들에 의해 결정된다. 우울증은(그 위급성과 증세들, 그리고 거기서 벗어나는 방법들은) 개인의 생화학과는 동떨어진 힘들에 의해, 즉 우리가 누구이며 어디에서 태어났는지, 무엇을 믿으며 어떻게 살아가고 있는지에 의해 결정된다.

6 　중독

　　우울증과 중독성 물질 남용은 하나의 순환을 이룬다. 우울증에 걸린 사람들은 우울증으로부터 벗어나기 위한 목적으로 중독성 물질을 남용하게 되고, 물질 남용자는 삶이 엉망이 되기 때문에 그 결과 우울증에 걸린다. 그렇다면 '유전적으로' 알코올중독 성향을 지닌 사람들이 알코올중독자가 되고 그 결과로 우울증을 겪게 되는 것일까, 아니면 '유전적으로' 우울증 성향이 있는 사람들이 자가 치료의 형태로 술을 마시는 것일까? 둘 다 맞다. 세로토닌 수치의 저하는 알코올중독을 심화시키는 것으로 보이며, 따라서 우울증이 악화되면 알코올중독도 더 심해질 수 있다. 그리고 그 역의 관계도 성립된다.(즉 알코올 섭취가 늘면 세로토닌 수치가 떨어진다.) 금지된 약물을 이용한 자가 치료는 역효과를 내는 경우가 많다. 합법적인 항우울제는 부작용을 먼저 보이고 점차 약효를 나타내는 데 반해, 중독성 물질은 대개 약효를 먼저 보이고 점차 부작용을 나타낸다. 코카인 대신 프로작을 복용하는 것은 늦게라도 바람직한 효과를 보려 함이며, 항우울제 대신 코카인을 선택하는 것은 즉각적인 만족을 갈망하는 것이다.

　니코틴, 알코올, 마리화나, 코카인, 헤로인과 기타 현재 알려진 스무 가지 정도의 중독성 물질들은 모두 도파민계에 중요한 영향을 미친다.1 어떤 사람들은 이런 물질들에 대한 유전적 소인을 지니고 있다. 중독성 물질 남용은 뇌에 세 단계로 작용한다.2 우선 전뇌에서 인지력에 영향을 미치고, 그 결과 파충류에서도 볼 수 있는 뇌의 가장 원시적인 부위들로 이어지는 신경섬유들을 흥분시키며, 이 신경섬유들은 뇌의 많은 다른 부분들에 흥분된 메시지를 보내고 빈번히 도파민계에 영향을 미친다. 예를 들어 코카인은 도파민 흡수를 방해하여 뇌 속에 떠다니는 도파민을 증가시키며,3 모르핀은 도파민 방출을 유발한다.4 다른 신경전달물질들도 중독성 물질들의 영향권 내에 있으며, 알코올은 세로토닌에 영향을 미치고5 몇몇 약물들은 엔케팔린의 수치를 높이는 것으로 보인다.6 그러나 뇌는 자동 조절 기능을 갖고 있어서 일정한 자극 수준을 유지하려는 경향이 있기 때문에, 만일 도파민이 계속 넘쳐 흐르면 하나의 반응을 유발하는 데 점점 더 많은 도파민이 필요하도록 저항력을 기를 것이다.7 그것은 도파민 수용체의 수를 늘리는 형태가 될 수도 있고, 기존 도파민 수용체들의 민감성을 둔화시키는 형태가 될 수도 있다. 바로 그런 이유로 중독자들은 약물의 양을 계속 늘려 가게 되며, 회복 단계에서 더 이상 약물의 자극에 의한 과도한 도파민 방출이 이루어지지 않을 때 저조하고 우울한 상태가 지속된다. 이들의 자연적인 도파민 수치는 중독에 적응된 뇌의 기준으로는 극히 낮은 것이기 때문이다. 그러다 뇌가 다시 정상 상태로 돌아오면 위축되고 우울한 기분도 사라진다.

대부분의 사람들이 중독성 물질을 오래 섭취하다 보면 그것에 중독된다.[8] 흡연 경험이 있는 사람들 중 3분의 1이 니코틴 중독이 되며, 헤로인 경험자 중 4분의 1이 헤로인에 의존하게 되고, 술을 마셔 본 사람들 중 6분의 1이 알코올중독자가 된다.[9] 약물이 혈관과 뇌 사이의 문맥을 통과하는 속도는 종종 약물의 섭취 방식에 의해 결정되는데, 주사가 제일 빠르고 그다음이 흡입이며, 경구 복용이 제일 느리다.[10] 물론 그 속도는 약물에 따라 다르며 약효가 얼마나 신속하게 나타나는지를 결정한다. 컬럼비아대학교 마약류 취급 및 연구센터 데이비드 맥다월 소장의 말을 들어 보자. "누구나 한 번쯤 중독성 물질을 섭취할 수는 있어요. 이것은 그가 어디에 있고 사회 분위기가 어떤지에 관한 거죠. 그러나 지속적인 섭취는 아무나 하는 것이 아닙니다. 어떤 이들은 한 번 섭취해 보고 다시는 그것에 관심을 갖지 않는 데 반해 어떤 이들은 거의 즉각적으로 빠져듭니다." 중독성 물질은 대개 우리의 의식을 흐리게 하며 의식이 흐려지다 보면 아픔도 덜해진다. 따라서 중증 우울증의 격통에 시달리는 이들에게는 뿌리칠 수 없는 유혹이 될 수 있다. 우울증의 경우처럼 물질 남용의 경우에도 유전적 소인과 외적 체험이 상호작용한다. 물질 남용자가 될 소인을 지니고 태어난 사람들은 특정 물질을 충분한 기간 동안 남용하면 그것에 중독된다. 알코올중독 성향이 있는 우울증 환자들은 보통 첫 중증 우울증 삽화를 겪고 5년 정도 경과하면 만성적인 음주를 시작하며, 코카인 중독 성향이 있는 우울증 환자들은 평균적으로 중증 우울증 삽화를 겪은 7년 정도 후부터 만성적인 중독자가 된다. 아직까지는 누가, 어떤 약물을, 어느 정도 위험하게 사용하게 될 것인지를 알 수 있는 검사가 존재하지 않지만 현재 그런 검사들이 고안되고 있는 중이다.(대부분이 혈류 속 특정 효소의 수치를 근거로 한다.) 우울증 환자들의 생리학적 변화가 그들을 물질 남용에 더 취약하게 만드는 것인지, 아니면 심화된 취약성이 근본적으로 심리학적인 것인지도 아직 밝혀지지 않은 상태다.

중독 문제와 우울증을 함께 안고 있는 환자들의 경우 대부분 두 질환이 동시에 진행되며 각각의 질환이 치료를 요하고 나머지 것을 악화시킨다. 이 질환들은 도파민계 내에서 상호작용한다. 우울증을 치료하기 전에 중독부터 해결해야 한다는 대중적인 생각은 터무니없다. 그것은 자신의 불행을 꾹꾹 눌러 두고 있는 이에게 그 불행이 한껏 피어나도록 방치하라고 말하는 것과 같다.[11] 반면 기분이 좋아지면 더 이상 중독성 물질을 찾지 않을 것이므로 중독은 그대로 방치하고 우선 우울증을 치료해야 한다는 생각은 육체적, 정신적 의존성이라는 현실을 간과하는 것이다. 미국 마약단속국 부국장을 역임했으며 현재 컬럼비아대학교 중독 및 물질 남용 센터 책임자로 있는 허버트 클레버는 이런 말을 했다. "우리가 중독 분야에 대해 배운 것이 있다면, 일단 중독이 되면 어떻게 중독이 되었는지는 중요하지 않으며 자체의 생명력을 지닌 질환을 얻게 된다는 것입니다. 알코올중독이면서 우울증인 환자를 항우울제로 치료하면 우울증이 아닌 알코올중독자가 되는 거죠." 물질 남용의 원천적인 동기를 제거한다 해서 물질 남용에서 해방되는 것은 아니다.

이론가들은 기분 상태(우울증)와 물질에 대한 의존성(중독)을 분리하는 데 열심이다. 물론 가족력 같은 간단한 기준들에 의거한다면 우울증 가족력이 있는 사람은 우울증이 주된 질환이고, 알코올중독 가족력이 있는 사람은 알코올중독이 주된 질환이라고 말할 수 있을 것이다. 그러나 두 질환의 경계는 그렇게 명확하지 않으며 알코올중독은 우울증 증세들을 유발한다. 현재 주류를 이루는 치료 철학은, 우선 중독 문제를 해결하고 한 달가량 '금주'한 다음 감정 상태를 평가해야 한다는 것이다. 그래서 만일 환자의 기분이 좋아졌다면 중독이 우울증을 유발했던 것이고, 중독이 치료되면서 우울증도 치료된 것이라고 여긴다. 원칙적으로야 나무랄 데 없지만 사실 중독성 물질의 중단은 대격변을 유발한다. 중독성 물질을 끊고 한 달쯤 후 기분이 좋아지는 사람은 아마도 자기 절제에 대한 긍지가 넘치고 모든 종류의 호르몬들과 신경전달물질들, 펩티드들, 효소들 등의 수치가 조정되는 것을 체험하겠지만 그렇다고 그가 중독이나 우울증에서 벗어났다고 단언할 수는 없다. 또 중독성 물질을 끊은 한 달 후에도 여전히 기분이 저조한 이는 처음 그를 중독으로 이끈 감정 상태도, 이제 겉으로 드러난 잠재적인 감정 상태도 반영하지 않는 삶과 관련된 이유들로 우울한 것일 수 있다. 중독성 물질이 중독자의 진정한 자아를 가리고 있는 것이며, 따라서 깨끗한 상태로 회복이 가능하다는 생각은 완전히 터무니없다. 더욱이 중독성 물질의 금단 현상은 한두 달이 지난 뒤에야 나타날 수도 있다. 장기적인 물질 남용의 경우 몸이 최상의 회복을 이루려면 수개월이 걸리며, 허버트 클레버의 주장에 의하면 일부 뇌 기능의 변화는 '영구적인' 것으로 보이고 일부는 최소 1~2년은 지속된다고 한다. 양전자방출단층촬영(PET) 결과 다양한 중독성 물질들이 뇌에 미치는 영향들이 밝혀졌으며, 약물을 끊은 후 3개월이 된 시점까지도 제한적인 복구만 이루어지는 것으로 나타났다.[12] 지속되는 장애들도 있

으며, 만성적인 물질 남용자의 경우 영구적인 기억력 손상을 입는 경우도 흔하다.[13]

절제가 최고의 치료법이기 때문에 물질 남용자에게 항우울제를 주어서는 안 된다고 믿는 청교도적 견해는 사디스트적인 것이다. 우울증이 알코올중독의 주된 동기인 '우울증 알코올중독자'의 경우 항우울제가 술에 대한 욕망을 경감시킬 수 있다. 이런 식으로 먼저 우울증을 완화시키는 방식의 시도가 중독성 물질부터 끊는 시도보다 관대한 것이다. 알코올중독자에게 SSRI 계열의 항우울제를 투여하면 알코올을 끊기가 더 쉬워진다는 최근의 연구 결과들을 보더라도 항우울제가 물질 남용에 효과가 있음은 부정할 수 없다.[14] 분명 우울증은 정신역동적 치료에 의해 크게 완화될 수 있으며, 단순히 관심을 가져 주는 것만으로도 얼마간 치료 효과를 거둘 수 있다. '우울증 알코올중독자'들은 끔찍한 고립감을 느끼는 경향이 있으며 그런 고립감을 없애 주면 우울 증세들이 완화되는 경우가 많다.

앨버트아인슈타인 의과대학 엘리노어 맥캔스 캐츠의 말을 들어 보자. "방종의 탓인지 정신 질환의 탓인지 가리기 위해 어떤 질환이 일차적인 것이고 어떤 질환이 부차적인 것인지 논하는 것은 독단적인 판단일 수 있어요. 그러나 나는 중독 문제와 정신 건강 문제를 안고 있는 환자들을 다루는 사람으로서 그것을 알아야 하지요. 그것을 알면 환자가 앞으로 어떻게 행동할 것인지 예측할 수 있고, 그에 따라 환자를 교육하고 함께 노력할 수 있으며, 어떤 약을 얼마동안 쓸 것인지 결정하는 데 도움이 되니까요. 그러나 중요한 건, 환자가 두 가지 장애를 갖고 있다면 둘 다 치료해야 한다는 것입니다." 자가 치료자들이 자살 욕구나 자살 행동을 동반하는 동요성 우울증을 통제하기 위해 알코올에 의지하는 경우도 있다. 만일 그런 사람에게 우울증 치료는 없이 알코올만 끊게 한다면 자살에 이를 위험이 높다. 컬럼비아대학교 데이비드 맥다월은 이렇게 말했다. "절제가 부족하다는 이유로 우울증 진단이 내려지지 않는 경우, 우울증 치료가 이루어져야 절제가 유지될 수 있는 겁니다." 다시 말해 우울증에 걸린 상태라면 해독의 스트레스를 견뎌 내지 못할 수도 있다는 것이다. 한편 정신 질환을 안고 있는 상태에서 지속적으로 중독성 물질을 남용하면 만성적인 정신장애에 이를 수도 있다.

우울증은 병의 근원을 아는 것이 치료법을 아는 데 작은 도움밖에 되지 못하는 분야다. 따라서 진단 체계를 구축하기 위해 여러 상관관계들이 이용되고 있다. 예를 들어 최근 한 연구는 수면 패턴을 보고 렘(REM) 수면 잠복기가 짧아지면 우울증이 일차적인 질환이고, 렘 수면 잠복기가 길어지면 알코올중독이 일차적인 질환이라 판단했다.[15] 또 어떤 임상의들은 조발성(早發性) 알코올중독이 지발성(遲發性) 알코올중독보다 우울증의 결과일 가능성이 더 크다고 주장한다.[16] 세로토닌 대사 물질이나 코르티솔을 위시한 호르몬들의 수치를 측정해 '진짜' 우울증인지를 밝혀내려 한 시도들도 있으나 많은 진짜 우울증들이 그런 대사 물질들에 나타나지 않기 때문에 그런 실험들은 효용성에 한계가 있다.[17] 이 분야의 통계들은 믿기 어려울 정도로 편차가 크지만 물질 남용자의 3분의 1 정도가 우울장애를 겪고 있는 것으로 보이며, 우울증 환자의 상당수가 물질 남용을 하고 있는 것이 확실하다.[18] 물질 남용은 우울증의 소인을 가진 사람들이 아직 우울증을 일으키기 전인 청소년기에 시작되는 경우가 많다.[19] 물질 남용은 우울 성향이 발현되는 것에 대한 방어로 시작될 수도 있다. 그리고 우울증은 이미 중독성 물질을 사용하고 있는 사람을 중독자로 만들기도 한다. 다시 허버트 클레버의 말을 들어 보자. "불안하거나 우울하다는 이유로 중독성 물질에 손을 대는 사람들은 진짜 중독자가 되기 쉬워요." 물질 남용에서 회복된 사람들은 우울증에 걸렸을 때 다시 물질 남용에 빠져들기가 쉽다.20 R. E. 메이어는 물질 남용과 우울증의 관계를 다섯 가지로 제시했다. 즉 우울증이 물질 남용의 원인이 되는 경우, 우울증이 물질 남용의 결과인 경우, 우울증이 물질 남용의 형태를 바꾸거나 악화시키는 경우, 우울증이 물질 남용에 영향을 미치지 않고 공존하는 경우, 우울증과 물질 남용이 단일한 문제의 두 증세인 경우다.21

물질 남용과 금단현상과 우울증은 중복되는 증세들이 있기 때문에 극히 혼란스럽다. 알코올이나 헤로인 같은 진정제는 불안증을 경감시키고 우울증을 악화시키며, 코카인 같은 흥분제는 우울증을 경감시키고 불안증을 악화시킨다.22 흥분제를 남용하는 우울증 환자는 정신분열증처럼 보이는 행동을 보일 수 있으며, 그런 행동은 약물을 끊거나 우울증 치료를 잘하면 없어지게 된다. 또 각각의 두 질환의 증세들보다 그것이 합쳐진 것의 증세들이 더 심각하다.23 물질 남용과 정신장애를 함께 갖고 있는 경우(즉 알코올중독이면서 우울증인 경우) 알코올중독 증세와 우울증이 평균보다 심각하게 나타나는 경우가 많다. 그나마 다행인 것은 이 경우에 해당되는 사람들은 한 가지 문제만 갖고 있는 사람들보다 병원을 찾기가 쉽다는 점이다. 그러나 그런 사람들은 재발하기도 쉽다. 물질 남용과 우울증은 별개의 문제들인지는 몰라도 각자 뇌에 생리학적 영향들을 미치며 나머지 것을 심각하게 악화시킬 수 있다. 어떤 물질들은(코카인, 진정제, 최면제, 불안 완화제) 사용 중일 때는 우울증을 유발하지 않지만 뇌에 영향을 미쳐서 사용 중지기에 우울증을 일으키며, 어떤 물질들은(암페타민, 오피오이드, 환각제) 즉각적인 도취 효과의 일부로 우울증을 유발한다.[24] 또 코카인이나 엑스터시는 도취감을 주기 때문에 약 기운이 떨어지면 기분이 저조해질 수밖에 없다. 따라서 이런 약물들과 알코올은 자살 성향을 심화시킨다.[25] 이들은 정신을 혼미하게 만들어 의사의 처방에 제대로 따를 수 없게 하며 그 결과 심각한 혼돈을 초래한다.

하지만 일부 환자들의 경우 중독에서 벗어난 뒤 우울증이 영구적으로 가시기도 하며 이런 이들에게 올바른 치료법은 절제다.[26] 반면 어떤 환자들은 우울증이 통제되면 알코올이나 약물에 대한 흥미가 감소하며 이런 이들에게 올바른 치료법은 항우울제와 항우울 치료다. 대부분의 물질 남용자들에게는(대부분의 우울증 환자들이 그러하듯이) 사회심리학적 개입이 요구되지만 모두가 그런 것은 아니다. 불행히도 여전히 임상의들은 얼마나 많은 항우울제들이 중독성 물질과 상호작용을 일으키는지에 대해 제대로 이해하지 못하고 있다. 알코올은 약의 흡수를 촉진시키며 이런 빠른 흡수는 심각할 정도로 약의 부작용을 높인다. 오래된 치료제인 삼환계 항우울제는 코카인과 상호작용을 일으켜 심장에 상당한 부담을 줄 수 있다. 중독성 물질을 끊은 환자에게 항우울제를 처방할 때는 그가 다시 그 물질을 사용할 수도 있다는 가정에서 해로운 상호작용을 일으키지 않는 약을 처방하도록 주의해야 한다. 물질 남용자의 우울증을 처음 치료할 때는 정신역동적 치료법이 가장 안전할 수도 있다.

지난 20여 년 사이 중독이라는 말 자체가 모호해져 일 중독, 햇빛 중독, 발마사지 중독이라는 말까지 나오고 있다. 어떤 사람들은 먹는 것에 중독되고, 어떤 이들은 돈에(버는 것과 쓰는 것 다에) 중독된다. 나는 오이 중독 진단을 받은 거식증 환자를 만난 적도 있는데 프로이트 박사가 살아 있었더라면 이에 대해 할 말이 많을 것이다. 도박 중독에 대해 연구해 온 하버드 의대 중독과 과장인 하워드 셰퍼는 우리의 뇌에 중독의 경로들이 존재하며 중독성 약물이라는 개념 자체가 잘못된 것이라고 말한다. "중독성 주사위라는 말은 없지 않은가!"[27] 그는 중독의 대상은 중요한 것이 아니며, 특정 행동에 대한 중독이나 물질에 대한 중독이나 크게 다를 바 없다고 주장한다. 중독이란 어떤 대상에 대한 생리학적 반응이라기보다 의존성을 키우는 해로운 어떤 것을 계속 반복하려는 어쩔 수 없는 욕구라는 것이다.

　　하버드 의대 정신과 버사 마드라스는 가장 흔하게 남용되는 물질들이 뇌 속 경로들에 들어갈 수 있는 것은 그곳에 존재하는 물질들과의 유사성 때문이라는 주장을 내놓았다. "그런 약물들의 화학구조가 뇌 속 신경전달물질들의 화학구조와 유사하기 때문에 그렇게 되는 것이다. 나는 그것들을 '뇌의 사기꾼'이라 부른다. 그것들은 뇌의 자연적인 메시지들과 동일한 의사소통 방식들을 목표로 한다. 그러나 뇌 속의 복잡한 의사소통 통제 시스템들은 자연적인 메시지들을 위한 것이지 사기꾼을 위한 것이 아니다. 결과적으로 뇌는 그 약들이 발생시키는 비정상적인 신호들에 적응하게 된다. 바로 여기서 중독의 과정이 시작되는 것이다. 뇌의 적응은 중독의 핵심이다. 신체적 혹은 정신적 금단현상을 일으키는 약물인 경우 뇌가 그 약물로 가득했던 상태로 되돌아가려는 억제할 수 없는 욕망이 일어난다." 중독성 주사위는 없다지만, 육체적인 중독은 뇌의 중독 경로들을 활성화시키고 그 경로들 가운데 다수가 결과적으로 우울증을 유발하는 생리학적 변화들로 이어진다.

알코올중독 가족력이 있는 사람들은 그렇지 않은 사람들에 비해 엔도르핀(쾌감 반응들을 일으키는 내생적인 모르핀)의 수치가 낮은 경향이 있다. 알코올은 그것에 대한 유전적인 소인이 없는 이들에게는 엔도르핀 수치를 약간 높이는 정도지만, 유전적 소인이 있는 이들에게는 엔도르핀 수치를 극적으로 높여 준다.[28] 전문가들은 물질 남용에 대해 설명할 색다른 가설들을 만들어 내기 위해 많은 시간을 쏟고 있다. 대부분 물질 남용을 하게 되는 것은 기분이 좋아지기 때문이다. 전문가들의 의견에 따르면, 중독성 물질을 회피하는 강한 동기들도 존재하지만 그것을 취하려는 강한 동기들도 존재한다. 중독자들을 도무지 이해할 수 없다고 주장하는 이들은 대개 중독성 물질들을 접해 본 적이 없거나 유전적으로 그것들에 취약하지 않은 사람들이다.

컬럼비아대학교 허버트 클레버는 이렇게 말했다. "사람들은 자신이 중독성 물질에 어느 정도 취약한지에 대해 거의 무지하다. 세상에 중독자가 되고 싶어 하는 이는 없다. 중독 치료에서 문제점은 치료사의 목표(완전히 끊기)와 환자의 목표(통제력 갖기)가 다르다는 것이다. 모든 마약 중독자들은 이따금 마약을 할 수 있기를 원한다. 문제는 그들이 한때 통제력을 가졌다는 사실이다. 어떤 중독자든 밀월 기간, 즉 통제력을 발휘할 수 있는 시기를 갖는다. 알코올중독의 경우 5년이나 10년 정도이고, 마약 중독의 경우에는

6개월 정도밖에 되지 않는다." 어떤 것이 쾌감을 주기 때문에 그것을 반복하고 싶어 하는 것과, 그것을 하지 않고는 견딜 수 없기 때문에 반복하려는 욕구를 느끼는 것은 엄연히 다르다. 그런데 그런 욕구를 만드는 것은 우울증 같은 외부적 환경인 경우가 흔하다. 따라서 우울증 환자는 그렇지 않은 사람들에 비해 훨씬 더 빨리 중독자가 된다. 우울증에 걸리면 일상생활에서 만족을 얻는 능력이 감소된다. 물질 남용자는 아예 끊을 생각조차 없는 부류와 그럴 생각은 있는 부류, 외적 동기에 의한 부류와 내적 동기에 의한 부류로 나눌수 있을 것이다. 그리고 대부분의 경우 이 네 단계들을 거쳐야만 의존성으로부터 해방될 수 있다.

의학 문헌을 보면 중독은 "(1) 정동장애, (2) 자부심 결여, (3) 인간관계의 문제, (4) 자신을 제대로 돌보지 못함"에 기인한다고 한다.[29] 많은 사람들이 중독을 피할 수 있다는 것은 멋진 일이다. 우리는 부분적으로는 중독이 얼마나 해롭고 불쾌한 것인지 알기 때문에, 혹은 인간관계를 잃게 될 것에 대한 두려움 때문에, 혹은 자기통제의 기쁨 때문에 중독을 피할 수 있다. 그렇지만 가장 중요한 건 물질 남용의 육체적인 부작용이다. 만일 숙취라는 것이 없다면 우리 주위에는 훨씬 더 많은 알코올중독자와 코카인중독자들이 들끓게 될 것이다. 마약은 보상과 벌을 주며, 보상이 벌보다 큰 사용 수준과 벌이 보상을 앞지르는 사용 수준의 경계가 모호하다. 술의 진정 효과는 불안감에서 벗어나 편안한 마음으로 사회적 상황들을 처리하도록 도와주며, 이런 식의 알코올 이용은 대부분의 이슬람 국가에서도 사회적으로 허용되고 있다. 가끔 코카인을 흡입하는 경우그 흥분 효과가 우울증을 완화시키는데도 코카인이 법적으로 금지되어 있는 것은 코카인에 대한 사회적 불쾌감을 반영한다. 지금까지 가장 흔한 중독 물질은 카페인과 니코틴이다. 중독 전문가인 한 의사가 내게 토로하기를, 해외에 사는 친구를 만나러 간 일이 있었는데 그곳에서 이틀 연속 꼼짝도 못 할 정도의 숙취와 끔찍하게 우울한 기분에 시달렸으며, 나중에 알고 보니 그 집에 허브 차밖에 없어서 카페인 금단현상을 겪은 것이었다고 했다. 그래서 진한 커피 몇 잔을 마시자 거뜬해졌다는 것이다. "그런 생각은 해 본 적도 없었는데 커피는 단순히 후천적인 취향이 아니었어요. 그건 중독이고 마시지 않으면 금단현상을 겪게 되지요." 우리 사회는 무능력 상태를 초래하지 않는 중독에 대해서는 관대한 반면, 특정 중독 물질들에 대해서는 가끔 사용하는 것조차 막고 있다. 마리화나 사용의 합법화와 담배의 불법화에 대한 논쟁은 이 문제에 대한 우리의 의견 불일치를 보여 준다.

유전자가 곧 운명은 아니다. 아일랜드는 알코올중독자 수도 엄청나게 많지만 절대 금주자도 어마어마하게 많다.[30] 반면 이스라엘은 알코올중독자 수는 매우 적지만 절대 금주자는 거의 없다. 알코올중독에 빠지기 쉬운 사회에서는 알코올에 대한 절제도 강한 경향이 있다. 허버트 클레버의 말을 들어 보자. "알코올중독은 팔꿈치의 병이 아니에요. 근육에 경련이 일어나 저절로 술잔이 입으로 가는 것이 아니죠. 알코올중독자에게는 선택의 여지가 있어요. 그러나 그런 선택권을 행사할 수 있는 능력은 많은 변수들의 영향을 받으며 그중 하나가 기분장애입니다." 중독성 물질을 사용하는 것은 고의적인 행위다. 사용자는 자신이 무엇을 하고 있는지 알며 거기에는 의지가 작용한다. 그렇더라도 우리에게 선택권이 있는 것일까?

중독자를 부적절한 의지의 소유자로 몰아붙일 수는 없다. T. S. 엘리엇은 「제론션(Gerontion)」이란 시에서 이렇게 썼다. "그것을 안 이후에 어떤 용서가 남아 있을까?"[31] 영혼의 어두운 밤에는 코카인이 우리에게 줄 수 있는 것에 대해 모르는 것이 상책이지 않을까?

우울증, 그리고 특히 불안증과 공황장애의 가장 무시무시한 특성 가운데 하나는 의지가 작용하지 않는다는 점이다. 감정들은 전혀 아무런 이유 없이 일어날 수 있다. 어떤 이는 말하기를, 물질 남용은 "거북하고 이해 불가능한 고통"을 "편안하고 이해 가능한 고통"으로 치환시키려 하는 욕구의 결과이며 "본인이 이해할 수 없는 통제 불가능한 고통"을 "본인이 이해하는 중독성 물질에 의한 불쾌감"으로 대체하려는 것이라고 했다.[32] 네팔에서는 코끼리 발에 가시가 박히면 코끼리 눈에 고추를 뿌려 발의 통증을 잊고 눈의 통증에 정신이 팔리도록 만든 다음 코끼리에게 밟혀 죽을 위험 없이 발의 가시를 빼낸다.(그다음에 눈의 고추는 간단하게 씻어 낼 수 있다.)[33] 많은 우울증 환자들에게 알코올이나 코카인이나 헤로인은 바로 고추이며 더 참기 힘든 우울증을 잠시 잊게 해 주는 참기 힘든 고통이다.

카페인, 니코틴, 알코올은 우리 사회에서 허용되고 광고까지 되는 주된 합법적 중독 물질들이다. 니코틴의 경우 강화 작용이 강하면서도 취하게 하지는 않기 때문에 상대적으로 일상생활에 장애를 주지 않으며, 금연 운동가들이 우려하는 것은 니코틴 상용에 따르는 타르의 부작용이다. 이렇듯 부작용이 늦게 나타나기 때문에 니코틴은 중독되기 쉬운 물질이다. 만일 흡연을 할 때마다 끔찍한 숙취를 겪는다면 담배를 훨씬 적게 피우게 될 것이다. 흡연의 부작용은(폐기종과 폐암이 대표적이다.) 장기 흡연의 궁극적인 결과이기 때문에 무시되기 쉽다. 우울증 환자들의 높은 흡연률은 그들이 특별히 니코틴에 끌리는 속성이 있어서라기보다 미래가 암담한 이들의 자기 파괴적 성향이라고 보아야 할 것이다. 흡연을 하게 되면 혈액의 산소 운반 능력이 저하되며 이것은 강한 진정 효과를 가져올 수 있다.34 또 흡연은 세로토닌 수치를 낮추는 듯하다.35(사실은 낮은 세로토닌 수치가 우리를 니코틴에 끌리게 만들고 그 결과 흡연을 하게 되는 것일 수도 있다.)

심각한 장애를 초래하는 중독성 물질 중에서 가장 흔한 것은 알코올이며, 알코올은 고통을 잊게 하는 데 탁월한 효과를 발휘할 수 있다. 우울증 환자의 음주는 드문 것이 아니지만 어떤 이들은 알코올이 진정제이며 우울증 기간의 과도한 음주는 우울증을 심각하게 악화시킬 수 있다는 생각으로 우울증 기간 동안 술을 덜 마신다. 내 경험으로는 우울증만 겪고 있을 때는 알코올에 대한 특별한 유혹을 느끼지 못하지만 불안증에 시달릴 때는 유혹을 떨치기 힘들다. 문제는 알코올이 불안 증세를 가라앉히는 동시에 우울증을 악화시키는 경향이 있으며, 그 결과 긴장감과 두려움은 가시지만 처량하고 자신이 무가치하다는 기분에 빠져든다는 것이다. 이것은 호전이라고 볼 수 없다. 나 자신도 그런 상황에서 술을 찾은 적이 있었지만 아무런 도움도 얻을 수 없었음을 이 자리에서 증언한다.

음주에 관한 다양한 기준들을 보아 온 나는 중독의 개념이 사회적 상황에 좌우된다고 믿는다. 나는 저녁 식사에 포도주가 나오는 가정에서 자랐으며, 여섯 살경부터 두어 모금씩 마시기 시작했다. 그러다 대학에 들어가 보니 자신이 술이 꽤 세다는 걸 알았다. 그러나 그 학교에서는 음주가 권장되지 않는 편이었고 술을 너무 많이 마시는 사람들은 '문제가 있는 것'으로 간주되었다. 나는 그 기준에 따랐다. 하지만 영국으로 유학을 갔더니 그 학교에서는 술 마시는 것이 대유행이어서 술을 안 하는 사람들은 '경직되고' '재미없는' 인간이 되었다. 나는 맹종하는 걸 좋아하지는 않지만 어쨌든 새로운 환경에 완벽하게 적응했다. 그리고 영국에서 박사 과정을 시작한 몇 개월 후 한 친목 모임에 들게 되었는데, 그 모임의 다소 어리석은 의식에 따라 진을 2리터쯤 마셨다. 그것은 내게 하나의 돌파구였다. 당시 나는 심한 우울증은 겪고 있지 않았지만 공포의 발작에 시달리는 불안한 존재였다. 그 몇 개월 후에는 저녁 식사 자리에서 마침 연정을 느끼던 여자 옆에 앉게 되었는데 그녀로 인해 날카로워진 자의식을 무디게 할 요량으로 포도주를 두 병 반이나 마셨다. 그녀 역시 자의식에 시달렸는지 나와 비슷하게 마셔서 둘이 이튿날 새벽에 코트 무더기 위에서 깨어났다. 나는 이 사건을 특별히 창피하게 여기지는 않았다. 만일 기꺼이 두통을 감수할 수 있고 학교에 낼 과제물 준비를 모두 마쳤다면 밤마다 인사불성이 되도록 마셔도 문제될 것은 없을 것이다. 나는 자신이 알코올중독자가 될 위험이 있다는 생각은 해 본 적도 없었다.

나는 스물다섯 살 때 첫 번째 책을 쓰기 시작했는데 소련 전위 예술가들에 관한 내용이었다.[36] 그래서 러시아로 갔는데, 영국에서의 음주는 산발적이면서도 폭음의 형태였던 데 반해 러시아에서의 음주는 꾸준한 것이었다. 그러나 우울한 음주는 아니었다. 내가 살았던 러시아 사회는 알코올에서 유쾌함을 얻는 곳이었다. 모스크바의 물은 거의 마실 수가 없는 상태라, 그곳에서는 물로 포도주를 만드는 것이 기적이 아니라 포도주로 물을 만드는 것이 기적이라고 할 만했다. 나는 1989년 여름을 모스크바 외곽의 불법 점거 건물에서 예술가들과 함께 보냈는데 그때 보드카를 하루에 1리터 정도씩 마셨던 것 같다. 그렇게 한 달쯤 지나자 자신이 얼마나 많이 마시고 있는지 의식조차 할 수 없었고, 날마다 해가 중천에 떠서야 비틀거리며 침대에서 기어 나와 소형 전기 버너에 찻물을 끓이며 담배를 피우는 친구들의 모습을 보면서 더러운 잔에 보드카를 따라 마셨다. 나는 따뜻한 물에 진흙 조각이 떠다니는 것 같은 차가 비위에 맞지 않아 잠이 깨면 차 대신 보드카를 마셨고, 그렇게 조금씩 마시는 술기운으로 시간이 흐를수록 편안해져 갔다. 긴 하루 동안 1~2리터의 보드카를 천천히 마시는 것은 취기를 느끼게 하지 않았고, 되돌아보건대 내게 많은 도움을 주었다. 미국에서 곱게 자랐다고 할 수 있는 내가 그곳의 러시아 친구들과 동지 의식을 가질 수 있었던 데는 공동생활과 지속적인 음주의 공이 지대했다. 물론 그 친구들 중 몇몇은 그곳의 기준으로 봐도 과도하게 술을 마셨다. 한 친구는 인사불성이 되도록 술을 마시고 비틀거리며 돌아다니다 밤마다 아무 데나 쓰러져 잠이 들었는데, 코 고는 소리가 헤비메탈 밴드의 타악기 소리에 뒤지지 않았다. 우리는 그에게 침대를 뺏기지 않으려고 골머리를 앓았다. 나는 다른 친구 여섯 명과 함께 정신없이 곯아떨어진 거구의 그를 침대에서 바닥으로 끌어내려 아래층으로 끌고 내려간 적도 있는데, 그렇게 층계참을 세 개나 지나고도 그는 깨어나지 않았다. 그곳에서 미국식 음주 기준을 고수했더라면 예의에 어긋날 뿐만 아니라 괴상한 놈 취급을 받았을 것이다. 나의 모스크바 친구들 사이에서 음주는 권태와 공포로 가득한 사회 분위기로 부터의 탈출구였다. 그들은 역사적 혼란기에 처한 압제적인 사회의 변두리에 살고 있었고, 계속 술을 마셔야만 마음껏 자신을 표현하고 웃고 춤추고 서로 간에 과장된 친밀감을 유지할 수 있었다. 스웨덴에 다녀온 적이 있는 러시아인 친구 하나가 이런 말을 했다. "스웨덴 사람들은 친해지는 걸 피하기 위해 술을 마시지. 하지만 우리 러시아인은 서로를 너무도 사랑하기 때문에 술을 마신다네."

음주는 단순한 문제가 아니다. 그것에는 다양한 동기들이 있고 다양한 장소들에서 다양한 사람들에게 영향을 미친다. 스칸디나비아 반도의 국가들에서는 주세(酒稅)를 올리는 것이 자살률을 억제하는 방법이라고 믿는다.37 나는 알코올중독 상태는 우울하다는 주장을 펼치는 많은 연구서들을 읽어 왔지만 그렇다고 모든 알코올중독자들이 우울증이라고는 믿지 않는다. 우울증과 알코올은 기질과 정황이라는 극히 가변적인 두 가지 속성의 문제다. 나도 불안할 때, 불안을 유발하는 사회적 상호작용을 하거나 약간의 우울증이 가미된 불안이 엄습할 때 술을 더 마시게 되며, 고난의 시기에는 알코올에 대한 의존성이 높아진다. 알코올에 대한 내성도 오르락내리락하고 반응도 일정하지 않아 어느 때는 술을 마시면 긴장이 가시고, 어느 때는 위험할 정도의 자살 성향과 공포에 젖는다. 나는 우울할 때는 술을 마셔서는 안 된다는 것을 알고 있으며, 집에 있을 때는 술을 마시지 않는다. 그러나 사람들과 어울릴 때는 술을 거절하기가 어려우며, 불안을 진정시키는 것과 의기소침하게 되는 것 사이의 경계를 걷는 것은 외줄타기를 하는 것처럼 아슬아슬하다. 그래서 종종 줄에서 떨어진다.

심각한 음주는 당연히 두통과 무력감, 소화불량으로 이어진다. 그리고 장기간에 걸친 심각한 알코올중독은 인지력 손상은 물론 정신이상까지 초래할 수 있고[38] 간경화 같은 심각한 질병을 유발한다.[39] 알코올중독자들은 정상인에 비해 수명도 짧은 편이다.[40] 만성적인 음주의 금단현상에는 섬망증이 포함되며 이것은 치명적일 수 있다. 미국인의 90퍼센트 정도가 살아가면서 술을 마신다.[41] 그중에서 남성은 10퍼센트, 여성은 5퍼센트 정도가 생리학적 알코올중독으로 발전하는데, 생리학적 알코올중독이라 함은 심박수 상승, 섬망증, 동요 같은 금단현상을 겪는 상태를 말한다. 뇌 속 알코올의 생리학적 메커니즘이 완전히 밝혀지지는 않은 것처럼 음주의 생리학적 기초도 밝혀지지 않았지만 세로토닌이 음주 유혹을 뿌리치는 능력에 영향을 미치는 것으로 보인다.[42] 과음은 신경전달물질에 부정적인 영향을 끼치며, 이것은 신경 안정제인 발륨의 표적인 특정 GABA(감마아미노부티르산) 수용체를 통한 것일 가능성이 있다.[43] 지속적인 음주는 기억력에 심각한 영향을 미치며, 새로운 체험들을 기억 속에 정리하는 능력에 영구적인 손상을 입히는 것으로 추정된다. 무슨 뜻인가 하면, 개인 역사의 본질적인 형태를 잃게 되어 자신의 삶을 하나의 일관성 있는 이야기가 아닌 점들과 일화들의 형태로 기억하게 되는 것이다.

우울증과는 별도로 알코올중독을 치료하는 방식들이 많이 나와 있지만, 두 질환이 공존하는 경우 정신역동적 치료법이 가장 효과적인 방식인 것으로 보인다.[44] AA(Alcoholics Anonymous)[알코올중독자와 그 가족을 위한 모임]와 열두 단계 훈련법은 환자들이 알코올중독과 우울증의 체험을 나눌 수 있는 장을 마련한다. 기타 집단

치료들과 단기 치료 시설에 들어가는 것도 알코올중독과 우울증을 하나의 근원에서 나온 것으로 다루는 데 있어 매우 효과적이다. 많은 환자들이 두 질환이 하나의 근원에서 나왔든 그렇지 않든 그런 치료를 통해 효과를 본다. 컬럼비아대학교에서는 재발 방지를 위한 목적으로 개인적인 인지행동치료를 실시한다.[45] 이 치료 프로그램은 문서화되어 있어서 어떤 임상의든 이용할 수 있으며, 우울증이나 물질 남용 문제를 안고 있는 사람들에게 효과가 있음이 입증되었다. 데이비드 맥다월의 설명을 들어 보자. "이것은 '현실에 입각한' 치료입니다." 이 치료 코스는 한두 주 동안 환자의 갈망들을 처리하는 것으로 시작해서, 그다음에는 개인적인 재발 요인들을 밝혀내어 그것들을 다루는 형태로 이루어진다.

최근에는 알코올중독 치료제로 알코올 대사 작용을 변화시켜 알코올에 대한 내성을 약화시키는 약물인 안타부스(Antabuse)가 쓰이고 있다.[46] 안타부스는 일종의 자제력 강화제다. 아침에는 금주의 결의가 확고했다가도 시간이 지나면서 마음이 약해지는 사람들은 안타부스를 복용하고 다시 결의를 다질 수 있다. 중독 물질을 끊는 과정에서는 마음의 갈등을 겪기 쉬우며, 안타부스는 알코올에 대한 갈망보다는 그것으로부터 벗어나고 싶은 욕구에 매달리도록 도와준다. 주로 의사들과 변호사들로 구성된 정력적인 물질 남용자들을 치료하고 있는 한 의사는 그들에게 면허 포기 각서를 받아 놓은 뒤 그들이 다시 중독성 물질에 손을 대면 그 각서를 해당 관청에 보내는 방법을 쓰고 있다. 또 일부에서는 물질 남용의 효과를 차단시켜 동기를 없애는 약물들을 이용하고 있다. 예를 들어 마약길항제인 날트렉손(Naltrexone)은 헤로인의 효과를 차단하며 알코올이 엔도르핀에 영향을 미치지 못하도록 막아 음주의 가장 일반적인 동기를 없앤다.[47] 날트렉손을 복용하게 되면 중독성 물질에서 아무런 쾌감도 얻지 못하게 된다. 이 약이 중독 치료에 효과를 발휘하는 것은 동기 자체를 없애 주기 때문이다.

마리화나에 관한 최초의 기록은 기원전 15세기경 중국의 약초 치료 효과에 관한 글에서 찾을 수 있지만 서양에서는 나폴레옹의 군대가 이집트에서 들여온 이후에야 널리 알려지게 되었다.[48] 마리화나도 알코올처럼 렘 수면을 방해한다. 우리의 뇌에는 마리화나 연기에 함유된 많은 화학 성분들 중에서 적어도 한 가지에 반응하는 특정한 수용체가 있으며, 그 결과 뇌 속 쾌감-보상 회로에 연결된다. 마리화나는 의욕을 상실시키며 이런 점에서 우울 증세와 유사하다. 금단현상은 불쾌하기는 하지만 헤로인의 경우처럼 괴롭거나 알코올의 경우처럼 자칫 생명을 위협하거나 코카인의 경우처럼 오래 지속되지는 않으며, 그런 이유로 비중독성 물질로 분류되기도 한다. 마리화나는 진정 작용을 하기 때문에 항불안제로 쓰일 수 있으며 동요성 우울증에도 도움이 된다. 하지만 마리화나는 합법적으로 구할 수가 없기 때문에 적정량의 사용이 어려울뿐더러, 대마의 잎을 말린 이것은 확인 가능한 성분만도 약 400여 가지에 달하고 그 대부분이 어떤 효과를 지니는지 알려져 있지 않기 때문에 효과가 순수하지 않다. 중독이 아닌 사람이 심각한 동요성 우울증을 진정시키기 위해 가끔 마리화나를 사용하는 것은 무모한 자가 치료의 형태라고는 할 수 없고, 마리화나의 가장 불리한 점은 불법이라는 것이다. 지금까지 마리화나의 의학적 이용에 대한 연구들이 많이 이루어졌지만 이런 연구들은 아직까지는 정신 질환의 치료에는 초점을 두고 있지 않다. 데이비드 맥다월의 말로는 마리화나 상용은 의욕 상실로 이어지며 "항상 마리화나에 취해 있을 경우 생리학적으로 영구적이 될 수도 있는 신경인지적 변화들을 겪게 된다."고 한다. 마리화나는 또한 폐에 심각한 손상을 입히는 담배의 모든 독성들을 지니고 있기도 하다.49

　마약은 심각한 병적 상태를 유발하는 약물이다. 카페인이나 코카인이나 다 같이 흥분제이지만, 코카인은 카페인보다 훨씬 중독성도 강하고 뇌에 갑작스러운 효과를 미치는 정도도 심하기 때문에 마약으로 분류된다. 마약은 우울증을 유발하기 쉬운데 우선 법으로 엄격하게 금지되어 있기 때문에 그런 약들을 구하려다 인생을 망치기 쉽고, 대개 불순물이 섞여 있고, 마약 중독자는 알코올중독 성향까지 있고, 그런 약들은 중추신경계에 해로운 작용을 일으킨다. 흥분제를 남용하는 사람들의 친척들은 우울증 발병률이 높다.50 이는 우울증의 유전적 소인이 코카인이나 기타 흥분제들의 사용보다 우선할 수도 있음을 나타내는 듯하다. 코카인을 흡입해 본 사람들 중 약 15퍼센트만이 중독에 이르지만 중독 성향이 있는 이들에게는 코카인이 가장 중독성이 강한 약이다.51 실험용 생쥐들은 일관되게 음식이나 섹스보다 코카인 타입의 흥분제를 선호하고 흥분제를 무제한으로 공급하면 기진맥진해서 죽을 때까지 그것에 탐닉한다.52

　코카인은 약효가 떨어질 때 심각한 붕괴를 일으키는 비싼 항우울제로 도취 상태 후 48시간에서 72시간 정도면 대개 바닥을 친다.53 "코카인은 온갖 조직에 작용하는 약물이에요. 또한 저장된 신경전달물질들을 고갈시키기 때문에 붕괴를 불러오지요." 데이비드 맥다월의 설명이다. 이 경우 붕괴는 강한 동요감, 우울증, 피로가 특징이다. 암페타민이나 코카인에 취하면 급격한 도파민 분비가 이루어지는데 그 결과 저장된 도파민이 고갈되어 뇌의 도파민 수치를 떨어뜨리는 것으로 추정된다.[54] 컬럼비아대학교 허버트 클레버는 이렇게 말했다. "붕괴가 충분히 심각하다면 아무도 코카인을 사용하지 않을 것이고, 충분히 경미하다면 그것을 사용해도 문제가 되지 않겠지요. 사람을 절망 상태에 빠뜨리는 온갖 부정적인 강화 작용을 하는 것이 바로 코카인으로 인한 붕괴입니다." 그것에 심하게 중독될수록 쾌감은 더 적어지고 쾌감 뒤의 고통은 더 심해진다. 코카인과 암페타민은 도파민뿐 아니라 노르에피네프린과 세로토닌에까지 유해 작용을 일으키는 것으로 보인다. 어떤 이들의 경우 약을 끊은 후 그것에 대한 강렬한 욕망이 수십 년 동안 지속되기도 한다.[55]

코카인의 지속적인 사용은 우울 증세들을 악화시킨다. 10주 코스의 항우울제는 코카인 중독에서 벗어나고자 하는 이들에게 붕괴의 여파를 연장시키는 방식으로 도움을 주는 경우가 많지만,[56] 우울증은 잠재적인 조건들과 신경학적 손상 정도에 따라 영구적인 치료를 요할 수도 있다. 코카인이나 암페타민 상용은 뇌의 도파민계에 영구적인 손상을 입혀 영구적인 생리학적 우울증의 기준선을 만들 수도 있다.[57] 코카인은 장기적인 우울증 발병제라고 부를 수 있는 여러 약물들 가운데 하나다. 그리고 부신피질자극호르몬방출인자(CRF)의 수치를 변화시켜 뇌의 불안 메커니즘들의 기능에 변화를 가져오는 것으로 보인다.[58] 과연 뇌가 그런 변화들로부터 회복되기에 충분한 정도의 유연성을 갖고 있는지, 그렇다면 그것이 언제까지인지는 분명하지 않다. 이런 유연성은 개인차가 있는 듯하다.

항우울제를 사용 중인 뇌는 심각한 우울증으로 빠져들 가능성을 지닌 불안정한 균형을 유지하고 있다. 중독에 관련된 뇌의 부분들은 감정의 통제에도 관여하며 정동장애와도 밀접한 관련을 지닌다. 따라서 그런 뇌의 도파민 저장분을 고갈시키고 CRF 수치를 변화시키는 것은 재난으로 이어질 수 있다. 우울증 성향을 지닌 사람은 코카인 사용을 금해야 한다. 코카인에 처음 취했을 때 아무리 기분이 좋더라도 이후 끔찍한 기분에 빠져들게 될 것이기 때문이다.

나는 대학 시절에 코카인을 흡입해 본 적 있는데 별다른 매력을 느끼지 못했다. 그러나 10년 후 다시 시도했을 때는 전혀 다른 기분을 느꼈는데 그건 나이가 든 때문일 수도, 우울증의 여파로 뇌가 취약해진 때문일 수도, 항우울제를 복용 중이었기 때문일 수도 있다. 나는 행복한 에너지와 성적 충일감과 초인적인 힘을 느꼈고 그것은 환상적인 체험이었다. 문장을 만들어 말하는 것이 불가능한 지경에까지 이르렀지만 앞으로 영영 문장 단위로 말할 수 없게 된다고 해도 상관없었다. 모든 문제들에 대한 해결책이 간단하고 분명하게 다가왔다. 코카인에 취한 상태에서는 기억력이 약해져서 과거가 미래에 투영될 수 없다. 코카인이 제공하는 화학적인 행복감은 외부적 상황과 무관하다. 코가 마비된 채 앉아서 그 순간이 영원히 지속될 수 있기를 바랐던 기억이 난다. 그 이후로는 코카인을 사용한 적이 없지만 앞으로도 영원히 그것을 원하지 않으리라고 생각하는 것은 터무니없는 일이다. 나는 코카인에 취하는 순간 그것을 사랑하게 되었다. 지금도 다만 뇌의 균형이 깨지는 것과 지독한 부작용이 두려워 코카인에 손을 대지 않고 있을 뿐이다.

역시 많이 남용되고 있는 물질인 아편류는 그 사용 방식 때문에 극히 위험하며, 진정제에 속하므로 우울증 치료에는 도움이 되지 않는다. 반면 코카인처럼 지독한 붕괴에 이르게 하지는 않는다. 아편 중독자의 4분의 1에서 반 정도가 우울증을 앓고 있다.[59] 아편류에는 아편, 헤로인, 조제약인 데메롤 등이 포함되며 우리의 정신을 태아형 자세로 만든다. 아편류는 시간을 지워 버리기 때문에 자신의 생각들이 어디에서 나오는지 기억할 수도 없고, 새로운 생각인지 전부터 있던 생각인지 구분도 하지 못하고, 생각들이 서로 상호작용을 일으키도록 만들 수도 없다. 그리고 세계를 작아지게 만든다. 눈은 한 번에 하나씩밖에 보지 못하고 마음은 한 번에 한 가지 생각밖에 품지 못하며, 기억들이 대개 흐릿하고 단편적인 것처럼 현재도 흐릿하고 단편적이기 때문에 자신이 지금 무엇을 하는지 관심을 갖지 않게 된다. 나는 헤로인은 사용해 본 적이 없지만 아편은 피워 본 적 있는데 도취 상태가 몇 시간 동안 지속되었다. 아편에 취하면 원하는 것이 전혀 없게 된다. 나는 아편에 취했을 때 말고는 그토록 아무것도 원하지 않는 상태를 체험한 적이 없다. 머리를 긁고 싶지도, 먹고 싶지도, 자고 싶지도, 일어나고 싶지도, 눕고 싶지도, 계획을 세우고 싶지도, 진정 위대해지고 싶지도, 친구들을 기억하고 싶지도 않았다. 섹스 욕구도, 사람들과 교류하고 싶은 마음도 없어졌고 멍하니 누워서 허공만 바라보고 있었다. 다른 방식으로는 체험할 수 없는 행복한 나른함에 빠져들었다. 그리고 단기 기억력이 사라지는데(내가 저 사람에게 무슨 말을 했나? 내가 저것을 알고 있나?), 그런 상태가 짧게 끝난다면 단순한 도취가 되겠지만 길게 지속된다면 알츠하이머병과 유사해진다. 지금 이 글을 쓰면서도 그때 아편에 취해 풍선처럼 평화로이 둥둥 떠다니는 기분을 느꼈던 기억이 새롭다. 아편류는 진정제로 분류되지만 단순히 감정을 억제하는 효과만 있는 것이 아니라 감정을 억제한 결과로 오는 일종의 기쁨을 준다. 아편류를 사용하면 불안한 우울증을 따돌릴 수 있다. 아편에 취한 상태는 아무것도 하지 않아도 만족스럽기 그지없는 에덴동산의 삶과 같다.

헤로인과 기타 아편류를 끊고 아무 약도 먹지 않거나 메타돈을 복용하는 사람들은 우울증 발병률이 높다.[60] 이에 대해 신경학자들은 유기적 뇌 손상 때문이라고 말하고, 심리학자들은 이들이 원래 우울증을 안고 있었고 우울증이 중독을 부른 것이라고 설명한다. 어쨌거나 아편류를 장기간 사용한 후 기분장애의 예후는 좋지 않다. 아편류를 끊는 기간은 특히 끔찍하다. 갈망도 강하거니와 우울증이 의지력을 약화시켜 유혹을 뿌리치기가 더욱 힘들어지기 때문이다. 그러나 헤로인은 '마약과의 전쟁'을 벌이는 이들의 주장처럼 심각한 중독성을 지니고 있지는 않다. 베트남전쟁 당시, 대부분의 지상부대원들이 헤로인을 사용했기에 그들이 돌아오면 미국에서 헤로인과의 끔찍한 전쟁이 벌어지리라는 두려움이 일었다.[61] 그러나 결과적으로 대부분의 베트남 참전용사들이 고국에 돌아와 한번 이상 헤로인을 사용했지만 소수만이 지속적인 중독 상태에 빠졌음이 밝혀졌다.

환각제와 '클럽 마약'인 엑스터시(MDMA), 스페셜 K(케타민), GHB도 중독성 물질의 한 부류다. 어쩌면 내가 개인적으로 가장 좋아하면서도 싫어하는 약물이 엑스터시일 것이며, 나는 그것을 네 번 사용했다. 엑스터시 덕에 삐걱거리던 여자친구와 다시 사이가 좋아진 적도 있었는데 마음에 담아 두고만 있던 감정들을 말로 표현할 수 있어서였다. 그녀와는 그 후 1년이나 더 만났으며, 6개월마다 엑스터시를 복용했더라면 결혼에 성공할 수 있었을지도 모른다. 나는 최상의 상황에서는 열정적인 이상주의자가 되는데, 엑스터시를 복용하자 세상을 다 구할 수 있을 것 같았고 그런 생각으로 온통 흥분되었다. 나는 주위 모든 사람들에게 엄청난 사랑을 표현했다. 나의 모든 문제들의 해결책이 분명해졌다. 하지만 불행히도 그 해결책들은 나중에 환각 상태에서 깨어나서 보면 만족스럽지 못했다. 설령 영국 왕족과 결혼한다 하더라도 나의 모든 문제들이 해결되지는 않을 것이고, 영국 왕족과 결혼할 방법도 없으니까. 지금 쓰고 있는 이 책에 "어두운 곳에서의 시(詩)"나 "우울증에 관한 작은 책" 따위의 제목을 붙이는 건 좋은 생각이 아니니까. 아르헨티나 같은 곳에 가서 스키 강사가 될 만한 자격을 갖추지 못했으니까. 그렇듯 환각 상태의 평정은 거짓일지라도 어쨌거나 기분은 좋았다. 그러나 사흘이나 지속된 숙취는 지독한 것이어서 턱이 아프고, 입안이 마르고, 머릿속은 마치 헤비메탈 밴드 메탈리카의 연습실처럼 쾅쾅 울려 댔다. 나는 원래 알코올이나 다른 약물에는 숙취를 겪지 않는 편인데, 엑스터시로 인한 숙취는 앞으로 그것을 상용하지 않기로 마음먹기에 충분했다.

　나는 엑스터시에 관한 임상약학 자료를 읽으면 속이 뒤집힌다. 그런 약물을 복용했다는 사실 자체에 간담이 서늘해진다. 엑스터시는 즐기기 위한 목적으로 100에서 150밀리그램 정도만 복용해도 원숭이와 기타 포유동물의 뇌의 세로토닌 축색돌기[신경세포에서 나온 긴 돌기로 다른 세포들에 연결되는 부분]에 손상을 입히며, 인간의 경우에도 마찬가지라는 강력한 증거가 나와 있다.62 엑스터시는 세로토닌과 도파민을 폭발적으로 분비시켜 이 신경전달물질들이 저장되는 신경세포들을 손상시킨다. 더욱이 추가로 세로토닌을 합성하는 것조차 방해한다. 따라서 엑스터시 상용자들은 세로토닌 수치가 낮으며, 심한 경우 정상인보다 35퍼센트나 낮은 이들도 있다. 연구자들에 의하면 단 한 번 복용으로 영구적인 정신 질환이 유발된 사례들이(즉시 그렇게 된 경우도 있고, 몇 년 후 그런 증세가 나타난 경우도 있지만) 적지 않다고 한다. 우울증 환자는 세로토닌 수치를 더 낮추어서는 안 될 처지이므로 이런 약물은 피해야 한다. 컬럼비아대학교 데이비드 맥다월은 엑스터시에 대해 이렇게 말했다. "이 약물을 장기간에 걸쳐 다량 복용하면 행복을 느끼는 능력이 소실될 수 있으며, 이 약물은 코카인이 단기간에 나타내는 부작용을 장기적으로 유발할 수 있습니다. 1학년은 이것을 사랑하고, 2학년은 좋아하고, 3학년은 이것 때문에 걱정하고, 4학년은 이것을 두려워하죠. 알코올은 절친한 친구가 될 수 있지만 엑스터시는 그렇지 않아요. 내가 진정 두려워하는 점은 20년씩 엑스터시를 다량 복용해 온 많은 이들이 자신은 아무 문제가 없다고 여기지만 쉰 살쯤 되면 갑자기 무너지게 된다는 것입니다. 우울증 환자가 엑스터시를 사용한다면 나는 이렇게 말해요. '앞으로 20년 안에 세 가지 약에 의존하고 싶은가요, 아니면 열 가지 약에 의존하고 싶은가요?'"

벤조디아제핀 계열의 발륨, 자낙스, 클로노핀과 그 사촌뻘 되는 암비엔과 소나타는 중독성을 지녔으면서도 정신 질환 치료제로 쓰인다는 점에서 가장 혼란스러운 약물이다.63 이들은 불안증 치료에 매우 효과적이지만, 상호간이나 바르비투르산염, 알코올과 교체 내성(약리적으로 비슷한 특성에 대한 내성)을 지니는 경우가 많기 때문에 그런 약물들에 대한 남용 성향이 있는 사람들에게는 처방을 피해야 한다. 벤조디아제핀 계열은 즉각적이면서도 장기적인 해결이 필요한 문제를 단기간에 효과적으로 처리할 수 있다. 그러나 꼭 필요한 경우에만 단기적으로 사용해야 한다. 벤조디아제핀을 장기간 매일 복용하는 것은 위험한 일이다.64 거리에서 거래되는 벤조디아제핀 계열은 루피스(Roofies)65라는 단기 작용 제품뿐이며, 이것에 취하면 일시적으로 자신을 주장하지도, 방어하지도 못하게 되기 때문에 데이트 상대를 성폭행하기 위해 몰래 먹이는 "데이트 강간" 약물로 불린다. 그러나 일반적으로 벤조디아제핀 계열의 남용은 그것을 처방 받아 사용하는 사람들 사이에서 일어난다. 따라서 벤조디아제핀 계열의 약을 복용할 때는 신중해야 하며, 양을 점점 늘려야 한다면 그 이유를 밝혀야 한다. 벤조디아제핀으로 우울증 증세들을 덮는 것은 위암에 제산제를 복용하는 것과 같다.

나는 벤조디아제핀 계열의 열렬한 팬인데, 그것은 자낙스 덕에 광적인 불안증이 완화되어 생명을 구할 수 있었다고 믿기 때문이다. 나는 동요에 시달리는 시기에는 수면제로 자낙스와 발륨을 복용해 왔다. 그리고 벤조디아제핀 금단현상을 족히 여남은 번은 겪었다. 이 계열의 약은 불안증 완화라는 일차적인 목적을 위해서만 사용되어야 하며 불안증 완화 효과는 상당히 견실하다. 나는 불안증이 심해지면 벤조디아제핀 복용량을 늘리고, 보통일 때는 복용량을 줄인다. 어쨌거나 나는 이 약들의 위험성을 알고 있다. 나는 중독성 약물에 손을 대 보기는 했지만 자낙스를 처방받기 전까지는 그 어떤 약물에도 중독되었던 적이 없다. 그런데 첫 우울증 삽화를 겪은 후 갑작스럽게 약을 끊었다. 바보짓인 줄 알고 있으면서도 약에서 벗어나고 싶은 욕구가 너무도 강했다. 그것은 훌륭한 전략이 못 되었다. 나는 의사의 권고에 따라 몇 개월 동안 하루 평균 2밀리그램 정도의 자낙스를 복용해 온 터였고 그 금단현상은 끔찍했다. 갑작스럽게 복용을 중단하자 적어도 3주 동안은 잠도 제대로 잘 수 없었고 불안하고 이상하게 머뭇거렸다. 게다가 싸구려 코냑을 잔뜩 퍼마시고 잔 것처럼 항상 숙취감에 시달려야 했다. 눈이 아프고 속도 좋지 않았다. 밤에는 깊은 잠들지 못한 상태에서 끔찍한 악몽들을 꾸는 바람에 몇 차례나 벌렁거리는 가슴을 부여잡고 일어나 앉고는 했다.

가벼운 붕괴에서 나를 구해 주었던 자이프렉사의 경우 이 책의 초고를 마치고 몇 주 후 끊게 되었는데 역시 심각한 금단현상을 겪어야 했다. 자이프렉사 때문에 18개월 만에 체중이 8킬로그램 가까이 늘어서 복용 중단을 결심하게 된 것이나 그 기간은 말할 수 없이 고통스러웠다. 도파민계에 분열이 일어나 불안하고 위축되고 어쩔 줄 모르는 상태로 지내야 했다. 명치에 올가미 하나가 들어 있어서 위장을 조여 대는 것만 같았다. 호전되리라는 희망이 없었더라면 자살을 생각했을 것이다. 일찍이 겪어 본 적 없던 끔찍한 상태였다. 나는 불룩한 배를 찔러 대며 왜 그토록 무모한 시도를 했는지 자문했다. 자이프렉사를 끊지 않고도 매일 1000번씩 윗몸일으키기를 하면 체중을 조절할 수 있지 않을까 생각도 해 봤지만 1000번은 고사하고 100번도 불가능했다. 자이프렉사 복용을 중단하자 나의 모든 에너지들이 일제히 고개를 들었는데, 그것은 마치 너무나 듣기 좋던 음악이 음량을 끝까지 키우면 귀를 찢는 소음으로 변하는 것처럼 신경에 거슬리는 일이었다. 한마디로 지옥이었다. 나는 이런 상태를 장장 3주나 견뎠는데, 그로 인해 다시 심각한 우울증 삽화를 겪지는 않았지만 너무도 기분이 저조해져서 나중에는 내 몸이 도파민계를 정상 상태로 돌려놓을 수 있을지 지켜보는 것에도 흥미를 잃었다. 나는 날씬해지고 비참하게 사느니 뚱뚱하더라도 제 기능을 하면서 사는 쪽을 택했다. 그래서 자이프렉사에 의존하면서, 뚱보가 되지 않기 위해 좋아하던 단 음식도 피하고 아침마다 90분씩 운동을 했다. 나는 점차 복용량을 반으로 줄여 갔다. 몸무게도 곧 5킬로그램 가까이 줄었다. 그리고 의사의 권유로 활력을 주는 덱세드린을 복용하게 되었다. 약이 하나 더 늘었다고? 무슨 상관인가? 덱세드린은 최악의 상태일 때만 복용한다.

나는 이제 자낙스를 상용하지는 않는다. 하지만 이 책을 쓸 수 있도록 해 준 이펙서, 웰부트린, 부스파, 자이프렉사에는 중독되어 있을까? 그것들에 의존하고 있을까? 그리고 이 모든 약들이 계속 합법적인 약품들로 남아 있을 수 있을까? 헤로인은 원래 베이어 사(社)에서 기침약으로 개발되었고,[66] 엑스터시는 1차 세계대전 이전에 독일의 약학자들이 특허를 신청한 약이다.[67] 이렇듯 합법적인 약품들이 남용과 뒷거래의 세계로 밀려난다. 현재 우리 사회는 본질적으로 기능을 손상시키지 않는 약이라면 승인하는 분위기다. 나는 가장 최근에 겪었던 우울증과의 싸움에서 자이프렉사가 발휘한 효과에 대해 생각해 본다. 자이프렉사는 내 뇌 속에서 어떤 작용을 하고 있을까? 자이프렉사를 끊은 결과 심각한 금단현상을 겪었으니

나는 그 약에 의존하고 있었던 것일까? 자이프렉사가 마약과의 전쟁 대상에 포함된다는 소식을 듣는다면 나는 어떤 반응을 보이게 될까?

마이클 폴런은 《뉴욕 타임스 매거진》에서 약물의 합법성에 대한 일관된 근거는 존재하지 않는다는 주장을 펼쳤다.[68] "대중매체는 고통으로부터의 해방뿐 아니라 쾌감, 심지어 충족감까지 약속하는 약품 광고들로 가득한데 한편에서는 '마약 없는 미국'을 위한 광고 캠페인들이 목소리를 높이고 있다. 좋은 약의 숭배에 들이는 돈이 많아질수록(작년에 처방된 정신 활성 약물은 200억 달러어치에 이른다.) 사악한 약물과의 전쟁에 쓰이는 비용도 늘고 있다.(동년 마약과의 전쟁 비용은 170억 달러에 이른다.) 우리는 약을 사랑하면서 동시에 증오한다. 아니면 약을 사랑한다는 사실을 증오하는 것일까?" 원칙적으로 중독성의 불법 약물은 다른 모든 활동들을 밀어내는 데 반해 항우울제는 기능을 더 잘할 수 있도록 도와주며 장기적인 해를 입히지 않는다. "졸로프트에 대한 강렬한 갈망을 느끼는 사람은 없어요, 졸로프트를 얻기 위해 살인이라도 하겠다는 경우도 없죠." 스티븐 하이먼의 말이다. 항우울제는 도취감이나 초강력 긴장 이완 효과를 내지 않는다. 당뇨병 환자를 인슐린 중독이라고 말하는 사람은 없다. 어쩌면 우리 사회가 내일의 행복을 위해 오늘의 고통을 참고 견디는 것을 지나치게 강조하는 나머지 처음에는 기분이 좋았다가(도취감) 시간이 지나면서 나빠지게(숙취) 만드는 약보다, 처음에는 나빴다가(부작용) 나중에 좋아지게 만드는 약을 선호하는 것인지도 모른다. 그런데 신세대 항우울제 SSRI 계열은 뇌의 단백동화스테로이드[단백질의 흡수를 촉진시키는 합성 스테로이드]

일까? 정신과 전문의 피터 크레이머는 그의 유명한 저서 『프로작에 귀 기울이기』에서 이 계열의 약을 복용하는 이들이 불공평한 이익을 얻어 다른 사람들에게도 그것들을 복용하도록 압력을 가하는 것은 아닐까 하는 의문을 제기했다. 신세대 항우울제는 사람들에게 여가 시간을 준 것이 아니라, 기대를 높여 더 바쁘게 살도록 만든 현대화와 같은 영향을 미치는 것이 아닐까? 지금 우리는 슈퍼맨족을 양성하고 있는 것은 아닐까?

항우울제를 끊기가 어려운 것은 사실이다. 나는 2년 동안 세 차례나 자이프렉사 복용 중단을 시도했지만 번번이 실패하고 말았다. SSRI 계열도 끊기가 매우 어려울 수 있다. 이 약들은 취하지는 않지만 기분을 나아지게 해 주며 많은 부작용들을 갖고 있다.(대부분 사회적인 부작용이라기보다 개인적인 부작용들이지만 부작용인 건 사실이다.) 나는 자신의 전반적인 정신 건강 상태에 대해 좀 걱정스러워하고 있으며, 뇌의 화학작용 재조정에 상당한 관심을 기울이고 있다. 나는 다시 우울증의 심연으로 추락할까 봐 겁을 집어먹고 있으며, 마약의 도취감을 즐기기 위해 그런 위험을 무릅쓸 생각은 없다. 요즘에는 마약에서 즐거움을 얻기엔 그것들에 대한 불신이 너무 강하다. 그러나 어쩌다 한 번씩 마약에 취할 때면 그 흥분된 느낌과 내가 의존하고 있는 처방된 항우울제의 효과를 비교해 보지 않을 수 없다. 그러면서 나를 영구히 한 눈금 높여 놓는 항우울제의 효과와 도취 상태에 빠뜨리는 마약의 효과가 얼마간 비슷한 것이 아닌가 생각한다. 사실 나는 술에 취한 밤에 글이 잘 써지고, 코카인에 도취해 있을 때 멋진 아이디어들이 떠오른다. 물론 항상 그런 상태에 있는 건 원하지 않는다. 내 임의대로 나의 상태를 조절할 수 있다면 어느 정도가 좋을까? 지금 상태보다는 몇 단계 높여야 할 것은 분명하다. 나는 무한한 에너지와 빠른 정확성과 확실한 탄력성을 소망한다. 그래, 전설적인 아이스하키 선수 웨인 그레츠키처럼 말이다. 만일 그 모든 것들을 얻을 수 있는 약이 발견된다면 그것이 꼭 불법 약물로 분류되어야 할까? 항우울제들은 즉각적인 효과를 내지 못하지만 마약류는 진짜 빨리 우리가 원하는 상태를 제공한다. 그런 빠른 효과가 문제가 될까? 만일 다섯 시간마다 한 번씩 흡입하면 웨인 그레츠키 같은 활약을 펼칠 수 있도록 해 주면서 신경전달물질들도 고갈시키지 않고 붕괴를 초래하지도 않는 약이 만들어진다면 그것이 꼭 금지되어야만 할까? 변호사인 재닛 벤슈프는 괌의 감옥에 갇혔을 때의 이야기를 들려주었다. "정신과 주치의에게 연락했더니 내가 감옥에서 금단현상은 물론 우울증까지 일으킨 것에 대해 미칠 듯이 걱정하더군요. 그는 감옥의 까다로운 검색을 거쳐 항우울제를 보내느라 애를 썼지요. 힘든 상황이었죠." 국립정신건강연구소 정신약리학과 책임자를 지낸 윌리엄 포터는 이렇게 말했다. "우리는 적절한 정서적 반응을 방해하는 약들을 용인할 수 없는 것으로 결정한 겁니다. 그래서 코카인이 불법인 거죠. 몸이 보내는 경고를 탐지할 수 없게 되면 많은 문제들이 발생합니다. 지나친 도취에 대해서는 대가를 치르게 돼요. 이것은 도덕적인 설교가 아니라 내가 직접 관찰한 결과를 말하는 겁니다."

　나는 정신적으로 더 이상 비의존적이지 못하다. 사정이 생겨서 밤에 집에 들어가지 못할 경우를 대비해 항상 주머니에 약을 넣어 가지고 다닌다. 그리고 비행기를 탈 때는 공중 납치를 당할 경우를 생각해서 약병을 챙긴다. 내가 복용하는 약들은 정기적으로 편리하게 구입할 수는 있지만 비싼 건 사실이다. 하지만 나는 그 약들에 의존하고 있다는 점이나 의존은 중독의 사촌뻘 된다는 점에 개의치 않는다. 그것들의 효과가 지속되는 한 기쁘게 먹을 것이다.

나는 지나치게 침체되는 것을 피하기 위해 하루에 열두 알 정도의 약을 삼킨다. 솔직히 술 두 잔으로 똑같은 효과를 얻을 수 있다면(나는 그런 사람들을 알고 있다.) 완벽하게 만족스러운 대안이 될 것이다. 두 잔이 석 잔, 넉 잔, 여덟 잔으로 늘지만 않는다면 말이다.(우울증과 싸우는 사람들은 대개 그렇게 된다.) 알코올에 대한 의존은 렘 수면을 방해하더라도 사회적으로는 용인된다. 내가 알고 지냈던 어떤 이는 저녁 6시 정각이면 위스키를 따르며 이렇게 외치곤 했다. "나의 온 존재가 알코올을 갈망하고 있어." 그는 그런 저녁 시간의 기행(奇行)에 맞추면서 삶을 잘 꾸려 나갔고 나는 그가 행복하다고 여겼다.(한번은 모르몬교도 집을 방문했다가 그 집에 술이 없어서 힘든 밤을 보낸 적도 있다지만.) 그런 사람에게 술 대신 프로작을 강요하는 건 어리석은 짓이다. 중독성 물질들의 경우 법이 통제 기능을 하기보다 말썽거리를 만드는 경우가 흔하다. 이에 대해 케이스 리처드는 "나는 약물 문제는 없고 경찰 문제만 있다."[69]고 불만을 토로한 적도 있다. 나는 마리화나를(심지어 코카인도) 철저히 통제된 방식으로만 사용하여 마음과 존재 상태를 호전시키는 이들을 알고 있다. 앤 말로위는 『시간을 정지시키는 법: 헤로인의 모든 것(How to Stop Time)』이라는 저서에서 헤로인으로 합리적이고 통제된 방식으로 기분을 조절하는 법에 대해 설득력 있게 설명해 놓았다. 그녀는 여러 해 동안 헤로인에 중독되지 않고도 적절하게 사용해 오고 있다고 한다.

자가 치료의 큰 문제점은 부적절한 경우가 비일비재하다는 것이다. 컬럼비아대학교 데이비드 맥다월의 말을 들어 보자. "나는 심각한 코카인 중독자들을 다뤄요. 이들은 한 달에 최소 22일 정도 하루에 150달러어치의 코카인을 소비하지요. 그런데도 이들은 약물 치료 자체를 싫어하며 그것이 자연에 어긋나는 일이라고 여깁니다. 자신이 마약 거래상에게 사는 것은 약이 아닌 것처럼! 이런 약물들은 규제가 이루어지지 않고 있기 때문에 결코 안심하고 사용할 수 없어요."

이 책에 등장하는 많은 이들이 물질 남용 문제들을 겪었으며, 그들 중 다수가 그런 물질들 때문에 우울증에 걸렸다고 여기고 있다. 티나 소네고는 그 두 문제의 상호작용에 대해 매우 솔직하다. 그녀는 남다른 활력과 뛰어난 유머 감각과 지구력의 소유자다. 3년이라는 기간 동안 그녀는 내게 쉰 통의 편지와 수십 통의 이메일을 보내왔으며, 특유의 친화력으로 나와 친밀감을 쌓아 왔다. 그녀는 자신의 표현을 빌리자면 "내 어두운 기분들을 종이 위에 순화시키는 일"에 착수하여 그 결과 기분의 오르내림에 대한 주목할 만한 기록을 탄생시켰다. 그녀에게 자기 파괴성과 중독과 우울증과의 싸움은 한데 뭉쳐 있어서 그중 어느 것이 어디서 시작되고 어디서 끝나는지 구분할 수도 없을 정도다.

티나 소네고는 교전지로 떠나는 미군이나 단체 여행객을 실어 나르는 국제 전세항공기의 승무원이다. 그녀는 자신을, 평생 다른 사람의 마음에 들기 위해 노력해 온 "남을 기쁘게 해 주는 사람"이라 부른다. "나는 재미있고 요란하고 멋지고 섹시해요. 스튜디어스가 갖추어야 할 것은 다 갖춘 셈이지요. 나는 여덟 시간 동안 승객들에게 애착을 갖고 그들을 즐겁게 해 주고, 비행기가 목적지에 닿으면 그들은 떠나죠." 그녀는 사십 대 중반이며 우울증과 알코올중독과의 평생의 싸움을 낙천적인 태도 뒤에 감추고 있다. 그녀는 두뇌 회전이 빠르지만 가정 환경 자체가 지적인 것과는 거리가 멀었고 난독증까지 있어서 고등학교도 마치지 못했다. 그녀의 할머니는 모로코에서 하녀로 일했는데 주인의 성 노리개 노릇까지 해야 했고, 할아버지는 가구공이었는데 수출용 마리화나를 키웠다. 그녀는 이민 1세대 부모 사이에서 태어나, 캘리포니아의 모로코인 거주 지역에서 프랑스어, 스페인어, 그리고 집에서는 아랍어를 쓰면서 자랐다. 이 세계에서는 정신 질환이 발 붙일 자리가 없었다. "나는 우리 집에는 맞지 않는 질문들을 하고 있었지요. 그래서 연기하는 법을 배웠어요. 내 안에 있는 자기 혐오에 찬 슬픈 여자를 들키지 않으려고 또 다른 나를 만든 거지요. 그러니까 내가 둘이었던 셈이지요. 그 둘이 부딪힐 때 우울증이 생겼지요." 티나의 아버지는 침울한 인물로(어쩌면 우울증이었는지도 모른다.) 마음에 혼란을 일으키는 것은 모두 피해야만 했고, 티나의 어머니는 '부드러운 사랑의 손길'을 필요로 하면서도 자신은 그것을 주지 않았다. 한번은 어머니가 티나에게 이렇게 말했다. "얘야, 내가 너를 이해하자고 더 민감해질 수는 없어." 티나의 언니 역시 마찬가지였다. "몇 년 전에 언니와 함께 텔레비전을 보다가 내가 '저 사람은 누구야?'라고 묻자 그 사람에게 지난 20년 동안 일어난 일들을 모두 말해 주더군요. 그런데 언니는 내가 누구랑 데이트를 하는지도 몰라요. 나는 자신이 아무 쓸모 없는 존재라고 여기며 자랐지요." 티나의 아버지가 세상을 떠난 후 어머니는 다른 남자와 재혼했다. 티나는 새아버지와 관계가 매우 좋았으며 자신이 지금의 정신 건강을 유지할 수 있게 된 데는 그의 공이 컸다고 여긴다.

티나는 열아홉 살 때 키부츠에 관한 책을 쓰려고 이스라엘을 여행하던 중 첫 번째 우울증 삽화를 겪었다. 언니가 집으로 데려다 줘야 했을 정도였다. 그로부터 몇 년 후 그녀는 사랑하는 사람과 함께 지내기 위해 로마로 갔지만 막상 그곳에 도착해 보니 "그와의 관계는 금속성으로 변했고 섹스는 불가능의 영역에 있었고 아무런 할 말도 없었다." 그녀는 다시 우울증에 빠져들었다. 물질 남용을 하는 많은 우울증 환자들이 그러하듯 극심한 자기 혐오에 빠져 자신을 거칠게 다루는 불량한 남자들에게 이끌렸다. 그리고 몇 년 후 그녀는 덴마크인과 결혼해서 코펜하겐으로 갔다. 그러나 결혼 2년도 못 되어 남편의 정부가 살해되는 사건이 일어났고 그녀와 남편은 살인 용의자로 의심받게 되었다. 결국 둘 다 풀려나기는 했지만 남편은 그녀를 버렸고 그녀는 다시 우울증에 빠졌다. 당시 그녀는 사막의 폭풍 작전에 투입될 병사들을 실어 나르는 일을 하고 있었는데 로마에 내렸다가 더 이상 일을 할 수 없다는 걸 깨달았다. "그 순간이 아직도 기억나요. 치킨샐러드를 시켰는데 분필을 씹는 맛이었어요. 우울증이 찾아왔다는 걸 직감했죠. 그러고는 너무도 빨리 추락했어요. 바로 그때부터 술을 마시기 시작했지요. 고통스러운 종말에 이를 수 있다면 무슨 짓이든 마다하지 않았죠. 정신을 잃었다가 다시 마시고, 정신을 잃었다가 다시 마시고, 정신을 잃었다가 다시 마시고. 나는 늘 유서를 써 놓았어요. 내가 깨어나지 않으면 어머니께 연락해 달라는 내용이었죠. 나는 목숨을 끊기 위해 알코올을 이용한 거였어요. 싸고 구하기도 쉬우니까. 게다가 모양새가 흉하지도 않고."

그녀는 사우스캐롤라이나의 한 정신병원에 입원했다. "마치 탑승 대기실 같은 곳이었죠. 치료를 받으러 들어갔지만, 우리 우울증 환자들은 다른 정신병자들처럼 시끄럽지 않기 때문에 아무런 관심도 끌지 못했지요. 나는 하늘이 무너진다고 외치는 동화 속 치킨 리틀이 된 기분이었어요. 아, 그 불안감이란! 우울증 상태에서의 불안감은 말하자면 이런 거죠. 내게 끔찍한 비밀이 있는데 모두들 그걸 알게 될 것 같은 그런 기분. 그런데 정작 자신은 그 비밀이 무엇인지조차 모르는 거죠." 그녀는 항우울제를 복용하면서 불안감을 이겨내기 위해 알코올을 섭취했다. 그 결과 두 차례 대발작을 일으켰고 다른 병원으로 옮겨져 사흘 동안이나 혼수상태에 빠져 있어야 했다.

티나에게 우울증은 무감각 상태가 아닌 고통이었다. "나는 열정이라는 물을 잔뜩 빨아들인 스펀지와도 같았어요. 나는 고통 속에 조용히 있지 않았어요. 밤새 잠도 안 자고 어둠 속에서 하느님께 편지를 썼지요. 나는 원래 타고나기를 행복하고 즐겁고 자유로운 사람이 못 되죠. 내 몸이 선택권을 갖고 있다면 아마 항상 우울증에 빠져 있을 거예요. 어렸을 때 어머니는 내게 늘 이렇게 말씀하셨죠. '그렇게 시무룩한 얼굴을 하고 있으려면 네 방으로 가.' 하지만 일부러 그렇게 시무룩했던 게 아니에요. 원래 그런 거지." 티나 소네고에게는 타인과 상호작용을 하는 것이 극히 고통스러운 경우가 많다. "내게는 데이트가 신이 만드신 일 중 가장 괴로운 것이죠. 화장실로 달려가 토하곤 했으니까요. 그 고통을 피하기 위해 결혼했죠. 왜 아무도 내게 데이트 신청을 하는 사람이 없을까 고민하는 것이 죽도록 괴로웠으니까요." 티나 소네고는 곧 두 번째 결혼을 했는데 미국에 체류하는 말레이시아인이었던 남편은 법적인 문제가 생겨서 고국으로 돌아가야 했다. 그녀는 남편을 따라가 전통적인 이슬람교 가정인 시집에서 살게 되었다. 하지만 압박감을 견딜 수 없었다. "그곳에서 다시 무너졌어요. 결국 지난 20년 동안 겪었던 우울증 중에서 최악의 증세를 안고 집으로 돌아왔지요."

미국으로 돌아온 그녀는 계속 술을 마셨다. 미칠 듯한 불안에서 벗어나는 길은 그것뿐이었다. 그녀는 주기적으로 재활원 신세를 져야 했고(종합적인 재활 프로그램을 네 차례나 거쳤다.) 그곳에 들어가면 얼마간 회복이 되어서 나왔다. 그녀의 의료보험에는 중독 치료가 포함되지 않았지만 우울증 진단을 이용해 보험 혜택을 받을 수 있었다. "재활 프로그램요? 그건 기적의 샘물을 찾기 직전의 단계지요." 그녀의 말이다.

티나 소네고는 10년 전쯤 처음으로 AA에 나갔는데 그곳에서 구원을 얻었다. 그녀는 그곳이 사람들을 솔직하게 대할 수 있는 유일한 장소였다고 말한다. AA가 그녀를 우울증에서 해방시켜 준 것은 아니지만 우울증에 대처하는 다른 방법론을 제시해 주었다. "몸에 알코올이 들어 있지 않은 상태로 나쁜 감정들을 없애려 하면 그것들이 폭죽처럼 터져 나오죠. 그런 면에서는 술주정뱅이인 게 천만다행이지요. 적어도 고쳐야 할 게 있으니까요. EA(Emotions Anonymous)[정서 장애를 겪고 있는 사람들을 위한 모임]에도 나가 본 적이 있는데 그곳 사람들은 벗어나거나 고쳐야 할 것이 없으니 정말 안됐더군요. 알코올중독자들은 아주 노골적이죠. '아하, 그래서 술을 마시게 되었군요?' 하면서 무엇이든 이해해 주죠. 나는 그들에게는 우울증에 대해 솔직하게 털어놓을 수 있어요. 알코올중독은 마치 대학에서 받는 학위처럼 어떤 일들에 대해 이상한 느낌 없이 말할 수 있게 해요. 우리 알코올중독자들이 진정으로 원하는 건 우리의 이야기를 들어 줄 사람이죠."

티나 소네고는 처음 알코올중독에서 벗어나기 시작했을 때 절망에 빠졌다. "내가 겪어 본 우울증 중 최악이었죠. 아파트에서 은둔 생활을 하며 아무런 결정도 내리지 못하는 상태라 한 달 동안 칠면조 고기와 볼로냐 샌드위치만 먹었으니까요. 우울증은 무가치함의 추구라 할 수 있죠. 무가치한 것은 얼마든지 찾을 수 있어요. 우울증 상태에서는 자신의 무가치함을 증명할 만한 것을 계속해서 찾죠. AA에서 우리를 판단하는 사람이 누구인지에 대한 토론을 벌인 적이 있어요. 그때 깨달은 건데, 나는 만일 나를 판단하는 사람이 내가 원하는 부정적인 판단을 내려 주지 않으면 다른 사람을 찾아다니는 식으로 살고 있었어요. 지금도 행운을 붙잡으면 언니의 빈정대는 소리를 듣죠. '오, 성공하려고 애쓰는구나.' …… 다섯 번째, 여섯 번째, 일곱 번째 삽화까지 겪고 나니 우울증이 찾아오면 '또 시작이구나! 무슨 일이 일어나고 있는 건지 알아!' 하게 되었죠. 그건 마치 한창 영화에 몰입해 있는데 갑자기 엔딩 크레디트가 흐르면서 다시 현실 세계로 던져지는 것과 같죠. 영화가 끝난 것 같은 기분. 나는 여전히 거기에 대해서는 손을 쓸 수가 없어요. 하지만 그것이 영원히 지속되지 않는다는 걸 알기 때문에 참고 기다릴 수는 있죠."

그녀는 5년째 지속적으로 AA에 나가고 있는데 그것이 "뇌를 위한 여름 캠프와도 같다."고 말한다. "이유를 알기 위해 애쓰는 건 이제 신물이 나요. 나는 왜 우울증을 겪는 걸까? 나는 왜 알코올중독이 되었을까? 그 이유에 흥미가 끌리기는 하지만 그걸 안다고 기분이 나아지지는 않는다는 걸 알기 때문에 시간 낭비할 필요가 없다고 생각해요. 술을 끊는 건 피라미드와 같아서 한 계단씩 오를 때마다 어딘가에 이르렀다는 기분이 느껴지긴 해도 항상 다른 계단이 버티고 있죠. 아래를 내려다보면 밟고 올라온 계단들을 볼 수가 없어서 좌절감을 느끼지만, 위를 올려다보면 하늘을 찌르는 신의 손가락을 볼 수 있고 자신이 바른 길을 가고 있음을 알게 되지요."

티나 소네고는 술과 최악의 우울증에서 벗어난 순간의 이야기를 들려주었다. "나는 그때 일본에 있었어요. 백화점 한가운데에 아름다운 꽃들을 갖다 놨더군요. 그 앞에 멈춰서 꽃들을 만지면서 말했어요. '나는 너희들과 관계를 맺었어.' 그 아름다운 꽃들을 바라보며 말한 거죠. '나는 지금 너희들과 관계를 맺었어.' 그렇다고 영원한 관계를 의미하는 건 아니었어요. 꽃들을 가져갈 필요도 없었죠. 그냥 그 자리에서 하나의 관계를 맺은 거죠. 그리고 오늘까지도 나는 그 꽃들을 기억해요. 그 순간 그 꽃들이 내게 주었던 기쁨을 아직도 잊지 못해요. 그리고 몇 년 후 프랑크푸르트 공항에서 하나의 깨달음을 얻었죠. 나는 그곳을 이리저리 돌아다니며 커피를 마시며 담배를 피우며 도대체 내 삶에서 무슨 일이 일어나고 있는 것일까 생각했죠. 뭔가 다른 느낌이 있었으니까요. 그런데 그것이 뭔지 모르겠는 거예요. 그러다 알게 되었죠. 마침내 하나의 목소리를 갖게 된 거예요. 그 목소리를 어떻게 해야 할지는 몰랐지만 아무튼 목소리를 갖게 되었다는 건 알게 되었죠."

그것은 어렵게 얻었지만 명쾌한 목소리였다. 티나 소네고는 놀라울 정도로 즐거울 수 있다. 그녀는 숙련된 탭댄서로 자신이 묵고 있는 호텔 옥상으로 올라가 춤 연습을 하며 밤공기를 마신다.

"그 갈망의 시절이 그리워요. 세상에, 그 시절이 말이에요. 나를 끌어올려 주기 위해 수고를 아끼지 않았던 치료사들이 그리워요. 풍부했던 감정도. 나쁜 감정들이었지만. 다시 무너지지 않는 한 그런 풍부한 감정을 가질 수 없을 거예요. 우울증을 겪은 후 내 삶은 하나의 실험이 되었죠. 하지만 나는 우울증의 결실들을 알아요. 우울증에 빠져 있을 때 누군가 내게 그런 소리를 했다면 뺨을 갈겼겠지만. 내게는 꿈이 하나 있어요. 심각한 우울증과 중독을 이겨 낸 사람들끼리 모여서 밤새 춤추며 우울증을 비웃는 거지요. 그게 내게는 천국이에요."

나는 여간해서는 중독이 되지 않는 사람이다. 특정 물질들에 대한 금단현상을 겪어 본 적은 있지만 그 어떤 것에도 억제할 수 없는 욕망을 느낀 적은 없다. 술도 한 잔이 두 잔을 부르지는 않는다. 위험할 수 있는 좋은 기분도 다시 그런 기분을 느끼기를 원할 정도로 나를 압도하지는 못한다. 나는 자이프렉사를 복용하기 전까지는 중독에 대해 공감하기가 어려웠다. 그러나 나를 바꿔 놓은 건 자이프렉사 중독이 아니다. 자이프렉사가 내 식욕의 세트 포인트를 파괴한 것이다. 요즘 나는 정상적인 식사를 하고도 여전히 배가 고프다. 어느 때는 한밤중에 먹을 걸 사러 달려 나갈 정도로 허기가 극에 이른다. 허기가 밀려오면 나는 이러다가는 보기 싫은 배불뚝이가 될 것이다, 단 몇 칼로리를 빼려 해도 몇 시간 동안 땀을 흘리며 운동을 해야 한다는 생각을 하며 인내심을 발휘한다. 그러다 먹지 않으면 죽거나 무너지고 말 거라는 생각으로 달려가 허겁지겁 먹어 댄다. 그러고 나면 자신의 행동이 혐오스러워진다. 하지만 토하지는 않는다. 잔뜩 먹고 토하는 것이 습관이 되는 것이 싫고 강철 위장이라 여간해서는 토하지 않기 때문이다. 자이프렉사는 나를 음식 중독으로 만들었고 그 덕에 체중이 11킬로그램까지 늘었던 적도 있다. 자이프렉사가 식욕을 증진시키는 것처럼 성욕을 강화시키는 약이 있다면 돈 후안이 부럽지 않을 것이다. 나는 자기 파괴적인 섭취를 향한 압도적이고 저항할 수 없는 욕구가 어떤 것인지 알게 되었다. 기분이 정상적인 범위 안에 있을 때는 좋은 기분이 내게 자제심을 부여해 초콜릿 케이크를 거부할 수 있도록 만들지만, 우울한 기분은 그런 자제력을 앗아 간다. 우울증은 중독을 가능하게 한다. 욕구를 자제하기 위해서는 너무도 많은 에너지와 의지력이 필요하며, 우울증 상태에서는 음식이나 알코올이나 마약을 거부하기가 극히 힘들다. 그건 간단한 이치다. 우울증이 우리를 약하게 만든 탓이다. 나약함은 중독에 이르는 가장 확실한 길이다. 거부해 봤자 더 견디기 힘든 불행에 이를 뿐인데 왜 거부라는 걸 하겠는가?

7   자살

많은 우울증 환자들이 자살 성향을 갖지 않는다.[1] 그리고 우울증에 걸리지 않은 사람들도 많이 자살한다. 우울증과 자살이라는 두 가지 문제는 하나가 다른 하나를 야기하는 명쾌한 방정식의 구성 요소들이 아니다. 이들은 공존하는 경우가 많고 서로 영향을 미치는 별개의 실체들이다. "자살 성향"은 『정신장애의 진단 기준 및 통계 편람 4판』에 소개된 우울증 삽화의 아홉 가지 증세들 가운데 하나이지만, 많은 우울증 환자들의 경우 끔찍한 관절염에 시달리는 이들보다 삶을 마감하려는 성향이 더 강하지는 않다. 고통을 견디는 인간의 능력은 충격적일 만큼 강하다. 자살 성향이 있는 사람은 모두 우울증이라는 말은 자살 성향이 우울증 진단의 충분조건이 된다는 가정에서만 할 수 있다.

자살 성향은 실제로는 우울증과 공존하는 문제일 수 있는데도 마치 우울증의 한 증세인 것처럼 취급되어 왔다. 이제 알코올중독은 더 이상 우울증의 부작용으로 여겨지지 않으며 우울증과 동시에 일어나는 문제로 취급된다. 자살 성향은 최소한 물질 남용만큼 우울증과 별개의 문제다. 『자살의 수수께끼』의 저자 조지 하우 콜트의 말을 들어 보자. "마치 자살 성향이 근원적인 질환의 고약한 부작용이기라도 한 것처럼 많은 임상의들이 우울증을 성공적으로 치료하면 자살 성향도 치료한 거라 믿는다. 그러나 일부 자살 성향 환자들은 진단 가능한 근원적 질환을 갖고 있지 않으며, 우울증 환자들의 경우 우울증에서 벗어난 직후 혹은 한참 뒤에 스스로 목숨을 끊는 경우가 많다."[2] 임상의들은 일반적으로 우울증과 자살 의지를 함께 지닌 환자를 치료할 때 우울증에 초점을 맞춘다. 그러나 우울증 치료가 자살 방지에 도움이 될 수 있긴 해도 반드시 그런 것은 아니다. 미국에서는 자살자의 절반가량이 정신과 치료를 받아 왔음에도 대부분의 자살이 기습적으로 이루어진다.[3] 자살 성향은 수면 장애 같은 증세들과 한데 뭉뚱그려서 취급해서도 안 되고, 우울증이 해결되었다고 자살 성향에 대한 치료를 중단해서도 안 된다. 자살 성향은 독립적으로 취급되어야 할 문제다. 그런데 왜 독립적으로 진단되지 못하고 우울증과 관련되고 중복되는 것일까?

자살성 우울증을 정의하려는 시도들은 하나같이 결실을 얻지 못하고 있다. 우울증의 심각성과 자살 가능성 간에는 커다란 상관관계가 없다. 어떤 이들은 가벼운 장애를 겪는 중에도 스스로 목숨을 끊는가 하면, 어떤 이들은 절망적인 상황에서도 삶에 집착한다. 가난한 동네 사람들 중에는 갱단의 손에 자식들을 모두 잃거나 신체 장애자가 되거나 기아에 시달리거나 평생 사랑이란 걸 받아 본 적이 없어도 젖 먹던 힘까지 다해 삶에 매달리는 이들이 있다. 반면 전도양양한 사람들이 어처구니없게도 스스로 삶을 포기한다. 자살은 힘겨운 삶의 정점이 아니라 우리의 정신과 의식을 넘어선 미지의 장소에서 나오는 것이다. 나 자신이 체험한 유사(類似) 자살 시기를 돌아보면 당시에는 온당하다고 믿어 마지않았던 논리가 지금은 몇 해 전 내게 폐렴을 안겨 준 세균처럼 이질적으로 느껴진다. 마치 강력한 세균이 내 몸에 들어와 나를 점령했던 듯한 기분이다. 이상한 것에 공중납치라도 당했던 듯하다.

죽음을 원하는 것과 죽고 싶은 것과 자살하고 싶은 것 사이에는 미세하지만 중요한 차이가 있다. 대부분의 사람들이 이따금 죽음을, 존재하지 않기를, 슬픔을 넘어서기를 원한다. 그리고 우울증에 빠지면 많은 이들이 죽고 싶어 한다. 현재 상태에서 적극적인 변화를 시도하는 것, 의식(意識)의 고통에서 해방되는 것을 원하는 것이다. 그러나 자살하고 싶어 하는 것은 특별한 에너지와 특정한 방향성을 띤 폭력성을 요한다. 자살은 수동성의 결과가 아닌 행동의 결과다. 자살을 하려면 현재의 고통이 영원할 것이라는 믿음과 최소한 약간의 충동에 덧붙여 엄청난 에너지와 강한 의지가 필요하다.

자살자는 네 부류로 나뉜다. 첫 번째 부류는 자신이 무엇을 하고 있는지 생각조차 하지 않고 자살을 기도한다. 이들에게 자살은 숨 쉬는 것만큼 긴박하고 피할 수 없다. 이 부류는 가장 충동적이며 특정한 외부 사건에 의해 자살에 이르기가 가장 쉽고 이들의 자살은 갑작스럽다. 수필가 A. 앨버레즈가 자살에 관한 빛나는 명상서 『야만적인 신』에 썼듯이, 자살은 삶을 통해서는 점차적으로 무디어질 수밖에 없는 고통을 "귀신을 쫓아내듯 몰아내려는 시도"[4]다. 두 번째 부류는 안락한 죽음과 반쯤 사랑에 빠져 있으며, 자살이란 것이 철회 가능한 행동이기라도 하듯 복수하기 위해 자살을 기도한다. 이 부류에 대해 앨버레즈는 이렇게 설명했다. "여기에 자살의 어려움이 있다. 이것은 야망을 넘어서야만 이루어질 수 있는 야망에 찬 행위다." 이들은 죽음을 향해 달려갈 때 삶에서 멀리 달아나지 않는다. 이들이 원하는 것은 존재의 종말이 아니라 소멸의 존재이기 때문이다. 세 번째 부류는 죽음이 견딜 수 없는 문제들로부터의 유일한 탈출구라는 그릇된 논리에서 자살을 기도한다. 이들은 선택 가능한 방법들을 고려해 자살 계획을 세우고 유서를 쓰고 외계로 여행이라도 계획하는 것처럼 관련 실무자들과 접촉한다. 이들은 죽음이 자신의 상황을 개선해 줄 뿐 아니라 자신을 사랑하는 사람들의 짐도 덜어 줄 것이라고 믿는다.(사실은 대개 그 반대인데도.) 마지막 부류는 합리적인 논리에 따라 자살을 기도한다. 이들은 육체적인 질병이나 정신적인 불안정이나 환경의 변화로 인한 괴로움을 겪고 싶지 않고, 삶의 기쁨에서 얻을 수 있는 것이 현재의 고통을 보상하기에 불충분하다고 믿는다. 이러한 미래에 대한 예단은 정확할 수도 있고 그렇지 못할 수도 있지만 망상에 빠진 것이라고 할 수는 없으며, 아무리 많은 항우울제와 치료도 그들의 마음을 바꾸지 못한다.

사느냐, 죽느냐? 글의 주제로서 이것보다 더 많이 쓰인 것도 없지만, 이것처럼 사람들이 입에 올리기를 꺼리는 화제도 없다. 셰익스피어의 햄릿은 그 결정은 "그곳에 들어서면 아무도 돌아올 수 없는 미지의 땅"에 달려 있을지도 모른다고 말한다.5 그러나 그 미지의 세계를 두려워하지 않는 이들도, 이상한 체험의 영역으로 기꺼이 모험의 발길을 내딛고자 하는 이들도, 전혀 알려진 것이 없는, 두려운 것이 많으면서도 모든 것을 희망할 수 있는 상태로 가기 위해 "난폭한 운명의 돌팔매와 화살"을 견뎌야 하는 이 세계를 그리 기쁘게 떠나지는 않는다. 햄릿의 말처럼 "분별심은 우리 모두를 겁쟁이로 만들며 결단은 창백한 사색으로 인해 본래의 색조를 잃고 흐릿해진다." 여기서 분별심은 의식(意識)을 의미하며 겁을 통해서만이 아니라, 존재하고 통제력을 갖고 행동하려는 잠재적인 의지를 통해서도 소멸에 저항한다. 더욱이 스스로를 인정한 정신은 그것을 다시 부정할 수 없고 이것은 자기 성찰적인 삶이 파멸을 부른다는 견해와 반대된다. "창백한 사색"은 우리 안에서 자살을 막는 것이며 스스로 목숨을 끊은 이들은 아마도 절망에 빠졌을 뿐 아니라 순간적으로 자의식을 잃은 것으로 볼 수 있다. 만일 자살이 목적이라면 진정으로 의식적인 자아는 제쳐놓아야만 한다. 존재하는 것과 무(無)가 되는 것 중 하나를 선택해야 하는 것이라 해도(죽음 너머에는 아무것도 존재하지 않으며 인간의 정신이라는 것도 일시적인 화학적 배열에 지나지 않는다 해도) 존재는 존재하지 않는 것을 이해할 수 없다. 존재는 체험의 부재는 이해할 수 있지만 부재 그 자체는 이해할 수 없다. 생각이라는 것을 한다면 그건 존재하는 것이니까. 건강한 상태에서 내 견해는 죽음 저편에는 영광이 있을 수도 평화가 있을 수도 공포가 있을 수도 아무것도 없을 수도 있으며, 그것을 알기 전에는 모험하지 말고 우리가 거주하는 세계에서 최선을 다해야 한다는 것이다. 알베르 카뮈는 이렇게 말했다. "진정 심각한 철학적 문제는 단 하나뿐이며 그것은 바로 자살이다."6 실제로 20세기 중반에 많은 프랑스인들이 이 문제에 대한 탐구에 생을 바쳤으며 실존주의라는 이름으로 과거에는 종교가 충분한 대답을 제공했던 질문들에 매달렸다.

쇼펜하우어도 그런 질문을 던졌다. "자살은 하나의 실험으로, 인간이 자연에게 던지는 하나의 의문으로 간주될 수도 있다. 하지만 문제는, 죽음이 인간의 존재와 사물의 본질에 대한 통찰에 어떤 변화를 가져다줄 것인가다. 죽음은 의문을 제기하고 대답을 기다리는 의식 자체를 파괴하는 것이기 때문에 서툰 실험이라고밖에 볼 수 없다."[7] 자살의 결과에 대해서는 직접 시도해 보지 않고는 알 수 없다. 왕복표를 가지고 죽음의 세계를 여행한다는 것은 멋진 일이며 나 자신도 한 달쯤 죽어 보고 싶다는 생각을 자주 한다. 이런 생각은 절망, 호기심, 우유부단함을 반영한다. 우리는 죽음의 명백한 종말성에, 자살의 철회 불가능함에 움츠러든다. 의식은 우리를 인간이게 하며, 우리는 일반적으로 우리가 알고 있는 의식이 죽음 너머에는 존재하지 않을 것이며 우리가 만족시키고 싶어 하는 호기심도 그 대답이 주어진 때에는 이미 존재할 수 없으리라 여기고 있다. 나 자신도 살아 있고 싶지 않아서 죽으면 어떻게 될 것인지 생각해 보다가도, 죽으면 그런 의문 자체가 의미 없으리라 결론짓게 된다. 우리를 계속 살아 있게 하는 것은 그 의문이다. 나는 내 인생의 외적인 것들은 포기할 수 있지만 그 의문만은 포기할 수 없다.

우리가 삶을 이어 가는 건 주로 동물적인 본능 때문이라고는 하지만, 그렇다 해도 현세에서 삶의 논리적 근거를 찾기는 극히 어렵다. 조지 산타야나[스페인 태생의 미국 철학자이자 시인]는 이런 글을 썼다. "삶이 살 만한 가치가 있는 것이라는 가정은 꼭 필요하다. 그런 가정이 없다면 삶이 살 만한 가치가 있다는 결론에 이르는 것이 불가능하다."[8] 이것은 물론 우리에게 가해지는 많은 고통들 때문이기도 하겠지만 그보다 절박한 이유는 생명의 유한성이 아닌가 싶다. 죽음이 너무도 두렵고 그것의 필연성이 너무도 실망스럽다 보니 어떤 이들은 차라리 스스로 삶을 마감하는 것이 낮지 않을까 생각하게 된다. 결국 무(無)에 이를 것이라는 생각은 현재의 존재가 지닌 가치가 빛을 발하지 못하게 한다. 사실 삶은 대부분의 시간에 생명 유한성의 실체를 가리는 방식으로 자살을 거부한다. 죽음이 자랑스럽지 못하게 여겨지는 것은 사람들이 애써 그것에 무관심하기 때문이다.

　나는 많은 정신이상자들이 스스로 목숨을 끊고 많은 이들이 제정신으로는 생각할 수 없는 이유로 자살한다고 생각하지만 그렇다고 꼭 실성해야만 자살을 한다고는 믿지 않는다. 자살 성향의 인물에 대한 분석은 사후(死後)에나 아니면 자살 기도가 실패로 끝난 뒤에 이루어질 수밖에 없다. 프로이트 자신도 자살이라는 문제에 대해서는 "적절한 접근 방법을 갖고 있지 못하다."9고 말했다. 프로이트가 자살이라는 문제에 경의를 표한 점은 높이 평가해야 한다. 정신분석이 불가능한 일이라면 자살도 불가능한 주제다. 죽기를 원하는 건 미친 짓일까? 그것은 죽음 저 너머에는 무엇이 존재하는지, 우리가 삶을 얼마나 가치롭게 여기는지에 달려 있기 때문에 궁극적으로 의학적 질문이라기보다 종교적 질문이다. 알베르 카뮈는 우리가 필연적인 죽음을 수십 년 정도 미루고 있을 뿐이라는 사실이 진짜 미칠 일이라고 했다.10 진정 삶이란 부조리한 죽음의 연기(延期)에 불과할까? 나는 대부분의 사람들이(정신적인 균형을 유지하며 사는 경우에도) 즐거움보다는 고통을 더 많이 체험한다고 생각한다. 그런데도 우리는 인생의 즐거움과 점증적인 기쁨을 갈구한다. 아이로니컬하게도 영생을 약속하는 대부분의 종교들이 자살을 금하고 있다. (기독교의 순교나 이슬람교의 성전(聖戰)처럼 대의명분을 위해 목숨을 바치는 것은 찬양하지만, 천사들의 무리에 합류하기 위해 벼랑에서 뛰어내리는 것은 금한다.)

자살을 감행하는 힘은 삶을 소중히 여겼던 많은 사람들에게 칭송의 대상이 되어 왔다. 플리니우스[로마의 작가]는 "불행으로 가득한 현세에서 스스로 목숨을 끊을 수 있는 능력은 신이 인간에게 주신 최고의 선물이다."[11]라고 말했고, 존 던은 1621년에 『자살론(Biathanatos)』에 "나는 고통받을 때마다 내가 갇힌 감옥의 열쇠는 내 손에 쥐어져 있다는 생각을 하며 내 검(劍)보다 더 빨리 떠오르는 해결책은 없다."[12]라고 썼고 알베르 카뮈 역시 그것을 칭송했다. 쇼펜하우어는 "삶의 공포가 죽음의 공포를 넘어서는 순간 인간은 자신의 삶에 종지부를 찍게 된다."[13]고 선언했다. 나 자신도 우울증에 시달릴 때 삶의 공포에 압도당했으며 위험할 정도로 죽음의 공포에 단련된 적이 있다. 하지만 당시 나는 그 공포가 일시적인 것이라고 믿었고 그런 믿음 덕에 견뎌 낼 수 있었다. 내 견해로는 합리적인 자살은 현재에 대한 판단만으로 이루어지는 것이 아니라 미래까지 포함하는 보다 긴 기간에 대한 정확한 평가가 부수되어야 한다. 나는 절망보다는 무익함에 대한 결단인 합리적인 자살을 지지한다. 문제는 어떤 자살이 합리적인지 알기 어려운 경우가 많다는 것이며, 너무 많은 사람들을 죽음으로 보내는 것보다는 너무 많은 사람들을 구하는 것이 낫다는 것이다. 자살은 일시적인 문제에 대한 영구적인 해결책으로 쓰이는 경우가 빈번하다. 자살할 권리는 인간의 기본 권리여야 하며 그 누구도 자신의 의지에 반하여 삶을 강요당해서는 안 된다. 반면 자살 성향은 일시적인 경우가 많고 자살 기도가 무위로 끝나게 된 것을 기뻐하는 이들도 많다. 나 자신도, 내 삶에 남아 있는 기쁨이 슬픔이나 고통보다 많지 않다는 믿음에 근거한 합리적인 자살이 아닌 경우에는 누군가 나서서 내 자살을 막아 주기를 원한다.

정신 건강 분야의 영향력 있는 비평가로 정신과 의사의 권한을 제한해야 한다는 주장을 펼쳐 온 토머스 사스는 이렇게 말했다. "자살은 인간의 기본적인 권리다. 그렇다고 자살이 바람직하다는 의미는 아니다. 다만 사회가 자살하려는 사람을 강제로 저지할 도덕적 권리는 없다는 것이다."14 토머스 사스는 자살을 강제로 막는 것은 개인의 자아와 행동의 합법성을 박탈하는 것이라고 믿는다. "그것은 결과적으로 자살하려는 사람을 지나치게 어린아이로 취급하고 인간성을 말살하는 것이다." 하버드대학교에서 실시한 한 조사에서 의사들에게 자살자들의 병력을 편집해서 보여 준 다음 진단을 부탁했다.15 그런데 그 환자들이 자살했다는 사실을 모르는 의사들의 경우 전체 22퍼센트에게만 정신병 진단을 내린 데 반해, 자살 사실이 포함된 기록을 받은 의사들의 경우 전체의 90퍼센트를 정신병으로 진단했다. 이렇듯 자살 성향은 쉽게 정신병 진단으로 이어지며 일단 진단이 내려지면 얼마간의 간섭은 피하기 어렵다. 토머스 사스의 입장은 어느 정도 현실적인 근거를 갖고 있지만 그것을 토대로 임상적인 결정을 내리는 것은 극히 위험할 수 있다. 자살 방지 운동을 시작한 심리학자 에드윈 슈니드먼은 그 반대쪽 극단에 서 있다. 그는 자살을 미친 짓으로 여긴다. "자살은 생각과 감정의 단절을 동반하며 그런 의미에서 모든 자살에는 최소한 약간의 광기가 들어 있다. 이 광기는 감정들을 분류하거나 그 미묘한 의미의 차이들을 구분하여 남들에게 전달하는 능력을 잃게 한다. 이것이 바로 우리가 생각하는 것과 느끼는 것 사이의 비정상적인 '분열'이다. 거기에는 통제에 대한 환상이, 광기가 놓여 있다."[16] 중언부언하는 이런 견해는 사람들에게서 자살할 권리를 박탈할 근거를 제공한다. 슈니드먼은 토머스 사스의 주장을 신랄하게 비판하며 이렇게 썼다. "트림하는 것이 '권리'가 아닌 것처럼 자살도 '권리'가 아니다. 그것은 어쩔 수 없이 해야만 하기 때문에 하는 것이다."[17] 여기서 짚고 넘어갈 점은 트림은 얼마간 통제가 가능하며 공공장소에서는 타인에 대한 배려로 최대한 자제하게 된다는 것이다.

자살은 놀라울 정도로 흔하며 우울증보다 더 위장되고 날조된다. 이것은 우리가 불편한 심기를 견디지 못해 외면할 수밖에 없는 대대적인 공중 보건상의 위기다. 미국에서는 17분마다 한 사람씩 자살한다.[18] 자살은 스무 살 이하 미국인의 사망 원인 중 3위를 차지하며 대학생의 경우 2위다.[19] 예를 들어 1995년에는 에이즈, 암, 뇌졸중, 폐렴, 유행성 독감, 선천적 결손증, 심장 질환으로 인한 사망을 모두 합친 것보다 자살이 더 많은 젊은 목숨을 앗아 갔다. 1987년부터 1996년 사이에는 서른다섯 살 미만 남성 사망자 가운데 에이즈로 목숨을 잃은 경우보다 자살한 경우가 더 많았다. 매년 50만 명에 육박하는 미국인이 자살 기도로 인해 병원에 입원한다. 세계보건기구의 발표에 의하면, 1998년 전 세계인의 죽음 가운데 자살이 2퍼센트 가까이 되며, 이는 전쟁에 의한 죽음의 수치보다 높고 살인에 의한 것보다는 훨씬 높다.[20] 그리고 자살률은 꾸준히 증가하고 있다. 최근 스웨덴에서 실시된 한 조사 결과를 보면, 조사 지역 내에서 젊은이가 자살할 가능성은 1950년대 이후 260퍼센트까지 증가했다. 조증 환자의 절반이 자살 기도를 하며, 중증 우울증의 경우 다섯 명에 한 명 꼴로 자살을 기도한다.[21] 특히 첫 우울증 삽화를 겪는 사람이 자살을 시도할 가능성이 높고 몇 차례 삽화를 이겨 낸 이들은 그것을 견디는 법을 배운다.[22] 자살 기도 전력은 자살을 예고하는 가장 확실한 요소로, 결국 자살에 성공한 사람들 가운데 3분의 1은 자살 기도 전력이 있으며 자살을 기도하는 이의 1퍼센트가 1년 내에, 10퍼센트가 10년 내에 결국 자살에 성공한다.[23] 모든 자살자가 약 16회 정도의 자살 기도를 한다고 한다.

나는 한 문서에 우울증 환자는 정상인에 비해 자살할 가능성이 500배나 높다는 주장과 우울증 환자의 자살률이 표준보다 25배 높다는 통계가 동시에 나와 있는 걸 본 적이 있다.[24] 그리고 다른 글에서 우울증이 자살 가능성을 두 배로 높인다는 주장도 보았다. 그걸 누가 알겠는가? 이런 수치들은 우울증이라는 미꾸라지 같은 괴물을 어떻게 정의하느냐에 따라 크게 다르니 말이다. 국립정신건강연구소에서는 (아마도 공중 보건상의 이유로) 오랫동안 "스스로 목숨을 끊는 거의 모든 사람들이 진단 가능한 정신장애나 물질 남용 문제를 갖고 있다."고 당당하게(비록 비과학적일망정) 주장해 오다 최근 "거의 모든"을 "90퍼센트"[25]로 낮추었다. 이런 견해는 자살 기도에 실패했거나 가까운 사람의 자살에 슬퍼하는 이들을 괴롭히는 죄책감을 덜어 준다. 그러나 이렇듯 위안을 주고 빈번한 질병 관련 자살에 세인의 관심을 돌리기에 유용한 점은 있지만 사실 이것은 지독하게 과장된 수치이며, 내가 만나 본 자살 성향의 환자를 다루는 어떤 전문가도 그것을 확증하지 못했다.

자살 관련 통계는 우울증 통계보다도 혼란스럽다. 자살은 월요일에,26 늦은 아침 시간과 정오 사이에 가장 많이 일어나고,27 계절 중에서는 봄에 가장 많다.28 여성의 경우 월경 주기의 첫 주와 마지막 주에 자살률이 높고(호르몬 관련설이 나옴직한 현상이다.) 임신 기간과 출산 후 1년 동안은 낮다.(진화적으로는 분명한 의미를 지니는 현상이지만 이에 대한 화학적 설명은 아직 나와 있지 않다.)29 자살에 대해 연구하는 한 학파는 비교적인 통계를 좋아하고 상관관계가 곧 인과관계를 의미하는 양 그런 통계들을 이용한다. 하지만 이런 상관관계들 중에는 얼토당토않은 것들도 있다. 예를 들어, 자살자의 몸무게나 평균 머리 길이 같은 것이 무엇을 증명하고 무슨 쓸모가 있겠는가?

19세기의 위대한 사회학자 에밀 뒤르켕은 자살을 도덕의 영역에서 끌어내어 보다 합리적인 영역인 사회과학 분야에 두었다.30 자살은 분류하기가 쉬운데 뒤르켕의 경우 네 가지로 분류했다. 첫 번째, "이기적인 자살"은 자신이 속한 사회에 적절하게 융화하지 못한 사람들이 저지른다. 냉담과 무관심은 그들로 하여금 세계와의 관계를 영원히 끊도록 자극한다. "이타적인 자살"은 자신이 속한 사회에 지나치게 융화된 결과로 나타난다. 예를 들면 패트릭 헨리가 "자유가 아니면 죽음을 달라!"고 외치며 조국의 독립을 위해 목숨을 걸고 싸웠던 것도 이에 속한다. 이타적인 자살을 하는 사람들은 정력적이고 열정적이고 결연하다. 그다음 "아노미적 자살"은 짜증과 혐오감의 결과다. 뒤르켕의 설명을 들어 보자. "현대 사회에서 사회적 존재는 더 이상 관습이나 전통의 지배를 받지 않으며 개인들은 점점 더 경쟁 상황에 내몰린다. 그들은 인생에서 더 많은 것을 요구하게 되는데, 특정한 어떤 것을 더 요구하는 것이 아니라 주어진 시간에 가질 수 있는 것을 더 요구한다. 열망과 만족 사이의 불균형에 의해 고통받기가 더 쉬워지며 그 결과로 생기는 불만족은 자살 충동을 키우게 된다." 찰스 부코프스키의 말처럼 "우리는 인생이 우리에게 주는 것보다 더 많은 것을 원하며"[31] 그에 따르는 피할 수 없는 실망은 스스로 삶을 포기하게 만들 수도 있다. 혹은 알렉시스 드 토크빌이 미국인의 이상주의에 대해 쓴 것처럼 "현세의 불완전한 기쁨들은 인간의 마음을 만족시킬 수 없는"[32] 것인지 모른다. 마지막으로 "숙명론적 자살"은 도저히 변화가 불가능한 비참하기 짝이 없는 삶을 사는 사람들이 하는 것이다. 예를 들면 노예의 자살이 여기에 속한다고 볼 수 있다.

뒤르켕의 분류는 이제 더 이상 임상학적 목적으로는 이용되지 않지만 자살에 대한 사고를 현대적으로 규정했다. 뒤르켕은 당대의 믿음과는 반대로 비록 자살이 개인적인 행위이기는 하지만 그 근원들은 사회적이라고 주장했다.[33] 개개의 자살은 정신병리학적 결과이지만 정신병리학적 자살 성향의 상대적으로 일관된 양상은 사회적 구성 개념들과 관련되어 있는 것처럼 보인다. 각 사회마다 자살 행동의 정황은 다르지만 사실상 모든 사회에서 특정 비율의 자살이 발생한다. 한 사회의 가치들과 관습들이 어떤 원인들이 어떤 환경에서 자살 행동에 이를 것인지를 결정한다. 유일무이한 정신적 외상으로 인해 자살을 기도한다고 믿는 사람들의 경우에도 사실은 단지 그 사회의 구성원들을 죽음으로 몰아가는 하나의 경향을 나타내는 것인 경우가 많다.

많은 무의미한 통계들이 자살 연구에 혼란만 가중하는 것이 사실이지만, 일부 성향들에 대한 통계는 유용하게 이용될 수 있다.

가족 중 자살자가 있는 경우 그렇지 않은 사람들에 비해 자살할 가능성이 훨씬 높다.[34] 이것은 부분적으로는 가족의 자살이 생각조차 할 수 없는 일을 생각해 볼 수 있는 일로 만들기 때문이다. 또 사랑하는 사람이 스스로 목숨을 끊은 뒤 삶의 고통을 견딜 수 없기 때문이기도 하다. 아들을 잃은 한 어머니는 내게 이렇게 토로했다. "손이 문에 끼어 고통의 외마디를 내지르는 순간이 영원히 지속되는 듯한 기분이죠." 그것은 또 유전적으로 자살의 피가 흐르고 있기 때문이기도 하다. 입양에 대한 연구 결과 자살 성향을 지닌 사람의 생물학적인 친척들이 입양에 의한 친척들보다 자살 성향을 지닌 경우가 더 많은 것으로 나타났다.[35] 일란성 쌍생아는 태어날 때부터 떨어져 자라서 서로를 모르는 경우에도 자살 성향이 함께 나타나고 이란성 쌍생아는 그렇지 않은 경향이 있다. 이것은 "자살 유전자들"의 단일한 작용에 의해서일 수는 없고, 우울증과 폭력성과 충동성과 공격성을 유발하는 유전자군이 얼마간 자살 행동을 예고하는 동시에 특정 상황들에서 자살에 유리하게 작용하는 것일 수 있다.[36]

자살은 사회 공동체에 자살 바람을 일으키기도 한다. 자살의 전염성은 논란의 여지가 없다. 한 사람이 자살하면 친구들이나 또래들이 그 뒤를 따르는 경우가 많으며, 십 대들 사이에서는 특히 그러하다. 자살로 유명해진 장소는 죽은 이의 저주 때문인지 자살자들이 들끓는다.(샌프란시스코의 금문교, 일본 미하라산, 특정 철로들, 엠파이어스테이트 빌딩이 그런 장소들이다.) 최근 텍사스주 플레이노, 매사추세츠주 레민스터, 펜실베이니아주 벅스카운티, 버지니아주 페어팩스카운티 등을 비롯한 미국의 "정상적인" 공동체들에서 자살 유행병이 번졌다. 자살의 공론화도 자살 행동을 부른다.

19세기 초 괴테의 『젊은 베르테르의 슬픔』이 출간되었을 당시 유럽 전역에서 베르테르를 흉내 낸 모방 자살이 줄을 이었다.[37] 유명인의 자살 사건이 터질 때마다 자살률이 올라간다.[38] 예를 들어 마릴린 먼로가 자살했을 때는 미국의 자살률이 12퍼센트나 증가했다. 배고플 때 식당을 보면 그곳에 들어가기가 쉽다. 마찬가지로 자살하고 싶을 때 자살 기사를 읽으면 행동에 옮기기 쉬워지는 것이다. 이런 견지에서 볼 때 자살에 대한 보고가 줄면 자살률도 떨어질 것이다. 현재 선의의 자살 방지 프로그램도 자살에 취약한 이들에게 자살을 떠올리게 하는 경우가 많다는 증거가 나왔으며 실제로 자살률을 높일 가능성이 있다.[39] 그러나 이런 자살 방지 프로그램들은 사람들에게 자살이 정신 질환의 결과인 경우가 많으며 정신 질환은 치료 가능하다는 인식을 심어 줄 수 있다는 점에서 유용하다.

일반적인 통념과는 반대로, 자살에 대해 이야기하는 사람이 실제 자살에 이를 가능성은 매우 높다. 자살 기도 전력이 있는 이는 다시 자살을 기도하는 경향이 있으며 실제로 그런 전력은 자살의 가장 확실한 예고다.[40] 그런데 아무도 이런 사실을 중요하게 활용하지 않는다. 마리아 오쿠엔도는 1999년에 발표한 연구 논문에서 이렇게 지적했다. "자살 기도 전력은 다시 그런 일이 되풀이될 수 있음을 예고하지만 임상의들은 자살 기도 전력이 있는 환자들을 그렇지 않은 환자들보다 더 집중적으로 치료하지는 않는다. 심각한 자살 위험을 안고 있는 중증 우울증 환자들의 경우, 자살 기도 전력을 위험하게 여기지 않아서인지 아니면 위험성에 대한 인식은 있으나 적절한 신체적 치료를 할 수 없어서인지는 아직 밝혀지지 않은 상태다."[41]

실존적인 논의들은 우리의 마음을 끌지만 자살의 실체는 멋지지도 순수하지도 철학적이지도 않으며 너절하고 무시무시하고 형이하학적이다. 나는 심각한 우울증을 가리켜 "살아 있는 죽음"이라고 부르는 것을 들었다. 살아 있는 죽음은 아름답지는 못하지만 죽은 죽음과는 달리 개선의 여지가 있다. 지금까지 이 책에서 논의된 어떤 문제도 자살의 종국성에는 비견될 수 없으며, 자살을 피하게 해 주는 항우울제의 성능이 하루빨리 검증되어 자살에 대한 적절한 약물치료가 이루어져야 한다. 산업계의 연구원들은 자살 성향의 감시에 어려움을 겪는데 이는 특히 "장기적인" 과학적 연구 조사 기간인 12주 사이에 자포자기의 절정에 이르는 현상이 일어나는 일은 거의 없기 때문이다. 세계적으로 가장 널리 쓰이는 항우울제인 SSRI 계열 중에도 자살 방지 효과가 모니터된 약은 없다. 다른 항우울제 중에서는 리튬이 가장 엄격한 실험을 거쳤다.[42] 양극성 우울증 환자들의 경우 리튬 복용을 중단하면 자살률이 열여섯 배나 증가한다.[43] 얼핏 생각하면 사람들의 기분을 좋게 해 주는 약들이 자살을 피하는 데 도움을 줄 것 같지만 자살이 단지 우울증의 한 증세만은 아니라는 점을 인식하면 그런 생각이 옳지 않음을 알 수 있다. 우울증을 완화시키는 일부 약들은 환자의 전반적인 의욕을 높이기 때문에 자살 의욕도 높일 수 있다. 환자를 우울증의 무기력 상태에서 벗어나게 함으로써 자기 파괴의 심리 기제를 작동시키는 것이다. 하지만 이런 현상은 실제 작인(作因)과는 구분되어야 한다. 예를 들어 나는 프리모 레비[아우슈비츠의 참상을 고발한 이탈리아계 유대인 작가]의 자살이 약물치료의 결과라고 주장하는 글에 대해 회의적인데, 일정 기간 강한 자살 성향이 있지 않았던 한 약을 복용한 직접적인 결과로 자살을 하게 된다고는 믿지 않기 때문이다. 그렇지만 활성 효과가 있는 항우울제를 처방할 때는 환자와 신중한 상담을 거쳐야 한다. ECT는 절박하거나 망상적인 자살 충동을 즉각적으로 완화시킬 수 있다. 같은 심각한 질환을 안고 있다 해도 약물치료를 받는 환자들이 ECT를 받는 환자들에 비해 자살률이 아홉 배나 높다는 연구 결과도 나와 있다. 정신병원에서의 자살률은 바깥 세상의 자살률보다 다섯 배 정도 높다.[44] 물론 이것은 정신병원에 수용되는 환자의 상태를 반영하기도 하지만 병원이 주는 박탈감과도 관련이 있다. 조지 하우 콜트는 그런 환자들이 적절한 외래 치료를 받는다면 훨씬 상태가 나아진다며 "병원은 종점이다."라고 말했다.

뒤르켕과 동시대인이었던 프로이트는, 자살은 타인을 향한 살인 충동이 자신에게 실행된 것인 경우가 빈번하다는 주장을 내놓았다.[45] 그 이후 심리학자인 에드윈 슈니드먼은 자살이 "180도 전환된 살인"이라고 말했다.[46] 프로이트는 또 "죽음의 본능"은 항상 삶의 본능과 불확실한 균형을 이루고 있다고도 주장했다.[47] 죽음에 대한 매료는 분명히 존재하며 자살의 원인이 된다. 이에 대해 프로이트는 다음과 같이 썼다. "그 두 가지 근본적인 본능은 서로 반대로 작용하기도 하고 화합하기도 한다. 먹는 행위는 그 대상을 자신에게 통합시키려는 궁극적인 목적으로 그것을 파괴하는 것이며, 성행위는 가장 친밀한 결합을 위한 공격 행위다. 이 두 가지 근본적인 본능이 공동으로 작용하거나 반대 작용을 함으로써 삶의 현상들의 모든 변화를 일으킨다." 여기서 자살은 살고자 하는 의지의 불가피한 대위적 요소다. 자살에 대해 폭넓게 써 온 칼 메닝거는 자살이 이루어지려면 "죽이고 싶고, 죽임을 당하고 싶고, 죽고 싶은" 욕구 세 가지가 동시에 만족되어야 한다고 말했다.[48] G. K. 체스터턴도 이렇게 썼다.

> 한 사람을 죽이는 자는 한 사람을 죽이는 것이고
> 자신을 죽이는 자는 모든 사람들을 죽이는 것이다.
> 그에게 있어서는 세상을 없애는 것이다.[49]

우리는 제대로 대비하지 못한 채 만성적인 스트레스에 직면하면 신경전달물질들에 의존하여 그것들을 과도하게 사용하게 된다.[50] 갑작스럽게 스트레스를 받으면 신경전달물질들이 급격하게 증가하지만 스트레스가 오래 지속되는 동안에도 그런 상태가 유지될 수는 없다. 이런 이유로 만성적인 스트레스에 시달리는 사람들은 신경전달물질들이 고갈되기 쉽다. 자살성 우울증은 신경생물학적 특징들을 지니고 있는 것으로 보이며, 이것은 자살 행동을 유발할 수도, 단순히 자살 성향을 반영할 수도 있다. 실제 자살 기도는 보통 알코올이나 심각한 질병, 부정적인 생활 사건 같은 외부적 스트레스에 의해 초래된다. 어떤 사람이 얼마나 자살하기 쉬운가는 유전, 성장 배경, 알코올중독 같은 물질 남용, 만성적인 질병, 콜레스테롤 수치[51]에 의해 결정된다. 자살 성향의 뇌에 대해 우리가 갖고 있는 모든 정보들은 자살자를 부검해 얻은 것이다. 자살자들은 뇌의 특정 핵심 부위들의 세로토닌 수치가 낮은 것으로 밝혀졌다.[52] 또 세로토닌 수용체 수가 과도하게 많았는데 이는 뇌가 낮은 세로토닌 수치를 보충하려 노력한 것을 반영할 수도 있다. 특히 억제 기능과 관련된 부분들의 세로토닌 수치가 낮게 나타났으며 이러한 결핍은 감정에 대해 충동적으로 행동할 자유를 제공한 듯하다. 난폭한 공격성의 소유자는 뇌의 이 부분들의 세로토닌 수치가 낮은 경우가 많다. 충동적인 살인자들과 방화범들은 정상인보다 세로토닌 수치가 낮으며 비충동적 살인자나 다른 범죄자들보다도 낮다.53 동물 실험 결과를 보면 세로토닌 수치가 낮은 영장류는 대조군에 비해 모험적인 짓을 더 하고 공격적인 경향이 강한 것으로 나타났다.54 스트레스는 신경전달물질들을 고갈시키는 동시에 그것들을 파괴하는 효소들의 과도한 생성을 유발할 수 있다. 자살자의 뇌는 노르아드레날린과 노르에피네프린의 수치도 낮지만 이런 결과는 세로토닌 수치의 경우보다는 덜 일관되게 나타난다.55 노르에피네프린을 파괴하는 효소들의 양은 과도하게 많았으며 아드레날린의 기능에 필요한 화학물질들의 양은 적었다. 이런 모든 점들은 기능 면에서 볼 때 뇌의 핵심 부분들에 필수적인 신경전달물질들의 수치가 낮으면 자살 위험이 높다는 걸 의미한다.56 이것은 현재 컬럼비아대학교에서 일하는 대표적인 자살 연구자 존 맨이 밝혀낸 일관된 결과다. 그는 자살 성향 환자들의 세로토닌 수치를 세 가지 방식으로 측정했다. 그리고 스웨덴 카롤린스카 병원의 마리 오스베리는 그런 자료에 의거하여 임상적인 추론들을 얻어 냈다.57 그녀는 자살 기도 전력이 있으면서 세로토닌 수치가 낮은 것으로 보이는 환자들을 추적하여 조사하는 선구적인 연구의 결과로 그들 중 22퍼센트가 1년 안에 자살한 사실을 밝혀냈다. 그녀는 뒤이은 연구에서 우울증 환자의 15퍼센트만이 자살을 하는 데 비해 세로토닌 수치가 낮은 우울증 환자는 22퍼센트가 자살에 이른다는 사실을 확인했다.

스트레스가 세로토닌을 고갈시키고 세로토닌 수치가 낮으면 공격성이 증가하고 공격성이 높으면 자살에 이를 수 있다는 점을 감안한다면 스트레스성 우울증 환자들이 가장 자살에 이르기 쉽다는 것은 놀라운 일이 아니다. 스트레스는 공격성을 부르는데 그것은 공격성이 스트레스를 유발하는 단기적인 위협들을 처리하는 최선의 방법인 경우가 흔하기 때문이다. 그러나 공격성은 특정 대상을 향하는 것이 아니어서 상대방과 싸울 때는 유용하지만 자신을 향할 수도 있다. 공격성은 근본적인 본능이고 우울증과 자살 성향은 그보다 나중에 발전된 보다 정교한 인지적 충동이라 볼 수 있다. 진화론적으로 설명하자면 자기 보호적인 행동을 학습하는 바람직한 특성이 자기 파괴적인 행동을 학습하는 바람직하지 못한 특성과 뒤엉켜 있는 것이다. 자살 능력은 인간을 동물과 다른 존재이게 하는 의식(意識)에 딸린 짐이다.

낮은 세로토닌 수치는 유전적으로 결정될 수도 있으며, 트립토판 하이드록실레이스의 수치를 결정하는 유전자는 높은 자살률과 관련이 있는 것으로 이미 밝혀졌다.[58] 어미 없이 자란 원숭이들을 대상으로 한 실험 결과 뇌의 특정 부분들의 세로토닌 수치가 낮게 나타났다.[59] 이것은 어린 시절의 학대가 영구적으로 세로토닌 수치를 낮춰 자살 가능성을 높일 수 있음을 보여 준다.[60] (그 학대로 인해 인지적 우울증을 겪게 되는 것과는 또 별개의 일이다.) 물질 남용은 세로토닌 수치를 더욱 저하시킬 수 있으며 흥미롭게도 낮은 콜레스테롤 수치 또한 그러하다. 임산부가 알코올이나 코카인을 사용하여 태아가 신경학적으로 손상을 입게 되면 나중에 자살로 이어지는 기분장애에 취약한 아이로 태어나게 되고, 어린 시절에 어머니의 사랑을 받지 못하면 아동기 발달이 불안정해지며, 식생활도 뇌에 부정적인 영향을 미칠 수 있다.[61] 또한 정신 질환에 취약한 유전자들뿐 아니라 충동성, 공격성, 폭력성에 취약한 유전자들도 심각한 위험을 부를 수 있다. 남성은 여성보다 세로토닌 수치가 낮다.[62] 따라서 스트레스를 받는 남성이면서, 세로토닌 수치가 낮은 유전적 소인을 지녔고, 어머니의 사랑을 받지 못한 채 자라, 물질 남용을 하면서, 콜레스테롤 수치까지 낮다면 자살하기에 최적의 조건을 갖춘 셈이 된다. 그런 사람들에게 세로토닌 수치를 높이는 약들은 자살을 방지하는 훌륭한 작용제가 될 수 있다. 뇌의 관련 부위들의 세로토닌 활동 수치를 측정할 수 있는 촬영 장비가 나온다면(아마도 조만간 나오게 될 것이다.) 자살 기도 가능성을 판단하는 데 이용될 수도 있을 것이다. 뇌영상 촬영 기술의 발달은 결국 우울증 환자들의 뇌를 점검해 자살 기도 가능성이 있는지를 알아내는 것까지도 가능하게 할 것이지만 아직은 갈 길이 멀다. 케이 재미슨은 자살에 관한 명저(名著)에 이렇게 쓰고 있다. "뇌 안이나 시냅스의 화학적 상호작용들의 복잡성을 최소화하려는 과학자들은 끔찍한 실수를 저지르는 것이다. 그것은 정신이상이 사탄의 저주나 지나친 망상에 의한 것이라고 믿었던 원시적인 견해에서 벗어나지 못한 행위다."[63]

총과 바르비투르산염을 구하기 어려운 지역은 다른 지역들에 비해 자살률이 뚜렷이 떨어지며, 이것은 자살률이 외부 요인들에 의해 억제될 수 있다는 증거다.[64] 현대적 기술은 과거 어느 때보다 자살을 쉽고 덜 고통스럽게 만들었는데 이것은 극히 위험한 현상이다. 영국에서는 가정에 공급되는 가스를 치명적인 코크스 가스에서 유독성이 덜한 천연가스로 교체한 것으로 자살률이 3분의 1이나 떨어지고 연간 가스 관련 자살 건수가 2,368건에서 11건으로 감소했다.65 자살 성향은 충동적으로 표출되는 경향이 있기 때문에 자살 도구를 쉽게 구할 수 없으면 그런 충동이 그냥 지나갈 수 있다. 미국은 세계에서 유일하게 총기가 주요 자살 수단인 국가다. 미국에서는 매년 총으로 살해되는 사람 수보다 총으로 자살하는 사람 수가 더 많다.66 총기 관련 규제 정도가 가장 약한 열 개 주와 가장 강한 열 개 주를 비교해 보면 전자가 후자보다 자살률이 배로 높다.67 1910년에 열린 빈 정신분석학회 회의에서 데이비드 오펜하임은 이렇게 말했다. "장전된 권총은 그것을 지닌 사람에게 강한 자살 충동을 일으킨다." 1997년에는 그런 충동에 따라 1만 8000명의 미국인이 총으로 자살했다.68 자살 방법은 지역, 연령, 상황에 따라 다양하다. 중국에서는 많은 여성들이 유독성 살충제나 비료를 먹고 자살하는데 그곳에서는 그런 것들을 구하기가 쉽기 때문이다.69 인도 펀자브 지방에서는 자살자의 반 이상이 달려오는 기차에 뛰어들어 목숨을 끊는다.70

조울증의 기분 범위를 하나의 스펙트럼으로 볼 때 자살은 조울증 말단의 발현인 경우가 흔하며 성공한 사람들의 자살률이 높은 것은 바로 이런 이유다. 물론 성공한 사람들은 스스로에 대한 기준이 높은 경향이 있기 때문에 많은 성공을 거두었음에도 불구하고 실망하는 일이 많아서 자살률이 높은 것일 수도 있다. 자아 성찰도 자살에 이를 수 있으며 특히 예술가들 사이에서 이런 경우가 흔하다.71 그러나 성공한 사업가들의 자살률도 높기 때문에 성공을 이루게 하는 자질들이 자살을 유발할 수도 있다는 해석도 가능하다. 과학자, 작곡가, 고위층 사업가들은 일반인에 비해 자살 가능성이 다섯 배나 높으며 작가, 특히 시인들의 자살률은 그보다 높다.

자살자의 3분의 1 정도와 자살 기도자의 4분의 1 정도가 알코올중독자다.[72] 술이나 마약에 취한 상태에서의 자살 기도는 맑은 정신인 경우에서보다 성공할 가능성이 훨씬 높다. 심각한 알코올중독자의 15퍼센트가 스스로 목숨을 끊는다. 칼 메닝거는 알코올중독을 "더 심각한 자기 파괴로부터 벗어나기 위한 자기 파괴의 한 형태"라고 했다.[73] 그러나 일부 알코올중독자에게는 자기 파괴를 가능하게 만드는 자기 파괴다.

　　자살의 사전 탐지는 미묘한 문제다. 내가 우울증에 시달릴 때 치료를 받으러 찾아갔던 한 정신과 전문의는 자신이 돌보는 동안 자살하지 않겠다는 약속을 한다면 나를 환자로 받아들이겠다고 했다. 그때 나는 전염병 고치는 의사가 결핵 환자에게 다시는 기침을 하지 않는다면 치료해 주겠다고 말하는 것과 좀 비슷하다는 생각이 들었다. 그러나 그것은 고지식한 말로 치부해 버릴 수만은 없는 문제다. 한번은 뇌영상 촬영에 관한 학회에 참석했다가 집으로 돌아오는 비행기에서 내가 우울증에 관한 책을 훑어보고 있는 것을 본 어떤 남자와 이야기를 나누게 되었다. "지금 읽고 계신 문제에 저도 관심이 있습니다. 저도 우울증을 겪었거든요." 그가 먼저 말을 걸었다. 나는 책을 덮고 그의 이야기를 들었다. 그는 심각한 우울증으로 두 차례나 병원에 입원했다고 했다. 그리고 한동안 약물치료를 받아 오다 1년 넘게 기분 상태가 괜찮아서 약을 끊었다고 했다. 그리고 전에 그를 괴롭혔던 문제들도 견딜 만해져서 심리치료도 중단했다는 것이었다. 그는 코카인 소지 혐의로 두 차례나 체포되어 잠시 형을 살기도 했다. 그는 부모와는 연락을 끊다시피 했고 애인은 그가 우울증에 걸린 사실을 모른다고 했다. 오전 10시 반경이었는데 그는 스튜어디스에게 얼음 넣은 위스키를 부탁했다.

"모르는 사람에게 자신의 이야기를 잘 털어놓는 편이십니까?"
내가 최대한 정중하게 물었다.

"글쎄요, 가끔요. 가끔은 아는 사람보다 모르는 사람에게 이야기하기가 더 쉽죠. 알다시피 모르는 사람은 일방적인 판단을 내리거나 하지 않으니까요. 하지만 아무한테나 그런 건 아니에요. 저는 사람을 보는 눈이 있기 때문에 이야기를 나눌 만한 사람인지를 알아볼 수 있죠. 바로 선생 같은 경우지요."

충동성. 무모함. "혹시 속도 위반 딱지를 뗀 적 있으세요?"

"와. 무슨 점쟁이라도 되세요? 그런 적 많죠. 사실 1년 면허 정지도 당했지요."

만일 그때 내가 심장병 학회에 다녀온 참이었고 옆자리에 굴뚝처럼 담배를 피워 대며 버터를 마구 먹는 130킬로그램쯤 되는 남자가 왼쪽 팔까지 내려오는 가슴의 통증을 호소했더라면 그가 위험에 처해 있음을 경고해 주어야 한다고 생각했을 것이다. 그러나 누군가에게 자살 위험이 있다고 말하는 건 그보다 훨씬 힘든 일이다. 나는 자살에 대한 암시를 하면서 그에게 약물치료를 재개하라고, 재발에 대비해서 정신과 전문의와 계속 접촉하는 것이 좋다고 충고했다. 그러나 사회적 관습상 "지금은 기분 상태가 괜찮을지 몰라도 자살을 향해 나아가고 있으니 즉시 예방 조치를 취해야 합니다."라고 말할 수는 없었다.

동물 실험은 자살 연구에 적합하지 않은 것이, 동물들은 자신의 유한성을 이해하지 못하므로 스스로 죽음을 모색할 수 없기 때문이다. 이해하지 못하는 것을 갈망할 수는 없다. 자살은 인간의 자의식의 대가이며 다른 종들에는 존재하지 않는다. 그러나 다른 동물들도 고의적인 자해 행위를 할 수는 있으며 지나친 변화에 노출되면 종종 그런 행위를 한다. 쥐들을 계속 좁은 곳에서 우글거리게 만들면 제 꼬리를 물어뜯는다.[74] 어미에게서 떼어 놓은 붉은털원숭이는 생후 5개월경부터 자해 행위를 하기 시작하며 다시 집단 속에 넣어 주어도 평생 그런 행위가 지속된다.[75] 이런 원숭이들은 뇌의 중요한 부분들의 세로토닌 수치가 정상보다 떨어지는 것으로 보이며 이것 또한 생물학적인 것과 사회학적인 것의 상관성이다. 나는 서커스에서 재주를 부리고 먹이를 받아먹는 데 길이 든 한 문어가 자살한 이야기를 듣고 매혹된 적이 있다.[76] 서커스단이 해체되자 문어는 수족관에서 재주를 부려도 아무 관심도 받지 못하며 살게 되었다. 그러자 점차 빛깔을 잃어 갔고(문어는 몸 색깔이 변하는 것으로 기분 상태를 나타낸다고 한다.) 마지막으로 재주를 부려 보았지만 여전히 보상이 없자 새의 부리처럼 생긴 주둥이로 제 몸을 찔러 죽고 말았다는 것이다.

인간을 대상으로 한 최근의 연구 결과 자살과 부모의 죽음 간의 밀접한 관계가 밝혀졌다.[77] 자살자의 4분의 3이 어린 시절에 가까운 사람(대개 부모 중 하나)의 죽음으로 외상을 겪었던 이들이라는 조사 결과도 나와 있다. 어린 시절에 이러한 상실을 겪고 그것을 제대로 처리하지 못한 경우 성인이 되어서도 상실에 대한 대처 능력을 갖지 못하게 된다. 어려서 부모를 잃은 사람은 그것을 자기 탓으로 돌려 자신을 가치 없는 존재로 여기게 된다. 또한 존재의 항상성도 믿지 못하게 된다. 그토록 의지했던 부모가 하루아침에 사라질 수 있다면 도대체 무엇을 믿고 의지할 수 있겠는가? 위의 통계는 과장된 것일 수도 있지만 어쨌든 다른 조건이 동일하다면 상실을 많이 겪을수록 자기 파괴적이 되기 쉬운 것은 분명하다.

청년의 자살은 만연된 현상이다. 미국에서는 해마다 열여덟 살에서 스물네 살 사이의 인구 중에서 5000명가량이 자살하고 최소한 8만 명이 자살 기도를 한다.[78] 그리고 스무 살에서 스물네 살 사이의 경우 6000명에 한 명 꼴로 스스로 목숨을 끊는다. 청년들의 자살은 점점 늘고 있다. 열다섯 살에서 스물네 살 사이 미국인의 사인 (死因) 중에서 자살은 3위다. 이 그룹에서 왜 자살이 증가하고 있는지에 대해서는 의견의 일치가 이루어지지 않은 상태다. 조지 하우 콜트의 말을 들어 보자. "청년층에서 자살이 '유행'처럼 번지는 데 대한 설명은 무수히 나와 있다. 미국인의 도덕성 해이, 핵가족의 붕괴, 학교에서의 압박감, 또래가 주는 압박감, 부모가 주는 압박감, 부모의 무관심, 아동 학대, 마약, 알코올, 저혈당, 텔레비전, MTV, 대중음악(시대에 따라 록, 펑크, 헤비메탈 등), 문란한 성, 종교적 무관심, 폭력성 증가, 인종차별, 베트남 전쟁, 핵전쟁의 위협, 대중매체, 사회 부적응, 부의 증가, 실업, 자본주의, 과도한 자유, 권태, 자기 도취, 워터게이트 사건, 정치적 환멸, 영웅의 부재, 자살에 관한 영화들, 자살에 대한 논의가 너무 많은 것, 자살에 대한 논의가 너무 적은 것 등등."[79] 학업에 대한 기대가 높은 청년들은 성적이 자신이나 부모의 기대에 미치지 못하는 경우 자살하기도 하는데 실제로 성적이 좋은 학생들이 그보다 덜 야심적인 친구들에 비해 자살률이 높다.[80] 사춘기 호르몬의 급격한 증가 또한 청년기 자살과 밀접하게 관련되어 있다.

청년 자살자들은 죽음의 가혹한 현실을 알지 못하는 경우가 많다.[81] 그들 중 대다수가 죽음을 의식의 완전한 중단으로 믿지 않는 듯하다. 자살 열풍이 불었던 한 학교에서는 친구가 죽었는데 자신이 살아 있는 것이 이상하다며 따라 죽은 학생도 있었다. 내가 1999년에 찾았던 그린란드의 한 소도시에서도 한 학생이 죽자 연이어 여남은 명이 뒤를 따르는 기괴한 연쇄 자살 소동이 벌어졌다. 그중 한 학생은 자살하기 전날 앞서 간 친구가 그립다는 말을 했다고 했는데, 친구가 간 곳으로 가기 위해 스스로 목숨을 끊었을 가능성이 크다. 청년들은 또 자살 기도가 실제 죽음으로 이어지지는 않으리라고 믿기 쉽다. 이들은 다른 사람을 벌하기 위한 목적으로 자살 기도를 할 수도 있는데, 어렸을 때 어머니께서는 나의 태도를 흉내 내며 이렇게 풍자하고는 했다. "내가 벌레를 먹고 죽으면 엄마는 나한테 잘못한 걸 후회할 거예요." 그런 행동은 아무리 교묘한 속임수라 하더라도 도움을 청하는 외침이므로 그대로 간과해서는 안 된다. 자살 기도 전력이 있는 청년들에게는 어른들의 따뜻한 관심이 필요하며, 그들의 문제는 진짜로 심각한 것이므로 이유를 이해할 수 없다 하더라도 그 심각성을 받아들여야 한다.

청년기에도 자살이 빈번하지만 자살률이 가장 높은 그룹은 예순다섯 살 이상의 남성들이다.[82] 여든다섯 살 이상 된 백인 남성 그룹의 경우 자살자는 2000명당 한 명 꼴이다. 우리 사회에는 노인의 자살을 젊은이의 자살보다 덜 동정하는 유감스러운 경향이 있다. 그러나 죽음에 이를 정도의 절망은 남녀노소 불문하고 누구에게나 처절한 것이다. 나이가 들수록 죽음에 더 가깝게 다가서는 것은 분명한 사실이지만 그렇다고 노인에게 자기 파괴가 더 허용될 수는 없다. 우리는 노인의 자살이 이성적인 것이라고 여기는 경향이 있지만 사실 정신장애를 방치한 결과인 경우도 많다. 더욱이 일반적으로 노인들은 죽음에 대해 잘 이해하고 있다. 청년들은 다른 체험을 위해 삶에서 도피하는 자살을 하지만 노인들은 죽음을 최후의 상태로 본다. 그리고 이들은 자신이 무엇을 하는지 알고 있기 때문에 청년들보다 자살에 실패하는 경우가 훨씬 적다. 노인들은 치명적인 자살 방법을 택하며 사전에 자신의 의도를 남에게 알리는 일도 드물다.[83] 특히 이혼하거나 사별한 남성들의 자살률이 가장 높다.[84] 이들은 우울증에 걸려도 여간해서는 전문가의 도움을 구하지 않으며 자신의 부정적인 감정들을 쪼그라든 삶의 진정한 반영으로 여긴다.

이러한 명백한 자살의 경우 외에도 많은 노인들이 만성적인 자살 행동들을 하게 되는데, 먹기를 중단하거나 자신을 돌보지 않는 식으로 몸이 아주 무너지기도 전에 스스로 삶을 놓아 버리는 것이다. 노인들은 은퇴 후에 활동이 줄게 되며 많은 경우 가난과 낮은 사회적 지위로 인해 오락 활동도 그만둬 버린다. 그렇게 스스로 고립되는 것이다. 우울증이 악화되어 운동장애, 건강염려증, 망상증에 시달리면서 육체는 더욱 쇠약해진다.[85] 노인 우울증 환자의 절반 이상이 자살에 이르기 전에 부분적으로는 망상에 의한 신체 질환에 시달리며, 자신의 상태를 실제보다 더 무력하고 고치기 어려운 것으로 믿는 경우가 많다.[86]

자살은 실제 발생 건수보다 적게 보고되는데, 그것은 일부 자살자들이 자신의 행동을 위장하기 때문이기도 하고 유족이 가족의 자살을 인정하고 싶어 하지 않기 때문이기도 하다. 그리스는 세계에서 자살률이 가장 낮게 보고되는 나라들 중 하나로, 그것은 화창한 날씨와 느긋한 문화 때문이기도 하지만 자살자는 성지에 묻힐 수 없다는 그리스정교의 규율 때문이기도 하다.[87] 자살을 수치로 여기는 정도가 강한 사회일수록 자살의 보고가 적다. 그런 곳에서는 (가벼운 자살 성향 때문에 혹은 배짱이 좋아서) 아무렇게나 살다가 그로 인해 죽음에 이르는, 소위 무의식적인 자살이 많다. 자기 파괴적인 것과 자살의 경계선은 모호할 수도 있다. 분명한 보상 없이 자신의 붕괴를 추구하는 것은 자살의 원형이라 볼 수 있다. 일부 종교들에서는 적극적인 자기 파괴와 소극적인 자기 파괴를 구별하여 불치병 말기에 영양 공급을 중단하는 것은 비난하지 않으면서 약을 과다 복용하는 것은 죄로 여긴다. 아무튼 이 세상에는 우리가 생각하는 것보다 훨씬 많은 자살이 일어난다.

자살 수단은 흥미진진할 정도로 다양하다. 케이 재미슨이 『밤은 빠르게 찾아온다』에 소개해 놓은 색다른 자살 방법들은 다음과 같다.[88] 끓는 물 마시기, 빗자루 손잡이를 목구멍으로 밀어 넣기, 복부에 돗바늘 찔러 넣기, 가죽과 쇠 삼키기, 화산 분화구에 뛰어들기, 칠면조 꽁지를 목구멍에 밀어 넣기, 다이너마이트나 뜨거운 석탄이나 속옷이나 잠옷 삼키기, 자기 머리카락으로 목 조르기, 전기 드릴로 머리에 구멍 내기, 옷을 입지 않고 눈 속에서 돌아다니기, 바이스로 목 조이기, 스스로 목 베기, 혈관에 땅콩버터나 마요네즈 주사하기, 폭격기를 몰고 산 들이받기, 검은 독거미에 물리기, 큰 식초 통에 빠지기, 냉장고 안에 들어가서 질식하기, 염산 마시기, 폭죽 삼키기, 몸에 거머리 붙이기, 묵주로 목 조르기. 미국의 경우 가장 흔한 자살 방법은 총, 약, 목 매달기, 높은 곳에서 뛰어내리기 등이다.

나는 자살에 대한 환상이 강한 사람은 아니다. 물론 자살에 대해 자주 생각하고 우울증이 극에 달했을 때는 자살을 꿈꾸기도 했지만 그것은 대개 어린아이가 노년을 상상하듯 비현실적인 색채를 띠었다. 그러나 상황이 악화되면 자살에 대한 상상이 더 다양해지고 맹렬해지는 것도 사실이다. 나의 상상은 약 상자에 있는 약들과 금고에 있는 권총을 지나 손목을 그을 때 질레트 센서 면도날을 사용하는 게 나을지, 아니면 커터가 나을지 고심하는 데까지 이어졌다. 대들보가 목을 맬 올가미를 지탱할 만큼 튼튼한지 점검해 본 적도 있다. 자살 시간도 생각해 보았는데 집에 혼자 있는 시간이면 아무 때나 가능할 듯했다. 그런 기분에 젖어 운전을 할 때면 차를 몰고 절벽에서 떨어질까 하는 생각도 들지만, 에어백 때문에 실패할 가능성과 다른 사람들을 다치게 할 수 있다는 점을 고려하면 너무 복잡해서 포기하게 된다. 이것들은 모두 매우 진지한 상상이고 매우 고통스러울 수도 있지만 아직은 상상에 머문다. 나는 유사(類似) 자살이라고도 부를 수 있는 무모한 행동들을 한 적도 있고, 죽고 싶다는 생각도 자주 했다. 의욕에 넘쳐 있을 때 피아노를 배워 볼까 생각하듯 기분이 저조할 때는 자살이나 해 버릴까 생각하지만 그런 생각이 내 통제력을 벗어나거나 가능한 현실이 된 적은 없었다. 삶에서 벗어나고 싶었던 적은 있지만 나의 존재를 고갈시키고픈 충동을 느낀 적은 없었다.

만일 내 우울증이 더 심하거나 길었더라면 자살에 대해 더 전향적이기는 했을 테지만, 내 상황을 돌이킬 수 없다는 확실한 증거가 없는 한 스스로 목숨을 끊는 일은 없을 것이다. 자살은 현재의 고통을 덜어 주기도 하나 대부분의 경우 미래의 고통을 피하기 위한 수단으로 이용된다. 나는 친가 쪽으로부터 강한 낙관주의를 물려받은 데다 순전히 생화학적인 이유들까지 한몫 거들어 부정적인 감정들이 불변의 것이라는 느낌은 가져 본 적이 없다.(가끔은 그런 감정들을 견디기 힘들 때도 있지만.) 다만 우울증이 심각할 때 나를 찾아왔던, 미래가 없는 듯한 묘한 감정은 기억에 남아 있다. 나는 그때 타고 있던 작은 비행기가 이륙하는 동안에도 사고가 나서 죽든 무사히 목적지에 도착하든 아무 상관이 없었기 때문에 비정상적일 정도로 마음이 느긋했다. 그리고 닥치는 대로 어리석은 모험들을 했다. 독약이 앞에 있었더라면 마실 용의도 있었다. 나는 여러 차례 자살을 기도한 우울증 환자를 인터뷰한 적이 있는데 그 사람은 나에게 단 한 번도 손목을 그어 본 적이 없다면 진짜 우울증에 걸린 적이 없는 것이라고 했다. 하지만 나는 엄청난 고통을 겪고도 자살을 기도한 적이 없는 사람들을 알고 있다.

1997년 봄, 나는 난생처음 스카이다이빙을 하러 애리조나로 갔다. 스카이다이빙은 종종 유사 자살 행위로 간주되며 만일 내가 스카이다이빙 중에 목숨을 잃었더라면 나의 가족과 친구들은 그것을 내 기분 상태와 관련시켰을 것이다. 그러나 내게 그것은 자살 충동이 아닌 생명력이 넘치는 충동이었다. 내가 스카이다이빙을 했던 것은 기분 상태가 아주 좋고 그것을 할 수 있어서였다. 하지만 그때 나는 이미 자살을 꿈꾼 적이 있었기에 자기 소멸 앞에 놓인 장벽들을 무너뜨린 뒤였다. 그래서 비행기에서 뛰어내릴 때 죽고 싶은 생각은 없었지만 우울증을 겪기 전과 같은 방식으로 죽음을 두려워하고 있지는 않았고 그토록 철저하게 죽음을 피할 필요도 없었다. 나는 그 후 몇 차례 더 스카이다이빙을 하러 갔으며, 오랜 시간 비이성적인 공포에 시달려 온 터라 자신의 대담성에서 얻는 기쁨이 이루 헤아릴 수 없이 컸다. 비행기 문에 설 때마다 나는 진짜 공포로 아드레날린이 솟는 것을 느끼며, 그것이 진짜라는 것이 (진짜 슬픔처럼) 내게는 소중하다. 그런 감정들이 어떤 것인지를 상기시켜 주기 때문이다. 그다음의 자유 낙하, 하늘에서 내려다본 멋진 시골 풍경, 저항할 수 없는 무력감, 아름다움, 속도. 그리고 낙하산이 그곳에 있다는 유쾌한 발견. 낙하산이 펴지면 상승 기류로 인해 어디선가 나를 태양으로 데려다줄 천사가 나타나기라도 한 듯 갑자기 몸이 하늘로 솟구친다. 그러다 다시 천천히 떨어지기 시작하면 다차원의 침묵의 세계를 맛본다. 자신이 신뢰한 운명이 그 신뢰를 정당화해 주는 걸 발견한다는 건 멋진 일이다. 세상이 나의 가장 무모한 실험들을 견뎌 낼 수 있음을 발견하는 것, 떨어지고 있는 동안에도 세상의 품에 꽉 안겨 있음을 느끼는 것이 얼마나 큰 기쁨이었는지!

　내가 처음으로 자살에 대한 날카로운 인식을 갖게 된 건 아홉 살경이었다. 동생 급우의 아버지가 스스로 목숨을 끊는 사건이 발생했고 그 소식이 우리 집에까지 전해졌던 것이다. 그는 가족 앞에서 몇 마디 이상한 말을 한 다음 열린 창 밖으로 뛰어내렸고 그의 아내와 아이들은 여러 층 아래에 시체로 변해 있는 그의 몸을 보아야 했다. 그 사건에 대해 어머니는 이렇게 설명하셨다. "어떤 사람들은 도저히 해결할 수 없는 문제들을 갖게 되고 결국 더 이상 살 수 없는 지경에까지 이른단다. 인생을 헤쳐 나가려면 강해야 해. 생존자가 되어야 하지." 하지만 그때 내게 그 사건은 공포가 아니라 마치 포르노처럼 희한하고 매혹적이었다.

그리고 고교 2학년 때 내가 좋아하던 선생님 한 분이 권총으로 머리를 쏘아 자살했다. 그는 자신의 차 안에서 발견되었는데 옆에 성경책이 펼쳐져 있었다고 했다. 경찰은 펼쳐진 페이지도 확인하지 않고 성경책을 덮어 버렸다. 그 사건에 대해서도 저녁 식탁에서 이야기했던 기억이 난다. 그때까지만 해도 나는 가까운 사람을 잃은 경험이 없었기 때문에 선생님의 죽음이 자살이라는 사실보다는 처음 맞는 죽음 자체가 크게 다가왔던 듯하다. 우리는 그때 성경책의 어떤 페이지가 펼쳐져 있었는지 아무도 모르는 것에 대해 한탄했으며, 내 문학적 감수성은 생명의 소멸보다는 경찰의 부주의로 선생님의 생의 마감이 훼손된 것에 대해 더 고통을 느꼈다.

대학 1학년 때 내 여자친구의 전 남자친구의 전 여자친구가 학교 건물에서 뛰어내려 자살하는 사건이 일어났다. 나는 그녀를 직접 알지는 못했지만 그녀에게 연쇄적으로 상처를 준 사람들과 관련이 있었기에 그녀의 죽음에 대해 죄책감을 느꼈다.

대학을 졸업하고 몇 년 뒤에 아는 사람이 스스로 목숨을 끊었다. 그는 보드카를 한 병이나 마시고 손목을 그은 뒤 피가 천천히 나오는 것이 성에 안 찼는지 자신이 살던 뉴욕의 아파트 옥상에 올라가 뛰어내렸다. 나는 이 사건에 대해서는 충격이 컸다. 그도 그럴 것이 그는 가끔 나도 질투를 느낄 만큼 친절하고 이지적이고 잘생긴 남자였다. 당시 나는 한 지방 신문에 글을 기고하고 있었다. 그는 아침 일찍 철야 신문 판매대에서 신문을 사서 봤고 내가 책을 출간할 때마다 제일 먼저 전화해서 축하해 주었다. 그는 자신의 일에 대한 확신이 없는 것에 대한 고민을 피력하며, 나를 자신이 무슨 일을 하고 있는지 아는 사람이라고 부러워했다. 내가 그에게서 발견한 우울한 면은 그것뿐이었다. 그것만 빼면 그는 쾌활한 인물이었다. 그는 파티를 즐길 줄 알았고 멋진 파티들을 열었다. 그는 재미있는 사람들도 많이 알았다. 그런 사람이 왜 손목을 긋고 아파트 옥상에서 뛰어내렸을까? 자살 전날 그와 만났던 담당 정신과 의사도 속시원한 설명을 내놓지 못했다. 그럴 만한 이유가 있기는 했던 걸까? 그 사건이 일어났을 당시만 해도 나는 자살이란 것이 결함은 있어도 나름의 논리는 있을 것이라고 생각하고 있었다.

그러나 자살은 논리적이지 않다. 심각한 우울증과 힘겨운 싸움을 벌여 온 로라 앤더슨은 이렇게 썼다. "왜 항상 '이유'가 있어야만 해요?" 주어진 이유는 자살을 설명하기에 충분한 경우가 드물며 자살 사건의 단서와 원인, 종류를 찾아내는 일은 분석가와 친절한 친구들의 몫이다. 나는 자살 목록들을 읽으며 그 점을 알게 되었다. 자살 목록은 베트남 참전용사 기념비에 새겨진 이름들의 목록처럼 길고 가슴 아프다.(그리고 베트남전에서도 전투 중 전사한 군인들보다 자살자들의 수가 더 많았다.) 모두들 자살 직전에 모종의 외상을 겪었는데 남편에게 모욕을 당했거나 애인에게 버림받았거나 심하게 다쳤거나 병으로 사랑하는 사람을 잃었거나 파산했거나 자동차가 완전히 부서졌거나 하는 등등의 일이었다. 어떤 이는 어느 날 눈을 떴는데 깨어나고 싶은 마음이 들지 않았다고 한다. 어떤 이는 금요일 밤이 싫었다. 이들의 자살은 그런 추리의 뻔한 결과라기보다는 자살 성향이 있었기 때문이다. 의료계에서는 자살이 항상 정신 질환과 관련되어 있다고 주장하지만, 세상을 떠들썩하게 만들고 싶어 하는 대중매체는 종종 정신 질환이 자살에서 실제적인 역할을 하지는 않는다는 암시를 준다. 자살의 원인들을 알아내면 우리는 안전함을 느낀다. 이것은 심각한 우울증이 그것을 유발한 것의 결과라고 말하는 논리의 보다 극단적인 형태다. 그러나 여기에는 분명한 선들이 존재하지 않는다. 자살 성향이 어느 정도 강해야 자살 기도를 할 수 있으며, 어느 정도여야 실제 자살에 이를 수 있는 것일까? 전자가 후자로 변하는 경계선은 어디인가? 자살은 WHO가 내린 정의처럼 "치명적인 결과를 가져오는 자살적 행동"[89]일 수도 있겠지만 그것의 의식적, 무의식적 동기들은 무엇일까? 고의로 에이즈 바이러스에 노출되거나, 다른 사람을 자극하여 살인적인 분노를 느끼게 만들거나, 눈보라 속에 있는 등의 위험한 행동들은 유사 자살이라고 할 수 있다. 자살 기도는 의식적이고 집중적이고 매우 계획적이며 목표 지향적인 것에서부터 아주 가벼운 자기 파괴적 행동에 이르기까지 다양하다. 이에 대해 케이 재미슨은 "자살 행동에는 양면성이 있다."[90]고 썼다. 그리고 앨버레즈는 이렇게 썼다. "자살의 구실들은 대개 간접적인 것이다. 그것들은 기껏해야 남은 이들의 죄책감을 달래 주고 논리 정연한 사람들을 만족시키고 설득력을 지닌 분류들과 이론들을 추구하는 사회학자들에게 용기를 줄 뿐이다. 그것들은 큰 전쟁을 유발하는 사소한 국경 분쟁과도 같다. 사람이 스스로 목숨을 끊도록 만드는 진짜 동기들은 다른 곳에 있다. 구불구불한 미로와도 같은 모순된 내면세계, 대부분 우리에게 보이지 않는 그 세계에 속해 있다."[91] 알베르 카뮈는 이렇게 썼다. "신문에서는 종종 '개인적인 슬픔'이나 '불치병'을 자살의 이유로 드는데, 그럴듯한 설명이다. 그러나 그날 그 자포자기에 빠진 사람에게 친구가 무심하게 대하지는 않았는지 알아봐야 한다. 그러면 그 친구에게 죄가 있는 것이다. 무심한 말 한마디가 보류 상태에 있던 모든 원한들과 권태를 촉발시키기에 충분하기 때문이다."[92] 프랑스 비판 이론가 쥘리아 크리스테바는 자살 타이밍의 난해한 임의성에 대해 이렇게 설명했다. "배신, 치명적인 질병, 사고, 장애 등 우리를 정상인의 정상적인 범주에서 갑자기 밀어내는 것들, 사랑하는 사람에게 닥친 그런 일들…… 또 무엇이 있을까? 무수한 불운들이 날마다 우리를 짓누른다."[93]

에드윈 슈니드먼은 1952년 로스앤젤레스에 최초의 자살예방 센터를 열고 자살에 대해 생각할 수 있는 (이론적이기보다는) 실용적인 체계들을 마련하는 노력을 시작했다. 그는 자살은 사랑의 좌절, 통제력 상실, 자아상 훼손, 슬픔, 분노의 결과라고 주장했다.[94] "자살이라는 드라마는 극본이 마음을 갖고 있기라도 한 것처럼 자동적으로 쓰이는 듯하다. 사람들이 의식적으로든 무의식적으로든 자신의 마음을 숨기는 한 어떤 자살 예방 프로그램도 100퍼센트 성공적일 수 없다." 케이 재미슨도 마음을 숨기는 것에 대해 이렇게 한탄했다. "마음의 프라이버시는 넘을 수 없는 장벽이다."[95]

몇 해 전 대학 친구 하나가 스스로 목숨을 끊었다. 이 친구는 특이한 구석이 있었기 때문에 자살을 납득하기가 그래도 쉬운 편이었다. 그가 죽기 몇 주 전에 전화 메시지를 남겨 놓아 나는 그에게 전화를 걸어 점심이나 함께하려고 생각하고 있었다. 그러던 차에 친구들을 만났다가 그의 소식을 듣게 되었다. "요새 아무개랑 통화한 사람 없어?" 대화 중에 마침 그 친구를 생각나게 하는 이야기가 나와서 내가 물었다. 그러자 친구 하나가 대답했다. "소식 못 들었어? 그 친구 한 달 전에 목 매달아 죽었어." 무슨 이유인지 그 모습은 상상하기조차 끔찍했다. 그 친구가 손목을 그은 모습이나 높은 곳에서 뛰어내려 만신창이가 된 모습은 상상할 수 있었다. 그러나 대들보에 목을 매달고 시계추처럼 흔들리고 있는 모습은 도저히 상상할 수 없었다. 내가 전화를 걸어서 그를 점심 식사에 초대했다 해도 그를 구하지는 못했을 거라는 사실을 알면서도, 만일 그를 만났더라면 눈치라도 챘을 것이고 뭔가 방법을 강구했을지도 모른다는 생각을 떨치기 힘들었다. 이렇듯 자살은 주위의 모든 사람들을 죄책감에 빠뜨린다.

다음에는 아버지 회사 동료의 아들이 자살했다. 그리고 아버지 친구의 아들이 자살했다. 그리고 내가 아는 두 사람이 스스로 목숨을 끊었다. 친구들의 친구들도 목숨을 끊었다. 그리고 이 책을 쓰면서 형제, 자녀, 연인, 부모가 자살한 사람들의 이야기를 듣게 되었다. 사람들을 자살로 이끈 경로들을 이해하는 것은 가능하지만 실행 순간의 심리 상태, 최후의 행동을 취하는 데 필요한 도약은 이해할 수도 없고 무섭고 너무도 기묘해 그 사람에 대해 전혀 모르고 있었던 듯한 느낌이 든다.

이 책을 쓰면서 나는 많은 자살들에 대해 듣게 되었는데 그것은 내가 그런 세계와 접촉하게 되었기 때문이기도 하고, 내가 자살 문제에 대해 연구하는 걸 알고 사람들이 내게서 지혜로운 조언을 구했기 때문이기도 하다.(사실 나는 전혀 그런 걸 줄 처지가 아닌데도 말이다.) 앤도버 기숙학교 학생인 열아홉 살 크리시 슈미트도 그중 하나로, 급우가 기숙사 계단에서 목을 매어 자살하자 충격을 받아 내게 연락해 왔다. 자살한 남학생은 반장으로 선출되었다가 음주 행위가 적발되어 반장직을 박탈당했다. 그는 사퇴 연설을 했고 기립박수를 받았다. 그러곤 스스로 목숨을 끊었다. 그 남학생은 크리시와는 안면 정도만 있는 사이였지만 그녀가 이따금 자신과는 거리가 멀다고 느끼는 매혹적인 인기 학생들 가운데 하나였다. 크리시는 이메일에 이렇게 썼다. "그 소식을 듣고 15분 정도 도저히 믿을 수 없어 하다가 하염없이 울었어요. 여러 감정들이 한꺼번에 몰려왔어요. 그토록 빨리 자발적으로 끊어 버린 생명에 대한 말로 표현할 수 없는 슬픔, 술 마신 걸 갖고 그렇게 법석을 떤 고지식한 학교에 대한 분노, 그리고 무엇보다 나 자신도 기숙사 계단에서 목을 맬 수 있다는 두려움. 학교에서 인기를 독차지했던 남학생도 그토록 힘들어했는데 나는 왜 자신만 의기소침하고 비참하다고 느꼈을까요? 그가 그토록 괴로워하고 있었던 걸 도대체 왜 아무도 몰랐을까요? 나는 2학년 내내 인생에 대한 좌절감과 절망적인 슬픔에 젖어서 기숙사 방에 누워서 지냈죠. …… 그렇지만 아직 나는 살아 있어요. 그리고 나는 자신이 그 최후의 단계를 밟지 않으리란 걸 알고 있어요. 정말로요. 하지만 그것이 가능성의 영역에 존재한다는 건 느끼게 되었죠. 스스로 인생을 포기하는 그 최후의 단계로 우리를 떠미는 건 무엇일까요? 대담함? 병적인 일탈? 고독?" 그리고 이튿날 이런 내용을 덧붙였다. "그의 죽음은 그런 의문들을 되살아나게 만들었죠. 그런 의문들에 대한 답을 얻을 수 없는 것이 지금의 나에게는 견딜 수 없는 슬픔이에요." 그런 것이 바로 남아 있는 사람들이 겪는 재앙이다. 남은 이들은 자살자를 잃게 된 것뿐만 아니라 그를 설득할 기회를 잃게 된 것, 그와 마음을 나눌 기회를 잃게 된 것에 고통을 겪는다. 자살자의 마음을 알아주지 못했던 것은 주위 사람들에게 더할 수 없는 아쉬움으로 남는다. 자살자의 부모는 자식의 마음을 알지 못했던 것이 한이 되고, 자신의 사랑에 어떤 결함이 있었기에 그런 일을 겪게 되었고 자신이 어떤 말들을 해 주었어야 했는지 고민하게 된다.

그러나 자살의 외로움은 그 어떤 말로도 달랠 수 없다. 케이 재미슨은 기분뿐 아니라 생각까지도 혼란에 빠졌을 당시 자살을 기도했던 고통스러운 이야기를 이렇게 전하고 있다.[96] "다른 사람들로부터 아무리 많은 사랑을 받아도(실제로 나는 많은 사랑을 받고 있었다.) 도움이 되지 않았다. 애정이 넘치는 가족과 근사한 직업도 내가 느꼈던 고통과 절망을 극복하게 해 주기에는 역부족이었다. 불꽃처럼 타오르는 열정적인 사랑도 마찬가지였으리라. 살아 있는 것, 따뜻한 것은 나의 딱딱한 껍질을 뚫고 들어올 수 없었다. 내 삶은 혼란 그 자체로 여겨졌고 가족도, 친구들도, 내 환자들도 내가 없어지면 더 잘살 수 있으리라는 확신이 들었다. 어차피 진정한 나는 얼마 남아 있지도 않았거니와 내가 죽으면 에너지 낭비와 부질없는 선의의 노력을 하지 않아도 될 테니까." 자신이 남들에게 짐이 되고 있다고 믿는 건 흔한 일이다. 한 남자는 다음과 같은 유서를 남기고 자살했다. "곰곰 생각해 봤는데 살아 있는 것보다는 차라리 죽는 것이 친구들과 친척들을 덜 괴롭히는 것이라는 판단이 들었다."[97]

나는 커다란 불행에도 자살 성향으로 기울지는 않지만 이따금 우울증 상태에서는 사소한 일에도 압도당하고 터무니없는 감정을 느낀다. 예를 들어 부엌에 설거지거리가 잔뜩 쌓여 있는데 설거지할 기운이 없으면 그냥 죽어 버릴까 하고 생각한다. 또 기차가 달려오는 걸 보면 뛰어들고 싶어지기도 한다. 하지만 내가 미처 마음의 결정을 내리기도 전에 기차는 이미 역에 들어와 있다. 이런 생각들은 마치 백일몽과도 같고 터무니없는 것이란 걸 나도 안다. 하지만 그것들은 엄연히 존재한다. 나는 그런 식으로 죽고 싶지는 않지만 자살이 모든 일들을 간단하게 만드는 것은 사실이다.(좀 어이없는 방식이지만.) 자살한다면 지붕을 고칠 필요도 없고 잔디를 깎을 필요도 없고 샤워를 할 필요도 없다. 아, 다시는 머리를 빗지 않아도 되는 그 호사를 상상해 보라. 나는 자살 성향이 강한 사람들과 대화를 나눠 본 결과 자주 자살 기도를 하는 사람들은 내가 우울증의 암흑 속에서 느꼈던 완전한 절망보다는 이런 식의 감정을 느낀다고 믿게 되었다. 그것은 문득 떠오르는 탈출구다. 그것은 불행한 상황에서 떠오르기는 하지만 반드시 우울한 감정인 것은 아니다. 나는 우울증을 죽이고 싶지만 결국 그것으로 고통받는 자신을 죽이는 것 외에는 방법이 없는 상황의 심정을 알고 있다. 낭만적인 서정시인 에드나 밀레이는 이렇게 썼다.

> 그렇다면 고통이여, 나 진정 평생을
> 너와 함께 살아야만 하는가? 불과 침대를 공유하며
> 오, 무엇보다 끔찍한 것은…… 머리까지 공유하면서?
> 내가 음식을 먹는 것은 너를 먹이기도 하는 것이면서?[98]

고통을 키우는 것은 견딜 수 없을 만큼 사람을 지치게 만들며, 그 권태로운 무력감과 고통으로부터 분리될 수 없다는 현실은 자신을 구하는 것보다 고통을 죽이는 것이 더 중요하다는 생각을 줄 수도 있다.

나는 이 책을 쓰면서 많은 자살 미수자들과 만나 이야기했는데 그중 한 사람이 특히 나를 놀라게 했다. 나는 그가 자살을 기도한 다음 날 병원에서 그를 만났다. 그는 성공한 매력적인 남자로 미국의 해변 도시의 멋진 교외 지역에서 아내와 행복하게 살면서 유명한 레스토랑의 주방장으로 일하고 있었다. 그는 주기적인 우울증을 겪어 왔는데 두 달 전부터 더 이상 항우울제를 먹지 않아도 되겠다는 생각으로 복용을 중단했다고 했다. 그는 약의 복용을 중단한다는 사실을 아무에게도 말하지 않았지만 몇 주간에 걸쳐 적절하게 복용량을 줄여 갔다. 그러고도 며칠 동안은 멀쩡했지만 다른 우울증 증세들과는 무관하게 자살에 대한 생각들이 반복적으로 분명하게 떠오르기 시작했다. 그는 일은 계속했지만 자꾸만 마음이 자살 생각으로 흘렀다. 그러다 마침내 자기 딴에는 그럴듯한 이유로 차라리 자신이 없어지는 것이 이 세상을 위해 좋은 일이라는 결론에 이르게 되었다. 그는 자살을 염두에 두고 주변 정리를 시작했다. 그리고 어느 오후 타이레놀 두 병을 삼켰다. 약을 반쯤 삼킨 뒤 그는 직장에 있는 아내에게 전화를 걸어 작별 인사를 했다. 아내도 자신의 결심을 이해해 주고 반대하지 않으리라는 확신이 들어서였다. 아내는 처음에는 농담인 줄 알았다가 곧 아니라는 걸 깨달았다. 그는 전화 통화를 하면서도 아내 모르게 약을 한 줌이나 먹고 있었다. 아내가 만류하자 화가 난 그는 작별 인사를 하고 수화기를 내려놓았다. 그러곤 남은 약을 삼켰다.

　30분도 안 되어 경찰이 도착했다. 자신의 계획이 좌절될 위험에 처한 것을 안 그는 밖으로 나가서 태연하게 경찰들을 맞았다. 그는 아내가 좀 실성해서 자신을 괴롭히려 허위 신고를 한 것이라고 설명하며 경찰들을 돌려보내려 했다. 그는 한 시간 정도만 더 있으면 타이레놀이 자신의 간 기능에 장애를 일으킬 것임을 알고 있었기 때문에(신중한 조사 뒤에 벌인 일이었던 것이다.) 만일 경찰을 돌려보내지 못한다면 시간이라도 끌기로 작정했다. 그는 경찰들에게 차를 권하며 물을 끓였다. 그의 태도가 어찌나 차분하고 설득력이 있던지 경찰들도 깜빡 속아 넘어갈 정도였다. 그렇게 그는 시간을 좀 끌었지만 자살 기도 여부를 확인하기 위해 부득이 응급실로 호송할 수밖에 없다는 경찰들에게 끝까지 저항할 수는 없었다. 결국 그는 아슬아슬한 순간에 위 세척을 받았다.

그는 내가 꿈 이야기를 할 때 간혹 그런 것처럼, 즉 자신이 적극적인 역할을 맡고 있음에도 그 의미를 알지는 못하는 태도로 자살 사건의 전모를 들려주었다. 그는 위 세척에서 회복되고 있는 중이었고 매우 혼란스러운 상태였지만 조리 있게 자신의 생각을 말했다. "내가 왜 죽고 싶어 했는지 모르겠어요. 하지만 어제는 그것이 옳은 일이라는 확신이 있었지요." 우리는 세세하게 되짚어 보았다. "내가 없어지면 이 세상이 더 나은 곳이 되리라고 판단했던 거지요. 줄곧 생각을 하다가 내가 죽으면 아내도 해방되고 레스토랑을 위해서도 좋고 나도 구원될 거라는 결론에 이른 거지요. 정말 이상한 건, 그때는 너무도 현명하고 멋진 아이디어 같았다는 거예요."

그는 그 멋진 아이디어가 성공하지 못한 데 대해 대단히 안도하고 있었다. 그날 병원에서 본 그의 모습이 행복해 보였다고는 말할 수 없지만 자신이 비행기 추락 사고의 생존자 못지않게 죽음 직전까지 갔던 걸 두려워하고 있음은 분명했다. 부인이 곁을 지키고 있었는데, 그는 아내를 사랑하며 아내가 자신을 사랑한다는 걸 안다고 했다. 그는 자신의 일도 사랑했다. 어쩌면 그가 죽음을 준비하면서 유서를 남기는 대신 아내에게 전화를 걸었던 것은 모종의 무의식 작용이었는지 모른다. 그러나 그런 무의식이 존재했다 하더라도 그의 의식에는 아무런 흔적도 남기지 못했으므로 그에게는 거의 위로가 될 수 없었다. 담당 의사에게 그를 얼마 동안 입원시킬 것인지 물었더니 그를 자살에 이르게 한 그릇된 논리를 밝혀내고 혈중 약물 농도가 안정될 때까지 계속 병원에 있게 하는 것이 좋겠다고 했다. "오늘은 당장 퇴원해도 될 정도로 건강해 보일지 몰라도 엊그제는 병원에 올 필요가 없을 정도로 건강해 보였을 테니까요." 의사의 말이었다. 나는 그에게 다시 자살을 기도할 것인지 물었다. 그것은 다른 사람의 미래를 예언해 달라는 말과도 같았다. 그는 창백하고 당황한 얼굴로 나를 바라보며 고개를 저었다. "그걸 어떻게 알겠습니까?"

그가 보인 당혹감과 정서적인 좌절은 자살 성향을 지닌 이들에게 흔한 현상이다. 여러 차례 자살을 기도했던 위스콘신에 사는 조엘 P. 스미스는 내게 이런 내용의 글을 보내왔다. "나는 혼자입니다. 내가 아는 많은 우울증 환자들이 일자리와 가족과 친구들을 잃고 혼자 쓸쓸히 지내지요. 나는 자살 성향을 갖게 되었습니다. 내 최후의 수호자인 나 자신이 의무를 저버린 것은 아니지만 그것보다 훨씬 더 위험한 상황이에요. 파괴의 대리자가 되었으니까요."

우리 어머니가 자살한 건 내가 스물일곱 살 때였는데 당시 나는 그 자살의 이유들을 이해하고 믿었다.[99] 어머니는 암 말기였다. 사실 나는 아버지, 동생과 함께 어머니의 자살을 도왔으며 그 과정에서 어머니와 강한 친밀감을 나누기까지 했다. 우리 모두 어머니의 선택이 옳다고 믿었다. 유감스럽게도 합리적인 의사 결정을 믿는 많은 이들이(『최후의 비상구(Final Exit)』의 저자인 데릭 험프리와 잭 케보키안[환자를 안락사시킨 죄로 2급 살인죄 판결을 받은 의사]도 이에 속한다.) 합리적인 것은 "간단하다"고들 생각한다. 그러나 어머니의 자살이라는 합리적인 결정에 이르는 과정은 쉽지 않았다. 그것은 혼란스럽고도 느린 과정으로 결혼에 이르는 사랑의 체험들처럼 너무도 개인적이다. 나는 어머니가 자살한 것을 존경하고 그 정당성을 믿지만 그럼에도 어머니의 자살은 내 인생에서 대격변이라 부를 만한 사건이었다. 그 일이 너무도 고통스러워서 나는 여간해서는 그것에 대해 자세히 생각하거나 이야기하지 않는다. 어머니가 자살한 사실을 군이 감추지 않지만 그 실체는 내 마음속에 든 가시와도 같아서 내가 움직일 때마다 상처를 입힌다.

　운동가들은 "합리적인" 자살과 기타 자살들을 지나칠 정도로 신중하게 구분한다. 그러나 자살은 자살이다. 자살은 속단의 결과이고, 슬프며, 모든 사람들에게 어느 정도는 해롭다. 자살이라는 사차원적 연속체의 양극에 자리 잡은 최악의 자살과 최선의 자살은 본질에서보다는 정도의 차이가 크다. 합리적인 자살은 항상 인기를 누려 왔지만 한편으로는 우리를 겁에 질리게 한다. 도스토예프스키의 『악령』에서 화자는 사람들이 신념 때문에 자살하는지 묻는다. 그러자 키릴로프는 이렇게 대답한다. "그런 경우도 많지요. 하지만 편견 때문인 경우가 더 많아요. 훨씬 더."[100] 우리가 합리적인 자살에 대해 이야기하며 그것을 비합리적인 자살과 구분하는 것은 자신이나 사회의 편견들을 드러내는 것이다. 우리는 관절염에 시달리는 것이 싫어서 자살하는 사람은 자살 성향을 지닌 것으로 보고 암으로 고통스럽고 존엄하지 못한 죽음을 맞게 될 것을 견딜 수 없어서 자살하는 사람은 매우 합리적으로 여기는 듯하다. 최근 영국에서는 당뇨성 거식증 환자에게 병원에서 억지로 음식을 먹이고 인슐린을 주사할 수 있도록 하는 법원 판결이 내려졌다.[101] 그러나 문제의 환자는 꾀를 내어 자신이 맞을 인슐린을 우유 탄 물로 바꿔치기했고 그 결과 곧 혼수상태에 이르렀다. 그녀를 맡고 있던 치료사는 이렇게 물었다. "그건 거식증일까요, 아니면 자살 행동일까요? 아니면 유사 자살일까요? 아무튼 심각한 우울증과 분노에서 나온 행동임에는 분명하지요." 그렇다면 바로 죽음에 이르는 것은 아니지만 비참한 병을 갖고 있는 사람들의 경우는 어떤가? 알츠하이머병이나 루게릭병으로 자살하는 것은 합리적일까? 아무리 치료를 받아도 불행에서 벗어나지 못하는 말기의 정신 상태에서 하는 자살은 합리적이라고 할 수 있을까? 이 사람에게 합리적인 자살이 저 사람에게는 비합리적인 것이 될 수 있으며 모든 자살은 비참한 것이다.

　나는 펜실베이니아의 어느 병원에서 그 정도면 죽고 싶을 만도 하다고 여겨지는 십 대 후반의 청년을 만났다. 그는 한국에서 태어나 길에 버려졌으며 굶어 죽기 직전에 발견되어 서울에 있는 고아원에 수용되었다가 여섯 살 때 미국 부모에게 입양되었는데, 알코올중독자였던 양부모는 그를 몹시 학대했다. 열두 살 때 그는 주 정부의 보호를 받게 되었고 나와 만났던 정신병원으로 보내졌다. 그는 소아마비로 하체를 쓸 수 없었고 말을 하는 것조차 커다란 고역이었다. 병원에 입원하고 5년 동안 그는 온갖 항우울제와 전기충격 치료를 비롯하여 인간에게 알려진 모든 치료를 받았지만 비참하고 고통스러운 상태에서 벗어날 수 없었다. 그는 이미 아동기 후반부터 무수히 자살 기도를 해 왔지만 시설의 보호를 받고 있었기에 번번이 실패로 끝났다. 게다가 폐쇄병동에서 휠체어 신세를 지고 살았기 때문에 자살에 성공할 만한 프라이버시를 갖기도 힘들었다. 굶어 죽으려고도 해 봤지만 의식을 잃고 쓰러지자 병원에서 영양주사를 놓아서 살려 냈다.

그는 신체적인 장애로 인해 말을 하는 것이 무척이나 힘들었지만 이성적인 대화 능력은 완벽했다. 그가 내게 말했다. "나는 살아 있는 게 유감스러워요. 여기서 이런 식으로 있고 싶지 않아요. 이 세상에 있는 게 싫어요. 내게는 삶이란 게 없어요. 좋아하는 것들도, 내게 기쁨을 주는 것도 없어요. 내 인생은 이런 식이죠. 이 병원 9동 위층에서 이곳 1동으로 왔어요. 9동보다 나을 게 없어요. 몸이 이런 것도 고통스럽고. 나는 이곳 사람들과 말을 안 해요. 그들은 그들끼리 어울리면 되니까. 우울증 때문에 약을 많이 먹었어요. 아무래도 약이 안 듣는 것 같아요. 위층에서 역기도 들고 컴퓨터도 해요. 그나마 내 처지를 잊고 몰두할 수 있는 일들이죠. 하지만 그것으로는 충분하지 않아요. 내 처지는 절대로 바뀌지 않을 거예요. 자살하고 싶은 마음은 영원히 사라지지 않을 거예요. 손목을 그으면 기분이 좋아요. 내 피를 보는 게 좋아요. 그러다 잠이 들죠. 그리고 깨어나면 이렇게 말하죠. '염병할, 깨어났잖아.'" 소아마비를 앓은 많은 이들이 풍요롭고 만족스러운 삶을 영위한다. 그러나 이 청년은 정신적으로 너무도 많은 상처를 받고 너무도 격한 적개심을 품고 있어서 많은 사랑을 받을 수도 없고 설사 사랑을 받는다손 치더라도 그것을 받아들이지도 못할 것이다. 그는 자신을 돕는 몇몇 사람들과 나에게 마음을 열고 다가왔지만 그의 자살을 도와줄 영웅적인 인물을 아직 만나지 못했으며, 이 세상에는 매 순간 자신의 삶에 대항하여 싸우는 그와 같은 사람들에게 헌신할 이타적인 이들이 충분히 많지 않다. 그 청년의 인생은 육체적인 고통이고 정신적인 고통이며 육체적인 무능력이고 정신적인 어둠이다. 내게는 그의 우울증과 자살 욕구가 고치기 어려운 것으로 보이며, 그가 손목을 그을 때마다 다시 살려 내고 그가 먹기를 거부할 때마다 주사를 꽂을 책임을 맡지 않은 것이 다행스럽다.

다른 병원에서는 여든다섯 살의 노인 환자를 만났는데, 아내가 간암에 걸리자 바르비투르산염을 먹어 동반 자살을 기도했다고 했다. 그들은 결혼 61년째로 죽음도 함께 맞겠다고 약속한 사이다. 아내는 죽고 그는 살아났다. 그를 맡은 젊은 정신과 의사가 내게 말했다. "저 환자의 우울증 치료를 맡게 되었지요. 늙고 병들고 아내가 죽고 자살이 실패로 끝난 것에 대해 우울증에 걸리지 않도록 약을 주고 심리치료를 하지요. 벌써 6개월째인데 똑같은 상태예요. 저렇게 10년을 살 수도 있지요. 나는 우울증을 치료하는데 그의 병은 그런 우울증이 아닙니다."

테니슨의 시 「티토노스」는 그런 노년의 절망을 노래하고 있다. 티토노스는 새벽의 여신 에오스의 연인이었는데 에오스는 제우스에게 그를 영원히 살게 해 달라고 청했다. 제우스는 그 청을 들어주지만 에오스는 그만 영원한 젊음을 부탁하는 것은 잊고 만다. 그리하여 죽을 수 없게 된 티토노스는 죽지 않고 영원히 늙어 가기만 했다. 그는 죽기를 갈망하며 옛 연인에게 이렇게 말한다.

그대의 장밋빛 환영이 차갑게 나를 적십니다.

그대의 빛들은 차갑고

그대의 희미하게 빛나는 문지방 위의 내 주름진 발도 차갑

습니다.

죽을 수 있는 행복한 사람들의 집 근처 어스레한 들판과

그보다 더 행복한 죽은 이들의 풀이 우거진 무덤들에서는

열기가 피어오르는데.[102]

페트로니우스의 이야기에 등장하는 쿠마이의 무녀도 영원한 젊음은 얻지 못한 채 영원히 살게 된 여자로, T. S. 엘리엇의 「황무지」의 절망적인 헌사를 장식한다. "아이들이 '무녀야, 넌 무얼 원하니?' 하고 물으면 무녀는 '나는 죽고 싶어.'라고 대답했다." 그리고 뉴잉글랜드에서 조용히 살았던 에밀리 디킨슨조차 점차 죽음으로 향하는 것에 대해 비슷한 결론을 지었다.

마음이 처음 청하는 것은 즐거움이고

그다음엔 고통으로부터의 해방,

그다음엔 고통을 가라앉히는 진통제,

그다음엔 잠드는 것,

그다음엔…… 그것이 그 재판관의 의지라면

죽을 수 있는 특권.[103]

우리 집에서는 어머니가 난소암에 걸리기 훨씬 전부터 안락사에 대한 논의가 있어 왔다. 1980년대 초에 가족 모두가 생전(生前)

유서[식물인간의 상태로 사는 것보다는 죽기를 원한다는 의사를 밝힌 유서]에 서명했으며, 네덜란드에서는 허용된 안락사가 미국에서는 금지되고 있는 것이 얼마나 야만적인 일인지에 대해 이야기했다. 그때 어머니는 지나가는 말로 이렇게 말씀하셨다. "나는 고통이 싫어. 만일 내가 고통밖에 남지 않은 처지가 되면 누가 나를 총으로 쏴줘." 우리 모두는 웃으면서 그러마 했다. 우리는 고통을 싫어했으므로 수명이 다하여 집에서 조용히 죽는 것이 최고의 죽음이라고 생각했다. 당시 젊고 낙관적이었던 나는 우리 가족 모두가 먼 미래에 그런 식으로 죽으리라고 생각했다.

그러다 1989년 8월에 어머니가 난소암 진단을 받았다. 병원에 입원한 첫 주에 어머니는 자살을 하겠다고 선언했다. 우리는 그 선언을 애써 무시했고 어머니도 특별히 고집을 세우지는 않았다. 그때 어머니는 암의 고통에 종지부를 찍겠다는 신중한 결정으로 그런 말을 했다기보다는(그때까지만 해도 아직 고통은 거의 없었다.) 앞으로 비참한 처지가 될 것에 대한 분노와 자신의 삶에 대한 통제력을 잃게 된 것에 대한 마음 깊은 곳으로부터의 공포를 표현한 것이었다. 실연당한 사람들이 고통스럽고 더딘 회복보다는 빠르고 쉬운 해결책을 택하는 것과 같은 심정으로 자살을 입에 담은 것이었다. 어머니는 자연에게서 받은 푸대접에 앙갚음하고 싶어 하는 듯했다. 예전처럼 멋진 삶을 영위할 수 없다면 차라리 더 이상 살지 않겠다고.

어머니가 고통스럽고 굴욕적인 화학요법을 받기 시작하면서 그 문제는 일단 관심 밖으로 밀려났다. 그리고 10개월 후 화학요법의 효과를 확인하는 개복 수술을 받았는데 우리가 바랐던 결과가 나오지 않아 2차 치료 처방이 내려졌다. 수술 후 어머니는 분노로 인해 오랜 시간 의식을 되찾기를 거부했다. 이윽고 입을 연 어머니는 분노의 말들을 쏟아냈고 다시 스스로 목숨을 끊겠다는 말을 했는데 이번에는 위협이었다. 우리의 항의는 면전에서 거부당했다. 어머니는 병원 침대에 누워서 이렇게 말했다. "나는 이미 죽었어. 그러니 너희가 사랑할 게 뭐가 있어?" 아니면 이렇게 훈계를 하기도 했다. "나를 사랑한다면 이 비참한 상태에서 벗어나도록 도와줘야지." 그나마 얼마 되지도 않았던 화학요법에 대한 신뢰를 완전히 잃고 만 어머니는 언제라도 준비가 되면 목숨을 끊을 수 있는 "약"을 구해 주지 않으면 고통스러운 치료를 받지 않겠노라고 협박했다.

　중병에 걸린 환자의 뜻은 거역하기 힘들다. 수술 후 어머니가 느꼈던 분노와 절망에는 답이 없었고 우리는 어머니의 요구를 들어줄 수밖에 없었다. 당시 나는 런던에 살고 있었는데 어머니를 보기 위해 격주로 집에 왔다. 예일대학교 법대에 다니던 동생 역시 기차에서 오랜 시간을 보내야 했다. 아버지는 회사 일을 제쳐 두고 집에 있었다. 어머니는 화목한 우리 가족의 중심이었고 우리 모두 어머니에게 매달려 있었다. 우리는 평소의 쾌활하면서도 진실한 태도와 무시무시하도록 엄숙한 태도 사이에서 갈팡질팡했다. 하지만 어머니가 평소 모습을 되찾아 가면서 자살에 대한 생각은(이미 공명을 일으키기는 했지만) 다시 희미해졌다. 2차 화학요법은 효과가 좀 있었고 아버지는 대여섯 가지 치료법을 찾아냈다. 어머니는 때때로 자살에 대한 암울한 말을 했지만 우리는 그런 생각을 하기에는 아직 너무 이르다고 계속해서 어머니를 설득했다.

　1990년 9월의 어느 바람 센 날 오후 4시에 나는 그날 나오기로 되어 있는 검사 결과를 확인하기 위해 전화를 걸었다. 아버지의 대답을 듣자 상황을 단박에 알 수 있었다. 아버지는 다른 방법을 찾기 전에는 당분간 지금의 치료를 계속해야겠다고 말했다. 나는 어머니가 어떤 방법을 찾을지 알고 있었다. 그래서 10월에 점심을 먹으면서 어머니가 절차상의 문제들은 모두 처리되었고 약을 갖고 있다고 말했을 때 새삼 놀랄 것도 없었다. 어머니는 병의 초기 단계에서는 화학치료의 부작용으로 참혹한 모습이어서 아버지만이 그런 모습에 용케 무감각할 수 있을 정도였다. 원래 미인이었던 어머니는 당신의 모습이 망가져 가는 것에(머리카락이 빠지고, 피부는 극도로 민감해져서 화장을 할 수 없고, 몸은 야위고, 피로로 눈가에는 검은 그림자가 생기고 계속 눈이 감겼다.) 몹시 고통스러워했다. 그러나 그 10월쯤에는 내가 어렸을 때인 1950년대에 지녔던 미국적인 미모와는 전혀 다른 창백하고 영묘하고 빛나는 아름다움을 띠기 시작했다. 어머니가 적극적으로 약을 구하게 된 건 자신이 죽어 가고 있음을 받아들인 뒤였고(그건 너무 이른 판단이었을 수도, 그렇지 않았을 수도 있다.) 일단 그런 사실을 받아들이자 어머니는 정신적, 육체적으로 빛을 발했다. 그리고 내게는 그 빛이 병에 의한 쇠락보다 더 강력해 보였다. 지금도 그날을 생각하면 다른 기억들과 함께 어머니가 다시 무척이나 아름다워졌던 사실이 떠오른다.

나는 점심을 먹으면서 어머니에게는 아직 시간이 많이 남아 있을 수도 있다고 주장했다. 그러자 어머니는 신중한 계획을 세우는 것이 당신의 인생 신조라며, 이제 약을 손에 넣었으니 종말에 대해 걱정하지 않고 남은 시간을 즐길 수 있게 되었노라고 말했다. 안락사는 시한부의 문제였고 나는 어머니께 그 시한을 언제로 생각하는지 물었다. "나을 수 있는 가능성이 조금이라도 남아 있는 한 치료를 계속할 거야. 회복 가능성은 없이 목숨만 부지하는 거라면 삶을 끝낼 거야. 때가 되면 모두 알겠지. 걱정 마라. 그전에는 먹지 않을 테니까. 그 안에는 남은 시간을 즐길 작정이다."

어머니는 약을 손에 넣어 진짜 견딜 수 없는 지경에 이르면 삶에 종지부를 찍을 수 있게 되면서 그동안 견딜 수 없었던 일들까지도 견딜 만해지는 듯했다. 그 이후 8개월은 죽음을 향해 나아가는 기간이기는 했지만 어머니에게는 병을 얻은 후 가장 행복한 시간이었고, 우리에게도(그때 우리가 겪었던 고통에도 불구하고, 아니 어쩌면 그것 때문에) 평생 가장 행복했던 시기 중 하나였다. 일단 미래가 결정되자 우리는 완전한 현재를 살 수 있었으며 그것은 전에는 아무도 체험해 보지 못했던 삶이었다. 물론 구토, 불쾌감, 탈모, 유착 등의 모든 증상들은 가혹하기만 했고 어머니의 입은 나을 줄을 모르는 커다란 상처 같았으며 잠깐 외출을 하려 해도 며칠씩 기력을 모아야 했고 거의 아무것도 먹지 못하고 알레르기에 시달리고 어떤 날은 포크와 나이프를 쓸 수 없을 정도로 몹시 손을 떨었지만, 그 고통스러운 화학요법이 갑자기 별것 아닌 것이 되었다. 그런 증상들은 어머니가 더 이상 참지 않기로 결심만 하면 사라지게 될 것이기 때문이었다. 그리하여 암이라는 병도 더 이상 어머니를 지배하지 못하게 되었다. 어머니는 원래 경탄할 만한 분이었지만 그 8개월 동안 내가 일찍이 다른 사람들에게서 보지 못했던 그런 사랑을 베푸는 일에 열중했다. E. M. 치오란은 『쇠락의 소사』에서 이렇게 쓰고 있다. "자살의 가능성은 우리가 고통받고 있는 세계에서 무한한 위안이 된다. …… 우리가 지닌 것 중에서 자살보다 큰 재산이 있을까?"104

나는 그 후 버지니아 울프의 유서를 읽게 되었는데 어머니가 세상을 하직할 때의 심정과 흡사해서 특히 감동적이었다. 버지니아 울프는 남편에게 이런 유서를 남겼다.

사랑하는 이에게,

당신이 내게 완전한 행복을 주었다는 말을 하고 싶어요. 그 누구도 당신처럼 그렇게 하지 못했을 거예요. 부디 믿어 주세요.

하지만 난 이것을 극복할 수 없으리란 걸 알아요. 당신의 인생만 낭비하고 있는 거죠. 내 광기 말이에요. 그 누구의 말도 나를 설득할 수 없어요. 당신은 내가 없어지면 일도 잘 하고 훨씬 더 잘 살 수 있을 거예요. 보세요, 글도 제대로 못 쓰잖아요. 그러니 내 생각이 옳지요. 내가 하고 싶은 말은, 이 병이 찾아오기 전까지는 당신과 내가 완벽하게 행복했다는 거예요. 모두 당신 덕이죠. 우리가 처음 만난 날부터 지금까지 당신은 더할 나위 없이 내게 잘해 주었어요. 그건 누구나 아는 사실이죠.

V.

내 글들을 모두 없애 주겠어요?105

버지니아 울프의 유서는 병에 대해 냉정하고 매우 분명하다는 점에서 강한 호소력을 지닌다. 치료법이 있는데도 그것을 찾지 못해서, 혹은 찾아보려는 노력도 하지 않고 스스로 목숨을 끊는 이들이 있다. 그리고 진짜 난치병을 앓고 있기 때문에 자살하는 이들도 있다. 내 경우에도 우울증에 걸렸을 때 그런 상태가 영원하리라

고 진정 믿었더라면 스스로 목숨을 끊었을 것이다. 버지니아 울프
의 경우처럼 내 병도 주기적인 것이고 그 주기들이 지나치게 절망
쪽으로 기울었다면 역시 죽음을 택했을 것이다. 버지니아 울프는
자신의 고통이 곧 지나가리란 걸 알고 있었지만 그것을 견디고 싶
지도 않았고 그것이 지나가기를 기다리고 싶지도 않았다. 기다림은
이제까지 견딘 것만으로도 충분하다고 생각했다. 그녀는 이런 일기
를 남겼다.

아, 그것의 시작이 다가온다. 가슴께에서 일렁이는 고통스
러운 파도처럼 공포가 나를 뒤흔든다. 불행하다, 불행하다! 가라
앉는다. 아아, 차라리 죽었으면. 멈춘다. 그런데 왜 나는 이런 느
낌에 시달리는 걸까? 파도가 밀려오는 걸 보자. 나는 바라본다.
실패. 그래, 간파했다. 실패, 실패. (파도가 밀려온다.) 파도가 부서
진다. 죽고 싶다! 내 삶이 몇 년 남아 있지 않기를 바란다. 이 공
포를 더는 견딜 수가 없다. (나를 덮치는 파도를.)
몇 차례나 갖가지 공포를 겪는다. 그러다 절정의 순간에는
고통이 강하게 남아 있는 것이 아니라 오히려 희미해지기 시작
한다. 나는 꾸벅꾸벅 존다. 그러다 흠칫 놀라 일어난다. 다시 파
도가! 그 불합리한 고통, 어떤 일에서 실패한 느낌.
이윽고 나는 최대한 냉정하게 바라보며 말한다. 이제 끝내
자. 더 이상은 싫다. 나는 논리적으로 생각한다. 행복한 사람들과
불행한 사람들에 대해 조사한다. 나는 파멸로 나아가겠다고 마
음을 다잡는다. 무턱대고 앞으로 나아간다. 장애물들이 쓰러지
는 걸 느낀다. 나는 상관없다고 말한다. 아무것도 문제될 것이 없

다. 나는 강경한 태도로 똑바로 나아가다가, 다시 잠이 들고, 반쯤 깨어, 파도가 밀려드는 걸 느끼고, 빛이 환해지는 것을 바라보며, 이번에는 아침 식사와 일광이 어떻게 그것을 극복할 것인지 궁금해한다. 모든 사람들이 이런 상태를 겪는 걸까? 난 왜 이토록 통제력이 약한 것일까? 이것은 신뢰할 만하지도 매력적이지도 않다. 내 삶을 낭비하고 고통스럽게 만드는 것이다.[106]

나는 세 번째 우울증 삽화를 겪을 때 그것이 얼마나 빨리 지나갈지 모르는 상태에서 동생에게 이런 글을 썼다. "한 해 걸러 한 번씩 이런 식으로 살아갈 수는 없어. 물론 목숨을 지탱하기 위해 최선을 다하겠지만. 총을 하나 사 뒀어. 충동적으로 삶을 끝내고 싶지 않아 친구에게 갖고 있어 달라 부탁했지. 우스꽝스럽지 않니? 자기 총으로 자살하게 될까 봐 겁이 나 다른 사람에게 맡기면서 내게 주지 말라고 당부하다니." 자살은 우울증에 대한 해결책이라기보다 불안 반응에 가깝다. 그것은 텅 빈 마음 상태에서의 행동이 아니라 고통스러운 상태에서의 행동이다. 불안의 육체적 증상들은 너무도 격렬해 육체적인 반응을 요구하는 듯하다. 침묵과 잠이라는 정신적 자살이 아니라 스스로 생명을 끊는 육체적인 것 말이다.

어머니는 생을 마감하기 위한 구체적인 준비를 해 나갔고, 신중한 계획에 따라 사는 것을 좋아하는 아버지도 정식 리허설이 그 일의 고통을 얼마간 미리 소진시켜 주기라도 할 것처럼 모든 과정을 재점검했다. 우리는 동생과 내가 어떻게 집에 오고, 어머니가 어떻게 항구토제를 복용하고, 하루 중 실행에 가장 좋은 시간이 언제인지에 대해 계획을 세웠고, 집에서 치를 장례식에 이르기까지 모든 구체적인 사항들을 의논했다. 우리는 어머니가 세상을 하직한 이틀 후 장례식을 치르기로 의견을 모았다. 파티나 가족 여행, 크리스마스 계획을 세울 때처럼 함께 머리를 맞대고 계획을 짰다. 우리는 그 일에도 다른 일과 마찬가지로 서로 의견을 교환하고 결정을 내릴 것들이 많다는 걸 알게 되었다. 어머니는 남은 몇 개월 동안 가족간의 불화를 모두 해결할 작정으로 가족 모두에게 분명한 감정을 보이는 일에 착수했다. 어머니는 우리를 얼마나 사랑하는지 말했고 그 사랑의 형태와 구조를 밝혔으며, 예전의 애증이 섞여 있는 감정에서 벗어나 분명한 태도로 우리를 받아들였다. 어머니에게는 친구들이 많았는데 한 사람씩 따로 작별할 시간을 마련했고 그 친구들 중에서 어머니의 계획을 아는 이는 거의 없었지만 한 사람 한 사람이 어머니에게 얼마나 소중한 존재인지를 확신시켰다. 그 기간 동안 어머니는 많이 웃었다. 따뜻하고 포용적인 어머니의 유머는 매월 어머니에게 고통스러운 치료를 하는 의사들과 어머니의 점진적인 소멸을 목격해 온 간호사들에게까지 전염되었다. 어느 날 오후에는 나를 데리고 아흔 살 되신 친척 할머니의 핸드백을 사러 가기도 했는데, 어머니는 그 바람에 사흘 동안이나 탈진 상태로 지내야 했지만 그 외출은 우리 두 사람에게 갱생의 기회가 되었다. 어머니는 내가 쓴 글은 모두 읽었으며 다른 사람에게서는 찾을 수 없는(그리고 전에 내 작품에 대해 보였던 통찰력보다 부드러워진) 예리함과 관대함이 섞인 비평을 했다. 어머니는 작은 물건들을 사람들에게 나누어 줬고 아직 나누어 줄 수 없는 큰 물건들은 나중에 나누어 주도록 조처했다. 또 집을 깔끔하게 해 놓고 떠나기 위해 가구들을 모두 새로 단장했고 묘비 디자인도 손수 골랐다.

우리는 어머니의 자살 계획이 현실이 되리란 사실을 조금씩 실감하고 있었다. 어머니는 우리 모르게 혼자 준비할까 생각도 해 봤지만 차라리 함께 준비했던 추억을 갖는 것이 아무것도 모르고 있다가 충격을 받는 것보다 나으리라 판단했다고 나중에 털어놓았다. 우리로서도 어머니와 함께하고 싶었다. 어머니의 생애는 타인들을 위한 것이었기에 우리는 어머니가 혼자 죽어 가는 것이 싫었다. 어머니가 지상에서 마지막 남은 몇 개월을 보내는 동안 가족 모두 앞으로 맞을 일을 알고 있는 상태에서 아무런 비밀 없이 끈끈한 가족의 정을 나눈다는 건 중요한 일이었다. 우리의 모의는 우리를 그 어느 때보다 가깝게 만들었다.

자살을 기도해 보았거나 다른 사람의 자살을 도와 본 적이 없다면 그것이 얼마나 어려운 일인지 상상할 수도 없을 것이다. 만일 죽음이 수동적인 일이라 그것에 굳이 저항할 필요가 없는 사람들에게 일어나고, 삶은 능동적인 일이라 날마다 거기 전념해야만 지속될 수 있다 치면 우리의 지구는 인구가 너무 많아서가 아니라 너무 적어서 문제가 될 것이다. 지독히도 많은 사람들이 끔찍한 절망 속에 살면서도 자살할 방법을 찾지 못해 못 죽는다.

어머니는 쉰여덟 살이 되던 1991년 6월 19일에 스스로 목숨을 끊기로 결정했다. 자살을 하려면 힘도 있어야 하고 병원에서는 불가능한 프라이버시도 필요한데 더 기다리다가는 너무 쇠약해져 뜻을 이룰 수 없게 될 것이기 때문이었다. 그날 오후 위장 전문의를 만난 어머니는 큰 암 덩어리들이 장을 막고 있다는 말을 들었다. 즉시 수술하지 않으면 음식을 소화시킬 수 없다는 것이었다. 어머니는 곧 수술 날짜를 잡겠다고 말한 뒤 대기실에서 기다리던 아버지에게 갔다. 그리고 집에 돌아와 나와 동생에게 전화를 걸었다. "나쁜 소식 이다." 어머니가 차분하게 말했다. 나는 그 말의 의미를 알았지만 차마 입에 담을 수 없었다. "때가 된 것 같구나. 집에 와야겠다." 우리가 계획한 그대로였다.

나는 도중에 동생에게 들러 동생을 태우고 집으로 향했다. 비가 억수같이 쏟아지고 있어 차들이 제 속도를 내지 못했다. 어머니의 흔들림 없는 차분한 음성(마치 우리에게 저녁을 먹으러 오라고 부르는 것처럼, 미리 계획한 일을 말할 때면 늘 쓰시던 그런 이성적인 어조였다.)이 모든 일을 간단하게 만들었다. 아파트에 도착해 보니 어머니는 분홍색 장미 무늬가 있는 잠옷에 긴 가운을 걸치고 맑은 정신으로 편안하게 기다리고 있었다. "조금이라도 먹는 게 좋을 거요. 그래야 약이 잘 내려가니까." 아버지가 말했다. 그래서 우리는 부엌으로 갔고 어머니가 영국식 머핀과 차를 준비했다. 며칠 전 밤에 어머니는 동생과 위시본 당기기[Y자형의 뼈를 잡아당겨 긴 쪽을 쥔 사람이 마음속으로 빈 소원이 성취된다는 게임]를 해서 이긴 적이 있었다. "그때 무슨 소원을 비셨어요?" 동생이 묻자 어머니는 미소 지으며 대답했다. "이 일이 조용히, 고통 없이 끝나기를 빌었지. 이제 소원을 이루게 되었구나." 어머니는 영국식 머핀을 내려다보며 말을 이었다. "내 소원은 잘 이루어지지." 바로 그때 동생이 쿠키 상자를 꺼내자 어머니는 특유의 다정한 야유가 담긴 어조로 말했다. "데이비드. 마지막이로구나. 쿠키를 접시에 담아 주겠니?" 그리고 내게는 현관을 장식하기 위해 시골에서 가져온 말린 꽃을 챙기도록 했다.

이런 형식들이 친밀감을 나타내는 행위가 되었다. 나는 자연적인 원인에 의한 죽음에는 특정한 자연적인 드라마가 존재한다고 생각한다. 갑작스러운 증상들과 발작들이 있고 그것들이 없을 때는 중단의 놀라움으로 인한 충격이 있다. 그러나 어머니의 죽음에는 갑작스럽거나 기대하지 못했던 것은 없었다. 그 드라마에는 드라마가 부재했고 누구도 그 숨 막히는 체험에서 자신의 성격에 맞지 않는 역할을 하지 않았다.

어머니의 침실에 모인 자리에서 어머니는 우리를 관여시킨 것에 대해 다시 사과했다. "그래도 어차피 세 사람은 모여야 하니까." 사과 뒤에 어머니가 덧붙인 말이었다. 어떤 물건이든 적절한 양만큼만 보관하는 것을 평생의 신조로 삼았던 어머니가 이번에는 세코날을 필요한 양보다 두 배나 갖고 있었다. 어머니는 침대에 앉은 채 이불에 세코날 마흔 알을 쏟았다. "약 먹는 건 신물이 나. 이 짓을 면하게 된 건 좋구나." 어머니가 비꼬아서 말했다. 그런 다음 2년 동안 암과 싸우면서 수천 알의 약을 먹어 온 것이 이 순간을 위한 연습이기라도 하듯 전문가의 솜씨로 알약을 삼키기 시작했다.(나도 이제는 항우울제를 한 줌씩 먹는 연습이 되어 있다.) 이불 위의 알약을 다 삼키자 어머니가 말했다. "이 정도면 될 거야." 어머니는 보드카를 한 잔 마시려 했지만 토할 것 같다며 포기했다. "병원에서 고통스러운 비명을 질러 대는 모습을 보는 것보다는 이 편이 낫지 않아?" 물론이었다. 그 모습은 아직 상상에 지나지 않고 지금의 모습이 현실이라는 점만 제외한다면 말이다. 이런 경우의 현실은 그 어떤 것보다도 고통스럽다.

우리에게는 45분 정도의 시간이 남아 있었는데 그동안 마지막으로 하고 싶은 말들을 했다. 어머니의 목소리는 조금씩 또렷함을 잃어 갔지만 나는 어머니가 하는 말을 분명히 알아들을 수 있었다. 그때부터 어머니의 죽음의 드라마가 시작되었다. 어머니는 점점 약에 취해 가면서 의식이 더 분명해져서 애초 계획했던 것보다 더 많은 말들을 하는 것처럼 보였다. 어머니가 우리를 바라보며 말했다. "너희는 세상에서 가장 소중한 아이들이었지. 너희를 낳기 전에는 그런 감정을 느끼게 될지 전혀 몰랐단다. 너희는 갑자기 내게로 왔어. 나는 자식을 위해서라면 목숨도 내놓겠다고 용감하게 말하는 어머니들에 대한 책들을 많이 읽었는데 내 심정이 바로 그랬어. 너희를 위해서라면 기꺼이 죽을 수 있었을 거야. 난 너희가 불행해지는 게 싫다. 너희가 불행할 때마다 내 가슴도 무너졌지. 내 사랑으로 너희들을 감싸서 세상의 모든 끔찍한 일들로부터 보호해 주고 싶었지. 너희를 위해 내 사랑으로 세상을 행복하고 즐겁고 안전한 곳으로 만들고 싶었지."

데이비드와 나는 어머니가 누운 침대에 앉아 있었다. 어머니는 잠시 내 손을 잡았다가 데이비드의 손을 잡았다. "내가 떠난 뒤에도 내 사랑은 남아서 너희를 감싸고 있다고 느끼기 바란다. 내 가장 큰 소망은 내가 너희에게 준 사랑이 평생 너희와 함께했으면 하는 거야."

그 말을 하는 어머니의 음성은 마치 시간의 저항을 받지 않는 것처럼 흔들림이 없었다. 어머니는 아버지를 보면서 말했다. "당신보다 먼저 떠날 수 있다면 몇십 년쯤은 기꺼이 포기할 수 있다고 생각하며 살았죠. 하워드, 당신을 먼저 보낸 후의 내 삶은 상상할 수조차 없으니까요. 당신은 내 인생이에요. 30년 동안 당신은 내 인생이었어요." 그러고는 나와 동생을 보면서 덧붙였다. "그리고 네가 태어났지, 앤드루. 다음에는 데이비드 네가. 그렇게 세 사람이 나를 진정으로 사랑해 주었지. 나도 세 사람을 사랑했고. 나는 그 사랑의 감동 속에서 살았지." 어머니는 나를 보면서(나는 울고 있었지만 어머니는 울지 않았다.) 가벼운 질책이 담긴 어조로 말했다. "내 죽음을 네 인생에서 대단한 사건으로 만드는 것으로 내게 조의를 표할 생각은 마라. 네가 이 엄마에게 표할 수 있는 최고의 조의는 예전과 다름없이 멋지고 알찬 삶을 살아가는 거야. 네가 가진 것을 즐겨라."

이제 어머니의 음성은 꿈결처럼 몽롱해져 갔다. "오늘 나는 슬퍼. 떠나야 하는 것이 슬퍼. 하지만 비록 이렇게 죽음을 맞지만 내 인생을 이 세상 누구의 것과도 바꾸고 싶지는 않아. 원 없이 사랑했고 원 없이 사랑받았고 너무도 멋진 시간을 보냈으니까." 그러고는 눈을 감았는데 우리는 그것이 마지막이구나 생각했지만 다시 눈을 뜨고 우리를 한 사람씩 차례로 보고는 아버지에게 시선을 고정시켰다. "나는 이 생에서 너무도 많은 것들을 추구해 왔지요. 너무도 많은 것들을. 그리고 언제나 천국은 이 방에, 세 사람과 함께 있었어요." 어머니의 음성은 고장 난 레코드판처럼 느렸다. 어머니는 어깨를 주물러 주고 있던 동생에게 말했다. "주물러 줘서 고맙구나, 데이비드." 그러고는 영원히 눈을 감았다. "캐럴라인!" 아버지가 불렀지만 어머니는 다시는 움직이지 않았다. 나는 총에 맞아 죽어 가는 사람을 본 적이 있었는데 그때 그 죽음은 그 사람에게 속한 것이 아니라 총과 그 순간에 속해 있다는 느낌을 받았었다. 그러나 어머니의 죽음은 어머니의 것이었다.

현대 미국 철학자 로널드 드워킨은 이렇게 썼다. "죽음에 대한 주권 행사가 가능한 것은 그것이 무(無)의 시작일 뿐만 아니라 모든 것의 종말이기 때문이기도 하다. 우리가 죽음에 대해 갖는 생각과 논의는(우리가 '존엄한' 죽음을 강조하는 것은) 삶이 적절하게 끝나는 것과 죽음이 우리가 살아온 방식을 저버리지 않는 것이 중요하다는 것을 보여 준다."[107] 나는 어머니의 죽음에 대해 다른 말은 할 수 없다 해도 그것이 어머니가 살아온 방식과 일치했다는 점은 말할 수 있다. 내가 예기치 못한 것은 그것이 나를 자살로 이끌 수 있다는 사실이었다. 릴케는 「진혼가」란 시에 이렇게 썼다. "우리 사랑하는 사람들은 이 한 가지만을 연습하면 된다. 서로를 보내 주는 것. 매달리기는 쉬우므로 연습이 필요하지 않다."[108] 그것을 진작 알았더라면 나는 어쩌면 우울증에 걸리지 않았을지도 모른다. 내 첫 우울증 삽화를 유발한 것은 어머니의 특이한 죽음이었으니까. 나는 자신의 우울증에 대한 취약성이 어느 정도였는지를 모르기 때문에 그런 쓸쓸한 체험을 하지 않았어도 우울증에 걸렸을 것인지에 대해서는 알 수 없다. 하지만 워낙 어머니에 대한 애착이 강했고 가족 간의 정이 끈끈했으니 어머니의 죽음에 잘 대처하기란 애초에 어려운 일이었을지도 모른다.

안락사는 존엄성을 지킬 수 있는 합법적인 죽음이기는 하지만 그래도 엄연한 자살이며, 일반적으로 자살은 세상에서 가장 슬픈 일이다. 만일 안락사를 돕게 되면 그것도 일종의 살인이 되며 자신이 살인을 했다는 사실을 견디며 살아가기는 쉽지 않다. 내가 읽은 안락사에 참여한 사람이 안락사에 관해 쓴 글 치고 변명서의 성격을 띠지 않은 것은 없었다. 자신이 안락사에 참여한 사실에 대해 글을 쓰거나 말하는 것은 면죄를 위한 변명일 수밖에 없다. 어머니가 돌아가신 후 부모님의 아파트 정리를 맡게 된 나는 어머니의 옷가지들과 개인적인 서류들과 소지품들을 추려 냈다. 욕실에는 가발 용품, 알레르기 치료용 연고들과 로션들, 수없이 많은 약병들 같은 불치병의 잔해들이 가득했다. 나는 약장 뒤쪽 구석에서, 비타민들과 진통제들과 위장을 가라앉히는 약들과 특정 호르몬들을 안정시키는 약들과 암과 공포의 공모로 잠을 이룰 수 없을 때 드시던 여러 수면제들 뒤에서, 판도라의 상자에 남은 마지막 선물과도 같은 세코날을 발견했다. 나는 바쁘게 약병들을 정리하다 세코날 병에 손이 닿자 동작을 멈추었다. 나 자신도 질병과 절망에 대한 두려움이 있었기에 그 약병을 주머니에 넣어 가져와 내 약장 맨 구석에 감추었다. 10월의 어느 날에 어머니가 했던 말이 기억났던 것이다. "약을 구했어. 때가 오면 할 수 있게 되었어."

어머니의 욕실을 치운 열흘 뒤 아버지의 전화를 받았다. "남은 세코날은 어떻게 된 거니?" 아버지의 노기등등한 물음에 나는 어머니의 이름으로 된 약은 모조리 버렸다고 거짓말을 했다. 그리고 아버지가 우울해 보여서 그 약을 아버지 손이 미치는 곳에 둘 수 없었노라고 덧붙였다. 그러자 아버지는 갈라지는 목소리로 말했다. "너는 그 약들을 버릴 권리가 없어." 긴 침묵이 흐른 뒤 아버지가 다시 입을 열었다. "나중에 나도 병들면 그때 쓰려고 남겨 둔 건데. 그러면 약을 구하려고 수고할 필요가 없잖아." 우리 가족은 어머니가 그 빨간 알약들 속에 계속 살아 있어서 어머니 생명을 끊은 그 독을 지니고 있으면 어머니에게 다가갈 수 있을 듯한 기분에 젖어 있었다. 남은 약을 먹을 계획을 세우는 것으로 어머니와 다시 연결될 수 있는 것처럼. 나는 자살의 전염성이 어떤 것인지를 이해하게 되었다.

어머니를 잃은 뒤 우리에게 한 가지 위안이 있었다면 어머니의 뒤를 따를 계획을 세우는 것이었다.

그러고서 몇 년의 세월이 흐른 뒤에야 우리는 그 방향을 거꾸로 돌릴 수 있었다. 내가 우울증에서 회복된 것은 아버지에게는 사랑과 지성과 의지력의 승리였다. 아버지는 어머니를 구하려는 노력에는 실패했지만 나는 구해 낼 수 있었다. 우리는 하나의 자살에 참여했고 또 하나의 자살을 피한 것이다. 나는 내 상황이 정신적으로나 다른 점에서나 자신에게나 주위 사람들에게나 개선의 여지가 있는 것으로 여겨지는 한 강한 자살 욕구를 느끼지는 않는다. 그리고 자살의 조건도 분명하다. 나는 우울증에 굴복하여 스스로 목숨을 끊지 않은 것에 대해 안도하며 심지어 자랑스럽기까지 하다. 필요하다면 다시 역경을 견딜 생각도 있다. 그러나 내 마음은 계획에도 없는 일상의 고난들에 대해서보다 자살에 대해서 더 잘 준비되어 있는 것도 사실이다. 일단 자살에 결심이 서면 정신적으로 더 이상 그것을 추구할 필요는 없다. 나는 친구에게서 총도 돌려받았고 세코날을 더 입수할 방법도 알아 두었다. 나는 어머니가 최후의 주권을 행사하면서 찾은 위안을 목격했기에 불행이 극에 달해서 회복이 불가능하고, 그리하여 안락사가 논란의 여지가 없는 논리를 갖게 되는 때가 언제인지를 안다. 정신 질환을 앓는 이의 자살과 육체적인 질병을 앓는 이의 자살을 동일시하는 것은 문제의 소지가 있지만 나는 그 두 가지가 놀라울 정도로 흡사하다고 생각한다. 어머니가 돌아가신 바로 다음 날 신문에 난소암 치료제가 나왔다는 소식이 실렸다면 끔찍한 일이었을 것이다. 만일 다른 질병은 없이 단순히 자살 성향이나 우울증만 있는 사람이 모든 수단을 강구해 보기 전에 스스로 목숨을 끊는다면 그것은 비극이다. 그러나 정신적인 한계점에 도달하고 자신이나 주위 사람들이 그런 삶이 너무도 끔찍하다는 걸 인정하게 되면 자살은 정당한 일이 된다. 그런 경우에는 더 이상 살지 않으려는 이의 뜻을 받아들이는 것이 주위 사람들의 의무다.

통제력과 자살의 문제는 충분히 밝혀지지 않고 있다. 내 어머니의 경우에도 통제력에 대한 집착이 자살의 동기가 되었으며, 실제로 그것은 다양한 상황에서 스스로 목숨을 끊는 많은 이들의 경우도 마찬가지다. 이 문제에 대해 앨버레즈는 이렇게 썼다. "자살은 결국 선택의 결과다. 자살 행동이 아무리 충동적이고 자살 동기가 아무리 뒤죽박죽이라 하더라도 스스로 생을 마감하기로 최종적인 결론을 내리는 순간에는 일시적인 명쾌함을 얻는다. 자살은 자신의 인생을 실패로 판정하는 파산 선고로 볼 수도 있다. 그러나 그것은 그 종국성으로 인해 완전히 실패라고는 할 수 없는 결정이다. 나는 죽기 위해서가 아니라 혼란에서 벗어나기 위해, 머리를 맑게 하기 위해 자살하는 부류도 있다고 믿는다. 이들은 방해받지 않는 현실을 스스로 만들기 위해, 혹은 무의식중에 자신의 인생에 부과한 망상과 필연성의 패턴을 극복하기 위해 고의적으로 자살을 이용한다."[109]

소련의 위대한 시인 오시프 만델슈탐의 아내 나데즈다 만델슈탐은 이런 글을 쓴 적이 있다. "전쟁 중이나, 수용소에서나, 공포의 시기에 사람들은 정상적인 삶을 살 때보다 죽음에 대해서(자살은 고사하고) 훨씬 덜 생각한다. 무시무시한 공포와 도저히 풀 수 없는 문제들의 압박이 특히 강할 때는 존재의 본질에 대한 일반적인 문제들은 힘을 잃게 된다. 일상의 현실적인 공포가 그토록 강렬한데 어찌 자연의 힘들과 존재의 영원한 법칙들에 대한 경외감에 젖어 있을 수 있겠는가? 그런 때에는 존재의 충만함이나 강렬함에 대해 보다 구체적인 용어로 말하는 것이 나으며, 그런 의미에서 우리가 필사적으로 삶에 매달리는 데는 사람들이 일반적으로 추구하는 것보다 더 심원한 만족이 들어 있을지도 모른다."[110] 소련에서 수용소 생활을 한 적이 있는 친구에게 이 글에 대해 말했더니 그도 수긍했다. "우리는 우리의 삶을 고통스럽게 만들고자 하는 사람들에게 대항했어. 스스로 목숨을 끊는 것은 패배하는 것이었기에 우리 대부분은 압제자들에게 그런 만족감을 주지 않기로 결심했지. 강한 사람만이 살아남을 수 있는 곳이었는데 우리는 그런 정신으로 살아남았어. 적들이 우리를 죽이고 싶어 했기 때문에 그들에 대한 증오와 저항심이 우리를 살아 있게 한 거야. 시련 속에서도 우리의 열망은 더욱 강해져 갔지. 우리는 수용소에 들어가기 전부터 다분히 침울한 인물들이었음에도 불구하고 그 안에서는 죽고 싶은 마음이 없었어. 그런데 수용소에서 나오자 상황이 달라졌지. 수용소에서 나와 사회로 복귀한 사람들 중에 자살자들이 드물지 않았어. 더 이상 대항할 것이 없게 되자 살아야 할 이유를 내부에서 찾아야 했는데 이미 자아가 황폐해진 사람들이 많았으니까."

　　나치 수용소에 대한 글을 남긴 프리모 레비는 이렇게 말했다. "대다수 사람들에게, 석방의 시간은 기쁘지도 마음이 가볍지도 않았다. 그들 대부분에게 자유는 파괴와 학살과 고통이라는 배경에서 주어졌다. 그들에게 다시 인간으로 돌아온다는 것은 책임을 의미했고 그러자 인간의 슬픔들이 다시 찾아왔다. 가족과 헤어지거나 가족을 잃은 슬픔, 만인이 겪는 고난, 회복 불가능한 극도의 피로, 잔해 속에서 (그것도 홀로) 처음부터 다시 시작해야 하는 어려움."[111]

원숭이나 쥐를 어미에게서 억지로 떼어 놓거나 좁은 곳에 한꺼번에 몰아넣거나 공포에 질리게 만들면 자해 행위를 하는 것처럼 인간에게도 절망을 표현하는 본질적인 형태가 있다. 그리고 사람이 자살 성향을 지니게 만드는 일들이 있는데 강제 수용소에서 저질러진 일들이 바로 그런 것들이었다. 일단 그 경계선을 넘으면 좋은 기분을 유지하기 어렵다. 강제 수용소 생존자들이 높은 자살률을 보인 것에 대해 수용소 생활을 견뎌 놓고 스스로 목숨을 끊다니 놀랍다고 하는 사람들도 있다. 그러나 내가 보기에는 놀라운 일이 아니다. 프리모 레비의 자살에 대해 여러 억측들이 나온다. 그가 자신의 남은 생에 대한 강한 희망을 피력했다는 점에서 그의 자살을 약물치료 탓으로 돌리는 이들이 많았다.[112] 그러나 나는 그의 내면에는 항상 자살 음모가 있었고 그에게는 수용소에서 구원된 데 대한 환희란 존재한 적도 없으며 그가 알게 된 공포에 필적할 만한 것은 없었으리라고 생각한다. 어쩌면 약이나 날씨 같은 것이 그에게 쥐가 제 꼬리를 물어뜯게 만드는 그런 충동을 일으켰을 수는 있겠지만 본질적인 충동은 수용소에서 공포를 겪은 이후 항상 그의 내면에 존재해 왔다고 생각한다. 체험은 유전을 간단히 물리치고 이런 작용을 할 수 있다.

사회적인 약자들 사이에서는 살인이 자살보다 흔한 데 반해 강자들 사이에서는 살인보다 자살이 많다. 일반적인 믿음과는 반대로, 자살은 우울한 정신이 취하는 최후의 수단이 아니다. 정신적인 붕괴의 최후 순간도 아니다. 실제로 병원에 입원 중인 환자들보다 퇴원한 지 얼마 안 되는 사람들의 자살 가능성이 더 높은데, 병원에서는 제약이 심해 자살을 실행하기가 어렵기 때문만은 아니다. 자살은 정신의 자기 반란이며 우울의 극에 이른 정신이 이해할 수 없는 복잡성을 지닌 이중적인 환멸이다. 그것은 자신을 저절로 해방시키기 위한 고의적인 행동이다. 날카로운 자기 인식이 있어야 그 인식의 대상을 파괴할 수 있으므로 온순한 우울증 상태에서는 자살을 상상하기도 힘들다. 자살은 지극히 약하거나 비겁한 행동이라기보다 그릇된 용기와 불행한 힘에 의한 행동이다.

내 어머니는 암 투병 중에 당시만 해도 신약이었던 프로작을 한 달 동안 복용했는데 그 약 때문에 감각이 마비되는 것 같다고 불만을 토로했다. 게다가 화학요법의 부작용들까지 겪고 있었기 때문에 신경이 곤두서서 무척 견디기 힘들어했다. "아까는 길을 가는데 문득 내가 죽어 가는구나 하는 생각이 드는 거야. 그다음에는 점심 식사 때 체리를 먹을까 배를 먹을까 생각했지. 그 두 가지 문제가 똑같은 것처럼 느껴졌어." 어머니는 우울할 만한 충분한 외적 원인이 있었고 확실한 것을 중요시하는 분이었다. 앞에서도 언급했지만 어머니는 가벼운 우울증을 겪었던 듯하며 내게 우울증 유전자가 있다면 그것은 어머니에게서 물려받은 것일 가능성이 크다. 어머니는 질서와 정돈을 중요시했다. 나는 정신분석 치료를 받을 때 어머니가 약속을 깬 일이 있었는지 열심히 생각해 보았지만 도저히 기억이 나지 않았다. 내가 기억하기로는 약속 시간에 늦은 적도 없었다. 나는 어머니가 그토록 철저했던 것은 물론 타인에 대한 배려 때문이기도 했지만 당신 안에 늘 존재하던 동경을 제한하기 위한 것이기도 했으리라 믿는다. 어렸을 때 나의 가장 큰 행복은 어머니를 기쁘게 해 드리는 것이었다. 그것은 쉽지 않은 일이었지만 나는 그것을 잘할 수 있었다. 돌이켜보건대 어머니는 언제나 슬픔으로부터 벗어나려 했던 듯하다. 어머니는 혼자 있는 걸 싫어했다. 어머니는 내게 그것은 당신에게 형제자매가 없기 때문이라고 말했다. 하지만 어머니의 고독의 저수지는 그 이유만으로 설명하기에는 너무 깊었다. 다만 가족에 대한 뜨거운 사랑으로 그것을 억제했을 뿐이며 그런 능력을 가졌던 건 어머니에게 행운이었다. 하지만 우울증은 어머니 안에 엄연하게 존재했다. 어쩌면 어머니가 모진 마음으로 자살을 준비할 수 있었던 건 바로 그 때문인지도 모른다.

자살은 당사자에게는 반드시 비극이라고 볼 수만은 없지만 남겨진 사람들에게는 너무도 이르고 갑작스러운 일이다. 죽을 권리를 비난하는 것은 학대 행위다. 우리는 누구나 자신의 인생에 대해 더 많은 통제력을 갖기를 원하며 타인의 삶의 조건들을 규정하면서 안전함을 느끼는 것이 사실이다. 하지만 그렇다고 인간의 가장 원초적인 자유를 금지할 수는 없는 일이다. 그러나 죽을 권리를 지지하면서 일부 자살들을 나머지 것들과 완전히 다른 것으로 구분하는 이들은 정치적 목적을 위해 거짓말을 하고 있는 것이다. 자신의 고통에 대한 한계를 정하는 것은 각자 마음이다. 그리고 다행히 대부분의 사람들은 그 한계를 높게 정한다. 니체는 자살에 대한 생각이 많은 이들을 밤의 암흑 속에서 살아남게 한다는 말을 남겼으며,113 나는 합리적인 자살을 인정할수록 불합리한 자살로부터 안전할 수 있다고 말하고 싶다. 이 순간을 넘기면 다음 기회에 얼마든지 자살할 수 있다는 사실을 알고 있으면 그 순간에 지나치게 압도되지 않고 견딜 수 있게 된다. 자살 성향은 우울증의 한 증세일 수도 있지만 우울증을 덜어 주는 요인이기도 하다. 자살에 대한 생각은 우울증을 견딜 수 있게 해 준다. 나는 고통보다 나은 것을 주고받을 수 있는 한 계속 목숨을 이어 가겠지만 절대 자살은 하지 않겠다는 약속은 할 수 없다. 내게는 자살할 능력을 잃는 단계에까지 이르는 것보다 더 두렵고 끔찍한 것이 없다.

8   역사

　　서양에서 우울증의 역사는 서양 사상사와 밀접한 관련을 맺고 있으며, 크게 다섯 단계로 나뉜다.¹ 우울증에 대한 고대의 관점은 놀라울 정도로 현대의 시각과 흡사하다. 히포크라테스는 우울증이 본질적으로 뇌의 질환이며 경구용 치료제를 써야 한다고 했으며, 그를 추종하는 의사들은 뇌의 체액성과 경구용 치료제의 체계화에 관심을 쏟았다. 그러다 중세 암흑기에 이르러 우울증은 신에게 버림받은 표시로, 우울증 환자는 성스러운 구원에 대해 아는 은총에서 제외된 것으로 인식되었다. 우울증이 오명(汚名)을 얻게 된 것은 바로 이 시기부터였고, 극단적인 경우 우울증 환자는 이단자로 취급되기까지 했다. 하지만 르네상스기에 이르자 우울한 천재들(점성술에서 멜랑콜리를 지배하는 토성 자리를 타고난 사람들)이 부상했는데 이들의 낙담은 통찰력으로, 이들의 나약함은 예술적 상상력과 복잡한 영혼의 대가로 여겨졌다. 17세기부터 19세기까지는 과학의 시대로 뇌의 조직과 기능을 밝혀내고 통제력을 잃은 정신의 고삐를 잡기 위한 생물학적, 사회학적 방법들을 고안하려는 시도가 이루어졌다. 그리고 현대는 20세기 초 지그문트 프로이트와 카를 아브라함(정신과 자아에 대한 이들의 정신분석학적 견해들은 우리가 우울증과 그 원인들을 설명할 때 사용하는 많은 어휘를 제공했다.), 그리고 정신 질환을 정상적인 정신에서 분리 가능한, 혹은 그것에 추가된 것으로 규정한 에밀 크레펠린의 저서들로 시작되었다.

우울증은 오랫동안 '멜랑콜리아(melancholia)'로 불리다 19세기 중반부터 [억압, 저하를 뜻하는] '디프레션(depression)'2이라는, 묘하게 원인을 나타내는 말로 통용되게 되었는데, 이 영어 단어가 저조한 기분을 나타내는 말로 처음 쓰인 건 1660년의 일이었다. 우울증을 현대병으로 보는 것이 유행 같지만 그것은 완전히 잘못된 시각이다. 사뮈엘 베케트는 이런 말을 한 적이 있다. "이 세상 눈물의 양은 항상 일정하다."3 우울증은 시대에 따라 터무니없는 것으로도, 숭고한 것으로도 여겨졌고 그 형태와 세부 내용도 무수한 변화를 겪어 왔지만 과도한 수면, 부적절한 식사, 자살 성향, 사회적 상호작용의 위축, 가혹한 절망 같은 그 증상들은 산속 부족들만큼(산만큼은 아니더라도) 오래되었다. 인간이 자기 언급 능력을 갖게 된 이래 수치심이 나타났다 사라졌다 했고, 육체적인 치료법과 정신적인 치료법이 교체되거나 교차되었으며, 외부의 신에 대한 탄원이 내면의 악마에 대한 탄원의 반향이 되었다. 우울증의 역사를 이해하는 것은 현재 우리가 알고 있고 존재하는 인간의 발견을 이해하는 것이기도 하다. 기분과 성격에 대한 이해와 통제는 진행 중에 있으며, 프로작을 상용하고 인지에 초점을 두고 반쯤 소외된 우리 시대도 그 한 과정에 지나지 않는다.

건강한 육체에 건강한 정신이 깃든다고 믿었던 그리스인들은 건강하지 못한 정신은 건강하지 못한 육체를 반영하며 모든 마음의 병은 육체의 기능장애와 어떤 식으로든 관련이 있다고 생각했다. (이것은 현대인들의 견해와도 일치한다.) 그리스의 의료 행위는 체액(humour) 이론에 근거를 두었는데, 체액 이론이란 점액, 황담즙(담즙질), 혈액, 흑담즙(우울질)이라는 네 가지 체액이 기질을 형성한다고 보는 이론이다.4 엠페도클레스[5세기 그리스 철학자, 정치가, 생리학자]는 멜랑콜리를 과도한 흑담즙의 결과라 설명했고, 놀라울 정도로 현대적이었던 히포크라테스는 질병과 의사에 대한 관념 자체가 갓 출현하던 기원전 5세기 말경에 이미 물리적인 치료법을 고안해 냈다. 그는 감정, 생각, 정신 질환이 뇌 안에 들어 있다고 믿었다. "우리를 미치게 하고, 공포에 젖게 하고, 밤이나 낮이나 불면증에 시달리게 하고, 실수를 저지르게 하고, 쓸데없는 불안에 떨게 하고, 멍하게 만들고, 평소 습관과는 다른 행동을 하게 하는 것은 바로 우리의 뇌다. 이 모든 현상들은 뇌가 건강하지 못하고 비정상적으로 뜨겁거나 차갑거나 습하거나 건조할 때 일어난다."5 히포크라테스는 멜랑콜리는 외적 요인들과 내적 요인들이 합쳐진 것으로 "장시간의 정신 노동은 멜랑콜리를 일으킬 수 있다."고 말했다. 그는 또 끔찍한 사건의 결과로 일어나는 질환과 뚜렷한 이유 없이 생기는 질환을 구분하면서 그 두 가지 모두 흑담즙이 과도하게 분비되어(차갑고 건조한 상태) 다른 세 가지 체액과 이상적인 균형을 이루지 못한 결과라고 했다. 그는 그런 불균형이 타고난 성향 때문일 수도 있고 정신적 외상 때문일 수도 있다고 말했다. 히포크라테스는 흑담즙(그리스어로 '멜라니아 콜레'라고 하는)이 과도할 때의 증세로(그는 이것을 가을과 관련시켰다.) "슬픔, 불안감, 낙담, 자살 성향, 그리고 장기적인 공포에 수반되는 음식 혐오, 의기소침, 불면증, 짜증, 불안정"을 들었다. 히포크라테스는 체액의 불균형을 바로 잡기 위해서는 식생활을 고쳐야 하며 합환채[두 갈래로 갈라진 뿌리의 모습이 사람의 형태와 비슷하여 예로부터 마법의 힘을 지닌 것으로 알려져 왔다.], 헬레보레[독성이 있는 다년생 식물], 하제, 구토제를 복용하여 과도한 흑담즙과 황담즙을 배출시킬 수 있다고 말했다. 그는 또한 조언과 행동의 치료 효과를 믿었으며, 마케도니아의 왕이었던 페르디카스 2세의 기질을 분석하고 사랑하는 여인과 결혼하도록 설득하여 멜랑콜리를 고쳐 주기도 했다.

그 후 1500년 동안 흑담즙의 온도, 위치, 기타 세부 사항에 대한 이론들은 점점 더 복잡해졌지만 사실 흑담즙이란 것은 존재하지도 않는다. 쓸개에서 만들어지는 황담즙은 갈색으로 변할 수는 있지만 절대 검게 되지는 않으며, 변색된 황담즙을 흑담즙으로 불렀을 것 같지도 않다. 어쨌든 흑담즙은 고약한 것으로 우울증뿐만 아니라 간질, 치질, 위통, 이질, 발진까지 일으킨다고 믿었다. 일부 학자들은 담즙을 의미하는 '콜레(chole)'는 분노를 의미하는 '콜로스(cholos)'와 관련되어 쓰이는 경우가 많으며,[6] 흑담즙의 개념은 분노의 '검은 것'에 대한 믿음에서 나온 것일 수도 있다고 주장했다. 또 어떤 학자들은 검은 것을 부정적 성향이나 고통에 연관시키는 것은 인간의 타고난 심리 기제로 어느 문화권에서나 우울증은 검은색으로 상징되고 암울한 기분에 대한 개념은 호메로스의 시에서도 찾아볼 수 있다고 주장했다.[7] 호메로스는 우울한 벨레로폰[그리스 전설의 영웅인데 신들의 눈 밖에 나서 자식 둘을 잃고 슬픔에 빠진다.]을 괴롭힌 것을 "고뇌라는 검은 구름"이라고 묘사하며 이렇게 노래했다. "그러나 이내 그날이 왔다/ 벨레로폰조차 모든 신들의 미움을 산 날이/ 그는 홀로 알레이아 평원을 방황했다/ 도망자 신세로, 자신의 심장을 꺼내 먹으며/ 앞선 이들이 다져 놓은 길에서."8

고대 아테네에서는 우울증에 대한 의학적 견해와 철학적, 종교적 견해가 날카롭게 대립했다. 히포크라테스는 "종교적인 치료"에 종사하는 이들을 비난하면서 신성한 힘으로 우울증을 치료할 수 있다고 주장하는 이들을 "사기꾼들이며 협잡꾼들"이라 불렀다.9 "철학자들이 자연과학에 대해 쓴 글들은 그림에 속하지 않듯 의학에도 속하지 않는다."10 한편 소크라테스와 플라톤은 히포크라테스의 이론에 반대하며 가벼운 손상은 의사가 치료할 수 있겠지만 심각한 장애들은 철학자들의 손에 맡겨야 한다고 주장했다.11 그들이 체계화한 자아 개념은 현대 정신의학에 지대한 영향을 미쳤다. 플라톤은 유아기가 평생의 성격을 결정할 수도 있다는 발달 모델을 내놓으며 가족이 개인 평생의 정치적, 사회적 태도에 좋은 쪽으로든 나쁜 쪽으로든 영향을 미칠 수 있다고 했다. 인간의 영혼을 이성, 욕망, 기개로 나눈 그의 영혼 3분설은 섬뜩할 정도로 프로이트의 이론과 흡사하다. 결과적으로 히포크라테스는 프로작의 아버지라 할 수 있으며, 플라톤은 정신역동 치료의 아버지다. 그때부터 지금까지 2000하고도 500년 동안 그 두 사상의 온갖 변종들이 소개되었고 우울증을 천재성으로 보는 견해와 어리석음으로 보는 견해가 피스톤처럼 교대로 나타났다.

의사들은 곧 멜랑콜리에 대한 경구 요법들을 제안하기 시작했다. 히포크라테스 이후에 필로티무스라는 이는 많은 우울증 환자들이 "머리에 아무것도 들어 있지 않은 듯한 느낌"을 호소하는 것을 보고 납으로 만든 헬멧을 씌워 그들에게 머리가 있음을 인식하도록 만들었다.12 크니도스의 크리시포스는 우울증을 고치는 방법은 꽃 양배추를 많이 먹는 것이라고 믿었으며 바질은 광기를 일으킬 수도 있으므로 조심해야 한다고 경고했다.13 반면 필리스티온과 플리스토니쿠스는 활력을 잃은 환자들에게는 바질이 최고라고 주장했다. 필라그리우스는 우울증의 많은 증세들이 몽정을 통해 정액을 과도하게 소모한 탓이라고 여겨 생강, 후추, 찜질약, 꿀 섞은 약을 처방했다. 하지만 그와 의견이 반대였던 의사들은 우울증이 성 생활을 절제한 결과라고 보고 환자들을 침실로 돌려보냈다.

히포크라테스 사후 70년 이내에 아리스토텔레스 학파가 그리스 사상계에 지대한 영향력을 미치게 되었다. 아리스토텔레스는 영혼과 철학자들의 중요성을 무시한 히포크라테스도, 의사를 한낱 장인으로 여긴 플라톤도 수용하지 않았다.14 그는 "몸의 장애는 마음에 영향을 미치며, 마음의 병은 마음 자체에서 생겨난 것들을 제외하면 모두 몸에서 온다. 그리고 열정은 몸을 변화시킨다."라면서 정신과 육체의 결합을 주장했다. 인간의 본질을 꿰뚫어 본 그의 지혜는 독보적인 것이었다. 마음이 뇌가 아닌 심장에 있다고 믿었던 아리스토텔레스는, 심장은 네 가지 체액의 균형을 통제하는 조절 능력을 갖고 있으며 열도 냉기도 이 균형을 깰 수 없다고 말했다. 또 우울증에 대해서도 히포크라테스처럼 완전히 부정적으로 보지는 않았다. 그는 플라톤의 신성한 광기에 대한 관념을 멜랑콜리와 연관시켰다. 그는 우울증에 대해 이해하고 그것을 완화시키는 방법들을 모색하기는 했지만 천재들에게는 특정 양의 차가운 흑담즙이 필요하다고 여겼다. "철학, 시, 예술, 정치 분야에서 탁월한 능력을 발휘한 이들은(소크라테스와 플라톤조차) 멜랑콜리한 기질이 있었으며 그들 중 일부는 우울증을 앓기까지 했다."15 그는 또 이런 글도 썼다. "우리는 종종 이유 모를 슬픔을 느끼는데, 그런 감정들은 경미하게 누구에게나 생기며 그런 감정들에 완전히 사로잡히는 이들은 그것들이 아예 기질이 되어 버린다. 침울한 기질을 약간 갖고 있는 사람은 평범하다고 볼 수 있고, 그런 기질이 강한 사람은 대다수 사람들과 완전히 다르다고 볼 수 있다. 침울한 기질만 있다면 우울증이고 그것이 다른 기질들과 함께 있다면 천재이기 때문이다." 헤라클레스는 과도한 흑담즙으로 인해 고통받은 전형적인 천재들 중에서 가장 유명한 인물이며, 아이아스도 이 그룹에 속한다. (『트로이의 약탈』에 "격노한 아이아스의 이글거리는 눈, 그의 짓눌린 마음"이란 구절도 있다.)16 멜랑콜리와 천재성을 연관시키는 시각은 세네카에게로 이어져 그는 "뛰어난 재능을 지닌 사람치고 얼마간 광기를 지니지 않았던 이가 없다."17고 말했다. 중세를 거쳐 르네상스기에 다시 부상했던 이런 견해는 이후 주기적으로 고개를 들었다.

기원전 4세기에서 1세기까지 의학과 철학은 밀접한 관련을 맺으며 발전해 정신의학은 점점 더 육체와 통합된 방식으로 설명되었다. 이 시기에 멜랑콜리는 보편적인 운명으로 여겨져서, 기원전 4세기 아테네의 극작가 메난드로스는 "나는 인간이며, 그것만으로도 비참하기에 충분하다."18고 썼다. 회의학파는 눈에 보이는 세계를 연구하는 것이 중요하다는 믿음으로 병의 원인이나 깊은 의미에 대한 이론을 세우지 않고 증세들을 있는 그대로 보았다.19 히포크라테스와 아리스토텔레스를 사로잡았던 육체적, 정신적 자아의 본질이라는 중요하고 어려운 문제에는 무관심했던 그들은 병에 대한 정확한 서술을 위해 증세들을 분류하는 노력을 기울였다.

기원전 3세기에 율리의 에라시스트라토스는 뇌와 소뇌를 구분하여 지능은 뇌에 존재하고 운동 능력은 소뇌에 기반을 두고 있다고 주장했으며,[20] 칼케돈의 헤로필로스[해부학의 아버지로 불리는 알렉산드리아의 의사]는 뇌의 "동력이 신경들로 간다."며 뇌가 신경계의 통제 기관이라는 학설을 세웠다.[21] 그러다 1세기에 이르러 니코메디아의 메노도투스가 과거의 위대한 철학자들, 의사들의 지혜와 증세 위주인 경험론자들의 사상을 통합했다. 그는 우울증 치료법으로 히포크라테스가 주장한 헬레보레와 아리스토텔레스에게서 나온 자기 성찰을 권하는 동시에 운동, 여행, 마사지, 광천수 치료법을 도입했다. 이러한 통합 치료 프로그램은 오늘날 우리가 추구하는 것이기도 하다.

메노도투스와 동시대인인 에페소스의 루푸스는 멜랑콜리한 망상을 정신의 나머지 현상들과 분리시켜서 멜랑콜리를 정상적인 정신에서 일어나는 이상 현상이라고 설명했다.[22] 그는 우울증 환자들이 겪는 망상들을 소개했는데 자신이 오지 항아리라고 여기는 경우, 자신의 피부가 건조해졌다고 여기고 피부를 벗겨 내는 경우, 자신에게 머리가 없다고 여기는 경우 등이 있었다. 루푸스는 현재 우리가 갑상선기능저하증으로 알고 있는, 우울증과 증세가 비슷한 호르몬 불균형으로 인한 신체적 증세들도 밝혀냈다. 그는 멜랑콜리의 주요 원인으로 위에 부담이 되는 육류, 불충분한 운동, 과도한 적포도주, 과도한 지적 노동을 꼽았으며 천재는 특히 우울증에 취약하다고 주장했다. "우울증 환자들 중에는 선천적인 기질로 인해 그렇게 된 경우도 있고 살아가면서 그렇게 된 경우도 있다." 그는 멜랑콜리의 정도와 유형에 대해서도 이야기했는데 흑담즙이 온 몸의 피에 영향을 미치는 경우, 머리에만 영향을 미치는 경우, 심기증(건강염려증)에만 영향을 미치는 경우 등이다. 그는 자신을 찾아온 우울증 환자들이 정액을 제때 배출하지 못한 사실을 밝혀내고 정액이 축적되어 부패하여 뇌에 영향을 준 것으로 결론지었다.

루푸스는 우울증이 몸에 배기 전에 배출시켜야 한다는 입장이었다. 그는 방혈을 제안했으며, 백리향[덩굴성 줄기에 언분홍색 꽃이 피는 낙엽 관목]과 알로에를 매일 조금씩 먹으면 배변을 부드럽게 해준다면서 그 방법을 통해 몸을 깨끗이 하는 것도 좋다고 했다. 그리고 검은 헬레보레를 함께 먹는 방법도 권했다. 그는 또 규칙적인 걷기, 여행, 식사 전 손을 씻는 것도 제안했다. 루푸스가 처방한 '신성한 치료제'는 당대의 프로작이라 할 수 있는 것으로 최소한 르네상스기까지 널리 쓰였고 그 이후에도 때때로 쓰였는데, 콜로신스오이[노란색 작은 꽃이 피는 덩굴 식물], 노란 뷰글, 곽향, 카시아[향기로운 수피(樹皮)로 만든 향신료], 들버섯, 페룰라 수지[얼얼한 맛을 내는 향료], 야생 파슬리, 쥐방울덩굴, 흰 후추, 계피, 감송, 사프란, 몰약을 꿀에 섞어 4드램(약 15그램)씩 꿀물과 소금물에 타서 복용하게 되어 있었다. 당대 의사들이 제안한 치료법은 사슬로 묶어 놓기, 물이 똑똑 떨어지는 소리를 들려주어 잠들게 하기, 그물 침대에 재우기, 생선, 가금류, 묽은 포도주, 사람의 젖 등 색이 엷고 물기가 많은 음식 주기 등 다양했다.[23]

로마 시대 후기에는 이 분야에 대한 많은 발전이 이루어졌다. 2세기 카파도키아의 아레테우스는 조증과 울증을 서로 관련성은 있지만 별개인 질환으로 놓고 연구했다.[24] 그는 물리적인 영혼이 몸속을 돌아다닌다고 믿었으며, 화가 나면 그것이 맹렬히 나타나서 얼굴이 붉어지고 겁에 질리면 그것이 물러나서 얼굴이 창백해지는 것이라고 설명했다. 그는 우울증 환자의 경우 흑담즙 수치가 "당황과 지나친 분노로 인해 높아질 수 있다."며 체액들과 감정들은 순환적인 관계에 있기 때문에 정신의 활력을 차갑게 가라앉히면 심각한 우울증에 이를 수 있고 우울증은 체액을 차갑게 한다고 주장했다. 아레테우스는 현재 우리가 동요성 우울증이라 부르는 질환에 대해 최초로 설득력 있는 설명을 내놓은 인물이다.(최근의 대중 철학은 동요성 우울증이 후기산업화 사회 탓이라고 오도한다.) 아레테우스는 이렇게 썼다. "우울증 환자는 자신을 고립시킨다. 그는 박해받고 갇히는 것을 두려워하며 미신적인 생각들에 빠져 스스로를 괴롭힌다. 그는 공포에 질려 있으며 환상을 현실로 착각한다. 상상의 병을 호소하고 삶을 저주하면서 죽음을 소망한다. 그는 갑작스럽게 잠에서 깨어나며 피로에 짓눌려 산다. 일부 환자들의 경우 항상 한 가지 생각에 사로잡혀 있으며, 침울하면서 동시에 정력적인 반(半)조증 우울증을 안고 있다." 아레테우스는 원래 슬픈 성향이 있는 사람들에게 심각한 우울증이 잘 일어나며 특히 늙거나 지나치게 비만하거나 약하거나 외로운 사람들의 경우 위험이 높다고 말했다. 그는 우울증에 가장 잘 듣는 치료는 "사랑이라는 의사"라고 제안했다. 그리고 경구 요법으로는 검은딸기와 부추를 정기적으로 복용하도록 했으며 환자가 증세들에 대해 말하도록 하는 정신역동적 치료법도 권장했다.

2세기에 태어난 클라우디우스 갈레누스는 마르쿠스 아우렐리

우스의 주치의로서, 히포크라테스 이후 가장 중요한 의사로 평가받는 인물인데 선인들의 업적을 신경학적, 심리학적으로 통합하려 시도했다.[25] 그는 우울증 환자들의 망상에 대해 설명하고(그의 환자들 중에는 땅덩어리를 어깨에 짊어지고 있는 아틀라스가 힘이 빠져서 그만 떨어뜨리고 말 거라 믿는 사람도 있었고, 자신이 약한 껍질 속에 든 달팽이라고 생각하는 사람도 있었다.) 그런 망상들 아래에는 공포와 낙담이 있다고 주장했다. 그는 이렇게 말했다. "건강한 청년들의 심장의 고동이 불안과 우울로 인해 약해진다." 갈레누스의 환자들은 "수면장애, 심계 항진, 현기증, …… 슬픔, 불안, 자신감 결여, 자신이 박해받고 있고 악령에 들렸으며 신의 미움을 받고 있다는 믿음"에 시달렸다. 갈레누스는 루푸스와 마찬가지로 성적인 배출이 제대로 이루어지지 않아도 이런 결과가 초래될 수 있다고 믿었다. 그는 정액이(갈레누스는 남성뿐 아니라 여성에게도 정액이 있다고 믿었다.) 배출되지 못하고 썩어서 뇌에 독기가 차 고통스러워하는 여자 환자의 "질과 클리토리스를 손으로 자극해 주자 환자가 강한 쾌감을 느끼며 다량의 액체가 나왔고 병이 치유되었다."고 말했다. 갈레누스는 자신만의 처방들도 있었는데 대부분 루푸스가 썼던 원료들을 포함하고 있지만 특징적으로 질경이, 합환채, 보리수꽃, 아편, 로게트[흰 꽃이 피는 1년생 식물]로 만든 해독제를 불안증과 우울증이 합쳐진 경우에 썼다. 흥미로운 점은 갈레누스가 강장제를 만드는 동안 건너편 대륙의 아즈텍에서는 죄수들이 우울증에 빠지는 것을 방지하기 위해 강한 환각제를 쓰기 시작했다는 점이다.[26] 이들은 제물로 바쳐질 포로들이 절망에 빠져 신을 모욕하는 일이 벌어지지 않도록 특별히 만든 환각제를 먹었다.

갈레누스는 영혼이 뇌에 자리하고 있으며 이 영혼은 신이 세상을 다스리듯 우리 몸을 다스리는 자아의 지배를 받는다고 믿었다. 그는 네 가지 체액에 대한 개념과 온도와 습기에 대한 개념을 통합하여 아홉 가지 기질을 만들고 그 하나하나가 영혼의 유형을 이룬다고 규정했다. 그는 우울증 환자에게서 두드러지는 기질을 병적인 것으로 보지 않고 자아의 일부로 보았다. "타고나기를 불안하고 우울하고 고뇌에 차고 항상 시름에 젖은 이들이 있으며 이런 사람들에게는 의사도 큰 도움이 되지 못한다." 갈레누스는 멜랑콜리는 뇌 손상의 결과일 수도 있고 외적인 요소들이 멀쩡한 뇌의 기능을 바꿔 놓은 결과일 수도 있다고 말했다. 체액의 불균형이 일어날 경우 흑담즙이 뇌로 가서 뇌를 건조하게 만들 수 있으며 그 결과 자아에 손상을 입힌다는 것이다. "체액은 어둠처럼 이성이 위치한 영혼의 자리까지 침범한다. 아이들이 어둠을 두려워하는 것처럼 어른들도 공포를 일으키는 흑담즙의 제물이 되면 뇌 속에서 밤이 지속되고 중단 없는 공포 상태에 놓인다. 바로 그런 이유로 우울증 환자는 죽음을 두려워하면서 동시에 그것을 소망하게 된다. 그들은 빛을 피하고 어둠을 사랑한다." 그는 영혼이 실제로 희미해질 수 있다고 믿었다. "흑담즙은 눈의 수정체와도 같은 이성을 감싼다. 수정체가 맑으면 사물이 선명하게 보이지만 수정체에 병이 들어 탁해지면 사물을 또렷하게 볼 수 없다. 이와 마찬가지로 동물의 정신도 무겁고 탁해질 수 있다." 철학보다 정신생물학을 선호했던 갈레누스는 멜랑콜리를 감정적, 추상적 요인들로 보는 사람들에 대해 매우 비판적이었지만 그런 요인들이 체액의 불균형으로 인해 이미 왜곡된 정신의 종합적 증상을 악화시킬 수 있다고 보았다.

우울증 역사의 다음 단계는 스토아 철학자들에게 뿌리를 둔다.[27] 로마 멸망 이후 중세 암흑기에는 외부의 힘이 정신 질환을 일으킨다는 스토아 학파의 믿음이 지배적이었다. 기독교의 번영은 우울증 환자들에게 매우 불리했다. 갈레누스는 중세 의학계의 권위자이기는 했지만 그의 향정신성 치료법은 교회의 패러다임과 대립되었기에 점차 관심 밖으로 밀려났다.

성 아우구스티누스는 인간이 짐승과 다른 것은 이성을 가졌기 때문이며 이성을 잃으면 짐승으로 전락할 수밖에 없다고 선언했다.[28] 따라서 이성을 잃는 것은 신의 미움을 산 표시이며 죄 지은 영혼에 대한 신의 벌이라고 여겼다. 멜랑콜리는 특히 유해한 질병으로 여겨졌는데 우울증 환자가 절망에 빠진다는 것은 그가 신의 신성한 사랑과 은총에 대해 아는 기쁨으로 충만하지 못함을 의미하기 때문이었다. 이런 견지에서 보면 멜랑콜리는 성스러운 모든 것을 외면하는 것이었다. 더욱이 깊은 우울증은 악령에 들린 증거였고 그 악마를 몰아낼 수 없다면 스스로 목숨을 끊어야 한다고 생각되었다. 성직자들은 성경에서 이런 생각에 대한 근거를 찾아냈다. 유다가 자살한 것은 우울증 때문이었을 것이며 모든 우울증 환자들은 유다와 같은 번뇌에 사로잡혀 있다고 믿었다. 「다니엘서」 4장 33절에 나오는 네부카드네자르 2세에 대한 서술은 광기는 신이 죄인을 벌하기 위해 보낸 것임을 증명하는 근거로 이용되었다. 5세기에 카시안은 "마음의 권태와 고뇌와의 여섯 번째 전투"에 대해 쓰면서 "이것은 자신이 있는 곳을 싫어하고 타인을 혐오하고 경멸하고 나태하게 만드는, 「시편」 90편[NIV 성경으로는 91편 6절]에 나오는 '한낮의 악마'다."[29]라고 했다. 불가타 성경의 「시편」에서 이 부분을 직역하면 다음과 같다. "야훼의 진실함은 방패로 너를 에워쌀 것이니, 너는 밤의 공포를 두려워하지 않을 것이로다. / 낮에 날아오는 화살도, 암흑 속에서 걸어다니는 것도, 침입도, 한낮의 악마도.(ab incrusus, et daemonio meridiano.)" 카시안은 "밤의 공포"는 악을, "낮에 날아오는 화살"은 인간 적들의 맹공격을, "암흑 속에서 걸어다니는 것"은 잠 속에 찾아드는 악마를, "침입"은 악마가 붙는 것을, "한낮의 악마"는 백주에 분명하게 볼 수는 있지만 그럼에도 우리의 영혼을 신으로부터 억지로 떼어 내는 존재인 멜랑콜리를 가리킨다고 보았다.

다른 죄들은 밤을 좀먹지만 이 대담한 존재는 밤낮을 가리지 않는다. 여호와의 진실의 방패에 보호받지 못하는 사람을 위해 어떤 말을 해 줄 수 있을까? 그런 절망적인 사람을 구원하는 데는 처벌이 효과적일 수도 있다. 카시안은 우울증 환자에게는 육체 노동을 시키고 홀로 놓아두어야 한다고 주장했다. 에바그리우스[4세기 신비주의자]도 우울증은 수행자를 괴롭히고 유혹하는 "한낮의 악마"라고 칭하며 우리가 물리쳐야 할 여덟 가지 유혹들 가운데 하나로 꼽았다.30 내가 "한낮의 악마"[이 책의 원제 "Noonday Demon"]를 제목으로 택한 것도 우울증의 의미를 정확히 담고 있기 때문이다. "한낮의 악마"가 지닌 이미지는 우울증 환자를 괴롭히는 끔찍한 침입의 느낌을 상상할 수 있게 해 준다. 우울증은 뻔뻔스러운 면이 있다. 대부분의 악마들은(대부분의 고뇌들은) 밤의 어둠을 틈타 찾아들며 그것들을 분명하게 보는 것은 곧 그것들을 쳐부수는 것이다. 그러나 우울증은 눈부신 햇살 아래 당당하게 서 있으며 우리가 똑바로 보아도 끄떡도 하지 않는다. 그것의 모든 이유들을 알아도 무지한 것처럼 고통받는다. 그런 정신 상태는 찾아볼 수 없을 정도다.

종교재판이 이루어지던 13세기경에는 우울증 환자에게 벌금형을 내리거나 감옥에 가두는 일도 있었다.[31] 이 시기에 토마스 아퀴나스는 정신이 육체 위에 존재한다고 믿었으며, 따라서 정신은 육체적인 질병의 지배를 받지 않는 것으로 여겼다.[32] 그러나 신성보다는 아래에 위치하므로 신이나 사탄의 개입을 받을 수 있다는 것이었다. 이런 맥락에서 하나의 질병은 육체적인 것이 아니면 정신적인 것이어야 했으며, 멜랑콜리는 정신적인 것에 속했다. 중세 교회에서는 아홉 가지 대죄를 정해 놓았는데(이것은 나중에 일곱 가지로 압축된다.) 그중에는 'acedia'(13세기에 '나태'로 번역되었다.)도 포함되었다.['cedos(관심)'라는 그리스어에서 유래한 말인 acedia는 '관심이 없는 무력한 상태'를 뜻했다.] 이 단어는 현대에 '디프레션'이란 단어가 그러하듯 널리 쓰인 것으로 보이며 우울증을 겪었거나 목격한 이들에게 익숙한 증세들을 포함했다. (이전에는 악으로 규정되지 않았던 증세들이다.) 초서는 『캔터베리 이야기』에서 목사의 입을 빌려 이렇게 말했다. "나태는 모든 선에 대한 추구를 포기하게 만든다. 그것은 근면함에 반대되기 때문에 인간의 적이며 속세의 필수품들을 마련하지 않고 태만으로 인해 그것들을 소모시키고 망가뜨리게 만드는 생계의 커다란 적이다. 그것은 살아 있는 사람을 지옥의 고통에 빠뜨린다. 그것은 사람을 까다롭고 거추장스럽게 만든다."[33] 나태에 대한 묘사는 계속 이어지며 갈수록 더 비판적이 된다. '나태'는 복합적인 죄로, 목사는 그 요소들을 이렇게 나열했다. "솔로몬이 말했듯이, 그것은 너무도 연약하고 섬세해서 고행을 견디지 못한다. 기피는 선행을 시작하는 것조차 두려워하게 만든다. 불합리한 가책과 과도한 공포에서 절망이, 신의 은총을 받을 수 없다는 체념이 솟아서 죄인은 자신의 죄가 너무 커서 회개해도 소용이 없다고 생각한다. 그런 상태가 최후의 순간까지 지속된다면 그것은 성령에 대한 죄가 된다. 다음으로는 사람의 몸과 마음을 둔하고 나른하게 만드는 졸린 상태를 들 수 있다. 마지막으로 슬픔(tristia)이라는 염세주의가 있는데 이것은 정신과 육체를 모두 죽인다. 염세주의는 자신의 삶을 혐오하게 만들어 수명이 다하기 전에 스스로 목숨을 끊게 만든다."

특히 수도사들이 나태에 빠지기 쉬웠는데 극도의 피로, 무기력, 슬픔, 낙담, 불안, 수도원과 수도 생활에 대한 혐오, 가족과 속세의 삶에 대한 그리움 등의 증세로 나타났다. 나태는 신에게로 돌아가 회개하도록 이끄는 슬픔과는 달랐다.[34] 중세의 기록들은 "나태(acedia)"에서 의지가 어떤 작용을 하는지에 대해서는 분명하게 밝히고 있지 않다. 스스로 나태에 빠지도록 방치하는 것이 죄였을까? 아니면 그것은 다른 죄를 범한 사람들에게 내려진 형벌이었을까? 나태의 맹렬한 반대자들은 그것을 원죄와 동일시했으며 힐데가르트 수녀[12세기 독일의 대수녀원장. '라인강의 여자 예언자'로 불린 신비주의자]는 이렇게 썼다. "아담이 신의 말씀을 어긴 바로 그 순간에 멜랑콜리가 그의 핏속에서 응고되었다."[35]

중세는 질서가 다소 불확실한 시대였기 때문에 마음의 무질서(장애)는 특히 두려운 일이었다. 일단 이성에 손상이 생기면 그 사람의 메커니즘 전체가 와해되고 그다음에는 사회 질서가 붕괴된다고 믿었다. 따라서 어리석음은 곧 죄였고 정신 질환은 그보다 훨씬 심각한 죄였다. 이성은 덕을 선택하기 위해 꼭 필요한 것이다. 이성이 없다면 그런 선택을 할 자기 통제력을 가질 수 없기 때문이다. 고전 사상가들은 정신을 육체에서 분리될 수 없는 것으로 여겼지만 중세 기독교도들은 영혼은 육체와는 거의 합치되지 않는 것으로 여겼다.

바로 이런 전통에서 우울증을 수치로 여기는 풍조가 시작되어 오늘날까지도 남아 있다. 신이 내린 선물인 영혼은 완전해야 하며 우리는 그 완전성을 지키기 위해 노력해야 한다. 따라서 현대 사회에서도 영혼의 불완전성은 커다란 수치로 여겨지고 있는 것이다. 부정직, 잔인성, 탐욕, 이기주의, 그릇된 판단도 모두 영혼의 결점들이므로 우리는 자동적으로 그것들을 억눌러야 한다. 우울증은 이렇듯 '영혼의 고통거리'로 분류되는 한 우리가 꺼리는 대상일 수밖에 없으며 그런 식의 관련이 우울증에 그릇된 오명을 씌운 사례는 얼마든지 있다. 예를 들어 15세기 플랑드르의 화가 후스(Hugo van der Goes)는 1480년대에 수도원에 들어갔지만 뛰어난 재능으로 인해 속세와 정기적으로 접촉하게 되었다.**36** 그러던 어느 날 밤 여행에서 돌아온 그는 "갑자기 이상한 상상력의 혼란을 겪었다. 그는 끊임없이 소리를 질러 댔고 영원한 벌을 받게 되었다. 그는 심지어 자해 행위까지 했고 어지러운 환영들이 그의 병든 마음을 흐리게 했다." 음악 치료로 그를 회복시키려 했던 동료 수사들은 이렇게 전했다. "상태가 호전되지 않았다. 그는 계속해서 횡설수설했고 자신을 파멸의 자식으로 여겼다." 수도사들은 후스가 예술적인 광란을 겪고 있는 것인지 악령이 들린 것인지 고민하다 두 가지 다에 해당되며 붉은 포도주를 마셔서 더 악화된 것일 수도 있다는 결론에 이르렀다. 후스는 자신이 하기로 한 일에 대해 겁을 먹었고 소임을 다할 수 없으리라 여겼다. 그는 시간과 대대적인 회개 의식들의 도움으로 얼마간 평정을 되찾기도 했으나 병증이 재발했고 심각한 상태로 죽음을 맞이했다.

중세가 우울증을 도덕적으로 설명했다면 르네상스기는 우울증을 미화했다. 고대의 의사들보다는 철학자들의 영향을 받은 르네상스 사상가들은 우울증을 심오함을 드러내는 것으로 가정했다. 인문주의는 점점 더 기독교 교리에 강하게 도전했다. 중세에는 죄이자 저주로 여겨진 불합리한 고통이 이제 병(멜랑콜리아, 우울증)이요 성격의 특성(멜랑콜리, 우울)이 되었다. 우울증에 대한 글을 쓴 르네상스기의 수많은 작가들 중에서 가장 으뜸가는 인물은 위대한 철학자 마르실리오 피치노였다.37 그는 멜랑콜리는 누구에게나 존재하며 위대함과 영원성에 대한 열망의 표시라고 믿었다. 그는 멜랑콜리 기질을 지닌 사람들에 대해 이렇게 썼다. "우리가 한가할 때마다 추방자처럼 슬픔에 빠지는 것은 놀라운 일이다. 왜 그런 슬픔을 느끼는지 이유도 모르면서 말이다. 우리는 즐거운 놀이를 하다가도 이따금 한숨 지으며 놀이가 끝나면 더욱 슬퍼진다." 여기에 설명된 멜랑콜리는 일상의 분주함의 저변에 깔린 변함없는 정신 상태다. 피치노는 우울증을 신성한 광기를 지닌 슬픔으로 보았던 아리스토텔레스와 견해를 같이하여, 철학자나 깊이 생각하는 자나 예술가는 평범한 사람들보다 이 멜랑콜리에 더 가까울 수밖에 없으며 멜랑콜리의 체험에서 오는 심오함은 일상적인 산만함을 초월한 정신을 반영한다고 말했다. 피치노의 견해에 따르면, 고통받는 정신은 신에 대한 앎이라는 멜랑콜리한 부적절성을 향해 돌진하게 되므로 가치 있는 것이다. 그는 다음과 같은 종교적 신조로 신성한 멜랑콜리의 본질에 대해 설명했다. "우리가 지상에서 신의 대리자들인 한, 우리는 아버지의 땅인 하늘에 대한 향수에 계속 시달릴 수밖에 없다." 그 앎의 상태는 불만족이며 불만의 결과는 멜랑콜리다. 멜랑콜리는 영혼을 세속에서 분리시켜 순수를 향해 나아가게 한다. "정신은 육체로부터 벗어날수록 완전성이 높아지므로 육체로부터 완전히 벗어났을 때 가장 완전해진다." 이러한 멜랑콜리의 신성성에 대한 설명은 그 상태가 죽음과 매우 가까운 것임을 인정하는 것이다.

피치노는 예술적인 창조물은 일시적인 정신이상 상태에서 내려오는 뮤즈에 의존하므로 멜랑콜리는 영감을 위해 꼭 필요한 것이라고 보았다. 그럼에도 그는 우울증이 끔찍한 병임을 인정하고 운동, 식이요법, 음악 같은 치료법들을 권했다. 사실 피치노 자신도 우울증 환자여서 기분이 저조할 때는 우울증을 옹호하는 이런 매력적인 주장들을 펼칠 수 없었으며 친구들이 그에게 그런 주장을 해야만 할 때가 많았다. 르네상스 이후 멜랑콜리에 대한 사상이 대개 그랬듯이 피치노의 철학도 자전적인 것으로, 그는 비(非)우울적인 점액과 지독한 우울증 사이를 헤치며 살아온 이야기가 담긴 첫 저작물 여섯 번째 장의 제목을 "흑담즙이 어떻게 사람을 지적(知的)으로 만드는가"라고 붙였다.

르네상스인들은 고대의 사상과 중세로부터 얻은 '지식'을 조화시키려 했다. 피치노는 고대의 기질에 대한 관념과 중세의 점성술을 접합시켜서 토성을 멜랑콜리를 지배하는, 비중이 크고 고립되고 양면 가치를 지닌 행성으로 설명했다. 연금술사이자 신비철학자였던 아그리파는 이렇게 말했다. "토성 자신이 신비한 관조(觀照)의 창시자다. 그는 행성 중의 으뜸으로서 영혼을 외적인 임무들로부터 불러내어 하급한 문제들로부터 벗어나 가장 높은 곳으로 오르도록 이끌며 지식을 얻게 한다."[38] 이런 견해들은 당대의 위대한 예술가들에 대해 쓴 조르조 바사리의 글에서도 증명된다.[39]

르네상스기의 영국에서는 이탈리아에 비해 멜랑콜리에 대한 견해가 중세의 그것과 가까웠지만, 15세기 말경에 이탈리아의 영향을 받기 시작했다. 그래서 영국인들은 멜랑콜리가 "사악한 천사들과의 교통이나 그것들의 개입"[40]이라고 계속 믿어 오다가 그런 개입이 당하는 이의 책임은 아니라는 걸 인정하게 되었다. 르네상스기 영국의 사상가들은 우울증 환자가 체험하는 죄의식은 신의 사랑을 받지 못하는 표시라기보다 위험한 불행이며 진짜 죄인의 죄의식과는 구분되어야 한다고 생각했다. 물론 망상에 의한 것과 실제의 것을 구분하기가 항상 쉬운 것은 아니었다. "슬픔으로 마음이 산란한 멜랑콜리한 체질"의 한 학자는 "악령이 바람과 함께 자신의 항문으로 들어와 몸을 타고 올라와 머리를 사로잡는 것"[41]을 실제로 느꼈다고 주장했다. 그는 결국 그 악령을 물리쳤지만 다른 사람들은 그런 행운을 갖지 못했다. 이에 대해 조지 기포드는 "어떤 종류의 사람이 악마의 도구가 되기에 가장 적합할까?"[42]라는 의문을 가졌고 이런 답을 얻었다. "악마는 맹목적이고 부정으로 가득하며 무지의 어둠 속에 빠져 있는 사악한 인간들을 찾는다. 게다가 멜랑콜리한 체질까지 지니고 있다면 악마의 영향을 받기가 더 쉽다."

남유럽에서 멜랑콜리를 천재와 연관시켰다면 북유럽에서는 마녀와 연관시켰다. 네덜란드의 왕실 의사 얀 비에르[43](그의 『악마들의 활동에 관하여』는 프로이트가 뽑은 역사상 가장 위대한 열 권의 책 가운데 하나다.)[44]는 마녀들은 멜랑콜리의 희생자일 뿐이라며 마녀들을 열렬히 옹호했다. 마녀는 머리에 병이 든 불행한 여자들이라는 그의 주장 덕에 여럿이 처형을 면했다. 그는 마녀들에게 피해를 입은 이들은 대개 망상에 빠져 있다면서 북유럽의 많은 남자들이 마녀가 자신의 음경을 훔쳐 갔다고 주장한다는 사실을 근거로 들었다. 그는 그들이 잃어버렸다고 주장하는 성기는 제자리에 멀쩡하게 붙어 있었다면서, 마녀들에게 피해를 입었다고 하는 남자들이 망상에 시달리는 깃이라면 자신을 마녀로 여기는 여자늘 역시 더 심각한 망상에 시달리는 것이라고 주장했다. 이러한 생각은 레지널드 스콧이라는 영국인에게 이어져서 스콧은 마법에 관한 1584년작 저서에서 마녀들은 모기에 물리듯 악에 물린, 우울증에 빠진 어리석은 노파들에 불과하며 터무니없이도 주위의 문제들을 자신의 탓으로 돌린다고 했다.[45] "그들의 나른한 정신에 악마가 자리 잡아 주위에서 일어난 못된 장난이나 재난, 살육이 자신이 저지른 일이라고 쉽게 믿게 된다." 그때까지 종교적 진실로 여겨지던 것이 망상에 지나지 않으며 멜랑콜리한 정신 질환이라고 주장하는 이런 견해는 중세의 가치관을 옹호해 온 이들에게 강한 반발을 샀다. 스콧의 저서는 엘리자베스 여왕 시대에는 널리 읽혔지만 제임스 왕은 그 책자체가 마녀라도 되는 양 모두 불태우도록 명령했다.

악마에 들린 것으로 여겨지던 우울증은 점차 병으로 인식되기 시작했다. 이 시기 프랑스에서는 의사들이 마녀의 "왼쪽 옆구리의 짧은 늑골 아래에서 우울증에 걸리기 쉬운 사람들 특유의 나직이 울리는 소리"를 발견했으며[46] 이에 따라 1583년에 성직자들에게 "우울증 환자, 정신이상자, 마법에 걸린 사람들에게는 악령을 몰아내는 의식보다 의사의 치료가 더 필요한 경우가 많으므로 의식을 행하기 전에 면밀히 진단하라."47는 명령이 내려졌다. 르네상스의 합리주의가 중세의 미신을 이긴 것이다.

병에 의한 것이든 상상의 고통에 의한 것이든 우울증 증세들을 처음으로 효과적으로 치료하기 시작한 것은 프랑스인들이었다. 그 자신도 우울증을 앓았던 몽테뉴는 의학의 열렬한 신봉자로, 속임수를 써서 우울증 환자들을 치료했다.48 예를 들면 바늘을 삼켰다고 믿고 공포에 빠져 찾아온 여자 환자가 있었는데 그 환자를 토하게 만든 다음 토사물에 몰래 바늘을 넣었더니 치료가 되었다고 했다.

앙드레 뒤 로랑스의 『멜랑콜리한 질병들에 대해 논함』이 1599년에 영국에서 출간되었다.49 로랑스는 멜랑콜리는 "뇌가 차고 건조한 이상 상태"라고 말하며 "육체적인 소인에 의해 생겨나는 것이 아니라 환자의 생활 방식과 가장 열중하는 것들"에 의해 생긴다고 주장했다. 앙드레 뒤 로랑스는 인간의 정신을 이성, 상상력, 기억의 세 부분으로 나누었다. 그는 멜랑콜리를 상상력의 병으로 결론짓고 우울증 환자의 이성은 손상되지 않은 것으로 보았다. 따라서 종교적 시각으로 볼 때도, 우울증 환자는 인간성("불멸의 이성적인 영혼")을 박탈당하지 않은 것이며 따라서 신의 저주를 받지 않은 것이 되었다. 그는 멜랑콜리에도 정도의 차이가 있음을 인정하고 "건강의 경계 안에 있는 멜랑콜리한 체질"과 경계 밖에 있는 멜랑콜리를 구분했다. 이 문제에 대한 대부분의 글들이 그러하듯 그의 책에도 많은 일화들이 소개되어 있다. "한 남자는 자신이 소변을 보면 마을 전체가 그 소변에 잠길 거라는 망상에 빠져서 죽는 한이 있어도 소변을 보지 않기로 결심하고 있었다." 그는 우울성 불안과 자신의 파괴성에 대한 망상에 사로잡혀 방광에 탈이 날 지경에 이르렀고, 보나 못한 의사가 옆집에 불을 낸 다음 마을이 불타고 있으니 빨리 소변을 봐서 불을 끄라고 재촉하여 문제를 해결했다고 한다.

로랑스는 눈알이 안쪽으로 굴러가서 뇌 속을 본다는 주장을 펼친 것으로 가장 유명하다. 그는 유쾌한 이들이 뇌 속을 볼 때 어떤 화려한 무지개를 보는지에 대해서는 분명하게 설명하지 못했지만 우울증 환자의 뇌에는 흑담즙이 가득하므로 우울증 환자의 눈알은 안쪽으로 구르면 온통 어둠만 보게 된다고 주장했다. "망령들과 어두운 망상들이 힘줄, 정맥, 동맥들을 통해 계속해서 뇌에서 눈으로 전달되며 그 결과 허공에 많은 환영들이 보이게 되고 눈에서 만들어진 형상들이 상상으로 옮겨진다." 그러면 불쾌함이 시작되고 어두운 환영들은 눈이 바깥 세상을 향하고 있을 때에도 계속 나타나 우울증 환자는 "그것들이 개미나 파리, 긴 머리카락처럼 날아다니는 것을 보고 토할 것 같은 기분을 느끼게 된다."

이 시기부터, 슬픔에 빠지는 정도를 평가하여 정상적인 슬픔과 멜랑콜리로 나누고 사람들이 어떤 식으로 정상의 범위를 넘어서게 되는지를 판단하는 일이 일반화되기 시작했다.(3세기 후 프로이트는 이 원칙을 발전시켰고 오늘날까지도 우울증 진단에 이용되게 된다.) 17세기 초에 한 의사는 어떤 환자가 가족이 죽은 후 "그 어느 것에서도 기쁨을 얻지 못하는" 상태에 이르렀고, 또 다른 환자는 "3개월 전 어머니가 세상을 떠난 이래 멜랑콜리에 시달리고 있다. 눈물을 흘리고 울부짖고 방황하고 아무 일도 하지 못한다."고 기록했다.[50] 이제 멜랑콜리는 비정상적인 것일 뿐 아니라 보통의 일이되 정도가 지나친 것으로 인식되기에 이르렀고 이러한 이중적인 정의는 순식간에 표준으로 자리 잡았다.

16세기 말과 17세기 전반에 걸쳐 '보통의' 멜랑콜리는 불쾌한 만큼 유쾌할 수도 있는 흔한 고통이 되었다. 피치노와 영국 르네상스 사상가들의 주장이 점차 유럽 대륙 전체에서 반향을 얻었다. 네덜란드의 레비누스 렘니우스, 스페인의 우아르테와 루이스 메르카도, 밀라노의 요하네스 밥티스타 실바티쿠스, 프랑스의 앙드레아 뒤로랑스는 멜랑콜리가 인간을 더 훌륭하게 하고 더 많은 영감을 얻도록 만들어 준다고 주장했다.51 멜랑콜리에 대한 낭만적인 아리스토텔레스식 개념이 유럽을 휩쓸었고 멜랑콜리는 유행이 되었다. 피치노가 멜랑콜리를 천재성과 동일시했던 이탈리아에서는 자신이 천재라고 믿는 이들 모두가 멜랑콜리를 당연한 것으로 받아들였다. 그리하여 천재로 알려지기를 원하는 이들이 멜랑콜리를 가장하는 사태까지 벌어졌다. 피렌체에서는 피치노를 중심으로 전 세계적인 사탄주의자 지식인들의 모임이 결성되기도 했다. 이탈리아에 여행을 갔다가 이런 분위기를 접하고 돌아온 영국인들이 멜랑콜리를 자랑 삼아 내세우게 되었고 부자만 여행을 다닐 여유가 있었기에 영국인들의 눈에 멜랑콜리는 귀족의 병으로 비치게 되었다. 16세기 말쯤에는 우울한 눈빛에, 슬픔에 차 있고, 과묵하고, 차림새가 흐트러져 있고, 성마르고, 퉁명스럽고, 엄숙한 상류층 반항아가 하나의 원형이 되어 문학 작품들 속에 나타났으며 그중에서 백미는 셰익스피어의 『뜻대로 하세요』에 등장하는 '멜랑콜리 제이크스'였다.

멜랑콜리에 대해 자유자재로 표현할 수 있었던(이런 점은 햄릿이라는 인물의 묘사에서 가장 두드러진다.) 셰익스피어는 멜랑콜리에 대한 이해를 영원히 바꿔 놓았다. 그 어떤 작가도 셰익스피어

만큼 그것에 공감하면서, 그토록 세밀하게 기쁨과 슬픔에 엮어 넣어서, 지혜에 꼭 필요한 것이자 어리석음의 근거임을 보이면서, 교활한 동시에 자기 파괴적인 속성을 부여해 그토록 복잡하게 묘사하진 못했다. 셰익스피어 이전에는 분리된 실체였던 멜랑콜리가 셰익스피어 이후에는 자아에서 쉽사리 분리될 수 없는, 자아라는 백색광 스펙트럼의 남색 빛이 되었다. 하나의 프리즘이 일시적으로 나타내는 것은 태양의 일상적인 실체를 바꾸어 놓을 수 없다.

『햄릿』이 무대에 올려지자 멜랑콜리는 병인 동시에 한편으로는 거의 특권이 되었다. 17세기 중반의 한 연극에서 침울한 이발사가 멜랑콜리를 느낀다고 말하자 가혹한 질책이 떨어진다.[52] "멜랑콜리? 예끼, 이 사람, 멜랑콜리가 어디 이발사의 입에서 나올 법한 말인가? 자네는 마음이 무겁고 나른하고 우둔하다고 말하는 게 어울려. 멜랑콜리는 귀족의 문장(紋章) 같은 것이니까!" 당대 어느 의사의 기록에 의하면 자신을 찾은 멜랑콜리 환자의 40퍼센트가 귀족이었다고 한다.[53] (그의 환자들은 대부분 농부들과 그 아내들이었는데도 말이다.) 그를 찾아온 귀족들의 3분의 2는 멜랑콜리한 기분을 호소했으며 이들은 멜랑콜리에 대해 잘 알고 있어서 슬픔의 파도들에 대해서만 이야기하는 것이 아니라 과학적 지식과 당시 유행에 근거하여 매우 구체적으로 증세들을 설명했다. 그들 중 하나는 "비장에서 솟아나는 독기를 피할 방법을 원했다." 그때까지도 헬레보레를 기본으로 한 조제약이 인기를 얻고 있어서 의사는 그 환자에게 히에라로가디(hiera logadii), 라피스라줄리[짙은 청색의 준보석 암석], 헬레보레, 정향, 감초 가루, 디암브라(diambra), 펄비스상크티(pulvis sancti)를 백포도주에 타서 서양지치[샐러드나 향신료로 쓰이는 1년생

식물]와 함께 복용하도록 처방했다. 또 치료 시기를 결정하고 다른 정보들을 얻기 위해 점성술을 참고했고 방혈의 가능성도 고려했다. 그리고 물론 종교적인 상담도 좋은 방법으로 거론되었다.

프로작이 처음 나온 때처럼 너도나도 우울증에 걸린 것처럼 우울증과의 싸움에 대해 이야기했고, 17세기 초에는 우울증이 아닌 사람들까지 멜랑콜리에 관심을 집중하게 되었다. 1630년대와 1990년대에 질병 관련 단어인 '멜랑콜리'와 '디프레션'은 혼돈에 빠졌다. 나태가 죄였을 때는 상태가 너무 심각해서 기능을 할 수 없거나 망상적인 불안에 시달리는 사람만 자신의 병을 인정했다. 그런데 멜랑콜리가 심오함, 정신적인 충만함, 복잡성, 심지어 천재성까지 의미하게 되자 사람들은 의학적 이유 없이도 우울증 환자의 행동을 흉내 내게 되었고 진짜 우울증은 고통스럽지만 우울한 행동은 즐거울 수 있음을 알게 되었다. 그들은 긴 소파에 몇 시간씩 늘어져 있고, 달을 바라보고, 실존적 질문들을 던지고, 어려운 일에 대한 불안감을 표현하고, 자신에게 던져진 질문들에 답하지 못하는 등 '나태'라는 금기가 막았던 행동들을 했다. 그러나 멜랑콜리의 기본 구조는 '나태'와 같았고 오늘날 우리가 우울증이라 부르는 것과도 동일했다. 멜랑콜리는 부단한 분석을 하는 칭찬할 만한 병이었다. 진짜 심각한 멜랑콜리에 시달리는 환자들은 동정과 존경을 받았고 이런 대우와 다양한 의학적 발전 덕에 갈레누스의 로마 시대 이후 우울증 환자들에게 이보다 호시절은 없었다.[54] 우울증의 기분 상태는 어슴푸레한 것보다 좀 더 빛나는 흰 멜랑콜리로 찬미되었다. 밀턴은 「사색하는 사람」[밀턴이 「쾌활한 사람」과 같은 해에 쓴 시]에서 이러한 17세기의 관념을 훌륭하게 표현하고 있다.

환영하오, 그대 슬기롭고 신성한 여신이어,
환영하오, 성스러운 멜랑콜리여,
그대의 거룩한 얼굴은 너무도 찬란해서
인간의 눈으로는 볼 수가 없다오.

은둔적인 고립과 우울과 노년 속에서 밀턴은 위대해져 간다.

조용한 은둔처를 찾아,
털옷을 입고 이끼 낀 방에서,
(……)
옛 경험이 예언의 경지에 이를 때까지.
멜랑콜리가 주는 이 기쁨들,
나 그대와 함께 살기로 했네.⁵⁵

17세기는 역사상 가장 위대한 멜랑콜리의 옹호자를 낳았다. 그는 다름 아닌 로버트 버턴(1577-1640)으로, 전 생애를 바친『멜랑콜리의 해부』라는 저서에서 개인적인 직관들을 군데군데 곁들여 가며 멜랑콜리에 대한 천 년간의 사상을 정리해 놓았다.⁵⁶ 우울증에 관해 이야기할 때 프로이트의『애도와 멜랑콜리아』이전의 책으로는 가장 많이 인용되는『멜랑콜리의 해부』는 아리스토텔레스와 피치노의 철학, 셰익스피어의 성격 묘사, 히포크라테스와 갈레누스의 의학적 통찰, 중세와 르네상스기 교회의 종교적 충동, 저자의 개인적인 우울증의 체험과 성찰을 조화시켜 통합해 놓은, 미묘하고 자가당착적이며, 구성이 허술하면서도 지혜가 가득한 작품이다. 버턴이 철학과 의학, 과학과 형이상학의 진정한 연결점들을 찾아낸 덕에 우리는 정신과 물질이 통합된 이론의 길로 접어들게 되었다. 그러나 그가 그런 상충되는 견해들을 훌륭하게 조화시켰다고는 보기 어렵다. 그는 하나의 현상에 대해(그 현상을 지나치게 단정적으로 취급하는 것일 수도 있음을 암시하지도 않고) 여섯 가지의 모순된 설명들을 할 수 있는 인물이었다. 이것은 현대 독자들에게 괴상하게 여겨질 수도 있지만 최근 국립정신건강연구소에서 발간한 도서들을 자세히 살펴보면 우울성 질환들의 복잡성은 그것들이 대개 지나치게 단정적으로 취급되기 때문임을, 우울증은 많은 경로들의 공통 목적지이며 어떤 사람에게나 특정한 증세들은 이 경로들 중 하나나 몇 가지 결과라고 여겨지기 때문임을 깨닫게 될 것이다.

버턴은 멜랑콜리에 대한 육체적인 설명을 내놓았다. "우리의 몸은 시계와 같아서 부속 하나만 고장 나도 전체에 문제가 생기며 전신이 고통을 겪는다." 그는 "철학자들이 뜨거움과 차가움을 8등급으로 나눈 것처럼 멜랑콜리도 고통받는 정도에 따라 88등급으로 나눌 수 있다."고 말했다. 그리고 나중에 이렇게 덧붙였다. "프로테우스[그리스 신화에서 온갖 모양으로 변할 수 있는 바다의 예언자] 자신도 그토록 다양하지는 못하다. 멜랑콜리한 사람의 진정한 특성을 밝혀내는 것은 달에 새 옷을 만들어 입히는 것과도 같다. 멜랑콜리한 사람의 마음을 아는 것보다는 차라리 공중의 솜털의 움직임을 예측하기가 더 쉽다." 버턴은 멜랑콜리를 뇌에 근거한 "머리 멜랑콜리", "전신 멜랑콜리", 내장, 간, 비장, 막(膜)에서 오는 "심기증(건강염려증) 멜랑콜리"로 크게 나누고 그것들을 계속 세분해서 고뇌의 지도를 만들었다.

버턴은 멜랑콜리와 단순히 "음울하고, 슬프고, 불쾌하고, 멍청하고, 악의에 차 있고, 쓸쓸하고, 불만스러운 것"을 구분했다. 그는 그런 특성들은 누구에게나 있는 것이며 그것들 자체가 병의 근거가 될 수는 없다고 했다. 그는 『공동 기도서』를 인용하여 이렇게 말했다. "여자의 몸에서 태어난 인간은 오래 살 수도 없고 근심거리들로 가득하다." 그렇다고 우리 모두가 우울증이라는 것은 아니다. 버턴은 이렇게 말했다. "이런 불행이 우리를 에워싸고 있다. 인간으로서 현생에서 영원한 행복을 누리기를 원하는 것은 지극히 부조리하고 터무니없는 일이다. 그보다 불합리한 일은 없으며, 그런 진실을 알지 못하고 그것을 견딜 자세가 되어 있지 않은 사람은 이 세상에서 살기에 적합하지 않다. 그것을 피할 길은 없으며 담대한 마음으로 부단히 그것을 견뎌야만 한다."

인간은 불행을 견딜 수 없다면 이 세상에 살 수 없으며 불행은 우리 모두에게 찾아온다. 하지만 그것은 쉽게 우리의 통제력을 벗어난다. 단순한 기침은 참을 만하지만 "계속되는 만성적인 기침은 폐병을 유발하며 불행들도 그런 식으로 멜랑콜리를 유발한다." 버턴은 인간은 정신적 외상을 견딜 수 있는 능력이 저마다 다르며 상처의 정도와 견디는 힘의 상호작용이 병을 결정한다는 매우 현대적인 이론을 내놓았다. "어떤 사람에게는 벼룩에 물린 정도의 상처가 다른 사람에게는 견딜 수 없는 고통을 유발한다. 어떤 사람은 남다른 절제와 바른 몸가짐으로 즐겁게 이겨 내는 것을 다른 사람은 절대로 견디지 못한다. 그는 사소한 욕설, 모욕, 슬픔, 수치, 상실, 시련, 소문에도 격앙되어 안색이 변하고, 소화를 못 시키고, 잠을 못 이루고, 정신이 흐려지고, 마음이 무거워지고, …… 멜랑콜리에 압도된다. 그것은 마치 빚 때문에 감옥에 갇히는 것과 같아 일단 감옥에 갇히게 되면 채권자들이 너도나도 달려들어 그가 풀려나지 못하도록 만든다. 즉 하나의 불만이 일어나면 곧 다른 모든 근심들이 달려들고 환자는 절름발이 개나 날개가 부러진 거위처럼 축 처지고 수척해지며 결국 멜랑콜리라는 질병에 걸리고 만다." 버턴은 불안증의 체험에 대해서도 잘 요약해서 우울증에 대한 설명에 정확하게 포함시켰다. "그들은 낮 동안에도 끔찍한 공포에 시달리며 미쳐서 날뛰는 말(馬)들과도 같은 의심, 두려움, 슬픔, 불만, 걱정, 수치, 고뇌가 단 한순간도 그들을 그냥 놓아두지 않는다."

버턴은 멜랑콜리 환자들을 "의심과 시기심과 악의에 차 있고", "탐욕스럽고", "불만이 많고", "복수심을 잘 느낀다."고 묘사했다. 그런 반면 "멜랑콜리한 사람들은 유난히 기지가 뛰어나고 (멜랑콜리한 기질로 인해) 여러 차례 신성한 환희와 열정에 빠지며 …… 그 결과 뛰어난 철학자나 시인, 예언가가 된다."고도 말했다. 그는 종교적인 문제와 관련해서는 재치 있게 당시 검열 기준을 따랐지만, 지나친 종교적 열정은 멜랑콜리의 징후이거나 광적인 좌절을 낳을 수 있다고 주장하면서 신으로부터 부적절하다고 여겨지는 무시무시한 명령을 받는 슬픈 사람들은 멜랑콜리한 망상을 겪은 것이기가 쉽다고 단언했다. 그는 결론적으로 멜랑콜리는 몸과 마음 모두의 병이라고 말하면서, (앙드레아 뒤 로랑스처럼) 이성이 아닌 "상상력의 결함"이라는 표현으로 멜랑콜리가 이성의 상실을 의미한다(그러면 동물의 수준으로 떨어진다.)는 암시를 피했다.

버턴은 당시 우울증 치료법들을 분류해 놓았다. 그에 의하면 "악마, 마법사, 마녀 등으로부터 받는 부적, 주문, 마법에 의한 치료들"은 불법적인 치료법이었고 "신에 의한 직접적인 치료나 의사, 환자, 의술에 관련된 것"은 합법적인 치료법이었다. 그는 수십 가지나 되는 치료법들에 대해 장황하게 늘어놓은 뒤 그중 "최고"는 직접 "마음의 울화와 근심들"을 처리하는 것이라면서 친구들에게 "마음을 터놓고" "환락, 음악, 즐거운 교제"를 추구하도록 권했다. 또 자신이 쓰는 약을 권했는데 금잔화, 민들레, 물푸레나무, 버드나무, 위성류, 장미, 사과, 포도주, 담배, 아편 시럽, 화란국화, "금요일 목성의 시간(행성 시간으로 낮의 다섯 번째 시간과 밤의 일곱 번째 시간)에 채취한" 세인트존스워트, 그리고 당나귀의 오른쪽 앞발로 만든 반지를 끼는 것 등이었다.

버턴은 자살이라는 난해한 문제도 다루었다. 16세기 후반에 멜랑콜리는 유행을 누린 데 반해 자살은 법과 교회에 의해 금지되었고 경제적인 제재까지 따랐다. 이 시대에 영국에서 자살하는 사람은 쟁기, 갈퀴, 상품, 기타 경제생활에 필요한 모든 도구들을 포함한 전 재산을 내놓아야 했다. 어느 작은 마을의 방앗간 주인은 자신에게 치명상을 입혀 죽어 가면서 이렇게 탄식했다고 한다. "내 재산을 몰수당하고 아내와 자식들을 거지로 만들었구나." 버턴은 자살의 문제에 대해서도 당대 검열관들을 의식했지만 극심한 불안증이 얼마나 견디기 어려운 것인지를 인정하며 이렇게 말했다. "이런 멜랑콜리의 경우 자해를 하는 것이 합법적일까?" 그는 나중에 이렇게 썼다. "그들은 이런 황폐하고 불쾌하고 진저리 나는 나날들의 한가운데서 아무런 위안도 치료법도 찾지 못하고 결국 죽음으로 …… 스스로의 학살자가 되어, 자신을 처형해서 그 고통으로부터 벗어나려 한다." 버턴 이전까지만 해도 우울증은 자살이라는 중죄와 완전히 별개의 문제였으므로 이것은 주목할 만한 발언이었다. 사실 '자살(suicide)'이라는 단어 자체도 버턴의 걸작 『멜랑콜리의 해부』의 출간 직후에 생겨난 것으로 보인다. 이 책에는 정치적, 도덕적인 이유로 스스로 삶을 마감한 사람들, 병 때문이 아니라 고뇌에 찬 분별의 결과 자살을 선택한 사람들의 이야기들이 들어 있다. 그다음에는 이성적이지 못한 사람들의 자살 이야기들이 이어지며, 버턴은 그 두 가지를 하나로 합쳐 이전까지 금기로만 여겨지던 자살을 하나의 토론 주제로 만들었다.

버턴은 우울증의 망상들에 대해서도 설명했다. "어떤 사람은 자신을 조개로 여기고, 자신이 유리로 만들어졌다는 믿음으로 다른 사람들의 접근을 견디지 못하는 이들도 있으며, 코르크로 만들어져서 깃털처럼 가볍다고 여기는 이들도, 납처럼 무겁다고 여기는 이들도, 머리가 떨어져 나갈까 봐 두려움에 떠는 이들도, 뱃속에 개구리가 들어 있다고 믿는 이들도 있다. 어떤 이들은 목을 매달거나 물에 뛰어들거나 높은 데서 떨어져 죽을까 봐 물가, 바위, 가파른 언덕에도 가지 못하고 대들보가 있는 방에 누워 있지도 못한다." 이러한 망상들은 그 시대 멜랑콜리의 특성이었고, 의술서나 일반 서적들에도 그런 망상들에 대한 이야기들이 많았다. 네덜란드 작가인 카스파르 발라에우스도 인생의 여러 시기에 자신이 유리나 언제라도 불이 붙을 수 있는 짚으로 만들어졌다고 믿었다 한다.[57] 또 세르반테스는 자신이 유리로 만들어졌다고 믿는 사나이에 대한 소설인 『유리 학사』를 냈다. 이러한 현상은 매우 흔해 당시 의사들은 이것을 "유리 망상"이라 불렀으며, 이 시기 서구의 모든 국가들의 대중문학 속에서 하나의 현상으로 등장했다. 여러 명의 네덜란드인들이 자신의 엉덩이가 유리로 되어 있다고 믿어서 엉덩이가 깨질까 봐 앉지를 못했고, 그중 하나는 짚을 깐 상자에 들어가야만 여행을 하겠다고 우겼다는 이야기도 있다. 카사노바였던 루도비쿠스는 자신이 버터로 만들어졌다는 망상에 빠져 녹을까 봐 두려워서 항상 잎사귀로 몸을 가리고 알몸으로 사는 한 제빵사에 대한 긴 이야기를 썼다.

　이러한 망상들은 평범한 상황들을 두려워하고 끊임없이 공포에 시달리고 다른 사람의 포옹을 거부하는 식의 우울증 행동들을 낳았다. 망상에 시달리는 사람들은 모두 부당한 슬픔, 계속되는 피로, 식욕 저하 등의 일반적인 증세들을 겪었으며 이것은 현대 우울증과 일맥상통한다. 이 시기 이전에도 존재했고(교황 비오 2세는 프랑스의 "미치광이 왕" 샤를 6세가 이미 14세기에 자신이 유리로 만들어졌다는 망상에 빠져 넘어져 깨지지 않도록 옷에 쇠창살 같은 것을 달고 다녔다는 이야기를 전하고 있으며, 루푸스도 고대의 망상들에 대해 기록해 놓았다.) 17세기에 절정에 이른 망상은 오늘날까지 남아 있다. 최근 네덜란드의 한 여성 우울증 환자가 자신의 팔이 유리로 되어 있다고 믿고 팔이 깨질까 봐 옷 입기를 거부한 사례도 있었다. 정신분열증 환자들은 자주 환청과 환영에 시달리며, 강박증 환자들은 불결함에 대한 공포 따위의 불합리한 공포를 겪는다. 우울증의 망상적 성격은 현대로 들어오면서 구체성이 약화된 경향은 있지만, 사실 17세기의 망상들과 현대 우울증의 특징을 이루는 망상증, 음모 공포증, 삶이 일반적으로 요구하는 것들이 자신의 능력 밖이라는 기분은 별다른 차이가 없다.

　나 자신도 우울증에 빠졌을 때 일상적인 일들조차 해낼 수가 없었다. "나는 영화관에 앉아 있을 수가 없어." 기분 전환을 위해 영화를 보러 가자고 청하는 친구에게 내가 했던 말이다. 나는 밖에 나갈 수 없다는 말도 했다. 나는 이런 기분들에 대한 구체적인 근거를 들 수도 없었고, 영화관에 앉아 있으면 녹아 버릴 것 같다거나 바깥바람을 쐬면 돌로 변해 버릴 것 같은 기분도 아니었으며, 원칙적으로 밖에 나가지 못할 이유가 없다는 것도 알고 있었다. 하지만 지금 고층 건물에서 뛰어내릴 수 없다는 걸 알듯이 그때 난 그런 일들을 할 수 없다는 걸 확실하게 알고 있었다. 나는 그것을 세로토닌의 탓으로 돌릴 수 있었고 실제로 그렇게 했다. 17세기에 우울증의 망상 증세가 왜 그런 구체적인 형태들을 갖고 있었는지에 대해 내 나름의 분석을 내놓자면, 우울증에 대한 과학적인 설명들과 치료들이 나오기 전까지는 환자 스스로 자신의 공포를 설명할 방법을 고안한 것일 수도 있다. 인간은 보다 성숙된 사회에서라야 유리 골격으로 만들어졌다는 단정으로 공포를 구체화시키지 않고도 누가 만지거나 서거나 앉는 것을 두려워할 수 있고, 녹는 것이 두렵다는 설명 없이도 열에 대한 불합리한 공포를 체험할 수 있다. 현대의 의사들에게도 수수께끼로 보일 수 있는 이런 망상들은 구체적인 상황 설명이 있을 때 그나마 이해하기가 쉬워지는 것도 사실이다.

르네 데카르트는(적어도 철학적인 견지에서 본다면) 17세기 의학의 위대한 변혁가였다.[58] 그의 기계론적 세계관은 정신과 육체를 나눈 아우구스티누스의 전통에서 크게 벗어나지는 못했지만 의학 분야, 특히 정신 질환의 치료에 뚜렷한 파장 효과를 미쳤다. 데카르트는 육체에 미치는 정신의 영향과 정신에 미치는 육체의 영향을 강조했으며 『정념론』에서 정신 상태가 신체에 어떻게 직접적인 영향을 미치는지에 대해 기술하기도 했다. 그러나 그의 추종자들은 정신과 육체를 분리한 그의 이원론에만 치중했다. 결과적으로 데카르트 생물학이 사상계를 지배하게 되었지만 그 기계론적 생물학은 대부분 오류였다. 데카르트 생물학은 우울증 환자들의 운명에 상당한 반전을 초래했다. 무엇이 육체이고 무엇이 정신인지, 우울증은 "화학적인 불균형"인지 아니면 "인간적인 나약함"인지 세세하게 따지는 것이 바로 데카르트에게서 내려온 유산이다. 우리는 최근에 와서야 그런 혼란에서 벗어나기 시작했다. 그런데 데카르트 생물학은 어떻게 그런 막강한 영향력을 갖게 되었을까? 런던대학교의 한 심리학자는 데카르트 생물학을 한마디로 이렇게 표현했다. "내 경험으로는, 육체도 없고, 정신도 없고, 문제도 없다."

　　정신이 육체의 영향을 받기 쉽다는 것을 증명하기 위한 연구에 주력한 토머스 윌리스는 17세기 중반에 『야수의 영혼에 관한 두 가지 담론』이라는, 흑담즙이나 비장, 간에 관한 고대의 체액 이론에 따르지 않은 저서를 내놓았다.59 윌리스는 혈액 속에 "유황질의 음식"과 "질소 공기"에 의해 유지되는 "타오르는 불꽃"이 있으며 뇌와 신경들은 그 불꽃의 기운들을 모아 감정과 동작을 인도한다고 믿었다. 윌리스에 따르면 정신은 물리적 현상이며 "피의 집합체"인 가시적인 육체의 기질에 의존하는 "그림자 마녀"였다. 윌리스는 다양한 상황들이 피를 짜게 만들어서 불꽃을 제한할 수 있으며 그 결과 뇌를 환하게 비추지 못하여 멜랑콜리의 어둠에 빠지게 된다고 여겼다. 그리고 피를 짜게 만드는 요인으로는 날씨, 과도한 생각, 운동 부족을 포함한 모든 외적 상황들을 들 수 있다고 했다. 그는 멜랑콜리 환자의 뇌는 그 어둠을 고착시켜 성격으로 통합해 버린다고 주장했다. "따라서 그 생명의 불꽃이 너무 작고 약해져서 조금만 움직여도 흔들릴 때에는 늘 슬픔과 공포에 잠기게 되는 것이 당연하다." 그리고 이런 문제가 장기간 지속되면 뇌에 변화가 일어날 수 있다고 했다. "멜랑콜리한 피는 이웃한 부위들에 새로 작은 구멍들을 만들고 신랄한 기질과 우울함이 뇌 자체의 구조를 바꾸어 놓는다." 그러면 기가 정해진 길들을 따라가지 않고 멋대로 퍼지게 된다는 것이었다. 이 원칙은 분명한 근거가 없었지만, 지속적인 우울증이 뇌를 변화시킨다는 사실만큼은 현대 과학에 의해 입증되었다.

17세기 말과 18세기 초에는 과학 분야에서 장족의 발전이 이루어졌다. 육체에 대한 새로운 이론들이 나오고 정신과 그 기능장애에 대해서도 새로운 이론들이 등장하면서 멜랑콜리에 대한 설명들도 중요한 변모를 겪었다. 섬유 이론을 내놓은 니콜라스 로빈슨은 1729년에 우울증은 섬유들의 탄력성 부족에서 온다고 말했다.[60] 로빈슨은 우리가 현재 상담 치료라 부르는 것에 대해 회의적이었다. "상담으로 기질을 고치려고 하느니 차라리 열병을 고치려고 하는 것이 낫다." 여기서부터 환자 개인이 자신에 대해 설명하는 능력으로 우울증을 고치는 것에 대한 완전한 포기가 시작된다.

1742년에 헤르만 부르하버[네덜란드 의사, 최초의 임상 교육자]는 인체의 모든 기능들은 수역학(水力學) 이론을 통해 설명될 수 있으며 육체는 '살아 움직이는 기계'라는 이론을 내놓았다.[61] 부르하버는 뇌는 하나의 선(腺)이며 이 선에서 나온 신경액이 피를 통해 온몸에 전달된다고 믿었다. 또한 혈액은 여러 물질들로 구성되어 있으며 그 균형이 깨지면 문제들이 일어난다고 주장했다. 일례로 우울증은 혈액에 기름기가 많은 성분들이 축적되고 신경액이 충분히 공급되지 못할 때 일어난다고 보았다. 이런 상황에서는 원활한 혈액순환이 이루어지지 못한다. 그 원인으로는 생각에 너무 많은 신경액을 소비했기 때문인 경우가 많으므로 생각을 줄이고 활동은 늘려 혈액 성분의 균형을 유지해야 한다고 했다. 윌리스와 마찬가지로 부르하버의 주장도 현대 과학에 의해 입증되었다. 즉 뇌의 특정 부분들에 혈액 공급이 줄게 되면 우울증이나 망상이 일어날 수 있으며, 노인 우울증의 경우 뇌의 원활한 혈액순환이 이루어지지 않아 특정 부위들이 굳어지고 혈액의 영양분을 흡수하지 못한 것이 원인인 경우가 많다.

이 이론은 인간성 말살을 불러왔다. 부르하버의 열렬한 옹호자 가운데 하나인 라 메트리는 1747년에 『인간 기계론』이라는 독창적인 저서를 내서 신앙인들을 분노케 했으며, 프랑스 궁정에서 추방당해 네덜란드 레이던으로 갔고 결국 그곳에서도 쫓겨나 마흔두 살에 베를린에서 세상을 하직했다.[62] 그는 인간이란 기계적인 작동을 하는 화학물질들의 조합에 지나지 않는다고 주장했으며 이것은 순수과학 이론으로 우리에게 전해졌다. 라 메트리는 살아 있는 물체는 본질적으로 자극에 대한 반응성을 지니며 그런 반응성에서 모든 행동이 나온다고 말했다. "반응성은 우리의 모든 느낌, 모든 즐거움, 모든 열정, 모든 생각들의 근원이다." 즉 인간은 본질적으로 질서정연하며, 우울증 같은 장애는 인간이라는 불가사의한 기계의 고장으로 그 기능의 한 요소라기보다 그것에서의 이탈이라고 본다.

이에 따라 멜랑콜리는 정신 질환이라는 일반적인 문제의 한 측면으로 이해되었다. 프리드리히 호프만은 후에 유전 이론으로 발전할 주장을 최초로 조리 있고 강력하게 주장한 인물이다.[63] "광기는 유전성 질환이며 평생 지속되는 경우가 많다. 휴지기가 긴 경우에 환자는 완전히 정상인처럼 보이며 주기적으로 발병한다." 호프만은 멜랑콜리에 대해서는 전통적인 치료법들을 제안하면서 애정을 담아 이렇게 말했다. "상사병에 걸린 처녀라면 가장 효과적인 치료법은 결혼이다."

18세기 내내 육체와 정신에 대한 과학적인 설명들은 눈부신 발전을 이루었다. 그러나 이성의 시대였는지라 이성이 결여된 사람들은 심각한 사회적 불이익을 감수해야 했고, 과학은 괄목할 만한 발전을 이룬 반면 우울증 환자의 사회적 지위는 추락할 수밖에 없었다. 스피노자는 17세기 말에 이성의 승리를 암시하는 말을 했다. "감정은 더 통제되고, 정신은 더욱 많은 부분들이 밝혀지면서 덜 수동적이 될 것이다. 인간은 누구나 자신과 자신의 감정들을 분명하게 이해하고 감정들의 지배를 덜 받게 될 수 있는 능력을 지니고 있다."[64] 그리하여 우울증 환자는 이제 악마에 들린 존재가 아니라 정신적인 건강을 위한 자기 수양을 거부하는 방종한 자가 되었다. 중세를 제외한다면 18세기는 정신장애를 겪는 이들에게 가장 가혹한 시기였다고 할 수 있을 것이다. 부르하버와 라 메트리가 이론을 만들고 있던 시기에 주위 사람들에 의해 심각한 정신 질환자로 분류된 이들은 반쯤은 실험용 표본으로, 반쯤은 정글에서 막 도망쳐 나와 길들일 필요가 있는 야수로 취급되었다. 18세기는 예의범절과 관습에 집착했으며, 계층이나 국적을 무론하고 관습을 위협하는 엉뚱한 행동을 하는 이들에게는 엄중한 벌을 가했다. 이들은 사회로부터 격리되어 영국의 경우는 베들럼 정신병원, 프랑스의 경우는 비세트르 정신병원에 수용되었는데 멀쩡한 사람들까지 실성하게 만들 수 있는 끔찍한 장소들이었다.65 이런 수용 시설들은 이미 오래전부터 존재해 왔으나(베들럼은 1247년에 설립되어 1547년까지 빈민 정신병자들을 위한 수용 시설 역할을 해 왔다.) 18세기에 자립할 수 있었다. '이성'이라는 개념은 인간들 사이의 자연스러운 일치를 함축하며, 본질적으로 순응주의 논리다. '이성'은 다수의 합의에 의해 정의되는 것이기 때문이다. 극단적인 것들을 사회 질서 안에 통합시키는 것은 이성에 상반된다. 이성의 시대의 기준에 의하면 극단적인 정신 상태들은 논리 연속체상의 끝 지점들이 아니라 규정된 통일성의 외부에 존재하는 것들이다. 18세기에 정신병자들은 권리도 지위도 없는 아웃사이더들이었다. 망상이나 우울증에 시달리는 이들은 그런 사회적인 제약을 받았으므로 윌리엄 블레이크는 이렇게 한탄했다. "유령들은 합법적이지 못하다."66

정신 질환자들 중에서 우울증 환자들은 상대적으로 온순했기 때문에 미치광이나 정신분열증 환자들보다 약간은 덜 잔혹한 취급을 당했다. 이성과 섭정의 시대에 우울증 환자의 운명은 불결함과 고통과 불행이었다.67 당시 사회는 심각한 정신병을 앓는 이들의 회복 가능성 자체를 부정했고 일단 정신이상 증세를 보이는 사람은 정신병원으로 보내 그곳에서 살게 했다. 그런 사람들이 이성을 되찾기는 포획된 코뿔소들이 인간의 이성을 갖는 것만큼이나 불가능한 일로 여겨졌다. 베들럼 병원 수석의사 존 먼로는 멜랑콜리가 치유될 수 없는 병이라고 말하면서 "이러한 장애의 치료에는 약물만큼 관리가 중요하다."68고 주장했다. 매우 심각한 멜랑콜리에 시달리는 사람들은 무시무시한 치료들을 받는 경우가 많았다.69 부르하버 자신도 마음의 고통을 몰아내기 위해 신체적인 고통을 주는 방법을 제안했다. 우울증 환자들을 물에 빠뜨리는 일도 드물지 않았고, 기절했다가 토하기를 반복하게 만드는 복잡한 기계장치도 나왔다.

그보다는 약한(그러나 역시 심각한) 우울증의 경우 거의 은거에 가까운 삶을 살게 만들었다. 제임스 보즈웰은 자신의 우울증 체험에 대해 친구들에게 장문의 편지들을 보냈고 시인 윌리엄 쿠퍼도 마찬가지였다.[70] 그들의 글은 이 시기에 우울증 환자들이 어떤 고통을 겪었는지를 느끼게 해 준다. 1763년에 보즈웰이 쓴 글을 보자. "이 편지에서 자네의 가련한 친구의 불행에 대한 내용 이외의 것은 기대하지 말게. 나는 지극히 충격적이고 고통스러운 멜랑콜리에 시달리고 있다네. 완전히 침몰했지. 내 마음은 암울하기 그지없는 생각들로 가득하고 이성은 나를 저버렸다네. 믿을 수 있겠나? 내가 거리에서 미쳐 날뛰며 소리를 질러 대고 울음을 터뜨리고 가슴 깊은 곳으로부터 올라오는 신음을 낸 걸 말일세. 오오 하느님! 그 끔찍한 고통이란! 오, 나의 친구여, 그때 내 모습은 얼마나 가련했던가! 난 아무것도 할 수 없었지. 아무런 의욕이 없었어. 세상 만사가 아무 쓸모가 없고 황량하게만 느껴졌지." 그해에 다른 친구에게는 이렇게 썼다. "나는 깊은 멜랑콜리에 사로잡혀 있네. 자신이 늙고 비참하고 쓸쓸하게만 여겨져. 인간이 상상할 수 있는 모든 무시무시한 생각들이 떠올라. 세상이 온통 암울함과 고통에 차 있는 것만 같아." 보즈웰은 하루에 열 줄씩 자신의 상태를 기록하는 방법을 통해 어느 정도 온전한 정신을 유지할 수 있었다.(글 대신 타원형들을 그려 넣을 때도 있었지만.) 예를 들면 이런 글이 있다. "너는 비참할 정도로 멜랑콜리에 빠졌고 무시무시하기 짝이 없는 생각들을 했어. 너는 집에 돌아와서 기도하고……." 그 며칠 뒤에 쓴 글은 다음과 같다.

"어제 너는 저녁 식사 후에 상태가 아주 나빴고 끔찍한 생각들에 진저리를 쳤지. 너는 확신이 없고 혼란에 빠져서 잠자리에 들어야겠다고 말했고 그리스어도 읽을 수가 없어서……."

　보즈웰이 전기를 쓴 새뮤얼 존슨 역시 심각한 우울증에 시달렸으며 우울증 체험이 두 사람을 가깝게 만들었다. 존슨은 버턴의 『멜랑콜리의 해부』만이 자신을 "잠이 깬 뒤 두 시간 안에 침대에서 나올 수 있게 해 준" 책이었노라고 말했다.71 존슨은 항상 인간의 유한성을 의식하며 살았고 시간을 낭비하는 것을 두려워했다.(우울증이 극에 달했을 때는 오랜 시간 아무 일도 안 하고 누워 있기도 했지만.) 존슨은 이런 글을 썼다. "나는 항상 그 검정 개에게 저항하고 싶다. 이제 거의 모든 힘을 잃었지만 놈을 어서 쫓아내고 싶다. 아침에 일어나면 아침 식사는 쓸쓸하고 그 검정 개가 나와 아침을 함께하려 기다리고 있다. 놈은 아침 식사 때부터 저녁 식사 때까지 계속 짖어 댄다."72 그러고는 존 드라이든의 대사를 읊었다. "멜랑콜리는 '위대한 지력(智力)'처럼 광기와 하나로 묶을 수도 있겠지만, 내 견해로는, 그것들은 분명하게 구분된다."

　윌리엄 쿠퍼도 자신의 슬픔을 시로 표현했는데 보즈웰의 그것보다 더 절망적이었다.73 그는 1772년에 사촌에게 이렇게 썼다. "슬픔과 낙담이 담긴 편지를 보내지 않으려고 안간힘을 쓰지만 활기찬 음을 낼 수가 없네." 그는 이듬해에 심각한 붕괴를 겪었고 한동안 아무 일도 할 수 없었다. 이 시기에 그는 소름 끼치는 시들을 썼는데 그중 하나는 이렇게 끝난다. "나, 천벌을 받아, 육신의 무덤에서/ 땅 위에 묻혀 있노라." 쿠퍼의 경우 글을 통해 구원을 얻지는 못했으며 보즈웰처럼 하루 열 줄의 기록으로 절망을 덜 수 있었을 것 같지도 않다. 실제로 그는 자신이 위대한 시인임을 알고는 있었지만 글 솜씨와 우울증 체험은 거의 무관하다고 느꼈다. 1780년에 그는 존 뉴먼에게 이렇게 썼다. "나는 끔찍한 비밀을 알고 있지만 그것을 어떤 목적으로도 전달할 힘이 없네. 내가 진 짐은 어떤 어깨도 지탱할 수가 없지. 내 어깨처럼 불가사의할 정도로 단단해진 심장이 떠받치고 있지 않은 한은." 에드워드 영도 비슷한 시기에 "그대 안의 낯선이"에 대해 이야기하며 황량한 세상을 노래했다.[74] "그런 것이 이 세상의 멜랑콜리한 지도라네! 그보다도 심하고/ 더 슬프지! 이 세상은 인간의 진정한 지도라네!" 또 토비아스 스몰렛[18세기 영국의 풍자소설가]은 이렇게 썼다. "나는 요 14년 동안 내 안에 병원을 가지고 있었으며 고통스럽게 내 병을 연구했다."[75]

여성들의 운명은 특히 가혹했다. 데팡 후작부인은 영국에 있는 한 친구에게 이렇게 썼다. "생각은 하면서도 하는 일이 없다는 게 어떤 건지 당신은 모를 거예요. 게다가 쉽게 만족되지 않는 취향과 진실에 대한 뜨거운 사랑, 난 차라리 태어나지 않았더라면 좋았으리라 생각해요."[76] 다른 편지에서는 자신에 대한 혐오감을 표현했다. "나는 왜 삶을 증오하면서도 죽음을 두려워하는 것일까?"

18세기 후반의 신교 금욕주의자들은 우울증을 사회의 타락 탓으로 보았고, 과거에 대한 향수에 젖은 귀족들에게 우울증이 많은 것을 그 증거로 여겼다. 한때는 귀족적인 교양의 표시로 여겨진 멜랑콜리가 이제 도덕적 타락과 나약함의 표시가 되었고, 편안함을 버리는 것이 해결책으로 제시되었다. 새뮤얼 존슨은 고난은 우울을 예방한다면서 이렇게 말했다. "대부분의 주민들이 부유하지도 사치스럽지도 않은 스코틀랜드에서는, 내가 알기로는, 정신병이 극히 드물다.”**77** 존 브라운은 “우리의 나약하고 남자답지 못한 삶과 섬나라 기후가 저조한 기분과 신경증을 증가시킨다.”고 주장했다.**78** 에드먼드 버크는 이렇게 말했다. “멜랑콜리, 낙담, 절망, 자살은 육체가 나른한 상태에서 우울한 눈으로 세상을 보게 된 결과다. 이 모든 악에 대한 최선의 대책은 운동이나 노동이다.” 볼테르의 소설 『캉디드』의 주인공은 문제들이 해결된 뒤까지도 계속 힘들어해 마침내 그의 우울한 연인이 묻는다. “어떤 것이 최악인지 알고 싶어요. 흑인 약탈자들에게 100번쯤 강탈당하는 것, 한쪽 엉덩이가 잘리는 것, 불가리아식으로 태형(笞刑)을 당하는 것, 매를 맞고 화형대에 매달리는 것, 몸이 잘리는 것, 노예선에서 노를 젓는 것, 우리가 당한 모든 불행들을 겪는 것과 아무 할 일 없이 여기 이렇게 있는 것 중에서요.”**79** 그녀와 캉디드가 채마밭을 가꾸기 시작하면서 문제는 해결된다. 밭을 가는 것이 기분을 좋아지게 한 것이다. 그러나 반대로, 귀족의 생활은 기분을 좋게 하고 노동은 기분을 저조하게 한다는 설도 있었다. 일례로 호레이스 월폴은 친구에게 시골 생활로는 고칠 수 없는 병에 대해 “365일의 런던 생활”을 처방했다.**80**

18세기 말경 낭만주의의 물결이 일기 시작하면서 순수이성의 무미건조함에 대한 환멸이 고개를 들었다. 정신은 고결하면서도 비통한 숭고함을 향하기 시작했다. 우울증은 다시금 받아들여지고 피치노 이후의 시기보다 더 사랑받게 되었다. 토머스 그레이는 다시금 우울증을 어리석음이 아닌 지식의 근원으로 보게 될 새 시대의 경향을 시에 담았다. 그의 「시골 묘지에서 쓴 비가」는 진실과 가까운 슬픔에서 얻은 지혜를 담고 있는 표준 교과서가 되고, 이 시를 통해 사람들은 “영광의 길들은 무덤으로 이어져 있을 뿐”임을 깨닫게 되었다.81 그는 이튼의 운동장을 바라보며 이렇게 노래했다.

> 모든 인간은 각자의 고통을 지녔다.
> 똑같이 괴로움에 신음할 운명,
> 타인의 아픔에는 민감하고,
> 자신의 아픔에는 무감각하고.
> (……)
> 더 이상, 무지가 축복이며,
> 현명함이 어리석음은 아니다.82

S. T. 콜리지는 1794년에 자신의 의지가 "슬픔의 환희! 거칠게 일렁이는 마음을 음울한 날개로 덮은 불가사의한 기쁨"83으로 마비되었다고 썼다. 임마누엘 칸트도 "정당한 권태로 인한 세상의 소요로부터의 멜랑콜리한 단절은 고귀하며…… 원칙에 근거한 진정한 미덕은 멜랑콜리한 마음과 가장 잘 조화되는 듯하다."라고 주장했다.84 이것이 바로 우울증에 대한 19세기의 분위기였다.

18세기를 떠나기 전에 신교의 도덕의식이 유럽보다 강했던 북아메리카 식민지에서 어떤 일이 일어났는지 알아보는 것도 의미가 있을 것이다.85 멜랑콜리는 그들 개척자들에게도 골칫거리였고, 멜랑콜리에 대한 미국적 사고는 그들이 매사추세츠에 도착한 직후부터 전개되었다. 물론 이들은 유럽인들에 비해 보수적인 경향이 있었고 종교적으로도 극단적인 견해를 갖는 경우들이 많았으므로 우울증에 대해서도 종교적인 설명들에 찬성했다.86 그들에게는 우울한 일들이 너무도 많았다. 그곳에서의 삶은 가혹했고, 그들의 사회는 엄격했고, 사망률은 극히 높았고, 고립감은 심각했다. 그곳에는 멜랑콜리한 기분을 없애 줄 매력이나 즐거움이 많지 않았기에 호레이스 월폴의 처방도 불가능했다. 구원과 그 신비적 교의에 대한 몰입 또한 사람들을 혼란으로 몰아갔는데, 그런 몰입의 유일한 대상이 분명하게 정의될 수 없는 것이기 때문이었다.

이 사회에서 우울증 환자는 대부분 악마 들린 존재로 취급되었고, 악마의 제물이 된 것은 나약하거나 신을 섬기기를 게을리한 결과로 여겨졌다. 이런 문제들에 대해 최초로 상세한 논평을 한 사람은 코튼 매더[뉴잉글랜드 청교도 목사]였다.[87] 젊었을 때는 극히 도덕적인 판단에 기울었던 그였지만, 아내 리디어가 "약간 악마에 들린" 상태인 우울증을 일으키자 얼마간 태도가 누그러졌다. 매더는 멜랑콜리에 대한 연구에 많은 시간과 노력을 바쳐 종교적인 것과 생물학적인 것, 자연적인 것과 초자연적인 것이 복잡하게 동시 작용하는 하나의 이론을 만들기 시작했다.

1724년에 코튼 매더는 우울증에 관한 미국 최초의 책『베세즈다의 천사』를 출간했다. 그는 우울증의 악마적인 원인들보다는 치료법에 중점을 두었다. "이 가련한 멜랑콜리 환자들의 친구들은 성가신 일들을 인내심으로 견뎌야 한다. 멜랑콜리 환자의 무의미하고 어리석은 행동을 참아 주어야 하고, 강한 자로서 약한 자의 결점을 견뎌야 한다. 끈기 있고 신중하고 남자다운 관대함으로 그들을 불쌍히 여기고 어린아이들처럼 비위를 맞춰 주고 오직 좋은 얼굴로 좋은 말만 해 주어야 한다. 그들이 매우 가혹한(비수와도 같은) 말을 한다 해도 화를 내서는 안 된다. 그런 말을 하는 것은 그들이 아니라 그들의 병이기 때문이다! 그들은 변함없는 예전의 그들이다."[88] 매더가 제안한 치료법은 악마를 몰아내는 효과와 생물학적인 효과가 묘하게 섞인 것들("자주색 뚜껑별꽃 달인 즙, 광기의 특효약인 세인트존스워트 꼭대기 부분")과 조금 의심스러운 것들("살아 있는 제비를 반으로 잘라 그 뜨거운 피를 삭발한 머리 위에 흘리기"와 "철 4온스 한 스푼 분량을 매일 두 번 복용")이었다.

1794년에 필라델피아에서 책을 낸 헨리 로즈는 열정에 "생명의 유지에 필요한 자연적인 기능들의 힘을 증가시키거나 감소시킬" 능력이 있다고 보았다.[89] 그는 "열정은 도가 지나치면 방탕해지고 피해야 할 것이 되는데, 그것은 마음의 평정을 깨뜨릴 뿐 아니라 체질까지 손상시키기 때문"이라고 주장했다. 그는 철저한 청교도적 전통에 입각하여 강렬한 느낌 및 에로스를 억누르는 냉정함이야말로 광기로부터 자신을 지키는 최선의 방법이라고 말했다. 이러한 청교도적 견해는 다른 나라들에서는 이미 쇠퇴한 한참 후까지 미국인의 상상력을 지배한다. 심지어 19세기 중반까지도 미국은 질병과 관련된 종교 부흥회들을 자랑했다. 미국은 자신을 신에게 부끄러운 존재로 여겨 병에 걸리거나 심지어 목숨을 잃을 때까지 스스로에게서 음식을(종종 수면까지도) 박탈하는 "복음주의적 거식증"[90]의 땅이었으며, 그렇듯 자신을 학대하는 이들은 동시대인들에게 "단식하는 완벽주의자"로 불렸다.

이성의 시대가 우울증에 특별히 가혹했다면, 18세기 말에 시작되어 빅토리아기에 꽃을 피운 낭만주의 시대는 우울증에 특별한 호시절이었다. 이제 멜랑콜리는 직관을 위한 하나의 조건이 아니라 직관 그 자체로 여겨지게 되었다. 세상의 진실들은 즐겁지 않았고, 신은 자연 속에 나타나 있다지만 그의 정확한 상태는 미심쩍었으며, 산업화의 싹이 트면서 현대적인 소외감이 고개를 들기 시작했다. 칸트는 숭고함은 항상 "공포나 멜랑콜리아를 동반한다."고 주장했다.[91] 본질적으로 이 시기는 무조건적인 확신을 성스럽다기보다 단순한 것으로 치부하던 시대였다. 먼 과거에는 인간이 자연과 가까웠으나 그 직접적인 관계의 단절로 인한 황폐함은 기쁨을 돌이킬 수 없이 빼앗아 갔다. 이 시기 사람들은 세월의 흐름을 내놓고 슬퍼했는데, 단순히 늙어 가는 것이나 젊은 혈기를 잃는 것 때문만이 아니라 시간을 붙잡을 수 없기 때문이었다. "순간이여, 멈추어라! 너는 아름답도다!"[92]라고 외치는, 순간의 향락을 위해 악마에게 영혼을 파는 괴테의 파우스트의 시대가 도래한 것이다. 어린 시절은 순수와 기쁨을 의미하며 그 시절이 지나면 암울하고 고통스러운 어른의 시기를 맞는다. 워즈워스의 말대로 "우리 시인들은 젊은 시절 기쁨 속에서 시작하나/ 종내에는 낙담과 광기가 온다."[93]

존 키츠는 이렇게 썼다. "나는 안락한 죽음과 반쯤 사랑에 빠졌다."[94] 삶을 살아가는 것 자체가 너무도 견디기 힘들기 때문이었다. 대표작「멜랑콜리에 부치는 노래」와「그리스 항아리에 부치는 노래」에서 그는 가장 소중한 것을 가장 슬픈 것이게 하는 덧없음의 참을 수 없는 슬픔을, 그리하여 결국 기쁨과 슬픔은 분리될 수 없는 것임을 이야기한다. 멜랑콜리에 대해 그는 이렇게 노래했다.

그녀는 아름다움과 함께 머문다 — 소멸할 수밖에 없는 아름다움과.

언제나 작별을 고하기 위해 입술에 손을 대고 있는 기쁨과.
꿀벌의 입으로 꿀을 빨면서도 독을 향하는
아픈 쾌락 근처에서:
아무렴, 모든 기쁨의 신전에는
베일 쓴 멜랑콜리가 그녀의 제단을 두고 있도다.

셸리 역시 체험의 무상함과 세월의 빠름, 슬픔의 유예 뒤에는 더 큰 슬픔뿐임을 한탄했다.

오늘 미소 짓는 꽃들은
내일이면 시들고.
우리가 머물기를 바라는 모든 것들은
유혹만 하고 날아가 버린다.
(……)
시간이 살며시 흘러가는 동안
그대는 꿈꾸고 ── 잠에서
깨어나 운다.[95]

한편 이탈리아에서는 자코모 레오파르디가 똑같은 정서로 이렇게 썼다. "운명이 우리 인간에게 남겨 준 것은/ 죽음이라는 선물뿐."[96] 이것은 시골 묘지에서 아름다움에 대해 숙고하는 토머스 그레이의 침울함과는 큰 차이가 있으며, 니힐리즘의 시초요, 『실락원』보다는 「전도서」("헛되고 헛되며 헛되니 모든 것이 헛되도다."[97])에 가까운 철저한 헛됨의 시각이다. 독일에서는 그런 정서가 멜랑콜리를 넘어서 '벨트슈메르츠(Weltschmerz)'(염세주의)라는 명칭을 얻었다. 독일인들은 모든 감정들을 이 벨트슈메르츠라는 렌즈를 통해 받아들였다. 벨트슈메르츠의 대표자였던 괴테는 그 어떤 작가보다 파란만장하고 비극적인 존재의 본질을 잘 그려 냈다.『젊은 베르테르의 슬픔』에서 그는 진정한 숭고함으로 들어서는 것의 불가능함에 대해 이렇게 썼다. "그 시절에 나는 행복한 무지 속에서 미지의 세계를 동경했지. 그 넓은 세계로 나가 내 갈망하는 가슴을 채워 주고 만족시켜 줄 풍부한 양식과 기쁨을 얻고 싶었지. 오 나의 친구여, 지금 나는 그 넓은 세상에서 수많은 실망들과 좌절된 계획들을 안고 돌아왔네. …… 인간은 자신에게 가장 필요한 힘을 갖고 있지 못하지. 기쁨으로 하늘로 솟아오를 듯한 기분을 느낄 때나 고통으로 가라앉을 때나 무한의 충족감 속에서 몰아지경에 빠지기를 갈망하는 순간 단조롭고 차가운 의식의 영역으로 되돌아가게 되지."⁹⁸ 여기서 우울증은 진실이다. 샤를 보들레르는 "spleen"(우울)이라는 단어와 그 정서를 프랑스 낭만주의에 도입한 인물이다. 그가 속한 축축한 악의 세계도 (괴테가 숭고함에 들어설 수 없었던 것처럼) 멜랑콜리를 초월할 수 없었다.

  낮고 무거운 하늘이 마치 뚜껑처럼
  빛을 갈구하는 정신을 짓누르고,
  밤보다도 슬픈 검은 낮이
  넓은 지평선을 가릴 때
  (……)
  그리고 영구차 행렬이 북도 음악도 없이

내 영혼 속을 천천히 줄지어 가니,

꺾인 소망은 슬픔에 차서 울고

흉포하고 전능한 슬픔은

내 숙인 머리통에 제 검은 깃발을 꽂는다.[99]

이 시에는 칸트의 낭만적 합리주의와 볼테르의 낙관주의, 데카르트의 상대적인 냉담을 넘어 햄릿이라는 인물에 뿌리박은 두려운 무력감까지, 심지어 세계에 대한 명상("De Contempli Mundi")까지 거슬러 올라가는 철학이 흐른다. 19세기 초에 헤겔은 이렇게 말했다. "역사는 행복이 자라는 땅이 아니다. 역사 속에서 행복의 시기들은 공백으로 남아 있다. 세계 역사에서 만족스러운 시기들도 있었지만 이 만족은 행복에는 미치지 못한다."[100] 이렇듯 문명들이 열망하는 자연적인 상태로서 행복의 포기는 현대적 냉소주의를 낳는다. 인간은 불행하게 태어나 불행한 삶을 살아가게 되며, 불행을 이해하고 그것과 밀접하게 사는 사람들이야말로 과거의 역사와 미래를 가장 잘 아는 이들이라는 진실은 우리의 귀에는 뻔한 이야기로 들리지만 당시에는 이단적인 음울한 견해였다. 음울한 헤겔도 절망에 무릎 꿇는 것은 곧 타락하는 것이라고 말한 적이 있다.

철학자들 중에서 키르케고르는 우울증의 포스터 모델감이라 할 만하다.[101] 절망에 저항하려 애썼던 헤겔과는 달리 키르케고르는 타협을 거부하고 모든 진실을 부조리한 최종점까지 추구했다. 그는 자신의 고통에서 묘한 위안을 얻었는데 그것은 고통의 정직성과 진실성을 믿었기 때문이다. 그는 이렇게 썼다. "나의 슬픔은 나의 성(城)이다. 나는 멜랑콜리 속에서 나의 생을 사랑했다. 나의 멜랑콜리를 사랑했기 때문이다." 키르케고르는 행복이 자신을 약하게 만들 거라고 믿었던 것 같다. 주위 사람들을 사랑할 수 없었던 그는 절망을 넘어설 정도로 멀리 있는 무언가에 대한 표현으로서의 신앙에 눈을 돌렸다. "나는 다섯 발짝 앞에 있는 과녁을 맞추라는 지시를 받고 활시위를 최대한 팽팽하게 당기고 선 궁수처럼 여기 서 있다. 궁수는 말한다. 못 하겠다고. 하지만 과녁을 이삼백 발짝쯤 떨어진 곳에 놓으면 해 보겠다고!" 이전 철학자들과 시인들이 멜랑콜리한 사람에 대해 이야기했다면 키르케고르는 인간 자체를 멜랑콜리한 존재로 보았다. "절망에 빠진 사람은 희귀한 경우가 아니다. 가장 희귀한 경우는 진정 절망에 빠지지 않은 인간이다."

쇼펜하우어는 키르케고르보다 더 심각한 염세주의자로, 고통이 인간을 고귀하게 만들어 준다는 것을 믿지 않았다.[102] 아이러니를 즐기는 풍자가였던 그는 삶과 역사의 연속성을 비극적이라기보다 부조리한 것으로 보았다. "삶이란 밑지는 장사다. 보라, 이 세상의 존재들은 서로를 먹어 치우는 것으로 삶을 유지하는 불안과 결핍의 한정된 삶을 살아가고, 그것도 모자라 끔찍한 고통까지 겪으며, 종내는 죽음의 품에 안기지 않는가!" 쇼펜하우어의 견해로는 우울증 환자는 "첫째이며 무조건적이며 모든 전제들의 전제"인 근본적인 본능을 갖고 있기 때문에 살아가는 것일 뿐이다. 그는 천재는 멜랑콜리하다는 아리스토텔레스의 생각에 대해, 진짜 지성을 지닌 사람이라면 "자신의 처지의 비참함"을 안다고 화답했다. 스위프트와 볼테르처럼 쇼펜하우어도 노동의 중요성을 믿었지만 노동이 기운이 나도록 해 주기 때문이라기보다 본질적인 우울증에서 잠시나마 벗어날 수 있게 해 주기 때문이었다. "이 세상이 쾌락과 안일만 있는 낙원이라면 사람들은 권태로 죽거나 스스로 목숨을 끊을 것이다." 인간을 절망으로부터 벗어나게 해 주는 육체적인 쾌락조차 인간을 계속 살아 있게 하기 위해 자연이 마련해 놓은 필수적인 기분전환거리일 뿐이었다. "만일 아이들이 순수이성의 작용으로만 세상에 태어난다면 인류는 계속해서 존재하게 될까? 후손에 대한 동정심으로 그들에게 존재의 괴로움을 면하게 해 주지 않을까?"

이런 견해들을 병과 통찰력이라는 구체적인 문제에 적용한 것은 니체였다. "나는 과거의 철학, 도덕, 종교의 모든 최고의 가치들이 정신 질환이나 신경쇠약에 시달리는 이들의 가치들과 비교될 수 있을지 자문해 보았다. 그것들은 좀 더 가벼운 형태이기는 하지만 같은 불행을 나타낸다. 고대 의사들과 현대 일부 의사들이 주장하듯 건강과 병은 본질적으로 다르지 않다. 이 두 가지 존재의 사이에는 정도의 차이만 있을 뿐이다. 정상적인 현상들의 과장, 불균형, 부조화가 병적인 상태를 이룬다."103

정신 질환자들은 19세기에 다시 인간으로 돌아왔다. 수백 년 동안 짐승 취급을 받아 온 그들은 스스로 원해서건 그렇지 않건 이제 중산층의 예법을 흉내 내고 있었다. 정신병 치료의 개혁을 선도한 필리프 피넬은 1806년에 『정신이상 또는 조증에 관한 의학적·철학적 논문』을 출간했다.104 그는 "정신 질환자에 대한 도덕 치료"의 개념을 도입하면서 "아직 뇌의 해부와 병리가 미지의 영역에 속해 있는 상태이므로" 방법은 그것뿐이라고 주장했다. 피넬은 도덕 치료의 까다로운 기준들을 지키기 위해 자신의 병원을 설립했다. 그는 병원 의료진에게 다정하고 자애로운 부모의 정성으로 환자를 돌보도록 당부했다. 그는 진정한 박애주의에 입각한 원칙들을 단 한 번도 저버린 적이 없었다. 식단에도 무척 신경을 써서 아무리 까다로운 환자들의 입에서도 불평 한마디 나오지 않게 했다. 환자의 시중을 드는 하인들에게도 엄격한 규율을 적용하여 환자를 거칠게 다루거나 폭력을 행사하거나 떳떳치 못한 행동을 하면 엄한 벌을 내렸다.

19세기의 최고 성과는 정신 질환자의 입원 치료를 위한 수용 시설의 설립이었다. 수용 시설 운영자였던 새뮤얼 투크는 이렇게 말했다. "멜랑콜리 환자들에게 그들을 낙담시키는 문제에 대해 이야기하는 것은 극히 무분별한 방법으로 밝혀졌다. 그와는 정반대의 방법을 써야 한다. 육체적인 운동, 산책, 대화, 독서, 기타 오락 활동을 통해 그들이 불행한 생각에 잠기는 것을 방해해야 한다."[105] (앞선 세기의 족쇄나 기괴한 '길들이기' 기술과는 반대인) 이런 프로그램의 효과에 대해 또 다른 수용 시설 운영자는 이렇게 말했다. "일상적인 위안의 결핍으로 멜랑콜리가 더 깊어지지 않는다면 이전에 보이던 과장된 성격은 사라진다."[106]

수용 시설들이 우후죽순처럼 생겨났다. 1807년에는 영국 인구 1만 명당 2.26명 꼴이던 정신병자(심각한 우울증 환자 포함)가 1844년에는 12.66명으로 증가했고 1890년에는 29.63명이 되었다.[107] 빅토리아 시대 후반에 이르러 그 세기 초보다 정신병자가 열세 배나 증가한 것이 실제로 환자 수가 증가했기 때문이라고 보기는 어렵다. 실제로 의회에서 1845년과 1862년에 두 차례 정신병자에 관한 법률이 통과된 16년 사이 빈민 정신병자로 확인된 사람들의 수가 두 배로 늘었다. 가족이나 친지가 정신병자임을 기꺼이 인정하는 경향이 강해지고, 정상인의 기준이 보다 엄격해지고, 빅토리아조의 산업주의로 인한 박탈감이 커졌기 때문이다. 베들럼 정신병원에 들어갈 정도로 병세가 심하지 않아 조용히 부엌 주위를 맴돌던 우울증 환자들이 이제 디킨스의 소설 속에 그려진 즐거운 가정을 떠나 수용소 신세를 지게 되었다. 그렇다고 사회적인 교류가 중단되는 것은 아니고 수용소에서 하나의 공동체에 속할 수는 있었지만 자연스럽게 우러나는 사랑을 베풀어 줄 사람들에게서 단절되는 것은 사실이었다. 수용소의 성장은 '회복률'의 증가와도 밀접한 관계가 있었다. 수용소 생활을 통해 병이 완화될 수 있다면 비참한 상태에 있는 사람을 구제할 만한 곳으로 보내는 건 의무라고도 할 수 있기 때문이었다.

수용소의 운영 원칙은 오랜 개선 과정을 거치게 되었다. 이 문제는 이미 1807년에 의회 특별위원회 안건에 올랐다. 의회에서 통과된 정신병자에 관한 첫 법률은 영국의 모든 주에 빈민 정신병자(심각한 우울증 환자 포함)를 위한 수용소가 마련되어야 한다는 조항을 담고 있었고, 1862년에 통과된 개정법은 정신 질환을 앓는 사람들이 의사의 승인 아래 자신의 뜻에 따라 수용소에 들어갈 수 있는 자발적인 수용의 가능성을 열었다. 18세기에는 정신병원에 입원하려면 완전히 실성한 상태여야만 했던 점을 고려한다면 대단한 발전인 셈이다. 이 시기에 주에서 운영하는 수용소들은 공공 기금으로, 사설 수용소들은 영리 목적으로 운영되었으며 상태가 심각한 환자들을 위한 정식 병원들의 경우(베들럼이 이에 속하며 1850년 당시 400명의 환자를 수용했다.)[108] 공공 기금과 개인적인 기부금 지원을 받았다.

19세기는 분류의 시대였다. 사람들은 멜랑콜리의 본질과 그 특징적 요소들에 대해 논쟁을 벌였고 전에는 단순히 멜랑콜리로 정의되었던 것을 종류별로 나누어 재정의하려 했다. 분류와 치료에 관한 위대한 이론가들이 줄을 이었고 저마다 앞사람의 이론을 약간만 수정하면 획기적인 치료법이 나올 거라 믿었다. 토머스 베도스[『죽음의 민담집』으로 유명한 영국 시인]는 이미 19세기의 첫해에 "정신병자들을 분류하지 않고 수용하든 병의 상태에 따라 일일이 나누든"[109]이란 말을 했다.

미국의 벤저민 러시는 모든 정신병은 열병이 만성화된 결과라고 믿었다.[110] 그리고 외부의 영향을 받는다고 생각했다. "특정 직업의 사람들은 정신병에 걸리기 쉽다. 시인, 화가, 조각가, 음악가들이 그런 경우인데 이들은 상상력과 열정을 발휘하기 때문이다." 러시의 환자들 중에는 망상형 우울증이 많았다. 예를 들어 선장이었던 한 환자는 자신의 뱃속에 늑대가 들어 있다고 확신했다. 또 다른 환자는 자신이 식물이라고 믿었다. 그 환자는 누가 자신에게 물을 주어야 한다고 생각했는데 장난기 많은 친구 하나가 그의 머리에 소변을 보았고, 그 환자는 화가 나서 병이 나았다고 한다. 러시는 필리프 피넬만큼 환자들에게 동정적이지는 못했지만 선배들과는 달리 환자들의 말을 들어주는 것의 중요성을 믿었다. "환자가 자신의 상태에 대해 아무리 잘못된 의견을 갖고 있을지라도 그가 병이 있다는 것만큼은 사실이다. 따라서 의사는 환자가 이야기하는 병의 증세와 원인들을, 설령 지루하고 재미가 없더라도 귀기울여 들어야 한다."

독일에서 활동한 W. 그리징거는 히포크라테스로 거슬러 올라가 "정신 질환은 뇌의 질환"이라고 단호히 주장했다.[111] 그는 이러한 뇌의 질환들의 근원을 밝혀낼 수는 없었지만 그것이 존재한다고 확신했고, 뇌의 결함은 예방적 차원에서든 치료적 차원에서든 밝혀내고 치료해야 한다고 여겼다. 그는 하나의 정신 질환이 다른 질환으로 옮겨 갈 수 있으며 모든 정신 질환은 단일 질환이고 일단 뇌가 무너지면 무슨 일이든 일어날 수 있다고 보았다. 이것은 환자의 기분이 양극단을 오가는 조울증을 두 가지 치명적인 질환이 번갈아 나타나는 것이라기보다 단일한 질환으로 이해하고 받아들이는 밑거름이 되었다. 그리징거는 (특히 자살자들의) 뇌 부검을 일반화하는 데도 공헌했다.

그리징거는 최초로 치유 가능한 정신 질환과 그렇지 못한 정신 질환을 구분했으며, 그의 연구를 바탕으로 대부분의 수용소들에서 회복되어 정상적인 생활로 돌아갈 수 있는 가능성이 있는 환자들과 절망적인 환자들을 나누어 치료하기 시작했다. 진짜로 실성한 환자들의 삶은 여전히 끔찍했으나 나머지 환자들은 정상인에 가깝게 살기 시작했다. 다시금 인간으로 대접받게 된 우울증 환자들은 완전한 의존 상태까지 추락하지는 않게 되었다. 한편 그리징거를 중심으로 한 연구가 종교의 자리를 빼앗기 시작했고, 빅토리아 시대 후기의 사회적 기준 변화도 뇌에 대한 의학적 연구에 일익을 담당했다. 우울증은 그리징거의 손에서 완전히 의학 분야에 속하게 되었다.

미셸 푸코는 20세기의 가장 영향력 있는 정신 질환의 역사에 관한 저서에서, 정신 질환은 짓밟힌 하류층에 대한 부유한 지배계급의 식민주의적이고 권리 침해적인 지배 구조라고 설명했다.[112] 지배계급은 인생을 과도하게 힘겨워하는 사람들을 '환자'로 분류하여 사회에서 격리시킴으로써 피지배 계층에 비인간적인 수준의 사회적 부담과 고난을 강요한다는 것이 그의 주장이었다. 산업혁명의 프롤레타리아 계층을 효과적으로 억압하려면 자기 파괴의 위험이 큰 구성원들을 제거하여 반란을 조장하지 못하도록 해야 한다는 것이다.

푸코의 저서는 재미있게 읽을 만하지만 설득력은 약하다. 우울증 환자들은 침대에서 나와 양말과 신발을 신기도 어렵기 때문에 반란을 이끈다는 것 자체가 불가능하다. 나 자신도 우울증에 시달릴 때는 무슨 혁명이나 운동에 참가한다는 건 꿈도 꾸지 못했다. 우울증 환자들은 수용 시설에 들어가서 눈에 띄지 않게 되는 것이 아니라 우울증 자체가 사회적 교류나 활동을 단절시키기 때문에 눈에 띄지 않게 되는 것이다. 심각한 우울증 환자들에 대한 프롤레타리아 계급(사실 다른 계급도 마찬가지다.)의 일반적인 반응은 혐오감과 불쾌감이다. 우울증에 시달리지 않는 사람들은 우울증 환자를 보면 불안감을 느끼게 되므로 우울증 환자를 보고 싶어 하지 않는다. 병이 중한 사람들을 원래 보금자리에서 '제거했다'는 주장은 현실을 부정하는 것이다. 사실은 원래의 보금자리가 그들을 내친 것이기 때문이다. 보수당 의원들이 거리로 나서서 환자들에게 수용 시설로 들어갈 것을 간청한 것이 아니라 환자의 가족이 환자를 수용소로 보낸 것이다. 사회적 음모자를 규정하려는 시도는 등장인물들 모두가 자연사한, 끝날 줄 모르는 애거서 크리스티 소설처럼 계속되고 있다.

수용소들이 북적거리게 된 것은 후기 빅토리아 시대 사람들의 보편적인 소외감 때문이기도 했는데 이에 대해서는 사회 질서의 기둥들(예를 들면 앨프리드 테니슨이나 토머스 칼라일)부터 열렬한 개혁주의자들(찰스 디킨스113나 빅토르 위고),114 퇴폐적인 극단론자들(오스카 와일드115나 J. K. 위스망스)116에 이르기까지 모두들 저마다 의견을 냈다. 칼라일은 『의상철학(Sartor Resartus)』이란 저서에서 복잡한 세상에서 느끼는 소외감, 브레히트와 카뮈의 탄생을 예고하는 보편적인 우울증에 대해 기록했다. "내게 우주는 온통 생명, 목적, 의지의 목소리였고 적의의 목소리이기도 했다. 그것은 마치 거대한 증기기관차처럼 철저한 무관심 속에서 내 몸뚱이 위로 내달렸다."117 그리고 이런 내용도 있다. "나는 지속적이고 막연한 공포 속에서 초췌해져 갔다. 정체 모를 것에 대해 소심하게 전전긍긍하며 살았다. 하늘과 땅의 모든 것들이 내게 상처를 주는 듯했다. 마치 하늘과 땅은 닥치는 대로 집어삼키는 괴물의 무한히 큰 입이고 나는 떨면서 그것에 먹히기를 기다리고 있는 것만 같았다."

그 자체로도 고된 삶을 이 슬픈 시기에 어떻게 견뎌야 했을까? 미국의 철학자 윌리엄 제임스는 이런 문제들을 직접적으로 다루면서 인간의 소외감은 자신의 창조물에게 자비로운 신에 대한 무조건적인 신앙이 붕괴한 데서 비롯되었다고 정확하게 지적했다. 제임스는 개인적인 신조를 열렬히 믿으면서도 불신앙의 과정을 날카롭게 읽어 냈다. 그는 이렇게 썼다. "이미 진화론적 이론들과 기계론적 철학을 지닌 우리 19세기인들은 자연을 신처럼 무조건적으로 숭배하기엔 자연에 대해 너무 잘 알고 있다. 그런 매춘부 같은 존재에게는 충성을 바칠 수 없다."118 그리고 하버드대학교 학생들에게 이렇게 강의했다. "여러분 가운데 다수가 철학을 공부하는 학생들이며 이미 개인적으로 사물의 추상적인 뿌리를 지나치게 파헤친 결과인 회의와 비현실성을 느껴 보았을 것이다." 그는 과학의 승리에 대해서는 이렇게 썼다. "과학이 알고 있는 자연의 물리적인 질서는 어떤 조화로운 영적 의미도 나타내지 않는다. 그것은 단지 날씨일 뿐이다." 이것이 바로 빅토리아 시대 멜랑콜리의 본질이다. 인류의 역사를 보면 신앙이 강한 시기와 약한 시기가 번갈아 나타나기는 하나, 이처럼 신의 존재와 의미 자체에 대해 갖게 된 불신은 전능한 신으로부터 버림받았다는 슬픔보다도 훨씬 큰 고통이었다. 자신이 강렬한 증오의 대상이라는 것도 괴로운 일이지만 거대한 무(無) 속에서 무관심의 대상인 자신을 발견하는 것은 앞선 세대들의 상상력을 초월하는 외로움을 느끼게 하는 일이다. 매슈 아널드는 그 절망감을 이렇게 표현했다.

> 세상은 우리 앞에 꿈나라처럼
> 그리도 다채롭고 아름답고 새롭게 펼쳐져 있지만,
> 사실 기쁨도, 사랑도, 빛도,
> 확신도, 평화도 주지 못하고
> 고통을 덜어 주지도 못한다.
> 그리고 우리는 여기 어스름 속의 벌판에서
> 격투와 도망의 혼란과 공포에 사로잡혀 있다.
> 무지한 군대가 밤새 싸움을 벌인 곳에서.[119]

이것이 바로 현대 우울증이 취하는 형태로, 신을 잃은 위기가 신의 저주를 받은 위기보다 훨씬 더 일반적이다.

윌리엄 제임스가 진실이라고 생각되어 오던 것과 철학이 밝혀
낸 것의 철학적 차이를 정의했다면, 저명한 의사였던 헨리 모즐리
는 그 결과로 인한 의학적 차이를 정의했다. 멜랑콜리를, 인지는 하
되 스스로 해결할 수는 없는 것으로 처음 설명한 이가 바로 모즐리
였다. "우는 것은 이상한 일이 아니지만 내가 아는 어떤 우울증 환자
의 경우처럼 이마에 파리가 앉았다고 울음을 터뜨리는 것은 이상한
일이다. 그것은 환자와 대상 사이에 베일이 있는 것과도 같다. 진정
그 어떤 두꺼운 베일도 무관심만큼 환자와 대상 사이를 가로막지는
못한다. 환자는 자신의 상태를 당혹스럽고 불가해하게 여긴다. 필요
하지 않을 때는 커다란 용기를 주지만 막상 절실히 필요할 때는 아
무런 도움도 되지 못하는 종교의 약속들과 철학의 위안들은 우울증
환자에게 무의미한 말들에 지나지 않는다. 우울증은 정신 착란이라
기보다 기능이 마비된 정신의 깊은 고통이다. 우울증 환자의 정신
은 자신의 비참한 상태를 느끼고 인지할 수 있을 정도로 멀쩡하기
때문에 우울증은 광기보다 훨씬 고통스러운 것이며 자살로 마감하
기도 쉽다."120

정신이상과 신경증에 관한 글을 써 온 조지 H. 새비지가 마침
내 철학과 의학 사이에 다리를 놓아야 한다는 필요성을 주장했다.
"육체와 정신, 육체적 증세들과 정신적 증세들을 따로 떼어 다루는
것은 편리할지는 몰라도 철학적이지 못하다. 멜랑콜리 환자는 그
외견상의 원인이나 형태가 불합리한 불행의 상태이고, 그 정신적인
고통은 육체적인 변화들에 따른 것으로 직접적으로 환경의 영향을
받지는 않는다. 슬픔의 포화 상태는 망상이 구체화되어 분명한 형
태를 취하도록 만든다."121

20세기에는 우울증에 대한 치료와 이해에 있어 두 가지 중요한 운동이 일어났다. 그 하나는 정신분석학으로 정신에 관한 온갖 사회과학 이론들을 낳았으며, 나머지 하나는 정신생물학으로 보다 절대주의적인 분류의 토대가 되었다. 이 학설들은 시기에 따라 강한 설득력을 발휘하기도 하고 완전히 터무니없는 것으로 여겨지기도 했다. 이들은 상당한 통찰력과 모순을 함께 안고 있고 거의 유사 종교적인 자기 신비화의 형태를 띠고 있어서 인류학이나 심장병학, 혹은 고생물학 분야였다면 웃음거리가 되고 말았을 것이다. 이 두 학설의 결합이 진실의 총계라 할 수는 없지만 현실은 분명 두 학설의 요소들을 포함하고 있다. 그러나 이들은 서로를 경쟁의 눈빛으로 보았으며 그 결과 17세기 로버트 버턴의 『멜랑콜리의 해부』보다 여러모로 정확성이 떨어지는 과도한 주장들을 내놓게 되었다.

우울증에 대한 현대적인 사고는 1895년에 나온 프로이트의 『플리스에게 보내는 편지』로 시작되었다. 그의 무의식 이론이 영혼의 일반적인 개념을 대신하게 되었고 멜랑콜리 환자도 새로운 위치와 원인을 갖게 되었다. 한편 동시대에 에밀 크레펠린이 정신 질환을 분류해 놓은 저서를 발표했는데 그가 정의한 우울증의 범주는 현재 우리가 알고 있는 것과 동일하다. 우울증에 대한 심리학적 설명과 생화학적 설명을 대표하는 프로이트와 크레펠린은 이 두 분야를 따로 확립했다.(현재 정신의학 분야에서는 그 간극을 메우려는 노력이 이루어지고 있다.) 우울증에 대한 심리학적 설명과 생화학적 설명의 분리는 우울증에 대한 현대적 사고에는 해가 되었지만 독자적인 생각들 자체는 커다란 중요성을 지니며, 이들의 평행적인 발전이 없었더라면 종합적인 지혜에 대한 추구가 시작될 수도 없었을 것이다.

정신분석은 수년간에 걸쳐 기본 틀이(비록 왜곡된 형태이기는 했지만) 잡혀 갔다. 정신분석은 앞서 유행한 방혈과 공통점이 많다. 둘 다 몸 안의 무언가가 정신의 정상적인 기능을 방해한다는 가정에서 출발한다. 방혈은 해로운 체액을 몸에서 물리적으로 빼내는 것이고 정신역동적 치료는 잊혔거나 억눌린 마음의 상처를 무의식에서 끌어내 무력화하는 것이다. 프로이트는 멜랑콜리는 애도의 한 형태로 리비도에 대한 상실감, 음식이나 성에 대한 갈망에서 온다고 설명했다. "성적 능력이 있는 사람들은 불안신경증에 잘 걸리는데 반해 성적 무능력자는 멜랑콜리의 성향이 있다."122

멜랑콜리에 대해 처음으로 논리적인 정신분석학적 설명을 내놓은 사람은 프로이트가 아닌 카를 아브라함으로, 그가 1911년에 낸 멜랑콜리에 관한 에세이는 아직도 그 권위를 인정받는다.123 아브라함은 불안증과 우울증의 관계는 공포와 슬픔의 관계와 같으며 공포는 다가오는 불행에 대한 것이고 슬픔은 이미 일어난 일에 대한 것이라고 말했다. 그의 견해에 따르면 불안증은 앞으로 일어날 일에 대한 괴로움이고 멜랑콜리는 이미 일어난 일에 대한 괴로움이 된다. 또한 하나는 다른 하나를 수반하므로 과거에나 미래에만 그 괴로움을 제한하기는 불가능하다. 아브라함은 불안증은 가져서는 안 된다는 것을 알기 때문에 갖기 위한 시도를 하지 않는 어떤 것을 원할 때 생기고, 우울증은 원하는 것을 얻으려 시도했지만 실패했을 때 생긴다고 말했다. 그의 주장에 의하면 우울증은 증오가 사랑하는 능력을 방해할 때 일어난다. 사랑을 거부당한 이들은 세상이 자신을 적대시한다는 망상에 빠져 세상을 증오한다. 그리고 자신에 대한 그런 증오를 인정하고 싶지 않아 "불완전하게 억압된 사디즘"을 키우게 된다.

"억압된 사디즘이 강하면 그만큼 우울 정서도 강해진다." 아브라함의 말이다. 환자는 대개 그것을 깨닫지 못한 채 사디스트적 태도의 결과인 우울증에서 특정한 쾌감을 얻는다. 아브라함은 다수의 우울증 환자들을 대상으로 정신분석을 실시하여 상당한 개선 효과를 보았다고 보고했는데, 이들이 진정한 통찰로 구원받은 것인지 아니면 안다는 생각에 위안을 받은 것인지는 분명치 않다. 결국 아브라함은 우울증을 부르는 마음의 상처가 다른 증세들을 일으킬 수도 있다고 인정하면서 이렇게 말했다. "왜 어떤 이들은 우울증의 길을 택하고 다른 이들은 다른 증세들의 길을 택하는지는 알 수 없다." 이것은 그의 표현을 빌리자면 "치료상의 허무주의의 막다른 골목"이다.

6년 후 프로이트는 「애도와 멜랑콜리아」라는 간략하면서도 감화력이 강한 논문을 썼는데 아마도 당대 우울증에 대한 이해에 이보다 더 큰 영향력을 미친 글은 없었을 것이다.124 프로이트는 멜랑콜리라고 불리는 것의 일관성에 의문을 제기하며 우울증에 대한 정의는 "기술심리학[정신 현상을 객관적으로 기술하는 것을 목적으로 하는 심리학]에서조차 변동적"이라고 말했다. 그는 우리가 그토록 완화하고자 애쓰는 멜랑콜리의 많은 증세들이 슬픔에도 속해 있는 것에 대해 어떻게 생각해야 하는지 의문을 던졌다. "우리는 애도하는 이를 병적인 상태로 보고 의학적으로 치료할 생각은 꿈에도 하지 않는다. …… 우리는 애도에 간섭하는 것을 권장하지 않으며 심지어 해로운 일로 여긴다. …… 그것은 애도가 병적인 것이 아님을 설명할 수 있기 때문이다."(이런 의견이 반드시 옳다고는 할 수 없는 것이, 최근 《뉴잉글랜드 의학 저널》125에 실린 글을 보면 "정상적인 사별이 중증 우울증으로 이어질 수도 있으므로 2개월 이상 우울증 증세를 보이는 애도 환자의 경우 항우울 치료를 받아야 한다."고 되어 있다.) 그러나 우울증 환자는 자아 존중감을 잃는다. 이에 대해 프로이트는 이렇게 썼다. "슬픔에 빠지면 세상이 초라하고 공허해지지만, 멜랑콜리아에 빠지면 자신이 초라하고 공허해진다." 애도자는 실제 죽음을 고통스러워하는 것이며 우울증 환자는 불완전한 사랑의 양면적 체험을 고통스러워하는 것이다.

자신이 갈망하는 대상을 기꺼이 포기하려는 사람은 없다. 자아 존중감의 상실은 바라지 않는 상실의 결과이며 프로이트는 이것 또한 무의식의 작용이라고 생각했다.(의식적인 상실로 인한 고통은 대개 시간이 지나면서 가라앉는다.) 프로이트는, 우울증 환자가 자신에게 돌리는 비난들은 사실은 세상을 향한 것이며 이 경우 자아는 둘(위협을 가하는 비난하는 자아와 위축된 비난받는 자아)로 분열된다고 설명했다. 프로이트는 우울 증세들 속에서 두 자아의 대립을 발견했는데, 잠들기를 원하는 비난받는 자아를 비난하는 자아가 불면증으로 벌하는 것이 그 한 예다. 여기서 우울증은 일관된 인간 존재 혹은 자아의 붕괴가 된다. 우울증 환자는 사랑했던 대상에 대한 양면적 감정에 분노하여 복수를 감행한다. 그는 사랑했던 이를 벌하지 않기 위해 분노를 내면화한다. "그것이 바로 사디즘이며 수수께끼를 풀 수 있는 유일한 열쇠다." 자살 성향조차 자신에게로 돌려진 타인에 대한 사디스트적 충동이라는 것이다. 자아의 분열은 사랑했던 대상을 내면화하는 하나의 방법이다. 자신을 비난한다면 그 감정의 대상은 항상 존재하지만 이미 죽었거나 떠난 사람을 비난한다면 그 감정의 대상이 존재하지 않기 때문이다. "사랑은 자아 속으로 도망침으로써 소멸을 피한다." 자기 비난적 자기애(나르시시즘)는 견딜 수 없는 상실과 배신의 결과이며 우울 증세들을 유발한다.

아브라함은 「애도와 멜랑콜리아」에 답하여 우울증에는 두 단계가 있으며 사랑하는 대상의 상실과 내면화를 통한 사랑하는 대상의 부활이 그것들이라고 주장했다.126 그는 이런 장애가 유전적인 요인, 잃어버린 어머니의 젖가슴에 대한 리비도의 고착, 유아기에 어머니에게 거부당한 결과로 인한 자기애 손상, 근본적인 실망의 반복에 의해 일어난다고 보았다. "우울증은 사랑에 대한 실망에서 온다." 그는 우울증 환자들은 관심을 받고 싶은 "만족할 줄 모르는" 욕구를 갖게 된다고 말했다.

프로이트와 아브라함의 주장들은 우리의 삶에 쉽게 적용된다. 내 경우에도 첫 삽화 때 어머니의 죽음으로 인해 망연자실한 상태였고 꿈과 환상과 글쓰기를 통해 어머니를 내면화했다고 볼 수 있다. 그리고 어머니를 잃은 고통이 나를 분노케 했던 것도 사실이다. 나는 어머니의 속을 썩인 일들이 모두 후회되었고 어머니에 대해 가졌던 복잡한 감정들도 유감스러웠다. 그런 내면적인 대립과 자기 비난이 나를 무너뜨렸으며 그것은 소설의 출간이라는 사건에 집중되었다. 나는 어머니가 함부로 속내를 드러내지 않는 것을 너무도 중요하게 여겼기 때문에 그동안 작품 내기를 삼가 왔던 것이 유감스러웠다. 그래서 소설을 출간하기로 했고 얼마간 악마들로부터 놓여난 기분을 느꼈다. 그러나 동시에 어머니께 반항하는 행동을 한 것 같아 죄책감도 들었고 대중 앞에서 책을 낭독할 때면 자기 비난이 나를 좀먹었다. 그런 상황에서는 어머니에 대해 생각하지 않으려고 애쓸수록 "사랑하는 대상의 내면화"는 더욱 강해졌다. 첫 우울증 삽화의 부차적인 원인은 연인과의 결별로 인한 실망감이었으며, 세 번째 삽화는 나의 모든 믿음과 희망을 걸었던 관계가 실패로 끝나면서 촉발되었다. 세 번째 삽화의 경우에는 복합 요인들도 많지 않았다. 친구들은 내가 분노하고 있다고 말했지만 내가 느낀 것은 절망과 자기 회의였다. 나는 타인에 대한 비난을 자신에게 돌려 끊임없이 자신을 괴롭혔다. 내가 그토록 관심을 끌고 싶어 하던 대상은 내게서 떠났으면서도 내 안에 살아 있었다. 나는 어린 시절과 어머니를 여읜 후 겪었던 그런 불안감에 시달려야 했다. 아아, 그것은 손색 없는 내면화된 사디즘이었다!

정신분석학의 대표 주자들은 저마다 이런 주제들에 대한 보다 정교한 이론을 내놓았다. 멜라니 클라인은 모든 아이가 어머니의 젖가슴을 잃는 슬픈 체험을 한다고 주장했다.[127] 아기는 분명하게 젖을 원하고 배가 부르면 완전한 만족감을 느낀다. 배가 고프다고 우는 아기의 울음소리를 들어 본 적이 있는 사람이라면 아기가 원하는 순간에 젖을 물리지 않으면 파국적인 분노를 낳게 된다는 것을 알 수 있다. 이 책을 집필하는 동안 내게 조카가 생겼는데 그 녀석이 1개월 때 필사적으로 젖을 찾고 또 배가 불러 만족해하는 모습은 나 자신의 기분을 보는 듯했고, 제 엄마가 가슴에 안는 몇 초도 참지 못해 우울증에 가까운 반응을 보이는 장면도 목격할 수 있었다. 이 책의 집필이 마무리 단계에 들어간 요즘 조카는 이유기를 맞았는데 아직까지도 젖을 포기하는 것을 기뻐하는 것 같지 않다. 이에 대해 클라인은 이렇게 썼다. "내 견해로는, 우울적 자리[depressive position: 멜라니 클라인의 이론에 의하면 좋은 젖가슴과 나쁜 젖가슴의 통합 과정]는 아동 발달에서 중심 단계다. 아동의 정상적인 발달과 사랑하는 능력은 자아가 이 중요한 시기를 어떻게 헤쳐 나가는가에 크게 의존하는 것으로 보인다."

프랑스 정신분석학자들은 한 걸음 더 나아갔다. 우울증의 개념을 자크 라캉의 난해한 해체주의에 대입한 자크 아순에게 우울증은 제3의 열정으로, 그것을 유발하는 사랑이나 증오만큼 강력하고 절박한 것이다.[128] 아순에 따르면, 불안 없는 자율은 존재하지 않는다. 우리는 타인과 적절히 분리되어 있지 못하며 자신을 세상과 접해 있는 것으로 인식한다. 타인을 갈망하는 것은 리비도의 본질이며, 우울증 상태에서는 분리된 타인을 인식할 수 없기에 갈망의 근거를 갖지 못한다. 따라서 우리는 자신이 원하는 것으로부터 너무 멀리 있기 때문이 아니라 그것에 닿아 있어서 우울하다.

지그문트 프로이트가 정신분석학의 아버지였다면 에밀 크레펠린은 정신생물학의 아버지였다.[129] 크레펠린은 유전적인 정신 질환과 후천적인 정신 질환을 구분했다. 그는 모든 정신 질환은 생화학적 근거를 갖고 있다고 믿었다. 그는 불변의 질환들도 있고 변질성 질환들도 있다고 말했다. 크레펠린은 쉽게 정의할 수 있는 분리된 질환들이 존재하며 각 질환마다 뚜렷한 특징들과 예측 가능한 결과를 지니고 있다는 주장으로 혼돈의 영역이던 정신 질환 분야에 질서를 부여했다. 이런 주장은 사실과 다를 수도 있으나 정신병의 진단과 치료에 매우 유용하게 이용되었다.

그는 우울증을 세 종류로 나누고 각각 서로 관계가 있다고 보았다. 그는 가장 가벼운 우울증에 대해 이렇게 썼다. "점진적으로 일종의 정신적 나태 현상이 나타나 생각하기가 힘들어지고 결정을 내리거나 자신을 표현하기에 어려움을 느낀다. 글이나 일상적인 대화를 따라가기도 힘들어진다. 또한 주위에 대한 관심도 사라진다. 연상 과정도 눈에 띄게 지체되고, 아무런 할 말도 없어지며, 생각의 결핍 현상이 일어난다. 이런 환자들은 둔하고 나태하게 보이며 본인은 녹초가 되었다고 설명한다. 이들은 인생의 어두운 면만을 본다." 이런 식으로 증세에 대한 설명이 이어진 후 크레펠린은 다음과 같이 결론짓는다. "이런 형태의 우울증은 거의 획일적인 과정을 거친다. 점진적으로 호전되며 지속 기간은 수개월에서 1년 이상까지 다양하다." 두 번째 형태는 소화가 잘 안 되고, 피부가 광택을 잃고, 머리가 마비되고, 불안한 꿈들에 시달리는 등의 증세들을 갖는다. "이 우울증의 과정은 부분적인 완화와 매우 점진적인 호전에 따르는 변동성을 보인다. 지속 기간은 6개월에서 18개월 정도다." 세 번째 형태는 "꿈처럼 뒤죽박죽인 망상들과 환각들"을 포함한다. 이것은 영구적인 경우가 많다.

크레펠린은 우울증에 대해 이렇게 말했다. "전반적으로 예후는 좋지 않다. 전체의 3분의 1만 회복되고 나머지 3분의 2는 정신적 퇴보를 겪기 때문이다." 그는 우울증 치료법으로 "휴식"과 "아편이나 모르핀의 투여량을 높여 가는 것"과 다양한 식이요법을 권장했다. 그리고 우울증의 원인으로는 "유전적 결함이 가장 대표적인 것으로 전체의 70~80퍼센트를 차지하며, 외적 원인으로는 임신을 제외하면 과도한 음주가 가장 대표적인 것으로 보이고 그 외에 정신적 충격, 박탈, 심각한 병 등이 있다."고 했다. 이러한 명쾌함은 정신적인 위안은 되지만 맞지 않는 경우가 많았고 크레펠린 자신도 1920년에 자신의 가설들이 제한된 조건들 내에서만 다루어져야 함을 시인했다. 그는 무릇 병이란 복잡한 것이라는 진리를 점차 받아들이기 시작했다. 이에 대해 캐나다인 의사 윌리엄 오슬러는 새로운 접근 방식을 내놓았다. "내게 질환의 유형이 아닌 환자의 유형을 말해 달라!"[130]

스위스 출신 미국 이민자인 아돌프 마이어는 윌리엄 제임스와 존 듀이 같은 미국 철학자들의 영향을 받아 실용주의적 접근을 했으며 크레펠린과 프로이트에 반기를 들고 정신과 뇌를 조화시키는 이론을 내놓았다.[131] 그가 주장한 원리들은 너무도 합리적이어서 평범하게 보일 정도다. 마이어는 크레펠린의 이론에 대해 이렇게 논평했다. "히스테리 발작이나 망상을 현 단계의 조직생리학에서 증명할 수도 없는 세포의 변질에 대한 가설로 설명하는 것은 부질없는 일이다." 그는 그런 거짓된 정밀함을 "신경학적 동어반복"이라고 비난했다. 한편 정신분석학의 사교(邪敎) 집단적 성향들에 대해서는 장황하고 어리석다고 평하며 "새로운 이름들을 너무 많이 만들어 내면 바로 응징을 당하게 되어 있다."고 말했다. 그는 이렇게 덧붙였다. "내 상식으로는 인간은 어떠해야 하고 어떻게 작용해야 하는지에 관한 이론 체계들에 무턱대고 찬성할 수가 없다." 그는 "무익한 난제(難題)들에 매달리는 것이 많은 에너지를 소모하는 일"임을 깨닫고 이런 물음을 던졌다. "질환이라는 것이 단순히 모호한 장애들의 공식에 지나지 않는 것이라면 굳이 그것의 규명에 매달릴 필요가 있을까? 기능적인 문제들이 우리가 충분히 다룰 수 있는 분명하고 통제 가능한 과제들을 제공하고 있는데 말이다." 여기서 정신역동적 치료로서의 정신의학이 시작된다. 마이어는 인간은 무한한 적응 능력을 지녔으며 그것이 바로 사고의 유연성이라고 믿었다. 그는 모든 환자들이 절대적인 정의들에 부합되는 것은 아니며 각 환자의 특수성에 대한 이해를 바탕으로 한 치료가 이루어져야 한다고 믿었다. 그는 제자들에게 모든 환자가 "하나의 실험물"이라고 말했다. 그는 환자들이 유전적 소인을 지니고 있을 수도 있지만 유전적인 것이라 해서 반드시 불변의 것은 아니라고 말했다. 마이어는 당시 미국 최고 의과대학 존스홉킨스 의대의 정신과 과장으로서 미국의 정신과 의사들을 길러 냈으며, 그의 아내 메리 브룩스 마이어는132 세계 최초로 정신 의료 분야의 사회복지사가 되었다.

마이어는 유아기의 체험이 운명을 결정한다는 프로이트의 사상과 유전적 특질이 바로 운명이라는 크레펠린의 사상을 연구하여 진실로 미국적인 행동 조절 이론을 내놓았다. 마이어의 가장 위대한 공헌은 인간이 변할 능력을 지녔음을 믿었다는 점이다. 그는 인간이 잘못된 생각들로부터 해방되고 생물학적인 운명으로부터도 치료를 통해 벗어날 수 있을 뿐 아니라 정신병에 걸릴 위험이 적어지도록 사는 방식을 배울 수도 있다고 믿었다. 마이어는 사회적 환경에 무척 관심이 많았다. 이민자들이 새로운 삶을 찾는 신생국 미국에 전율을 느낀 그는 자유의 여신상과 개척 정신이 반반씩 섞인 자기 변화를 향한 열의를 도입했다. 그는 외과 의사는 "손으로 일하는 사람"이고, 내과 의사는 "약을 이용하는 사람"이며, 정신과 의사는 "일대기를 이용하는 사람"이라고 불렀다. 그는 말년에 이렇게 말했다. "의학의 목적은 그것이 불필요해지도록 만드는 것, 현재 의학이었던 것이 미래에는 상식이 되도록 삶에 영향을 주는 것이다."[133] 마이어가 평생 한 일이 바로 그것이었다. 그의 많은 글들을 읽어 보면 그의 이상이 정치계의 토머스 제퍼슨과 에이브러햄 링컨, 문학계의 너새니얼 호손과 월트 휘트먼의 이상과 일맥상통함을 발견하게 된다. 그가 추구한 것은 껍데기를 벗겨 내고 개인의 본질적인 인간성을 드러내는 평등과 단순함이라는 이상이었다.

우울증에 대한 정신분석학적, 생화학적 진실의 폭로는 진화론과 더불어 인류를 새로운 소외와 단절의 늪에 빠뜨렸다. 미국에서는 마이어의 이론이 대단히 생산적인 결과를 낳았으나 유럽에서는 그의 생각들이 쉽게 수용되지 않았다. 유럽 대륙에서는 20세기 중엽에 인간 존재의 황폐함에 근거한 철학들이 생겨났고 그 대표적인 예가 카뮈, 사르트르, 베케트의 실존주의였다. 카뮈가 삶을 지속할 이유도 없고 종결시킬 이유도 없는 부조리성을 그렸다면, 사르트르는 더 절망적인 영역으로 뛰어들었다. 그는 실존적 절망의 징후에 관한 첫 저서에서 현대적 우울증의 전형을 이루는 많은 증세들에 대해 설명했다. 『구토』의 주인공은 이렇게 말한다. "내게 무슨 일이 일어났다. 더 이상 의심할 수 없는 사실이다. 그것은 마치 병처럼 분명하지 않게 찾아왔다. 그것은 교활하게 조금씩 조금씩 왔다. 나는 조금 이상하고 혼란스러운 기분을 느낀 것이 다였다. 그것은 일단 자리를 잡자 옴짝도 않고 조용히 머물렀고, 나는 아무 일도 아니라고, 내가 잘못 안 거라고 자신을 설득할 수 있었다. 그리고 지금 그것이 피어나고 있다." 조금 뒤에는 이렇게 이어진다. "이제 나는 안다. 세상은 보이는 그대로일 뿐이라는 것을. 숨겨진 의미 같은 것은 없다. 나는 존재한다.(세상도 존재한다.) 그리고 나는 세상이 존재한다는 것을 안다. 그게 다다. 그것은 내게 전혀 중요하지 않다. 모든 것이 내게 중요하지 않다는 것이 이상하다. 그것이 나를 겁에 질리게 한다." 그리고 결국 이렇게 말한다. "나의 희미한 영상이 내 의식 속에서 흔들린다. ······ 그리고 갑자기 그 '나'는 희미하게 사라져 간다."134 이것이 의미의 종말이다. '나'가 사라져 간다는 말보다 의식의 축소를 더 잘 설명할 수 있는 방법이 있을까? 일도, 다른 무엇도 일시적인 구원마저 제공할 수 없는 사뮈엘 베케트의 작품들에 비하면 『구토』는 그래도 밝은 편이다. 베케트에게는 느끼는 것 자체가 금물이다. 그의 소설 속에는 이런 글이 들어 있다. "내가 태어났거나 말거나, 살아왔거나 말거나, 이미 죽었거나 아니면 죽어 가고 있거나 무슨 상관이랴. 늘 그래 왔듯이 자신이 무엇을 하고 있는지도, 자신이 누구이며 어디에 있는지도, 존재하는지조차 모르면서 계속 살아갈 텐데."135 다른 작품 속에서는 이렇게 말한다. "깜박거리지도 않는 눈에서 나온 눈물이 내 뺨을 타고 흐른다. 나를 이토록 울게 하는 것은 무엇일까? 이따금. 슬픈 일도 없는데. 뇌가 액체화된 탓인지도 모른다. 과거의 행복은(그런 것이 있었다면) 내 기억 속에서 말끔히 사라졌다. 나는 다른 자연적인 기능들을 하고 있는지도 모르지만 그것을 인식하지 못한다." 인간이 이보다 더 처절할 수 있을까?

20세기 중반에는 두 가지 질문이 우울증이라는 신경과학을 괴롭혔다. 그중 하나는 기분 상태들이 뇌에서 전기나 화학적 충격에 의해 이동하는가의 문제였다. 이에 대해 뇌에서 화학적인 반응들이 일어난다면 그것들은 전기적 반응의 부가물이라는 가설이 나왔으나 이를 뒷받침할 만한 근거는 없었다. 두 번째 질문은, 내부적인 요인에 의한 내인성 신경증적 우울증과 외부적 요인에 의한 외인성 반응성 우울증 간에 차이가 있느냐였다. 내인성 우울증의 경우에도 촉진 작용을 하는 외부적 요인들이 있었고, 반응성 우울증도 내적인 소인을 암시하는 반응들의 결과로 오는 경우가 일반적이었다. 다양한 실험들이 한 종류의 우울증은 한 종류의 치료에 반응을 보이고 다른 종류의 우울증은 다른 종류의 치료에 반응을 보인다는 결과를 '보였다.' 모든 우울증은 유전과 환경의 상호작용의 결과라는 생각은 20세기 말엽에 이르러서야 받아들여졌다.

그것은 우울증에 대한 현대인의 분할적 사고 때문이기도 하지만 그보다 훨씬 오래된 문제 때문이기도 하다. 우울증 환자들은 다른 사람들은 견뎌 내는 고난에 자신만 무너졌다는 생각을 달갑게 여기지 않는다. 우울증이 환자 자신의 통제력 밖에 있는 내적인 화학작용의 결과라고 말하는 것에는 사회적인 이해관계가 들어 있다. 중세인들이 수치심 때문에 자신의 병을 숨기려 했듯이 20세기 후반의 사람들도 내인성 우울증을 내세울 수 없었다면 우울증을 숨겨야 했을 것이다. 항우울제들이 선풍적인 인기를 끄는 것도 이런 맥락에서 이해될 수 있다. 항우울제는 의식으로는 통제 불가능한 메커니즘에 우리가 알 수 없는 방식으로 작용하기 때문이다. 항우울제를 복용하는 것은 기사가 모는 자가용을 타는 것처럼 호사스러운 일이다. 교통 신호며 경찰이며 악천후며 교통 법규며 우회로 같은 성가신 문제들은 기사에게 맡기고 뒷좌석에 편안하게 앉아 있기만 하면 되는 것과 마찬가지 이치이기 때문이다.

항우울제는 1950년대 초에 개발되었다. 이에 얽힌 재미난 일화를 소개하자면, 결핵으로 격리 수용된 어떤 환자 집단에 이프로나이아지드(iproniazid)라는 신약을 투여한 결과(물론 결핵 치료를 위해서였다.) 이상하게 기분이 좋아지는 현상이 발견되었다고 한다.[136] 오래지 않아 이 약은 결핵 환자가 아닌 사람들에게(약이 결핵 치료에는 별 효과가 없었다.) 쓰이게 되었으니 적용시켜 보기도 전 효과부터 알게 되었던 셈이다. 항우울제의 첫 발견자가 네이선 클라인(미국에서 MAO 억제제인 이프로나이아지드 발견)인지, 루리와 셀저(미국에서 이소나이아지드(isoniazid)의 효과 발견)인지, 아니면 롤런드 쿤(독일에서 일하며 삼환계인 이미프라민(imipramine) 발견)인지는 민족주의적인 아전인수 논쟁의 대상이다.[137] 이프로나이아지드는 황달을 유발한다는 사실이 밝혀져 출하된 지 얼마 되지 않아서 모두 회수되었다. 그리고 이소나이아지드의 경우는 널리 유통돼 보지도 못했다. 반면 이미프라민은 현재 세계보건기구가 지정한 공식 항우울제이며, 프로작이 나오기 전까지는 세계적으로 가장 우수한 항우울제로 꼽혔다. 쿤은 우울증의 분류에 관심을 쏟았던 인물로, 크레펠린 이후 독일 정신의학 연구가들이 매달려 온 우울증의 분류에 이미프라민이 유용하게 쓰일 수 있으리라 생각했다. 반면 정신분석학에서 시작한 클라인은 자아 에너지의 위치에 관한 이론을 증명하는 과정에서 이프로나이아지드를 발견했다. 루리와 셀저는 실용주의자들이었다. 쿤이 발견한 약이 가장 큰 성공을 거두기는 했지만 그의 의도는 실패로 끝났다. 이미프라민의 반응성에는 분명한 논리가 없어 결국 우울증의 분류에 도움이 되지 못했던 것이다. 이에 반해 환자들이 과거의 정신적 외상을 이겨 내도록 돕고자 했던 클라인은 많은 환자들이 과거의 상처에서 벗어나는 모습을 지켜보는 기쁨을 누렸다. 우울증 환자들이 덜 우울해지도록 도왔던 루리와 샐저도 목표에 가까이 접근할 수 있었다.

항우울제의 발견은 신바람 나는 일이었지만 그것들이 왜, 어떻게 작용하는지 밝혀내는 것은 전혀 별개의 문제였다. 1905년에 신경전달물질 이론이 소개되었고, 1914년에 아세틸콜린 분리가 이루어졌으며, 1921년에는 아세틸콜린의 기능이 밝혀졌다.[138] 1933년에는 세로토닌이 분리되었고, 1954년에 뇌의 세로토닌이 정서적 기능들과 관련이 있다는 주장이 제기되었다. 1955년에는 《사이언스》에 행동은 일부의 경우에서 생물학적 요인의 직접적인 결과라는 내용의 글이 발표되었다.[139] 뇌의 세로토닌 수치를 낮추는 것으로 보이는 약들은 동물들에게 진정 효과나 발작을 일으켰다.[140] 같은 해에 그런 약들이 다른 신경전달물질인 노르에피네프린의 수치도 떨어뜨린다는 사실이 밝혀졌다. 노르에피네프린을 증진시키려는 시도는 동물들의 행동을 정상화시키는 것으로 보였지만 노르에피네프린에는 효과가 없어서 고갈 상태가 계속되었다. 알고 보니 그 증진제는 다른 신경전달물질인 도파민에 작용했다. 노르에피네프린, 에피네프린, 도파민, 세로토닌은 모두 '모노아민'이므로(아민 고리가 하나인 화학 구조를 갖고 있어서 그렇게 불린다.) 혈류 내에서 모노아민들의 수치를 효과적으로 높이는 모노아민산화효소억제제(MAOI)라는 신약들이 쓰이게 되었다. (산화는 모노아민을 파괴하며 MAOI 계열의 약은 산화를 방지한다.)[141]

이미 효능이 입증된 삼환계도 같은 기능을 해야 했지만 검사 결과 혈류 속 노르에피네프린의 수치를 낮추는 것으로 밝혀졌다. 계속된 실험 결과 노르에피네프린은 혈류 속에서 자유롭게 흘러 다니는 것은 아니지만 여전히 체내에 남아 있는 것으로 나타났고, 마침내 국립정신건강연구소에서 일하던 미국인 과학자 줄리어스 액설로드가 재흡수에 관한 이론을 내놓았다.[142] 노르에피네프린은 '시냅스 틈(synaptic cleft)'이라는 무인 지대로 방출되며(그중 일부는 시냅스 틈에서 떨어져 나와 대사된다.) 나중에 그것을 방출한 신경을 통해 재흡수된다. 1970년에 노벨상을 수상한 액설로드는 후에 말하기를 자신이 더 많은 것을 알았더라면 그런 무리한 가설에 이르지 않았을 것이라고 했지만 그의 가설은 옳았다. 곧 삼환계 항우울제가 재흡수 메커니즘을 차단하여 시냅스 틈 내의 노르에피네프린의 수치를 높인다는(몸 전체와 혈류 내의 노르에피네프린 수치는 높이지 않고) 사실이 증명되었다.

그 후 20여 년간 과학자들은 어떤 신경전달물질이 진짜 중요한지를 놓고 격론을 벌였다. 처음에는 세로토닌이 가장 중요하게 여겨졌으나 노르에피네프린이 기분에 강한 영향력을 미친다는 주장이 새로이 제기되었다. 1965년에 《미국 정신의학 저널》에 이런 모든 정보들을 통합하여 하나의 이론으로 정리한 조지프 실드크라우트의 글이 실렸다.[143] 정서는 카테콜아민으로 불리는 호르몬군인 노르에피네프린, 에피네프린, 도파민에 의해 조절되며, MAOI 계열 항우울제는 이런 물질들의 파괴를 막아 시냅스 틈에서의 카테콜아민의 수치를 높이고, 삼환계 항우울제는 재흡수를 억제하여 시냅스 틈에서의 카테콜아민의 수치를 높인다는 내용이었다.

이 이론의 발표로 정신분석학자들과 신경생물학자들은 분명하게 갈라졌다. 신경생물학의 시냅스 틈에 관한 이론들은 정신분석학의 자아 승화에 관한 이론들과 완전히 상반되는 것은 아니었지만, 이 둘이 함께 수용되기에는 너무 달랐다. 최근 들어 항우울제의 작용에 관한 기존의 가설들에 의문을 제기하고 실드크라우트의 주장에서 허점을 발견하는 설득력 있는 주장들이 나오고 있다. 이런 새로운 주장들은 정교하고 전문적이긴 하지만 일부 항우울제들이 카테콜아민의 수치에 영향을 미치고 항우울 효과를 지니지만 이 두 가지 사실이 어떻게 관련되어 있는지는 분명하지 않다는 내용을 골자로 한다. 그리고 대규모의 연구들은 뇌 속 카테콜아민 수치에 영향을 미치는 많은 물질들이 항우울 효과를 갖지 않는다는 사실을 증명하고 있다.

세로토닌 이론은 실드크라우트의 이론에서 직접 파생된 것으로 노르에피네프린의 경우와 흡사하다. 시냅스 틈의 신경전달물질 양에 관한 재흡수 이론은 수용체 이론을 낳았는데 이것은 신경전달물질들 자체에 관한 것이라기보다는 그것들의 목적지에 관한 이론이다. 수용체 이론은 수용체가 제대로 기능하지 않으면 뇌에 신경전달물질들이 충분해도 마치 고갈된 것과 같은 현상들이 일어난다는 내용이다. 수용체 이론이 나온 후 신경전달물질의 수치가 높으면 수용체의 민감성이 떨어질 수도 있다는 사실이 밝혀졌다. 1972년에 스코틀랜드 과학자들에 의해 만들어진 수용체 이론은 재흡수 이론 못지않게 허점들을 지니고 있다.[144] 예를 들어 수용체와 결합하는 물질들 중에는 항우울적 특성이 없는 것들도 있으며, 미안세린(mianserin)이나 이프린돌(iprindole) 같은 항우울제들은 뛰어난 효능을 보이지만 수용체와 결합하거나 신경전달물질의 수치에 영향을 주지 않는다. 더욱이 수용체들은 부단히 변화하며 뇌의 수용체 수는 쉽게 변할 수 있다. 투약 30분 내에 시냅스 틈의 신경전달물질들 수치와 수용체들의 수와 위치가 모두 변할 수 있다.

1976년에, 초기 항우울제들의 더딘 반응은 교감신경의 베타 수용체가 대부분의 항우울제들에 의해 수주 후에나 둔화되기 때문이라는 이론이 발표되었다. 이 이론 역시 증명되지도 반증되지도 않았으며, SSRI 계열 항우울제의 출현으로 우울증을 세로토닌계의 문제로 재정의하려는 시도가 활발해지면서 거의 무시되었다. 이미 1969년에 아르비드 칼손[도파민을 발견하여 노벨 의학상을 수상한 스웨덴 신경정신학자]은 기존 항우울제들의 효능은 노르에피네프린, 에피네프린, 도파민에 주요한 영향을 미치기 때문이 아니라 세로토닌에 주변적인 영향을 미치기 때문일 수도 있다고 지적했다.[145] 칼손은 항우울제를 생산하는 주요 제조업체 가운데 하나인 가이기 (Geigy) 사에 그런 제안을 했으나 가이기 사측에서는 세로토닌계를 겨냥한 항우울제에는 관심이 없다는 입장을 보였다. 한편 스웨덴에서는 기존 항우울제들의 구조를 바꾸는 실험이 시작되어 이윽고 1971년에 첫 세로토닌 약품이 개발되었다. 그리고 9년간의 임상 실험을 거쳐 1980년에 유럽에서 시판되었다. 그러나 앞서 나온 몇몇 유망한 약들이 그랬듯이 심각한 부작용들이 나타나 임상적인 성공에도 불구하고 곧 시장에서 회수되었다. 칼손은 덴마크 학자들과의 공동 연구로 1986년에 사용에 적합한 최초의 세로토닌 약품이자 지금까지도 유럽에서는 가장 인기를 끌고 있는 시탈로프람(상품명은 '셀렉사')을 내놓았다. 이런 약품들의 작용에 관한 이론들이 계속해서 등장하고 퇴장하는 사이 엘리릴리 사에서 일하던 데이비드 웡이 1972년에 플루옥세틴(fluoxetine)이라는 또 하나의 세로토닌 약품을 개발했다. 당초 릴리 사에서는 이 약품을 고혈압 약으로 내놓을 작정이었으나 특별한 효능이 없어서 1980년대 초에 항우울제로서의 가능성을 모색하기 시작했다. 그러다 1987년에 프로작이라는 이름으로 출하했다.[146] 그리고 바로 다른 SSRI 계열 항우울제들이 나왔다. 플루복사민(루복스/파베린)은 이미 유럽 시장에 나와 있었고 곧 미국에서도 구할 수 있게 되었다. 그리고 10년 안에 세르트랄린(졸로프트/루스트랄), 파록세틴(팍실/세로삭트), 벤라팍신(이펙서/에펙소르)이 모두 나왔다. 세로토닌 재흡수를 차단하는 이 약들은 다양한 구조와 복합적인 기능을 갖고 있다.

우울증을 다루는 최신 과학은, 우울증은 뇌의 질환으로 경구용 치료제를 써야 한다는 히포크라테스의 주장을 메아리처럼 따라하고 있다. 21세기의 과학자들은 기원전 5세기보다는 훨씬 발전된 치료법들을 제시하고는 있지만 근본 인식은 한 바퀴 돌아서 제자리로 돌아온 셈이다. 사회적 이론들 역시 심리치료 방식들이 많이 발전되기는 했지만 본질적으로 아리스토텔레스적 사고를 따르고 있다. 무엇보다도 괴로운 것은 진실이 이 두 가지 접근 사이에 있는 것이 아니라 다른 곳에 있기라도 한 양 양측이 아직도 계속 논쟁 중이라는 점이다.

9 가난

우울증은 계층을 초월하지만 우울증 치료는 그렇지 못하다.[1] 무슨 뜻인가 하면, 대부분의 가난한 우울증 환자는 계속해서 가난한 우울증 환자로 남게 된다는 것이다. 뿐만 아니라 이들의 우울증과 가난은 오래 방치될수록 그만큼 더 심각해진다. 가난은 우울증을 악화시키고, 우울증은 장애와 고립으로 가난을 심화시킨다. 가난은 사람을 운명에 수동적이게 만든다. 가난한 우울증 환자는 자신을 극히 무력한 존재로 인식하여 도움을 청하지도 받아들이지도 않는다. 가난한 우울증 환자는 세상으로부터 분리되고 자신으로부터도 분리된다. 그들은 가장 인간적인 자질인 자유의지를 상실한다.

중산층에 찾아온 우울증은 상대적으로 발견하기 쉽다. 만족스러운 삶을 영위하다 갑자기 저조한 기분에 빠지는 형태를 보이기 때문이다. 이들은 이유 없이 일이 싫어지고, 자신의 삶에 대한 통제력도 잃고, 이제 아무것도 이룰 수 없을 것 같은 기분을 느낀다. 그리하여 점점 위축되고 긴장성 분열증 증세를 보이며 주위 사람들의 우려 섞인 관심을 끌게 된다. 평소에는 즐겁게 하던 일들을 갑자기 포기하는 것이 다른 사람들의 눈에도 비정상적으로 비치기 때문이다. 중산층의 우울증은 사적으로나 공적으로나 모순되고 이해할 수 없는 것이다.

그러나 밑바닥 계층의 사람들에게 찾아온 우울증은 즉시 눈에 띄기가 어렵다. 억압받고 가난한 이들에게 인생은 늘 비참하고 불만족스러운 것이기 때문이다. 이들은 남부럽지 않은 직업을 가져 본 적도, 무언가를 이루겠다는 뜻을 품어 본 적도, 대단한 자기 통제력 같은 걸 발휘해 본 적도 없다. 이들의 정상적인 상태는 우울증의 병적 상태와 상당히 흡사해 어떤 것이 정상적이고 어떤 것이 병적인지 구분하기가 어렵다. 단순히 힘겨운 삶을 사는 것과 기분장애에 시달리는 것은 큰 차이가 있으며, 우울증이 그런 삶의 자연스러운 결과라는 의견이 아무리 일반적이라 해도 사실 그 반대인 경우도 많다. 사람을 무능하게 만드는 우울증에 시달리다 보면 자기 구제부터 해야 한다는 생각에 압도되어 아무것도 이루지 못하고 밑바닥에 머물러 살 수밖에 없게 된다. 가난한 우울증 환자들을 치료하는 것은 대개의 경우 그들이 야망과 능력과 즐거움을 발견할 수 있도록 해 주는 것이다.

우울증은 여러 하위 범주를 지닌 광범위한 분야로 여성 우울증,2 예술가 우울증,3 운동선수 우울증,4 알코올중독자 우울증5 등에 대한 자세한 연구들이 이루어져 왔다. 그런데 가난한 사람들의 우울증에 대한 연구는 거의 없는 형편이다. 실제로 빈곤선[poverty line: 육체적 능률을 유지하는 데 필요한 최소한도의 생활 수준] 이하의 생활을 하는 사람들의 우울증 발병률이 높다는 점을 감안한다면 이것은 이상한 일이다. (생활보호 대상자의 우울증 발병률은 일반인의 세 배 가까이 된다.)[6] 우울증을 생활 사건과 분리해서 이야기하는 것이 유행처럼 여겨져 온 것이 사실이다. 하지만 대부분의 가난한 우울증 환자들은 우울증 발병의 몇 가지 조건들을 갖추고 있다. 경제적인 어려움은 이들이 지닌 문제들의 시작에 지나지 않는다. 이들은 부모, 자녀, 남자친구, 여자친구, 남편, 아내와 사이가 좋지 않은 경우가 많다. 이들은 교육도 제대로 받지 못한다. 슬픔이나 고통에서 잠시나마 벗어날 수 있도록 해 주는 만족스러운 직업이나 즐거운 여행의 기회도 갖고 있지 못하다. 이들은 좋은 기분에 대한 근본적인 기대조차 없다. 우리는 우울증을 의학에 소속시키는 데 골몰하여 '진짜' 우울증은 외부적 요인과 관계없이 일어난다는 입장에 편향되어 있었다. 그러나 사실은 그렇지 않다. 미국의 많은 가난한 사람들이 우울증에 시달리고 있다. 자신이 밑바닥 인생이라는 비굴한 느낌에 그치지 않고, 사회적으로 위축되고 침대에서 벗어나지 못하고 식욕을 잃고 과도한 공포나 불안감에 시달리고 짜증스럽고 공격적이 되고 자신이나 타인을 배려하지 못하는 등의 증세가 있는 임상적인 질환을 갖는다. 사실상 미국의 빈곤층 모두가 자신의 상황을 불만족스럽게 여기며, 설상가상으로 그들 중 다수가 자신의 처지를 개선할 엄두조차 내지 못하는 채 살아간다. 이 복지 개혁의 시대에 우리는 빈곤층에 자립을 요구하지만 중증 우울증을 앓는 빈곤층에게 자립이란 불가능한 일이다. 일단 우울증에 걸리면 재교육 프로그램도, 시민 계도 활동도 도움이 되지 않는다. 이들에게 필요한 것은 약물치료와 심리치료를 통한 정신 치료다.[7] 전국적으로 실시된 몇몇 독자적인 연구 결과 이러한 개입은 상대적으로 비용도 적게 들면서 매우 효과적이고, 우울증에서 해방된 대부분의 가난한 이들이 더 나은 삶을 위해 열심히 노력하는 모습을 보인 것으로 나타났다.

빈곤은 우울증을 유발하고, 빈곤 탈출은 우울증의 회복을 유발한다. 진보주의 정치가들은 빈곤층의 외적 문제들을 해결하면 그들을 행복하게 해 줄 수 있으리라는 가정에서 외적인 문제 해결에 중점을 두어 왔는데 결코 폄하해서는 안 될 시도다. 그러나 가난보다 우울증을 먼저 해결하는 것이 더 타당하다 여겨지기도 한다. 실업자의 정신 건강을 돌보는 일보다는 실업 문제를 먼저 해결해야 한다는 것이 일반적인 믿음이지만, 정신을 건강하게 만드는 것이 실업자들을 일자리로 돌려보내는 가장 확실한 방법이기도 하다. 한편 일부 소외 계층의 대변자들은 이러다가 견디기 힘든 불행을 견디도록 해 주기 위해 수돗물에 프로작을 첨가하는 사태에까지 이르는 것이 아니냐는 걱정을 한다. 그러나 프로작은 불행한 이들을 행복하게 만들어 줄 수도, 그 행복을 지속시켜 줄 수도 없으므로 공연한 걱정으로 세상을 소란스럽게 하는 사람들의 그러한 온정주의적이고 전체주의적인 시나리오는 근거가 없는 셈이다. 사회적인 문제들의 결과들을 처리하는 것으로 사회적 문제들을 해결하는 것을 대체할 수는 없다. 그러나 적절한 치료를 받은 빈곤층 우울증 환자들은 진보주의 정치의 도움을 받아 자신의 삶을 바꾸려 노력할 수 있을 것이며, 그러한 변화들이 사회 전반에 변화를 일으킬 것이다.

빈곤층의 우울증 치료를 위한 인도주의적 논의들은 타당한 것이며 경제적인 논의 또한 적어도 그만큼은 타당하다. 우울증 환자들은 사회에 커다란 부담이 되고 있다. 미국의 경우 심각한 정신 질환자의 85~95퍼센트가 실업 상태다.8 그들 중에는 사회적으로 용인되는 삶을 살아가려 애쓰는 이들도 많지만 물질 남용이나 자기 파괴적 행위에 빠지는 이들도 있다. 이들은 폭력적이기도 하다. 이들은 자녀들에게 악영향을 끼쳐 정신지체나 정서장애를 유발한다. 가난한 우울증 환자인 어머니가 치료를 받지 못하고 있으면 그 자녀들은 복지시설이나 교도소 신세를 지기 쉬우며, 치료되지 않은 우울증을 안고 사는 어머니의 아들들은 다른 소년들에 비해 비행청소년이 될 가능성이 훨씬 높다. 이런 어머니의 딸들은 다른 소녀들에 비해 일찍 사춘기를 겪으며9 거의 대부분 난잡한 성생활, 임신, 정서 불안의 문제를 갖게 된다.10 따라서 빈곤층의 우울증 치료에 드는 비용은 우울증을 방치한 결과에 따른 비용에 비교하면 그리 높지 않다.

현재 미국에는 빈곤층의 우울증을 발견하거나 치료하는 일관성 있는 프로그램이 부재하기 때문에 빈곤층 가운데 지속적으로 우울증 치료를 받고 있는 사람들은 극히 드문 형편이다. 저소득층 의료보험 프로그램인 메디케이드(Medicaid) 대상자의 경우 광범위한 의료 혜택을 받을 수 있지만 본인이 나서서 권리 주장을 해야 하는 문제가 있다.11 우울증 환자는 설령 자신의 상태를 인지할 능력이 있다 해도 자신의 권리를 주장하거나 행사하는 경우가 드물다. 이런 점에서 치료를 필요로 하는 사람들을 찾아내 본인이 도움을 원하지 않더라도 치료를 받게 하는 적극적인 프로그램들은 도덕적으로 정당하다.12 우울증 환자들의 경우 도움을 거부하는 것도 병의 한 증세이며, 일단 치료받고 나서는 대부분 치료받은 것을 다행으로 여기기 때문이다. 미국의 많은 주들이 스스로 해당 관청을 찾아가 신청 서류를 작성하고, 줄에 서서 기다리고, 사진이 부착된 신분증 세 종류를 제시해 맞는 것을 찾아 등록할 수 있도록 적절한 치료 프로그램들을 제공하고 있다. 하지만 빈곤층 우울증 환자들 중에 그런 능력을 가진 사람은 거의 없다. 이들의 사회적 지위와 심각한 문제들이 그런 정도의 기능조차 사실상 불가능하게 하기 때문이다. 국립정신건강연구소 소장 스티븐 하이먼은 정신보건 개입 프로그램들에 대해 이렇게 말했다. "KGB처럼 빵 배급 트럭에 잠복해서 용의자를 체포하는 방식은 아니더라도 환자들을 찾아 나서야 하는 것은 사실입니다. 근로연계복지[일을 하거나 근로 교육을 받는 조건으로 국가에서 복지를 제공한다.] 프로그램을 통해서도 가능하지요. 생활보호 대상자를 노동 인구로 바꾸는 가장 효과적인 방법을 원한다면 그런 프로그램이 적격이에요. 그들에게는 누군가 자신에게 진심으로 관심을 가져 주는 것 자체가 생소한 일일 겁니다." 대부분의 사람들은 생소한 일에 대해 처음에는 불편해한다. 좌절에 빠져 도움을 원하지 않는 이들은 도움이 자신을 해방시켜 줄 것이라고 믿지 못한다. 이들을 구하려면 선교사 못지않은 열성과 완력에 가까운 권유를 동원해야 한다.

빈곤층의 복지 관련 비용을 정확한 수치로 나타내기는 어렵지만 미국인의 13.7퍼센트가 빈곤선 이하 인구에 속하며13 최근 한 연구에 따르면 아동 부양 세대 보조금을 받는 세대주의 42퍼센트가 임상적인 우울증의 기준에 해당되는 것으로 나타났다.14(이는 평균치의 두 배가 넘는다.) 또한 생활복지 대상 임산부의 53퍼센트가 이에 해당되었다.15 거꾸로 말하자면 정신장애를 가진 사람들은 그렇지 않은 사람들에 비해 생활복지 대상자가 될 가능성이 38퍼센트나 높다.16 따라서 빈곤층 우울증 환자를 찾아내어 치료하지 않는 것은 잔인한 일일뿐더러 경제적인 낭비이기도 하다. 사회적 이슈에 대한 통계 자료를 제공하는 기관인 매스매티카(Mathematica Policy Research)에서는 "생활보호 대상자의 상당수가 진단도 치료도 받지 못한 채 정신 질환을 안고 있다."면서 이들에게 의료 서비스를 제공하면 "고용 가능성을 높일 것"이라고 했다. 미국 정부는 노인이 아닌 가난한 성인들과 그 자녀들에게 해마다 약 200억 달러의 현금을 송금한다.17 그리고 그들에게 식량 배급표를 제공하는 데도 비슷한 비용이 든다. 어림잡아 생활보호 대상자의 25퍼센트가 우울증을 안고 있다면, 그리고 그중 절반이 성공적으로 치료를 받는다면, 그리고 그중 3분의 2가 파트타임이라도 일을 하게 된다면 치료 비용을 감안하더라도 복지 비용을 8퍼센트까지 줄일 수 있으며 결국 매년 35억 달러 정도가 절약되는 셈이다. 정부에서는 그들에게 의료 보장과 다른 복지 혜택까지 제공하고 있으므로 실제로는 더 많은 비용이 절약된다고 볼 수 있다. 현재 사회복지 전문 요원들은 우울증에 대한 체계적인 검진을 하지 않고 있고, 복지 프로그램들도 사회복지 사업과 관련이 없는 행정가들에 의해 운용되는 형편이다.18 그들의 보고서에 고의적인 불순응으로 보인다고 기술되어 있는 많은 경우들이 정신장애에 의한 것이다. 진보적 정치가들은 빈곤층의 불행을 자유방임주의 경제의 불가피한 결과이며 정신보건상의 개입으로 고쳐질 문제가 아니라고 보는가 하면 우파 정치인들은 그것을 게으름의 결과로 여겨 정신보건상의 개입으로 해결될 수 없다고 본다. 사실 대다수 빈곤층에게 그것은 고용 기회나 일하려 하는 동기

의 부재 때문이라기보다 노동을 불가능하게 만드는 심각한 정신장
애 때문이다.

　　빈곤층의 우울증에 관한 예비 조사들이 현재 진행되고 있는
중이다. 보건소에서 일하는 의사들은 주로 빈곤층을 접하게 되는데
이들은 빈곤층 우울증 환자의 문제들이 다루기 쉬운 것임을 보여
준다. 조지타운대학교의 심리학자 진 미랜더는 20년 동안 도시 빈
민층을 위한 정신보건 사업의 필요성을 주장해 왔다.[19] 그녀는 최근
워싱턴 D. C. 외곽의 가난한 지역인 메릴랜드 프린스조지 카운티에
사는 여성들을 대상으로 한 치료에 관한 연구를 마무리했다. 메릴
랜드에서는 가족계획 클리닉의 의료 서비스가 빈민층에게 제공되
는 유일한 의료 혜택이기 때문에 미랜더는 가족계획 클리닉 한 곳
을 선정하여 우울증에 대한 무작위 검진을 실시했다. 그런 다음 우
울증으로 판명된 사람들에게 치료를 시작했다. 버지니아대학교의
에밀리 호엔스테인은 최근 시골 여성들의 우울증 치료에 대한 연
구를 실시했다. 원래는 문제 아동에 대한 연구를 하다 그런 아이들
의 어머니들에게 관심을 갖게 된 것이다. 그녀가 조사 대상지로 삼
은 버지니아주의 버킹엄 카운티는 주민들 대부분이 교도소나 공장
에서 일하고, 문맹자도 많고, 전체 인구의 4분의 1 정도는 전화도 없
고 실내 화장실도 수도도 없는 표준 이하의 집에서 살고 있었다. 미
랜더와 호엔스테인은 우울증 환자 중에서 물질 남용자를 따로 분리
하여 재활 치료를 받게 했다. 존스홉킨스 대학병원의 글렌 트레이
스먼은 수십 년 동안 볼티모어의 빈민층 에이즈 환자들(이들은 대
부분 물질 남용자이기도 하다.)의 우울증을 연구하고 치료하는 일
을 해 오고 있으며, 이들을 치료하는 의사이면서 이들의 대변자이

기도 하다. 미랜더, 호엔스테인, 트레이스먼은 집요할 정도로 끈기 있게 빈민층 환자들을 치료하고 있는데 연간 환자 한 명당 치료비는 1000달러에 한참 못 미친다.[20]

　이런 연구들은 놀라울 정도로 일관된 결과들을 내놓고 있다. 나는 이 모든 연구 대상 환자들을 자유롭게 만나 볼 수 있었는데 놀랍게도 내가 만난 모든 환자들이 치료 기간 동안 자신의 삶이 최소한 조금이라도 나아졌다고 믿고 있었다. 심각한 우울증에서 회복된 사람들은 아무리 끔찍한 환경에서라도 서서히 제 기능을 하기 시작하고 있었다. 그들은 자신의 삶에 대해 더 낫게 느꼈고 실제로 더 낫게 살고 있었다. 이겨 내기 어려운 장애들이 버티고 있어도 꿋꿋이 전진했다. 그들이 겪은 끔찍한 이야기들은 나로서는 상상도 할 수 없었던 것들이어서 그 이야기들이 사실인지 그들을 치료하는 의사들에게 재차 확인했을 정도였다. 그리고 회복에 얽힌 이야기들은 호박으로 만든 마차와 유리 구두가 등장하는 신데렐라 이야기처럼 아름다웠다. 나는 우울증 치료를 받고 있는 가난한 사람들을 만날 때마다 놀라움과 경이에 찬 목소리를 접할 수 있었다. "천사를 보내 달라고 기도했는데 주님께서 내 기도를 들어주셨어요." 한 여성이 내게 한 말이다.

　진 미랜더의 도움을 받게 된 롤리 워싱턴은 여섯 살 때부터 알코올중독자인 할머니의 장애인 친구로부터 성추행을 당하기 시작했다. "7학년이 되자 더 이상 살아갈 이유가 없다고 느끼게 되었죠. 공부도 하고 내가 할 일은 다 했지만 도무지 행복하지가 않았으니까요." 롤리는 위축되기 시작했다. "나는 안으로만 움츠러들었어요.

몇 년 동안 아무에게도 말을 안 해서 사람들이 나를 벙어리인 줄 알기도 했죠." 학대받는 사람들이 흔히 그렇듯이 롤리는 자신을 못생기고 부적절한 존재로 여겼다. 그녀의 남자친구는 폭언과 폭행을 일삼았고 그녀는 열일곱 살에 첫 아이를 낳은 뒤 가까스로 그에게서 벗어났다. 몇 개월 후 롤리는 언니와 사촌, 사촌의 아이와 함께 가족끼리 알고 지내는 친구 집에 놀러 갔다. "그는 그냥 친구였어요. 좋은 친구였죠. 나는 그의 어머니가 항상 경대 위에 예쁜 꽃을 꽂아두는 걸 알고 있었어요. 그래서 꽃을 보러 갔던 거예요. 꽃을 좋아하거든요. 그런데 갑자기 집 안에 있던 사람들이 모두 사라져 버렸어요. 그리고 그가 덤벼들었어요. 도와달라고 아무리 울부짖어도 아무도 와 주지 않았어요. 그 일이 끝난 뒤 아래층으로 내려가서 언니와 함께 차에 탔어요. 하지만 겁에 질려서 아무 말도 할 수가 없었어요. 피까지 흘리고 있었죠."

롤리는 임신을 했고 강간으로 생긴 그 아이를 낳았다. 얼마 지나지 않아 그녀는 다른 남자를 만났는데 그 역시 폭력적이었지만 가족의 강압에 못 이겨 그와 결혼했다. "결혼식 날부터 정상적이지 못했죠. 장례식에 가는 기분이었으니까요. 하지만 당시로서는 그것이 최선의 선택이었어요." 그녀는 결혼 2년 반 동안 세 아이를 더 출산했다. "남편은 자신이 원해서 낳은 아이들인데도 학대가 심했어요. 욕하고 소리 지르고 때리고 정말이지 견딜 수가 없었어요. 남편에게서 아이들을 보호할 수도 없었고."

롤리는 심각한 우울증 증세를 보이기 시작했다. "직장이 있었는데 도저히 일을 할 수가 없어서 그만뒀어요. 침대에서 나오고 싶지도 않았고 무언가를 해야 할 이유도 느끼지 못했죠. 원래 체구도 작은 데다 점점 몸무게가 줄었어요. 제대로 먹지도 않았으니까요. 세상 만사가 다 귀찮았어요. 가끔 일어나 앉아서 하염없이 울기도 했어요. 아무 일도 없는데 그냥 눈물이 났어요. 혼자 있고 싶었어요. 어머니가 아이들을 맡을 수밖에 없었는데 어머니는 친구가 실수로 쏜 총알에 맞아 다리를 절단한 뒤에도 계속 아이들을 돌보셨죠. 내 자식들에게도 할 말이 없었어요. 아이들이 나가면 문을 잠그고 침대에 누웠죠. 3시면 아이들이 돌아왔는데 그 시간이 어찌나 빨리 오던지. 남편은 내게 바보 천치 같고 못생겼다고 구박을 해 댔죠. 언니도 마약 중독이라 언니의 아이들 여섯 중에서 어린 아이들 둘이 나한테 왔는데 한 애는 마약 때문에 태어날 때부터 병이 있었지요. 나는 완전히 지쳐 있었어요." 롤리는 진통제를 복용하기 시작했다. "타이레놀 같은 진통제를 잠이 올 때까지 먹어 댔죠."

그러던 어느 날 롤리는 평소같지 않게 기운을 내어 가족계획 클리닉에 불임 수술을 받으러 갔다. 나이 스물여덟에 열한 명의 아이들을 책임지게 된 그녀는 아이가 더 생긴다는 생각만 해도 진저리가 났다. 마침 그곳에서 진 미랜더가 연구 대상자들을 뽑고 있었다. "그녀는 우울증이 분명했어요." 그런 판단을 내린 미랜더는 롤리를 즉시 집단 치료 대상에 포함시켰다. "우울증이라는 말을 듣자 위안이 되더군요. 문제가 있어서 그랬다는 걸 알게 됐으니까요. 무슨 모임에 나가게 되었는데 그게 너무 힘들었어요. 거기 가서 말은 한마디도 안 하고 내내 울기만 했죠." 롤리의 말이다. 정신의학계에서는 스스로 도움을 받고자 찾아오는 환자가 아니면 도울 수 없다고들 여기지만 빈곤층의 경우는 그렇지 않다. "자꾸 전화가 왔어요. 모임에 나오라고요. 귀찮을 정도로 들볶더라고요. 한번은 집에까지 데

리러 왔다니까요. 처음에는 그 모임이 싫었어요. 그런데 모임에 온 다른 여자들의 이야기를 들어 보니 나와 똑같은 문제들을 갖고 있더군요. 그래서 나도 가슴에만 묻어 두었던 이야기들을 털어놓기 시작했지요. 치료사는 우리의 생각을 바꾸기 위해 그런 질문들을 했던 거예요. 나는 자신이 변하고 있는 것을, 강해지기 시작하는 것을 느꼈죠. 모두 내 태도가 달라진 걸 느끼기 시작했어요."

두 달 후, 롤리는 남편에게 결별을 선언했다. 언니에게도 재활 치료소에 들어가기를 권하고 언니가 거부하자 단호히 의절했다. "나를 수렁으로 끌어내리는 그 두 사람에게서 벗어나야만 했어요. 싸움 같은 건 없었죠. 내가 아예 대거리를 안 했으니까요. 남편은 내가 변하는 걸 좋아하지 않았기 때문에 모임에 나가지 못하게 방해하고 있었어요. 그래서 그에게 말했죠. '나 떠나요.'라고. 강한 사람이 된 기분이었고 너무도 행복했어요. 너무 오랜만에 밖으로 산책을 나갔어요. 행복감을 즐길 시간을 가지려고요." 두 달이 지나서야 직장을 구했는데 해군 탁아소였다. 그녀는 두 살에서 열다섯 살까지의 올망졸망한 아이들을 데리고 새 아파트에서 살림을 꾸려 나갔다. "아이들이 무척이나 행복해졌어요. 이제 모두들 의욕에 차 있죠. 우리는 매일 몇 시간씩 함께 이야기를 나누어요. 아이들은 나의 가장 좋은 친구들이죠. 퇴근하면 외투와 손가방을 내려놓기가 무섭게 책을 빼서 아이들과 함께 읽어요. 숙제든 뭐든 모두 같이 하죠. 재미난 농담도 하고, 나중에 커서 뭐가 되고 싶은지도 얘기해요. 전에는 그런 생각조차 없었던 아이들이었는데. 맏이는 공군에 들어가고 싶대요. 소방수가 되겠다는 아이도, 목사가 되겠다는 아이도 있고, 딸아이 하나는 변호사가 되겠대요! 아이들에게 마약에 손을 대서는 안 된다는 얘기도 해 줘요. 아이들도 우리 언니가 어떻게 사는지 똑똑히 봤기 때문에 마약을 안 해요. 아이들은 예전처럼 울거나 싸우지도 않아요. 나는 아이들에게 고민이 있으면 다 털어놓으라고 말하죠. 언니의 아이들도 돌보고 있는데 마약 때문에 선천적으로 문제가 있던 아이도 많이 나아졌어요. 의사도 그 아이가 그렇게 빨리 말을 배우고 기저귀를 떼게 될 줄은 몰랐다며 놀랄 정도죠. …… 집에 방이 세 개라 남자애들 하나, 여자애들 하나 주고 한 방은 내가 쓰는데 밤이면 모두 내 침대로 모여들죠. 내게 필요한 건 우리 아이들뿐이에요! 이렇게까지 될 수 있을 줄은 꿈도 꾸지 못했죠. 행복한 느낌이 참 좋아요. 이런 행복이 얼마나 오래갈지는 모르겠지만 평생 이렇게 행복하게 살고 싶어요. 변화는 계속되고 있죠. 내 옷차림, 내 모습, 내 행동, 내 기분. 이제는 두렵지 않아요. 밖에 나갈 때도 두려워하지 않아요. 예전의 나쁜 느낌들은 다시는 돌아오지 않을 거예요." 롤리는 미소 지으며 경이감에 차서 고개를 저었다. "미랜더 선생님이 아니었더라면 나는 지금도 침대에 누워 있겠죠. 아직 살아 있다면 말이에요."

롤리가 받은 치료는 정신약물학적인 개입을 포함하지 않으며 엄밀히 말해서 인지 치료 모델에 기반을 두고 있지도 않다. 그렇다면 그런 변신을 가능하게 한 것은 무엇이었을까? 어찌 보면 그것은 그녀를 맡은 의사들이 일관되게 보여 준 애정 어린 관심이었다. 캄보디아의 팔리 누온이 지적했듯이 사랑과 신뢰는 위대한 옹호자 노릇을 할 수 있으며, 사람들은 자신에게 일어난 일에 대해 다른 사람이 관심을 가져 준다는 사실을 아는 것만으로도 큰 힘을 얻을 수 있다. 나는 자신이 우울증이라는 말을 듣고 안도감을 느꼈노라는 롤리의 증언에 큰 감동을 받았다. 미랜더는 롤리가 우울증임을 첫눈에 알 수 있었지만 정작 본인은 극심한 증세들에 시달리면서도 그것을 알지 못하고 있었다. 우울증 진단은 그녀에게 회복을 위한 필수적인 단계였다. 일단 병의 증세로 확인되면 견디기가 훨씬 쉬워진다. 우울증이라는 단어는 롤리의 성격에서 병을 분리시켰다. 그녀가 싫어하던 모든 면들이 병에 의한 것으로 밝혀지자 그녀의 좋은 면들이 '진짜' 롤리가 되었다. 그러자 자신을 좋아하게 되었고 자신을 괴롭히던 문제들에 맞서 싸우기가 훨씬 수월해졌다. 롤리와 같은 빈곤층 우울증 환자들에게 우울증 진단을 내리는 것은 그들이 열망하는 더 나은 자신을 찾을 수 있는 강력한 언어적 수단을 제공하는 것이다. 자신의 문제를 분명하게 표현하지 못하는 것은 만인의 어려움이기는 하지만 특히 빈곤층의 경우 정도가 심각하며 바로 그런 이유로 집단치료 같은 기본적인 방법들이 그런 극적인 변화를 가능하게 하는 것이다.

가난한 사람들은 정신 질환의 용어들을 자유롭게 구사하지 못하므로 그들의 우울증은 대개 인지적인 형태를 갖지 못한다.[21] 그들은 중산층의 경우처럼 강한 죄책감을 느끼거나 자신이 실패자라는 분명한 인식을 하지 못한다. 그들의 우울증은 주로 불면증, 극도의 피로감, 시름시름 앓음, 공포, 타인과의 교류 불능 등의 신체적 증상들로 나타난다. 그러다 보면 신체적인 질환에도 취약해지며 그것이 그들을 더 이상 견딜 수 없게 만드는 작지만 결정적인 부담이 되어 가벼운 우울증 환자들까지도 붕괴시킨다. 빈곤층 우울증 환자의 경우 병원을 찾게 되는 것은 신체적인 증상 때문이다. 스페인어를 사용하는 빈곤층 우울증 환자들을 보살피고 있는 미시간대학교의 후

안 로페스는 이렇게 말한다. "가난한 라틴계 여성이 우울증에 걸린 것처럼 보이면 항우울제를 써 봅니다. 환자에게는 전반적으로 건강을 좋게 해 주는 강장제라고 이야기하지요. 항우울제가 효과를 보이면 환자는 만족스러워합니다. 그러니까 본인은 자신의 병을 정신적인 것으로 체험하지 않는 거예요." 롤리 역시 자신이 정신 질환을 앓고 있음을 전혀 알지 못했는데 그녀가 아는 정신 질환은 심각한 환각 상태에 빠져 발광하는 것뿐이었기 때문이다. 그녀의 사전에는 실성하지 않는 정신병은 존재하지 않았다.

버지니아주 시골의 이동 주택에서 태어난 루스 앤 제니슨은 안경을 낀 뚱뚱한 소녀였다. 그녀는 열일곱 살 때 학교에서 퇴학당한 무식한 남자의 아이를 갖게 되었으며 그와 결혼하기 위해 학업을 포기했다. 그들의 결혼은 끔찍했다. 그녀는 자신이 벌어서 겨우 살림을 꾸려 가다 둘째 아이를 낳고 남편을 떠났다. 몇 년 후 그녀는 공사 현장에서 기계를 다루는 인부와 결혼했다. 그녀는 어렵사리 트럭 운전 면허증을 땄지만 6개월도 못 되어 남편은 집에서 아이들이나 키우고 내조나 잘하라며 그녀를 집에 들어앉혔다. 그들에게는 아이가 둘이었다. 루스 앤은 빠듯한 형편에 아등바등 살아야 했다. "여섯 식구가 주급 200달러로 살아간다는 건 무리죠. 식량 배급표가 나온다고 해도요."

그녀는 곧 가라앉기 시작했고 두 번째 결혼 3년째가 되자 완전히 생기를 잃었다. "나는 여기 있고 나는 존재한다, 하지만 그것뿐이다 하는 생각이었죠. 나는 결혼도 했고 아이들도 있지만 이건 사는 게 아니고 나는 항상 슬프다." 그러던 차에 아버지가 세상을 떠나

자 루스 앤은 완전한 상실감에 빠졌다. "바닥이었죠. 아버지는 우리를 때린 적은 없어요. 문제는 정신적인 거였죠. 착한 일을 해도 절대 칭찬을 안 해 주고 항상 잔소리만 했죠. 나는 아버지의 마음에 들 수 없다면 아무 일도 할 수 없을 거라고 생각하면서 자라 온 것 같아요. 그때까지 단 한 번도 아버지 마음에 든 적이 없었는데 이제 그 기회마저 잃게 된 거였죠." 루스 앤은 그 얘기를 하면서 울기 시작했고 결국 자신의 이야기가 다 끝날 때까지 화장지 한 통을 다 써 버렸다.

루스 앤은 침대에서만 지냈다. "뭔가 문제가 있다는 건 알았지만 거기에 의학 용어를 붙이지는 않았죠. 그럴 만한 기운도 없었고요. 점점 더 살이 찌기 시작했어요. 이동 주택 안에서는 움직였지만 밖에는 나가지도 않았고 모든 연락을 끊고 살았어요. 그러다 아이들을 방치하고 있다는 걸 깨달았지요. 대책을 세워야 했어요." 루스 앤은 크론병[만성적으로 장벽에 염증이 생기는 질병]이 있었고, 거의 하는 일이 없는데도 스트레스성 증세들을 보이기 시작했다. 마침 에밀리 호엔스테인의 연구에 대해 알고 있던 주치의가 그녀를 추천했다. 루스 앤은 팍실을 복용하면서 에밀리 호엔스테인의 연구에 참여한 여성들을 전담해 돌본 심리치료사 매리언 카이너의 치료를 받기 시작했다. "매리언이 아니었더라면 나는 죽을 때까지 수렁에서 헤어나지 못했을 거예요. 매리언이 아니었더라면 여기 이 자리에 있지도 못했을 거예요." 루스 앤은 그러면서 다시 울음을 터뜨렸다. "매리언은 내게 자신을 들여다보게 했어요. 그래서 나를 발견하게 되었죠. 그때는 그게 싫었고 나 자신도 싫었어요."

루스 앤은 마음을 가라앉혔다. "그리고 변화가 시작되었죠. 사람들이 나더러 마음이 넓고 친절하대요. 전에는 내게 마음이란 게 있는지도 몰랐었죠. 지금은 달라요." 루스 앤은 인력개발센터에서 시간제 임시직으로 일하기 시작했다. 그녀는 곧 소장으로 승진했고 그 시기에 항우울제를 끊었다. 1998년 1월 그녀는 친구와 함께 국영기업에서 인가를 받은 프랜차이즈 업체 하나를 인수했다. 루스 앤은 회계 업무를 처리하기 위해 야간에 회계학을 배우러 다니기 시작했고, 곧 케이블 텔레비전에 광고도 냈다. "우리는 실업자들에게 일자리를 찾아 주는 일을 합니다. 우리 사무실에서 직업 훈련을 시켜서 현장으로 투입해요. 현재 우리는 열일곱 개 카운티로 영역을 확장했지요." 루스 앤은 몸무게가 한때는 최고 95킬로그램까지 나갔다. 이제 그녀는 규칙적인 운동과 다이어트로 61킬로그램까지 감량했다.

그녀는 자신을 집 안에만 붙잡아 두려고 하던 남편을 떠났다. 하지만 그가 새사람이 된 그녀를 인정하고 받아들인다면 재결합할 의사도 있다. 마지막으로 만났을 때 루스 앤은 빛나는 얼굴로 말했다. "가끔 새로운 감정이 고개를 들 때가 있는데 그런 감정이 두려워요. 그것이 무엇인지 알아내는 데 며칠이 걸리죠. 하지만 이제 적어도 내 감정들이 존재한다는 걸 알죠." 루스 앤은 아이들과도 완전히 새로운 관계를 갖게 되었다. "밤에는 아이들의 숙제를 도와주죠. 우리 큰아들은 컴퓨터가 대단한 물건이라는 걸 알게 되었고 내게 컴퓨터 사용법을 가르쳐 주고 있어요. 덕분에 아이가 자신감이 생겼지요. 지난여름 사무실에 데려다가 일을 시켜 봤는데 아주 잘하더라고요. 얼마 전까지만 해도 피곤하다고 투정을 부리며 학교를 밥 먹듯 빠지던 애인데. 그때는 소파에서 뒹굴며 텔레비전이나 보고 살았죠." 낮 동안에는 어린아이들을 어머니께 맡긴다. 그녀의 어머니는 장애인이기는 하지만 아이들 돌보는 일 정도는 충분히 할 수 있다. 루스 앤은 곧 융자를 받아 새 집을 마련한다. "나는 사업주고 부동산도 갖고 있어요." 그녀가 미소 지으며 말했다. 우리의 인터뷰가 끝나 갈 무렵 루스 앤은 주머니에서 무언가를 꺼냈다. "어머, 이런!" 호출기의 버튼을 누르면서 말했다. "여기 앉아 있는 동안 호출이 열여섯 번이나 왔네!" 나는 차를 향해 달려가는 그녀에게 행운을 빌었다. "우린 해낸 거예요." 그녀는 차에 타기 전에 그렇게 외쳤다. 그리고 시동을 걸고 출발했다.

우울증은 그 자체로도 끔찍한 부담이며 다른 신체적, 정신적 질환들과 함께 올 경우 더욱 끔찍하다. 대부분의 빈곤층 우울증 환자들은 신체적인 증세들을 겪게 되며 면역 체계도 약해진다. 우울증 환자에게 비참한 삶과 우울증은 별개의 것이라는 믿음을 주는 것도 어렵지만, 치명적인 병을 가진 이에게 그의 낙담이 치료될 수 있다고 확신시키기는 더더욱 어렵다. 실제로 고통에 대한 괴로움, 비참한 처지에 대한 괴로움, 대상 없는 괴로움은 분리가 가능하며 하나가 개선되면 나머지 것들도 견디기 쉬워진다.

실라 헤르난데스는 존스홉킨스 병원에 실려왔을 때 의사의 말을 빌리자면 "죽은 거나 다름없는" 상태였다. 그녀는 에이즈에 심장내막염에 폐렴까지 앓고 있었다. 헤로인과 코카인 상용으로 혈액순환이 제대로 이루어지지 않아 다리도 쓸 수 없었다. 의사들은 환자가 감염 치료를 견딜 수 있는 체력을 회복하도록 우선 히크만카테터를 삽입하여 영양을 공급했다. "나는 어차피 살지도 못할 텐데 이런 게 무슨 소용이냐며 다 치우라고 했죠. 이대로 놔뒀다가 마약

넣을 때 써야겠다는 말도 했고요." 이때 글렌 트레이스먼이 실라를 만나러 왔다. 그녀는 자신은 곧 죽어서 병원을 나가게 될 것이므로 그와 이야기하고 싶지 않다고 말했다. "아, 그렇지 않아요. 당신은 여기서 나가서 길거리에서 어리석고 헛된 죽음을 맞지는 않을 거예요. 지금 당신은 말도 안 되는 생각을 하고 있어요. 그런 미친 소리는 처음 들어 보는군요. 당신은 이 병원에서 마약도 끊고 병도 다 나을 거예요. 계속 고집을 피우면 당신이 제정신이 아니라 내보내면 위험하다고 못 내보내게 할 거예요."

실라는 병원에 남았다. 그녀는 비꼬듯 낄낄 웃으며 말했다. "병원에 입원했던 때가 1994년 4월 15일이었는데 당시 내 눈에도 내가 인간같이 안 보였죠. 나는 어릴 때부터 외로웠어요. 그런 내면의 고통을 피하려고 마약을 한 거죠. 난 세 살 때 엄마한테 버림받아서 남의 손에서 자랐는데 열네 살 무렵부터 양아버지라는 자에게 성추행을 당했죠. 내게는 고통스러운 일들이 많이 일어났고 그것들을 잊고 싶었어요. 아침에 눈을 뜨면 다시 깨어났다는 게 화가 났어요. 아무도 나를 도와줄 수 없다고 생각했죠. 나는 마약을 하기 위해서 살았고 살기 위해 마약을 했어요. 마약 때문에 우울증이 깊어지자 그만 죽고 싶었어요."

실라 헤르난데스는 32일 동안 입원한 뒤 중독 재활 치료를 받았다. 항우울제도 복용했다. "병원에 들어오기 전에 내가 가졌던 생각들이 잘못된 것이었음을 알게 되었죠. 의사들이 나를 위해 애쓰는 걸 보면서 나도 가치 있는 존재란 걸 깨달았어요. 새로 태어난 기분이었죠." 실라는 목소리를 낮추었다. "나는 종교적인 사람이 못 되지만, 그것은 예수에게 일어났던 그런 부활이었어요. 나는 처음으로

살아난 거죠. 퇴원하는 날 새들의 노랫소리를 들었어요. 그 소리를
태어나서 처음 들었다면, 그때까지 새가 노래한다는 걸 몰랐다면
믿을 수 있겠어요? 난생처음 풀 냄새와 꽃 냄새를 맡았어요. 하늘조
차 새롭게 보였죠. 전에는 구름 같은 것에 관심도 없었으니까요."

실라의 작은딸은 열여섯이라는 어린 나이에 아기를 낳았고 몇
해 전에 학교도 그만둔 상태였다. "그 아이가 내가 걸어왔던 고통스
러운 길로 접어든 걸 알았어요. 그래서 아이를 구했죠. 그 아이는 고
등학교 졸업 자격 시험에 통과했고 지금 대학 2학년에 다니면서 처
칠 병원에서 정식 간호 보조사로 일하고 있어요. 이미 스무 살이 된
큰아이의 경우는 그렇게 쉽지 않았지만 어쨌든 지금 그 아이도 대
학에 다니죠." 실라 헤르난데스는 다시는 마약에 손을 대지 않았다.
그녀는 몇 개월 후 존스홉킨스로 돌아왔는데 이번에는 행정 업무를
맡기 위해서였다. 그녀는 결핵에 관한 임상 연구가 진행되는 동안
연구에 참여한 사람들을 보호하는 일을 맡아 그들에게 영구적인 거
처를 마련해 주었다. "인생이 완전히 달라졌죠. 나는 다른 사람들을
돕기 위해 이런 일들을 하고 있고 이런 삶이 진정으로 즐거워요." 실
라는 건강도 양호한 상태였다. 아직 에이즈 항체 양성자이지만 T세
포가 두 배로 늘었고 바이러스 부하[혈액 중에 떠도는 에이즈 바이러
스의 양]도 측정이 불가능할 정도로 낮았다. 그리고 폐기종이 남아
있어서 1년 정도 산소 호흡기에 의존해야 하지만 이제 혼자 숨을 쉴
수 있었다. 그녀가 명랑하게 선언했다. "나에게는 아무 문제도 없는
것 같은 기분이에요. 나는 이제 마흔여섯 살이고 앞으로도 오랫동
안 더 살 계획이에요. 산다는 게 대단한 건 아니지만 적어도 나는 대
부분의 시간을 행복하게 살고 있어요. 그리고 날마다 하느님과 트

레이스먼 박사님께 감사해요."

나는 실라 헤르난데스를 만나고 나서 아래층의 글렌 트레이스먼에게 가서 그녀를 처음 봤을 때의 기록을 확인했다. "복합적인 장애들을 안고 있고, 정신적 외상을 받은 상태이며, 자기 파괴적이고 자살 성향이 강하며, 우울증 혹은 양극성 우울증에 몸이 완전히 망가진 상태. 오래 살지 못할 것으로 보이며 뿌리 깊은 문제들이 치료에 대한 반응을 방해할 수도 있음." 그 기록은 내가 방금 전 만났던 여자의 것이라고는 도저히 믿어지지 않는 내용이었다. "그때는 도저히 가망이 없어 보였어요. 하지만 시도는 해봐야 한다고 생각했죠." 글렌 트레이스먼의 말이었다.

지난 10여 년간 우울증의 원인에 대한 논쟁이 계속되어 왔지만 대개 우울증은 유전적인 취약성이 외부적인 스트레스에 의해 촉진된 결과로 나타난다고 볼 수 있다. 빈곤층을 대상으로 우울증 검진을 하는 것은 광부들을 대상으로 폐기종 검진을 하는 것과도 같다. 진 미랜더는 이렇게 설명한다. "이들의 문화 속에서 정신적인 외상은 너무도 끔찍하고 빈번해서 아주 약한 정도의 취약성이라도 우울증으로 발전할 수 있어요. 이들은 예기치 못한 강제적이고 갑작스러운 폭력을 빈번히 체험하며 거기에 대처할 수단도 극히 제한되어 있지요. 이토록 사회심리적 위험 요인들이 가득한 세계를 연구하다 보면 이들 중 적어도 4분의 1은 우울증이 아니라는 사실이 놀라울 정도입니다." 《뉴잉글랜드 의학 저널》에서도 "지속적인 경제적 어려움"과 우울증의 관련성을 인정하고 있으며 미국에서 우울증 발병률이 가장 높은 계층은 빈곤층이다.[22] 대처 수단을 갖고 있지 못한 사람들은 고난을 딛고 일어서는 능력도 떨어진다. 사회적 요인들이 정신 상태를 결정짓는 문제를 연구 중인 조지 브라운은 이렇게 말했다. "우울증은 사회적 저항과 밀접하게 관련되어 있습니다. 궁핍과 빈곤은 사람을 기진맥진하게 만들지요." 빈곤층 사이에서 우울증은 너무도 흔하기 때문에 많은 사람들이 그것을 식별하지 못하거나 문제 삼지 않는다. 미랜더의 말을 들어 보자. "친구들이 다 그런 상태라면 그것은 정상적인 것이 됩니다. 이들은 자신의 고통을 외부적인 일들의 탓으로 여기고, 외부 상황이 변하지 않는다면 내면적인 것도 변할 수 없으리라고 믿죠." 모든 사람들이 그렇듯이 가난한 우울증 환자들도 반복적인 우울증 삽화에 의해 기질성 기능 장애를 일으키며 그런 기능장애는 독자적인 방식과 경로로 진행된다. 빈곤층의 우울증을 환자의 현실에는 관심을 두지 않고 치료만 할 경우 성공하기 힘들다. 반복적인 정신적 외상으로 인해 생긴 생물학적 혼란에서 환자를 끌어낸다 해도 그 환자가 다시 반복적으로 정신적 외상들을 겪게 될 경우 도로 생물학적 혼란에 빠지게 되기 때문이다. 우울증이 아닌 사람들은 악조건에서나마 자신의 처지를 바꾸고 역경을 이겨 내려는 노력을 할 수 있지만 우울증 환자들은 자신의 처지를 개선시키기는커녕 삶을 이어 가는 것조차 힘겹다. 따라서 가난한 우울증 환자에게는 새로운 접근법이 필요하다.

　　미국 빈곤층이 겪는 정신적인 외상은 일반적으로 경제적 궁핍과는 직접적인 관련이 없다. 미국의 빈곤층 가운데 굶주리는 사람들은 거의 없으며 빈곤층 가운데 다수가 안고 있는 문제는 우울증의 전조라 할 수 있는 학습된 무력감이다.[23] 동물 세계에서 흔히 볼 수 있는 학습된 무력감은 맞서 싸울 수도, 도망칠 수도 없는 상황에서 고통스러운 자극을 가할 때 일어난다. 이런 처지에 놓인 동물은 인간의 우울증과 흡사한 유순한 상태가 된다. 의지가 약한 사람들에게도 같은 현상이 나타나는데 미국 빈민층의 가장 곤란한 문제는 이러한 수동성이다. 조지타운 대학병원에서 재원 환자의 관리를 맡고 있는 조이스 청은 미랜더와 긴밀한 협조 관계에 있다. "보통 우리 병원을 찾는 환자들은 적어도 진료 약속은 지킬 수 있죠. 그들은 자신에게 도움이 필요하다는 걸 알고 도움을 청합니다. 그런데 연구 대상 환자들은 스스로 찾아오는 법이 없어요." 조이스 청과 나는 치료가 이루어지고 있는 프린스조지 카운티의 한 병원 엘리베이터 안에서 그런 이야기를 하고 있었다. 그런데 아래층으로 내려가 보니 조이스 청의 여자 환자 가운데 하나가 세 시간 전에 부른 택시를 기다리고 있었다. 그녀는 택시 회사에 전화를 걸어 볼 생각도 하지 않고 마냥 기다리고만 있었고 불만스럽거나 화난 기색도 없었다. 조이스 청과 내가 그녀를 집까지 태워다 주었다. 조이스 청이 나중에 설명했다. "그녀는 아버지에게 상습적으로 성폭행을 당하고 있는데 경제적인 능력이 없어서 집을 나가지도 못해요. 그런 처지에 놓이면 변화를 모색할 의지를 잃게 되죠. 우린 그녀에게 다른 거처를 마련해 줄 수 없어요. 그녀의 처지를 바꿔 줄 수가 없죠. 할 일이 너무도 많습니다."

빈곤층에는 간단한 문제도 엄청난 부담이 될 수 있다. 에밀리호엔스테인의 말을 들어 보자. "한 여자 환자는 그러더군요. 월요일에 병원에 오려면 사촌 새디에게 연락해서 새디의 오빠에게 태워다 달라고 부탁해야 한다고요. 아이들은 올케의 언니에게 맡겨야 하는데 그 주에 올케의 언니가 일하러 나가면 친척 아주머니께 맡겨야 한다고요. 그리고 새디의 오빠는 병원까지 태워다만 주고 일하러 가야 하기 때문에 집까지 태워다 줄 사람도 필요하대요. 만약 진료 약속을 목요일로 잡으면 도와줄 사람 명단이 싹 바뀌죠. 어쨌거나 그녀가 병원에 오려면 그들이 75퍼센트 정도의 시간을 취소해야만 하죠." 도시 지역에서도 사정은 마찬가지다. 롤리 워싱턴은 폭풍우 치던 날 진료 약속을 지키지 못한 적이 있는데 열한 명의 아이들을 맡고 스케줄도 비우고 모든 준비를 마쳤는데 우산이 없더라는 것이었다. 그녀는 폭우 속에서 다섯 블록을 걸었고 10분 정도 버스를 기다리다 오한이 나 더 이상 참지 못하고 집으로 돌아갔다고 했다. 미랜더의 치료팀은 이따금 환자의 집으로 차를 몰고 가서 집단 치료 장소로 태워 왔으며, 매리언 카이너는 환자의 수고를 덜기 위해 직접 그들을 찾아가서 치료하기도 했다. 카이너는 이렇게 말했다. "가끔은 환자가 치료에 저항하는 것인지 아니면 삶이 고단해서 약속을 지킬 수 없는 것인지 구분하기 어려울 때가 있어요."

조이스 청은 전화를 통해 치료하던 환자의 이야기를 들려주었다. "그 환자는 내가 전화를 걸면 크게 안도하면서도 전화를 해 달라고 하면 '안 된다.'고 했어요. 통화하기가 하도 힘들어서 포기 직전까지 갔던 것도 한두 번이 아니죠. 그녀는 약이 다 떨어져도 손 놓고 있어요. 내가 집까지 찾아가 약을 쥐여 줘야만 하죠. 그런 행동이 치료를 원하지 않아서가 아니란 걸 알기까지는 오랜 시간이 걸렸어요. 수동성이 아예 기질이 돼 버린 건데, 어렸을 때부터 반복적으로 학대를 당한 사람에게는 이상한 일도 아니에요."

그 환자의 이름은 칼리타 루이스이며 철저히 손상된 경우에 속한다. 이제 삼십 대인 그녀이지만 인생을 바꾸기는 실질적으로 불가능해 보인다. 치료를 통해 자신의 인생을 바라보는 시각은 달라졌지만, 문제는 주위 사람들을 보는 시각이다. 그녀는 어려서부터 저항할 수 있을 정도로 클 때까지 아버지에게 끔찍하게 시달려야 했다. 임신을 하자 학교를 그만뒀고 딸 재스민은 겸상적혈구빈혈증을 갖고 태어났다. 칼리타는 어릴 적부터 기분장애가 있었던 듯하다. "사소한 일에도 짜증을 내고 심하게 화를 냈어요. 싸움을 잘 걸었고요. 가끔 계속해서 울어 대기도 했는데 그러다 보면 머리가 아팠고 머리가 너무 아파지면 자살하고 싶어졌죠." 그녀의 기분은 쉽게 폭력으로 변해서 한번은 저녁 식탁에서 남동생의 머리를 포크로 찔러 그가 목숨을 잃을 뻔하기도 했다. 그리고 몇 차례 수면제로 자살을 기도했다. 자살 기도가 실패로 끝난 뒤에 절친한 친구가 그녀에게 말했다. "네 딸이 얼마나 걱정하는지 알잖아. 재스민은 아빠도 없이 태어났는데 엄마까지 잃어야겠어? 그 아이가 나중에 어떻게 되겠니? 네가 자살하면 너와 똑같은 길을 걷게 될 거야."

진 미랜더는 칼리타의 문제들이 단순히 상황에 의한 것이 아니라고 판단하고 그녀에게 팍실을 처방했다. 칼리타는 약물치료를 시작하면서 아버지에게 당했던 일들을 언니와 허심탄회하게 이야기했다.(그들은 그때까지 서로가 겪은 일을 모르고 있었다.) "언니는 아버지와 아예 의절했지요." 그러면서 칼리타는 절대로 자신의 딸을 외할아버지와 집에 단둘이 있게 하지 않는다고 했다. "전에는 혹시 딸아이에게 분풀이를 하게 될까 봐 며칠씩 그 아이를 볼 수 없었던 적도 있어요. 딸이 누구에게 맞는 건, 특히 제 엄마에게 맞는 건 견딜 수 없이 싫었으니까요. 그때는 딸아이에게 언제 손찌검을 할지 몰랐죠."

이제 칼리타는 슬픔이 몰려와도 감당할 수 있게 되었다. "딸이 '엄마, 왜 그래요?' 하고 물으면 '아무 일 아냐. 피곤해서 그런 거란다.'라고 대답하죠. 딸아이는 제 기분을 풀어 주려고 애쓰면서 '엄마, 다 잘될 거예요, 걱정 마세요.' 하면서 저를 안고 키스를 하면서 등을 토닥거려 줘요. 이제 우리 모녀 사이에는 사랑이 넘친답니다." 재스민이 칼리타와 비슷한 기질을 타고난 점을 감안한다면 그렇듯 분노를 보이지 않고 자라는 것만도 대단한 발전인 셈이다. "재스민이 그러더군요. '나는 우리 엄마처럼 될 거예요.' 그래서 제가 그랬죠. '그럼 안 되지.' 그 아이는 아무 문제 없을 것 같아요."

우리가 삶에서 긍정적인 변화를 이루는 메커니즘은 놀라울 정도로 기초적인 것이며 대개 유년기에 인과관계를 증명하는 어머니와의 상호작용 속에서 배운다. 나는 생후 3주가 된 갓난아기에서 아홉 살까지의 다섯 대자(代子)들이 자라는 모습을 지켜보고 있다. 막내는 관심과 먹을 것을 요구하며 운다. 두 살배기는 규칙을 깬 뒤 자신이 할 수 있는 일과 할 수 없는 일을 알게 된다. 다섯 살배기는 6개월 동안 깨끗이 쓸 수 있다면 침실 벽을 초록색으로 칠하게 해 주겠다는 말을 듣는다. 일곱 살배기는 차에 관한 잡지들을 모으는데 자동차 지식이 해박하다. 아홉 살배기는 아버지처럼 기숙학교에 들어가고 싶지 않다며 부모의 감정과 이성에 호소하여 지금 동네 학교에 다닌다. 그 아이들은 의지를 지녔으며 자신의 힘을 믿으며 자랄 것이다. 이러한 어린 시절의 성공적인 힘의 주장은 그 아이들의 상대적인 부유함과 지적 능력보다 훨씬 중요하다. 그런 주장에 대해 (하다못해 부정적으로라도) 반응해 줄 사람이 없다는 것은 재앙이다. 매리언 카이너는 이렇게 말했다. "우리는 일부 환자들에게 감정들의 목록을 주고 감정이 어떤 것인지 이해할 수 있도록 돕지요. 그들이 무조건 감정을 억누르기보다 그것을 알 수 있도록 해주기 위해서죠. 그런 다음 그들에게 그런 감정들을 바꿀 수 있다는 확신을 줍니다. 그다음에 목표를 세우고요. 그들 가운데는 자신이 무엇을 원하는지 인식하는 것 자체가 혁명적인 일인 사람들도 있지요." 크메르루주의 공포정치로 정서적인 마비 상태에 빠진 캄보디아 사람들에게 감정을 느끼는 법을 가르치던 팔리 누온이 생각났다. 자신의 감정을 인식하지 못하는 것의 심각성과 그런 이들을 돕는 일의 중요성을 새삼 느낄 수 있었다.

미랜더도 아이다호 시골에서 가난하게 자랐지만 그녀가 상대하는 "직업도 긍지도 없는" 사람들처럼 "장기적인 사기 저하"를 겪고 있지는 않다. 그녀는 내게 이렇게 말했다. "가끔은 새천년에 1960년대의 의식 고양 운동을 벌이고 있는 듯한 기분이 들어요."

댄퀼 스테트슨은 남부 시골 지역의 험악하고 범죄율이 높은 문화에 속해 있다. 그녀는 아프리카계 미국인으로서 인종적인 편견과 폭력의 틈바구니에서 사방으로부터 위협을 느끼며 살아가고 있다. 그녀는 권총을 지니고 다닌다. 그녀는 기능적 문맹자다. 우리가 이야기를 나눈 곳은 그녀의 낡은 이동 주택 안이었는데 창문들을 모두 막아 놓고 가구마다 썩는 냄새를 풍겼다. 집 안의 빛이라고는 텔레비전에서 흘러나오는 것뿐으로 우리가 이야기하는 내내 「혹성 탈출」이 방영되고 있었다. 하지만 내부는 깔끔했고 불쾌한 느낌을 주지도 않았다.

"그건 상처와도 같아요. 몸에서 심장을 긁어내는 것과도 같아요. 그게 멈추질 않죠. 누군가 칼로 나를 계속 찔러 대는 것만 같아요." 내가 안으로 들어서자 그녀가 불쑥 꺼낸 말이었다. 댄퀼은 어렸을 때 할아버지에게 성추행을 당했고 그 사실을 부모님께 알렸다. "부모는 신경도 안 썼어요. 그냥 덮어 두려고만 했죠." 그래서 성추행은 몇 해씩이나 계속되었다.

댄퀼은 매리언 카이너의 역할과 팍실의 효과와 주님의 은총을 구분하기가 어렵다고 했다. "주님은 나를 우울증에 빠뜨렸고 거기서 구해 주셨죠. 주님께 도와 달라고 기도했더니 매리언 박사를 보내 주셨어요. 매리언이 긍정적으로 생각하면서 이 약을 먹으라고 한 덕분에 구원을 받았죠." 부정적인 사고를 통제하여 행동의 변화를 가져오는 것은 인지 치료의 핵심이다. 댄퀼이 자신의 팔을 주먹으로 연거푸 치면서 말했다. "남편이 왜 자꾸 때리는지 모르겠어요. 사랑을 찾아 이 남자 저 남자에게 가도 남자는 다 마찬가지예요."

댄퀼은 스물넷, 열아홉, 열세 살 된 세 자녀를 두고 있다. 그녀가 치료를 통해 얻은 가장 큰 깨달음은 매우 근본적인 것이다. "부모의 행동이 아이들에게 영향을 준다는 걸 깨달았어요. 나는 그걸 모르고 있었죠. 그래서 잘못을 많이 했어요. 내 아들을 지옥에 처박았죠. 그때는 뭘 몰랐으니까요. 그래서 요즘은 애들을 앞에 앉혀 놓고 이렇게 말해요. '누가 너희한테 와서 네 엄마가 이렇게 저렇게 했다고 말하면 다 사실이니까 그렇게 알아라. 이 엄마처럼 살지 마라.' 그리고 이렇게 말하죠. '엄마한테는 아무리 나쁜 일이라도 괜찮으니까 다 말하렴.' 만일 내가 어렸을 때 내 말을 들어 주고 모든 일이 잘될 거라고 용기를 준 사람이 있었다면 내 인생이 완전히 달라졌으리라는 걸 알게 되었기 때문이죠. 부모는 자식이 잘못되는 게 자기들 탓이란 걸 몰라요. 자식이 엉뚱한 데서 사랑을 얻으려고 기웃거리기 시작한다면 부모에게 책임이 있는 거예요. 내 친한 친구가 하나 있는데 그가 자기 조카를 총으로 쏴서 감옥에 들어갔을 때 내가 보석금도 넣어 주고 그랬죠. 그런데 그 친구 어머니가 말이에요, 차 안에서 어린 아들을 바로 앞에 두고 외간 남자와 정을 통하고 그랬어요. 그래서 아들에게 나쁜 영향을 준 거예요. 그 친구 어머니는 아직까지도 그걸 몰라요. 어두운 데서 나쁜 짓을 하면 언젠가는 들통나게 되어 있죠."

댄퀼은 이제 지역사회의 자원이 되었다고 할 수 있으며 친구들과 지역 사람들에게 자신이 터득한 우울증을 다스리는 방법을 가르치고 있다. "사람들이 모두 물어요. 어떻게 그렇게 변했느냐고. 내가 긍정적으로 생각하고 항상 웃으니까요. 내가 이렇게 되니까 주님께서 사람들을 보내기 시작했어요. 그들을 도우라고요. 나는 주님께 말했죠. '주님, 그들에게 무슨 말을 해 줘야 할지 알려 주시고 그들의 말을 잘 들어 줄 수 있도록 도와주세요.'" 댄퀼은 자녀들의 고민을 들어 주고 교회에서 알게 된 사람들의 고민을 들어 준다. "자살 성향이 있는 사람에게 이렇게 말했죠. '당신은 혼자가 아니에요. 나도 전에는 그랬어요. 나는 해냈어요. 당신은 어떤 어려움도 이겨낼 수 있어요. 당신이 긍정적으로 생각하기 시작하면 당신을 떠난 그 여자가 연락을 해 올 거예요. 내가 장담해요.' 그 사람이 어제 그러더군요. '당신이 아니었더라면 나는 죽었을 거예요.'" 댄퀼은 가족 내에서 새로운 위치를 차지하게 되었다. "아이들의 말을 들어 주지 않던 관행을 내가 깬 거죠. 이제 조카들은 제 부모가 아니라 나를 찾아와요. 그 아이들이 나한테 그래요. 이야기를 들어 주는 사람이 있으니까 살고 싶은 마음이 생긴다고요. 나는 모두에게 말하죠. 문제가 생기면 도움을 받으라고요. 주님이 이 세상에 의사들을 보내 주신 건 우리를 돕게 하기 위해서라고요. 그러니 누구든 구제될 수 있다고요. 어떤 여자가 있는데 술도 마시고 담배도 피우고 내 남편과 못된 짓을 해 놓고도 미안하다는 말 한마디 없었죠. 하지만 그 여자가 찾아왔을 때 돕지 않을 수가 없었어요. 누군가 나서서 도와야 그 여자를 새사람으로 만들 수 있으니까요."

가난에 찌든 우울증 환자들은 우울증 관련 통계들에 반영되지 않는데, 그런 통계들이 주로 기존 의료보험 제도 범위 내에 있는, 그러니까 이미 중산층이거나 적어도 일자리가 있는 사람들을 대상으로 하기 때문이다. 불우한 계층의 사람들에게 기대를 높여 주는 것은 문제의 소지가 있으며 그들의 머리에 그릇된 목표를 심어 주는 것은 위험할 수도 있다. "나는 계속 청 박사님을 만나러 올 거예요." 한 여성 환자는 참여 중인 연구가 언제까지인지 거듭 설명을 들었으면서도 확신에 차서 이렇게 말했다. 나중에 그녀가 다시 붕괴를 겪게 되었을 때 더는 일으켜 줄 도움의 손길이 없다면 그것은 가슴 아픈 일이다. 빈곤층 우울증 환자들을 위한 연구들에 참여한 모든 치료사들이 환자들에게 계속해서 기본적인 의료 서비스를 제공해야 한다는 도덕적 의무감을 느낀다. 에밀리 호엔스테인의 의견은 이렇다. "기대를 높이게 될까 봐 극심한 고통을 겪고 있는 환자들을 치료하지 않는 것은 작은 문제 때문에 중요한 도덕적 문제를 등한시하는 꼴입니다. 우리는 환자들에게 우울증을 이기는 기술을 제공하기 위해 최선을 다합니다. 그들이 계속 살아갈 수 있도록 말이에요." 지속적인 약물치료 비용은 심각한 문제다. 이 문제는 제약 회사들에서 가난한 환자들에게 항우울제를 제공하는 방식으로 부분적으로 해결되고는 있지만 아직은 공급량이 턱없이 부족한 형편이다. 내가 만난 펜실베이니아의 한 의사는 가난한 환자들에게 나눠 주기 위해 제약 회사 영업사원들에게서 받은 약 샘플이 몇 트럭분은 된다고 말했다. "나는 제약 회사 영업사원들에게 대놓고 말하죠. 돈을 낼 형편이 되고 평생 약을 먹게 될 환자들에게 당신네 회사 약을 처방할 테니 그 대신 가난한 환자들에게 무료로 줄 약을 많이 달라고요. 나는 환자가 많기 때문에 똑똑한 영업사원은 얼른 그러마 대답하죠."

정신분열은 중산층에 비해 저소득층에서 두 배나 많이 발생한다.24 학자들은 처음에는 궁핍함이 모종의 방식으로 정신분열을 일으키는 것으로 추정했으나 최근 정신분열이 궁핍으로 이어진다는 연구 결과가 나왔다. 정신 질환은 많은 비용이 들고 혼란을 초래하며, 젊은 나이에 생산성을 저하시키는 만성적인 질환을 갖게 되면 가족 전체가 계층 하강을 하게 된다는 것이다. 이러한 '하향 이동 가설'은 우울증에도 해당되는 듯하다. 글렌 트레이스먼은 빈곤층 에이즈 환자들에 대해 이렇게 말한다. "이들 중 다수가 평생 성공이란 걸 해 본 적이 없는 사람들이에요. 이들은 정상적인 인간관계를 맺거나 장기간 한 직업에 종사하지 못합니다." 사람들은 우울증을 에이즈의 결과로 생각하지만 사실은 우울증이 먼저인 경우가 많다. 다시 트레이스먼의 말을 들어 보자. "기분장애를 갖게 되면 섹스와 주삿바늘에 대해 훨씬 더 부주의해집니다. 콘돔이 찢어져서 에이즈에 걸리는 경우는 극히 적어요. 많은 사람들이 더 이상 신경 쓸 기운이 없을 때 에이즈에 걸립니다. 삶의 의욕을 잃은 사람, 삶의 의미를 찾지 못하는 사람들이지요. 우울증에 대한 치료를 확대하면 내 임상적 경험으로 추정하건대 이 나라의 에이즈 감염율이 최소한 절반으로 줄 거고 공중보건 비용도 어마어마하게 절감될 겁니다." 사람들을 에이즈에 감염시켜 자신을 돌보지 못하도록 만드는 질병의 공중보건 비용은 막대하다. "에이즈는 당신의 돈과 재산뿐 아니라 친구와 가족까지 앗아 갑니다. 그리고 사회적인 권리도 박탈하지요. 따라서 에이즈 환자는 밑바닥까지 추락하는 겁니다." 내가 만난 전문가들은 한결같이 우울증 치료의 필요성을 강조했고 바른 치료가 이루어져야 한다고 말했다. "이 환자들을 믿고 맡길 수 있는 치료사들은 소수에 불과해요." 호엔스테인의 말이다. 그러나 치료를 요할 만큼 우울증의 정도가 심각한 빈곤층의 정신보건 수준은 끔찍할 정도로 낮다.

내가 인터뷰한 빈곤층 우울증 환자 가운데 남성은 한 사람뿐이었는데 그는 에이즈 양성 반응자였다. 빈곤층 남성 우울증 환자는 대개 감옥이나 시체실 신세를 지게 마련이며 억지로라도 우울증 치료를 받게 되는 경우는 매우 드물다. 남성은 우울증 치료에 대해 여성의 경우보다 훨씬 더 저항적이다. 나는 인터뷰 대상 여성들에게 혹시 남편이나 남자친구도 우울증을 앓고 있는지 물었는데 그렇다는 대답이 많았고, 그들 모두 아들도 우울증이라고 했다. 미랜더의 연구에 참여한 한 여성 환자는 자신에게 장밋빛 명을 남긴 남자친구가 집단 치료에 참여하고 싶은 마음은 있지만 막상 실천하기가 "너무 당혹스럽다."고 말했다고 전했다.

프레드 월슨이 인터뷰를 하기 위해 들어섰을 때 나는 깜짝 놀랐다. 그는 2미터에 가까운 키에 금귀고리를 달고 커다란 금메달을 걸고 선글라스를 낀 모습으로, 머리는 삭발을 했고 근육이 근사했다. 그는 나보다 다섯 배쯤은 더 자리를 차지하는 것 같았다. 나는 거리에서 그런 사람들을 보면 피해 다니는데 그와 이야기를 나눠보니 피하기를 잘했다 싶었다. 그는 심각한 마약중독자로 마약 살 돈을 구하기 위해 길에서 강도질을 하고, 상점이나 집을 털고, 나이든 여자들의 손가방을 빼앗았다고 했다. 그는 한동안 노숙자 노릇까지 한 거친 인물이었다. 이 무서운 사내는 의분을 느끼게 하는 한편 절망적이고 외로운 분위기도 풍겼다.

프레드는 자기에게 기분장애가 있고 그것 때문에 마약을 시작하게 되었을 거라고 인식하게 되면서 우울증 치료를 시작했다. 나와 만났을 당시 그는 자신을 도와줄 항우울제를 찾고 있었다. 프레드는 카리스마와 섬뜩한 미소의 소유자로, 세상 꼭대기에 있는 것이 어떤 것인지 알았다. "나는 원하는 건 무엇이든 가질 힘이 있었어요. 그런 힘이 있으면 고생스럽게 일할 필요가 없죠. 그냥 가지면 되니까. 나는 인내라는 게 어떤 건지도 몰랐어요. 나한테는 한계가 없었으니까. 조심하는 것도 몰랐지요. 무슨 소리인지 알겠어요? 그저 원하는 걸 갖고 기분 좋게 취했지요. 그러면 세상이 좀 살 만했어요. 비난과 수치를 느끼지 않아도 됐으니 말이에요." 프레드는 '길에서 체포된' 직후 에이즈 검사를 받았고 자신의 어머니도 양성 반응자임을 알게 되었다. "어머니가 에이즈로 돌아가시자 사는 게 아무 의미도 없었어요. 결국 누구나 죽게 되는 거잖아요. 나 자신이 더 싫어졌어요. 그러다 노숙자 생활을 하다가 체포됐는데 내가 그렇게 사는 건 내 선택 때문이었다는 깨달음이 들더군요. 그래서 달라지기로 했지요. 그때 나는 혼자였고, 돈이 없으면 약을 구할 수도 없었으니까요."

프레드는 에이즈 치료를 받게 되었지만 기분이 좋아지지 않는다는 이유로 치료를 중단했다. 에이즈 치료제의 부작용이나 약을 복용하는 불편은 사소한 정도였는데도 죽기 전에 즐기기나 하겠다며 그런 결정을 내린 것이었다. 그의 에이즈를 치료하던 의사들은 실망을 감추지 못하며 항우울제는 끊지 말도록 당부했다. 의사들은 우울증 치료가 살고자 하는 의지를 일깨워 프레드가 에이즈 치료를 다시 시작하기를 희망하고 있다.

의지력은 우울증에 맞서는 최선이자 최후의 보루 역할을 하는 경우가 많으며, 특히 빈곤층에서 볼 수 있는 삶에 대한 의지와 고난을 견디는 힘은 놀라운 것이다. 빈곤층 우울증 환자는 대다수가 너무도 수동적이라 포부 같은 걸 갖고 있지 않고 그런 사람들을 돕는다는 것이야말로 가장 어려운 일이다. 그러나 어떤 이들은 우울증에 시달리면서도 삶에 대한 열정을 간직하고 산다.

에밀리 호엔스테인과 매리언 카이너의 환자인 테레사 모건은 초현실적인 공포로 점철된 인생을 살아온 마음씨 고운 여성이다. 그녀는 버지니아주 버킹엄 카운티 한복판에 있는 대형 이동주택 같은 집에 살고 있다. 그녀는 이제까지의 삶을 꼼꼼히 적어 두기라도 한 것처럼 내게 무척이나 자세한 인생담을 들려주었다.

테레사의 어머니는 열다섯 살에 임신해서 열여섯 살에 테레사를 낳았으며 열일곱 살에 테레사의 아버지에게 죽도록 두들겨 맞고 기어서 집을 나갔다. 테레사의 할아버지는 며느리에게 다시 눈에 띄거나 테레사를 만나려 하면 감옥에 집어넣겠다고 협박했다. "그때 우리 아버지는 겨우 스물두 살이었고 완전히 얼간이였죠. 하지만 식구들은 우리 엄마가 더러운 여자고 나도 그렇게 될 거라고 했어요. 아버지는 내가 태어나는 바람에 인생을 망쳤다고 나를 구박했죠."

테레사는 일찌감치 직장과 질 사이에 수술 불가능한 양성 종양인 혈관종이 있다는 진단을 받았다. 그녀는 다섯 번째 생일을 맞으면서부터 밤마다 가까운 친척들에게 성추행을 당했고 그 일은 그녀가 아홉 살이 되어 그들 중 하나가 결혼해서 집을 떠날 때까지 계속되었다. 테레사의 할머니는 가족의 생계가 그들에게 달려 있다며 테레사를 입 다물게 했다. 테레사에게는 집과 교회와 학교가 삶의 범위였다. 할머니는 아이들을 엄격하게 키워야 한다는 믿음을 갖고 있어서 날마다 전기 코드건 빗자루건 프라이팬이건 손에 잡히는 대로 들고 때렸다. 할아버지는 유해동물 구제업자여서 테레사는 일곱 살 때부터 검정뱀을 잡으러 다녀야 했다. 테레사는 8학년 때 할머니의 심장약을 잔뜩 삼켰다. 병원에서 위세척을 한 다음 정신과 치료를 권했지만 할아버지가 자신의 집안에는 그런 치료를 받을 사람이 없다며 거절했다.

테레사는 11학년 때 처음으로 레스터라는 남자친구를 사귀었다. "그는 뭐랄까, 내 마음을 움직였어요. 서로 솔직하게 대화를 나눌 수 있었거든요." 어느 날 귀가하던 아버지가 레스터의 차에서 내리는 그녀를 보고 이성을 잃었다. 테레사의 아버지는 키가 155센티미터 정도밖에 안 됐지만 135킬로그램이 넘었는데 (겨우 146센티미터에 47킬로그램 정도밖에 안 나가던) 딸을 깔고 앉아 몇 시간 동안 딸의 머리통을 땅에 짓찧었다. 테레사의 이마와 머리 가죽에는 아직도 마치 화상 흉터처럼 커다란 흉터가 남아 있다. 그날 밤 아버지는 그녀의 갈비뼈 두 대, 턱, 오른팔, 발가락 네 개까지 부러뜨렸다.

테레사가 내게 그런 이야기를 들려주고 있을 때 그녀의 아홉 살 난 딸 레슬리는 옆에서 닥스훈트 애완견을 데리고 놀았는데, 레슬리에게는 엄마의 이야기가 (마치 기독교인들에게 예수의 수난 이야기가 그러하듯) 익숙한 듯했다. 하지만 이야기를 듣고 있는 건 분명했다. 아이는 끔찍한 이야기만 나오면 개에게 공격적인 행동을 보였다. 하지만 울거나 이야기를 중단시키지는 않았다.

그렇게 흠씬 두들겨 맞은 뒤 테레사는 레스터의 권유로 그의 집에 들어가서 살게 되었다. "처음 3년간은 무척 행복했죠. 하지만 그는 내가 자기 어머니처럼 살기를 원했어요. 직업도 없고 운전도 못하고 집 안에 처박혀 자기 속옷이나 빨면서 말이에요. 나는 그렇게 살고 싶지 않았어요." 테레사가 임신해 그들은 결혼했다. 테레사가 아기를 돌보는 동안 레스터는 "바람 피우고 돌아다니는 것"으로 자신의 독립성을 증명했다. "레스터는 내 지적인 면이 좋다고 했어요. 내가 그런 얘기들을 해 주면 좋아했죠. 나는 그에게 좋은 재즈도 듣게 하고 미술과 시에 대한 얘기들도 들려줬어요. 그랬던 그가 나더러 자기 어머니처럼 집에만 있으라는 거예요."

레슬리가 태어난 직후 레스터는 심각한 뇌졸중을 일으켜 왼쪽 뇌 대부분이 손상되고 말았다. 중장비 운전을 하던 스물두 살의 젊은이가 반신불수가 되어 말도 제대로 할 수 없게 된 것이다. 몇 개월 뒤 (그것이 피를 응고시키는 루푸스라는 질병 때문임이 밝혀지기도 전에) 다리의 피가 응고되어 결국 다리를 절단해야 했고 폐까지 손상되었다. "나는 떠날 수도 있었어요."

레슬리가 놀이를 멈추고 엄마를 올려다보았는데 멍하면서도 호기심 어린 눈이었다. "하지만 레스터는 내 평생의 사랑이었죠. 안 좋은 일들도 많았지만 나는 무슨 일이든 쉽게 포기하지 않아요. 병원에 가 봤더니 한 눈은 뜨고 한 눈은 감고 있더군요. 얼굴은 퉁퉁 붓고 이목구비가 한쪽으로 몰려 있었죠. 왼쪽 뇌가 너무 심하게 부어서 아예 그쪽 두개골을 잘라 냈더라고요. 그런 꼴을 하고도 나를 보더니 좋아하더군요." 테레사는 남편 곁에서 대소변을 받아 내며 몸짓으로 의사 소통하는 법을 배웠다.

테레사가 잠시 이야기를 멈춘 사이에 레슬리가 내게 오더니 사진 한 장을 내밀었다. "네 두 번째 생일 때로구나, 그렇지, 아가?" 테레사가 부드럽게 말했다. 사진 속에서 거구의 잘생긴 사내가 미라처럼 붕대를 감고 여러 모니터들에 연결된 채 조그만 여자아이를 안고 있었다. "쓰러지고 4개월쯤 지나서 찍은 사진이죠." 테레사가 그렇게 말했고 레슬리가 엄숙하게 사진을 도로 가져갔다.

레스터는 6개월 후 퇴원했다. 테레사는 공장에서 아동복 원단 자르는 일을 하게 되었다. 몇 시간마다 집에 들러 레스터의 상태를 살펴야 했기에 집과 가까운 곳에서 일해야 했다. 운전면허증을 딴 날 레스터에게 보여 주자 그는 울면서 몸짓으로 말했다. "이제 나를 떠날 수 있겠군." 테레사는 내게 웃으면서 말했다. "하지만 남편은 그게 아니란 걸 알게 되었죠."

레스터는 성격까지 비뚤어졌다. 밤새 잠도 안 자고 한 시간마다 테레사를 불러 댔다. "집에 돌아오면 저녁을 짓고 설거지를 하고 세탁하고 청소를 해야 했죠. 그러다 보니 부엌에서 쓰러져 잘 때도 있었어요. 레스터는 말을 못 하니까 자기 어머니한테 전화를 걸고 어머니는 그의 숨소리를 듣고 우리 집에 전화해서 나를 깨우는 식이었죠. 저녁을 차려 주면 안 먹고 한밤중에 샌드위치를 만들어 달라고 했죠. 그래도 나는 그의 기분을 상하게 하지 않으려고 항상 웃는 얼굴로 활기차게 행동했어요." 레스터와 레슬리는 테레사의 관심을 독차지하려고 서로 할퀴고 머리털을 잡아당기며 싸웠다. "나도 지쳐 가기 시작했어요. 레스터는 운동조차 안 하려고 해서 점점 살이 쪄 갔죠. 나도 이기적인 시기에 접어들었는지 전처럼 그에게 동정적일 수가 없었어요."

그 스트레스로 혈관종이 악화되어 직장을 통해 심한 출혈을 하기 시작했다. 테레사는 작업반장이 되었지만 매일 여덟 시간에서 열 시간 동안 서 있어야 했다. "일도 고된 데다 출혈에 레스터와 레슬리까지 보살피다 보니 제정신이 아니었죠. 집에 총신 9인치짜리 레밍턴 22구경 권총이 있었어요. 침실 바닥에 앉아 총알이 들어 있지 않은 빈 총의 총구멍을 입에 넣고 방아쇠를 당기고 또 당겼어요. 총을 입에 넣고 있으니까 기분이 좋더군요. 그런데 레슬리가 문을 두드리면서 말했어요. '엄마, 제발 나를 두고 가지 마요. 제발.' 나는 총을 내려놓고 너를 두고 가는 일은 없을 거라고 약속했죠."

"네 살 때였어요. 그때부터 매일 엄마랑 같이 잤어요." 레슬리가 자랑스럽게 말했다.

테레사는 '생명의 전화'에 전화를 걸어 네 시간 동안 통화했다. "엉엉 울었죠. 레스터는 포도상구균 감염증에 걸려 있었어요. 나는 신장결석이 있었고요. 그 통증이 얼마나 컸는지 의사한테 당장 고쳐 주지 않으면 얼굴을 찢어 놓겠다고 했었죠. 육체가 무너지면 정신도 쉬기를 원하죠. 나는 먹을 수도 없었고 한 달가량 잠도 제대로 못 잤어요. 너무 신경이 곤두서고 너무 아프고 게다가 출혈 때문에 빈혈이 너무 심했죠. 나는 증오심에 차서 돌아다녔어요." 의사가 그녀를 매리언 카이너에게 데려갔다. "매리언은 내 목숨을 구했어요. 두말할 필요가 없는 사실이죠. 그녀는 내게 다시 생각하는 법을 가르쳐 주었어요." 테레사는 팍실과 자낙스로 치료를 시작했다.

카이너는 테레사에게 지금 하고 있는 모든 일들을 강요하는 사람은 없으며 자신에게 가치 있게 여겨지는 일들만 하라고 말했다. 그런 말을 듣고 얼마 안 되어 더 이상 레스터를 감당할 수 없게 되자 그녀는 밤중에 차분히 프라이팬을 내려놓으며 말했다. "가자, 레슬리. 옷 몇 벌만 챙겨라." 아내가 자신을 버릴 수도 있다는 걸 깨달은 레스터는 바닥으로 떨어져서 울며 애원했다. 테레사는 레슬리의 손목을 끌고 나가서 세 시간 동안 차를 몰았다. "아빠를 정신 차리게 하기 위해서"였다. 그들이 돌아왔을 때 레스터는 자신의 잘못을 뉘우치고 있었고 그들에게 새로운 삶이 시작되었다. 테레사는 레스터가 프로작을 복용할 수 있도록 조처했다. 그런 다음 남편에게 자신이 짊어진 짐에 대해 설명했다. 그녀는 혈관종의 출혈을 막으려면 되도록 걷는 것이나 움직이는 것을 줄여야 한다는 의사의 권고를 받은 상태였다. "아직도 레스터를 차에서 내려 주고 휠체어를 꺼내는 일은 해요. 집 청소도 하고요. 하지만 레스터는 독립하는 법을 배울 수밖에 없었죠." 테레사가 건강 때문에 일을 그만두어야만 했던 것이다.

레스터는 현재 세탁소에서 에이프런 접는 일을 하고 있다. 그는 장애인용 특별 버스를 타고 매일 일하러 나간다. 집에 돌아와서는 설거지를 하고 가끔 진공 청소기로 청소하는 것까지도 도울 수 있다. 그는 장애 수당으로 매주 250달러씩을 받으며 그것으로 생계를 꾸려 간다.

"나는 그를 버리지 않았어요." 테레사가 자랑스럽게 말했다. "사람들은 나보고 쓰러질 거라고 했지만 우리는 이제 아주 강해졌어요. 우리는 무슨 이야기든 나눌 수 있어요. 남편은 원래 지독한 보수주의자였지만 이제 진보주의자로 변했어요. 어릴 때부터 몸에 밴 편견과 증오를 내가 없앴지요." 레스터는 혼자 소변 보는 법을 배웠고 이제 한 손으로 옷도 거의 입는다. "우리는 날마다 대화해요. 그거 아세요? 그는 내 인생의 단 하나뿐인 진정한 사랑이에요. 우리에게 일어난 일들이 한탄스럽기는 하지만 우리 가족에 대해서는 아무것도 포기하고 싶지 않아요. 매리언이 아니었다면 나는 그대로 살다가 출혈이 심해서 결국 죽었을 거예요."

그 말에 레슬리가 엄마의 무릎으로 기어 올라갔다. 테레사는 아이를 안고 요람처럼 몸을 흔들었다. 그녀가 갑자기 의기양양한 목소리로 말했다. "올해 우리 어머니를 찾았어요. 어머니의 성으로 전화번호부를 뒤져서 한 쉰 통쯤 건 끝에 어머니의 사촌을 찾았죠. 겨우 어머니의 전화번호를 알아내서 전화를 했더니 어머니가 그러더군요. 내 전화를 기다리고 있었다고. 지금 어머니는 나의 제일 좋은 친구예요. 우리는 자주 만나죠."

"우리는 할머니를 사랑해요." 레슬리의 선언이었다.

"그래요. 어머니와 나는 아버지와 그 가족에게서 구박을 많이 당해서 통하는 점이 많죠." 테레사는 이제 공장에 나가 서서 하는 일은 할 수 없을 것 같다고 말했다. "나중에 레슬리가 커서 저녁 때 제 아빠를 돌볼 수 있게 되면, 그리고 몸이 좋아져서 활동할 수 있게 되면 야간학교에 나가서 고등학교 과정을 마칠 생각이에요. 고등학교 때 흑인 여자 선생님인 윌슨 선생님께 미술, 시, 음악을 배웠죠. 학교로 돌아가서 내가 좋아하는 키츠, 바이런, 에드거 앨런 포에 대해 더 배우고 싶어요. 지난주에 레슬리에게 에드거 앨런 포의 「까마귀」와 「애너벨 리」를 읽어 줬죠. 그렇지, 아가? 도서관에서 책을 빌려 왔거든요." 나는 벽에 걸린 그림들을 바라보았다. "나는 르누아르를 좋아해요. 잘난 체하느라 그러는 게 아니라 진짜로 좋아요. 영국 화가가 그린 저 말 그림도 좋고요. 음악도 좋아요. 파바로티를 즐겨 듣죠. …… 어릴 때 그 끔찍한 집에서 자라면서 뭐가 되고 싶었는지 알아요? 고고학자가 되어서 이집트와 그리스에 가고 싶었어요. 매리언과 이야기를 나누다 보니 흥분하지 않고 다시 생각이란 걸 할 수 있게 되었죠. 정신적인 것을 얼마나 되찾고 싶었던지! 매리언은 정말 똑똑해요. 오랫동안 어린 레슬리와 9학년도 제대로 마치지 못한 벙어리 신세의 남편하고만 살다 보니……." 테레사는 말끝을 흐렸다. "아, 이 아름다운 것들이 기다리고 있었어. 레슬리, 우리 그것들을 다 찾자. 그 시들을 찾았던 것처럼." 내가 「애너벨 리」를 암송하기 시작했고 테레사도 합류했다. 레슬리가 우리를 주의 깊게 바라보았다. "그러나 우리는 사랑 이상의 사랑으로 사랑했네." 테레사가 자신의 이야기처럼 낭송했다.

가난한 우울증 환자들에게 더 나은 서비스를 제공하는 것을 어렵게 만드는 장애물 가운데 하나는 불신이다. 나는 발행 부수가 높은 모 시사 잡지에 특집기사로 내기 위해 이 장(章)의 초고를 썼는데 잡지사 측에서는 두 가지 이유를 들면서 글을 다시 써 달라고 요구했다. 첫째, 내가 소개한 인생담들이 믿기 어려울 정도로 끔찍하다는 것이었다. "아예 코미디 같아요. 세상에 그런 일들을 다 겪은 사람이 어디 있겠어요? 만일 진짜로 그런 일들을 겪었다면 우울증에 걸린 게 놀랄 일도 아니죠." 잡지사 편집자가 내게 한 말이었다. 또 한 가지 문제는 회복이 너무도 빠르고 극적이라는 것이었다. "집도 없이 자살을 꿈꾸며 살던 여자들이 헤지펀드 매니저처럼 되는 것 자체가 말도 안 돼요." 편집자가 신랄하게 말했다. 나는 그것이 바로 그 이야기가 지닌 힘이라고, 진짜 절망적인 상황에 놓여 있던 사람들은 극적인 변화를 이룰 수 있노라고 설명했지만 아무 소용이 없었다. 내가 발견한 진실은 그들에게 소설보다 이상한 것이었다.

과학자들은 처음에 남극의 오존층 구멍을 발견했을 때 그 구멍이 너무도 거대해서 관측 장비에 문제가 생긴 줄 알았다고 한다.[25] 그러나 결과적으로 그 구멍은 진짜임이 밝혀졌다. 미국의 빈곤층 우울증이라는 구멍도 진짜이고 거대하다. 그러나 오존층의 구멍과는 달리 이 구멍은 메워질 수 있다. 나는 롤리 워싱턴, 루스 앤 제니슨, 실라 헤르난데스, 칼리타 루이스, 댄퀼 스테트슨, 프레드 윌슨, 테레사 모건 등 나와 긴 이야기를 나눈 수십 명의 빈곤층 우울증 환자들의 삶을 속속들이 알 수는 없다. 하지만 인류는 최소한 구약 시대부터 물질적인 개입으로 가난 문제를 해결하려 시도해 왔으며, 지난 10년 사이 돈만으로는 해결책이 될 수 없음을 깨닫고 그런 개입도 시들해지게 되었다는 사실만은 알고 있다. 이제 우리는 가난한 사람들에 대한 도움의 손길을 거두면 그들이 알아서 더 열심히 일하게 될 것이라는 낙관적인 견지로 복지 정책을 실시하고 있다. 그들이 인간다운 삶을 살 수 있도록 의료 서비스를 제공하는 것이 가치로운 일이 아니라고 할 수 있을까? 빈곤층의 삶을 바꿔 줄 사회 복지사들은 드물기도 하거니와 설령 그럴 만한 재능과 열정이 있는 이들이라 해도 의식 고양 프로그램과 자금이 없다면 큰 성과를 이룰 수 없으며, 결국 가난한 우울증 환자들의 끔찍하고 소모적이고 외로운 고통은 영원히 지속될 수밖에 없다.

10　정치

　　현대 사회에서 우울증을 논하는 데 있어서 정치는 과학만큼
이나 중요한 역할을 한다. 누가 우울증을 연구하고 우울증과 관련
하여 어떤 일들이 이루어지고, 누가 치료를 받고 누가 치료를 받지
못하고, 누가 비난의 대상이 되고 누가 보살핌을 받고, 무엇이 보상
의 대상이 되고 무엇이 무시될 것인지를 결정하는 것은 정치권력이
다. 정치는 치료 방식도 결정한다. 환자들을 시설에 수용할 것인지
아니면 지역사회 내에서 치료할 것인지, 치료를 의사들의 손에 계
속 맡겨야 할 것인지 아니면 사회복지사들에게 넘겨야 할 것인지,
정부가 비용을 지원하는 개입의 대상이 되려면 어떤 종류의 진단이
필요한지 등이 정치적으로 결정된다. 자신의 우울증 체험을 설명하
거나 이해할 방법이 없는 하류층에게 커다란 힘이 되어 줄 수 있는
우울증의 표현 형식 또한 얼마든지 조작 가능하다. 그리고 보다 혜
택받는 계층 역시 국회와 미국의학협회와 제약업계에서 만들어 낸
그 표현 형식을 통해 우울증이라는 병을 체험한다.

우울증의 정의는 정책 결정에 지대한 영향력을 미치며, 그 결과는 우울증 환자들에게로 돌아온다. 만일 우울증이 '단순한 기질적 질환'이라면 다른 단순한 기질적 질환들처럼 치료되어야 하며, 보험 회사들에서도 암과 마찬가지로 심각한 우울증에 대해 보험 혜택을 주어야 한다. 하지만 만일 우울증이 성격에 뿌리를 두고 있다면 그것은 환자의 탓이 되며 그에게 돌아오는 것은 어리석다는 비난뿐이다. 만일 우울증이 누구에게나 언제든 닥칠 수 있는 질병이라면 예방이 고려될 것이요, 가난하고 무지하고 정치적으로 중요하지 않은 사람들에게만 온다면 우리의 불평등한 사회에서 그 예방의 중요성은 훨씬 낮아질 것이다. 만일 우울증 환자들이 다른 사람들을 해친다면 사회를 위해 그들의 상태를 통제해야 할 것이요, 만일 그들이 집에만 있거나 눈에 띄지 않는다면 그들을 무시하기가 쉬워질 것이다.

우울증에 대한 미국 정부의 정책은 지난 10년 사이 변화를 겪었으며 그 변화는 계속되고 있다.[1] 그리고 다른 많은 나라들에서도 중요한 변화들이 있었다. 다음의 네 가지 주요 요인들이 우울증에 대한 인식과 그에 따른 정부 차원의 정책 시행에 영향을 미친다. 첫째, 우울증을 의학적인 질환으로 취급하는 것이다. 우리는 본인이 자초했거나 성격상의 나약함으로 인해 생긴 병은 치료해 줄 필요가 없다는 그릇된 인식을 갖고 있다. 음주로 인한 간경화나 흡연으로 인한 폐암은 보험 혜택을 주면서 말이다. 사람들은 일반적으로 정신과 의사를 찾아가는 것을 암 전문의를 찾아가는 것보다는 미용사를 찾아가는 것에 더 가까운 방종으로 여긴다. 기분장애를 의학적인 질환으로 취급하면 이런 그릇된 인식을 종식시키고 병의 책임을 환자에게 돌리지 않게 되며 치료를 '정당화'하기가 쉬워진다. 우울증에 대한 인식에 영향을 미치는 두 번째 요인은 지나친 단순화다. (이는 2500년 동안 우울증의 분명한 정체를 밝혀내지 못하고 있는 점과는 사뭇 대조를 이룬다.) 당뇨병이 저혈당의 결과인 것과 마찬가지로 우울증은 세로토닌의 수치가 낮은 결과라는 일반적인 믿음이 그 대표적인 예인데, 제약업계와 FDA가 그런 믿음을 강화하고 있다. 세 번째 요인은 영상화다. 대사율을 색깔로 나타낸 우울증 환자의 뇌 영상과 정상인의 뇌 영상을 나란히 놓고 보면 우울증 환자의 뇌는 회색이고 행복한 사람들의 뇌는 총천연색이다. 두 영상의 차이는 비통하면서도 과학적인 인상을 주며, 그 색깔들은 진짜가 아니라 영상 기술에 의한 인위적인 것이기는 하지만 만 마디 말보다 더 강력한 효과를 지닌다. 그것을 보면 즉각적인 치료의 필요성을 통감하지 않을 수 없다. 네 번째 요인은 정신보건 관련 분야의 로비 부족이다. "우울증 환자들은 성가시게 졸라 대는 면이 부족하지요." 린 리버스 하원의원(민주당, 미시간)의 말이다. 특정 질병들이 관심을 끌게 되는 것은 대개 그 질병들에 대한 인식을 높이려는 로비 단체들의 일치된 노력의 결과다. 에이즈에 대한 폭발적인 관심도 그 병을 앓고 있거나 감염 위험이 높은 사람들의 극적인 전략 덕분이었다. 그러나 불행히도 우울증 환자들은 일상생활조차 감당하기 힘겨워하므로 유능한 로비스트가 될 수 없다. 더욱이 우울증 환자들 가운데 다수가 상태가 나아져도 자신이 겪은 우울증에 대해 이야기하고 싶어 하지 않는다. 우울증은 수치스러운 비밀인데, 로비 활동을 하려면 그 수치스러운 비밀을 드러내게 되고 만다. 노동보건복지 세출소위원회 의장으로 정신 질환 관련 예산을 좌지우지하는 존 포터 하원의원(공화당, 일리노이)의 말을 들어 보자. "사람들이 찾아와서 특정한 질병의 심각성에 대해 주장하면 우리로서는 무시할 수가 없죠. 의원들은 그런 사람들에게서 들은 이야기에 흥분해서 법을 고쳐서라도 그런 질병들에 예산을 할당하려 애씁니다. 그러나 정신 질환의 경우에는 그런 예가 드뭅니다." 미국에는 우울증을 위해 활동하는 몇몇 정신보건 관련 로비 단체들이 있는데 정신질환자연맹(National Alliance for the Mentally Ill)과 우울증 및 조울증 협회(National Depressive and Manic-Depressive Association)가 대표적이다.

이 분야의 발전에 있어서 가장 큰 걸림돌은 다른 질병과는 달리 유독 우울증에만 끈질기게 붙어 있는 사회적인 오명이며, 국립정신건강연구소 소장 스티븐 하이먼은 이를 "공중 보건상의 재앙"이라 불렀다. 이 책을 쓰면서 내가 만난 많은 우울증 환자들이 자신의 이름과 신분을 밝히지 말아 달라고 요청했다. 나는 그들에게 우울증을 앓았던 사실이 알려지면 어떤 불이익을 겪게 될 것이라고 생각하는지 물었다. "내가 나약한 인간이란 걸 사람들이 알게 되겠지요." 끔찍한 질환을 안고도 직업적으로 멋진 성공을 거둔 것이 내게는 오히려 초인적인 강인함의 증거로 보이는 한 남자의 대답이었다. 자신이 게이라거나 알코올중독자라거나 성병 환자라거나 어린이 성추행범이었다는 사실까지도 공개적으로 밝히는 사람들이 우울증 병력에 대해 이야기하는 것은 당혹스러워한다. 나는 이 책에 소개된 사람들을 찾아내는 데 많은 어려움을 겪었는데, 우울증이 드물어서가 아니라 우울증에 대해 자신에게나 바깥세상에 솔직할 수 있는 사람이 드물어서다. "아무도 나를 믿어 주지 않아요." 지난해에 "미래에 대한 계획을 세우기 위해" 얼마 동안 일을 쉬었다는, 우울증을 앓는 변호사가 내게 말했다. 그는 그 몇 달 동안의 공백을 설명하기 위해 거짓 이야기를 지어냈고 사람들이 그 이야기를 믿도록 휴가지에서 찍은 것처럼 꾸민 사진들도 준비했다. 그와 인터뷰를 마치고 엘리베이터를 기다리고 있는데 한 젊은이가 말을 걸어 왔다. 내가 계약서 문제로 변호사를 만나러 왔다고 하자 그는 내게 무슨 일을 하는지 물었다. 나는 우울증에 관한 책을 쓰고 있다고 대답했다. 그러자 그 젊은이는 반색을 하며 내가 방금 만난 그 변호사의 이름을 댔다. "그런 사람이 있어요. 완전히 무너졌었죠. 우울증이라나 정신이상이라나. 한동안 완전히 제정신이 아니었어요. 사실 아직도 좀 이상해요. 해변에서 찍었다는 괴상한 사진들을 갖다 놓고 말도 안 되는 거짓말을 꾸며 대거든요. 하지만 일은 아주 잘하고 있어요. 꼭 만나 보세요." 이 변호사의 경우 우울증의 오명에 시달리기보다는 우울증과 싸워 이긴 데 대해 높이 평가받고 있는 것 같은데 그럼에도 머리털을 심어 대머리를 감추는 사람들처럼 어설픈 거짓말을 꾸며 대고 있었다. 이렇듯 사람들은 우울증을 숨긴다. 《뉴요커》에 내 글이 실린 뒤 여기저기서 편지가 날아왔는데 보내는 사람의 이름 대신 "아는 사람으로부터", "익명의 독자", "교사"라고 쓰여 있었다.

내가 평생 해 온 일들 중 이렇듯 비밀을 요하는 일은 없었다. 내가 우울증에 관한 책을 쓰고 있다고 하면 파티에서건 기차 안에서건 어디서건 놀라운 이야기들을 털어놓는 사람들이 있었지만 그들 대부분이 이렇게 덧붙였다. "제발 아무한테도 말하지 말아 주세요." 내 인터뷰에 응한 한 여성은 내 책에 자신의 이름이 실리는 날에는 다시는 얼굴을 보지 않겠다고 어머니가 협박을 한다며 전화를 걸어 왔다. 마음은 본래 닫혀 있는 상태이며 마음속 깊은 곳의 감정들은 대개 겉으로 드러나지 않는다. 사람들이 말을 해야만 우리는 그들을 알 수 있다. 이 세상 누구도 타인의 침묵이라는 장벽을 넘을 수는 없다. 어떤 이가 우울증과의 싸움에 대해 털어놓으며 내게 이렇게 말했다. "다른 사람에게는 이런 말을 한 적이 없어요. 그럴 필요를 못 느꼈으니까." 이렇듯 사람들이 자신의 우울증에 대해 밝히기를 꺼리다 보니 우리는 우울증이 이 사회에 만연해 있음을 알지 못하며, 사람들이 우울증에 대해 밝히기를 꺼리는 것은 부분적으로는 우울증이 얼마나 흔한지를 깨닫지 못하고 있기 때문이다.

나는 영국에서 주말 동안 열린 하우스 파티[별장 등에 손님을 초대하여 며칠씩 여는 파티]에 참석했다가 괴상한 일을 겪었다. 사람들이 내게 무슨 일을 하고 있는지 자꾸 묻는 바람에 나는 하는 수 없이 우울증에 대한 책을 쓰고 있노라고 털어놓았다. 저녁을 먹은 뒤 정원에 나갔는데 긴 금발을 똘똘 감아서 뒷머리에 붙인 아름다운 여성이 다가왔다. 그녀는 내 팔에 손을 얹으며 잠시 이야기를 나누고 싶다고 했고, 나는 한 시간 동안 정원을 거닐며 그녀의 끔찍한 우울증 체험담을 들었다. 그녀는 약물치료를 받고 있으며 그 덕에 좀 나아지기는 했지만 여전히 많은 상황들에 대처할 수 없을 듯한 기분이 들고, 자신의 기분 상태 때문에 결국 가정이 깨지게 될까 봐 두렵다고 했다. 그리고 마지막으로 이렇게 덧붙였다. "제발 아무에게도 말하지 말아 주세요. 특히 제 남편에게는요. 그가 알면 안 돼요. 그는 이해하지도 견디지도 못할 거예요." 나는 그러마 약속했다. 낮에는 햇살이 화창하고 밤에는 불꽃들이 기분 좋게 타오르는 멋진 주말이었고 거기 모인 모든 사람들이 (내게 우울증을 고백한 여성까지 포함해서) 즐거운 시간을 보내고 있었다. 일요일에 점심을 먹은 뒤 나는 그 우울증을 앓는 여자의 남편과 말을 타게 되었다. 마구간으로 돌아오는 길에 그가 갑자기 나를 돌아보며 어색하게 말했다. "원래 이런 말은 잘 안 하는데요." 그는 그렇게 운을 떼면서 멈춰섰다. 나는 그가 아내 일을 물어보려나 보다 생각했다. 자기 아내와 내가 몇 차례 이야기 나누는 것을 본 터이니까. "대부분의 사람들은 이해를 못 할 겁니다." 그는 그러면서 기침을 했다. 나는 그에게 용기를 주는 미소를 보냈다. "우울증 얘기예요." 이윽고 그가 말했다. "우울증에 관한 책을 쓰신다고요?" 나는 그렇다고 대답하고 다음 말을 기다렸다. "어쩌다 선생 같은 분이 그런 책을 쓰시게 됐나요?" 나는 우울증을 겪은 사실을 털어놓으며 늘 해 오던 설명을 시작했으나 그가 말허리를 잘랐다. "그게 정말이에요? 선생도 우울증을 겪었고 그래서 지금 그것에 관한 책을 쓴다고요? 사실은 말이에요, 떠벌리고 싶지는 않지만 사실이니 말하지 않을 수 없군요. 나도 힘든 시간을 보내고 있어요. 도대체 이유를 모르겠어요. 아내와도 행복하고 사랑스러운 아이들도 있고 사람들과도 잘 지내는데 말이에요. 정신과 의사를 찾아갔더니 그 지긋지긋한 알약들을 처방해 주더군요. 그래서 이제 조금 더 나 자신인 것 같은 기분을 느끼게는 됐지만, 진짜로 내가 나 자신일까요? 내 말이 무슨 뜻인지 알겠어요? 아내와 아이들에게는 차마 말을 할 수가 없어요. 이해를 못 할 테니까요. 가장답지 못하다고 생각하겠죠. 곧 약을 끊을 생각이기는 하지만, 아, 도대체 여기 있는 나는 누구일까요?" 우리의 짧은 대화가 끝난 뒤 그는 내게 비밀을 지켜 줄 것을 맹세시켰다.

나는 그에게 그의 아내도 똑같은 약물치료를 받고 있다는 말을 하지 않았고, 그의 아내에게도 남편이 그녀의 상황을 잘 이해할 수 있을 거라는 암시를 하지 않았다. 비밀을 안고 사는 것은 고달픈 일이라거나 수치심 때문에 우울증이 악화된 것일 수도 있다는 말도 하지 않았다. 그런 기본적인 사실조차 숨기는 결혼 생활은 깨지기 쉽다는 경고도 하지 않았다. 다만 우울증은 유전적인 경우가 많으니 아이들을 잘 지켜보라는 당부만 했다. 다음 세대에 대한 의무로 솔직하게 권했다.

최근 다양한 분야의 명사들이 자신의 우울증을 극적으로 공개함으로써 우울증의 오명을 씻는 데 한몫했다. 티퍼 고어[앨 고어의 아내],2 마이크 월리스,3 윌리엄 스타이런[『소피의 선택』으로 유명한 소설가]4 같은 이들이 자신의 우울증에 대해 이야기할 수 있다면 그보다 덜 유명한 사람들도 그렇게 할 수 있다. 나는 이 책의 출간으로 프라이버시를 포기하게 될 것이다. 그러나 내가 말하고 싶은 것은, 우울증에 대해 터놓고 이야기함으로써 우울증을 견디기가 더 쉬워졌고 재발을 방지하기도 쉬워졌다는 점이다. 나는 우울증 환자들의 커밍아웃을 권한다. 비밀을 갖는 것은 부담스럽고 소모적인 일이며 가슴에 묻어 두고 있는 사실을 언제 꺼내 놓아야 할지 결정하는 것도 성가신 일이다.

놀라운 일은 우리가 우울증에 대해 고백해도 실제로 그렇게 보이지 않으면 사람들이 믿어 주지 않는다는 것이다. 나는 자신의 기분 상태를 잘 감추는 편으로 한 정신과 의사에게서 "지나치게 사회화된 유형"이라는 말을 듣기도 했다. 그러나 평소 알고 지내던 사람이 전화를 걸어 와 자신이 AA에 나가고 있으며 과거에 내게 냉담했던 것에 대해 사과하고 싶다고, 그건 속물근성 때문이 아니라 나의 "완벽해 보이는" 삶에 질투가 나서 그랬던 것이라고 고백했을 때 경악하지 않을 수 없었다. 나는 내 인생의 무수한 결점들에 대해 주워섬기는 대신 《뉴요커》에 실린 내 글을 보고도 어떻게 나를 질투할 수 있는지, 그 글을 보고도 내 인생이 완벽하게 보이는지 물었다. "자네가 우울증을 앓은 적이 있다는 건 아네. 하지만 이제는 그것에 아무런 영향도 받지 않는 것처럼 보이는데." 나는 우울증이 나의 전 생애를 바꿔 놓았노라고 설명했지만 그가 곧이듣지 않는 걸 느낄 수 있었다. 그는 내가 이불 속에 웅크리고 있는 걸 본 적도 없었고 그 의미를 이해하지도 못했다. 나의 프라이버시는 당혹스러울 정도로 침범되지 않았다. 《뉴요커》의 한 편집자는 최근 내게 당신은 진짜 우울증을 앓은 것이 아니었다는 말까지 했다. 나는 진짜 우울증을 앓지도 않았는데 앓은 것처럼 꾸미는 사람은 없다고 따졌지만 그는 아랑곳하지 않았다. "이봐요, 도대체 당신이 우울증까지 갈일이 뭐가 있어요?" 회복되었다는 사실 때문에 나의 말은 신빙성을 얻지 못하고 있었다. 우울증 전력과 진행 중인 간헐적인 삽화들은 아무 의미도 없는 듯했고, 아직도 항우울제에 의존하고 있다고 공개적으로 밝혔는데도 콧등으로도 안 들었다. 이것은 우울증이 지닌 오명의 묘한 이면이다. "나는 우울증이란 걸 믿지 않아요." 그가 말했다. 마치 나와 내 책 속 인물들이 억지로 세상의 동정을 사려고 공모하고 있기라도 한 것처럼. 나는 이런 식의 편집증에 수없이 부딪혀 왔지만 아직도 그런 말을 들으면 놀라게 된다. 심장병을 앓으셨던 우리 할머니는 진짜 심장병을 앓은 게 아니라는 말을 들어 본 적이 없다. 피부암 발병률의 증가에 대해 대중적 상상력을 들먹이는 이도 없다. 그러나 우울증이란 놈은 너무도 무시무시하고 불쾌하기 때문에 많은 사람들이 그 병 자체와 그것에 시달리는 이들조차 부정한다.

하지만 솔직한 것과 성가신 것과는 엄연히 다르다. 우울증에 대해 이야기하는 것은 우울한 일이며 입만 열었다 하면 자신의 고통에 대해 늘어놓는 사람보다 따분한 존재는 없다. 우울증에 걸리면 자기 통제가 불가능해지고 우울증 속에서만 살게 되지만 그렇다고 평생 우울증에 대한 이야기만 하고 살아야 하는 것은 아니다. 나는 정신과 의사에게 한 얘기를 칵테일 파티에서 떠벌리는 것은 문제가 있다고 본다.

주로 불안감에 뿌리를 둔 편견이 여전히 존재하고 있다. 최근 지인들과 차를 타고 가다 어느 유명한 병원을 지나치게 되었다. 그때 한 사람이 말했다. "저기 좀 봐. 이사벨이 전기의자에 앉았던 병원이야." 그러면서 왼손 집게손가락을 귀 있는 데로 가져가서 빙글빙글 돌렸다. 나는 운동가적인 충동이 끓어올라 이사벨에게 정확히 무슨 일이 일어났었던 것인지 물었고 예상대로 그 병원에서 전기충격 치료를 받았다는 대답을 들었다. "무척 힘들었겠군. 전기충격 치료를 받는 것이 얼마나 충격적이었겠어." 나는 지나치게 열띤 태도를 보이지 않으려고 조심하면서 그 가엾은 여자의 편을 들었다. 그러자 그가 웃음을 터뜨리며 말했다. "지난번에 나도 아내의 헤어드라이어를 고치다가 전기충격 치료를 받을 뻔했지." 나는 유머를 매우 좋아하는 사람으로 그의 농담에 기분이 상하지는 않았다. 하지만 만일 이사벨이 그 병원에서 암으로 화학요법을 받았더라도 그런 농담이 나왔을까 하는 생각을 하지 않을 수 없었다.

장애인의 권익 보호를 위해 제정된 미국장애인법(ADA)5은 고용주들에게 정신 질환에 오명을 씌우지 말 것을 요구하고 있다. 이로 인해 다음과 같은 곤란한 의문들이 제기되었다. (이런 의문들은 『프로작에 귀 기울이기』의 출간 이후 공적인 연구 대상이 되고 있다.) 만일 피고용인이 업무 능률을 발휘하지 못하면 고용주가 항우울제를 복용하라는 요구를 할 수 있을까? 만일 피고용인이 위축되면 고용주는 업무 수행을 하지 못한다는 이유로 그를 해고할 수 있을까? 질환을 갖고 있지만 관리가 되므로 일을 할 수 있는 사람들에게서 일할 기회를 박탈해서는 안 된다. 그러나 하반신 불수가 된 사람들은 화물 취급 업무를 할 수 없고 뚱뚱한 여자들은 슈퍼 모델이될 수 없는 것도 엄연한 현실이다. 내가 고용주의 입장이라도 주기적으로 우울증에 빠지는 직원을 고용하고 있다면 상당한 불만을 느낄 것이다. 이런 실용주의적인 면과 편견이 어떤 분야에서는 노골적으로, 어떤 분야에서는 덜 노골적으로 우울증 환자들에게 불이익을 준다. 연방항공관리국6에서는 우울증이 있는 사람에게는 민간항공기의 조종을 금하고 있으며 따라서 항우울제를 복용하는 조종사는 은퇴해야 한다. 하지만 이러한 규제는 자칫 우울증을 앓는 조종사들이 우울증을 숨기기 위해 치료를 피하는 사태로 이어질 수도있으며, 그렇게 되면 차라리 프로작을 복용하는 조종사의 비행기를타는 편이 더 안전할 수도 있다. 그러나 아무리 약물치료로 힘을 얻고 있다 해도 우울증의 회복에는 한계가 있다. 우울증 전력을 지닌사람이 대통령이 되어 나라를 움직인다면 내 입장에서는 보기 좋을수도 있지만 한편으로는 정신적으로 무너지기 쉬운 사람을 대통령으로 뽑고 싶지 않은 것도 사실이다. 나는 대통령이 될 수도 없거니와 설령 될 수 있다 해도 나라를 위해 득이 될 것이 없다. 하지만 예외적인 경우들도 있어서 에이브러햄 링컨이나 윈스턴 처칠 같은 사람들은 우울증을 겪었으면서도 정신적인 불안과 걱정을 위대한 지도력으로 승화시킬 수 있었다. 물론 그들처럼 되기 위해서는 초인적인 비범함이 있어야 하고 중요한 시기에 무너지지 않는 특별한 종류의 우울증이어야만 하겠지만 말이다.

그렇다고 우울증이 사람을 무용지물로 만드는 것은 아니다. 내가 폴 베일리 메이슨과 처음 연락이 닿았을 때 그는 거의 평생을 우울증에 시달려 온 몸이었고 첫 전기충격 치료를 받은 지 50주년이라고 했다. 그는 상처투성이의 삶을 이어 온 인물로, 사춘기에 빗나간 행동들을 보였다고 어머니가 KKK 단원들을 불러 아들을 혼내준 일까지 있었다. 후에 그는 강제로 정신병원에 입원 당해 그곳에서 죽도록 매를 맞기도 했지만 환자들이 폭동을 일으킨 틈을 타 간신히 그곳을 탈출했다. 그는 거의 20년 동안 장애인 보조금으로 생활했지만 그동안 박사 학위를 두 개나 땄다. 육십 대 후반의 나이와 우울증 병력이라는 두 가지 부담을 안고 구직 신청을 했지만 담당 공무원들은 그가 일을 구한다는 건 애초에 불가능한 일이니 공연히 애쓸 필요가 없다고 말했다. 나는 메이슨이 자신이 거주하고 있는 사우스캐롤라이나주의 재활 센터들과 관공서와 그가 생각해 낼 수 있었던 모든 이들에게 보낸 편지들의 사본을 읽었기 때문에 그가 얼마나 생산적인 인물인지를 잘 알게 되었다. 그는 약물치료 덕에 거의 모든 시간에 정상적인 기능을 할 수 있었다. 그가 쓴 장문의 편지들은 실로 압도적이었다. 하지만 그랬는데도 당신 같은 상태의 사람들에게는 육체노동을 요하는 일자리밖에 없으므로 정신노동을 하고 싶다면 스스로 일을 만들어서 하는 수밖에 없다는 말을 들었다. 메이슨은 가끔씩 들어오는 강사 일(대부분 집과 너무 멀어서 출퇴근이 고역이었다.)을 하면서 틈틈이 자신의 처지를 설명하고 도움을 요청하는 편지를 수백 통씩 써서 보냈지만 돌아온 것은 형식적인 답장 몇 통뿐이었다. 나는 그 일률적인 내용의 답장들을 읽으면서 과연 메이슨의 편지가 그를 도울 수 있는 사람에게 전달되기나 한 것인지 의심이 들었다. 메이슨은 내게 이렇게 써서 보냈다. "우울증은 감옥이 되지요. 나는 아파트에 앉아 구직을 위해 제대로 싸워 보지도 못하고 있어요. 혼자 있는 걸 견딜 수 없을 때는, 작년 크리스마스날처럼요, 나가서 애틀랜타 순환 전철을 타요. 현 상황에서는 그것이 다른 사람들에게 가장 가깝게 다가갈 수 있는 방법이니까." 나는 메이슨뿐만 아니라 여러 사람들에게서 그런 호소를 들었다. 직업을 얻지 못해 사회적인 고립감에 빠진 한 여성은 이렇게 써서 보냈다. "나는 실업 상태의 무게에 짓눌려 질식해 버릴 것 같아요."

리처드 배런은 한때 국제정신사회재활서비스(IAPSRS) 위원으로 활동한 적이 있는데 IAPSRS는 비의료인 정신병 치료 종사자들이 만든 단체로 현재 회원이 2000명 가까이 된다. 리처드 배런은 이런 글을 썼다. "우울증 환자들은 자아 확립, 사회적 결속, 수입이라는 직업이 주는 혜택을 얻지 못한 채 공동체 속에서 공허하게 살아가는 것에 대한 깊은 우려의 목소리를 내면서 일이 회복 과정의 필수적인 부분임을 증명하기 시작했다."7 현행 사회 보장 프로그램들을 분석한 결과 심각한 문제점 하나가 드러났다. 미국에서 장애인으로 분류될 수 있는 우울증 환자들은 사회보장장애보험(Social Security Disability Insurance)과 보조임금프로그램(Supplemental Security Income)의 수혜자가 되며 고가의 지속적인 치료를 받을 수 있는 국민의료보장의 혜택도 받을 수 있다. 그런데 이들은 직업을 갖게 되면 그런 혜택들을 받을 수 없게 될까 봐 두려워하고 있으며, 실제로 그런 혜택들을 포기하고 일터로 돌아가는 사람들은 절반도 되지 않는다. 다시 리처드 배런의 글을 보자. "심각한 정신 질환을 안고 있는 사람들 사이에서는 일터로 돌아가면 즉시 보조임금 프로그램 대상에서 제외되고 다시는 사회보장 혜택을 받지 못하게 될 것이라는 확고하고도 그릇된 인식이 팽배하다. 우리의 정신보건 제도는 고용을 중요한 목표로 삼고 있으면서도 여전히 재활 서비스 자금을 마련해 주지 못하고 있다."

정신보건 분야의 즉시 응용 가능한 연구들은 제약업계 내에서 이루어지고 있지만 미국에서 뇌의 가장 근본적인 메커니즘들이 밝혀지고 있는 곳은 메릴랜드 베데스다에 위치한 국립정신건강연구소다. 국립정신건강연구소(NIMH)는 국립보건원8의 예산 지원을 받는 스물세 개 기관 중 하나이며, 약물남용 및 정신건강보호국(SAMHSA: Substance Abuse and Mental Health Services Administration)도 우울증 관련 연구를 하고 있으나 국립정신건강연구소와는 별도인 기관이다. NIMH와 SAMHSA에서는 응용 연구를 통해 즉각적인 결과를 내놓기도 하지만 그것은 기초 연구를 통한 인간에 대한 이해에 비하면 부차적인 것이다. 존 포터 하원의원의 실용주의적인 발언을 들어 보자. "질병의 비밀들을 밝혀내면 효과적인 예방 대책을 세울 수 있습니다. 연구에 투자하면 궁극적으로 생명을 구하고 고통을 줄이게 됩니다. 투자에 비해 이득이 훨씬 크다는 것을 사람들도 깨닫기 시작했지요."

1990년대 초에 미국 국회는 과학 분야의 저명한 노벨상 수상자 여섯 명에게 대대적인 연구가 필요한 분야를 두 가지씩 추천해 달라고 부탁했는데 여섯 명의 과학자들 중 다섯 명이 뇌를 추천했다. 그리하여 국회는 1990년에서 2000년까지를 "뇌의 10년"으로 선포하고 뇌 연구에 막대한 투자를 했다. 이에 대해 보브 와이스 하원의원(민주당, 웨스트버지니아)은 이렇게 말했다. "이것은 국회에서 통과된, 인간에 대한 이해에 기여한 가장 중요한 정책으로 기억될 것입니다." "뇌의 10년" 동안 정신 질환을 위한 기금은 엄청나게 증가했다. "사람들은 정신 질환도 다른 질환들과 같은 병이라는 사실을 깨닫기 시작했습니다. 과거에 정신 질환은 끝없이 치료를 받아야 하는 밑 빠진 독에 물 붓기 식의, 미터기는 계속 돌아가는데 진전은 의심스러운 것으로 여겨졌지요. 그런데 새로운 약들이 그 모든 것을 바꿔 놓았습니다. 하지만 이제 걱정스러운 점은 우리가 약의 도움을 받을 수 없는 사람들을 외면하기 시작했다는 사실입니다."

미국 정부에서는 폴 웰스턴 상원의원(민주당, 미네소타)과 피트 도메니치 상원의원(공화당, 뉴멕시코)이 정신보건법의 개선을 가장 소리 높여 외쳐 온 인물들이다. 현재 정치적 쟁점이 되고 있는 것은 정신 질환에 대한 보험의 평등한 적용 문제다. 포괄적인 의료 보장을 받는 사람들의 경우에도 정신 질환에 대한 보장은 대개 제한되어 있으며, 실제로 미국의 의료보험의 75퍼센트 이상이 정신 질환에 대한 보장 범위를 다른 질환들에 비해 제한하고 있다.[9] 종신 기준에서나 연간 기준에서나 정신 질환 관련 보험의 한도액은 '일반적인' 질환들의 한도액의 5퍼센트 미만이다. 1998년부터 쉰 명 이상 고용한 미국 기업들은 정신 질환 관련 한도액을 줄여 온 의료 보험에 들 수 없도록 법으로 규제하고 있지만, 정신 질환의 경우 다른 질환들에 비해 환자 본인 부담금을 높게 책정할 수 있기 때문에 결과적으로 정신 질환에 대해서는 보장이 덜 되고 있는 형편이다. 미국의 대표적인 옹호 단체인 정신질환자연맹을 이끌고 있는 로리 플린은 이렇게 말한다. "대부분의 보험들이 우울증에 걸린 내 딸에게 간질에 걸린 것과 마찬가지의 혜택을 주지 않는다는 것은 믿기 어려운 노릇이에요. 류마티스 관절염에 대해서는 '진짜' 질병이라는 이유로 본인 부담금을 적게 내도 되지만 내 딸의 우울증은 그렇지가 못했죠. 사실 정신 건강은 분명한 정의를 내리기가 매우 힘든 분야이며 완벽한 정신 건강을 유지하고 있는 사람들이 드물기도 합니다. 우리 사회가 개인의 행복까지 보장해 줄 보험을 제공할 의무도, 그럴 만한 여유도 없죠. 그러나 정신 질환은 이보다 훨씬 단순하고 명백한 문제예요. 정신 질환자들은 사회에 자신의 정당한 몫을 당당하게 요구해야 합니다." 미국 장애인법은 "정신적, 육체적 장애"를 지닌 사람들을 보호하고 있지만 정신 질환자들은 여전히 일자리를 구하는 데 어려움을 겪으며 오명에 시달린다. 다시 로리 플린의 말을 들어 보자. "우리 사회에는 진짜 강한 사람은 우울증 같은 것에 걸리지 않는다는 생각이 자리 잡고 있어요. 진짜 청렴하게 살고 가정교육을 잘 받았고 적절히 동기부여가 된 사람들은 그런 병에 걸리지 않는다는 거죠."

모든 정치 운동들이 그러하듯 우울증과 관련된 정치 운동도 지나치게 단순화되고 있다. 로리 플린은 이렇게 말한다. "정신 질환은 신장이나 간의 질환처럼 화학적 불균형에 의한 것입니다. 우리는 정신 질환이 뇌의 장애에 의한 것일 뿐 그 이상도 이하도 아니라는 인식을 심어서 정신 질환에 대한 차별을 종식시키기 위한 5개년 캠페인을 벌여 오고 있어요." 그러나 이것은 문제의 소지가 있는데, 정신 질환은 뇌의 장애일 뿐 아니라 그 이상일 수도 있기 때문이다. 로버트 부어스틴은 양극성 우울증을 앓고 있으며 미국에서 가장 자신의 병에 대해 공개적인 저명인사 가운데 한 사람이다. 정신 질환의 대변인이 된 그는 이렇게 말한다. "'운동'에 참여한 사람들 가운데는 '미친(crazy)'이란 단어가 잘못 쓰이는 것을 보면 글자 그대로 돌아 버리는 사람들도 있어요."

건강유지기구[HMO: 의료 서비스의 내용에 관계없이 보험사에서 환자의 수에 비례하여 일정한 액수를 병원에 지불하는 새로운 보험 방식]의 등장은 우울증 환자에게 반가운 소식이 아니다. 존스홉킨스 대학병원 임상의로서 HMO와 자주 대립하게 된다는 실비아 심슨의 증언은 참혹하다. "보험사 측을 상대로 이곳에 입원 중인 환자들을 변호하기 위해 전화통에 매달려 있는 시간이 점점 더 길어지고 있어요. 환자의 상태가 아무리 심각해도 그날 자살 성향을 보이지 않으면 보험사 측에서는 환자를 퇴원시키라고 말하죠. 내가 계속 입원시켜야 한다고 주장하면 보험사 측에서는 그럴 수 없다고 해요. 나는 환자의 가족에게 변호사를 불러 대항하라고 말합니다. 환자들은 그런 조치를 취할 수 있는 상태가 못 되니까요. 우리는 환자들이 안전한 상태로 회복될 때까지 입원시켜야 한다고 생각합니다. 결국 환자 가족이 치료비를 떠안게 되고, 그들이 치료비를 내지 못하면 우리의 부담이 됩니다. 우리는 그런 식으로는 유지가 불가능하며 보험사들만 이득을 볼 뿐이에요. 그런 제도는 사람들의 우울증을 더 악화시키며 끔찍하다고밖에 할 수 없습니다." 자금도 넉넉하지 못하고 환자에 대한 의무감도 부족한 병원들에서는 그런 식으로 환자들의 진료비를 떠안는 것이 불가능하며, 우울증 환자들은 보험사들을 상대로 자신의 권리를 주장할 형편이 못 된다. 로리 플린은 이렇게 주장한다. "우리는 자살을 기도한 환자가 채 회복되기도 전에 HMO의 명령으로 퇴원을 당하는 경우를 무수히 봐 왔어요. 이런 제도들이 결국 사람들의 목숨을 앗아 갑니다." 다음은 진 미랜더의 말이다. "머리에 권총을 들이댄다면 치료를 받을 수 있겠죠. 그러나 총을 내려놓으면 퇴원해야 하는 겁니다."

우울증은 지독히도 비싼 병이다. 내 경우에도 첫 삽화 때 보험사 부담금을 포함하여 5개월을 일해 번 금액이 들어갔다. 정신약리학 전문의 진료비가 4000달러, 심리치료비가 1만 달러, 약물치료비가 3500달러였다.[10] 물론 우울증으로 인해 전화 통화도 안 하고, 식당에도 안 가고, 옷도 안 사 입고, 아버지 집에 들어가서 살면서 전기세도 아껴서 많은 돈이 절약되기는 했다. 그러나 경제학은 그리 간단한 것이 아니다. 로버트 부어스틴의 말을 들어 보자. "1년에 스무 번 정신과 의사를 찾아간 비용의 50퍼센트가 보험으로 충당된다고 해 보죠. 게다가 1000달러가 넘는 약값의 80퍼센트가 보험으로 해결됩니다. 그 정도면 좋은 보험이죠. 누가 그런 돈을 댈 수 있겠어요? 내가 두 번째로 입원하게 되었을 때 보험사 측에서는 한도액을 넘어섰다고 그러더군요. 하는 수 없이 형의 아메리칸익스프레스 카드로 1만 8000달러를 결제하고야 입원 수속을 했습니다." 부어스틴은 보험사를 상대로 소송을 해서 문제를 해결했지만 그런 소송을 할 수 있는 사람들은 극히 드물다. "현재 나는 입원하지 않고 정신 건강을 유지하는 비용으로 연간 2만 달러씩 쓰고 있어요. 가벼운 우울증이라도 연간 최소한 2000에서 2500달러가 들고, 3주 입원 비용은 1만 4000달러 이상이에요." 부어스틴의 말이다.

《미국 의학협회 저널》에서 최근 내놓은 추정치로는 미국의 연간 우울증 비용은 430억 달러에 이르며 그중 120억이 직접 비용이고 310억이 간접 비용이다. 간접 비용 가운데 80억 달러는 잠재적인 생산력을 지닌 노동 인구의 때 이른 죽음에 의한 손실이며 230억 달러는 일터에서의 생산성 부재나 상실에 의한 손실이다. 즉 평균적으로 고용주들은 우울증을 앓는 피고용인 1인당 연간 6000달러씩의 손실을 보고 있는 것이다.[11] 《미국 의학협회 저널》의 글을 인용하면 다음과 같다. "이 연구에 이용된 모델은 사회적인 비용을 너무 낮게 잡고 있는데 그것은 고통과 기타 삶의 질과 관련된 문제들의 부작용을 포함시키지 않았기 때문이다. 더욱이 이 추정치는 우울증 환자 가족의 추가적인 현금 지출, 우울증에 수반되는 정신병적 증세 외의 문제들로 인한 입원 비용, 환자의 증상들이 우울증으로 인한 것임에도 일반 진단을 하려고 실시하는 과도한 검사의 비용 따위 중요한 비용들을 고려하지 않고 있다."

웰스턴 상원의원은 1996년에 최초로 정신보건에 관한 입법을 도입하고 정신 질환과 신체 질환을 차별하는 행위를 불법화하기 위한 투쟁을 이끌어 왔다.[12] 평등 입법이 임박하고 신체적 질환과 정신적 질환의 분리가 와해되고 있는 시점에 생물학적인 견해를 고수하여 화학으로 개인의 책임을 덜어 주고, 정신 질환이 주요 신체 질환들과 균형을 이루도록 만드는 것은 정치적으로 합당할 뿐 아니라 꼭 필요한 일이기도 하다. "법이 통과되면 정신 질환에 대한 평등한 보장을 거부하는 보험사에 소송을 할 수 있게 될 것이고, 평등한 보호라는 근거 아래 정신적 장애는 곧 신체적 장애이니 의사가 정의한 모든 신체 질환에 대하여 보장을 한다면 정신 질환도 제외해서는 안 된다고 말할 수 있을 겁니다." 도메니치 상원의원의 말이다. 최근 최초의 평등 입법안이 통과되기는 했지만 거기에는 마시 캡터 하원의원(민주당, 오하이오)의 표현대로 "빠져나갈 구멍이 너무 많다." 우선 직원 수가 적은 사업체에는 해당되지 않고, 건강보험에 대한 금전적 제한을 허용하고 있으며, 보험사들이 정신 질환자의 입원과 외래 치료에 대해 엄격한 제한을 두는 것과 신체적 질환들에 비해 정신적 질환에 더 많은 본인 부담금을 요구하고 공제액도 더 높게 책정하는 것을 허용하고 있다. 법의 취지는 고무적이지만 현실을 바꾸는 데는 거의 도움이 되지 않는 것이다. 웰스턴과 도메니치는 보다 엄격한 법안의 도입을 희망하고 있다.

국회에서 정신 질환 치료에 원칙적으로 반대하는 의원은 없으며 포터 하원의원은 반대 의견이 있다면 그것은 "반대를 위한 반대"라고 말한다. 의회의사록에는 자살의 비극성과 정신병의 위험성에 대한 진술들이 속속 등재되는데 이에 걸맞은 법안은 쉽게 통과되지 않고 있다. 의료보험의 보장 범위가 확대되면 보장 비용이 상승하고, 현 미국의 의료보험 체계에서는 그렇게 되면 의료보험의 수혜자가 줄어들게 된다. 보험 비용이 1퍼센트 증가할 때마다 40만 명이 보험 수혜자 명단에서 제외된다.[13] 따라서 만일 정신보건 평등법이

보건 비용을 2.5퍼센트 증가시킨다면 100만 명 이상의 미국인들이 비보험자가 된다. 그러나 이에 대한 실험 결과 평등법의 실시로 인해 증가할 비용은 1퍼센트를 넘지 않는 것으로 나타났다.14 적절한 정신 건강 관리를 받는 사람들은 식단과 운동 조절을 훨씬 더 잘할 수 있게 되고 예방약이 효과를 거둘 수 있는 시기에 의사를 찾을 수 있기 때문이다. 더욱이 심각한 우울증에 시달리는 사람들은 정상인에 비해 감염, 암, 심장 질환 따위의 여러 가지 병에 걸리기가 훨씬 더 쉽다는 증거들이 잇따라 나오는 참이다. 따라서 정신 건강의 관리는 신체적 건강을 위한 경제적, 사회적으로 균형 잡힌 프로그램의 하나라 할 수 있다. 평등법이 도입된 지역들에서 첫해에 증가한 보험 비용은 1퍼센트에도 미치지 못한 것으로 밝혀졌다.15 그러나 보험업계의 로비 단체들은 그 비용이 통제 불가능해질 경우에 대한 우려를 떨치지 못하고 있으며, 상원에서의 논쟁들을 들어 보면 아직도 많은 사람들이 정신보건의 경제학이 문제의 소지가 크다고 여기고 있다는 걸 알 수 있다.

마지 로캐머 하원의원(공화당, 뉴저지)의 주장을 들어 보자. "보험의 제한으로 인한 개입의 연기는 절약이라는 결과를 낳지 못합니다. 사실은 더 많은 비용을 들이게 되는 것입니다." 국회에서는 "정신보건 전문위원회"를 설치하고(처음에는 "정신질환 전문위원회"로 명명했다가 듣기 거슬린다는 이유로 명칭을 바꾸었다.) 로캐머 의원과 캡터 의원을 의장에 임명했다. 상원에서는 이 문제가 민권 차원에서 토의되어 왔다. "나 자신도 관련되어 있지만 이처럼 다수의 집단에게 '그냥 견디라.'고 말하는 것은 민권에 위배되는 일이라고 생각합니다. 우리는 정신 질환자들을 괴물로 취급해서는 안

됩니다." 도메니치 상원의원의 말이다. 해리 레이드 상원의원(민주당, 네바다)의 입장은 이렇다. "월경에 이상이 있는 젊은 여성이 있으면 우리는 그녀를 즉시 의사에게 데려갑니다. 천식을 앓는 청년도 즉각적으로 의사의 보살핌을 받지요. 그런데 그 젊은 여성이나 청년이 겨우 150센티미터의 키에 몸무게가 130킬로그램이나 나가면서 다른 사람들과 담을 쌓고 산다면? 나는 최근 이런 발언을 했습니다. '의장님, 우리는 자살에 대한 청문회를 열어야 합니다.' 우리는 안전 운전을 위해 막대한 돈을 쓰고 있습니다. 우리는 비행기의 안전을 위해서도 많은 애를 씁니다. 그런데 한 해에 자살로 죽어 나가는 3만 1000명의 생명들에 대해서는 무엇을 하고 있을까요?"

국회는 정신 질환자들의 위험성에 초점을 맞춰 왔다. 로널드 레이건을 저격한 존 힝클리, 유나바머, 국회의사당에서 경관 두 명을 쏜 러셀 웨스턴 주니어, 뉴욕 지하철에서 열차를 향해 여자 승객을 떠민 정신분열증 환자 앤드루 골드스테인, 우체국 총기 사건들, 특히 리틀턴, 애틀랜타, 켄터키, 미시시피, 오리건, 덴버, 앨버타 등지에서 있었던 끔찍한 교내 총기 난동 사건 등의 정신 질환과 관련된 폭력 사건들에 우리는 꽤 익숙해 있다. 최근 보도에 따르면 1998년에 발생한 1000건 이상의 살인 사건이 정신 질환에 의한 것이었다고 한다.16 우울증은 조울증이나 정신분열증에 비해 범죄를 유발하는 경우가 훨씬 적지만 동요성 우울증은 사람을 폭력적인 행동으로 이끈다. 위험한 정신 질환자에 관심의 초점이 맞춰지다 보면 정신 질환에 시달리는 사람들에 대한 대중의 부정적인 인식이 강화된다. 그러나 기금 마련에는 매우 효과적이어서 남을 돕는 데 관심이 없는 사람들도 자신을 보호하기 위해 선뜻 돈을 내놓게 되며 "그런 사람들은 우리 같은 사람들을 죽인다."는 주장은 정치적 행동을 가능하게 한다. 최근 영국에서 발표된 한 연구에 의하면, 정신 질환자의 3퍼센트 정도만이 위험한 존재로 여겨지는 데 반해 정신 질환자에 관한 보도의 50퍼센트가량이 그들의 위험성에 초점을 맞추고 있다고 한다.17 캡터 하원의원의 말을 들어 보자. "매우 지성적인 국회의원들이 정신 질환자들을 그런 끔찍한 행동으로 몰아간 상황들에 대해 이해하려 노력하기보다 벙커 심리[bunker mentality: 비판받지 않으려는 방어적인 태도] 조장에 주력하고 있어요. 정신보건 기금을 늘려서 해결해야 할 문제들에 철조망을 설치하고 치안을 강화하는 것으로 대처하려고들 하지요. 우리는 정신 질환자들을 돕는 비용보다 훨씬 많은 수십 억 달러씩을 그들로부터 우리를 방어하는 데 쓰고 있습니다." 정신 질환자들의 권익 보호에 힘쓰고 있는 고어 부통령의 부인 티퍼 고어가 백악관에서 정신보건에 대한 회의를 주재할 때도 든든한 지원을 해 주었던 클린턴 대통령은 내게 이렇게 말했다. "글쎄요, 우리로서는 사람들이 리틀턴의 비극, 애틀랜타 사건, 국회의사당 경관 피격 사건을 계기로 그 배후에 도사리고 있는 문제의 긴급성에 주의를 기울여 주기를 바랄 뿐입니다. 이 분야의 중요한 법 개정은 비극적인 사건들이 일어난 뒤에나 이루어지죠."

린 리버스 하원의원은 이렇게 지적한다. "정치인들은, 좋은 사람이든 나쁜 사람이든, 도덕적으로 옳다 해서 어떤 결정을 내리는 것이 아닙니다. 우리는 국민들에게 그것이 그들을 위한 최선의 결정임을 확신시켜야만 해요." 그녀는 로캐머 의원과 캡터 의원이 발안한 법안의 강력한 지지자로서 두 의원과 마찬가지로 법안의 문구에 대해 사죄하는 태도를 보인다. 그 법안에는 윤리적 책임을 강조하는 도덕적인 표현이 들어 있지 않다. 국회의사당 피격 사건을 계기로 발안된 그 법안은 자기 보호에 대해 이야기하고 있다. 로캐머 의원의 말을 들어 보자. "물론 우리는 폭력적인 정신 질환자들을 통제하고 싶은 만큼 비폭력적인 정신 질환자들을 돕고 싶습니다. 그러나 우리는 유리한 입장에 있는 사람들이에요. 실질적인 지원을 얻어 내기 위해서는 의원들에게 그것이 그들에게 당장 이익이 되는 것임을 보여 주어야 합니다. 우리는 의원들이나 그들의 선거구민들에게 언제 닥칠지 모르는 잔학한 범죄들을 예방하자는 이야기를 해야 하는 거예요. 단순히 더 번영하고 더 인도적인 상태에 대해 이야기하는 걸로는 안 됩니다." 이에 비해 경제적 주장들은 거의 이용되지 않고 있으며 정신 질환자에 대한 공공 부조를 자본주의 체제에 귀속시키는 방안도 관심을 얻지 못하고 있다. 최근 MIT에서 실시한 연구의 결과 중증 우울증에 걸리면 업무 능력이 극적으로 떨어지지만 항우울제 치료를 받으면 기본 수준으로 돌아오는 것으로 밝혀졌으며,[18] 정신 질환자에 대한 지원 고용[업체에 장애를 안고 있는 근로자를 먼저 배치한 다음 직업재활전문가가 현장에서 훈련하여 단계적으로 채용하는 고용 방법]이 경제적으로 가장 유익한 방법임을 증명한 연구들이 있었는데도 말이다.[19]

최근 우울증을 다른 질병들과 연관시키는 연구가 입법자들은 물론 HMO들에게까지 설득력을 얻기 시작하고 있다. 만일 방치된 우울증이 감염, 암, 심장 질환의 위험성을 높인다면 우울증은 무시하기에는 너무 비용이 많이 드는 병이다. 우울증을 방치한 결과로 야기되는 비용이 높아질수록 우울증 치료를 위한 비용을 더 많이 확보할 수 있다는 것이 정치의 아이러니다. 워싱턴 D. C. 시장 후보로 나선 적이 있으며 자살 기도 전력이 있는 존 윌슨은 이렇게 말했다. "나는 에이즈, 심장병, 혈압 등으로 사망하는 사람보다 우울증으로 사망하는 사람이 더 많다고 믿습니다. 우울증이 그런 모든 질병들을 불러오기 때문입니다."

보험의 평등 적용에 대한 논쟁이 뜨겁지만 비보험자의 우울증에 대한 논의는 이루어지지 않고 있다. 메디케어[Medicare: 노인과 장애인을 위한 의료 보장]와 메디케이드[Medicaid: 빈곤층을 위한 의료 보호]가 여러 주들에서 다양한 수준의 의료 서비스를 제공하고 있기는 하지만 환자들을 찾아 나서는 프로그램들은 갖고 있지 않으며, 대부분의 빈곤층 우울증 환자들은 적극적으로 원조 요청을 하지 못한다. 나는 빈곤층 우울증 환자 치료를 위한 논의의 필요성을 절감하여 9장에 소개한 체험들을 나누고자 국회의사당을 찾았다. 언론인이면서 우연한 운동가라는 이상한 자격으로였다. 나는 국회에서 일이 어떻게 되어 가고 있는지 알고 싶었을뿐더러 미국 정부가 내게 깊은 감동을 준 빈곤층 우울증 환자들과 국가를 위한 개혁에 박차를 가하도록 설득하고 싶었다. 나는 내부자로서 가진 지식을 전하고 싶었다. 레이드 상원의원은 상황을 정확하게 파악하고 있었다. "몇 해 전 노숙자처럼 야구 모자와 허름한 옷으로 변장하고 라스베이거스의 노숙자 쉼터에서 오후와 밤을 보낸 뒤 리노로 가서 똑같이 했지요. 프로작을 위시해 우울증을 멈추는 기적적인 현대 약들에 대한 기사는 얼마든지 쓸 수 있지만 그런 사람들에게는 도움이 되지 못해요." 레이드 상원의원 자신도 가난하게 자랐으며 그의부친은 스스로 목숨을 끊었다. "내 아버지도 어려움을 털어놓을 상대나 약물치료가 있었더라면 자살에까지 이르지는 않았으리란 걸 알게 되었지요. 하지만 우리는 그것을 위한 법안을 마련하지 않고 있어요."

나는 정신보건 평등법의 공동 발안자인 도메니치 상원의원을 만나 그동안 모아 놓은 일화들과 통계자료들을 제시하며 그 일화들 속에 분명하게 나타난 경향들을 문서화할 것을 제안했다. "우리가 논쟁의 여지가 없는 자료를 취합할 수만 있다면 편향되고 부적절한 정보와 당파심의 문제가 모두 해결될 것입니다. 심각한 우울증에 시달리는 빈곤층을 위한 올바른 정신보건 서비스가 미국 경제와 보훈국, 사회 공익, 현재 치료받지 않고 방치된 우울증의 결과들로 인해 높은 대가를 치르고 있는 납세자들, 절망의 가장자리에서 살고 있는 그런 서비스의 수혜자들에게 이익이 된다고 말할 수 있다고 가정해 봅시다. 그러면 개혁에 이르는 길이 무엇이겠습니까?"

그러자 도메니치 상원의원은 이렇게 대답했다. "그 변화가 경제적, 인도주의적으로 모든 이들에게 이익이 된다는 이유만으로 커다란 변화를 기대할 수 있는지 묻는 거라면, 유감스럽게도 내 대답은 아니라는 것입니다." 연방정부가 빈곤층을 위한 프로그램들을 개발하는 데 장애가 되는 요인은 네 가지로 나누어 볼 수 있다. 그 첫째이자 가장 만만치 않은 문제는 국가의 예산 구조다. 도메니치 상원의원은 이렇게 설명했다. "정부의 프로그램들과 그 비용은 빈틈없이 짜여 있지요. 문제는 당신이 설명하는 프로그램이 미국의 국고 절약에 기여할 것인지의 여부가 아니라, 그것이 새로운 비용을 요구할 것인지의 여부입니다." 다른 비용들을 즉시 줄일 수는 없다. 연내에 교도소 운영 예산이나 복지 예산에서 얼마를 떼어다 새로운 정신보건 서비스에 투입할 수는 없는 것이, 그런 서비스의 경제적 이익은 천천히 발생하기 때문이다. "우리의 의료 전달 체계에 대한 평가는 결과 지향적이지 않습니다." 두 번째 문제는, 미국 공화당 지도부가 보건업계에 지시 내리기를 좋아하지 않는다는 것이다. "그것은 명령이 되지요. 이런 종류의 입법을 전적으로 지지하면서도 주들이나 보험회사들 혹은 그 누구에게도 명령을 내리는 것에는 반대하는 사람들이 있습니다." 맥캐런퍼거슨법(McCarran-Ferguson Act)에 의해 보험 사업에 대한 규제와 감독권은 주 정부에 일임되었다.[20] 세 번째 문제는 제한된 임기로 선출된 의원들에게 유권자의 삶에 즉각적이고 가시적인 효과를 나타낼 수 있는 정책이 아닌 사회 기반 시설의 장기적인 개선에 관심을 갖도록 하기가 어렵다는 것이다. 그리고 네 번째 문제는 웰스턴 상원의원의 슬프고도 아이로니컬한 표현을 빌리자면 다음과 같다. "우리는 대의민주주의 아래 살고 있습니다. 정치인들은 유권자들의 관심사에 민감하지요. 빈곤층 우울증 환자들은 선거 날 집에서 침대에 누워 있으니 자신의 이익을 대변해 줄 대표를 선출할 수가 없어요. 빈곤층 우울증 환자들은 이른바 힘을 가진 집단이 못 되는 겁니다."

기본적인 권리조차 누리지 못하는 계층의 가혹한 체험담이야 그렇다 치더라도 특권층의 가혹한 체험담은 생소한 기분을 느끼게 하는 것이 사실이다. 나는 빈곤층 우울증 환자들과 대화를 나눌 때 그랬던 것처럼 국회의원들과의 대화에서도 큰 감동을 받았다. 정신보건 평등의 문제는 정당을 초월하며, 도메니치 상원의원의 말을 빌리자면 "공화당과 민주당은 어느 쪽이 더 국립정신건강연구소를 사랑하는지 보여 주기 위해 경쟁하고 있다." 국회에서는 국립정신

건강연구소에 예산보다 더 많은 지원을 할 것을 계속해서 제안하고
있으며 1999년에 클린턴 대통령은 8억 1000만 달러를 책정했는데
11선 의원이면서 세출위원회의 유능한 의장으로 기초과학 연구의
열렬한 지지자이기도 한 존 포터 하원의원이 이끄는 국회는 그 액
수를 8억 6100만 달러로 늘렸다.[21] 2000년에는 지역 보건 사업을 위
한 정액 보조금을 24퍼센트까지 늘려 3억 5900만 달러를 썼다.[22] 클
린턴 대통령은 구직을 희망하는 정신 질환자들에게 특권을 주도록
인사관리국에 요청했다. 로캐머 의원의 말을 들어 보자. "동정적인
보수주의자가 되려면 여기서부터 시작하는 것이 좋을 거예요." 모든
중요한 정신보건법은 공화당과 민주당 모두의 지지를 받고 있다.

　국회에서 정신 질환자들을 위해 투쟁하는 의원들 거의 모두
가 이 분야에 관심을 갖게 된 개인적인 사연을 갖고 있다. 레이드 상
원의원은 부친이 자살했고, 도메니치 상원의원은 정신분열증을 앓
는 딸이 있으며, 웰스턴 상원의원은 정신분열증을 앓는 형제가 있
고, 리버스 하원의원은 심각한 양극성 장애를 안고 있으며, 로캐머
하원의원은 정신과 의사를 아내로 둔 지 거의 50년이고, 보브 와이
스 하원의원은 정신과 병동에서 연수를 받으면서 그곳 환자들과 친
해진 것을 계기로 공공 봉사에 관심을 갖게 되었다. 웰스턴 의원은
이렇게 말했다. "이런 식이어서는 안 돼요. 나는 이 문제에 대해 오
로지 연구와 도덕적인 탐구를 통해 이해에 달했으면 하는 바람입니
다. 그러나 많은 이들에게 정신 질환의 문제들은 여전히 극히 관념
적인 것이라, 자신이나 주위 사람들이 직접 겪어야만 그 절박함을
깨닫게 되죠. 입법을 위한 길을 닦아 줄 교육이 필요합니다." 1996
년에 상원에서 평등법 공청회가 열렸을 때 정신 질환자들의 문제

를 자신의 일처럼 여기는 웰스턴 상원의원은 의원들 앞에서 청중을 사로잡는 열변으로 자신의 체험을 이야기했다. 감정적인 것과는 거리가 먼 도메니치 상원의원은 그보다는 짧게 체험담을 들려주었고, 상원의원 몇 사람이 나와서 자신의 친구들이나 친척들의 이야기를 했다. 그곳의 분위기는 정치적인 논쟁을 벌이는 곳이라기보다는 집단 감수성 훈련장 같았다. 웰스턴 상원의원의 회상을 들어 보자. "투표가 시작되기 전에 의원들이 내게 와서 그러더군요. '당신에게 정말로 중요한 문제지요, 그렇지요?' 그래서 내가 대답했지요. '예, 그 무엇보다 중요하지요.' 그런 식으로 의결이 된 거지요." 이 법은 애초부터 대대적인 변화를 가져올 수 있는 것이라기보다 상징적인 의미에 그칠 수밖에 없었던 것이, 전반적인 치료 비용의 확대 여부를 보험사들의 결정에 맡겨 놓았기 때문이다. 결과적으로 이 법은 정신 질환 환자들에 대한 의료 서비스의 질을 개선시키지 못했다.

지역 정신보건 사업들은 1990년대 후반의 예산 삭감으로 대부분 규모가 축소되었으며, 그 수혜자들의 폭력 행위들로 인해 주기적으로 비난의 대상이 되고 있다. 세상의 기준으로 보면 그 사업들은 정신 질환자들이 소동을 일으키지 못하도록 제대로 통제만 하면 기능을 다하는 것이다. 그런 사업들이 정상인들을 정신 질환자들로부터 제대로 보호하지 못하고 있는 것에 대해 언론에서는 통렬한 비난을 퍼붓는다. 그런 사업들이 정상인들의 이익에 기여하고 있는지에 대해서는 자주 검토되지만 사업 대상자들에게 도움이 되고 있는지에 대해서는 거의 관심을 두지 않는다. "연방정부의 세금 중에서 상당한 금액이 이런 사업들에 지원됩니다. 그리고 그 돈이 온갖 엉뚱한 지역 사업들에 유용되고 있다는 강력한 증거가 있습니다."

로캐머 하원의원의 말이다. 와이스 하원의원은 1993년에 클린턴 대통령이 추진한 의료 개혁에 대한 논란을 "그 자체가 우울한 체험"이었다고 설명하며, 국립보건원이 지역 상공회의소들에 평등이 왜 그들에게도 이익이 되는지를 보여 주는 구체적인 정보를 제공하지 않고 있다고 말했다. 지역사회 정신보건 센터들은 이혼 같은 상대적으로 덜 복잡한 문제들에 초점을 맞추는 경향이 있다. "센터에서 모든 정신 질환에 대한 약물치료 및 지속적인 관리, 상담을 제공해야 합니다." 캡터 하원의원의 주장이다.

　　정신 질환자들의 시설 수용 문제는 시민적 자유를 옹호하는 법조계와, 정신이상으로 고통받는 사람들을 그대로 방치하는 것은 죄악이라고 여기는 사회복지 및 입법 관계자들 간에 논쟁의 대상이 되고 있다. 로캐머 의원의 말을 들어 보자. "이 문제에 대해 극단적인 견해를 지닌 시민적 자유의 옹호자들은 무능하고 또 논리적이지도 못합니다. 그들은 시민적 자유라는 위장 아래 정신 질환자들의 처지를 개선시켜 줄 방법이 있는데도 이들에게 잔인하고 보기 드문 형벌을 가하죠. 그것은 잔혹 행위입니다. 만일 우리가 동물들에게 그런 짓을 한다면 동물학대예방협회에서 들고일어날 것입니다. 지속적인 치료를 받고 있지 않은 환자들은 강제로라도 재수용을 시켜야 합니다." 이런 정책들은 이미 선례가 있으며 결핵 치료가 그중 하나다. 미국의 일부 주들에서는 결핵 환자가 제때 치료제를 복용할 능력이 없는 경우 간호사를 파견하여 매일 치료제를 주도록 하고 있다. 물론 결핵은 전염성이 있기 때문에 공중 보건에 위기를 초래할 수 있는 병이지만, 정신 질환 역시 사회에 위험한 병이며 그런 이유로 결핵처럼 개입이 합리화될 수 있다.

　정신 질환자들의 비자발적 수용에 관한 법들은 그런 시설들의 전성기였던 1970년대에 커다란 논쟁거리가 되었다. 그러나 요즘은 대규모의 수용 시설들이 문을 닫고 있고, 단기 수용 시설들은 아직 세상에 나설 준비가 되어 있지 않은 사람들의 등을 떠밀어 내보내는 형편이다. 1999년 봄《뉴욕 타임스 매거진》에는 이런 글이 실렸다. "정신병원들이 환자들을 한시라도 빨리 내보내려 하는 것이 현실이다." 하지만 이런 현실에서도 자신의 의지에 반하여 시설에 수용되는 사람들이 있다. 가능하다면 환자들을 강제로 치료하는 것보다는 그들을 치료로 유도하는 편이 낫다. 또한 수용 여부를 결정할 기준을 세우는 것도 중요하다. 최악의 학대는, 자격을 갖추지 못했거나 악의를 지닌 사람들이 누가 환자이고 아닌지를 독단적으로 결정하고 정당한 절차 없이 시설에 수용할 때 일어난다.

　정신병원에 수용되어서도 외출이 가능하다. 장기 수용 시설의 환자들은 대부분 진입로를 따라 도로까지 내려갈 수 있으며 제한된 수의 환자들만 24시간 감시를 받는다. 수용 시설과 수용자 사이의 계약은 자유의사에 의한 것이다. 법학자들은 정신 질환자들이 파괴적 삶을 살지라도 스스로 삶을 꾸려 나가도록 해야 한다는 입장인데 반해, 정신의학 분야의 사회복지사들이나 정신 질환자들을 직접 다루는 이들은 개입이 필요하다는 입장이다. 그렇다면 언제 자유를 주고 언제 주지 않을 것인지는 누가 결정할까? 대체적으로 우파는, 정신이상자들이 사회를 타락시키지 못하도록 (실제적인 위협이 되지 않더라도) 그들을 감금해야 한다고 여긴다. 반면 좌파는, 그 누구도 주요 권력 구조 외부의 사람들에 의해 시민적 자유를 침해당해서는 안 된다는 시각이다. 그리고 중도파의 입장은 강제로 치료를 받게 해야 하는 질환자들도 있고 그렇지 않은 사람들도 있다는 것이다. 어쨌거나 진단에 대한 저항과 좌절은 정신 질환의 증세 가운데 하나이므로 비자발적 수용은 치료의 꼭 필요한 일부로 계속 존재해야 한다.

"이들에게도 인간적인 대우를 하고 개성을 존중해 주어야 하지만 무리하게 사회의 주류에 순응시켜서는 안 됩니다." 캡터 하원의원의 설명이다. 미국시민자유연맹(American Civil Liberties Union)은 온건한 입장을 취하고 있으며[23] "효과적인 치료의 가망이 있는데도 치료를 받지 않고 악화되는 상태로 거리를 배회하는 것은 자유가 아니다. 그것은 포기다."라는 내용의 성명을 발표했다. 문제는 완전한 수용이나 완전한 포기 중 하나를 결정해야 하는 경우가 너무 빈번하다는 것이다. 현행 제도는 절대적인 정신이상에 입각하고 있으며 대부분의 우울증 환자들이 요구하는 중간 단계의 해결책들은 크게 부족하다. 우리는 길거리에서 횡설수설하는 사람들을 방치하지 말고 그들의 자살 성향과 타인에 대한 잠재적 위험성을 진단해야 하며, 그들 중에서 처음에는 치료에 저항하다가도 나중에 회복된 후 강제로라도 치료받아 다행이라고 생각할 사람을 가려내려는 시도를 해야 한다.

진정으로 우울증에 빠지기를 원하는 사람은 없지만 어떤 사람들은 회복되기를 원하지 않는다. 그들에게는 어떤 선택권이 있을까? 우리는 그들이 우울증 속으로 움츠러들도록 그대로 방치해야 할까? 그런 위축에 대한 사회적 비용을 부담해야 할까? 어떤 정당한 절차를 통해 이런 문제들을 결정해야 할까? 관료주의적인 복잡한 절차는 생각만 해도 끔찍하며, 누가 무엇을 필요로 하는지에 대한 미묘한 협상은 원만하게 타결될 수가 없다. 완벽한 균형이 불가능함을 인정한다면 두 가지 선택이 있을 수 있는데 일부 수용 대상이 아닌 사람들까지 수용하거나, 아니면 자신을 파괴하게 될 일부 위험한 환자들까지 내보내는 것이다. 관건은 과연 치료를 강요할지 말지가 아니라 언제 그리고 누가 그들에게 치료를 강요할 것인지다. 나는 이 문제에 대해 생각할 때마다 홉킨스 병원에 입원하기를 거부했던, 자유롭게 나가서 죽기를 원했던, 그러나 지금은 행복한 삶을 누리고 있으며 호출기가 쉴 새 없이 울리는 가난한 에이즈 환자 실라 헤르난데스를 떠올린다. 그러나 심각한 장애들을 안고 있으며 신체 장애로 인해 자살조차 할 수 없는, 그래서 행복이라고는 없는 삶을 억지로 살고 있는 뇌성마비 한국인 청년도 잊을 수 없다. 이 문제에 대해서는 아무리 궁리를 해 봐도 해답을 찾을 수가 없다.

정신 질환자들의 공격성은 그들로부터의 방어를 위한 법들을 탄생시켰으며 우울증 환자들은 대개 폭력적이지 않은데도 정신분열증 환자와 같은 법적 규제를 받고 있다. 정신 질환에는 다양한 종류가 있으며 정신 질환 관련법에 대한 획일적인 접근은 상당한 고통을 초래한다. 1972년에 환자들에게 알리지 않고 실험들을 실시한 지적 장애인 수용 시설 윌로브룩24이 소송을 당하는 획기적인 사건이 일어난 이후로 가능한 "최소한으로 구속하는 수용" 정책이 지배력을 얻게 되었다. 정신 질환자들이 권리를 박탈당하는 것은 공격적인 행동 때문이기도 하지만 국가가 미성년자에게 하듯 보호자의 위치에서 국친권(國親權)을 행사하기 때문이기도 하다. 미국시민자유연맹은 국친권의 확대 적용에 회의적인 입장이며 소련 같은 국가에서는 국친권이 남용되었던 것이 사실이다. (국친권은 온정주의적 경찰권과 관련이 깊다.) 하지만 그런 법적 원칙을 지키기 위해 얼마나 큰 고통으로 떠받쳐야 하는 것일까?

워싱턴 D. C.에 본부를 둔 치료옹호센터(Treatment Advocacy Center)는 치료에 관한 가장 보수적인 단체로서, 현재 분명한 위험이 되고 있지 않은 정신 질환자들도 수용해야 한다는 입장이다. 이 센터의 부소장인 조너선 스탠리는 범죄적인 요소만 치료를 받는 것에 불만을 토로한다. "사람들은 센트럴파크에서 하루 스무 명씩 정신이상자들과 마주치게 될 100퍼센트 확률의 경우보다 정신이상자에게 지하철 선로로 떠밀릴 200만분의 1 확률의 경우를 더 신경 씁니다." 조너선 스탠리의 견해에 따르면, 정신 질환자들의 탈수용화 정책은 정부가 비용 절감에 혈안이 된 가운데 시민적 자유의 옹호자들이 '엉뚱한' 이들의 자유를 옹호하고 나선 불행한 결과다. 탈수용화는 지역사회에서의 다양한 보살핌을 전제로 하지만 실제로 그런 보살핌은 이루어지지 않고 있다. 탈수용화는 환자들이 사회에 자연스럽게 복귀할 수 있도록 도와주는 다단계 치료 시스템을 없애는 결과를 낳았고, 완전히 시설에 수용되거나 아니면 혼자 힘으로 살아야 하는 형태가 비일비재해졌다. 정부는 이들이 절망을 딛고 일어나 사회의 일원으로서 기능할 수 있도록 도와주는 사회복지 인력의 전면적인 투입을 아직 고려하고 있지 않다. 치료옹호센터에서는 약물치료를 받지 않는 정신 질환자를 법정에 세울 수 있도록 한 뉴욕주의 켄드라법[뉴욕에서 정신분열증 환자가 켄드라 웹데일이라는 여성을 지하철 선로로 떠밀어 죽게 한 사건을 계기로 만들어졌는데, 약물치료를 받도록 한 법원의 명령을 어길 경우 72시간 동안 강제로 시설에 수용할 수 있도록 정하고 있다.] 같은 입법을 강력히 지지해 왔다. 우울증 환자들은 법정에 끌려가 벌금형을 받고 그런 뒤 풀려나면 다시 자신의 힘으로 살아가야 한다. 보다 광범위한 치료를 할 여지도, 예산도 없기 때문이다. 이들은 심각한 문제를 일으킬 경우 범죄자로 수감되며 탈수용화로 인해 정신병원에서 교도소로 옮겨 가고 마는 경우도 적지 않다. 교도소에서는 부적절한 치료를 받기 쉽고, 그 결과 더 심각한 문제를 일으키게 된다. "정신보건 서비스의 혜택이 가장 절실한 이들은 바로 죄수들이에요." 조너선 스탠리의 주장이다.

한편 워싱턴 D. C.의 배질런 센터(Bazelon Center)는 진보 성향의 극단에 서서, 수용은 반드시 자발적이어야 하고 정신 질환은 해석에 의해 생긴 것이라고 주장한다. "개인의 통찰력 부족으로 여겨지는 것이 치료 전문가와의 의견 차이에 지나지 않는 것인 경우가 빈번합니다." 물론 가끔 그렇기도 하지만 항상 그런 것은 아니다.

아직도 정신 질환은 군인에게는 어울리지 않는다고 믿고 있는 재향군인관리국(Veterans Administration)에서는 전체 연구 예산 중 12퍼센트 정도만을 정신의학 분야에 배정하고 있다.[25] 하지만 외상후스트레스장애, 노숙, 물질 남용 발생률이 높은 참전 용사들에게 정신장애는 가장 흔한 문제라고도 할 수 있다.[26] 막대한 세금을 들여 군인들을 훈련시켰다는 점을 감안한다면 군인들의 정신적인 해이는 특히 문젯거리가 되며 더 나아가 정신보건 정책의 단순성을 보여 주는 예라고 할 수 있다. 재향군인 우울증 환자들, 그중에서도 특히 베트남전 참전 용사들은 미국 노숙자들의 상당 부분을 이룬다. 이들은 두 가지 정신적 외상을 연속적으로 겪은 사람들이다. 그 첫째는 전쟁 자체로, 사람들을 죽이고 비참한 광경들을 목격하고 백척간두의 위험 속에서 견디는 공포였다. 두 번째는 강제적인 친밀함과 집단 역학으로, 많은 참전 용사들이 군대의 기준들에 중독되다시피 해서 독자적으로 삶을 꾸려 가야 할 형편이 되자 당혹감에 휩싸였다. 재향군인위원회에서는 병원을 찾은 참전 용사들의 25퍼센트가량이 정신 질환 진단을 받은 것으로 추정하고 있다.27 미국 의사의 반 이상이 보훈 병원에서 수련을 받기 때문에28 그런 기관들이 갖고 있는 편견은 민간 병원들과 응급실에까지 전염된다고 보아야 한다.

캡터 하원의원이 시카고 근방의 보훈 병원을 방문한 이야기를 들려주었다. 그녀가 응급실에 들렀을 때 경찰이 꼴이 말이 아닌 남자를 데려왔는데 근무 중이던 사회복지사가 이렇게 말했다. "우리 단골 손님 가운데 한 사람이지요." 캡터 의원이 무슨 뜻인지 묻자 사회복지사는 그 남자가 정신 질환 때문에 그 병원에 입원한 것이 열일곱 번째라고 설명했다. "그를 입원시켜 깨끗이 씻기고 약물치료를 해서 내보내면 몇 개월 못 가서 또 오지요." 그런 일들을 일어나게 하는 정신보건 시스템에 대해 무슨 말을 하겠는가? 캡터 의원은 이렇게 말했다. "열일곱 번이나 응급실에 실려오다니! 적절한 지역사회 정신보건 서비스로 열일곱 번의 응급실 입원을 피할 수 있다면 그 돈으로 다른 사람들을 얼마나 많이 도울 수 있을지 알겠어요? 부적절한 치료로 인한 비용은 적절한 치료에 드는 비용보다 훨씬 높습니다."

우리는 완전히 한 바퀴를 돌아 다시 비자발적 수용으로 가고 있는 듯하다. 우울증 환자에 대한 획일적이고 악의적인 정신보건 시스템은 손상되고 제한적인 것이 되고 있다. 뉴욕 시민자유연맹

베스 해롤스의 의견을 들어 보자. "이들을 방에 가둬 놓고 방치하던 과거의 시스템보다는 나아졌지만 우리가 정신 질환의 원인들과 치료법에 대해 이제 얼마나 많이 알게 되었는가를 생각하면 정신보건 시스템은 20년 전보다 훨씬 뒤처졌다고 할 수 있어요." 일부 정신 질환자들은 독자적인 의사 결정이 불가능하며 비자발적 수용이 요구되고, 나머지는 아픈 건 사실이지만 그런 수용이 요구되지 않는 것이 현실이다. 따라서 다양한 수준의 광범위한 서비스들을 제공하고 치료를 포기하기 쉬운 외래 환자들에게 적극적으로 다가갈 수 있는 단계적인 보건 시스템을 제공하는 것이 최선이다. 또한 정당한 절차를 위한 지침을 마련하고 수용이 요구되는 모든 사람들에게 견제와 균형의 원칙에 따라 동일한 검진을 실시해야 한다. 정당한 절차는 정신 질환자가 사회에 가하는 위협과 그들이 받는 불필요한 고통을 함께 고려해야 한다. 그리고 정신 질환자들을 감옥에 넣고, 비자발적으로 시설에 수용하고, 비자발적 혹은 자발적으로 정신과 치료를 받게 할 때 적용될 기준들을 마련해야 한다. 또 치료를 피하고 싶은 사람들을 위한 여지도 (그들에게 모든 정보가 주어지고 다른 사람들에게 큰 피해가 되지 않는다는 전제 아래) 마련되어야 한다. 아울러 이런 문제들을 감독할 효율적이고 공평한 제도가 만들어져야 한다.

린 리버스는 미국 국회의원 중 유일하게 자신의 정신병 투병을 공개한 인물이다. 열여덟 살에 임신하여 결혼하게 된 그녀는 생계를 위해 처음에는 요리 일을 하다 터퍼웨어[식품 보관용 밀폐 용기 상품명]를 팔게 되었다. 그리고 첫 딸을 낳은 직후부터 우울증 증세가 나타나기 시작했다. 병이 차츰 깊어지자 그녀는 의사를 찾아갔다. 자동차 공장 노동자였던 그녀의 남편은 블루크로스와 블루실드 보험에 들어 있었다. "여섯 번 진료를 받는 것까지만 보험 혜택이 주어졌죠." 그녀가 내게 비꼬듯 말했다. 10년 동안 그녀와 남편이 집에 가져오는 봉급의 절반이 정신과 치료비로 나갔다. 스물한 살이 되었을 때는 일하는 데 어려움이 있었고 전화 받기가 두려웠다. "끔찍하고 길었죠. 우울증 삽화가 몇 달씩 지속되었어요. 그래서 몇 달씩 침대에서 살았답니다. 하루 스물두 시간씩 잤어요. 국회의원들은 우울증을 그저 슬픔 정도로만 생각합니다. 내가 무슨 얘기를 해도 이해를 못 해요. 그 공허감, 그 무가치함을 알지 못합니다."

치료비 문제에 부딪히자 그녀의 남편은 자동차 공장과 대학에서 정규직으로 일하면서 밤에는 피자 배달까지 했다. 한동안 신문 배달도 하고 장난감 공장에서도 일했다. "남편이 어디서 그런 힘이 났던 건지 모르겠어요. 우리는 해야만 하는 일들을 했던 거예요. 가족의 도움 없이 심각한 정신 질환을 견딘다는 건 나로서는 상상도 할 수 없군요. 그렇지 않아도 끔찍한데 만일 가족이……." 리버스 의원은 잠시 말을 끊었다. "그런 사람들은 어떻게 살아남을까요? 남편은 나까지 보살펴야 했어요. 그때 아이가 둘이었는데 나는 그 아이들도 제대로 보살필 수 없었죠. 우린 가까스로 견뎌 냈습니다." 리버스 의원은 아직도 아이들에 대한 죄책감을 안고 산다. "교통사고로 등뼈가 부러졌어도 그보다 무능하지는 않았을 거고, 그랬더라면 그토록 회복 기간이 긴 것도 정당화가 되었을 거예요. 아이들이 학교에서 문제가 생기거나 어려움에 부딪힐 때마다 '나 때문이다, 내가 그 자리에 없었기 때문이다, 내가 어미 노릇을 못 했기 때문이다.'

하는 가책에 시달렸죠. 죄책감은 나의 충실한 동반자였습니다. 내가 어쩔 수 없는 것들에 대한 죄책감이요.”

그녀는 마침내 1990년대 초에 '완벽한' 약물치료법을 찾았고 현재 리튬(한때 하루 2200밀리그램까지 갔었지만 이제 900밀리그램을 유지하고 있다.), 데시프라민, 부스파를 복용하고 있다. 그녀는 몸이 충분히 회복되자마자 공공 봉사 분야에서 일하기 시작했다. “나는 걸어다니고 말을 하는 정신보건 분야의 광고판입니다. 나에게 투자하면 그만큼 돌려준다는 걸 증명했으니까요. 이 장애로 고생하는 사람들 대부분이 그렇답니다. 그들에게 필요한 건 생산적이 될 수 있는 기회예요.” 리버스는 가족을 돌보면서 틈틈이 공부해서 우수한 성적으로 대학을 졸업하고 법대에 들어갔다. 그녀는 이십 대 후반에 우울증이 비교적 진정되었으며 미시간주 앤아버에서 교육위원으로 선출되었다. 2년 뒤 그녀는 우울증과는 무관하게 자궁 적출 수술을 받았고 빈혈 때문에 6개월간 일을 쉬어야 했다. 그녀가 국회의원 선거에 출마하자 상대 후보는 그녀의 정신병 전력을 알아내고 그녀가 6개월 동안 일을 쉰 것을 그것과 연관시키려 했다. 그녀는 청취자가 전화로 참여할 수 있는 라디오 프로그램에 나가 인터뷰를 하게 되었는데, 상대 진영이 매수한 청취자가 전화를 걸어 그녀가 우울증을 앓았던 것이 사실인지 물었다. 리버스는 주저없이 그렇다고 대답하고 안정을 찾는 데 10년이 걸렸다고 설명했다. 인터뷰가 끝난 뒤 민주당 선거 사무실로 가자 당의 거물급 인사가 그녀에게 말했다. “린, 라디오 방송 들었어요. 도대체 뭘 하자는 겁니까, 제정신이에요?” 리버스는 차분히 대꾸했다. “물론이지요. 라디오 방송은 그렇게 하는 거예요.” 그녀의 침착하고 차분한 태도는 그녀의 우울증을 문제 삼으려는 상대 후보의 의도를 좌절시켰고, 결국 그녀는 국회의원에 당선되었다.

몇몇 의원들이 리버스에게 자신의 우울증에 대해 고백했지만 유권자들에게 알리는 것은 두려워하고 있다. "한 의원은 사람들에게 말하고 싶었지만 그럴 수가 없었노라고 하더군요. 나는 그의 유권자들의 마음을 알 수 없어요. 그도 마찬가지겠죠. 우울증을 안고 있는 대부분의 사람들이 죄책감에 빠져 있기 때문에 정확한 판단을 내리지 못합니다. 우울증은 몹시 고독한 병이에요. 하지만 동성애자들이 커밍아웃을 해서 큰 부담을 덜 수 있었던 것처럼 그때 나도 해방감을 느꼈어요. 내 우울증은 이제 정치적인 문제가 되지 않죠." 리버스 의원의 말이다. 보브 와이스 하원의원은 정신 질환을 "누구나 갖고 있는 가족의 비밀"이라고 부른다.

다시 린 리버스 하원의원의 말을 들어 보자. "자기 언급이 이루어져야 하고, 지역사회의 정신보건 서비스들을 알아보아야 합니다. 하지만 '지역사회 정신보건 서비스'라는 말에는 냉소를 금할 수가 없군요. 자동차 공장에 가서 아무리 기다려 봐야 노조 대표를 찾아가 '내 아들은 정신분열증이고 내 아내는 조울증이고 내 딸은 정신이상'이라고 말하는 노동자를 발견할 수는 없지요. 이 나라는 우리에게 필요한 보건 서비스를 요구할 수 있을 만큼 발전되지 못했어요. 게다가 충분한 지식도 없는 의사들이 처방을 내리는 사례가 비일비재하고, HMO의 처방 지침은 비용 절감을 위해 처방 가능한 약의 수를 제한하고 있지요. 특이체질로 인해 그 약들이 맞지 않으면 어쩔 수가 없는 겁니다! 그리고 안정을 찾게 되면 건강한 상태에 맞는 유지 치료의 형태로 전환되어야 하는데 그것도 여의치가 않아요." 그녀는 지속적인 정신역동 치료를 위한 기금이 삭감된 것에 경악하며 결과적으로 전체적인 사회적 비용만 높일 것이라고 말한다. "엉망이에요."

남동 펜실베이니아 정신보건협회 사무총장 조 로저스는 달변의 다정한 인물로, 편안한 태도와 차림새를 하고 있으면서도 어딘지 모르게 권위가 느껴졌다. 그는 말이 많고 철학적인 듯하면서도 날카롭고 실용주의적이고, 한순간도 목표물에서 눈을 떼지 않았다. 우리는 처음 만나서 필라델피아 호텔에서 점심 식사를 하게 되었는데 그는 청색 양복에 줄무늬 넥타이를 매고 관리자다운 습성을 말해 주는 듯한 서류 가방을 들고 나왔다. 내가 메뉴를 볼 때 그는 자신도 한동안 뉴욕에서 살았다고 말했다. "아, 어디서 사셨어요?" 내가 물었다. "워싱턴스퀘어요." 그가 대답했다. 그는 테이블 위에서 롤빵 하나를 집었다. "저도 워싱턴스퀘어 근방에 삽니다. 좋은 동네죠. 거기 어디서 사셨어요?" 내가 메뉴판을 덮으며 물었다. 그는 희미하게 웃으며 대답했다. "워싱턴스퀘어요. 광장 벤치에서 살았죠. 9개월 동안 노숙자 노릇을 했답니다."

조 로저스도 린 리버스처럼 정신보건 서비스의 '소비자' 입장에서 '공급자' 입장으로 옮겨 간 경우였다. 그는 플로리다에서 알코올중독자인 어머니와, 대개는 멍한 상태이고 가끔 자살 성향을 보이던, 권총을 지니고 다니던 아버지의 네 자녀 중 하나로 자랐다. 그의 부모님은 비교적 유복한 가정 출신이었지만 정신적 장애로 인해 가난뱅이로 살아야 했다. "우리는 바퀴벌레가 득실거리고 다 무너져 가는 집에서 살았지요. 가끔 생활비가 없어질 때가 있었는데 나중에 알고 보니 아버지가 도박 중독이었어요. 그래서 그나마 쥐꼬리만 한 봉급도 집에 가져오는 법이 없었지요. 우리는 굶주리진 않았지만 부모님의 출신을 생각하면 정말 가난한 거였죠." 로저스는 열세 살 때 학업을 포기했다. 그의 아버지는 습관적으로 아들 앞에서 루거 권총을 꺼내 들고 자신은 자살할 준비가 되어 있다고 말했다. 로저스는 그 문제를 처리할 꾀를 냈다. "열두 살 때 권총을 빼돌려서 감추면 된다는 걸 알게 되었죠." 한편 어머니의 알코올중독은 점점 심해져서 걸핏하면 병원에 입원하게 되었고 어머니 역시 (썩내켜서는 아니었지만) 몇 차례 자살을 기도했다. 로저스는 열여섯 살에 아버지를, 스무 살에 어머니를 잃었다.

"돌이켜 보면 아버지는 치료를 받았으면 나아졌을 거라는 생각이 들어요. 어머니는 잘 모르겠어요." 로저스 자신도 열세 살에서 열여덟 살까지 무기력증에 빠져 지내다 열여덟 살에 고교 졸업 자격 시험을 준비하기 시작했다. 그는 마음에 드는 여자를 만나 스스로 인생을 개척하려고 애썼다. 퀘이커 교도 모임에 나갔다가 심리학자를 만났고 그의 도움을 얻었다. 그러던 어느 날 위기가 닥쳤다. 차를 몰고 가다 정지 신호를 받고 기다리고 있는데 앞으로 가야 할지 뒤로 가야 할지, 오른쪽으로 가야 할지 왼쪽으로 가야 할지 판단을 내릴 수가 없었다. "어쩔 줄 모르고 그냥 앉아 있었죠." 그 뒤로 극심한 자살 충동에 시달리게 되었다. 퀘이커 교도 친구의 도움으로 병원에 입원한 그는 우울증 진단을 받고 리튬을 복용하게 되었다. 때는 1971년이었고 로저스에게는 갈 곳이 없었다. 여자친구도 떠나고, 부모님도 세상에 없고, 그는 생활보호 대상자로 살아가게 되었다.

로저스는 입원과 퇴원을 반복했다. 당시만 해도 항우울 치료가 원시적인 단계에 머물러 있었으므로 진정 작용을 하는 향정신제에 의존했고 그런 약을 먹으면 "죽은 사람 같은" 기분이 들었다. 그는 정신병원이 지긋지긋했다. "그 지옥 같은 데서 벗어나고 싶어서 분발했죠." 로저스는 아직도 주립병원 이야기를 할 때면 치를 떤다. "한번 들어가면 6개월씩 있었지요. 그 악취란! 그들은 환자당 연간 12만 5000달러씩 쓰고 있는데 최소한 제대로 된 시설은 갖출 수가 있잖아요. 그곳에서는 두세 명이 한 방을 씁니다. 좁은 방에 함께 갇혀 있는 거지요. 병원 직원들도 신통치 않아서 제대로 훈련도 못 받은 사람들이고 환자의 말에 귀를 귀울이지도 않아요. 환자를 학대하는 경우도 많고요. 그리고 얼마나 권위적인지 나의 반항적인 기질로는 도저히 견딜 수가 없었습니다. 그런 병원들은 감옥이에요. 지원금이 나오는 한 환자를 내보낼 생각은 안 해요. 그 번거로운 절차를 떠맡고 싶지 않으니까요. 그러다 보면 그런 곳에서 오래 있어야 할 상태까지 망가지는 거지요." 병원에서 그는 강력한 진정제를 투여받아 "다루기 쉬운" 상태가 되었지만 그의 문제는 그런 식으로 해결할 수 없는 것이었다. 항우울 치료 없이 진정제로 불안과 성마름을 가라앉히게 되면 몽롱한 고통 속으로 움츠러들 뿐이다. 로저스는 나중에 고마워할 것이라는 전제 아래 사람들을 강제로 치료하는 것을 좋게 여기지 않는다. "술집에 쳐들어가서 과음 중인 사람을 끌어내서 알코올중독 치료 센터에 집어넣고 그의 아내에게 연락한다면 나중에 그가 고마워할지도 모르지만, 그 행위는 우리의 사회 규범과 그의 시민적 자유에 대한 침해입니다."

나에게도 주립 정신병원 방문은 충격이었다. 상대적으로 온전한 세상에서 완전히 미치는 것도 혼란스럽고 불쾌한 노릇이지만 광기가 표준인 세계에 갇히는 건 정말이지 무시무시한 일이다. 나는 주립 시설들의 폐해 사례들 기록을 찾아보았다. 언론인 케빈 헬드먼은 자살 충동에 시달리고 있다고 속이고 용감하게 브루클린의 우드헐 병원 정신병동에 입원하여 훌륭한 잠복 취재를 했다.[29] 그는 "그곳의 전반적인 환경은 치료적이라기보다 보호적이었다."고 쓰면서 뉴욕주 정신보건국 특별보좌관 다비 페니의 말을 인용했다. "내 경험에서 말하자면, 만일 내가 정서적인 혼란 상태에 빠진다면 가장 가고 싶지 않은 곳은 (주립병원) 정신과 병동이다." 우드헐에서는 정신보건 서비스에 대한 주 정부의 의미 있는 정책을 찾아볼 수 없었다. 그곳 환자들에게는 정신과 의사들과 대화하거나 교류할 기회가 없었고, 대부분 규칙적인 일과도 없이 열 시간씩 내리 텔레비전만 보고, 방은 지저분했고, 자신이 무슨 약을 먹고 있는지도 알지 못했다. 그들은 완전히 불필요한 비자발적 진정과 억제의 대상이었다. 케빈 헬드먼이 그곳에서 친하게 지냈던 한 간호사는 아이를 가지면 우울증이 가실 것이라고 말했다. 뉴욕주에서는 이런 서비스를 위해 하루에 1400달러씩 썼다.

그런 시설들에 대해 연구할 때 나는 열악한 시설의 참담함보다 좋은 병원의 질에 더 관심이 컸다. 나의 목적은 폐해들을 찾아내는 것이라기보다 주립 시설이라는 모델 자체가 오도된 것이 아닌지의 여부를 알고자 하는 것이었다. 시설 수용의 문제는 난제 중의 난제이며 나는 아직도 그 해답을 찾지 못하고 있다. 단기 수용 시설은 좋을 수도 있고 나쁠 수도 있다. 나도 그런 병동에 입원했던 경험이 있으며, 예를 들어 존스홉킨스 병원의 경우 필요하다면 주저없이 입원 수속을 밟을 것이다. 그러나 몇 년씩, 심지어 평생을 지내야 하는 장기 수용 시설의 경우는 문제가 완전히 다르다. 나는 환자에 대한 봉사 정신으로 똘똘 뭉친 사람들이 운영하는 시설인 필라델피아 근방의 노리스타운 병원을 몇 차례 장기간 방문한 적이 있다. 그곳에서 만난 의사들, 날마다 환자들과 교류하는 사회복지사들, 그리고 원장에게서 좋은 인상을 받았다. 그곳에서 만난 많은 환자들도 좋아하게 되었다. 그럼에도 내게 노리스타운은 불쾌하고 소름 끼치는 곳이며 그곳을 방문하는 일은 나의 연구 작업에서 가장 심란하고 힘든 과제였다. 노리스타운에서 장기간 머무르니 온갖 사적인 절망에 빠지는 편이 훨씬 나았다. 현재로서는 시설 수용이 최선의 방책일 수도 있으며, 이러한 개입 정책의 맹점을 보완하기 위해서는 노리스타운의 문제들을 (완전한 해결은 불가능할지도 모르지만) 인정할 필요가 있다.

　　노리스타운 병원의 외관은 첫눈에 동부의 이류 대학 캠퍼스를 연상시킨다. 초록색 언덕 꼭대기에 위치하고 있어서 탁 트인 전망을 자랑한다. 키 큰 아름드리 나무들이 잘 가꾸어진 잔디밭 위로 그림자를 드리우고, 덩굴 줄기가 신연방주의 스타일의 빨간 벽돌 건물들을 온통 뒤덮고 있으며, 대문은 낮에는 열려 있다. 미학적으로 말하면 그 안에서 사는 것이 바깥세상에 나가는 것보다 낫다고 할 수 있다. 그러나 그곳의 실상은 1960년대에 방영된 텔레비전 시리즈 「죄수(The Prisoner)」와 소름 끼칠 정도로 유사하고, 마법적인 요소가 빠진 『이상한 나라의 앨리스』처럼 이해하기 어려운 논리가 논리의 완전한 붕괴를 숨기고 있다. 그곳에는 그곳만의 언어가 존재했고 나는 서서히 그것을 배웠다. "오, 그녀는 상태가 안 좋아요. 정신 바짝 차리지 않으면 결국 다시 50동으로 가게 될 거예요." 한 환자가 다른 환자에 대해 내게 한 말이다. 그곳 환자들에게 '50동'에서 무슨 일이 일어났는지 물어 봐야 소용없다. 환자들의 눈에 응급 치료를 받는 50동은 저주받은 곳이기 때문이다. 직접 가 보니 50동은 환자들이 두려워하는 것처럼 그렇게 무시무시한 곳은 아니었고 오히려 30동이 더 끔찍했다. 30동 환자들은 자해의 위험이 있기 때문에 대부분 육체적인 속박과 지속적인 감시를 받고 있었다. 그들 가운데 일부는 자살 기도를 하지 못하도록 그물 속에 갇힌 채였다. 나는 그곳에서 부적절한 개입은 목격하지 못했으며 그것들은 불가피한 조치였다. 그런데도 보기에 끔찍했고, 특히 여럿이 함께 있는 모습이 마담 튀소 밀랍인형 박물관[프랑스인 튀소가 런던에 세운 박물관으로, 볼테르와 벤저민 프랭클린 등 저명한 동시대인들뿐 아니라 세간을 떠들썩하게 한 범죄의 주인공들을 등신대 모형으로 만들어 전시했다.]의 지하에 있는 밀랍인형 범죄자들 같아서 더 치가 떨렸다. 병동들과 번호들의 위계성, 공포, 자유의 억압, 병원을 떠도는 수군거림은 그러잖아도 우울증에 시달리는 환자들의 상태를 더 악화시킬 수밖에 없었다.

나는 그곳에 있는 것이 싫었다. 아픈 데를 정곡으로 찔려서였다. 나도 가난한 외톨이 신세여서 우울증을 그대로 방치했다면 결국 이런 곳에 오게 되었을까? 그런 가능성만 생각해도 비명을 지르며 저 멋진 문들을 뛰쳐나가 나의 안전한 보금자리로 돌아가고 싶어졌다. 그곳 사람들은 외부에 집이라고 할 만한 곳을 갖고 있지 못했다. 그곳 의사들과 사회복지사들이 모두 모여도 환자들의 수가 더 많았고, 나는 '우리'와 '그들'이라는 지독한 분리 의식을 느꼈다.

정동장애는 주립 정신병원들에서 두 번째로 흔한 질병30이기 때문에 나는 자신이 '우리'에 속하는지 '그들'에 속하는지 구분할 수 없었다. 인간은 합의된 규범들에 따라 살아가며, 반복적으로 확인된 것이기에 이성에 매달린다. 만일 우리가 헬륨으로 가득한 세계에서 살게 된다면 중력에 대한 믿음을 잃게 될 것이다. 노리스타운에서 나는 현실 감각이 희박해져 가는 것을 느꼈다. 그런 곳에서는 아무런 확신을 가질 수가 없으며 온전한 정신은 바깥세상에서 정신이상이 그렇듯이 특이한 것이 된다. 나는 노리스타운에 갈 때마다 정신이 무중력 상태가 되어 와해되기 시작하는 것을 느꼈다.

내가 병원 행정부와 접촉하여 처음으로 그곳을 방문한 것은 어느 아름다운 봄날이었다. 나와 이야기를 나누겠다고 자청한 여성 우울증 환자가 있어서 그녀와 자리를 함께했다. 우리는 아름다운 언덕 위 전망대에 앉아 플라스틱 컵에 든 미지근한 커피를 마셨다.(플라스틱 용기가 커피에 녹아 맛이 고약했다.) 내 인터뷰에 응한 여성은 보기에도 멀쩡하고 의사 표현도 할 수 있었지만 나는 왠지 마음이 불안했는데 그건 플라스틱 냄새를 풍기는 커피 때문만은 아니었다. 우리가 이야기를 시작했을 때 사회적 관습과는 담을 쌓은 사람들이 다가와 우리 둘 사이에 자리를 잡거나 우리의 대화에 끼어들어 내게 당신은 누구이며 무엇을 하고 있는지 물었고, 한 환자는 내게 다가오더니 내가 베들링턴테리어라도 되는 양 목덜미를 쓰다듬었다. 또 한 여자는 우리에게서 3미터쯤 떨어진 곳에서 빤히 쳐다보다 갑자기 울음을 터뜨렸고 내가 아무리 달래도 계속 울었다. "그 여자 원래 시끄러워요." 다른 환자가 나를 안심시키는 태도로 설명했다. 그곳에 처음 왔을 때는 미치지 않았던 사람들도 그곳을 나갈 때쯤 되면 제정신이 아닌 상태가 될 수밖에 없었다. 노리스타운의 인구는 정신병원에 딸린 인간 창고의 전성기 때보다 많이 줄어서 반 이상의 병동들이 비어 있다. 대부분 1960년대에 지어져 도심의 학교들처럼 실리적이고 현대적인 모습을 한 빈 건물들은 귀신이라도 나올 듯한 으스스한 분위기를 풍기고, 벌써 여러 해 쇠사슬을 채운 채 굳게 잠겨 있어서 그 공허한 침묵에서 고통스러운 삶의 지독한 기운을 느끼게 한다.

그곳의 정신분열증 환자들은 우리 눈에는 보이지 않는 화성인들과 대화를 나누었다. 성난 청년이 주먹으로 벽을 치기 시작했지만 우울증이나 진정제로 멍해진 다른 환자들은 흐리멍덩한 눈으로 미동도 않고 바라보고만 있었다. 자해 방지용 시설들은 낡아 빠져서 그것들을 이용하는 사람들만큼이나 지쳐 보였다. 로비에 있는, 과거의 축일들을 위해 만들어졌을 색 바랜 색종이 꽃줄 장식은 환자들이 유치원에 다니던 시절부터 그곳에 있었던 듯했다. 그리고 그들의 성년을 잊지 않고 챙겨 준 사람은 아무도 없었다. 나는 여남은 번쯤 노리스타운에 갔는데 그때마다 환자들에게 봉변을 당했다. 한 여자 환자는 나를 엄마라고 부르며 내가 대답할 수 없는 질문들을 퍼부어 댔고, 어떤 환자는 불안해서 안달을 하며 나보고 당장 나가라고, 곤란한 일이 생기기 전에 빨리 나가라고 재촉했다. 나를 친구로 임명한 얼굴 기형이 심한 한 남자 환자는 신경 쓸 것 없다고, 떠나지 말라고, 한 달쯤 되면 모두들 내게 익숙해질 거라고 말했다. "자네는 그렇게 심하진 않아. 그렇게 흉하지는 않다고. 그냥 여기 있게. 익숙해질 거야." 그가 멍하니 독백하듯 말했다. 보기 싫게 살찐 여자가 내게 돈을 요구하며 강조의 표시로 계속 내 어깨를 잡았다. 그리고 노리스타운에서는 장광설의 배경음으로 끊임없이 이어지는 탕탕 치는 소리, 비명, 요란하게 코 고는 소리, 횡설수설, 울음소리, 끙끙대며 참는 소리, 염치 없는 방귀 소리, 흡연이 유일한 낙인 환자들의 고통스러운 기침 소리 따위의 계속저음 같은 비언어적 소음에서 잠시도 벗어날 수 없다. 그런 시설들에서는 애정이란 찾아볼 수도 없으며, 오직 다투는 소리들만 벽들과 바닥들에서 새어 나온다. 노리스타운에는 폐쇄된 건물들과 풀이 우거진 땅들은 있어도 공간은 충분하지 않다. 그곳의 환자들은 고통에 묶여 있다. 그런 시설들에 있는 환자들의 40퍼센트가 우울증 때문에 수용된 것인데, 결국 그들은 지상에서 가장 우울한 곳으로 우울증을 고치러 들어온 셈이다.

그래도 노리스타운은 내가 가 본 공립 장기 수용 시설 가운데 최고였고 그곳의 경영진은 환자들에게 헌신적인 면뿐만 아니라 지성적이고 친절한 점에서도 내게 감동을 주었다. 그리고 환자들도 대부분 최선의 건강 상태를 유지하고 있었다. 옛날 베들럼 병원과는 천양지차로 모든 환자들이 잘 먹고 적절한 약물치료를 받고 있고 곳곳에서 전문가가 따스한 눈길로 그들을 지켜보고 있었다. 노리스타운에는 다치는 환자도 거의 없었다. 모든 환자들이 청결한 상태로 깨끗한 옷을 입고 있었다. 그리고 대개 자기의 병명도 알고 왜 그곳에 수용되었는지도 말할 수 있었다. 직원들도 놀라울 정도로 환자들에게 애정을 쏟았다. 그곳에서는 정신병원의 분위기가 느껴지기는 했지만 동시에 안전한 느낌도 받을 수 있었다. 그곳 환자들은 바깥세계로부터, 그리고 무서운 내적 자아로부터 보호되고 있었다. 그곳의 단점들은 장기 수용 시설이 어쩔 수 없이 갖는 것들뿐이었다.

　조 로저스는 몇 해 동안 장기 수용 시설에 있다가 플로리다에
있는 사회 복귀 시설에 들어가 그곳에서 더 나은 대우와 괜찮은 약
물치료를 받았다. "하지만 그곳에 있으려니 자신이 정신병자로 보
이기 시작했어요. 그곳에서는 내 병이 고칠 수 없는 것이라면서 학
교로 돌아가는 건 아무 의미가 없다고 했죠. 그때가 이십 대 중반이
었어요. 그곳 사람들은 나더러 그곳에서 생활보호 대상자로 살아야
한다고 했어요. 결국 나는 병이 깊어졌고 자아 의식을 완전히 잃게
됐죠." 로저스는 그곳에서 나오자 1년 가까이 노숙자 생활을 하게
되었다. "정신을 차리려고 애쓸수록 더 무너지기만 했어요. 그래서
지리학 치료를 시도했지요. 뉴욕에 사는 것이 좋을 것 같았어요. 거
기서 무엇을 할지에 대한 생각은 없었죠. 결국 공원의 벤치를 찾아
냈는데 그리 나쁘지 않았어요. 당시만 해도 뉴욕에는 노숙자들이 많
지 않았고 나는 괜찮게 생긴 백인 청년이었으니까요. 행색은 초라했
지만 지저분하지는 않았지요. 사람들이 내게 관심을 보이더군요."
　로저스는 잔돈을 주는 사람들에게 자신에 대한 이야기를 들려
주었지만 다시 정신병원에 들어가게 만들 수도 있는 내용은 쏙 뺐
다. "다시 들어가면 다시는 못 나올 것 같아서였죠. 사람들이 나를
정신병원에 넣어 버릴 것 같았어요. 이미 모든 희망을 버린 상태였
지만 자신을 죽이는 고통이 너무 두려웠어요." 1973년의 일이었다.
"한번은 사람들이 요란한 축하 행사를 벌이더군요. 그래서 무슨 일
이냐고 물었더니 베트남전이 끝났다는 거예요. 그래서, '아, 잘됐네
요.' 했지요. 하지만 무슨 일이 일어나고 있는 건지 알 수가 없었어

요. 반전 시위에 참가했던 기억까지 났는데도." 날씨가 점점 추워지기 시작했고 로저스는 외투가 없었다. 그는 허드슨강 부두에서 잤다. "그때쯤에는 다른 사람들과 완전히 단절되어 내가 접근하면 사람들이 겁에 질릴 거라고 믿게 됐지요. 벌써 오랫동안 씻지도 않고 옷도 안 갈아입고 있었으니까요. 그때 나는 혐오스러운 모습이었을 거예요. 그런데 교회에서 나온 사람들이 내가 어정거리고 돌아다니는 걸 보고 이스트오렌지에 있는 YMCA로 데려다주겠다고 하더군요. 만일 그들이 병원으로 데려가겠다고 했다면 다시는 그들의 눈에 띄지 않을 곳으로 도망쳤겠죠. 하지만 그들은 그러지 않았어요. 나를 지켜보면서 내가 마음의 준비가 될 때까지 기다렸다가 내가 감당할 만한 제안을 했지요. 나는 잃을 게 없었죠."

그렇게 로저스는 "찾아 나서는 정책"의 혜택을 처음으로 체험했고 그것은 그의 사회정책의 초석이 되었다. "사회로부터 단절된 방황하는 영혼들에게는 작은 손길도 절실하지요. 찾아가는 봉사는 효과가 있어요. 그들을 직접 찾아가서 그들이 응할 준비가 될 때까지 설득하고 또 설득해야 합니다." 조 로저스는 우울증이었고 우울증은 사람의 성격을 깔고 앉아 짓누르는 병이지만, 그의 기본적인 성격은 무척 끈질겼다. "유머 감각이 결정적인 역할을 했다고 볼 수도 있지요. 우울증이 극에 달해 제정신이 아닐 때도 농담할 거리가 있었으니까요." 로저스는 몇 개월 동안 이스트오렌지 YMCA에서 생활하면서 세차원으로 취직했다. 그리고 몬트클레어 YMCA로 옮겨 가 그곳에서 아내를 만났다. 결혼은 "강력한 안정 효과"를 발휘했다. 로저스는 대학에 들어가기로 결심했다. "우리는 번갈아 앓았지요. 아내가 우울증에 시달릴 때는 내가 돌보고 내가 아플 때는 아내가 돌보는 식으로요." 로저스는 스물여섯 살 때 정신보건 분야에서 자원봉사를 하기 시작했다. "당시 내가 알던 유일한 분야였으니까요." 그는 개인적으로 주립 정신병원을 극도로 싫어했지만 심각한 처지에 있는 사람들에게는 도움이 필요하다고 생각했다. "나는 그런 병원들을 보다 나은 곳으로 개선할 수 있으리라고 생각했지요. 그래서 몇 년 동안 애써 봤지만 그 시스템은 개선이 불가능하다는 걸 알게 되었어요."

남동 펜실베이니아의 정신보건협회는 로저스가 설립한 비영리 단체로 정신 질환자의 권익 향상에 전념한다. 로저스는 펜실베이니아를 정신보건 분야에서 가장 진보적인 주의 하나로 만드는 데 한몫했으며, 주립 정신병원들의 폐쇄를 감독했고 현재 연간 14억 달러[31]의 예산으로 운영 중인 매우 훌륭한 지역사회 정신보건 서비스들을 제안했다. 정신적인 붕괴를 겪기에 펜실베이니아는 매우 좋은 곳이며 실제로 이웃한 주들에서 많은 사람들이 펜실베이니아주가 마련한 제도들을 이용하기 위해 모여든다. 필라델피아에서는 전통적으로 노숙자 문제가 커다란 골칫거리였는데 현 시장이 당선되자 폐쇄되었던 정신병원들을 다시 열고 아직 운영 중인 정신병원들을 채우려 했다. 로저스는 시장을 찾아가 다른 정신보건 제도들을 위해 그런 시설들을 폐쇄하도록 설득했다.

펜실베이니아에서 실시 중인 현 정신보건 제도의 지도적 지침은 사람들을 정신이상이 기정사실로 여겨지는 정신병원으로 보내는 대신 온전함의 유익한 영향들에 끊임없이 노출될 수 있는 넓은 지역사회에 살게 하는 것이다. 심각한 정신 질환을 안고 있는 펜실베이니아주의 환자들은 장기적인 수용 시설에 살게 된다. 이 시설들은 열다섯 개 병상 정도의 소규모 형태로 집중적인 지원과 엄격한 보호, 관리를 제공하며 지속적으로 사회 융합을 강조한다. 또한 집중적인 사례 관리 시스템을 도입하여 정신보건 사회복지사가 환자와 일대일의 관계를 맺는다. "그들은 환자를 따라다니며 상태를 살피고 좀 참견도 하고 그러죠. 적극적인 프로그램이 필요해요. 나도 이 일을 처음 시작했을 때 환자에게 법원에 접근 금지 명령을 신청하겠다는 협박까지 받았어요. 나는 환자의 거부를 받아들이지 않고 억지로 밀고 들어갔지요. 꼭 그래야만 했다면 문을 부수고라도 들어갔을 거예요." 이 시설들은 '정상적인' 삶의 실제적인 면들을 배울 수 있도록 도와주는 사회심리적 재활 프로그램들도 제공한다. 펜실베이니아에서 우울증으로 입원한 환자들의 80퍼센트가 이런 환경 속에서 더 나아진 것처럼 보인다. 다른 사람들이나 자신에게 위험을 가할 수 있는(예를 들면 혹한 속에서 거리를 배회하는 경우) 환자들에게는 강제 수용과 치료를 포함하는 전면적인 개입을 실시한다. 이런 치료를 끝까지 거부하는 사람들은 약물, 특히 헤로인 중독 정신 질환자들뿐이며 이런 환자들은 먼저 해독 치료부터 받아야한다.

로저스는 노숙자들을 위한 보호 시설인 쉼터들을 만들기도 했는데 그곳에서 일하는 사람들은 대개 정신 질환에서 회복된 이들이다. 이런 시설들은 이제 막 구조적인 환경에 대처하기 시작한 사람들에게 일자리를 제공하는 동시에 상태가 나쁜 사람들에게는 쉬면서 구조적인 조언을 얻을 수 있게 해 준다. 노숙자들은 그런 시설들에 일단 등록되면 계속해서 적극적인 개입을 받게 될 각오를 해야한다. 쉼터들은 정신적인 고립에서 교제 생활로 이행하는 전환 지대가 되어 준다. 현재 펜실베이니아주가 갖추고 있는 대규모 추적 시스템은 경찰국가의 인상을 주긴 하지만 정신 질환자들이 영영 돌아오지 못할 곳으로 가거나 사라지는 것을 막아 준다. 펜실베이니아주의 데이터베이스에는 응급실 치료 기록을 포함하여 주의 제도들을 통해 이루어진 모든 치료 기록들이 들어 있다. "내 이름을 쳐 봤다가 컴퓨터에 나타난 기록을 보고 깜짝 놀랐지요." 로저스의 말이다. 만일 환자가 무단 이탈이라도 하면 사회복지사들이 그를 추적해서 정기적으로 상태를 살피게 된다. 그들의 감시망을 벗어나기 위해서는 회복되는 수밖에 없다.

그러나 이런 프로그램의 문제는 취약성이다. 우선 실용주의적인 측면에서 볼 때 재정적으로 불안정하다. 대형 정신병원들은 고정적인 지원을 받지만, 제도화되지 못한 프로그램들은 예산 위기 때 지원이 삭감되기 쉽다. 또한 정신 질환자들을 지역사회에 합류시키기 위해서는 (아무리 개방적이고 부유한 지역이라 하더라도) 관용이 필요하다. "누구나 자기 집 앞에 노숙자가 나타나기 전까지는 탈수용화에 관대하지요." 보브 와이스 하원의원의 말이다. 가장 큰 문제는 일부 정신 질환자들은 독립하여 지역사회에 합류하는 것을 감당할 수 없다는 점이다. 이들은 병원 같은 완전히 고립된 환경이 아닌 곳에서는 기능할 수 없다. 이런 환자들까지도 적응이 불가능한 바깥 세계로 정기적으로 쫓겨나고 있는데 이것은 본인에게나 이들을 도와줄 사람들에게나 도움이 되지 않는다.

하지만 로저스는 이런 어려움들에도 용기를 잃지 않는다. 그는 한편으로는 고위 공직자들의 비위를 맞추면서 다른 한편으로는 미국 장애인법에 따라 집단 소송을 내는 당근과 채찍 전략으로 정신병원 폐쇄를 종용해 왔다. 로저스는 세사르 차베스의 연합농장노동자운동을 모델 삼아 정신 질환자들의 노동 조합을 만들어 모래알처럼 흩어지기 쉬운 그들이 집단적인 목소리를 낼 수 있도록 이끌었다. 정신 질환자 시설 수용의 전성기였던 1950년대에는 필라델피아 주위의 시설들에 약 1만 5000명이 수용되어 있었다. 로저스는 그 시설들 가운데 두 곳을 폐쇄시켰으며, 마지막 남은 노리스타운에는 환자 수가 수백 명 정도다. 로저스의 집단 소송에 가장 강력하게 반기를 든 사람들은 그런 병원들(대부분 관리 부서)의 노조원들이었다. 정신병원의 폐쇄는 충분히 건강을 회복한 환자들을 장기적인 지역사회 보호시설들로 옮기는 방식으로 이루어졌다. "우리는 마찰을 겪으며 서서히 그런 병원들을 폐쇄해 나갔지요." 로저스의 말이다.

주요 병원들이 학대의 온상이었다면, 지역사회에 기반한 프로그램들 역시 그와 비슷하거나 더 심각한 학대의 온상이 될 수도 있다. 이런 프로그램들 속에서는 견제와 균형을 유지하기 어렵다. 수많은 공무원들과 정신보건 복지사들이 작은 공국들을 다스리듯 각각의 시설들을 관리한다. 가끔 잠깐 들르는 감독관들이 그런 시설들의 운영에 대해 훤히 알고 있으려면 어떤 조처를 취해야 할까? 관리 기관이 바뀐 상태에서 고강도의 감시 감독을 유지하는 것이 가능할까?

정신 질환이 무엇이며 어떤 사람에게 치료가 필요한지의 문제는 정신적인 온전함에 대한 대중적 인식에 크게 의존한다. 제정신과 정신이상의 차이는 범주적인 것(종류)인 동시에 차원적인 것(정도)이다. 궁극적으로 우리가 자신의 머리와 다른 사람들의 머리에

요구하는 것에는 정치가 존재한다. 이 정치는 문제될 것이 없다. 이 것은 우리의 자기 정의에 필수적인 부분이며, 사회 질서의 초석이다. 복잡한 난제들에 대한 대중적 합의는 얼마간은 부패한 것일 수밖에 없으므로 그 배후의 공모나 결탁에 연연할 필요는 없으며, 사적인 의견과 공적인 역사의 묘한 결합이 사회적 동물인 우리의 모든 삶의 방식들을 결정한다. 우울증의 정치성이 문제가 아니라 우울증에 정치성이 존재한다는 사실을 우리가 인식하지 못하는 것이 문제다. 이 정치성으로부터 자유로울 수는 없다. 가난한 사람들은 금전적인 여유가 있는 사람들보다 이 정치성으로부터 자유롭기가 더 어려우며, 사실상 우울증의 정치성은 삶 전체를 반영한다. 병이 가벼운 사람은 병이 중한 사람보다 더 자유로우며 당연히 그래야 한다. 자살할 권리의 옹호자로 유명한 토머스 사스는 1970년대 후반에 정신과 의사가 환자의 개인적인 삶에 개입하는 것은 자연법칙에 어긋나는 일이라며 약물치료 반대 주장을 내세웠다.[32] 인간에게 우울증에 빠질 권리가 있다니, 참으로 흥미로운 주장이다. 물론 정당하고 합리적인 상황에서라면 얼마든지 약물치료를 거부할 수 있다. 그러나 사스의 주장은 도를 지나쳐서 그의 환자들이 약물치료의 포기를 대단한 자아실현으로 여기도록 만들었다. 이것도 정치적인 행위라 할 수 있을까? 일부 환자들은 그렇다고 믿었다. 우리가 정의하는 정신과 의사의 "책임감 있는 행동" 또한 정치적인 것이다. 우리 사회는 사스의 견해에 찬성할 수 없으며, 그는 그의 환자 가운데 잔인하고 비참한 방법으로 자살하고 만 한 사람의 부인에게 6만 5000달러를 지급해야 했다.[33]

정신 질환자를 죽음으로부터 보호하는 것이 더 중요한가, 아니면 그에게 치료를 거부할 시민적 자유를 보장해 주는 것이 더 중요한가? 이 문제는 많은 논쟁의 대상이 되어 왔다. 최근 《뉴욕 타임스》에 우려할 만한 특집 기사가 하나 실렸는데,[34] 새로 취임한 보건부 장관의 정신보건 관련 보고서에 대한 응답으로 워싱턴의 보수파 두뇌 집단의 일원인 한 정신과 의사가 쓴 글이다. 이 글은 병이 가벼운 사람들을 돕는 것은 병이 중한 사람들의 권리를 박탈하는 것이라는 주장을 담고 있었다.(마치 정신보건 서비스가 유한한 광물 자원이라도 되는 것처럼 말이다.) 그녀는 보건 당국의 관리 아래 있지 않은 정신 질환자들에게 약물치료를 받게 하기는 불가능하며, 결국 교도소 신세를 지게 되는("정신분열증이나 양극성 장애 같은, 사람을 쇠약하게 만드는 질환을 가진") 환자들은 대개 그곳에 있을 필요가 있다고 주장했다. 그러면서 미국인 가운데 20퍼센트 정도가 정신 질환을 안고 있으며(여기에는 분명 중증 우울증이 포함된다.) 이들 가운데는 치료가 필요 없는 경우도 많다고 썼다. 여기서 핵심 단어는 '필요'인데, 필요한가 여부는 생존 자체보다는 삶의 질에 관한 것이기 때문이다. 많은 사람들이 극심한 우울증을 안고도 생명을 유지할 수 있는 것은 사실이지만 그렇게 보자면 이가 없는 사람들도 살 수는 있다. 이가 없어도 요구르트나 바나나 같은 음식으로 연명할 수 있으니까. 그러나 현대인들은 이가 없는 상태로 살지는 않는다. 발이 안쪽으로 휘는 내반족도 생명에는 지장이 없지만 모두 치료를 받는다. 결국 그 주장은 정신 질환계 외부에서 계속해서 되풀이되어 온 것으로, 반드시 치료해야 하는 건 당장 사회에 폐를 끼치거나 다른 사람들에게 위험을 줄 환자들만이라는 이야기다.

의사들은, 특히 대학병원에 소속되어 있지 않은 경우 흔히 제약 회사 영업사원들을 통해 의학계의 앞선 정보들을 얻게 된다.[35] 이것은 유리한 점도 있지만 불리한 점도 있다. 유리한 점이라면 의사들에게 새로 시장에 나온 약품들의 장점을 배울 수 있는 평생교육의 기회를 제공한다는 것이다. 그러나 그것은 적절한 형태의 교육이라 볼 수 없다. 제약업계에서는 다른 치료들보다 약물치료를 강조한다. 미시간대학교 심리학 및 신경과학 명예교수인 엘리엇 밸런스타인은 이렇게 지적한다. "이것은 우리에게 약물치료에 대한 편견을 갖게 합니다. 물론 약물치료는 우수한 것이고 우리는 제약 회사들에 고마움을 느끼지만 그 교육 과정이 균형을 잃고 있는 것은 부끄러운 일이에요." 게다가 대규모의 연구들이 주로 제약업계의 지원으로 이루어지고 있기 때문에, 세인트존스워트처럼 특허를 낼 수 없는 약물보다 특허가 가능한 약물들에 대해서 연구가 치중되며 EMDR(안구운동 민감소실 및 재처리 요법) 같은 새로운 치료법들보다 신약에 의한 치료법에 초점이 맞춰진다. 현재로서는 제약 회사들의 지원을 받는 연구들과 평형을 유지할 만한 국가적 프로그램들이 없는 형편이다. 조너선 리스 교수는 대표적인 의학 전문지 《랜싯(The Lancet)》 최근 호에서 "게놈 연구와 정보 과학"을 포함하여 현재 특허 대상이 아닌 치료법들에 이익 동기를 부여하는 특허권 재정비를 요구했다.[36] 그러나 당분간은 이 분야에서 경제적 인센티브를 기대하기 어렵다.

제약업계에서는 자유시장경제에서 성공하기 위해서는 최고의 치료제를 내놓아야 한다는 것을 알고 있다. 그들이 훌륭한 치료제를 추구하는 것은 물론 이윤이라는 목적도 있지만, (화려한 갈채를 노리는 일부 정치인들의 주장과는 달리) 나는 제약업계는 타 업계에 비해 이익을 위해 사회를 착취하는 정도가 덜하다고 믿는다. 사실 현대 의학을 특징짓는 많은 발견들이 신제품 개발 비용으로 타 업계의 일곱 배 정도를 쓰는 제약업계의 대대적인 연구 개발 프로그램들에 의해 이루어졌다. 이런 프로그램들은 수익성에 입각한 것이기는 하지만, 환자들을 위한 치료제를 개발해 수익을 내는 것은 가공할 무기를 만들거나 저속한 잡지를 내서 수익을 내는 것보다는 고귀한 일이다. "그것은 업계에서 할 일이었다." 엘리릴리 사에서 프로작을 만든 세 명의 과학자들 가운데 한 사람인 데이비드 차우의 말이다. 국립정신건강연구소에서 일하다 지금은 엘리릴리에 몸담고 있는 윌리엄 포터도 이렇게 말했다. "프로작의 개발을 추진한 이들은 이곳의 연구원들이었어요. 중요한 연구는 업계의 지원으로 이루어집니다. 사회가 그렇게 하기로 하여 우리에게 이런 진보된 시스템을 제공한 거죠." 만일 제약업계에서 내 생명을 구한 약품들을 개발해 내지 못했다면 지금쯤 나는 어떻게 되었을까 생각하면 정말 오싹하다.

이렇게 제약업계는 좋은 일들을 많이 해 왔지만 현대 자본주의의 온갖 기괴한 함정들을 동반하고 있는 것도 사실이다. 나는 연구와 물질 공세 사이에서 갈팡질팡하는, 제약 회사들이 마련한 학회에 참석한 경험이 여러 차례 있다. 볼티모어 아쿠아리움에서 열린 어느 학회에서는 "신경생물학과 양극성 장애의 치료"에 관한 강의와 "특별 손님들과 그 가족을 위한 가오리 먹이 주기와 공연" 중 하나를 선택할 수 있었다. 나는 시장에 출하되기가 무섭게 상당한 시장 점유율을 차지할 주요 항우울제의 미국 발매 기념 행사에도 참석했다. 그 행사는 제품에 대해 말할 수 있는 부분을 정해 놓은 FDA의 엄격한 규제 아래 있기는 했지만 전설적인 서커스단도 흉내 못 낼 철저한 각본으로 감동을 연출하는 서커스였다. 게다가 어울리지 않게도 디스코 파티와 바비큐, 로맨스로 가득한 요란한 축제이기도 했다. 그것은 한마디로 상품들에 기분 좋게 취한 아메리카의 축도(縮圖)였다. 판촉 경쟁이 뜨거운 미국 시장에서는 어떤 제품이든 영업 인력의 사기 진작을 위해 그런 행사를 여는 것이 일반적이고 그 현란함은 무해한 것이기는 해도 내가 보기에는 끔찍한 고통을 겪고 있는 사람들을 위한 제품의 발매 행사로는 좀 이례적이었다.

영업팀이 기조연설을 들으러 어마어마하게 큰 회의장에 모였다. 2만 명이 넘는 참석자 수가 가히 압도적이었다. 모두 자리에 앉자 무대 위로, 마치 뮤지컬 「캐츠」의 고양이들처럼 오케스트라가 솟아오르더니 「시름을 잊고 즐겨 봐요」와 티어스 포 피어스의 「누구나 세상을 지배하고 싶어 하지」를 연주하기 시작했다. 오케스트라의 연주를 배경으로 오즈의 마법사의 목소리가 환상적인 신제품 발매 행사에 참여한 우리들에게 환영 인사를 했다. 6미터 길이의 스크린에 그랜드캐니언과 숲속을 흐르는 시냇물 사진이 영사되고, 조명은 위로 올라가 건축 현장을 모방한 세트를 드러냈다. 오케스트라가 핑크 플로이드의 앨범 「더 월」에서 발췌한 곡들을 연주하기 시작했다. 무대 뒤쪽에서 거대한 벽돌 벽이 서서히 솟더니 그 위에 경쟁 제품들의 이름이 나타났다. 전기로 움직이는 조립식 무대에서 광부용 헬멧을 쓰고 곡괭이를 든 코러스가 몸을 뒤트는 곡예를 펼치는 사이, 회의장 뒤쪽에 세워진 우주선에서 벽돌 벽을 향해 제품 로고 모양의 무지갯빛 레이저 광선들을 쏘아 댔다. 무대용 석고로 만들어진 것이 분명한 벽돌 벽이 먼지를 일으키며 요란하게 무너지는 동안 무용수들이 작업용 부츠를 신은 발을 차올리며 어울리지도 않는 아일랜드 지그[빠르고 활발한 춤]를 추었다. 영업 조직의 우두머리가 벽돌 벽의 잔해 위로 걸어 나와 스크린에 나타난 숫자들을 보고 환성을 올렸다. 그는 텔레비전 게임 쇼에서 우승이라도 한 것처럼 미래의 이익에 열광했다.

나는 그 화려함이 몹시 불편했다. 그러나 다른 사람들은 신이 난 것 같았다. 하프타임의 치어리더라 해도 관중을 그런 열광의 도가니로 몰아넣기는 힘들 정도였다. 그 익살극이 막을 내릴 즈음에는 모두 고통의 면상에 주먹을 날릴 준비가 되어 있었다. 개회식이 끝난 뒤 영업인들의 인정에 진지하게 호소하는 순서가 이어졌다. 회의장이 어두워지면서 그 행사를 위해 특별히 만들어진 단편영화가 상영되었다. 제3임상 시험에서 실제로 그 제품을 복용한 사람들이 영화에 등장했는데 이 실존 인물들은 끔찍한 고통에서 벗어나게 되었으며, 어떤 이들은 반평생 불구자 신세로 살다 이 제품 덕에 고질적인 우울증에서 해방되었다고 했다. 몽환적인 분위기의 소프트 포커스로 찍은 영상들은 이 행사의 다른 부분들처럼 감상적인 효과를 노린 것이었으나 이야기 자체는 실화였고, 나는 그곳에 모인 사람들이 환자들의 고통에 크게 마음이 움직이는 것을 목격했다. 그들은 진심에서 우러난 사명감을 안고 그 거대한 회의장을 떠났다. 다분히 모순적인 그 발매 행사는 며칠간 이어지면서 영업인들의 공격성과 감정이입을 부추겼다. 그리고 마지막에는 선물을 듬뿍 안겨 주어서 나는 그 항우울제의 로고가 구찌 상표처럼 요란하게 박힌

티셔츠, 폴로 셔츠, 스포츠용 점퍼, 메모장, 야구 모자, 작은 여행용 가방, 펜 스무 개, 기타 여러 물건들을 들고 집으로 돌아왔다.

영국 정신약리학회 간사를 지낸 적이 있는 데이비드 힐리는 우울증 치료제의 승인 절차에 이의를 제기했다. 그는 제약업계가 약의 작용이 단순한 것처럼 오도하기 위해 "선택적 세로토닌 재흡수 억제제"(SSRI)라는 용어를 사용하고 있다고 주장했다. "세로토닌 재흡수를 억제하는 약들이 항우울제가 될 수 있는 것처럼 선택적으로 카테콜아민 재흡수를 억제하는 약들도 항우울제가 될 수 있다. 실제로 심각한 우울증의 경우 다수의 조직들에 작용하는 일부 오래된 약들이 새로 나온 약들보다 더 효과적일 수 있음을 강력히 시사하는 자료도 있다. ECT는 특정한 신경 전달계에 작용하는 특수성이 가장 약한 치료법이라 할 수 있지만 많은 임상의들이 ECT를 현존하는 치료법 중 가장 빠르고 효과적인 것으로 믿고 있다. 이런 사실이 우울증에 대해 암시하는 바는 우울증은 하나의 신경전달물질이나 특정한 수용체의 장애라기보다 다수의 조직들이 손상되거나 균형을 잃은 상태라는 것이다."[37] 이는 많은 제약 회사들이 자사제품의 특징이랍시고 광고하는 것들이 사실 소비자들에게는 특별히 유익할 것도 없음을 시사한다. 1960년대에 마련된 연방정부의 규제 시스템은 모든 질병이 세균에 의한 것이라는 이론에 근거하여 모든 질병에는 특효를 발휘하는 해독제가 있으며 모든 해독제가 특정한 질병에 효험이 있다고 본다. 의심할 여지 없이 FDA, 미국 국회, 제약 회사들, 그리고 일반 대중은 우울증이 세균처럼 우리에게 침입하는 것이며 적절한 치료로 그것을 몰아낼 수 있다는 생각을 갖고 있다. '우울증'이라는 병을 전제로 하는 '항우울제'라는 구분은 이치에 맞는 것일까?

만일 우울증이 세계인의 25퍼센트[38]에나 오는 병이라면 그것을 병이라 할 수 있을까? 그것은 사람들의 '진짜' 성격을 대체하는 그 무엇은 아닐까? 내가 하루 네 시간만 자고도 제대로 활동할 수 있었다면 이 책의 작업 시간을 갑절로 늘릴 수 있었을 것이다. 내게는 잠을 많이 자야 하는 것이 심각한 장애가 된다. 나는 국무장관 노릇은 할 수가 없는데 그 일은 하루 열다섯 시간 정도 들여서는 할 수 없기 때문이다. 내가 작가의 길을 택한 이유 중에는 내 마음대로 스케줄 관리를 할 수 있다는 점도 있으며, 나와 함께 일해 본 사람들은 내가 어지간하면 아침에 약속을 잡지 않는다는 걸 안다. 나는 가끔 잠이 부족한 상태에서 버티기 위해 커피라는, 의사의 처방 없이 살 수 있는 약을 먹는다. 그러나 그것은 불완전한 약이다. 단기적으로는 매우 효과적이지만 장기적으로 잠의 대용물로 이용하면 불안, 메스꺼움, 현기증을 일으키고 일의 능률도 떨어뜨린다. 따라서 커피의 도움으로 국무장관의 업무를 감당하기는 불가능하다.

나는 하루 열네 시간씩 자야만 하는 사람들을 만난 적이 있으며, 그들은 중증 우울증 환자들과 마찬가지로 현대 사회에서 자기 역할을 다하며 살아가는 데 어려움을 겪는다. 그들은 불리한 처지에 있다. 병의 경계는 어디일까? 만일 카페인보다 우수한 약이 나온다면 누가 병자로 분류될까? 그렇다면 국무장관의 수면 시간을 이상적인 모델로 삼고 하루 네 시간 이상 수면을 취하는 모든 사람들에게 약물치료를 권해야 할까? 그렇게 하는 것이 그릇된 일일까? 약물치료를 거부하고 몸이 원하는 대로 자려는 사람들은 어떻게 될까? 다른 사람들과 보조를 맞추어 살 수가 없을 것이다. 대부분의 사람들이 이 가상의 약물치료를 받게 될 경우 그렇잖아도 정신없는 현대인의 삶의 속도가 더 빨라질 것이기 때문이다.

다시 데이비드 힐리의 글을 보자. "1970년대에는 주요 정신장애들이 단일한 신경 전달계와 수용체의 장애에 의한 것으로 여겨졌다. 그런 주장을 뒷받침할 만한 증거 같은 건 없었지만, 어쨌거나 그 결과 정신의학의 관심은 차원적인 것에서 범주적인 것으로 옮겨졌다.³⁹ 현재 우리 사회가 우울증을 보는 관점에서 가장 우려할 만한 요소는 그것을 연속체로 여기지 않는다는 점이다. 즉 우울증이냐 아니냐의 구분이 있을 뿐 '약간 우울증'이라는 말은 '약간 임신한 상태'라는 말과 똑같이 취급된다. 물론 범주적인 모델들은 매력적인 점이 있다. 점점 자신의 감정들에서 소외되어 가는 현대인에게, 혈액 검사나 뇌 촬영으로 우울증 여부와 어떤 종류의 우울증인지를 밝혀낼 수 있으리라는 생각은 위안이 될 수도 있다. 그러나 우울은 모든 사람들에게 존재하는 정서로 통제력 안으로 들어왔다 벗어났다 하는 것이며, 우울증이라는 병은 우리가 공통적으로 갖고 있는 어떤 것이 도를 지나친 것이지 외부의 것이 들어온 건 아니다. 그리고 그 형태는 사람마다 다르다. 그렇다면 무엇이 사람들을 우울증에 빠뜨리는가? 그것은 '무엇이 사람들을 만족시키는가?'라는 물음과 다를 게 없다.

언젠가는, 약의 복용량을 정하는 데는 의사의 도움을 얻더라도 장기적인 이득이 확실하고 최소한의 부작용만을 지닌 항산화비타민을 먹듯이 쉽게 SSRI를 복용하게 될 것이다.⁴⁰ SSRI 계열 항우울제는 무너지기 쉬운 정신 건강에 도움이 되며, 정신을 적절한 상태이게 한다. 복용량이 맞지 않거나 꾸준히 복용하지 않으면 제대로 효과를 얻을 수 없겠지만, 데이비드 힐리가 지적했듯이 사람들은 비처방 약들을 아무렇게나 복용하지는 않는다. 우리는 대개 그런 약들을 과도하게 복용하지 않는다. 시행착오를 거쳐 자신에게 어느 정도의 복용량이 적절한지 알게 된다.(사실 의사들도 SSRI를 처방할 때 그렇게 한다.) SSRI는 극도로 과잉 복용을 해도 치명적이거나 위험하지 않다.[41] 데이비드 힐리는 처방용 약으로 규정하여 약을 미화시키는 현상은 특히 항우울제의 경우 두드러진다고 말한다. 사실 항우울제는 상대적으로 부작용도 적고 아직까지는 오로지 환자의 설명에만 의존하는, 환자의 자기 보고 이외의 다른 의학적 검사로는 판단할 수 없는 병의 치료에 쓰인다. 항우울제가 필요한지 아닌지는 환자에게 묻는 방법으로밖에 결정할 수 없으며, 그런 결정들은 대부분 항우울제에 대한 지식이 박식한 아마추어보다 뛰어나지도 못한 일반 가정의들에 의해 내려진다.

현재 나는 면밀하게 조정한 투약 계획을 따르고 있으며, 유능한 전문가의 충실한 조언이 아니었더라면 마지막 붕괴를 이겨 낼 전문적 지식을 얻을 수도 없었을 것이다. 그러나 내가 아는 많은 사람들이 그냥 의사에게 가서 프로작을 처방해 달라고 요구한다. 그들은 이미 자가 진단을 내리고 의사를 찾아가며, 의사도 환자가 자신의 정신 상태에 대해 내린 판단을 의심할 이유를 느끼지 못한다. 불필요한 프로작 복용은 특별한 효과를 나타내지 않는 듯하며, 스스로 약효가 없다고 판단하면 복용을 중단하게 될 것이다. 그런데 왜 환자가 독단적으로 그런 결정들을 내릴 수 없는 것일까?

내 인터뷰에 응한 많은 이들이 '가벼운 우울증'에 항우울제를 복용하고 있었고 그로 인해 더 행복하고 더 나은 삶을 영위하고 있었다. 나라도 그렇게 할 것이다. 피터 크레이머가 『프로작에 귀 기울이기』에서 말했듯이, 어쩌면 그들이 진짜 바꾸고 싶은 것은 성격인지 모른다. 우울증이 화학적이거나 생물학적 문제라는 뉴스는 홍보 효과를 노린 것이며, 원한다면 최소한 이론적으로는 폭력에 대한 뇌의 화학작용을 밝혀내고 그것을 가지고 장난을 칠 수도 있다. 모든 우울증은 외부 침입에 의한 병이라는 관념은 (졸음에서부터 역겨움, 우둔함에 이르기까지) 온갖 것들을 포함하는 병이라는 단어의 확대에서 비롯되었거나 편리한 현대적 허구에 의한 것이다. 그럼에도 인간을 비참한 상태에 빠뜨리는 심각한 우울증은 이제 치료가 가능하며 사람들이 건강하고 풍요로운 삶을 누릴 수 있는 정의로운 사회를 위해 적극적으로 치료되어야 한다. 그런 치료는 보험 혜택을 받아야 하고, 법에 의해 보호되어야 하며, 우수한 연구자들에게 극히 중요한 연구 과제로 인정되어야 한다. 여기에는 인간은 무엇이며 인간의 고통들은 무엇인지에 대한 존재론적 의문을 갖게 하는 명백한 패러독스가 존재한다. 인간의 삶과 자유에 대한 권리들은 비교적 단순하고 명백하지만 행복의 추구에 대한 권리는 갈수록 알쏭달쏭해진다.

옛 친구 하나가 내게 성(性)이 공적인 존재 형태를 갖게 되면서 완전히 망가졌다는 말을 한 적이 있다. 그녀는 처음 성에 눈뜬 시기에는 오직 본능이 이끄는 대로 따라가며 새로운 발견들을 할 수 있었노라고 했다. 그때는 상대에 대한 구체적인 기대도 없었고 기준 같은 것도 없었다. "그런데 언제, 어떻게, 몇 번의 오르가슴을 체험해야 하는지에 대한 글들을 너무 많이 읽고 말았지. 무엇을 해야 하고 어떤 체위를 해야 하고 어떤 기분을 느껴야 하는지 머리에 박힌 거야. 올바른 방법과 잘못된 방법들도 다 알게 되었고. 그러니 무슨 발견을 할 수 있겠어." 그녀가 내게 한 말이다.

　뇌의 기능장애도(이 책을 통해 공적인 역사를 자세히 다루기는 했지만) 한때는 사적인 문제였다. 사람들은 아무런 예상도 없이 그것을 맞았고 진행 과정도 대부분 개인적이었다. 주위 사람들이 그것에 대처하는 방식 또한 개인적이었다. 그러나 이제 우리는 정신적인 고통에 들어설 때에도 지침들을 갖고 있다. 우리는 인위적인 분류들과 축소적인 공식들을 등에 업고 번영하고 있다. 우울증은 공적인 영역으로 나오면서 외적으로 결정되는 경로가 되었다. 이것이 바로 우울증이 정치와 만나는 지점이다. 이 책도 어쩔 수 없이 우울증의 정치성을 벗어나지 못하고 있다. 이 책을 꼼꼼히 읽다 보면 우울증을 앓는 법을, 즉 우울증에 걸리면 무엇을 느끼고 무엇을 생각하고 무엇을 하는지를 배울 수 있다. 그래도 개인 투병의 개별성은 엄연히 존재한다. 우울증은 성(性)처럼 억누를 수 없는 신비를 간직하고 있다. 그것은 매번 새롭다.

11 진화

우울증의 "누가", "언제", "어디서", "무엇을"에 대해서는 많은 논의가 이루어졌다. 진화론자들은 "왜"에 관심을 두며 "왜"에 대한 관심은 역사로 시작된다. 진화생물학은 생물이 어떻게 현재의 방식으로 존재하게 되었는가를 설명한다. 그토록 불쾌하고 비생산적인 기분 상태가 왜 그토록 많은 사람들에게 일어난 것일까? 그것은 인간에게 어떤 이득을 줄 수 있나? 그것은 단순히 인간성의 결함일까? 왜 오래전에 도태되지 않았을까? 어째서 특정한 증세들은 떼를 지어 모이는 경향이 있을까? 장애의 사회적 진화와 생물학적 진화의 관계는? 이런 의문들에 대한 답을 찾기 위해서는 보다 근원적인 문제들에 대한 탐구가 필요하다. 진화론적인 관점에서 인간은 왜 기분이란 것을 갖고 있는가? 왜 감정들을 갖고 있는가? 왜 자연은 절망, 좌절, 성마름, 그리고 상대적으로 너무도 적은 기쁨을 선택했던 것일까? 우울증에 관한 진화론적 의문들을 탐구하는 것은 우울증이 인간에게 무엇을 의미하는지를 탐구하는 것이다.

기분장애가 단순하고 단일하고 분리된 상태가 아니라는 건 분명한 사실이다. 마이클 맥과이어와 알폰소 트로이시는 『다윈 정신의학』에서 "우울증은 외부 요인에 의해 발생할 수도 있고 그렇지 않을 수도 있고, 유전인 경우도 있고 그렇지 않은 경우도 있고, 일란성 쌍둥이들에게서도 다른 양상으로 나타날 수 있고, 평생 지속될 수도 있고 자연스럽게 나을 수도 있다. …… 우울증 환자들 중에는 불리한 환경에서 성장하여 사는 경우도 있고 그렇지 않은 경우도 있으며, 가족력이 있는 경우도 있고 그렇지 않은 경우도 있다. 또한 우울증을 유발하는 (노르에피네프린, 세로토닌 등의) 생리 조직에도 개인차가 큰 것으로 나타났다. 치료에 있어서도 특정한 항우울제에만 반응을 보이는 경우, 약물치료는 듣지 않고 전기충격 치료에만 반응하는 경우, 현재 이루어지고 있는 어떤 개입에도 반응하지 않는 경우가 있다."고 지적한다.[1]

그러니까 우리가 우울증이라 부르는 것은 분명한 경계가 없는 상태들의 특수한 조합이라는 것이다. "기침"도 항생제에 반응하는 경우(결핵), 습도의 변화에 반응하는 경우(폐기종), 심리치료에 반응하는 경우(신경성 기침), 화학요법을 요하는 경우(폐암), 그리고 고치기 어려운 경우가 있다. 어떤 기침은 치료하지 않고 방치하면 치명적인 결과를 낳고, 어떤 기침은 만성적이고, 어떤 기침은 일시적이고, 어떤 기침은 계절성이며, 어떤 기침은 저절로 사라진다. 어떤 기침은 바이러스 감염과 관련이 있다. 그렇다면 기침이란 무엇인가? 우리는 기침을 하나의 질병으로 보기보다 다양한 질병들의 한 증세로 정의한다. 기침 그 자체에도 목이 아프고 잠을 못 자고 말도 잘 못하고 목구멍이 간질간질하고 호흡이 어려운 증세들이 따르지만 말이다. 우울증도 기침과 마찬가지로 질병의 한 종류라기보다 증세들을 지닌 하나의 증세다. 만일 우리가 기침을 유발하는 질병들에 대해 알지 못한다면 "난치성 기침"에 대한 이해의 토대를 가질 수 없을 것이며, 왜 어떤 기침은 치료에 반응을 보이지 않는지에 대해 온갖 억측들이 나올 것이다. 현재로서는 우울증의 상이한 유형들과 그 각각의 의미를 가려낼 분명한 체계가 마련되어 있지 않다. 우울증은 다양한 원인들을 갖고 있으며 따라서 여러 각도에서 연구되어야 한다. 현재 우리는 정신분석학, 생물학, 외적 환경에서 조금씩 취해 아무렇게나 버무려 놓는 식으로 우울증에 접근하고 있다. 그러나 우울한 정신 상태에 대해 제대로 이해하려면 한데 뒤엉켜 있는 우울증과 슬픔과 성격과 병을 분리해야 한다.

감각(sensation)은 가장 기본적인 동물적 반응이다. 모든 생물들에게 허기는 불쾌하고 포만감은 기분 좋은 것이며, 그런 이유로 우리는 먹기 위해 노력한다. 만일 허기가 불쾌한 느낌이 아니라면 우리는 굶어 죽게 될 것이다. 우리는 음식을 향한 본능을 지니고 있으며 음식을 구할 수가 없어서 그 본능이 좌절되면 극심한 허기를 느끼면서 허기를 달래기 위해 기를 쓰게 된다. 감각은 감정(emotion)을 유발한다. 내가 만일 배고픈 것에 대해 불행한 감정을 느낀다면 그것도 감각에 대한 감정적인 반응이다. 곤충들과 많은 무척추동물들도 감각과 그에 대한 반응을 갖는 것으로 보이지만, 과연 어떤 단계의 동물들부터 감정이란 걸 갖는지에 대해서는 단정하기 어렵다. 감정은 고등동물만 갖고 있는 것은 아니지만 아메바의 행동을 설명할 때 사용하기에 적절한 단어는 아니다. 우리는 감상적 오류에 빠져 물풀이 축 늘어져 있는 것을 보고 불행해 보인다느니, 차가 계속 시동이 꺼지는 걸 심통을 부린다느니 하면서 의인화를 한다. 그런 식의 투사(projection)와 진짜 감정을 구별하기는 쉽지 않다. 벌들이 윙윙거리는 건 분노일까? 연어가 강을 거슬러 올라가는 것이 단호한 의지일까? 존경받는 생물학자인 찰스 셰링턴은 1940년대 후반에 현미경을 통해 벼룩이 물어뜯는 장면을 지켜보며 이렇게 썼다. "그 행동은 반사작용이든 아니든, 맹렬한 감정으로 충만한 것처럼 보였다. 크기만 달랐지 먹이를 향해 달려드는 사자의 모습에 비견될 만했다. 그것은 곤충의 세계에 충만한 '정서'의 바다를 암시하는 장면이었다."[2] 셰링턴의 묘사는 곤충의 행동이 인간의 눈에 감정을 반영하는 것으로 비치는 예의 하나다.

감정이 감각보다 더 정교한 것이라면 기분(mood)은 그것보다 더 정교한 것이다. 진화생물학자인 C. U. M. 스미스는 감정은 날씨(이를테면 지금 밖에 비가 내리는 것과 같은), 기분은 기후(습하고 비가 많은 지역 같은)라고 할 수 있다고 했다.[3] 기분은 감각에 대한 반응들을 특징짓는 지속적인 감정 상태다. 기분은 직접적인 요인들 없이도 생겨날 수 있는 자생력을 갖춘 감정으로 이루어진다. 허기 때문에 불행을 느끼고 그로 인해 (음식을 먹는다고 반드시 사라지는 것은 아닌) 짜증스러운 기분 상태로 들어갈 수도 있다. 기분은 종(種)을 초월해서 존재하지만 일반적으로 진화된 종일수록 직접적인 외부 상황과 관계없이 생겨나는 경향이 강하다. 그리고 이런 현상은 인간에게서 가장 두드러진다. 우울증이 아닌 사람들도 이따금 사소한 일들이 인간의 유한성의 암시로만 보일 때, 떠나간 사람들이나 지나간 시절이 갑자기 사무치게 그리울 때, 우리가 덧없는 세상에 살고 있다는 단순한 사실이 몸이 마비되도록 슬플 때 우울한 기분에 젖게 된다. 그리고 어느 때는 아무런 이유 없이 슬픔에 빠진다. 반면 자주 우울증에 시달리는 사람들도 햇살이 유난히 눈부시고 모든 것이 즐겁고 세상에 가능성들이 터질 듯 넘쳐날 때, 과거는 빛나는 현재와 미래의 서곡에 지나지 않는 것처럼 여겨질 때 들뜬 기분을 느낀다. 이것은 생화학과 진화학 모두에서의 수수께끼다. 감정의 선택적 이점들을 찾아보는 것이 기분의 필요성을 밝혀내는 것보다 훨씬 쉬울 것이다.

우울증은 암처럼 우리 몸에 일어난 고장일까, 아니면 구역질처럼 방어적인 것일까? 진화론자들은 그것이 단순한 기능장애이기에는 너무 자주 일어난다고 주장한다. 우울증에는 진화의 특정 단계에서 생식에 이롭게 작용했던 메커니즘들이 수반되는 것으로 보인다. 여기에서 네 가지 가능성이 제시될 수 있는데 네 가지 모두 최소한 부분적으로는 진실이다. 첫 번째 가능성은 우울증이 진화의 역사에서 인류 출현 이전에 (이제는 쓸모가 없어진) 모종의 목적에 기여했을 수 있다는 것이다. 그리고 두 번째 가능성은 현대 삶의 스트레스가 현재까지 진화된 인간의 뇌와 맞지 않아 그 결과 우울증이 생겼을 수 있다는 것이다. 세 번째 가능성은 우울증이 인간 사회에 유익한 기능을 하며 그래서 사람들이 우울증에 걸리는 건 좋은 일일 수도 있다는 것이다. 마지막으로, 우울증과 관련된 유전자들과 그에 따른 생물학적 구조들이 다른 유익한 행동들이나 감정들과 관련되어 있을 수 있다는, 즉 우울증은 뇌의 유익한 생리 기능의 부차적인 결과일 수도 있다는 것이다.

우울증이 과거에 이루어졌던 (이제는 쓸모가 없어진) 유익한 기능의 잔재였다는 생각은 우리가 갖고 있는 퇴화된 정서적 반응들로 뒷받침된다. 심리학자 잭 칸은 "사람들은 자동차나 전구 소켓 같은 진짜 위험한 것들에는 자연적인 공포를 느끼지 않는 반면 무해한 거미나 뱀에 대한 공포로 시간과 에너지를 낭비한다."[4]고 지적했는데, 인간이라는 종의 발달사의 특정 단계에서는 거미나 뱀에게 공포를 느끼는 것이 유익했을 것이다. 이와 같이 우울증도 극히 사소한 문제들로 인해 생겨나는 경우가 많다. 앤서니 스티븐스와 존 프라이스는 어떤 유형의 우울증은 원시적인 계급사회의 형성에 꼭 필요한 것이라고 주장했다.[5] 하등한 생물들과 오랑우탄[6] 같은 일부 고등한 포유동물들은 고독하게 살지만 대부분의 고등동물들은 포식동물들로부터의 방어, 자원 확보, 생식 활동, 협동적인 사냥에 유리한 공동생활을 한다. 자연선택이 집단을 선호하는 점은 의심의 여지가 없다. 집단성은 인간에게서 특히 강하게 나타난다. 우리는 사회 속에서 살며 대부분은 소속감에 크게 의존한다. 사람들이 좋아하는 존재가 되는 것은 인생의 커다란 기쁨 가운데 하나이며, 제외되거나 무시되거나 인기 없는 존재가 되는 것은 최악의 경험 가운데 하나다.

어느 사회에서나 우두머리가 있어야 하며 지도자 없는 사회는 혼란에 빠지고 곧 해체된다. 대개 집단 내에서 개인들의 위치는 시간의 흐름에 따라 변하며, 우두머리는 결국 그 자리에서 쫓겨날 때까지 도전자들에 맞서 자신의 자리를 지켜야 한다.[7] 우울증은 이런 세력 다툼의 해결에 중요한 역할을 한다. 만일 서열이 낮은 동물이 우두머리에게 도전했다가 패배해도 기가 꺾이지 않는다면 계속해서 우두머리에게 도전할 것이며, 그러면 그 집단에는 평화가 사라지고 집단으로서의 기능이 마비될 것이다. 반대로 우두머리에게 도전했다가 실패했을 때 꼬리를 내리고 우울증 상태(이것은 실존적 위기에 의한 것이라기보다 수동성에 의한 것이다.)로 움츠러든다면 그것은 우두머리의 승리를 인정하고 기존 지배 구조를 받아들이는 것이다. 그러면 우두머리에게 죽임을 당하거나 집단에서 쫓겨날 염려도 없어진다. 이런 식으로 적절한 우울증은 계급에 바탕을 둔 사회에서 사회적 조화를 이루는 수단이 되기도 한다. 우울증이 자주 재발하는 것은 한 번 싸웠다가 진 동물이 다시 싸움에 나서서 스스로 피해를 자초하는 일이 없도록 만드는 방어 장치일 수도 있다.[8] 진화론자 J. 버츠넬은 우리가 부단히 타인들과의 관계 속에서 자신의 위치를 점검하며 스스로 인식하는 위치에 따라 자신의 역할을 수행한다고 말했다.[9] 싸움의 결과는 서열을 결정하며, 우울증은 동물들이 무모하게 그 서열에 도전하지 않도록 막아 주는 역할을 한다고 볼 수 있다. 인간은 사회적 지위 향상을 노리는 경우가 아니더라도 타인들의 비난과 공격의 대상이 될 수 있다. 우울증은 그런 비난을 받게 될 영역으로부터 우리를 끌어내는 역할도 한다(이것은 모기 한 마리 잡으려고 큰 쇠망치를 휘두르는 격일 수도 있지만). 그렇다면 우울증의 불안이라는 요소는(동물 사회와 수렵채집기의 인간 사회에서라면 치명적인 결과라 할 수 있는) 집단으로부터 추방될 만큼 거센 비난의 대상이 되는 것에 대한 공포와 관련된 것이다.

그러나 이 주장은 사회구조를 결정하는 원칙들이 무수히 많은 현대사회에서 우리가 체험하는 우울증과는 관련성이 적다. 무리를 이룬 동물 사회에서는 집단의 구조가 승자와 패자를 가르는 싸움을 통해 표출되는 육체적 힘에 의해 결정된다. 여러 해 동안 종의 비교와 정신병리학 학회(Across-Species Comparisons and Psychopathology Society)를 이끌어 온 러셀 가드너는 인간의 우울증과 동물 모델들의 관련성에 대해 연구했다.[10] 그는 인간의 경우 성공이 남을 누르는 것보다는 스스로 이루는 것에 달려 있다고 말한다. 즉 인간은 다른 사람들이 성공하지 못하도록 막는 것만으로는 성공할 수 없고 스스로 무언가를 이루어야 한다. 그렇다고 경쟁이나 남에게 해를 끼치는 것과 완전히 무관한 것은 아니지만, 인간의 사회조직에서 경쟁은 대부분 파괴적인 요소보다는 건설적인 요소가 강하다. 동물 사회에서 성공은 곧 "나는 너보다 강하다."이지만 인간 사회에서 성공은 "나는 뛰어나다."이다.

가드너는 동물 사회의 경우 시험 가능한 실제 힘이 사회조직을 결정하고 그 힘이 약한 자들은 우울증 비슷한 상태에 빠지지만 인간 사회에서는 여론이 사회조직을 결정한다고 주장했다. 비비가 우울한 행동을 보이는 것이 다른 비비들에게 얻어맞았기 때문이라면, 인간이 우울증에 빠지는 것은 다른 사람들에게 인정받지 못했기 때문이라는 것이다. 그러나 기본적인 계급 가설은 현대에도 유효해서 현대인들도 지위를 잃게 되면 우울에 빠지며 그 결과 더 낮은 지위를 받아들이기도 한다. 물론 현대 사회에서는 낮은 지위를 받아들이기를 거부하는 이들도 대개는 추방당하지 않으며, 더러는 존경받는 혁명가로 탄생하기도 하지만 말이다.

우울증은 동요 상태의 동면이며, 에너지를 보존하는 침묵이자 위축이며, 모든 신체 조직들의 둔화다.(이것은 우울증이 과거의 잔재라는 생각을 뒷받침하는 것으로 보인다.) 우울증 환자들이 침대를 그리워하고 집을 나서고 싶어 하지 않는 것은 동면을 연상시킨다. 동물들은 들판 한가운데서가 아니라 아늑한 굴이라는 안전한 장소에서 동면을 취하기 때문이다. 우울증은 안전한 환경에서 일어나는 자연적인 위축이라는 가설도 있다. 국립정신건강연구소에서 잠에 대해 연구하는 토머스 웨어는 이렇게 말했다. "우울증은 잠과 관련이 있는지도 모른다. 왜냐하면 잠을 자는 곳, 집에 있는 것과 관련이 깊기 때문이다."11 우울증은 새들이 몇 주씩 알을 품고 있도록 만드는 호르몬인 프로락틴(황체자극호르몬)의 수치 변화에 따른 것일 수 있다. 그것 또한 일종의 위축이며 비활동이다. 토머스 웨어는 가벼운 우울증에 대해 이런 의견을 내놓았다. "무리를 상대할 자신이 없는 구성원들은 높은 곳에도 올라가지 않고 굴에도 들어가지 않고 혼자만 눈에 띄지도 않고 낯선 자들을 피했을 것이며, 위험을 감지하면 집에 숨을 것이다. 그들은 필시 장수했을 것이고 새끼들을 많이 낳았을 것이다."

진화의 목적은 상식적이지 않다. 자연선택은 장애들을 없애지도, 완벽을 향해 나아가지도 않는다. 자연선택은 특정 유전자들의 발현을 돕는다. 우리의 뇌는 우리의 생활양식보다 더디게 진화한다. 맥과이어와 트로이시는 이것을 "게놈 지체 가설"(genome-lag hypothesis)이라 부른다.12 현대의 삶이 이제까지 진화된 뇌로는 감당할 수 없는 부담들을 지고 있다는 데는 의문의 여지가 없다. 그렇다면 우울증은 우리가 진화 상태와 맞지 않는 일들을 하는 데 따른 결과라 할 수 있다. 진화심리학의 선도자인 랜돌프 네스의 말을 들어 보자. "쉰 명에서 일흔 명 정도가 무리를 이루어 살기에 적합하도록 진화된 종이 수십억 명씩 모여 살다 보니 모두 힘든 거지요. 우울증의 원인이야 누가 알겠어요? 식생활, 운동량, 가족 구조의 변화, 짝짓기 방식과 성적인 접근 방식, 수면 때문일 수도 있고, 죽음 자체를 의식적인 관념으로 대해야 하기 때문이거나 이것들이 아닌 다른 이유 때문일 수도 있습니다." 사우스캐롤라이나 의대 제임스 밸린저는 이렇게 덧붙인다. "과거에는 불안감을 자극하는 것들이 존재하지 않았습니다. 고향이라는 편안한 공간에 머물렀기 때문이죠. 대부분의 사람들이 한 장소에는 쉽게 적응할 수 있었어요. 하지만 현대 사회는 불안을 유발합니다." 진화는 특정한 상황에 유익한 특정한 반응이 일어나도록 유도하는 패러다임을 갖고 있으며, 현대의 삶이 유발하는 반응은 다른 상황에서는 불필요한 것일 수도 있다. 사실 우울증 발병률은 수렵 채취 사회나 순수 농경사회에서는 낮았다가 산업사회에 들어서면서 높아졌고, 특히 전환기 사회에서 가장 높다. 이런 사실은 맥과이어와 트로이시의 가설을 뒷받침해 준다. 현대 사회에는 전통 사회에는 없던 무수한 고난들이 존재한다. 그것들에 대한 대처 전략을 배울 시간을 갖지도 못했는데 적응을 한다는 것은 거의 불가능하다. 야생동물들은 순간적으로 끔찍한 상황에 부닥쳤다가도 살아남거나 죽는 식으로 문제가 해결된다. 그들에게는 끈질긴 허기를 제외하면 만성적인 스트레스 같은 것도 없다. 야생동물들은 후회할 일을 하지도 않고, 싫어하는 대상에게 오랜 세월 억지로 차분히 대응할 필요도 없으며, 자녀 양육권을 놓고 싸우지도 않는다.

어쩌면 우리 사회의 지독한 스트레스 수준의 일차적인 원인은 이러한 명백한 고통들이 아니라 정보가 부재한 선택들이 압도적으로 많다는 점인지도 모른다. 1961년에 『변화하는 인간의 본성』을 출간한 네덜란드 심리학자 J. H. 판데르 베르크는 사회마다 동기부여 체계가 다르기 때문에 시대마다 새로운 이론이 필요하며, 프로이트의 이론은 19세기 말과 20세기 초 빈과 런던 사람들에게는 맞았을지 모르지만 20세기 중반 사람이나 베이징 사람들에게까지 꼭 해당된다고는 볼 수 없다고 주장했다.13 판데르 베르크는 현대인의 생활양식에는 정보에 입각한 선택이란 것이 없다고 말했다. 그는 직업의 비가시성에 대해 말하면서, 직업이 다양화되면서 그것들은 우리의 이해력을 넘어서는 가능성들의 집합이 되어 버렸다고 했다. 산업화 이전의 사회에서는 아이가 동네를 한 바퀴 돌다 보면 어른들이 일하는 모습을 볼 수 있었다. 따라서 아이는 나중에 커서 (직업 선택의 자유가 있는 곳이라면) 각 직업에 대해 잘 알고 있는 상태에서 대장장이가 될 것인지, 방앗간 주인이 될 것인지, 빵집 주인이 될 것인지 선택할 수 있었다. 어쩌면 성직자 생활의 세세한 부분들은 막연했을 수도 있지만 성직자가 살아가는 방식은 모두 볼 수 있었다. 그런데 산업화 이후의 사회는 그렇지 못하다. 어릴 적부터 헤지펀드 매니저나 보건행정관이나 부교수가 하는 일이 정확히 무엇인지, 자신이 그런 일을 한다면 어떨지 아는 경우는 거의 없다.

개인적인 영역 또한 마찬가지다. 19세기까지만 해도 개인의 사회적 선택들이 제한되어 있었다. 몇몇 모험가나 이단자들을 제외하고는 모두 태어난 곳에서 자라고 죽었다. 계층구조도 엄격했다. 예를 들어 슈롭셔 지방에 사는 소작농은 배우자 선택의 폭이 좁아 그 지방에 사는 자신과 걸맞은 연령과 계층의 여성과 결혼해야만 했다. 어쩌면 그가 진정으로 사랑하는 여성과는 결혼이 불가능하여 조건에 맞는 다른 여성을 골라야 했을지 모른다. 상류 계층의 경우 지리적 제한은 덜했지만 그 대신 수가 적었다. 그들 또한 자신과 결혼할 가능성이 있는 모든 사람들, 선택 범위 내에 있는 사람들을 충분히 파악하고 있었을 것이다. 계층을 초월한 결혼이나 지역 간 이동이 없지는 않았겠지만 그런 일은 드물고 관습에 대한 의식적인 부정을 의미했을 것이다. 무제한의 기회를 제공하지 않는 계층 구조가 엄격한 사회는 개인으로 하여금 자신의 운명을 받아들이도록 만든다.(물론 어느 시대 어느 사회에서나 자기 성찰을 통해 자신의 처지를 완전히 수용한다는 것은 드문 일이지만 이런 사회에서는 상대적으로 더 많은 이들이 자신의 운명을 받아들인다.) 교통이 발달하고 도시들이 팽창하고 계층간 이동이 가능해지면서 배우자의 선택 범위는 갑자기 어마어마하게 넓어졌다. 18세기 중반의 사람들은 선택 범위 내 모든 배우자감을 검토한 결과 최선의 선택을 했다는 말을 할 수 있었지만, 시대가 변하면서 자신이 만나 본 배우자감 중 최고를 선택했다는 확신을 갖기 힘들어졌다. 우리 대부분이 평생 수천 명의 사람들을 만나게 된다. 직업을 잘 선택했다, 혹은 배우자를 잘 선택했다는 기본적인 확신의 상실은 우리를 좌절하게 만든다. 우리는 자신이 무엇을 해야 할지 모른다는 사실을 받아들이지 못하며 선택을 하려면 그것에 대해 알고 있어야 한다는 생각에 집착한다.

정치적인 면에서 자유는 부담이 되는 경우가 많으며, 바로 그런 이유로 독재 정권에서 민주 정권으로의 이행기에 우울증이 많아진다. 개인적으로도 속박과 지나친 자유가 모두 압박을 주어 지구촌 어느 곳에서는 벗어날 수 없는 가난에 대한 절망이 사람들을 무기력에 빠뜨리는가 하면 선진국에서는 현대 사회의 이동성, 즉 한 군데 뿌리를 내리지 못하고 새로운 직업, 새로운 관계, 심지어 새로운 환상을 찾아다니는 21세기의 방랑 생활이 사람들을 우울하게 만든다.[14] 짧은 기간 동안 무려 다섯 번이나 이사를 한 한 소년이 뒤뜰 떡갈나무에 목을 매 자살하면서 그 나무에 다음과 같은 내용의 유서를 꽂아 놓았다고 한다. "여기서 뿌리가 있는 건 이 나무뿐이다."[15] 이러한 끊임없는 분열 상태는 1년에 평균 서른 개 나라를 여행하는 회사 중역들, 자신이 몸담은 기업이 이리저리 매각되면서 해마다 업무가 바뀌고 누가 자신의 상사가 될 것이며 누가 부하 직원이 될 것인지 종잡을 수 없는 중산층 도시 거주자들, 슈퍼마켓에 갈 때마다 계산원이 바뀐 것을 보는 혼자 사는 사람들 모두가 느끼는 것이다. 1957년만 해도 미국의 슈퍼마켓 농산물 코너에는 평균 예순다섯 가지 정도의 품목이 진열되어 있었으며, 소비자들은 그곳의 모든 과일들과 야채들을 이미 먹어 보아서 잘 알고 있었다. 그러던 것이 1977년이 되자 농산물 코너의 품목이 수백 가지로 늘었고 1000가지에 육박하는 슈퍼마켓들도 많아졌다.[16] 이제 저녁거리를 선택하면서도 불확실성의 영역에 서게 된 것이다. 이런 식으로 선택 범위가 넓어지는 것은 편리하다기보다 현기증이 나는 일이다. 어디에 살고 무슨 일을 하고 무엇을 사고 누구와 결혼할 것인지 등 삶의 모든 영역에서 선택의 폭이 지나치게 넓은 사회는 집단적인 불안감을 낳게 되며, 내가 보기에는 바로 그런 이유로 산업화 사회에 우울증이 많아진 것이다.

더욱이 우리는 현기증 나는 테크놀로지 시대에 살고 있으며 주위의 일들 대부분이 어떻게 이루어지는지 구체적으로 파악하지 못하고 있다. 전자레인지는 어떻게 작동할까? 실리콘 칩이란 무엇일까? 옥수수는 유전학적으로 어떻게 처리될까? 내가 휴대폰으로 일반 전화와 통화하면 내 목소리는 어떤 방식으로 전달될까? 쿠웨이트에 있는 현금 지급기에서 뉴욕 내 구좌의 돈을 인출한다면 진짜 돈이 움직이는 것일까? 이러한 삶 속의 자질구레한 과학적 의문들을 모두 푼다는 것은 막대한 시간과 노력이 필요한 일이다. 자동차 모터가 어떤 식으로 작동하고 전기가 어디에서 나오는지 아는 사람들에게조차 일상생활의 기술적인 부분들은 점점 더 이해하기 어려운 것이 되어 가고 있다.

우리가 대처할 준비를 갖추지 못한 스트레스들도 많다. 가족의 붕괴가 그 하나이고 고독한 삶도 그에 속한다. 일하는 어머니와 자녀들 간의 단절, 육체 활동이 결여된 직업, 인공 조명 아래서의 생활, 종교가 주는 위안의 상실, 폭발적으로 늘어난 정보들을 처리해야 하는 부담 등등 현대인의 스트레스는 헤아릴 수 없이 많다. 우리의 뇌가 그 모든 것을 어떻게 견뎌 내고 처리할 수 있겠는가? 그러니 우리의 뇌가 어찌 부담을 느끼지 않을 수 있겠는가?

우울증이 현대 사회에서 유익한 작용을 한다는 주장에 많은 과학자들이 동조하고 있다. 진화론자들이야 우울증이 특정한 종들의 번식에 이롭게 작용하는 것으로 보고 싶겠지만, 우울증 환자들의 생식능력을 관찰해 보면 사실 그 반대임을 발견하게 될 것이다. 신체적인 고통과 마찬가지로 우울증도 위험한 행동들을 견딜 수 없이 불쾌하게 여기도록 만들어 그런 행동들을 차단하며, 그것이야말로 가장 유익한 우울증의 역량이다. 진화정신의학자인 폴 J. 왓슨과 폴 앤드루스는 우울증은 커뮤니케이션의 수단이라고 주장하며 우울증을 대인 관계를 위해 존재하는 사회적 질병으로 보는 진화 시나리오를 만들었다.[17] 그들의 견해에 따르면, 가벼운 우울증은 강한 자기 성찰을 일으켜 그 성찰을 토대로 자신의 성격에 더 잘 맞도록 삶을 바꾸는 현명한 결정들을 내릴 수 있도록 한다. 그러한 우울증은 비밀에 부치는 경우가 많으며 그 기능도 사적인 것이다. 어떤 사건에 앞서 찾아오는 괴로움인 불안도 우울증의 한 요소인 경우가 많으며 문제를 예방하는 데 도움이 될 수 있다. 그것을 야기한 상황과 분리된 생명력을 갖게 된 저조한 기분인 가벼운 우울증은 과거에 어리석게 내팽개쳤던, 나중에야 소중함을 알게 된 것으로 돌아가는 동기를 제공할 수 있다. 가벼운 우울증은 진짜 실수들을 후회하게 만들고 다시는 그런 실수들을 되풀이하지 않도록 막아 준다. 우리가 삶에서 내리는 결정들은 투자의 법칙에 따르는 경우가 흔해서 위험성이 높은 결정은 높은 보상을 가져다주지만 그 대가가 너무나 크다. 이룰 희망이 없는 목표에서 벗어나지 못하고 있는 사람들에게는 우울증이 해결책이 될 수 있는데 그 목표를 포기할 수밖에 없도록 만드는 역할을 하기 때문이다. 지나친 끈기로 자신의 목표를 추구하는 사람들은 어리석은 집착을 버리지 못한다는 점에서 현명하지 못하며 우울증에 빠지기 쉽다. "이들은 성공하지 못할 일을 도모하며 그에 대한 지나친 감정 투자로 인해 포기를 하지 못합니다." 랜돌프 네스의 말이다.[18] 저조한 기분은 그러한 끈기를 제한하는 역할을 한다.

확실히 우울증은 견디기 힘든 부작용을 초래하는 행동들을 차단한다. 예를 들어 지나친 스트레스는 우울증을 유발하며 우울증은 스트레스를 피하게 하는 역할을 한다. 지나친 수면 부족은 우울증으로 이어질 수 있으며, 우울증은 우리에게 더 많은 수면을 취하게 한다. 우울증의 주요 기능 가운데 하나는 비생산적인 행동을 막는 것이다. 우울증은 우리의 자원이 잘못 투자되었으며 다른 투자처를 찾아야 한다는 표시가 되는 경우가 많다. 현대 사회에 이런 사례는 많다. 바이올린 연주자로 성공하려 하는 여성이 있었는데 그녀를 가르치는 선생님들과 동료들은 그녀의 목표에 대해 회의적이었다. 그래도 꿈을 포기할 수 없었던 그녀는 심각한 우울증에 걸렸는데 약물치료도 다른 치료들도 별다른 효과가 없었다. 결국 그녀가 음악을 포기하고 자신이 재능을 갖고 있는 분야에 정력을 바치게 되자 우울증이 저절로 가셨다.[19] 이처럼 우울증은 끔찍한 것이긴 하지만 동기를 부여하는 역할을 할 수 있다.

좀 더 심각한 우울증은 다른 사람들의 관심과 지지를 자극할 수 있다. 왓슨과 앤드루스는 다른 사람들의 도움이 필요한 것처럼 가장하는 것만으로는 100퍼센트 도움을 보장받을 수 없다고 한다. 사람들은 그런 제스처에 속아 넘어갈 정도로 우둔하지 않기 때문이다. 우울증은 설득력 있는 사실을 제공하는 편리한 메커니즘이다. 우울증에 걸리면 진짜 무력해지며 진짜 무력해지면 다른 사람들의 도움을 강요할 수 있다. 우울증은 희생이 큰 커뮤니케이션 방법이지만 희생이 큰 만큼 효과도 크다. 다른 사람들의 마음을 움직이는 것은 우울증의 끔찍함이다. 왓슨과 앤드루스는 우울증으로 인한 기능장애가 "이타주의를 이끌어 내는 장치"로서 기능한다고 한다.[20] 또 우리에게 우울증을 유발한 고난을 준 사람들은 우리를 더 이상 괴롭히지 않게 된다.

내 경우에도 우울증에 걸리자 가족과 친구들이 도움을 아끼지 않았다. 나는 병에 걸리지 않았더라면 기대할 수도 없었던 지대한 관심을 받게 되었고, 주위 사람들은 내게 경제적, 감정적, 행동적으로 부담을 덜어 줄 방법을 강구했다. 아파서 무력해졌다는 이유로 친구들에 대한 의무에서도 해방되었다. 일도 그만두었다. 병을 핑계로 청구서 지불도 뒤로 미루었고 평소 성가시게 굴던 사람들도 더 이상 나를 괴롭히지 않았다. 세 번째 삽화 때는 단호하게 이 책의 마무리 일정을 연기했다. 그때 나는 그런 결정을 내린 자신이 나약하게 느껴지기는 했지만 도저히 일을 계속할 수 없다고, 사정을 봐줘야 한다고 분명하게 말할 수 있었다.

진화심리학자 에드워드 헤이건은 우울증을 권력 게임으로 규정하면서 다른 사람들이 자신의 요구를 들어줄 때까지 그들에 대한 봉사를 철회하는 것이라고 설명한다.[21] 하지만 나는 이 의견에 동의할 수 없다. 우울증 환자가 주위 사람들에게 많은 요구들을 하는 건 사실이지만 그가 만일 정상 상태였다면 할 필요가 없는 요구들이기 때문이다. 그리고 그런 요구들이 충족될 가능성도 상대적으로 희박하다. 물론 우울증은 강력한 협박 수단이 될 수 있지만, 특정한 목적을 성취하기 위한 효과적인 방법이기에는 본인에게 너무 괴롭고 결과도 불확실하다. 지독한 기분 상태에 있을 때 주위의 도움을 받는 것은 만족스러운 일이며 우울증이 아니었더라면 상상도 하지 못했을 깊은 사랑을 느낄 수도 있겠지만 그보다 그런 도움을 받을 필요 없이 정상적으로 살아가는 편이 훨씬 낫다. 저조한 기분이 신체적 아픔처럼 불쾌한 결과를 부를 행동을 피하도록 작용한다는 주장에는 동의하지만 그것이 사회적인 목표를 이루기 위한 수단이라는 주장은 받아들이기 어렵다. 만일 중증 우울증이 독립적인 존재들로 하여금 주위에 도움을 청하도록 만드는 자연의 섭리라면 그것은 기껏해야 위험한 전략일 뿐이다. 실제로 대부분의 사람들은 우울증에 질겁한다. 우울증 환자에게 공감과 이타심을 표시하는 사람들도 있지만 사실 반감과 혐오감을 보이는 이들이 더 많다. 우울증에 걸린 후 믿었던 사람들에게 배신감을 느끼게 된 사례는 얼마든지 있으며, 사실 그것은 차라리 모르고 지나가는 편이 나은 진실이다. 나도 우울증 체험을 통해 좋은 친구와 나쁜 친구를 가려낼 수 있었지만 그 대가가 너무 컸다. 그리고 어려울 때 의지가 되어 주지 않는다 해서 평소에는 기쁨을 주는 관계들을 모두 저버릴 필요가 있을까? 나는 그들에게 어떤 친구가 되어야 할까? 우정에 있어서 의지가 되어 준다는 것은 얼마나 중요한 일일까? 위기 상황에서 의지가 되어 주는 것과 친절하고 관대하고 착한 것과는 어떤 관계가 있을까?

우울증에 대한 진화론적 설명들 가운데 가장 설득력이 강한 것은 우울증이 유익한 기능들을 수행하는 메커니즘의 불발이라는 주장이다. 우울증은 대개 슬픔에서 생겨나는 슬픔의 변종이다. 멜랑콜리를 애도와 분리해서 이해하는 것은 불가능하며, 우울증의 원형은 슬픔 속에 있다. 우울증은 우리에게 유익한 메커니즘인 슬픔이 장애를 일으킨 것일 수 있다. 심장은 우리가 다양한 환경과 기후에서 활동할 수 있도록 온몸에 피를 공급한다. 우울증은 손가락과 발가락에 피를 공급하지 못하는 심장처럼 더 이상 고유의 장점을 갖지 못한 극단 상태다.

슬픔은 인간에게 매우 중요한 것이다. 나는 슬픔의 가장 중요한 기능은 애착의 형성이라고 믿는다. 우리가 두려움을 느낄 만큼의 상실감을 겪지 않는다면 강한 애정을 가질 수 없다. 사랑이 깊고 넓어지려면 슬픔이 개재되어야 한다. 사랑하는 존재에게 해를 입히지 않으려는 (더 나아가 그들을 도우려는) 마음은 종의 보존에 기여한다. 사랑은 우리가 세상의 고난을 인식하고 있으면서도 계속 살아 있게 만들어 준다. 만일 우리가 자의식만 키우고 사랑은 키우지 않았더라면 인생의 돌팔매와 화살을 견딜 수 없었으리라. 이에 대한 체계적인 연구 결과를 본 적은 없지만, 사랑하는 능력이 뛰어난 사람일수록 삶에 대한 집착도 강하고 사랑받기도 쉬우리란 것이 나의 믿음이다. 케이 재미슨의 말을 들어 보자. "많은 사람들이 천국을 문제가 없는 곳이라기보다 무한한 강렬함과 다양성이 있는 곳으로 여긴다. 우리는 감정이라는 연속체의 극단을 제거하고 싶어 하기는 하지만 그것을 두 동강 내고 싶어 하지는 않는다. 사람들이 고통을 겪기를 원한다고 말하는 것과 감정의 폭을 갖지 않기를 원한다고 말하는 것 사이에는 미세한 차이만이 존재한다." 사랑한다는 것은 상처받기 쉬운 상태가 되는 것이고, 그런 상태를 거부하는 것은 사랑을 거부하는 것이다.

결정적으로 사랑은 그 대상을 쉽게 버리지 못하게 만든다. 우리는 진정으로 사랑하는 사람을 떠나면 고통을 느낀다. 어쩌면 슬픔에 대한 예상이 감정적인 애착을 형성하는 데 절대적인 역할을 하는지 모른다. 내게 속한 것을 꽉 붙들도록 만드는 건 상실에 대한 두려움이다. 누군가를 잃어도 아무런 좌절이 없다면 그에게 시간과 정력을 바치는 것이 즐거울 동안만 그렇게 할 것이다. 네스는 이렇게 말했다. "진화론은 일반적으로 냉소적인 것으로 여겨진다. 진화

생물학자들은 복잡하기 이를 데 없는 도덕적 행위에 대해서도 종의 이기적인 이익을 위한 시스템일 뿐이라고 해석한다. 물론 그런 목적을 위한 행위도 많다. 그러나 그 범위 밖의 행위도 많다." 네스의 연구 분야는 미래의 약속이다. "동물들은 서로에게 미래에 대한 복잡한 조건부 약속을 하지 못한다. 이를테면 '네가 나중에 이것을 해 준다면 너에게 이것을 해 주겠어.' 따위의 흥정을 할 수 없다. 미래의 약속이란 미래에 어떤 것을 (그때 자신의 이익에 보탬이 되지 않는다 하더라도) 하겠다고 현재에 약속하는 것이다. 우리 대부분은 그런 약속들에 의해 살아간다. 홉스는 이것을 간파했다. 그는 그러한 약속을 할 수 있는 능력이야말로 우리를 인간이게 한다고 주장했다."

미래의 약속을 할 수 있는 능력은 종의 진화에 유리하게 작용한다. 그것은 새끼들에게 이상적인 환경을 제공하는 안정적인 가족의 토대이기 때문이다. 그러나 그 능력은 진화적인 목적 이외의 형태로도 이용될 수 있으며 도덕적인 형태로도 작용한다. 다시 네스의 말을 들어 보자. "사람들은 과학의 축소적 개념들로 인해 대부분의 관계들을 상호 조종이며 상호 이용이라고 보지만 실제로 사랑과 미움의 감정은 비실용적인 영역에 속하는 경우가 많다. 그런 감정들은 우리의 합리주의적인 체계에 전혀 맞지 않는다. 사랑하는 능력은 진화에 유리하게 작용할 수도 있지만 사랑에 대해 어떻게 행동하느냐는 우리 자신의 작용이다. 초자아가 자신의 즐거움을 희생하고라도 남에게 득이 되는 일을 하도록 유도하는 것이다." 그로 인해 우리는 도덕적인 선택의 영역으로 들어서며 이 영역은 우리가 슬픔을, 그리고 그보다는 약한 사촌인 후회를 없애려 한다면 의미를 상실하고 만다.

　일부 곤충들은 아무도 돌보지 않는 알주머니에서 평생 먹을 식량을 갖고 태어나며 성적 충동은 필요로 하지만 사랑은 필요로 하지 않는다. 그러나 파충류와 조류의 세계에는 애착의 전조라 할 수 있는 것이 존재한다. 알을 따뜻하게 품는 것은 산란만 한 후 깨지거나 지나가는 동물들의 먹이가 되도록 그냥 방치하는 것보다 확실히 번식률을 높인다. 파충류 이후의 대부분 종들은 어미가 새끼를 보살피는 경우에 더 많은 새끼들이 살아남고 성장해서 또 새끼를 낳게 된다. 최초의 감정은 어미와 새끼 사이의 사랑이라 할 수 있을 것이다. 추측건대 사랑은 최초의 포유동물들 사이에서 생겨났을 것이며, 상대적으로 무력한 그들의 새끼들을 거친 세상에서 보살피는 동기가 되었을 것이다. 새끼와 끈끈한 유대 관계를 맺고 새끼를 약탈자들로부터 보호하면서 기꺼이 먹여 살리는 어미는 새끼가 잡아먹히도록 방치하는 어미에 비해 유전자를 전달할 가능성이 훨씬 높아진다. 보호적인 어미의 새끼는 무관심한 어미의 새끼보다 안전하게 성장하기가 훨씬 쉽기 때문이다. 자연선택은 사랑이 많은 어미를 선호한다.

　감정들은 저마다의 장점을 지니고 있다. 분노와 증오를 품은 수컷은 다른 수컷과 대항하여 더 잘 싸울 수 있으며 그 결과 자신의 유전자를 전달하기가 쉬워진다. 자신의 짝을 다른 수컷에게 빼앗기지 않도록 잘 보호하는 수컷 또한 짝의 번식이 가능해질 때마다 자신의 유전자를 전달할 수 있기 때문에 진화 면에서 유리하다. 따라서 새끼를 적게 낳는 동물들에게 유전자를 퍼뜨리기 위한 가장 이상적인 조건은 사랑이 많고 세심한 암컷과 질투심 많고 보호적인 수컷의 결합이다. 열정적인 동물들은 자주 번식의 기회를 갖는다. 분노에서 힘이 솟는 동물들은 경쟁적인 환경에서 승리하기가 쉽다. 에로스, 아가페, 우정, 효성, 모성애를 모두 포함하는 억제하기 힘든 감정인 사랑은 보상과 처벌 모델에 따른다. 우리가 사랑을 표현하는 것은 사랑의 만족감이 지대하기 때문이며, 사랑을 지키고자 하는 것은 그것의 상실이 끔찍하기 때문이다. 만일 사랑하는 대상이 죽어도 고통을 느끼지 않는다면, 사랑의 기쁨은 누리면서도 사랑하는 대상이 사라져도 아무 느낌이 없다면 우리는 그 대상에 대해 덜 보호적이 될 것이다. 슬픔은 사랑을 보호적으로 만든다. 우리는 견딜 수 없는 고통을 피하기 위해 사랑하는 대상을 돌보는 것이다.

우울증 그 자체는 유익한 기능이 거의 없지만 우리가 지닌 감정의 폭은 그 극단들을 충분히 정당화할 수 있을 정도로 소중한 것이라는 이 주장이 내게는 가장 설득력 있게 다가온다.

우울증의 사회적 진화와 생화학적 진화는 관련은 있지만 동일한 것은 아니다. 아직까지는 우울증을 유발하는 유전자들의 정확한 기능들을 알아낼 수 있을 정도까지 유전자 지도 해독 능력이 발전하지는 못했지만, 우울증의 조건은 유익한 특성인 정서적 감수성과 관련되어 있는 것으로 보인다.[22] 또 의식의 구조 자체가 우울증의 길을 열 수도 있다. 현대 진화학자들은 삼위일체 뇌 이론에 따라 뇌를 파충류뇌(뇌간), 변연계, 신피질로 나눈다.[23] 파충류뇌는 가장 안쪽 부분으로 하등동물들의 뇌와 유사하며 본능의 자리다. 그리고 변연계는 중간 부분으로 좀 더 진화된 동물들에게 존재하며 감정의 자리다. 마지막으로 신피질은 뇌의 가장 바깥 부분으로 영장류와 인간 같은 고등 포유동물에서만 볼 수 있으며 추리, 고차원적인 사고, 언어와 관련된 인지의 자리다. 인간의 행동은 대부분 그 세 영역 모두와 관련된다. 저명한 진화학자 폴 맥린의 견해에 따르면 우울증은 확실히 인간적인 문제다. 본능, 감정, 인지 영역이 항상 동시에 작용하다 보면 분열이 불가피하며 우울증은 바로 그런 분열의 결과이기 때문이다. 삼위일체 뇌는 이따금 사회적 역경에 대한 반응을 조정하는 데 실패한다. 이상적인 형태는, 본능적인 위축감을 느낄 때 감정적인 소극성과 인지적인 재조정도 수반되어야 한다. 그 세 가지가 동시에 일어나면 본능적인 뇌의 비활성화를 유발하는 행위나 상황에 대해 정상적이고 비우울적인 위축을 겪게 된다. 그러나 이따금 감정의 뇌와 인지의 뇌가 본능의 뇌에 대항하여 싸운다. 예를 들어 본능적으로는 위축되면서도 감정적으로는 활성화되고 분노할 수도 있다. 그 결과 동요성 우울증이 일어난다. 또 본능적으로는 위축감을 느끼면서도 의식적으로는 자신이 원하는 것을 갖기 위해 싸워야 한다는 결정을 내릴 수도 있으며, 그러면 끔찍한 스트레스를 받게 된다. 이런 식의 대립은 우리 모두 흔히 겪는 것이며 우울증이나 기타 분열증을 야기한다. 폴 맥린의 이론은 우리의 뇌가 실제 진화된 상태보다 더 많은 일들을 한다는 견해와 합치한다.

옥스퍼드대학교의 티머시 크로는 삼위일체 뇌의 이론을 뛰어넘었다.24 그의 독창적인 이론은 주류를 이루는 진화 이론가들의 가끔은 설득력 없는 주장들에 식상한 우리에게 신선하게 다가온다. 티머시 크로는 언어가 자의식의 기원이고 자의식은 정신 질환의 기원이라는 언어적 진화 모델을 내놓았다. 그는 현대의 분류 체계를 거부하고 정신 질환을 하나의 연속체로 본다. 그의 관점에서는 정상적인 불행, 우울증, 양극성 질환, 정신분열증은 종류의 차이가 아니라 정도의 차이다. 따라서 모든 정신 질환은 공통의 원인들에서 나온다.

티머시 크로는 영장류의 뇌는 대칭적이며 인간의 종 분화는 비대칭적 뇌에서 출발한다고 했다.(그는 이것을 수컷의 X염색체의 돌연변이에 의한 것으로 보았다.) 영장류와 인간의 진화 과정에서 뇌의 크기가 몸의 크기에 비례하여 증가한 한편 돌연변이에 의해 뇌의 양쪽 부분이 얼마간 독립적으로 발달하게 되었다. 따라서 영장류는 뇌의 한쪽 부분에서 다른 부분을 볼 수 없지만 인간은 그렇게 할 수 있다. 이것은 자신을 자신으로 인식하는 자의식을 낳았다. 많은 진화학자들이 이것에 대해 처음에는 양쪽 뇌의 성장인자들과 관련된 단순한 돌연변이였다가 진화 과정을 통해 의미 있는 비대칭이 되었다고 주장하고 있다.

뇌의 비대칭성은 좌뇌의 표현 혹은 우뇌의 개념과 지각의 처리인 언어능력의 토대가 된다.[25] 언어능력이 뇌의 양 반구 모두에 관련되어 있다는 생각은 뇌졸중 환자들을 관찰한 결과로 나온 것이다. 좌뇌에만 뇌졸중을 일으킨 환자는 개념을 이해하고 사물을 지각할 수는 있지만 이름을 댈 수도 없고 언어나 언어적 기억에 접근할 수 없다. 이것은 단순히 목소리의 문제만은 아니다. 좌뇌에 뇌졸중을 일으킨 청각 장애인들은 (모든 사람들과 영장류가 하는) 감정적인 몸짓은 할 수 있지만 수화를 하거나 단어를 문장으로 만들고 문장을 단락으로 만드는 문법을 이해하지 못한다.[26] 반면 우뇌에 뇌졸중을 일으킨 환자들은 지적인 능력을 유지하지만 그런 능력이 표현하는 개념들과 느낌들은 상실한다.[27] 그들은 복잡한 추상 작용도 할 수 없고 정서적 능력도 심각하게 손상된다.

우리를 기분장애에 취약하게 만드는 해부학적 구조는 무엇일까? 티머시 크로는 정신분열증과 정동장애는 비대칭적 뇌, 즉 인간의 정교성, 인지능력, 언어능력과 관련된 신경학적 발달의 대가일 수도 있다고 주장했다.[28] 그는 모든 정신 질환은 뇌의 양 반구의 정상적인 상호작용의 붕괴에 의한 결과라고 보았다. "그것은 양 반구 사이의 커뮤니케이션이 지나치게 많기 때문일 수도, 그 반대이기 때문일 수도 있으며 양 반구의 기능이 조화를 이루지 못하면 정신 질환이 일어난다." 그는 비대칭이 "상호작용의 유연성을 높이고 학습 능력을 강화하고 같은 종에 속하는 구성원들의 커뮤니케이션 능력을 점진적으로 높여 준다."고 했다. 그러나 이런 발달들은 뇌의 성숙 속도를 늦춘다. 인간은 성인이 되어서도 다른 종들에 비해 뇌의 유연성이 잘 유지되어, 늙은 개에게는 새 재주를 가르치기가 쉽지 않지만 노인들은 몸을 움직이기 불편해져 사용하게 된 보조 기구들에 잘 적응한다.

이러한 인간의 유연성은 새로운 통찰들과 이해들을 가능하게 해 주는 반면 지나치게 휘는 부작용을 초래할 수도 있다. 티머시 크로는 이러한 유연성이 우리를 정상적인 성격의 범위를 넘어 정신이상에 이르게 한다고 주장했다. 이것은 외부적 사건에 의해 유발될 수 있다. 이 모델에서 진화가 선택한 것은 유연성의 특정한 표현들이 아닌 유연성 그 자체다.

뇌의 비대칭에 대한 연구는 현재 뜨거운 관심거리가 되고 있으며 미국에서 이루어진 가장 인상적인 연구는 위스콘신대학교에 몸담고 있는 신경과학자 리처드 J. 데이비슨의 것이다. 그의 연구를 가능하게 한 것은 뇌영상 장비의 발달이었다. 과학자들은 5년 전에는 볼 수 없었던 뇌의 여러 부분들을 볼 수 있게 되었으며, 앞으로 5년 후면 더 많은 부분들을 볼 수 있게 될 것이다. 이제 우리는 양전자방출단층촬영(PET)과 자기공명영상(MRI)을 조합하여 약 2.5초 간격으로 3.5밀리미터 이내의 정확도를 지닌 삼차원 뇌 사진을 찍을 수 있게 되었다. MRI는 시간 해상도와 공간 해상도가 뛰어나고 PET는 뇌의 신경화학적 반응들을 표시하는 기능이 우수하다.

데이비슨은 피실험자에게 선정적인 사진을 보여 주거나 무시무시한 소리를 들려준 뒤 뇌의 어떤 부분들이 반응하는지를 관찰하는 방식으로 "표준적인" 자극들에 대한 뇌의 신경학적, 화학적 반응을 연구했다. "우리는 정서적인 반응의 변수들을 관찰하고 싶었습니다." 데이비슨의 말이다. 일단 특정 종류의 이미지에 대해 뇌의 어떤 부분에서 반응이 일어나는지가 밝혀지면 그 반응이 얼마 동안 지속되는지 알 수 있는데, 그 지속 기간은 사람마다 다른 것으로 나타났다. 어떤 이들은 섬뜩한 사진을 보았을 때 신경화학적 흥분이 일어났다가 금세 가라앉은 반면, 어떤 이들은 흥분이 오랜 시간 계속되었다. 이런 현상은 어느 피실험자에게서나 일관되게 나타났다. 데이비슨은 흥분에서 회복되는 속도가 느린 사람들은 회복 속도가 빠른 사람들에 비해 훨씬 정신 질환에 취약하다고 믿는다. 그가 이끄는 연구팀은 6주간의 항우울 치료 후 환자들의 뇌 회복 속도가 눈에 띌 정도로 빨라진 것을 발견했다.

이런 속도 변화는 전두엽 대뇌 피질에서 일어나는 것으로 보이며 비대칭적이다. 즉 환자가 우울증에서 벗어날 때 뇌의 활성화와 비활성화 속도의 증가는 좌측 전두엽 대뇌 피질에서 일어난다.

항우울제가 신경전달물질들의 수치를 변화시킨다는 것은 이미 알려진 사실이다. 이 신경전달물질들이 뇌의 여러 부분들로 흐르는 혈액의 흐름을 통제하는 것일 수도 있다. 다시 데이비슨의 설명을 들어 보자. "전두엽 대뇌 피질에서 좌측과 우측 활성화의 비대칭은 기질, 기분, 불안과 우울 증세들과 관련되어 있어요. 우측이 더 활성화된 사람들이 우울증과 불안증을 겪기가 더 쉽습니다." 티머시 크로와 마찬가지로 데이비슨도 궁극적으로 우울증의 분류적 순수성을 문제삼는다. "인간의 행동을 다른 종들의 행동과 구분 짓는 것들 중 하나가 감정 조절 능력이 뛰어나다는 점이지요. 그러나 반대로 감정의 고삐를 풀어놓는 능력도 뛰어납니다. 나는 그 두 가지 메커니즘이 전두엽 대뇌 피질의 활동성과 깊은 관련이 있다고 생각합니다." 다시 말해 우리가 지닌 문제들은 우리의 강점들의 결과라는 것이다.

이런 연구는 기분장애가 어떻게 생겨난 것인지 보여 줄 뿐 아니라 실용적인 가치도 크다. 우울증에 걸린 뇌의 어떤 부분에서 활동성의 변화가 일어나는지 알아내면 그 부분을 자극하거나 억제할 장치를 만들어 낼 수 있기 때문이다. 최근 연구에 의하면 우울증 환자는 전두엽 대뇌 피질에서 세로토닌 대사 이상이 나타난다고 한다.[29] 뇌의 비대칭적 흥분은 이에 따른 결과일 수도 있고 모세혈관의 분포가 비대칭적이어서 혈액의 공급이 비대칭적이기 때문일 수도 있다.[30]

뇌의 활동성 중에는 유년기에 결정되는 것들도 있고 그렇지 않은 것들도 있다. 우리는 성인이 되어서도 뇌세포 재생이 가능하다는 걸 밝혀냈다.[31] 우울증은 뇌의 특정 부분들에서 세포가 증가하거나 감소한 결과일 수도 있으며 언젠가는 그런 증가나 감소를 통제할 수 있는 신기술이 등장하게 될 것이다. 뇌의 특정한 부분에 자기 자극을 가하는 반복성 경두개 자기자극법(rTMS)에 대한 초기 연구 결과 좌측 전두엽 대뇌 피질에 자극을 가하면 우울증이 완화될 수 있다는 것이 밝혀졌다.[32] 그러니 외적인 개입이나 신중한 노력을 통해 좌뇌를 활성화하는 법을 배울 수도 있다. 신속한 회복력 자체도 (특히 젊은 사람들의 경우) 학습될 수 있다.[33] 뇌 사진을 찍어서 비활성화된 좌측 전두엽 대뇌 피질을 조기에 발견하여 우울증을 미연에 방지할 수도 있으며 데이비슨은 우울증 예방에 "명상"이 도움이 될 수도 있다고 말했다.

어떤 이들은 좌측 전두엽 대뇌 피질이 더 활성화되어 있고 어떤 이들은 반대쪽이 더 활성화되어 있다.[34](이것은 왼손잡이냐 오른손잡이냐를 결정하는 우세 반구의 문제와는 관련이 없으며, 우세 반구의 문제는 뇌의 다른 부분들에서 결정된다.) 대다수 사람들이 좌측 전두엽 대뇌 피질이 더 활성화되어 있으며[35] 우측이 더 활성화되어 있는 사람들은 좌측이 더 활성화된 이들에 비해 부정적인 감정을 더 많이 느끼는 경향이 있다. 그리고 면역 체계도 쉽게 약해진다. 우측 뇌의 활성화는 스트레스 호르몬인 코르티솔 수치의 높은 기준선과도 상관관계를 지닌다.[36] 우뇌가 활성화된 유아들은 엄마가 방에서 사라지면 미친 듯이 흥분하는 데 반해 좌뇌가 활성화된 유아들은 차분하게 엄마를 찾아 나선다. 그러나 활성화의 형태는 성인이 될 때까지 굳어지지 않기 때문에 얼마든지 변할 수 있다. "유아기에는 활성화 형태가 굳어지지 않았기 때문에 환경의 영향을 받기 쉽습니다." 데이비슨의 말이다.

이것을 티머시 크로의 언어 모델[37]에 통합시키면 매우 흥미로운 추론을 이끌어 낼 수 있다. 다시 데이비슨의 설명을 들어 보자. "유아들은 처음 말을 배울 때 무언가를 가리키면서 외마디 소리를 내기 시작하고 그 소리는 유아가 가리키는 대상의 이름과도 같습니다. 흥미로운 점은 이들이 처음에는 거의 어김없이 오른손을 쓴다는 거예요. 유아는 긍정적인 체험을 하는 것이고 대상에 분명히 흥미를 갖고 있으며 그것을 향해 나아갑니다. 대부분의 유아들에게 최초의 언어 사용은 매우 즐거운 것이죠. 체계적인 연구를 통해 증명된 것은 아니지만 내 직관으로는 언어 기능이 좌반구에 치우쳐 있는 것은 긍정적인 감정이 좌반구에 치우친 부산물입니다."

이러한 직관은 카타르시스에 관한 신경해부학의 토대가 된다. 말은 긍정적인 것이다. 말은 인생의 가장 큰 즐거움 가운데 하나이며, 우리 모두는 강력한 의사소통 의지를 지니고 있다.(말을 할 수 없는 사람들은 수화, 몸짓, 글을 통해 자신을 표현한다.) 우울증에 걸린 사람들은 말에 대한 흥미를 잃으며 조증 환자들은 끊임없이 말한다. 어느 문화권에서든 가장 견실하게 기분을 끌어 올려 주는 것은 말이다. 부정적인 사건들에 대해 생각하는 것은 고통스러운 일이지만 현재의 고통에 대해 이야기하는 것은 그 고통을 더는데 도움이 된다. 나는 우울증을 처리하는 가장 좋은 방법이 무엇이냐는 질문을 자주 받는데 그럴 때면 그것에 대해 얘기하라고, 그렇다고 그것에 대해 병적으로 흥분해서 떠들 것이 아니라 자신의 감정들을 계속 말로 표현하라고 권한다. 가족에게도 좋고 친구들에게도 좋고 치료사에게도 좋다. 말은 티머시 크로와 리처드 데이비슨이 주장하는 메커니즘을 통해 우울증을 덜어 줄 수도 있고 정신 질환과 관련된 좌뇌의 비활성화된 부분들을 활성화하는 방식으로 도움이 될 수도 있다. 우리 사회에서 언어적 표현은 배출 수단으로 인식되고 있다. 햄릿은 자신이 "창녀처럼 말로 가슴속의 것들을 풀어내야만 하는 것"[38]을 한탄했지만 말로 우리의 가슴속의(혹은 좌측 전두엽 대뇌 피질 속의) 것들을 풀어내는 능력은 정신 질환을 일으키는 능력과 함께 진화의 산물이다.

정체를 알지 못하는 질환에 대해서도 효과적인 치료법을 찾아낼 수는 있지만 특정 질환의 구성 요소들이 어떤 식으로 관련되어 있는지 알게 되면 그 질환의 직접적인 요인들을 찾아내어 처리하기가 쉬워진다. 또한 증세들을 파악하여 그것들이 상호간에 어떻게 영향을 미치는지 알 수 있게 된다. 하지만 우울증에 대한 대부분의 설명 방식들이(생화학적 방식, 정신분석적 방식, 행동과학적 방식, 사회문화적 방식을 막론하고) 단편적이고 불완전하며, 현재 유행하고 있는 통합적 접근법들조차 매우 불규칙하고 비조직적이다. 어째서 특정한 느낌들과 행동들은 건강이 아닌 병에 관련되어 있는 것일까? 맥과이어와 트로이시의 글을 보자. "정신의학의 가장 급선무는 진화론을 포용하고 정신장애들에 대한 진화론적 설명들을 검토하는 것이다. 종에 대한 심층적인 이해가 결여된 상태에서 그 종의 행동(정상적인 행동이든 비정상적인 행동이든)에 대해 설명하려 한다면 잘못된 해석을 초래하게 된다."[39]

나는 우울증의 진화에 대해 안다고 우울증 치료에 큰 도움이 되리라고는 생각하지 않는다. 그러나 우울증 치료와 관련된 의사 결정을 내리는 데는 매우 중요하다. 우리는 편도선이 우리 몸에서

하는 일들과 그것이 없어도 몸에 거의 해가 없다는 사실을 알기 때문에 편도선염과 씨름하기보다 차라리 편도선을 제거하는 것이 낫다는 판단을 내릴 수 있다. 또 맹장염에 걸리면 맹장을 과감하게 제거한다. 반면 간이 없으면 죽게 되므로 간에 생긴 염증은 치료할 수밖에 없다. 우리는 피부암은 꼭 떼어 내야 하지만 여드름은 전신성 염증을 일으키지 않는다는 것을 안다. 이렇듯 신체의 메커니즘에 대해 이해하게 되면 장애가 일어날 경우 어떤 종류와 어느 정도의 개입이 적절한지 판단할 수 있다.

언제 우울증을 치료해야 하는지에 대해서는 의견의 일치가 이루어지지 않고 있다. 우울증은 편도선처럼 제거해야 할까, 아니면 간 질환처럼 치료해야 할까, 아니면 여드름처럼 그대로 방치해야 할까? 이때 증세의 경하고 중함이 상관 있을까? 이런 질문들에 정확하게 답하려면 우울증이란 것이 왜 존재하게 되었는지에 대해 알 필요가 있다. 만일 우울증이 수렵·채취 생활을 했던 조상들에게는 유익한 것이었으나 현대에는 유익한 기능을 하지 못한다면 그것은 제거되어야 할 것이다. 만일 우울증이 뇌의 중요한 기능들을 위해 꼭 필요한 회로와 관련된 장애라면 그것은 치료되어야 할 것이다. 가벼운 우울증이 자기 통제 메커니즘이라면 그것은 방치되어야 할 것이다. 진화론은 우울증의 연구에 이용되고 있는 여러 학문들을 통합시키는 통일장 이론 같은 것을 제공하여, 우울증의 치료 여부, 치료 시기와 방법에 대한 결정을 내릴 수 있게 해 줄 수도 있다.

12　희망

　　앤젤 스타키의 삶은 고난이었다. 일곱 남매 중 막내였던 그녀는 집에서 관심과 사랑을 받지 못하며 자랐고, 학교에서는 수위에게 성추행을 당했으며, 열세 살 때 강간을 당했다. "아마도 세 살경부터 우울증이었을 거예요." 그녀의 말이다. 어렸을 때 그녀는 계단 밑 창고에 숨어서 벽에 묘비들을 그렸다. 그녀는 일곱 살 때 췌장암으로 부친을 잃었다. "서른여덟 살이나 된 지금도 가끔 아버지의 고함 소리가 들려요. 침대에 누워 있거나 방에 앉아 있다가 그 소리가 들리면 기겁을 하지요." 어렸을 때 이웃에 살던 단짝 친구가 목을 매 자살했는데 나중에 알고 보니 마침 앤젤이 찾아가 문을 두드리고 있을 때 일어난 일이었다. 앤젤은 17년 전 고등학교를 마친 후 (잠시 지역사회에서 운영하는 시설에 머문 걸 제외하면) 정신병원에서 거의 살다시피 했다. 그녀는 분열형 정동장애를 안고 있어서 심각한 우울증에 덧붙여 환각과 자신을 파괴하도록 명령하는 목소리에 시달리기까지 했다. 그녀는 공황장애로 인해 세상과 정상적으로 상

693

호작용을 할 수가 없다. 무수히 자살을 기도했지만 성인이 되고 나서 대부분의 시간을 정신병원에서 보냈기에 번번이(심지어 차에 뛰어들었을 때조차) 구조되었다. 팔에는 온통 칼로 그은 상처들 투성이고 이제 멀쩡한 살이 거의 남지 않아 계속 칼로 그으면 상처가 아물 길이 없다는 의사의 경고를 들었다. 그리고 여러 차례 고의로 화상을 입어 뱃가죽이 누더기가 되었다. 비닐봉지로, 신발 끈으로, 혈압기로 "얼굴이 자줏빛으로 변할 때까지" 목을 졸랐기에 목에 그 자국들이 남아 있다. 눈꺼풀은 담뱃불로 지져서 쭈글쭈글해졌다. 머리카락을 잡아 뜯어서 속 머리가 훤히 드러나 보이고 약물치료의 부작용으로 충치도 많이 생겼다.(만성적인 구강건조증은 치은염으로 이어질 수도 있다.) 현재 그녀는 하루에 클로자릴 100밀리그램과 25밀리그램 다섯 번, 프릴로섹 20밀리그램 한 번, 세로쿠엘 200밀리그램 두 번, 디트로판 5밀리그램 네 번, 레스콜 20밀리그램 한 번, 부스파 10밀리그램 여섯 번, 프로작 20밀리그램 네 번, 뉴로틴 300밀리그램 세 번, 토파막스 25밀리그램 한 번, 코젠틴 2밀리그램을 두 번 복용하고 있다.

내가 앤젤을 처음 만난 건 펜실베이니아의 노리스타운 병원에서였다. 그녀는 그곳에 수용된 환자였다. 나는 약물치료의 부작용으로 퉁퉁 부은 데다 온통 흉터투성이인 그녀의 모습을 보고 무척 놀랐다. 그러나 유리처럼 무표정한 눈들 속에서 그녀는 시선을 끄는 면이 있었다. "앤젤은 사정이 몹시 딱하지만 마음씨가 참 곱지요. 그녀는 특별한 사람이에요." 그곳 간호사 하나가 내게 해 준 말이다. 물론 세상 모든 사람들이 특별하지만 앤젤은 고난으로 점철된 인생의 주인공치고는 놀랍도록 희망에 차 있으며 그런 모습이 감동적이다. 그녀의 겉모습은 고난으로 무너졌지만 그녀 안에는 따뜻하고 관대하고 상상력 넘치는 인물이 들어 있어서 그녀를 알게 될수록 무참한 겉모습에는 개의치 않고 그녀에게 매력을 느끼게 된다. 앤젤의 사람됨은 병으로 가려 있기는 해도 파괴되지는 않았다.

나는 앤젤과 친해지면서 그녀의 자해 형태에 대해 잘 알게 되었다. 그녀가 몸을 그을 때 즐겨 사용하는 도구는 깡통이다. 한번은 팔을 갈기갈기 찢어 놓아 자그마치 400바늘을 꿰매야 했다. 그녀는 내게 이렇게 말했다. "내게 기쁨을 주는 건 몸을 긋는 것뿐이죠." 앤젤은 깡통을 구할 수 없을 때는 알루미늄 치약 용기 끝을 펴서 살을 그었다. 그녀는 스스로 가한 화상으로 인해 생긴 괴사 조직을 제거하는 수술을 받는 동안에도 그 짓을 했다. "노리스타운 정신병원이라는 좁은 세계에서 나는 응급센터인 50병동을 들락날락하며 살았어요. 자해를 하면 50병동에 들어가야 했지요. 예전에는 16병동이었는데 50병동으로 바뀌었어요. 원래 있는 곳은 1병동이고요. 가끔 기분 전환 삼아 33병동에서 열리는 가라오케의 밤 행사에도 가지요. 이번에는 계속 공황발작에 시달리는 바람에 병원에 들어오게 됐어요. 정신도 이상해요. 계속 뭔가를 빠뜨리는 기분이라 겁이 나요. 계속 화장실로 달려가야 하고. 작은 불안에도 온몸이 발작을 일으키는 것이 너무 섬뜩해요! 어제는 쇼핑몰에 갔는데 너무 무서웠어요. 작은 상점들까지도요. 아티반을 한 줌이나 삼켜야 했지만 그래도 소용이 없었어요. 정신을 잃게 될까 봐 두려워 미칠 지경이에요. 어제는 상점들을 쏜살같이 돌아다니며 화장실에 열 번쯤 갔죠. 견딜 수가 없어서. 이곳에서 나가려 하면 나가는 것이 두렵고 병원에 돌아올 때가 되면 돌아오는 게 두렵죠."

그녀는 육체적인 고통 없이는 살 수가 없다. "나는 의사들에게 상처를 꿰매지 말라고 하죠. 그래 봐야 소용없다고. 나는 고통스러워야 기분이 나아지니까요. 어차피 고통을 느껴야만 한다면 감정적인 고통보다는 육체적인 고통이 낫지요. 너무 지쳐서 숨조차 쉴 수 없을 때 육체의 고통은 마음을 정화시켜요. 상처를 바늘로 꿰매는 것보다는 스테이플러로 봉합하는 게 더 아프니까 더 낫기는 해도, 그 고통은 오래가지 않죠. 내가 몸을 긋는 건 죽고 싶기 때문이에요. 내 몸이 갈가리 찢기고 온통 불에 탄다면 누가 나를 돌보겠어요? 나는 좋은 사람이 아니에요." 앤젤은 특히 증세가 심각한 3년 동안 일대일 감시를 받으며 화장실조차 혼자 들어가지 못했다. 침대에 묶여 있어야만 했던 때도 있었다. 병실에 갇혀 지내기도 했고 난폭한 환자들을 꼼짝 못 하게 만드는 그물 장치 신세를 지기도 했다. 그녀는 그런 체험들이 형언할 수 없을 정도로 끔찍하다고 말했다. 그녀는 자신이 받는 약물치료에 대해 잘 알고 있었다. 병원 측에서 설명해 주었기 때문이다. "클로자릴에 대해 생각하면 토해 버릴 것 같아요." 그녀의 고백이다. 앤젤은 대대적인 전기충격 치료도 받았다.

최근 노리스타운에 머무는 동안 앤젤은 매일 어머니에게 전화하고 두 주에 한 번 꼴로 주말에 집에 간다고 했다. "나는 세상 누구보다도 어머니를 사랑해요. 나 자신보다 더 사랑하지요. 어머니는 힘들게 사세요. 가끔 나는 어머니에게 자식이 일곱이나 되니 나 하나쯤 없어도 되지 않을까 생각해요. 어머니 혼자 두고 떠나는 건 아니니까요. 어머니를 너무 오래 괴롭혔어요. 망가지는 꼴을 더 이상 보여 줄 필요가 없어요. 이 뚱뚱하고 추한 꼴이 어머니에게 괴로움을 줄 수밖에요. 내 우울증, 어머니의 우울증, 언니들의 우울증, 오빠들의 우울증. 우리 모두 죽어 버릴 때까지 끝나지 않을 거예요. 일자리를 얻어서 어머니에게 용돈을 드리고 싶어요. 사람들은 내가 어머니 걱정을 너무 많이 한다고 말하지만 어머니 연세가 일흔셋이에요. 어머니에게 가면 청소를 하지요. 열심히 청소하다 보면 현실을 잊게 돼요. 나는 청소의 광신자가 되었지요. 어머니도 고마워하시고."

우리가 처음 만났을 때 앤젤은 분명 긴장해 있었고 장기간의 전기충격 치료(무려 서른 차례)와 약물치료로 인해 기억력 장애를 겪고 있었다. 그녀는 말하는 도중에 자신이 무슨 말을 하던 중인지 깜빡 잊기도 했다. 그녀는 자신이 사는 작은 세계의 조그만 위안들에 대해 이야기했다. "사람들이 나한테 왜 그렇게 잘해 주는지 모르겠어요. 나는 자신을 너무도 증오했는데. 내가 하는 것들은 다 싫었죠. 아무래도 하느님이 나를 중요하게 생각하시나 봐요. 차에 두 번이나 치이고 몸 안의 피를 다 흘릴 정도로 그어 댔는데도 아직 살아 있는 걸 보면 말이에요. 나는 추하고 몸무게도 너무 많이 나가요. 정신도 뒤죽박죽이라 어느 때는 생각도 잘 못하죠. 병원은 내 인생이에요, 알겠어요? 내 증세들은 영원히 없어지지 않을 거예요. 우울증과 외로움."

그때 나와 제대로 의사소통을 하지 못했던 그녀는 몇 주 후 "분명한 의사를 담은" 편지를 보내왔다. "나는 자해를 많이 했어요. 만사가 너무 힘드니까. 이제 뇌가 남아 있지도 않은 느낌이죠. 가끔 울기 시작하면 영원히 울음을 멈출 수 없게 될까 봐 두려워져요. 끝없이 잃고 또 잃고 있어요. 도와주고 싶은 사람들이 너무도 많은데. 그저 따뜻하게 안아 주는 것만으로도요. 그것 자체가 나를 행복하게 하거든요. 가끔 시를 써요. 내가 어떻게 아파 왔는지를 자신과 다른 사람들에게 들려주는 시. 하지만 거기에는 희망도 있죠."

이듬해에 앤젤은 노리스타운을 떠나 펜실베이니아의 포츠타운에 있는 집중적인 보호시설에 들어갔다가 조금 덜 집중적인 보호시설로 옮겼다.1 그녀는 14개월이 넘게 팔을 긋지 않았다. 그녀가 복용하는 약들이 무서운 목소리들을 막아 주는 듯했다. 노리스타운을 떠나기 전에 그녀는 내게 이렇게 말했다. "진짜 두려운 건 충분히 회복될 수 없으리라는 거예요. 쇼핑도 하고 계단도 여러 층 올라가고 사람들과도 어울릴 수 있을 정도로요." 그러나 그녀는 놀라울 정도로 우아한 변화를 이루었다. 한 달 후 그녀는 이렇게 말했다. "지금 나는 그 어느 때보다 잘하고 있어요." 이후 그녀는 감히 예상도 못 했던 자신감을 얻으며 조금씩 나아졌다. 그녀의 이름을 부르는 목소리는 계속해서 들려왔지만 예전의 악마적이고 고통을 주는 목소리는 아니었다. "대개는 자해에 대해 생각도 안 해요. 그건 강박적인 충동 같은 거였죠. 지금은 전처럼 자해를 좋아하지 않아요. 전에는 누가 재채기만 해도 몸을 그었죠. 이제 남은 생을 희망에 차서 살고 싶어요!"

나는 앤젤이 다른 많은 자기 파괴적인 환자들과는 달리 남에게 해코지를 하려 한 적이 없다는 사실이 놀라웠다. 그녀는 병원에 그토록 오래 있었지만 누구를 때려 본 적도 없었다. 한번은 잠옷에 불을 붙였다가 건물에 불이 옮겨 붙을까 봐 겁에 질렸던 이야기를 들려주었다. "다른 사람들까지 죽일 것 같아서 허겁지겁 불을 껐지요." 그녀는 노리스타운에 수용된 환자들의 권익을 위한 소비자 만족팀에서도 활동했다. 그녀는 의사들과 함께 학교들을 방문해 정신병원 생활에 대해 이야기했다. 나는 그녀가 보호시설에 머무는 동안 그녀와 함께 시간을 보내면서 그녀가 다른 사람들에게 여러 가지 일들을 가르치는 것을 지켜보았다. 일례로 그녀는 그곳 사람들에게 무한한 인내심을 갖고 땅콩버터 바나나 샌드위치 만드는 법을 가르쳤다. "나도 사는 것처럼 살아야 하니까요. 나는 너무도 간절히 사람들을 돕고 싶어요. 어쩌면 조만간 나 자신을 위해서도 무언가를 할 수 있겠죠. 지금 방을 함께 쓰는 여자는 마음씨가 참 고와요. 당신이 전화할 때 받아 주는 사람 말이에요. 목소리가 사랑스럽지 않아요? 그런데 문제가 많아요. 요리도, 청소도 못하죠. 도무지 할 줄 아는 게 없어요. 하지만 너무 착해서 미워할 수가 없죠. 오이 껍질 벗기는 법을 두 달씩이나 가르쳤는데 아직도 못하고 있어요."

앤젤은 시를 써서 자신의 체험들에 목소리를 부여하는 일에 열성을 다한다.

하늘처럼 쉽게
울 수 있다면.
이제 쉽게 눈물이 나오지 않는다.
내 영혼 속에 고인 채로.

공허함이 두렵다,
그대는 그 공허함을 느끼는가?
그건 내 마음으로부터의 두려움이리라.
용감하게 그 두려움과 맞서 싸워야겠지만
그 전쟁은 지독히도 오래 지속되었다.

나는 지쳤다.

아이들은 자라고 내 눈의 눈물은 흐른다.
아이들이 자라는 걸 놓치는 건
계절이 바뀌고 봄에 장미가 피어나고
겨울에 눈이 내리는 걸 놓치는 것과 같다.
나는 얼마나 더 그것들을 놓쳐야만 하는 걸까?
세월은 나를 위해서도 자신을 위해서도
멈추지 않는다. 왜 멈추겠는가?
세월은 계속 꽃을 피우고
내 삶은 고요한 연못처럼 정지해 있으리라.

나는 앤젤이 집중적인 보호시설에서 감시가 덜한 시설로 옮기기 직전에 그녀를 만나러 갔다. 그녀는 내게 줄 선물로 파란 페인트 칠을 한 새집을 만들어 놓았는데 뒷면에 "임대 기간 만료" 통지서가 꽂혀 있었다. 우리는 포츠타운의 쇼핑몰에 있는 중국 음식점에서 점심을 먹었다. 우리는 앤젤이 뉴욕 여행 중에 보았던 뮤지컬 「피핀」 이야기를 했다. 식당에서 샌드위치 만드는 일을 하는 시간제 일자리를 알아본 이야기도 했다. 그녀는 거절당해서 풀이 죽어 있었다. 계산대에서 손님들에게 잔돈을 거슬러 주는 일을 한다는 게 무척 겁나기는 했지만 직업을 갖는다는 데 대해 몹시 흥분했던 것이다. "나는 산수 실력이 3학년 수준이거든요. 끔찍하죠. 게다가 세 살짜리처럼 집중력도 짧고요. 약 때문인 것 같아요." 우리는 그녀가 좋아하는 『호밀밭의 파수꾼』에 대해서도 이야기했다. 그녀가 꾸는 꿈들에 대해서도 이야기했다. "나는 항상 바다에 대한 꿈을 꿔요. 이런 방 같은 곳이고 벽도 있지요. 그 벽 뒤에 바다가 있고요. 그런데 모래밭을 건너서 물에 들어간 적이 없어요. 바다로 다가가려 아무리 애를 써도 도무지 바다에 들어갈 수가 없어요. 뜨거운 열기에 대한 꿈도 꿔요. 뜨거운 햇빛이 나를 태우고 내 머리카락을 그을리죠. 나는 태양의 열기가 무서워요. 그래서 현실에서도 석양이 붉게 물들면 창문이 없는 데로 들어가죠. 겁이 나서요." 우리는 그녀의 기억력 장애에 대해서도 잠시 이야기했다. "조카들 중 하나가 내 대녀(代女)인데 그게 누군지를 모르겠어요. 창피해서 물어볼 수도 없고."

그후 6개월 동안 우리는 간간이 연락하며 지냈고, 다시 만났을 때 그녀는 내게 어떻게 지냈는지 물었다. 나는 가벼운 재발이 있었다고 말했다. 어깨가 탈구되어 세 번째 삽화를 겪은 지 얼마 안 되어서였다. 우리는 다시 그 중국 음식점에 앉아 있었다. 앤젤은 접시에서 숨 죽은 복초이[중국 양배추]를 뒤적거리면서 말했다. "당신 걱정 많이 했어요. 혹시 자살이나 그런 걸 한 건 아닐까 하고."

나는 그녀를 안심시켰다. "앤젤, 그 정도는 아니었어요. 끔찍하긴 했지만 그렇게 위험한 정도는 아니었죠. 자이프렉사를 먹고 약들을 바꾸니 금세 괜찮아지더군요." 나는 미소 지으며 팔을 펼쳐 보였다. "봐요, 멀쩡하잖아요."

앤젤은 나를 보며 미소 지었다. "잘됐어요. 걱정 많이 했는데." 우리는 잠자코 음식을 먹었다. "나는 회복되기 글렀어요." 앤젤이 강한 어조로 말했다. 나는 조금씩 좋아지는 거라고, 아주 잘하고 있다고 격려했다. 2년 전에 처음 만났을 때보다 천 배는 나아졌다고도 말했다. 작년까지만 해도 여기 이렇게 나와서 살게 되리라고는 상상도 못하지 않았느냐고 덧붙였다. "그래요. 가끔은 약이 너무 싫지만 그래도 약이 도움이 된 건 사실이죠." 앤젤이 수줍게 흡족해하며 대답했다.

우리는 아이스크림을 먹고 음식점 옆에 있는 1달러 상점으로 갔다. 앤젤은 커피와 필요한 물건 몇 가지를 샀다. 우리는 그녀가 살게 될 곳으로 가기 위해 차에 올랐다. 앤젤이 내게 말했다. "이렇게 와 줘서 고마워요. 함께 외출까지 해 줄 줄은 몰랐어요. 당신을 억지로 끌고 다닌 게 아니길 바라요." 나는 그녀가 나아진 걸 보는 게 기뻤으며 오기를 잘했다고 생각한다고 대답했다. 그러자 그녀가 말했다. "있잖아요, 충분히 회복이 되면 「오프라」 같은 텔레비전 토크쇼에 나가고 싶어요. 그게 내 꿈이에요."

나는 왜 토크쇼에 나가고 싶은지 물었다.

"사람들에게 전하고 싶은 말이 있거든요. 세상 사람들에게 말하고 싶어요. 자해도 하지 말고 자신을 미워하지도 말라고요. 너무 중요한 메시지예요. 그걸 좀 더 일찍 알았더라면 얼마나 좋았을까요. 사람들에게 꼭 말해 주고 싶어요." 우리는 잠시 묵묵히 차를 몰았다. "당신이 쓰는 책에도 그런 내용을 담아 주겠어요?" 앤젤은 그렇게 물으며 약간 초조한 웃음소리를 냈다.

"당신이 한 말을 담겠어요." 내가 대답했다.

"약속해요? 너무 중요하니까요."

"약속할게요."

우리는 앤젤이 들어가서 살게 될 새 보금자리에 들러 그곳을 한 바퀴 돌아보고 창밖을 내다보기도 했다. 나는 옥외 계단을 올라가 뒤쪽 테라스에 서서 경치를 구경했다. 그녀가 살고 있는 황폐한 분위기의 집중 보호시설과는 많이 달랐다. 최근 새로 단장한 그 건물은 호텔처럼 각 호마다 침실이 두 개에 바닥 전체에 새 카펫이 깔려 있었고 대형 텔레비전, 안락의자, 소파, 편리한 주방까지 갖추어져 있었다. "앤젤, 여기 근사한데요." 내가 그렇게 말하자 앤젤도 수긍했다. "그래요, 참 좋아요. 지금 있는 데보다 훨씬 나아요."

우리는 그녀가 살고 있는 곳으로 돌아갔다. 나는 차에서 내려 앤젤을 오래도록 껴안아 주었다. 내가 행운을 빌어 주자 앤젤은 다시 찾아와 줘서 고맙다는 인사를 하며 내 방문이 큰 힘이 되었노라고 말했다. 나는 그녀가 선물한 새집에 대해 고맙다는 인사를 챙겼다. "이런, 날씨가 춥네요." 앤젤이 말했다. 나는 차에 타서 앤젤이 터벅터벅 현관으로 걸어가는 모습을 지켜보았다. 나는 시동을 걸고 외쳤다. "안녕, 앤젤." 그러자 그녀가 돌아보며 손을 흔들었다. "약속한 것 잊지 말아요." 떠나가는 내게 그녀가 외쳤다.

그 만남은 내게 행복한 그림으로 남아 있지만 그로부터 6개월도 못 되어 앤젤은 손목과 배를 난도질해서 도로 정신병원 신세를 지게 되었다. 내가 노리스타운으로 그녀를 찾아갔을 때 그녀의 팔은 화산처럼 생긴 출혈성 수포들로 뒤덮여 있었다. 미칠 듯한 불안을 견디지 못해 상처에 끓는 커피를 들이부은 결과였다. 나와 대화하는 동안 앤젤은 의자에 앉아 몸을 앞뒤로 흔들고 있었다. "살고 싶은 마음이 없어요." 그녀는 그 말만 되풀이했다. 나는 그녀에게 도움이 될 만한 말들을 총동원했다. "항상 이렇지는 않을 거예요." 나는 그렇게 말은 했지만 그녀에게는 대부분의 삶이 그러하리라 생각하고 있었다. 우울증을 상대할 때는 영웅적인 자질과 반짝이는 눈만으로는 충분하지 않다.

정신분열증에 걸린 여자 환자가 계속 우리의 대화에 끼어들며, 자신은 무당벌레를 죽인 거지 사람을 죽인 게 아닌데 가족은 자신이 사람을 죽인 줄 알고 자신을 강간했다고 주장했다. 그녀는 우리에게 오해를 풀어 달라고 부탁했다. 또 발이 기괴할 정도로 큰 어떤 남자 환자는 내 귀에 대고 계속해서 음모론들을 속삭였다. "저리들 가요." 앤젤이 참다 못해 그들에게 소리쳤다. 앤젤은 흉측한 두 팔로 자신의 몸을 감싸 안으며 분노와 비참함과 절망이 담긴 목소리로 말했다. "이곳을 견딜 수가 없어요. 나는 영원히 이곳에서 벗어나지 못할 거예요. 머리가 깨져서 속의 것들이 흘러나올 때까지 벽에 머리를 박고 싶은 심정이에요."

그곳을 나서기 전에 간호인이 내게 물었다. "희망이 보이나요?" 나는 고개를 저었다. "나도요. 한동안 희망이 있어 보였는데. 다른 환자들처럼 실성한 행동은 하지 않으니까요. 그런데 내가 잘못 본 모양이에요. 정신은 멀쩡한데 저렇게 아프니."

앤젤이 내게 말했다. "전에도 최악의 상태에서 꺼내 줬으니 이번에도 그렇게 해 주겠죠."

그로부터 6개월 내에 폭풍우는 가라앉았고 앤젤은 다시 자유의 몸이 되어 멋진 보금자리로 돌아갔다. 그녀는 기운이 넘쳤다. 마침내 일자리도 구해서(야채를 자루에 담는 일이었다.) 몹시 자랑스러워했다. 우리가 중국 음식점에 들어서자 그곳 사람들도 우리를 보고 기뻐하는 듯했다. 우리는 즐겁게 이야기꽃을 피웠지만 "늘"이나 "절대로" 같은 말은 피했다.

왜 만나는 사람마다 내게 우울증에 관한 글을 쓰는 이유를 물었던 것일까? 그건 내가 이 불쾌한 주제에 몰두하는 것을 이해하기 어려워서였을 것이다. 사실 나도 이 책을 쓰기 위한 자료 조사에 착수하면서 어리석은 선택을 한 것이 아닌가 하는 회의에 젖고는 했다. 나는 그런 질문을 받을 때마다 상황에 맞는 답변을 했다. 지금까지 알려지지 않았던 사실들을 알리기 위해서라거나, 글쓰기는 사회적 책임이 수반되는 일이므로 사람들에게 우울증을 제대로 인식시키고 우울증에 시달리는 이들을 돌보는 최선의 방법을 이해시키기 위해서라거나 하는 식으로 말이다. 후한 선인세를 제의받았고 우울증이라는 주제가 독자의 관심을 끌 것이라고 생각했고 유명해지고 사랑받고 싶어서라고 대답하기도 했다. 그러나 책의 4분의 3 정도가 진행될 때까지 진짜 목적이 무엇이었는지 분명하게 다가오지 않았다.

나는 우울증 환자들이 안고 있는 심각한 취약성에 대해, 그 취약성이 어떤 복잡한 방식으로 성격과 상호작용을 하는지에 대해 알지 못했다. 이 책을 쓰는 동안 절친한 친구 하나가 우울증을 감정적인 방종의 구실로 이용하는 남자와 약혼하게 되었다. 그는 섹스를 거부하고 냉담하게 굴면서 자신은 우울증이 너무 고통스러워서 일상의 의무를 다할 수 없다며 약혼녀에게 현실적인 짐을 지게 했다. 그가 침울해 있는 동안 내 친구는 그를 위로하려 무진 애를 썼지만 그는 내 친구의 인생에 전혀 관심이 없었다. 나는 어떤 치료도 그를 인격자로 변화시킬 수 없다는 걸 깨닫지 못한 채 우울증만 가시면 모든 문제가 해결되려니 여기고 친구에게 참고 견디라고만 했다. 또 한 친구는 남편이 자신의 머리를 바닥에 짓찧는 폭력을 행사했다고 호소해 왔다. 그는 몇 주 동안 이상한 행동을 보이며 평범한 전화 통화에도 편집증적인 반응을 보이고 개들을 학대했다. 남편에게 잔인한 폭행을 당한 친구는 겁에 질려 경찰에 신고했고 그녀의 남편은 정신병원에 들어갔다. 그가 분열형 정동장애를 앓은 건 사실이지만 그런 행동을 정신 질환 탓으로만 돌릴 수는 없다. 정신 질환은 사람들이 지닌 결점을 드러내는 경우가 흔하다. 정신 질환에 걸린다고 사람이 완전히 달라지는 건 아니다. 어떤 환자들이 드러내는 결점은 애처롭고 딱한 데 반해, 어떤 이들의 그것은 잔인하고 난폭하다. 질병은 대부분의 사람들이 칠흑 같은 어둠으로 덮고 있는 고통스러운 실체를 드러낸다. 우울증은 성격을 과장한다. 결국 그것은 선한 사람은 더 선하게, 악한 사람은 더 악하게 만든다. 우울증은 균형 감각을 빼앗고 망상에 빠지게 하고 거짓 무력감에 젖게 하지만 진실의 창이 되기도 한다.

　나는 이 책에서 내 친구들의 약혼자며 남편 같은 사람들에 대해 거의 다루지 않았다. 자료 조사 과정에서 나는 부정적인 느낌을 주거나 아무 느낌도 주지 않는 우울증 환자들을 많이 만났지만 그들에 대해서는 쓰지 않기로 했다. 칭찬하고 싶은 사람들에 대해서만 쓰기로 했다. 그래서 이 책에는 대부분 강인하거나 똑똑하거나 끈질긴 인물들이 등장한다. 나는 표준적인 인간이 존재한다거나 소위 원형이란 것이 모든 진실을 아우른다고 생각하지 않는다. 비개인적이고 일반적인 인간의 추구는 대중적인 심리학 서적들을 파멸로 이끈다. 이 세상에 얼마나 많은 종류의 회복력과 힘과 상상력이 존재하는지 들여다봄으로써 우리는 우울증의 끔찍함뿐 아니라 인간 생명력의 복잡성에 대해서도 이해할 수 있다. 나는 심각한 우울증에 시달리는 한 노인과 대화를 나누게 되었는데 그는 내게 이렇게 말했다. "우울증 환자들에게는 이야깃거리가 없어요. 우리는 할 얘기가 없어요." 그러나 인간은 누구나 이야깃거리를 갖고 있으며 특히 진정한 생존자는 감동적인 이야기를 제공할 수 있다. 현실 속에서 기분은 토스터와 원자폭탄과 "응시하는 곡식의 들판"["fields of gazing grain"은 에밀리 디킨슨의 시 「내가 죽음을 위해 멈출 수 없기에」 중 한 구절]들 속에 존재한다. 이 책은 비범한 인물들의 성공담(나는 그 이야기들이 내게 도움이 되었듯이 다른 이들에게도 도움이 되리라 믿는다.)을 위한 안전한 환경으로서 존재한다.

　어떤 이들은 가벼운 우울증에도 완전히 무능력자가 되는 반면 어떤 이들은 심각한 우울증에 시달리면서도 인생에서 무언가를 이루어 낸다. 컬럼비아대학교에서 물질 남용에 대해 연구하는 데이비드 맥다월은 이렇게 말한다. "어떤 고난 속에서도 자신의 역할을 하는 사람들이 있지요. 그들이 그런 능력을 발휘하는 것은 덜 고통스러워서가 아닙니다." 절대적인 평가를 내린다는 건 어려운 일이다. 다음은 런던대학교 아동심리학자 데버러 크리스티의 말이다. "유감스럽게도 자살이나 고통, 슬픔의 척도는 존재하지 않아요. 우리는 사람들이 얼마나 아픈지, 어떤 증세들을 갖고 있는지에 대해 객관적인 평가를 내릴 수가 없지요. 그저 환자의 말을 들어 주고 그들이 느끼는 대로 받아들일 수 있을 뿐입니다." 질환과 성격은 상호작용을 하기 때문에 어떤 환자들은 심각한 증세들도 잘 견디고, 어떤 환자들은 거의 아무것도 견디지 못한다. 어떤 사람들은 우울증에 무릎을 꿇고, 어떤 이들은 그것과 맞서 싸운다. 우울증은 심각하게 의욕을 저하시키기 때문에 그것에 굴복하지 않고 꿋꿋이 견디려면 상당한 생존 욕구가 필요하다. 뭐니 뭐니 해도 유머 감각이 회복의 가장 강력한 척도이며, 그것은 사람들의 사랑을 받는 가장 강력한 척도이기도 하다. 유머 감각을 잃지 않는다면 희망이 있는 것이다.

물론 조금도 즐겁지 않은 상황에서 유머 감각을 유지한다는 것은 어려운 일이다. 그러나 꼭 그렇게 해야만 한다. 우울증을 겪는 동안 꼭 명심해야 할 점은 지나간 시간은 되돌릴 수 없다는 것이다. 생이 끝난 시점에서 불행했던 세월만큼 더 살 수는 없다. 우울증이 삼켜 버린 시간은 영원히 돌이킬 수 없다. 당신이 우울증을 겪으며 보내는 순간순간은 다시 돌아오지 못할 시간들이다. 그러니 아무리 기분이 저조하다 해도 삶을 지속하기 위한 최선의 노력을 기울여야 한다. 겨우 숨만 쉴 수 있다 하더라도 말이다. 참을성 있게 견뎌 내면서 그 견딤의 시간을 최대한 활용해야 한다. 그것이 내가 우울증 환자들에게 주는 중요한 조언이다. 시간을 꽉 붙들어라. 삶을 피하려 하지 마라. 금세 폭발할 것만 같은 순간들도 당신의 삶의 일부이며, 그 순간들은 다시 돌아오지 않는다.

우리는 광신도처럼 열렬하게 우울증의 화학작용을 믿는다. 우리는 우울증 환자로부터 우울증을 떼어 내기 위해 본질적인 것과 만들어지는 것 사이의 경계에 관한 해묵은 논쟁에 뛰어든다. 인간으로부터 우울증과 그 치료를 분리시키기 위해 인간을 무(無)로 해체한다. 토머스 네이절은 『이타주의의 가능성』에서 이렇게 썼다. "인간의 삶은 주로 유쾌하거나 불쾌한, 혹은 만족스럽거나 불만스러운 자극들의 수동적인 수용으로 이루어지는 것이 아니라 상당 부분 행위들과 추구들로 이루어진다. 우리는 스스로의 삶을 살아야 한다. 남들이 우리의 삶을 대신 살아 줄 수도, 우리가 남들의 삶을 대신 살아 줄 수도 없다."[2] 자연적인 것, 본질적인 것은 무엇일까?

감정, 도덕성, 고통, 믿음, 정의 같은 것들의 본질을 탐구하느니 차라리 철학자의 돌이나 젊음의 샘을 찾아 나서는 편이 나을 것이다.

이것은 예전부터 있어 온 문제다. 셰익스피어의 후기 작품「겨울 이야기」에서 퍼디타와 폴릭시니스는 정원에서 진짜와 인위적으로 만들어진 것의 경계에 대해 논쟁을 벌인다. 퍼디타가 나무 접붙이기를 두고 "자연의 위대한 창조에 참여하는 기술"이라고 말하자 폴릭시니스는 이렇게 대답한다.

자연은 어떤 방법으로도 개선될 수 없으며
그런 방법 또한 자연이 만든 것이지요.
그대가 자연에 덧붙이는 것이라고 말한 그 기술도
자연이 만든 기술이지요.
보시오, 사랑스러운 아가씨……
그것은 자연을 고치는, 아니 변화시키는 기술이지만
그 기술 자체도 자연이지요.[3]

나는 우리 인간이 자연에 가할 수 있는 기술들을 발명해 낸 것이 너무도 기쁘다. 우리는 음식을 요리하고 접시 하나에 다섯 대륙에서 난 재료들을 담을 수 있으며, 현대 품종의 개와 말을 만들어 냈다. 광석을 제련하여 쇠를 얻어 냈고, 야생 과실들을 교배시켜 오늘날 우리가 알고 있는 복숭아와 사과로 만들었다. 나는 우리가 중앙난방과 실내 배관법을 알아내고 고층 건물과 배와 비행기를 만들어낸 것도 기쁘다. 신속한 커뮤니케이션 수단들의 발명도 반갑기 그지없으며, 이제 전화와 팩시밀리와 전자우편 없이는 살 수 없을 정도다. 나는 충치를 막는 기술과 특정 질환들의 예방법을 밝혀낸 것이, 많은 사람들이 장수를 누릴 수 있게 된 것이 기쁘다. 물론 그런 기술들에는 반드시 부작용이 따르기 마련이며 공해, 지구 온난화, 인구 과잉, 전쟁과 무기와 대량 살상이 그런 예에 속한다. 하지만 결과적으로 그런 기술들은 우리를 발전시켰으며, 우리가 새 기술들에 적응하면서 그것들은 평범한 것으로 여겨지게 되었다. 사실 우리가 그토록 좋아하는 꽃잎이 많은 장미도 한때는 자연에 대한 불명예스러운 도전이었으며, 원예가들의 개입이 없었더라면 이 세상에 탄생하지 못했을 것이다. 비버가 처음 둑을 쌓거나 원숭이가 바나나 껍질을 벗기는 것은 자연적인 것인가 아니면 기술일까? 신이 우리를 취하게 하는 포도를 만든 것은 자연적인 것일까? 그건 그렇고 우리는 취하게 되면 더 이상 우리가 아닌 것일까? 굶주리거나 지나치게 많이 먹었을 때도? 그렇다면 무엇인가?

접붙이기가 17세기식 '자연에 대한 개입'이었다면 항우울제와 날로 발전하고 있는 유전적인 조작은 21세기식 '자연에 대한 개입'일 것이다. 400년 전의 기술이나 현대의 기술이나 셰익스피어의 표현대로 자연적인 질서를 바꿔 놓는 것이라고 할 수 있다. 인간성이 자연적인 것이라면 우리의 발명들도 자연적인 것이다. 처음 아메바를 만든 근원적인 생명력이 (화학작용의 영향을 받고 화학작용에 대해 이해하게 된) 인간의 뇌를 만든 것이다. 우리는 자연을 변화시킬 때 자연계에서 취한 생각들을 조합한 결과인 기술들을 이용한다. 진짜 나는 누구인가? 진짜 나는 모든 종류의 조작이 가능한 세계에 살고 있으며 그런 조작들을 받아들여 온 존재다. 그것이 바로 나다. 병을 앓고 있는 내가 진짜 나인 것도 아니고 치료 받은 내가 진짜 나인 것도 아니다.

선한 존재가 되기 위해서는 부단한 노력이 필요하다. 어쩌면 내 친구의 약혼자는 그런 행동을 할 수밖에 없었던 것인지도 모른다. 두뇌에 도덕적인 비열함이 원래부터 내장되어 있었던 것인지도 모른다. 다른 친구의 남편도 천성적으로 잔인한 것인지도 모른다. 나는 그것이 그렇게 간단한 문제라고는 생각하지 않는다. 나는 우리 모두가 의지라는 것을 지니고 태어났다고 믿으며, 화학적인 운명이나 그로 인한 도덕적인 허점을 거부한다. 우리가 누구이고, 선하게 살기 위해 어떻게 노력하고, 어떻게 무너지고, 어떻게 재기하는지를 아우르는 통일체가 존재한다. 약물치료나 전기충격 치료를 받고, 사랑에 빠지고, 신과 과학을 숭배하는 것도 그 통일체에 포함된다. 앤젤 스타키는 강철 같은 낙관주의로 대중 앞에서 노리스타운 병원의 삶에 대해 이야기했다. 그녀는 우울증에 시달리면서도 무한한 애정으로 룸메이트에게 몇 시간이고 오이 껍질 벗기는 법을 가르쳐 주었다. 그녀는 나의 집필을 돕기 위해 일부러 시간을 내어 자신의 생각들을 적어 보내 주었다. 그녀는 어머니의 집을 티끌 하나 없이 청소한다. 우울증은 그녀의 기능은 손상시켰지만 성격에는 영향을 미치지 못했다.

사람들은 자아의 경계를 분명하게 정하고 싶어 한다. 그러나 사실 경험과 화학작용의 무질서한 영역을 벗어나 금맥처럼 순수하게 존재하는 본질적인 자아는 없다. 인간이란 유기체는 서로에게 굴복당하거나 서로를 선택하는 자아들의 연속체다. 우리는 각자의 선택들과 상황들의 총합이며, 자아는 세상과 우리의 선택들이 만나는 좁은 공간에 존재한다. 나는 세 번째 삽화를 겪을 때 내 곁에 있어 준 나의 아버지와 친구들을 생각한다. 의사를 찾아가 특정한 처치를 받으면 그런 관용과 사랑을 지닌 인물로 거듭날 수 있을까? 관용과 사랑은 막대한 에너지와 노력과 의지를 필요로 한다. 과연 그런 자질들을 거저 얻을 수 있는, 주사를 놓듯 인격을 주입하면 아무런 노력 없이도 간다나 테레사 수녀처럼 될 수 있는 그런 날이 도래할까? 위대한 인물들은 훌륭한 자질에 대한 권리가 있는 것일까, 아니면 훌륭한 자질이란 것도 그저 임의적인 화학적 구성에 지나지 않는 것일까?

나는 희망에 차서 신문의 과학란을 읽는다. 언젠가는 항우울제도 다른 마법의 약들에 자리를 내주게 될 것이다. 뇌의 화학작용에 대한 지도를 완성하여 지정된 상대와 지정된 상황에서 열렬한 사랑에 빠지도록 만드는 처치를 받게 되는 날이 올 수도 있다. 이제 머지않아 우리는 배우자와 문제가 생기면 상담 치료나 사랑을 되찾게 해 주는 약물치료 중 하나를 선택할 수 있게 될 것이다. 만일 우리가 노화와 인간의 모든 실패들의 비밀을 밝혀내 인간이 아닌 신의 종족이 된다면, 그리하여 영원히 악의와 분노와 질투를 모르고 살아가면서 세계 평화라는 이상을 위해 열정을 바치게 된다면, 그렇다면 어떨까? 어쩌면 이 모든 일들이 실제로 일어날 수도 있겠지만 내 경험으로 보건대, 이 세상의 어떤 명약도 우리를 재창조할 수는 없으며 다만 우리가 자신을 재창조할 방법을 제공해 줄 수 있을 뿐이다. 우리는 선택이라는 것에서 결코 벗어날 수 없다. 우리의 자아는 매일의 선택들 속에 존재한다. 하루 두 번씩 약을 먹기로 선택하는 것은 바로 나다. 아버지와 이야기하기로 선택하는 것도 나다. 동생에게 전화를 걸기로 선택하는 것도, 개를 기르기로 선택하는 것도, 알람이 울릴 때 일어날 것인지 말 것인지를 선택하는 것도, 때때로 잔인하고 때때로 자기몰두적이며 건망증이 심한 것도 나다. 내가 이 책을 쓰는 것의 배후에는 화학작용이 존재하며, 그 화학작용을 지배하게 되면 다른 책을 쓰는 데 이용할 수도 있겠지만 그것 또한 하나의 선택이 될 것이다. 데카르트는 생각하는 것이 존재의 증거라고 했지만 내게는 생각하는 것보다 선택하는 것이 더 설득력 있는 존재의 증거로 보인다. 우리의 인간성은 우리의 화학작용이나 상황들 속에 존재하는 것이 아니라 (우리가 사는 시대와 각자의 성격과 환경과 나이에 따라 이용 가능한 기술들과 협력하는) 우리의 의지 속에 존재한다.

이따금 내 뇌를 보고 싶다는 생각이 든다. 내 뇌에 어떤 흔적들이 남아 있는지 알고 싶다. 그것은 회색에, 축축하고 정교한 모습이리라. 나는 내 머릿속에 들어앉아 있는 그것 안에 내가 들어 있다고 느낀다. 그 기묘한 물건은 어떤 때는 작용을 하고 어떤 때는 작용을 멈춘다. 정말 기묘하다. 그것이 바로 나이고 나의 뇌다. 그것은 나의 뇌에 사는 고통이다. 뇌를 들여다보면 고통이 어디에 생채기를 냈는지, 어느 부위에 혹이 났는지, 어느 부위가 빛나고 있는지 알게 될 것이다.

우울증 환자가 정상인에 비해 주위 세계를 더 정확하게 본다는 것은 거의 틀림없는 사실이다.4 자신을 사랑받지 못하는 존재로 인식하는 사람들이 자신이 만인의 사랑을 받고 있다고 믿는 사람들보다 진실에 가까울 공산이 크다. 우울증 환자가 건강한 사람보다 더 정확한 판단을 내릴 수도 있다. 연구 결과 우울증 환자나 정상인이나 추상적인 질문들에는 대답을 잘하는 것으로 밝혀졌다. 그러나 어떤 사건에 대한 통제력에 관해 문자 정상인들은 하나같이 자신이 실제 가지고 있는 것보다 더 큰 통제력을 갖고 있다고 믿는 반면, 우울증 환자들은 자신의 통제력을 정확하게 평가했다. 비디오 게임을 통한 실험에서도 30분 정도 게임을 한 후 우울증 환자들은 자신이 얼마나 많은 괴물들을 죽였는지 정확하게 알고 있었지만 정상인들은 실제 숫자의 네 배에서 여섯 배 정도로 추측해서 말했다. 프로이트도 "우울증 환자는 정상인에 비해 진실을 보는 눈이 더 날카롭다."고 말했다.5 세상과 자신에 대한 완벽한 이해는 진화적인 우위에 있지는 않다. 종의 보존이라는 목적에 기여하지 못하기 때문이다. 지나치게 낙관적인 견해는 어리석은 모험으로 이어질 수 있지만 적당한 낙관주의는 강력한 선택적 이점이다. 셸리 E. 테일러는 최근 놀라운 저서 『긍정적인 환상들』에서 이렇게 썼다. "정상적인 인간의 사고와 인지는 정확성이 아닌 자신과 세계와 미래에 대한 긍정적이고 자기 강화적인 환상들이 특징이다. 더욱이 이런 환상들은 적응성을 지니며 정신 건강을 해치기보다는 증진시킨다. …… 가벼운 우울증을 지닌 사람들은 정상인들에 비해 자신과 세계와 미래를 정확하게 본다. …… 그들에게는 정신 건강을 증진시키고 실패의 충격을 완화시키는 환상이 결여되어 있다."6

사실 실존주의는 우울처럼 진실하다. 인생은 헛되다. 우리는 자신이 왜 존재하는지 알 수 없다. 그리고 사랑은 언제나 불완전하다. 육체적인 개체성으로 인한 고립은 피할 수가 없다. 이 세상에서 어떤 일을 이루든 우리는 결국 죽게 된다. 이런 현실들에 굴하지 않고 인생의 다른 면들을 보면서 계속 추구하고 모색하고 꿋꿋이 견디는 것이 진화에서의 선택적인 이점이다. 나는 르완다에서 학살당하는 투치족과 방글라데시의 굶주린 무리들을 본다. 그들은 가족과 친구들을 모두 잃었고, 돈도 먹을 것도 없으며, 고통스러운 질병에 시달리고 있다. 그들이야말로 개선의 가망이라고는 없는 이들이다. 그런데도 그들은 살아가고 있다! 그것은 내가 보지 못하는 미래상 때문일 수도 있고, 존재를 위한 싸움을 지속하게 만드는 맹목적인 생명력 때문일 수도 있다. 그러나 우울증 환자들은 세상을 너무도 명료하게 보기 때문에 맹목성이라는 선택적 이점을 상실하고 만다.

중증 우울증은 (동상을 피하기 위해 사하라 사막까지 가는 격으로) 지나치게 엄격한 선생이다. 이 세상 대부분의 심리적 고통은 불필요한 것이며 중증 우울증 환자들이 겪는 고통 또한 억제되는 편이 낫다. 그러나 과연 우리가 자신의 정서 상태를 완벽하게 통제하기를 원하는지, 슬픔을 두통처럼 없애 줄 감정의 진통제를 얻고 싶어 하는지에 대해서는 의문의 여지가 있다. 슬픔을 종식시키면, 그리하여 우리가 자신의 행동의 결과에 대해 애석해하지 않게 되면 우리는 곧 서로를, 세상을 파괴하게 될 것이다. 우울증은 뇌의 불발이며, 코르티솔 수치가 비정상이라면 그것을 정상으로 돌려놓아야 한다. 우리가 하고 싶어 하는 것과 실제로 하는 것 사이의 본질적인 대립을 포기하는 것, 그 대립과 그에 따르는 고난을 반영하는 음울한 기분을 종식시키는 것은 곧 인간답기를 포기하는 것이다. 세상에는 불안도 슬픔도 모른 채 살아가는 사람들도 있지만 그들의 인생은 성공적이라고 할 수 없다. 그런 이들은 지나치게 쾌활하고 대담하고 몰인정하다. 그런 이들에게 무슨 인정이 필요하겠는가?

우울증을 겪은 뒤 안정을 되찾은 사람들은 일상의 즐거움에 대한 감수성이 강한 경향이 있다. 그들은 삶의 긍정적인 면들이 지닌 진가를 절실히 느끼고 그것들에 대해 쉽게 희열에 젖는다. 원래 너그러운 인물이었다면 우울증을 겪은 후에는 더욱 관대해진다. 물론 다른 질병에서 회복된 사람들의 경우도 마찬가지겠지만, 말기 암에서 기적적으로 회생한 이라도 중증 우울증을 체험한 사람들의 삶을 풍요롭게 해 주는 '기쁨을 느끼고 주는 능력'은 갖지 못한다. 이에 대해서는 에미 거트의『생산적인 우울증과 비생산적인 우울증』에 자세히 설명되어 있는데, 우울증으로 인한 긴 단절과 그동안의 심사숙고가 (특히 상실을 겪은 후) 사람들을 유익한 방식으로 살도록 변화시키는 경우가 흔하다는 것이다.[7]

　　인간의 표준이 곧 현실은 아니다. 우울증을 완화시키고 결국 슬픔에도 영향을 미칠 수 있는 약물들과 치료법들의 발전은 무엇을 의미할까? 진화심리학자 랜돌프 네스의 말을 들어 보자. "이제 우리는 많은 신체적 고통을 통제할 수 있게 되었다. 우리가 겪는 신체적 고통 중에서 과연 어느 정도가 진짜로 필요한 것일까? 5퍼센트 정도? 상해에 대한 경보 역할을 하는 통증은 필요하지만 지속적인 통증은 꼭 필요한 것일까? 만성적인 류머티즘성 관절염이나 대장염, 편두통에 시달리는 이들에게 물어보라! 그렇다면 우리가 겪는 심리적 고통 중에서 진짜 필요한 건 과연 어느 정도일까? 5퍼센트 이상? 어머니가 돌아가신 다음 날 알약을 먹고 고통스러운 슬픔에서 벗어날 수 있다면 어떨까?" 프랑스인 정신의학자 쥴리아 크리스테바는 우울증의 심층적인 심리학적 기능을 밝혀냈다. "우리를 압도하고 마비시키는 슬픔은 광기에 대한 방패 노릇을 한다."[8] 어쩌면 우리는 자신이 알고 있는 것보다 더 많이 슬픔에 의존하고 있는 것인지 모른다.

사람들이 최근 비정상적인 것으로 분류된 것들을 정상화하려 노력하게 되면서 항우울제의 사용이 증가하고 있는데, 자신의 극단적인 우울증 체험에 대해 감동적인 글을 써낸 마사 매닝은 이것을 "대중화이자 평범화 현상"이라고 칭했다. 1998년에 미국의 SSRI 계열 항우울제 처방 건수는 6000만을 상회하며 비SSRI 계열 항우울제의 처방 건수도 상당하다.9 이제 SSRI 계열 항우울제는 향수, 식사 장애, 월경전증후군, 지나치게 긁어 대는 애완동물, 만성적인 관절 통증, 그리고 무엇보다 가볍고 정상적인 슬픔에도 쓰인다. 처방도 정신과 전문의뿐 아니라 일반의나 산부인과 의사에 의해서도 이루어지며, 내가 만난 어떤 사람은 발 치료 전문의에게 프로작을 처방받았다고 했다. TWA 800기가 추락했을 당시 탑승객들의 생환 소식을 애타게 기다리던 가족은 베개나 담요처럼 항우울제를 권유받았다.10 나는 항우울제의 이런 광범위한 사용에 대해 특별한 주장을 내세우고 싶지는 않지만 약효를 알아보고 신중하게 복용할 것을 권한다.

모든 단점은 장점이기도 하다는 말이 있다. 그렇다면 단점을 제거하면 장점도 함께 사라지는 것일까? 다시 랜돌프 네스의 말을 들어 보자. "이제 겨우 약물학적 풍요의 동이 텄을 뿐이죠. 현재 개발 중인 신약들이 많은 원치 않은 감정들을 쉽고 빠르고 싸고 안전하게 차단할 수 있게 될 거예요. 다음 세대에는 그렇게 될 겁니다. 내 생각에 그런 약들이 분명 호응을 얻을걸요. 사람들은 기분을 좋게 해 주는 것이 있다면 그것을 추구하니까요. 수십 년 내에 약물학적 유토피아가 될 세상이 상상 가네요. 그때쯤이면 사람들은 행복에 취해 모든 사회적, 개인적 의무들을 등한시하겠지요." 컬럼비아 대학교의 로버트 클리츠먼은 이렇게 말했다. "우리는 코페르니쿠스 이후 이토록 극적인 변화를 경험한 일이 없어요. 다음 세기에는 새로운 인류가 탄생할 것이며 그들은 과거를 돌아보며 우리를 통제 불능한 감정의 노예들로 여길 겁니다." 그렇게 된다면 얻는 것도 많고 잃는 것도 많을 것이다.

우울증을 앓고 나면 얼마간 위기감에서 벗어난다. 나는 결점투성이의 인간이지만 우울증을 겪고 나서 전보다 나은 사람이 되었다. 우울증을 겪지 않았더라면 이 책을 쓰지도 않았을 것이다. 어떤 친구들은 내가 이 책에 등장하는 인물들과 교제하는 것을 만류했다. 그러나 나는 우울증을 통해 가난하고 짓밟힌 사람들을 사랑하는 사심 없는 사람으로 거듭나게 되었다. 그런 일을 겪게 되면 다른 사람들이 그런 일을 겪는 것을 수수방관할 수 없게 된다. 나로서는 다른 사람들의 슬픔을 멀찌감치 떨어져서 지켜보는 것보다 그들의 슬픔에 뛰어드는 편이 더 낫다. 나는 타인들에게 닿을 수 없는 것이 싫다. 선행은 그 자체가 보상이 된다는 말이 꼭 옳다고는 볼 수 없지만 타인을 사랑하는 것에는 타인과 거리를 두는 것에서 맛볼 수 없는 평온함이 있다. 나는 우울증에 시달리는 사람들을 보면 좀이 쑤신다. 나는 그들에게 도움이 될 수 있다고 생각한다. 그들의 고통에 개입하지 않는 것은 고급 포도주가 담긴 병이 식탁에 쓰러져 포도주가 쏟아지고 있는 것을 방관하고 있는 것과 같다. 그대로 방관만 하는 것보다 포도주 병을 똑바로 세워 놓고 쏟은 술을 닦는 편이 견디기 쉽다.

우울증의 최악의 상태는 세상에서 가장 끔찍한 외로움이며 나는 그 체험을 통해 친밀감이라는 가치를 배웠다. 어머니도 암투병 중에 이런 말을 한 적이 있다. "모두 눈물이 날 정도로 잘해 주지만 내게 적대적으로 변한 이 몸뚱이 속에 혼자 있는 것이 너무도 끔찍하구나." 자신에게 적대적으로 변한 정신 속에 홀로 있는 것도 끔찍한 일이다. 당신은 그런 덫에 걸려 있는 사람에게 무엇을 해 줄 수 있겠는가? 사랑만으로는 우울증의 덫에서 끌어낼 수 없다(일시적으로 우울한 기분에서 벗어나게 해 줄 수는 있겠지만). 용케 그가 있는 곳에 함께 있어 줄 수는 있지만 타인의 정신의 암흑 속에 꼼짝 않고 앉아 있는 것은 (밖에서 지켜보는 것보다는 낫더라도) 유쾌한 일이 아니다. 당신은 멀리서 속을 태울 수도 있고 그에게 다가갈 수도 있다. 경우에 따라 그에게 다가가는 방법은 침묵을 지키는 것일 수도 있으며 심지어 냉담한 것일 수도 있다. 그것은 외부인인 당신이 임의로 결정할 문제가 아니라 상황에 따라야 할 문제다. 우울증은 그 무엇보다 외로운 것이지만 외로움의 반대 되는 것을 길러 낼 수 있다. 나는 우울증으로 인해 더 사랑하고 사랑받게 되었으며, 이 책을 위해 내가 인터뷰한 많은 사람들도 그러했다. 그래서 사람들이 우울증에 걸린 친구나 친척을 위해 무엇을 해 주어야 하는지 물으면 나는 그의 고립감을 덜어 주라고 말한다. 함께 차를 마셔도 좋고, 긴 대화를 나누어도 좋고, 말없이 곁에 앉아 있어도 좋다. 기꺼운 마음으로 상황에 맞는 방법을 택하면 된다.

조울증과 힘겨운 투쟁을 벌여 온 매기 로빈스는 내게 이렇게 말했다. "나는 초조감을 이기지 못해 계속 떠들어 대고는 했지. 그러다 에이즈 환자 수용 시설에서 자원봉사를 하게 되었어. 환자들에게 차와 케이크와 주스를 가져다주고 함께 앉아 이야기를 나누는 일이었지. 그들은 대부분 병문안 오는 사람들이 없어서 쓸쓸하게 지내고 있었거든. 하루는 대화의 물꼬를 트기 위해 환자들에게 독립기념일에는 무얼 하며 지냈는지 물었지. 그런데 그들은 대화에 성의를 보이지 않더군. 나는 그들이 협조적이지 않다고 생각했지. 하지만 다음 순간, 그들이 담소를 나눌 의사가 없다는 걸 깨닫게 되었지. 그들은 처음에 몇 마디 짤막하게 대답하고는 아예 입을 다물어 버렸으니까. 하지만 그들은 내가 떠나기를 원하지는 않았어. 그래서 나는 그들과 함께 있어 주기로 결심했지. 나는 에이즈 환자도 아니고 죽어 가고 있지도 않았지만 그들 곁에서 그들의 모습을 견뎌 줄 수 있었던 거지. 그래서 그날 오후에 나는 말없이 그들과 함께 있었어. 사랑이란 함께 있어 주는 것, 아무 조건 없이 관심을 가져 주는 것이지. 꼭 무언가를 해 주려고 애쓸 필요도 없지. 나는 그걸 배우게 되었어."

생존자들은 약에 의존하면서 기다린다. 물론 정신역동 치료나 전기충격 치료, 수술에 의존하기도 한다. 그러면서 계속 살아간다. 우울증에 걸리는 것이 우리의 선택 사항이 아니듯 그것에서 언제, 어떻게 회복될 것인지도 선택할 수 없다. 그러나 우울증에 어떻게 대처할 것인지는 선택할 수 있다. 어떤 이들은 잠시 우울증에서 벗어나면 그것이 계속해서 다시 찾아올 것임을 안다. 그러나 회복된 동안이나마 우울증 체험을 이용하여 더 풍요롭고 훌륭한 삶을 살아가려 노력한다. 반면 어떤 이들에게는 우울증이 그저 고통일 뿐이며 그들은 우울증으로부터 아무것도 얻지 못한다. 우울증을 갖고 있는 사람이라면 그 체험을 통해 지혜를 얻는 방법을 모색하는 것이 바람직하다. 조지 엘리엇은 『대니얼 데론다』에서 우울증이 기적적인 감정을 느끼게 하는 순간에 대해 묘사하고 있다. 미라는 자살을 하려다 대니얼에게 구조된 후 이렇게 말한다. "어제 물에 빠져 죽으려고 했을 때 말이에요, 죽음이 최고의 은총이라고 여기고 있었는데, 마지막 순간에 삶이 은총으로 다가왔어요. 나는 삶을 믿게 됐죠."11 그러나 극히 평온한 삶을 누리는 이들에게는 삶이 은총으로 다가올 수 없다.

내가 세 번째 삽화를 겪은 것은 이 책의 마무리 단계에서였다. 그 기간 동안 나는 어떤 형태의 통신도 할 수 없었기에 전화 자동응답기와 전자우편에 당분간은 연락이 불가능하다는 내용의 자동 메시지를 설치했다. 우울증을 체험한 적이 있는 지인들은 그 메시지를 받고 어떻게 행동해야 하는지 알았다. 그들은 지체없이 내게 도움을 주겠다는 연락을 해 왔다. 로라 앤더슨은 난초를 잔뜩 보내 주고 이런 글도 보냈다. "당신이 부르면 당장 달려가서 당신이 다 나을 때까지 함께 있어 줄게요. 이곳으로 오고 싶다면 얼마든지 환영이에요. 한 1년쯤 여기 머물러도 좋아요. 당신에게는 내가 있다는 걸 알아주었으면 해요." 클로디아 위버가 보낸 글은 이런 내용이었다. "혹시 날마다 전화를 걸어 줄 사람이 필요해, 아니면 그것조차 부담이 돼? 부담이 된다면 응답할 필요 없어. 하지만 내 도움이 필요하다면 언제라도 좋으니 연락해." 앤젤 스타키는 병원 공중전화로 자주 전화를 걸어 왔다. "당신에게 무엇이 필요한지는 모르겠지만, 항상 당신 걱정을 하고 있어요. 제발 몸조심하세요. 진짜 견디기 힘들면 언제라도 나를 찾아오세요. 당신을 만나고 싶으니까. 당신에게 필요한 일이라면 무엇이라도 해 주고 싶어요. 자해 같은 건 하지 않겠다고 약속해 줘요." 프랭크 루사코프는 희망의 소중한 가치를 일깨워 주는 고마운 편지를 보내 주었다. "당신이 회복되어 다시 모험에 나선다는 소식을 기다리겠어요. 당신의 벗, 프랭크." 나는 그들과 개인적인 정을 나누기는 했지만 그 가슴에서 우러난 제안들에 적잖이 놀랐다. 티나 소네고는 병가를 내고 와 줄 수 있다고, 아니면 편안히 휴식을 취할 수 있는 곳으로 데려가 줄 수 있다고도 했다. "나는 요리도 잘하지요." 그녀가 덧붙인 말이었다. 재닛 벤슈프는 수선화와 그녀가 좋아하는 시들에서 인용한 낙관적인 구절들을 예쁘게 적은 카드를 들고, 내가 외롭지 않도록 내 소파에서 자고 가려고 가방까지 꾸려서 찾아왔다. 정말이지 놀라운 반응들이었다.

"왜?" "왜 하필이면 내가?"라고 외치는 우울증 환자의 절망적인 절규에는 자기 성찰의 씨앗이 들어 있으며, 대개 자기 성찰은 유익한 결과를 낳는다. 에밀리 디킨슨도 "흰 양식[기독교 성찬식에서 쓰는 흰 밀떡]인 절망"[12]이라고 노래했으며, 우울증은 진실로 삶을 정당화하고 지지할 수 있다. 우울증 환자는 자기 성찰을 하지 않을 수 없다. 우울증 자체는 경탄의 대상이 될 수 없지만 우울증을 겪은 사람은 그것으로 인해 경탄의 대상이 될 수 있다. 나는 이 근본적인 사실이 우울증을 겪는 이들에게 양식이 되어 주고, 곁에서 지켜보는 이들에게는 인내심과 사랑을 불어넣어 주기를 바란다. 앤젤처럼 나도 우울증 환자들에게 자기를 존중하는 마음을 주어야 한다는 사명감을 느낀다. 나는 그들이 이 책에 소개된 이야기들을 통해 희망뿐 아니라 자신에 대한 사랑도 갖게 되기를 바란다.

역경은 커다란 가치를 지니고 있다. 그러나 우리는 역경을 통해 교훈을 얻고 싶어 하지 않는다. 고난은 유쾌하지 못한 것이기 때문이다. 나는 편안한 삶을 열망하며 그것을 위해서라면 커다란 대가를 치를 용의도 있다. 그러나 지금의 인생에서도 가치들을 발견할 수 있다는 것을 알고 있다.

존 밀턴은 『아레오파지티카』에서 악을 알지 못하고 선의 진가를 알기는 불가능하다고 주장했다. "따라서 선은 악에 비하면 풋내기에 불과하며 악이 약속하는 최고의 것을 알지 못한다. 악을 거부하는 것은 순수한 선이 아닌 공허한 선이며 그런 선의 흰 것은 배설물의 흰 것과 같다."[13] 슬픔에 대한 위대한 앎은 기쁨의 진가를 이해하는 토대가 되며 그 결과 기쁨을 강렬하게 만든다. 그로부터 30년 후 더욱 지혜로워진 밀턴은 『실락원』에서 에덴동산에서 추방당한 아담과 이브가 얻게 된 지혜에 대해 이렇게 노래한다.

> ……우리가 눈을 떠
> 선과 악을 알게 되자,
> 선을 잃고 악을 얻게 되었네,
> 해로운 선악과.

비록 교훈을 주기는 해도 차라리 얻지 않는 것이 나은 앎이 있다. 우울증은 기쁨에 대해 많은 것을 가르쳐 주지만, 반면 기쁨을 지워 버리기도 한다. 그것은 애초에 먹지 말았어야 할 해로운 선악과다. 그러나 그것을 먹게 되었다 하더라도 구원을 추구할 수는 있다. 아담과 이브도 그랬다.

힘이 세어지고,
절망으로부터 새로운 희망이 솟았네,
기쁨이.

아담과 이브는 이 새롭고 인간적인 기쁨으로 무장하고 짧고도 달콤한 삶을 시작한다.

그들은 고개를 돌려
행복한 보금자리였던 에덴을 바라보았네.
(……)
자연히 눈물이 흘렀지만 곧 눈물을 닦아 냈네,
그들 앞에는
그들의 안식처가 될 세상이,
그들을 이끌어 줄 신의 뜻이 있었으니,
그들은 손에 손을 잡고 천천히 헤매며
에덴을 나와 고독한 길을 걸었네.

우리를 무력화시키는, 그러나 너무도 귀중한 앎에서 살아남은 우리 앞에도 세상이 놓여 있고, 우리도 아담과 이브처럼 고독한 길을 나아간다. 우리는 용기와 지나치게 많은 지혜를 지니고, 그러나 아름다움을 찾고야 말겠다는 결의에 차서 앞으로 나아간다. 도스토예프스키도 "아름다움이 세상을 구원할 것이다."라고 했다.[14] 슬픈 믿음의 영역에서 돌아오는 순간은 항상 기적적이며 놀랍도록 아름다울 수도 있다. 절망으로의 여행이 가치가 있을 정도로. 우리 중에서 스스로 원해서 우울증을 택한 사람은 없지만 우울증에서 살아남게 되면 얻는 것이 있다. 그것은 새로 태어난 자신이다. 하이데거는 고통을 사고의 근원이라 했고,[15] 셸링은 인간 자유의 본질이라 했다.[16] 쥘리아 크리스테바는 고통에 감사의 뜻을 표했다. "나는 우울증 덕분에 형이상학적인 최상의 명석함을 얻었다. …… 슬픔이나 애도 속의 정화는 의기양양하지는 않지만 치밀하고, 싸울 준비가 되어 있고, 창의적인 인간의 모습이다."[17]

나는 종종 정신적인 체온을 잰다. 잠자는 습관도 바꾸었다. 전보다 포기도 잘한다. 그리고 타인에 대한 인내심도 강해졌다. 그리고 행복한 시간을 낭비하지 않으려는 결의도 더 굳어졌다. 지금 나의 우울증을 한탄하는 것은 나의 가장 근본적인 부분을 한탄하는 것이다. 나는 너무 쉽게, 너무 자주 불쾌함을 느끼고 너무 쉽게 타인에게 기대지만 그만큼 타인에 대해 더 관대해졌다고 생각한다.

평생 우울증과 싸워 온 한 여인은 내게 이렇게 말했다. "집 안은 엉망이 되어 가고 나는 글도 읽을 수가 없어요. 그것이 언제 돌아올까요? 언제 또 나를 후려칠까요? 아이들 때문에 사는 거예요. 지금은 안정을 찾았지만 우울증은 결코 나를 떠나지 않죠. 우울증을 잊고 살 수는 없어요."

마사 매닝도 대화 중에 갑자기 열변을 토했다. "나는 약과 함께하는 일생에 만족하게 되었어요. 그것에 감사하기까지 하지요. 가끔 약들을 바라보면서 이것이 고통과 나 사이에 있는 전부인가 생각하기도 해요. 불행한 건 아니지만 앞으로 평생을, 수십 년을 이런 식으로 살아야 한다는 생각을 떨칠 수가 없어요. 그게 너무 부담이 돼요. 아이를 하나 더 갖고 싶었는데 두 번 유산을 한 뒤 더 이상 그

스트레스를 견딜 수 없다는 걸 깨달았죠. 사회생활도 줄였어요. 우울증을 물리칠 수는 없어요. 그러니 그것과 타협하는 법을 배워야지요. 회복 상태를 유지하도록 애써야지요. 우울증에 무릎 꿇지 않으려면 엄청난 결의와 시간이 필요하지요. 자살 직전까지 갔다가 다시 살아났다면 열심히 살아야죠."

그래서 우리는 생산적인 우울증이라는 관념에 매달린다. "우울증을 다시 겪게 된다면 이런 식으로는 하지 않겠어요." 우울증 때문에 뇌의 일부를 절제하는 수술을 받은 몇 개월 후 프랭크 루사코프가 한 말이었다. 그 오후에 나는 그와 그의 부모님, 그의 치료를 맡은 정신과 전문의와 자리를 함께했는데 그들은 그가 받은 대상회전절제술이 효과가 없는 것 같다며 재수술을 고려하고 있었다. 그러나 그는 조용하면서도 용감하게 6개월 내에 다시 일어설 계획을 세우고 있었다. "하지만 우울증을 통해 얻은 것도 많고 성장도 많이 했지요. 부모님, 형제, 친구들과도 훨씬 더 가까워졌고요. 담당 의사도 참 좋았어요." 그 어렵게 얻은 평정이 감동적일 정도로 진실하게 들렸다. "우울증에도 분명 장점들이 있죠. 우울증에 빠져 있을 때는 그 장점들을 알아보기 힘들지만요." 나중에 수술이 효과를 나타내자 그는 이런 글을 보내왔다. "우울증을 다시 겪게 된다면 다른 식으로 하겠다고 말한 적이 있지요. 아마 다시 겪게 되겠지요. 하지만 최악의 상황은 지나간 것 같아요. 지금까지 내가 겪었던 것에 대해 감사하고 있어요. 병원에 서른 번씩 입원하고 뇌수술까지 받았던 게 나한테는 더 잘된 일 같아요. 그런 체험을 통해 좋은 사람들을 많이 만나게 되었으니까요."

케이 재미슨은 어깨를 으쓱하고 이렇게 말했다. "남은 생애 동안 나와 내 정신이 좋은 사이를 유지할 수 없다는 걸 알게 되면서 나는 위대한 순수성을 잃었지요. 그 인격 도야의 체험에는 신물이 나요. 하지만 그것은 내 소중한 일부분이 되었고 누구든 나를 사랑하는 사람은 그것을 갖고 있는 나를 사랑하는 거지요."

다음은 로버트 부어스틴의 말이다. "우리는 결혼한 지 몇 년 안 됐기 때문에 아내는 내 우울증을 목격하지 못했지요. 그래서 난 아내가 그것에 대해 자세히 알 수 있도록 사람들에게 나의 우울증에 대해 설명해 달라 부탁했지요. 틀림없이 다시 우울증이 찾아올 것이기 때문에 아내에게 철저히 준비를 시킨 거예요. 그게 언제가 될지는 모르지만 나는 다시 방을 기어 다니게 될 거예요. 그것 때문에 너무 겁이 나요. 누가 '네 다리 하나를 잘라 내면 우울증에서 해방시켜 주겠다.'고 제안하면 쉽게 결정을 못 내릴 거예요. 하지만 우울증을 겪기 전에 나라는 인간은 말도 못하게 옹졸했고 오만했고, 나약함에 대해서는 전혀 이해를 못 했죠. 그러니 우울증 체험을 통해 철이 든 거지요."

빌 스타인은 이렇게 말했다. "내 일에서 가장 중요한 주제는 구원이지요. 아직은 세상에서 내 역할이 무엇인지 잘 모르겠어요. 성인이나 순교자들의 이야기를 읽으면 마음이 끌리지만 그들처럼 살 수 있다는 자신은 없어요. 아직 인도에 호스피스 시설 같은 걸 세울 준비는 안 됐지만 우울증이 나를 바른 길로 이끈 건 사실이지요. 사람들을 만나다 보면 그들이 나처럼 극한의 체험을 하지 않은 걸 알 수 있죠. 그런 극한의 체험은 나의 내면의 모습을 완전히 바꾸어 놓았지요. 원래 신앙과 선에 끌리기는 했지만 우울증이 아니었더라면 지금과 같은 추진력과 도덕적 목적의식을 갖지 못했을 거예요."

티나 소네고의 말을 들어 보자. "우리는 지옥을 지나 천국을 발견했지요. 내가 받은 보상은 아주 간단한 거예요. 과거에는 이해하지 못하던 것들을 이제 이해할 수 있게 된 거죠. 지금도 이해하지 못하는 것들은, 중요한 것들이라면, 조만간 이해하게 되겠지요. 우울증은 현재의 나를 만들었지요. 우리가 얻은 것은 너무도 조용하면서도 너무도 요란하죠."

다음은 매기 로빈스의 말이다. "필요는 큰 재산이 되지." 우리가 어떤 필요성으로 인해 자신에 대해 알게 되고 타인에게 마음을 열게 된다면 필요성이 친밀감을 키운 것이다. "나는 다른 사람들에게 얻어야 할 것이 있기 때문에 사람들과 어울리게 된 거지. 그리고 내가 필요로 하는 모든 것들을 주는 법도 배웠지."

클로디아 위버는 이렇게 말한다. "기분은 깊은 바다나 우주처럼 미개척지라고 할 수 있지. 저조한 기분에 시달리다 보면 오히려 씩씩해지기도 해. 나는 다른 사람들보다 힘겨운 상실을 잘 견디는데 그건 상실에 따르는 감정들에 이골이 났기 때문이지. 우울증은 내 앞길에 놓인 장애물이 아니라 여러 상황에서 내게 도움을 주지. 어떻게? 그건 나도 모르겠어. 하지만 나는 내 우울증을, 그것이 지닌 구원의 힘을 믿어. 나는 매우 강인한 여자이고 그건 부분적으로는 우울증 덕이지."

다음은 로라 앤더슨이 보낸 글이다. "우울증은 내게 남다른 친절함과 용서할 줄 아는 마음을 갖게 했지요. 나는 순간의 실수로 살인을 저지른 사람들에게 동정이 가요. 오늘 밤 어떤 이와 사형 제도에 대해 논쟁을 벌였어요. 나는 기분이 일이나 인간관계 같은 인생의 문제들과 지독하게 뒤엉켜서 끔찍한 행동으로 이어질 수도 있다는 걸 이해해야 한다고 설명했지요. 그렇다고 우울증이 공적인 구실이나 정치적인 평계가 되어서는 안 되겠지만, 어쨌든 일단 우울증을 체험하게 되면 사람이 한순간의 판단 착오로 악행을 저지를 수도 있다는 걸 너무도 잘 이해할 수 있게 되죠. 어쩌면 세상의 악까지도 견딜 수 있게 되죠."

우울증이 사라지는 행복한 날이 도래하면 우리는 많은 것들을 잃게 될 것이다. 만일 지구의 생명체들이 비가 내리지 않아도 살 수 있다면, 만일 우리가 기상 현상을 정복하여 화창한 날씨가 계속되게 만든다면 구름 낀 날들과 여름의 폭풍우를 그리워하게 되지 않을까? 몇 개월 동안 음울한 날씨가 이어지는 영국에서 드물게 보는 태양은 적도 지방의 태양보다 맑고 눈부시며, 내가 최근에 느끼는 행복 또한 과거에는 상상도 못 했던 만큼 강렬하다. 나는 묘하게도 나의 우울증을 사랑한다. 우울증 체험은 좋아하지 않지만 우울증 그 자체는 사랑한다. 나는 우울증이 지나간 뒤의 나를 사랑한다. 쇼펜하우어는 이렇게 말했다. "인간은 둔하고 무딘 만큼 만족을 느낀다."[18] 테네시 윌리엄스도 행복에 대해 정의해 달라고 하자 "무감각"이라고 대답했다.[19] 나는 그들의 생각에 동의하지 않는다. 나는 지옥을 체험하고 살아남았기에 다시 지옥에 가게 되더라도 살아남을 수 있을 것임을 안다. 나는 (좀 이상한 방식으로이기는 하지만) 전에는 상상도 못 했던 만큼 자신감에 차 있다. 그것으로도 우울증은 거의 (완전히는 아니지만) 가치를 지닌다. 나는 다시는 자살을 시도하지 않을 것이며, 전쟁이 터지거나 내가 탄 비행기가 사막에 추락한다 해도 쉽게 목숨을 포기하지 않을 것이다. 나는 살아남기 위해 최선을 다할 것이다. 아무래도 나의 삶과 나는 서로 반대 입장에서

서로를 증오하며 서로에게서 벗어나기를 원하면서도 영원히 결합되어 있는 듯하다.

우울증의 반대는 행복이 아니라 활력이며, 이 글을 쓰고 있는 나의 삶은 슬플 때조차 생기에 차 있다. 어쩌면 내년쯤 나는 다시 무너질 수도 있으며 우울증에서 완전히 벗어날 수는 없을 것이다. 그러나 나는 7년 전 지옥이 기습적으로 찾아오기 전까지는 상상도 하지 못했던 나의 일부분, 영혼이라고 불러야 할 것을 발견했다. 그것은 멋진 발견이었다. 나는 거의 날마다 순간적인 절망감을 맛보며, 늘 다시 무너지기 시작한 건 아닌지 걱정한다. 그리고 번개처럼 스치는 것이기는 하지만 간담이 서늘한 충동들에 젖는다. 차에 치이고 싶은 충동을 억누르느라 신호등이 녹색으로 바뀔 때까지 이를 악물고 참고 서 있어야 하고, 손목을 긋거나 입에 권총을 물거나 영원히 깨지 않는 잠에 빠져드는 상상을 한다. 나는 그런 감정들이 지긋지긋하지만 그것들로 인해 삶을 더 깊숙이 들여다보게 되었고, 살아야 할 이유들을 발견하고 그 이유들에 매달리게 되었음을 안다. 나는 지금까지의 내 삶을 한탄하지는 않는다. 나는 날마다 (가끔은 투계처럼 용감하게, 가끔은 그 순간의 논리에 반하여) 살아 있기로 선택한다. 그것이야말로 드문 기쁨이 아닐까?[20]

13 그 후

T. R. K.를 위하여[*]

내가 처음 심각한 우울증에 걸린 때로부터 20년이 지났다. 지금까지 살아온 삶의 절반 가까이 정신 질환을 앓아 왔고, 이제 그것이 없는 자신을 상상할 수 없다. 그것은 내게 일어난 일이라기보다 나 자신의 일부처럼 느껴진다. 이따금 그것은 나라는 존재 그 자체이고, 언제나 최소한 나의 한 부분이다. 나는 먹는 것이나 자는 걸 포기하게 되는 때를 상상하지 않는 것처럼, 치료가 끝나는 때도 생각하지 않는다. 우울증 체험으로 인해 그 질환이 나를 얼마나 많이 규정하게 되었는지, 그리고 내가 우울증에 대해 말하면서 갖게 된 공식적인 입장으로 인해 우울증이 내 정체성에 얼마나 깊이 새겨졌는지를 밝혀내는 건 쉬운 일이 아니다. 나는 『한낮의 우울』을 집필하면서 전문적인 우울증 환자가 되었으며, 그건 괴상한 존재다. 이 책이 내 모교의 한 강의에서 교재로 선정되면서 나는 강사로 초빙

---

[*] T. R. K.는 뜻밖의 자살로 앤드루 솔로몬에게 커다란 슬픔을 안겨준 테리 로시 커크의 머리글자이다.

을 받았다. 학부 시절에 나는 그 대학교에서 교재로 채택될 만큼 훌륭한 책을 쓰는 작가가 되기를 꿈꾸었지만, 그런 꿈을 이루어 준 책이 '이상심리' 수업에 쓰이는 회고록이 될 줄은 몰랐다.

우울증에 대한 나의 생각은 변증법적인 것이 되었다. 한편으로는 예전보다 우울증의 영향을 훨씬 적게 받고 있어서 암흑 같던 그 시절이 가끔 아득한 꿈처럼 여겨지기도 한다. 그런가 하면 안심하는 것이 거의 어김없이 간헐적인 재발의 서곡이 되고, 우울증이 다시 시작되면 영원히 암흑에서 벗어날 수 없을 것 같은 기분을 느낀다. 한편으로는 예전보다 그런 추락에 익숙해져서, 마치 관절염 환자가 곧 비가 내릴 걸 예감하듯 내 안의 우울증이 부화하는 걸 느낀다. 하지만 그 일은 매번 충격적이다. 얼마나 육체적이고 얼마나 가혹한지, 얼마나 가슴이 답답하고 무기력이 심한지를 잊고 지낸 탓이다. 자아의 붕괴를, 모든 뒤틀린 생각이 하나의 통찰이라고 믿지는 않으려 하는 고투를 잊는 것이다. 나는 우울증을 앓지 않을 때는 우울증으로부터 힘과 아름다움을 끌어내지만, 우울증에 시달릴 때는 그런 것들을 발견하지 못한다. 나는 예전보다 우울증을 더 잘 숨길 수 있게 되어서 죽어 가고 있다는 기분이 들 때에도, 죽고 싶은 기분이 들 때조차도 놀랍도록 잘 기능한다. 하지만 불안은 최악의 적으로 남아, 아침에 눈을 뜨면 주기적으로 이 하루를 감당할 수 없을 것 같은 기분을 느낀다. 심리치료와 약물치료는 상대적인 평정을 얻기 위해 치르는 대가치고 작은 것이지만 거기에 요구되는 시간과 관리는 싫다. 약한 뇌를 가져서 계획을 세우면서도 내 정신이 갑작스럽게 나를 배신할 가능성을 염두에 두어야만 하는 것도 싫다. 나는 우울증에서 벗어난 게 아니라 그걸 막고 있을 뿐이다.

지난 20년 동안 나는 엄청난 행운을 누렸다. 내가 지금까지 알고 지내온 중 가장 다정한 사람 존을 만나 결혼했고, 커다란 행복을 요구하기도 하고 주기도 하는 아이들을 갖게 되었다. 안정된 삶의 특정 부분들은 혼자 힘으로 이룰 수 있지만 타인을 통해 얻을 수도 있으며, 존은 내게 배를 안정시키는 바닥짐 같은 역할을 해 주었다. 내 기분이 저조할 때 그는 인내심과 온화함을 보여 준다. 나는 이제 우울증을 앓을 때 혼자가 아니며 그건 중대한 변화다. 나는 삶이 견딜 수 없는 것이라는 주관적인 감정을 품을 수 있지만, 대개 그 감정이 진실과 부합하지 않다는 걸 이성적으로 안다. 내게는 멋진 삶이 있으니까. 뛰어난 정신약리학 전문의를 만난 덕에 거의 항상 효과가 있고 부작용은 상대적으로 적은 약물요법을 쓰고 있다. 우리는 문제가 어렴풋이 나타나기 시작할 때 적용할 미봉책을 마련해 놓았다. 심리치료는 현명하고 재미있는 정신분석가에게 받고 있는데, 이 두 가지 성격은 정신분석가에게 필수적인 것이다. 언젠가 내가 우울증의 초기 경고 신호들에 대해 무신경한 태도를 보이자 그가 이렇게 말했다. "앤드루, 이 방에서 우리는 당신이 정신건강의 지하 할인매장으로 가는 비상 엘리베이터를 탈 수 있다는 사실을 결코 잊지 않죠."

나는 내 삶을 통제한다. 단 하루도 약 먹는 걸 거르지 않는다. 조금이라도 재발의 징조가 보이면 그 즉시 나의 두 의사의 조언에 따라 약 복용량과 행동을 조정한다. 내가 불안 증세가 심할 때 복용하는 베타차단제 프로프라놀롤은 심박수를 내리고 숨을 쉬게 해 준다. 하지만 벤조디아제핀의 진정 효과는 없다. 2012년, 나는 15년간 나의 임상적 불안증을 완화시켜 준 자이프렉사의 복용량을 늘렸다가 몇 개월 후 어느 정도 줄였다. 다시 원래 복용량까지 줄이는 데는 2년 가까이 걸렸다. 불안이 고조될 가능성과 대면할 적절한 시기를 찾기가 지독히도 어려웠던 것이다. 나는 임상 증세들이 나타날 조짐이 보일 때마다 자이프렉사의 복용량을 늘린다. 나는 광적으로 잠에 집착하며 잠을 충분히 자기 위해서라면 아무리 중요한 일이라도 기꺼이 미룬다. 밤에 아이들 때문에 일어날 일이 생기면 존이 일어난다. 나는 신체 건강뿐 아니라 정신 건강을 위해서도 규칙적으로 운동을 한다. 알코올은 거의 안 마시고 카페인은 그보다 더 적게 섭취한다. (나는 초콜릿에 약하지만, 슬프게도 불안 증세가 느껴지면 초콜릿을 먹을 수가 없다.)

하지만 양보하고 싶지 않은 것들도 있다. 나는 스트레스가 많고 매혹적인 삶을 영위하고 있으며, 그걸 포기할 생각은 없다. 나는 온갖 곳을 돌아다니고, 너무 많은 사람들에게 정성을 쏟고 있다. 나는 자신의 아이디어들에 열광하고 다른 사람들의 아이디어들을 갈구한다. 나는 가족도, 친구들도, 일도 포기하지 않는 서툴지만 열정적인 저글링 곡예사다. 약을 줄이고 은둔하기보다 약을 먹으며 세상에서 살고 싶다. 상태가 좋을 때는 내가 할 수 있는 것들을 다 하는데, 가끔은 그것 때문에 2형 양극성 장애로 보이기도 한다. 하지만 내 행동은 경조증이 아니다. 그보다는 나의 작동 능력이 언제라도 나를 저버릴 수 있기 때문에 내가 기능할 수 있는 기간을 최대한 활용해야 한다는 생각을 반영한다.

아이들은 가끔 내게 항우울제가 되어 준다. 나는 부모가 되면서 절대 자살을 고려하지 않을 것이며 가능하면 아이들 앞에서 우울증 환자의 행동을 보이지 않겠노라고 나 자신과 약속했다. 그리고 아이들과 함께 있으면 그런 유익한 의무감은 더욱 강해진다. 아이들 목소리는 내가 경미한 정도에서 중간 정도까지의 우울증을 겪고 있을 때 기적적인 효과를 발휘한다. 물론 아이들은 나를 화나게 만들거나 걱정거리를 안겨 주기도 하지만, 세상과 단절된 기분을 느끼게 만드는 일은 결코 없다. 그렇지만 나는 아이들을 내 우울증으로부터, 그리고 그것을 완화시켜 주는 역할을 하는 것으로부터 보호하려 노력한다. 아이들이 그걸 하나의 의무로 받아들이는 걸 원치 않기 때문이다. 존은 내 기분이 저조할 때마다 커다란 도움이 된다. 내 방에 혼자 있는 것보다는 우리 방에 함께 있는 게 더 안전하게 느껴지고, 나는 그를 내 현실에서 많이 격리시키지 않는다. 우울증 초기 단계에서는 사랑이 도움이 된다. 하지만 증세가 악화되면 그 힘은 대부분 소멸된다. 나는 불안증 때문에 아이들 웃음소리가 귀에 들어오지 않을 때면 상황이 심각해지고 있음을 깨닫는다. 그 시점이 되면 나는 정상적인 기분 상태인 것처럼 연기하며 나의 이탈로부터 아이들을 보호한다. 그것은 세상에서 가장 힘든 일이지만, 진이 다 빠지면서도 그 일을 해내다 보면 엄숙한 만족감 같은 걸 느낀다.

21세기의 내 삶은 주기적 재발들로 얼룩졌다. 2002년에 나는 성적 부작용 때문에 일시적으로 졸로프트를 끊었다. 그러자 갑자기 성욕이 넘치고 나 자신의 매력에 대한 망상까지 생겼다. 덕분에 존과의 관계는 더 뜨거워졌지만, 반면 우체부나 식품점 점원과의 접촉에서도 성적 암시가 느껴졌다. 개 산책시키는 사람과의 접촉에도 성적인 느낌이 있었고, 심지어 개한테도 그랬다. 그런 증상들이 나타난 직후 나는 오랫동안 피해 왔던 절망의 늪에 빠져들기 시작했다. 내가 완전히 미쳐 가고 있다는 걸 깨닫는 데 6주가량 걸렸다. 나는 다시 졸로프트를 먹었고 증세가 진정되었다.

2003년 크리스마스에 존이 나와 함께 살기 위해 미니애폴리스에서 뉴욕으로 왔다. 나는 오래전부터 그가 와 주기를 원했지만, 막상 그가 도착하자 이런저런 불안을 느꼈다. 그전에 동거한 사람과 너무도 고통스러운 결별을 겪었기에 존이 집에 있는 것이 감당할 수 없는 불안감을 촉발시켰다. 그 한 달쯤 전에 나는 살이 찌고 무기력해져서 자이프렉사를 끊겠다는 잘못된 결정을 내렸다. 그래서 화학적으로나 정서적으로나 불안정한 상태가 되었다. 자신이 원하던 걸 얻고도 얼굴을 찌푸리는 건 무례한 짓 같았고, 우리의 관계가 깨질까 봐 걱정되었다. 그래서 나의 암울한 기분이 다른 것 때문이라고 해석할 방법을 찾으려 애썼다. 우울증이 극에 달해 거의 말을 할 수 없는 지경에 이르렀다. 그 한 달 전에 본 매력적이지만 멍청한 뮤지컬이 있었는데, 나는 그 주책없이 낙천적인 노래들의 사랑스러운 리듬들이 행복의 구명줄이라도 되는 양 녹음된 노래들을 듣고 또 듣고 또 듣고 또 들었다.

크리스마스 직후에 나는 저널리스트의 임무를 수행하기 위해 사흘 일정으로 군용기를 타고 남극대륙으로 날아갈 계획이었다. 나는 늘, 언제나, 항상 남극대륙에 가고 싶었던 사람이고 필요한 옷과 물품들도 모두 사 놓았다. 하지만 곧 나는 그 여행을 하지 않을 것이고 환불 불가능한 비용들을 헛되이 날려 버리게 될 것임을 깨달았다. 낭패감에 미쳐 버릴 것만 같았다. 지금처럼 정상적인 상태에서는 그 여행이 왜 그렇게 어렵게 느껴졌는지 납득할 수가 없다. 여행

가방에 옷 몇 벌 챙겨 넣고 비행기에 앉아 친절한 전문가들과 함께 아름다운 풍경들을 감상하기만 하면 되고 기사는 나중에 써도 되는데 말이다. 2년 전《뉴욕 타임스》기사를 쓰기 위해 전쟁 중인 아프가니스탄으로 투지만만하게 날아갔던 나였다.[1] 그런데 이제 여행을 떠날 생각만 해도 질식할 것만 같았고 숨을 쉴 수가 없었다. 나는 편집장을 실망시키고, 나 자신을 실망시켰다. 그런 터무니없는 상태는 영원히 과거형이 된 줄 알고 있었던 것이다. 나는 정상적인 기분일 때는 우울증이 그저 게으름에 굴복하는 것, 어려운 일들에 대해 신경 쓰고 싶어 하지 않는 것이라고 여긴다. 그러다 우울증이 닥치면 갑자기 그냥 할 수 없게 된다. 뉴욕에서 남극대륙까지 수영을 해서 갈 수 없는 것처럼 나는 그해 겨울에 군용기를 타고 그곳으로 날아갈 수가 없었다. 그래서 다시 자이프렉사를 복용했다. 존과 나는 함께 사는 삶에 적응했다. 나는 조금씩 내 삶의 산소 속으로 다시 기어들어갔다.

나에게 가장 최근의 심각한 재발은 2012년 말『부모와 다른 아이들(Far from the Tree: Parents, Children, and the Search for Identity)』[2]을 출간할 무렵에 찾아왔다. 무방비 상태로 벌거벗겨진 듯한 기분이 엄습했다. 나는 그 책을 쓰는 데 10년 이상을 바쳤고 그 책이 실패할 수도 있다는 생각에 시달렸다. 나의 첫 우울증은 1994년에 소설『스톤 보트(A Stone Boat)』[3]를 출간했을 때 시작되었고, 그 후 책을 낼 때마다 똑같은 일이 일어났다. 나는 아무도 내 책에 주목하지 않을까 봐 두려웠다. 나와 인터뷰한 사람들이 내가 그들에 대해 묘사한 내용에 꼬투리를 잡을까 봐 걱정되었다. 내 주장에 책에서 간과한 끔찍한 결함이나 구멍은 없는지 염려스러웠다. 하지만 대부분의 걱정은 구체적인 대상을 갖고 있지 않았다. 그냥 걱정이 되었다. 그것도 항상. 마치 내 힘으로는 벗어날 수 없는 전기 콘센트에 연결된 듯했다. 사람들은 내게 새 책을 내서 얼마나 신이 나겠느냐고 계속해서 말했고, 나는 최선을 다해 그런 척했다. 나는 신난다고 밝혔다. 신나는 것처럼 행동했다. 텔레비전과 라디오에 출연해 신나게 떠들어 댔다. 하지만 그러는 동안에도 내내 세상이 끝날 것 같은 기분이 들었다. 내가 사랑하는 사람들이 비극적인 종말을 맞이할 것만 같고, 나 자신이 음식을 삼키는 법이나 숨을 쉬는 법을 잊을 것만 같았다. 아주 사소한 의무에서만 발을 빼도 곤두박질쳐 죽을 것 같고, 목이 부러질 것 같은 속도로 계속 나아가다 폭발해서 죽을 것 같았다.

나는 새 책에 대한 강연을 시작했고, 그 강연들이 만족스럽지 못하고 내 아이디어들이 뒤죽박죽임을 알게 되었다. 갑자기 늙은 기분, 절망적인 기분이 들었다. 스트레스 수치가 치솟았고, 그 하루를 버텨 내지 못할 것 같은 익숙한 공황 상태를 체험하기 시작했다. 밤에 잠을 이루지 못할 때는 수면 부족으로 기진맥진해서 낮에 기능하지 못할 것 같았고, 그러다 마침내 잠이 들기 시작할 때는 늦잠을 자서 아침 일정을 빼먹게 될까 봐 두려웠다. 아침에 호텔방에서 잠이 깨면 옷을 개어 여행 가방에 집어넣는 것도 불가능했다. 나는 여행 가방을 잃어버리거나 다음 행선지가 어디인지 잊어버릴까 봐 늘 겁에 질렸다.

하지만 책 출간은 짜릿한 일이기도 했다. 울고 싶은 기분이 아닐 때는 유쾌하게 자축할 수 있었다. 그것은 기묘한 혼재성 기분장애로, 늘 희열에 차 있거나 끔찍했다. 이러한 극도의 흥분 상태에서 벗어날 수 있게 해 주는 건 나의 아이들뿐인 듯했다. 나는 아이들과 함께 있으면 정상적인 기분과 행복을 느꼈다. 하지만 아이들이 방에서 나가면(아니, 사실은 내가 나갈 때가 더 많았다. 그럴 의도는 아니었지만 말이다.) 즉시 그 효과는 사라졌고, 아이들을 떠난 것에 대한 죄책감에 절망은 더 심해졌다.

정신 질환의 문제점들 가운데 하나는 무엇이 '진짜'이고 무엇이 '머릿속에 있는 것'인지에 대해 영원히 확신이 없는 상태로 살아야 한다는 것이다. 나는 책 홍보 투어 첫날 귀에 염증이 생긴 것 같았다. 비행기를 타는 게 망설여졌지만 책 홍보 투어를 하려면 비행기를 타야 했고, 우리 모두 열심히 준비한 행사였다. 그래서 비행기에 오를 때마다 귀 걱정을 하게 되었다. 객석에서 사람들이 하는 질문이 잘 들리지 않았다. 주치의에게 전화로 의논했더니 처방전 없이 살 수 있는 코 스프레이 제제 아프린을 많이 써 보라고 했다. 귀 안쪽의 충혈 때문인지 균형 감각을 잃어서 걷는 게 불안정하게 느껴졌다. 비행기 탑승구 변경 안내방송이 몇 번이나 나왔는데 그걸 듣지 못해서 비행기를 거의 놓칠 뻔한 적도 있었다. 왼쪽 귀에 이명 현상까지 생겨서 계속해서 끼이이익 브레이크를 밟는 듯한 소리가 들렸다.

결국 나는 '마이애미 북페어' 기간에 비명을 질러 대는 아이들이 가득한 응급 진료소를 찾았고, 그곳의 젊은 의사가 내 귀는 문제가 없어 보인다면서 그래도 액상 항생제를 써 볼 수는 있다고 했다. 나는 비평들에 대한 강박증에서 벗어나게 해 주는 나의 증상들이 히스테리성일 수도 있다는 생각을 갖게 되었고, 나의 청력 손실이 우울증의 원인이나 결과일 수도 있는지 궁금해졌다. 그날 밤, 해

변가의 아파트에 사는 친구들이 나를 저녁 식사에 초대해 주었는데, 마침 한 친구가 정신과 의사였고 일주일 분량의 더 강한 항생제를 처방해 주었다.

나는 추수감사절을 맞이하여 뉴욕으로 돌아와 이비인후과를 찾았고, 의사가 검진 후 이렇게 선언했다. "감각신경성 청력 손실입니다." 그는 내가 한쪽 귀의 청력을 상당 부분 잃은 것으로 보이며 아마도 영구적으로 회복이 불가능할 거라고 설명했다. 그는 스테로이드 제제를 처방해 주고 몇 주 후 다시 검사를 받으러 오라 했다. 그는 내가 나머지 귀의 청력을 잃을 가능성도 이 귀의 경우와 거의 같다고 말했다. 그러면서 내가 내이(內耳)의 유모세포들을 손상시키는 바이러스에 감염되었을 수도 있다는 가능성을 제시했다. 그러고는 청신경에 종양이 있을지도 모르니 그것도 확인해 봐야 한다고 덧붙였다.

떠들썩한 추수감사절 식탁에서 나는 사람들이 무슨 이야기들을 나누는지 알아들을 수 없었다. 가족과 친구들 틈에 있으면서도 철저히 고독했다. 나는 책 홍보 투어의 남은 일정을 취소하기로 결심했다. 하지만 취소하기 시작했다가 취소하지 않기로 다시 마음먹었다. 내 편집자가 시애틀에 아는 의사가 있다며 추수감사절이 긴 주말이 끝나고 그곳에 도착하면 그 의사가 내 귀를 봐 줄 수 있다고 했다. 나는 시애틀에 내려서 라디오 인터뷰를 몇 개 하고 신경외과를 찾아가 고막에 직접 스테로이드 주사를 몇 대 맞았다. 그렇게 새로운 패턴이 시작되었다. 새 도시에 도착하면 새 병원을 찾아가고, 거기서 모든 서류를 다시 작성하고, 고막에 주사를 맞고, 언론 노출이나 강연을 하러 가는 식이었다. 나는 진짜 청력을 잃은 건지 스스로에게 계속해서 물었다. 내가 우울증으로 스스로를 그 지경으로 만들었다는 생각이 자꾸 들었다. 마치 우울증도 내가 스스로에게 행한 짓인 것처럼 말이다. 나는 사람들이 왜 입체적 청각을 갖고 있는지 빠르게 깨달아 갔다. 나는 이제 균형 감각을 완전히 잃어서 몇 번이나 넘어졌다. 왼쪽 귀로는 들을 수가 없었고, 의사들이 귀에 막힌 데가 없다고 분명히 말해 주었는데도 테니스공으로 귓구멍을 막아 놓은 것만 같았다.

나는 왼쪽 귀에 영구적 청력 손실을 입었고 영구적 이명도 갖게 된 듯하다. 둘 다 신체적 증상이고, 극도로 성가시다. 하지만 처음만큼 고통스럽지는 않은데, 청력이 일부 돌아왔기 때문이기도 하고, 그것에 대한 불안이 줄었기 때문이기도 하다. 나는 공항의 안내 방송을 들을 수 있다. 가끔 시끄러운 식당에서 곤란을 겪기도 하지만, 그 정도 문제는 수년 전부터 있었다. 몇 달 동안 보청기를 끼기도 했지만 보청기 없이도 생활할 수 있다는 걸 깨달았다. 손상된 청각 유모세포도 회복되고, 2차 감염 문제도 해결되었으니까. 아니, 어쩌면 우울증이 지나갔기 때문인지도 모르겠다. 나는 다시 괜찮아졌다. 더 이상 아무 이유 없이 넘어지지도 않는다. 그때는 신체적으로 확실히 문제가 생겼었고 정신적으로도 문제가 있었다. 하지만 그 둘이 관련이 있었는지, 그랬다면 어떤 식으로 관련이 있었는지에 대해서는 아직도 알 수가 없다.

그건 우울증이 남긴 유산 가운데 하나다. 나는 내 정신과 신체의 건강이 어떤 식으로 서로에게 장난질을 치는지 거의 모른다. 나는 정신과 육체에 대해 데카르트적 확실성을 갖고 싶지만 현실은 그렇지 못하다. 나는 배가 아플 때마다 소화에 지장을 준 것이 식중독인지 아니면 비이성적인 공포인지 고심한다. 잠을 이룰 수 없을 때는 내가 지금 심란한 게 누구나 가끔씩 느끼는 심란함과 같은 것인지, 아니면 임상적 불안감의 정점에 도달하고 있는 것인지 생각한다. 나는 실제로 적의와 대면하고 있는 것인지, 아니면 지나친 피해망상증에 시달리고 있는 것인지 분명하게 알고 싶다. 우울증에 굴복하는 걸 경계하다 보니 수학, 포크댄스, 단체 경기 외에는 그 어느 것에 대해서도 패배를 인정하려 들지 않는다. 우울증으로 인해 놓치는 것이 있어서는 안 된다는 생각에 지독하게 집착해서 행글라이딩이라든가 전쟁 중인 지역으로 가는 여행 같은 대담한 도전에 나서기도 한다. 친구와의 우정에 금이 가면 반드시 바로잡으려 한다. 그 금이 삶의 불가피한 마모 현상이 아니라 나의 정신 상태가 초래한 것이라고 여기기 때문이다. 나의 향수는 과거를 고치려는 형태를 취한다. 나는 우울증이라는 신경증을 안고 있고 내 우울증에 대해 신경과민 증세를 보인다.

사람들은 내게 자신의 정신의학적 도전들에 대해 공개적으로 말하는 것이 끔찍한 부담은 아닌지 묻는다. 그들은 내가 그것 때문에 조롱당할 거라고 생각한다. 하지만 다행스럽게도 나는 조롱을 당하더라도 거의 내가 알지 못하게 뒤에서만 당한다. 이따금 트위터에서 조롱의 번득임을 포착하기도 하지만 말이다. 전문적인 우울증 환자가 되고 나서 알게 된 가장 충격적인 사실은 우울증이 너무 흔하다는 것이다. 사람들에게 내가 우울증을 앓았다고 말하면 그에 대한 거의 일반적인 응답이, "나도 우울증을 앓는 여동생 때문에 걱정이 이만저만이 아니야."거나 "나의 가장 가까운 친구가 작년에 자살을 했고 그걸 이해할 수 없는 게 너무도 죄스러워."거나 "나도 여러 해 전부터 우울증을 앓아 왔지."다. 나는 자신의 비밀을 털어놓기 시작하지 않는 사람을 거의 만나지 못했다. 내 책이 공항 검색대의 전신 스캐너처럼 사람들이 옷 속에 감추고 있는 걸 볼 수 있게 해 주는 힘을 갖고 있는 건 아닌가 하는 생각이 가끔 들 정도다. 완벽하게 침착해 보이는 사람들이(나와 초면인 경우도 많은데) 자신이나 자신과 가까운 이들이 날마다 대면하는 무감각이나 고통을 호소한다. 가끔 공공장소에서 처음 보는 사람이 다가와 이 책에 소개된 우울증에 관한 이야기들 덕에 덜 외로울 수 있었다며 나를 포옹하기도 한다. 나는 그 신뢰와 열의가 영광스럽다. 내 기분이 다른 사람의 기분을 떠맡기에 벅찬 상태일 때는 그런 것들이 힘겹게 느껴질 수도 있지만 말이다.

나에게 이 책 속에 담긴 것 이상의 현명함이 있다고는 할 수 없는데, 조언을 구하는 편지들은 끊이지 않는다. 그 편지들은 경이로우면서도 끔찍하다. 그 편지들을 통해 내 글이나 말이 사람들에게 도움을 주었다는 사실을 알게 될 때 경이롭고, 그들이 만든 공동체가 경이롭다. 그리고 그 편지들을 통해 날마다 삶의 고통(치료를 받지 않았거나 치료의 효과를 보지 못한 사람들, 혹은 삶의 한가운데에 있는 어둠의 숲에서 길을 잃은 이들의 괴로움)을 마주해야 하는 것이 끔찍하다. 나는 어떤 날은 지혜를 나누어 주는 전문가가 된 것 같고, 어떤 날은 자기 앞가림도 못 하는 우울증 환자의 기분을 느낀다. 내가 가장 좋아하는 편지는 발신인 주소가 없는 것이었는데 다음과 같은 내용이 담겨 있었다. "자살하려고 했는데 당신의 책을 읽고 생각을 바꾸었습니다." 기분이 저조할 때 가끔 혼자 그 구절을 읊조린다. 나는 그동안 내가 느끼고 생각했던 모든 것들이 다른 많은 사람들이 느끼고 생각한 것임을 깨닫게 되었다. 동병상련이라 했던가. 우리는 자신의 고통이 흔해 빠진 것임을 알게 되면 커다란 위안을 얻는다.4

우울증 환자들은, 존재의 무게를 최소한으로 견디는 '봉비방(bons vivants)'[인생을 즐기며 사는 사람들]이 우울증에 걸리기 쉽고 전염을 두려워한다는 점을 유념해야 한다. 약한 것을 용인하지 않는 운동장 괴롭힘은 약함에 대한 방어 수단이다. 하지만 요즘 나는 대개의 경우 우울증에 대해 이야기하는 것이 쉽다. 단 과거 시제로 이야기할 때로 국한되기는 하지만 말이다. 나는 우울증이 아닐 때는 이 책과 강연들에서 그랬던 것처럼 우울증에 대해 극히 상세한 부분까지 이야기할 수 있다. 하지만 우울증일 때는 사람들에게 그 이야기를 할 수 없다. 우울증이 갑자기 수치스러운 것이 되어 버리기 때문이다.

그런 반응은 부조리하고 어리석은 것이지만 나는 거기서 벗어나지 못한다. 이 책은 스물네 개 언어로 출간되었으니, 나보다 더 공개된 삶을 살기도 쉽지 않을 것이다. 그럼에도 나는 정신건강에 문제가 생겨서 계획을 취소해야 할 때면 이런저런 신체적 질병들을 꾸며 내어 감기에 걸렸다거나 발목을 삐었다는 식으로 거짓 핑계를 댄다. 그리고 6주쯤 지난 후면 사실 내가 거짓말을 했고 기분이 좀 저조했다고 솔직하게 말할 수 있다. 하지만 그 당시에는 진실을 밝히는 것이 불가능하게 여겨진다. 그것은 부분적으로는 우울증의 오명을 떨쳐 내려면 활기찬 정신 상태를 유지해야 한다는 암묵적 사실 때문이라고 할 수 있다. 나는 일종의 내면화된 달 공포증이라 할 수 있는, 정신 질환에 대한 자기혐오적 편견을 품고 있어서 우울증을 앓을 때는 자신을 하찮게 생각하고 우울증을 실패로 여긴다. 물론 정상일 때는 그것이 말도 안 되는 생각이라는 걸 알지만 말이다. 나는 다른 사람들의 연민에 짓눌리기도 한다. 우울증은 고독의 질병이고 그 안에 있으면 고독은 도저히 깰 수 없는 것이 된다. 우울증 환자를 위로하고 싶어 하는 사람들은 환자에게 실제적인 위로가 되지 못하면 괴로워하기 쉽다. 그러면 우울증 환자는 그들에게 그런 괴로움을 준 것에 대해 죄책감을 느낀다. 물론 그들이 단념해 버리면 더 고통스럽겠지만 말이다.

조 바이든 부통령은 2014년 미국 정신의학회 모임에서 심각한 우울증을 앓고 있는 아들을 둔 친구가 그 아들에 대해 "줄 하나만 잡은 채 우주 속으로 흘러 들어간다."는 표현을 썼다고 말했다. 그 아버지는 아들이 잡고 있는 줄의 반대쪽 끝을 잡고 있고 그 줄을 잡아당겨서 아들을 구하고 싶지만 너무 세게 잡아당기면 줄이 끊어져 아들을 영영 잃게 될 것임을 안다고 말했다는 것이다. 그래서 최선을 다해 줄을 잡고 있기만 할 뿐이라고 했다. 바이든 부통령은 정신 질환을 가진 사람들이 잡고 있는 줄을 더 튼튼하게 만들어서 우리에게로 쉽고 안전하게 끌어당길 수 있도록 하겠다는 뜻을 밝혔다. 그는 정신보건서비스가 개선되면 줄이 끊어질 위험이 줄어들 거라고 말했다.5 나중에 나는 바이든 부통령과 만나게 되었는데, 그는 정신 질환에 대한 편견을 없애는 것은 우리 세대의 시민권 투쟁이라고 단언하며 전면에 나서서 싸우고 있는 이들에게 찬사를 보냈다. 나는 정신 질환을 갖고 있는 사람으로서 그에게 감사의 뜻을 전하며 현직 정치인으로서 그런 오명을 지닌 명분을 옹호한다는 것은 대단히 용기 있는 일이라고 말했다. "여러분이 용감한 분들이지요."

부통령이 대답했다.6

우울증 환자와 연결된 줄을 불확실하게 잡고 있는 가족 친지들은 늘 그 생각에 시달리며, 자신이 어떻게 해야 하는지 내게 자주 묻는다. 나는 그들에게 우울증은 대개 치료가 가능하며, 사랑하는 사람에게(그냥 좋아하는 사이일지라도) 치료를 권유해야 한다고 조언한다. 그리고 우울증 환자가 진짜로 고립되도록 내버려 두지 말라고 당부한다. 어떤 우울증 환자들은 개입의 증거인 활발한 대화를 원한다. 하지만 그보다 많은 우울증 환자들은 타인과의 상호작용을 부담스러워하며, 그 경우 그들 옆에 앉아 침묵을 지키는 것이 좋다. 어떤 환자들은 다른 사람이 한 방에 있는 것 자체를 견디지 못한다. 그러면 문 밖에 앉아 있으면 된다. 가 버리면 안 된다. 기분이 바닥인 상태에서 스스로 만든 고치 속에 들어 있으면 우울증은 심해질 뿐이다. 환자 본인도 가능한 혼자 있는 걸 피해야 한다는 사실을 명심해야 한다. 내가 우울증 환자의 가족과 친지들에게 해 주고 싶은 또 하나의 조언은, 우울증을 지나치게 두려워하는 것처럼 보이지 말라는 것이다. 타인의 두려움은 그것을 유발한 사람에게 끔찍한 대가를 요구할 수 있다. 우리 우울증 환자들은 그리 무서운 존재들이 아니다. 나는 우울증 환자이기도 하고 아니기도 하다. 기분은 성격이 아니다.

우울증 환자를 아는 게 충격적인 일이라면, 우울증 환자를 몰라보는 건 더 충격적인 일일 수 있다. 우리는 우리가 사랑하는 사람들의 우울증을 알아보고 그들에게 도움이 필요할 때 도울 수 있다고 생각하고 싶어 하지만, 우울증은 그것에 대해 잘 아는 사람의 눈에도 보이지 않는 철저한 비밀의 형태를 띠는 경우가 많다. 2009년

10월 17일, 나의 대학 기숙사 룸메이트이자 평생 친구였던 테리 로시 커크가 자살했다.[7] 그 이후 나는 친구를 잃은 슬픔과, 늘 쾌활했던 테리의 모습을 보면서 그는 우울증에 시달릴 수 없다고 여긴 나 자신의 순진함에 대한 애석한 마음을 떨쳐 버릴 수가 없다. 나는 우울증 전문가를 자처하면서도 테리가 보내는 신호들을 잘못 읽은 것이다. 사랑하는 사람이 자살을 하면 죄책감의 그림자에서 벗어나려 애쓴다. 하나의 자살은 천 번쯤 되는 도움의 기회를 모두 놓쳐 버린 것, 주위의 모든 사람들이 죽은 이를 구하지 못한 것으로 느껴지기 때문이다.

테리의 다른 친구들과 나는 우리가 그의 슬픔을 바꾸어 놓을 수는 없었으리라는 데 의견의 일치를 보았지만, 나는 테리가 무자비한 명랑함으로 인해 배울 수 없었던, 슬픔에서 나올 수 있는 기쁨에 대해 그와 이야기할 수는 있었으리라 생각한다. 우리 모두가 그에게 슬픔에 가득 차 있으면서도 그 슬픔 속에서 의미를, 살아 있기에 충분한 이유를 찾을 수 있음을 상기시켜 줄 수 있었다. 아이로니컬한 건 테리가 그걸 나에게 가르쳐 준 사람들 중 하나였다는 사실이다. 우리의 우정은 긴 회복력 수업이었다. 내가 어둠 속에 있을 때 테리는 이 세상에서 나를 떠받쳐 주는 지지대의 일부였다. 도대체 어떤 무작위적 생명 작용으로 나는 아직 이렇게 살아 있는데 그는 떠날 수밖에 없었던 건지 의아하지 않을 수 없다. 우리의 우울증이 근본적으로 달랐던 걸까? 우울증을 대하는 태도가 달랐을까? 치료가 달랐을까? 우리 중 일부는 계속 살아가고 일부는 그러지 못한다. 우리 중 누구도 자신이 자연사할 거라고 추정할 수 없다. 테리는 망연자실한 평생 배우자와 슬픔에 빠진 수많은 친구들, 친척들, 학생들, 동료들을 남기고 떠났으면서도 자신을 위해 진심으로 애도해 줄 사람이 없을 거라고 믿었다. 죽은 테리를 사랑하는 사람들은 그가 살아 있을 때도 사랑받고 있다는 걸 느끼도록 만들 수 있었더라면 좋았을 거라는 아쉬움을 안고 있다. 우울증은 세상에서 가장 고독한 싸움이다.

2001년에 이 책이 처음 출간된 이후 나는 수천 명의 우울증 환자들을 만났다. 그들 중 일부는 훌륭한 치료를 받으며 잘 견뎌 내고 있고, 소수의 사람들은 진짜 난치성(치료저항성) 우울증이라 돕기가 불가능하며, 일부는 자신이 우울증을 앓고 있다는 생각조차 하기 싫어서 도움을 구하는 걸 회피한다. 하지만 많은 이들이 자신의 정신 질환을 받아들이고 치료법을 모색하는 고통스러운 단계를 거치고도 여전히 유능한 관리를 받지 못하고 있다. 덴버에서 강연이 끝난 후 한 사람이 내게 털어놓았다. "나는 정말 노력했어요. 지금 자살하더라도 아무도 내가 노력을 안 했다는 말은 못 할 겁니다." 그는 부적절한 치료법에 따라 동요성 우울증(환자가 지나친 흥분 상태에 있는)에 활성화 약물(환자를 흥분시키는)을 써 온 것이다. 그 자리에 있던 다른 사람은 무언가 할 의지를 잃었다면서 진정제를 다량으로 복용하고 있다고 밝혔다. 많은 사람들이 1차 진료 의사에게 항우울제를 처방받으며, 그들 중 일부는 간편한 졸로프트나 프로작으로 효과를 보지만, 그 약들이 듣지 않아 장기간의 후속 치료, 복용량 조정, 복합적인 약물요법이 요구되는 경우도 흔하다.

이 분야에서 유능함은 과학과 예술의 겸비를 요한다. 우리의 뇌에 대한 이해는 기껏해야 원시적인 단계에 머물러 있으며, 일류 정신약리학자들은 여전히 직감과 억지 영감에 의존한다. 우리의 정신 질환 치료들은 매우 효과적이지 못하고, 비용이 많이 들 뿐 아니라 무수한 부작용을 수반한다. 그렇기는 해도, 최근 뇌에 대한 이해와 정신 질환과의 싸움은 눈부신 진전을 이루어 냈다. 그것은 우주 탐사와 비슷한 데가 있어서, 어렵사리 우주선을 발사시키기 전보다 기하급수적으로 많은 걸 알게 되었지만 우리가 이룬 진전들은 앞으로 배워야 할 것이 얼마나 많은지를 부각시켜 왔다. 패트릭 케네디 하원의원은 그것에 대해, "존 F. 케네디가 우주탐사를 위해 우주비행사들을 보낸 것처럼 내면의 우주를 탐사하는 것"이라고 말한다.[8] 나는 우울증을 앓는 사람으로서, 지금까지 내게 도움을 준 치료법들이 존재하지 않았던 50년 전이 아니라 현재에 살고 있는 걸 감사히 여긴다. 하지만 50년 후 나와 같은 심리적 상태를 가진 사람들이 내 치료법을 보고 그런 조잡한 치료들을 견딘 사람이 있었다는 사실에 진저리 치게 되기를 바란다.

나는 지난 15년 동안 발견된 것에 대한 더 고무적인 소식을 전할 수 없는 것이 아쉽다. 이른바 우울증의 신경영양인자 가설은 우울증과 스트레스가 신경가소성을 손상시키며, 항우울 치료들은(정신분석 요법, 약물 요법, 전기충격 요법, 뇌심부 자극법(DBS), 그리고 수면박탈법까지) 모두 뇌 유래 신경영양인자(BDNF) 수치를 높여 주고 새로운 뉴런의 생성과 시냅스의 성장에 도움을 준다는 것이다.[9] 이것은 중요한 아이디어지만, 기존 치료법들을 설명하는 데 도움이 될 뿐 아직은 새로운 치료법의 토대가 되어 주지 못하고 있다.

몇 가지 약물 요법이 새로이 소개되었고, 기존 약물들로 효과를 보지 못했던 사람들 중 일부에게 도움이 되고 있다. 이 새 약들에는 강력한 선택적 세로토닌 재흡수 억제제(프로작, 졸로프트, 셀렉사가 포함된 항우울제군)인 렉사프로(에스시탈로프람), 섬유근육통 치료제로 입증된 이펙서와 유사한 SNRI(선택적 노르에피네프린 재흡수 억제제)인 사벨라(밀나시프란), 그리고 다른 세로토닌 약들과 비슷한 작용을 하는 듯한 새로운 세로토닌 수용체 효과를 지닌 SSRI 계열의 브린텔릭스(보르티옥세틴)가 있다. 또 치료저항성 우울증을 위한 프로작과 자이프렉사의 혼합제 심비악스도 있다. 비브리드(빌라조돈)라는 약도 있는데, 특정한 핵심 세로토닌 수용체들을 자극하는 것으로 알려져 있지만 기존 SSRI 계열 약들과 비슷한 작용을 한다. 그리고 주로 어린이들의 주의력 결핍 과잉행동 장애(ADHD)에 쓰이던 인투니브(구안파신)도 불안증에, 특히 외상 후 스트레스 장애(PTSD)를 갖고 있는 사람들에게 효과가 있을 수 있다. 그리고 라투다(루라시돈)는 양극성 질환의 울증 단계에 있는 사람들에게 도움이 되어 온 비전형적 항정신병약이다. 그리고 처방전 없이 살 수 있는 영양보충제 5-HTP(5-하이드록시트리프토판)도 얼마간 대중의 주목을 받았다. 전문적인 연구 자료는 나와 있지 않지만, 나는 세로토닌 전구체인 이 영양제의 도움을 받았다고 주장하는 사람들과 편지를 주고받았다.[10]

충분한 기간 동안 증거에 입각한 항우울제 요법을 최소한 두 번 이상 실시한 후에도 효과가 나타나지 않는 우울증은 '치료저항성'으로 분류된다. 미국 국립정신건강연구소(NIMH)는 "치료저항성 우울증을 위한 신속히 작용하는 치료법들"을 찾아내기 위한 계획을 발표했다.[11] 가장 흥미진진한 후보는 오래전부터 '스페셜 K'

라는 이름으로 판매되어 온 마취제이자 동물용 진정제인 케타민이다.[12] 이 약은 다른 어떤 약도 도달할 수 없었던 대상인 N-메틸-D-아스파르트산(NMDA) 수용체를 차단한다. 이전의 모든 항우울제들은 도파민, 노르에피네프린 혹은 세로토닌에 작용해 온 데 비해, 케타민은 인간의 신경계에서 가장 흔한 신경전달물질인 글루타메이트에 영향을 미친다. 케타민은 다른 효과들도 갖고 있는 것으로 보이며 그중 어떤 것이 우울증을 해결하는지는 분명치 않다. 일부 학자들은 케타민의 항우울 효과들이 모르핀과 유사한 뮤-오피오이드(μ-opioid)의 작용에 의한 것일 수도 있다고 믿는다. 케타민은 흥분제이자 아편제로서 부분적으로는 코카인과 암페타민의 효과들을 나타낸다.

케타민은 다른 약이 듣지 않는 사람들에게 매우 효과적인 것으로 입증되었으며, 그들 중 70퍼센트에 육박하는 이들에게 도움이 되고 있다. 전통적인 항우울제들이 약효를 보이는 데 몇 주씩 걸리는 데 반해, 케타민은 많은 환자들에게서 몇 시간 안에 작용하여 하루 안에 완전한 효능을 나타내고 최소한 며칠씩 효력이 유지된다. 평균 재발 주기는 2주 이내이지만, 네 명 중 한 명은 투약 후 한 달 동안 얼마간의 효과를 경험한다. 며칠에 한 번씩 투약해도 한동안 효력이 유지되는 것이다. 자살 충동도 케타민을 투약하면 곧바로 사라지는 경향이 있다. 이 약은 대개 정맥으로 주사하거나 흡입식 스프레이로 처방되며 경구 복용은 우울증에는 효과적이지 않다. 우울증에 영향을 주는 투약량은 마취용이나 기분 전환용으로 쓰일 때의 용량보다 훨씬 적지만, 전기충격 치료를 받는 환자의 보조 마취제로 쓰일 때는 투약량이 더 많다.

불행히도 이 약은 더 광범위한 사용자들을 가질 수 없다. NMDA 수용체의 글루타메이트 기능이 너무 적으면 정신병이 유발될 수 있지만, 반면 너무 과해지면 아주 중요한 뉴런들을 죽일 수 있다. 더욱이 글루타메이트는 학습, 기억, 인지, 지각, 정서에 영향을 미치기 때문에 신중하게 다루어져야 하며 원치 않는 부작용의 가능성도 크다. 케타민은 신장과 간에 손상을 줄 수도 있다. 게다가 기분 전환 성분이 있는 것으로 알려져 있는 약물들은 모두 오용 위험이 높다. 역사적으로 볼 때 우울증을 가진 사람들은 흥분제와 아편제로 장기적인 효과를 보지 못했으므로 언제, 어떻게, 누구와 함께 케타민을 사용해야 하는지의 문제는 복잡하게 꼬여 있다. 이 약은 이미 마취제로 FDA 승인을 받아 구하기 쉬우며, 의사들이 약사들에게 코에 뿌리는 스프레이를 조제할 수 있도록 위임해 줘서 유사약이 나와 있기도 하다. 우울증 치료용 케타민에 대한 통제된 연구들의 전망은 밝지만 한편으로는 한계를 갖고 있기도 하다. 스탠퍼드 의대 정신과 과장을 역임한 앨런 F. 셔츠버그는 "케타민의 미끄러운 비탈"에 대해 경고했다.13

과학자들은 케타민과 같은 경로를 개척할 다른 약들을 연구해 왔다. 그 약들 중에는 ALS(루게릭병) 치료용으로 승인된 릴루텍(릴루졸),14 멀미를 가라앉힐 때 주로 쓰는 스코폴라민이 있다. GLYX-13도 연구 대상인데, 이 약은 케타민과 유사한 방식으로 작용하면서도 환각이나 정신병 유발의 위험이 없는 것으로 보여 FDA 신속 승인 심사 대상에 올랐다.

하지만 제약업계에서는 새로운 정신 질환 약들에 대한 연구를 대부분 포기했다. 유망해 보이던 몇 가지 약들은 임상실험에서 실패했고, 뇌의 어마어마한 복잡성은 점점 더 위협적인 것으로 증명되었다. 프로작 발매에 따른 대형 제약사들의 낙관주의 물결은 잠잠해졌다. 다만 존슨앤드존슨은 케타민을 우울증 치료용 코 스프레이로 개발할 수 있도록 최근 FDA의 '혁신 의약품 지정'을 받았다.[15] 이것은 승인이 신속히 처리되어, 신약 승인에 의무적으로 선행되는 방대한 연구들을 거치지 않고도 환자들이 약을 쓰고 기업은 수익을 얻을 수 있게 될 것임을 의미한다. 이런 예외에도 불구하고 우리는 30년 전에 얻은 특정한 신경전달물질들에 대한 근본적인 식견들을 지금껏 이용해 왔으며, 대안적인 접근법들을 고안하기에 앞서 또 하나의 중대한 혁신이 필요하다.[16] 유전체학, 후생유전학, 전기생리학 분야 연구원들이 그 혁신을 이루고자 정신과 의사들과 협력하고 있다. 2007년의 정신의학 유전체학 컨소시엄 결성은 상업 부문 밖에서의 상당한 낙관을 나타낸다. 이 컨소시엄은 방대한 양의 연구들을 취합하여 특정한 유전변이들과 주요 정신 질환들 사이의 연관성을 규명할 메타분석들을 시도, 정신건강의 유전학을 밝히는 일을 하고 있다.[17]

신약 연구가 교착상태에 빠져 있는 동안 전기, 빛, 자기력에 관한 연구는 진전을 보여 왔으며, 옛 방식과 새로운 방식 모두 점점 더 널리 이용되고 있다. 이러한 현상은 약학적 혁신의 부족과 약에 대한 언론의 혹평 결과다. 또한 국립정신건강연구소장 토머스 인셀에 따르면, 우울증을 "단순한 화학적 불균형이 아닌 회로 장애"로 보는 시각을 반영한다. 이는 결국 우울증을 뇌 안의 복잡한 불규칙성으로 이해하는 경향이 증가하고 있다는 것을 나타낸다. 토머스 인셀

은 "우울증을 하나의 부정맥으로" 인식하는 것은 이 분야의 가장 중요한 진전이라고 말한다.[18]

ECT는 오래전부터 사람들에게 공포의 대상이었는데, 과거에 잔인한 방식으로 치료가 이루어졌기 때문이기도 하고 기억력 상실을 유발할 수 있기 때문이기도 하다. 새로 개발된 초단 펄스 충격 요법은 그런 부작용을 경감시켰다. 이 분야의 지속적인 연구는 (중증 우울증에 있어서는 가장 효과적인 치료인) ECT를 덜 무서운 치료로 만드는 것을 추구한다.[19] 역사적으로 문제가 많은 치료를 활성화하는 일은 이윤 동기가 약하다. 이 치료의 효과는 여전히 50퍼센트를 약간 상회하는 정도이며 부작용도 무시할 수 없다. 나는 ECT를 선택한 걸 후회하는 사람들을 만날 수 있었다. 하지만 ECT에 의해 구원받은 사람들도 만날 수 있었다. 현재 ECT로 도움을 받을 수도 있는 너무 많은 우울증 환자들이 이 치료에 대해 고려조차 하지 않고 있다. 토머스 인셀은 나에게 이런 글을 보내왔다. "ECT는 여전히 중증 우울증 환자에게 가장 효과적인 치료법입니다. 거기에는 의문의 여지가 없지요. 하지만 ECT 이용은 늘지 않고 줄고 있습니다. 최근의 개선 덕에 일부 역효과들이 완화되기는 했지만 그것이 이 치료법의 '오명'을 바꿔 놓지는 못했지요."[20]

자기발작 요법(MST, Magnetic seizure therapy)은 ECT의 변형이다.[21] ECT처럼 발작을 유도한다. 하지만 두개골은 전기의 흐름을 방해하는 식으로 자기의 흐름도 방해하지는 않기 때문에 효과가 더 정확할 수 있다. 따라서 ECT가 뇌의 더 넓은 영역들에 영향을 미치는 데 반해 MST는 보다 구체적인 영역을 목표로 할 수 있고, 뇌 전반의 발작보다 부분 발작을 유발한다. 하지만 뇌의 한 영역에 발작을 유발하면 다른 많은 영역들에도 영향이 미치는 건 분명한 사실이다. 따라서 발작이 억제된다 해도 그 후속 효과가 광범위하게 나타날 수 있다. 앞선 비교 연구들에 따르면, ECT와 MST는 비슷한 효과를 보이는 듯하다.

ECT와 MST는 마취가 필요하고 부작용이 동반되는 입원 치료다. 이 두 가지 치료법들이 발전하면서 경두개 자기자극 치료(TMS)가 복귀했다.22 이 외래 치료는 뇌 조직을 강력한 자석에 노출시켜 감극시키는 것이다. 환자는 자석들이 가득한 헬멧을 쓰게 되며 이 헬멧은 TMS 기계에 연결되어 있다. 대개의 경우 몇 주 동안 매일 치료가 이루어지고, 환자가 우울증에서 벗어난 후에도 유지를 위해 지속적인 치료가 요구될 수도 있다. TMS 치료기들은 의사들이 펄스 파형을 통제할 수 있도록 개선되고 있는데, 펄스 파형은 ECT에서 중요한 변수임이 입증되었다. 이 치료법들이 약물치료, 심리치료와 이상적인 조화를 이루는 방법은 여전히 탐구 대상으로 남아 있다.

신체적인 진단 목적으로 자기공명영상(MRI) 검사를 받은 양극성 장애 환자들이 기분이 나아졌다는 보고를 해 왔고, 의사들은 그 우연한 발견을 토대로 TMS의 경우보다 훨씬 약한 자기력을 이용하는 방법을 모색하게 되었다.23 저자기장 자극술(LFMS)은 MRI의 단순한 변형으로, 일부 연구자들은 단 한 번의 처치만으로도 우울한 기분을 개선시키는 힘이 있다고 믿고 있다. 이런 종류의 자극법은 관절염을 비롯한 신체 질환과 상처를 아물게 하는 데 어느 정도 효과를 보이고 있다. 이 치료는 전자레인지처럼 생긴 장치에 머리를 집어넣고 20분 정도 있으면 된다. LFMS는 어떤 신체감각과도 아무 관련이 없다. 이 치료를 받은 피험자들은 장치에 머리를 집어넣기 전보다 우울증 수치가 낮아졌다. 소규모 이중맹검 연구들에서도 LFMS는 위약과 비교할 때 일관된 호전 효과를 나타냈다. 그 결과들은 어떤 우울증 지수 검사 도구로 효과를 측정했는지와 피험자가 단극성 우울증인지 양극성 우울증인에 따라 다양하게 나오기 때문에 혼란스럽기는 하지만 말이다. 이 치료는 완전히 비침습적이라 부작용이 없는 것으로 보인다. TMS는 뇌의 특정 영역들에만 집중하지만, LFMS의 자기장은 전반적으로 작용한다. 그리고 TMS에는 100볼트/매 미터[전자기장의 표준 척도] 이상의 전하들이 요구되지만, LFMS는 1볼트/매 미터 이하의 자극으로 작용한다. 비평가들은 아직 소규모인 LFMS 관련 연구들이 더 복잡한 종결점들을 설정해야 한다고 주장하고 있으며, 효과의 지속성을 입증하는 작업은 아직 이루어지지 않고 있다. 하지만 LFMS라는 아이디어는 매우 흥미롭다.[24]

이른바 전자약 계열에 속하는 두개 전기 자극술(CES) 분야에서 방대한 실험이 이루어지고 있다.[25] 이 치료는 머리에 전극을 장착하여 뇌 속으로 약한 전류를 보내는 방식으로 이루어진다. 우울증, 불안증, 불면증, 만성 통증, 섬유근육통, 중독, 인지기능 장애 등의 질환들에 적용되며 이 질환들의 다수가 동시에 발생할 수 있다. CES의 근거가 되는 이론은 200년이 넘는 역사를 갖고 있으며, 1804년에 멜랑콜리아 치료를 위해 뇌의 피질에 저전압 전기 자극을 가하는 방법이 이용되었다. 하지만 결과들은 엇갈렸고, 1930년대에 이르러 이 저전압 방식은 ECT로 대체되었다. 그리고 ECT는 정신약리학의 그늘에 가려 빛을 보지 못하게 되었다. 이러한 저전류의 활용은 러시아 연구자들에게는 계속해서 관심 대상으로 남아 연구의 명맥이 이어졌다.[26] 그러다 1953년 서유럽에서도 이따금 임상에 활용되게 되었고, 1963년에는 미국에서도 승인을 받았다. 하지만 최근 신경영상법과 컴퓨터 기반 모델링의 발달로 인해 어디에 전극을 장착할 것인지, 전하의 세기는 어느 정도여야 하는지, 뇌의 활동에 유의미한 변화를 미치려면 얼마 동안 지속되어야 하는지에 대한 데이터를 얻게 될 때까지 주목을 받지 못했다. 이 방식은 위험과 부작용 없이 ECT의 일부 효과를 얻거나 복잡한 장비 없이 (TMS나 ECT에 의해 발생되는 전기장보다 100배에서 1000배까지 낮은 전기장을 유발시켜서) TMS의 성과를 내기 위한 것이다.

CES는 다양한 평가를 받고 있다.[27] 한 문헌은 CES가 특정 조건들에서는 비효과적임을 주장하는 동시에 CES의 긍정적 영향에 대해 기술하고 있기도 하다. 찬반 양 진영의 연구 결과들이 명망 있는 단체들에 소속된 중요한 과학자들에 의해 발표되었다. 2015년 현재 미국 내에서 네 개의 회사들이 가정용으로 허가된 CES 치료기를 생산하고 있으며, 특허를 추진 중인 상품들도 있다. 이 치료기를 구입하려면 처방이 필요하지만, 면허를 받은 마사지 치료사를 비롯한 모든 의료 종사자들이 처방권을 갖고 있다. 대부분의 보험들이 CES 치료기에 대해서는 아직 "실험과 조사 단계"라는 이유로 혜택을 주지 않는다.[28]

CES 치료기들은 다양한 편이지만 대부분 배터리로 작동되며, 귓불에 부착하는 클립이나 헤드셋으로 고정시키는 젖은 스펀지를 통해 전기를 전달하는 방식이다. 이 치료기들은 발작을 유도하지 않는다. 가장 바람직한 전극의 위치와 자극 지속 시간, 전극의 크기,

전류 밀도에 관한 논쟁이 진행 중이다. 대부분의 전기는 두피에 흡수되고 그중 일부가 뇌 속까지 도달하는 듯하며, 뇌에서 나타나는 효과는 직접적인 전기보다는 전기가 통하고 있는 두피에 대한 반응일 수도 있다.29

CES에는 두 종류가 있다.30 경두개 직류 자극술(tDCS)은 뇌에 극성을 부여하여 활발히 움직이도록 하는 것이다. 이것은 펄스 전류를 사용하지 않는 유일한 전자약 기술이다. 양극성 전하들은 뇌 속 신호를 증가시키고, 음극성 전하들은 뇌 속 신호를 감소시키는 것으로 알려져 있다. 자극은 전극과 가까운 부위에 직접적인 영향을 미치고 다른 부위들은 후속적인 영향을 받을 수 있다. 예를 들어 전운동피질을 직접적으로 자극하면 전운동피질이 운동피질을 활성화시키는 식이다. 이런 효과들이 뇌 속에서 유지되고 널리 퍼지는 것이 신경영상을 통해 입증되고 있다.

경두개 교류 자극술(tACS)은 뇌 조직에 극성을 부여하는 게 아니라 외피 회로를 리드미컬하게 자극하여 뇌의 평소 기능을 강화하는 것으로 보인다. 일부 교류는 강해지고 약해지는 파동으로 작용하고, 일부는 맥동하는 전하로 전달된다. 이런 간헐적인 전류를 통한 자극은 심부뇌 자극과 ECT에 주로 이용되는 방식이다. 이것의 변형인 리모주 전류는 수술 환자의 무의식 상태를 유지시키는 데 필요한 마취제의 양을 줄일 수 있도록 마취 효과를 증가시킬 목적으로 이용된다. tACS는 뇌전도검사상의 뇌파를 (더 많이 이완되는 형태로) 변화시킨다는 연구 결과들이 나와 있지만, 그 변화가 전류의 활성화 기간을 넘어서까지 지속된다는 증거는 충분치 않다.31 몇 가지 증거에 따르면, 이 자극은 신경전달물질들(심지어 엔도르

핀까지)의 방출을 유발하는 것으로 보인다. 또 뇌간과 시상으로의 혈류를 자극할 수도 있다.[32]

　　CES는 어떤 식으로 작용하는지에 대한 논리적인 이론이 없는 상태에서 당혹스러운 진단들에 처방된다. 이것은 우울증 치료들의 일반적인 형태라 할 수 있다. ECT의 경우에도 논리적인 이론이 없고, 항우울제의 경우도 대단한 이론이 없다.[33] CES의 주된 이론은 전하가 세로토닌, 노르에피네프린, 베타엔도르핀 등의 신경전달물질들의 생성을 증가시킨다는 것이며, 몇몇 학자들에 따르면 스트레스 호르몬인 코르티솔의 수치를 감소시킨다고 한다.[34] 뇌전도검사와 MRI를 토대로 한 연구들을 보면, CES는 뇌의 신경 점화 패턴을 바꾼다. CES는 다른 많은 실험적 치료법들보다 덜 유해한 것으로 보이며, 우수한 프로토콜들[35]에도 불구하고 유효성 여부는 아직 논쟁의 대상으로 남아 있다. 만일 효과가 있다면 우울증 환자들에게 유용한 대안이 될 것이다. TMS 치료기의 가격은 6만 달러이고, 숙련된 전문가가 다루어야 하며, 라투다 처방 비용은 월 2000달러까지도 나온다. 반면 CES 치료기 가격은 600달러이고 집에서 무한정 사용할 수 있다. 더욱이 CES는 정신 질환 약물 사용자들이 많이 겪는 성이나 체중 증가 관련 부작용이 없다.

　　양극성 장애 가족센터 소장이며 뉴욕 마운트시나이 베스이스라엘 병원 정신의학·행동과학과 부과장인 이고르 갈린커는 자기 환자들을 대상으로 양극성 우울증에 대한 소규모 맹검 CES 연구를 실시한 결과 3분의 2가 효과를 본 것을 확인했다. "그건 기적이 아니라 유효한 치료다. 뇌에 객관적 변화들이 나타났다." 그의 말이다.[36] 갈린커는 처음에는 가짜 장치에 대해서도 강한 위약 효과가 나타났지만 2주가 지나면서 그 효과는 서서히 사라졌고, CES를 사용한 피험자들의 경우에는 효과가 지속되었다고 보고했다. 실험 대상으로 등록되었던 열여섯 명의 환자들 가운데 두 명은 경조증을 보이기 시작하여 실험에서 빠졌다. 갈린커는 이렇게 말했다. "내 개인적인 경험으로는 우울증보다는 불안증에 더 효과가 좋을 수도 있다는 결론이 나왔다. 나 자신도 두어 번 CES를 체험했는데 30분쯤 지나자 자낙스를 복용한 것 같은 기분이 느껴졌다. 약간 몽롱하고 느긋해졌으며 그리 명료한 사고를 할 수는 없었다." 갈린커는 CES에 대한 연구가 소규모로 이루어진 것은 비교적 낮은 이윤 동기 때문이라며, 누군가 CES를 항우울제와 비교하는 대규모 연구를 시행하기 바란다고 말했다.

갈린커는 자신의 연구를 위해 가정용 tACS CES 치료기인 피셔 월리스 자극기를 하루에 두 번 20분씩 사용했다. 사용자는 전극에 작은 원형 스펀지를 끼워 넣고 스펀지를 물에 적신 후 헤어밴드를 이용하여 두 개의 전극을 양쪽 관자놀이 바로 위에 장착시킨 다음 약한 교류를 발생시킨다. 나도 CES에 대한 이해를 높이기 위한 노력의 일환으로 피셔 월리스 자극기를 구해 몇 주 동안 하루 두 번씩 사용해 보았다. 이 치료기는 베이지색 플라스틱으로 만들어졌고 에어컨 리모컨과 유사하다. 작동하는 동안 허리띠에 끼우면 된다. 머리에 전극을 달고 있으려니 영화 「뻐꾸기 둥지 위로 날아간 새」의 엑스트라가 된 기분이었고, 다섯 살 된 큰아들이 보더니 화성인 악당 같다고 했다. 기계가 작동되는 20분 동안은 불이 반짝거리다가 작동이 끝나면 자동으로 꺼진다. 나는 새 헤어스타일을 갖게 되었고 그것을 'CES 웨이브'라 부른다. 머리에 젖은 스펀지를 대고 있으면 헤어스타일이 바뀔 수밖에 없는 것이다. 이 헤어스타일이 나보다 멋지게 잘 어울리는 사람들이 분명 있을 것이다. 이 치료기를 사용하다 보면 새로운 오르곤 상자나 위저보드 같은 사기에 걸려든 것 같은 기분을 피하기 어렵다. 치료기를 작동시키고 전류가 흐르기 시작하면 마치 30미터 후방에서 누가 카메라 플래시를 터뜨리고 있는 것처럼 주변 시야에 약한 명멸이 일어나며, 내 경우 20분 내내 다이애나 로스가 디스코텍에 들어갈 준비를 하고 있는 듯한 기분을 느꼈다. 그리고 전극이 철수세미로 만들어지기라도 한 것처럼 관자놀이 부분이 따끔거렸다.

　　FDA는 최악의 경우일지라도 CES 치료기들이 해는 없다는 걸 밝혀냈다.[37] 하지만 가정용 치료기들은 골칫덩이가 되는 경우가 흔하다. 스탠퍼드 법·생명과학센터 특별원구원이자 스탠퍼드 신경과학·법 학제간그룹(SIGNAL) 공동대표인 롤런드 내들러는 바르게 사용된 경우 사람들의 수학적 능력을 높여 주는 tDCS 치료기가 잘못 사용되면 오히려 그 능력을 낮출 수도 있음을 밝힌 연구에 대해 언급하며 이렇게 말했다.[38] "인간의 뇌에 전기를 쏘는 건 아마추어적으로 할 일은 아닌 듯하다. 규제가 최소한으로 이루어지거나 전혀 이루어지지 않는 물건들 중에 사람들이 사용하다 다칠 수 있는 것들이 많다. 전자약은 처방약에 훨씬 더 가깝기 때문에 현명하게 사용하기 위해서는 전문 지식이 필요하다."[39]

　　나는 피셔 월리스 자극기의 효과에 대해 어중간한 입장이다. 그것을 사용하기 시작했을 때 지독하게 우울한 상태는 아니었지만, 사용 후 기운이 나기는 했다고 생각한다. 기분을 완전히 바꾸어 주지는 못했지만 유쾌한 경조증 상태로 만들어 주었다. 그런 상태는 자연적으로도 가끔 느끼는 것이니 단순한 우연의 일치일 뿐인지도 모르겠지만 말이다. 피셔 월리스 자극기는 잠들게 하는 부작용은 확실히 없었고, 나는 그 치료기를 사용한 후에 힘이 났다. 나는 주로 아침에 가장 삶에 압도당한 기분을 느끼는데, 그 치료기는 내 아침 기분을 상승시키는 데 도움이 되는 듯했다. 불안감은 조금 줄어들었고, 배짱은 조금 늘었다. 정신 치료는 위약 효과가 높은 편이라 나는 내 체험의 어떤 부분이 치료 효과이고 어떤 부분이 나의 낙천성 덕인지 수량화하기가 무척 어렵다는 걸 알고 있다. 내 경우 피셔 월리스 자극기를 한동안 사용하다 보청기, 요통 완화를 위한 여러 운동 처방들, 극도의 구강위생과 마찬가지로 중도에 포기했다. 뇌를 감전시키는 건 미친 짓일 수도 있겠지만, 심각한 우울증을 앓고 있다면 별 부작용 없는 비침습적 치료는 시도해 볼 가치가 있는 것으로 보인다. 나는 자극기를 다시 사용할 용의가 있으며 언젠가는 사용하게 될 수도 있다.

그보다는 침습적인 치료인 미주신경 자극술(VNS)은 간질 치료에 이용되다 2005년에 FDA에 의해 우울증 치료용으로도 승인을 받았다. 미주신경은 열두 개의 뇌신경쌍 중 하나로, 목을 통과하면서 뇌와 다른 많은 기관들 및 조직들의 소통을 돕는다. VNS는 미주신경에 전선을 감고 쇄골 부근의 피부 아래 영구적으로 삽입된 배터리팩에 연결하는 방식으로 이루어진다. 이 치료는 노르에피네프린과 GABA를 조절하는 것으로 받아들여지지만, 우울증에 어떤 식으로 작용하는지는 확실치 않다. VNS 실험 결과들은 엇갈리지만, 치료저항성 우울증 환자들에게는 도움이 될 수도 있는 것으로 보인다. 모든 수술적 치료가 그러하듯 VNS에도 위험이 따른다. VNS의

부작용으로는 목이 쉬는 현상, 기침, 목이나 턱의 통증, 메스꺼움, 수면무호흡이 있다.[40]

그보다 침습적이지만 더 효과적이고, 어떤 면으로는 더 혁신적인 뇌심부 자극술을 이용한 우울증 치료는 2004년 이후 에모리대학교에 재직 중인 헬렌 메이버그가 개척했다.[41] 메이버그는 여러 해 동안 기능적 신경영상법 연구에 매진해 왔다. 그녀는 2000년대 초에 우울증 환자들의 뇌량밑 대상영역의 브로드만 25번 영역에 반복적인 불규칙성이 나타나는 걸 발견했다. 그때까지 그런 연관성을 발견한 사람은 아무도 없었다. 사실 25번 영역은 거의 연구가 되지 않았던 것이다. 메이버그는 새로운 영상 기법들을 개발하다 우울증과 25번 영역의 연관성을 확신하게 되었다. 그녀는 또 이 영역의 불규칙성들이 항우울제에 잘 반응하는 사람들에게서 사라지는 걸 보고, 자신이 발견한 불규칙성이 환자들 기분의 가장 중요한 요소일 수도 있다는 가설을 세웠다.

메이버그는 토론토대학교 동료인 신경외과의 안드레스 로자노를 찾아갔다. 로자노는 뇌심부 자극술을 이용한 파킨슨병 치료 전문가였고, 메이버그는 자신의 발견이 효과적인 치료법의 토대가 될 수 있도록 로자노와 함께 새 프로토콜을 구축할 계획이었다. 그녀는 파킨슨병 환자들을 위해 개발된 전자뇌이식술이 25번 영역을 자극하여 과잉활동성을 규칙화하는 데 이용될 수 있다는 가설을 세웠다. 완전히 새로운 신경외과 수술을 고안하는 건 쉽지 않은 일이다. 뇌의 신경구조가 워낙 복잡해 거기 개입하려면 엄청난 주의가 필요하기 때문이다. 또 여러 기관감사위원회들과 규제기관들을 상대하는 일도 만만치 않다. 하지만 메이버그는 2년이라는 짧은 기간 내에 DBS로 우울증 환자들을 치료할 수 있게끔 터를 닦았다. 그녀가 사용하는 장치는 뇌의 심장박동기와 유사하다. 수술 의사는 영상유도 정위수술법에 따라 MRI 영상 정보를 이용하여 25번 영역에 인접한 백질로 접근, 가느다란 전선 형태의 DBS 전극선을 삽입한 후 쇄골 근처 피부 속에 설치된 배터리팩에 연결한다. 배터리는 뇌에 꾸준히 자극을 보내게 되며, 배터리 교체는 전류의 세기에 따라 2년에서 4년마다 이루어진다. 전전두피질 전체를 표적으로 하는 CES나 TMS와는 달리, DBS는 정확한 위치에 의존한다.

질환의 결과로 영구적인 장애를 갖게 된 (그리고 심리치료, 약물치료, 전기충격 치료가 듣지 않는) 난치성 환자들만 실험에 참여시킨 메이버그는 많은 환자들에게 삶을 돌려주었다. 환자들은 수술이 이루어지는 동안 의식이 있어야 했고, 메이버그는 장치를 작동시킬 때 그들에게 말해 주지 않았지만 반응이 즉각적으로 오는 경우가 많았다. 한 환자는 몇 초 만에 이렇게 물었다. "방금 뭘 하신 거죠?" 메이버그가 되물었다. "왜요?" 환자가 대답했다. "그동안 아이들 열 명이 비명을 질러 대는 방에 갇혀 있는 것처럼 소음이 끊이질 않았고, 휴식도 탈출구도 없었어요. 그런데 방금 무슨 일이 일어난 건지, 아이들이 밖으로 나갔어요."[42] 메이버그와 그녀의 동료들이 발표한 연구 결과들과 다른 연구팀들의 추가 연구들에 따르면, 이식을 받은 환자들 중 3분의 2 가까이 수술 후 호전을 보였고, 3분의 1 이상이 현저한 차도를 보였다.[43] 첫 이식 대상자들은 10년 이상 DBS 치료를 받고 있는데, 처음부터 효과를 보인 사람들 중 3분의 2가량이 계속 호전된 상태를 유지하고 있다. 시험적으로 장치를 끄자 몇 주 내로 다시 우울증 증세를 보였다. 물론 대부분의 우울증 환자들이 뇌수술을 선택하지 않을 것이며, 이 프로토콜은 언제나 선별적으로 적용될 것이다. 하지만 메이버그의 혁신은 두 가지 이유에서 매우 중요하다. 첫째, 희망이 없는 것으로 보였던 사람들에게 도움이 되고 있으며, 치료저항성 우울증을 갖고 있는 사람들에게 그 어느 치료보다 좋은 반응을 끌어내고 있는 것처럼 보인다. 둘째, 연구원들에게 25번 영역의 결정적인 역할을 일깨워 주어, 앞으로 그 영역의 활동성을 규칙화하는 덜 침습적 방법들에 대한 연구가 이어질 전망이다.

　메이버그는 실험에 참여하고 싶다는 우울증 환자들의 편지가 쇄도한다고 내게 말했다. 헤어나기 힘든 우울증의 수렁에 빠진 사람들에게 회복 가능성은 구명줄과도 같을 것이다. 하지만 뇌의 활동에 개입하는 건 위험한 일이며, 다른 신경외과 수술들처럼 이 수술 역시 실패할 수 있다. 어떤 환자들은 호전을 보이지 않고, 어떤 이들은 심각한 합병증을 겪는다. DBS 장치 제조사 세인트주드 메디컬 사의 주도하에 BROADEN(브로드만 25 영역 뇌심부 신경조절술)이라는 명칭의 다기관 연구가 이루어졌고, 메이버그는 이 연구에 관여하지 않았다. FDA에서는, BROADEN이 DBS 치료를 받고 있는 환자들이 통제 집단보다 사전에 설정된 목표에 충분히 더 잘 도달하는지 확인하기 위해 실시된 '무용성 분석'에서 실패한 후 이 연구를 중단시켰다.[44][45] 무용성에 따른 중단은 사전에 명시된 목표와 관련된 연구의 수행 방식을 반영하지 수술의 안정성과는 관련이 없다. 세인트주드 메디컬에서는 아무 설명도 내놓지 않았지만, 연구 중단은 가짜 장치가 예상보다 효과가 좋았거나 진짜 장치가 기대에 미치지 못하는 효과를 냈다는 의미일 수 있다. 물론 단순히 연구에 잘못된 측정 장치가 적용되었기 때문일 수도 있다.

그럼에도 BROADEN의 중단은 잠재적 유해성을 지닌 치료법의 연구에 장애물이 될 수밖에 없다. 메이버그는 BROADEN이 과포괄적 종결점들을 가졌을 것이라는 의견을 제시했다. "꼭 필요한 무언가를 기술이 없어서 포기하는 건 보기 좋은 일이 아니죠." 그러면서 그녀는 이렇게 덧붙였다. "애석하게도, 전진을 이루는 유일한 방법은 계속 수술을 진행하는 것입니다." 하지만 《네이처》에 실린 리뷰에 따르면, DBS는 여전히 출혈 위험과 자살 충동, 경조증 같은 정신적 합병증의 가능성을 안고 있으며, 비용이 비싸기도 하다.[46] 《사이언티픽 아메리칸》 블로그에 글을 쓰는 존 호건도 메이버그의 업적에 의문을 제기했지만, 메이버그가 받고 있는 언론의 호평이 지나치게 순진하고 그녀의 연구들이 너무 소규모라는 지적을 제외하면 나머지 주장들은 모호하다.[47] 메이버그는 쉰 명의 이식에 직접적으로 관여했는데, 상대적으로 적은 수의 사람들에게 적합한 수술에 대한 신중한 접근으로는 바람직하지만 연구의 표본 규모로는 부족하다고 볼 수 있다. 호건은 언론에 소개된 메이버그의 업적은 호전된 사례에만 초점이 맞추어져 있으며 침습적 뇌수술의 실패는 고약한 체험이라고 말한다. 언론인 앨리슨 배스는 메이버그가 DBS 장치를 만드는 회사들과 맺고 있는 재정적 관계에 이의를 제기하며, 대부분의 혁신가들이 자신의 발명품에 대한 대가를 받고는 있지만 메이버그는 제조업체들과의 재정적 관계를 완전히 밝히지 않고 있다고 주장했다.[48] DBS 연구자들은 이제 자신들의 연구에 대한 윤리적 지침을 마련해 놓았다.[49]

DBS의 부정적인 면을 파헤쳐 보는 것도 의미 있는 일이다.

BROADEN에 참여한 일부 의사들은 이 수술을 처음 실행한 것이었고, 처음이라는 사실이 중요하다. 메이버그와 함께 일하는 의사들도 몇 차례 수술을 해 본 뒤에야 숙달될 수 있었으니까 말이다. BROADEN의 피험자들 가운데 하나였던 스티브 오그번은 내게 이런 글을 보내왔다.[50] "나는 스탠퍼드대학교에서 3번 환자였습니다. 그 연구에서 마지막으로 이식을 한 사람들 중 하나였죠. 나는 여러 가지 합병증 때문에 2013년 12월 4일에 장치를 제거하는 수술을 받았습니다. 만성적인 극심한 두통, '활줄 현상'이라 불리는 반흔조직, 척추부신경과 후두신경의 손상이 나타났죠. 지금 이 시점에 나는 그 연구의 부수적인 피해 사례로, 계속해서 극심한 두통과 가슴 통증에 시달리고 있고 오른쪽 어깨와 팔이 저립니다. 나는 도움을 받기 위해 생각나는 방법은 다 시도했습니다." 나중에 그는 이렇게 덧붙였다. "최근 다른 캘리포니아의 대학교에서 BROADEN에 참여한 사람을 만났는데, 그도 활줄 현상이 생겼다고 하더군요. 다행히 이제 통증은 없지만, 그에게 그 일로 인한 심리적 트라우마는 생명을 위협할 정도였습니다." 이 문제들 중에서 어떤 것이 성공적이지 못한 수술 그 자체의 결과이고, 어떤 것이 근원적 장애 때문인지는 분명하지 않은 듯하다. 하지만 뇌수술은 결코 가볍게 받아들여져서는 안 되며 DBS 수술은 지금까지 작은 집단에 한정되어 이루어졌다. 메이버그가 내게 그런 사실을 인정했다. "뇌에 전극을 집어넣으면 반흔조직이 생길 수 있고, 국소신경을 건드리면 통증증후군이 생길 수 있습니다."

메이버그는 DBS 이식의 반응은 "이상적인 전극 설치를 넘어선 많은 요인들, 즉 평정 척도에 영향을 미치는 자각되지 않은 정신적 동반이환[두 가지 만성질환을 동시에 앓는 상태], 성격 특성, 이식 후에 두드러지게 나타나는 심리적, 환경적 요인들"에 의해 약화될 수 있음을 지적한다. 그녀는 적절한 피험자 선택이 엄청나게 중요하다고 강조한다. 예를 들어, DBS는 주된 진단이 불안증인 사람들에게는 효과가 잘 나타나지 않는다는 것이다. "우리는 뇌를 바꾸지 삶을 바꾸는 것이 아닙니다. 효과가 나타나더라도 4개월에서 6개월 이내에 허니문은 끝납니다. 일을 해야 하니까요. 일자리를 구하려고 하는데 뜻대로 되지 않는다 칩시다. 우리의 정서적 상태는 생활 스트레스의 영향을 받게 됩니다." 다시 말해 그 수술은 고칠 수 있는 것만 고쳐 준다는 것이다. 계속해서 메이버그의 말을 들어 보자. "우리 고관절을 고쳐 준 의사는 우리가 마라톤을 뛰게 된 걸 축하해 줄 수는 있지만 그것을 자신의 공으로 여기지는 않습니다. 그리고 우리는 마라톤을 뛸 수 없다고 해서 의사에게 화를 내서는 안 됩니다. 우리 중 다수가 마라톤을 뛸 수 없으니까요. DBS는 움직일 수 없는 사람들에게 걸린 브레이크를 풀어 줄 수는 있지만, 기어를 바꾸고 페달을 밟는 건 그들 몫입니다. 그들 스스로 나쁜 감정적 습관들을 버리고 좋은 습관들을 만들어야 합니다."

어떤 기술이든 처음 나오면 기대감이 한껏 고조되어 정점을 찍었다가 그다음에는 환멸의 골짜기로 떨어지고, 결국에는 생산성의 고원을 이룬다는 가트너 하이프 사이클[시장 조사 기관 가트너가 제안한 기술 발전 단계를 나타내는 사이클]도 고려해야 한다.[51] 메이버그 자신도 사람들이 "나를 메시아로 착각했다."고 불평했다. 그러면서 이렇게 덧붙였다. "과학은 결코 임상적 요구를 충족시킬 수 있을 만큼 빠르게 발전하지 못합니다. 나는 DBS를 믿지만, 오직 시간만

이 그것의 효용성들을 말해 줄 것입니다." DBS는 신기술이다. 메이버그가 보여 준 결과들은 놀라웠지만, 다른 기술들도 처음에는 얼마나 유망해 보였는지 잊지 말아야 한다. ECT는 거의 기적에 가까운 치료법으로 판명되었지만, 인슐린 쇼크 요법과 뇌엽 절제술은 결국 잦은 유해성으로 인해 신뢰가 떨어졌다. 그보다 온화한 우울증 치료법들도(약물요법에서 정신분석까지) 어떤 사람들에게는 견딜 수 없는 부작용을 초래하며, 아직은 전혀 해를 끼치지 않고 심각한 정신 질환을 치료할 수 있는 방법이 나오지 않았다. 현재까지 증거를 고려할 때 이 유망한 치료법은 신중하면서도 지속적인 연구를 필요로 한다.52

BROADEN이 중단된 후인 2014년에 메이버그와 동료들은 DBS에 반응을 보인 사람들과 그렇지 않은 사람들에 대한 추후 연구를 담은 논문을 출간했다. 그들은 반응자들의 뇌에서 연결들이 이루어진 것을 발견했는데, 비반응자들의 뇌에서는 보이지 않는 그 연결들은 25번 영역을 벗어나 뇌량밑 대상영역 너머까지 이어졌다. 그들은 DBS 장치가 최적으로 작동하기 위해 이루어져야만 하는 세 개의 연결들의 '지문'을 찾아냈다. 이 발견은 수술의가 DBS 장치를 더 정확한 위치에 삽입할 수 있도록 도와줄 것이다. 수술 전에 스캐닝을 통해 더 넓은 범위의 바람직한 연결들을 이루기 위한 정확한 위치를 찾는 과정에서 유용하게 쓰일 수 있기 때문이다. 또 특정한 사람에게 제공되는 자극이 어떻게 조정되어야 하는지 알려 줄 수도 있다. 이 발견은 뇌 안의 표적 설정의 새 알고리즘을 제안해 주며, BROADEN 연구의 창시자들에게 유용하게 쓰일 것이다. 토머스 인셀은 세인트주드 메디컬 사의 실험에 대해 다음과 같이 의구심을 표했다.53 "내가 아는 한, 그들은 부정적인 결과가 정보를 제공할 수 있는 방식으로 위치나 자극의 영향을 면밀히 계획하지 않았습니다. 그것은 부적절한 투여량으로 약물실험을 하는 것과 같을 수 있습니다. 지문은, 항우울 반응을 위한 충분한 투여량을 유지하고 있는지를 알기 위해 반드시 변해야 하는 표적을 찾게 해 주는 올바른 접근법입니다."

배쪽 섬유막/선조의 뇌심부 자극에 대한 연구도 이루어졌지만, 메이버그의 25 영역 연구만큼 성공적이지는 못했다.54 독일 연구자들은 다른 표적인 고삐핵 뇌심부 자극을 시도하여 유망한 초기 결과를 거두었다.55 첫 피험자에 대한 보고서에 따르면, 9년간 치료저항성 우울증을 앓았고 우울증 병력이 46년에 이르는 이 여성은 모든 증상이 사라지는 효과를 보았다. 하지만 뜻하지 않게 자극이 중단되자 심각한 재발이 찾아왔다. 뒤이어 이식을 한 두 사람도 유사한 결과를 얻었다.

고삐핵 자극은 우울증 치료에 있어서 보상계에 대한 관심이 증가하고 있는 현상을 반영한다. 하버드대학교 심리학자들이 피험자들에게 돈을 덜 받고 단순한 임무를 수행하거나 돈을 더 받고 더 어려운 임무를 수행하는 것 중 하나를 선택하게 하는 실험을 실시했다.56 그들은 임무의 난이도를 높여 가며 계속 선택하게 했다. 그러자 우울증이 없는 사람들이 우울증 환자들보다 훨씬 더 오래 어려운 임무를 선택했으며, 이는 우울증 환자들이 쾌활한 사람들에 비해 돈에서 얻는 기쁨이 적다는 것을 암시한다. 우울증 환자들의 행동은 보상 가능성에 덜 영향을 받는 것으로 보인다. 이러한 양분현상은 다른 동물종에서도 나타났다. 우울증 증상을 보이도록 조작된 생쥐들은 통제집단 생쥐들보다 훨씬 빨리 보상이 주어지는 선택을 포기한다.57 과학자들은 우울증이 그 유전적 혹은 후생적 기원으로부터 어떻게 감정과 행동으로 탈바꿈하는지를 알아내려 노력해 왔고, 그 답은 우울증 환자들에게 보상회로는 불충분하게 작동되고 고통회로는 과하게 작동되는 것일 수도 있다.

보상의 경로들은 고도의 복잡성을 지니고 있으며 여러 뇌 영역들로 퍼져 있다. 그리고 다양한 신경전달물질들과 관계한다. 보상회로망이 기분전환 약들에 의해 어떻게 활성화되는지에 대한 수십 년간의 연구는 엇갈린 정보들을 내놓았다. 중독과 우울증은 둘 다 보상회로망과 관련되어 있기는 하지만 메커니즘은 완전히 다르다. 새로운 영상법과 유전학, 바이러스 매개체, 광유전학을 이용한 도구들이 이 회로망에 대한 고삐핵의 영향력을 훨씬 더 정확하게 밝혀낼 수 있도록 도와주고 있다. 그리고 이 연구를 통해 얻은 지식은 특정 영역들을 표적으로 하는 치료법들의 개발에 영향을 미친다. 우울증이 어떤 사람들의 경우에는 고삐핵에서, 어떤 사람들의 경우에는 25번 영역에서 비롯된다는 사실이 규명된다면 그에 따른 우울증 하위 유형들을 정하여 보다 집중적이고 개별화되고 효과적인 치료법들을 개발할 수 있을 것이다.

생쥐들의 고삐핵을 직접적으로 자극한 결과, 보상회로망을 활성화하고 고통회로망을 억제하는 작용을 한 것으로 나타났다. 그 생쥐들은 더 이상 우울증을 보이지 않았다. 한 연구자 그룹은 고삐핵이 "정서적 정보의 허브 역할을 한다."고 썼다.58 고삐핵은 "정서적 정보를 적절한 행동 반응들로 바꾸기 위해 중심에 위치하고 있으며" 고삐핵의 과다 활동은 "우울증에 기여하고 그 활동을 억제하면 우울증 증상들을 감소시킬 수 있다."는 것이다. 뉴욕 마운트시나이 병원의 웨인 굿맨과 프리츠 헨, 그리고 그들이 동료들은 고삐핵을 표적으로 하는 DBS에 대한 미국 최초의 연구를 시작했다.[59]

개발 단계에 있는 다른 비약물적 기술들에는 집속초음파, 근적외선 광선 요법, 광유전자극술(아직은 쥐들에게만 유용하다.)이 있다.[60] 초음파는 수술 없는 절개(프랭크 루사코프에게 뚜렷한 호전 효과를 가져다준 대상회전절개술[4장과 7장 참조] 같은)에 이용될 수 있으며, 자력과 유사한 자극제로도 이용될 수 있다. 적외선은 뉴런들을 감극시키고 뉴런들의 성장을 조절할 수 있으며, 그런 기술의 적용은 아직 탐구 대상이다. 설치류에서 옵신이라 불리는 미생물 단백질은 빛에 노출될 때 뉴런의 이온 채널을 연다. 이러한 민감성은 탐침이 전류 대신 광선을 방출하여 뇌심부의 표적을 자극하는 DBS의 변형술에 적용될 수 있다. 수술의가 광선을 장치하고, 표적화된 자극을 이용하고, 초음파로 절개할 위치를 더 정확히 찾아내기 위해서는 추후 연구가 필요하다. DBS와 마찬가지로 이 모든 치료법들도 우울증의 회로들에 대한 발전된 지식을 요한다. 우리는 우울증이 부정맥임을 알게 되었지만 그걸 억제하는 방법은 아직 찾아내지 못했다.

전자약이나 뇌 수술에 끌리지 않는 사람들을 위해 몇 가지 의사행동 요법들이 이용되고 있다. 보톡스는 미용 목적으로 널리 사용되는 약물로, 근육을 마비시켜 주름을 펴 준다. 계절성 정동장애를 처음 발견한 노먼 로젠설은 우거지상을 한 우울증 환자들에게 보톡스를 주사했는데, 그 결과 그 환자들의 증세가 현저히 호전되었다.[61] 로젠설은 미용피부과 전문의와의 공동 연구에서 피험자들에게 보톡스와 식염수를 주사했고, 6주 후 보톡스를 맞은 피험자들은 52퍼센트가, 식염수를 맞은 피험자들은 15퍼센트가 호전을 보였다. 이 연구는 복제 가능한 것이었고 브라질과 스위스에서 실시한 연구들에서도 유사한 결과들이 나왔다. 얼굴 표정이 단순히 기분을 나타내는 데 그치지 않고 기분을 만들고 유지시키기도 한다는 아이디어는 새로운 것이 아니다. 일찍이 다윈은 얼굴 표정이 정신 상태를 조절한다고 주장했고,[62] 19세기 심리철학자 윌리엄 제임스도 "우리는 경우에 따라서는 애처로워서 울고, 화가 나서 때리고, 두려워서 떠는 게 아니라 울기 때문에 애처로움을 느끼고, 때리기 때문에 분노를 느끼고, 떨기 때문에 두려움을 느낀다."고 썼다.[63]

불면증을 해결하면 우울증 치료의 효과가 높아진다는 결과를 내놓은 연구들도 있다.[64] 한 소규모 연구에서는, 불면증을 해결한 사람들의 87퍼센트가 항우울제에 긍정적인 반응을 보였는데 이는 불면증에서 벗어나지 못한 사람들의 경우보다 두 배나 높은 수치였다. 우리는 우울증이기 때문에 잠을 잘 못 자는 것일 뿐만 아니라 불면증 때문에 우울한 것이기도 한 것처럼 보인다. 수면에 관한 대부분의 연구들에서 사람들은 불면증 해결을 위해 인지행동 치료를 받고, 수면 시간과 깨어 있는 시간을 규칙화하는(낮에는 침대를 멀리하고, 침대에서 텔레비전을 보거나 책을 읽지 않고, 낮잠을 자지 않는 등) 법을 배웠다. 이 연구들 다수를 듀크대학교 앤드루 크리스털이 지휘했다. 그는 잠에 대해 "아직 미답 상태의 거대한 정신의학의 변경지대"라고 표현하며 이렇게 덧붙였다.[65] "신체는 복잡한 생물학적 주기를 지니고 있으며, 정신의학에서는 대부분 그 주기를 무시한다. 우리의 치료들은 편의에 쫓긴다. 우리는 낮 동안 치료하고 밤에 무슨 일이 일어나고 있는지 알아내려는 노력은 거의 기울이지 않는다."

일부 연구자들은 우울증이 뇌 외부의 신체적 문제를 나타낸다는 의견을 내놓고 있다. 그들은 우울증이 아픈 것과 흡사하며 똑같은 무기력, 의욕상실, 기진함을 느낀다고 주장한다. 따라서 우울증은 달리 증상이 없는 신체적 질환의 일종일 수도 있다는 것이다. UCLA 임상심리학자 조지 슬라비치는 이렇게 말했다.[66] "나는 우울증을 더 이상 정신장애로 여기지 않는다. 우울증은 심리와 관련이 있지만 생물학, 신체 건강과도 똑같이 관련되어 있다." 스토니브룩 대학교 투르한 칸리는 감염이 염증을 일으키므로 "주요 우울 장애를 정서적 장애로 개념화하는 대신 감염증의 한 형태로 재개념화하기를 제안한다."고 말한다.[67] 다른 학자들도 염증이 알레르기 반응을 반영한다고 주장했다. 자칭 전문가이자 인습을 타파하는 정신과 의사 켈리 브로건은 우울증은 뇌의 질환이 아니고 비정상적인 미생물군 유전체가 감염을 일으키는 소화기 질환에 더 가까우며, 글루텐이 함유되지 않은 식이요법과 천연 보충제로 고칠 수 있다고 주장했다. 브로건은 이렇게 썼다. "모든 것이 머리의 문제가 아니라 소화계와 면역계, 내분비계의 상호 연계성의 문제일 수 있다."[68]

염증은 혈류에 방출되어 면역반응을 촉발하는 시토킨이라는 단백질에 의해 생긴다. 일부 우울증 환자들은 시토킨 수치가 높으며, 어떤 사람에게 시토킨과 염증을 증가시키는 백신을 투여하면 우울증이 생길 수 있다.[69] 류마티스관절염 같은 염증을 가진 사람들은 우울증인 경우가 많다. (물론 만성적인 고통 자체가 우울한 것이지만.) 일부 의사들이 소염제로 항우울 치료를 강화하는 시도를 했는데, 소염제 세레콕시브(세레브렉스)가 항우울제 레복세틴의 효과를 높여 준다는 연구 결과가 나왔다.[70]

물론 영양 결핍이 정신 건강에 부정적인 영향을 미칠 수 있으며 우울증 환자는 규칙적이고 균형 잡힌 식사를 목표로 삼아야 한다. 그리고 염증은 사람을 지치게 하는 병이며 그 증상들은 우울증 증상들과 겹친다. 하지만 둘 사이에 진짜 인과관계가 성립된다는 증거는 희박하며, 소염제를 이용한 우울증 치료는 약물학적으로든 영양학적으로든 기껏해야 예비 단계에 머물러 있다.

치료저항성 우울증을 위해 많은 새로운 치료법들이 고안되고 있다. 멀리서 보면 그 치료법들은 효과가 의심스럽거나 소수의 환자들에게만 적합할 정도로 너무 충격적이어서 중요하지 않게 여겨질 수도 있다. 하지만 그런 사람들을 직접 접하게 되면 그들의 절박함을 깨닫게 된다. 나는 이 책이 처음 출간된 직후에, 오랫동안 전형적인 치료저항성 우울증과 싸워 왔고 지난 15년간 새로운 치료법들을 거의 다 시도해 온 지인과 다시 연락이 닿았다. 그의 이야기는 우울증이 얼마나 지독하게 복잡한지를, 그리고 우울증에 대처하는 법은 또 얼마나 당혹스러울 정도로 복잡한지를 잘 보여 준다.

로브 프랭클은 유아기에 '성장장애' 진단을 받았다. 그리고 평생 3월 셋째 주나 넷째 주에 계절성 우울증을 겪었다. "그때가 되면 입맛이 변해서 우울증이 시작되었다는 걸 알 수 있었어요. 적어도 2학년인가 3학년 때부터 우울증을 앓았던 기억이 있어요. 억지로 등 떠밀려 나가서 놀았던 기억이 나요. 다른 때는 아무리 덥거나 추워도 집 안에 붙어 있지 않는 성격인데도요."71 그런 패턴은 고등학교 시절 내내 이어졌고, 대학에 들어가서는 더 심해져서 3월을 넘겨서까지 증상이 사라지지 않았다. 로브는 그때까지 자신의 고통을 설명할 말을 찾지 못하고 있었다. "그것은 주로 실패처럼 느껴졌어요. 나는 버둥거리고 있었어요. '나는 왜 무언가를 시작하지 못하는 거지? 왜 집중을 못하는 거지? 왜 사람들이나 사물들이나 나 자신에게 마음을 쓰지 않는 거지? 왜 세상과 동떨어져 있는 거지? 왜 아무와도 대화하지 않는 거지?'"

그는 학위를 받은 후 서부로 가서 정서장애 아동들을 위한 센터에서 교사로 일하게 되었고, 대학 때 만난 여자친구와 결혼해서 아들을 얻었다. 그에게는 힘든 날들도 있었지만 처음에는 견딜 만했다. 그러다 그런 날들이 더 자주 찾아오고 더 오래 지속되었으며 상태도 더 심각해졌다. 그리하여 거의 항상 불행 속에 살게 되었다. 정신과 의사는 그에게 주의력결핍장애(ADD) 진단을 내리고 각성제인 덱세드린과 테그레톨을 처방했다. 그 진단은 무슨 일에도 집중하지 못하는 것에 대한 설명이 되는 듯했다. 그는 그 약들을 먹으면서 체중이 많이 줄고 몸이 탄탄해졌지만 자살 충동에 시달리기 시작했다. 그러다 그의 아내가 워싱턴 D.C.에 새 직장을 잡게 되어 이사를 했다. 로브는 새 의사를 찾아갔는데, 그 의사는 그가 주의력결핍장애가 아닌 측두엽간질이라고 진단을 내렸다. 그래서 로브는 주의력결핍장애 약을 끊고 간질 약을 먹기 시작했다. 하지만 고통은 계속 커져서 다른 의사를 찾아갔고, 마침내 우울증 진단을 받고 입원하게 되었다. 로브는 이미프라민을 복용하기 시작했지만 아무 효과가 없었고, 그다음에는 리튬으로 바꿨는데 식욕이 사라졌다. 그다음에는 프로작으로 갈아탔는데 도움이 되었고, 그다음에 먹게 된 졸로프트는 더 효과가 좋았다. "졸로프트를 먹기 시작해서 6주가 지난 후 아침에 일어나서 이렇게 말했어요. '야, 굉장한데.'" 그의 회상이다. 그때가 1996년이었고 서른 살이었던 그는 자신이 깨끗이 나았다고 생각했다.

로브는 '모호한 아이러니'라며 의사의 말을 전했다. "치료법이 많이 발전되어서 우울증을 앓기에 즐거운 시대예요." 하지만 졸로프트의 효과는 약해져 갔고, 로브는 곧 다시 깊은 우울에 빠져들었다. 의사는 칵테일 처방을 시작하여 처음에는 이펙서를, 그다음에는 웰부트린을 추가했다. 로브는 아무 부작용이 없는 것이 불안했다. 부작용은 "최소한 약들이 무언가를 하고 있다는 증거"라고 생각했던 것이다. 그는 약을 먹으면서 온갖 심리치료들을 시도했다. 그의 아내가 더 나은 일자리를 찾아다니면서 그들은 앨버커키로, 그다음에는 뉴욕으로 이사했다. 그는 거의 기능을 할 수 없었고, 결국 아내는 이혼을 요구했다.

혼자 사는 것이 어떤 면에서는 마음 편했지만, 고립은 그의 우울증을 악화시켰다. 그는 이 약 저 약을 전전했다. MAOI는 우울증을 없애 주지는 못했지만 자살 충동은 느끼지 않게 해 주었다. 그럼에도 그는 그 시절을 이렇게 회상했다. "나는 줄곧 이런 생각을 했어요. '내가 자살을 해도 될 정도로 아들이 자랄 때까지 몇 년이나 이렇게 버틸 수 있을까?'" 하지만 결국 부성이 그를 살아남게 했다. "아들과 함께 있으면 상태가 나아져요. 심지어 아들이 열네 살이 되어서 부모보다 친구들을 만나는 걸 더 좋아하게 된 지금도요. 심지어 지금도 아들의 존재가 도움이 돼요."

최근에 의사가 그에게 케타민을 써 보고 싶어 했으나 실험 프로토콜에 등록시키지는 못했다. 로브는 이렇게 말했다. "의사는 모든 시도를 했어요. 이온 발생기. 누군가에게 약간의 도움을 준 허가 외 의약품들. 하지만 의사가 더 많은 걸 시도할수록 내 반응은 줄어갔어요." 로브는 ECT 치료를 견뎌 냈지만 이전 8개월 정도의 기억을 잃었고, 3주 동안 "짙은 안개" 속에서 살아야 했다. 그랬건만 기분은 많이 나아지지 않았다. 그는 뇌심부 자극에 관심이 갔고 두개골 구멍에 전기 동전을 넣는 걸 상상했다. 하지만 수면무호흡증 때문에 수술 결과에 복잡한 문제가 생길 수 있어서 그 치료는 받을 수 없었다.

"나는 일어나는 법을 알아요. 일자리를 잡는 법도 알고요. 가족과 일의 중요성도 알아요. 하지만 침대에서 나갈 수가 없어요. 침대에서 나가더라도 의자나 소파에서 일어날 수가 없고요. 아니면 종일 바닥에 앉아 있어요. 일어나서 집에서 나가는 것이 전에는 한가지 일이었어요. 그런데 이제 샤워조차 열두 가지는 되는 일처럼 느껴지고, 제일 힘든 건 첫 단계지만 어느 단계에든 꼼짝 못 하게 될 수 있죠. 나는 지금 아파트 안을 가로질러 가고 있어요. 나는 테이블 앞에서 꼼짝 못 하고 있었어요. 냉장고 앞에서도요. 화장실 안에서도요. 물을 틀었다가 15분 후에 잠갔어요. 물에 젖었지만 수건으로 닦을 수가 없었어요."

그는 움직임이 줄면서 체중이 많이 늘었다. 입원과 퇴원을 반복했고 기분 상태를 1부터 10까지의 숫자로 나타내라는 요구에 응해야 했다. "나는 0.001이라고 했어요. 땅콩버터의 호수 밑바닥을 걸어가는 것 같은 기분이었으니까요. 어디로 가야 기슭이 나오는지 모르는 채로요. 위로 얼마나 올라가야 수면으로 떠오를 수 있는지도 모르고."

힘겹기는 했지만 로브는 이렇게 인정했다. "좋은 날들도 있었어요. 좋은 시간들도요. 최악인 상태에서도 몇 분간의 즐거움은 있었죠. 성욕은 하루나 이틀 이상 잃은 적이 없어요. 아무리 우울증이 심해도 대화를 나누는 상대에게 반응을 보일 수는 있어요. 자살 충동이 아무리 심해도 아직 농담을 할 수도 있죠." 병원에 입원하면서 자살 기도를 하지 않겠다고 장담할 수 있느냐는 질문을 받으면 그는 "나는 늘 정직했어요."라고 대답했다. "그래서 매트리스밖에 없는 방에 들어가면 모든 게 끔찍했고 나는 울었어요. 그러다 데이비드 래코프[유머러스하고 자전적인 에세이를 주로 쓴 미국 작가]의 책을 읽으며 웃었어요. 사람들이 나를 보고 꾀병을 부린다고 생각했을 거예요." 외적인 징후들을 모두 내보이지 않는 사람들은 아무래도 연민을 덜 끌어내지만, 늘 우울증의 모든 특성들을 보이는 사람도 거의 없다. 웃을 수 있는 능력은 놀라운 것이지만, 자살 성향과 마비 증세를 다 갖고 있는 사람이 웃을 수 있다 해서 상태가 그리 나쁘지 않다고 볼 수는 없다. 심리학은 하나의 학문으로 굳건히 자리매김하기 위해 수치 척도와 증상들의 목록에 연연하지만, 우울증은 그리 쉽게 규정되지 않는다. 로브는 수년간 장애인으로 살아왔지만 가끔은 그의 심각한 질환과 어울리지 않는 정서 반응을 보이기도 한다. 그는 이렇게 주장했다. "나는 우울증의 모든 증상들을 갖고 있지만, 늘 그 모든 걸 한꺼번에 겪지는 않아요. 증상들이 번갈아 가며 나타나죠. 어떤 때는 식욕이 좋고 어떤 때는 웃을 수 있고 어떤 때는 잘 수 있고 그러다가……."

로브의 현 주치의는 TMS(경두개 자기자극 치료)를 시도해 볼
가치가 있다고 생각했다. 첫 번째 처치는 뇌 좌측에 집중되었다. 아
프기만 했지 효과는 없었다. 그래서 몇 달 후 우측 뇌로 위치를 바꿨
다. "내 머리에서 탁구공이 튀는 것 같았어요. 하지만 성과는 없었
죠."로브의 말이다. 1년 후 의사가 기계가 더 좋아졌다며 다시 시도
해 보자고 했지만 역시 효과가 없었다. "나는 멍청이가 됐어요. 대
화를 따라가기가 힘들었죠. IQ 검사 기억력 부문에서 표준편차가
10점이 떨어졌어요. 문장 하나도 이해할 수가 없었어요. 문장을 만
들 수도 없었고요."

그의 주치의는 TMS에 대해 연구해 온 하버드대학교 학자들과
연락을 취했고, 그들은 뇌 양쪽을 같이 치료하면 효과가 있을지 모
른다는 제안을 해 왔다. "그래서 우측에 한 다음에 몇 분 후 좌측에
했는데, 효과가 있을 거라는 걸 즉시 알 수 있었죠."로브가 회상했
다. 가장 최근에 나와 통화했을 때, 그는 양측 TMS를 받고 1년 2개
월 동안 효과가 유지되고 있는 상태였다. 난생처음 3월에 아주 약간
의 침체만 겪었다. "월요일에 그 그림자를 느낄 수 있었는데, 목요일
쯤 되자 지나갔어요." 로브가 말했다. 과거 10년 동안 그의 새해 결
심은 죽지 않고 한 해를 넘기는 것이었다. "올해 나의 새해 결심은
내년에는 더 나은 결심을 할 수 있도록 사는 것이었지요."

그는 일주일에 6일씩 뇌 양측에 4분간 TMS를 받고 있었다. 더
규칙적인 식사를 하고, 헬스클럽에 등록했으며, 13킬로그램을 감
량했다. 약은 여전히 칵테일 처방을 받아 나르딜(페넬진)과 라믹탈
(라모트리진), 신지로이드(레보티록신)뿐 아니라 어유, 엽산, 비타

민 D까지 먹고 있었다. 마침내 케타민도 쓸 수 있게 되어 주치의가 근육주사로 투여했다. 하지만 효과라고는 피로감뿐이어서 케타민은 중단했다. 내가 그에게 교사 일을 다시 시작하는 건 어떤지 묻자, 그는 더 이상 아이들을 실망시키는 걸 견딜 수 없다고 했다. 그는 여전히 동네를 떠나기 두려워하고 있었다. "나는 심지어 브루클린까지도 못 가요. 시내에 가는 게 두려워요." 나는 그의 이야기를 들으며 남극대륙을 생각했다. "지난 12년간, 처음에는 아무리 효과가 좋아도 결국 늘 무너져서 병원 신세를 졌어요. 하지만 이번에는 그렇게 될 것 같지 않아요. 여기저기서 몇 시간 동안 우울증 환자가 아닌 것 같은 기분을 느껴요. 그래서 '오, 옛 친구들에게 전화를 걸 때가 됐군.' 하고 생각하죠. 나는 여전히 '성장장애'를 갖고 있지만, 약을 먹고 자기 자극을 받으며 최선을 다해 살고 있어요. 이제 더 이상 땅콩버터 호수 밑바닥에 있지 않아요. 공중그네 출발대에 올라간 듯한 기분이에요. 삶은 내게 공중그네와도 같고, 나는 점프해서 공중그네를 잡을 겁니다. 공중그네를 놓쳐서 다시 곤두박질쳐 떨어질 수도 있죠. 하지만 적어도 나는 지금 출발대에 서 있어요."

새로운 접근법들은 얼마간 진전을 이룬 반면, 묵은 것들은 걱정스러운 퇴보를 겪었다. 1990년대에는 정신분석 전반, 그중에서도 특히 프로이트를 폄하하는 것이 유행이 되었다.[72] 우리는 정신 질환이 뇌의 병임을 알게 되었고, 오이디푸스 콤플렉스니 대상관계니 하는 알쏭달쏭한 신화적 해석들을 더 이상 필요로 하지 않게 되었다. 그러나 모든 이론들과 관점들이 그러하듯 프로이드식 패러다임도 시간이 지나면서 수정이 필요한 건 사실이지만, 그 통찰들을 무시한 건 실수였다. 뇌의 이해에 있어 생각의 복잡성에 대한 이해는 결코 배제할 수 없는 부분이다. 정신역학은 인간 의식의 해석에 유용한 많은 용어들 중 하나다.

다른 형태의 심리치료들의 임상적 중요성 역시 감소했다.[73] 보험사들은 의사와 한 번 만나서 처방을 받고 그 후 가끔 점검을 받는 약물치료가 더 나은 투자라고 주장한다.[74] 심리치료는 지나치게 무제한적이고 주관적이라는 것이다. 하지만 이런 관점은 여러 측면에서 우를 범하고 있다. 첫째, 어떤 사람들은 다른 사람들보다 약에 대한 반응이 좋으며, 약을 포괄적 치료법으로 제시하는 건 순진한 처사다. 우울증은 외로움의 병이고, 그것에 대해 잘 아는 사람과의 접촉은 가장 좋은 해결책들 가운데 하나라는 확실한 증거도 있다. 내가 겪고 있는 문제에 대해 누군가가 주목하고 있다는 건 큰 위안이 된다. 약물치료가 필요하다는 사실은 망가진 기분을 느끼게 하고, 심리치료는 온전한 기분을 느끼게 한다. 더욱이 대체로 심리치료와 약물치료를 병행하는 것이 둘 중 하나만 하는 것보다 효과가 더 좋다는 결론을 확고히 뒷받침하는 증거들이 존재한다. 심리치료는 심각한 재발을 피할 수 있도록 도와주며, 입원과 퇴원을 반복하는 것보다 그 편이 경제적으로 더 낫다.(보험사들 입장에서도 그렇다.) 인지행동 치료는 약하거나 중간 정도의 우울증을 다루는 데 탄탄한 실적을 갖고 있음에도 너무 드물게 이용되고 있으며, 이와 유사한 다른 효과적인 방법들도 마찬가지다. 하지만 한편으로는, 자격증도 없는 돌팔이들이 불가능한 치유를 약속하며 너무 쉽게 간판을 내거는 것도 문제다. 그로 인한 위험은 무능한 뇌수술의 경우보다는 덜 심각하지만, 신뢰를 저버리면 모든 게 엉망이 될 수 있다. 잘못된 조언은 병을 악화시킬 수 있는 것이다.

목욕물이 더럽다고 아기까지 내다 버리는 식으로 심리치료가 버려지자, 이제 생물정신의학에 대한 공격이 본격화되었다. 사람들은 경멸감에서 심리치료를 외면했고, 이제는 두려움 때문에 생물정신의학에 반기를 든다. 사람들은 세상의 거의 모든 문제들을 항우울제 탓으로 돌린다. 반(反)정신의학 운동가들은 컬럼바인고등학교 총기난사 사건의 범인들 가운데 하나인 에릭 해리스가 항우울제를 복용해 왔다는 사실을 꼬투리 삼아 항우울제가 요인이 되었을 수도 있다고 암시하며 비난의 화살을 퍼부었다.[75] 한 피해자는 이렇게 말했다. "아무것도 모르는 대중에게 이런 약들을 팔고 있는 제약회사라는 최악의 테러리스트들이 이 나라에 버티고 있는데, 우리가 왜 다른 나라의 테러리스트들에 대해 걱정해야 합니까? 우리 세금으로 일하는 FDA를 믿을 수 없는 마당에 우리가 어떻게 안전하다고 느낄 수 있겠습니까?" 그 비극이 터지고 나서 곧바로 한 의사의 이런 말을 담은 기사도 나왔다. "나는 우리가 항우울제의 부작용들의 위험성을 교육함으로써 국가에 봉사하는 데 너무도 소홀했던 점에 대해 몹시 부끄럽게 생각합니다." 그 의사는 "항우울제의 부정적인 영향을 받은 자녀를 둔 모든 분들께" 개인적으로 사죄를 드린다는 말을 덧붙였다.[76] 『합법적 마약(Legally Drugged)』, 『파마겟돈(Pharmageddon)』, 『매드 사이언스(Mad Science)』, 『프로작: 파나케이아인가 판도라인가?(Prozac: Panacea or Pandora)』 같은 책들은 항우울제가 우리를 자신의 삶의 체험에 무감각하게 만들 뿐 아니라 대학살을 유도하기도 한다고 비난하고 있다.[77]

FDA의 공개 증언에서 자칭 전문가라는 사람이 많은 병들을 항우울제 탓으로 돌렸다. "세로토닌 대사의 손상은 악몽, 열감, 편두통, 심장 주변의 통증, 호흡곤란, 기관지 질환 악화, 이유 없는 긴장과 불안, 우울증, 자살(특히 매우 과격한 자살과 반복적인 시도들), 적대감, 강력범죄, 방화, 알코올과 약물 남용, 정신병, 조병, 기질적 뇌질환, 자폐증, 거식증, 난폭운전, 알츠하이머, 처벌을 두려워하지 않는 충동적 행동, 시비조의 행동을 유발한다는 연구 결과가 수십 년에 걸쳐 나오고 있습니다. 이런 반응들을 화학적으로 유도하는 약들을 치료제로 여기는 발상 자체를 나는 이해할 수 없으며, 이런 반응들은 지난 15년간 항우울제가 널리 사용되면서 우리 사회에서 목격할 수 있게 된 것들입니다."[78] 항우울제가 자폐증에서 알츠하이머에 이르는 사회 문제들의 근원이라는 암시는 우스꽝스럽게 보이지만, 이런 비난들을 담은 미디어 계정들이 서서히 번져 나가면서 대중의 인식에, 그리고 결국 입법에 영향을 미칠 수 있다.

　　항우울제에 대한 실질적 비평들은 다음 두 가지 주장에 집중되어 있다. 첫째, 많은 연구자들이 항우울제의 효과가 순전히 위약 효과에 의한 것이라고 주장한다. 둘째, 항우울제가 사람들을 자살로 몰고 간다고 주장하는 이들도 많다. 그 외의 주장들로는, 정상 상태인 사람들에게 정신과 치료를 해서 없는 병을 만드는 경우도 있다는 것, 항우울제가 널리 사용되는 이유는 거의 전적으로 탐욕스러운 제약업계의 선동 때문이라는 것, 우리가 아직 뇌 속 정신 질환들을 명확히 밝힐 수 없다는 사실이 약물치료의 근거 없음을 증명한다는 것 등이 있다. 이런 주장들이 들어 있는 가장 주목할 만한 책으로는 어빙 키르시의 『황제의 새 약들(The Emperor's New Drugs)』,

로버트 휘터커의『유행병의 해부(Anatomy of an Epidemic)』, 대니얼 칼랫의『불안정한(Unhinged)』, 피터 브레긴의 몇 권의 저서들,《뉴 잉글랜드 의학 저널》편집장 출신 마샤 에인절의 영향력 있는 에세이들이 있다.[79] 그들의 글 일부는 학문적 담론에 영향을 끼쳐 왔다. 일부는 대중을 사로잡았고, 약뿐만 아니라 위약도 효과가 있다는 주장은 시사 프로그램「식스티 미니츠(60 minutes)」에서 다뤄지기도 했다.[80]

이 저자들 대부분의 주요 주장들은 반박의 대상이 되었다. 우울증 치료에 위약이 진짜 약만큼 효과적일 수 있음을 입증한 키르시의 연구에[81] 대해서는 다각도로 이의가 제기되었다. 그가 제시한 높은 위약 반응은 상당 부분 연구 구조와 지속 기간, 모집 과정 덕분이라는 증거가 나와 있다.[82] 키르시보다 더 광범위한 데이터를 토대로 한 핌 쿠이지퍼스 팀의 분석에 따르면, 위약도 매우 효과적이지만 항우울제가 일관되게 더 높은 효과를 보인다.[83] 콘스탄티노스 파운툴라키스는 키르시가 약과 위약의 평균차를 잘못 계산했음을 밝혀냈다.[84] 칼랫은 스스로 이렇게 말하기도 했다. "정신과 약들에 관한 당혹스럽지만 명확한 한 가지 진실은 그것들이 대체로 효과가 있다는 것이다."[85] 키르시는 항우울제가 극심한 우울증을 가진 사람들에게는 다소 효과가 있지만 그보다 가벼운 우울증을 가진 사람들에게는 거의 무용지물이라고 주장한다. 로버트 기번스와 시카고 대학교의 동료들은《미국 의학협회 저널》에서 키르시의 연구 같은 연구들의 방법론적 결함들을 지적하고, 5000명에 가까운 환자들로부터 얻은 데이터를 재분석한 후 이렇게 결론지었다.[86] "모든 연령에서 진짜 약을 투여한 환자들이 위약을 받은 통제집단에 비해 현저히 큰 호전을 보였다." 연구 결과들을 보면, 많은 사람들이 초기에 강한 위약 반응(부분적으로는 그들이 임상실험에서 받는 세심한 관심에 근거한)을 나타내지만, 이들 가운데 40퍼센트 이상이 바로 재발하며, 진짜 약물치료를 받은 사람들의 경우 20퍼센트 미만에서만 바로 재발이 나타난다.[87] 중단 관련 연구들은 더 강력한 논거를 제공한다. 항우울제에 호전을 보인 피험자들을 상대로 일부에게는 계속 항우울제를 투여하고 나머지는 위약으로 바꾸는 이중맹검을 실시한 결과, 사실상 모든 연구에서 위약 피험자들이 더 많은 재발을 보인 것으로 나타났다. 전체적으로, 위약에 대한 반응은 3분의 1 정도에서 나타나고 항우울제에 대한 반응은 절반 정도에서 나타나며, 이것은 상당한 차이다.[88]

정신의학적 방법들의 효과를 무시하는 에인절의 기사들에 대해 예일대학교 정신과 과장이자 미국정신신경약리학회장 존 크리스털은 다음과 같은 웅변적인 글을 썼다. "에인절은《뉴잉글랜드 의학 저널》편집자 출신이라는 지위를 악용하여 정신의학자들과 그들의 환자들이 직면하고 있는 현실적 고난들을 폄하했다. 또한 정신신경학의 상황에 대한 극단적이고 매우 선별적인 정보를 제시하여 정신의학과 정신장애를 가진 환자들에 대한 오명을 심화시키고 있다. 에인절은 정신의학적 진단과 항우울제 치료, 정신신경학을 포기하도록 촉구하는 듯한 반쪽짜리 진실들로 가득한 글을 써 냈다. 에인절의 그런 행동은 그녀가 정신장애를 가진 개인들과 사회에 미칠 부정적인 영향에 대해 아무런 관심도 없다는 것을 보여 준다. 그녀는 현 상황을 타개할 대안이나 인간의 고통을 경감시키는 데 이바지할 건설적 계획을 내놓지 못하고 있다. 그러면서 더 나은 진단과 더 효과적인 약물치료, 더 발전된 중개신경학으로 가는 단 하나의 분명한 길을 공격하고 있다."[89]

나는 위약 반응을 직접 체험한 사람으로서 그것에 대한 일화를 소개할 자격이 있다고 생각한다. 나는 처음에는 정답처럼 느껴졌지만 결국 내게 도움이 되지 않는 것으로 입증된 몇 가지 약물치료의 경험이 있다. 그때마다 나는 회복의 진통을 겪고 있는 것이라는 희망에 매달렸고, 조금이라도 기분이 좋아지면 새 약 덕분이라고 생각했다. 하지만 한두 달이 지나면 그 약이 나의 정신 상태에 영향을 미치지 못하며, 나의 기질적 낙천성 때문에 효과가 있는 것처럼 보인 것이라는 사실을 인정해야 했다. 그래서 나는 새로운 시작과 함께 찾아오는 희망을, 그리고 그 희망이 어떻게 사그라드는지를 안다. 위약 반응은 마침내 무언가를 시도하고 있다는 고무적 위안, 주도적인 활동과 함께 찾아오는 뜻밖의 발견, 사람을 흥분시키는 긍정적 기대들의 쇄도를 반영한다. 피험자들 절반에게는 확실하게 항우울제를 투여하고 있다고 말해 주고 나머지 절반에게는 위약이 아닌 진짜 항우울제를 받게 될 확률이 50퍼센트에 지나지 않음을 말해 준 연구에서, 약에 대한 반응이 개인의 기대에 의해 조절된다는 사실이 밝혀졌다.[90] 자신이 진짜 약을 먹는다는 걸 알고 있던 피험자들이 절반의 확률이라는 말을 들은 사람들보다 두 배 가까이 호전되었다. 그렇다고 해서 약 자체가 효과가 없다는 의미는 아니다. 나는 효과 없는 약을 먹었을 때는 위약 반응을 보이다가 완전히 망가졌지만, 나에게 맞는 약을 먹었을 때는 위약 반응과 진짜 반응을 동시에 보이다가 호전된 상태를 계속 유지했다.

미국정신의학회 대표인 존 M. 올덤은《정신의학 뉴스》에서 대중은 대체로 위약을 가짜 마법의 '설탕 알약'으로만 여기지만, 신중하게 설계된 연구들에서 피험자들은 "세심하게 신경 써 주는 전문가들을 만나 지원과 희망을 얻는 치료 프로그램"의 맥락에서 위약 실험에 응하는 것이라고 말했다.[91] 세심한 관심은 중요한 요소인데도 간과되는 경우가 많다. 세심하게 관심을 기울여 주는 의사와 자신의 기분과 행동들에 대해 이야기하다 보면 무력감과 패배감이 완화된다. 그것이 이른바 위약 반응이라는 것의 본질적인 요소다. 2013년 《미국정신의학회지》에 실린 한 기사는, 임상실험에서는 위약 반응이 효과적인 약물치료의 신호를 모호하게 만들지 않도록 위약의 사용을 최소화하고, 실제 임상에서는 위약이 어떻게, 그리고 왜 효력을 발휘하는지에 대한 지식이 우울증 환자들을 돕는 데 이용될 수 있으므로 그것의 사용을 최대화해야 한다고 지적했다.[92] 위약을 사용하는 연구들은 위약 반응을 일으킬 수 있는 인간적 접촉이나 희망의 메시지를 제한하고 통제해야 한다. 임상의들은 무수한 형태의 인간적 접촉과 희망의 메시지가 탐구의 가치를 지니고 있음을 인식해야 한다. 그것들을 가장 쉽게 제공할 수 있는 장이 바로 심리치료다. 숙련된 인도자와의 연결은 그 인도자가 어떤 방법을 쓰고 있는지의 문제와 별개로 기분장애를 가진 많은 사람들에게 버팀목 역할을 할 수 있다.

약물치료 반대 운동가들은 우리가 정신과 약들의 메커니즘을 완전히 이해하고 있지 못하다는 사실을 무기로 내세운다. 그들의 주장은 정신건강에 문제가 있는 사람들은 신경전달물질 부족 현상을 보인다는, 이미 10년 전에 사라진 '화학적 불균형' 이론을 겨냥하고 있다.[93] 시냅스에서의 세로토닌 증가가 우울증 완화에 도움이 되는 건 (아스피린이 두통을 낫게 하는 것이, 두통이 아스피린의 부족에 의한 것임을 증명하지 않는다는 독일 과학자 베르너 뵈흘비어의 말처럼) 우울증이 세로토닌 부족으로 유발된다는 증거가 될 수 없다.94 또 정신과 약에 반대하는 사람들은 일부 항우울제들이 뉴런의 성장과 관련이 있다는, 항우울제의 효과에 대한 설명이 될 수 있는 신경영양인자 가설과 그것을 뒷받침하는 새로운 증거를 무시한다.95

그들은 치료 대상에 대한 정확한 이해 없이는 치료에 대한 이해도 불가능하다고 주장하는데, 그것은 진짜 어려운 문제다. 현재 우리는 정신 질환에 대한 생물학적 이해를 갖고 있지 못하며 약물 치료가 어떻게 작용하는지도 알지 못한다. 하지만 그건 정신의학만의 문제라고는 볼 수 없다. 우리는 대부분 암들의 원인도 완전히 알지 못하고, 현재 암들을 처음 시작된 기관이나 조직보다는 유전자형에 따라 재분류하는 작업을 하고 있을 뿐이다.96 정신과 의사들은 생체 지표보다는 환자의 설명에 주로 의존하지만, 국립정신건강연구소(NIMH)에서 이 압도적인 주관성의 모호함을 해결하기 위한 강한 움직임을 보이고 있다. NIMH의 새 프로그램인 연구영역기준(RDoC) 프로젝트는 "유전자들에서부터 신경 회로들, 전통적으로 규정된 장애들을 포함하는 행위들에 이르기까지 다수의 분석 단위에 의해 연구될 수 있도록 (공포 회로나 작동 기억 같은) 기능의 기본적 범위들을 규정"하는 것을 목표로 삼고 있다.97 그러면 우울증을 다루는 "믿을 수 있고, 유효하며, 인간 중심인" 접근들이 가능해질 것이다. 다시 말해, 우리가 위험과 잠재적 회복력을 찾아내고, 뇌 가소성을 보증하고, 뒤늦게 심각한 증세들을 없애려 애쓰기보다 사전에 방지할 수 있도록 연구자들은 정신 질환들의 익숙한 분류에 의존하지 말고 증세들의 생물학을 풀어내야 한다. 유전자들에서 기인한 질환들은 분자들에서 발현되고, 세포들에 영향을 미치며, 그 결과 회로들이 바뀌고, 심리가 바뀌어 문제적 행동으로 이어진다. 이 분야의 선도적인 연구자 에릭 네슬러가 공동 저술한 논문에 이런 내용이 들어 있다.[98] "정신의학은 그 광범위한 증후군들의 하위유형들을 규정하는 근본적인 유전학적, 신경생물학적 요인들에 근거한 진단 체계를 절실히 필요로 한다. 가능하다면, 행동이상들의 구체적인 영역들을 알려 주고 분명한 치료반응들을 예견하는 생체지표 신호들을 밝혀내는 중간 단계가 존재하게 될 것이다."

인셀은 "증세들은 뇌 장애의 늦은 발현"이라고 말했다. 하지만 조기 발견, 진단, 문제 해결을 위해 유전자 검사, 뇌 정밀검사, 그리고 기타 모델링 기술들이 쓰이는 경우는 드물다. 우울증은 많은 상이한 과정들의 공통적인 종착점이며, 생활환경의 변화나 단순한 시간의 흐름에 의해 호전될 수도 있다. 인셀은 우울증이 열과 같은 것이라고 말한다. "대부분의 치료에 50퍼센트의 반응이 나타나는 건 놀라운 일이 아니다. 그것은 열이 있는 사람에게 항생제를 주는 것과 같다." 어떤 사람들은 약 덕분에 회복되고, 어떤 사람들은 약의 도움 없이도 스스로의 면역력을 통해 호전되며, 어떤 사람들은 전혀 차도를 보이지 않는다. 그것은 항생제가 효과가 없다는 증거가 될 수 없으며, 항생제가 없다면 항생제로 치료 가능한 병들로 인한 희생자들의 수가 치솟을 것이다.

항우울제가 어떤 상황에서는 자살 생각을 부추기고 취약한 사람들을 자살로 몰아갈 수 있다는 주장이 사회적으로 커다란 경각심을 불러일으키고 있다. 이런 현상은 특히 어린이들과 청소년들에게, 그리고 치료 초기 단계에서 자주 나타난다는 것이다. 미국 질병통제센터(CDC)에서는 200만 명의 미국 청소년들이 매년 자살 기도를 한다고 밝혔는데 이는 열두 명 중 한 명에 해당되는 수치다.[99] 또 우울증을 앓고 있는 고등학생들의 3분의 1에 해당한다. 청소년들의 뇌는 어른들의 뇌와 여러모로 다르다. 최근 한 연구는, "SSRI 계열 항우울제의 사용이 우울증을 가진 어른들의 자살 위험 감소와 관련이 있을 수 있다. 청소년들의 경우, SSRI 계열 항우울제가 자살 경향을 증가시킬 수 있다."는 결론에 도달했다.[100] FDA는 10만 명에 가까운 피험자들을 대상으로 한 372개 연구들의 결과들을 취합하는 메타분석을 실시했다.[101] 이 분석은 방법론 때문에 비난받고 있기는 하지만, 항우울제가 성인과 노인의 경우에는 자살 기도를 감소시키지만 열여덟 살에서 스물네 살까지의 연령집단에서는 자살 충동이나 시도를(이 분석에 포함된 임상실험들에서는 실제로 자살한 경우는 없었다.) 2퍼센트 정도 증가시키는 요인이 될 수 있다는 결과를 내놓았다. 하지만 한 가지 주목할 만한 사실은, 청소년 자살자들에 대한 부검 결과 혈액에서 항우울제 성분이 검출되는 경우는 거의 없으며, 이는 자살에 성공하는 대부분의 청소년들이 정신과 약을 처방받지 않았거나 처방받은 약을 먹지 않았음을 나타낸다는 것이다.[102] 또한 이 임상실험들은 위약의 강력한 효과를 입증하고 있기도 하다. 항우울제를 복용하고 있지 않은 청소년 우울증 환자들의 자살 기도율은 위약 대상 청소년들의 자살 기도율보다 다섯 배나 높으며, 실생활에서 우리가 선택해야 할 건 진짜 약이냐 위약

이냐가 아니라 치료를 받느냐 안 받느냐다.[103]

　　2004년, FDA는 SSRI 계열 항우울제가 아동의 자살 생각을 촉발시킬 수 있다면서 가장 강력한 경고인 블랙박스[주요 부작용과 주의사항에 검은 사각형 테두리를 둘러 눈에 띄게 하는 조치] 표시를 지시했다.[104] 2007년, 블랙박스 경고 대상은 청소년으로까지 확대되었다. 그 결과 많은 의사들이 항우울제 처방에 경계심을 갖게 되었고, 이듬해에 아동에 대한 SSRI 처방이 20퍼센트 감소하였으며 청소년 자살이 12퍼센트 증가했다. 1979년에 자료 수집이 시작된 후 그 어느 해보다 큰 증가였다. 성인에게는 블랙박스가 해당되지 않았고 성인의 경우 약이 자살을 막아 준다는 명백한 연구 결과가 나왔음에도 성인에 대한 처방도 대폭 감소했다.[105] 심지어 우울증 진단조차 감소했으니, 그 경고가 광범위한 냉각 효과를 발휘한 셈이었다.[106] 이후 SSRI 계열 처방률이 증가세를 보이기도 했지만 여전히 2004년 이전 수준을 밑돌고 있다.[107] 캐나다와 네덜란드에서도 항우울제 사용의 감소와 동시에 청소년 자살이 증가하는 현상이 나타났다. 예일대학교의 한 연구는 SSRI 처방의 감소가 청소년 범죄, 학업실패, 약물남용과 (인과관계는 다소 약하지만) 관련이 있음을 시사하고 있다.[108]

　　로버트 기번스는 《일반정신의학회보》에 이렇게 썼다. "아동들의 경우 더 많은 SSRI 처방이 더 낮은 자살률과 관계가 있고", 이와 마찬가지로 "매우 어린 청소년들의 경우 SSRI 처방률이 더 낮은 자살률과 관계가 있다." 그는 "최근 항우울제를 처방받는 소아 환자들을 대상으로 한 자살 위험에 대한 블랙박스 경고를 청소년에게까지 확대한 조치는 미국의 우울증에 대한 항우울제 치료를 더욱 감소시키고 우울증 환자들의 자살 경향을 높일 것으로 보인다."고 주장했다. 다른 연구에서 그는 카운티별 데이터를 분석한 결과 SSRI 처방률이 높은 카운티들은 청소년 자살이 적은 것을 발견했다.[109] 인과관계가 이러한 연관성들만큼 늘 분명하지는 않은 건, SSRI 처방률이 더 높은 것이 어쩌면 우울증에 항우울제를 복용하는 부모들이 더 많아서 자녀의 정신건강을 더 잘 관리할 수 있기 때문임을 의미할 수도 있다. 하지만 기번스의 연구는 이 약들이 아동들과 청소년들에게 득이 된다는 걸 분명히 보여 준다. 코넬대학교 웨일 의대 정신약리학과장 리처드 A. 프리드먼은 《뉴잉글랜드 의학 저널》에 이렇게 썼다. "우울증 환자들 상당수를 보고 다루는 일차 진료 제공자는 치료되지 않은 우울증으로 인한 위험(질병과 사망 측면에서)이 항우울제 치료와 관련된 매우 적은 위험보다 언제나 훨씬 더 컸다는 점을 반드시 기억해야 한다." 그러고는 이렇게 결론지었다. "따라서 나는 FDA가 블랙박스 경고를 완전히 없애는 것에 대해 고려해야 한다고 생각하며…… 이 역학 자료들의 중요성과 FDA의 권고가 의도치 않게 우울증 환자들이 치료를 모색하고 의사들이 항우울제를 처방하는 걸 막아 왔을 가능성을 간과해서는 안 된다고 믿는다."[110]

논쟁의 핵심은 아니지만, 성인들이 항우울제로 인해 자살 충동이 강해지는지의 문제도 많은 연구 대상이 되어 왔다. 재향군인 관리국 환자들에 대한 기번스의 메타분석에서 25만에 가까운 사례들이 검토 대상이 되었는데, SSRI 약을 먹는 사람들의 자살 기도 위험은 약을 먹지 않는 사람들에 비해 3분의 1 정도였다.[111] 약을 먹는 사람들이 더 심각한 우울증을 앓고 있었을 가능성이 높은데도 말이다. 미국에서 SSRI 처방이 가장 크게 증가한 지역들(대부분 도심지)이 가장 큰 자살 감소율을 보였다.[112] 항우울제 처방률이 극히 높은 뉴욕시에서 보고된 자살자들 가운데 항우울제 치료를 받고 있던 사람들은 4분의 1에 불과했다는 사실은 우울증 치료를 받지 않는 것이 자살의 가장 중요한 원인임을 나타낸다.[113] 전체적으로, 미국인의 자살률은 SSRI 도입 전까지는 증가하다 그 이후 감소했다.[114] 덴마크, 헝가리, 스웨덴, 이탈리아, 일본, 오스트레일리아에서도 지난 수십 년 동안 자살률이 감소하고 있음이 개별적인 연구들을 통해 밝혀졌다.[115]

언론은, 어떤 사람들은 항우울제를 복용한 직후에 자살하거나 자살 기도를 한다는 주장에 주목해 왔다.[116] 그 주장들은 진실처럼 보이지만, 약이 자살의 원인이라는 증거는 없다. 항우울제 처방을 받는 대부분의 사람들이 극심한 우울증에 시달릴 때 항우울제를 먹기 시작한다. 이 치료들은 대개 몇 주는 지나야 효과가 나타난다. 자살 기도의 위험성이 가장 큰 시기는 약이 완전한 효과를 나타내기 전, 환자가 가장 심각하고 해결되지 않은 우울증에 시달릴 때다. 실제로 자살 감정은 사람들이 치료를 모색하도록 만드는 요인이 되는 경우가 많다. 시애틀 집단건강연구소 그레고리 사이먼은 통계적으로 자살 위험은 우울증 환자들이 약물치료를 시작하기 직전에 가장 높고, 약효가 나타나기 전에도 호전에 대한 기대감이 우울증 중세들을 조금은 견딜 만한 것으로 만들어 주어 다소 낮아지며, 그러다 약물치료가 완전한 효과를 보이기 시작하면 꾸준히 낮아진다는 사실을 발견했다.[117] 이런 양상은 심리치료에도 똑같이 적용된다. 자살 위험은 심리치료가 시작되기 직전에 가장 높고, 첫 달에는 얼

마간 감소하며, 치료가 진행되어 감에 따라 상당한 감소세를 보인다.118

많은 약들이 소수의 사람들에게 역효과를 나타내는데, 이를테면 수면제를 복용했는데 잠이 더 안 오거나 진통제를 썼는데 통증이 더 커지는 식이다.119 따라서 SSRI 계열 약들과 자살의 일반적인 상관관계는 아직 입증되지 않았지만, 우리는 일화적 주장들을 통해 그 문제가 발생률은 낮지만 위험성이 큰 고려사항임을 확인할 수 있다. 부적절한 약물치료는 파국적인 결과를 초래할 수 있으며, 예를 들어, 항우울제들은 양극성 장애를 가진 일부 환자들을 정신병의 수렁에 던져 넣기도 했다.120 중요한 건 항우울제가 일관되게 안전한지 혹은 일관되게 위험한지를 밝혀내는 것이 아니라 상반되는 불이익들을 비교하는 것이다. 분명 양쪽 다 위험은 있다. 만일 우리가 약물치료의 위험성을 깨닫지 못한다면 약을 복용하는 사람들을 위태롭게 만들 수 있고, 반대로 그 위험성을 과대평가한다면 사람들이 생명을 구할 수 있는 치료를 단념하게 만들 수 있다.121 항우울제 치료를 시작하는 사람의 자살 가능성은 약물치료 전 그 사람의 자살 생각들과 강한 상관관계를 갖는다. 따라서 우울증 환자에게 올바른 질문들을 하는 것이 무엇보다 중요하다.

이 논쟁은 심각하게 분열된 담론의 한 현상일 뿐이며, 많은 공인들이 약물치료의 위험성을 부정하거나 아니면 그 반대로 약물치료를 현대 모든 악의 근원으로 모는 게 상책이라고 여기고 있다. 문제는, 어떤 우울증 환자들은 약물치료에서 최대의 효과를 얻고, 어떤 이들은 심리치료에서, 어떤 이들은 전자약이나 뇌수술에서, 어떤 이들은 라이프스타일의 변화에서, 어떤 이들은 대체요법에서, 그리고 대부분은 다수의 치료법들을 자신만의 방식으로 복잡하게 혼합하는 전략에서 도움을 얻는다. 그리고 이 모든 방식들은 끔찍한 결과를 초래할 수 있다. 사람들은 우울증이 사례마다 다 다르고, 어떤 환자에게는 잘 듣는 치료가 다른 이에게는 실패할 수도 있다는 소식들에 낙담한다. 하지만 그 달갑지 않은 현실이 우리의 진실이다. 훌륭한 정신의학은 예술을 따라잡기 위해 더 분발해야 하며, 환자를 다루는 의사에게는 의학적 지식을 쌓는 것보다 뉘앙스에 대한 이해가 훨씬 더 필요하다.

자살 생각의 이력이 현재의 기분보다 더 많은 걸 알려 줄 수도 있다.[122] 자살 생각 및 자살 행동을 측정하는 반(半)구조적 평가면담에는 회고분석을 위한 컬럼비아 자살평가분류알고리즘(C-CASA)과 기대분석을 위한 컬럼비아 자살심각성평가척도(C-SSRS)가 있다.[123] 전문가들이나 비전문가들이나 자살 기도에 어떤 것들이 속하는지에 대해 혼란스러워하는 경우가 많다. 위의 두 컬럼비아 기준들은 자살 기도를, 자신의 삶을 끝내려는 의도하에 행해진 자해 행동으로 규정하고 있다. 죽으려는 의도 없이 자해를 가한 경우는 해당되지 않는다.[124] 관심을 받거나(즉 조작) 마음의 고통을 줄이기 위한 자해('자살 제스처'라고도 불림)는 포함되지 않는다. 하지만 비타민제를 과다복용하면 죽을 수 있다는 잘못된 믿음으로 비타민제를 한 움큼 삼킨 경우는 해당된다. 컬럼비아 기준들은 의도와 행동의 연관성에 대한 증거를 요구한다.

자살 기도가 아닌 행동들이 자살 기도로 분류되기도 하고, 진짜 자살 기도가 그렇지 않은 것으로 분류되기도 한다. 자살 생각에 어떤 것들이 있는지에 대한 합의도 이루어지지 않은 상태다. 어떤 의사들은 죽는 게 나을 것 같다고 생각하는 걸 자살 생각으로 분류하고, 어떤 의사들은 그런 절망과 스스로 목숨을 끊을 생각을 하는 것 사이에는 직접적인 연관이 없다고 주장한다. 이런 식으로 의견이 다르다 보니 정량적 데이터가 축적되는 과정에서 왜곡이 일어난다. 컬럼비아 자살심각성평가척도는 이런 의견들을 표준화하여 예비행위(약을 모은다거나 총을 장전하는)와 실패한 시도(거의 자살할 뻔했지만 계획을 실행하지는 못한), 사전 시도를 평가하기 위해 만들어진 것이다.

새천년에 들어서서 몇 해가 지날 때까지 자살 경향은 약의 승인이 이루어지기 위한 사전 단계인 임상실험에서 점검이 되지 않았다.[125] 그러니까 자살 경향 보고는 체계적으로 끌어낸 것이라기보다 자발적으로 제공되었으며, 많은 자살 생각들이 보고되지 않았다고 볼 수 있다. 자살에 대한 영향이 약물 임상실험의 종결점으로 설정되지 않았기에, 약물 임상실험에서 자살 경향에 대한 보고는 일화적인 것으로 남는다. 컬럼비아 자살심각성평가척도를 개발한 켈리 포스너는 FDA에 제출된 데이터가 자살 행동보다 자살 생각에 중점을 두었고, 척도들이 유의미한 명확성을 가질 수 있게 했다고 말했다.[126] FDA는 2008년 이후 새로운 약물의 임상실험에 이 기준을 사용할 것을 권장해 왔다.[127] 현재 일부 임상실험들에 사용되고 있는 AVERT 시스템[미국 e리서치테크놀로지 사에서 개발한 전자자살위험평가 시스템]은 이러한 도구들을 온라인에서 실행하여 점수가 높게 나오는 사람들이 상담가들에게 자동으로 접근할 수 있도록 해 놓았다.[128]

CDC(질병통제센터)는 이 컬럼비아 기준들을 채택하여 자기 주도적 폭력 감시 훈련 자료를 만들어 냈다.[129] 이 기준들은 고등학교들에서 사용되고 있으며, 많은 교사들이 위험 상태의 학생이 다가왔다는 보고를 했다.[130] 이 기준들은 응급실 접수 면접과 약물남용 센터에서도 사용된다.[131] 자살은 날마다 일터에서 잔인성과 마주하는 사람들 사이에서 만연하다. 정신건강 분야 종사자들은 경찰의 자살에 대한 우려를 표하고 있으며, 가장 최근의 이라크 전쟁에서도 작전 중에 전사한 군인들보다 자살한 군인들의 수가 더 많았다.[132] 미 육군은 행동건강 데이터 포털과 입원환자 기록 시스템에 이 평가척도를 구축했다.[133] 해병대도 서비스 전반에 이 평가척도를 도입하고 모든 지원인력에 대해서도 이 평가척도를 사용하도록 교육시켰다.[134] 변호사나 사제가 해병과 대화하려면 반드시 평가 인터뷰를 시행해야 한다. 이 도구들은 공군, 해군, 주방위군, 재향군인관리국에서도 사용되고 있다.[135] 평가 인터뷰는 1차 진료 제공자가 정신건강 서비스가 절실히 필요한 환자들을 찾아낼 수 있도록 도와줄 수 있으며, 몇몇 주들에서는 학교, 교정시설, 병원에서 이 도구들을 사용하도록 요구하고 있다.

자살은 영구적인 위기다. 성인의 대표적인 사인(死因)들 가운데 네 번째를 차지하며, 자살자의 절반 가까이가 자살 전 한 달 안에 의사를 찾는다.[136] 그리고 대부분의 경우 그 의사들은 환자의 죽음을 예측하지 못한다. 메타분석 결과 이 평가들이 심각한 위험에 처한 사람들을 찾아냄으로써 자살을 크게 줄일 수 있음이 밝혀졌다.[137]

13퍼센트가량의 여성들이 임신 중에 우울증을 앓으며, 임산부의 항우울제 사용은 증가세에 있다.[138] 한 연구에 따르면, 저소득층 의료보험 프로그램인 메디케이드 대상자인 여성들의 경우 1999년에서 2003년 사이 항우울제 사용이 두 배 이상 증가했으며, 현재 임산부의 8퍼센트가량이 항우울제를 사용하고 있다.[139] 우울증 이력이 있는 여성들의 경우에는 그 수치가 훨씬 높다.[140] 임신은 재발을 불러오기 쉬우며, 임신 중 항우울제 사용을 중단한 사람들은 계속해서 약을 복용한 사람들에 비해 재발 확률이 세 배 가까이 높다.[141]

출생 시 제대혈 검사 결과 태아의 혈중 항우울제 성분 수치는 산모의 수치의 반이 넘는 것으로 나왔고, 양수에서도 항우울제 성분이 발견되었다.[142] 어떤 연구들은 SSRI 계열 약과 신생아의 특정 심장 결함들 간의 관련성을 제시하지만, 다른 연구들은 그 둘이 관련성이 없음을 밝혀냈다.[143] 항우울제와 유산, 조산, 저체중아 출산의 인과관계에 대해서도 엇갈리는 연구 결과들이 나와 있으며, 지속성 폐동맥 고혈압증이라 불리는 신생아의 폐질환 위험은 약간 증가한다는 자료가 있다.[144] 사례들의 3분의 1 정도에서 SSRI 사용 어머니의 아기는 신경과민, 역류, 재채기를 동반하는 신생아 적응증후군을 보이는데, 이 증상들은 대체로 경미하고 48시간 내로 해결되는 경우가 많다. 하지만 신생아 발작은 이따금 보고되고 있다. 이런 문제들이 약에 노출되어서 생긴 것인지, 아니면 탯줄이 잘리면서 약의 공급도 중단되기 때문인지는 확실치 않다. 표본 크기가 작은 한 연구에서는 뇌 구조의 이상인 키아리 기형과의 연관성이 밝혀졌다.[145] 다른 연구에서는 REM 수면과 비(非)REM 수면 구성의 변화를 밝혀냈지만, 그 변화의 의미나 영향에 대해서는 아직 아무도 모른다.146 초기 발생 단계에서 높은 수치의 SSRI 계열 약에 노출된 다 자란 수컷 생쥐는 성 활동과 탐색 행위의 위축, REM 수면 변화를 보였다. 한 연구는 이런 문제들의 다수가 SSRI 약을 복용하다 임신 전에 끊은 여성들에게도 일어날 수 있음을 제시했다.147 물론 이 모든 것들이 예비 엄마들에게 공포를 주며, 그 결과 이 모호하고 계량 불가능하지만 부인할 수 없는 위험들 때문에 SSRI 약을 피하는 경우가 많다.

일부 연구들은 임신 중 항우울제 사용이 자손의 자폐증 발생을 촉진할 수 있다고 제시했다.148 상당수의 문헌들이 우울증과 기타 정신 질환의 부모력이나 가족력을 자폐증의 위험 요인으로 제시하고 있지만, 어머니가 자폐아를 출산하는 것이 약을 복용해서인지 아니면 정신적으로 취약한 유전자를 갖고 있기 때문인지는 확인하기 어렵다. 이에 관한 가장 대규모의 연구는 덴마크에서 실시된 2013년 인구조사로, 산모우울증 관리를 위해 시도되었으며 SSRI 계열 약과 자폐증의 연관성을 찾아내지 못했다.149

항우울제도 위험할 수 있지만, 임신 중 우울증도 그 못지않게 문제가 된다. 한 보고서는 그 사실을 이렇게 인정한다. "임신 중 어머니의 기분장애나 스트레스 수치가 태아에게 영향을 미칠 수 있다는 관념은 전 세계 문화권들에 걸쳐 탄탄한 역사를 지니고 있으며 민족심리에 널리 박혀 있다."150 동물 실험들은 스트레스를 받은 포유류 어미들이 신경 발달에 문제가 있는 새끼를 낳기 쉽다는 사실을 밝히고 있다.151 우울증이나 불안증을 가진 임산부의 스트레스에 의한 신경생물학적 변화들은 자궁 환경의 변화를 통해 태아 발달에 영향을 미칠 수 있다.152 실제로 임신 중 우울증은 유산, 조산, 저체중아 출산의 위험을 높이며, 이 문제들의 일부는 산모의 SSRI 약 사용과 관련이 있다. 우울증 임산부는 임신중독 위험도 높다.[153] 우울증 임산부의 태아가 우뇌 편도체의 미세구조에 변화를 겪는다는 사실이 최근 연구에서 밝혀졌다.[154] 임산부가 초기 3개월 동안 극도의 스트레스를 받으면 나중에 자녀가 조현병에 걸리게 될 확률이 더 높아진다는 증거도 나와 있다.[155] 한 보고서는 임산부의 스트레스 체험이 자녀의 딴손잡이, 정동장애, 인지능력 부족과 관련되어 있다고 밝혔다.[156] 임신 중 불안증과 우울증은 장차 정신 질환을 앓게 될 자녀를 낳을 가능성을 높인다. 도심 빈민가 여성들을 대상으로 한 추적조사 결과, 임신 중 우울증을 앓았던 어머니의 자녀는 태중에 우울증에 노출되지 않은 아이들에 비해 우울증을 앓게 될 가능성이 다섯 배 가까이 높았다.[157] 다른 조사에서도, 우울증에 걸린 어머니에게서 태어난 신생아들은 "운동 긴장도와 지속력이 떨어지고, 활동적이거나 원기왕성하지 못하며, 화를 잘 내고, 쉽게 진정되지 않는다."는 결과가 나왔다.[158] 한편 최근 한 연구에서는 항우울제 치료를 받은 어머니의 자녀는 표준적인 언어와 인지능력을 지닌 반면 치료를 받지 않은 우울증 환자의 자녀는 언어와 인지능력이 떨어졌음이 밝혀졌다.[159] 우울증은 다른 많은 건강 문제들과 관련이 있다. 우울증을 가진 여성은 과체중에, 운동을 안 하고, 임신 중에 술을 마시거나 마약을 하며, 산전 건강관리에 소홀하기 쉽다.

주로 임산부들을 상대하는 컬럼비아대학교 정신과 의사 엘리자베스 피텔슨은 내게 이런 글을 보내왔다. "SSRI는 자궁 내에서 이 약에 노출된 아기들 중 일부에게(전부는 아니고) 신경발달적 영향을 미칩니다. 하지만 장기적인 신경발달적 영향들이 존재하는지,

만일 존재한다면 어떤 영향들인지에 대해서는 아직 확실히 밝혀지지 않았습니다. 우리는 약에 노출된 아기들에게서 발견된 상대적으로 경미한 신경발달적 영향들이 나중에 아동기가 되어서까지 뚜렷이 남게 되는지, 어떤 아기들이 자궁 내에서 약물이나 산모의 기분에 영향을 받기가 더 쉬우며 그 두 가지 영향을 어떻게 분리해야 하는지 잘 모릅니다. 임산부가 임신 중에(그리고 심지어 그 이후에도) 항우울제 치료를 '받아야 하는지'의 문제는 여전히 사회적 양가성을 지니고 있습니다. 나는 환자들과 이것에 대해 이야기할 때, 알려진 위험과 알려지지 않은 위험의 균형 문제로 다룹니다."[160]

메리 게스트는 활발하고 자신감 넘치는 어린 소녀였는데, 네 번째 생일을 앞둔 1979년 어느 날 아침, 잠에서 깨어 겁에 질린 비명을 지르기 시작했다.[161] 딸에게 달려간 어머니 크리스틴은 딸이 "엄마, 걸을 수가 없어."라고 외치는 소리를 들었다. 메리는 일어서려고 했지만 번번이 넘어졌다. 메리는 곧 소아 류마티스관절염 진단을 받았다. 메리의 부모는 아침마다 뜨거운 물이 담긴 욕조에서 딸의 관절을 풀어 주어야 했다. "딸은 무척이나 독립적인 유치원생이었는데, 겁에 질린 아이가 되어 버렸어요. 자신에게 일어나고 있는 일을 이해하기에는 너무 어렸으니까요." 크리스틴의 회고다. 유치원에서 쉬는 시간이면 다른 아이들은 계단을 달려 내려갔지만 메리는 혼자 뒤떨어져서 난간을 붙잡고 조금씩 움직여야 했다. "저는 메리가 고난에 대처하는 걸 보고 무척 감탄했어요. 그 아이는 회복력이 아주 뛰어났어요. 속도에 관련된 것에서는 늘 꼴찌였지만, 체육 선생님 말씀이 메리는 어떤 활동에서든 빼 달라고 한 적이 없었대요." 크리스틴의 말이다.

사춘기에 이르자 메리의 건강은 악화되었고 물리치료에 덧붙여 매주 주사까지 맞아야 했다. "메리는 세상에 대한 분노가 컸어요." 어머니의 회상이다. 그러다가 임상실험에 참여하여 류마티스관절염과 싸우는 다른 소녀들을 만나게 되었는데, 그들 중에는 메리보다 장애 정도가 심한 소녀들이 많았다. 그것이 전환점이 되어 메리는 새 삶을 살기로 결심했다. 그녀는 접촉 스포츠나 달리기와 관련된 운동에는 참여할 수 없었기에 수영 선수가 되었고, 가장 빠른 선수는 될 수 없었지만 고등학교, 대학교 수영부에서 공동 주장을 맡았다. 대학 졸업 후 메리의 관절염은 자연스럽게 호전되었고, 2008년에는 몇 개월간의 훈련 끝에 무릎과 발목이 부은 채 철인 3종 경기를 완주했다. "그렇게 의지가 강한 아이였어요." 크리스틴이 말했다.

메리는 대학을 마친 뒤 아메리코[미국 지역사회 봉사단체]에 자원하여 심각한 행동장애를 갖고 있는 아동들의 학급에서 도우미로 일했다. 그때 자신의 소명을 발견했고, 곧 컬럼비아대학교 특수교육 박사과정에 들어갔다. 졸업 후 그녀는 자폐증을 가진 어린 아이들을 돌보는 일을 시작했는데, 처음에는 뉴욕에서 일하다 워싱턴 주로 옮겼고, 그다음에는 부모님이 사는 오리건으로 갔다. 메리의 상사는 오랜 기간 특수교육에 종사해 왔지만 메리처럼 학생들의 마음을 잘 읽어 내는 직관력을 가진 교사는 거의 보지 못했다고 말했다. "메리는 강한 힘을 가진 사람이었습니다. 그녀 스스로 그런 역할을 하려고 애쓴 게 아닌데도, 그녀는 교사진과 학생들에게 강한 영향을 미쳤죠. 메리와 함께 있으면 연민, 추진력, 침착성, 든든함을 느꼈습니다." 메리의 친구들도 그녀의 익살스러운 유머 감각과 매력

적인 위트를 떠올렸다. 하지만 메리는 우울증과 불안증에 시달렸고
어쩌면 그건 어릴 적 관절염과 함께 찾아온 트라우마의 흔적이었을
수도 있었다. 그녀는 자신의 기분을 통제하기 위해 쉼 없이 일했고,
동료들은 그녀의 우울증과 불안증이 일에 지장을 초래한 적이 없다
고 주장했다. 사실 그녀가 그런 어려움을 겪고 있다는 걸 아는 동료
도 거의 없었다. 그녀는 약물치료를 받았고, 그 덕에 증세들이 완화
되었다. 그리고 명상 훈련을 통해 불안증을 이겨 낼 수 있었다. 그녀
는 늘 친구들이 많았지만 소수에게만 자신의 우울증에 관해 털어놓
았다. 크리스틴의 말을 들어 보자. "메리는 엄마인 저, 그리고 심리
치료사에게는 우울증에 대해 많은 걸 털어놓았지만 그 외 사람들에
게는 그러지 않았던 것 같아요." 메리는 가끔 어머니에게 그냥 죽어
버리고 싶다고 고백하기도 했다. "메리가 맨 처음 그 말을 했을 때,
전 머리끝부터 발끝까지 오싹한 전율이 흐르는 걸 느꼈어요. 그때
저는 생각했어요. '내 딸이 그런 말을 할 리가 없어. 내가 잘못 들었
을 거야.' 하지만 잘못 들은 게 아니었어요. 메리는 그런 말을 한 뒤
에는 꼭 이렇게 덧붙였어요. '하지만 걱정할 필요 없어요, 엄마. 저
는 자살 계획을 세우지도 않았고, 그런 짓을 할 의도도 없으니까요.'
메리는 끔찍한 기분을 표현한 것이었어요. 저는 그걸 축소시키려고
한 적이 없어요." 크리스틴이 지켜보는 가운데 메리는 이런 상태에
빠졌다가 벗어나기를 거듭했고, 크리스틴은 그때마다 딸을 다독였
다. "지금은 희망이 안 보이겠지만, 시간이 지나면 나아질 거야. 지
금까지 늘 그래 왔고, 이번에도 그럴 거야."

　심각한 불안증에 시달리는 사람들 중 다수가 그러하듯 메리
도 알코올이 증상을 완화시켜 준다는 걸 알게 되었다. 메리는 어머

니에게 이렇게 말했다. "처음에는 술을 마시면 즐거웠어요. 그러다 즐겁기도 하고 괴롭기도 했죠. 결국에는 괴롭기만 했고요." 알코올중독은 우울증에서 파생된 문제로, 크리스틴은 "슬픔에서 벗어나기 위한 하나의 시도"였다고 말했다. 메리는 오랫동안 가장 가까운 사람들에게까지 그 문제를 감추었다가 마침내 술이라는 악마에 맞서 한 달 동안 알코올중독 치료를 받았고, 그 후 완전히 술을 끊은 건 아니지만 거의 술에 취하지 않은 상태로 지내게 되었다. 그녀는 이따금 순간적인 절망에 빠졌고, 한번은 국립자살방지상담센터에 전화까지 걸었는데 도움이 되었다고 한다. 후에 그녀의 친구들 몇 명이 그녀 덕에 자살의 유혹을 뿌리칠 수 있었다고 말했는데, 그들 중단 한 사람도 메리 역시 자살을 생각한 적이 있었던 걸 알지 못했다. 하지만 메리의 어머니는 알았다. 모녀는 매주 한 번씩 메리가 재직하고 있는 학교 근처 공원에서 만나 긴 산책을 했고, 그 시간에 메리는 어머니에게 자신의 어려움들을 털어놓았다. 메리는 자살 생각이 들면 어떻게 극복할지에 대해 심리치료사와 계획을 세웠다. 하지만 대체로 약물치료 덕에 일상생활을 유지할 수 있었고, 아직 사랑하는 사람을 만나 가정을 이루지 못한 것에 대해서만 슬픔을 느꼈다. 메리는 어머니 크리스틴에게 한탄했다. "진짜 좋은 엄마가 될 수 있을 것 같은데." 크리스틴이 대답했다. "오, 애야, 너는 멋진 엄마가 될 거야."

메리는 그동안 두 번 남자와 오래 사귀고 동거도 해봤지만 결국 헤어지게 되었다. 그러다 2013년 봄 사랑에 빠져 임신을 했고 곧바로 결혼했다. 임신 중 항우울제 사용의 위험에 대한 글들을 읽은 그녀는 약물치료를 중단하기로 결심했다. 메리는 우울증 병력 때문에 임신 기간 중에 정신과 임상간호사에게 관리를 받았고, 그 간호사가 메리에게 언제든 약물치료를 다시 시작하고 싶으면 전화로 즉시 처방전을 받을 수 있다고 말했다.

"그리고 곧바로, 우리는 메리의 추락을 보게 되었지요." 크리스틴의 회고다. 메리는 열심히 인터넷 자료를 뒤져서 약물치료를 중단하겠다는 결정을 내린 것이었고, 그 결정이 옳다고 주장했다. 하지만 우울증과 불안증이 갈수록 심해졌고, 아기가 어딘가에 문제가 있을 거라는 강박관념에 사로잡혔다. 그녀는 남편과 함께 유전자 검사와 다수의 초음파 검사를 받았는데, 태아는 건강했고 심장박동도 강했다. 하지만 메리는 밤마다 몇 시간씩 웹사이트들을 돌아다니며 태아에게 생길 수 있는 모든 문제들에 대한 설명을 읽었다. 크리스틴은 이렇게 말했다. "메리는 아기에게 문제가 있을 거라는 비이성적인 강박관념에 사로잡혀 다른 쪽으로 생각을 돌리는 게 불가능했고, 그것 때문에 고통에 시달렸어요. 의사도 메리를 안심시키려고 애썼고, 저도 이렇게 말하고는 했어요. '얘야, 인터넷은 안 보는 게 훨씬 나을 것 같구나. 네가 읽고 있는 것들은 아주 드문 사례들이야.' 하지만 그건 이성적인 생각이었고, 메리는 이성의 영역에 있지 않았어요." 메리의 남편은 아내의 상태가 너무 걱정되어 날마다 크리스틴과 대화를 나누었다. 2013년 가을, 임신 후 몇 개월이 지난 메리는 크리스틴에게 이렇게 말했다. "저는 엄마가 된다는 게 상상이 안 돼요." 크리스틴은 2년 전만 해도 자신감이 넘쳤던 메리가 절망에 빠져 있는 것이 너무도 가슴 아팠다. 그녀는 메리에게 심리치료가 도움이 되느냐고 물었고, 메리는 심리치료사와 함께 있을 때는 도움이 되지만 그 효과는 지속되지 않는다고 대답했다.

추수감사절 무렵이 되자, 메리의 악화 상태는 부정할 수 없는 지경에 이르렀다. 직장에서는 가까스로 버틸 수 있었지만 주말이 되면 녹초가 되어 아무것도 할 수 없었다. 그녀는 부모님 집으로 가서 그저 앉아 있기만 했다. 크리스틴은 딸에게 산책을 하러 나가자고 설득하다 점점 더 어려워지자 그저 딸의 등을 쓰다듬어 주기만 했다. 메리는 어느 때는 말을 하고 어느 때는 침묵을 지켰다. 다시 크리스틴의 말을 들어 보자. "메리는 수면 부족도 심각했어요. 잠이 들었다가도 두어 시간 만에 아기가 잘못되었을까 봐 겁이 나서 깨곤 했으니까요. 낮에는 온종일 신경도 많이 써야 하고 손도 많이 가는 아이들을 가르치고 집에 돌아오면 또다시 고통의 밤을 보내는 거죠. 저는 메리의 눈과 얼굴을 보면 딸이 얼마나 고통스러운지 알 수 있었어요."

크리스틴은 메리에게 약물치료를 다시 시작하라고 강권했지만, 메리는 아무런 결정도 내릴 수 없는 듯했다. 추수감사절 직후 메리는 마지못해 항우울제를 복용하기 시작했고, 몇 주 후 불안증에 대한 약물치료까지 하는 데 동의했다. 크리스마스 휴가가 다가오고 있었고, 모두 메리가 휴가에 맞추어 상태가 호전되고 2월 하순에 아기가 태어날 때쯤에는 더 많이 좋아지기를 바랐다. "메리에게는 수영이 늘 도움이 되었고, 동료 교사와 일주일에 한 번씩 동네 수영장에서 수영을 했어요. 그런데 더 이상 수영을 안 하더라고요. 그건 좋은 징조가 아니었죠." 추수감사절 일주일 후 부모님 집에 온 메리는 불안증이 악화된 상태였고 아무 말도 하지 않았다. 크리스틴이 보기에 딸은 "다른 곳"에 있는 것 같았다. 12월 9일, 메리는 부모님 집에 와서 어머니와 함께 한동안 앉아 있었다. 그러다 크리스틴이 성가대 발표회 때문에 외출했고, 메리는 저녁을 함께 먹자는 아버지의 제의를 거절했다. 나중에 메리의 남편이 말하기를, 그날 밤 메리가 집에 늦게 들어오기에 무슨 일로 늦었는지 물었더니 집 앞에서 차 안에 앉아 있었다고 대답했다고 했다.

12월 10일, 메리는 학교에서 종일 수업을 했다. 5시에 심리치료 예약이 되어 있었지만, 심리치료사에게 "못 하겠어요."라고 음성 메시지를 남겼다. 심리치료사는 그날 치료를 못 하겠다는 말인 줄 알고 이런 내용의 메시지를 보냈다. "오늘 못 오시는 건 괜찮아요. 하지만 걱정되니까 전화 주세요." 하지만 메리는 그 메시지를 영영 받지 못했다. 부모님이 사는 건물 16층으로 곧장 가서 임신 6개월의 몸으로 투신자살을 한 것이다.

"저는 그런 일이 일어날 거라고 믿지 않았지만, 마음 깊은 곳에 늘 그것에 대한 공포가 도사리고 있었어요. 메리가 임신한 뒤로 그 어느 때보다 걱정이 컸어요. 우리는 메리가 그런 행동을 한 건 사랑 때문이었다는 걸 믿어 의심치 않아요. 메리는 사랑에서 온 아이니까요. 메리는 다른 사람들에게 짐이 되는 것에 대해 걱정했어요. 끔찍한 문제를 가진 아기가 태어나 차라리 세상에 태어나지 않은 것만 못하게 되고 아기를 제대로 보살필 수 없을까 봐 괴로워했어요." 크리스틴의 말이다.

메리가 자살한 후 심리치료사는 도저히 다른 환자들을 대면할 수가 없어서 한 달 가까이 일을 쉬었다. 그녀는 크리스틴에게 이런 결과가 닥치리라고는 생각지도 못했다고 말했다. "메리의 심리치료사는 메리가 자살 생각을 한다는 건 알았어요. 메리는 너무 우울해서 죽고 싶다는 말을 하고는 했으니까요. 하지만 심리치료사도 메리가 스스로 목숨을 끊지는 않을 거라 믿었던 거죠. 간호사도 똑같은 말을 했어요. 메리가 죽기 한 달쯤 전에 간호사를 만나러 갔는데 그때 제가 메리에게 이렇게 말했어요. '얘야, 네가 얼마나 우울한지 간호사에게 꼭 말해야 한다. 그러지 않으면 도움을 받을 수가 없어.' 나중에 메리에게 간호사를 만나서 그런 이야기를 했느냐고 물었더니 메리는 머뭇거리다 이렇게 대답하더군요. '글쎄요, 그러려고 했어요.' 메리는 누구에게도 자신의 절망을 다 보여 주지 못한 것 같아요."

나중에 크리스틴은 미국자살학회 소책자에서 심각한 우울증을 앓은 딸을 가진 두 가족의 이야기를 읽었다.[162] 한 가족은 딸을 강제로 정신병원에 입원시켰는데 딸이 그곳에서 침대 시트로 목을 매었고, 다른 가족은 딸을 입원시키지 않았는데 약물 과다복용으로 자살했다. 첫 번째 가족은 딸을 입원시키지 않았더라면 딸이 살아 있을 거라고 생각했고, 두 번째 가족은 딸을 입원시켰더라면 딸을 잃지 않았을 거라고 생각했다. 크리스틴의 말을 들어 보자. "저는 메리가 죽기 전에도 메리가 받는 스트레스가 태아에게 줄 영향에 대해 걱정했어요. 그것이 옳건 그르건, 우리는 만일 메리가 임신 후에 약물치료를 중단하지 않았거나 더 빨리 다시 약물치료를 받기 시작했더라면 메리가 살아남았을 수도 있다고 생각해요. 우리와 반대로 자식이 약물치료를 계속 받다가 문제가 생겨서 약물치료를 중단했더라면 자식을 잃지 않았을 거라고 생각하는 부모도 있다는 걸 저도 알아요. 선택의 결과는 확실치가 않고, 사람들은 최선이라고 생각되는 걸 하겠죠."

어릴 적 관절염의 트라우마가 메리의 기분장애에 어떤 역할을 했는지 그 누가 알 수 있겠는가? 메리가 그토록 오랜 세월 꿋꿋이 시련을 견뎌 낼 수 있도록 해 준 회복력이 결국 꺾이게 된 이유가 무엇인지 그 누가 알 수 있겠는가? 생의 마지막 날까지 교실에 가득한 자폐아들을 가르쳤던 그녀의 기능 유지 능력이 그녀가 살아남을 수 있도록 도움을 주었을 보살핌의 손길을 얼마나 막은 것인지 그 누가 짐작할 수 있겠는가? 그녀가 태아를 걱정하는 마음에서 약물치료를 중단하지 않았더라면 어떻게 되었을지 그 누가 알겠는가? "제가 기꺼이 메리의 이야기를 하는 건 사람들이 똑같은 비극을 피할 수 있도록 돕기 위해서예요. 하지만 이건 풀어야 할 수수께끼가 아니에요. 받아들여야 하는 것이죠." 크리스틴의 말이다.

2014년 9월 《뉴욕타임스》에 실린 기사에서 로니 캐린 래빈은 임신 중 항우울제 사용의 부정적인 측면을 강조하며 SSRI 계열 약을 자폐증, ADHD, 세 살 때의 낮은 언어능력, 조산, 심장 결함, 내반족, 지속성 폐동맥고혈압, 낮은 아프가 점수[신생아의 심장 박동수, 호흡 속도 등 신체 상태를 나타낸 수치], 저체중아 출산 등의 문제들과 연관시켰다.[163] "다른 전문가들도 임산부가 이런 약들을 널리 사용하는 것에 대해 전면적으로 재검토해야 할 때라고 생각한다." 래빈은 그러면서 한 전문가의 말을 인용해 놓았다. "사람들은 이런 이야기를 듣고 싶어 하지 않는다. 약물치료가 무해하다는 생각이 모두를 더 행복하게 해 주기 때문이다."

임산부와 산모의 정신 건강 증진에 선도적 역할을 하고 있는 국제산후지원협회 의료진은 래빈의 기사에 분노했다. 그들은 그 기사가 "불필요한 공포감을 조성할 가능성이 있으며", "여성들이 임신

중 항우울제나 다른 약물치료를 시작하거나 유지하는 것을 나태한 선택인 것처럼 말하는 건 모욕적이고 비하적인 태도다. 글쓴이는 자신의 그릇되고 부정확한 가설을 뒷받침할 만한 연구들을 선별하여 사용했고, 임신 중 SSRI 사용과 관련된 위험성 증가를 발견하는 데 실패한 연구들은 무시해 버렸다. 또한 치료받지 않은 우울증과 불안증이 태아에게 미치는 진짜 위험성은 근거도 확실하고 계속해서 서류로 입증되고 있는데도, 그것에 대해서는 체계적으로 어물쩍 넘어갔다."면서 다음과 같은 결론을 내렸다. "여성들이 그들에게 꼭 필요한 치료를 받지 않도록 설득하려는 목적임에 분명한 그런 기사는 변명의 여지가 없다. 지금은 우리 사회가 그런 여성들을 지지해 주고 그들이 겪고 있는 고통스러운 시련에 연민을 보여 줄 때이지, 그들의 선택을 비난할 때가 아니다."[164]

매사추세츠 종합병원 여성정신건강센터 역시 래빈의 기사에 놀라움을 금치 못하는 반응을 보였다. "래빈은 우울증을 대수롭지 않게 여기고 여드름이나 무좀 같은 것으로 취급하는 듯하다. 모든 여성들이 임신 중 약물치료를 피할 수만 있다면 피하려 할 것이다. 임신 중 항우울제 사용과 관련된 결정의 문제들을 피상적으로 제시하는 행위는 환자들을 위험에 빠뜨릴 가능성이 있다. 그러한 제시는 아무리 좋게 보아도 불완전하고, 나쁘게 보면 무책임하다."[165]

래빈이 인용한 전문가 애덤 유라토는 임산부 약물치료의 위험성을 알리는 캠페인을 벌이며 2012년에 이런 글을 썼다. "하나의 바이러스가 전체 임산부의 5퍼센트 정도에 영향을 미치기 시작했다고 가정해 보자. 미국에서는 해마다 20만 명의 여성이 임신한다. 그 바이러스가 기준 비율 이상의 심각한 임신 합병증들을 일으킨다고 가정해 보자. 그 바이러스에 감염된 임산부의 10퍼센트 이상이 유산하고, 20퍼센트 이상이 조산하고, 신생아의 30퍼센트가 출생 후 그로 인한 부작용(발작이나 호흡곤란 같은 심각한 것일 수도 있는)을 보일 수도 있다. 만일 그런 일이 일어난다면 공중보건 비상사태로 간주되고 사태 수습을 위해 엄청난 노력을 쏟아부어야 할 것이다. 하지만 그런 유행병이 발생하고 있는데 사람들은 그걸 인식하지 못하고 있다. 임산부들이나 대중은 그런 사실을 알지 못한다. 임신 중 항우울제 노출이라는 유행병을 말이다."[166] 유라토는 나와의 인터뷰에서 SSRI 계열 약을 탈리도마이드[임산부에게 처방 시 기형아 출산의 원인이 될 수도 있는 진정제]에 비유하며, 항우울제가 널리 사용되고 있는 것은 과거 흉부외과 전문의들이 담배 회사들에 휘둘렸던 것처럼 과학계가 대형 제약사들의 손아귀에 들어 있는 현실을 반영한다고 주장했다. 그는 우울증 자체가 유산, 저체중아 출산, 조산으로 연결되는지는 분명하지 않은 반면 SSRI 계열 약은 분명 그런 모든 문제들과 관련이 있다고 말했다.[167]

엘리자베스 피텔슨은 유라토의 글에 대해 내게 이런 의견을 보내왔다.[168] "그는 인과관계와 연관성을 혼동하고 있는 듯합니다. 사실, 우울증과 SSRI 계열 약 둘 다 그런 임신 합병증들과 관련이 있지요. 하지만 인과관계는 분명하지 않습니다. 치료받지 않은 우울증과 저체중아 출산이나 조산의 관련성이 우울증 자체에 의한 것일까요, 아니면 행동교란 인자에 의한 것일까요, 아니면 우울증과 부정적인 출산 결과 사이의 근원적인 생물학적(유전학적, 생리학적, 염증성) 관계로 인한 것일까요?" 피텔슨은 우울증이 그 자체로 높은 질병률과 사망률을 갖고 있으며, 우울증 완화는 임산부와 가족의 고통, 자살 위험, 산후우울증을 감소시킨다고 말한다. 그녀는 우울증 치료가 그것과 관련된 조산, 저체중아 출산 같은 부정적인 결과들의 위험성을 반드시 감소시킨다고 할 수는 없다는 건 인정한다. "항우울제 치료가 그런 척도들에 영향을 미치지 못하는 것은 안타까운 일이지만, 그것이 고통받는 임산부를 치료하지 말아야 할 이유가 될 수는 없습니다. 우울증을 앓고 있는 여성은 치료를 받고 있건 그렇지 않건 '고위험' 임산부로 간주되어야 합니다. 그들에게는 치료와 관계없이 위험이 도사리고 있기 때문이지요. 하지만 우울증 치료는 임산부뿐 아니라 가족 전체가 기본적인 기능을 하고 더 나아가 잘 살아가도록 해 줄 수도 있으며, 그 결과 아기의 출생 후 환경을 상당 부분 바꿔 줄 수 있습니다. 이런 보호 효과는 측정하기가 더 어렵지만 아이의 장기적인 정서와 인지 발달에 매우 중요한 건 사실입니다." 즉 임신 중 우울증도 입증된 위험들을 안고 있지만, 출산 후 우울증도 추후 심각한 문제들을 야기할 수 있다는 것이다. 우울증을 앓는 산모들은 위축되고 무기력해지며, 그들의 아기들은 여러 발달 척도에서 또래에 비해 낮은 수치를 보인다. 어머니가 임신 중에 심각한 우울증에 빠지면 회복하는 데 여러 달이 걸릴 수 있으며, 그 기간 동안 아기의 요구들에 반응하는 능력이 많이 떨어질 수 있다.

컬럼비아대학교 정신생물학 교수 제이 깅그리치는 유라토가 우려하는 항우울제 부작용들은 단기적이고 대개의 경우 사소한 것들이며, 나중에 표면화될 수도 있는 부작용들을 알아내는 데는 시간이 걸릴 것이라는 의견을 제시했다.[169] 태아 발달은 왕성한 신경 가소성과 분화의 첫 단계라는 특징을 지니며, 또 다른 중요한 변화의 시기인 사춘기에는 피질과 전전두엽피질의 성숙이 이루어진다. 깅그리치는 임신 후기의 생쥐들을 SSRI 약에 노출시킨 결과 사춘기에 신경 이상이 생기는 걸 발견했다.[170] 그 생쥐들은 작동 기억이 감소되어 다른 생쥐들이 쉽게 해결하는 공간적 과제 수행에 어려움을 보였다. 물론 동물과 인간의 반응은 다른 경우가 많다. 하지만 세로토닌의 생물학은 연체동물에서 인간에 이르기까지, 진화 계통수의 아래부터 위까지 거의 그대로 보존되어 왔다. 세로토닌은 생쥐와 마찬가지로 인간 태아의 뇌에도 널리 분포되어 있으며, 인간의 경우 생후 첫 2년 동안 그 수치가 증가하다 감소하기 시작하여 이후 3년 동안 성인 수준에 도달하고, 그 시점에서 세로토닌은 약 10만 개의 세로토닌 세포에서만 발견된다.

정서 회로는 평생에 걸쳐 조정되지만, 태아기와 유아기에 토대가 만들어진다. 확립된 체계의 기능을 바꿀 수 있는 것들이(세로토닌 증가는 성인의 우울증을 완화시킬 수 있는 듯하다.) 아직 유동적인 체계의 구조를 바꿀 수도 있다. (발달 중의 세로토닌 증가는 뇌의 기본적인 감정 중추들의 발달을 떨어뜨릴 수 있다.) 이에 대해 한 논문은 이렇게 말하고 있다. "흥미롭고 직관에 어긋나게도, 과도한 모노아민 신호는 그 반대의 경우보다 정상적인 발달에 더 큰 지장을 주는 듯하다."[171] 하지만 다른 동물 연구들은 어머니의 부적절한 보살핌이 "불안감과 우울증 관련 행동들을 끊임없이 강화하고, 인지기능을 변화시키고, 성인 스트레스 요인에 대한 신경내분비 반응을 불규칙하게 만들 수 있다는 것을" 증명해 왔다. 다시 말해, 약들과 그 약들이 표적으로 삼는 질환들이 거의 동일한 부작용을 야기할 수도 있다는 것이다.

핀란드에서 진행 중인 추적 연구는 이런 우려들이 근거가 없지 않다는 걸 입증하고 있다.[172] 임신 중 SSRI 계열 약을 복용한 어머니들의 자녀들은 유아기와 아동기에는 아무 문제가 없는 듯하지만, 출생 전 SSRI 계열 약에 노출되었던 열네 살 아이들은 어머니가 임신 중에 우울증을 앓았으되 SSRI 계열 약을 사용하지 않은 또래들에 비해 우울증을 겪는 경우가 더 많았다. 깅그리치는 임상에서 임신 후기에는 가능하면 비약물적 치료법을 사용하면서 약을 점점 줄였다. 그럼에도 그는 이렇게 말했다. "나는 임신 중인 어머니가 우울증에 시달리도록 방치하지 않습니다. 언제나 어머니 건강을 최우선으로 여기지요. 아기가 어머니 없이 어떻게 자라겠습니까?"

항우울제가 일부 임산부들에게 부정적인 영향을 끼치는 건 거의 확실하지만, 심각하고 지속적인 부작용을 겪는 경우는 소수일 것이다. 인지행동 치료나 다른 비약물적 방법들은 그것들만으로도 우울증을 통제할 수 있다면 최선의 선택이 되는 경우가 많다. 대부분의 여성들이 비약물적 방법들에서 효과를 얻기 위해 애쓸 것이다. 하지만 많은 우울증 환자들의 경우(임신 중이든 아니든) 심리치료만으로는 충분하지 못하며, 우리는 심각한 우울증과 관련된 위험들이 약물치료와 관련된 위험들을 능가할 수 있음을 광범위한 문헌을 통해 확인하고 있다. 형편없는 보살핌을 받는 일부 임산부들은 결국 우울증에 시달리면서 약물치료를 받는 최악의 상황에 놓인다. 임신 중 우울증을 방치해 골치 아픈 결과들을 맞이할 것인지, 아니면 약물치료를 받아서 불확실한 부작용들을 겪게 될 것인지에 관한 논쟁은 격렬하고, 선택은 어렵다.

자녀의 신경학적 문제들을 어머니 탓으로 돌리지 않는 것이 중요하다. 자녀를 차갑게 대하여 자폐증이나 조현병을 일으켰다고 비난하는 '냉장고 엄마'[자녀의 자폐증을 조장하는 차갑고 냉정한 엄마를 일컫는 표현]의 그림자가 이 연구에 길게 드리워져 있다.[173] 피할 수 없는 압박감에 시달리는 여성들에게 그들의 불행한 상태가, 혹은 고통에 대한 치료를 받는 것이 자녀에게 해를 끼친다고 말하는 건 역효과만 낼 수 있다. 항우울제를 복용해서, 혹은 우울증에 걸려서 자녀에게 해를 끼친다고 비난하는 건 그 자체로 우울하게 승산 없는 상황을 만들어 낼 뿐이다. 이 문제에 대해서는 보편적인 정답이 존재하지 않으며, 이런 상황에서 연구들을 인용하는 건 역효과일 뿐이다. 하지만 여성들은 스스로 결정을 내릴 자유를 가져야 한다. 많은 보건 분야에서 그러하듯, 두 가지 불만족스러운 선택들을 보고 되도록이면 많은 정보들을 확보한 상태에서 둘 중 하나를 선택할 수 있어야 한다. 일부는 우울증이 너무 심각해 약물치료가 최선의 선택이 될 수 있는 반면, 어떤 이들에게는 약의 부작용이라는 망령 때문에 그것에 대해 고려하는 것조차 두려울 수도 있다. 하지만 대부분은 불안정한 중간 지대 어디쯤에 있을 것이며, 선택을 하기 위해 내과 의사나 정신과 의사와 상담해야 할 것이다. 정신과 약을 거부하던 여성들 중에서도 임신 중에 생각을 바꿔야만 하는 경우도 있을 것이다. 이 일은 불확실성에 대비한 유연성이 필요하다. 그릇된 단순함이 여성들의 결정권을 빼앗는다.

임신 기간 동안 잘 지내던 여성들 가운데 다수가 출산 후 우울증을 겪는다. 산모의 부정적 반응은 그 정도에 따라 '산후우울감', '산후우울증', '산후정신병'으로 나뉜다. 산후우울감은 50~80퍼센트의 산모에게서 나타나며 침울함, 불안감, 눈물이 많아짐, 불면증, 과민함 등의 특징을 지닌다.[174] 호르몬과 관련이 있는 것으로 보인다.[175]

산후우울증은 그보다 적은 수의 산모들에게서 나타난다. 증상으로는 슬픔, 피로, 낮은 자존감, 에너지 부족, 수면 문제, 대부분 혹은 모든 활동들에서 즐거움이나 흥미를 느끼지 못함, 울음, 불안감, 과민함이 있다. 통계 추정치는 매우 다양하게 나타나는데, 그 이유 가운데 하나는 산후우울증에 대한 정의가 다양하기 때문이다. 어쨌거나 산후우울증은 10~30퍼센트의 산모에게서 나타나는 것으로 보인다.[176] 산후우울증은 증상의 시작과 지속 기간으로 산후우울감이나 일반적인 우울증과 구별된다. 위의 증상들이 출산 후 1개월 이내에 시작되어 2년 정도 지속된다면(대부분은 1년 이내에 자연스럽게 사라지지만) 산후우울증으로 분류될 수 있다.[177] 출산 후 1개월이 된 여성들은 출산하지 않은 여성들에 비해 경증에서 중간 정도의 우울증을 보이는 비율이 약 세 배나 된다.[178] 산후우울증은 환자의 슬픔이 아기에게 집중될 수 있다는 점을 제외하고는 증상적으로 다른 형태의 우울증과 구별하기 어렵다.[179]

산후정신병은 극단적인 형태의 산후우울증으로, 대개 양극성 장애와 연관이 있으며 자살하거나 아기에게 해를 가하는(혹은 죽이는) 생각을 품을 수 있다. 산후정신병의 발생률에 대한 추정치도 다양하게 나타나고 있지만, 드물다고 볼 수 있다.[180] 한 연구에 따르면, 여성이 출산 첫 달에 정신병 삽화를 겪을 위험성은 다른 때보다 서른다섯 배나 증가한다.[181] 또 다른 연구는 정신병적 요인들과 자살이 산모의 죽음의 대표적인 원인임을(물론 저개발 국가에서는 출산

중 사망이 주요한 위험 요인이지만) 밝혀낸 '산모 사망에 대한 비밀 조사'를 인용했다. 살의를 지닌 여성들은 흔히 자신의 아기를 죽인다.[182] 영장류동물학자 새러 블래퍼 허디는 이런 글을 썼다. "이 점에서, 인간 여성들은 우리와 마찬가지로 새끼를 한 번에 한 마리씩 낳는 다른 영장류와 완전히 다르다. 원숭이나 유인원의 경우 아무리 성질이 포악해도 자기 새끼에게 고의로 해를 가하는 사례는 목격되지 않았다."[183]

이런 다양한 정도의 심리적 장애들이 하나의 연속체를 이루는지 아니면 별개의 실체들인지,[184] 출산 후 우울증이 인생의 다른 시점들의 우울증과 다른지, 여성의 산후우울증이 아기를 얻은 아버지가 겪는 우울증과 얼마나 다른지 확실하게 아는 사람은 아무도 없다.[185] 게다가 산후우울증에 관한 모든 의학 문헌들은 어머니의 산후우울증이 아기에게 미치는 영향에만 초점을 맞추고 있다. 어머니의 산후우울증이 아기에게 미치는 영향도 끔찍하고 주목할 가치가 있는 것이겠지만, 어머니에 대한 관심 부족이 지나치게 두드러진다. 한 주요 연구의 서술 내용을 보아도 그런 점을 확인할 수 있다. "산후우울증 치료의 최종 목표는 아기가 어머니의 우울증과 향정신성 약물치료에 최소한으로 노출될 수 있도록 우울증의 증상들과 결과들을 감소시키는 것이다."[186] 어머니 자신의 고통은 전혀 고려되지 않고 있는 것이다.

산후우울증과 그 변종들의 지위는 빠르게 진화하고 있다. 산후우울증 진단은 1992년 이후에야 '정신장애의 진단기준 및 통계 편람 5판(DSM-V)'과 '국제질병분류(ICD)'에서 독자적인 위치를 갖게 되었다. 증상으로 볼 때, 산후우울증은 다른 형태의 우울증들과 유사하다. 산후우울증에 대한 연구는 열 문항 설문 형식의 '에딘 버러 산후우울증 척도'나 그보다 간략한 '산후우울증 검사척도'를 이용한 측정에 의존한다.[187] 그럼에도 많은 전문가들이 산후우울증 이 존재한다는 사실조차 믿으려 하지 않는다. 《영국 의학회보》에 실 린 한 기사에는 이런 내용이 있었다. "경증에서 중간 정도의 우울증 이 출산 후 여성들에게서 더 흔하게 나타난다는 확실한 증거는 없 다. 또 산후에 겪는 우울증의 임상적 특징들이나 치료가 다른 시기 의 그것들과 다르다는 증거도 없다."[188] 카디프대학교 이언 존스는 문헌 검토에서 출산 후에 나타나는 우울증과 정신병은 인생의 다른 시기의 우울증, 정신병과 유의미한 차이를 보이지 않는다고 결론지 으며, 산후우울증 진단이 이후에 다시 아기를 출산할 때 관리 대상 에 포함시켜야 할 여성들을 정하는 데는 유용하게 쓰일 수도 있음 을 인정했다.[189]

우울한 산모들이 호르몬의 희생자들이라는 이론은 긴 역사를 지니고 있다.[190] 사회과학자들은 고작해야 산후우울증의 복잡한 과 정에 기여 요인으로 작용하는 호르몬의 역할에 의문을 제기해 왔 다. 많은 이들이 산후우울증은 어머니 노릇의 현실적인 어려움들 로 인한 결과라고 주장한다.[191] 어떤 이들은 우리가 산후우울증이라 부르는 것은, 아기를 낳으면 거의 완전한 행복감을 느껴야 한다는 보편적인 기대감에 미치지 못할 때 스스로에 대해 느끼는 실망감 의 반영이라고 말한다. 이 문제는 의학적인 것이기도 하고 정치적 인 것이기도 하다. 페미니스트들은 산후우울증 진단을 보수적인 성 역할에 대한 저항을 병적인 것으로 보는 가부장적 시도라고 비판 해 왔다. 한 학자는 이렇게 결론지었다. "어머니들은 다른 변화들에 대해서처럼 슬퍼하는 반응이 허락되지 않는다. 그런 반응을 보이면 병적인 것으로 규정된다." 어떤 이들은 어머니가 되는 것의 기쁨에만 초점을 맞추는 서구식 관념이 출산으로 인한 변화에 대한 부정적인 반응을 사회질서에 대한 도전으로 만든다고 주장한다. 그들은 산후우울증의 해결책은 개인이 아니라 사회를 치료하는 것이라 말한다.

산후우울증에 대해 이해하려면 순간적인 호르몬의 영향도 인정해야겠지만, 어머니의 사회적 체험에 대해서도 헤아리고 그런 체험이 어머니 우울증의 원인이 될 수도 있음을 인식해야 한다. 그러기 위해서는 산모가 남편, 가족, 사회와의 관계가 변하면서 겪게 되는 어려움들에 주목해야 한다. 배우자, 가족, 사회의 지원 부족은 산후우울증의 증가와 관련이 있다.[192] 산모의 피로는 매우 중요한 요소인 것이, 산모가 아기를 돌보는 스트레스에 대처해야 할 때 관계 만족도가 갑작스럽게 감소하기 때문이다. 산후우울증의 가장 흔한 선행 요인 중 하나는 자녀 양육 경험의 부족이고, 또 다른 하나는 힘이 되는 배우자나 친구의 결여다. 산모는 고립될 수 있으며 그 고립의 완화가 어머니에게나 아기에게나 의학적으로 절실한 경우가 많다.

산후우울증은 산모의 자아상 변화에 따른 괴로움과도 관련이 있다. 어머니 노릇에는 많은 (병적인 것은 아닌) 슬픔이 따른다. 어머니의 마음은 늘 얼마간 회한에 젖어 있는데, 출산 자체가 필연적으로 단절을 수반하기 때문이다.[193] 그리고 그것은 어머니와 아기 둘 다에게 고난이다. 우울증에 시달리는 많은 어머니들이 자신이 육아에 부적합하고 무능하다고 느끼며 죄책감을 갖는다.[194] 육아에

능숙한 기분은 시간이 지나면서 조금씩 생겨나며 자기실현적일 수 있다. 능숙함이 자신감을 낳듯 자신감이 능숙함을 낳는 것이다. 국제산후지원협회 셰릴 벡은 이 문제에 관한 연구 검토서에서 산모들이 어떤 식으로 "분노, 죄책감, 압도감, 불안감, 외로움" 등을 동반한 "나선형 하강곡선"을 그리는지에 대해 기술했다.[195] 셰릴 벡은 어머니 노릇에는 상실감과 슬픔이 따르는데, 이 두 가지 감정은 육아에 대한 일반적인 관념 기준에서 적절한 것으로 받아들여지지 않는다고 설명했다. 여성에게는 모성에 대한 잘못된 기대들이 주어지고, 그 불가능한 기대들에 부응할 수 없는 여성은 우울해진다. 산모가 정상적인 슬픔을 느끼고 그것에 대해 괴로워하면 그 괴로움이 산후우울증의 본질이 된다. 산모가 자신의 슬픔이 아주 흔한 것임을 깨닫게 된다면 그 문제는 개선될 수 있다. 그들의 불행은 동지들의 존재로 인해 완화될 수 있는 것이다.

나는 얼마간 산후우울증을 겪은 많은 여성들을 인터뷰했다. 한 여성은 임신기를 회상하며 이렇게 말했다. "기분이 너무 엉망이라 자신을 잘 돌보기가 더 어려웠어요. 우울증에 걸렸을 때는 잘 먹어야 한다는 걸 알면서도 먹고 싶은 만큼 먹을 수가 없었어요. 그게 뱃속 아기에게 얼마나 큰 영향을 미쳤을지 상상이 돼요." 다른 여성은 출산 후 집에서 보낸 몇 주에 대해 이렇게 회고했다. "그건 '모든 게 근사해.'와 '내가 우울증에 압도되어 있다는 게 너무 놀라워.'의 경계선이었죠. 다시 말해, 그냥 눈물을 뚝뚝 흘렸어요." 무아(無我) 상태로의 갑작스러운 이행이 누구에게나 매력적인 일은 아니며, 내가 인터뷰한 몇몇 여성들은 어머니로서 사회적 기대들과 자녀의 요구들의 틈바구니에서 느끼는 책임감에 수반된 자유의지 상실에 대하여 불만을 토로했다. 어머니의 애착은 대개 두려움이라는 가면을 쓰고 오며, 두려움은 심신을 약화시킬 수 있다. 보호 본능은 사방에서 위협을 발견하며, 아기에게 무슨 일이 일어날지도 모른다는 불안감은 다른 모든 감정들을 포괄하고 사랑의 증거처럼 느껴질 수 있다. 물론 그것은 종의 유지를 위해 꼭 필요한 것이지만 몹시 고통스러울 수 있다. 한 여성은 이렇게 말했다. "어머니 노릇을 즐겁게 만드는 것들이 반대로 고통을 줄 수도 있죠."

우리가 학문적 함축성을 지닌 산후우울증이라는 용어를 사용함으로써 산모의 부정적 감정에 오명을 씌운다는 일반적인 가정과는 반대로, 나와 인터뷰한 많은 여성들이 그런 범주화에서 위안을 얻었다. 부정적 감정들과 씨름해 온 대부분의 산모들이 그것이 흔한 문제임을 알고 해방감을 느꼈으며, 자신의 상태에 대한 생물학적 설명을 전폭적으로 받아들이면서 그 상태를 더 기껍게 수용했다. 많은 이들에게 산후우울증의 의학적 설명은 자유를 주었다. 그들의 우울증이 사회적 기원을 갖고 있을 때조차 그것을 의학적 용어로 고찰하는 것이 도움이 되는 듯했다. 그들의 가장 큰 두려움은 그들의 우울증이 아기에게 해를 끼칠 수 있다는 것이었다. 대부분의 우울증이 본질적으로 사적인 데 반해, 이 우울증은 암암리에 타인에게 위협이 될 수 있으므로 공적이다.

내가 만난, 스스로 산후우울증을 겪고 있다고 말한 여성들은 모두가 아기뿐 아니라 스스로에 대해서도 통제력을 잃었다고 느끼고 있었다. 그들 중 한 사람은 결국 '분노 기록장'을 쓰기 시작했다. 분노로 이성을 잃을 때마다 무엇이 분노를 촉발시켰는지 기록한 것이다. 그녀는 다양한 기분들을 통해 자신의 체험을 바라봄으로써 그 체험에 일관성을 부여하고 싶었다. 그녀는 아기를 갖기로 결심한 것 자체에 대해 회의에 빠졌고, 나중에는 녹초가 되어 딸이 달라붙는 것에 화가 났다고 했다.

내가 인터뷰한 여성들 중 하나인 나다 하피즈는 임신 전에 양극성 질환 진단을 받은 경우였다.[196] 그녀의 회고를 들어 보자. "나는 병원에서 퇴원한 후 많이 울었어요. 아기에게 말을 하다가 울고, 텔레비전을 보다가 울고, 남편과 말다툼을 하다 울고, 어머니와 이야기를 하다 울었죠. 하지만 그게 호르몬과 피로 때문인지는 모르겠어요. 원래 나는 잘 안 우는 사람이거든요. 나는 감정적인 편이 아니에요. 적어도 다른 사람 앞에서는요. 나는 딸을 낳고 산후우울증이 아주 심했어요. 그때 이미 진짜, 진짜로 기분이 저조했어요. 그래서 약물치료를 받았고 이틀에 한 번 정신과 의사를 만났어요. 응급환자로 여겨졌던 거죠." 그녀는 자신의 기분이 아이들에게 영향을 미칠 수 있다는 걸 깨닫고 규칙적으로 항우울제를 복용하기 시작했다. 그녀는 자신을 위해서는 자신을 챙길 수 없었지만 자녀를 위해서는 그렇게 할 수 있었다.

또 다른 여성 질 파넘은 아기가 울 때마다 비난받는 기분을 느꼈다.[197] 그녀의 우울증은 가혹한 자기 비판의 연속이었다. 내가 그녀에게 아들이 말을 잘 하는지 묻자, 그녀는 아들의 언어 발달을 더디게 만들었을 수도 있는 자신의 행위들을 모두 열거했다. 가끔 그녀는 남에게 채찍질을 당하기 싫어서 자기 채찍질로 선수를 치는 것 같았다. 그녀는 모르는 사람들 앞에서 아들 기저귀를 가는 걸 끔찍하게 두려워했는데, 아들이 기저귀 가는 걸 싫어해서 자신이 아들을 괴롭히는 행동을 하는 걸 다른 사람들에게 보이는 것이 수치스러웠기 때문이었다. 질은 우울증이 바닥을 쳤을 때 아들이 울면 안아 주지 않고 그냥 방에서 나가 버리기도 했다고 고백했다. 그녀가 견딜 수 없었던 것은 아들의 괴로움이 아니라 그 괴로움 앞에서 자신이 느끼는 무능함이었다. 그녀는 모든 문제에는 정답이 있으며 다른 사람들은 그 정답을 아는데 자신만 모른다고 믿었다.

산후우울증은 환자가 침묵 속으로 후퇴할 수 없고 무력한 존재를 보살피기 위해 끊임없이 애써야 한다는 점에서 다른 우울증과 현격한 차이를 보인다. 이 여성들에게 초기의 어머니 노릇은 짝사랑처럼 느껴지는 경우가 많다. 인생의 다른 시기들에서는 서로 주고받는 사랑을 할 수 있지만, 이 시기에 그들이 사랑하는 대상은 일방적으로 요구만 한다. 그리하여 많은 여성들의 경우, 집에 아기와 둘이 있는 것이 혼자 있는 것보다 더 외롭게 느껴진다. 혼자 있으면 텔레비전을 보거나 책을 읽을 수 있지만, 아기와 둘이 있으면 긍정적인 반응이라고 해 봐야 트림이나 코 고는 것밖에 없는 존재를 위해 끊임없는 임무들을 수행해야 하기 때문이다.

하지만 흉내를 내다 보면 진짜가 될 수도 있다. 많은 여성들이 애착을 흉내 내 그걸 진짜로 만든다. 나다는 자녀와 사랑에 빠지기 전까지는 애착을 부담스러운 의무라고 표현했다. 그러다 의무가 결국 기쁨이 되었다. 내가 인터뷰한 여성들의 경우, 우울증이 어머니로서의 정체성과 애착 형성을 더디거나 힘들게 만들 수는 있어도 완전히 막지는 못했다. 이따금 우울증은 특별히 애절하고, 분명하며, 의도적인 친밀감의 동력이 되기도 했다. 우울증은 애정 결핍을 동반할 수는 있어도 그 자체로 애정 결핍은 아니다. 내가 인터뷰한 산모들의 경우, 우울증은 관계 맺음을 독려하는 역할을 했다. 가끔 그들은 사랑이 긴 사다리의 꼭대기에 있는 것처럼 말하며 자신이 힘겹게 그 사다리를 오르고 있다고 토로했지만, 충분한 노력만 기울이면 사다리 꼭대기에 도달할 수 있으리라 믿었다. 그리고 그런 노력을 기울이는 과정에서 아기에게 깊이 헌신했다.

뇌와 자아는 한마디 말로 이해되기에는 너무 복잡하다. '너 자신을 알라.'는 세상에서 가장 까다로운 주문이다. 정신의학은 아직 유아기에 머물고 있으며 불완전한 상태다. 하지만 결함이 많다고 해도 결함이 무가치함을 의미하지는 않는다. 많은 사람들이 불필요한 치료를 받고 있지만, 그보다 훨씬 많은 이들이 그들에게 도움이 될 수 있는 치료를 받지 않고 있다. 치료가 필요하지 않은데도 심리 치료사를 찾아가 시간과 돈을 낭비하는 사람들도 분명 있다. 제약사들이 의사들을 상대로, 자칫 치료에 관한 편향된 결정을 내리게 만들 수 있는 상충되는 충성의 그물망을 조성하는 데 돈을 써 온 것도 사실이다. 하지만 한 세기 전만 해도, 정신적인 문제들에 대한 진단을 받고 싶어도 신통한 답은 얻지 못하고 정신적 고통은 오직 인간만 가질 수 있는 것이란 말만 들을 수 있었다. 지금은 자신의 내적 혼란을 인정하면 그것을 완화시킬 수 있는 기술들에 접근할 수 있다. 진단은 실행 가능한 것이 되면서 더욱 확산되었다. 많은 이들이 DSM(정신장애의 진단기준 및 통계 편람) 진단의 확산을 공격하고 있지만, 새로운 육체적 질환들이 꾸준히 기술되면서 ICD(국제질병분류)의 진단 역시 비슷한 정도로 확산되고 있다.[198]
우울증이 유전적 취약성(외적 영향들과 후생적인 것들의 지배를 받는), 스트레스, 내분비 질환, 머리 외상, 감염(뇌 감염 포함),

뇌의 퇴화(파킨슨병이나 알츠하이머와 같은), 영양 결핍(특히 엽산이나 비타민 D), 당뇨병, 특정 암 등 무수한 원인들을 갖고 있다는 사실이 점점 더 분명해지고 있다. 사람에 따라, 그리고 치료법에 따라 치료 반응도 다르지만 의사들은 어떤 사람이 어떤 치료에 반응을 보일 것인지 밝혀내려는 노력을 쉬지 않고 있다. 2013년《미국 의학협회 정신과학 저널》에 게재된 연구에서 캘리 맥그래스와 헬렌 메이버그 팀은 약물치료에 반응을 잘 보일 환자들과 인지행동치료(CBT)에 더 적합한 환자들을 구분할 수 있는 생체 지표를 발견했다.[199] 약물 반응자들은 우측 전전두엽피질이 평균 이상의 활동성을 보인 반면, 인지행동치료에 더 반응이 좋은 환자들은 그 부위가 평균 이하의 활동성을 보였다. 이 연구팀은 기능적, 구조적 영상 기법들을 활용하여 임상의들이 우울증 환자들의 하위 그룹들을 밝혀내게 도와줄 알고리즘들을 구축했다. 이런 통찰은 의사들로 하여금 우울증을 유형별로 평가하여 환자 개인마다 가장 유망한 치료법을 추천하게 해 줄 수 있을 것이다. 다른 가능한 생체 지표들로는 말단 소립 길이, 섬유아세포 성장인자 수치, 아미노산 신경펩티드 Y, 코르티솔 호르몬, 그렐린, 렙틴, DHEA가 있다.[200]

지난 20년 동안 의학 발전은 우울증 환자들을 도울 수 있는 우리의 능력을 크게 향상시켰지만, 아직 다섯 가지 중요한 문제들이 남아 있다. 첫째, 도움을 구하는 환자들 가운데 소수만 이상적인 치료를 받고 있다. 사이먼 웨슬리 교수는 2014년에 영국 왕립정신의학회 회장으로 임명되면서 영국에서 정신건강에 문제가 있는 사람들의 3분의 1만이 어떤 식으로든 치료를 받고 있다고 지적했는데, 효과적인 치료를 받고 있는 사람들은 그보다 훨씬 적을 것이다.[201]

신경정신 장애는 오늘날 미국 질병 부담의 5분의 1 가까이 차지하고 있으며, 예순다섯 살에 이르기까지 모든 연령집단에 가장 큰 장애를 초래하고 있다.202 미국에서 6000만 명의 사람들이 정신 질환을 앓고 있다. 20년 전보다 더 많은 아동들이 정신건강 관리를 받고 있고, 더 많은 성인 정신 질환자들이 장애보조 대상이 되었으며, 메디케이드의 정신건강 관련 비용도 더 늘었다. 그런데도 정신 질환을 앓고 있는 미국인들 중 어떤 식으로든 치료를 받는 사람들은 절반도 되지 않는다. 그리고 치료를 받는 사람들 중 최소한으로라도 용인 가능한 치료를 받는 이들 역시 절반이 되지 않는다. 또한 용인 가능한 치료를 받는 사람들 중 충분한 효과를 거두는 경우는 3분의 1도 안 된다. 그러니까 결국 정신 질환을 가진 사람들 중 12분의 1만 최대 효과를 얻고 있다는 뜻이다.203

둘째, 연구 공동체가 분산되어 있고, 연구가 유용한 개입으로 이행되지 않는 경우가 많다. 토머스 인셀은, 경증에서 중간 정도의 우울증에 대한 CBT의 효과는 30년 동안 입증되어 왔으며, 영상법을 이용한 연구들이 CBT가 뇌의 활동에 미치는 영향을 보여 주고 있다고 지적했다. 하지만 사회복지사들(미국에서 가장 큰 치료사 집단을 이루는) 가운데 CBT 치료에 대한 정식 교육을 받는 경우는 20퍼센트 정도밖에 되지 않는다.204 CBT 기법은 사회복지사 교육 과정에서 자주 언급되고 있는데도 말이다. 그리고 케타민의 경우도 학문적 관심의 대상이 되어 오기는 했지만, 실제 사용은 FDA가 개입하기 전까지는 상업적 이유들 때문에 지연되어 왔다.205 인셀은 내게 이런 내용의 글을 보내왔다. "우리는 최소 5년간 소규모 임상 실험들을 통해 케타민의 효과에 대한 증거를 확보해 왔습니다. 6주가 걸리는 치료를 6시간 걸리는 치료로 바꾼다고 생각해 보세요. 하지만 그 약은 특허가 만료되어 제약사들은 그 약을 만들어 팔아 봐야 큰 이득을 볼 수가 없죠. 그래서 결국 연구로만 남아 있게 된 것이고요."[206] 우리는 정신 질환의 유전학 분야에서 획기적인 발전을 이루어 100가지가 훨씬 넘는 정신 질환 유전자 관련 연구 결과들을 얻어 냈지만, 그 연구 결과들을 이용한 치료법은 거의 개발되지 않고 있다. 인셀은 "접근성과 양"뿐만 아니라 "선택권과 질"도 개선시켜야 한다고 덧붙였다.

셋째, 우울증에는 여전히 불명예가 따르며, 질환 자체보다 그것이 환자들의 삶을 더 힘겹고 외롭게 만든다. 우울증의 오명은 치료에도 방해가 되는데, 치료가 질환 못지않게 수치스러운 것으로 여겨지기 때문이다. 현재 우울증에 대한 사회적 인식은 지독히 비타협적이지만, 과학과 행동주의의 발달로 우울증에서 회복되는 것이 더 쉬워지고 우울증 환자들이 사회적으로 더 안전해질 수 있게 되리라는 희망은 품을 수 있다. 아직도 채용 서류에는 이런 문항들이 있다. "암이나 심장 질환 진단을 받은 적이 있습니까?" "정신 질환으로 치료받은 적이 있습니까?"[207] 이런 표현의 차이는 설령 치료가 성공적으로 이루어졌다 해도 여전히 불길한 질환을 앓고 있다는 사회적 가정이 암암리에 존재함을 나타낸다.

넷째, 정신 질환 치료를 위한 지원금도 소위 신체적 질병이라 불리는 것의 치료를 위한 지원금과 동등해야 하는데, 현실은 그렇지 못하다 보니 많은 우울증 환자들이 도움을 받지 못하는 상태에서 절망의 나락으로 굴러떨어지고 있다. 이것은 미국에서는 보험사들, 영국에서는 NHS[세금으로 운영되는 국민 의료 서비스]의 문제이지만, 어느 나라의 경우건 지원금의 차이는 정신 질환을 덜 중요하게 생각하고 정신 질환자들을 돕는 것을 부차적이고 불쾌한 지출로 여기는 인식의 표현이다. 미국에서는 부담적정보험법(오바마 케어)이 시행되면서 부모의 보험으로 혜택을 받을 수 있게 된 고위험 청소년들이 더 많이 치료를 받게 되었다.[208]

마지막으로, 우울증 환자들은 기본적으로 자신을 보살피는 것조차 제대로 해내지 못한다. 우울증은, 인셀의 표현을 빌리면, "절망, 무력감, 심각한 장애를 동반한다. 현재로서는 적절한 치료법을 찾아내는 것도 힘든 일이지만, 이 질환의 손아귀에 들어 있는 사람은 치료를 모색하려는 시도조차 하지 않는다. 나는 우울증의 난제는 이 질환 자체가 치료를 불가능하게 만드는 것이라는 말을 자주 한다. 암이나 심장 질환에서는 볼 수 없는 현상이다."[209]

이러한 상황을 개선하는 전략 가운데 하나는 1970년대에 미국에 설립된 암센터들 및 그 뒤를 이은 심장, 당뇨센터들을 본뜬 우울증센터들을 만드는 것이다.[210] 최초의 국립 우울증센터는 2006년 미시간대학교에서 문을 열었으며, 미시간 내 열 개의 학교들과 연구소들에서 135명이 넘는 우울증과 양극성 장애 전문가들이 참여했다. 이 센터는 종합적인 임상 서비스를 제공하고, 공공정책을 구상하고, 다양한 사회적, 생물학적 연구를 지원한다. 수만 명의 우울증과 양극성 장애 환자들로부터 얻은 유전 자료들을 가지고 데이터베이스를 구축하기에 매우 유리한 조건이어서 가장 많은 데이터를 확보하고 있다. 아직 원시적인 단계에 머물고 있는 유전학 연구에서 실질적이고 다양한 견본은 꼭 필요한 전제 조건이다. 이 센터는 제약

산업이 주도하는 연구들보다 더 장기적인 연구들을 지원하고 있기도 하다. 센터장 존 그리든은 "암에는 5년 기간의 연구들이, 우울증에는 12주 기간의 연구들이 이루어진다."고 말했다.[211]

미시간대학교 종합우울증센터는 그리든의 지휘하에 설립되었다. 그는 우울증 환자들이 더 나은 서비스를 제공받고 의사들에게 더 쉽게 접근할 수 있도록 해 주기 위해, 그리고 연구의 일관성을 높이기 위해 전국적인 우울증센터 네트워크(NNDC, National Network of Depression Centers)를 구축하겠다는 포부도 갖고 있었다. NNDC에 대한 계획을 세우기 위해 2007년에 앤아버에서 열여섯 개 의료 센터 대표들이 모였다. 그리고 2008년에 비영리 전국 연합이 결성되었다. 2015년까지 설립된 우울증센터는 스물한 개에 이른다. NNDC는 의학적 발전의 성과들을 더 널리 전파하기 위해 힘을 모으고 있으며, "모든 미국인들이 200마일 반경 내에서 우울증 관련 전문 지식과 보살핌"을 얻을 수 있게 하는 것을 목표로 삼고 있다.[212] NNDC는 연례 회의를 열고 있으며, 학술지 발간을 준비 중이다. 최근에는 캐나다 우울증 연구 및 개입 네트워크와도 연합이 이루어졌는데, 이 캐나다 네트워크는 NNDC를 모델로 삼아 세 개의 센터들을 운영하고 있다. 그리든은 세계적인 시스템을 만들고 싶어 한다.

대중에게 우울증이 의학적 질병이라는 인식을 심어 주는 기관들은 우울증 환자들을 후광처럼 둘러싼 수치심을 약화시키는 데 도움이 될 것이다. 암센터들은 자신과 같은 고난의 길을 걷고 있는 이들이 많음을 알고 그들을 만나 동병상련의 마음으로 교류하는 사람들로 크게 붐빈다. 우울증센터들의 북적거리는 대기실은 우울증이 널리 퍼져 있음을 입증하고 우울증이 지닌 불명예의 필연적 결과인 고립을 없애서 우울증 환자들의 고통을 덜어 줄 것이다.

2014년, 나는 유명 문화 평론가와 놀라운 대화를 나누었다. 그녀는 내게 이렇게 말했다. "그때 당신이 자신의 우울증을 솔직하게 밝히는 글을 쓴 건 용감한 일이었습니다. 지금은 그렇게 큰 용기가 필요한 일이 아니지만요." 그녀의 친절한 말에는 우울증에 대한 오명이 퇴조하여, 이제 많은 사람들이 자신의 우울증에 대해 솔직해질 수 있게 되었다는 가정이 담겨 있다. 그 가정은 조건부 진실이다. 정신 질환을 가진 사람들이 커밍아웃을 해야 한다는 생각은 점점 더 널리 퍼져 가고 있다. 이러한 변화는 1987년 프로작의 허가와 함께 시작되었으며, 이후 많은 공중 보건 캠페인들을 통해 속도를 얻었다. MTV에서 모든 종류의 소외된 사람들이 목소리를 찾을 수 있도록 돕기 위해 후원한 제드 재단의 '사랑이 목소리가 더 크다(Love is Louder)' 캠페인 같은 프로그램은 정신 질환에 대한 솔직한 논의를 학교 안으로 끌어들였다.[213] 유명 인사들이 꾸준히 자신의 정신 질환을 고백하고, 「인 트리트먼트(In Treatment)」 같은 텔레비전 프로그램들은 대중에게 이런 어려움들을 이야기할 수 있는 어휘들을 제공했다. 여배우 글렌 클로스의 비영리 단체 '브링 체인지 투 마인드(Bring Change 2 Mind)'는 정신 질환이 인정되고 오명을 벗을 수 있도록 재치 있는 텔레비전 광고들을 제작했다.[214] 클로스는 사람들이 자신이 정신 질환을 가진 이들과 얼마나 자주 교류하고 있는지 알면 두려움이 줄어들 거라고 내게 말했다. "오명은 무지의 소치입니다. 네 사람 중 한 사람 꼴로 겪는 일을 두려워할 수는 없죠."[215]

하지만 우울증 환자에 대한 당혹스러운 적대감은 대중지에 꾸준히 등장하고 있다. 2014년 봄, 아일랜드 언론인 존 워터스는 이렇게 썼다. "나는 우울증이란 걸 믿지 않는다. 그런 건 존재하지도 않는다. 사람들이 지어낸 것이고, 헛소리다. 핑계다."[216] 공인이 암이나 심장병, 에이즈에 대한 그런 말을 하는 걸 상상이나 할 수 있겠는가? 2014년에 배우 로빈 윌리엄스가 자살한 후, 인터넷 악플러들이 트위터를 통해 그의 딸 젤다에게 아버지를 죽음으로 몰아갔다고 비난하며 그의 시체를 묘사한 섬뜩한 조작 사진들을 보낸 일도 있었다.[217] 이런 사건들을 보면 우울증은 여전히 적대감의 히스테리를 유발하는 듯하다.

하지만 개인의 발작적인 공격보다 더 충격적인 건, 미국 의료 시스템과 연방 정책 내에 소중히 모셔진 우울증에 대한 편견이다. 2013년, 한 캐나다 여성이 1년 반 전에 우울증으로 입원한 전력이 있다는 이유로 미국 관광입국을 거부당했다.[218] 엘렌 리처드슨은 미국 국토안보국이 승인한 세 명의 토론토 의사들 중 하나로부터 '의사 확인서'를 받기 전까지는 입국이 불가능하다는 통보를 받았다. 그녀가 치료를 받아 온 정신과 의사의 보증만으로는 "충분하지 않다."는 것이었다. 그녀는 카리브해로 가는 크루즈선을 타기 위해 뉴욕으로 가는 길이었다. 국경 요원은 타인의 "재산, 안전, 안녕"에 위협이 되는 장애를 가진 여행자의 입국을 막을 수 있도록 허용한 미국 이민국적법 212번 조항에 따른 조치라고 주장하며, 그녀의 "정신 질환 전력" 때문에 의사의 확인서를 받아야 입국이 가능하다는 내용의 통지서를 주었다. 리처드슨은 그런 조치의 피해자로 보고된 첫 사례가 아니었다. 2011년, 캐나다인 교사이자 사서인 로이스 카메니츠는 한 번 자살을 시도한 적이 있다는 이유로 미국 입국이 금지되었다.[219] 온타리오 정신건강경찰기록조회연합 공동 대표를 역임한 라이언 프리치는 그해에 그와 유사한 사례를 여덟 건이나 들었다고 주장했다. 리처드슨 사건이 있고 나서 그는 내게 이런 글을 보내왔다. "입국을 거부당하는 사람들이 아주 많을 겁니다. 캐나다 연방과 주들의 정신 건강 관련 단체들의 이사진들이 회의나 기타 공식 행사에 참석하기 위해 미국으로 들어가려다 국경에서 입국을 거부당했다는 이야기도 들었습니다."[220] 아마도 정신 질환 전력 때문이었을 것이다.

우울증을 불명예의 대상으로 만드는 것은 정신 질환을 사회적 배제의 근거로 삼는 우생 철학으로의 퇴보를 의미한다. 1990년에 제정된 미국 장애인법은 고용주들의 정신 질환자들에 대한 차별을 금지하고 있다.[221] 미국에서는 우울증을 가진 국민들이 어디서든 일할 수 있는 권리를 법으로 보호해 주고 있는 것이다. 그런데 우울증을 가진 여행자들이 미국에 입국할 권리는 보호해 주지 말아야 할까? 사회의 어느 한 부분에 편견이 심어지면 다른 부분들까지 그 영향을 받는다. 미국 동성애자들이 군 복무 권리를 갖기 위해 싸운 건 군인이 되고 싶어서가 아니라 동성애자에 대한 편견을 반영한 정부 방침이 모든 동성애자들의 존엄성을 침해하기 때문이었다. 마찬가지로, 엘렌 리처드슨의 입국을 거부한 국경 정책은 외국인들에게 부당한 것일 뿐만 아니라 정신 건강 문제와 씨름하는 수백만 명의 미국인들에 대한 모욕이기도 하다.

장애를 초래하는 질환을 불명예 대상으로 만드는 것도 나쁘지만, 그 질환의 치료를 불명예 대상으로 만드는 건 더 나쁘다. 리처드슨이 입국을 거부당한 건 그녀의 우울증 때문이 아니라 그녀가 자살 기도를 한 후 경찰이 그녀를 병원에 데려가고, 그 사실을 기록으로 남겨 미국 당국이 그 기록을 볼 수 있었기 때문이었다. 도움을 청하는 사람들은 그렇지 않은 사람들보다 자신의 정신 질환에 대한 통제력을 갖고 있을 가능성이 더 높다. 하지만 리처드슨 사건은 사람들이 정신 질환에 대해 도움을 청하지 못하도록 만드는 경고등 역할만 할 것이다. 사람들이 나중에 불이익을 당하게 될까 봐 치료를 포기하게 만드는 건 부인, 치료 거부, 속임수를 조장하는 것이고, 더 건강한 사회가 아닌 더 병든 사회를 만드는 것이다. 1993년, 의회에서 에이즈 감염자의 입국을 금지하는 법안이 통과되었다.[222] 미국은 편견에 찬 입장을 취하는 몇 안 되는 국가들(아르메니아, 브루나이, 이라크, 리비아, 몰도바, 오만, 카타르, 러시아, 사우디아라비아, 한국, 수단) 중 하나가 된 것이다. 한 압력단체에서 이 입국 금지법에 반대하는 투쟁을 벌여 결국 이 법은 2009년에 폐지되었다. 오바마 대통령은 이 법이 에이즈 환자들에 대한 편견으로 이어져 사람들이 에이즈 검사를 받는 걸 피하게 만들었고, 그것이 질병을 더 확산시키는 간접 요인으로 작용했다는 믿음을 표명했다.

2001년에 자살 기도를 하여 하반신 마비를 갖게 된 엘렌 리처드슨은 효과적인 치료법 덕에 뜻깊은 삶을 살고 있다. 우리는 역경에 굴하지 않고 자신의 상황을 개선할 방안을 모색하면서 깊이 있는 삶을 살아가는 이들에게 박수를 보내야 한다. 되도록 많은 사람들이 정부의 불허라는 장애물에 부딪히지 않고 유효한 지원들을 받을 수 있게 해 주는 것은, 인도적일 뿐만 아니라 우리 모두에게 이익이 되는 일이다.

나는『한낮의 우울』을 집필하기 위해 인터뷰한 대부분의 사람들과 여전히 연락이 닿는다. 2001년 이후로 어떤 이들은 회복되었고, 어떤 이들은 여전히 우울증과 싸우고 있다. 그들 대부분이 고난에 처하고 고난에서 벗어났다. 몇몇은 최근 상실의 아픔을 겪었는데, 특히 중년에 흔한 부모상을 많이 당했다. 개중에는 부모가 된 이들도 있다. 나는 우리의 인터뷰가 이루어진 새천년 이후 우울증이 그들의 삶에 어떤 영향을 미쳤는지에 대해 그들에게 물었다.

앤젤 스타키는 끊임없이 용기를 내며 살고 있다.[223] 그녀를 외부 세계와 연결해 주는 가장 중요한 끈이었던 어머니가 돌아가신 후, 앤젤은 더 독립적이 되어야만 했다. 2014년 초, 그녀는 3년간 병원에서 나왔는데, 그녀에게는 가장 긴 병원 밖 삶이었다. 그녀는 의존적인 삶에서 독립적인 삶으로 나아갈 준비를 하고 있었고, 당연히 그것 때문에 걱정이 많았다. 그녀는 우울증이라는 악마의 손아귀에서 벗어나지 못한 상태였지만, 그래도 최선을 다해 열심히 살아 보려 애썼다. 그녀는 최근에 흡연으로 인한 폐질환 진단과 함께 당장 담배를 끊으라는 의사의 권고를 받았다. 흡연은 그녀의 몇 안 되는 즐거움 중 하나였다. 니코틴 의존은 정신병 성향이 있는 사람들에게 흔히 쓰이는 자가 치료법이다. 하지만 굳은 결의를 지닌 앤젤은 담배를 끊기 위해 최선을 다하고 있다.

빌 스타인은 나와의 마지막 인터뷰 이후 13년간의 삶을 "놀랍도록 안정적"이었다고 표현했다.[224] 그사이 어머니를 잃고 장기간의 연애가 종말을 맞이했는데도 말이다. 그는 내게 이런 글을 보내왔다. "내가 오랫동안 두려워해 온 일이 결국 일어나고 말았습니다. 우리 가족의 방벽이자 자연의 정교한 힘이었던 어머니가 돌아가신 거죠. 그래도 나는 조문객도 받고, 어머니의 사망에 따른 법적인 문제들도 처리할 수 있었습니다. 부모를 여의면, 특히 독신인 사람은 갑자기 매인 데 없는 신세가 된 듯한 기분을 느끼죠. 나도 처절한 고독감을 맛보아야 했지만 위기에 맞서 나의 진짜 슬픔을 견뎌 냈습니다." 나는 그것이 그에게 자신감을 심어 주었는지 궁금했다. "심각한 장애를 동반하는 정신 질환을 앓아 본 사람들만이 온전한 정신 상태나 단순히 기능을 수행하는 것의 소중함을 알지요." 그의 답변이었다. "2년 가까이 깊은 구렁텅이에 빠졌다가 1987년 말 이후 기본적인 기능은 할 수 있게 되었지만, 또다시 심각한 우울증이 찾아올까 봐 두렵고 그 두려움이 일상적인 의식의 표면을 벗어나는 법이 없어요." 그는 암 생존자들도 그런 불안감 속에서 사는 것이 아닐까 궁금해했다. "나는 제법 훌륭한 중거리 주자가 된 자신에 대해 자부심을 느낍니다. 달리기 같은 운동이 기분 상태에 미치는 영향에 대해서는 아무리 강조해도 지나침이 없지요. 육십 대에 돌입하면서 아버지 생각이 많이 납니다. 반복적인 우울증이 아버지의 어린 시절과 사춘기의 배경이 되었지요. 아버지는 여든세 살에 완전히 무너져서 삶의 마지막 7년 동안 단 한 번도 재기하지 못하셨어요. 그래서 나는 늙으면 특히 더 우울증에 취약해진다는 생각을 가끔 합니다. 하지만 이제는 금세기 초에 인터뷰에 응할 때와 같은 관점으로 나 자신을 보지는 않습니다."

프랭크 루사코프는 결혼해서 두 아이를 두었고 성공적인 과학 저널리스트로 활동하고 있다.225 그는 이 책의 출간 이후 오랜 기간 말기암에 걸린 어머니와 알츠하이머에 걸린 아버지를 돌보며 살았다. 그의 글을 읽어 보자. "어머니가 암투병을 할 때 어머니와 함께 산책을 다녔지요. 어느 날 나는 어머니에게 물어봤어요. 어머니 아버지는 내가 우울증을 앓을 때 어떻게 나를 계속 살아가게 해줄 수 있었느냐고요. 어머니는 모르겠다고 하시면서, 아버지는 나를 병원에 데려가는 것 같은 일들을 잘했고 어머니는 다른 일들을 잘했을 뿐이라고 하셨지요. 그때 처음 어머니에게 들었는데, 내가 한동안 좋아졌을 때 의사들이 어머니 아버지에게 존스홉킨스 병원 병례 검토회에서 나를 돌본 경험에 대해 이야기해 달라는 부탁을 했다더군요. 어머니는 '우리는 부모라면 누구나 했을 일을 한 것뿐입니다.'라고 말하며 거절했지만, 의사들은 '당신들은 놀라운 일을 해냈고 대부분의 부모들이 당신들처럼 그렇게 하지는 못했을 것입니다.'라면서 주장을 굽히지 않았다고 합니다. 결국 부모님은 발표를 하지 않았지만, 나는 여러 해가 지나서 그런 일이 있었다는 사실을 알게 되자 무척 기뻤습니다. 어머니가 조용히 그 이야기를 하실 때, 어머니 목소리에 긍지가 어려 있는 것 같았어요."

프랭크는 어머니가 돌아가신 후 아버지를 보살피는 데 삶의 많은 부분을 할애했다. "오늘 일이 끝난 뒤, 아버지를 만나러 볼티모어로 차를 몰고 갔습니다. 아버지는 주무시고 계셨지만, 나는 한참이나 아버지 손을 잡고 있었지요. 아버지는 기억장애 치료 시설에 계신데, 문이 잠긴 한 층 안에서 거의 모든 시간을 보냅니다. 나도 병원에 입원했을 때 그랬지요. 나는 아플 때면 잠긴 병동의 아늑함과 안전함에서 위안을 얻었습니다. 아버지도 그러시기를 바랍니다. 아마 그러실 거고요. 내가 병원에 입원해 있을 때, 부모님은 늘 벤 앤드 제리스 아이스크림을 사다 주셨어요. 이제 나는 아버지를 찾아갈 때마다 맥도널드 밀크 셰이크를 사 갑니다."

나는 프랭크가 우울증이 극심하고 불가항력적이던 기간에 대해 어떻게 생각하는지 궁금했다. "그 후 너무도 많은 좋은 일들이 있었지요." 그의 대답이었다. 나는 그에게 아직 약물치료가 필요한지 물었다. "대상회전절개술을 받을 때 먹었던 세 가지 약을 아직도 먹고 있습니다. 주치의가 효과가 있는 걸 바꾸고 싶어 하지 않아서요. 아침과 밤에 약을 먹는데, 그때마다 내 병에 대해 상기하게 되지요. 하지만 내게 약 먹는 일은 양치질과 같아요. 그냥 하는 거죠."

내가 인터뷰한 모든 이들이 자기 통찰을 통해 평화를 얻은 것은 아니다. 티나 소네고는 승무원으로 일하던 항공사가 문을 닫은 후 다른 항공사에서 일자리를 찾지 못했다고 했다.226 "세상 사람들에게 나는 뒷마당에서 개를 키우며 행복한 결혼 생활을 하고 있고, 멋진 직업과 박사학위를 갖고 있다고 말할 수 있었으면 좋겠지만, 현실의 나는 자신이 미쳐 가는 걸 발견할 때 그걸 이해하고 그 상황에 대처하는 방법들을 배워 가고 있어요. 나는 제2언어로서 영어를 가르치는 법을 배웠고, 지역 노숙자 쉼터에서 즐겁게 그 일을 하고 있어요. 남편감은 아직 찾고 있고요. 사람들은 운명의 짝은 전혀 기대하지 않은 순간에 만난다고들 하죠. 하지만 나는 18년 동안이나 기대를 안 하고 살아왔으니, 어쩌면 이제 기대를 해야 할 때가 아닐까요?" 티나는 2형 양극성 장애 진단을 받았고, 아직도 마지막 우울증에서 벗어나고 있는 중이었다. "잘 지내다 갑자기 내리막길로 접어들었죠. 하지만 천만다행으로 이번에는 친구들이 있어서 정신병원에 들어가지 않아도 되었어요. 내 병에 대해 더 많이 이해하게 되었고, 새로운 약들도 먹게 되었죠. 나는 그냥 하루하루 충실히 살아가고 있어요." 나는 그녀의 용기에 감동을 받으면서도 한편으로는 그녀의 외로움을 느낄 수 있었다. 티나는 늘 외향적이고 쾌활한 태도와 내면의 혼란이라는 양면성을 지니고 살아왔는데, 그녀의 사교적인 면을 요구했던 승무원이라는 직업을 잃은 후 자신의 정신적 고통을 자각하는 시간이 더 많아진 것이다.

매기 로빈스는 자신의 양극성 장애 여정에 대한 『수지 제우스, 체계적이 되다(Suzy Zeus Gets Organized)』라는 제목의 아주 멋지고 논란거리가 될 만한 시집을 출간했다.[227] 그녀는 재치 있고 통렬한 운문 형식으로 수지의 이야기를 들려주는데, 온전한 정신에서 붕괴를 거쳐 다시 더 현명한 자신으로 돌아오는 그 여정은 그녀 자신의 삶과 매우 유사하다. 나는 시로 된 소설의 형태를 한 그 작품을 양극성 질환과 싸우는 모든 이들에게(그리고 그렇지 않은 사람들에게도) 추천한다. 그 책이 출간되고 몇 년이 지난 후, 매기는 정신분석가 자격증을 따서 맨해튼에 상담소를 차렸다. 그녀의 환자인 내 친구는 매기가 자신의 생명을 구해 줬다고 말했다.

나는 매기에게 현재진행형인 그녀의 투병에 대해 물었다. "나는 운이 좋아. 웰부트린과 데파코트가 계속 효과가 있으니까. 심리치료도 병행하고 있고. 공정하게 말하자면, 심리치료가 효과가 있고 약물치료를 병행하고 있다고 해야 하는 건지도 모르지. 내 경우에는 항상 조증 다음에 우울증이 와서, 내 주치의와 나는 조증 상태일 때 며칠간 자이프렉사를 먹어서 증상을 없애는 법을 알지. 이제 그런 일은 많지 않지만, 어쨌든 그런 때는 조증에서 벗어나기 위해 최선을 다하지. 나는 말하기는 쉬워도 행하기는 어렵다는 걸 1980년대에 깨달았지. 조증은 굉장히 신나는 거지. 내 경우에는 기괴할 정도로 '편안하게' 느껴지기까지 했고. 나는 그 시작이 '나쁘게' 느껴진 적이 있었다는 말을 할 수는 없지만, 이제 앞으로 다가올 것을 절대로 감당할 수 없다는 걸 알아. 그건 번개를 움켜쥘 기회가 주어지는 것과 같으니까. 무척이나 경이로운 선택이지만, 아주 나쁜 생각이지."

매기의 정신 질환 체험은 정신분석가라는 그녀의 직업에 영향을 미쳤다. 그녀는 대학원 면접에서 고객들의 '원초적 본능'이 아무리 요동쳐도 자신의 '원초적 본능'을 통제할 수 있다고 생각하느냐는 질문을 받았다고 했다. "남들을 돕는 데 있어서, 자신의 원초적 본능이 미쳐 날뛰다 다시 천천히 통제하에 들어온 경험보다 유용한 것이 없지. 그런 경험은 감정의 근육을 만들어 주니까. 나는 상담 치료를 할 때 굳이 내 경험을 꺼내 놓을 필요가 없어. 지금 내 앞에 있는 사람이 있는 그곳에 나도 갔다가 돌아왔다는 걸 직감으로 아니까. 고객들도 나와 함께 있을 때 그걸 느낄 수 있을 거야." 매기에게는 남들을 돕는 일이 스스로를 돕는 능력을 강화시켜 준다. "하지만 나 자신의 삶 속에서 나는 여전히 슬퍼하고, 격노하지. 수치스러워해서는 안 되는 것들에 대해 수치스러워하고. 너는 우울증의 반대는 행복이 아니라 활력이라고 했는데, 옳은 말이야. 우울증의 반대는 삶이지."

2014년 초, 클로디아 위버는 새로운 삶을 만들어 가고 있었다.228 그녀는 내게 이렇게 말했다. "2001년 이후 약물치료를 모두 끊었어. 다른 치료법들도 효과가 없거나 내게는 별다른 차도를 느낄 수 없을 만큼 효과가 미미해서 신경 안 썼고. 2004년, 첫아이가 태어난 직후에 제일 가까운 친구가 자살을 했어. 나는 2년간 슬픔에 빠져 지냈지만, 그 친구의 삶을 이해하면서 수용의 단계에 이르렀지." 클로디아의 남편은 8년간 실직 상태였고, 그것이 결혼 생활에 엄청난 스트레스가 되었으며, 클로디아는 스트레스를 받으면 우울증에 걸리기 쉬운 유형이었다. "셋째 아이가 태어난 후, 나는 남편에게 상담을 받아 보자고 했어. 십 대 때 기숙학교에서 스트레스 때문에 우울증에 걸린 적이 있었는데, 그때와 증세가 똑같았거든. 남편은 10개월 동안 상담 치료를 받더니 도움이 안 된다며 포기했지."

클로디아는 곧바로 이혼 소송을 냈지만 심리치료는 중단하지 않았다. "내가 왜 그렇게 오래 우울증에 시달렸는지에 대해 이제 훨씬 더 많이 이해하게 되었어. 나는 불안증이 있는데, 우리 가족이 다 그래. 주위 사람들이 다 그렇다 보니 그것이 정상적인 것처럼 보여서 문제가 된다는 걸 전혀 몰랐지. 이제는 내게 우울증을 일으키는 것이 무엇인지 알게 되었고, 우울증이 올 때 그걸 느낄 수 있어. 불안증을 자각하고 그것에 대처하는 법도 더 잘 알게 되었고. 내게는 심리치료가 아주 큰 도움이 되었어. 약물치료보다 훨씬 오래 걸리지만, 주위의 모든 사람들에게 긍정적인 영향을 미치는 변화들을 갖게 되었어. 인생을 새롭게 시작할 기회를 갖게 된 기분이야." 이혼은 사람을 완전히 무너뜨릴 수도 있지만, 클로디아에게는 해방이 되었다. 그녀는 자신의 모든 감정적 관계들을 재평가할 동기를 얻었고, 깨끗하고 새로운 시작으로 자신의 변화들을 명확하게 구체화할 수 있었다.

로라 앤더슨의 경우에는 항우울제를 견딜 수가 없어서 영양 요법에 집중했고, 양질의 단백질과 지방을 많이 섭취하면 기분이 좋아진다는 사실을 알게 되었다.[229] 이 책이 출간된 후 몇 년 사이에 그녀는 점차 안정을 찾아 갔다. 그녀는 서른다섯 살에 임신이 된 걸 알고 결혼을 했다. "남편은 정력적이고 강하고 가족을 간절히 원하는 사람이었어요. 나는 그걸 기쁘게 여겼고요." 임신 8주쯤 그녀는 쌍둥이를 임신한 걸 알게 되었다. "그때는 아직 우울증 느낌은 없었어요. 오스틴에서와 같지는 않았죠. 아주 바쁘게 살고 있었으니까요. 친구들, 말벗, 개들, 좋은 직업, 그 모든 걸 가진 풍요로운 삶이었죠. 남편은 쌍둥이 소식에 기뻐서 어쩔 줄 몰랐고 나도 마찬가지였어요. 어떻게 안 그럴 수 있겠어요? 하지만 마음 한구석에는 불안감이, 그리고 죄책감이 도사리고 있었어요."

로라의 남편은 좋은 아버지이기는 했지만, 그녀의 친구 관계에 대해서는 이해심이 없었다. 그 점과 쌍둥이를 보살피는 스트레스가 결혼 생활을 견딜 수 없이 힘들게 만들었고, 결국 로라는 자신이 다시 무너지기 시작하는 걸 느꼈다. 이번에는 모든 게 느리게 진행되었다. 로라는 처음에는 이겨 낼 수 있다고 믿었지만, 절망은 걷잡을 수 없이 커져 갔다. 마침내 그녀는 질식할 것만 같은 기분을 느꼈다. "나는 힘든 시기를 겪고 있는 사람에게 늘 하는 질문이 하나 있는데, 나 자신이 그토록 오래 간과했다는 걸 믿을 수 없을 정도로 아주 기본적인 문제에 관한 질문이죠. 그 질문은 '당신의 감정적 양식 즉 당신이 풍요롭고 활력 넘치고 단절되지 않은 기분을 느끼도록 해주는 것들이 무엇인가?'예요. 내게 우울증을 막을 방벽이 되어 주는 것들이죠. 친구들, 음악, 개, 대화. 물론 친구들과의 대화가 가장 중요하고요. 그때 나의 멋진 노신사 친구가 내 슬픔에 대해 듣고 이렇게 말해 주었어요. '로라와 나 같은 사람들에게는 불운의 별이 뜨는 밤이 찾아오게 마련이에요. 그것이 우리의 운명이지요. 비결은 계속 살아가는 법을 아는 데 있어요.'"

로라는 다섯 살 된 쌍둥이 딸들을 남편에게 맡기고 도망쳤다. "딸들이 내 우울증과 싸우는 걸 볼 수가 없었어요. 혼자 살다 보니 숨통이 트이기 시작하더군요. 힘든 시간이었어요. 갈 데도 없이 숨을 쉬기 위해 물 위로 떠올랐다가 미지의 물속으로 다시 들어가는 것 같았죠. 하지만 딸들이 놀라움을 줬어요. 일단 결혼 생활에서 벗어나자 딸들과 함께 마음껏, 주저 없이 웃을 수 있게 되었고, 우리들의 방식으로 즐거운 시간을 보낼 수 있었어요. 딸이 이렇게 말하더군요. '엄마, 항상 울지는 않네요!' 그 말을 들으니 눈물이 났어요. 내가 활기를 되찾은 걸 아이들이 먼저 안 거죠. 나는 로라라는 나 자신을, 삶의 활력을 얼마간 되찾았다는 걸 깨닫기까지 1년쯤 걸렸어요. 우울증의 슬픔과 기만은, 천천히 자신을 잃어 가는 걸 깨닫지 못한다는 거예요." 로라는 습관적으로 자신을 잃었다가 되찾는 절망과 명료함의 반복적인 순환 속에 살고 있으며, 자신을 되찾는다 해도 조금 더 활기를 얻을 뿐이다. 그녀는 그런 순환을 싫어했지만 그 순환 덕에 널리 공감을 불러일으키는 친절함과 남다른 친밀감(슬픔 속에서 버렸다가 기쁨 속에서 되찾은)을 유지할 수 있었다. 일반적으로 우울증 환자들은 한결같은 친밀감을 유지하기가 쉽지 않은데, 로라의 경우 결혼 생활을 포기함으로써 자신을 되찾고 자녀들과의 관계도 회복시킬 수 있었다.

우울증은 내게 친교의 장을 마련해 주었다. 공개 석상에서 우울증에 대해 이야기하는 사람들은 같은 심포지엄에서 만나 친구로 발전하기 쉽다. 나의 우울증 친구들이 그렇다. 그들이 얼마나 재미난 친구들인지 안다면 독자 여러분도 놀랄 것이다. 나의 가장 재미

있고 똑똑한 친구들 중 하나는 세인트루이스에서 열린 우울증 학회에서 함께 기조연설을 한 인연으로 만나게 되었다. 나는 정신약리학자인 내 주치의와 그의 남편과도 즐겁게 교류하고 있다. 내 남편도 『한낮의 우울』 홍보 투어에서 그가 나를 인터뷰하면서 만나게 되었다. 미네소타 세인트폴에서 우울증에 관한 인터뷰를 하는 것이 멋진 러브스토리의 시작으로 어울리지는 않지만, 우리에게는 그랬다.[230]

자신을 너무도 잘 이해해 주는 사람들에게 깊은 사랑을 받고 있음을 느끼면서도 이따금 우울증으로 인해 너무도 큰 고립감에 휩싸이는 건 놀라운 일이다. 우울증이 동반하는 외로움에는 친절이 통하지 않는 듯하다. 이 책에서 나는 내 우울증에 감사한다고 말하지만, 우울증이 과거에 머물고 있을 때만이다. 우울증의 부활이나 확고한 부활 가능성은 싫다. 우울증을 보기 좋게 포장하거나 악마로 묘사하지 않고 우울증에 대한 글을 쓰는 건 무척이나 어려운 일이며, 몇 가지 면에서 나는 그 두 가지 우를 다 범하고 있다. 하지만 어쩌면 그것이 가장 정직한 접근인지도 모른다. 나는 감사와 혐오 사이에 있는 감정을 느끼는 게 아니라 그 두 가지 감정을 모두, 극단적으로 느낀다. 나는 내 우울증이다. 나는 나 자신이고, 우울증은 가끔 침입하는 것이다. 이 두 가지 진술이 다 옳다. 나는 우울증이 내가 장차 겪게 될 슬픔에 어떤 뉘앙스를 줄 것인지에 대한 영원한 의문을 안고 산다. 아버지가 돌아가신다면, 결혼 생활이 삐걱거린다면, 아이들에게 무슨 일이 일어난다면…… 나는 그런 일들을 어떻게 견딜 수 있을지 상상이 안 된다. 슬픈 마음에 우울증이 들이닥쳐서 슬픔과 상실감을 이겨 내지 못하고 해밀턴 우울증척도와 의사들, 약 복용량과 씨름하게 될까 봐 두렵다. 나는 삶이 평온할 때 비참한 기분을 느끼고 싶지도 않지만, 불행이 닥쳤을 때 우울증이 흙탕물을 일으키는 것도 원치 않는다.

우리는 현재의 상태가 영원할 것처럼 느끼기 쉽다. 나는 8월에 두꺼운 코트를 살 마음이 없는 것처럼, 컨디션이 좋은 상태에서는(이 글을 쓰고 있는 지금처럼) 과거의 끔찍한 상태로 돌아간다는 게 도무지 믿기지 않는다. 하지만 우울증은 계절과도 같은 것이고, 나는 겨울을 나듯 거듭해서 우울증을 겪는다. 요즘 나는 다른 사람들이 다 수영장에 갈 때조차 목도리와 내복을 챙겨 놓는다. 이따금 찾아오는 악마를 맞이할 준비가 항상 되어 있다. 내 경우 그동안 달라진 것은? 나는 여름에 겨울을 대비할 뿐만 아니라, 얼어붙을 듯한 추위 속에서도 봄을 생각하는 법을 배우기도 했다. 최고의 순간에도 상황이 얼마나 나빠질 수 있는지 기억하면서 다시 찾아올 우울증에 대비하기 위해 노력하다 보니 우울증의 쇠퇴에도 민감해질 수 있었다. 겨울이 그러하듯, 여름도 다시 오게 마련이다. 나는 밑바닥으로 굴러떨어졌을 때조차도 좋아진 때를 상상하는 법을 배웠고, 그 소중한 능력은 악마적인 어둠 속을 한낮의 햇살처럼 파고든다.

주(註)

이 책을 쓰면서 우울증에 관한 여러 훌륭한 책들의 도움을 받았다. 그중에서도 특히 피터 와이브로의 고귀하면서도 접근하기 쉬운 저서 *A Mood Apart*, 케이 레드필드 재미슨의 감동적인 저서 *An Unquiet Mind*와 *Night Falls Fast*, 쥘리아 크리스테바의 *Born Under Saturn*, 스탠리 잭슨의 *Melancholia and Depression*을 추천하고 싶다. 활자화된 자료로부터 직접 인용한 내용들은 모두 출처를 표시했다. 그 밖의 인용문들은 1995년에서 2000년 사이에 이루어진 개인적인 인터뷰들을 통해 얻은 것이다.

주(註)에 소개된 많은 URL들은 내가 2001년 이 책을 처음 출간할 때 정보를 얻었던 곳들이다. http://www.archive.org에서 제공하는 웨이백 머신(Wayback Machine)을 이용하면 그 자료들을 직접 찾아볼 수 있다.

이 책의 주제와 범위에 관하여

1   "Anatomy of Melancholy", *New Yorker*, 1998. 1. 12.
2   Graham Greene, *Ways of Escape*, 285쪽.

3 회사 이름은 포레스트(Forest Laboratories)이며 셀렉사의 개발에는 참여하지 않았고 그 이성질체를 제조하고 있다.

4 우울증이라는 주제가 지닌 악영향에 대해 논한 저자들로는 케이 레드필드 재미슨, 마사 매닝, 메리 댄쿠아 등이 있다.

1 슬픔과 우울

1 우울증을 뜻하는 "디프레션(depression)"과 "멜랑콜리(melancholy)"는 매우 일반적인 단어인데, 그 둘을 구분하려는 노력들이 있었지만 사실은 동의어다. "중증 우울증"이란 용어는 DSM-IV의 "중증 우울 장애"편(339-345쪽)에 정의된 정신병적 상태를 참조했다.

2 성 안토니오가 사막에서 겪은 이야기는 Elaine Pagels의 강연에서 들은 것이다.

3 첫 번째 인용문은 *Jacob's Room*의 140-141쪽, 두 번째 인용문은 168쪽.

4 "법적인 죽음"에 대한 논의는 Sherwin Nuland의 *How We Die*, 123쪽 참조.

5 "기쁨을 느끼지 못하는" 무쾌감증에 대해서는 Francis Mondimore의 *Depression: The Mood Disease*, 22쪽 참조.

6 이 우울증 공식은 *Comprehensive Textbook of Psychiatry*, 870쪽에 나와 있다.

7 첫 번째 인용문은 쇼펜하우어의 *Essays and Aphorisms*, 42-43쪽, 두 번째 인용문은 43쪽.

8 1900만 명이라는 수치는 국립정신건강연구소 웹사이트 http://www.nimh.nih.gov/ depression/index1.htm 참조. 약 250만 명의 어린이들이 우울증을 앓고 있다는 사실은 여러 통계들을 통해 확인할 수 있다. *Journal of the American Academy of Child and Adolescent Psychiatry 35*, no.7(1996)에 실린 "The MECA Study(D. Shaffer 외)"에 의하면 아홉 살부터 열일곱 살까지의 약 6.2퍼센트가 6개월 이내의 기분 장애를 앓았으며 4.9퍼센트가 중증 우울 장애를 겪은 것으로 나타났다. 1990년에 조사된 다섯 살부터 열일곱 살까지의 미국 어린이 인구는 대략 4500만 명이므로 그 4.9퍼센트는 약 250만 명 정도가 된다. Faith Bitterolf와 Sewickley Academy Library의 자료 협조에 감사한다.

9 230만 명이라는 수치는 국립정신건강연구소 웹사이트 http://www.nimh.nih.gov/publicat/manic.cfm 참조.

10 단극성 우울증이 미국은 물론 세계적으로 다섯 살 이상의 사람들의 주요 장애 원인이라는 내용은 국립정신건강연구소 웹사이트 http://www.nimh.nih.gov/

publicat/invisible.cfm 참조. 중증 우울증이 선진국에서 질병부담률 2위라는 내용은 http://www.nimh.nih.gov/publicat/burden.cfm 참조.

11 세계보건기구의 *World Health Report 2000* 참조. http://www.who.int/whr/2000/index.htm에 들어가면 볼 수 있다.

12 우울증이 신체적인 질환 뒤에 숨어 있다는 생각은 일반적이다. Jeffrey De Wester는 *Journal of Family Practice 43*, suppl.6(1996)에 실린 "Recognizing and Treating Patient with Somatic Manifestations of Depression"이란 제목의 글에서 "미국의 정신 질환자 가운데 77퍼센트 정도가 1차 진료 기관의 내과의를 찾게 되며…… 심리적인 증세들이나 고통을 호소하는 환자는 20퍼센트에 미치지 못한다."고 썼다. Elizabeth McCauley 연구팀은 *Journal of the American Academy of Child and Adolescent Psychiatry 30*, no.4(1991)에 실린 "The Role of Somatic Complaints in the Diagnosis of Depression in Children and Adolescents"란 글에서 "우울증이 신체적 질환의 형태로 나타나는 것은 흔한 현상이며 특히 정서 상태에 대한 인정과 표현이 불가능한 개인이나 문화에서 그런 현상이 두드러진다."고 주장했다. *Journal of Affective Disorders 2*(1980)에 실린 Remi Cadoret 연구팀의 "Somatic Complaints"도 참조할 만하다.

13 Jogin Thakore & David John, "Prescriptions of Antidepressants by General Practitioners: Recommendations by FHSAs and Health Boards," *British Journal of General Practice 46*(1996) 참조.

14 미국의 우울증 환자 중에서 자신의 질환에 대해 인지할 확률이 성인은 40퍼센트, 어린이는 20퍼센트에 불과하다는 점은 1997년 1월 29일에 이루어진 국립정신건강연구소 소장 스티븐 하이먼과의 인터뷰를 통해 알게 된 사실이다.

15 프로작을 비롯한 SSRI 계열 사용자 수는 Joseph Glenmullen의 *Prozac Backlash*, 15쪽 참조.

16 우울증 치사율에 대한 연구는 광범위하게 이루어져 왔는데 그 결과들은 일관되지 않다. 15퍼센트라는 수치는 S. B. Guze와 E. Robbins가 *British Journal of Psychiatry 117*(1970)에 실린 "Suicide and affective disorders"에서 처음 주장했으며, Frederick Goodwin과 Kay Jamison의 공저 *Manic-Depressive Illness*(152-153쪽 도표 참조)에서 서른 개의 연구들을 검토하면서 확인했다. 그보다 낮아진 수치는 *Acta Psychiatrica Scandinavica 95*(1997)에 실린 "Down-rating lifetime suicide risk in major depression"(G. W. Blair-West, G. W. Mellsop, M. L. Eyeson-Annan)을 토대로 한 것이다. 이 연구는 현재의 우울증 추정치에 15퍼센트를 그대로 적용하면 현재 기록된 자살 건수보다 최소한 네 배나 많은 수가 나

온다는 사실을 입증했다. 최근 이루어진 몇몇 연구들은 6퍼센트를 주장했지만 이것은 입원 환자 수가 지나치게 많은 표본집단을 기준으로 한 것이다.(H. M. Inskip, E. Clare Harris & Brian Barraclough, "Lifetime risk of suicide for affective disorder, alcoholism, and schizophrenia", *British Journal of Psychiatry 172*(1998) 참조.) 이에 대한 가장 최근의 연구는 J. M. Bostwick과 S. Pancratz에 의해 이루어졌으며 *American Journal of Psychiatry*에 "Affective disorders and suicide risk: a re-examination"이란 제목으로 실렸다. 이 연구는 우울증으로 입원한 경력이 있는 사람들의 자살률은 6퍼센트, 입원 치료를 받은 적이 있는 사람들의 자살률은 4.1퍼센트, 입원 치료를 받은 적이 없는 사람들의 자살률은 2퍼센트로 보았다. 이런 계산들에 관련된 통계학상의 문제들은 극히 복잡하며 계산 방법에 따라 자살률은 다양하게 나타나고 있다. 그러나 대부분 Bostwick과 Pancratz가 내놓은 수치보다 높다.

17 Cross-National Collaborative Group, "The Changing Rate of Major Depression", *Journal of the American Medical Association 268*, no. 21(1992), 3100쪽 그림 1 참조.

18 D. A. Regier 외, "Comparing age at onset of major depression and other psychiatric disorders by birth cohorts in five U.S. community populations", *Archives of General Psychiatry 48*, no.9(1991) 참조.

19 슈퍼모델이 여성들에게 끼친 부정적인 영향에 대해서는 Naomi R. Wolf의 *The Beauty Myth* 참조.

20 Herman Spitz의 *The Raising of Intelligence states* 중 "On the Wechsler Intelligence Scales mild retardation is encompassed by IQs of 55 to 69, and on the Stanford Binet Intelligence Scale by IQs of 52-67", 4쪽 참조.

21 부스파와 자이프렉사는 흰색, 즉시 방출되는 이펙서는 분홍색, 서서히 방출되는 이펙서는 빨간색, 웰부트린은 청록색이다.

22 피부암의 증가는 여러 연구들에서 확인되고 있다. H. Irene Ball 연구팀은 *Journal of the American Academy of Dermatology 40*(1999)에 실린 "Update on the incidence and mortality from meanoma in the United States"에서 "지난 수십 년 동안 흑색종은 훨씬 흔해졌으며 흑색종의 발병률과 치사율의 증가는 암들 중에서 가장 높은 편이다."라고 주장했다. 35쪽.

23 크메르루주의 공포정치에 대한 기록은 많지만 그 잔악 행위의 실상을 생생하게 보고 싶다면 영화 「킬링 필드(The Killing Fields)」(1984)를 권한다.

24 오비디우스의 말은 Kay Jamison의 *Night Falls Fast*(66쪽)에 인용된 것을 가져다 쓴 것이다.

2   정신의 몰락

1   나의 러시아 생활은 내 처녀작인 *The Irony Tower*(1991)와 *The New York Times Magazine*에 실린 "Three Days in August"(1991. 9. 29), "Artist of the Soviet Wreckage"(1992. 9. 20), "Young Russia's Defiant Decadence"(1993. 7. 18) 참조.

2   그 록밴드 이름은 Middle Russian Elevation이다.

3   Gerhard Richter, *The Daily Practice of Painting*, 122쪽.

4   내가 신장결석을 앓을 때 썼던 글은 *The New York Times Magazine*(1994. 8. 28)에 실린 "Defiantly Deaf"이다.

5   시상하부와 대뇌피질 기능들의 관련성을 주장한 학자들은 많다. 자세한 내용은 Peter Whybrow의 *A Mood Apart*, 153-165쪽 참조.

6   이 수치들은 내가 보기에는 난해하고 불확실한 학문에 토대를 두고 있어서 모순되는 부분들도 많지만 일반적인 의견을 반영한 것이라 인용했다. Michael Rutter와 David J. Smith의 *Psychosocial Disorders in Young People*에 실린 Eric Fombonne의 글 "Depressive Disorders: Time Trends and Possible Explanatory Mechanisms" 참조.

7   조울증에 대해 자세히 다루려면 그것에 대한 책을 따로 써야 할 것이다. 조울증을 학술적으로 고찰한 책으로는 Fred Goodwin과 Kay Jamison이 공동 집필한 *Manic-Depressive Illness*가 있다.

8   Julia Kristeva, *Black Sun*, 53쪽.

9   내가 가장 좋아하는 시 중 하나인 이 작품은 *The Complete Poems of Emily Dickinson*, 128-129쪽에 실려 있다.

10   Daphne Merkin, *The New Yorker*(2001. 1. 8.), 37쪽.

11   이 시는 아직 출간되지 않았다.

12   Leonard Woolf, *Beginning Again*, 163-164쪽.

13   우울증이 진행되는 동안 일어나는 일들은 여기에 다 소개할 수 없을 정도로 많은 자료들과 의사들과의 무수한 인터뷰를 통해 알게 된 것이다. 특히 Peter Whybrow의 *A Mood Apart*, 150-167쪽에는 우울증 과정에 대한 훌륭하고 생생한 설명이 들어 있고, *Psychology Today* 1999년 4월호에도 우울증에 대한 생물학적 개요가 실려 있다. *Scientific American* 1998년 6월호에 실린 Charles Nemeroff의 우울증의 신경생물학적 개요도 여기서 제기된 많은 복잡한 이슈들에 대한 한결 상세하고 비학술적인 논의를 담고 있다.

14   TRH의 수치를 높이는 것이 최소한 일시적으로는 우울증 치료법이 될 수 있다

는 내용은 Fred Goodwin과 Kay Jamison의 *Manic-Depressive Illness*, 465쪽에 나와 있다.

15 나이가 들수록 우울증이 심해진다는 사실은 대대적인 연구에 의해 입증된 것이다. 나는 이 문제에 대해 국립정신건강연구소 Robert Post와 미시간대학교 John Greden과 자세한 논의를 했다.

16 Kay Jamison, *Night Falls Fast*, 198쪽.

17 동물 뇌의 발작에 대해서는 Suzanne Weiss와 Robert Post의 연구를 참조했다. "발작을 일으키는 자극"과 그것을 정서장애 연구에 이용하는 것은 그들이 함께 쓴 "Kindling: Separate vs. shared mechanisms in affective disorder and epilepsy", *Neuropsychology 38*, no. 3(1998) 참조.

18 동물 뇌의 모노아민계 손상에 대해서는 Juan Lopez 외, "Regulation of 5-HT Receptors and the Hypothalamic-Pituitary-Adrenal Axis: Implications for the neurobiology of suicide", *Animals of the New York Academy of Science 836*(1997) 참조. 우울증과 모노아민계와 코르티솔에 대해서는 Juan Lopez 외, "Neural circuits mediating stress", *Biological Psychiatry 46*(1999) 참조.

19 우울증과 스트레스 반응에 대한 설명은 미시간대학교의 Juan Lopez와 Elizabeth Young, 리치먼드주 버지니아 커먼웰스 의과대학의 Ken Kendler의 연구를 토대로 한 것이다. 우울증에 대한 설명들은 밤하늘의 별들처럼 많지만 내 생각에는 미시간대학교 연구팀의 스트레스 모델이 특히 설득력이 있는 듯하다.

20 케토코나졸 실험은 O. M. Wolkowitz 외, "Antiglucocorticoid treatment of depression: double-blind ketoconazole", *Biological Psychiatry 45*, no. 8(1999) 참조.

21 비비에 대한 연구들은 Robert Sapolsky가 한 것으로 나는 Elizabeth Young과 한 인터뷰에서 그 이야기를 들었다. 항공 관제사들에 대한 연구는 R. M. Rose 외, "Endocrine Activity in Air Traffic Controllers at Work, II. Biological, Psychological and Work Correlates", *Psychoneuroendocrinology 7*(1982) 참조.

22 심근경색 후에 심장이 약해진다는 것은 분명하게 입증된 사실이다. 그러나 손상 정도는 심장 내 죽은 조직의 크기에 의존한다. 국소성의 경우 범발성 손상처럼 재발 위험이 높지는 않지만 심근경색을 일으킨 적이 있다면 재발 방지를 위해 노력해야 한다. 이 분야에 대해서는 코넬대학교 Dr. Joseph Hayes의 도움이 컸다.

23 쥐의 스트레스 실험은 Juan Lopez 외, "Regulation of 5-HT1A Receptor, Glucocorticoid and Mineralocorticoid Receptor in Rat and Human Hippocampus: Implications for the Neurobiology of Depression", *Biological*

Psychiatry 43(1998) 참조. 자살 후의 코르티솔 수치와 부신계 확장에 대해서는 Juan Lopez 외, "Regulation of 5-HT Receptors and the Hypothalamic-Pituitary-Adrenal Axis: Implications for the Neurobiology of Suicide", *Annals of the New York Academy of Sciences 836*(1997) 참조.

24   스트레스에 대한 뇌의 반응에 대해서는 Robert Sapolsky 외, "Hippocampal damage associated with prolonged glucocorticoid exposure in primates", *Journal of Neuroscience 10*, no. 9(1990) 참조. 사회적 지위와 생물학적 스트레스의 상호작용에 대해서는 Robert Sapolsky, "Stress in the Wild," *Scientific American 262*, no. 1(1990)과 "Social subordinance as a marker of hypercortisolism: Some unexpected subtleties", *Annals of the New York Academy of Sciences 771*(1995) 참조. 중증 우울증의 전염병학에 대한 John Greden의 논의는 Barbara Burns 외, "General Medical and Specialty Mental Health Service Use for Major Depression", *International Journal of Psychiatry in Medicine 30*, no. 2(2000) 참조.

25   항우울제에 대한 연구들은 주로 단기적인 것으로, 항우울제가 2주에서 4주 걸려 효력을 나타내어 6주 후까지는 최적의 작용이 나온다고 밝히고 있다. 그러나 내 경험에 의하면 완전한 약효를 보려면 수개월이 지나야 했다.

26   80퍼센트의 환자가 약물치료에 반응을 보이지만 특정한 약물치료에 반응하는 것은 50퍼센트에 불과하다는 내용은 Mary Whooley와 Gregory Simon, "Managing Depression in Medical Outpatients", *New England Journal of Medicine 343*, no. 26(2000)에 나와 있다.

27   그 친구는 5장에 소개될 디에리 프루던트다.

28   첫 우울증 삽화는 생활 사건과 밀접하게 관련되어 있지만 두 번째, 세 번째로 갈수록 생활 사건에 대한 의존성이 떨어진다는 생각은 Emil Kraepelin이 *Manic-Depressive Insanity and Paranoia*에서 처음 주장했다. 이에 대해서는 폭넓은 연구가 이루어져 왔으며 그 결과들은 놀라울 정도로 일관되게 나타나고 있다. 최근의 대표적인 연구로는 Ken Kendler 외, "Stressful life events and previous episodes in the etiology of major depression in women: An evaluation of the 'kindling' hypothesis", *American Journal of Psychiatry 157*, no. 8(2000)이 있다.

29   조지 브라운의 우울증과 상실감의 관계에 대한 연구는 *Adversity, Stress and Psychopathology*에 실린 "Loss and Depressive Disorders"에 특히 잘 소개되어 있다.

30   케이 재미슨의 이런 생각은 자살에 관한 그녀의 책 *Night Falls Fast*에 잘 정리되어 있다. "자살성 우울증의 절대적인 절망감은 전염성을 지니고 있어서 옆에서 돕는 사람들까지도 무력하게 만든다." 294쪽.

31   Thomas Aquinas, Summa theologiae I-II, q. 25, a. 4, vo. l6, 187쪽. 믿을 만한 영
      어 번역본으로는 *Summa Theologica: Complete English Edition in Five Volumes*, q.
      25, a. 4, vol. 2, 702-703쪽.

32   정서장애와 알코올중독과 유전학의 관계는 극히 복잡하다. 이에 대한 현재
      의 입장들과 연구들과 결론들은 Frederick Goodwin과 Kay Jamison이 함께 쓴
      Manic-Depressive Illness, 210쪽의 "Alcohol and Drug Abuse in Manic-Depressive
      Illness"에 잘 정리되어 있다. David McDowell과 Henry Spitz의 *Substance Abuse*
      와 Marc Galanter와 Herbert Kleber의 *Textbook of Substance Abuse Treament*도 추
      천한다.

33   Stephen Hall, "Fear Itself," *New York Times Magazine*, February 28, 1999, 45쪽.

34   불안장애와 수면에 대한 보다 심층적인 논의는 T. A. Mellman과 T. W. Uhde가
      *The Neurobiology of Panic Disorder*에 쓴 "Sleep and Panic and Generalized Anxiety
      Disorders" 참조.

35   Sylvia Plath, *The Bell Jar*, 3쪽.

36   Jane Kenyon, "Having It Out with Melancholy", *Constance*, 25쪽.

37   Daniil Kharms, *Incidences*, 4쪽.

38   이것은 앙토냉 아르토의 그림 제목이다.

39   F. Scott Fitzgerald, *The Great Gatsby*, 66쪽.

40   Jane Kenyon, "Back", *Constance*, 32쪽.

41   응급 의료에 관한 표준 교본은 *Emergency Medicine: Concepts and Clinical Practice*,
      4th ed., vol. 3을 말한다.

3   치료

1   T. M. Luhrmann, *Of Two Minds*, 7쪽.

2   T. M. Luhrmann, 같은 책, 290쪽.

3   Virginia Woolf, *The Years*, 378쪽.

4   American Psychological Association의 사무총장 Russ Newman은 *U. S. News &
     World Report*(1999. 4. 26.) 편집자에게 보내는 편지에서 심리치료와 약물치
     료의 병행이 매우 효과적임이 연구를 통해 입증되었다고 쓰고 있다. 최근의
     한 연구도 이와 비슷한 결과를 내놓았다. Martin Keller 외, "A comparison of
     nefazodone, the cognitive behavioral-analysis system of psychotherapy, and their

combination for the treatment of chronic depression", *New England Journal of Medicine 342*, no.20(2000) 참조. 대중지에 실린 이 연구의 개요는 Erica Goode, "Chronic-Depression Study Backs the Pairing of Therapy and Drugs", *New York Times*(2000. 5. 18.) 참조. 엘렌 프랭크는 환자군별로 심리치료와 약물치료의 효과를 비교하는 실험들을 실시했는데 노인 환자들에 대한 연구는 "Nortriptyline and interpersonal psychotherapy as maintenance therapies for recurrent major depression"이란 제목으로 *Journal of the American Medical Association 281*, no. 1(1999)에 실렸으며 "두 가지 치료 방식의 병행이 회복 상태를 유지하기 위한 최상의 임상 전략"이라고 결론지었다. 이 분야의 초기 연구들은 Gerald Klerman 외, "Treatment of depression by drugs and psychotherapy", *American Journal of Psychiatry 131*(1974)와 Myrna Weissman & Eugene Paykel, *The Depressed Woman: A Study of Social Relationships* 참조.

5 CBT의 방법론에 대해서는 Aaron Beck의 *Depression* 참조. 이에 대한 최신 출판물로는 Mark Williams의 *Psychological Treatment of Depression*(2nd edition)이 대표적이다.

6 "학습된 낙관주의(learned optimism)"는 Martin Seligman이 1990년에 나온 자신의 저서에 붙인 제목이다.

7 IPT의 기본적인 방법론은 Myrna Weissman, John Markowitz, Gerald Klerman이 함께 쓴 *Comprehensive Guide to Interpersonal Psychotherapy*에 상세히 기술되어 있다.

8 Hans Strupp & Suzanne Hadley, "Specific vs. nonspecific factors in psychotherapy: A controlled study of outcome", *Archives of General Psychiatry 36*, no. 10(1979) 참조.

9 우울증 환자의 신경전달물질 수치에 대해서는 여기에 다 언급할 수 없을 정도로 많은 책들과 기사들과 인터뷰들을 통해 자료를 얻었지만 그중에서도 특히 Peter Whybrow의 *A Mood Apart*의 도움이 컸다.

10 트립토판과 우울증의 관계는 T. Delgado 외, "Serotonin function and the mechanism of antidepressant action: Reversal of antidepressant by rapid depletion of plasma tryptophan", *Archives of General Psychiatry 47*(1990)과 K. Smith 외, "Relapse of Depression After Rapid Depletion of Tryptophan", *Lancet 349*(1997) 참조.

11 세로토닌의 합성과 기능에 대한 통찰력 있는 훌륭한 고찰을 담은 책으로는 Peter Whybrow의 *A Mood Apart*를 들 수 있다. 224-227쪽 참조.

12 수용체 이론은 David Healy의 비범한 저서 *The Antidepressant Era*에 자세히 설명되어 있다. 161-163쪽, 173-177쪽 참조.

13 약의 간접적인 효과와 항상성의 문제는 Peter Whybrow의 *A Mood Apart*에서 자극적으로 논의되었다. 150-167쪽 참조.

14 SSRI 계열의 항우울제가 REM 수면에 미치는 영향에 대해서는 Michael Thase 가 시카고에서 열린 APA 2000에서 2000년 5월 14일에 "Sleep and Depression" 이란 제목으로 발표했다. SSRI가 뇌의 온도에 미치는 영향은 우울증의 화학 작용과 관련되어 있다. 우울증 상태에서는 체온이, 특히 밤중에 올라가는 경우가 많다. 정확히 말하자면 우울증 상태에서는 정상 상태와 비교할 때 밤에 체온이 적게 떨어진다. 이렇듯 우울증 상태에서 밤에 체온이 높은 현상은 불면증과도 관련된다. 항우울제는 이런 체온을 정상화시키는 작용을 한다. 이 문제에 대한 자세한 논의는 Michael Thase & Robert Howland, "Biological Processes in Depression: An Updated Review and Intergration", *The Handbook of Depression*(ed. E. Edward Beckham and William Leber), 213-279쪽 참조.

15 어미로부터 격리된 원숭이가 공격성을 보이고 신경생물학적 변화를 겪게 되는 것에 대한 자료는 국립정신건강연구소가 1996년 11월 14~15일에 연 Suicide Research Workshop을 통해 얻었다. 이 문제에 대해서는 많은 출판물들이 나와 있지만 Gary Kraemer 외, "Rearing experience and biogenic amine activity in infant rhesus monkeys", *Biological Psychiatry 40*, no. 5(1996)를 추천한다.

16 어미로부터의 격리와 코르티솔에 대해서는 많은 연구들이 이루어졌다. Gayle Byrne & Stephen Suomi, "Social Separation in Infant Cebus Apella: Patterns of Behavioral and Cortisol Response", *International Journal of Developmental Neuroscience 17*, no.3(1999)와 David Lyons 외, "Separation Induced Changes in Squirrel Monkey Hypothalamic-Pituitary-Adrenal Physiology Resemble Aspects of Hypercortisolism in Humans", *Psychoneuroendocrinology 24*(1999) 참조. 항우울제가 이런 현상을 완화시킬 수 있는 것에 대해서는 Pavel Hrdina 외, "Pharmacological Modification of Experimental Depression in Infant Macaques", *Psychopharmacology 64*(1979)에 설명되어 있다.

17 지배적인 긴꼬리원숭이에 대한 연구는 Michael Raleigh 외, "Social and Environmental Influences on Blood Serotonin Concentrations in Monkeys", *Archives of General Psychiatry 41*(1984) 참조. 세로토닌 수치를 높이면 이런 문제들이 완화되는 것에 대해서는 Michael Raleigh & Michael McGuire, "Bidirectional Relationships between Tryptophan and Social Behavior in Vervet

Monkeys", *Advances in Experimental Medicine and Biology 294*(1991)와 Michael Raleigh 외, "Serotonergic Mechanisms Promote Dominance Acquisition in Adult Male Vervet Monkeys", *Brain Research 559*(1991) 참조.

18 동물의 불합리한 모험과 공격성과 세로토닌의 관계에 대한 연구는 P. T. Mehlman 외, "Low CSF 5-HIAA Concentrations and Severe Aggression and Impaired Impulse Control in Nonhuman Primates", *American Journal of Psychiatry 151*(1994) 참조.

19 원숭이의 서열과 세로토닌에 대한 연구는 Michael McGuire & Alfonso Troisi, *Darwinian Psychiatry*, 93–94쪽, 172–174쪽 참조.

20 SSRI 항우울제가 공격성의 패턴을 바꾼다는 증거는 C. Sanchez 외, "The role of serotonergic mechanisms in inhibition of isolation-induced aggression in male mice", *psychopharmacology 110*, no. 1-2 (1993) 참조.

21 SSRI 계열의 항우울제, 그중에서도 특히 프로작의 부작용 빈도는 논란의 대상이 되고 있다. 대부분의 의사들은 제약 회사들이 제품 발매 시에 실시하는 조사에서 많은 부작용들, 특히 성욕 감퇴와 불감증의 빈도가 낮게 평가되었다고 생각한다.

22 Anita Clayton이 시카고에서 열린 APA 2000에서 5월 13일에 발표한 "Epidemiology, Classification, and Assessment of Sexual Dysfunction"에서 얻은 자료다.

23 6개월 후 항우울제 복용 중단에 대한 통계 수치는 APA 2000에서 Dr. H. George Nurnberg가 발표한 "Management of Antidepressant-Associated Sexual Dysfunction"에서 얻은 자료다.

24 이 목록의 출처도 위와 같다.

25 밤중의 발기 현상을 회복시키는 비아그라 효과의 출처도 위와 같다.

26 비아그라의 매일 복용 권장에 관한 출처도 위와 같다.

27 Andrew Nierenberg 박사는 "Prevalence and Assessment of Antidepressant-Associated Dysfunction"이란 제목으로, Julia Warnock 박사는 "Hormonal Aspects of Sexual Dysfunction in Women: Improvement with Hormone Replacement Therapy"란 제목으로 APA 2000에서 발표했다.

28 조울증 환자에게는 어떤 종류의 항우울제를 처방할 때도 신중해야 한다. 일반적으로 조울증 환자는 항우울제와 함께 신경안정제(리튬이나 경련억제제)를 복용해야 한다.

29 벤조디아제핀 계열의 중독 문제에 대한 의견을 제공한 컬럼비아대학교 David McDowell 박사에게 감사한다.

30 ECT의 효과에 대한 수치는 자료마다 조금씩 다르다. Peter Whybrow의 *A Mood Apart*(216쪽)에는 85~90퍼센트로, Francis Mondimore의 Depression: The Mood Disease(65쪽)에는 90퍼센트 이상으로 나와 있다. 나는 여러 자료들의 평균 수치를 채택했다.

31 Harold Sackein 외, "A Prospective, Randomized, Double-Blind Comparison of Bilateral and Right Unilateral Electroconvulsive Therapy at Different Stimulus Intensities", *Archives of General Psychiatry 57*, no. 5(2000) 참조.

32 ECT의 방법에 대한 일반적인 논의는 Francis Mondimore의 *Depression: The Mood Disease*와 Elliot Valenstein의 *Great and Desperate Cures* 참조.

33 ECT와 관련된 사망에 관한 수치는 Stacey Pamela Patton, "Electrogirl", *Washington Post*(1999. 9. 19.) 참조.

34 Richard Abrams, *Electroconvulsive Therapy* 참조. 75쪽.

35 나는 마사 매닝에게서 이 피켓 시위에 관한 이야기를 직접 들었는데 이들은 "전기로 인간의 정신을 조종하는 행위"에 반대하는 전단도 나누어 준다고 한다.

36 이 글은 Juliet Barker의 *The Brontes* 599쪽에 나온다.

4 또 다른 접근

1 체호프의 말은 Jane Kenyon의 시집 *Constance* 21쪽에 실린 "Having It Out with Melancholy"란 시의 제사(題詞)에서 가져온 것이다.

2 운동과 우울증에 관한 연구들은 많지만 J. A. Blumenthal 외, "Effects of exercise training on older patients with major depression", *Archives of Internal Medicine 159*(1999)가 참고할 만하다.

3 J. R. Calabrese 외, "Fish Oils and Bipolar Disorder", *Archives of General Psychiatry 56*(1999) 참조.

4 우울증 투병에서 식이요법의 역할에 대한 논의는 Vicki Edgson & Ian Marber, "The Food Doctor" 참조. 62-65쪽.

5 TMS와 rTMS는 낮은 효과와 높은 재발율 때문에 비난을 받아 왔다. TMS의 절차와 이론과 방법에 대한 일반적인 소개는 Eric Hollander, "TMS", *CNS Spectrums 2*, no. 1(1997) 참조. 보다 학술적이고 연구에 기초한 정보는 W. J. Triggs 외, "Effects of left frontal transcranial magnetic stimulation on depressed mood, cognition, and corticomotor threshold", *Biological Psychiatry*

45, no. 11(1999)와 Alvaro Pascual-Leone 외, "Rapid-rate transcranial magnetic stimulation of left dorsolateral prefrontal cortex in drug-resistant depression", *Lancet 348*(1996) 참조.

6   Norman Rosenthal, *Winter Blues*.

7   자연광과 인공적인 빛의 밝기에 대해서는 Michael J. Norden의 *Beyond Prozac: Brain Toxic Lifestyles, Natural Antidotes and New Generation Antidepressants*, 36쪽을 참조했다. 실내 조명은 300룩스, 화창한 날의 일광은 10만 룩스 정도라고 한다.

8   EMDR과 우울증에 관한 책으로는 *Extending EMDR*(ed. Philip Manfield)이 가장 훌륭하다.

9   나는 세도나의 Enchantment Resort에서 치료를 받았다.

10   캘러한의 흥미로운 주장은 Fred Gallo의 *Energy psychology*에 잘 요약되어 있다. 그의 외상 치료 기법은 Roger J. Callahan & Joanne Callahan, *Stop the Nightmares of Trauma: Thought Field Therapy* 참조. 나는 그의 연구가 임상적인 중요성을 지닌다고는 믿지 않지만 세부적인 변화를 먼저 유도하는 것은 설득력 있다고 생각한다.

11   Kurt Hahn, *Readings from the Hurricane Island Outward Bound School*, 71쪽.

12   Michael Yapko는 최면술과 기분 장애에 대한 인상적이고 유익한 연구서를 *Hypnosis and the Treatment of Depression*이란 제목으로 써 냈다.

13   수면과 우울증에 대한 이론들은 피츠버그대학교 Michael Thase, 펜실베이니아대학교 David Dingle의 연구를 참조하면 된다. 국립정신건강연구소의 Thomas Wehr도 이 분야 전문가다. 수면의 변화에 대한 설명은 다음 자료들을 참조했다. Thomas Wehr, "Phase Advance of the Circadian Sleep-Wake Cycle as an Antidepressant", *Science 206*(1979); Thomas Wehr, "Reply to Healy, D., Waterhouse, J. M.: The circadian system and affective disorders: Clocks or rhythms", *Chronobiology International 7*(1990); Thomas Wehr, "Improvement of Depression and Triggering of Mania by Sleep Deprivation", *Journal of the American Medical Association 267*, no. 4(1992); M. Berger 외, "Sleep deprivation combined with consecutive sleep phase advance as fast-acting therapy in depression", *American Journal of Psychiatry 154*, no. 6(1997); Michael Thase & Robert Howland, "Biological Processes in Depression: An Updated Review and Integration", *The Handbook of Depression*(ed. E. Edward Beckham & William Leber) 213-279쪽.

14   F. Scott Fitzgerald, *The Crack-Up*, 75쪽.

15   북극에서 추위를 견디는 법에 대해서는 *Symposium on Living in the Cold*(ed. Andre Malan & Bernard Canguilhem)에 실린 A. S. Blix의 자료 참조.

16   세인트존스워트에 대한 자료들은 많은데 대부분 같은 이야기를 반복하고 있고 그중 일부는 선정주의적이고, 그중 다수가 어리석은 내용이다. 나는 Norman Rosenthal의 저서 *St. John's Wort*를 참조했다. 세인트존스워트의 성분에 대해서는 국립보건원의 대체 약물에 대한 웹사이트 http://www.nccam.nih.gov/nccam/fcp/factsheets/stjohns wort/stjohnswort.htm 참조.

17   나는 개인적으로 Andrew Weil의 글을 좋아하지 않고 추천하고 싶지도 않다. 어쨌거나 이 문제에 대한 그의 견해는 Jonathan Zuess의 *The Natural Prozac Program*에 잘 요약되어 있다.

18   툴레인대학교의 토머스 브라운 박사는 세인트존스워트가 "자연적이기 때문에 안전하다."고 믿는 것에 반대한다. Thomas Brown, "Acute St. John's Wort Toxicity", *American Journal of Emergency Medicine 18*, no. 2(2000) 참조. 이 약초도 다른 항우울제와 마찬가지로 심각한 조증 삽화를 유발한다. Andrew Nierenberg 외, "Mania Associated with St. John's Wort", *Biological Psychiatry 46*(1999) 참조. 이 약초를 과도하게 복용할 경우 소와 양에게서 피부 과민 반응을 일으킬 수 있다는 증거도 나와 있다. O. S. Araya & E. J. Ford, "An investigation of the type of photosensitization caused by the ingestion of St. John's Wort (Hypericumperforatum) by calves", *Journal of Comprehensive Pathology 91*, no. 1(1981) 참조.

19   세인트존스워트와 다른 약의 상호작용에 대해서는 국립정신건강연구소 웹사이트 http://www.nimh.nih.gov/events/stjohnwort.cfm 참조. 이 문제에 대한 자료를 담은 최근 기사로는 A. Fugh-Berman, "Herb-drug interaction", *Lancet 355*, no. 9198(2000)이 있다.

20   이 약들의 목록은 "Emotional 'Asprin'?", *Consumer Reports*(2000년 12월호) 60-63쪽에 있다.

21   SAMe에 대한 체계화된 연구들은 G. M. Bressa, "S-adenosyl-l-methionine (SAMe) as antidepressant: Meta-analysis of clinical studies", *Acta Neurologica Scandinavica 89*, suppl. 154(1994) 참조.

22   SAMe가 조증을 유발하는 경향이 있는 것에 대해서는 20번 주와 같은 자료 참조.

23   SAMe와 동물의 신경전달물질 수치에 관한 정보는 Richard Brown 외, *Stop Depression Now*에 들어 있다. 74-75쪽.

24 SAMe와 메틸화의 관련성은 Joseph Lipinski 외, "Open Trial of S-adenosyl-methionine for Treatment of Depression", *American Journal ofpsychiatry 143*, no. 3(1984) 참조.

25 미국인의 연간 침술 치료비는 국립보건원 대체 약물 관련 웹사이트 http://www.nccam.nih.gov/nccam/fcp/factsheets/acupuncture/acupuncture.htm 참조.

26 헬링거의 저서는 *Love's Hidden Symmetry*다. 라인하르트 리어는 독일 바이에른에서 Linderhof Therapy Center를 운영하며 치료 활동을 하고 있다. 그의 미국 방문은 Regine Olsen이 주선한 것이다.

27 세네갈인들의 주술적 전통에 대한 논의는 William Simmons의 *Eyes of the Night* 참조.

28 레복세틴은 현재 모든 검사를 통과하고 FDA의 승인을 기다리고 있는 중이다. 최근 Pharmacia로부터 받은 이메일을 소개하자면 다음과 같다. "레복세틴에 관해서는 아직 미국에서 FDA의 승인을 받지 못해 현재로서는 출하 날짜가 정해지지 않았습니다. 폐사가 FDA로부터 받은 2000년 2월 23일 자 편지에 따르면 미국 내에서의 임상 실험이 이루어져야 승인을 받을 수 있다고 합니다." Pharmacia의 웹페이지 www2.pnu.com에 들어가면 자세한 정보를 얻을 수 있다.

29 P 물질에 대한 자세한 자료는 Merck 웹사이트 http://www.dupontmerck.com 참조. P 물질을 항우울제로 소개한 글은 David Nutt, "Substance-Pantagonists: A new treatment for depression?", *Lancet 352*(1998).

30 "3만 개가량"이라는 수치는 Craig J. Venter, "The Sequence of the Human Genome", *Science 291*, no. 5507(2001)을 참조한 것이며 그 내용의 일부를 소개하자면 다음과 같다. "유전자 배열에 대한 분석 결과 확실한 증거가 있는 2만 6588개의 단백질 암호화 유전자들과 생쥐와의 비교를 통해 추산하거나 기타 증거가 불확실한 1만 2000개의 유전자들이 밝혀졌다." 3만 개 유전자들의 열 가지 변이들의 수학적 의미에 대해서는 Polly Shulman에게 자문을 구했다.

5 환자들

1 여자가 남자보다 두 배 정도 더 많이 우울증에 걸린다는 주장은 여러 문헌들에서 찾을 수 있다. 이 주장을 뒷받침할 만한 통계적 연구로는 Myrna Weissman, "Cross-National Epidemiology of Major Depression and Bipolar Disorder", *Journal of the American Medical Association 276*, no. 4(1996)가 있다.

2   Susan Nolen-Hoeksema, *Sex Differences in Depression* 참조.

3   시상하부와 뇌하수체 호르몬 체계에서의 에스트로겐과 프로게스테론의 수치
     변동이 기분에 미치는 영향에 대해서는 Susan Nolen-Hoeksema의 *Sex Differences
     in Depression* 참조. 64-76쪽.

4   임산부나 산모의 자살에 대한 통계는 E. Clare Harris & Brian Barraclough,
     "Suicide as an Outcome for Medical Disorders", *Medicine 73*(1994) 참조.

5   산후우울증에 관한 정확한 수치를 내는 데는 두 가지 문제점이 따른다. 첫째, 산
     후우울증을 얼마나 엄격하게 정의하느냐에 따라 발병률이 크게 달라진다. 둘
     째, 우울증의 많은 증세들이 산후의 생리적 반응들과 유사하다. Susan Nolen-
     Hoeksema는 *Sex Differences in Depression*에서 출산한 여성의 8.2퍼센트 정도가,
     Verta Taylor는 *Rock-A-By Baby*에서 10~26퍼센트가 산후우울증을 겪는다고 보
     고했다.

6   심각한 산후우울증과 가벼운 산후우울증에 관한 통계는 Susan Nolen-Hoeksema
     의 *Sex Differences in Depression*, 62-64쪽에 폐경기우울증에 대해서는 같은 책
     70-71쪽에 나와 있다.

7   Simeon Margolis & Karen L. Swartz, "Sex Differences in Brain Serotonin
     Production", *The Johns Hopkins White Papers*(1998) 14쪽 참조.

8   이에 관해 다룬 대표적인 책들로는 Susan Nolen-Hoeksema의 *Sex Differences in
     Depression*, Jill Astbury의 *Crazy for You*, Dana Crowley Jack의 *Silencing the Self*가
     있다.

9   스트레스가 심한 여성의 산후우울증에 대한 통계는 Susan Nolen-Hoeksema의
     Sex Differences in Depression, 68쪽 참조. 아래 인용문은 같은 책 60-61쪽에 있다.

10   Susan Nolen-Hoeksema, 같은 책 26-28쪽 참조.

11   Myrna Weissman, "Cross-National Epidemiology of Major Depression and Bipolar
     Disorder", *Journal of the American Medical Association 276*, no.4(1996) 참조.

12   이것은 국립건강연구소 스티븐 하이먼의 개인적인 서신을 통해 얻은 자료다.

13   브라운은 "우울 장애의 시작에 있어서의 생활 사건들의 역할"에 대한 흥미로
     운 연구 결과들을 내놓았으며, 굴욕감과 덫에 걸린 기분이 여성들에게 우울증
     을 일으키는 핵심 요인들이라고 보았다. George Brown, "Loss, humiliation and
     entrapment among women developing depression: A patient and non-patient
     comparison", *Psychological Medicine 25*(1995) 참조. 또 J. Y. Nazroo 외, "Gender
     difference in the onset of depression following a shared life event: A study of
     couples", *Psychological Medicine 27*(1997)도 남녀의 성 역할과 우울증의 관계를

다루고 있다.

14 우울증과 여성에 대한 Myrna Weissman의 진화론적 이론은 그녀와의 인터뷰를 통해 직접 들은 것이다.

15 어릴 적 성적 학대를 당한 사람들의 우울증에 대해서는 Gemma Gladstone 외, "Characteristics of depressed patients who report childhood sexual abuse", American *Journal of psychiatry 156*, no. 3(1999), 431-437쪽 참조.

16 Christine Pollice 외, "Relationship of Depression, Anxiety, and Obsessionality to State of Illness in Anorexia Nervosa", *International Journal of Eating Disorders 21*(1997)와 Kenneth Altshuler 외, "Anorexia Nervosa and Depression: A Dissenting View", *American Journal of Psychiatry 142*, no. 3(1985) 참조.

17 Sigmund Freud, "Fragment of an Analysis of a Case of Hysteria", *The Standard Edition of the Complete Psychological Works of Sigmund Freud*, 7권. 도라에 관한 페미니스트적 논의는 Jill Astbury의 *Crazy for You*, 109-132쪽 참조.

18 우울증과 여성성에 대한 논의는 Susan Nolen-Hoeksema의 *Sex Differences in Depression* 참조. 모성에 대한 기대와 산후우울증에 대한 논의는 Verta Taylor의 *Rock-A-By Baby*, 35-58쪽 참조.

19 Dana Crowley Jack, *Silencing the Self*, 32-48쪽.

20 Jill Astbury, 같은 책.

21 Eric Marcus는 *Why Suicide?*라는 저서 15쪽에 "연간 약 3만 명의 자살자 중에 남자는 2만 4000명, 여자는 6000명이다."라고 쓰고 있다.

22 Myrna Weissman 외, "Cross-National Epidemiology of Major Depression and Bipolar Disorder," *Journal of the American Medical Association 276*, no. 4(1996) 참조.

23 Bruce Bower, "Depression: Rates in women, men and stress effects across the sexes", *Science News*(1995. 6. 3.) 346쪽 참조.

24 우울증에 걸린 어머니를 둔 아이들에 대한 논의는 Marian Radke-Yarrow 외, "Affective Interactions of Depressed and Nondepressed Mothers and Their Children", *Journal of Abnormal Child Psychology 21*, no. 6(1993)이나 Anne Riley의 국립정신건강연구소 연구비 신청서 "Effects on children of treating maternal depression" 참조.

25 생후 3개월경의 유아들에게서 나타나는 우울증에 대한 연구들은 Bruce Bower, "Depressive aftermath for new mothers", *Science News*(1990. 8. 25.) 참조.

26 어머니의 우울증이 어린 자녀에게 미치는 영향은 즉각적이고 심각한 것으로 보

인다. 이 분야 전문가로 20년 넘게 저술 활동을 펼쳐 온 티파니 필드는 "신생아" 우울증에 대해 이렇게 쓰고 있다. "이런 유아들은 임신 중 어머니의 생화학적 불균형에 노출된 결과일 가능성이 큰 행동, 생리, 생화학적 문제들을 보인다." Tiffany Field, "Maternal Depression: Effects on Infants and Early Interventions", *Preventive Medicine 27*(1998) 참조. 불행하게도 이런 해로운 영향들은 지속되는 듯하다. Nancy Aaron Jones 외, "EEG Stability in Infants/Children of Depressed Mothers", *Child Psychiatry and Human Development 28*, no. 2(1997)도 우울증에 걸린 어머니를 둔 3개월에서 세 살까지의 유아들에 대한 연구를 담고 있다. 뇌파 검사에서 이상을 보인 유아 여덟 명 중에서 일곱 명이 세 살까지 이상이 나타났다. 그러나 가장 기본적인 형태의 어머니의 관심과 상호작용이라 하더라도 이 문제를 완화시킬 수 있음을 증명한 연구들도 있다. Martha Pelaez-Nogueras 외, "Depressed Mothers' Touching Increases Infants' Positive Affect and Attention in Still-Face Interaction", *Child Development 67*(1996)에는 어머니와의 차분하고 친밀한 상호작용이 유아의 기분과 사회성에 커다란 긍정적 효과를 미친다는 주장이 들어 있다. 그 외에도 부모 교육이 어머니의 우울증에 의한 자녀들의 문제를 개선하는 데 큰 효과가 있음을 증명한 연구들로는 Sybil Hart 외, "Depressed Mothers' Neonates Improve Following the MABI and Brazelton Demonstration", *Journal of Pediatric Psychology 23*, no. 6(1998)과 Tiffany Field 외, "Effects of Parent Training on Teenage Mothers and Their Infants", *Pediatrics 69*, no. 6 (1982)가 있다.

27 어머니의 우울증이 호전되고 1년 가까이 된 후의 자녀들에 관한 연구는 Catherine Lee & Ian Gotlib, "Adjustment of Children of Depressed Mothers: A 10-Month Follow-Up", *Journal of Abnormal Psychology 100*, no. 4(1991) 참조.

28 Myrna Weissman 외, "Offspring of Depressed Parents", *Archives of General Psychiatry 54*(1997) 참조.

29 우울증에 걸린 어머니를 둔 아이들과 정신분열증 어머니를 둔 아이들의 비교는 Anne Riley의 국립정신건강연구소 연구비 신청서 "Effects on children of treating maternal depression", 32쪽 참조.

30 Leonard Milling & Barbara Martin, "Depression and Suicidal Behavior in Preadolescent Children", *Hankbook of Clinical Child Psychology*(319-339쪽)와 David Fassler & Lynne Dumas의 어린이 우울증에 관한 연구서 *Help Me, I'm Sad: Recognizing, Treating, and Preventing Childhood Depression* 참조.

31 Arnold Sameroff 외, "Early development of children at risk for emotional

disorder", *Monographs of the Society for Research in Child Development 47*, no. 7(1982) 참조.

32   A. C. Guyton 외, "Circulation: Overall regulation", *Annual Review of Physiology 34*(1972)의 12쪽에 있는 도표를 참조했다.

33   의존성 우울증에 대한 개요는 Ren Spitz, "Anaclitic Depression", *Psychoanalytic Study of the Child 2*(1946)를 참조하면 된다. 이에 대한 사례는 Ren Spitz 외, "Anaclitic Depression in an Infant Raised in an Institution", *Journal of the American Academy of Child Psychiatry 4*, no. 4(1965) 참조.

34   성장 부전에 대한 설명은 존스홉킨스의 Paramjit T. Joshi, 미들섹스 병원의 Deborah Christie와의 인터뷰를 통해 얻은 자료를 취합한 것이다.

35   1퍼센트는 E. Poznanski 외, "Childhood depression: Clinical characteristics of overtly depressed children", *Archives of General Psychiatry 23*(1970)에, 60퍼센트는 T. A. Petti, "Depression in hospitalized child psychiatry patients: Approaches to measuring depression", *Journal of the American Academy of Child Psychiatry 22*(1978)에 나와 있다.

36   어린이의 자살에 관한 수치는 Leonard Milling & Barbara Martin, "Depression and Suicidal Behavior in Preadolescent Children", *Handbook of Clinical Child Psychology*, 328쪽 참조. 국립정신건강연구소 웹사이트 1997년 통계에 의하면 자살은 열 살에서 열네 살까지 어린이들의 사망 원인 3위였다.

37   삼환계가 어린이와 청소년들에게 효과가 없다는 주장은 N. D. Ryan 외, "Imipramine in adolescent major depression: Plasma level and clinical response", *ActaPsychiatrica Scandinavica 73*(1986) 참조. MAOI 계열에 대한 연구는 더 적은데 그 이유에 대해 Christopher Kye와 Neal Ryan은 *Child and Adolescent Psychiatric Clinics of North America 4*, no. 2(1995)에 실린 "Pharmacologic Treatment of Child and Adolescent Depression"에서 "이 계열의 약들이 청소년 우울증 환자들의 충동성, 순종, 성숙을 위한 특별히 높은 감수성을 요구하기 때문"이라고 설명했다.(276쪽) 오늘날 대부분의 임상의들이 이 문제에 대해 갖고 있는 일반적인 생각은 *Psychiatric Services 51*, no. 5(2000)에 실린 Paul Ambrosini의 "A review of the pharmacotherapy of major depression in children and adolescents"에 잘 요약되어 있다. 그는 현재까지의 연구 결과 "어린이와 청소년의 정동장애는 어른들의 그것과는 약물치료에 대한 반응 패턴이 다른 별개의 생물학적 실체를 나타내는 것으로 보인다."고 결론지었다.(632쪽)

38   Myrna Weissman 외, "Depressed Adolescents Grown Up", *Journal of the American*

Medical Association 281, no. 18(1999) 참조. 1707-1713쪽.

39 어린이 우울증과 관련된 논의들이 이루어지기 시작한 것은 프로이트 이후
의 시기부터였다. 이제는 어린이 우울증도 임상적인 실체로 인정받고 있지만
그 수는 청소년기에 절정을 이루는 듯하다. Myrna Weissman 외, "Depressed
Adolescents Grown Up", *Journal of the American Medical Association 281*, no.
18(1999)에도 "중증 우울증 장애는 청소년기에 시발점을 갖는 경우가 빈번하
다."고 되어 있다. 십 대의 약 5퍼센트가 우울증을 겪고 있다는 내용은 자주 인
용되는 수치로 나는 1999년 5월 1일에 출간된 Patricia Meisol의 *The Dark Cloud*
(ed. The Sun)에서 가져왔다.

40 DRADA(우울증 및 관련 정동 장애 협회)와 존스홉킨스 의대에서 공동 제작한
"Day for Night: Recognizing Teenage Depression"이란 제목의 비디오를 강력하
게 추천한다. 이 비디오는 오늘날 청소년들이 겪고 있는 우울증에 관한 감동적
이고 고무적인 기록을 담고 있다.

41 부모들이 자녀의 우울증을 과소평가하는 경향이 있음을 증명하는 연구들과 통
계들은 많다. 예를 들어 Howard Chua-Eoan은 *Time 153*, no. 21(1999)에 실린
"How to Spot a Troubled Kid"란 글에서 "자살을 기도한 십 대의 57퍼센트가 중
증 우울증을 앓고 있는 것으로 밝혀졌다. 그러나 자살자의 부모 중 13퍼센트만
자신의 자녀가 우울증이었다고 믿었다."고 주장했다. 46-47쪽.

42 George Colt, *The Enigma of Suicide*, 39쪽.

43 머나 와이스먼을 비롯한 학자들의 선구적인 연구 활동이 어린이와 청소년 우울
증의 임상적 실체를 분명히 밝혀 주었으며 많은 학자들이 조기 진단의 장기적
효과를 인정하기 시작했다. Myrna Weissman 외, "Depressed Adolescents Grown
Up", *The Journal of the American Medical Association 281*, no. 18(1999) 참조.

44 Eric Fombonne, "Depressive Disorders: Time Trends and Possible Explanatory
Mechanisms", *Psychosocial Disorders in Young People*(ed. Michael Rutter & David J.
Smith), 573쪽 참조.

45 Leonard Milling & Barbara Martin, "Depression and Suicidal Behavior in
Preadolescent Children", *Handbook of Clinical Child Psychology*, 325쪽.

46 성적 학대가 우울증을 유발하는 것에 대한 논의는 Jill Astbury, *Crazy for
You*(159-191쪽), 우울증의 간접적인 원인으로서의 성적 학대에 대한 논의
는 Gemma Gladstone 외, "Characteristics of depressed patients who report
childhood sexual abuse", *American Journal of Psychiatry 156*, no. 3(1999) 참조.

47 Margaret Talbot, "Attachment Theory: The Ultimate Experiment", *New York*

Times Magazine(1998. 5. 24.) 참조.

48   노인 우울증이 제대로 치료되지 않고 있는 것에 대해서는 많은 연구들을 통해 입증되고 있다. Sara Rimer는 *New York Times*(1999. 9. 5.)에 실린 "Gaps Seen in Treatment of Depression in Elderly"에서 그 다양한 원인들과 결과들을 탐구하고 있다. 펜실베이니아 의대 노인정신과 과장 아이라 캐츠 박사는 이렇게 말했다. "1차 진료 기관을 찾는 노인 환자 여섯 명 가운데 한 명 이상이 임상적인 우울증을 보이지만 적절한 치료를 받는 환자는 여섯 명에 한 명 꼴이다." George Zubenko 외, "Impact of Acute Psychiatric Inpatient Treatment on Major Depression in Late Life and Prediction of Response," *American Journal of Psychiatry 151*, no. 7(1994)에도 다음과 같이 설명되어 있다. "노인의 중증 우울증은 발견이 쉽지 않은데, 노인 환자의 우울한 기분은 젊은 환자의 그것에 비해 두드러지게 나타나지 않기 때문이다. 또한 나이가 들면서 증가하는 신체적 장애들의 부담이, 특히 횡단적 평가를 하는 경우, 중증 우울증의 진단을 어렵게 한다."

49   노인 우울증 환자에 대한 에밀 크레펠린의 논평은 C. G. Gottfries 외, "Treatment of Depression in Elderly Patients with and without Dementia Disorders", *International Clinical Psycho-pharmacology*, suppl. 6, no. 5(1992) 참조.

50   C. G. Gottfries 외, 같은 글 참조.

51   이에 관한 논의는 Judith Hays 외, "Social Correlates of the Dimensions of Depression in the Elderly", *Journal of Gerontology 53B*, no. 1(1998) 참조.

52   C. G. Gottfries 외, 같은 글 참조.

53   C. G. Gottfries 외, 같은 글 참조.

54   노화에 따른 세로토닌 수치의 감소가 즉각적인 심각한 부작용을 초래하지는 않는다는 점은 여러 연구들에서 주장되었다. 예를 들어 B. A. Lawlor 외, "Evidence for a decline with age in behavioral responsivity to the serotonin agonist, m-chlorophenylpiperazine, in healthy human subjects", *Psychiatry Research 29*, no. 1(1989)에는 이런 주장이 들어 있다. "동물들에게서나 인간에게서나 정상적인 노화에 따른 뇌의 세로토닌(5HT) 수치 변화의 기능적 의미에 대해서는 거의 알려져 있지 않다."

55   George Zubenko 외, "Impact of Acute Psychiatric Inpatient Treatment on Major Depression in Late Life and Prediction of Response", *American Journal of Psychiatry 151*, no. 7(1994) 참조.

56   George Zubenko 외, 같은 글 참조.

57   George Zubenko 외, 같은 글 참조.

58 노인 우울증의 증세들에 대한 설명은 Diego de Leo & Rene F. W. Diekstra, *Depression and Suicide in Late Life*, 21-38쪽.

59 "감정실금"이라는 용어는 Nathan Herrmann 외, "Behavioral Disorders in Demented Elderly Patients", *CNS Drugs 6*, no. 4(1996)에서 사용되었다.

60 Myron Weiner 외, "Prevalence and Incidence of Major Depression in Alzheimer's Disease", *American Journal of Psychiatry 151*, no. 7(1994) 참조.

61 알츠하이머병 환자의 세로토닌 수치에 대해서는 Myron Weiner 외, 앞의 글 참조.

62 세로토닌 수치의 저하가 치매의 원인이 되는지의 여부에 대한 연구는 Alan Cross 외, "Serotonin Receptor Changes in Dementia of the Alzheimer Type", *Journal of Neurochemistry 43*(1984)와 Alan Cross, "Serotonin in Alzheimer-Type Dementia and Other Dementing Illnesses", *Annals of the New York Academy of Sciences 600*(1990) 참조.

63 C. G. Gottfries 외, 앞의 글 참조.

64 M. Jackuelyn Harris 외, "Recognition and treatment of depression in Alzheimer's disease", *Geriatrics 44*, no. 12(1989) 참조. 26쪽에 "일반적으로 알츠하이머병 환자들은 젊은 우울증 환자들에 비해 적은 양을 더 장기간 투여해야 한다."고 나와 있다.

65 Nathan Herrmann 외, 앞의 글 참조.

66 알츠하이머병 환자의 성적 공격성에 대한 호르몬 치료 제안은 Nathan Herrmann 외, 앞의 글 참조.

67 우울증과 뇌졸중에 관한 통계에 대한 논의는 Allan House 외, "Depression Associated with Stroke", *Journal of Neuropsychiatry 8*, no. 4(1996) 참조.

68 좌측 전두엽에서 일어난 뇌졸중에 대한 연구는, Allan House 외, 앞의 글 참조.

69 Grethe Andersen, "Treatment of Uncontrolled Crying after Stroke", *Drugs & Aging 6*, no. 2(1995)에 실린 일화다.

70 Grethe Andersen, 앞의 글.

71 Ian Hacking, *Mad Travelers*, 1-5쪽.

72 Meri Danquah, *Willow Weep for Me*, 18-19쪽.

73 그 잡지 이름은 *Brave*이고 Shawn Tan이 쓴 기사로 1999년 마지막 호에 실렸다.

74 동성애자 우울증에 관해서는 Richard C. Friedman과 Jennifer Downey의 연구를 토대로 했는데, 특히 *Journal of the American Academy of psychoanalysis 23*, no. 1(1995)에 실린 "Internalized Homophobia and the Negative Therapeutic

Reaction"과 *Psychoanalytic Review 86*, no. 3(1999)에 실린 "Internal Homophobia and Gender-Valued Self-Esteem in the Psychoanalysis of Gay Patients"의 도움이 컸다. 그들의 연구는 *Psychoanalysis and Sexual Orientation: Sexual Science and Clinical Practice*라는 이름의 책으로 엮어져 나오게 될 것이다.

75 1999년에 남성 쌍둥이들을 대상으로 실시한 이 조사의 내용은 R. Herrel 외, "Sexual Orientation and Suicidality: A Co-Twin Control Study in Adult Men", *Archives of General Psychiatry 56*(1999) 참조. 이 조사는 베트남전 당시의 기록을 이용했으며 이성애자와 동성애자를 비교했다. 조사 결과를 보면 자살 기도율의 차이도 놀랍지만 자살 상상도 이성애자는 25.5퍼센트 정도인 데 비해 동성애자는 55.3퍼센트로 나타났다.

76 이 조사는 2000년에 Cochran과 Mays에 의해 실시되었으며 무작위로 선정된 조사 대상은 3648명이었다. 자세한 내용은 "Lifetime Prevalence of Suicide Symptoms and Affective Disorders among Men Reporting Same-Sex Sexual Partners: Results from NHANES III", *American Journal of Public Health 90*, no. 4(2000) 참조.

77 역시 Cochran과 Mays가 9908명을 대상으로 실시한 조사로 "Relation between Psychiatric Syndromes and Behaviorally Defined Sexual Orientation in a Sample of the U. S. Population", *American Journal of Epidemiology 151*, no. 5(2000) 참조. 조사 대상 중에서 2479명은 전해에 동성애 관계가 없어서 제외되어야 했다.

78 D. M. Fergusson 외, "Is Sexual Orientation Related to Mental Health Problems and Suicidality in Young People?", *Archives of General Psychiatry 56*, no. 10(1999) 참조.

79 1999년에 5998명을 대상으로 실시한 이 조사에서는 동성애 남성의 경우 우울증과 불안 장애, 동성애 여성의 경우 중증 우울증과 알코올 약물 의존성이 높은 것으로 나타났다. T. G. Sandfort 외, "Same-Sex Sexual Behavior and Psychiatric Disorders: Findings from the Netherlands Mental Health Survey and Incidence Study (NEMESIS)", *Archives of General Psychiatry 58*, no. 1(2001) 참조.

80 7학년부터 12학년까지의 학생 3만 6254명을 대상으로 했으며 자세한 내용은 G.Remafedi 외, "The Relationship between Suicide Risk and Sexual Orientation: Results of a Population-Based Study", *American Journal of Public Health 88*, no. 1(1998) 참조. 이 조사에 따르면 여성의 경우 레즈비언과 이성애자의 자살 상상 체험율이 차이가 없었는데, 남성의 경우에는 이성애자가 4.2퍼센트인 데 비해 게이는 28.1퍼센트나 되었다.

81 3365명을 대상으로 한 이 조사에서 동성애 남성은 이성애 남성에 비해 자살을 기도할 가능성이 6.5배 높은 것으로 나타났다. R. Garofalo 외, "Sexual Orientation and Risk of Suicide Attempts among a Representative Sample of Youth", *Archives of Pediatrics and Adolescent Medicine 153*(1999) 참조.

82 1563명을 대상으로 한 이 조사에서 동성애나 양성애 학생들은 이성애 학생들에 비해 자살 상상 체험율도 높고, 자살 기도율도 동성애자는 12퍼센트인 데 비해 이성애자는 2.3퍼센트, 지난 12개월간의 병원 치료를 요하는 자살 기도율도 동성애자는 7.7 퍼센트인 데 비해 이성애자는 1.3퍼센트로 나타났다. A. H. Faulkner & K. Cranston, "Correlates of Same-Sex Sexual Behavior in a Random Sample of Massachusetts High School Students", *American Journal of Public Health 88*, no. 2(1998) 참조. 또한 동성애자 학생들은 상해, 질병, 폭력에 의한 사망, 물질 남용, 자살 행동의 위험이 높은 것으로 나타났다.

83 C. L. Rich 외, "San Diego Suicide Study I: Young vs. Old Subjects", *Archives of General psychiatry 43*, no. 6(1986) 참조. 이 연구팀은 1995년에 뉴욕시에서도 같은 결과를 얻으려고 시도했지만 실패했다. 이들은 청년들의 자살만 연구했으며 자살자의 가족과 또래들로부터 자살자의 성적 지향성에 대한 정보를 얻었는데 많은 경우 그들은 진실을 알지 못하고 있었고 설사 알고 있다 하더라도 자녀의 동성애적 성향에 대해 인정하기를 꺼렸기 때문이다. 뉴욕시에서의 조사 내용은 "Sexual Orientation in Adolescents Who Commit Suicide", *Suicide and Life Threatening Behaviors 25*, supp. 4(1995) 참조.

84 A. K. Maylon, "Biphasic aspects of homosexual identity formation", *Psychotherapy: Theory, Research and Practice 19*(1982) 참조.

85 R. Garofalo 외, "The Association between Health Risk Behaviors and Sexual Orientation among a School-Based Sample of Adolescents", *Pediatrics 101*(1998) 참조. 이 조사에서는 동성애자들이 복합적인 약물남용, 위험한 성행위, 기타 위험한 행동들에 빠질 위험이 크다는 사실도 밝혀졌다.

86 Charlotte Salomon, *Life? Or Theatre?*, 10쪽.

87 Hendrik Hertzberg, "The Narcissus Survey", *The New Yorker*(1998. 1. 5.)

88 프랑스 탐험가 Jean Malaurie의 The Last Kings of Thule는 최근 들어 많은 비판을 받고 있기는 하지만 그린란드 이누이트의 전통적인 생활 방식에 대한 감동적이고 열정적인 설명을 담고 있다.

89 그린란드 자살률에 대한 통계는 Tine Curtis & Peter Bjerregaard, *Health Research in Greenland*, 31쪽 참조.

90 극지방 히스테리, 산의 방랑자 증후군, 카약 불안증에 대한 설명은 Inge Lynge, "Mental Disorders in Greenland", *Man & Society 21*(1997) 참조.

91 Jean Malaurie, *The Last Kings of Thule*, 109쪽.

6 중독

1 스물다섯 가지 정도의 중독성 물질이 있다는 자료는 미국 국립약물남용협회 웹사이트 http://www.nida.nih.gov/DrugsofAbuse에 들어가면 확인할 수 있다.

2 David McDowell & Henry Spitz, *Substance Abuse*, 19쪽.

3 코카인과 도파민의 상호작용에 관한 개요는 Peter Whybrow의 *A Mood Apart*, 213쪽 참조. 이에 대한 심층적인 분석은 Marc Galanter & Herbert Kleber, *Textbook of Substance Abuse Treatment*, 21-31쪽 참조.

4 모르핀과 도파민에 관한 연구는 Marc Galanter & Herbert Kleber, 앞의 책, 11-19쪽 참조.

5 알코올이 세로토닌에 미치는 영향에 대한 연구는 Marc Galanter & Herbert Kleber, 앞의 책, 6-7쪽과 130-131쪽 참조.

6 여러 중독성 물질들이 엔케팔린의 수치에 영향을 미치는 것에 대해서는 Craig Lambert, "Deep Cravings", *Harvard Magazine 102*, no. 4(2000) 참조.

7 Nora Volkow, "Imaging studies on the role of dopamine in cocaine reinforcement and addiction in humans", *Journal of Psychopharmacology 13*, no. 4(1999).

8 이에 대한 자세한 논의는 Nora Volkow 외, "Addiction, a Disease of Compulsion and Drive: Involvement of the Orbitofrontal Cortex", *Cerebral Cortex 10*(2000) 참조.

9 James Anthony 외, "Comparative epidemiology of dependence on tobacco, alcohol, controlled substances, and inhalants: Basic findings from the National Comorbidity Survey", *Experimental and Clinical Psychopharmacology 2*, no. 3(1994).

10 David McDowell & Henry Spitz, 앞의 책, 22-24쪽.

11 H. D. Abraham 외, "Order of onset of substance abuse and depression in a sample of depressed outpatients", *Comprehensive Psychiatry 40*, no. 1(1999)

12 양전자방출단층촬영 결과에 대해서는 Dr. Nora Volkow, "Long-Term Frontal Brain Metabolic Changes in Cocaine Abusers", *Synapse 11*(1992) 참조. 만

성적인 물질 남용에 의한 신경학적 손상에 대해서는 Alvaro Pascual-Leone 외, "Cerebral atrophy in habitual cocaine abusers: A planimetric CT study", *Neurology 41*(1991)과 Roy Mathew & William Wilson, "Substance Abuse and Cerebral Blood Flow", *American Journal of Psychiatry 148*, no. 3(1991) 참조. 기억력, 집중력, 추상 능력을 포함한 인지능력의 손상에 대해서는 Alfredo Ardila 외, "Neuropsychological Deficits in Chronic Cocaine Abusers", *International Journal of Neuroscience 57*(1991)과 William Beatty 외, "Neuropsychological performance of recently abstinent alcoholics and cocaine abusers", *Drug and Alcohol Dependence 37*(1995) 참조.

13 알코올중독자의 뇌 손상의 원인들에 대한 철저한 연구는 Michael Charness, "Brain Lesions in Alcoholics", *Alcoholism: Clinical and Experimental Research 17*, no. 1(1993) 참조. 알코올과 뇌 손상에 관한 보다 개괄적인 최근의 연구는 Marcia Barinaga, "A New Clue to How Alcohol Damages Brains", *Science*(2000. 2. 11.) 참조. 알코올중독자의 기억력 상실에 대한 논의는 Andrey Ryabinin, "Role of Hippocampus in Alcohol-Induced Memory Impairment: Implications from Behavioral and Immediate Early Gene Studies", *Psychopharmacology 139*(1998) 참조.

14 David McDowell & Henry Spitz, 앞의 책, 220쪽 참조. 그러나 Mark Gold와 Andrew Slaby는 이에 반기를 들면서 *Dual Diagnosis in Substance Abuse*란 저서 210-211쪽에서 "알코올중독자에게는 항우울제는 처방해서는 안 된다. 그들에 게는 금주 기간을 갖는 것이 적절한 치료법이기 때문이다."라고 주장했다.

15 REM 수면 잠복기의 증가는 오래전에 우울증의 특징으로 증명되었다. 우울 증과 수면의 관계에 대한 개괄적인 논의는 Francis Mondimore, *Depression: The Mood Disease*, 174-178쪽 참조. REM 수면과 알코올중독과 우울증에 관 한 연구는 D. H. Overstreet 외, "Alcoholism and depressive disorder", *Alcohol & Alcoholism 24*(1989)와 P. Shiromani 외, "Acetylcholine and the regulation of REM sleep", *Annual Review of Pharma-cological Toxicology 27*(1987) 참조.

16 Mark Gold & Andrew Slaby, *Dual Diagnosis in Substance Abuse*, 7-10쪽 참조.

17 Mark Gold & Andrew Slaby, 앞의 책, 108-109쪽 참조.

18 Barbara Powell 외, "Primary and Secondary Depression in Alcoholic Men: An Important Distinction?", *Journal of Clinical Psychiatry 48*, no. 3(1987) 참조. 이 복잡한 문제에 대한 더 자세한 정보를 원한다면 Bridget Grant 외, "The Relationship between DSM-IV Alcohol Use Disorders and DSM-IV Major

Depression: Examination of the Primary-Secondary Distinction in a General Population Sample", *Journal of Affective Disorders 38*(1996) 참조.

19 Boris Segal & Jacqueline Stewart, "Substance Use and Abuse in Adolescence: An Overview", *Child Psychiatry and Human Development 26*, no. 4(1996). 196쪽에 이런 내용이 있다. "사춘기는 중독성 물질을 사용하기 시작할 위험이 가장 높은 시기이며 스물한 살까지 이런 물질들을 체험하지 않은 사람은 이후에도 체험하지 않을 가능성이 높다."

20 Mark Gold & Andrew Slaby, *Dual Diagnosis in Substance Abuse*, 108쪽 참조.

21 R. E. Meyer, Psychopathology and Addictive Disorder, 3-16쪽.

22 우울증과 흥분제 남용 문제를 함께 안고 있는 환자들의 정신분열증에 가까운 증세들이 우울증 치료로 완화되는 것은 조증이 과도한 도파민으로 인해 촉진될 수 있다는 사실과 관련이 있다. 흥분제 사용을 금하는 것도 도파민의 과도한 분비를 통제하는 데 도움이 될 수 있다. 흥분제와 조증과 정신이상의 관계에 대해서는 Robert post 외, "Cocaine, Kindling and Psychosis," *American Journal of Psychiatry 133*, no. 6(1976)와 John Griffith 외, "Dextroamphetamine: Evaluation of Psychomimetic Properties in Man", *Archives of General Psychiatry 26*(1972) 참조.

23 Mark Gold & Andrew Slaby, 앞의 책 참조.

24 코카인, 진정제, 최면제, 불안 완화제의 사용 중단이 우울증을 일으키는 것에 대해서는 Mark Gold & Andrew Slaby, 앞의 책, 105-115쪽 참조.

25 Ghadirian & Lehmann, *Environment and Psychopathology*, 112쪽과 Mark Gold & Andrew Slaby, 앞의 책, 14쪽 참조.

26 이는 많은 연구들이 입증하고 있다. 특히 Mark Gold & Andrew Slaby, 앞의 책, 107-108쪽에는 "알코올중독이 일차적이고 우울증이 부차적인 환자들의 대다수가 금주 2주 째부터 증세가 완화되기 시작하며 삼사 주에 들면서 지속적으로 완화된다."고 나와 있다.

27 Howard Shaffer의 이 말은 Craig Lambert, "Deep Cravings", *Harvard Magazine 102*, no. 4(2000)에서 가져온 것이다. Bertha Madras의 주장도 이 글에 들어 있다.

28 엔도르핀 수치와 알코올 사용에 관한 연구는 J. C. Aguirre 외, "Plasma Beta-Endorphin Levels in Chronic Alcoholics", *Alcohol 7*, no. 5(1990) 참조.

29 David McDowell & Henry Spitz, *Substance Abuse* 참조.

30 아일랜드와 이스라엘의 절대 금주자에 관한 통계는 2000년 3월 9일에 이루어

진 Dr. Herbert Kleber와의 인터뷰를 통해 들은 것이다.

31 T. S. Eliot, "Gerontion", *The Complete Poems and Plays*, 22쪽.

32 Mark Gold & Andrew Slaby, 앞의 책, 199쪽.

33 이 이야기는 네팔에서 오랫동안 살았던 Sue Macartney-Snape에게 들은 것이다.

34 Marc Galanter & Herbert Kleber, *Textbook of Substance Abuse Treatment*, 216쪽 참조.

35 David Gilbert, *Smoking*, 49-59쪽 참조.

36 러시아 예술가들과의 생활에 관한 자세한 이야기는 *The Irony Tower: Soviet Artists in a Time of Glasnost*에 있다.

37 나는 이 문제에 대해 스웨덴의 알코올과 마약에 대한 사회 조사 협회(SoRAD)의 Hakan Leifman과 Mats Ramstedt와 논의했다. Mats Ramstedt는 이에 관한 통계 자료를 "Alcohol and Suicide in 14 European Countries"란 제목의 글에 실을 예정이다. 알코올 소비와 자살의 관계에 대한 추가 정보는 George Murphy의 *Suicide in Alcoholism*과 I. Rossow, "Alcohol and suicide —beyond the link at theindividual level", *Addiction 91*(1996) 참조.

38 심각한 알코올중독과 인지력 손상에 대해서는 David McDowell & Henry Spitz, *Substance Abuse*, 45-46쪽 참조.

39 알코올이 간, 위, 면역 체계에 미치는 부작용에 대해서는 David McDowell & Henry Spitz, 앞의 책, 46-47쪽 참조.

40 Donald Goodwin, *Alcoholism, the Facts*, 52쪽.

41 David McDowell & Henry Spitz, 앞의 책, 41-42쪽 참조.

42 세로토닌과 코르티솔의 알코올 소비 억제 작용에 대해서는 Marc Galanter & Herbert Kleber, 앞의 책, 6-7쪽, 130-131쪽 참조.

43 GABA 수용체에 대한 정보는 Steven Hyman, David McDowell과의 개인적인 서신 왕래를 통해 얻은 것이다. 알코올과 GABA와 기타 신경전달물질들에 대한 심층적인 논의는 Marc Galanter & Herbert Kleber, 앞의 책, 3-8쪽 참조. 세로토닌의 알코올 소비 강화에 대한 연구는 R. J. M. Niesink 외, *Drugs of Abuse and Addiction*, 134-137쪽 참조.

44 이것은 연구에 의해 입증된 사실이라기보다 임상적인 경험에 의한 판단이라고 볼 수 있다. 내가 만난 대부분의 임상의들이 중독이 우울증에 미치는 영향과 우울증이 중독에 미치는 영향에 대해 환자가 이해해야 진짜 회복이 가능하다고 믿고 있었다. Marc Galanter와 Herbert Kleber는 Textbook of Substance Abuse Treatment에서 "감정 조절이 문제인 환자들에게는 정신역동적 심리치료가 특히

유익할 수 있다."고 쓰고 있다.

45 이 프로그램은 S.T.A.R.S.(Substance Treatment and Research Service)다.

46 안타부스에 대한 연구서는 많지만 그것의 작용 양식에 대한 상세한 설명은 David McDowell & Henry Spitz, 앞의 책, 217-219쪽 참조.

47 David McDowell & Henry Spitz, 앞의 책, 48-51쪽 참조.

48 마리화나의 역사에 대해서는 David McDowell & Henry Spitz, 앞의 책, 68쪽 참조.

49 Marc Galanter & Herbert Kleber, 앞의 책, 172-173쪽 참조.

50 이에 대한 연구는 Mark Gold & Andrew Slaby, *Dual Diagnosis in Substance Abuse*, 18쪽 참조.

51 David McDowell & Henry Spitz, 앞의 책, 93쪽 참조.

52 R. A. Yokel 외, "Amphetamine-type reinforcement by dopaminergic agonists in the rat", *Psychopharmacology 58*(1978) 참조. 붉은털원숭이를 대상으로 한 무수한 실험들도 같은 결과에 이르렀다. 예를 들면 T. G. Aigner 외, "Choice behavior in rhesus monkeys: Cocaine versus food", *Science 201*(1978)이 있다.

53 코카인으로 인한 붕괴의 신경생리학적 고찰은 Mark Gold & Andrew Slaby, 앞의 책, 109-110쪽 참조.

54 암페타민과 코카인이 신경전달물질들에 미치는 영향에 대해서는 R. J. M. Niesink 외, 앞의 책, 159-165쪽 참조.

55 Mark Gold & Andrew Slaby, 앞의 책, 110쪽 참조.

56 Bruce Rounsaville 외, "Psychiatric Diagnoses of Treatment-Seeking Cocaine Abusers", *Archives of General Psychiatry 48*(1991) 참조.

57 Mark Gold & Andrew Slaby, 앞의 책, 110쪽 참조.

58 코카인과 CRF에 대한 연구는 Thomas Kosten 외, "Depression and Stimulant Dependence", *Journal of Nervous and Mental Disease 186*, no. 12(1988) 참조.

59 Ghadirian & Lehmann, *Environment and Psychopathology*, 110-111쪽 참조.

60 Mark Gold & Andrew Slaby, 앞의 책, 110쪽 참조.

61 Craig Lambert, "Deep Cravings", *Harvard Magazine 102*, no. 4(2000), 67쪽 참조.

62 엑스터시와 세로토닌 축색돌기에 대한 연구는 R. J. M. Niesink 외, 앞의 책, 164-165쪽 참조. 엑스터시가 세로토닌 수치를 30~35퍼센트까지 감소시킨다는 주장은 U. McCann 외, "Serotonin Neurotoxicity after 3,4-Methylenedioxymeth-amphetamine: A Controlled Study in Humans", *Neuropsychopharmacology 10*(1994) 참조. 엑스터시와 모노아민에 대한 연구는 S. R. White 외,

"The Effects of Methylenedioxymethamphetamine on Monoaminergic Neurotransmission in the Central Nervous System", *Progress in Neurobiology* 49(1996) 참조. 엑스터시와 신경독성에 관한 활발하고 다채로운 논의는 J. J. D. Turner & A. C. Parrott, "'Is MDMA a Human Neurotoxin?': Diverse Views from the Discussants", *Neuropsychobiology* 42(2000) 참조.

63 벤조디아제핀에 대해서는 코넬대학교 Dr. Richard A. Friedman의 연구에 의존했으며 특히 2000년 봄에 이루어진 인터뷰를 통해 많은 정보를 얻을 수 있었다.

64 벤조디아제핀 과잉 복용의 위험들에 대해서는 Mark Gold & Andrew Slaby, 앞의 책, 20-21쪽 참조.

65 루피스에 대한 자세한 설명은 David McDowell & Henry Spitz, 앞의 책, 65-66쪽 참조.

66 Craig Lambert, 앞의 글, 60쪽 참조.

67 엑스터시의 간략한 역사는 David McDowell & Henry Spitz, 앞의 책, 59-60쪽 참조.

68 Michael Pollan, "A Very Fine Line", *New York Times Magazine*(1999. 9. 12.)

69 Keith Richards의 이 말은 Dave Hickey의 빛나는 책 *Air Guitar* 속표지 앞에 들어 있다.

7 자살

1 우울증과 자살 사이에는 분명한 인과관계가 없는 경우가 많다는 생각은 여러 연구서들을 통해 얻은 결론이다. George Colt는 *The Enigma of Suicide*에 자살은 이제 더 이상 "'우울증의 종착역'으로 여겨지지 않는다."고 썼다. 43쪽 참조.

2 George Colt, 앞의 책, 312쪽.

3 미국에서 자살자의 40퍼센트 이상이 정신과 입원 치료를 받았다는 자료는 Jane Pirkis & Philip Burgess, "Suicide and recency of health care contacts: A systematic review", *British Journal of Psychiatry* 173(1998), 463쪽 참조.

4 A. Alvarez, *The Savage God*, 96쪽. 자살과 야망에 대한 언급은 75쪽에 나온다.

5 첫 번째 인용문은 *Hamlet* 3막 1장, 79-80행, 두 번째 인용문은 3막 1장 83-85 행이다. 햄릿의 이 말에 대한 해석은 분분하지만 '분별심'과 '의식'의 관계를 장장 한 장(章)에 걸쳐 설명한 C. S. Lewis의 *Studies in Words*와 명쾌한 해석을 제공한 Harold Bloom의 *Shakespeare: The Invention of the Human*을 추천하고 싶다.

6   Albert Camus, *The Myth of Sisyphus and Other Essays*, 3쪽.

7   Schopenhauer, "On Suicide", *The Works of Schopenhauer*, 437쪽.

8   Glen Evans, *The Encyclopedia of Suicide*, ii쪽.

9   프로이트가 1910년 4월 20일 빈 정신분석학회 모임에서 자살에 관한 주제로 연설하면서 한 말이며, 나는 Litman, "Sigmund Freud on Suicide", *Essays in Self-Destruction*(ed. Edwin Shneidman), 330쪽에서 가져왔다.

10 Albert Camus, 앞의 책, 3쪽.

11 Pliny, *The Works of Schopenhauer*, 433쪽.

12 John Donne, *Biathanatos*, 39쪽.

13 Schopenhauer, *Essays and Aphorisms*, 78쪽.

14 Thomas Szasz, *The Second Sin*, 67쪽.

15 Herbert Hendin, *Suicide in America*, 216쪽 참조.

16 Edwin Shneidman, *The Suicidal Mind*, 58-59쪽.

17 George Colt, 앞의 책, 341쪽 참조.

18 이것은 1996년 연간 총 자살 수 3만 1000을 기준으로 1년 52만 4160분을 3만 1000으로 나눈 것으로 16.9분이 나온다.

19 자살이 스무 살 이하 미국인의 사망 원인 3위라는 자료는 국립정신건강연구소 자살 관련 웹사이트에서 가져온 것으로 1996년 통계다. 대학생의 경우 2위라는 주장은 Kay Jamison의 *Night Falls Fast*, 21쪽에 있다. 자살과 에이즈 사망률 비교와 자살 관련 입원 수치도 같은 책 23쪽과 24쪽에 있다.

20 자살에 관한 WHO 통계는 *The World Health Report*, 1999 참조. 스웨덴에서 실시된 조사에 관해서는 U. Asgard 외, "Birth Cohort Analysis of Changing Suicide Risk by Sex and Age in Sweden 1952 to 1981", *Acta Psychiatrica Scandinavica* 76(1987) 참조.

21 Kay Jamison, 앞의 책, 110쪽.

22 M. Oquendo 외, "Suicide: Risk Factors and Prevention in Refractory MajorDepression", *Depression and Anxiety* 5(1997), 203쪽.

23 George Colt, 앞의 책, 311쪽.

24 Aaron Beck, *Depression*, 57쪽.

25 국립정신건강연구소 웹사이트 http://www.nimh.nih.gov/publicat/harmaway.cfm 참조.

26 월요일과 금요일에 자살률이 가장 높다는 보고는 Eric Marcus, *Why Suicide?*, 23쪽 참조.

27   시간에 따른 자살률은 M. Gallerani 외, "The Time for Suicide", *Psychological Medicine 26*(1996) 참조.

28   David Lester, *Making Sense of Suicide*, 153쪽.

29   Richard Wetzel & James McClure Jr., "Suicide and the Menstrual Cycle: A Review", *Comprehensive Psychiatry 13*, no. 4(1972) 참조. 하지만 이런 연구의 방법론적 타당성에 대한 논란이 있으며 이에 대한 비판적인 글로는 Enrique-Beca-Garcia 외, "The Relationship Between Menstrual Cycle Phases and Suicide Attempts", *Psychosomatic Medicine 62*(2000)가 있다. 임신과 출산이 자살에 미치는 영향은 E. C. Harris & Brian Barraclough, "Suicide as an Outcome for Medical Disorders", *Medicine 73*(1994) 참조.

30   Emile Durkheim의 이 분수령을 이루는 저서는 1987년에 "Le Suicide"란 제목으로 출간되었다. 자살의 네 가지 종류는 Steve Taylor의 책 *Durkheim and the Study of Suicide*를 참조했다.

31   Charles Bukowski의 말은 선셋대로 광고판에서 본 것이다.

32   Alexis de Tocqueville, *Democracy in America*, 296쪽.

33   Steve Taylor, *Durkheim and the Study of Suicide*, 21쪽 참조.

34   정신 질환을 지닌 자살자 가운데 자살 가족력이 있는 사람들이 그렇지 않은 사람들보다 최소한 두 배 내지 세 배 많다는 사실은 30여 개의 연구들을 근거로 하였다. Kay Jamison, 앞의 책, 169쪽 참조.

35   Paul Wender 외, "Psychiatric disorders in the biological and adoptive families of adopted individuals with affective disorders", *Archives of General Psychiatry 43*(1986) 참조. 일란성 쌍둥이와 자살에 관해서는 Alec Roy 외, "Genetics of Suicide in Depression", *Journal of Clinical Psychiatry*, suppl. 2(1999) 참조.

36   Kay Jamison, 앞의 책, 144-153쪽.

37   아직 발표되지 않은 Paolo Bernardini의 원고 "Melancholia gravis: Robert Burton' Anatomy(1621) and the Links between Suicide and Melancholy"를 참조했다.

38   George Colt, 앞의 책, 90-91쪽.

39   Kay Jamison, 앞의 책, 273-275쪽 참조.

40   Rise Goldstein 외, "The Prediction of Suicide", *Archives of General Psychiatry 48*(1991), 421쪽에 이런 내용이 있다. "우리는 과거의 자살 기도 전력뿐 아니라 그 횟수도 매우 중요하다는 걸 증명할 수 있다. 자살 위험은 자살 기도 횟수에 따라 증가한다."

41   Maria Oquendo 외, "Inadequacy of Antidepressant Treatment for Patients with Major Depression Who Are at Risk for Suicidal Behavior", *American Journal of Psychiatry 156*, no. 2(1999), 193쪽.

42   Kay Jamison, 앞의 책, 239-241쪽 참조.

43   Leonardo Tondo 외, "Lithium maintenance treatment reduces risk of suicidal behavior in Bipolar Disorder patients", *Lithium: Biochemical and Clinical Advances*(ed. Vincent Gallicchio & Nicholas Birch), 161-171쪽.

44   Jerome Motto, "Clinical Considerations of Biological Correlates of Suicide", *The Biology of Suicide*(ed. Ronald Maris).

45   Sigmund Freud, "Mourning and Melancholia", *The Standard Edition of the Complete Psychological Works of Sigmund Freud*, vol. 14, 252쪽 참조.

46   George Colt, 앞의 책, 196쪽.

47   Robert Litman, "Sigmund Freud on Suicide", *Essays in Self-Destruction*(ed. Edwin Shneidman), 336쪽.

48   George Colt, 앞의 책, 201쪽.

49   체스터턴의 이 시는 Glen Evans & Norman L. Farberow, *The Encyclopedia of Suicide*, ii쪽에 있다.

50   만성적인 스트레스와 신경전달물질의 고갈에 대해서는 많은 연구가 이루어졌으며 Kay Jamison의 *Night Falls Fast*, 192-193쪽에 훌륭하게 정리되어 있다. 스트레스에 대한 뇌의 반응에 관해 자세히 알고 싶다면 Robert Sapolsky 외, "Hippocampal damage associated with prolonged glucocorticoid exposure in primates", *Journal of Neuroscience 10*, no. 9(1990) 참조.

51   자살성과 콜레스테롤 수치에 관한 연구는 Kay Jamison의 *Night Falls Fast*, 194-195쪽에 잘 정리되어 있다.

52   낮은 세로토닌 수치, 과도한 세로토닌 수용체, 억제 기능, 자살성에 관한 연구는 이 분야의 선구자 가운데 한 사람인 John Mann의 "The Neurobiology of Suicide", *Lifesavers 10*, no. 4(1998) 참조. Hermann van Praag, "Affective Disorders and Aggression Disorders: Evidence for a Common Biological Mechanism", *The Biolology of Suicide*(ed. Ronald Maris)도 현재까지 발견된 사실들을 훌륭하게 개관해 놓았다. Alec Roy, "Possible Biologic Determinants of Suicide", *Current Concepts of Suicide*(ed. David Lester)도 참조할 만하다.

53   M. Virkkunen 외, "Personality Profiles and State Aggressiveness in Finnish Alcoholics, Violent Offenders, Fire Setters, and Healthy Volunteers", *Archives of*

General Psychiatry 51(1994).

54 이에 대한 연구들은 많지만 특히 P. T. Mehlman 외, "Low CSF 5-HIAA Concentrations and Severe Aggression and Impaired Impulse Control in Nonhuman Primates", *American Journal of Psychiatry 151*(1994)가 눈길을 끈다. ASCEP 뉴스레터들에서도 자료를 얻었다.

55 이에 대해서는 많은 연구들이 이루어졌으며 Kay Jamison의 *Night Falls Fast*, 192-193쪽에 잘 정리되어 있다.

56 이에 대한 자세한 설명은 John Mann, "The Neurobiology of Suicide", *Lifesavers 10*, no. 4(1998) 참조.

57 Marie Åsberg, "Neurotransmitters and Suicidal Behavior: The Evidence from Cerebrospinal Fluid Studies", *Annals of the New York Academy of Sciences 836*(1997).

58 D. Nielsen 외, "Suicidality and 5-Hydroxindoleacetic Acid Concentration Associated with Tryptophan Hydroxylase Polymorphism", *Archives of General Psychiatry 51*(1994).

59 Gary Kraemer, "The Behavioral Neurobiology of Self-Injurious Behavior in Rhesus Monkeys: Current Concepts and Relations to Impulsive Behavior in Humans", *Annals of the New York Academy of Sciences 836*, no. 363(1997).

60 이에 대한 연구는 Joan Kaufman 외, "Serotonergic Functioning in Depressed Abused Children: Clinical and Familial Correlates", *Biological Psychiatry 44*, no. 10(1998) 참조.

61 태아의 뇌 손상과 자살성의 관계에 대한 자세한 설명은 Kay Jamison, *Night Falls Fast*, 183쪽 참조.

62 Simeon Margolis & Karen L. Swartz, "Sex Differences in Brain Serotonin Production", *The Johns Hopkins White Papers: Depression and Anxiety*, 1998, 14쪽. 성별과 뇌의 모노아민 체계에 관한 보다 심층적인 정보는 Uriel Halbreich & Lucille Lumley, "The multiple interactional biological processes that might lead to depression and gender differences in its appearance", *Journal of Affective Disorders 29*, no. 2-3(1993) 참조.

63 Kay Jamison, 앞의 책, 184쪽.

64 총을 구하기 쉬운 점과 자살의 관계에 대해서는 다양한 연구들이 이루어졌지만 나는 M. Boor 외, "Suicide Rates, Handgun Control Laws, and Sociodemographic Variables", *Psychological Reports 66*(1990)를 참조했다.

65   George Colt, 앞의 책, 335쪽 참조.

66   Kay Jamison, 앞의 책, 284쪽.

67   총기 관련 규제 정도에 따른 자살률과 David Oppenheim의 말은 George Colt, 앞의 책, 336쪽에 있다.

68   질병통제센터(CDC) 웹사이트 http://www.cdc.gov/ncipc/factsheets/suifacts. htm에 들어가면 1997년에 미국인 3만 535명이 자살했으며, 다섯 명 중 세 명 꼴로 총기 자살을 한 것으로 되어 있다. 따라서 약 1만 8000명 정도가 된다.

69   Kay Jamison, 앞의 책, 140쪽.

70   Kay Jamison, 앞의 책, 137쪽.

71   예술가, 과학자, 사업가, 시인, 작곡가의 자살률은 Kay Jamison, 앞의 책, 181쪽.

72   George Colt, 앞의 책, 266쪽.

73   Karl Menninger, *Man Against Himself,* 184쪽.

74   이 실험은 Juan Lopez, Delia Vasquez, Derek Chalmers, Stanley Watson이 실시했으며 1996년 11월 14-15일에 국립정신건강연구소 자살 연구 워크숍에서 발표되었다.

75   Gary Kraemer가 1996년 11월 14-15일에 열린 국립정신건강연구소 자살 연구 워크숍에서 "The Behavioral Neurobiology of Self-Injurious Behavior in Rhesus Monkeys"란 제목으로 발표했다.

76   이 이야기는 Marie Asberg에게서 들은 것이다.

77   L. Moss & D. Hamilton, "The Psychotherapy of the Suicidal Patient", *American Journal of Psychiatry* 122(1956).

78   자살 기도에 관한 수치와 열다섯 살에서 스물네 살까지의 미국인의 사망 원인 중 자살이 3위라는 사실은 D. L. Hoyert 외, "Deaths: Final data for 1997. National Vital Statistics Report" 참조. http://www.cdc.gov/ncipc/osp/ states/101c97.htm에 들어가면 찾을 수 있다. 국립정신건강연구소 통계에 의하면, 여덟 번에서 스물네 번까지의 자살 기도 끝에 자살에 성공한다고 한다. 그러니 8만 건이라는 자살 기도 수치도 낮게 잡은 것이다. 이에 대한 국립정신건강연구소의 자료는 http://www.nimh.nih.gov/publicat/harmaway.cfm에 있다.

79   George Colt, 앞의 책, 49쪽.

80   Herbert Hendin, *Suicide in America,* 55쪽 참조.

81   이 문제에 대한 논의는 Philip Patros & Tonia Shamoo, *Depression and Suicide in Children and Adolescents,* 41쪽 참조.

82   Diego de Leo & Rene F. W. Diekstra, *Depression and Suicide in Late Life,* 188쪽.

83 Diego de Leo & Rene F. W. Diekstra, 앞의 책.

84 Diego de Leo & Rene F. W. Diekstra, 앞의 책.

85 Diego de Leo & Rene F. W. Diekstra, 앞의 책, 24쪽.

86 Laura Musetti 외, "Depression Before and After Age 65: A Reexamination", *British Journal of Psychiatry 155*(1989), 330쪽.

87 국가별로 자살률을 비교하면 헝가리가 10만 명당 마흔 명으로 가장 높고 자메이카가 10만 명당 0.4명으로 가장 낮다고 한다. Eric Marcus, *Why Suicide?*, 25-26쪽 참조.

88 Kay Jamison, 앞의 책, 133-134쪽.

89 WHO의 *Prevention of Suicide* 참조.

90 Kay Jamison, 앞의 책, 39쪽.

91 A. Alvarez, *The Savage God*, 89쪽.

92 Albert Camus, *The Myth of Sisyphus and Other Essays*, 5쪽.

93 Julia Kristeva, *Black Sun*, 4쪽.

94 Edwin Shneidman, *The Suicidal Mind*, 58-59쪽.

95 Kay Jamison, 앞의 책, 74쪽.

96 Kay Jamison, 앞의 책, 291쪽.

97 Kay Jamison, 앞의 책, 292쪽.

98 Edna St. Vincent Millay, "Sonnet in Dialectic", *Collected Sonnets*, 159쪽.

99 나는 전에도 어머니의 죽음에 관한 이야기를 자세히 쓴 적이 있다. 《뉴요커》에 안락사에 대한 글을 쓰면서 어머니 이야기를 소개했고 그 글은 나의 소설 『스톤보트』 11장의 모태가 되었다. 여기서 다시 어머니의 죽음에 대해 이야기하게 된 건 그것이 내 이야기의 일부이기 때문이며, 이번이 마지막이기를 바란다.

100 Fyodor Dostoyevsky, *The Possessed*.

101 Deborah Christie & Russell Viner, "Eating disorders and self-harm in adolescent diabetes", *Journal of Adolescent Health 27*(2000).

102 Alfred Lord Tennyson, "Tithonus", *Tennyson's Poetry*, 72쪽.

103 Emily Dickinson, *The Complete Poems of Emily Dickinson*, 262쪽.

104 E. M. Cioran, *A Short History of Decay*, 36쪽.

105 Virginia Woolf, *The Letters of Virginia Woolf*, vol. 6, 486-487쪽.

106 Virginia Woolf, *The Diary of Virginia Woolf*, 110-111쪽.

107 Ronald Dworkin, *Life's Dominion*, 93쪽.

108 Rainer Maria Rilke, "Requiem for a Friend", *The Selected Poetry of Rainer Maria*

Rilke, 85쪽.

109 A. Alvarez, *The Savage God*, 75쪽.

110 A. Alvarez, 앞의 책, 151-152쪽.

111 Primo Levi, *The Drowned and the Saved*(미국판), 70-71쪽.

112 Primo Levi의 자살이 약물치료의 탓일 수도 있다는 주장은 *The Drowned and the Saved*(영국판) 서문에서 Peter Bailey가 제기했다.

113 니체는 『선악을 넘어서』에 "자살에 대한 생각은 강력한 위안이 된다. 우리는 그 것에 의지하여 많은 힘겨운 밤을 견딘다."고 썼다.

8 역사

1 우울증의 역사를 설득력 있는 방식으로 철저히 조사한 보조 자료를 찾을 수는 없었지만 Stanley Jackson의 *Melancholia and Depression*에서 많은 도움을 얻었음 을 밝힌다.

2 depression의 어원은 *The Oxford English Dictionary*, vol. 3, 220쪽 참조.

3 Samuel Beckett, *Waiting for Godot*.

4 엠페도클레스의 멜랑콜리에 대한 견해들을 포함한 그리스인들의 체액 이론 에 대한 개괄적인 기술은 Stanley Jackson의 *Melancholia and Depression*, 7-12쪽 참조.

5 W. H. S. Jones와 E. T. Withington 편역의 *Hippocrates*, 2권, 175쪽 참조. 페 르디카스 2세를 치료한 내용은 Giuseppe Roccatagliata의 *A History of Ancient Psychiatry*, 164쪽 참조.

6 chole와 cholos의 관련은 Bennett Simon의 *Mind and Madness in Ancient Greece*, 235쪽 참조.

7 호메로스의 글에서 black mood가 쓰인 사실도 Benntt Simon, 앞의 책 참조.

8 Homer, *The Iliad*, 6권, 202쪽 236-240연.

9 Giuseppe Roccatagliata, *A History of Ancient Psychiatry*, 162쪽 참조.

10 Iago Galdston, *Historic Derivations of Modern Psychiatry*, 12쪽에서 인용.

11 Bennett Simon, 앞의 책, 224-227쪽 참조. 플라톤과 프로이트 사상의 비교는 Iago Galdston, 앞의 책, 14-16쪽 참조. 플라톤의 발달 모델은 Bennett Simon, 앞 의 책, 171-172쪽 참조.

12 Giuseppe Roccatagliata, 앞의 책, 101쪽 참조.

13 Giuseppe Roccatagliata, 앞의 책, 102-103쪽 참조.

14 우울증에 관련된 아리스토텔레스의 견해는 Giuseppe Roccatagliate, 앞의 책, 106-112쪽 참조.

15 Aristoteles, *Problemata*.

16 "The Sack of Troy"의 이 구절은 Bennett Simon, 앞의 책, 231쪽에 있다.

17 세네카의 이 말은 Rudolph & Margot Wittkower, *Born Under Saturn*, 99쪽에 있다.

18 Menander, *Comicorum Atticorum fragmenta*, 18편.

19 회의학파에 대한 자세한 내용은 Giuseppe Roccatagliata, 앞의 책, 133-135 참조.

20 Giuseppe Roccatagliata, 앞의 책, 137-138쪽.

21 Giuseppe Roccatagliata, 앞의 책, 138-140쪽.

22 Stanley Jackson, 앞의 책, 35-39쪽 참조.

23 물이 똑똑 떨어지는 소리 들려주기와 그물침대 요법은 Stanley Jackson, 앞의 책, 35쪽에, 엷은 색 음식 요법은 Barbara Tolley의 미간행 논문 "The languages of Melancholy in Le Philosophe Anglais" 참조.

24 Giuseppe Roccatagliata, 앞의 책, 223-232쪽.

25 갈레누스에 대한 연구서는 많이 나와 있지만 나는 주로 Stanley Jackson의 Melancholia and Depression과 Giuseppe Roccatagliata의 A History of Ancient Psychiatry를 참조했다. 갈레누스의 말은 Giuseppe Roccatagliata의 책, 193-209쪽에서 가져왔다.

26 Tzvetan Todorov, *The Conquest of America*, 68쪽 참조.

27 스토아 철학자들이 중세 사상에 미친 영향에 대해서는 Giuseppe Roccatagliata, 앞의 책, 133-143쪽 참조.

28 Judith Neaman, *Suggestion of the Devil*, 51-65쪽 참조.

29 "한낮의 악마"는 히브리어 원문을 고수한 킹제임스 성경(시편 96편 1절)에서는 "한낮에 덮치는 파괴(the destruction that wasteth at noonday)"로 번역되었다. 그러다 불가타 성서를 프랑스에서 영역한 뒤 「시편」(90편 6절)에서 라틴어 "daemonio meridiano"를 "한낮의 악마"로 옮기게 된다. 그 라틴어구는 그리스어 구약 성서인 70인 역 성서 시편(90편 6절)의 "daimoniou mesembrinou"에서 나온 것이다.

30 Reinhard Kuhn의 *The Demon of Noontide*, 43쪽을 보면 "에바그리우스는 여덟 가지 대죄 중에서 나태를 가장 길고 자세히 취급했으며······ 에바그리우스는 나태

를 'daemon qui etiam meridianus vocatur'라 칭했는데 그것은 시편의 '한낮의 악
마'이다.'라는 구절이 나온다. Stanley Jackson의 *Melancholia and Depression*, 66
쪽에 보면 에바그리우스는 나태를 "피로, 무기력, 슬픔, 낙담, 불안, 수도원과 수
도원 생활에 대한 혐오, 가족과 속세의 삶에 대한 동경의 증세를 나타내는 것"으
로 설명했다고 되어 있다.

31 Iago Galdston, 앞의 책, 19-22쪽.

32 Iago Galdston, 앞의 책, 31-34쪽.

33 Chaucer, *Canterbury Tales Complete*, 588-592쪽.

34 acedia와 tristia의 차이에 대해서는 Stanley Jackson, *Melancholia and Depression*,
    65-77쪽 참조.

35 Stanley Jackson, 앞의 책, 326쪽.

36 Rudolph & Margot Wittkower, *Born Under Saturn*, 108-113쪽 참조.

37 Paul Kristeller의 *The Philosophy of Marsilio Ficino*에 피치노에 대한 폭넓은 논의
    가 들어 있으며 인용문들도 대부분 그 책의 208-214쪽에서 가져온 것이다. 추
    가적인 정보와 인용문은 Winfried Schleiner의 *Melancholy, Genius, and Utopia
    in the Renaissance*(24-26쪽)과 Klibansky 외, *Saturn and Melancholy*(159쪽),
    Barbara Tolley의 미간행 논문 "The Languages of Melancholy in Le Philosophe
    Anglais"(20-23쪽), Lawrence Babb의 *The Elizabethan Malady*(60-61쪽)을 참조
    했다.

38 Winfried Schleiner, 앞의 책, 26-27쪽 참조.

39 Vasari, *Lives of the Artists* 참조. 이 책 1권에서 바사리는 파올로 우첼로의 경우
    "난해한 문제들에 질식하여 고독하고, 기이하고 우울하고 가난하게" 생을 마쳤
    다고 썼다.(95쪽) 또한 코레조도 "그림을 그리면서 끊임없는 고통에 시달렸고
    깊은 우울에 빠져 있었다."고 썼다.(278쪽) 멜랑콜리와 천재성, 그중에서도 특
    히 독일의 르네상스 화가 알브레히트 뒤러에 관한 논의는 Raymond Klibansky,
    Erwin Panofsky, Fritz Saxl의 *Saturn and Melancholy: Studies in the History of
    NaturalPhilosophy, Religion, and Art* 참조.

40 Andreas Du Laurens, Discourse. 나는 Lawrence Babb의 *The Elizabethan Malady*,
    53쪽에서 가져왔다.

41 Lawrence Babb, 앞의 책, 53쪽.

42 Winfried Schleiner, 앞의 책, 182쪽.

43 Jan Wier에 대한 논의는 Winfried Schleiner, 앞의 책, 181-187쪽과 Lawrence
    Babb, 앞의 책, 54-56쪽 참조.

44   Sigmund Freud, *Standard Edition*, vol. 9, 245쪽.

45   Lawrence Babb, 앞의 책, 55-56쪽과 Winfried Schleiner, 앞의 책, 183-187쪽
      참조.

46   Winfried Schleiner, 앞의 책, 189쪽 참조.

47   Winfried Schleiner, 앞의 책, 190쪽 참조.

48   몽테뉴의 우울증에 대한 견해는 그 자체만으로도 긴 논의를 요한다. 나는
      Winfried Schleiner, 앞의 책, 179쪽과 184쪽의 내용을 소개한 것이며, 보다 심층
      적인 논의는 M. A. Screech의 *Montaigne & Melancholy* 참조.

49   로랑스는 Laurentius라는 라틴어식 이름으로 알려져 있기도 하다. 그에 관
      한 논의와 인용문은 Stanley Jackson, 앞의 책, 86-91쪽과 T. H. Jobe, "Medical
      Theories of Melancholia in the Seventeenth and Early Eighteenth Centuries", *Clio
      Medica 11*, no. 4(1976), 217-221쪽 참조.

50   이 의사는 Richard Napier이며 그의 말은 Michael MacDonald의 *Mystical
      Bedlam*, 159-160쪽에 있다. John Archer는 1673년에 멜랑콜리는 "자연의 가장
      무서운 적"이라고 썼는데 이것도 *Mystical Bedlam*, 160쪽에 있다.

51   Lawrence Babb, 앞의 책, 62쪽 참조.

52   이 우울한 이발사는 16세기 영국 작가 존 릴리의 「사랑의 변신과 미다스」란 극
      에 등장한다.

53   이 의사는 Richard Napier이고 통계 수치는 *Mystical Bedlam*, 151쪽에 있다.
      Richard Napier의 진료 기록은 매우 철저해서 당대 최고의 자료로 남아 있다. 그
      는 정신 질환에 대해 무척이나 관심이 컸던 것으로 보이며 뛰어난 설득력을 지
      닌 기록을 남겼다.

54   이러한 경향은 Timothy Rogers의 1691년 작품 *Discourse*를 통해서도 엿볼 수 있
      는데 그 대표적인 구절은 다음과 같다. "멜랑콜리에 시달리는 당신의 친구들에
      게 그들이 할 수 없는 일들을 강요하지 마라. 그들은 뼈가 부러진 이들로 격심
      한 고통 속에 있으며 따라서 행동을 취할 수 없다. ……그들의 기분을 전환시
      켜 주려면 크나큰 친절을 베풀어야 한다." 그의 글은 "A Discourse Concerning
      Trouble of the Mind and the Disease of Melancholly"란 제목으로 Richard
      Hunter와 Ida Macalpine이 펴낸 *300 Years of Psychiatry*, 248-251쪽에 들어 있다.

55   John Milton, *Complete Poems and Major Prose*, 72쪽, 76쪽.

56   Robert Burton의 *Anatomy of Melancholy*는 내가 여기서 다 소개할 수 없는 많은
      지혜를 담고 있으며 그에 관한 연구서들은 수없이 많다. 그의 생애와 업적에 관
      한 간략한 소개는 Stanley Jackson, 앞의 책, 95-99쪽 참조. 보다 긴 논의들은

Lawrence Babb의 앞의 책, Eleanor Vicari의 *The View from Minerva's Tower*, Vieda Skultan의 *English Madness*, Rudolph & Margot Wittkower의 *Born Under Saturn* 참조. 나는 Paolo Bernardini의 미간행 원고 "Melancholia gravis: Robert Burton's Anatomy(1621) and the Links between Suicide and Melancholy"에서도 많은 도움을 얻었다.

57   F. F. Blok, *Caspar Barlaeus*, 105-121쪽 참조.

58   데카르트와 정신 질환에 관해서는 W. F. Bynum, Roy Porter, Michael Shepherd 의 *The Anatomy of Madness*, vol. 1, 40-62쪽에 실린 Theodore Brown의 "Descartes, dualism, and psychosomatic medicine" 참조.

59   Thomas Willis, *Two Discourses Concerning the Soul of Brutes*, 179쪽, 188-201쪽, 209쪽 참조. T. H. Jobe, "Medical Theories of Melancholia in the Seventeenth and Early Eighteenth Centuries", *Clio Medica 11*, no. 4(1976)와 Allan Ingram, *the Madhouse of Language*도 참고할 만하다.

60   Allan Ingram, 앞의 책, 24-25쪽.

61   부르하버는 체액설을 거부하고 인간의 몸은 피의 수역학 운동을 통해 움직이는 섬유질 덩어리라고 보았다. 그는 멜랑콜리의 주요 원인을 "예기치 못한 끔찍한 사고, 과도한 몰두, 강한 애정, 고독, 공포, 히스테리적인 애착 등 뇌의 신경액을 고갈시키는 것들과…… 무절제한 성생활, 음주, 말린 고기, 덜 익은 과일, 발효시키지 않은 가루"라고 보았다. 그는 이런 무절제한 행동과 섭취가 혈액의 불균형을 초래하여 산성 물질들을 만들고 이 물질들은 전신에 문제를 일으키는 고약한 액체를 생성한다고 했다. 또 뇌에서는 "응고성의 산"이 혈액을 응고시켜 특정한 핵심 부위들로의 순환을 중단시킨다고 했다.

62   라 메트리에 대한 자세한 설명은 Aram Vartanian의 *La Mettrie's L'Homme Machine* 참조.

63   Friedrich Hoffman, *A System of the Practice of Medicine*, 298-303쪽 참조. Hoffman은 1783년에 "오랜 슬픔이나 공포, 사랑의 결과로 뇌가 약해지면서" 혈액이 걸쭉해진다고 말했다. 그는 또 오랫동안 별개의 문제로 취급되어 온 조증과 울증이 "한 가지 문제의 상이한 단계들로 보이며 조증은 우울증이 격화된 상태이고 그 사이사이에 울증이 온다."고 했다. 그는 부르하버의 이론을 받아들여 조증은 "혈액 순환의 가속화"이고 울증은 "혈액 순환의 지연"이라고 말했다.

64   *The Ethics of Spinoza*, 139-140쪽.

65   베들럼에 대한 논의는 Marlene Arieno의 *Victorian Lunatics*, 16-19쪽 참조. 비세트르와 그곳의 가장 유명한 인물 Dr. Philippe Pinel에 대해서는 Dora Weiner,

"'Le geste de Pinel': The History of a Psychiatric Myth", *Discovering the History of Psychiatry*(ed. Mark Micale & Roy Porter) 참조.

66 Roy Porter의 *Mind-Forg'd Manacles*, 73쪽에서 가져왔다.

67 18세기와 19세기 초 정신 질환에 관한 책들을 무수히 많으며 나는 주로 Andrew Scull의 *Social Order/Mental Disorder*, Michel Foucault의 *Madness and Civilization*, Roy Porter의 *Mind-Forg'd Manacles*를 참조했다.

68 Andrew Scull, 앞의 책, 59쪽.

69 Andrew Scull, 앞의 책, 69-72쪽.

70 Allan Ingram, *The Madhouse of Language*, 146-149쪽.

71 Roy Porter, 앞의 책, 75-77쪽.

72 Max Byrd, *Visits to Bedlam*, 127쪽.

73 Allan Ingram, 앞의 책, 149-150쪽 참조. 인용된 시는 "Lines Written During a Period of Insanity"란 제목으로 *The Poetical Works of William Cowper*, 290쪽에 실려 있다.

74 Edward Young, *The Complaint or Night-Thoughts*, vol. 1, 11쪽.

75 Roy Porter, 앞의 책, 345쪽에서 가져왔다.

76 Jerome Zerbe & Cyril Connolly, *Les Pavillons of the Eighteenth Century*, 21쪽에서 가져왔다.

77 Max Byrd, 앞의 책, 126쪽에 있다.

78 Max Byrd, 앞의 책, 126쪽에 있다. 이 외에도 18세기의 우울증에 관해 언급한 책들은 많다. 그 자신도 우울한 인물이었던 조너선 스위프트는 우울증 환자들에 대해 엄격했다. 자립심을 강조했던 그는 *Gulliver's Travels*에 이렇게 썼다. "이따금 한 야후가 이상한 기분에 사로잡혀 구석에 누워 신음소리를 내며 가까이 오는 모든 것들을 밀어냈다. 젊고 살이 쪘음에도 음식도 물도 마다했고 아무도 그 까닭을 알지 못했다. 그들이 찾은 유일한 치료법은 중노동을 시키는 것이었는데 그러면 백발백중 제정신으로 돌아왔다."

79 Voltaire, *Candide*, 140쪽.

80 Roy Porter, 앞의 책, 241쪽. 지리와 우울증의 관계는 이 시기에 처음 관심을 끌게 되었다. 일례로 윌리엄 롤리는 이런 글을 썼다. "영국은 국토의 넓이와 국민의 수로 볼 때 유럽의 그 어느 나라보다 정신병자가 많다. 열정으로 인한 흥분과 다른 나라들보다 제약이 덜한 사고와 행동의 자유로 인해 영국인들은 머리로 피가 많이 몰리며 그 결과 다양한 광기들이 나타난다. 종교적, 시민적 자유가 정치적, 종교적 광기를 낳으며, 그런 자유가 존재하지 않는 곳에서는 그런 광기

가 나타나지 않는다." William Rowley의 글은 Max Byrd, 앞의 책, 129쪽에 들어 있다.

81　Thomas Gray의 "Elegy Written in a Country Churchyard"는 *The Complete Poems of Thomas Gray*, 38쪽에 들어 있다.

82　Thomas Gray, "Ode on a Distant Prospect of Eton College", 앞의 책, 9-10쪽.

83　Samuel Taylor Coleridge, *The Collected Letters of Samuel Taylor Coleridge*(ed. Earl Leslie Griggs), vol. 1, letter 68, 123쪽.

84　Immanuel Kant, *Observations on the Feeling of the Beautiful and Sublime*, 56쪽. 63쪽.

85　Mary Ann Jimenez의 *Changing Faces of Madness* 참조.

86　일례로 17세기 매사추세츠주의 목사였던 윌리엄 톰슨은 일을 포기해야 할 정도로 깊은 우울증에 시달렸는데 그의 가족과 친구들은 이에 대해 "죽음의 살아 있는 초상/ 걸어다니는, 살아 있는 무덤/ 검은 멜랑콜리가 매장된"이라고 표현하며 악마가 "극악무도하고 무시무시하고 지독한 공격으로 그의 정신을 괴롭힌다."고 썼다. 이 시는 Mary Ann Jimenez, 앞의 책, 13쪽에 있다.

87　Mary Ann Jimenez, 앞의 책, 13-15쪽.

88　Cotton Mather, *The Angel of Bethesda*, 130-133쪽.

89　Henry Rose, *An Inaugural Dissertation on the Effects of the Passions upon the Body*, 12쪽 참조. 당시 우울증에 관한 연구서를 낸 대표적인 미국인으로는 Nicholas Robinson, William Cullen, Edward Cutbush를 들 수 있다. Nicholas Robinson의 글은 당시 미국에서 널리 읽혔으며 그의 우울증에 대한 기계론적 설명은 18세기 미국의 지배적인 사고가 되었다. 그에 대한 자세한 내용은 Mary Ann Jimenez, 앞의 책, 18-20쪽 참조. 한편 1790년에 필라델피아에서 저술 활동을 펼친 William Cullen은 종교적인 제약에서 어느 정도 벗어난 휴머니스트로 "뇌의 수질체의 일부가 건조하고 단단해져서" 멜랑콜리가 일어난다고 보았다. 그의 책 *The First Lines of the Practice of Physic*, vol. 3, 217쪽 참조. Edward Cutbush는 멜랑콜리에 대해 "무기력한 광기"라고 표현하며 "멜랑콜리 환자는 일반적으로 한 가지 문제에만 정신이 쏠리고, 조용하고 침울하게 생각에 잠겨 동상처럼 움직임이 없는 이들이 많으며, 집을 나와 조용한 은둔처를 찾는 이들도 있고, 몸의 청결을 등한시하고, 몸은 차면서 피부색이 변하고 피부가 건조해지며, 모든 분비가 심하게 감소하고, 맥이 느려지고, 나른함에 빠진다."고 했다. 그는 뇌도 심장이나 폐처럼 계속 움직이며 모든 정신이상은 "뇌의 한 부분이나 그 이상의 부분들의 운동이 지나치거나 부족해서" 오는 것이라고 보았다. 그는 그런 이상

이 부르하버의 말처럼 혈액과 신경액에 의한 것인지, 아니면 윌리스의 주장처럼 화학적인 문제들에 의한 것인지, 아니면 "뇌에 전기가 축적되어 주기적으로 광기의 발작을 일으키는 것인지" 알고 싶어 했다. 그는 뇌의 과도한 흥분은 뇌를 손상시킬 수 있다며 "첫인상이 뇌에 너무도 큰 소요를 일으켜 그 거대한 소용돌이가 뇌의 기능들을 마비시키며 광기가 이성을 몰아낸다."고 했다. 그의 책 *Inaugural Dissertation on Insanity*, 18쪽, 24쪽, 32-33쪽 참조.

90   Julius Rubin, *Religious Melancholy and Protestant Experience in America*, 82-124쪽, 156-176쪽 참조. "단식하는 완벽주의자"라는 말은 같은 책 158쪽에 있다.

91   *The Philosophy of Kant*, 4쪽.

92   괴테, 『파우스트』, 1막 6장.

93   그의 시 "Resolution and Independence"에서 인용.

94   안락한 죽음이라는 말은 그의 시 "Ode to a Nightingale" 52행에 있으며 인용된 시는 "Ode on Melancholy"의 일부분이다.

95   셸리의 시 "Mutability"의 일부분이다.

96   Giacomo Leopardi, "To Himself," *Poems*, 115쪽.

97   「전도서」 12장 8절.

98   *The Sorrows of Young Werther*, 95쪽, 120쪽.

99   보들레르의 「악의 꽃」 중에서.

100   그의 *Lectures on the Philosophy of History*에 들어 있다.

101   키르케고르의 말들은 Georg Lukacs의 *Soul and Form*, 33쪽과 *The Sickness Unto Death*, 50쪽에서 인용한 것이다.

102   쇼펜하우어의 우울증에 대한 논평은 긴 책들보다는 주로 에세이들에 실려 있다. 특히 「세상의 고통에 대하여」, 「존재의 허무함에 대하여」, 「자살에 대하여」 등이 도움이 되며 여기 있는 인용문들은 「세상의 고통에 대하여」에서 가져온 것이다.

103   니체의 『권력에의 의지』에 들어 있다.

104   Philippe Pinel, *A Treatise on Insanity* 참조.

105   Andrew Scull, *Social Order/Mental Disorder*, 75쪽.

106   Andrew Scull, 앞의 책, 77쪽.

107   통계 수치는 Marlene Arieno, *Victorian Lunatics*, 11쪽 참조. 정신병자에 관한 법률의 역사는 같은 책, 15-17쪽 참조.

108   이 수치도 Marlene Arieno, 앞의 책, 17쪽 참조.

109   Stanley Jackson, *Melancholia and Depression*, 186쪽.

110 Benjamin Rush, *Medical Inquiries and Observations*, 61-62쪽, 78쪽, 104-108쪽.

111 Griesinger의 *Mental Pathology and Therapeutics*와 Stanley Jackson의 *Melancholia and Depression* 참조. J. E. D. Esquirol은 Philippe Pinel과 의견을 같이했다. 그는 19세기 초에 인간적인 수용 시설들을 옹호하면서 환자들을 "온난 건조한 기후와 맑은 하늘과 쾌적한 기온과 유쾌한 상황과 다채로운 풍경이 있는 곳"에서 치료하고 운동과 여행을 할 수 있도록 하고 완화제를 주어야 한다고 주장했다. 멜랑콜리의 원인으로는 가정적인 문제, 자위행위, 상처받은 자기애, 머리 부상, 유전적 소인, 방탕함 등을 꼽았다. 증세는 "한탄하거나 비명을 지르거나 우는 것이 아니라 침묵 속에서 눈물도 보이지 않고 움직이지도 않는다."고 했다. 그의 책 *Mental Maladies*, 226쪽과 Barbara Tolley의 미간행 논문 "The Languages of Melancholy in Le Philosophe Anglais", 11쪽 참조. 이와 같이 환자들에 대한 인간적인 대우에 관심을 두었던 이들이 있었는가 하면, 멜랑콜리의 본질에 초점을 둔 이들도 있었다. James Cowles Prichard는 니체처럼 멜랑콜리를 온전한 정신에 가까운 것으로 보았고 이런 관점은 우울증에 대한 현대적 이해의 토대가 되었다. 그는 이렇게 썼다. "병의 소질에서 병으로 이행하는 분명한 경계선을 찾는 건 불가능할 수도 있지만 어느 정도가 되면 병이라 할 수 있는지 규정할 수는 있으며, 멜랑콜리는 이성을 제압하는 환각 상태는 아니다. 이성적인 능력은 손상되지 않는다. 다만 지속적인 침울함과 슬픔이 인생에 대한 전망을 흐려 놓을 뿐이다. 이러한 슬픔과 우울함의 성향은 이해력을 손상시키지는 않기 때문에 처음 일어날 때는 통제가 가능하며, 환자의 정신 상태의 영향을 받는다." James Cowles Prichard의 *Treatise*, 18쪽.

112 푸코의 사상은 『광기와 문명』이라는 유명한 저서에 상세히 설명되어 있다.

113 디킨스의 대부분의 작품들이 사회 개혁을 부르짖고 있다. 일례로 *Nicholas Nickleby* 참조.

114 빅토르 위고의 사회적 불의와 소외에 대한 견해는 그의 소설 『레미제라블』 참조.

115 오스카 와일드는 "The Ballad of Reading Gaol"이란 시에서 당대 소외 문제에 대해 노래했다.

116 Joris-Karl Huysmans도 후기 퇴폐기의 소외 문제에 대해 *A Rebours*에 썼다.

117 Thomas Carlyle, *Sator Resartus*.

118 William James, "Is Life Worth Living?", *The Will to Believe and Other Essays in Popular Philosophy*, 43쪽, 39쪽, 49쪽 참조. 그의 *Varieties of Religious Experience*도 참조.

119   Matthew Arnold, "Dover Beach", *The Poems of Matthew Arnold*, 239-243쪽.

120   Henry Maudsley, *The Pathology of the Mind*, 164-168쪽. 미국에서는 John
Charles Bucknill과 Daniel H. Tuke가 그의 생각을 받아들여 "멜랑콜리의 핵심은
지적인 능력의 장애가 아니다."라고 주장했다. 그들은 외적인 치료들(그중 다수
가 오래된 것들이다.)이 뇌에 직접적인 영향을 미친다고 보았다. "뇌를 제외한
신체 기관들의 생리학적 법칙들에 대해서는 많은 것들이 밝혀졌다. 그러나 신
체를 지배하는 뇌에 대해서는 거의 알려져 있지 않다. 다만 우리가 아는 생리학
적 법칙은 정신 건강은 뇌에 적당한 영양, 자극, 휴식을 제공하는 것에 달려 있
다는 점이다." 그러면서 그들은 아편이 뇌의 휴식에 도움이 될 수 있다고 강력
히 주장했다. John Charles Bucknill & Daniel H. Tuke, *A Manual of Psychological
Medicine*, 152쪽, 341-342쪽 참조. Richard von Krafft-Ebing도 멜랑콜리에 대해
"망상에 빠지거나 실성하지 않고 회복되는 경우가 많은 가벼운 질환"이라고 보
았다. Richard von Krafft-Ebing, *Text-Book of Insanity*, 309쪽 참조.

121   George H. Savage, *Insanity and Allied Neuroses*, 130쪽, 151-152쪽.

122   Sigmund Freud, "Extracts from the Fliess Papers", *The Standard Edition of the
Complete Psychological Works of Sigmund Freud*, vol. 1, 204-206쪽.

123   Karl Abraham, "Notes on the Psycho-analytical Investigation and Treatment
of Manic-Depressive Insanity and Allied Conditions", *Selected Papers of Karl
Abraham*. 인용문들은 이 에세이의 137쪽, 146쪽, 156쪽에 있다.

124   Sigmund Freud, "Mourning and Melancholia", *A General Selection from the Works
of Sigmund Freud*, 125-127쪽, 133쪽, 138-139쪽 참조.

125   "Managing Depression in Medical Outpatients", *New England Journal of Medicine
343*, no. 26(2000).

126   Karl Abraham, "Development of the Libido", *Selected Papers of Karl Abraham*, 456
쪽.

127   Melanie Klein, "The Psychogenesis of Manic-Depressive States", *The Selected
Melanie Klein*. 멜랑콜리에 대한 글을 쓴 정신분석학자들 중에는 수정주의자인
산도르 라도도 포함된다. 그는 멜랑콜리에 걸리기 쉬운 유형은 "리비도로 충
만한 환경에서는 행복이 넘치지만" 사랑하는 사람들에 대한 요구가 지나치다
고 했다. 그러면서 우울증은 "사랑에 대한 절망적인 절규"라고 했다. 따라서 우
울증은 유아기 어머니의 젖가슴에 대한 갈망을 불러일으킨다고 하면서 그것의
만족을 "영양을 주는 오르가슴"이라 불렀다. 또 유아기부터 우울한 사람은 성
애이든 모성애이든 자기애이든 어떤 종류의 사랑에서도 욕구를 충족시킬 수

있다고 했다. "멜랑콜리의 과정은 대대적인 수정(치유)에 대한 시도를 나타내며 강철 같은 의지를 지녀야만 한다." Sandor Rado의 에세이 "The problem of Melancholia", *Psychoanalysis of Behavior*, 49-60쪽 참조.

128   Jacques Hassoun, *The Cruelty of Depression* 참조.

129   크레펠린에 대한 논의는 Myer Mendelson의 *Psychoanalytic Concepts of Depression* 참조. 인용문은 Stanley Jackson의 *Melancholia and Depression*, 188-195쪽에서 가져왔다.

130   Sir William Osler의 저서 *Aequanimitas*에 들어 있는 말을 Peter Adams가 *The Soul of Medicine*, 67쪽에 인용해 놓은 것을 가져왔다.

131   Adolf Meyer의 글을 읽는 것은 기쁨이었다. 그에 대한 논의는 그의 저서들 외에도 Stanley Jackson의 *Melancholia and Depression*, Myer Mendelson의 *Psychoanalytic Concepts of Depression*, Jacques Quen & Eric Carlson의 *American Psychoanalysis*를 참조했다.

132   Theodore Lidz, "Adolf Meyer and the Development of American Psychiatry", *American Journal of Psychiatry 123*(1966), 328쪽 참조.

133   Adolf Meyer, "The 'Complaint' as the Center of Genetic—Dynamic and Nosological Thinking in Psychiatry", *New England Journal of Medicine 199*(1928).

134   Sartre, *Nausea*.

135   첫 번째 인용문은 그의 『말론은 죽다』에, 두 번째 인용문은 『이름 붙일 수 없는 것』에 들어 있다.

136   항우울제의 발견에 얽힌 이야기는 Peter Kramer의 *Listening to Prozac*, Peter Whybrow의 *A Mood Apart*, David Healy의 *The Antidepressant Era*와 인터뷰들을 통해 들은 정보를 취합한 것이다.

137   David Healy, 앞의 책, 43-77쪽 참조.

138   David Healy, 앞의 책, 145-147쪽 참조.

139   A. Pletscher 외, "Serotonin Release as a Possible Mechanism of Reserpine Action", *Science 122*(1955).

140   David Healy, 앞의 책, 148쪽 참조.

141   David Healy, 앞의 책, 152-155쪽 참조.

142   David Healy, 앞의 책, 155-161쪽 참조.

143   Joseph Schildkraut, "The Catecholamine Hypothesis of Affective Disorders: A Review of Supporting Evidence", *American Journal of Psychiatry 122*(1965), 509-522쪽.

144 George Ashcroft와 Donald Eccleston이 이끈 연구팀으로 팀원들은 David Healy
의 앞의 책 162쪽에 자세히 소개되어 있다.

145 David Healy, 앞의 책, 165-169쪽 참조.

146 프로작에 대한 자료는 릴리 사 웹사이트 http://www.prozac.com을, 졸로프트
관련 자료는 화이자 사 웹사이트 http://www.pfizer.com을, 듀폰에서 개발 중
인 신약들에 대해서는 http://www.duponmerck.com을, 루복스에 관한 자료는
http://www.solvay.com을, 파크데이비스 사에서 개발 중인 신약들에 대한 정보
는 http://www.parke-davis.com을, 레복세틴과 자낙스 관련 자료는 파마시아앤
드업존 사 웹사이트 http://www2.pnu.com을, 셀렉사에 대해서는 http://www.
forestlabs.com을 참조하면 된다.

9 가난

1 우울증이 생계 유지 능력에 미치는 영향에 대해서는 미시간 앤아버 Poverty
Research and Training Center의 논문, Sandra Danziger 외, "Barriers to the
Employment of Welfare Recipients" 참조. 이 연구에 따르면 중증 우울증 진
단을 받은 빈곤층은 일반적으로 주당 스무 시간 이상을 일할 수 없다고 한
다. 가난한 사람들의 우울증이 악화되는 현상에 대해서는 Bonnie Zima
외, "Mental HealthProblems among Homeless Mothers", *Archives of General
Psychiatry 53*(1996)와 Emily Hauenstein, "A Nursing Practice Paradigm for
Depressed RuralWomen: Theoretical Basis", *Archives of Psychiatric Nursing 10*, no.
5(1996) 참조. 가난과 정신 건강의 관계에 대한 탁월한 논의는 John Lynch 외,
"Cumulative Impact of Sustained Economic Hardship on Physical, Cognitive,
Psychological, and Social Functioning", *New England Journal of Medicine
337*(1997) 참조.

2 여성 우울증에 대해서는 5장 참조.

3 Kay Jamison, *Touched With Fire* 참조.

4 Buster Olney, "Harnisch Says He Is Being Treated for Depression", *New York
Times*(1997. 4. 26).

5 6장 참조.

6 1996년에 Urban Institute의 논문 K. Olsen & L. Pavetti, "Personal and Family
Challenges to the Successful Transition from Welfare to Work" 참조. 우울

증과 폭력에 대한 연구는 Robert DuRant 외, "Factors Associated with the Use of Violence among Urban Black Adolescents", *American Journal of Public Health 84*(1994) 참조. 우울증 환자의 물질 남용에 대해서는 Ellen Bassuk 외, "Prevalence of Mental Health and Substance Use Disorders among Homeless and Low-Income Housed Mothers", *American Journal of Psychiatry 155*, no. 11(1998) 참조.

7 약물치료와 심리치료의 효과는 계층에 따른 차이를 보이지 않는다. 따라서 빈곤층도 다른 계층과 같은 효과를 볼 수 있지만 현 시스템에서는 그들을 치료에 임하게 하기가 어렵다는 것이 문제다.

8 W. A. Anthony 외, "Predicting the vocational capacity of the chronically mentally ill: Research and implications", *American psychologist 39*(1984)와 "Supported employment for persons with psychiatric disabilities: An historical and conceptual perspective", *Psychosocial Rehabilitation Journal 11*, no. 2(1982) 참조.

9 Bruce Ellis & Judy Garber, "Psychosocial antecedents of variation in girls'pubertal timing: Maternal depression, stepfather presence, and marital and family stress", *Child Development 71*, no. 2(2000) 참조.

10 Lorah Dorn 외, "Biopsychological and cognitive differences in children with premature vs. ontime adrenarche", *Archives of Pediatric Adolescent Medicine 153*, no. 2(1999)와 Jay Belsky 외, "Childhood Experience, Interpersonal Development, and Reproductive Strategy: An Evolutionary Theory of Socialization", *Child Development 62*(1991) 참조.

11 메디케이드 프로그램과 정신 질환에 대해서는 Lillian Cain, "Obtaining Social Welfare Benefits for Persons with Serious Mental Illness", *Hospital and Community Psychiatry 44*, no. 10(1993)과 Ellen Hollingsworth, "Use of Medicaid for Mental Health Care by Clients of Community Support Programs", *Community Mental Health Journal 30*, no. 6(1994)와 Catherine Melfi 외, "Access to Treatment for Depression in a Medicaid Population", *Journal of Health Care for the Poor and Underserved 10*, no. 2(1999)와 Donna McAlpine & David Mechanic, "Utilization of Specialty Mental Health Care among Persons with Severe Mental Illness: The Roles of Demographics, Need, Insurance, and Risk", *Health Services Research 35*, no. 1(2000) 참조.

12 적극적으로 찾아가는 프로그램들의 성공 사례는 Carol Bush 외, "Operation Outreach: Intensive Case Management for Severely Psychiatrically Disabled

Adults", *Hospital and Community Psychiatry 41*, no. 6(1990)와 Jose Arana 외, "Continuous Care Teams in Intensive Outpatient Treatment of Chronic Mentally Ill Patients", *Hospital and Community Psychiatry 42*, no. 5(1991) 참조. 노숙자를 위한 찾아가는 프로그램에 대해서는 Gary Morse 외, "Experimental Comparison of the Effects of Three Treatment Programs for Homeless Mentally Ill People", *Hospital and Community Psychiatry 43*, no. 10(1992) 참조.

13 L. Lamison-White, *U. S. Bureau of the Census: Current Population Report.*

14 1995년 미국 보건복지부에서 발간한 K. Moore 외, "The JOBS Evaluation: How Well Are They Faring? AFDC Families with Preschool-Aged Children in Atlanta at the Outset of the JOBS Evaluation" 참조.

15 1994년에 Manpower Demonstration Research Corporation에서 펴낸 J. C. Quint 외, "New Chance: Interim Findings on a Comprehensive Program for Disadvantaged Young Mothers and Their Children" 참조.

16 R. Jayakody & H. pollack, "Barriers to Self-Sufficiency among Low-Income, Single Mothers: Substance Use, Mental Health Problems, and Welfare Reform" 참조.

17 미 하원 세입위원회 1998년 그린 북 자료.

18 특히 어린이를 위한 복지 정책의 문제점은 Alvin Rosenfeld 외, "Psychiatry and Children in the Child Welfare System," *Child and Adolescent Psychiatric Clinics of North America 7*, no. 3(1998) 참조. 한 부분을 인용하면 다음과 같다. "대개 의료인이 아닌 사람들이 어린이 복지 정책을 운영한다. …… 대부분의 시설 어린이들은 정신과적 진단이 필요한데도 그런 진단이 거의 이루어지지 않고 있는 실정이다." 527쪽 참조.

19 Jeanne Miranda는 이 분야의 진정한 선구자다. Kenneth Wells 외, "Impact of disseminating quality improvement programs for depression in managed primary care: A randomized controlled trial", *Journal of the American Medical Association 283*, no. 2(2000)와 Jeanne Miranda 외, "Unmet mental health needs of women in public-sector gynecologic clinics", *American Journal of Obstetrics and Gynecology 178*, no. 2(1998)와 "Introduction to the special section on recruiting and retaining minorities in psychotherapy research", *Journal of Consulting Clinical Psychologists 64*, no. 5(1996)와 Jeanne Miranda 외, "Recruiting and retaining low-income Latinos in psychotherapy research", *Journal of Consulting Clinical Psychologists 64*, no. 5(1996) 참조.

20 이 비용은 연구자들과의 서신 왕래를 통해 추산한 것이다. 물론 그런 프로그램 들은 치료 방침과 내용이 각기 다르기 때문에 서로 비교하거나 정확한 비용을 산출하기 극히 어렵다. 진 미랜더는 환자당 비용을 100달러 미만으로, 에밀리 호엔스테인은 연간 약 36회의 치료 모임 비용을 포함해서 638달러로 잡았다. 글렌 트레이스먼의 경우 2500명에서 3000명 정도의 환자들을 대상으로 한 직접 찾아가는 의료 서비스의 연간 비용을 25만 달러에서 35만 달러로 추정했다. 따라서 환자당 평균 비용은 109달러 정도다.

21 Marvin Opler & S. Mouchly Small, "Cultural Variables Affecting Somatic Complaints and Depression", *Psychosomatics 9*, no. 5(1968).

22 John Lynch 외, "Cumulative Impact of Sustained Economic Hardship on Physical, Cognitive, Psychological, and Social Functioning", vol. 337(1997).

23 Martin Seligman, *Learned Optimism* 참조.

24 Carl Cohen, "Poverty and the Course of Schizophrenia: Implications for Research and Policy", *Hospital and Community Psychology 44*, no. 10(1993).

25 대기 중의 오존 전량이 200돕슨 단위 이하인 상태를 오존 구멍이라 한다. 환경 청 웹사이트에는 이런 글이 있다. "오존 구멍은 잘못된 명칭이고 오존이 완전히 없어지는 것이 아니라 70퍼센트 정도 급격히 감소하여 오존층이 얇아진 것을 말한다." *One Earth, One Future: Our Changing Global Environment*, 135쪽에 이렇게 쓰여 있다. "1985년에 영국 과학자들이 세계 대기과학자들을 경악시키는 발표를 했고 그것은 인간에 의한 지구 환경 변화의 의심할 바 없는 첫 증표가 되었다. 조지프 화면 연구팀은《네이처》에 1977년과 1984년 사이 남극의 오존층이 남반구의 봄이 시작되는 10월을 기준으로 했을 때 1960년대보다 40퍼센트나 감소했다고 발표했다. 당시에는 대부분의 과학자들이 그 발표를 믿지 않았다." 미국 환경청의 오존 구멍 관련 웹사이트는 http://www.epa.gov/ozone/science/ hole/holehome.html이며, 영국 남극조사대에서는 매년 남극 오존층에 대한 새로운 자료를 내놓고 있다. http://www.nbs.ac.uk/public/icd/jds/ozone/index. html 참조.

10   정치

1 정신 건강 분야에 관한 정부 정책의 변화에 대한 개관은 국립정신건강연구소 (http://www.nimh.nih.gov), 정신 질환자들을 위한 연합(http://www.nami.

org), 치료 옹호 센터(http://www.psychlaws.org), 우울증 및 조울증 협회 (http://www.ndmda.org), 미국 정신의학회(http://www.psych.org) 웹사이트 참조.

2   티퍼 고어의 우울증에 관한 고백은 *USA Today*(1999. 5. 7.)에 실린 "Strip Stigma from Mental Illness" 참조.

3   Jolie Solomon, "Breaking the Silence", *Newsweek*(1996. 5. 20.)와 Walter Goodman, "In Confronting Depression the First Target Is Shame", *New York Times*(1998. 1. 6.)와 Jane Brody, "Despite the Despair of Depression, Few Men Seek Treatment", *New York Times*(1997. 12. 30.) 참조.

4   William Styron, *Darkness Visible* 참조.

5   미국 장애인법에 대한 자세한 자료는 정신질환자연맹(NAMI) 웹사이트 http://www.nami.org/helpline/ada.htm 참조.

6   항공의학연구소(CAMI) 웹사이트에 들어가면 연방항공관리국(FAA)의 규제 내용을 자세히 알 수 있다. http://www.cami.jccbi.gov/AAM-300/part67.html

7   Richard Baron의 미간행 원고 "Employment Programs for Persons with Serious Mental Illness: Drawing the Fine Line Between Providing Necessary Financial Support and Promoting Lifetime Economic Dependence", 5-6쪽, 18쪽, 21쪽 참조.

8   국립보건원과 예산에 관한 자료는 http://www.nih.gov 참조.

9   Jeffrey Buck 외, "Behavioral Health Benefits in Employer-Sponsored Health Plans, 1997", *Health Affairs 18*, no. 2(1999) 참조.

10   정신약리학 전문의 진료는 16회 받았으며 1회당 250달러였고, 심리치료는 50회 받았는데(주당 약 세 시간씩) 시간당 200달러, 약값은 3500달러가 넘었다.

11   Robert Hirschfeld 외, "The National Depressive and Manic-Depressive Association Consensus Statement on the Undertreatment of Depression", *Journal of the American Medical Association 277*, no. 4(1997), 335쪽 참조.

12   1996년의 정신보건 평등법은 1998년 1월 1일부터 효력을 갖게 되었다.

13   이 수치는 르윈 그룹의 John F. Sheils 부사장이 미국 보건계획협회 공공정책연구소 Richard Smith에게 보낸 1997년 11월 17일 자 편지에서 인용한 것이며 보건 정책에 따라 달라질 수 있다.

14   보험의 평등 적용에 따르는 경제적 결과는 매우 복잡한 문제이며 하나의 조사에 모두 반영할 수 없는 다양한 변수들이 고려되어야 한다. 많은 전문가들이 1퍼센트 미만의 비용 증가를 예상하고 있지만, 랜드 연구소에서는 "피고용인

1인당 1달러 정도의 비용 증가"를, 정신보건자문회의 중간 보고서에서는 0.2퍼센트 감소에서 1퍼센트 미만의 증가를, 뉴햄프셔 르윈 그룹에서는 비용 증가가 없을 것임을 예상했다. 이 조사들에 대한 자세한 내용은 정신보건자문회의 웹사이트 http://www.nami.org/pressroom/costfact.html 참조.

15 Robert Pear, "Insurance Plans Skirt Requirement on Mental Health", *New York Times*(1998. 12. 26.) 참조.

16 Dr. E. Fuller Torrey & Mary Zdanowicz, "Why Deinstitutionalization Turned Deadly", *Wall Street Journal*(1998. 8. 4.) 참조.

17 "Depression: The Spirit of the Age", *The Economist*(1998. 12. 19.), 116쪽.

18 Ernst Berndt 외, "Workplace performance effects from chronic depression and its treatment", *Journal of Health Economics 17*, no. 5(1998).

19 E. S. Rogers 외, "A benefit-cost analysis of a supported employment model for persons with psychiatric disabilities", *Evaluation and Program Planning 18*, no. 2(1995)와 R. E. Clark 외, "A cost-effectiveness comparison of supported employment and rehabilitation day treatment", *Administration and Policy in Mental Health 24*, no. 1(1996) 참조.

20 맥캐런퍼거슨법은 1945년에 통과되었다. Dr. Scott Harrington은 *Optional Federal Chartering of Insurance*(ed. Peter Wallison)에 실린 "The History of Federal Involvement in Insurance Regulation"이란 글에서 "국회의 입법은 보험사의 규제나 세금에 관한 주법을 무효화하거나 손상시키거나 대체해서는 안 된다."고 맥캐런퍼거슨법에 명시되어 있다고 인용했다.

21 국립정신건강연구소 웹사이트 http://www.nimh.nih.gov/about/2000budget. cfm 참조.

22 *NAMI E-News 99-74*(1999. 2. 2.) 참조.

23 Robert M. Levy & Leonard S. Rubinstein, *The Rights of People with Mental Disabilities*, 25쪽 참조.

24 David & Sheila Rothman, *The Willowbrook Wars* 참조.

25 미국정신의학협회(APA)에서 보훈성에 보낸 공술서(2000. 4. 13.)에 들어 있으며, 웹페이지 http://www.psych.org에 들어가서 "Public Policy and Advocacy"와 "APA Testimony"를 차례로 클릭하면 자세한 내용을 확인할 수 있다.

26 이것은 마시 캡터 하원의원에게서 들은 내용이다.

27 주 25와 같음.

28 재향군인관리국 보고서를 인용하면 다음과 같다. "재향군인관리국은 현재 105

개 의과대학, 54개 치과대학, 1140개 기타 대학들과 제휴 관계에 있다. 미국 개
업의의 반 이상이 보훈병원에서 전문적인 교육을 받으며 해마다 약 10만 명 이
상의 보건 전문가들이 보훈병원에서 수련을 받는다."

29   Kevin Heldman, "71/2 Days", *City Limits*, 1998년 6, 7월호.

30   미국 보건복지부에서 2000년 5월에 발간한 Joanne Atay 외, "Additions and
      Resident Patients at End of Year, State and County Mental Hospitals, by Age and
      Diagnosis, by State, United States, 1998"에 보면 정신병원 수용자 중에서 정동
      장애는 12.7퍼센트로 두 번째로 많으며, 비수용자의 경우에는 22.7퍼센트에 이
      른다고 되어 있다.

31   이 수치는 남동 펜실베이니아 정신보건협회에서 제공한 것이다.

32   토머스 사스의 이러한 견해는 여러 글들을 통해 주장되었으며 그의 저서 *Cruel
      Compassion and Primary Values and Major Contentions*부터 읽기 시작하면 좋을 것
      이다.

33   이 소송에 대한 이야기는 Kay Jamison의 *Night Falls Fast*, 254쪽에 있다.

34   Sally L. Satel, "Mentally Ill or Just Feeling Sad?", *New York Times*(1999. 12. 15.)

35   제약업계의 교육 프로그램들은 매우 광범위하다. 미국정신의학협회 연차 회의
      에서는 제약 회사로부터 연구 보조금을 받은 저명한 정신의학자들이 연구 내용
      을 발표한다. 또 제약 회사 영업사원들은 의사들에게 치료에 관한 최신 정보를
      제공한다. 물론 이런 교육 활동들은 편향되어 있다.

36   Jonathan Rees, "Patents and intellectual property: A salvation for patient-oriented
      research?", *Lancet 356*(2000).

37   David Healey, *The Antidepressant Era*, 169쪽.

38   Myrna Weissman 외, "Cross-National Epidemiology of Major Depression and
      Bipolar Disorder", *Journal of the American Medical Association 276*, no. 4(1996)
      참조.

39   David Healey, 앞의 책, 163쪽.

40   David Healey, 앞의 책, 256-265쪽 참조.

41   J. T. Barbey & S. P. Roose, "SSRI safety in overdose", *Journal of Clinical Psychiatry
      59*, suppl. 15(1998)에 "적당한 과잉 복용(보통 하루 복용량의 서른 배 정도)은
      부작용이 경미하거나 없으며 일흔다섯 배 정도는 되어야 발작, 심전도 변화, 의
      식 불명 등의 심각한 사태가 일어날 수 있다."고 나와 있다.

11 진화

1 Michael McGuire & Alfonso Troisi, *Darwinian Psychiatry*, 150쪽, 157쪽에서 인용.

2 C. S. Sherrington, *The Integrative Action of the Nervous System*, 22쪽에서 인용.

3 C. U. M. Smith, "Evolutionary Biology and psychiatry", *British Journal of Psychiatry 162*(1993), 150쪽.

4 John Price, "Job's Battle with God", *ASCAP 10*, no. 2(1997)에서 인용. 자세한 내용은 Jack Kahn, *Job's Illness: Loss, Grief and Integration: A Psychological Interpretation* 참조.

5 Anthony Stevens & John Price, *Evolutionary Psychiatry*.

6 Nancy Collinge, *Introduction to Primate Behavior*, 102-104쪽.

7 우두머리 수컷의 기본 원칙에 대해서는 Nancy Collinge, 앞의 책, 143-157쪽 참조.

8 우울증과 계급사회의 관계에 대한 문헌은 많으며 특히 Leon Sloman 외, "Adaptive Function of Depression: Psycho-therapeutic Implications", *American Journal of Psychotherapy 48*, no. 3(1994)는 이에 대한 체계적인 이론을 제시한 최초의 논문들 가운데 하나다.

9 John Birtchnell, *How Humans Relate* 참조.

10 우울증과 사회적 상호작용에 관한 Russell Gardner의 견해를 상세히 기술해 놓은 자료로는 John Price 외, "The Social Competition Hypothesis of Depression", *British Journal of Psychiatry 164*(1994)가 있으며 이에 관한 보다 집중적인 논의는 Russell Gardner, "Psychiatric Syndromes as Infrastructure for Intra-Specific Communication", *Social Fabrics of the Mind*(ed. M. R. A. Chance)와 "Mechanisms in Manic-Depressive Disorder," *Archives of General psychiatry 39*(1982) 참조.

11 Tom Wehr, "Reply to Healy, D., Waterhouse, J. M.: The circadian system and affective disorders: Clocks or rhythms", *Chronobiology International 7*(1990) 참조.

12 Michael McGuire & Alfonso Troisi, 앞의 책, 41쪽.

13 J. H. van den Berg의 책은 원래 "Metabletica"란 제목으로 출간되었다.

14 자유의 어려움에 대해서는 Erich Fromm의 고전 *Escape from Freedom* 참조. Ernest Becker도 *The Denial of Death*에서 자유와 우울증의 관계에 대해 논했다.

15 George Colt, *The Enigma of Suicide*, 50쪽 참조.

16 Regina Schrambling, "Attention Supermarket Shoppers!", *Food and Wine*, 1995년

10월호, 93쪽 참조.

17   Paul J. Watson과 Paul Andrews의 미발표 논문 "An Evolutionary Theory of Unipolar Depression as an Adaptation for Overcoming Constraints of the Social Niche" 참조. 이 논문의 축약본은 "Niche Change Model of Depression"이란 제목으로 *ASCAP 11*, no. 5(1998)에 실렸다.

18   저조한 기분이 지나치게 힘든 도전에 대한 과도한 투자를 막아 주는 원리는 Randolph Nesse, "Evolutionary Explanations of Emotions", *Human Nature 1*, no. 3(1990)에 자세히 설명되어 있다. 그의 우울증과 진화에 관한 견해는 "Is Depression an Adaptation?", *Archives of General Psychiatry 57*, no. 1(2000) 참조.

19   Erica Goode, "Viewing Depression as a Tool for Survival", *New York Times*(2000. 2. 1.) 참조.

20   Paul J. Watson과 Paul Andrews의 미발표 논문 "An Evolutionary Theory of Unipolar Depression as an Adaptation for Overcoming Constraints of the Social Niche"와 "Unipolar Depression and Human Social Life: An Evolutionary Analysis" 참조.

21   Edward Hagen, "The Defection Hypothesis of Depression: A Case Study", *ASCAP 11*, no. 4(1998) 참조.

22   우울증과 대인 관계의 민감성에 대해서는 K. Sakado 외, "The Association between the High Interpersonal Sensitivity Type of Personality and a Lifetime History of Depression in a Sample of Employed Japanese Adults", *Psychological Medicine 29*, no. 5(1999) 참조. 우울증과 불안 민감성의 관계에 대해서는 Steven Taylor 외, "Anxiety Sensitivity and Depression: How Are They Related?", *Journal of Abnormal Psychology 105*, no. 3(1996) 참조.

23   Paul MacLean, *The Triune Brain* 참조.

24   Timothy Crow, "A Darwinian Approach to the Origins of Psychosis", *British Journal of Psychiatry 167*(1995) 참조.

25   Marian Annett의 *Left, Right, Hand and Brain: The Right Shift Theory*와 Michael Corballis의 *The lopsided Ape: Evolution of the Generative Mind* 참조.

26   Oliver Sacks, *Seeing Voices* 참조.

27   Susan Egelko 외, "Relationship among CT Scans, Neurological Exam, and Neuropsychological Test Performance in Right-Brain-Damaged Stroke Patients", *Journal of Clinical and Experimental Neuropsychology 10*, no. 5(1988) 참조.

28   Timothy Crow, "Is schizophrenia the price that Homo sapiens pays for language?"

Schizophrenia Research 28(1997) 참조.

29 전두엽 대뇌피질의 비대칭성과 우울증에 관한 일반적인 정보는 Carrie Ellen Schaffer 외, "Frontal and Parietal Electro-encephalogram Asymmetry in Depressed and Nondepressed Subjects", *Biological Psychiatry 18*, no. 7 (1983) 참조.

30 J. Soares & John Mann, "The functional neuroanatomy of mood disorders", *Journal of Psychiatric Research 31*(1997)과 M. George 외, "SPECT and PET imaging in mood disorders", *Journal of Clinical Psychiatry 54*(1993) 참조.

31 P. S. Eriksson, "Neurogenesis in the adult human hippocampus", *Nature Medicine*(1998) 참조.

32 TMS에 관한 일반적인 논의는 Eric Hollander, "TMS," *CNS Spectrums 2*, no. 1(1997) 참조.

33 학습된 회복력에 대해서는 이제 막 신뢰할 만한 자료들이 나오고 있다. Richard Davidson, "Affective style, psychopathology and resilience: Brain mechanisms and plasticity"(2001년에 *American Psychologist*에 실릴 예정) 참조.

34 좌측 대뇌피질의 활성화와 비활성화에 대해서는 Richard Davidson 외, "Approach-Withdrawal and Cerebral Asymmetry: Emotional Expression and Brain Physiology I", *Journal of Personality and Social Psychology 58*, no. 2(1990) 참조. 뇌의 비대칭성과 면역 체계에 대한 연구는 Duck-Hee Kang 외, "Frontal Brain Asymmetry and Immune Function", *Behavioral Neuroscience 105*, no. 6(1991) 참조. 엄마가 보이지 않을 때 아기들의 반응에 대한 연구는 Richard Davidson & Nathan Fox, "Frontal Brain Asymmetry Predicts Infants' Response to Maternal Separation", *Journal of Abnormal Psychology 98*, no. 2(1989) 참조.

35 A. J. Tomarken, "Psychometric properties of resting anterior EEG asymmetry: Temporal stability and internal consistency", *Psychophysiology 29*(1992) 참조.

36 N. H. Kalen 외, "Asymmetric frontal brain activity, cortisol, and behavior associated with fearful temperament in Rhesus monkeys", *Behavioral Neuroscience 112*(1998) 참조.

37 좌뇌나 우뇌의 활성화에 관한 Timothy Crow의 논문들은 언어, 손재주, 정서의 관계에 대해 다루고 있다. "Location of the Handedness Gene on the X and Y Chromosomes", *American Journal of Medical Genetics 67*(1996) 및 "Evidence for Linkage to Psychosis and Cerebral Asymmetry(Relative Hand Skill) on the X Chromosome", *American Journal of Medical Genetics 81*(1998) 참조.

38 셰익스피어, 『햄릿』, 2막 2장, 561행.

39   Michael McGuire & Alfonso Troisi, 앞의 책, 12쪽.

12 희망

1   앤젤은 노리스타운 정신병원에서 포츠타운 지역사회 재활원으로, 그다음에는
재활원 프로그램 이수자들이 모여 사는 사우스케임 스트리트로 옮겼다.

2   Thomas Nagel, *The Possibility of Altruism*, 126, 128-129쪽.

3   셰익스피어, 『겨울 이야기』, 4막 4장, 86-96행.

4   Shelley E. Taylor, *Positive Illusions* 참조.

5   Sigmund Freud, "Mourning and Melancholia".

6   Shelley E. Taylor, 앞의 책, 7, 213쪽.

7   Emmy Gut, *Productive and Unproductive Depression*.

8   Julia Kristeva, *Black Sun*, 42쪽.

9   Joseph Glenmullen, *Prozac Backlash*, 15쪽 참조.

10   1996년 7월의 TWA 800기 추락 사건으로 친척을 잃은 친구에게서 직접 들은
이야기다.

11   George Eliot, *Daniel Deronda*, 251쪽.

12   Emily Dickinson, "I cannot live with You"(poem 640) 중에서 인용.

13   아레오파지티카는 『실락원』 384쪽에서, 첫 번째 인용구는 『실락원』, 226쪽(9권
1070-1073행), 두 번째 인용구는 263쪽(11권, 137-140행)에서, 세 번째 인용
구는 301쪽(12권 641-649행)에서 가져왔다.

14   도스토옙스키의 소설 『백치』에서 인용.

15   하이데거가 본 고통과 사고의 관계에 대해서는 그의 기념비적인 명작 *Being and
Time* 참조.

16   Friedrich Wilhelm Joseph von Schelling, "On the Essence of Human Freedom",
Saemmtliche Werke, 7권, 399쪽.

17   Julia Kristeva, 앞의 책, 4쪽, 22쪽.

18   Schopenhauer, "On the Suffering of the World", *Essays and Aphorisms*, 45쪽.

19   Tennesee Williams, *Five O'Clock Angel; Letters of Tennesee Williams to Maria St. Just*,
1948-1982, 154쪽 참조.

20   옥스퍼드 영어사전에는 "기쁨"이 "안녕이나 만족에서 솟아나는 강렬한 감정, 매
우 만족스럽거나 좋은 느낌 혹은 상태, 환희, 즐거움, 낙"으로 정의되어 있다.

13 그 후

1   그때 내가 아프가니스탄에 다녀와서 쓴 기사는 2002년 3월 10일 자 *New York Times Magazine*에 "An awakening from the nightmare of the Taliban"이라는 제목으로 실렸다. http://www.nytimes.com/2002/03/10/arts/an-awakening-from-the-nightmare-of-the-taliban.html.

2   Andrew Solomon, *Far from the Tree: Parents, Children, and the Search for Identity*(New York: Simon & Schuster, 2012), http://books.simonandschuster.com/Far-From-the-Tree/Andrew-Solomon/9781476773063.

3   Andrew Solomon, *A Stone Boat*(London: Faber & Faber, 1994), http://books.simonandschuster.com/Stone-Boat/Andrew-Solomon/9781476710914.

4   "Depression, the secret we have"라는 제목의 내 강연은 2013년 10월에 TEDxMet에서 녹음되었고 http://www.ted.com/talks/andrew_solomon_depression_the_secret_we_share에서 볼 수 있다.

5   David Levine, "Vice President Joe Biden addresses American Psychiatric Association Annual Meeting", 미국정신의학회, 2014년 5월 8일 참조. http://www.elsevier.com/connect/vp-joe-biden-addresses-the-american-psychiatric-association.

6   조 바이든과의 인터뷰.

7   내가 테리 커크에게 바친 조사는, *Yale Alumni Magazine*, 2010년 7월호에 "To an aesthete dying young"이라는 제목으로 실렸다. http://www.yalealumnimagazine.com/articles/2920.

8   전 로드아일랜드 하원의원이며 정신보건 옹호자인 패트릭 케네디는 2014년 5월 미국 정신의학회 연례회의에서 조 바이든 부통령을 소개하면서 정신 질환을 이해하려는 노력을 외계를 이해하려는 노력에 비유했다. 그는 과거에도 이와 유사한 생각들을 밝힌 바 있는데, 이에 대해서는 *Toronto Star*, 2012년 10월 4일 자에 실린 Kathleen Kenna, "Patrick Kennedy aims for the moon—a cure for 'brain disease'" 참조. http://www.thestar.com/news/world/2012/10/04/patrick_kennedy_aims_for_the_moon_a_cure_for_brain_disease.html.

9   우울증의 신경영양인자 가설들과 신경 생성에 관련된 다양한 우울증 치료들의 효과는 Heath D. Schmidt, Richard C. Shelton, Ronald S. Duma, "Functional biomarkers of depression: Diagnosis, treatment, and pathophysiology", *Neuropsychopharmacology 36*, no. 12(2011년 11월): 2375-2394쪽, http://www.

ncbi.nlm.nih.gov/pubmed/21814182와 Nicola D. Hanson, Michael J. Owens, Charles B. Nemeroff, "Depression, antidepressants, and neurogenesis: A critical reappraisal", *Neuropsychopharmacology 36*, no. 13(2011년 12월): 2589-2602쪽, http://www.ncbi.nlm.nih.gov/pubmed/21937982와 Indira Mendez-David 외 "Adult hippocampal neurogenesis: An actor in the antidepressant-like action", *Annales Pharmaceutiques Françaises 71*, No. 3(2013년 5월): 143-149쪽, http://www.ncbi.nlm.nih.gov/pubmed/23622692와 Scott J. Russo, Eric J. Nestler, "The brain reward circuitry in mood disorders", *Nature Review: Neuroscience 14*, no. 9(2013년 9월): 609-625쪽, http://www.ncbi.nlm.nih.gov/pmc/articles/PMC3867253 참조.

10 이 약들에 관한 자세한 정보는 미국정신질환자연맹의 "General information about specific medications", http://www.nami.org/Template.cfm?Section=About_Medications&Template=/ContentManagement/ContentCombo.cfm&NavMenuID=798&ContentID=23662 참조.

여기 열거된 약들에 대해 논의한 전문적 리뷰 논문으로는 Karly Garnock-Jones, Paul McCormack의 "Escitalopram: A review of its use in the management of major depressive disorder in adults", *CNS Drugs 24*, no. 9(2010년 9월): 769-796쪽, http://www.ncbi.nlm.nih.gov/pubmed/20806989와 Chi-Un Pae 외의 "Milnacipran: Beyond a role of antidepressant", *Clinical Neuropharmacology 32*, no. 6(2009년 11월/12월): 355-363쪽, http://www.ncbi.nlm.nih.gov/pubmed/19620845와 Erica Pearce, Julie Murphy의 "Vortioxetine for the treatment of depression", *Annals of Pharmacotherapy 48*, no. 5(2014년 6월): 758-765쪽, http://www.ncbi.nlm.nih.gov/pubmed/24676550과 Marcus Silva 외, "Olanzapine plus fluoxetine for bipolar disorder: A systematic review and meta-analysis", *Journal of Affective Disorders 146*, no. 3(2013. 4. 25일): 310-318쪽, http://www.ncbi.nlm.nih.gov/pubmed/23218251과 Sheng-Min Wang 외, "A review of current evidence for vilazodone in major depressive disorder", *International Journal of Psychiatry in Clinical Practice 17*, no. 3(2013년 8월): 160-169쪽, http://www.ncbi.nlm.nih.gov/pubmed/23578403과 Suzanne M. Clerkin 외, "Guanfacine potentiates the activation of prefrontal cortex evoked by warning signals", *Biological Psychiatry 66*, no. 4(2009. 8. 15일): 307-312쪽, http://www.ncbi.nlm.nih.gov/pubmed/19520360과 Young Sup Woo, Hee Ryung Wang, Won-Myong Bahk, "Lurasidone as a potential therapy for bipolar disorder",

Neuropsychiatric Disease and Treatment 9(2013, 10, 8일): 1521-1529쪽, http://www.ncbi.nlm.nih.gov/pubmed/24143101과 Nadia Iovieno 외, "Second-tier natural antidepressants: review and critique", *Journal of Affective Disorders 130*, no. 3(2011년 5월): 343-357쪽, http://www.ncbi.nlm.nih.gov/pubmed/20579741 이 있다.

11 이 NIMH 프로그램은 Bruce Cuthbert, "Rapidly-acting treatments for treatment-resistant depression(RAPID)", 국립정신건강연구소, 2010년 5월 14일, http://www.nimh.nih.gov/funding/grant-writing-and-application-process/concept-clearances/2010/new-rapidly-acting-treatments-for-treatment-resistant-depression-rapid.shtml에 설명되어 있다.

12 케타민의 우울증 치료에의 이용에 관한 두 개의 유용한 리뷰로는, Gerard Sanacora, "Ketamine-induced optimism: New hope for the development of rapid-acting antidepressants", *Psychiatric Times*, 2012년 7월 13일 자, http://www.psychiatrictimes.com/bipolar-disorder/ketamine-induced-optimism-new-hope-development-rapid-acting-antidepressants와 Marie Naughton 외, "A review of ketamine in affective disorders: Current evidence of clinical efficacy, limitations of use and pre-clinical evidence on proposed mechanisms of action", *Journal of Affective Disorders 156*, no. 3(2014년 3월): 24-35쪽, http://www.ncbi.nlm.nih.gov/pubmed/24388038이 있다.

13 Alan F. Schatzberg, "A word to the wise about ketamine", *American Journal of Psychiatry 171*, no. 3(2014년 3월 1일): 262-264쪽, http://www.ncbi.nlm.nih.gov/pubmed/24585328.

14 릴루텍(릴루졸)에 대한 논의는 Kyle Lapidus, Laili Soleimani, James Murrough, "Novel glutamatergic drugs for the treatment of mood disorders", *Neuropsychiatric Disease and Treatment 9*(2013년 8월 7일): 1101-1112쪽, http://www.ncbi.nlm.nih.gov/pubmed/23976856, 스코폴라민에 대한 논의는 Robert J. Jaffe, Vladan Novakovic, Eric D. Peselow, "Scopolamine as an antidepressant: A systematic review", *Clinical Neuropharmacology 36*, no. 1(2013년 1월/2월): 24-26쪽, http://www.ncbi.nlm.nih.gov/pubmed/233334071, GLYX-13에 대한 논의는 Kenji Hashimoto 외, "Glutamate modulators as potential therapeutic drugs in schizophrenia and affective disorders", *European Archives of Psychiatry and Clinical Neuroscience 263*, no. 4(2013년 8월): 367-377쪽, http://www.ncbi.nlm.nih.gov/pubmed/2345590 참조.

FDA가 (S)-N-[(2S,3R)-1-amino-3-hydroxy-1-oxobutan-2-yl]-1-((2S,3R)-2-amino-3-hydroxybutanoyl)pyrrolidine-2-carbonyl]pyrrolidine-2-carboxamide로도 알려진 GLYX-13을 신속 승인 대상으로 지정했다는 소식은 나우렉스 사 보도자료를 통해 알려졌다. "FDA grants fast track designation to Naurex's rapid-acting novel antidepressant GLYX-13", *PR Newswire*, 2014년 3월 3일 자, http://www.prnewswire.com/news-releases/fda-grants-fast-track-designation-to-naurexs-rapid-acting-novel-antidepressant-glyx-13-248174561.html 참조.

15   Matthew Herper, "Johnson&Johnson is reinventing the party drug Ketamine to treat depression", *Forbes*, 2013년 5월 23일 자, http://www.forbes.com/sites/matthew herper/2013/05/23/johnson-johnson-is-reinventing-the-party-drug-ketamine-to-treat-depression 참조.

16   정신 질환 약 개발과 공동 연구 노력의 둔화에 대한 더 자세한 논의는 Richard A. Friedman의 칼럼 "A dry pipeline for psychiatric drugs", *New York Times*, 2013년 8월 19일 자, http://www.nytimes.com/2013/08/20/health/a-dry-pipeline-for-psychiatric-drugs.html 및 "A new focus on depression", *New York Times*, 2013년 12월 23일 자, http://well.blogs.nytimes.com/2013/12/23/a-new-focus-on-depression 참조.

17   정신의학 유전체학 컨소시엄의 연구 활동에 관한 예는 Seung-Hwan Lee 외, "Genetic relationship between five psychiatric disorders estimated from genome-wide SNPs", *Nature Genetics 45*, no. 9(2013년 9월): 984-994쪽, http://www.ncbi.nlm.nih.gov/pubmed/23933821 참조.

18   Thomas Insel과의 개인적인 서신 내용임. 또한 그의 기사 "Faulty circuits", *Scientific American 302*, no. 4(2010년 4월): 44-51쪽, http://www.nature.com/scientificamerican/journal/v302/n4/full/scientificamerican0410-44.html 참조.

19   ECT의 발전은 Colleen K. Loo 외, "A review of ultrabrief pulse width electro-convulsive therapy", *Therapeutic Advances in Chronic Disease 3*, no. 2(2012년 3월): 69-85쪽, http://www.ncbi.nlm.nih.gov/pubmed/23251770과 Esmée Verwijk 외 "Neurocognitive effects after brief pulse and ultrabrief pulse unilateral electroconvulsive therapy for major depression", *Journal of Affective Disorders 140*, no. 3(2012년 11월): 233-243쪽, http://www.ncbi.nlm.nih.gov/pubmed/20349573 참조.

20   토머스 인셀에게서 온 이메일, 2014년 8월 16일 자.

21   자기발작요법에 대한 평가와 ECT와의 비교는 Sarah H. Lisanby 외, "Safety

and feasibility of magnetic seizure therapy(MST) in major depression: Randomized within-subject comparison with electroconvulsive therapy", *Neuropsychopharmacology 28*, no. 10(2003년 10월): 1852-1865쪽, http://www. ncbi.nlm.nih.gov/pubmed/12865903과 Sarah Kayser 외, "Comparable seizure characteristics in magnetic seizure therapy and electroconvulsive therapy for major depression", *European Neuropsychopharmacology 23*, no. 11(2013년 11월): 1541-1550쪽, http://www.ncbi.nlm.nih.gov/pubmed/23820052 참조.

22 경두개 자기자극술에 대한 더 자세한 정보는 Moacyr Rosa, Sarah Lisanby, "Somatic treatment for mood disorders", *Neuropsychopharmacology Reviews 37*, no. 1(2012년 1월): 102-116쪽, http://www.ncbi.nlm.nih.gov/pubmed/21976043 과 David H. Avery 외, "Transcranial magnetic stimulation in acute treatment of major depressive disorder: Clinical response in an open-label extension trial", *Journal of Clinical Psychiatry 69*, no. 3(2008년 3월): 441-451쪽, http://www. ncbi.nlm.nih.gov/pubmed/18294022와 Angel V. Peterchev, D. L. Murphy, Sarah H. Lisanby, "Repetitive transcranial magnetic stimulator with controllable pulse parameters(cTMS)", *Proceedings of the 2010 Annual International Conference of the IEEE Engineering in Medicine and Biology Society*(2010년 9월, 1-4일): 2922-2926쪽, http://www.ncbi.nlm.nih.gov/pubmed/21095986 참조.

23 MRI 검사와 양극성 장애 환자들의 호전에 관한 우연한 발견은 Michael Rohan 외, "Lowfield magnetic stimulation in bipolar depression using an MRI-based stimulator", *American Journal of Psychiatry 161*, no. 1(2004년 1월): 93-98쪽, http://www.ncbi.nlm.nih.gov/pubmed/14702256에 보고되어 있다.

24 저자기장자극술에 대한 최근의 연구 보고서들에는 Michael L. Rohan 외, "Rapid mood-elevating effects of low field magnetic stimulation in depression", *Biological Psychiatry 76*, no. 3(2014. 8. 1일): 186-193쪽, http://www.ncbi.nlm.nih. gov/pubmed/24331545와 Mouhsin Shafi, Adam Philip Stern, Alvaro Pascual-Leone, "Adding low-field magnetic stimulation to noninvasive electromagnetic neuromodulatory therapies", *Biological Psychiatry 76*, no. 3(2014. 8. 1일): 170-171쪽, http://www.ncbi.nlm.nih.gov/pubmed/25012043이 있다.

25 전자약의 일반적인 개념에 대해서는 Sara Reardon, "Electroceuticals spark interest", *Nature 511*, no. 7507(2014년 7월 3일 자): 18쪽, http://www.ncbi. nlm.nih.gov/pubmed/24990725 참조.

26 CES에 대한 유용한 리뷰 논문으로는 Mary Gunther, Kenneth D. Phillips,

"Cranial electrotherapy stimulation for the treatment of depression", *Journal of Psychosocial Nursing and Mental Health Services 48*, no. 11(2010년 11월): 37-42쪽, http://www.ncbi.nlm.nih.gov/pubmed/20669869와 Daniel L. Kirsch, Francine Nichols, "Cranial electrotherapy stimulation for treatment of anxiety, depression, and insomnia", *Psychiatric Clinics of North America 36*, no. 1(2013년 3월): 169-176쪽, http://www.ncbi.nlm.nih.gov/pubmed/23538086과 Eugene A. DeFelice, "Cranial electrotherapy stimulation(CES) in the treatment of anxiety and other stress-related disorders", *Stress Medicine 13*, no. 1(1997년 1월): 31-42쪽, http://onlinelibrary.wiley.com/doi/10.1002/(SICI)1099-1700(199701)13:1%3C31::AID-SMI715%3E3.0.CO;2-G/abstract가 있다.

뇌의 피질에 대한 저전압 자극은 Giovanni Aldini의 *Essai Theorique et Experimental sur le Galvanisme*(1804)에서 처음 설명되었고, Souroush Zaghi 외 "Noninvasive brain stimulation with low-intensity electrical currents", *Neuroscientist 16*, no. 3(2010년 6월): 285-307쪽, http://www.ncbi.nlm.nih.gov/pubmed/20040569에 인용되었다.

27   CES가 불안증과 우울증 치료에 효과가 있음을 발견한 연구들에는 Alexander Bystritsky, Lauren Kerwin, Jamie Feusner, "A pilot study of cranial electrotherapy stimulation for generalized anxiety disorder", *Journal of Clinical Psychiatry 69*, no. 3(2008년 3월): 412-417쪽, http://www.ncbi.nlm.nih.gov/pubmed/18348596과 David H. Avery 외, "Transcranial magnetic stimulation in the acute treatment of major depressive disorder: Clinical response in a openlabel extension trial", *Journal of Clinical Psychiatry 69*, no. 3(2008년 3월): 441-451쪽, http://www.ncbi.nlm.nih.gov/pubmed/18294022가 있다.

연구의 편향에 대한 우려는 Sidney Klawansky 외, "Meta-analysis of randomized controlled trials of cranial electrostimulation: Efficacy in treating selected psychological and physiological conditions", *Journal of Nervous and Mental Disease 183*, no. 7(1995년 7월): 478-484쪽, http://www.ncbi.nlm.nih.gov/pubmed/7623022에 나타나 있다.

CES 치료기는 알파스팀, CES 울트라, 피셔 월러스, 소타 바이오 튜너 등의 상품명으로 팔리고 있다.

28   TMS의 상황이나 미국의 전형적인 건강보험 하에서 CES 치료기들에 대해서는 Aetna, "Clinical policy bulletin: Transcranial magnetic stimulation and cranial electrical stimulation", *Policy Bulletin 0469*, 2013년 10월 11일 자, http://www.

aetna.com/cpb/medical/data/400_499/0469.html 참조.

29 CES의 작동 메커니즘에 대한 추정은 Souroush Zaghi 외, "Noninvasive brain stimulation with low-intensity electrical currents", *Neuroscientist 16*, no. 3(2010년 6월): 285-307쪽, http://www.ncbi.nlm.nih.gov/pubmed/20040569 참조.

30 tDCS와 tACS에 대한 비교는 Laura Tadini 외, "Cognitive, mood, and electroencephalographic effects of noninvasive cortical stimulation with weak electrical currents", *Journal of ECT 27*, no. 2(2011년 6월): 134-140쪽, http://www.ncbi.nlm.nih.gov/pubmed/20938352와 Abhishek Datta 외, "Cranial electrotherapy stimulation and transcranial pulsed current stimulation: A computer based high-resolution modeling study", *NeuroImage 65*(2013년 1월 15일 자): 280-87쪽, http://www.ncbi.nlm.nih.gov/pubmed/23041337 참조.

31 tACS에 의한 알파 뇌파의 활동성 증가는 Randolph F. Helfrich 외, "Entrainment of brain oscillations by transcranial alternating current stimulation", *Current Biology 24*, no. 3(2014년 2월): 333-339쪽, http://www.ncbi.nlm.nih.gov/pubmed/24461998 참조.

32 tACS가 뇌기능에 미치는 영향에 대한 더 자세한 정보는 Souroush Zaghi 외, "Noninvasive brain stimulation with low-intensity electrical currents", *Neuroscientist 16*, no. 3(2010년 6월): 285-307쪽, http://www.ncbi.nlm.nih.gov/pubmed/20040569와 Lidia Gabis, Benzion Shklar, Daniel Geva, "Immediate influence of transcranial electrostimulation on pain and beta-endorphin blood levels: An active placebo-controlled study", *American Journal of Physical Medicine and Rehabilitation 82*, no. 2(2003년 2월): 81-85쪽, http://www.ncbi.nlm.nih.gov/pubmed/12544752 참조.

33 CES 옹호자들의 지지할 수 없는 주장들은 Stephen Barrett, "Dubious claims made for NutriPax and cranial electrotherapy stimulation", *Quackwatch*, 2008년 1월 28일 자, http://www.quackwatch.org/01QuackeryRelatedTopics/ces.html 참조.

34 CES가 신경전달물질들에 미치는 영향에 대한 논의는 Lidia Gabis, Bentzion Shklar, Daniel Geva, "Immediate influence of transcranial electrostimulation on pain and beta-endorphin blood levels: An active placebo-controlled study", *American Journal of Physical Medicine and Rehabilitation 82*, no. 2(2003년 2월): 81-84쪽, http://www.ncbi.nlm.nih.gov/pubmed/12544752 참조. 코르티솔에 대한 연구는 인상적이지 못하며, C. Norman Shealy가 1989년과 1998년 *Journal*

*of Neurological and Orthopaedic Medicine and Surgery*에 게재한 글들에서 언급은 하고 있지만 유의미한 입증은 없다.

35 CES 프로토콜들은 Harish C. Kavirajan, Kristin Lueck, Kenneth Chuang, "Alternating current cranial electrotherapy stimulation(CES) for depression", *Cochrane Library, issue 5*(2013년 5월 31일 자): CD010521, http://www.ncbi. nlm.nih.gov/pubmed/25000907에 자세히 소개되어 있다.

36 Igor Galynker와 인터뷰한 내용. Dr. Galynker의 연구는 Samantha Greenman 외 "A single blind, randomized, sham controlled study of cranial electrical stimulation in bipolar II disorder"(2014년 5월 4일에서 6일까지 뉴욕에서 열 린 167차 미국정신의학회 연례회의 포스터 발표), http://www.ensrmedical. com/wp-content/uploads/2014/01/Poster-A-Single-Blind-Randomized-Sham-Controlled-Study-of-Cranial-Electrical-Stimulation-in-Bipolar-II-Disorder-Beth-Israel.pdf에 서술되어 있다. 피셔 월러스 자극기에 대한 추가적인 연구 는 미국 보건복지부와 국립보건원의 "Efficacy and safety of cranial electrical stimulation(CES) for major depressive disorder(MDD)", *Study Number NCT01325532*(연구 책임자, 매사추세츠 종합병원 David Mischoulon, 연구 시 작일 2010년 11월), http://clinicaltrials.gov/show/NCT01325532 참조.

37 FDA에서 CES 치료기를 시판 전 승인이 필요한 3등급으로 분류하고, CES가 불면증, 우울증, 불안증 증상들에 확실한 효과를 제공할 것임을 입증하는 유 효하고 타당한 과학적 증거가 없다는 판단을 내린 이론적 근거는 FDA의 「신 경계용장비 심사단 2012년 2월 10일 회의를 위해 준비된 요약보고서」, http:// www.fda.gov/downloads/AdvisoryCommittees/CommitteesMeetingMaterials/ MedicalDevices/MedicalDevicesAdvisoryCommittee/NeurologicalDevicesPanel/ UCM330887.pdf에 명시되어 있으며, Kenneth Bender, "FDA panel votes to curtail cranial electrotherapy stimulators", *Psychiatric Times*, 2012년 7월, http:// www.psychiatrictimes.com/neuropsychiatry/fda-panel-votes-curtail-cranial-electrotherapy-stimulators에 요약되어 있다.

38 잘못 사용된 전기 자극기의 유해성에 대한 Roland Nadler의 염려는 Bruno Rütsche 외, "Modulating arithmetic performance: A tDCS/EEG study", *Clinical Neurophysiology 124*, no. 10(2013년 10월): e91, http://dx.doi.org/10.1016/ j.clinph.2013.04.134에 보고된 발견들에 의해 촉발되었다.

39 "인간의 뇌에 전기를 쏘는 것"은 Roland Nadler, "Electroceutical ads are here: What will regulators say?", 스탠퍼드 법·생명과학 센터, 2013년 10월 24일,

http://blogs.law.stanford.edu/lawandbiosciences/2013/10/24/electroceutical-ads-are-here-what-will-regulators-say 참조.

40 VNS 연구에 대한 더 자세한 논의는 Pilar Cristancho 외, "Effectiveness and safety of vagus nerve stimulation for severe treatment-resistant major depression in clinical practice after FDA approval: Outcomes at 1 year", *Journal of Clinical Psychiatry 72*, no. 10(2011년 10월): 1376-1382쪽, http://www.ncbi.nlm.nih.gov/pubmed/21295002 참조.

41 헬렌 메이버그와의 인터뷰. 메이버그가 공동집필한 뇌심부 자극술에 대한 최근의 연구 논문들로는 Paul E. Holtzheimer, Helen S. Mayberg, "Deep brain stimulation for psychiatric disorders", *Annual Review of Neurosciences 34*(2011): 289-307쪽, http://www.ncbi.nlm.nih.gov/pubmed/21692660과 Patricio Riva-Posse 외, "Practical considerations in the development and refinement of subcallosal cingulate white matter deep brain stimulation for treatment-resistant depression", *World Neurosurgery 80*, nos. 3-4(2013년 9월-10월): e25-34, http://www.ncbi.nlm.nih.gov/pubmed/23246630이 있다. DBS 연구의 윤리적 지침 개발에 있어서의 고려 사항들은 Peter Rabins 외, "Scientific and ethical issues related to deep brain stimulation for disorders of mood, behavior, and thought", *Archives of General Psychiatry 66*, no. 9(2009년 9월): 931-937쪽, http://www.ncbi.nlm.nih.gov/pubmed/19736349에 기술되어 있다.

42 헬렌 메이버그의 환자에 대한 내용은 Robin. L. Carhart-Harris 외, "Mourning and melancholia revisited: Correspondences between principles of Freudian metapsychology and empirical finding in neuropsychiatry", *Annals of General Psychiatry 7*, no. 9(2008년 7월 24일): 1-23쪽, http://www.ncbi.nlm.nih.gov/pubmed/18652673에 인용되어 있다.

43 메이버그와 그녀의 동료들이 DBS가 상당수 피험자들에게서 우울증 완화 효과를 거두었음을 발견한 사실은 Andres M. Lozano 외, "Subcallosal cingulate gyrus deep brain stimulation for treatment-resistant depression", *Biological Psychiatry 64*, no. 6(2008년 9월 15일): 461-467쪽, http://www.ncbi.nlm.nih.gov/pubmed/18639234 참조. 호전 상태의 지속에 대해서는 Sidney H. Kennedy 외, "Deep brain stimulation for treatment-resistant depression: Follow-up after 3 to 6 years", *American Journal of Psychiatry 168*, no. 5(2011년 5월): 502-510쪽, http://www.ncbi.nlm.nih.gov/pubmed/21285143 참조. 유사한 긍정적 발견들이 이루어진 유럽의 연구로는 Thomas E. Schlaepfer 외, "Rapid effects

of deep brain stimulation for treatment-resistant major depression", *Biological Psychiatry 73*, no. 12(2013년 6월 15일): 1204-1212쪽, http://www.ncbi.nlm. nih.gov/pubmed/23562618이 있다. 117명의 피험자들과 관련된 2011년까지의 DBS 연구들은 Rodney J. Anderson 외, "Deep brain stimulation for treatment-resistant depression: Efficacy, safety and mechanisms of action", *Neuroscience and Biobehavioral Review 36*, no. 8(2012년 9월): 1920-1933쪽, http://www.ncbi. nlm.nih.gov/pubmed/22721950에 소개되어 있다. DBS의 위상을 높이기 위한 노력들은 Patricio Riva-Posse 외, "Defining critical white matter pathways mediating successful subcallosal cingulate deep brain stimulation for treatment-resistant depression", *Biological Psychiatry*(근간, 2014년 4월 13일 온라인 출간), http://www.ncbi.nlm.nih.gov/pubmed/24832866 참조.

44   세인트주드 메디컬 사 BROADEN 연구의 중단은 James Cavuoto, "Depressing innovation", *Neurotech Business Report*, 2013년 12월 13일 자, http://www. neurotechreports.com/pages/publishersletterDec13.html과 "St. Jude Medical struggles to regain traction in neuromodulation market", *Neurotech Business Report*, 2013년 12월 13일 자, http://www.neurotechreports.com/pages/St Jude_Medical_profile.html에 실렸다. 이 글은 연구가 중단된 이유들에 대한 비공식적 설명이다. 세인트주드 메디컬 사에서는 공식적인 공개보고를 내놓지 않았다.

45   무용성 분석에 대한 설명은 Boris Freidlin, "Futility analysis", *Encyclopedia of Statistical Sciences*(2013, Wiley 출판사), http://onlinelibrary.wiley.com/ doi/10.1002/ 0471667196.ess7171/abstract 참조.

46   DBS의 위험성들과 비용에 대한 논의는 Thomas E. Schlaepfer 외, "Deep brain stimulation of the human reward system for major depression: Rationale, outcomes and outlook", *Neuropsychopharmacology 39*, no. 6(2014년 2월 11일): 1303-1314쪽, http://www.ncbi.nlm.nih.gov/pubmed/24513970 참조.

47   John Horgan, "Much-hyped brain-implant treatment for depression suffers setback", *Cross-Check*, 2014년 3월 11일 자, http://blogs.scientificamerican.com/ cross-check/2014/03/11/much-hyped-brain-implant-treatment-for-depression-suffers-setback 참조.

48   Alison Bass, "Helen Mayberg: A case study in why we need greater transparency about conflicts of interest", *Alison Bass*, 2011년 5월 17일 자, http://alison-bass. blogspot.com/2011/05/helen-mayberg-case-study-in-why-we-need.html 참조.

49   DBS의 절차적, 윤리적 지침의 개발에 대한 추가 정보는 Bart Nuttin 외

"Consensus on guidelines for stereotactic neurosurgery for psychiatric disorders", *Journal of Neurology, Neurosurgery and Psychiatry 85*, no. 9(2014년 9월): 1003-8쪽, http://www.ncbi.nlm.nih.gov/pubmed/24444853 참조.

50   Steve Ogburn의 2014년 4월에서 7월까지의 이메일에서 인용.

51   "Gartner hype cycle", *Gartner*, 2014, http://www.gartner.com/technology/research/methodologies/hype-cycle.jsp 참조.

52   DBS에 대한 다양한 반응들에 대한 논의는 Jared L. Moreines 외, "Neuro-psychological function before and after subcallosal cingulate deep brain stimulation in patients with treatment-resistant depression", *Depression and Anxiety 31*, no. 8(2014년 8월): 690-698쪽, http://www.ncbi.nlm.nih.gov/pubmed/24753183 참조.

53   토머스 인셀과의 개인적 서신.

54   배쪽 섬유막/선조에서의 성공적인 DBS에 대한 내용은 Alexander Sartorius 외, "Remission of major depression under deep brain stimulation of the lateral habenula in a therapy-refractory patient", *Biological Psychiatry 67*, no. 2(2010년 1월 15일): e9-e11, http://www.ncbi.nlm.nih.gov/pubmed/19846068 참조.

55   고삐핵 자극에 대한 논의는 Karl Kiening, Alexander Sartorius, "A new translational target for deep brain stimulation to treat depression", *EMBO Molecular Medicine 5*, no. 8(2013년 8월): 1151-1153쪽, http://www.ncbi.nlm.nih.gov/pubmed/23828711 참조.

56   우울증에서의 보상계에 대한 하버드 실험들에 대한 보고는 Diego A. Pizzagalli, Allison L. Jahn, James P.O'Shea, "Toward an objective characterization of an anhedonic phenotype: A signal-detection approach", *Biological Psychiatry 57*, no. 4(2005년 2월 15일): 319-327쪽, http://www.ncbi.nlm.nih.gov/pmc/articles/PMC2447922와 Diego A. Pizzagalli 외, "Reduced hedonic capacity in major depressive disorder: Evidence from a probabilistic reward task", *Journal of Psychiatric Research 43*, no. 1(2008년 11월): 76-87쪽, http://www.ncbi.nlm.nih.gov/pmc/articles/PMC2637997 참조.

57   생쥐와 보상계에 대한 연구는 Yun-Wei A. Hsu 외, "Role of the dorsal medial habenula in the regulation of voluntary activity, motor function, hedonic state, and primary reinforcement", *Journal of Neuroscience 34*, no. 34(2014년 8월 20일): 11366-11384쪽, http://www.ncbi.nlm.nih.gov/pubmed/25143617 참조.

58   Christophe D. Proulx, Okihide Hikosaka, Roberto Malinow, "Reward processing

by the lateral habenula in normal and depressive behaviors", *Nature Neuroscience 17*, no. 9(2014년 9월): 1146-1152쪽, http://www.ncbi.nlm.nih.gov/pubmed/25157511 참조.

59 마운트시나이 병원에서 진행 중인 DBS 연구는 미국 보건복지부 국립보건원 "A pilot study of deep brain stimulation to the lateral habenula in treatment-resistant depression", Study Number NCT01798407(연구 책임자 Wayne Goodman, Mt. Sinai School of Medicine, 연구 시작일 2013년 2월 21일), http://clinicaltrials.gov/show/NCT01798407 참조.

60 집속 초음파, 근적외선 광선 요법, 저자기장 자극, 광유전 자극에 대한 설명은 Moacyr Rosa, Sarah Lisanby, "Somatic treatments for mood disorders", *Neuropsychopharmacology Reviews 37*, no. 1(2012년 1월): 102-116쪽, http://www.ncbi.nlm.nih.gov/pubmed/21976043 참조. 생쥐의 광수용체와 불안증의 관계에 대한 최근의 연구는 Olivia A. Masseck 외, "Vertebrate cone opsins enable sustained and highly sensitive rapid control of Gi/o signaling in anxiety circuitry", *Neuron 81*, no. 6(2014년 3월 19일): 1263-1273쪽, http://www.ncbi.nlm.nih.gov/pubmed/24656249 참조.

61 우울증 치료에서 보톡스 사용에 대한 연구는 Eric Finzi, Norman E. Rosenthal, "Treatment of depression with onabotulinumtoxinA: A randomized, double-blind, placebo controlled trial", *Journal of Psychiatric Research 52*(2014년 5월): 1-6쪽, http://www.ncbi.nlm.nih.gov/pubmed/24345483과 Marc Axel Wollmer 외, "Facing depression with botulinum toxin: A randomized controlled trial", *Journal of Psychiatric Research 46*, no. 5(2012년 5월): 574-581쪽, http://www.ncbi.nlm.nih.gov/pubmed/22364892와 Doris Hexsel 외, "Evaluation of self-esteem and depression symptoms in depressed and nondepressed subjects treated with onabotulinumtoxinA for glabellar lines", *Dermatological Surgery 39*, no. 7(2013년 7월): 1088-1096쪽, http://www.ncbi.nlm.nih.gov/pubmed/23465042 참조. 이 주제에 관한 비기술적 소개는 Richard A. Friedman, "Don't worry, get Botox", *New York Times*, 2014년 3월 23일, http://www.nytimes.com/2014/03/23/opinion/sunday/dont-worry-get-botox.html 참조.

62 Charles Darwin, *The Expression of the Emotions in Man and Animals*(London: John Murray, 1872), http://www.gutenberg.org/ebooks/1227과 Paul Ekman, "Darwin's contributions to our understanding of emotional expressions", *Philosophical Transactions of the Royal Society B 364*, no. 1535(2009년 12월 12일):

3449-3451쪽, http://www.ncbi.nlm.nih.gov/pubmed/19884139 참조.

63 "We feel sorry because we cry": William James, "What is an emotion?" *Mind 9*, no. 34(1884년 4월), http://psychclassics.yorku.ca/James/emotion.htm.

64 불면증 치료를 받고 있는 우울증 환자들의 현저한 호전에 대한 연구는 Benedict Carey, "Sleep therapy seen as an aid for depression", *New York Times*, 2013년 11월 18일, http://www.nytimes.com/2013/11/19/health/treating-insomnia-to-heal-depression.html 참조. NIMH의 후원하에 이루어지고 있는 불면증과 우울증에 관한 최근 두 연구들에 대한 설명은 미국 보건복지부 국립보건원 "Behavioral insomnia therapy for those with insomnia and depression", Project Number 5R01MH076856-05(연구팀장 Colleen E. Carney, Ryerson University, 연구 시작일 2008년 3월), http://clinicaltrials.gov/show/NCT00620789와 미국 보건복지부 국립보건원 "Improving depression outcome by adding CBT for insomnia to antidepressants", Project Number 5R01MH079256-05(연구팀장 Andrew D. Krystal, Duke University, 연구 시작일 2008년 6월), http://projectreporter.nih.gov/project_info_description.cfm?aid=8311829&icde=18398621 참조.

65 "this huge, still unexplored frontier of psychiatry": Benedict Carey, "Sleep therapy seen as an aid for depression", *New York Times*, 2013년 11월 18일, http://www.nytimes.com/2013/11/19/health/treating-insomnia-to-heal-depression.html.

66 George Slavich의 글은 Caroline Williams "Is depression a kind of allergic reaction?", *Guardian*, 2015년 1월 4일, http://www.theguardian.com/lifeandstyle/2015/jan/04/depression-allergic-reaction-inflammation-immune-system에 인용되어 있다.

67 "instead of conceptualizing MDD": Turhan Canli, "Reconceptualizing major depressive disorder as an infectious disease", *Biology of Mood & Anxiety Disorders* 4(2014): 10쪽, http://www.ncbi.nlm.nih.gov/pubmed/25364500.

68 Kelly Brogan, "Have you been told it's all in your head? The new biology of mental illness", Kelly Brogan, M.D., http://kellybroganmd.com/article/told-head-new-biology-mental-illness 참조.

69 우울증에서 시토킨의 역할에 대한 조사는 Elisa Brietzke 외, "Comparison of cytokine levels in depressed, manic and euthymic patients with bipolar disorder", *Journal of Affective Disorders 116*, no. 3(2009년 8월): 214-217쪽, http://www.ncbi.nlm.nih.gov/pubmed/19251324와 Neil A. Harrison 외, "Neural origins of human sickness in interoceptive responses to inflammation", *Biological Psychiatry*

66, no. 5(2009년 9월 1일): 415-422쪽, http://www.ncbi.nlm.nih.gov/pubmed/19409533 참조.

70 소염제가 항우울제의 작용에 미치는 영향에 대한 조사 내용은 Norbert Müller 외, "The cyclooxygenase-2 inhibitor celecoxib has therapeutic effects in major depression: Results of a double-blind, randomized, placebo-controlled, add-on pilot study to reboxetine", *Molecular Psychiatry 11*(2006): 680-684쪽, http://www.ncbi.nlm.nih.gov/pubmed/16491133 참조.

71 Rob Frankel과 한 인터뷰.

72 정신분석에 대한 논란들은 John Forrester, "Dispatches from the Freud wars", *Dispatches from the Freud Wars: Psychoanalysis and Its Passions*(Harvard University Press, 1997), http://books.google.com/books?id=xQDZe2HyFCEC&pg=PA208 참조.

73 심리 치료의 임상적 의존도 감소에 대한 내용은 Mark Olfson, Steven C. Marcus, "National trends in outpatient psychotherapy", *American Journal of Psychiatry 167*, no. 12(2010년 12월): 145-163쪽, http://www.ncbi.nlm.nih.gov/pubmed/20686187 참조.

74 심리 치료에 관한 보험사들의 정책에 대한 더 자세한 논의는 Brandon A. Gaudiano, Ivan W. Miller, "The evidence-based practice of psychotherapy: Facing the challenges that lie ahead", *Clinical Psychology Review 33*, no. 7(2013년 11월): 813-824쪽, http://www.ncbi.nlm.nih.gov/pubmed/23692739와 Brandon Gaudiano, "Psychotherapy' image problem", *New York Times*, 2013년 9월 29일, http://www.nytimes.com/2013/09/30/opinion/psychotherapys-image-problem.html. 참조.

75 항우울제와 컬럼바인 고등학교 대학살 사이의 인과관계에 대한 반정신의학 운동가들의 억측의 예는 Kelly Patricia O'Meara, "Doping kids", *Insight on the News*, 1999년 6월 28일 자와 Ed Soule, "Deadly prescriptions", *Bangor Daily News*, 1999년 11월 10일 자 참조.

76 미국 FDA의 "2004년 9월 13일에 메릴랜드주 베데스다에서 열린 약물평가연구센터 정신약리학 약물 자문위원회와 소아과 자문위원회 공동회의"에서 피해자 Mark Taylor와 의사 Dr. Alen J. Salerian가 한 증언들임. http://www.fda.gov/ohrms/dockets/ac/04/transcripts/2004-4065T1.pdf.

77 인용된 반정신의학 서적들은, Richard Schneeberg, *Legally Drugged: Ten Nuthouse Hospital Stays to $10 Million*(Pittsburgh, Pa.: 2006), http://

books.google.com/books/?id=YDek75oVWw0C와 David Healy, *Pharmageddon*(Berkeley, Calif.: University of California, 2012), http://books.google.com/books/?id=U0ZV4VIiMuAC와 Stuart A, Kirk, Tomi Gomory, David Cohen, *Mad Science: Psychiatric Coercion, Diagnosis, and Drugs*(New Brunswick, N.J.: Transaction Publishers, 2013), http://books.google.com/books/?id=0ydro0gSAJMC와 Ann Blake Tracy, *Prozac: Panacea or Pandora?*(West Jordan, Utah: Cassia Publications, 1994), http://books.google.com/books/?id=aEbqNK-_F2AC임.

78 미국 FDA의 "2004년 9월 13일에 메릴랜드주 베데스다에서 열린 약물평가 연구센터 정신약리학 약물 자문위원회와 소아과 자문위원회 공동회의"에서 Anne Blake Tracy가 한 증언. http://www.fda.gov/ohrms/dockets/ac/04/transcripts/2004-4065T1.pdf. 조지위스대학교 이사회의 내부 조사 결과 Anne Blake Tracy의 박사학위는 잘못 수여된 것으로 밝혀져 결국 학위가 취소되었음. 이에 대해서는 George Wythe University, "Final steps in the administrative transformation of George Wythe University", GWU Newsroom, 2012년 10월 10일, http://news.gw.edu/?p=393 참조.

79 여기 인용된 책들과 기사들은 Irving Kirsch, *The Emperor's New drugs: Exploding the Antidepressant Myth*(New York: Basic Books, 2011), http://books.google.com/books?id=wk-OxcTkyi4C와 Robert Whitaker, *Anatomy of an Epidemic: Magic Bullets, Psychiatric Drugs, and the Astonishing Rise of Mental Illness in America*(New York: Broadway Books, 2010), http://books.google.com/books?id=XhPp_06bB3EC와 Daniel Carlat, *Unhinged: The Trouble with Psychiatry*(New York: Simon & Schuster, 2010), http://books.google.com/books?id=A5wqhgo0ghcC와 Peter Breggin, *Toxic Psychiatry*(New York: St. Martin's Press, 1994), http://books.google.com/books?id=s51J66Y0CeYC와 Peter Breggin, *Brain Disabling Treatments in Psychiatry*(New York: Springer, 2007), http://books.google.com/books?id=hBd0V7Ex8PUC와 Peter Breggin, *Your Drug May Be Your Problem*(New York: Da Capo, 2007), http://books.google.com/books?id=bSv_AgAAQBAJ와 Peter Breggin, *Medication Madness*(New York:Macmillan, 2009), http://books.google.com/books?id=X0A01ZFPBgYC와 Marcia Angell, "The epidemic of mental illness: Why?", *New York Review of Books*, 2011년 6월 23일, http://www.nybooks.com/articles/archives/2011/jun/23/epidemic-mental-illness-why와 Marcia Angell, "The illusions of psychiatry",

New York Review of Books, 2011년 7월 14일, http://www.nybooks.com/articles/archives/2011/jul/14/illusions-of-psychiatry.

80 CBS News "Treating depression: Is there a placebo effect?", 60 Minutes, 2012년 2월 19일, http://www.cbsnews.com/news/treating-depression-is-there-a-placebo-effect 참조.

81 우울증 치료의 위약 효과에 대한 어빙 키르시의 연구는 Irving Kirsch 외, "Initial severity and antidepressant benefits: A meta-analysis of data submitted to the Food and Drug Administration", *PLoS Medicine 5*, no. 2(2008년 2월): e45, http://www.ncbi.nlm.nih.gov/pubmed/18303940과 Arif Khan 외, "A systematic review of comparative efficacy of treatments and controls for depression", *PLoS One 7*, no. 7(2012년 7월 30일): e41778, http://www.ncbi.nlm.nih.gov/pubmed/22860015 참조.

82 위약 반응 연구들의 결과에서 포함 기준의 중요성에 대해 논한 Richard A. Friedman의 글은 "Before you quit antidepressants", *New York times*, 2010년 1월 11일, http://www.nytimes.com/2010/01/12/health/12mind.html.

83 위약이 매우 효과적이지만 항우울제가 일관되게 더 효과적임을 발견한 연구는 Pim Cuijpers 외, "Comparison of psychotherapies for adult depression to pill placebo control groups: A meta-analysis", *Psychological Medicine 44*, no. 4(2014년 3월): 685-695쪽, http://www.ncbi.nlm.nih.gov/pubmed/23552610 참조.

84 Kirsch의 방법론에 대한 논쟁은 Konstantinos N. Fountoulakis, Hans-Jürgen Möller, "Efficacy of antidepressants: A re-analysis and re-interpretation of the Kirsch data", *International Journal of Psychopharmacology 14*, no. 3(2011년 4월): 405-412쪽, http://www.ncbi.nlm.nih.gov/pubmed/20800012와 Hans-Jürgen Möller, Konstantinos N. Fountoulakis, "Problems in determining efficacy and effectiveness of antidepressants", *Psychiatriki 22*, no. 4(2011년 10월-12월): 298-306쪽, http://www.ncbi.nlm.nih.gov/pubmed/22271842와 Konstantinos N. Fountoulakis, Hans-Jürgen Möller, "Antidepressant drugs and the response in the placebo group: The real problem lies in our understanding of the issue", *Journal of Psychopharmacology 26*, no. 5(2012년 5월): 744-750쪽, http://www.ncbi.nlm.nih.gov/pubmed/21926425와 Konstantinos N. Fountoulakis, Myrto T. Samara, Melina Siamouli, "Burning issues in the meta-analysis of pharmaceutical trials for depression", *Journal of Psychopharmacology 28*, no. 2(2014년 2월): 106-117쪽, http://www.ncbi.nlm.nih.gov/pubmed/24043723 참조.

85 Daniel Carlat, "'The illusions of psychiatry': An exchange", *New York Review of Books*, 2011년 8월 18일, http://www.nybooks.com/articles/archives/2011/aug/18/illusions-psychiatry-exchange.

86 Robert D. Gibbons 외, "Benefits from antidepressants: Synthesis of 6-week patient-level outcomes from double-blind placebo-controlled randomized trials of fluoxetine and venlafaxine", *Archives of General Psychiatry 69*, no. 6(2012년 6월): 572-579쪽, http://www.ncbi.nlm.nih.gov/pubmed/22393205.

87 진짜 약을 받은 환자들과 비교한 위약을 받은 환자들의 재발률에 대한 논의는 John R. Geddes 외, "Relapse prevention with antidepressant drug treatment in depressive disorders: A systematic review", *Lancet 361*, no. 9358(2003년 2월 22일): 653-61쪽, http://www.ncbi.nlm.nih.gov/pubmed/12606176 참조.

88 위약과 진짜 약의 반응 관련 수치는 Bret R. Rutherford, Stephen P. Roose, "A model of placebo response in antidepressant clinical trials", *American Journal of Psychiatry 170*, no. 7(2013년 7월): 723-33쪽, http://www.ncbi.nlm.nih.gov/pubmed/23318413과 B. Timothy Walsh 외, "Placebo response in studies of major depression: Variable, substantial, and growing", *Journal of the American Medical Association 287*, no. 14(2002년 4월 10일): 1840-1847쪽, http://www.ncbi.nlm.nih.gov/pubmed/11939870 참조. 재발 연구들은 John R. Geddes 외, "Relapse prevention with antidepressant drug treatment in depressive disorders: A systematic review", *Lancet 361*(2003년 2월 22일): 653-661쪽, http://www.ncbi.nlm.nih.gov/pubmed/12606176과 Bruce Arroll 외, "Antidepressants versus placebo for depression in primary care", *Cochrane Database of Systematic Reviews 8*, no. 3(2009년 7월 9일): CD007954, http://www.ncbi.nlm.nih.gov/pubmed/19588448과 Keith F. Dobson 외, "Randomized trial of behavioral activation, cognitive therapy, and antidepressant medication in the prevention of relapse and recurrence in major depression", *Journal of Consulting and Clinical Psychology 76*, no. 3(2008년 6월): 468-477쪽, http://www.ncbi.nlm.nih.gov/pubmed/18540740 참조. 중단 관련 연구는 Kunitoshi Kamijima 외, "A placebo-controlled, randomized withdrawal study of sertraline for major depressive disorder in Japan", *International Clinical Psychopharmacology 21*, no. 1(2006년 2월): 1-9쪽, http://www.ncbi.nlm.nih.gov/pubmed/16317311 참조.

89 John Krystal, "Dr. Marcia Angell and the illusions of anti-psychiatry", *Psychiatric Times*, 2012년 8월 13일, http://www.acnp.org/resources/articlediscussionDetail.

aspx?cid=66d1c1bf-7c40-4af9-b4f5-a3856fe1b5ba.

90   위약을 받을 가능성을 예기하는 피험자들에게서 항우울제의 효과가 적게 나타난다는 사실을 발견한 연구는 Bret R. Rutherfore 외, "A randomized, prospective pilot study of patient expectancy and antidepressant outcome", *Psychological Medicine 43*, no. 5(2013년 4월): 975-982쪽, http://www.ncbi.nlm.nih.gov/pmc/articles/PMC3594112 참조. 환자의 기대가 약과 위약 효과에 미치는 영향에 대한 더 자세한 논의는 George I. Papakostas, Maurizio Fava, "Does the probability of receiving placebo influence clinical trial outcome? A meta-regression of double-blind, randomized clinical trials in MDD", *European Neuropsychopharmacology 19*, no. 1(2009년 1월): 33-40쪽, http://www.ncbi.nlm.nih.gov/pubmed/18823760 참조.

91   John M. Oldham, "Antidepressants and the placebo effect, revisited", *Psychiatric News*, 2012년 3월 16일, http://psychnews.psychiatryonline.org/doi/full/10.1176/pm.47.6.psychnews_47_6_3-a.

92   연구에서 위약 반응을 최소화하는 방법들에 대한 제안은 Bret R. Rutherford, Stephen P. Roose, "A model of placebo response in antidepressant clinical trials", *American Journal of Psychiatry 170*, no. 7(2013년 7월): 723-733쪽, http://www.ncbi.nlm.nih.gov/pubmed/23318413에서 이루어졌음.

93   우울증의 과학적 연구 상황에 대한 일반적인 와전에 대한 논의는 Jonathan Leo, Jeffrey R. Lacasse, "The media and the chemical imbalance theory of depression", *Society 45*, no. 1(2008년 2월): 35-45쪽, http://link.springer.com/article/10.1007%2Fs12115-007-9047-3 참조.

94   독일 영양학자 Werner Wöhlbier의 '아스피린 부족' 관련 재담은 그의 학생들 사이에서 널리 인용되고 있다. 그 예는, Hans-Georg Classen, Heimo Franz Schimatschek, Konrad Wink, "Magnesium in human therapy", *Metal Ions in Biological Systems*(Boca Raton, Fla.:CRC Press, 2005), http://books.google.com/books?id=jS-9CEIFQtwC&pg=PA30. 43쪽: "'If headache is relieved by aspirin, this is no proof for the correction of a preexisting deficit of aspirin' was a theorem of W. Wöhlbier(1899-1984)".

95   신경 발생을 자극하는 항우울제들의 역할에 대한 연구는 Christoph Anacker 외, "Antidepressants increase human hippocampal neurogenesis by activating the glucocorticoid receptor", *Molecular psychiatry 16*, no. 7(2011년 7월): 738-750쪽, http://www.ncbi.nlm.nih.gov/pubmed/21483429와 Nicola D. Hanson, Michael

J. Owens, Charles B. Nemeroff, "Depression, antidepressants, and neurogenesis: A critical reappraisal", *Neuropsychopharmacology 36*, no. 13(2011년 12월): 2589-2602쪽, http://www.ncbi.nlm.nih.gov/pubmed/21937982와 Indira Mendez-David 외, "Adult hippocampal neurogenesis: An actor in the antidepressant-like action", *Annales Pharmaceutiques Françaises 71*, no. 3(2013년 5월): 143-149쪽, http://www.ncbi.nlm.nih.gov/pubmed/23622692 참조.

96 암 유전체학의 발전에 대한 논의는 Levi A. Garraway, Eric S. Lander, "Lessons from the cancer genome", *Cell 153*, no. 1(2013년 3월 28일): 17-37쪽, http://www.ncbi.nlm.nih.gov/pubmed/23540688 참조.

97 미국 보건복지부 국립정신건강연구소, "Research domain criteria(RDoC)", http://www.nimh.nih.gov/research-priorities/rdoc/index.shtml.

98 Scott J. Russo, Eric J. Nestler, "The brain reward circuitry in mood disorders", *Nature Reviews: Neuroscience 14*, no. 9(2013년 9월): 609-25쪽, http://www.ncbi.nlm.nih.gov/pubmed/23942470.

99 청소년 자살에 대한 통계는 David Brent, "Suicide in Youth", 정신질환자연맹, 2003년 6월, https://www.nami.org/Content/Content Groups/Illnesses/Suicide_Teens.htm과 미국 보건복지부 질병통제센터, "Suicide: Facts at a glance", 2012년 10월 24일, http://www.cdc.gov/violenceprevention/pdf/Suicide_DataSheet-a.pdf와 Alex E. Crosby 외, "Suicidal thoughts and behaviors among adults aged ≥ 18 years: United States, 2008-2009", *Morbidity and Mortality Weekly Report Surveillance Summaries 60*, no. SS-13(2011년 10월 21일): 1-22쪽, http://www.ncbi.nlm.nih.gov/pubmed/22012169 참조.

100 Corrado Barbui, Eleonora Esposito, Andrea Cipriani, "Selective serotonin reuptake inhibitors and risk of suicide: A systematic review of observational studies", *Canadian Medical Association Journal 180*, no. 3(2009년 2월 3일): 291-297쪽, http://www.ncbi.nlm.nih.gov/pubmed/19188627.

101 FDA 메타분석은 Tarek A. Hammad, "Relationship between psychotropic drugs and pediatric suicidality: Review and evaluation of clinical data", FDA, 2004년 8월 16일, http://www.fda.gov/ohrms/dockets/ac/04/briefing/2004-4065b1-10-tab08-hammads-review.pdf와 Tarek A. Hammad, Thomas Laughren, Judith Racoosin, "Suicidality in pediatric patients treated with antidepressant drugs", *Archives of General Psychiatry 63*, no. 3(2006년 3월): 332-339쪽, http://www.ncbi.nlm.nih.gov/pubmed/16520440 참조. 연구들과 피험자들의 수는

Richard A. Friedman, Andrew C. Leon, "Expanding the black box: Depression, antidepressants, and the risk of suicide", *New England Journal of Medicine 356*, no. 23(2007년 6월 7일): 2343-2346쪽, http://www.ncbi.nlm.nih.gov/pubmed/17485726 참조.

102 청소년 자살자들의 혈액 속 항우울제 성분에 대한 내용은 Andrew C. Leon 외, "Antidepressants and youth suicide in New York City, 1999-2002", *Journal of the American Academy of Child and Adolescent Psychiatry 45*, no. 9(2006년 9월): 1054-1058쪽, http://www.ncbi.nlm.nih.gov/pubmed/16926612와 Doug Gray 외, "Utah Youth Suicide Study, Phase I: Government agency contact before death", *Journal of the American Academy of Child and Adolescent Psychiatry 41*, no. 4(2002년 4월): 427-434쪽, http://www.ncbi.nlm.nih.gov/pubmed/11931599 참조.

103 우울증 치료를 받지 않은 환자들의 자살률 증가를 발견한 연구는 Robert D. Gibbons 외, "Relationship between antidepressants and suicide attempts: An analysis of the Veterans Health Administration data sets", *American Journal of Psychiatry 164*, no. 7(2007년 7월): 1044-1049쪽, http://www.ncbi.nlm.nih.gov/pubmed/17606656.

104 FDA의 항우울제에 대한 블랙박스 요구는 "FDA statement on recommendations of the psychopharmacologic drugs and pediatric advisory committees", 2004년 9월 16일, http://www.fda.gov/NewsEvents/Newsroom/PressAnnouncements/2004/ucm108352.htm과 "Antidepressant use in children, adolescents, and adults", 2007년 5월 2일, http://www.fda.gov/drugs/drugsafety/informationbydrugclass/ucm096273 참조.

105 Robert J. Valuck 외, "Spillover effects on treatment of adult depression in primary care after FDA advisory on risk of pediatric suicidality with SSRIs", *American Journal of Psychiatry 164*, no. 8(2007년 8월): 1198-1205쪽, http://www.ncbi.nlm.nih.gov/pubmed/17671282.

106 SSRI 계열에 대한 블랙박스 경고 시행 후 우울증 진단의 감소는 Anne M. Libby, Heather D. Orton, Robert J. Valuck, "Persisting decline in depression treatment after FDA warnings", *Archives of General Psychiatry 66*, no. 6(2009년 6월): 633-639쪽, http://www.ncbi.nlm.nih.gov/pubmed/19487628 참조.

107 블랙박스 경고 시행 후 항우울제 처방의 감소율은 Anne M. Libby 외, "Decline in treatment of pediatric depression after FDA advisory on risk of sucidality

with SSRIs", *American Journal of Psychiatry 164*, no. 6(2007년 6월): 633-639쪽, http://www.ncbi.nlm.nih.gov/pubmed/17541047 참조. 네덜란드에서 블랙박스 경고 시행 후 청소년 자살률 증가는 Robert D. Gibbons 외, "Early evidence on effects of regulators' suicidality warnings on SSRI prescriptions and suicide in children and adolescents", *American Journal of Psychiatry 164*, no. 9(2007년 9월): 1356-1363쪽, http://www.ncbi.nlm.nih.gov/pubmed/17728420 참조. 캐나다에서의 유사한 현상은 Laurence Y. Katz 외, "Effect of regulatory warnings on antidepressant prescription rates, use of health services and outcomes among children, adolescents and young adults", *CMAJ: Journal of the Canadian Medical Association 178*, no. 8(2008년 4월 8일): 1005-1011쪽, http://www.ncbi.nlm. nih.gov/pubmed/18390943 참조.

108 예일대학교 연구는 Susan Busch, Ezra Golberstein, Ellen Meara, "The FDA and ABCs: The unintended consequences of antidepressant warning on human capital", NBER Working Paper no. 17426, National Bureau of Economic Research(2011년 9월), http://www.nber.org/papers/w17426 참조.

109 Robert D. Gibbons 외, "The relationship between antidepressant prescription rates and rate of early adolescent suicide", *American Journal of Psychiatry 163*, no. 11(2006년 11월): 1898-1904쪽, http://www.ncbi.nlm.nih.gov/pubmed/17074941.

110 Richard A. Friedman, "Antidepressants' black-box warning-10 years later", *New England Journal of Medicine 371*, no. 18(2014년 10월 30일): 1666-68쪽, http://www.ncbi.nlm.nih.gov/pubmed/25354101.

111 Robert D. Gibbons 외, "Relationship between antidepressants and suicide attempts: An analysis of the Veterans Health Administration data sets", *American Journal of Psychiatry 164*, no. 7(2007년 7월): 1044-1049쪽, http://www.ncbi.nlm.nih.gov/pubmed/17606656.

112 Robert D. Gibbons 외, "The relationship between antidepressant medication use and rate of suicide", *Archives of General Psychiatry 62*, no. 2(2005년 2월): 165-172쪽, http://www.ncbi.nlm.nih.gov/pubmed/15699293과 Robert D. Gibbons 외, "The relationship between antidepressant prescription rates and rate of early adolescent suicide", *American Journal of Psychiatry 163*, no. 11(2006년 11월): 1898-1904쪽, http://www.ncbi.nlm.nih.gov/pubmed/17074941과 Michael F. Grune-baum 외, "Antidepressants and suicide risk in the United States, 1985-

1999 ", *Journal of Clinical Psychiatry 65*, no. 11(2004년 11월): 1456-1462쪽, http://www.ncbi.nlm.nih.gov/pubmed/15554756 참조.

113 뉴욕 자살 통계는 Andrew C. Leon 외, "Antidepressants in adult suicides in New York City: 2001-2004 ", *Journal of Clinical Psychiatry 68*, no. 9(2007년 9월): 1399-1403쪽, http://www.ncbi.nlm.nih.gov/pubmed/17915979에서 가져왔음.

114 Robert D. Gibbons 외, "The relationship between antidepressant medication use and rate of suicide", *Archives of General Psychiatry 62*, no. 2(2005년 2월): 165-172쪽, http://www.ncbi.nlm.nih.gov/pubmed/15699293.

115 덴마크, 헝가리, 스웨덴, 이탈리아, 일본, 오스트레일리아에서 자살률 감소를 발견한 연구들은 Lars Søndergård 외, "Do antidepressants prevent suicide", *International Clinical Psychopharmacology 21*, no. 4(2006년 7월): 211-218쪽, http://www.ncbi.nlm.nih.gov/pubmed/16687992와 Zoltan Rihmer 외, "Suicide in Hungary: Epidemiological and clinical perspectives", *Annals of General Psychiatry 12*, no. 21(2013년 6월 26일): 21쪽, http://www.ncbi.nlm.nih.gov/pubmed/23803500과 Anders Carlsten 외, "Antidepressant medication and suicide in Sweden", *Pharmacoepidemiology and Drug Safety 10*, no. 6(2001년 10월-11월): 525-530쪽, http://www.ncbi.nlm.nih.gov/pubmed/11828835와 Giulio Castelpietra 외, "Antidepressant use and suicide prevention: A prescription database study in the region Friuli Venezia Giulia, Italy", *Acta Psychiatrica Scandinavica 118*, no. 5(2008년 11월): 382-388쪽, http://www.ncbi.nlm.nih.gov/pubmed/18754835와 Atsuo Nakagawa 외, "Association of suicide and antidepressant prescription rates in Japan, 1999-2003", *Journal of Clinical Psychiatry 68*, no. 6(2007년 6월): 908-916쪽, http://www.ncbi.nlm.nih.gov/pubmed/17592916과 Wayne D. Hall 외, "Association between antidepressant prescribing and suicide in Australia, 1991-2000: Trend analysis", *British Medical Journal 326*, no. 7397(2003년 5월 10일): 1008쪽, http://www.ncbi.nlm.nih.gov/pubmed/12742921 참조.

유사한 발견들을 담은 다국가 연구들은 Göran Isacsson, "Suicide prevention: A medical breakthrough?", *Acta Psychiatrica Scandinavica 102*, no. 2(2000년 8월): 1113-1117쪽, http://www.ncbi.nlm.nih.gov/pubmed/10937783과 Jens Ludwig, David E. Marcotte, Karen Norberg, "Antidepressants and suicide", *Journal of Health Economics 28*, no. 3(2009년 5월): 659-676쪽, http://www.ncbi.nlm.nih.gov/pubmed/19324439와 Ricardo Gusmão 외, "Antidepressant utilization and

suicide in Europe: An ecological multi-national study", *PLoS One*(2013년 6월 19
일): e66455, http://www.ncbi.nlm.nih.gov/pubmed/23840475와 Marc Olfson
외, "Relationship between antidepressant medication treatment and suicide in
adolescents", *Archives of General Psychiatry 60*, no. 10(2003년 10월): 978-982쪽,
http://www.ncbi.nlm.nih.gov/pubmed/14557142.

116   SSRI 치료 초기 단계에서의 자살 위험성 증가를 발견한 연구들은 Herschel
Jick, James A. Jaye, Susan S. Jick, "Antidepressants and the risk of suicidal
behaviors", *Journal of the American Medical Association 292*, no. 3(2004년 7월 21
일): 338-343쪽, http://www.ncbi.nlm.nih.gov/pubmed/15265848과 Charlotte
Björkenstam 외, "An association between initiation of selective serotonin reuptake
inhibitors and suicide: A nationwide register-based case-crossover study",
PLos One 8, no. 9(2013년 9월 9일): e73973, http://www.ncbi.nlm.nih.gov/
pubmed/24040131 참조.

117   Gregory E. Simon 외, "Suicide risk during antidepressant treatment", *American
Journal of Psychiatry 163*, no. 1(2006년 1월): 41-47쪽, http://www.ncbi.nlm.nih.
gov/pubmed/16390887.

118   우울증 치료의 상이한 단계들에서의 상대적 자살 위험성에 대한 연구는
Gregory E. Simon, James Savarino, "Suicide attempts among patients starting
depression treatment with medications or psychotherapy", *American Journal of
Psychiatry 164*, no. 7(2007년 7월): 1029-1034쪽, http://www.ncbi.nlm.nih.gov/
pubmed/17606654 참조.

119   Silas W. Smith, Manfred Hauben, Jeffrey K. Aronson, "Paradoxical and bidirec-
tional drug effects", *Drug Safety 35*, no. 3(2012년 3월): 173-189쪽, http://www.
ncbi.nlm.nih.gov/pubmed/22272687.

120   항우울제를 투여한 결과 생긴 정신 질환 합병증에 따른 양극성 장애에 대
한 설명은 Kemal Dumlu 외, "Treatment-induced manic switch in the course
of unipolar depression can predict bipolarity: Cluster analysis based evidence",
Journal of Affective Disorders 134, nos. 1-3(2011년 11월): 91-101쪽, http://www.
ncbi.nlm.nih.gov/pubmed/21742381과 R. J. Baldessarini 외, "Antidepressant-
associated mood-switching and transition from unipolar major depression to
bipolar disorder: A review", *Journal of Affective Disorders 148*, no. 1(2013년 5월
15일): 129-135쪽, http://www.ncbi.nlm.nih.gov/pubmed/23219059 참조. 이
연구들에서 환자들은 단극성 주요 우울장애 진단을 받았으며, 항우울제로 인한

조증이 발생하기 전까지는 양극성 장애 진단은 고려되거나 내려지지 않았다. Baldessarini와 동료 연구자들은 "단극성 주요 우울장애 진단을 받은 환자들의 8.18퍼센트에서 항우울제 치료가 새로운 조증 반응과 관련을 보였음"을 밝혀냈다.

121 블랙박스 경고가 처방률뿐 아니라 우울증 진단률에도 부정적인 영향을 준 것에 대한 논의는 Robert J. Valuck 외, "Spillover effects on treatment of adult depression in primary care after FDA advisory on risk of pediatric suicidality with SSRIs", *American Journal of Psychiatry 164*, no. 8(2007년 8월): 1198-1205쪽, http://www.ncbi.nlm.nih.gov/pubmed/17671282 참조.

122 자살 행동 이력을 가진 사람들이 자살을 할 위험이 훨씬 크다는 사실을 발견한 연구는 Susan S. Jick, Alan D. Dean, Hershel Jick, "Antidepressants and suicide", *British Medical Journal 310*, no. 6974(1995년 1월 28일): 215-218쪽, http://www.ncbi.nlm.nih.gov/pubmed/7677826.

123 Kelly Posner 외, "Columbia Classification Algorithm of Suicide Assessment(C-CASA): Classification of suicidal events in the FDA's pediatric suicidal risk analysis of antidepressants", *American Journal of Psychiatry 164*, no. 7(2007년 7월): 1035-1043쪽, http://www.ncbi.nlm.nih.gov/pubmed/17606655, Kelly Posner 외, "The Columbia-Suicide Severity Rating Scale: Initial validity and internal consistency findings from three multisite studies with adolescents and adults", *American Journal of Psychiatry 168*, no. 12(2011년 12월): 1266-1277쪽, http://www.ncbi.nlm.nih.gov/pubmed/22193671.

124 다른 형태의 자해와 구분되는 자살에 대한 설명은 Matthew K. Knock, Ronald Kessler, "Prevalence of and risk factors for suicide attempts versus suicide gestures: Analysis of the National Comorbidity Survey", *Journal of Abnormal Psychology 115*, no. 3(2006년 8월): 616-623쪽, http://www.ncbi.nlm.nih.gov/pubmed/16866602와 Diego de Leo 외, "Definitions of suicidal behavior: Lessons learned from the WHO/EURO Multicentre Study", *Crisis 27*, no. 1(2006년 1월): 4-15쪽, http://www.ncbi.nlm.nih.gov/pubmed/16642910 참조.

125 약물 임상 실험들에 대한 FDA의 검토 결과 자살 생각과 자살 행동은 "회고적으로 규정되고 분류되며, 임상 실험들은 그것들을 예상하여 규정하도록 고안되지 않았음"을 밝혀냈다. 미국 FDA, "Guidance for industry: Suicidal ideation and behavior: Prospective assessment of occurrence in clinical trials", 2012년 8월, http://www.fda.gov/drugs/guidancecomplianceregulatoryinformation/

guidances/ucm315156.htm 참조.

126 Kelly Posner와의 인터뷰.

127 FDA는 임상 실험들에 C-CASA나 이와 유사한 평가 도구들의 사용을 권장하고 있다. "Suicidality: Prospective assessment of occurrence in clinical trials", 2010년 9월, http://gpo.gov/fdsys/pkg/FR-2010-09-09/html/2010-22404.html과 "Suicidal ideation and behavior: Prospective assessment of occurrence in clinical trials", 2012년 8월, http://www.fda.gov/Drugs/GuidanceComplianceRegulatoryInformation/Guidances/ucm315156.htm 참조.

128 AVERT 시스템에 대한 정보는 eResearch Technology, Inc., "Suicide risk assessment in healthcare", 2014, http://www.ert.com/healthcare/solutions/avert-intelligent-suicide-risk-assessment/suicide-risk-assessment-in-healthcare 참조.

129 Alex E. Crosby, LaVonne Ortega, Cindi Melanson, "Self-directed violence surveillance: Uniform definitions and recommended data elements", U.S. Centers for Disease Control and Prevention, 2011년 2월, http://www.cdc.gov/violenceprevention/pdf/self-directed-violence-a.pdf.

130 조사에 응한 고등학교 교사들의 4분의 1이 우울증에 걸린 자살 위험 학생들의 접근을 보고한 내용은 Wendy Leane, Rosalyn Shute, "Youth suicide: The knowledge and attitudes of Australian teachers and clergy", *Suicide and Life-Threatening Behavior 28*, no. 2(1998년 여름호): 165-173쪽, http://www.ncbi.nlm.nih.gov/pubmed/9674076 참조.

131 새로 개발된 자살 평가 도구들의 이용에 대한 보고는 "New suicide prevention initiatives in Rhode Island", GoLocalProv, 2012년 3월 20일, http://www.golocalprov.com/health/new-suicide-prevention-initiatives-in-rhode-island와 eResearch Technology, Inc., "State of Oklahoma selects ERT's assessment system", Applied Clinical Trials Online, 2014년 7월 1일, http://www.appliedclinicaltrialsonline.com/appliedclinicaltrials/articleDetail.jsp?id=847809&sk=80cb3518dac68c23ccfcfbbfb5c66f1a와 Oswego Hospital "Community service plan 2014-16", 2013, http://www.oswegohealth.org/d1/2013%20Community%20Service%20Plan1.pdf. 참조.

132 경찰 자살에 대한 정보는 Andrew F. O'Hara 외, "National police suicide estimates: Web surveillance study II", *International Journal of Emergency Mental Health and Human Resilience 15*, no. 1(2013년 1월): 31-38쪽, http://www.ncbi.nlm.nih.gov/pubmed/24187885 참조. 재향군인의 높은 자살률에 대해서는

Timothy Williams, "Suicides outpacing war deaths for troops", *New York Times*, 2012년 6월 8일, http://www.nytimes.com/2012/06/09/us/suicides-eclipse-war-deaths-for-us-troops.html. 참조.

133 미육군 의무사령부, "Inpatient and emergency department(ED) aftercare", OTSG/MEDCOM Policy Memo 14-019, http://www.cssrs.columbia.edu/documents/MEDCOMPOLICY14-019InpatientEDAftercare.pdf.

134 J. G. Baker, "Identifying and responding to clients at-risk for suicide", CDC Policy Memo 5-12, Department of the Navy, Office of the Chief Defense Counsel of the Marine Corps, 2012년 9월 28일, http://www.hqmc.marines.mil/Portals/135/Docs/DSO/CDC_Policy_Memo_5-12_with_Encl_1-3_-_Identifying_and_Responding_to-Clients_at_Risk_for_Suicide.PDF.

135 재향군인관리국의 C-SSRS 이용에 대해서는 U.S. Department of Veterans Affairs, Eastern Colorado Health Care System, "Assessment tools", 2014년 8월 29일, http://www.mirecc.va.gov/visn19/research/assessment_tools.asp와 U.S. Department of Veterans Affairs, "VA/DoD clinical practice guideline for assessment and management of patients at risk for suicide", 2013년 6월, http://healthquality.va.gov/guidelines/MH/srb/VASuicideAssessmentSummaryPRINT.pdf. 참조. 다른 군대에서의 C-SSRS의 이용에 대해서는 Kelly Posner와의 인터뷰를 통해 알게 되었다.

136 자살자의 45퍼센트가 자살 전 한 달 이내에 의사를 찾아갔다는 사실을 발견한 연구는 Jason B. Luoma, Catherine E. Martin, Jane L. Pearson, "Contact with mental health and primary care providers before suicide: A review of the evidence", *American Journal of Psychiatry 159*, no. 6(2002년 6월): 909-916쪽, http://www.ncbi.nlm.nih.gov/pubmed/12042175.

137 정신의학에서의 자살 위험 평가에 대한 일반적인 논의는 Morton M. Silverman, "Suicide risk assessment and suicide risk formulation: Essential components of the therapeutic risk management model", *Journal of Psychiatric Practice 20*, no. 5(2014년 9월): 373-378쪽, http://www.ncbi.nlm.nih.gov/pubmed/25226200 참조.

138 임신 중 우울증에 관한 수치는 미국 보건복지부 질병통제센터, "Depression during and after pregnancy fact sheet", 2012년 7월 6일, http://www.womenshealth.gov/publications/our-publications/fact-sheet/depression-pregnancy.html. 참조.

139 메디케이드 대상 여성의 항우울제 사용률은 William O. Cooper 외, "Increasing use of antidepressants in pregnancy", *American Journal of Obstetrics and*

Gynecology 196, no. 6(2007년 6월): 544.e1-5, http://www.ncbi.nlm.nih.gov/pubmed/17547888 참조.

140   임신 중 항우울제 사용에 대한 통계자료는 Susan E. Andrade 외, "Use of antidepressant medications during pregnancy: A multisite study", *American Journal of Obstetrics and Gynecology 198*, no. 2(2008년 2월): 194.e1-194. e5, http://www.ncbi.nlm.nih.gov/pubmed/17905176과 Allen A. Mitchell 외, "Medication use during pregnancy, with particular focus on prescription drugs: 1976-2008", *American Journal of Obstetrics and Gynecology 205*, no. 1(2011년 7월): 51.e1-51.e8, http://www.ncbi.nlm.nih.gov/pubmed/21514558과 Krista F. Huybrechts 외, "National trends in antidepressant medication treatment among publicly insured pregnant women", *General Hospital Psychiatry 35*, no. 3(2013년 5월-6월): 265-271쪽, http://www.ncbi.nlm.nih.gov/pubmed/23374897 참조.

141   임산부의 우울증 재발률 수치는 Lee S. Cohen 외, "Relapse of major depression during pregnancy in women who maintain or discontinue antidepressant treatment", *Journal of the American Medical Association 295*, no. 5(2006년 2월): 499-507쪽, http://www.ncbi.nlm.nih.gov/pubmed/16449615 참조.

142   Victoria Hendrick 외, "Placental passage of antidepressant medications", *American Journal of Psychiatry 160*, no. 5(2003년 5월): 993-996쪽, http://www.ncbi.nlm. nih.gov/pubmed/12727706과 Ada M. Loughead 외, "Antidepressants in amniotic fluid: Another route of fetal exposure", *American Journal of Psychiatry 163*, no. 1(2006년 1월): 145-147쪽, http://www.ncbi.nlm.nih.gov/pubmed/16390902 참조.

143   임신 중 항우울제 사용과 신생아 심장 결함의 연관성을 발견한 연구들로 는 Carol Louik, Stephen Kerr, Allen A. Mitchell, "First-trimester exposure to bupropion and risk of cardiac malformations", *Pharmacoepidemiology and Drug Safety*(출간 전 전자출판, 2014년 6월 12일), http://www.ncbi.nlm.nih.gov/pubmed/24920293과 Heli Malm 외, "Selective serotonin reuptake inhibitors and risk for major congenital anomalies", *Obstetrics and Gynecology 118*, no. 1(2011년 7월): 111-120쪽, http://www.ncbi.nlm.nih.gov/pubmed/21646927과 Jette B. Kornum 외, "Use of selective serotonin-reuptake inhibitors during early pregnancy and risk of congenital malformations: Updated analysis", *Clinical Epidemiology*, no. 2(2010년 8월 9일): 29-36쪽, http://www.ncbi.nlm.nih.gov/pubmed/20865100과 Marian K. Bakker 외, "First-trimester use of paroxetine

and congenital heart defects": A population-based case-control study", *Birth Defects Research Part A: Clinical and Molecular Teratology 88*, no. 2(2010년 2월): 94-100쪽, http://www.ncbi.nlm.nih.gov/pubmed/19937603과 Lars Henning Pedersen 외, "Selective serotonin reuptake inhibitors in pregnancy and congenital malformations: Population based cohort study", *British Medical Journal 339*(2009년 9월 23일): b3569, http://www.ncbi.nlm.nih.gov/pubmed/19776103과 Carol Louik 외, "First-trimester use of selective serotonin-reuptake inhibitors and the risk of birth defects", *New England Journal of Medicine 356*, no. 26(2007년 6월 28일): 2675-2683쪽, http://www.ncbi.nlm.nih.gov/pubmed/17596601과 Sura Alwan 외, "Use of selective serotonin-reuptake inhibitors in pregnancy and the risk of birth defects", *New England Journal of Medicine 356*, no. 26(2007년 6월 28일): 2684-2692쪽, http://www.ncbi.nlm.nih.gov/pubmed/17596602가 있음.

임신 중 항우울제 사용과 신생아의 심장 결함의 연관성을 발견하지 못한 연구들로는 Krista F. Huybrechts, "Antidepressant use in pregnancy and the risk of cardiac defects", *New England Journal of Medicine 370*, no. 25(2014년 6월 19일): 2397-2407쪽, http://www.ncbi.nlm.nih.gov/pubmed/24941178과 Andrea V. Margulis 외, "Use of selective serotonin reuptake inhibitors in pregnancy and cardiac malformations: A propensity-score matched cohort in CPRD", *Pharmacoepidemiology and Drug Safety 22*, no. 9(2013년 9월): 942-951쪽, http://www.ncbi.nlm.nih.gov/pubmed/23733623과 Christina L. Wichman 외, "Congenital heart disease associated with selective serotonin reuptake inhibitor use during pregnancy", *Mayo Clinic Proceedings 84*, no. 1(2009): 23-27쪽, http:// www.ncbi.nlm.nih.gov/pmc/articles/pmid/19121250과 Adrienne Einarson 외, "Evaluation of the risk of congenital cardiovascular defects associated with use of paroxetine during pregnancy", *American Journal of Psychiatry 165*, no. 6(2008년 6월): 749-752쪽, http://www.ncbi.nlm.nih.gov/pubmed/18381907과 J. Alexander Cole 외, "Bupropion in pregnancy and the prevalence of congenital malformations", *Pharmacoepidemiology and Drug Safety 16*, no. 5(2007년 5월): 474-484쪽, http://www.ncbi.nlm.nih.gov/pubmed/16897811이 있음.

144 임신 중 SSRI 계열 약의 잠재적 역효과에 대한 설명은 Kimberly A. Yonkers 외, "The management of depression during pregnancy: A report from the American Psychiatric Association and the American College of Obstetricians and Gynecologists", *General Hospital Psychiatry 31*, no. 5(2009년 9월): 403-413쪽,

http://www.ncbi.nlm.nih.gov/pmc/articles/PMC3103063 참조.

145 Rebecca C. Knickmeyer 외, "Rate of Chiari I malformation in children of mothers with depression with and without prenatal SSRI exposure", *Neuropsychopharmacology 39*, no. 11(2014년 10월): 2611-2621쪽, http://www.ncbi.nlm.nih.gov/pubmed/24837031 참조.

146 태아의 렘수면에 미치는 SSRI 계열 약의 영향은 Eduard J. H. Mulder 외, "Selective serotonin reuptake inhibitors affect neurobehavioral development in the human fetus", *Neuropsychopharmacology 36*(2011): 1961-1971쪽, http://www.ncbi.nlm.nih.gov/pubmed/21525859 참조.

147 항우울제가 태아의 발달에 미치는 영향에 대한 논의는 Catherine Monk, Elizabeth M. Fitelson, Elizabeth Werner, "Mood disorders and their pharmacological treatment during pregnancy: Is the future child affected?", *Pediatric Research 69*, no. 5, pt.2(2011년 5월): 3R-10R, http://www.ncbi.nlm.nih.gov/pubmed/21289532와 Shona Ray, Zachary N. Stowe, "The use of antidepressant medication in pregnancy", *Best Practice and Research Clinical Obstetrics and Gynaecology 28*, no. 1(2014년 1월): 71-83쪽, http://www.ncbi.nlm.nih.gov/pubmed/24211026 참조. 임산부의 항우울제 사용 증가와 신생아 적응증후군과 발작, 생쥐 실험은 Monk, Fitelson, Werner (2011) 논문에, 제대혈과 양수의 항우울제 성분, 심장 결함 위험, 임신 전 복용을 중단한 항우울제의 영향에 대한 논의는 Ray, Stowe(2014)에 들어 있다.

148 항우울제와 자폐증의 연관성을 발견한 연구들은 Lisa A. Croen 외, "Antidepressant use during pregnancy and childhood autism spectrum disorders", *Archives of General Psychiatry 68*, no. 11(2011년 11월): 1104-1112쪽, http://www.ncbi.nlm.nih.gov/pubmed/21727247과 Dheeraj Rai 외, "Parental depression, maternal antidepressant use during pregnancy, and risk of autism spectrum disorders: Population based case-control study", *British Medical Journal 346*(2013년 4월 19일): f2059, http://www.ncbi.nlm.nih.gov/pubmed/23604083과 Rebecca A. Harrington 외, "Prenatal SSRI use and offspring with autism spectrum disorder or developmental delay", *Pediatrics*(2014년 4월 14일 온라인 간행): e1241-48, http://www.ncbi.nlm.nih.gov/pubmed/24733881.

149 항우울제와 자폐증이 관련성이 없음을 발견한 덴마크 연구들은 Anders Hviid, Mads Melbye, Björn Psternak, "Use of selective serotonin reuptake inhibitors

during pregnancy and risk of autism", *New England Journal of Medicine 369*, no. 25(2013년 12월 19일): 2406-2415쪽, http://www.ncbi.nlm.nih.gov/pubmed/24350950과 M. J. Sørensen 외, "Antidepressant exposure in pregnancy and risk of autism spectrum disorders", *Clinical Epidemiology 5*(2013년 11월 15일): 449-459쪽, http://www.ncbi.nlm.nih.gov/pubmed/24255601.

150 Thomas G. O'Connor, Catherine Monk, Elizabeth M. Fitelson, "Practitioner review: Maternal mood in pregnancy and child development: Implications for child psychology and psychiatry", *Journal of Child Psychology and Psychiatry 55*, no. 2(2014년 2월): 99-111쪽, http://www.ncbi.nlm.nih.gov/pubmed/21995525.

151 임신한 포유동물 어미의 스트레스가 새끼에게 미치는 영향에 대해서는 Jayson J. Paris 외, "Immune stress in late pregnant rats decreases length of gestation and fecundity, and alters later cognitive and affective behaviour of surviving pre-adolescent offspring", *Stress 14*, no. 6(2011년 11월): 652-664쪽, http://www.ncbi.nlm.nih.gov/pubmed/21995525 참조.

152 치료되지 않은 우울증이 태아에게 미치는 부정적인 영향에 대한 논의는 Lori Bonari 외, "Perinatal risks of untreated depression during pregnancy", *Canadian Journal of Psychiatry 49*, no. 11(2004년 11월): 726-735쪽, http://www.ncbi.nlm.nih.gov/pubmed/15633850과 Tiffany Field 외, "Prenatal depression effects on the fetus and the newborn", *Infant Behavior and Development 27*(2004년 5월): 445-455쪽, http://www.ncbi.nlm.nih.gov/pubmed/17138297 참조.

153 우울증과 임신중독의 관련성에 대한 자세한 정보는 Tapio Kurki 외, "Depression and anxiety in early pregnancy and risk for preeclampsia", *Obstetrics and Gynecology 95*, no. 4(2000년 4월): 487-490쪽, http://www.ncbi.nlm.nih.gov/pubmed/10725477과 Shanchun Zhang 외, "Association between mental stress and gestational hypertension/preeclampsia: A meta-analysis", *Obstetrical and Gynecological Survey 68*, no. 12(2013년 12월): 825-834쪽, http://www.ncbi.nlm.nih.gov/pubmed/25102019 참조.

154 Anna Rifkin-Graboi 외, "Prenatal maternal depression associates with microstructure of right amygdala in neonates at birth", *Biological Psychiatry 74*, no. 11(2013년 12월): 837-844쪽, http://www.ncbi.nlm.nih.gov/pubmed/23968960.

155 Ali S. Khashan, "Higher risk of offspring schizophrenia following antenatal maternal exposure to severe adverse life events", *Archives of General Psychiatry 65*, no. 2(2008년 2월): 146-152쪽, http://www.ncbi.nlm.nih.gov/pubmed/

18250252.

156 Thomas G. O'Connor, Catherine Monk, Elizabeth M. Fitelson, "Practitioner review: Maternal mood in pregnancy and child development: Implications for child psychology and psychiatry", *Journal of Child Psychology and Psychiatry 55*, no. 2(2014년 2월): 99-111쪽, http://www.ncbi.nlm.nih.gov/pubmed/24127722.

157 Susan Pawlby 외, "Antenatal depression predicts depression in adolescent offspring: Prospective longitudinal community-based study", *Journal of Affective Disorders 113*, no. 3(2009년 3월): 236-243쪽, http://www.ncbi.nlm.nih.gov/pubmed/18602698.

158 Sonya M. Abrams 외, "Newborns of depressed mothers", *Infant Mental Health Journal 16*, no. 3(1995년 가을호): 233-239쪽, http://psycnet.apa.org/psycinfo/1996-26797-001.

159 어머니의 우울증이 자녀의 언어와 인지 발달에 미치는 영향에 대한 논의 는 Irena Nulman 외, "Child development following exposure to tricyclic antidepressants or fluoxetine throughout fetal life: A prospective, controlled study", *American Journal of Psychiatry 159*, no. 11(2002년 11월): 1889-1895 쪽, http://www.ncbi.nlm.nih.gov/pubmed/12411224와 Tim F. Oberlander 외, "Externalizing and attentional behaviors in children of depressed mothers treated with a selective serotonin reuptake inhibitor antidepressant during pregnancy", *Archives of Pediatric and Adolescent Medicine 161*, no. 1(2007년 1월): 22-29쪽, http://www.ncbi.nlm.nih.gov/pubmed/17199063 참조.

160 Elizabeth Fitelson과 나눈 개인적 서신.

161 Kristin Guest와의 인터뷰.

162 Jeffrey Jackson, "SOS: A handbook for survivors of suicide", *American Association of Suicidology*, 2003, http://www.suicidology.org/Portals/14/docs/Survivors/Loss%20Survivors/SOS_handbook.pdf.

163 Roni Caryn Rabin, "Are antidepressants safe during pregnancy?" *New York Times Blogs*, 2014년 9월 1일, http://well.blogs.nytimes.com/2014/09/01/possible-risks-of-s-s-r-i-antidepressants-to-newborns.

164 Ann D. S. Smith 외, "PSI response to well.blog.nytimes: Antidepressants and pregnancy", Postpartum Support International, 2014년 9월 3일, http://postpartum.net/News-and-Events/PSI-Statements.aspx.

165 Ruta Nonacs, Lee S. Cohen, Marlene Freeman, "Response to the New York Times

article on SSRIs and pregnancy: Moving toward a more balanced view of risk", MGH Center for Women's Mental Health, Massachusetts General Hospital, 2014년 9월 5일, http://womensmentalhealth.org/posts/response-new-york-times-articles-ssris-pregnancy-moving-toward-balanced-view-risk.

166   Adam Urato, "Commentary: More bad news on antidepressants and pregnancy", Common Health, 2014년 6월 12일, http://commonhealth.wbur.org/2012/06/antidepressants-pregnancy.

167   Adam Urato와의 인터뷰 내용.

168   Elizabeth Fitelson에게 받은 이메일 내용.

169   Jay Gingrich에게 받은 이메일 내용.

170   임신 말기 SSRI 계열 약에 노출된 생쥐들이 보인 부작용에 대해서는 Tahilia J. Rebello 외, "Postnatal day 2 to 11 constitutes a 5-HT-sensitive period impacting adult mPFC function", *Journal of Neuroscience 34*, no. 37(2014년 9월): 12379-93쪽, http://www.ncbi.nlm.nih.gov/pubmed/25209278 참조.

171   정서와 관련된 뇌 구조 발달에 대한 논의는 Deepika Suri 외, "Monoamine-sensitive developmental periods impacting adult emotional and cognitive behaviors", *Neuropsychopharmacology*(출간 전 전자출판, 2014년 9월 2일), http://www.ncbi.nlm.nih.gov/pubmed/25178408 참조.

172   핀란드 연구에 대한 정보는 그 연구에 관여했던 Jay Gingrich가 제공했으며, 연구가 진행 중이라 아직 출간되지는 않았음.

173   '냉장고 엄마'라는 표현은 1950년대 임상의들 사이에서 통용되기 시작했으며, 대중적 사용을 위해 가장 자세히 설명된 책은 Bruno Bettelheim, *The Empty Fortress: Infantile Autism and the Birth of the Self*(New York: Free Press, 1967), http://books.google.com/books?id=IBsEAQAAIAAJ이다.

174   산후우울감에 대한 논의는 Lisa S. Seyfried, Sheila M. Marcus, "Postpartum mood disorder", *International Review of Psychiatry 15*, no. 3(2003년 8월): 231-242쪽, http://www.ncbi.nlm.nih.gov/pubmed/15276962와 Katherine E. Williams, Regina C. Casper, "Reproduction and its psychopathology", *Women's Health: Hormones, Emotions and Behavior, ed. Regina C. Casper*(Cambridge, United Kingdom: Cambridge University Press, 1998), 14-35쪽, http://books.google.com/books?id=_46cwofXYIsC와 Susan H. Friedman, Phillip J. Resnick, "Postpartum depression: An update", *Women's Health 5*, no. 3(2009년 5월): 287-295쪽, http://www.ncbi.nlm.nih.gov/pubmed/19392614 참조. 우울증을 겪

는 여성들의 백분율 추정치는 Jennifer Barrett, Alison S. Fleming, "All mothers are not created equal: Neural and psychobiological perspectives on mothering and the importance of individual differences", *Journal of Child Psychology and Psychiatry 52*, no. 4(2011년 4월): 368-397쪽, http://www.ncbi.nlm.nih.gov/pubmed/20925656과 Alison S. Fleming, Carl Corter, Meir Steiner, "Sensory and hormonal control of maternal behavior in rat and human mothers", *Motherhood in Human and Nonhuman Primates*, ed. Christopher R. Pryce, Robert D. Martin, David Skuse(Basel: Karger, 1995), 106-114쪽, http://books.google.com/books?id=RpdFAQAAIAAJ 참조.

175   산후 기분장애의 호르몬 측면에 대한 논의는 Melissa Page, Mari S. Wilhelm, "Postpartum daily stress, relationship quality and depressive symptoms", *Contemporary Family Therapy 29*, no. 4(2007년 12월): 237-251쪽, http://link.springer.com/article/10.1007%2Fs10591-007-9043-1 참조.

176   산후우울증의 진단 기준과 통계치에 대해서는 Michael W. O'Hara, Annette M. Swain, "Rates and risk of postpartum depression: A meta-analysis", *International Review of Psychiatry 8*, no. 1(1996년 3월): 37-54쪽, http://psycnet.apa.org/psycinfo/1996-94115-005와 Susan C. Crockenberg, Esther M. Leerkes, "Infant negative emotionality, caregiving, and family relationships", *Children's Influence on Family Dynamics: The Neglected Side of Family Relationships*, ed. A. C. Crouter, A. Booth(Mahwah, N.J.: Erlbaum) 57-78쪽, http://books.google.com/books?id=fKBDvUBUEwEC와 Norman I. Gavin 외, "Perinatal depression: A systematic review of prevalence and incidence", *Obstetrics and Gynecology 106*, no. 5, pt. 1(2005년 11월): 1071-1083쪽, http://www.ncbi.nlm.nih.gov/pubmed/16260528과 Sheila M. Marcus, "Depression during pregnancy: Rates, risks and consequences: Motherisk update 2008", *Canadian Journal of Clinical Pharmacology 16*, no. 1(2009년 겨울): e15-22, http://www.ncbi.nlm.nih.gov/pubmed/19164843 참조.

177   산후우울증 지속 기간에 대한 추가 정보는 Peter J. Cooper, Lynne Murray, "Course and recurrence of postnatal depression: Evidence for the specificity of the diagnostic concept", *British Journal of Psychiatry 166*, no. 2(1995년 2월): 191-195쪽, http://www.ncbi.nlm.nih.gov/pubmed/7728362와 J. L. Cox, D. Murray, G. Chapman, "A controlled study of the onset, duration and prevalence of postnatal depression", *British Journal of Psychiatry 163*(1993년 7월): 27-31쪽,

http://www.ncbi.nlm.nih.gov/pubmed/8353695 참조.

178 J. Galen Buckwalter 외, "Pregnancy, the postpartum, and steroid hormones: Effects on cognition and mood", *Psychoneuroendocrinology 24*, no. 1(1999년 1월): 69-84쪽, http://www.ncbi.nlm.nih.gov/pubmed/8353695.

179 산후우울증과 다른 형태 우울증들의 구분의 어려움에 대해서는 Elizabeth Boath, Carol Henshaw, "The treatment of postnatal depression: A comprehensive literature review", *Journal of Reproductive and Infant Psychology 19*, no. 3(2001): 215-248쪽, http://www.tandfonline.com/doi/abs/10.1080/02646830120073224와 Peter J. Cooper 외, "Non-psychotic psychiatric disorder after childbirth: A prospective study of prevalence, incidence, course and nature", *British Journal of Psychiatry 152*, no. 6(1988년 6월): 799-806쪽, http://www.ncbi.nlm.nih.gov/pubmed/3167466과 Brice Pitt, "'Atypical' depression following childbirth", *British Journal of Psychiatry 114*, no. 516(1968년 11월): 1325-1335쪽, http://www.ncbi.nlm.nih.gov/pubmed/5750402 참조.

180 산후정신병에 대한 추가 정보는 Susan H. Friedman, Phillip J. Resnick, "Postpartum depression: An update", *Women's Health 5*, no. 3(2009년 5월): 287-295쪽, http://www.ncbi.nlm.nih.gov/pubmed/19392614 참조. 산후우울증이 1-2퍼센트의 산모에게서 나타난다고 상정한 연구는 Lisa S. Seyfried, Sheila M. Marcus, "Postpartum mood disorder", *International Review of Psychiatry 15*, no. 3(2003년 8월): 231-242쪽, http://www.ncbi.nlm.nih.gov/pubmed/15276962 참조. 발병률을 0.1퍼센트에서 0.2퍼센트로 추정한 연구들은 Elizabeth Boath, Carol Henshaw, "The treatment of postnatal depression: A comprehensive literature review", *Journal of Reproductive and Infant Psychology 19*, no. 3(2001): 215-248쪽, http://www.tandfonline.com/doi/abs/10.1080/02646830120073224 참조.

181 출산 후 30일 동안 우울증 위험성이 증가한다는 보고는 Margaret R. Oates, "Postnatal depression and screening: Too broad a sweep?" *British Journal of General Practice 53*, no. 493(2003년 8월): 596-597쪽, http://www.ncbi.nlm.nih.gov/pubmed/14601333에서 이루어짐. 산모의 높은 자살 위험성에 대한 논의는 Margaret Oates, "Suicide: The leading cause of maternal death", *British Journal of Psychiatry 183*, no. 4(2003): 279-281쪽, http://www.ncbi.nlm.nih.gov/pubmed/14519602 참조. 세계적인 산모 사망의 원인들은 WHO의 "Maternal mortality", *fact sheet*, no. 348(2014년 5월), http://www.who.int/mediacentre/

factsheets/fs348/en에 기술되어 있음.

182 어머니의 자녀 살해에 관한 일반적인 현재의 논의는 Susan Hatters Friedman, Phillip J. Resnick, "Child murder by mothers: Patterns and prevention", *World Psychiatry 6*, no. 3(2007년 10월): 137-141쪽, http://www.ncbi.nlm.nih.gov/pubmed/18188430 참조. 어머니의 자녀 살해에 대한 통계자료는 Robin S. Ogle, Daniel Maier-Katkin, Thomas J. Bernard, "A theory of homicidal behavior among women", *Criminology 33*, no. 2(1995): 173-193쪽, http://onlinelibrary.wiley.com/doi/10.1111/j.1745-9125.1995.tb01175.x/abstract와 Lawrence A. Greenfeld, Tracy L. Snell, "Women offenders", NCJ 175688, U. S. Department of Justice, 1999년 12월, 2000년 10월 3일 수정, http://www.bjs.gov/index.cfm?ty=pbdetail&iid=568과 Alexia Cooper, Erica L. Smith, "Homicide trends in the United States, 1980-2008", NCJ 236018, U. S. Department of Justice, Office of Justice Programs, Bureau of Justice Statistics, 2011년 11월, http://bjs.gov/index.cfm?ty=pbdetail&iid=2221 참조.

183 Sarah Blaffer Hrdy, *Mother Nature: Maternal Instincts and How They Shape the Human Species*(New York: Ballantine, 2000) 178-79쪽, http://books.google.com/books?id=DMqOAAAAIAAJ.

184 산후우울증은 Paula Nicolson, "Loss, happiness and postpartum depression: The ultimate paradox", *Canadian Psychology 40*, no. 2(1999년 5월): 162-178쪽, http://psycnet.apa.org/psycinfo/1999-13790-007에서는 하나의 연속체의 일부로, M. Louis Appleby, "The aetiology of postpartum psychosis: Why are there no answers?", *Journal of Reproductive and Infant Psychology 8*, no. 2(1990년 4월-6월): 109-118쪽, http://psycnet.apa.org/psycinfo/1992-05632-001에서는 별개의 실체로 다루어졌다.

185 산후우울증과 인생의 다른 단계들에서 나타나는 우울증의 차이에 대한 논의는 Janet M. Stoppard, "Dis-ordering depression in women: Toward a materialist-discursive account", *Theory and Psychology 8*, no. 1(1998년 2월): 79-99쪽, http://tap.sagepub.com/content/8/1/79.abstract와 Josephine M. Green, "Postnatal depression or perinatal dysphoria? Findings from a longitudinal community-based study using the Edinburgh Postnatal Depression Scale", *Journal of Reproductive and Infant Psychology 16*, nos. 2-3(1998): 143-155쪽, http://psycnet.apa.org/psycinfo/1998-10164-004 참조. 어머니들과 아버지들의 산후우울증 비교는 Judith A. Richman, Valerie D. Raskin, Cheryl Gaines, "Gender roles,

social support and postpartum depressive symptomatology: The benefits of caring",
Journal of Nervous and Mental Disease 179, no. 3(1991년 3월): 139-147쪽, http://
www.ncbi.nlm.nih.gov/pubmed/1997661 참조.

186   Susan H. Friedman, Phillip J. Resnick, "Postpartum depression: An update",
Women's Health 5, no. 3(2009년 5월): 287-295쪽, http://www.ncbi.nlm.nih.
gov/pubmed/19392614.

187   에딘버러 산후우울증 척도에 대한 설명은 J. L. Cox, J. M. Holden, R. Sagovsky,
"Detection of postnatal depression: Development of the 10-item Edinburgh
Postnatal Depression Scale", *British Journal of Psychiatry 150*(1987년 6월): 782-
786쪽, http://www.ncbi.nlm.nih.gov/pubmed/3651732 참조. 산후우울증 검
사 척도에 대한 설명은 Cheryl Tatano Beck, Robert K. Gable, "Postpartum
Depression Screening Scale: Development and psychometric testing", *Nursing
Research 49*, no. 5(2000년 9월-10월): 272-282쪽, http://www.ncbi.nlm.nih.
gov/pubmed/11009122와 Cheryl Tatano Beck, Robert K. Gable, "Further
validation of the Postpartum Depression Screening Scale", *Nursing Research
50*, no. 3(2001년 5월-6월): 155-164쪽, http://www.ncbi.nlm.nih.gov/
pubmed/11393637 참조.

188   Margaret R. Oates, "Postnatal depression and screening: Too broad a sweep?",
British Journal of General Practice 53, no. 493(2003년 8월): 596-597쪽, http://
www.ncbi.nlm.nih.gov/pubmed/14601333.

189   Ian Jones, "DSM-V: The perinatal onset specifier for mood disorders",
memorandum to the American Psychiatric Association Mood Disorders Work
Group, 2010, https://web.archive.org/web/20121031103603/http://www.
dsm5.org/Documents/Mood%20Disorders%20Work%20Group/Ian%20
Jones%20memo-post-partum.pdf.

190   산후우울증에서 호르몬의 역할에 대한 논의는 Katharina Dalton, "Prospective
study into puerperal depression", *British Journal of Psychiatry 118*, no. 547(1971년
6월): 689-692쪽, http://www.ncbi.nlm.nih.gov/pubmed/5104005와 Katharina
Dalton, Wendy M. Holton, *Depression After Childbirth*(Oxford, U. K.: Oxford
University Press, 2001), http://books.google.com/books/?id=15RsAAAAMAAJ
참조.

191   어머니 노릇의 현실적 어려움들의 결과로 규정되는 우울증에 대해서는
Laura S. Abrams, Laura Curran, "Not just a middle class affliction: Crafting

a social work research agenda on postpartum depression", *Health and Social Work 32*, no. 4(2007년 11월): 289-296쪽, http://www.ncbi.nlm.nih.gov/pubmed/18038730 참조. 스스로에 대한 실망의 반영과 사회적 질서에 대한 도전으로 보는 의견은 Melissa Buultjens, Pranee Liamputtong, "When giving life starts to take the life out of you: Women's experiences of depression after childbirth", *Midwifery 23*, no. 1(2007년 3월): 77-91쪽, http://www.ncbi.nlm.nih.gov/pubmed/16934378 참조. 강압적인 사회적 우선과제들의 반영으로 보는 의견은 Natasha S. Mauthner, "Feeling low and feeling really bad about feeling low: Women's experiences of motherhood and postpartum depression", *Canadian Psychology 40*, no. 2(1999년 5월): 162-178쪽, http://psycnet.apa.org/psycinfo/1999-13790-007 참조.

192 개인적, 사회적 지원의 결여가 우울증의 원인이 된다는 의견에 대해서는 Patricia Leahy-Warren, Geraldine McCarthy, Paul Corcoran, "First-time mothers: Social support, maternal parental self-efficacy and postnatal depression", *Journal of Clinical Nursing 21*, nos. 3-4(2012년 2월): 388-397쪽, http://www.ncbi.nlm.nih.gov/pubmed/21435059 참조. 피로가 산후우울증의 원인이 된다는 의견에 대해서는 Jemima Petch, W. Kim Halford, "Psycho-education to enhance couples's transition to parenthood", *Clinical Psychology Review 28*, no. 7(2008년 10월): 1125-1137쪽, http://www.ncbi.nlm.nih.gov/pubmed/18472200 참조. 산후 관계 만족도의 감소에 대해서는 Brian D. Doss 외, "Marital therapy, retreats, and books: The who, what, when and why of relationship help-seeking", *Journal of Marital and Family Therapy 35*, no. 1(2009년 1월): 18-29쪽, http://www.ncbi.nlm.nih.gov/pubmed/19161581 참조. 산모에 대한 대인 간 지원의 중요성에 관한 더 자세한 논의는 Carl M. Corter, Alison S. Fleming, "Psychobiology of maternal behavior in human beings", *Handbook of Parenting*, Vol. 2; *Biology and Ecology of Parenting*, 2nd ed., ed. Marc H. Bornstein(Mahwah, N. J.: Erlbaum, 2002), 141-181쪽, http://books.google.com/books?id=76Y64zubgPsC 참조.

193 산모의 회한과 단절에 대한 탐구는 Dinora Pines, "The relevance of early psychic development to pregnancy and abortion", *International Journal of Psycho-Analysis 63*, pt. 3(1982): 311-319쪽, http://psycnet.apa.org/psycinfo/1983-10847-001(이 글은 1997년에 출간된 *Female Experience: Three Generations of British Women Psychoanalysts on Work with Women*, ed. Joan Raphael-Leff, Rosine Jozef Perelberg(London: Routledge, 1997), 131-143쪽, http://books.google.

com/books?id=0TZoxDSqIoAC에도 실려 있음)과 Deborah Steiner, "Mutual admiration between mother and baby: A 'folie à deux?'", *Female Experience: Three Generations of British Women Psychoanalysts on Work with Women*, ed. Joan Raphael-Leff, Rosine Jozef Perelberg(London: Routledge, 1997), 163-176쪽, http://books.google.com/books?id=0TZoxDSqIoAC와 Janna Malamud Smith, *A Potent Spell: Mother Love and the Power of Fear*(New York: Houghton Mifflin, 2004), http://books.google.com/books?id=ZwqH-yUve7kC 참조.

194 무능감이 우울증의 요인이 되는 것에 대한 논의는 Eileen R. Fowles, "The relationship between maternal role attainment and postpartum depression", *Health Care for Women International 19*, no. 1(1998년 1월-2월): 83-94쪽, http://www.ncbi.nlm.nih.gov/pubmed/9479097와 Lysanne Gauthier 외, "Women's depressive symptoms during the transition to motherhood: The role of competence, relatedness, and autonomy", *Journal of Health Psychology 15*, no. 8(2010년 11월): 1145-1156쪽, http://www.ncbi.nlm.nih.gov/pubmed/20453050 참조.

195 Cheryl Tatano Beck, "Postpartum depression: A metasynthesis", *Qualitative Health Research 12*, no. 4(2002년 4월): 453-472쪽, http://www.ncbi.nlm.nih.gov/pubmed/11939248.

196 Nada Hafiz(가명)와의 인터뷰.

197 Jill Farnum(가명)과의 인터뷰.

198 국제질병분류의 진단 확산에 대한 간략하고 재미있는 논의는 Sarah Kliff, "Parrot injuries and other tales from the annals of medical billing", *Washington Post*, 2012년 2월 17일, http://www.washingtonpost.com/blogs/wonkblog/post/parrot-injuries-and-other-tales-from-the-annals-of-medical-billing/2012/02/17/gIQAHUa0JR_blog.html 참조.

199 Callie L. McGrath 외, "Toward a neuroimaging treatment selection biomarker for major depressive disorder", *JAMA Psychiatry 70*, no. 8(2013년 8월): 821-829쪽, http://www.ncbi.nlm.nih.gov/pubmed/23760393.

200 Heath D. Schmidt, Richard C. Shelton, Ronald S. Duma, "Functional biomarkers of depression: Diagnosis, treatment, and pathophysiology", *Neuropsychopharmacology 36*, no. 12(2011년 11월): 2375-2394쪽, http://www.ncbi.nlm.nih.gov/pubmed/21814182.

201 Simon Wessely 교수의 글은 Sarah Boseley, "Two-thirds of Britons with depression

get no treatment", *Guardian*, http://www.theguardian.com/society/2014/aug/13/two-thirds-britons-not-treated-depression에 인용되었음.

202 미국 질병부담 연구팀의 신경정신장애에 의한 질병부담률 관련 논의는 "The state of US health, 1990-2010: Burden of diseases, injuries, and risk factors", *Journal of the American Medical Association 310*, no. 6(2013년 8월 14일): 591-608쪽, http://www.ncbi.nlm.nih.gov/pubmed/23842577 참조.

203 미국 생활보호 대상자들의 안타까운 정신건강 관리 실태에 대해서는 Thomas R. Insel, "The quest for the cure: The science of mental illness(+four inconvenient truths)", 2014년 9월 6일 워싱턴 D. C.에서 열린 National Association for Mental Health 연례회의, https://ncc.expoplanner.com/files/7/SessionFilesHandouts/MGS2_Insel_1.pdf 참조.

204 Myrna M. Weissman 외, "National survey of psychotherapy training in psychiatry, psychology, and social work", *Archives of General Psychiatry 63*, no. 8(2006년 8월): 925-934쪽, http://www.ncbi.nlm.nih.gov/pubmed/16894069 참조.

205 정신 질환과 관련된 유전자들에 대한 논의는 Jacob Gratten 외, "Large-scale genomics unveils the genetic architecture of psychiatric disorders", *Nature Neuroscience 17*, no. 6(2014년 6월): 782-790쪽, http://www.ncbi.nlm.nih.gov/pubmed/24866044와 Schizophrenia Working Group of the Psychiatric Genomics Consortium, "Biological insights from 108 schizophrenia-associated genetic loci", *Nature 511*(2014년 7월 24일): 421-427쪽, http://www.ncbi.nlm.nih.gov/pubmed/25056061과 Cross-Disorder Group of the Psychiatric Genomics Consortium, "Identification of risk loci with shared effects on five major psychiatric disorders: A genome-wide analysis", *Lancet 381*, no. 9875(2013년 4월): 1371-1379쪽, http://www.ncbi.nlm.nih.gov/pubmed/23453885 참조.

206 토머스 인셀의 개인적 이메일.

207 구직자에게 이런 질문들을 하는 것은 미국 장애인법에 의해 금지되어 있다. 미국 평등고용기회위원회의 "Questions and answers about cancer in the workplace and the Americans with Disabilities Act(ADA)", 2013년 1월, http://www1.eeoc.gov//laws/types/cancer.cfm과 "Job applicants and the Americans with Disabilities Act", 2005년 3월 21일, http://www.eeoc.gov/facts/jobapplicant.html 참조.

208 Brendan Saloner, Benjamin Lê Cook, "An ACA provision increased treatment for young adults with possible mental illnesses relative to comparison group", *Health Affairs 33*, no. 8(2014년 8월): 1425-1434쪽, http://www.ncbi.nlm.nih.gov/

pubmed/25092845.

209 토머스 인셀의 개인적 이메일. Thomas Insel, "Faulty circuits", *Scientific American 302*, no. 4(2010년 4월): 44-51쪽, http://www.ncbi.nlm.nih.gov/pubmed/20349573도 참조.

210 National Network of Depression Centers website, http://www.nndc.org, the University of Michigan Depression Center, http://www.depressioncenter.org, the Prechter Bipolar Genetics Repository, http://prechterfund.org/bipolar-research/repository 참조.

211 John Greden과의 인터뷰.

212 NNDC의 목표에 대한 John Greden의 발언은 University of Michigan Depression Center, "Member profiles: John Greden, MD", University of Michigan Depression Center, 2012, http://www.depressioncenter.org/about-us/members/profiles/view.asp?uid=4 참조.

213 Love is Louder에 대한 자세한 정보는 http://www.loveislouder.com에서 얻을 수 있음.

214 Bring Change 2 Mind(http://bringchange2mind.org) 단체의 임무는 Korina Lopez, "Glenn Close, family work to end stigma of mental illness", *USA Today*, 2013년 5월 21일, http://www.usatoday.com/story/news/health/2013/05/19/bringchange2mind-schizo-mental-illness-stigma-glenn-close/2157925에 기술되어 있음.

215 Glenn Close와의 인터뷰.

216 John Waters, "'I've been put on trial over my beliefs'", *Independent*, 2014년 4월 13일, http://www.independent.ie/irish-news/ive-been-put-on-trial-over-my-beliefs-30180643.html.

217 Zelda Williams의 시련에 대한 설명은 Caitlin Dewey, "Robin Williams's daughter Zelda driven off Twitter by vicious trolls", *Washington Post*, http://www.washingtonpost.com/news/the-intersect/wp/2014/08/13/robin-williamss-daughter-zelda-driven-off-twitter-by-vicious-trolls 참조.

218 Ellen Richardson이 국경에서 겪은 불상사는 Valerie Hauch, "Disabled woman denied entry to U. S. after agent cites supposedly private medical details", *Toronto Star*, 2013년 11월 28일, http://www.thestar.com/news/gta/2013/11/28/disabled_woman_denied_entry_to_us_after_agent_cites_supposedly_private_medical_details.html에 소개되어 있음. 나도 이 사건에 대한 논평을 썼는데 그 내용

은 "Shameful profiling of the mentally ill", *New York Times*, 2013년 12월 8일, http://www.nytimes.com/2013/12/08/opinion/sunday/shameful-profiling-of-the-mentally-ill.html 참조.

219 미국 국경 요원들이 Lois Kamenitz의 입국을 거부한 사건에 대한 기사는 Isabel Teotonio, "Canadian woman denied entry to U.S. because of suicide attempt", *Toronto Star*, 2011년 1월 29일, http://www.thestar.com/news/gta/2011/01/29/canadian_woman_denied_entry_to_us_because_of_suicide_attempt.html.

220 Ryan Fritsch와의 개인적인 서신 내용.

221 ADA의 정신 질환 관련 조항에 대한 폭넓은 논의는 Abigail J. Schopick, "The Americans with Disabilities Act: Should the amendments to the Act help individuals with mental illness?" *Legislation and Policy Brief 4*, no. 1(2012년 4월 27일): 7-33쪽, http://digitalcommons.wcl.american.edu/lpb/vol4/iss1/1 참조.

222 에이즈 환자의 여행 금지에 대한 논의는 Darlene Superville, "US to overturn entry ban on travelers with HIV", *Boston Globe*, 2009년 10월 31일, http://www.boston.com/news/nation/washington/articles/2009/10/31/us_to_lift_hiv_travel_and_immigration_ban 참조.

223 Angel Starkey와의 인터뷰.

224 Bill Stein(가명)과의 인터뷰.

225 Frank Rusakoff(가명)와의 인터뷰.

226 Tina Sonego와의 서신 내용.

227 Maggie Robbins와의 인터뷰.

228 Claudia Weaver(가명)와의 인터뷰.

229 Laura Anderson과의 인터뷰.

230 그 러브 스토리는 다음 기사와 함께 시작되었다. John Habich, "Writing out the demons", *Star Tribune*, 2001년 8월 4일, http://www.highbeam.com/doc161-76984499.html.

참고 문헌

Abraham, H. D., et al. "Order of onset of substance abuse and depression in a sample of depressed outpatients." *Comprehensive Psychiatry 40*, no. 1 (1999): pp. 44-50.

Abraham, Karl. *Selected Papers of Karl Abraham*, M. D. 6th ed. Trans. Douglas Bryanand Alix Strachey. London: The Hogarth Press Ltd., 1965.

Abrams, Richard. *Electroconvulsive Therapy*. 2nd ed. New York: Oxford University Press, 1992.

Adams, Peter. *The Soul of Medicine: An Anthology of Illness and Healing*. London: Penguin Books, 1999.

Aguirre, J. C., et al. "Plasma Beta-Endorphin Levels in Chronic Alcoholics." *Alcohol 7*, no. 5 (1990): pp. 409-12.

Aigner, T. G., et al. "Choice behavior in rhesus monkeys: Cocaine versus food." Science 201(1978): pp. 534-535.

Albert, R. "Sleep deprivation and subsequent sleep phase advance stabilizes the positive effect of sleep deprivation in depressive episodes."

Nervenarzt 69, no. 1 (1998): p. 6669.

Aldridge, David. *Suicide: The Tragedy of Hopelessness*. London and Philadelphia: Jessica Kingsley Publishers, 1998.

Allen, Hannah. "A Narrative of God's Gracious Dealings with That Choice Christian Mrs. Hannah Allen." In *Voices of Madness*. Ed. Allan Ingram. Thrupp, England: Sutton Publishing, 1997.

Allen, Nick. "Towards a Computational Theory of Depression." *ASCAP 8*, no. 7 (1995).

Altshuler, Kenneth, et al. "Anorexia Nervosa and Depression: A Dissenting View." *American Journal of Psychiatry 142*, no. 3 (1985): pp. 328–332.

Alvarez, A. *The Savage God: A study of suicide*. London: Weidenfeld and Nicolson, 1971.

Ambrose, Stephen E. *Undaunted Courage*. New York: A Touchstone Book, 1996.

Ambrosini, Paul. "A review of pharmacotherapy of major depression in children and adolescents." *Psychiatric Services 51*, no. 5 (2000): pp. 627–633.

American Psychiatric Association. *Diagnostic and Statistical Manual of Mental Disorders*. 4th ed. Washington, D. C.: American Psychiatric Association, 1994.

Andersen, Grethe. "Treatment of Uncontrolled Crying after Stroke." *Drugs & Aging 6*, no. 2 (1995): 10511.

Andersen, Grethe, et al. "Citalopram for poststroke pathological crying." *Lancet 342* (1993): pp. 837–839.

Andrews, Bernice, and George W. Brown. "Stability and change in low self-esteem: The role of psychosocial factors." *Psychological Medicine*

25 (1995): 2331.

Annett, Marian. *Left, Right, Hand and Brain: The Right Shift Theory*. New Jersey: Lawrence Erlbaum Associates, 1985.

Anthony, James, et al. "Comparative epidemiology of dependence on tobacco, alcohol, controlled substances, and inhalants: Basic findings from the National Comorbidity Survey." *Experimental and Clinical Psychopharmacology 2*, no. 3 (1994): pp. 244-268.

Anthony, W. A., et al. "Supported employment for persons with psychiatric disabilities: An historical and conceptual perspective." *Psychosocial Rehabilitation Journal 11*, no. 2 (1982): p. 524.

_____. "Predicting the vocational capacity of the chronically mentally ill: Research and implications." *American Psychologist 39* (1984): pp. 537-544.

Aquinas, St. Thomas. *Summa theologiae III*, q. 25, a. 4. *In Sancti Thomae de Aquino opera omnia*. Vol. 6. Rome: Leonine Commission, 1882.

_____. *Summa Theologica: Complete English Edition in Five Volumes*.Vol. 2. Trans. Fathers of the English Dominican Province. Reprint, Westminster, Md.: Christian Classics, 1981, III, q. 25, a. 4.

Arana, Jos et al. "Continuous Care Teams in Intensive Outpatient Treatment of Chronic Mentally Ill Patients." *Hospital and Community Psychiatry 42*, no. 5 (1991): pp. 37-50.

Araya, O. S., and E. J. Ford. "An investigation of the type of photosensitization caused by the ingestion of St. John's Wort (*Hypericum perforatum*) by calves." *Journal of Comprehensive Pathology 91*, no. 1 (1981): pp. 135-141.

Archer, John. The Nature of Grief. London: Routledge, 1999.

Ardila, Alfredo, et al. "Neuropsychological Deficits in Chronic Cocaine Abusers." *International Journal of Neuroscience 57* (1991): pp. 73-79.

Arieno, Marlene A. *Victorian Lunatics: A Social Epidemiology of Mental Illness in Mid-Nineteenth-Century England.* Selinsgrove, Pa.: Susquehanna University Press, 1989.

Aristotle. "Problemata." *The Works of Aristotle Translated into English.* Vol 7. Oxford: Clarendon Press, 1971.

Arnold, Matthew. *The Poems of Matthew Arnold.* Ed. Kenneth Allott. London: Longman's, 1965.

Artaud, Antonin. *Antonin Artaud: Works on Paper.* Ed. Margit Rowell. New York: Museum of Modern Art, 1996.

Åsberg, Marie. "Neurotransmitters and Suicidal Behavior: The Evidence from Cerebrospinal Fluid Studies." *Annals of the New York Academy of Sciences 836* (1997): pp. 158-181.

Aseltine, R. H., et al. "The co-occurence of depression and substance abuse in late adolescence." *Developmental Psychopathology 10,* no. 3 (1998): pp. 549-570.

Åsgård, U., et al. "Birth Cohort Analysis of Changing Suicide Risk by Sex and Age in Sweden 1952 to 1981." *Acta Psychiatrica Scandinavica 76* (1987): pp. 456-463.

Astbury, Jill. *Crazy for You: The Making of Women's Madness.* Oxford: Oxford University Press, 1996.

Atay, Joanne, et al. *Additions and Resident Patients at End of Year, State and County Mental Hospitals, by Age and Diagnosis, by State, United States, 1998.* Washington, D. C.: U. S. Department of Health and Human Services, May 2000.

Axline, Virginia M. *Dibs in Search of Self.* New York: Ballantine Books, 1964.

Babb, Lawrence. *The Elizabethan Malady: A Study of Melancholia in English Literature from 1580 to 1642.* East Lansing: Michigan State College Press, 1951.

Baca-García, Enrique, et al. "The Relationship Between Menstrual Cycle Phases and Suicide Attempts." *Psychosomatic Medicine 62* (2000): pp. 50–60.

Baldessarini, Ross J. "Neuropharmacology of S-Adenosyl-L-Methionine." *The American Journal of Medicine 83,* suppl. 5A (1987): pp. 95–103.

Ball, H. Irene, et al. "Update on the incidence and mortality from melanoma in the United States." *Journal of the American Academy of Dermatology 40* (1999): pp. 35–42.

Ball, J. R., et al. "A controlled trial of imipramine in treatment of depressive states." *British Medical Journal 21* (1959): 105255.

Barbey, J. T., and S. P. Roose. "SSRI safety in overdose." *Journal of Clinical Psychiatry 59,* suppl. 15 (1998): pp. 42–48.

Barinaga, Marcia. "A New Clue to How Alcohol Damages Brains." *Science,* February 11, 2000, pp. 947–948.

Barker, Juliet. *The Brontës.* New York: St. Martin's Press, 1994.

Barlow, D. H., and M. G. Craske. *Mastery of Your Anxiety and Panic: Client workbook for anxiety and panic.* San Antonio, Tex.: Graywind Publications Incorporated/The Psychological Corporation, 2000.

Barlow, D. H., et al. "Cognitive-behavioral therapy, imipramine, or their combination for panic disorder: A randomized controlled trial."

Journal of the American Medical Association 283 (2000): pp. 2529-2536.

Baron, Richard. "Employment Policy: Financial Support versus Promoting Economic Independence." *International Journal of Law and Psychiatry 23*, no. 34 (2000): pp. 375-391.

_____. *The Past and Future Career Patterns of People with Serious Mental Illness: A Qualitative Inquiry.* Supported under a Switzer Fellowship Grant from the National Institute on Disability and Rehabilitation Research. Grant Award H133F980011.

_____. "Employment Programs for Persons with Serious Mental Illness: Drawing the Fine Line Between Providing Necessary Financial Support and Promoting Lifetime Economic Dependence." Manuscript.

Barondes, Samuel H. *Mood Genes.* New York: W. H. Freeman and Company, 1998.

Barthelme, Donald. *Sadness.* New York: Farrar, Straus and Giroux, 1972.

Bassuk, Ellen, et al. "Prevalence of Mental Health and Substance Use Disorders Among Homeless and Low-Income Housed Mothers." *American Journal of Psychiatry 155*, no. 11 (1998): pp. 156-164.

Bateson, Gregory. *Steps to an Ecology of Mind.* Chicago: University of Chicago Press, 1972.

Batten, Guinn. *The Orphaned Imagination: Melancholy and Commodity Culture in English Romanticism.* Durham, N.C., and London: Duke University Press, 1998.

Baudelaire, Charles. *The Flowers of Evil.* Ed. Marthiel Mathews and Jackson Mathews. New York: New Directions, 1989.

_____. *Les Fleurs du Mal.* Paris: Éditions Garnier Frères, 1961.

Beatty, William, et al. "Neuropsychological performance of recently abstinent alcoholics and cocaine abusers." *Drug and Alcohol Dependence 37* (1995): 24753.

Beck, Aaron T. *Depression: Causes and Treatment.* Philadelphia: University of Pennsylvania Press, 1967.

Beck, Aaron T., and Marjorie Weishaar. "Cognitive Therapy." In *Comprehensive Handbook of Cognitive Theory.* Ed. Arthur Freeman, Karen M. Simon, Larry E. Beutler, and Hal Arkowitz. New York: Plenum Press, 1989.

Becker, Ernst. *The Denial of Death.* New York: Free Press, 1973.

Beckett, Samuel. *The Complete Dramatic Works of Samuel Beckett.* London: Faber & Faber, 1986.

_____. *Molloy, Malone Dies, The Unnamable.* New York: Alfred A. Knopf, 1997.

Beckham, E. Edward, and William Leber, eds. *The Handbook of Depression.* 2nd ed. New York: Guilford Press, 1995.

Bell, Kate M., et al. "S-Adenosylmethionine Treatment of Depression: A Controlled Clinical Trial." *American Journal of Psychiatry 145*, no. 9 (1988): pp. 1110-1114.

_____. "S-adenosylmethionine blood levels in major depression: Changes with drug treatment." *Acta Neurologica Scandinavica 89*, suppl. 154 (1994): pp. 15-18.

Belsky, Jay, Laurence Steinberg, and Patricia Draper. "Childhood Experience, Interpersonal Development, and Reproductive Strategy: An Evolutionary Theory of Socialization." *Child Development 62* (1991): pp. 647-670.

Benjamin, Walter. *The Origin of German Tragic Drama.* Trans. John

Osborne. London: Verso, 1985.

Benshoof, Janet, and Laura Ciolkoski. "Psychological Warfare." *Legal Times*, January 4, 1999.

Berg, J. H. van den. *The Changing Nature of Man*. Trans. H. F. Croes. New York: Norton, 1961.

Berger, M., et al. "Sleep deprivation combined with consecutive sleep phase advance as fast-acting therapy in depression." *American Journal of Psychiatry 154*, no. 6 (1997): pp. 870–872.

Bergmann, Uri. "Speculations on the Neurobiology of EMDR." *Traumatology 4*, no. 1 (1998).

Bernard of Cluny, Scorn for the World: Bernard of Cluny's "De Contemptu Mundi." *The Latin text with English translation*. R. E. Pepin, ed. East Lansing: Colleagues Press, 1991.

Bernardini, Paolo. "Melancholia gravis: Robert Burton's Anatomy (1621) and the Links between Suicide and Melancholy." Manuscript.

Berndt, Ernst, et al. "Workplace performance effects from chronic depression and its treatment." *Journal of Health Economics 17*, no. 5 (1998): pp. 511–535.

Bernet, C. Z., et al. "Relationship of childhood maltreatment to the onset and course of major depression." *Depression and Anxiety 9*, no. 4 (1999): pp. 169–174.

Bickerton, Derek. *Language and Species*. Chicago: University of Chicago Press, 1990.

Birtchnell, John. *How Humans Relate*. Westport, Conn.: Praeger, 1993.

Blair-West, G. W., G. W. Mellsop, and M. L. Eyeson-Annan. "Down-rating lifetime suicide risk in major depression." *Acta*

Psychiatrica Scandinavica 95 (1997): pp. 259-263.

Blakeslee, Sandra. "Pulsing Magnets Offer New Method of Mapping Brain." *New York Times*, May 21, 1996.

_____. "New Theories of Depression Focus on Brain's Two Sides." *New York Times*, January 19, 1999.

Blazer, Dan G., et al. "The Prevalence and Distribution of Major Depression in a National Community Sample: The National Comorbidity Survey." *American Journal of Psychiatry 151*, no. 7 (1994): pp. 979-986.

Blok, F. F. *Caspar Barlaeus: From the Correspondence of a Melancholic.* Trans. H. S. Lake and D. A. S. Reid. Assen, Netherlands: Van Gorcum, 1976.

Bloom, Harold. *Shakespeare: The Invention of the Human.* New York: Riverhead Books, 1998.

Blumenthal, J. A., et al. "Effects of exercise training on older patients with major depression." *Archives of Internal Medicine 159* (1999): pp. 2349-2356.

Bodkin, J. Alexander, et al. "Treatment Orientation and Associated Characteristics of North American Academic Psychiatrists." *Journal of Nervous Mental Disorders 183* (1995): pp. 729-735.

Boerhaave, Hermann. *Boerhaave's Aphorisms: Concerning the Knowledge and Cure of Diseases.* London: W. Innys and C. Hitch, 1742.

Boor, M., et al. "Suicide Rates, Handgun Control Laws, and Sociodemographic Variables." *Psychological Reports 66* (1990): pp. 923-930.

Bostwick, J. M., and S. Pancratz. "Affective disorders and suicide risk: A re-examination." *American Journal of Psychiatry* (in press).

Bottiglieri, T., et al. "S-adenosylmethionine levels in psychiatric and neurological disorders: A review." *Acta Neurologica Scandinavica 89*, suppl. 154 (1994): pp. 19–26.

Bower, Bruce. "Depressive aftermath for new mothers." *Science News*, August 25, 1990.

_____. "Depression therapy gets interpersonal." *Science News 140* (1991): p. 404.

_____. "Depression: Rates in women, men . . . and stress effects across the sexes." *Science News 147* (1995): p. 346.

Bowie, Andrew. *Schelling and Modern European Philosophy*. London: Routledge, 1993.

Bowlby, John. *Loss: Sadness and Depression*. Vol. 3 of Attachment and Loss. London: Hogarth Press, 1980.

Braun, Wilhelm Alfred. *Types of Weltschmerz in German Poetry*. New York: AMS Press, 1966.

Breggin, Peter R., and Ginger Ross Breggin. *Talking Back to Prozac*. New York: St. Martin's Paperbacks, 1994.

Brenna, Susan. "This Is Your Child. This Is Your Child on Drugs." *New York 30*, no. 45 (1997): pp. 46–53.

Bressa, G. M. "S-adenosyl-l-methionine (SAMe) as antidepressant: Meta-analysis of clinical studies." *Acta Neurologica Scandinavica 89*, suppl. 154 (1994): pp. 7–14.

Brink, Susan. "I'll say I'm suicidal." *U. S. News & World Report*, January 19, 1998.

Brody, Jane. "Changing thinking to change emotions." *New York Times*, August 21, 1996.

_____. "Despite the Despair of Depression, Few Men Seek

Treatment." *New York Times*, December 30, 1997.

Brown, George W. "Clinical and Psychosocial Origins of Chronic Depressive Episodes. 1. A Community Survey." *British Journal of Psychiatry 165* (1994): pp. 447–456.

_____. "Clinical and Psychosocial Origins of Chronic Depressive Episodes. 2. A Patient Inquiry." *British Journal of Psychiatry 165* (1994): pp. 457–465.

_____. "Life Events and Endogenous Depression." *Archives of General Psychiatry 51* (1994): pp. 525–534.

_____. "Psychosocial factors and depression and anxiety disorders 契 some possible implications for biological research." *Journal of Psychopharmacology 10*, no. 1 (1996): pp. 23–30.

_____. "Genetics of depression: A social science perspective." *International Review of Psychiatry 8* (1996): pp. 387–401.

_____. "Loss and Depressive Disorders." In *Adversity, Stress and Psychopathology*. Ed. B. P. Dohrenwend. Washington, D. C.: American Psychiatric Press, 1997.

Brown, George W., et al. "Aetiology of anxiety and depressive disorders in an inner-city population. 1. Early adversity." *Psychological Medicine 23* (1993): pp. 143–154.

_____. "Aetiology of anxiety and depressive disorders in an inner-city population. 2. Comorbidity and adversity." *Psychological Medicine 23* (1993): 15565.

_____. "Loss, humiliation and entrapment among women developing depression: A patient and nonpatient comparison." *Psychological Medicine 25* (1995): p. 721.

_____. "Social Factors and Comorbidity of Depressive and

Anxiety Disorders." *British Journal of Psychiatry 168, suppl. 30* (1996): pp. 50-57.

_____. "Single mothers, poverty, and depression." *Psychological Medicine 27* (1997): pp. 21-33.

Brown, Richard, Teodoro Bottiglieri, and Carol Colman. *Stop Depression Now: SAM-e.* New York: G. P. Putnam's Sons, 1999.

Brown, Theodore M. "Descartes, dualism, and psychosomatic medicine." In *The Anatomy of Madness*, vol. 1. Ed. W. F. Bynum, Roy Porter, and Michael Shepherd. London: Tavistock Publications, 1985.

Brown, Thomas M.. "Acute St. John's Wort Toxicity." *American Journal of Emergency Medicine 18*, no. 2 (2000): pp. 231-232.

Bruder, G. E., et al. "Outcome of cognitive-behavioral therapy for depression: Relation to hemispheric dominance for verbal processing." *Journal of Abnormal Psychology 106*, no. 1 (1997): pp. 138-144.

Buck, Jeffrey, et al. "Behavioral Health Benefits in Employer-Sponsored Health Plans, 1997." *Health Affairs 18*, no. 2 (1999): pp. 67-78.

Bucknill, John Charles, and Daniel H. Tuke. *A Manual of Psychological Medicine.* Philadelphia: Blanchard and Lea, 1858.

Bulgakov, Mikhail. *The White Guard.* Trans. Michael Glenny. London: The Harvill Press, 1996.

Burns, Barbara, et al. "General Medical and Specialty Mental Health Service Use for Major Depression." *International Journal of Psychiatry in Medicine 30*, no. 2 (2000): pp. 127-143.

Burton, Robert. *The Anatomy of Melancholy.* 3 vols. Ed. Thomas C. Faulkner, Nicolas K. Kiessling, and Rhonda L. Blair. Oxford: Clarendon Press, 1997.

Bush, Carol, et al. "Operation Outreach: Intensive Case Management for Severely Psychiatrically Disabled Adults." *Hospital and Community Psychiatry 41*, no. 6 (1990): pp. 647–651.

Byrd, Max. *Visits to Bedlam: Madness and Literature in the Eighteenth Century.* Columbia: University of South Carolina Press, 1974.

Byrne, Gayle, and Stephen Suomi. "Social Separation in Infant Cebus Apella: Patterns of Behavioral and Cortisol Response." *International Journal of Developmental Neuroscience 17*, no. 3 (1999): pp. 265–274.

Cadoret, Remi, et al. "Somatic Complaints. Harbinger of Depression in Primary Care." *Journal of Affective Disorders 2* (1980): pp. 61–70.

_____. "Depression Spectrum Disease, I: The Role of Gene-Environment Interaction." *American Journal of Psychiatry 153*, no. 7 (1996): pp. 892–899.

Cain, Lillian. "Obtaining Social Welfare Benefits for Persons with Serious Mental Illness." *Hospital and Community Psychiatry 44*, no. 10 (1993): pp. 977–980.

Calabrese, J. R., et al. "Fish Oils and Bipolar Disorder." *Archives of General Psychiatry 56* (1999): pp. 413–414.

Callahan, Roger J., and Joanne Callahan. *Stop the Nightmares of Trauma: Thought Field Therapy.* New York: Professional Press, 2000.

Camus, Albert. *The Myth of Sisyphus and Other Essays.* Trans. Justin O'Brien. New York: Vintage International, 1991.

Caplan, Paula J. *They Say You're Crazy.* Reading, Mass.: Addison-Wesley, 1995.

Carling, Paul J. "Major Mental Illness, Housing, and Supports."

American Psychologist, August 1990, pp. 969–971.

Carlyle, Thomas. *Sartor Resartus*. Indianapolis: Odyssey Press, 1937.

Carney, Michael W. P., et al. "S-Adenosylmethionine and Affective Disorder." *American Journal of Medicine 83*, suppl. 5A (1987): pp. 104–106.

_____. "Switch Mechanism in Affective Illness and Oral S-Adenosylmethionine." *British Journal of Psychiatry 150* (1987): pp. 724–725.

Catalán, José, ed. *Mental Health and HIV Infection*. London: UCL Press, 1999.

Chagnon, Napoleon A. *Yanomam: The Last Days of Eden*. San Diego: Harcourt Brace Jovanovich, 1992.

Chaisson-Stewart, G. Maureen, ed. *Depression in the Elderly: An Interdisciplinary Approach*. New York: John Wiley & Sons, 1985.

Chance, M. R. A., ed. *Social Fabrics of the Mind*. London: Lawrence Erlbaum Associates, Publishers, 1988.

Charness, Michael. "Brain Lesions in Alcoholics." *Alcoholism: Clinical and Experimental Research 17*, no. 1 (1993): pp. 2–11.

Chaucer. *Canterbury Tales Complete*. Trans./ed. James J. Donohue. Iowa: 1979.

Chekhov, Anton. *Lady with Lapdog and Other Stories*. Trans. David Magarshack. London: Penguin Books, 1964.

_____. *The Party and Other Stories*. Trans. Ronald Wilks. London: Penguin Books, 1985.

Chomsky, Noam. *Reflections on Language*. New York: Pantheon Books, 1975.

Christie, Deborah. "Assessment." Manuscript.

_____. "Cognitive-behavioral therapeutic techniques for children with eating disorders." Manuscript.

Christie, Deborah, and Russell Viner. "Eating disorders and self-harm in adolescent diabetes." *Journal of Adolescent Health 27* (2000).

Chua-Eoan, Howard. "How to Spot a Troubled Kid." *Time 153*, no. 21 (1999): pp. 44–49.

Cioran, E. M. *A Short History of Decay.* Trans. Richard Howard. New York: Quartet Encounters, 1990.

_____. *Tears and Saints.* Trans. Ilinca Zarifopol-Johnston. Chicago: University of Chicago Press, 1995.

Clark, R. E., et al. "A cost-effectiveness comparison of supported employment and rehabilitation day treatment." *Administration and Policy in Mental Health 24*, no. 1 (1996): pp. 63–77.

Cochran, S. D., and V. M. Mays. "Lifetime Prevalence of Suicide Symptoms and Affective Disorders among Men Reporting Same-Sex Sexual Partners: Results from NHANES III." *American Journal of Public Health 90*, no. 4 (2000): pp. 573–578.

_____. "Relation between Psychiatric Syndromes and Behaviorally Defined Sexual Orientation in a Sample of the U.S. Population." *American Journal of Epidemiology 151*, no. 5 (2000): pp. 516–523.

Cohen, Carl. "Poverty and the Course of Schizophrenia: Implications for Research and Policy." *Hospital and Community Psychiatry 44*, no. 10 (1993): pp. 951–958.

Coleridge, Samuel Taylor. *The Collected Letters of Samuel Taylor Coleridge.* Ed. Earl Leslie Griggs. Vol. 1., letter 68. Oxford: Clarendon

Press, 1956.

Collinge, Nancy C. *Introduction to Primate Behavior*. Dubuque, Iowa: Kendall/Hunt Publishing Company, 1993.

Colt, George Howe. *The Enigma of Suicide*. New York: Summit Books, 1991.

Colton, Michael. "You Need It Like . . . A Hole in the Head?" *Washington Post*, May 31, 1998.

Corballis, Michael. *The Lopsided Ape: Evolution of the Generative Mind*. New York: Oxford University Press, 1991.

Costa, E., and G. Racagni, eds. *Typical and Atypical Antidepressants: Clinical Practice*. New York: Raven Press, 1982.

Cowper, William, Esq. *Memoir of the Early Life of William Cowper, Esq*. Newburgh, N.Y.: Philo B. Pratt, 1817.

_____. *The Poetical Works of William Cowper*. Ed. H. S. Milford. Oxford: Oxford University Press, 1950.

Coyne, James C., ed. *Essential Papers on Depression*. New York: New York University Press, 1985.

Craske, M. G., et al. *Mastery of your anxiety and panic: Therapist guide for anxiety, panic, and agoraphobia*. San Antonio: Graywind Publications/The Psychological Corporation, 2000.

Crellin, John K., and Jane Philpott. *Herbal Medicine Past and Present: A Reference Guide to Medicinal Plants*. 2 vols. Durham, N.C.: Duke University Press, 1990.

Cross, Alan. "Serotonin in Alzheimer-Type Dementia and Other Dementing Illnesses". *Annals of the New York Academy of Sciences 600* (1990): pp. 405–415.

Cross, Alan, et al. "Serotonin Receptor Changes in Dementia of the Alzheimer Type". *Journal of Neurochemistry 43* (1984): pp. 1574–1581.

Cross-National Collaborative Group. "The Changing Rate of Major Depression". *Journal of the American Medical Association 268*, no. 21 (1992): pp. 3098–3105.

Crow, T. J. "Sexual selection, Machiavellian intelligence and the origins of psychosis". *Lancet 342* (1993): pp. 594–598.

_____. "Childhood precursors of psychosis as clues to its evolutionary origins". *European Archives of Psychiatry and Clinical Neuroscience 245* (1995): pp. 61–69.

_____. "Constraints on Conecpts of Pathogenesis". *Archives of General Psychiatry 52* (1995): pp. 1011–1015.

_____. "A Darwinian Approach to the Origins of Psychosis". *British Journal of Psychiatry 167* (1995): pp. 12–25.

_____. "Sexual selection as the mechanism of evolution of Machiavellian intelligence: A Darwinian theory of the origins of psychosis". *Journal of Psychopharmacology 10*, no. 1 (1996): pp. 77–87.

_____. "Is schizophrenia the price that Homo sapiens pays for language?" *Trends in Neuroscience 20* (1997): pp. 339–343

_____. "Evidence for Linkage to Psychosis and Cerebral Asymmetry (Relative Hand Skill) on the X Chromosome." *American Journal of Medical Genetics 81* (1998): pp. 420–427.

_____. "Nuclear schizophrenic symptoms as a window on the relationship between thought and speech." Manuscript.

_____. "Relative hand skill predicts academic ability." Manuscript.

Cullen, William. *The First Lines of the Practice of Physic.* 3 vols.

Worcester, Mass.: Isaiah Thomas, 1790.

_____. *Synopsis and Nosology, Being an Arrangement and Definition of Diseases*. Springfield, Mass.: Edward Gray, 1793.

Curtis, Tine, and Peter Bjerregaard. *Health Research in Greenland*. Copenhagen: DICE, 1995.

Cutbush, Edward. *An Inaugural Dissertation on Insanity*. Philadelphia: Zachariah Poulson Jr., 1794.

Daedalus. "The Brain." Spring 1998.

Dain, Norman. *Concepts of Insanity in the United States, 1789-1865*. New Brunswick, N.J.: Rutgers University Press, 1964.

Damasio, Antonio R. *Descartes' Error*. New York: A Grosset/Putnam Book, 1994.

Danquah, Meri Nana-Ama. *Willow Weep for Me*. New York: W. W. Norton, 1998.

Danziger, Sandra, et al. "Barriers to the Employment of Welfare Recipients." Ann Arbor: University of Michigan, Poverty Research and Training Center, 1999.

Darwin, Charles. *The Expression of the Emotions in Man and Animals*. 3rd ed. Oxford: Oxford University Press, 1998.

Davidson, Park O., ed. *The Behavioral Management of Anxiety, Depression, and Pain*. New York: Brunner/Mazel Publishers, 1976.

Davidson, Richard J. "Affective style, psychopathology and resilience: Brain mechanisms and plasticity." *American Psychologist* (in press).

Davidson, Richard J., and Nathan Fox. "Frontal Brain Asymmetry Predicts Infants' Response to Maternal Separation." *Journal of Abnormal Psychology 98*, no. 2 (1989): pp. 127-131.

Davidson, Richard J., et al. "Approach-Withdrawal and Cerebral Asymmetry: Emotional Expression and Brain Physiology I." *Journal of Personality and Social Psychology 58*, no. 2 (1990): pp. 330–341.

Dean, Laura, et al. "Lesbian, Bisexual and Transgender Health: Findings and Concerns." Gay and Lesbian Medical Association (www.glma.org).

de Leo, Diego, and Ren F. W. Diekstra. *Depression and Suicide in Late Life*. Toronto: Hogrefe & Huber Publishers, 1990.

Delgado, T., et al. "Serotonin function and the mechanism of antidepressant action: Reversal of antidepressant by rapid depletion of plasma tryptophan." *Archives of General Psychiatry 47* (1990): pp. 411–418.

DePaulo, J. Raymond, Jr., and Keith Russell Ablow. *How to Cope with Depression*. New York: Fawcett Columbine, 1989.

DeRosis, Helen A., and Victoria Y. Pellegrino. *The Book of Hope*. New York: Bantam Books, 1977.

DeRubeis, R. J., et al. "Medications versus cognitive behavior therapy for severely depressed outpatients: Mega-analysis of four randomized comparisons." *American Journal of Psychiatry 156*, no. 7 (1999): pp. 1007–1013.

Devanand, D. P., et al. "Does ECT Alter Brain Structure?" *American Journal of Medicine 151*, no. 7 (1994): pp. 957–970.

De Wester, Jeffrey. "Recognizing and Treating the Patient with Somatic Manifestations of Depression." *Journal of Family Practice 43*, suppl. 6 (1996): S3–15.

Dickens, Charles. *Nicholas Nickleby*. New York: Oxford University Press, 1987.

Dickinson, Emily. *The Complete Poems of Emily Dickinson.* Ed. Thomas H. Johnson. Boston: Little, Brown, 1960.

Diefendorf, A. Ross. *Clinical Psychiatry: A Text-Book for Students and Physicians.* Abstracted and Adapted from the Seventh German Edition of Kraepelin's Lehrbuch der Psychiatrie. New York: Macmillan, 1912.

Diepold, John H., Jr. "Touch and Breath (TAB)." Paper presented at Innovative and Integrative Approaches to Psychotherapy: A Conference. Edison, N.J., November 14-15, 1998.

Donne, John. *Biathanatos.* A modern-spelling edition by Michael Rudick and M. Pabst Battin. New York: Garland Publishing, 1982.

Dorn, Lorah, et al. "Biopsychological and cognitive differences in children with premature vs. on-time adrenarche." *Archives of Pediatric Adolescent Medicine 153*, no. 2 (1999): pp. 137-146.

Dostoyevsky, Fyodor. *The House of the Dead.* Trans. David McDuff. New York: Penguin Classics, 1985.

_____. *The Idiot.* Trans. Constance Garnett. New York: Modern Library, 1983.

_____. *Notes from Underground.* Trans. Andrew R. MacAndrew. New York: Signet Classic, 1961.

_____. *The Possessed.* Trans. Constance Garnett. New York: Heritage Press, 1959.

Dozier, Rush W., Jr. *Fear Itself.* New York: St. Martin's Press, 1998.

Dunn, Sara, Blake Morrison, and Michèle Roberts, eds. *Mind Readings: Writers' Journeys through Mental States.* London: Minerva, 1996.

Dunner, D. L. "An Overview of Paroxetine in the Elderly." *Gerontology 40*, suppl. 1 (1994): pp. 21-27.

DuRant, Robert, et al. "Factors Associated with the Use of Violence among Urban Black Adolescents." *American Journal of Public Health 84* (1994): pp. 612-617.

Dworkin, Ronald. *Life's Dominion*. New York: Alfred A. Knopf, 1993.

Ebert, D., et al. "Eye-blink rates and depression. Is the antidepressant effect of sleep deprivation mediated by the dopamine system?" *Neuropsychopharmacology 15*, no. 4 (1996): pp. 332-339.

The Economist. "Depression: The Spirit of the Age." December 19, 1998.

_____. "The Tyranny of Time." December 18, 1999.

Edgson, Vicki, and Ian Marber. *The Food Doctor*. London: Collins & Brown, 1999.

Edward, J. Guy. "Depression, antidepressants, and accidents." *British Medical Journal 311* (1995): pp. 887-888.

Egelko, Susan, et al. "Relationship among CT Scans, Neurological Exam, and Neuropsychological Test Performance in Right-Brain-Damaged Stroke Patients." *Journal of Clinical and Experimental Neuropsychology 10*, no. 5 (1988): pp. 539-564.

Eliot, George. *Daniel Deronda*. London: Penguin Books, 1983.

Eliot, T. S. *The Complete Poems and Plays*. New York: Harcourt, Brace & World, 1971.

Ellis, Bruce, and Judy Garber. "Psychosocial antecedents of variation in girls' pubertal timing: Maternal depression, stepfather presence, and marital and family stress." *Child Development 71*, no. 2

(2000): pp. 485–501.

Epicurus. *A Guide to Happiness*. Trans. J. C. A. Gaskin. London: A Phoenix Paperback, 1995.

Eriksson, P. S., et al. "Neurogenesis in the adult human hippocampus." *Naure Medicine 4* (1998): pp. 1313–1317.

Esquirol, J. E. D. *Mental Maladies*. A Treatise on Insanity. Fac. of English ed. of 1845. New York: Hafner Publishing, 1965.

Evans, Dylan. "The Social Competition Hypothesis of Depression." *ASCAP 12*, no. 3 (1999).

Evans, Glen, and Norman L. Farberow. *The Encyclopedia of Suicide*. New York: Facts on File, 1988.

Fassler, David, and Lynne Dumas. *Help Me, I'm Sad: Recognizing, Treating, and Preventing Childhood Depression*. New York: Penguin, 1998.

Faulkner, A. H., and K. Cranston. "Correlates of Same-Sex Sexual Behavior in a Random Sample of Massachusetts High School Students." *American Journal of Public Health 88*, no. 2 (1998): 26266.

Fava, Maurizio, et al. "Folate, Vitamin B12, and Homocysteine in Major Depressive Disorder." *American Journal of Psychiatry 154*, no. 3 (1997): pp. 426–428.

Feld, Steven. *Sound and Sentiment*. 2nd ed. Philadelphia: University of Pennsylvania Press, 1982.

Felman, Shoshana. *What Does a Woman Want? Reading and Sexual Difference*. Baltimore and London: Johns Hopkins University Press, 1993.

Ferber, Jane S., and Suzanne LeVert. *A Woman Doctor's Guide to Depression*. New York: Hyperion, 1997.

Fergusson, D. M., et al. "Is Sexual Orientation Related to Mental Health Problems and Suicidality in Young People?" *Archives of General Psychiatry 56*, no. 10 (1999): pp. 876-886.

Ferro, Tova, et al. "Screening for Depression in Mothers Bringing Their Offspring for Evaluation or Treatment of Depression." *American Journal of Psychiatry 157* (2000): pp. 375-379.

Field, Tiffany. "Maternal Depression: Effects on Infants and Early Interventions." *Preventive Medicine 27* (1998): pp. 200-203.

Field, Tiffany, et al. "Effects of Parent Training on Teenage Mothers and Their Infants." *Pediatrics 69*, no. 6 (1982): pp. 70-37.

Fischer, Joannie Schrof. "Taking the shock out of electroshock." *U. S. News & World Report*, January 24, 2000.

Fitzgerald, F. Scott. *The Crack-Up*. Ed. Edmund Wilson. New York: New Directions, 1993.

_____. *The Great Gatsby*. New York: Charles Scribner's Sons, 1953.

Flowers, Arthur. *Another Good Loving Blues*. New York: Ballantine Books, 1993.

Flynn, John. *Cocaine*. New York: A Birch Lane Press Book, 1991.

Foucault, Michel. *Madness and Civilization*. Trans. Richard Howard. New York: Vintage Books, 1965.

Frank, Ellen, et al. "Nortriptyline and interpersonal psychotherapy as maintenance therapies for recurrent major depression: A randomized controlled trial in patients older than 59 years." *Journal of the American Medical Association 281*, no. 1 (1999): pp. 39-45.

_____. "The treatment effectiveness project. A comparison of paroxetine, problem-solving therapy, and placebo in the treatment of minor depression and dysthymia in primary care patients: Background and research plan." *General Hospital Psychiatry 21*, no. 4 (1999): pp. 260-273.

Freeman, Arthur, Karen M. Simon, Larry E. Beutler, and Hal Arkowitz, eds. *Comprehensive Handbook of Cognitive Theory*. New York: Plenum Press, 1989.

Freud, Sigmund. *A General Selection from the Works of Sigmund Freud*. Ed. John Rickman. New York: Liveright, 1957.

_____. *The Standard Edition of the Complete Psychological Works of Sigmund Freud*. 24 vols. Trans./ed. James Strachey, Anna Freud, et al. London: Hogarth Press, 1953-1974.

Friedman, Raymond J., and Martin M. Katz, eds. *The Psychology of Depression: Contemporary Theory and Research*. Washington, D.C.: V. H. Winston & Sons, 1974.

Friedman, Richard C., and Jennifer Downey. "Internalized Homophobia and the Negative Therapeutic Reaction." *Journal of the American Academy of Psychoanalysis 23*, no. 1 (1995): pp. 99-113.

_____. "Internal Homophobia and Gender-Valued Self-Esteem in the Psychoanalysis of Gay Patients." *Psychoanalytic Review 86*, no. 3 (1999): pp. 325-347.

_____. "Psychoanalysis and Sexual Orientation: Sexual Science and Clinical Practice." Manuscript.

Friedrich, William N. Psychotherapy with Sexually Abused Boys. Thousand Oaks, Calif.: Sage Publications, 1995.

Fromm, Erich. *Escape from Freedom*. New York: Farrar & Rinehart, 1941.

Fugh-Berman, A. "Herb-drug interactions." *Lancet 355*, no. 9198

(2000): pp. 134–138.

Galanter, Marc, and Herbert D. Kleber. *Textbook of Substance Abuse Treatment*. 2nd ed. Washington, D.C.: American Psychiatric Press, 1999.

Galdston, Iago, ed. *Historic Derivations of Modern Psychiatry*. New York: McGraw-Hill, 1967.

Gallerani, M., et al. "The time for suicide." *Psychological Medicine 26* (1996): pp. 867–870.

Gallicchio, Vincent, and Nicholas Birch, eds. *Lithium: Biochemical and Clinical Advances*. Cheshire, Conn.: Weidner Publishing Group, 1996.

Gallo, Fred P. *Energy Psychology*. Boca Raton, Fla.: CRC Press, 1999.

Gamwell, Lynn, and Nancy Tomes. *Madness in America*. Ithaca, N.Y.: Cornell University Press, 1995.

Garcia-Borreguero, Diego, et al. "Hormonal Responses to the Administration of M-Chlorophenylpiperazine in Patients with Seasonal Affective Disorder and Controls." *Biological Psychiatry 37* (1995): pp. 740–749.

Gardner, Russell, Jr. "Mechanisms in Manic-Depressive Disorder. An Evolutionary Model." *Archives of General Psychiatry 39* (1982): pp. 1436–1441.

_____. "Sociophysiology as the Basic Science of Psychiatry." Theoretical Medicine 18 (1997): 33556.

_____. "Mati: The Angry Depressed Dog Who Fought On and Won." ASCAP11, no. 12 (1998).

Garofalo, R., et al. "The Association between Health Risk

Behaviors and Sexual Orientation among a School-Based Sample of Adolescents." *Pediatrics 101* (1998): pp. 895–902.

_____. "Sexual Orientation and Risk of Suicide Attempts among a Representative Sample of Youth." *Archives of Pediatrics and Adolescent Medicine 153* (1999): pp. 487–493.

Gasner, Rose, et al. "The Use of Legal Action in New York City to Ensure Treatment of Tuberculosis." *New England Journal of Medicine 340*, no. 5 (1999): pp. 359–366.

Gazzaniga, Michael S. The Mind's Past. Berkeley: University of California Press, 1998.

George, Mark, et al. "SPECT and PET imaging in mood disorders." *Journal of Clinical Psychiatry 54* (1993): pp. 6–13.

_____. "Daily repetitive transcranial magnetic stimulation (rTMS) improves mood in depression." *Neuroreport 6*, no. 14 (1995): pp. 1853–1856.

Ghadirian, Abdu'l-Missagh A., and Heinz E. Lehmann, eds. *Environment and Psychopathology*. New York: Springer Publishing, 1993.

Gilbert, David. *Smoking*. Washington, D.C.: Taylor & Francis, 1995.

Gillin, J. C. "Are sleep disturbances risk factors for anxiety, depressive and addictive disorders?" *Acta Psychiatrica Scandinavica Supplementum 393* (1998): pp. 39–43.

Gladstone, Gemma, Gordon Parker, Kay Wilhelm, and Philip Mitchell. "Characteristics of depressed patients who report childhood sexual abuse." *American Journal of Psychiatry 156*, no. 3 (1999): pp. 431–437.

Gladwell, Malcolm. "Damaged." *The New Yorker*, February 24 and

March 3, 1997, pp. 132-147.

Glantz, Kalman, and John K. Pearce. *Exiles from Eden: Psychothera-py from an Evolutionary Perspective.* New York: W. W. Norton, 1989.

Glenmullen, Joseph. *Prozac Backlash.* New York: Simon & Schuster, 2000.

Gloaguen, V., et al. "A meta-analysis of cognitive therapy in depressed patients." *Journal of Affective Disorders 49,* no. 1 (1998): pp. 59-72.

Goethe, Johann Wolfgang von. Faust. From a literary translation by Christa Weisman, updated by Howard Brenton. London: Nick Hearn Books, 1995.

_____. *The Sorrows of Young Werther.* Trans. Bayard Quincy Jones. New York: Frederick Ungar Publishing, 1957.

Gold, Mark S., and Andrew E. Slaby, eds. *Dual Diagnosis in Substance Abuse.* New York: Marcel Dekker, 1991.

Goldstein, Rise, et al. "The Prediction of Suicide." *Archives of General Psychiatry 48* (1991): pp. 418-422.

Goode, Erica. "Federal Report Praising Electroshock Stirs Uproar." *New York Times,* October 6, 1999.

_____. "Viewing Depression as a Tool for Survival." *New York Times,* February 1, 2000.

_____. "Chronic-Depression Study Backs the Pairing of Therapy and Drugs." *New York Times,* May 18, 2000.

Goodman, Walter. "In Confronting Depression the First Target Is Shame." *New York Times,* January 6, 1998.

Goodwin, Donald W. *Alcoholism, the Facts.* 3rd ed. Oxford: Oxford University Press, 2000.

Goodwin, Frederick K., and Kay Redfield Jamison. *Manic-Depressive Illness*. Oxford: Oxford University Press, 1990.

Gore, Tipper. "Strip Stigma from Mental Illness." *USA Today*, May 7, 1999.

Gorman, Christine. "Anatomy of Melancholy." *Time*, May 5, 1997.

Gottfries, C. G., et al. "Treatment of Depression in Elderly Patients with and without Dementia Disorders." *International Clinical Psychopharmacology*, suppl. 6, no. 5 (1992): 5564.

Grand, David. *Defining and Redefining EMDR*. Bellmore, N.Y.: BioLateral Books, 1999.

_____. "EMDR Performance Enhancement and Auditory Stimulation." Manuscript.

_____. "Integrating EMDR into the Psychodynamic Treatment Process." Paper presented at the 1995 EMDR International Conference and published in the June 1996 *Eye Movement Desensitization and Reprocessing International Association Newsletter*.

Grant, Bridget, et al. "The Relationship between DSM-IV Alcohol Use Disorders and DSM-IV Major Depression: Examination of the Primary-Secondary Distinction in a General Population Sample." *Journal of Affective Disorders 38* (1996): pp. 113-128.

Gray, Thomas. *The Complete Poems of Thomas Gray*. Ed. H. W. Starr and J. R. Hendrickson. Oxford: Clarendon Press, 1966.

Greden, John F. "Do long-term treatments alter lifetime course? Lessons learned, actions needed." *Journal of Psychiatric Research 32* (1998): pp. 197-199.

_____. "Serotonin: How Much We Have Learned! So Much

to Discover . . ." *Biological Psychiatry 44* (1998): pp. 309–312.

Greene, Graham. *Ways of Escape.* New York: Simon and Schuster, 1980.

Griaule, Marcel. *Conversations with Ogotemmêli.* London: Oxford University Press, 1965.

Griesinger, W. *Mental Pathology and Therapeutics.* 2nd ed. Trans. C. Lockhart Robertson and James Rutherford. London: New Sydenham Society, 1867; New York: William Wood & Co., 1882.

Griffen, Donald R. *Animal Minds.* Chicago: University of Chicago Press, 1992.

Griffith, John, et al. "Dextroamphetamine: Evaluation of Psychomimetic Properties in Man." *Archives of General Psychiatry 26* (1972): pp. 97–100.

Group for the Advancement of Psychiatry. *Adolescent Suicide.* Washington, D.C.: American Psychiatric Press, 1996.

Gut, Emmy. *Productive and Unproductive Depression.* New York: Basic Books, 1989.

Guyton, A. C., et al. "Circulation: Overall regulation." *Annual Review of Physiology 34* (1972). Ed. J. M. Luck and V. E. Hall. Palo Alto, Calif.: Annual Reviews.

Guze, S. B., and E. Robbins. "Suicide and affective disorders." *British Journal of Psychiatry 117* (1970): pp. 437–438.

Hacking, Ian. *Mad Travelers.* Charlottesville: University Press of Virginia, 1998.

Hagen, Edward H. "Is Postpartum Depression Functional? An Evolutionary Inquiry." Portion of paper presented at Human Behavior and Evolutionary Society Annual Meeting, Northwestern University,

June 1996.

_____. "The Defection Hypothesis of Depression: A Case Study." *ASCAP 11*, no. 4 (1998): p. 1317.

Halbreich, Uriel, and Lucille Lumley. "The multiple interactional biological processes that might lead to depression and gender differences in its appearance." *Journal of Affective Disorders 29*, no. 23 (1993): pp. 159-173.

Hall, Stephen S. "Fear Itself." *New York Times Magazine*, February 28, 1999.

Hall, Thomas S. *Ideas of Life and Matter: Studies in the History of General Physiology, 600 b.c. 1900 a.d.* 2 vols. Chicago: University of Chicago Press, 1969.

Halligan, Marion. "Melancholy." *The Eleven Deadly Sins.* Ed. Ross Fitzgerald. Port Melbourne: William Heinemann Australia, 1993.

Hamsun, Knut. *Hunger.* Trans. Robert Bly. New York: Noonday Press, 1967.

_____. *Night Roamers and Other Stories.* Trans. Tiina Nunnally. Seattle: FjordPress, 1992.

Hanna, E. Z., et al. "Parallels to early onset alcohol use in the relationship of early onset smoking with drug use and DSM-IV drug and depressive disorders: Findings from the National Longitudinal Epidemiologic Survey." *Alcoholism, Clinical and Experimental Research 23*, no. 3 (1999): pp. 513-522.

Hannay, Alastair, and Gordon D. Marino, eds. *The Cambridge Companion to Kierkegaard.* Cambridge: Cambridge University Press, 1998.

Hantz, Paul, et al. "Depression in Parkinson's Disease." *American*

Journal of Psychiatry 151, no. 7 (1994): pp. 1010-1014.

Harrington, Scott. "The History of Federal Involvement in Insurance Regulation: An Historical Overview." In *Optional Federal Chartering of Insurance*. Ed. Peter Wallison. Washington, D.C.: AEI Press, 2000.

Harris, E. Clare, and Brian Barraclough. "Suicide as an Outcome for Medical Disorders." *Medicine 73* (1994): pp. 281-296.

————. "Excess Mortality of Mental Disorder." *British Journal of Psychiatry 173* (1998): pp. 11-53.

Harris, M. Jackuelyn, et al. "Recognition and treatment of depression in Alzheimer's disease." *Geriatrics 44*, no. 12 (1989): pp. 26-30.

Hart, Sybil, et al. "Depressed Mothers' Neonates Improve Following the MABI and Brazelton Demonstration." *Journal of Pediatric Psychology 23*, no. 6 (1998): pp. 35-156.

Hassoun, Jacques. *The Cruelty of Depression: On Melancholia*. Trans. David Jacobson. Reading, Mass.: Addison-Wesley, 1997.

Hauenstein, Emily. "A Nursing Practice Paradigm for Depressed Rural Women: Theoretical Basis." *Archives of Psychiatric Nursing 10*, no. 5 (1996): pp. 283-292.

Hays, Judith, et al. "Social Correlates of the Dimensions of Depression in the Elderly." *Journal of Gerontology 53B*, no. 1 (1998): pp. 31-39.

Healy, David. *The Psychopharmacologists*. London: Chapman and Hall, 1996.

————. *The Antidepressant Era*. Cambridge: Harvard University Press, 1997.

Heidegger, Martin. *Being and Time*. Trans. Joan Stambaugh. New York: State University of New York Press, 1996.

Heldman, Kevin. "7½ Days." *City Limits*, June/July 1998.

Hellinger, Bert, et al. *Love's Hidden Symmetry*. Phoenix: Zeig, Tucker, 1998.

Hendin, Herbert. *Suicide in America*. New York: W. W. Norton, 1995.

Herrel, R., et al. "Sexual Orientation and Suicidality: A Co-Twin Control Study in Adult Men." *Archives of General Psychiatry 56* (1999): pp. 867–874.

Herrmann, Nathan, et al. "Behavioral Disorders in Demented Elderly Patients." *CNS Drugs 6*, no. 4 (1996): pp. 280–300.

Hertzberg, Hendrik. "The Narcissus Survey." *The New Yorker*, January 5, 1998.

Hickey, Dave. *Air Guitar*. Los Angeles: Art Issues Press, 1997.

Hippocrates. *Hippocrates*. 4 vols. Trans./ed. W. H. S. Jones and E. T. Withington. London: William Heinemann, 1962.

Hirschfeld, Robert M. A., et al. "The National Depressive and Manic-Depressive Association Consensus Statement on the Undertreatment of Depression." *Journal of the American Medical Association 277*, no. 4 (1997): pp. 333–340.

Hoffman, Friedrich. *A System of the Practice of Medicine*. 2 vols. Trans. William Lewis. London: J. Murray and J. Johnson, 1783.

Holick, Michael J., and Ernst G. Jung, eds. *Biologic Effects of Light, 1995*. New York: Walter de Gruyter, 1996.

Hollander, Eric, ed. "TMS." *CNS Spectrums 2*, no. 1 (1997).

Hollingsworth, Ellen Jane. "Use of Medicaid for Mental Health

Care by Clients of Community Support Programs." *Community Mental Health Journal 30*, no. 6 (1994): pp. 541–549.

Holloway, Lynette. "Seeing a Link Between Depression and Homelessness." *New York Times*, February 7, 1999.

Holy Bible. King James Version. London: Odhams Press Limited, 1939.

Holy Bible. Old Testament. Douay Version of the Latin Vulgate. Rockford, Ill.: Tan Books and Publishers, 1989.

Holy Bible. Revised Standard Version. New York: Thomas Nelson, 1972.

Homer. *The Iliad*. Trans. Robert Fagles. New York: Viking, 1990.

Hooley, Jill M., et al. "Predictors of Relapse in Unipolar Depressives: Expressed Emotion, Marital Distress, and Perceived Criticism." *Journal of Abnormal Psychology 98*, no. 3 (1989): pp. 229–235.

Hooper, Judith. "A New Germ Theory." *Atlantic Monthly*, February 1999, pp. 41–53.

Horgan, John. "Why Freud Isn't Dead." *Scientific American*, December 1996, pp. 74–79.

House, Allan, et al. "Depression Associated with Stroke." *Journal of Neuropsychiatry 8*, no. 4 (1996): pp. 453–457.

Hrdina, Pavel, et al. "Pharmacological Modification of Experimental Depression in Infant Macaques." *Psychopharmacology 64* (1979): pp. 89–93.

Hugo, Victor. *Les Misérables*. Trans. Charles E. Wilbour. New York: Modern Library, 1992.

Hunter, Richard, and Ida Macalpine, eds. *300 Years of Psychiatry:*

A History, 1535-1860. Presented in Selected English Texts. London: Oxford University Press, 1982.

Huysmans, Joris-Karl. *Against Nature*. Trans. Robert Baldick. Suffolk, England: Penguin Classics, 1997.

Hyman, Steven E. "Statement on Fiscal Year 2000 President's Budget Request for the National Institute of Mental Health."Department of Health and Human Services. Washington, D.C. (1999), photocopy.

_____. "Political Science." *The Economics of Neuroscience 2*, no. 1 (2000): p. 67.

Ingram, Allan. *The Madhouse of Language: Writing and Reading Madness in the Eighteenth Century*. London: Routledge, 1991.

Inskip, H. M., E. Clare Harris, and Brian Barraclough. "Lifetime risk of suicide for affective disorder, alcoholism, and schizophrenia." *British Journal of Psychiatry 172* (1998): pp. 35-37.

Ishihara, K., et al. "Mechanism underlying the therapeutic effects of electroconvulsive therapy on depression." *Japanese Journal of Pharmacology 80*, no. 3 (1999): pp. 185-189.

Jack, Dana Crowley. *Silencing the Self: Women and Depression*. Cambridge: Harvard University Press, 1991.

Jackson, Stanley W. *Melancholia and Depression: From Hippocratic Times to Modern Times*. New Haven, Conn., and London: Yale University Press, 1986.

Jacobsen, Neil S., et al. "Couple Therapy as a Treatment for Depression: II. The Effects of Relationship Quality and Therapy on Depressive Relapse." *Journal of Consulting and Clinical Psychology 61*, no. 3 (1993): pp. 516-519.

James, William. *The Will to Believe and Other Essays in Popular Philosophy*. Cambridge: Harvard University Press, 1979.

_____. *The Varieties of Religious Experience*. Cambridge: Harvard University Press, 1985.

Jamison, Kay Redfield. Touched with Fire. New York: Free Press, 1993.

_____. *An Unquiet Mind*. New York: Vintage Books, 1996.

_____. *Night Falls Fast*. New York: Alfred A. Knopf, 1999.

Javorsky, James. "An Examination of Language Learning Disabilities in Youth with Psychiatric Disorders." *Annals of Dyslexia 45* (1995): pp. 215-231.

Jayakody, R., and H. Pollack. "Barriers to Self-Sufficiency among Low-Income, Single Mothers: Substance Use, Mental Health Problems, and Welfare Reform."Paper presented at the Association for Public Policy Analysis and Management, Washington, D.C., November 1997.

Jenkins, Philip. *Synthetic Panics*. New York: New York University Press, 1999.

Jensen, Peter S., et al. "Evolution and Revolution in Child Psychiatry: ADHD as Disorder of Adaptation." *Journal of the American Academy of Child and Adolescent Psychiatry 36*, no. 12 (1997): pp. 1672-1679.

Jimenez, Mary Ann. *Changing Faces of Madness: Early American Attitudes and Treatment of the Insane*. Hanover, N.H.: University Press of New England, 1987.

Jobe, T. H. "Medical Theories of Melancholia in the Seventeenth and Early Eighteenth Centuries." *Clio Medica 11*, no. 4 (1976): pp. 217-231.

Johnson, Richard E., et al. "Lithium Use and Discontinuation in a

Health Maintenance Organization." *American Journal of Psychiatry 153* (1996): pp. 993–1000.

Jones, Mary Lynn F. "Mental health lobbyists say Capitol shooting avoidable." *The Hill*, August 5, 1998.

Jones, Nancy Aaron, et al. "EEG Stability in Infants/Children of Depressed Mothers." *Child Psychiatry and Human Development 28*, no. 2 (1997): pp. 59–70.

Joseph-Vanderpool, Jean R., et al. "Seasonal Variation in Behavioral Responses to m-CPP in Patients with Seasonal Affective Disorder and Controls." *Biological Psychiatry 33* (1993): pp. 496–504.

Kafka, Franz. *The Metamorphosis and Other Stories*. Trans. Donna Freed. New York: Barnes & Noble Books, 1996.

Kahn, Jack. *Job's Illness: Loss, Grief and Integration: A Psychological Interpretation*. London: Gaskell, 1986.

Kalen, N. H., et al. "Asymmetric frontal brain activity, cortisol, and behavior associated with fearful temperament in Rhesus monkeys." *Behavioral Neuroscience 112* (1998): pp. 286–292.

Kang, Duck-Hee, et al. "Frontal Brain Asymmetry and Immune Function." *Behavioral Neuroscience 105*, no. 6 (1991): pp. 860–869.

Kant, Immanuel. *Observations on the Feeling of the Beautiful and Sublime*. Trans. John T. Goldthwait. Berkeley: University of California Press, 1960.

_____. *The Philosophy of Kant*. New York: Modern Library, 1949.

Kaplan, Bert. *The Inner World of Mental Illness*. New York: Harper & Row, 1964.

Kaplan, Harold I., and Benjamin J. Sadock, eds. *Comprehensive*

Textbook of Psychiatry. 5th ed. Baltimore: Williams & Wilkins, 1989.

Karen, Robert. *Becoming Attached*. Oxford: Oxford University Press, 1998.

Karp, David. A. *Speaking of Sadness*. Oxford: Oxford University Press, 1996.

Katz, Jack. *How Emotions Work*. Chicago: University of Chicago Press, 1999.

Katz, Neal, and Linda Marks. "Depression's Staggering Cost." *Nation's Business*, June 1994.

Kaufman, Joan, et al. "Serotonergic Functioning in Depressed Abused Children: Clinical and Familial Correlates." *Biological Psychiatry* 44, no. 10 (1998): 97381.

Keats, John. *The Poems*. Ed. Gerald Bullet. New York: Alfred A. Knopf, 1992.

Kee, Howard Clark. *Medicine, Miracle, and Magic in New Testament Times*. Cambridge: Cambridge University Press, 1986.

Keitner, Gabor I., et al. "Recovery and Major Depression: Factors Associated with Twelve-Month Outcome." *American Journal of Psychiatry 149*, no. 1 (1992): pp. 93-99.

Keller, Martin, et al. "A comparison of nefazodone, the cognitive behavioral-analysis system of psychotherapy, and their combination for the treatment of chronic depression." *New England Journal of Medicine 342*, no. 20 (2000): pp. 146-270.

Kelose, John R. "The Genetics of Mental Illness." Department of Psychiatry, University of California, San Diego. Manuscript.

Kendler, Kenneth S. "A Population-Based Twin Study of Major Depression in Women." *Archives of General Psychiatry 49* (1992): pp.

257-266.

_____. "A Longitudinal Twin Study of 1-Year Prevalence of Major Depression in Women." *Archives of General Psychiatry 50* (1993): pp. 843-852.

_____. "The Prediction of Major Depression in Women: Toward an Integrated Etiologic Model." *American Journal of Psychiatry 150* (1993): pp. 1139-1148.

Kendler, Kenneth S., et al. "Stressful life events and previous episodes in the etiology of major depression in women: An evaluation of the 'kindling' hypothesis." *American Journal of Psychiatry 157*, no. 8 (2000): pp. 1243-1251.

Kenyon, Jane. *Constance*. St. Paul, Minn.: Graywolf Press, 1993.

Kessler, Ronald C., et al. "Lifetime and 12-Month Prevalence of DSM-III-R Psychiatric Disorders in the United States." *Archives of General Psychiatry 51* (1994): pp. 8-19.

Kettlewell, Caroline. *Skin Game*. New York: St. Martin's Press, 1999.

Kharms, Daniil. *Incidences*. Trans./ed. Neil Cornwall. Cornwall, London: Serpent's Tail, 1993.

Kierkegaard, Søren. *The Sickness Unto Death*. Trans. Alastair Hannay. London: Penguin Books, 1989.

Kiesler, A. "Mental Hospitals and Alternative Care: Noninstitutionalization as Potential Public Policy for Mental Patients." *American Psychologist 349* (1982): pp. 357-358.

Klein, Donald F., and Paul H. Wender. *Understanding Depression*. Oxford: Oxford University Press, 1993.

Klein, Melanie. *The Selected Melanie Klein*. Ed. Juliet Mitchell.

New York: Penguin Books, 1986.

Kleinman, Arthur, and Byron Good, eds. *Culture and Depression.* Berkeley: University of California Press, 1985.

Klerman, Gerald, et al. "Treatment of depression by drugs and psychotherapy." *American Journal of Psychiatry 131* (1974): pp. 186–191.

Klibansky, Raymond, Erwin Panofsky, and Fritz Saxl. *Saturn and Melancholy: Studies in the History of Natural Philosophy, Religion, and Art.* London: Nelson, 1964.

Klinkenborg, Verlyn. "Sleepless." *New York Times Magazine,* January 5, 1997.

Klitzman, Robert. *In a House of Dreams and Glass.* New York: Ivy Books, 1995.

Knishinsky, Ran. *The Prozac Alternative.* Rochester, Vt.: Healing Arts Press, 1998.

Kobler, Arthur L., and Ezra Stotland. *The End of Hope: A Social-Clinical Study of Suicide.* London: Free Press of Glencoe, 1964.

Kochanska, Grazyna. "Children of Normal and Affectively Ill Mothers." *Child Development 62* (1991): pp. 250–263.

Koestler, Arthur. *The Ghost in the Machine.* New York: Macmillan, 1967.

Kolb, Elzy. "Serotonin: Is there anything it can't do?" *College of Physicians and Surgeons of Columbia University* (spring 1999).

Kosten, Thomas R., et al. "Depression and Stimulant Dependence." *Journal of Nervous and Mental Disease 186,* no. 12 (1998): pp. 737–745.

_____. "Regional cerebral blood flow during acute and

chronic abstinence from combined cocaine-alcohol abuse." *Drug and Alcohol Dependence 50*, no. 3 (1998): pp. 187-195.

Kraemer, Gary. "The Behavioral Neurobiology of Self-Injurious Behavior in Rhesus Monkeys: Current Concepts and Relations to Impulsive Behavior in Humans." *Annals of the New York Academy of Sciences 836*, no. 363 (1997): pp. 12-38.

Kraemer, Gary, et al. "Rearing experience and biogenic amine activity in infant rhesus monkeys." *Biological Psychiatry 40*, no. 5 (1996): pp. 338-352.

Kraepelin, Emil. *Manic-Depressive Insanity and Paranoia.* Ayer Co. Pub., 1921.

Krafft-Ebing, R. von. Text-Book of Insanity. Trans. Charles Gilbert Chaddock. Philadelphia: F. A. Davis, Publishers, 1904.

Kramer, Peter D. *Listening to Prozac.* New York: Viking Press, 1993.

Kristeller, Paul Oskar. *The Philosophy of Marsilio Ficino.* Trans. Virginia Conant. New York: Columbia University Press, 1943.

Kristeva, Julia. *Black Sun: Depression and Melancholia.* Trans. Leon S. Roudiez. New York: Columbia University Press, 1989.

Kuhn, Reinhard. *The Demon of Noontide: Ennui in Western Literature.* Princeton, N.J.: Princeton University Press, 1976.

Kuhn, Roland. "The Treatment of Depressive States with G22355 (Imipramine Hydrochloride)." Paper read at Galesburg State Hospital, May 19, 1958.

Kye, Christopher, and Neal Ryan. "Pharmacologic Treatment of Child and Adolescent Depression." *Child and Adolescent Psychiatric Clinics of North America 4*, no. 2 (1995): pp. 261-281.

Lambert, Craig. "Deep Cravings." *Harvard Magazine 102*, no. 4 (2000): pp. 60-68.

Lamison-White, L. *U. S. Bureau of the Census: Current Populations Report*. Series P60-198. Washington, D. C.: U.S. Government Printing Office, 1997.

Lattal, K. A., and M. Perrone, eds. "Handbook of Research Methods in Human Operant Behavior." Manuscript.

Lawlor, B. A., et al. "Evidence for a decline with age in behavioral responsivity to the serotonin agonist, m-chlorophenylpiperazine, in healthy human subjects." *Psychiatry Research 29*, no. 1 (1989): pp. 1-10.

Lear, Jonathan. *Love and Its Place in Nature*. New York: Noonday Press, 1990.

_____. *Open Minded*. Cambridge: Harvard University Press, 1998.

Ledoux, Joseph. *The Emotional Brain*. New York: Touchstone, 1996.

Lee, Catherine M., and Ian H. Gotlib. "Adjustment of Children of Depressed Mothers: A 10-Month Follow-Up." *Journal of Abnormal Psychology 100*, no. 4 (1991): pp. 473-477.

Lee, Soong, et al. "Community Mental Health Center Accessibility." *Archives of General Psychiatry 31* (1974): pp. 335-339.

Leibenluft, Ellen, et al. "Is Sleep Deprivation Useful in the Treatment of Depression?" *American Journal of Psychiatry 149*, no. 2 (1992): pp. 159-168.

_____. "Relationship between sleep and mood in patients with rapid-cycling bipolar disorder." *Psychiatry Research 63* (1996): pp.

161-168.

Lemley, Brad. "Alternative Medicine Man." *Discover*, August 1999.

Leopardi, Giacomo. *Poems*. Trans. Jean-Pierre Barricelli. New York: Las Americas Publishing, 1963.

Lepenies, Wolf. *Melancholy and Society*. Trans. Jeremy Gaines and Doris Jones. Cambridge: Harvard University Press, 1992.

Lester, David, ed. *Current Concepts of Suicide*. Philadelphia: Charles Press, 1990.

_____. *Patterns of Suicide and Homicide in the World*. New York: Nova Science Publishers, 1996.

_____. *Making Sense of Suicide*. Philadelphia: Charles Press, 1997.

Levi, Primo. *The Drowned and the Saved*. Trans. Raymond Rosenthal. New York: Vintage International, 1989.

_____. *The Drowned and the Saved*. Introduction by Paul Bailey. Trans. Raymond Rosenthal. London: Abacus, 1989.

Levy, Robert M., and Leonard S. Rubinstein. *The Rights of People with Mental Disabilities*. Carbondale: Southern Illinois University Press, 1996.

Lewinsohn, Peter M., Julia L. Steinmetz, Douglas W. Larson, and Franklin Judita. "Depression-related cognitions: Antecedent or consequence?" *Journal of Abnormal Psychology 90* (1981): pp. 213-219.

Lewis, C. S. *Studies in Words*. Cambridge: Cambridge University Press, 1967.

Lewis, Ricki. "Manic-Depressive Illness." *FDA Consumer 30*, no. 5 (1996): pp. 26-29.

Lidz, Theodore. "Adolf Meyer and the Development of American

Psychiatry." *American Journal of Psychiatry 123* (1966).

Light, Luise. "How Energy Heals." *New Age Magazine*, February 1998.

Linde, Klaus, et al. "St. John's wort for depression契 an overview and meta-analysis of randomized clinical trials." *British Medical Journal 313* (1996): pp. 253-258.

Lindner, Robert. *The Fifty-Minute Hour.* New York: Rinehart, 1955.

Lipinski, Joseph F., et al. "Open Trial of S-adenosylmethionine for Treatment of Depression." *American Journal of Psychiatry 143*, no. 3 (1984): pp. 448-450.

López, Juan F., et al. "Regulation of 5-HT Receptors and the Hypothalamic-Pituitary-Adrenal Axis: Implications for the Neurobiology of Suicide." *Annals of the New York Academy of Sciences 836* (1997): pp. 106-134.

_____. "Regulation of 5-HT1A Receptor, Glucocorticoid and Mineralocorticoid Receptor in Rat and Human Hippocampus: Implications for the Neurobiology of Depression." *Biological Psychiatry 43* (1998): pp. 547-573.

_____. "Neural circuits mediating stress." *Biological Psychiatry 46* (1999): pp. 1461-1471.

Luhrmann, T. M. *Of Two Minds.* New York: Alfred A. Knopf, 2000.

Lukács, Georg. *Soul and Form.* Trans. Anna Bostock. Cambridge: MIT Press, 1971.

Lynch, John, et al. "Cumulative Impact of Sustained Economic Hardship on Physical, Cognitive, Psychological, and Social

Functioning." *New England Journal of Medicine 337* (1997): pp. 1889–1895.

Lynge, Inge. "Mental Disorders in Greenland: Past and Present." *Man & Society 21* (1997).

Lyons, David, et al. "Separation Induced Changes in Squirrel Monkey Hypothalamic-Pituitary-Adrenal Physiology Resemble Aspects of Hypercortisolism in Humans." *Psychoneuroendocrinology 24* (1999): pp. 131–142.

MacDonald, Michael. *Mystical Bedlam: Madness, Anxiety, and Healing in Seventeenth-Century England.* Cambridge: Cambridge University Press, 1981.

MacLean, Paul D. *The Triune Brain in Evolution: Role in Paleocerebral Functions.* New York: Plenum Press, 1990.

Madden, Pamela A. F., et al. "Seasonal Changes in Mood and Behavior." *Archives of General Psychiatry 53* (1996): pp. 47–55.

Maj, M., F. Starace, and N. Sartorius. *Mental Disorders in HIV-1 Infection and AIDS.* Seattle: Hogrefe & Huber, 1993.

Major, Ralph H. *A History of Medicine.* 2 vols. Springfield, Ill.: Thomas, 1954.

Makanjuola, Roger O. "Socio-Cultural Parameters in Yoruba Nigerian Patients with Affective Disorders." *British Journal of Psychiatry 155* (1989): pp. 337–340.

Malan, Andr and Bernard Canguilhem, eds. *Symposium on Living in the Cold.* (2nd, 1989, Le Hohwald, France.) London: J. Libbey Eurotext, 1989.

Malaurie, Jean. *The Last Kings of Thule.* Trans. Adrienne Foulke. New York: E. P. Dutton, 1982.

Maltsberger, John. *Suicide Risk: The Formulation of Clinical Judgment.* New York: New York University Press, 1986.

Manfield, Philip, ed. *Extending EMDR.* New York: W. W. Norton, 1998.

Mann, John. "The Neurobiology of Suicide." *Lifesavers 10,* no. 4 (1998): p. 17.

Mann, John, et al. "Toward a Clinical Model of Suicidal Behavior in Psychiatric Patients." *American Journal of Psychiatry 156,* no. 2 (1999): pp. 181-189.

Manning, Martha. *Undercurrents.* San Francisco: HarperSanFrancisco, 1994.

_____. "The Legacy." *Family Therapy Networker,* January 1997, pp. 34-41.

Marcus, Eric. *Why Suicide?* San Francisco: HarperSanFrancisco, 1996.

Margolis, Simeon, and Karen L. Swartz. *The Johns Hopkins White Papers: Depression and Anxiety.* Baltimore: Johns Hopkins Medical Institutions, 1998-2000.

Marinoff, Lou. *Plato, Not Prozac!* New York: HarperCollins, 1999.

Maris, Ronald, ed. *The Biology of Suicide.* New York: Guilford Press, 1986.

Mark, Tami, et al. *National Expenditures for Mental Health, Alcohol and Other Drug Abuse Treatment.* Rockville, Md.: U.S. Department of Health and Human Services, 1996.

Marlowe, Ann. *How to Stop Time: Heroin from A to Z.* New York: Basic Books, 1999.

Mather, Cotton. *The Angel of Bethesda.* Ed. Gordon W. Jones.

Barre, Mass.: American Antiquarian Society and Barre Publishers, 1972.

Mathew, Roy, and William Wilson. "Substance Abuse and Cerebral Blood Flow." *American Journal of Psychiatry 148*, no. 3 (1991): pp. 292–305.

Maudsley, Henry. The Pathology of Mind. 3rd ed. New York: D. Appleton, 1882.

_____. *The Pathology of the Mind.* London: Macmillan, 1895.

Maupassant, Guy de. *Selected Short Stories.* Trans. Roger Colet. London: Penguin Books, 1971.

May, Rollo. *The Meaning of Anxiety.* New York: W. W. Norton, 1977.

Maylon, A. K. "Biphasic aspects of homosexual identity formation." *Psychotherapy: Theory, Research and Practice 19* (1982): pp. 335–340.

Mays, John Bentley. *In the Jaws of the Black Dogs.* New York: HarperCollins, 1995.

McAlpine, Donna, and David Mechanic. "Utilization of Specialty Mental Health Care among Persons with Severe Mental Illness: The Roles of Demographics, Need, Insurance, and Risk." *Health Services Research 35*, no. 1 (2000): pp. 277–292.

McCann, U., et al. "Serotonin Neurotoxicity after 3,4-Methylene-dioxymethamphetamine: A Controlled Study in Humans." *Neuropsychopharmacology 10* (1994): pp. 129–138.

McCauley, Elizabeth, et al. "The Role of Somatic Complaints in the Diagnosis of Depression in Children and Adolescents." *Journal of the American Academy of Child and Adolescent Psychiatry 30*, no. 4 (1991):

pp. 631–635.

McDowell, David M., and Henry I. Spitz. *Substance Abuse: From Principles to Practice*. New York: Taylor &Francis Group, 1999.

McGuire, Michael, and Alfonso Troisi. *Darwinian Psychiatry*. Oxford: Oxford University Press, 1998.

McHugh, Paul R. "Psychiatric Misadventures." *American Scholar* 61, no. 4 (1992): pp. 497–510.

McHugh, Paul R., and Phillip R. Slavney. *The Perspectives of Psychiatry*. Baltimore: Johns Hopkins University Press, 1986.

McKeown, L. A. "The Healing Profession on an Alternative Mission." *Medical World News*, April 1993, pp. 48–60.

Mead, Richard. *Medical Precepts and Cautions*. Trans. Thomas Stack. London: J. Brindley, 1751.

_____. *The Medical Works of Richard Mead*, M.D. London: C. Hitch et al., 1760.

Meisol, Patricia. "The Dark Cloud." *The Sun*, May 1, 1999.

Mehlman, P. T., et al. "Low CSF 5-HIAA Concentrations and Severe Aggression and Impaired Impulse Control in Nonhuman Primates." *American Journal of Psychiatry 151* (1994): pp. 148–591.

Melfi, Catherine, et al. "Access to Treatment for Depression in a Medicaid Population." *Journal of Health Care for the Poor and Underserved 10*, no. 2 (1999): pp. 201–215.

Mellman, T. A., and T. W. Uhde. "Sleep and Panic and Generalized Anxiety Disorders." In *The Neurobiology of Panic Disorder*. Ed. James Ballenger. New York: Wiley-Liss, 1990.

Menander. *Comicorum Atticorum fragmenta*. Ed. T. Kock. Leipzig: Teubner, 1888.

Mendelson, Myer. *Psychoanalytic Concepts of Depression.* New York: Spectrum Publications, 1974.

Menninger, Karl. *Man Against Himself.* New York: Harcourt, Brace & World, 1983.

Merkin, Daphne. "The Black Season." *The New Yorker,* January 8, 2001.

Meyer, Adolf. "The 'Complaint' as the Center of Genetic-Dynamic and Nosological Thinking in Psychiatry." *New England Journal of Medicine 199* (1928): pp. 360–370.

_____. *The Collected Papers of Adolf Meyer.* 4 vols. Ed. Eunice E. Winters. Baltimore: Johns Hopkins Press, 1951.

_____. *Psychobiology: A Science of Man.* Ed. Eunice E. Winters and Anna Mae Bowers. Springfield, Ill.: Charles C. Thomas, 1957.

Meyer, R. E., ed. *Psychopathology and Addictive Disorder.* New York: Guilford Press, 1986.

Miletich, John J. *Depression in the Elderly: A Multimedia Sourcebook.* Westport, Conn.: Greenwood Press, 1997.

Milgram, Stanley. *Obedience to Authority.* New York: Harper Colophon Books, 1974.

Millay, Edna St. Vincent. *Collected Sonnets.* New York: Harper and Row, 1988.

Miller, Alice. *The Drama of the Gifted Child.* New York: BasicBooks, 1994.

Miller, Ivan W., Gabor I. Keitner, et al. "Depressed Patients with Dysfunctional Families: Description and Course of Illness." *Journal of Abnormal Psychology 101,* no. 4 (1992): pp. 637–646.

Miller, John, ed. *On Suicide: Great Writers on the Ultimate Question.*

San Francisco: Chronicle Books, 1992.

Milton, John. *Complete Poems and Major Prose*. Ed. Merritt Y. Hughes. Englewood Cliffs, N.J.: Prentice-Hall, 1957.

_____. *Paradise Lost*. Ed. Scott Elledge. New York: W. W. Norton, 1993.

Miranda, Jeanne. "Introduction to the special section on recruiting and retaining minorities in psychotherapy research." *Journal of Consulting Clinical Psychologists 64*, no. 5 (1996): pp. 848-850.

_____. "One in five women will become clinically depressed . . ." Manuscript.

Miranda, Jeanne, et al. "Recruiting and retaining low-income Latinos in psychotherapy research." *Journal of Consulting Clinical Psychologists 64*, no. 5 (1996): pp. 868-874.

_____. "Unmet mental health needs of women in public-sector gynecologic clinics." *American Journal of Obstetrics and Gynecology 178*, no. 2 (1998): pp. 212-217.

_____. "Current Psychiatric Disorders Among Women in Public Sector Family Planning Clinics." Georgetown University Medical Center. Manuscript.

Miranda, Jeanne, and Bonnie L. Green. "Poverty and Mental Health Services Research." Georgetown University Medical Center. Manuscript.

Mirman, Jacob J. *Demystifying Homeopathy*. New Hope, Minn.: New Hope Publishers, 1999.

Mondimore, Francis Mark. Depression: *The Mood Disease*. Baltimore: Johns Hopkins University Press, 1995.

Montgomery, S. A. "Suicide prevention and serotonergic drugs."

International Clinical Psychopharmacology 8, no. 2 (1993): pp. 83-85.

Montplaisir, J., and R. Godbout, eds. *Sleep and Biological Rhythms.* New York: Oxford University Press, 1990.

Moore, K., et al. "The JOBS Evaluation: How Well Are They Faring? AFDC Families with Preschool-Aged Children in Atlanta at the Outset of the JOBS Evaluation."Washington, D. C.: U.S. Department of Health and Human Services, 1995.

_____. "The Association Between Physical Activity and Depression in Older Depressed Adults." *Journal of Aging and Physical Activity 7* (1999): pp. 55-61.

Moore, Thomas. *Care of the Soul.* New York: HarperCollins, 1998.

Mora, George, ed. *Witches, Devils, and Doctors in the Renaissance: Johann Weyer, De praestigiis daemonum.* (1583 ed.) Trans. John Shea. Binghamton, N.Y.: Medieval & Renaissance Texts & Studies, 1991.

Morse, Gary, et al. "Experimental Comparison of the Effects of Three Treatment Programs for Homeless Mentally Ill People." *Hospital and Community Psychiatry 43*, no. 10 (1992): pp. 1005-1010.

Moss, L., and D. Hamilton. "The Psychotherapy of the Suicidal Patient." *American Journal of Psychiatry 122* (1956): pp. 814-819.

Mufson, Laura, et al. "Efficacy of Interpersonal Psychotherapy for Depressed Adolescents." *Archives of General Psychiatry 56* (1999): pp. 573-579.

Murphy, Elaine, ed. *Affective Disorders in the Elderly.* London: Churchill Livingstone, 1986.

Murphy, George. *Suicide in Alcoholism.* New York: Oxford University Press, 1992.

Murray, Albert. *Stomping the Blues.* New York: A De Capo

Paperback, 1976.

Murray, Michael T. *Natural Alternatives to Prozac.* New York: Morrow, 1996.

Musetti, Laura, et al. "Depression Before and After Age 65: A Reexamination." *British Journal of Psychiatry 155* (1989): pp. 330-336.

Mutrie, Tim. "Aspenite helps spread word on teen depression." *Aspen Times 12*, no. 169 (1999).

Nagel, Thomas. *The Possibility of Altruism.* Princeton, N.J.: Princeton University Press, 1970.

National Advisory Mental Health Council. "Minutes of the 184th Meeting." September 16, 1996. Manuscript.

_____. "Bridging Science and Service: A Report by the National Advisory Mental Health Council's Clinical Treatment and Services Research Workgroup." Manuscript.

National Institute of Health's Genetics Workgroup. "Genetics and Mental Disorders."National Institute of Mental Health. Manuscript.

National Institute of Mental Health. *Suicide Research Workshop: From the Bench to the Clinic.* November 14-15, 1996.

_____. "Report to the National Advisory Mental Health Council Director of the NIMH." January 28-29, 1997.

_____. *Depression: What Every Woman Should Know.* Depression Awareness, Recognition, and Treatment (D/ART) Campaign.

National Mental Health Association. "Tipper Gore Announces Major Mental Health Initiative." NMHA Legislative Alert.

National Mental Health Consumers' Self-Help Clearinghouse, et al. *Amici Curiae Brief for the October 1998 Supreme Court Case of Tommy Olmstead, Commissioner of the Department of Human Resources of the*

State of Georgia, et al., vs. L.C. and E.W., Each by Jonathan Zimring, as Guardian ad Litem and Next Friend. Philadelphia, Pa.: NMHCSHC, 1998.

Nazroo, J. Y., et al. "Gender differences in the onset of depression following a shared life event: A study of couples." *Psychological Medicine 27* (1997): pp. 9-19.

Neaman, Judith S. *Suggestion of the Devil: The Origins of Madness.* Garden City, N.Y.: Anchor Books, 1975.

Nemeroff, Charles B. "The Neurobiology of Depression." *Scientific American*, June 1998.

Nesse, Randolph. "Evolutionary Explanations of Emotions." *Human Nature 1*, no. 3 (1990): pp. 281-289.

_____. "What Good Is Feeling Bad?" *The Sciences*, December 1991.

_____. "Is Depression an Adaptation?" *Archives of General Psychiatry 57*, no. 1 (2000): pp. 14-20.

Newton, Isaac. *Newton's Principia: The Mathematical Principles of Natural Philosophy.* Trans. Andrew Motte. New York: Daniel Adee, 1848.

Nicholson, Barbara L., and Diane M. Kay. "Group Treatment of Traumatized Cambodian Women: A Culture-Specific Approach." *Social Work 44*, no. 5 (1999): pp. 470-479.

Nielsen, D., et al. "Suicidality and 5-Hydroxindoleacetic Acid Concentration Associated with Tryptophan Hydroxylase Polymorphism." *Archives of General Psychiatry 51* (1994): pp. 34-38.

Nierenberg, Andrew, et al. "Mania Associated with St John's Wort." *Biological Psychiatry 46* (1999): pp. 1707-1708.

Niesink, R. J. M., et al., eds. *Drugs of Abuse and Addiction*. Boca Raton, Fla.: CRC Press, 1998.

Nietzsche, Friedrich. *Beyond Good and Evil*. Trans. R. J. Hollingdale. London: Penguin Books, 1990.

_____. *Thus Spoke Zarathustra*. Trans. Walter Kaufmann. New York: Modern Library, 1995.

_____. *The Will to Power*. Trans. Walter Kaufmann. New York: Vintage Books, 1967.

Nolen-Hoeksema, Susan. *Sex Differences in Depression*. Stanford, Calif.: Stanford University Press, 1990.

Norden, Michael J. *Beyond Prozac: Brain Toxic Lifestyles, Natural Antidotes and New Generation Antidepressants*. New York: ReganBooks, 1995.

Norton Anthology of Poetry. Rev. ed. Ed. Alexander W. Allison et al. New York: W. W. Norton, 1975.

Nuland, Sherwin B. *How We Die*. London: Vintage, 1997.

Nutt, David. "Substance-P antagonists: A new treatment for depression?" *Lancet 352* (1998): pp. 1644–1645.

O'Connor, Lynn E., et al. "Guilt, Fear, and Empathy in College Students and Clinically Depressed Patients." Paper presented at Human Behavior and Evolution Society meetings, Davis, California, July 1998.

Olney, Buster. "Harnisch Says He Is Being Treated for Depression." *New York Times*, April 26, 1997.

Olsen, K., and L. *Pavetti*. *Personal and Family Challenges to the Successful Transition from Welfare to Work*. Washington, D.C.: Urban Institute, 1996.

Opler, Marvin, and S. Mouchly Small. "Cultural Variables

Affecting Somatic Complaints and Depression." *Psychosomatics 9*, no. 5 (1968): pp. 261-266.

Oppenheim, Janet. *Shattered Nerves*. Oxford: Oxford University Press, 1991.

Oquendo, M. A., et al. "Suicide: Risk Factors and Prevention in Refractory Major Depression." *Depression and Anxiety 5* (1997): pp. 202-211.

_____. "Inadequacy of Antidepressant Treatment for Patients with Major Depression Who Are at Risk for Suicidal Behavior." *American Journal of Psychiatry 156*, no. 2 (1999): pp. 190-194.

Osler, *Sir William*. *Aequanimitas*. London: H. K. Lewis, 1904.

Overstreet, D. H., et al. "Alcoholism and depressive disorder: Is cholinergic sensitivity a biological marker?" *Alcohol & Alcoholism 24* (1989): pp. 253-255.

Overstreet, S., et al. "Availability of family support as a moderator of exposure to community violence." *Journal of Clinical Child Psychology 28*, no. 2 (1999): pp. 151-159.

The Oxford English Dictionary. 12 vols. Oxford: Clarendon Press, 1978.

Pagel, Walter. *Religion and Neoplatonism in Renaissance Medicine*. Ed. Marianne Winder. London: Variorum Reprints, 1985.

Papolos, Demitri, and Janice Papolos. *Overcoming Depression*. New York: HarperCollins, 1997.

Pascual-Leone, Alvaro, et al. "Cerebral atrophy in habitual cocaine abusers: A planimetric CT study." *Neurology 41* (1991): pp. 34-38.

_____. "Rapid-rate transcranial magnetic stimulation of left dorsolateral prefrontal cortex in drug-resistant depression." *Lancet 348*

(1996): pp. 233–237.

Patros, Philip G., and Tonia K. Shamoo. *Depression and Suicide in Children and Adolescents.* Boston: Allyn & Bacon, 1989.

Patton, Stacey Pamela. "Electrogirl." *Washington Post,* September 19, 1999.

Pear, Robert. "Insurance Plans Skirt Requirement on Mental Health." *New York Times,* December 26, 1998.

Peláez-Nogueras, Martha, et al. "Depressed Mothers' Touching Increases Infants'Positive Affect and Attention in Still-Face Interaction." *Child Development 67* (1996): pp. 1780–1792.

Petti, T. A. "Depression in hospitalized child psychiatry patients: Approaches to measuring depression." *Journal of the American Academy of Child Psychiatry 22* (1978): pp. 11–21.

Phillips, Adam. *Darwin's Worms.* London: Faber & Faber, 1999.

Physicians' *Desk Reference.* 53rd ed. Montvale, N.J.: Medical Economics Company, 1999.

Pinel, Philippe. *A Treatise on Insanity, in Which Are Contained the Principles of a New and More Practical Nosology of Maniacal Disorders.* Trans. D. D. Davis. Sheffield, _England: W. Todd, 1806.

Pirkis, Jane, and Philip Burgess. "Suicide and recency of health care contacts: A systematic review." *British Journal of Psychiatry 173* (1998): pp. 462–475.

Plath, Sylvia. *The Bell Jar.* New York: Harper & Row, 1971.

Pletscher, A., et al. "Serotonin Release as a Possible Mechanism of Reserpine Action." *Science 122* (1955): p. 374.

Pollan, Michael. "A Very Fine Line." *New York Times Magazine,* September 12, 1999.

Pollice, Christine, et al. "Relationship of Depression, Anxiety, and Obsessionality to State of Illness in Anorexia Nervosa." *International Journal of Eating Disorders 21* (1997): pp. 367–376.

Porter, Roy. *Mind-Forg'd Manacles: A history of madness in England from the Restoration to the Regency.* London: Athlone Press, 1987.

Post, Robert M. "Transduction of Psychosocial Stress into Neurobiology of Recurrent Affective Disorder." *American Journal of Psychiatry 149*, no. 8 (1992): pp. 999–1010.

_____. "Malignant Transformation of Affective Illness: Prevention and Treatment." *Directions in Psychiatry 13* (1993): pp. 2–7.

Post, Robert M., et al. "Cocaine, Kindling, and Psychosis." *American Journal of Psychiatry 133*, no. 6 (1976): pp. 627–634.

_____. "Recurrent affective disorder: Roots in developmental neurobiology and illness progression based on changes in gene expression." *Development and Psychopathology 6* (1994): pp. 781–813.

_____. "Developmental psychobiology of cyclic affective illness: Implications for early therapeutic intervention." *Development and Psychopathology 8* (1996): pp. 273–305.

_____. "Rational polypharmacy in the bipolar affective disorders." *Epilepsy Research suppl. 11* (1996): pp. 153–180.

Powell, Barbara, et al. "Primary and Secondary Depression in Alcoholic Men: An Important Distinction?" *Journal of Clinical Psychiatry 48*, no. 3 (1987): pp. 98–101.

Poznanski, E., and J. P. Zrull. "Childhood depression: Clinical characteristics of overtly depressed children." *Archives of General Psychiatry 23* (1970): p. 815.

Price, John S. "Genetic and Phylogenetic Aspects of Mood Variation." *International Journal of Mental Health 1* (1972): pp. 124-144.

_____. "Agonistic versus Prestige Competition." *ASCAP 8*, no. 9 (1995): pp. 7-15.

_____. "The Expression of Hostility in Complementary Relationships 契 Change due to Depressed Mood." *ASCAP 9*, no. 7 (1996): pp. 6-14.

_____. "Goal Setting: A Contribution from Evolutionary Biology." *ASCAP 10*, no. 10 (1997).

_____. "Job's Battle with God." *ASCAP 10*, no. 12 (1997).

_____. "Do Not Underestimate the Dog!" *ASCAP 11*, no. 12 (1998).

Price, John S., and Anthony Stevens. *Evolutionary Psychiatry.* London: Routledge, 1996.

Price, John S., et al. "The Social Competition Hypothesis of Depression." *British Journal of Psychiatry 164* (1994): pp. 309-315.

Prichard, James Cowles. *A Treatise on Insanity and Other Disorders Affecting the Mind.* London: Sherwood, Gilbert, & Piper, 1835.

Pritchard, C. "New patterns of suicide by age and gender in the United Kingdom and the Western World, 1974-1992; an indicator of social change?" *Social Psychiatry and Psychiatric Epidemiology 31* (1996): pp. 227-234.

Quen, Jacques M., and Eric T. Carlson, eds. *American Psychoanalysis: Origins and Development.* The Adolf Meyer Seminars. New York: Brunner/Mazel, 1978.

Quint, J. C., et al. *New Chance: Interim Findings on a Comprehensive Program for Disadvantaged Young Mothers and Their Children.* New York: Manpower Demonstration Research Corp., 1994.

Radke-Yarrow, Marian, et al. "Affective Interactions of Depressed and Nondepressed Mothers and Their Children." *Journal of Abnormal Child Psychology 21*, no. 6 (1993): pp. 683–695.

————. "Depressed and Well Mothers." *Child Development 65* (1994): pp. 1405–1414.

Rado, Sandor. *Psychoanalysis of Behavior: The Collected Papers of Sandor Rado.* 2 vols. New York: Grune & Stratton, 1956.

Raleigh, Michael, and Michael McGuire. "Bidirectional Relationships between Tryptophan and Social Behavior in Vervet Monkeys." *Advances in Experimental Medicine and Biology 294* (1991): pp. 289–298.

Raleigh, Michael, et al. "Social and Environmental Influences on Blood Serotonin Concentrations in Monkeys." *Archives of General Psychiatry 41* (1984): pp. 405–410.

————. "Serotonergic Mechanisms Promote Dominance Acquisition in Adult Male Vervet Monkeys." *Brain Research 559* (1991): pp. 181–190.

Readings from the Hurricane Island Outward Bound School. Rockland, Me.: Hurricane Island Outward Bound.

Real, Terrence. *I Don't Want to Talk About It.* New York: Scribner, 1997.

Rees, Jonathan. "Patents and intellectual property: A salvation for patient-oriented research?" *Lancet 356* (2000): pp. 849–850.

Regier, D. A., et al. "Comparing age at onset of major depression and other psychiatric disorders by birth cohorts in five U. S. community populations." *Archives of General Psychiatry 48*, no. 9 (1991): pp. 789–795.

_____. "The de facto mental and addictive disorders service system. Epidemiologic Catchment Area prospective 1-year prevalence rates of disorders and services." *Archives of General Psychiatry 50*, no. 2 (1993): pp. 85-94.

Relman, Arnold S. "A Trip to Stonesville." *New Republic 219*, no. 24 (1998): pp. 28-37.

Remafedi, G., et al. "The Relationship between Suicide Risk and Sexual Orientation: Results of a Population-Based Study." *American Journal of Public Health 88*, no. 1 (1998): pp. 57-60.

Rich, C. L., et al. "San Diego Suicide Study I: Young vs. Old Subjects." *Archives of General Psychiatry 43*, no. 6 (1986): pp. 577-582.

Richter, Gerhard. *The Daily Practice of Painting*. Trans. David Britt. Cambridge: MIT Press, 1998.

Ridley, Matt. *Genome*. London: Fourth Estate, 1999.

Riley, Anne W. "Effects on children of treating maternal depression." National Institute of Mental Health Grant #R01 MH58394.

Rilke, Rainer Maria. *The Selected Poetry of Rainer Maria Rilke*. Trans./ed. Stephen Mitchell. New York: Vintage International, 1989.

Rimer, Sara. "Gaps Seen in Treatment of Depression in Elderly." *New York Times*, September 5, 1999.

Ritterbush, Philip C. *Overtures to Biology: The Speculations of Eighteenth-Century Naturalists*. New Haven, Conn.: Yale University Press, 1964.

Roan, Shari. "Magic Pill or Minor Hope?" *Los Angeles Times*, June 14, 1999.

Robbins, Jim. "Wired for Miracles?" *Psychology Today 31*, no. 3 (1998): pp. 40-76.

Robinson, James Harvey. *Petrarch: The First Scholar and Man of Letters*. New York: G. P. Putnam's Sons, 1909.

Robinson, Nicholas. *A New System of the Spleen, Vapours, and Hypochondriack Melancholy*. London: A. Bettewworth, W. Innys, and C. Rivington, 1729.

Roccatagliata, Giuseppe. *A History of Ancient Psychiatry*. New York: Greenwood Press, 1986.

Rodgers, L. N., and D. A. Regier, eds. *Psychiatric Disorders in America: The Epidemiologic Catchment Area Study*. New York: Free Press, 1991.

Rogers, E. S., et al. "A benefit-cost analysis of a supported employment model for persons with psychiatric disabilities." *Evaluation and Program Planning 18*, no. 2 (1995): pp. 105-115.

Romach, M. K., et al. "Long-term codeine use is associated with depressive symptoms." *Journal of Clinical Psychopharmacology 19*, no.4 (1999): pp. 373-376.

Rose, Henry. *An Inaugural Dissertation on the Effects of the Passions upon the Body*. Philadelphia: William W. Woodward, 1794.

Rose, R. M., et al. "Endocrine Activity in Air Traffic Controllers at Work. II. Bio-_logical, Psychological and Work Correlates." *Psychoneuroendocrinology 7* (1982): pp. 113-123.

Rose, William. *From Goethe to Byron: The Development of "Weltschmerz" in German Literature*. London: George Routledge & Sons, 1924.

Rosen, David H. *Transforming Depression*. New York: Penguin Books, 1993.

Rosen, Laura Epstein, and Xavier Francisco Amador. *When*

Someone You Love Is Depressed. New York: Free Press, 1996.

Rosen, Peter, et al., eds. *Emergency Medicine: Concepts and Clinical Practice.* 4th ed. 3 vols. St. Louis, Mo.: Mosby, 1998.

Rosenfeld, Alvin, et al. "Psychiatry and Children in the Child Welfare System." *Child and Adolescent Psychiatric Clinics of North America 7*, no. 3 (1998): pp. 515–536.

Rosenthal, Norman E. "Diagnosis and Treatment of Seasonal Affective Disorder." *Journal of the American Medical Assocation 270*, no. 22 (1993): pp. 2717–2720.

_____. *Winter Blues.* New York: Guilford Press, 1993.

_____. *St. John's Wort.* New York: HarperCollins, 1998.

Rosenthal, Norman E., et al. "Seasonal Affective Disorder." *Archives of General Psychiatry 41* (1984): pp. 72–80.

Rossow, I. "Alcohol and suicidebeyond the link at the individual level." *Addiction 91* (1996): pp. 1463–1469.

Rothman, David J., and Sheila M. Rothman. *The Willowbrook Wars.* New York: Harper & Row, 1984.

Roukema, Representative Marge. "Capitol shootings could have been prevented." *New Jersey Herald*, August 16, 1998.

Roukema, Representative Marge, et al. "Mental Health Parity Act of 1996 (H.R. 4058)." House of Representatives.

_____. "Mental Health and Substance Abuse Parity Amendments of 1998 (H.R. 3568)." House of Representatives.

Rounsaville, Bruce J., et al. "Psychiatric Diagnoses of Treatment-Seeking Cocaine Abusers." *Archives of General Psychiatry 48* (1991): pp. 43–51.

Roy, Alec, et al. "Genetics of Suicide in Depression." *Journal of*

Clinical Psychiatry, suppl. 2 (1999): pp. 12-17.

Rubin, Julius H. *Religious Melancholy and Protestant Experience in America*. Oxford: Oxford University Press, 1994.

Rush, Benjamin. *Benjamin Rush's Lectures on the Mind*. Ed. Eric T. Carlson, Jeffrey L. Wollock, and Patricia S. Noel. Philadelphia: American Philosophical Society, 1981.

_____. *Medical Inquiries and Observations*. 3rd ed. 4 vols. Philadelphia: Mathew Carey et al., 1809.

_____. *Medical Inquiries and Observations upon the Diseases of the Mind*. Philadelphia: Grigg and Elliot, 1835.

Rutter, Michael, and David J. Smith, eds. Psychosocial Disorders in Young People. England and New York: John Wiley & Sons, 1995.

Ryabinin, Andrey. "Role of Hippocampus in Alcohol-Induced Memory Impairment: Implications from Behavioral and Immediate Early Gene Studies." *Psychopharmacology 139* (1998): pp. 34-43.

Ryan, Neal, et al. "Imipramine in adolescent major depression: Plasma level and clinical response." *Acta Psychiatrica Scandinavica 73* (1986): pp. 275-288.

Sack, David, et al. "Deficient Nocturnal Surge of TSH Secretion During Sleep and Sleep Deprivation in Rapid-Cycling Bipolar Illness." *Psychiatry Research 23* (1987): pp. 179-191.

Sacks, Oliver. *Seeing Voices*. Berkeley: University of California Press, 1989.

Sackein, Harold, et al. "A Prospective, Randomized, Double-Blind Comparison of Bilateral and Right Unilateral Electroconvulsive Therapy at Different Stimulus Intensities." *Archives of General Psychiatry 57*, no. 5 (2000): pp. 425-434.

Safran, Jeremy D. "Breaches in the Therapeutic Alliance: An Arena for Negotiating Authentic Relatedness." *Psychotherapy 30* (1993): pp. 11-24.

_____. *Widening the Scope of Cognitive Therapy.* Northvale, N.J.: Jason Aronson, 1998.

_____. "Faith, Despair, Will, and the Paradox of Acceptance." *Contemporary Psychoanalysis 35*, no. 1 (1999): pp. 5-23.

Sakado, K., et al. "The Association between the High Interpersonal Sensitivity Type of Personality and a Lifetime History of Depression in a Sample of Employed Japanese Adults." *Psychological Medicine 29*, no. 5 (1999): pp. 1243-1248.

Saloman, Charlotte. *Charlotte Saloman: Life? or Theatre?* Zwolle, The Netherlands: Waander Publishers, 1998.

Sameroff, A. J., R. Seifer, and M. Zax. "Early development of children at risk for emotional disorder." *Monographs of the Society for Research in Child Development 47*, no. 7 (1982).

Sanchez, C., et al. "The role of serotonergic mechanisms in inhibition of isolation-induced aggression in male mice." *Psychopharmacology 110*, no. 1-2 (1993): pp. 53-59.

Sandfort, T. G., et al. "Same-Sex Sexual Behavior and Psychiatric Disorders: Findings from the Netherlands Mental Health Survey and Incidence Study (NEMESIS)." *Archives of General Psychiatry 58*, no. 1 (2001): pp. 85-91.

Sands, James R., et al. "Psychotic Unipolar Depression at Follow-Up: Factors Related to Psychosis in the Affective Disorders." *American Journal of Psychiatry 151*, no. 7 (1994): pp. 995-1000.

Sapolsky, Robert. "Stress in the Wild." *Scientific American 262*, no.

1 (1990): pp. 116-123.

________. "Social subordinance as a marker of hypercortisolism: Some unexpected subtleties." *Annals of the New York Academy of Sciences 771* (1995): pp. 626-639.

Sapolsky, Robert, et al. "Hippocampal damage associated with prolonged glucocorticoid exposure in primates." *Journal of Neuroscience 10*, no. 9 (1990): pp. 2897-2902.

Sartre, Jean-Paul. *Being and Nothingness*. Trans. Hazel E. Barnes. New York: Washington Square Press, 1966.

________. *Nausea*. Trans. Lloyd Alexander. New York: New Directions, 1964.

Satel, Sally L. "Mentally Ill or Just Feeling Sad?" *New York Times*, December 15, 1999.

Savage, George H. *Insanity and Allied Neuroses: Practical and Clinical*. Philadelphia: Henry C. Lea's Son & Co., 1884.

Schaffer, Carrie Ellen, et al. "Frontal and Parietal Electroencephalogram Asymmetry in Depressed and Nondepressed Subjects." *Biological Psychiatry 18*, no. 7 (1983): pp. 753-762.

Schelling, Friedrich Wilhelm Joseph von. "On the Essence of Human Freedom." *Saemmtliche Werke*. Vol. 7. Stuttgart: Cotta, pp. 1856-1861.

Schiesari, Juliana. *The Gendering of Melancholy*. Ithaca, N.Y.: Cornell University Press, 1992.

Schildkraut, J. J. "The Catecholamine Hypothesis of Affective Disorders: A Review of Supporting Evidence." *American Journal of Psychiatry 122* (1965): pp. 509-522.

Schleiner, Winfried. *Melancholy, Genius, and Utopia in the*

Renaissance. Wiesbaden: In Kommission bei Otto Harrassowitz, 1991.

Schopenhauer, Arthur. *Complete Essays of Schopenhauer*. Trans. T. Baily Sanders. New York: Willey Book Co., 1942.

_____. *Essays and Aphorisms*. Ed./trans. R. J. Hollingdale. London: Penguin Books, 1970.

_____. *The Works of Schopenhauer*. Ed. Will Durant. New York: Simon & Schuster, 1931.

_____. *The World as Will and Representation*. Vol 2. Trans. E. F. J. Payne. New York: Dover Publications, 1958.

Schrambling, Regina. "Attention Supermarket Shoppers!" Food and Wine, October 1995.

Schrof, Joannie M., and Stacey Schultz. "Melancholy Nation." *U. S. News & World Report*, March 8, 1999, pp. 56-63.

Schuckit, Marc. "A Long-Term Study of Sons of Alcoholics." *Alcohol Health & Research World 19*, no. 3 (1995): pp. 172-175.

_____. "Response to Alcohol in Daughters of Alcoholics: A Pilot Study and a Comparison with Sons of Alcoholics." *Alcohol & Alcoholism 35*, no. 3 (1999): pp. 242-248.

Scott, Sarah. "Workplace Secrets." *MacLean's*, December 1, 1997.

Screech, M. A. *Montaigne & Melancholy*. London: Gerald Duckworth, 1983.

Scull, Andrew. *Social Order/Mental Disorder: Anglo-American Psychiatry in Historical Perspective*. Berkeley: University of California Press, 1989.

Searle, John. R. "Consciousness." Manuscript.

Segal, Boris, and Jacqueline Stewart. "Substance Use and Abuse in Adolescence: An Overview." *Child Psychiatry and Human Development*

26, no. 4 (1996): pp. 193–210.

Seligman, Martin. *Learned Optimism*. New York: Simon & Schuster, 1990.

Shaffer, D., et al. "Sexual Orientation in Adolescents Who Commit Suicide." *Suicide and Life Threatening Behaviors 25*, suppl. 4 (1995): pp. 64–71.

_____. "The NIMH Diagnostic Interview Schedule for Children Version 2. 3 (DISC-2.3): Description, acceptability, prevalence rates, and performance in the MECA Study. Methods for the Epidemiology of Child and Adolescent Mental Disorders Study." *Journal of the American Academy of Child and Adolescent Psychiatry 35*, no. 7 (1996): pp. 865–877.

Shakespeare, William. *The Complete Works*. Ed. G. B. Harrison. New York: Harcourt, Brace & World, 1968.

_____. *Hamlet*. New York: Penguin Books, 1987.

Shaw, Fiona. *Composing Myself*. South Royalton, Vt.: Steerforth Press, 1998.

Sheehan, Susan. *Is There No Place on Earth for Me?* New York: Vintage Books, 1982.

Shelley, Percy Bysshe. *The Complete Poems of Percy Bysshe Shelley*. New York: Modern Library, 1994.

Shem, Samuel. *Mount Misery*. New York: Fawcett Columbine, 1997.

Sherrington, C. S. *The Integrative Action of the Nervous System*. Cambridge: Cambridge University Press, 1947.

Shiromani, P., et al. "Acetylcholine and the regulation of REM sleep." *Annual Review of Pharmacological Toxicology 27* (1987): pp. 137–

156.

Shneidman, Edwin S., ed. Essays in Self-Destruction. New York: Science House, 1967.

_____. The Suicidal Mind. New York: Oxford University Press, 1996.

Shorter, Edward. A History of Psychiatry: From the Era of the Asylum to the Age of Prozac. New York: John Wiley & Sons, 1997.

Showalter, Elaine. The Female Malady: Women, Madness, and English Culture, 1830–1980. New York: Pantheon Books, 1985.

Shute, Nancy, et al. "The Perils of Pills." U. S. News & World Report, March 6, 2000.

Sickels, Eleanor M. The Gloomy Egoist: Moods and Themes of Melancholy from Gray to Keats. New York: Columbia University Press, 1932.

Silver, Cheryl Simon, with Ruth S. DeFries, for the National Academy of Sciences. One Earth, One Future: Our Changing Global Environment. Washington, D.C.: National Academy Press, 1990.

Simmons, William S. Eyes of the Night: Witchcraft among a Senegalese People. Boston: Little, Brown, 1971.

Simon, Bennett. Mind and Madness in Ancient Greece: The Classical Roots of Modern Psychiatry. Ithaca, N.Y.: Cornell University Press, 1980.

Simon, Linda. Genuine Reality: A Life of William James. New York: Harcourt Brace, 1998.

Simpson, Jeffry A., and W. Steven Rholes, eds. Attachment Theory and Close Relationships. New York: Guilford Press, 1998.

Skultans, Vieda. English Madness: Ideas on Insanity, 1580-1890. London: Routledge & Kegan Paul, 1979.

Sloman, Leon, et. al. "Adaptive Function of Depression: Psychotherapeutic Implications." *American Journal of Psychotherapy 48*, no. 3 (1994).

Smith, C. U. M. "Evolutionary Biology and Psychiatry." *British Journal of Psychiatry 162* (1993): pp. 149-153.

Smith, Jeffery. *Where the Roots Reach for Water*. New York: North Point Press, 1999.

Smith, K., et al. "Relapse of Depression After Rapid Depletion of Tryptophan." *Lancet 349* (1997): pp. 915-919.

Snow, C. P. *The Light and the Dark*. Middlesex, England: Penguin Books, 1962.

Soares, J., and John Mann. "The functional neuroanatomy of mood disorders." *Journal of Psychiatric Research 31* (1997): pp. 393-432.

Solomon, Jolie. "Breaking the Silence." *Newsweek*, May 20, 1996.

Sontag, Susan. *Under the Sign of Saturn*. New York: Farrar, Straus & Giroux, 1980.

The Sorrow Is in My Heart . . . Sixteen Asian Women Speak about Depression. London: Commission for Racial Equality, 1993.

Spinoza, Baruch. *The Ethics of Spinoza*. New York: Citadel Press, 1995.

Spitz, Herman H. *The Raising of Intelligence*. Hillsdale, N.J.: Lawrence Erlbaum Associates, 1986.

Spitz, Ren "Anaclitic Depression." *Psychoanalytic Study of the Child 2* (1946).

Spitz, Ren et al. "Anaclitic Depression in an Infant Raised in an Institution." *Journal of the American Academy of Child Psychiatry 4*, no. 4

(1965): pp. 545-553.

Spungen, Deborah. *And I Don't Want to Live This Life*. New York: Ballantine Books, 1993.

Stabler, Sally P. "Vitamin B12 deficiency in the elderly: Current dilemmas." *American Journal of Clinical Nutrition 66* (1997): pp. 741-749.

Starobinski, Jean. *La Mélancolie au miroir*. Conférences, essais et leçons du Collège de France. Paris: Julliard, 1989.

Stefan, Susan. "Preventative Commitment: The Concept and Its Pitfalls." *MPDLR 11*, no. 4 (1987): pp. 288-302.

Stepansky, Paul E., ed. *Freud: Appraisals and Reappraisals*. 3 vols. Hillsdale, N.J.: Analytic Press, 1988.

Sterne, Laurence. *The Life and Opinions of Tristam Shandy*. New York: Penguin Books, 1967.

Stevens, Anthony, and John Price. *Evolutionary Psychiatry: A New Beginning*. London and New York: Routledge, 1996.

Stone, Gene. "Magic Fingers." *New York*, May 9, 1994.

Stone, Michael H. *Healing the Mind: A History of Psychiatry from Antiquity to the Present*. New York: Norton, 1997.

Storr, Anthony. *Churchill's Black Dog, Kafka's Mice, and Other Phenomena of the Human Mind*. New York: Grove Press, 1988.

Strupp, Hans, and Suzanne Hadley. "Specific vs. nonspecific factors in psychotherapy: A controlled study of outcome." *Archives of General Psychiatry 36*, no.10 (1979): pp. 1125-1136.

Styron, William. *Darkness Visible: A Memoir of Madness*. London: Jonathan Cape, 1991.

Substance Abuse and Mental Health Services Administration.

"House Appropriations Subcommittee Hearings." February 11, 1999.

Sullivan, Mark D., et al. "Depression, Competence, and the Right to Refuse Lifesaving Medical Treatment." *American Journal of Psychiatry 151*, no. 7 (1994): pp. 971-978.

Summers, Montague, ed. *The Malleus Maleficarum*. New York: Dover Publications, 1971.

Sutherland, Stuart. *Breakdown*. Oxford: Oxford University Press, 1998.

Swift, Jonathan. *Gulliver's Travels*. New York: Dover Publications, 1996.

Szasz, Thomas. *The Second Sin*. New York: Anchor Press, 1973.

_____. *Primary Values and Major Contentions*. Ed. Richard Vatz and Lee Weinberg. New York: Prometheus Books, 1992.

_____. *Cruel Compassion*. New York: John Wiley & Sons, 1994.

Talbot, Margaret. "Attachment Theory: The Ultimate Experiment." *New York Times Magazine*, May 24, 1998.

Tan, Shawn. "Little Boy Blue." *Brave* (final edition), 1999.

Tannon, Deborah. *You Just Don't Understand*. New York: Ballantine Books, 1990.

Taylor, Shelley E. *Positive Illusions*. New York: Basic Books, 1989.

Taylor, Steve. *Durkheim and the Study of Suicide*. London: Macmillan Press, 1982.

Taylor, Steven, et al. "Anxiety Sensitivity and Depression: How Are They Related?" *Journal of Abnormal Psychology 105*, no. 3 (1996): pp. 474-479.

Taylor, Verta. *Rock-A-By Baby: Feminism, Self-Help, and Postpartum*

Depression. New York: Routledge, 1996.

Tennyson, Alfred Lord. *Tennyson's Poetry*. Ed. Robert Hill, Jr.New York: W. W. Norton, 1971.

Thakore, Jogin, and David John. "Prescriptions of Antidepressants by General Practitioners: Recommendations by FHSAs and Health Boards." *British Journal of General Practice 46* (1996): pp. 363-364.

Thase, Michael. "Treatment of Alcoholism Comorbid with Depression." Presentation at University of Pittsburgh, School of Medicine.

Thompson, Tracy. *The Beast*. New York: G. P. Putnam's Sons, 1995.

Thomson, James. *The City of Dreadful Night*. Edinburgh: Canongate Press, 1993.

Thorne, Julia. *A Change of Heart*. New York: HarperPerennial, 1996.

Thorne, Julia, et al. *You Are Not Alone*. New York: HarperPerennial, 1993.

Tiller, William A. *Science and Human Transformation*. Walnut Creek, Calif.: Pavior Publishers, 1997.

Tocqueville, Alexis de. *Democracy in America*. Trans. George Lawrence. New York: HarperCollins, 1988.

Todorov, Tzvetan. *The Conquest of America: The Question of the Other*. Trans. Richard Howard. New York: Harper & Row, 1984.

Tolley, Barbara. "The Languages of Melancholy in Le Philosophe Anglais." Dissertation.

Tolstoy, Leo. *Anna Karenina*. Trans. Rosemary Edmonds. London: Penguin Books, 1978.

Tomarken, A. J., et al. "Psychometric properties of resting anterior EEG asymmetry: Temporal stability and internal consistency." *Psychophysiology 29* (1992): pp. 576-592.

Torrey, E. Fuller. *Nowhere to Go.* New York: Harper & Row, 1988.

Torrey, E. Fuller, and Mary Zdanowicz. "We need to ask again: Why do severely mentally ill go untreated?" *Boston Globe*, August 1, 1998.

_____. "Why Deinstitutionalization Turned Deadly." *Wall Street Journal*, August 4, 1998.

Treisman, Glenn. "Psychiatric care of HIV-infected patients in the HIV-specialty clinic." Manuscript.

Triggs, W. J., et al. "Effects of left frontal transcranial magnetic stimulation on depressed mood, cognition, and corticomotor threshold." *Biological Psychiatry 45*, no. 11 (1999): pp. 1440-1446.

Tsuang, Ming T., and Stephen V. Faraone. *The Genetics of Mood Disorders.* Baltimore: Johns Hopkins University Press, 1990.

Turner, J. J. D., and A. C. Parrott. " 'Is MDMA a Human Neurotoxin?': Diverse Views from the Discussants." *Neuropsychobiology 42* (2000): pp. 42-48.

United States House of Representatives, Committee on Ways and Means. *Green Book.* 1998.

Valenstein, Elliot S. *Great and Desperate Cures.* New York: Basic Books, 1986.

van Bemmel, A. L. "The link between sleep and depression: The effects of antidepressants on EEG sleep." *Journal of Psychosomatic Research 42*, no. 6 (1997): pp. 555-564.

Van der Post, Laurens. *The Night of the New Moon.* Middlesex,

England: Penguin Books, 1970.

Vartanian, Aram. *La Mettrie's L'Homme Machine*. Princeton, N.J.: Princeton University Press, 1960.

Vasari, Giorgio. *Lives of the Artists*. 2 vols. London: Penguin Books, 1987.

Venter, Craig J., et al. "The Sequence of the Human Genome." *Science 291*, no. 5507 (2001): pp. 1304-1351.

Vicari, Eleanor Patricia. *The View from Minerva's Tower: Learning and Imagination in "The Anatomy of Melancholy."* Toronto: University of Toronto Press, 1989.

Virkkunen, M., et al. "Personality Profiles and State Aggressiveness in Finnish Alcoholics, Violent Offenders, Fire Setters, and Healthy Volunteers." *Archives of General Psychiatry 51* (1994): pp. 28-33.

Volk, S. A., et al. "Can response to partial sleep deprivation in depressed patients be predicted by regional changes of cerebral blood flow?" *Psychiatry Research 75*, no. 2 (1997): pp. 67-74.

Volkow, Nora, et al. "Cerebral Blood Flow in Chronic Cocaine Users: A Study with Positron Emission Tomography." *British Journal of Psychiatry 152* (1988): pp. 641-648.

_____. "Effects of Chronic Cocaine Abuse on Postsynaptic Dopamine Receptors." *American Journal of Psychiatry 147* (1990): pp. 719-724.

_____. "Brain Imaging of an Alcoholic with MRI, SPECT, and PET." *American Journal of Physiological Imaging 3/4* (1992): pp. 194-198.

_____. "Long-Term Frontal Brain Metabolic Changes in Cocaine Abusers." *Synapse 11* (1992): pp. 182-190.

_____. "Imaging Brain Structure and Function." *Annals of the New York Academy of Sciences 820* (1997): pp. 41-56.

_____. "Imaging studies on the role of dopamine in cocaine reinforcement and addiction in humans." *Journal of Psychopharmacology 13*, no. 4 (1999): pp. 337-345.

_____. "Addiction, a Disease of Compulsion and Drive: Involvement of the Orbitofrontal Cortex." *Cerebral Cortex 10* (2000): pp. 318-325.

Voltaire. *Candide.* Trans. John Butt. New York: Penguin Books, 1947.

Waal, Frans de. *Good Natured.* Cambridge: Harvard University Press, 1996.

Waddington, John, and Peter Buckley, eds. *The Neurodevelopmental Basis of Schizophrenia.* London: R. G. Landes, 1996.

Walker, C. E., and M. C. Roberts, eds. *Handbook of Clinical Child Psychology.* 2nd ed. New York: John Wiley & Sons, 1992.

Watson, Paul J., and Paul W. Andrews. "An Evolutionary Theory of Unipolar Depression as an Adaptation for Overcoming Constraints of the Social Niche." Manuscript.

_____. "Niche Change Model of Depression." *ASCAP 11*, no. 5 (1998): pp. 17-18.

_____. "Unipolar depression and human social life: An evolutionary analysis. Manuscript.

Wehr, Thomas A. "Phase Advance of the Circadian Sleep-Wake Cycle as an Antidepressant." *Science 206* (1979): pp. 711-713.

_____. "Sleep Reduction as the Final Common Pathway in the Genesis of Mania." *American Journal of Psychiatry 144*, no. 2

(1987): pp. 201-204.

        _____. "Sleep Loss: A Preventable Cause of Mania and Other Excited States." *Journal of Clinical Psychiatry 50*, suppl. 12 (1989): p. 816.

        _____. "Reply to Healy, D., Waterhouse, J. M.: The circadian system and affective disorders: Clocks or rhythms." *Chronobiology International 7* (1990): pp. 11-14.

        _____. "Sleep-Loss as a Possible Mediator of Diverse Causes of Mania." *British Journal of Psychiatry 159* (1991): 576078.

        _____. "Improvement of Depression and Triggering of Mania by Sleep Deprivation." *Journal of the American Medical Association 267*, no. 4 (1992): pp. 548-551.

Wehr, Thomas A., et al. "48-Hour Sleep-Wake Cycles in Manic-Depressive Illness." *Archives of General Psychiatry 39* (1982): pp. 559-565.

        _____. "Eye Versus Skin Phototherapy of Seasonal Affective Disorder." *American Journal of Psychiatry 144*, no. 6 (1987): pp. 753-757.

        _____. "Rapid Cycling Affective Disorder: Contributing Factors and Treatment Responses in 51 Patients." *American Journal of Psychiatry 145* (1988): pp. 179-184.

        _____. "Treatment of a Rapidly Cycling Bipolar Patient by Using Extended Bedrest and Darkness to Promote Sleep." NIMH, Bethesda, Md., 1997.

        _____. "Melatonin Response to Seasonal Changes in the Length of the Night in SAD and Patient Controls." NIMH, Bethesda, Md.

Wehr, Thomas A., and Norman E. Rosenthal. "Seasonality and Affective Illness." *American Journal of Psychiatry 146* (1989): pp. 829–839.

Weiner, Dora. "'Le geste de Pinel': The History of a Psychiatric Myth." In *Discovering the History of Psychiatry*. Ed. Mark Micale and Roy Porter. Oxford: Oxford University Press, 1994.

Weiner, Myron F., et al. "Prevalence and Incidence of Major Depression in Alzheimer's Disease." *American Journal of Psychiatry 151*, no. 7 (1994): pp. 1006–1009.

Weiss, Suzanne, and Robert Post. "Kindling: Separate vs. shared mechanisms in affective disorder and epilepsy." *Neuropsychology 38*, no. 3 (1998): pp. 167–180.

Weissman, Myrna M. *IPT: Mastering Depression*. New York: Graywind Publications, 1995.

Weissman, Myrna M., et al. "Cross-National Epidemiology of Major Depression and Bipolar Disorder." *Journal of the American Medical Association 276*, no. 4 (1996): pp. 293–299.

_____. "Offspring of Depressed Parents." *Archives of General Psychiatry 54* (1997): pp. 932–940.

_____. "Depressed Adolescents Grown Up." *Journal of the American Medical Assocation 281*, no. 18 (1999): pp. 1707–1713.

_____. "Prevalence of suicide ideation and suicide attempts in nine countries." *Psychological Medicine 29* (1999): pp. 9–17.

_____. *Comprehensive Guide to Interpersonal Psychotherapy*. New York: Basic Books, 2000.

Weissman, Myrna, and Eugene Paykel. *The Depressed Woman: A Study of Social Relationships*. Chicago: University of Chicago Press, 1974.

Weissman, S., M. Sabshin, H. Eist, eds. *21st Century Psychiatry: The Foundations*. Washington, D.C.: American Psychiatric Press, in press.

Wellon, Arthur. *Five Years in Mental Hospitals*. New York: Exposition Press, 1967.

Wells, Kenneth, et al. *Caring for Depression*. Cambridge: Harvard University Press, 1996.

_____. "Impact of disseminating quality improvement programs for depression in managed primary care: A randomized controlled trial." *Journal of the American Medical Association 283*, no. 2 (2000): pp. 212-220.

Wender, Paul, et al. "Psychiatric disorders in the biological and adoptive families of adopted individuals with affective disorder." *Archives of General Psychiatry 43* (1986): pp. 923-929.

Wender, Paul, and Donald Klein. *Mind, Mood, and Medicine: A Guide to the New Biopsychiatry*. New York: Farrar, Straus & Giroux, 1981.

Wenzel, Siegfried. *The Sin of Sloth: Acedia*. Chapel Hill: University of North Carolina Press, 1967.

Wetzel, Richard, and James McClure Jr. "Suicide and the Menstrual Cycle: A Review." *Comprehensive Psychiatry 13*, no. 4 (1972): pp. 369-374.

White, S. R., et al. "The Effects of Methylenedioxymethamphetamine on Monoaminergic Neurotransmission in the Central Nervous System." *Progress in Neurobiology 49* (1996): pp. 455-479.

Whooley, Mary A., and Gregory E. Simon. "Managing Depression in Medical Outpatients." *New England Journal of Medicine 343*, no. 26 (December 28, 2000): pp. 1942-1950.

Whybrow, Peter C. *A Mood Apart: Depression, Mania, and Other*

Afflictions of the Self. New York: Basic Books, 1997.

Wilde, Oscar. *Complete Poetry.* Ed. Isobel Murray. Oxford: Oxford University Press, 1997.

_____. *Complete Short Fiction.* London and New York: Penguin Books, 1994.

Willcox, Monica, and David N. Sattler. "The Relationship Between Eating Disorders and Depression." *Journal of Social Psychology 136*, no. 2 (1996): pp. 269-271.

Williams, J. Mark G. *The Psychological Treatment of Depression.* 2nd ed. London: Routledge, 1992.

Williams, Tennessee. *Five O'Clock Angel: Letters of Tennessee Williams to Maria St. Just, 1948-1982.* New York: Alfred A. Knopf, 1990.

Willis, Thomas. *Two Discourses Concerning the Soul of Brutes.* Facsimile of 1683 translation by S. Pordage. Gainesville, Fla.: Scholars' Facsimiles and Reprints, 1971.

Winerip, Michael. "Bedlam on the Streets." *New York Times Magazine*, May 23, 1999.

Winnicott, D. W. *Home Is Where We Start From.* New York: W. W. Norton, 1986.

Winstead, Ted. "A New Brain: Surgery for Psychiatric Illness at Massachusetts General Hospital." Manuscript.

Winston, Julian. "Welcome to a Growing Health Care Movement." In *Homeopathy: Natural Medicine for the 21st Century.* Ed. Julian Winston. Alexandria, Va.: National Center for Homeopathy, 1993.

Wirz-Justice, A., et al. "Sleep deprivation in depression: What we know, where do we go?" *Biological Psychiatry 46*, no. 4 (1999): pp. 445–453.

Wittkower, Rudolph, and Margot Wittkower. *Born Under Saturn.* New York: Norton, 1963.

Wolf, Naomi R. *The Beauty Myth.* London: Chatto & Windus, 1990.

Wolkowitz, O. M., et al. "Antiglucocorticoid treatment of depression: Double-blind ketoconazole." *Biological Psychiatry 45*, no. 8 (1999): pp. 1070–1074.

Wolman, Benjamin B., ed. *Between Survival and Suicide.* New York: Gardner Press, 1976.

Wolpert, Lewis. *Malignant Sadness.* New York: Free Press, 1999.

Woolf, Leonard. *Beginning Again.* San Diego: A Harvest/HBJ Book, 1964.

Woolf, Virginia. *The Diary of Virginia Woolf.* Vol 3. Ed. Oliver Bell. New York: Harcourt Brace Jovanovich, 1980.

_____. *Jacob's Room.* San Diego: A Harvest/HBJ Book, 1950.

_____. *The Letters of Virginia Woolf.* 6 vols. Ed. Nigel Nicolson and Joanne Trautmann. London: Hogarth Press, 1980.

_____. *To the Lighthouse.* New York: Harcourt Brace Jovanovich, 1981.

_____. *The Years.* London: Hogarth Press, 1937.

Wordsworth, William. *Favorite Poems.* Canada: Dover Thrift Editions, 1992.

_____. *The Prelude: Selected Poems and Sonnets.* Ed. Carlos Baker. New York: Holt, Rinehart & Winston, 1954.

World Health Oganization. *Prevention of Suicide.* Public Health

Paper no. 35. Geneva: World Health Oganization, 1968.

_____. *The World Health Report 1999*. Geneva: World Health Oganization, 1999.

Wortman, Marc. "Brain Chemistry." *Yale Medicine 31*, no. 1 (1996): pp. 2–11.

Yapko, Michael D. *Hypnosis and the Treatment of Depression*. New York: Brunner/Mazel Publishers, 1992.

_____. *Breaking the Patterns of Depression*. New York: Doubleday, 1997.

Yokel, R. A., et al. "Amphetamine-type reinforcement by dopaminergic agonists in the rat." *Psychopharmacology 58* (1978): pp. 282–296.

Young, Edward. *The Complaint, or Night-Thoughts*. 2 vols. London: 1783.

Zerbe, Jerome, and Cyril Connolly. *Les Pavillons of the Eighteenth Century*. London: H. Hamilton, 1962.

Zima, Bonnie, et al. "Mental Health Problems among Homeless Mothers." *Archives of General Psychiatry 53* (1996): pp. 332–338.

Zubenko, George S., et al. "Impact of Acute Psychiatric Inpatient Treatment on Major Depression in Late Life and Prediction of Response." *American Journal of Psychiatry 151*, no. 7 (1994): pp. 987–993.

Zuess, Jonathan. The Natural Prozac Program. New York: Three Rivers Press, 1997.

Zwillich, Todd. "Mental Illness and HIV Form a Vicious Circle." International Medical News Group. Fax.

한낮의 우울

1판 1쇄 펴냄 2004년 6월 15일
1판 22쇄 펴냄 2019년 12월 5일
2판 1쇄 펴냄 2021년 5월 19일
2판 9쇄 펴냄 2024년 9월 20일

지은이   앤드루 솔로몬
옮긴이   민승남
발행인   박근섭·박상준
펴낸곳   (주)민음사

출판등록 1966. 5. 19. 제16-490호
주소   (우편번호 06027) 서울특별시
          강남구 도산대로1길 62(신사동)
          강남출판문화센터 5층
대표전화 02-515-2000
팩시밀리 02-515-2007
홈페이지 www.minumsa.com

ISBN 978-89-374-1757-3 (03180)

잘못 만들어진 책은 구입처에서 교환해 드립니다.